Für die Freiheit sterben

James M. McPherson

Für die Freiheit sterben

Die Geschichte des amerikanischen Bürgerkrieges

Ins Deutsche übertragen
von Holger Fließbach und Christa Seibicke

Bechtermünz

Die Originalausgabe erschien unter dem Titel *Battle Cry of Freedom – The Civil War Era*
im Verlag Oxford University Press, Inc., New York.
Die Kapitel bis einschließlich Kapitel 10 wurden von Christa Seibicke übersetzt,
ab Kapitel 11 von Holger Fließbach.

Genehmigte Lizenzausgabe
für Weltbild Verlag GmbH, Augsburg 2000

Veröffentlicht 1992 im Paul List Verlag, München
Einbandgestaltung: Studio Höpfner-Thoma, München
Einbandmotiv: Ulysses Grant, 18. Präsident der USA (AKG, Berlin)
Gesamtherstellung: Bercker Graphischer Betrieb GmbH, Kevelaer
Printed in Germany
ISBN 3-8289-0398-3

Für Vann und Willie

und im Gedenken an
Glenn und Bill,

die mich seinerzeit
an der Johns-Hopkins-Universität
in die Geschichts-
wissenschaft eingeführt haben

Im Sommer 1862 schrieb George F. Root, aus dessen Feder viele Lieder der Unionssoldaten stammen, Text und Melodie zu *Battle Cry of Freedom.* Die Melodie erfreute sich schnell so großer Beliebtheit, daß die Konföderierten das Lied vom Komponisten H. L. Schreiner und dem Texter W. H. Barnes adaptieren ließen, und fortan gab es zwei Versionen, die auf beiden Seiten der Mason-Dixon-Linie gesungen wurden. Nachstehend sind die dritte Strophe und der Refrain in beiden Fassungen abgedruckt.

Vorwort

Beide Seiten im amerikanischen Bürgerkrieg beteuerten, für die Freiheit zu kämpfen. Der Süden war – so Jefferson Davis im Jahre 1863 – »gezwungen, die Waffen zu ergreifen, um die politischen Rechte sowie Freiheit, Gleichheit und Souveränität der Einzelstaaten zu verteidigen, die unsere Vorfahren in der Revolution mit ihrem Blut erkauft und uns als Erbteil hinterlassen haben«. Lincoln aber hielt dagegen, wenn der Konföderation dies gelänge, dann würde sie die Union zerstören, die ebenjene revolutionären Vorfahren »in Freiheit ersonnen« hätten als »die letzte und einzig wahre Hoffnung« auf den Erhalt republikanischer Unabhängigkeit in der Welt. »Wir müssen diese Frage unverzüglich klären«, sagte Lincoln 1861 – die Frage nämlich, »ob in einem frei gewählten Staatswesen die Minderheit das Recht hat, nach eigenem Gutdünken die Regierung zu stürzen«.

Die Kommentatoren aus dem Norden begegneten dem Anspruch der Konföderierten, für die Freiheit zu kämpfen, mit blankem Spott. »Ihr Motto«, so der Dichter und Redakteur William Gullen Byrant, »heißt nicht Freiheit, sondern Sklaverei.« Allerdings kämpfte der Norden nicht von Anfang an für die Befreiung der Sklaven. »Es ist nicht meine Absicht, direkt oder indirekt gegen die Institution der Sklaverei in den Staaten vorzugehen, wo sie bereits besteht«, erklärte Lincoln zu Beginn der Auseinandersetzung. Im Juli 1861 wurde dieser Kurs vom Unionskongreß mit überwältigender Mehrheit bestätigt. Binnen eines Jahres aber beschloß Lincoln – und mit ihm der Kongreß –, die Sklavenbefreiung in den Staaten der Konföderation zur Kriegslosung zu erheben. Und im November 1863, als der Nationalfriedhof von Gettysburg eingeweiht wurde, kämpfte der Norden für die »Geburt einer neuen Freiheit« mit dem Ziel, die Verfassung der Gründerväter, unter der die Vereinigten Staaten zum größten Sklavenhalterland der Welt geworden waren, umzuwandeln in die Freiheitscharta einer Republik, in der, wie es bei den Nordstaatlern im Text der Bürgerkriegshymne hieß, »kein Mensch mehr Sklave sein wird«.

Die mannigfaltigen Bedeutungen von Sklaverei und Freiheit, wie sie sich im Schmelztiegel des Krieges auflösten und wieder zu neuen Strukturen zusammenfügten, bilden ein zentrales Thema dieses Buches. Der nämliche Schmelztiegel schweißte die in einer Bundes*union* unter schwacher Zentralregierung nur locker vereinten Staaten zu einer neuen *Nation* zusammen, geschmiedet in den Flammen eines Krieges, in dem mehr Amerikaner ihr Leben lassen mußten als in allen anderen Kriegen des Landes zusammengenommen.

Die Amerikaner der Bürgerkriegsgeneration wurden von Erfahrungen geprägt, vor denen Zeit und Bewußtsein neue Dimensionen annahmen. »Es sind dies furchtbar kritische, bange Tage, die das Schicksal des Kontinents auf Jahrhunderte hinaus entscheiden werden«, schrieb ein Zeitgenosse, und der Satz gilt stellvertretend für unzählige andere, die sich in Tagebüchern und Briefen aus dem Bürgerkrieg finden. »Die Aufregungen des Krieges und das lebhafte Interesse an seinem Verlauf haben alles andere in den Schatten gestellt. In unserem Denken und Reden hat nichts anderes mehr Platz«, schrieb Virginias »Eisenfresser« Edmund Ruffin im August 1861, und drei Tage später formulierte der Yankeeweise Ralph Waldo Emerson wie zur Bestätigung: »Der Krieg ... hat solch gewaltige Ausmaße angenommen, daß er uns alle zu verschlingen droht – keine noch so engagierte Beschäftigung kann ihn aussperren und keine Einsiedlerklause uns vor ihm verbergen.« Die Auseinandersetzung »preßte die Eindrücke eines ganzen Menschenlebens auf ein paar Jahre zusammen«, notierte 1865 ein Zivilist aus dem Norden. Nach der Schlacht bei Gettysburg gestand General George Meade seiner Frau, daß er während der vergangenen zehn Tage »so viel erlebt habe wie in den letzten dreißig Jahren zusammengenommen«. Im fernen London, wo er als Privatsekretär seines Vaters an der amerikanischen Gesandtschaft tätig war, fragte sich der junge Henry Adams, »ob wohl einer von uns je wieder imstande sein wird, ungetrübte Zeiten des Friedens und der Muße zu erleben? Unsere Generation ist aufgewühlt bis ins Innerste, und die Geschichte hat jeden von uns so nachhaltig gezeichnet, daß wir das Mal tragen werden bis ins Grab. Wir können gar nicht alltäglich sein. [...] Heute geschehen Tag für Tag und ohne daß jemand einen Gedanken daran verschwendet, Dinge, die zu anderen Zeiten das Ereignis des Jahres, ja vielleicht sogar eines ganzen Lebens wären«. Noch 1882 befand Mark Twain, daß das Bewußtsein der Südstaatler nach wie vor hauptsächlich vom Bürgerkrieg geprägt sei: Ihnen bedeute er das, »was anderswo Anno Domini ist; sie datieren ihre Zeitrechnung danach«. Das sei auch kaum verwunderlich, so der Satiriker aus Hannibal weiter, denn der Krieg habe schließlich »jahrhundertealte Institutionen ausgerottet ... das Gesellschaftsleben des halben Landes grundlegend verändert und so tief auf den gesamten Nationalcharakter eingewirkt, daß man den Einfluß frühestens in zwei oder drei Generationen wirklich wird ermessen können«.

Inzwischen sind wir fünf Generationen weiter, und noch immer beschäftigt dieser Krieg das amerikanische Bewußtsein nachhaltig. Hunderte von Bürgerkriegs-Tafelrunden und Lincoln-Gesellschaften erfreuen sich heute in den Staaten regen Zuspruchs. Jahr für Jahr schlüpfen Tausende von Amerikanern in blaue oder graue Uniformen und schultern ihre originalgetreu nachgefertigten Springfield-Musketen, um berühmte Schlachten aus dem Bürgerkrieg nachzuspielen. Nach wie vor zeichnet ein halbes Dutzend populärer und wissenschaftlicher Zeitschriften jeden nur erdenklichen Aspekt des Krieges auf. Hunderte von Abhandlungen zum Thema vergrößern alljährlich den bereits über 50 000 Bände starken Titelbestand, womit der Bürgerkrieg mit Abstand das meistkommentierte Ereignis in der amerikanischen Geschichte ist. Einige dieser Studien – allen voran die mehrbändigen Reihen über die Epoche des Bürgerkrieges – sind mittlerweile zu Klassikern avanciert: James Ford Rhodes' siebenbändige, vom Kompromiß von 1850 bis zu dem von 1877 reichende *History of the United States,* Allan Nevins' *Ordeal of the Union*, eine vierbändige Studie über den Zeitraum 1847 bis 1861 sowie sein ebenfalls vierbändiges Werk *The War for the Union,* David M. Potters sechshundertseitige Untersuchung *The Impending Crisis 1848–1861,* Bruce Cattons drei Bände über die Armee am Potomac *(Mr. Lincoln's Army, Glory Road* und *A Stillness at Appomattox)* sowie seine dreibändige *Centennial History of the Civil War* und die beiden Bände über Ulysses S. Grants Karriere im Bürgerkrieg, Douglas Southall Freemans hervorragende vierbändige Biographie *R. E. Lee* nebst den drei Ergänzungsbänden *Lee's Lieutenants* und endlich Shelby Footes *The Civil War,* drei fesselnde Bände von insgesamt fast dreitausend Seiten.

Neben solchen Monumentalstudien nimmt sich der vorliegende Versuch, den Krieg und seine Ursachen in einem einzigen Band zu komprimieren, wahrhaft bescheiden aus. Gleichwohl habe ich mich bemüht, die politischen und militärischen Ereignisse zu wichtigen sozialen und ökonomischen Entwicklungen der Epoche in Beziehung zu setzen und so ein lückenloses Netz zu knüpfen, das die aktuellen Forschungsergebnisse mit meinen eigenen Recherchen und Interpretationen verbindet. Bis auf das erste Kapitel, das die Konturen der amerikanischen Gesellschaft und Wirtschaft in den Jahrzehnten um die Mitte des 19. Jahrhunderts nachzeichnet, habe ich, um meine Geschichte zu erzählen und ihre Lehre zu veranschaulichen, einen narrativen Rahmen gewählt. Ausschlaggebend dafür war nicht nur die richtungweisende Vorgabe der *Oxford History of the United States,* sondern auch meine persönliche Vorstellung davon, wie sich die Entwicklung einer solchen Periode immerwährender Krisen, rascher Veränderungen, dramatischer Ereignisse und dynamischer Umwälzungen am besten darstellen läßt. Mit einem rein zeitkritischen oder thematischen Ansatz wäre man dieser Dynamik, diesem komplexen Geflecht von Ursache und Wirkung, dieser Intensität der Erfahrungen nicht gerecht geworden, besonders nicht für die eigentlichen vier Kriegsjahre, als auf mehreren Gebieten fast gleichzeitig Neuerungen eintraten, die sich gegenseitig so stark und unmittelbar beeinflußten, daß es den Zeitzeugen vorkam, als erlebten sie in einem einzigen Jahr ein ganzes Leben.

Hier ein Beispiel: Die gleichzeitige Invasion Marylands und Kentuckys durch die Konföderierten im Spätsommer 1862 erfolgte vor dem Hintergrund intensiver diplomatischer Verhandlungen, womöglich mit dem Ziel, Europa zum Eingreifen ins Kriegsgeschehen zu bewegen; sie stand ferner in Zusammenhang mit Lincolns Entschluß, eine Proklamation zur Sklavenemanzipation zu erlassen, mit Demonstrationen gegen Schwarze und gegen die Wehrpflicht im Norden sowie mit dem dort verhängten Kriegsrecht und mit der Hoffnung der sogenannten *peace democrats,* einer radikalen Gruppe innerhalb der demokratischen Partei, bei den Herbstwahlen die Mehrheit im Kongreß der Union zu erringen. Jedes dieser Ereignisse hatte unmittelbare Auswirkungen auf die übrigen; keines läßt sich losgelöst aus dem Gesamtgefüge verstehen. Ein rein zeitkritischer oder thematischer Ansatz, der militärische Operationen, Diplomatie, Sklaverei und Sklavenbefreiung, Kriegsgegnerschaft und Bürgerrechte sowie die Politik des Nordens in getrennten Kapiteln behandeln wollte, statt all diese Themen miteinander zu verknüpfen, wie ich es hier versucht habe, ein solcher Ansatz würde dem Leser keinerlei Aufschluß darüber verschaffen, warum die Schlacht um Antietam für den Ausgang aller übrigen Entwicklungen von so entscheidender Bedeutung war.

Da Antietam und einige andere Schlachten maßgeblich daran beteiligt waren, »das Schicksal des Kontinents auf Jahrhunderte hinaus« zu entscheiden, ist es auch gerechtfertigt, diese Feldzüge so ausführlich zu behandeln, wie es hier geschieht. Denn das meiste von dem, was uns heute an dieser Epoche der amerikanischen Geschichte wichtig scheint – das Los der Sklaverei, die unterschiedliche Gesellschaftsstruktur in Nord und Süd, die Entwicklung der amerikanischen Wirtschaft, das Verhängnis eines widerstreitenden Nationalgefühls in Nord und Süd, die Definition von Freiheit, ja das schiere Überleben der Vereinigten Staaten –, all das lastete auf den müden Schultern jener Männer in blauer oder grauer Uniform, die vier Jahre lang mit einer Grausamkeit um diese Dinge kämpften, wie es zwischen den Napoleonischen Kriegen und dem Ersten Weltkrieg im Abendland ohne Beispiel ist.

Die angenehmste Pflicht eines Autors besteht gewiß darin, den Menschen und Institutionen, die ihn bei seiner Arbeit unterstützt haben, zu danken. Dem Quellenbestand der Firestone Library der Universität Princeton und der Henry E. Huntington Library in San Marino, Kalifornien, entstammt ein Großteil des Forschungsmaterials, auf dem dieses Buch aufbaut. Zwei je einjährige Studienurlaube – am Zentrum für wissenschaftliche Forschung des Instituts für Behaviorismus in Stanford (wo ein Teil dieses Buches entstand) und in der Huntington Library – gaben mir Zeit und Gelegenheit, über die Ära des Bürgerkrieges zu lesen, zu recherchieren und zu schreiben. Finanziert wurden diese beiden überaus fruchtbaren Jahre in Kalifornien teils von der Universität Princeton, teils durch Stipendienfonds der National Endowments for the Humanities und teils von der Huntington Library sowie dem Behavioral Science Center. All diesen Einrichtungen gilt mein besonderer Dank dafür, daß sie mich bei der Arbeit an *Für die Freiheit sterben* so tatkräftig unterstützt haben. Danken möchte ich auch Gardner Lindzey, Margaret Amara und ihren Mitarbeitern am Behavioral Science Center, die mir bei der Erschließung der Reichtümer der Bibliotheken von Stanford und Berkeley behilflich waren. Die Mitarbeiter der Handschriftensammlung der Library of Congress und Richard Sommers, Archivar und Historiker am U.S. Army Military History Institute in Carlisle, Pennsylvania, haben mich bei meinen Forschungen in diesen wunderbaren Fundgruben der Geschichte auf jede nur erdenkliche Weise unterstützt. Mein Dank gilt ferner den Mitarbeitern der Bild- und Fotoarchive all jener Bibliotheken, aus deren Beständen ich die Illustrationen zu diesem Buch auswählen durfte.

George Frederickson las ein erstes Konzept zum vorliegenden Buch und steuerte wertvolle Verbesserungsvorschläge bei, desgleichen mein Kollege Allan Kulikoff, der freundlicherweise die Kapitel 1 und 20 gegengelesen hat. Sheldon Meyer, Senior Vice President der Oxford University Press, hat das Projekt von Anfang an betreut und es ebenso sachkundig wie hilfsbereit zur Vollendung geführt. Der Cheflektorin der Oxford Press, Leona Capeless, danke ich für ihren nimmermüden, ermunternden Ansporn und die überaus sorgfältige Redaktion des Manuskripts. Vann Woodward schulde ich mehr, als sich mit Worten ausdrücken läßt. Fast 30 Jahre lang hat er als Mentor, Freund, Gelehrter und Herausgeber meine Entwicklung zum Historiker gelenkt und ist mir in dieser Zeit mit seinem trefflichen Sachverstand stets ein großes Vorbild gewesen; er hat mehr als jeder andere zur Entstehung dieses Buches beigetragen. Auch Willie Lee Rose, meinem Freund und Kommilitonen an der Graduate School der Johns-Hopkins-Universität, möchte ich meinen herzlichen Dank abstatten; ihm gebührt, abgesehen von Vann, vor allem das Verdienst, mich in die Geheimnisse der Zunft eingeweiht zu haben.

Ohne die Liebe und partnerschaftliche Unterstützung meiner Frau Patricia wäre dieses Buch nicht denkbar. Abgesehen davon, daß sie mir bei den Recherchen half und die ersten Entwürfe mit einem untrüglichen Gespür für »schiefe« Bilder oder schwülstige Rhetorik gegenlas, hat sie sich auch die lästige, aber gleichwohl sehr wichtige Arbeit der Fahnenkorrektur mit mir geteilt und hat den Titel vorgeschlagen. Abschließend danke ich Jenny sowie Dahlia und ihren Freunden noch recht herzlich dafür, daß sie mir geholfen haben, sowohl Leistungsfähigkeit als auch Probleme der Kavallerie im Bürgerkrieg zu verstehen.

Princeton, *J. M. M.*
im Juni 1987

Geleitwort des Herausgebers

Keine andere Periode in der amerikanischen Geschichte stellt höhere Anforderungen an den Historiker als die des Bürgerkrieges. Um der besonderen Aufgabe gerecht zu werden, haben alle klassischen Chroniken sich mehrbändiger Darstellungen bedient. Allan Nevins benötigte beispielsweise acht Bände, und ein anderer Autor brachte es auf ebenso viele, ohne dabei den Anspruch auf Vollständigkeit zu erheben. Zu den hervorstechenden Qualitäten des vorliegenden Werkes gehört, daß es seinem Autor gelungen ist, die Periode so bewundernswert erschöpfend in einem einzigen Band darzustellen. Gewiß, es ist ein dicker Band, und vermutlich wird er der umfangreichste der insgesamt zehn der *Oxford History of the United States* sein. Daß er sich dessenungeachtet mit der kürzesten aller behandelten Perioden auseinandersetzt, erfordert wohl ein paar kommentierende Anmerkungen des Herausgebers.

Zunächst also ein Wort zur Disparität zwischen der Länge des Buches und der Kürze der Periode. Zwischen Bedeutung, Komplexität sowie Fülle der historischen Ereignisse und der Zeitspanne, während der sie sich zutragen, besteht kaum eine Korrelation. Manche historische Entwicklung von ungeheurer Tragweite braucht Jahrhunderte, um sich zu entfalten, indes nicht minder bedeutsame Entwicklungen in schwindelerregendem Tempo vor sich gehen können. In unserem Fall handelt es sich augenscheinlich um einen historischen Prozeß der letzteren Kategorie. In seinem Vorwort zu diesem Band schreibt McPherson, die Bürgerkriegsgeneration sei »von Erfahrungen geprägt [worden], vor denen Zeit und Bewußtsein neue Dimensionen annahmen«. Ein Historiker, der solche Erfahrungen protokolliert, muß sich auch mit diesen neuen Dimensionen auseinandersetzen. Wenn es den Zeitzeugen damals so vorkam, als würden sie »in einem einzigen Jahr ein ganzes Leben« durchmachen, dann darf der Historiker mit Fug und Recht mehr Kapitel und Seiten fordern, um solch außergewöhnliche Jahre angemessen zu kommentieren. Folgerichtig ist gerade über diese

Jahre weit mehr geschrieben worden als über jede andere Epoche der amerikanischen Geschichte. Und jede neue Publikation bringt neue Enthüllungen, wirft aber auch neue Fragen und Kontroversen auf, denen der moderne Historiker sich zu stellen hat.

Dürfte man bei einem so großzügigen Umfang nicht eine vollständige Erörterung aller Aspekte und Themen der Periode erwarten? Normalerweise schon, ja. Aber man kann hier kaum von einem normalen Zeitraum sprechen. In den wenigen Punkten, für die man Normalität geltend machen kann, handelt es sich weitgehend um eine Fortführung altbekannter Themen der amerikanischen Geschichte: Westausdehnung und Landbesiedelung, Vertreibung und Widerstand der Indianer, Wirtschaftswachstum und -entwicklung, europäische Einwanderungswellen oder das Auf und Ab der diplomatischen Beziehungen. Keines dieser klassischen Themen fehlt im Bürgerkrieg, und allen wird im vorliegenden Werk Rechnung getragen, nur sind sie zwangsläufig dem beherrschenden Thema untergeordnet oder mit diesem verknüpft. Es fällt schwer, sich einen Historiker bei klarem Verstand vorzustellen, der zwischen dem Geschützdonner von Gettysburg und dem Fall von Vicksburg innehält, um ein zeitkritisches Kapitel über die Erschließung des Inlands oder die Wanderung gen Westen einzublenden. Wie andere Historiker, die an der *Oxford History* mitwirken, hat auch McPherson sich mit den Autoren des vorhergehenden und des folgenden Bandes darüber verständigt, wer die ausführliche Behandlung sich überschneidender Themen übernimmt.

Unter den zehn in dieser Reihe behandelten Zeitabschnitten findet sich kein einziger, in dem die Amerikaner nicht in irgendeine kriegerische Auseinandersetzung verwickelt waren. Zwei davon werden offiziell als Weltkriege apostrophiert – zählte man einen Krieg aus dem 18. Jahrhundert dazu, wären es sogar drei. Womit läßt sich demgegenüber rechtfertigen, daß gerade dem amerikanischen Bürgerkrieg soviel Raum und Aufmerksamkeit zugebilligt wird? Um die relative Bedeutung eines Krieges zu bestimmen, stehen uns vielerlei Kriterien zur Verfügung. Dazu gehören Truppenstärken oder die Anzahl der Schiffe, die zum Einsatz kommen, die Dauer der Auseinandersetzung, Höhe der verursachten Kosten, Zahl der eroberten oder verlorenen Kampfziele, und so weiter. Einen ebenso schlichten wie aussagekräftigen Richtwert stellen die Verlustlisten dar. Im Anschluß an die Szene, die sich am 17. September 1862 bei Einbruch der Dunkelheit nach jenem Gefecht bot, das im Norden als Schlacht am Antietam und im Süden als Schlacht von Sharpsburg bekannt wurde, schreibt McPherson:

»Die Verluste beider Seiten am Antietam waren viermal so hoch wie die Gesamtverluste der amerikanischen Verbände bei der Landung in der Normandie am 6. Juni 1944. In Sharpsburg fielen an einem einzigen Tag doppelt so viele Amerikaner, wie bei Kampfhandlungen im Krieg von 1812, im Mexikanischen Krieg und im Spanisch-Amerikanischen Krieg *zusammen* ihr Leben lassen mußten.«

Und in der endgültigen Bilanz übersteigt die Zahl der Gefallenen des amerikanischen Bürgerkrieges die aller anderen Kriege, in die Amerika je verwickelt war, Weltkriege eingeschlossen. Vielleicht wäre es sinnvoll, die Frage nach dem Raum, der dem Militärgeschehen dieser Jahre gewidmet ist, im Lichte dieser Fakten zu betrachten.

C. Vann Woodward

Prolog
Impressionen aus Montezumas Palast

Am Morgen des 14. September 1847 verdunstete der Nebel über Mexico City rasch im hellen Sonnenschein. Eine leichte Brise kam auf und verjagte den Pulverdampf, der an die blutige Schlacht von Chapultepec gemahnte. Unrasierte, verdreckte Soldaten in zerlumpten Uniformen der Armee der Vereinigten Staaten marschierten auf der Plaza de Armas auf, traten in schlecht geordneter Formation an und salutierten müde, als die zerschossene amerikanische Flagge über der alten Hauptstadt der Azteken gehißt wurde. Auf den Gesichtern der zuschauenden Zivilisten malte sich Enttäuschung. Diese abgerissenen Gringos sollten Santa Annas prächtiges Kriegsheer bezwungen haben?

Plötzlich erklang aus einer Seitenstraße, die auf die Plaza mündete, zackige Militärmusik. Schmucke Dragoner sprengten mit gezogenem Säbel auf den Platz; sie eskortierten einen stattlichen General, ebenfalls hoch zu Roß auf einem prächtigen Braunen, in prunkvoller Galauniform mit goldenen Epauletten und weißem Federbusch am Helm. Unwillkürlich klatschten die Mexikaner Beifall. Wenn sie schon die Schmach der Niederlage erdulden mußten, dann sollte der Sieger zumindest etwas darstellen. Zu den Klängen von *Yankee Doodle* und *Hail to the Chief* saß General Winfield Scott ab und nahm die offizielle Kapitulation der Stadt entgegen. Bald darauf patrouillierten US-Marineinfanteristen mit Kreuzbandelier durch die Säulenhallen in Montezumas Palast, während im nahe gelegenen Guadalupe Hidalgo der amerikanische Gesandte Nicholas Trist einen Vertrag aushandelte, der das Territorium der Vereinigten Staaten um fast ein Viertel vergrößerte und dasjenige Mexikos um die Hälfte reduzierte. In den 16 vorangegangenen Monaten hatten die amerikanischen Streitkräfte unter den Generälen Scott und Zachary Taylor zehn wichtige Schlachten gewonnen, die meisten davon gegen zahlenmäßig überlegene mexikanische Verbände, die obendrein befestigte Stellungen verteidigten. Der Herzog von Wellington hatte Scotts Feldzug gegen Mexico City als die brillanteste Kampagne der modernen Kriegführung gerühmt.

Die Ironie des Schicksals sowie Uneinigkeit unter den Siegern sorgten freilich dafür, daß diese ihren Triumph nicht lange ungetrübt genießen konnten. Ein demokratischer Präsident hatte den Krieg im Interesse territorialer Expansion gegen den Widerstand der Whigs begonnen, die es nicht zuletzt ihrer kriegsfeindlichen Haltung verdankten, daß sie bei den Kongreßwahlen des Jahres 1846 die Mehrheit im Repräsentantenhaus erringen konnten. Die beiden kommandierenden Generäle in diesem siegreichen Krieg aber waren Whigs. Der demokratische Präsident James K. Polk entband den Whig Scott von seinem Kommando, nachdem Scott zwei demokratische Generäle vors Kriegsgericht gebracht hatte, denen seitens der Presse das Verdienst an den amerikanischen Siegen zugesprochen worden war. Der Präsident berief sogar seinen eigenen Gesandten ab, weil ihm dieser zu nachsichtig mit den Mexikanern zu verfahren schien; Trist ignorierte jedoch die Abberufung und handelte einen Vertrag aus, der den Amerikanern das gesamte mexikanische Gebiet zusicherte, das Polk sich ursprünglich erhofft hatte, mit dem er sich jetzt freilich nicht mehr zufriedengeben wollte. Polk brachte den Vertrag dann trotzdem vor den Senat, wo es einer Vereinigung von Whigs, die mexikanisches Territorium rundheraus ablehnten, und Demokraten, die mehr wollten, als man erobert hatte, um ein Haar gelungen wäre, ihn niederzustimmen. Die Antikriegspartei nominierte 1848 den Kriegshelden Zachary Taylor als ihren Präsidentschaftskandidaten und siegte; dieselbe Partei nominierte vier Jahre später den Kriegshelden Winfield Scott für das höchste Amt und verlor. Kongreßabgeordnete der Nordstaaten versuchten mit einer Klausel, dem sogenannten Wilmot-Proviso, die Sklaverei in den Territorien zu verbieten, die Beute eines Krieges waren, in dem zwei Drittel der Freiwilligen aus Sklavenhalterstaaten stammten. General Taylor war selbst Sklavenhalter, widersetzte sich aber, als er Präsident wurde, der Ausdehnung der Sklaverei. Die Zwietracht, die der Mexikanische Krieg gesät hatte, kam 15 Jahre später in einem noch weit tragischeren Konflikt zum Ausbruch. Den strahlenden Helden dieser neuen Auseinandersetzung wählte man zum Präsidenten, zwei Jahrzehnte, nachdem er als Lieutenant Sam Grant mitgeholfen hatte, die entscheidende Schlacht am Chapultepec zu gewinnen. Später erklärte er den Mexikanischen Krieg zu »einem der ungerechtesten, der je von einer stärkeren Nation gegen eine schwächere geführt wurde«.[1]

Die untereinander zerstrittenen Amerikaner gewannen den Mexikanischen Krieg, weil ihre Gegner sich noch mehr in Splittergruppen aufrieben als sie. Aber sie verdankten ihren Sieg auch der Schießkunst und dem Elan ihrer gemischten Divisionen aus Berufssoldaten und Freiwilligen und vor allem dem Mut und Professionalismus ihrer Nachwuchsoffiziere. Die Tüchtigkeit dieser Männer barg indes auch die bitterste Ironie des Mexikanischen Krieges in sich, denn viele der Besten unter ihnen sollten im nächsten Krieg gegeneinander kämpfen. So gehörten zu Scotts Stab zwei aufgeweckte Lieutenants mit Namen Pierre G.T. Beauregard und George B. McClellan. Captain Robert E. Lees verwegene Aufklärungsstreifzüge hinter den mexikanischen Linien bereiteten den Weg für zwei entscheidende Siege der Amerikaner. In einem seiner Berichte empfahl Captain Lee Lieutenant Grant für eine Auszeichnung, und wirklich dankte man ihm offiziell für seinen Einsatz beim Angriff auf Mexico City; das Dankesschreiben überbrachte ihm Lieutenant John Pemberton, der sich Grant 16 Jahre später bei Vicksburg ergeben sollte. Die Lieutenants James Longstreet und Winfield Scott Hancock kämpften Seite an Seite in der Schlacht von Churubusco; sechzehn Jahre später kommandierte Longstreet den Angriff gegen Hancocks Korps am Cemetery Ridge, und der Oberbefehlshaber dieses Angriffs war George Pickett, der sich gewiß noch an den Tag erinnerte, als er beim Sturm auf Chapultepec die Flagge des 8. Infanterieregiments übernahm, die dem verwundeten Lieutenant Longstreet bei seinem Sturz entglitten war. Albert Sidney Johnston und Joseph Hooker kämpften zusammen in Monterey; Colonel Jefferson Davis' Mississippi-Freiwillige vereitelten einen Angriff auf Buena Vista, und die Artillerieoffiziere George H. Thomas und Braxton Bragg kämpften in dieser Schlacht Seite an Seite mit dem gleichen feurigen Einsatz, mit dem sie später, 1000 Meilen weit entfernt, auf einem Gebirgskamm in Tennessee als Truppenkommandeure gegeneinander antreten sollten. Lee, Joseph E. Johnston und George Gordon Meade dienten Scott bei der Belagerung von Vera Cruz als Pionieroffiziere, während sich draußen vor der Küste, bei der amerikanischen Flotte, Lieutenant Raphael Semmes eine Kabine mit Lieutenant John Winslow teilte, dessen *U.S.S. Kearsarge* 17 Jahre später und 5000 Meilen weit entfernt Semmes' *C. S. S. Alabama* versenken sollte.

Der Mexikanische Krieg gewährte den Vereinigten Staaten die Erfüllung der von ihnen postulierten besonderen Bestimmung – ihrer *manifest destiny* –, derzufolge sie eines Tages den ganzen riesigen Kontinent von Küste zu Küste beherrschen würden. Doch um die Jahrhundertmitte drohten die zunehmenden Probleme der heranwachsenden Republik das Land zu entzweien, noch ehe es zur Reife gelangt war.

1.

Die Vereinigten Staaten um 1850

I

Seit jeher sind die Vereinigten Staaten vom Wachstum geprägt, und es ist bezeichnend für die Amerikaner, daß sie diese Entwicklung stets in rein quantitativen Kategorien definiert haben. Nie war das augenfälliger als in der ersten Hälfte des 19. Jahrhunderts, da gleich drei Bereiche eine beispiellose Zuwachsrate zu verzeichnen hatten: Bevölkerung, Territorium und Wirtschaft. Zachary Taylor – der letzte noch vor Inkrafttreten der Verfassung geborene Präsident – konnte 1850 auf weitreichende Veränderungen zurückblicken, die allesamt in seine Mannesjahre fielen. Die Bevölkerung der Vereinigten Staaten hatte sich gleich zweimal verdoppelt; entsprechend hatten die Amerikaner, die unaufhaltsam nach Westen und Süden vorrückten, ihren Lebensraum vervierfacht, und zwar teils durch Besiedelung, teils durch Eroberung, Annexion oder den Ankauf von Land, das seit gut 1000 Jahren von Indianern bewohnt war und auf das schon Frankreich, Spanien, England und Mexiko Anspruch erhoben hatten. Ebenfalls in der ersten Hälfte des 19. Jahrhunderts stieg das Bruttosozialprodukt um das Siebenfache. Keine andere Nation konnte im gleichen Zeitraum auch nur mit einer einzigen Komponente dieses sprunghaften Wachstums Schritt halten. Alle drei zusammengenommen machten Amerika zur Wunderkindnation des 19. Jahrhunderts.

Dieses ungebremste Wachstum hatte, auch wenn die meisten Amerikaner es als »Fortschritt« begrüßten, in Wahrheit nicht nur positive Auswirkungen. Für die Indianer etwa, die zusehends zurückgedrängt wurden, markierte es den Niedergang einer vormals lebendigen Kultur in Abhängigkeit und Apathie. Die Schwarzen, immerhin ein Siebtel der Gesamtbevölkerung, trugen zwar einen Großteil der mit dem Fortschritt einhergehenden Belastungen, profitierten aber kaum von seinen Segnungen. Wirtschaftswachstum und territoriale Expansion dieser Zeitspanne fußten jedoch zu einem ansehnlichen Teil auf den von Sklaven erbrachten Ernteerträgen. Die Baumwollflut aus dem amerikanischen Süden beherrschte den Weltmarkt, beschleunigte die industrielle Revolution in England und Neuengland, bannte gleichzeitig aber die Afroamerikaner fester denn je ins Joch der Sklaverei.

Selbst für weiße Amerikaner bedeutete das Wirtschaftswachstum freilich keine Garantie auf ungetrübten Fortschritt. Obgleich das Pro-Kopf-Einkommen sich in der ersten Hälfte des 19. Jahrhunderts verdoppelte, partizipierten durchaus nicht alle Gesellschaftsschichten gleichermaßen an diesem Wohlstand. Zwar erzielten nun Arme wie Reiche höhere Einkünfte, doch die Kluft zwischen beiden wurde immer größer. Um der einsetzenden Landflucht zu begegnen, verlegten die Farmer sich zunehmend darauf, für den Markt zu produzieren und nicht mehr wie bisher vorwiegend für den eigenen Bedarf. Entsprechend verlagerte sich auch die Herstellung von Stoffen, Bekleidung, Lederwaren, Handwerkszeug und anderen Gebrauchsartikeln, die man früher in Heimarbeit gefertigt hatte, erst auf Werkstätten und später auf Fabriken. Im Zuge dieser Entwicklung wandelte sich die Rolle der Frau vielfach von der Produzentin zur Konsumentin. Dies veränderte natürlich auch ihre gesellschaftliche Stellung. Manch ein Handwerker beklagte den Niedergang seines Gewerbes, da Arbeitsteilung und maschinelle Produktion die traditionellen Fertigungsmethoden unrentabel machten und ihn, den vormals Selbständigen, zum Lohnabhängigen degradierten. Die hieraus resultierenden Spannungen boten Zündstoff für Klassenkämpfe und gefährdeten so die soziale Struktur der aufstrebenden jungen Republik.

Noch beängstigender freilich drohte das Gespenst eines ethnischen Konflikts. Sieht man von vereinzelten deutschen Farmern in Pennsylvania und in den Tälern am Fuße der Appalachen ab, so stellten bis 1830 die Engländer traditionell protestantischen Bekenntnisses den größten Anteil der weißen Bevölkerung Nordamerikas. Doch da Land im Überfluß und zudem billig zu haben war und es dem aufblühenden Wirtschaftssystem an Arbeitskräften fehlte, während Nordeuropa mit knappen Ressourcen *und* Überbevölkerung zu kämpfen hatte, kamen in der Generation nach 1830 deutsche und irische Einwanderer erst grüppchen-, dann scharenweise in die Vereinigten Staaten. Die meisten dieser Neuamerikaner gehörten der römisch-katholischen Kirche an, und ihre wachsende Präsenz erfüllte einige amerikanische Protestanten mit Besorgnis. Zahlreiche nativistische Organisationen entstanden und wurden zum ersten Bollwerk des Widerstands in einem langen und schmerzlichen Rückzugsgefecht bis hin zur Anerkennung des kulturellen Pluralismus.

Die größte Gefahr für das Überleben der amerikanischen Nation um die Jahrhundertmitte ging indes weder von Klassenspannungen, noch von ethnischen

Streitigkeiten aus. Sie wurzelte vielmehr in dem regionalen Kampf um die Zukunft der Sklaverei, der zwischen Norden und Süden entbrannt waren. Viele Amerikaner vertraten die Ansicht, Leibeigenschaft sei unvereinbar mit den Gründungsidealen der Republik. Wenn alle Menschen gleich geboren und von ihrem Schöpfer mit gewissen unveräußerlichen Rechten ausgestattet waren, zu denen auch das Recht auf Freiheit und Streben nach Glück gehörte, wie ließ sich dann die Versklavung mehrerer Millionen Menschen rechtfertigen? Die Generation, die in den Revolutionskriegen gekämpft hatte, hob die Sklaverei in den Staaten nördlich der sogenannten Mason-Dixon-Linie auf; die neuen Staaten nördlich des Ohio traten der Union ohne Sklaven bei. Südlich dieser Grenzen wurde die Sklaverei dagegen zu einem fundamentalen Bestandteil von Wirtschaft und Kultur des Landes.

Unterdessen wurden die Vereinigten Staaten im ersten Drittel des 19. Jahrhunderts von einer Welle protestantischer Erneuerung, dem sogenannten *second great awakening*, überrollt. In Neuengland, dem Gebiet nördlich von New York sowie in jenen Teilen des alten Nordwestens oberhalb des 41. Breitengrades, wo die Nachfahren der Neuenglandyankees lebten, löste diese protestantische Begeisterung eine Vielzahl moralischer und kultureller Reformen aus. Die Abolitionisten entfalteten dabei die größte Dynamik, stifteten zugleich aber auch die meiste Unruhe. Als Erben der puritanischen Idee von der kollektiven Verantwortung, wonach ein jeder der Hüter seines Bruders ist, glaubten die Yankeereformer nicht an die kalvinistische Prädestinationslehre, statt dessen predigten sie, daß einem jeden, der sich wahrhaft darum bemühe, Erlösung verheißen sei, bestürmten die Konvertiten, der Sünde abzuschwören, und setzten sich für eine von allen Sünden befreite Gesellschaft ein. Die frevelhafteste Sünde, die es zu tilgen galt, war die Sklaverei. Vor dem Angesicht Gottes waren alle Menschen gleich; die Seelen der Schwarzen waren ebenso wertvoll wie die der Weißen; wenn ein Gottesgeschöpf ein anderes versklavte, so verstieß es damit gegen das höhere Gesetz, das des Herrn, auch wenn die Verfassung ihm das Recht dazu gab.

Um 1850 hatte die Abolitionistenbewegung sich zum Politikum entwickelt und begann das Land in zwei Lager zu spalten. Die Sklavenhalter hielten sich keineswegs für frevelhafte Sünder. Es gelang ihnen, auch die meisten der weißen Südstaatler, die keine Sklaven besaßen (zwei Drittel der dortigen weißen Bevölkerung), davon zu überzeugen, daß die Freilassung der Sklaven gleichbedeutend wäre mit wirtschaftlichem Ruin, gesellschaftlichem Chaos und Rassenkrieg. Die Sklaverei sei nicht das Übel, als das die Yankeefanatiker sie hinstellten; sie sei vielmehr, vom Recht auf Besitz legitimiert, die unantastbare Grundlage für Wohlstand, Frieden und Vorherrschaft der Weißen, ja geradezu eine Notwendigkeit, um die Schwarzen vor dem Abdriften in Barbarei, Kriminalität und Not zu bewahren.

Letzten Endes hätte die Sklavenfrage vermutlich in jedem Fall zur Machtprobe zwischen Nord- und Südstaaten geführt. Was das Problem so brisant machte, war der unaufhaltsam fortschreitende Gebietszuwachs der Staaten. Was war die Bestimmung – die *manifest destiny* – jener zwei Millionen Quadratmeilen westlich des Mississippi? Sollten sie frei sein oder unfrei? Für das Louisiana-Territorium hatte der Kongreß das Problem 1820 noch durch ein wahrhaft salomonisches Urteil zu lösen versucht, einen Kompromiß, der die Sklaverei in diesem Gebiet nur südlich einer Trennlinie 36°30′ nördlicher Breite zuließ (mit Missouri als Ausnahme nördlich dieser Linie). Die Krise wurde dadurch freilich nur hinausgeschoben. 1850 gelang dem Kongreß mit einem neuerlichen Kompromiß ein zweiter Aufschub. 1860 war die Konfrontation dann nicht mehr abzuwenden. Die territoriale Ausdehnung des Landes hätte vielleicht ohnehin die Gefahr einer Zerstückelung durch zentrifugale Kräfte heraufbeschworen, doch die Sklaverei ließ diese Gefahr um die Jahrhundertmitte zur ernsthaften Bedrohung werden.

II

Als die Vereinigten Staaten 1803 das Louisiana-Territorium erwarben, waren sie noch eine unbedeutende Nation an der Peripherie Europas, deren Bevölkerungsdichte etwa der von Irland entsprach. Thomas Jefferson glaubte, das »Imperium für die Freiheit«, das er Napoleon abgekauft hatte, würde ausreichen, um dem Bevölkerungszuwachs von 100 Generationen von Amerikanern Raum zu geben. Um 1850, nur zwei Generationen später, hatten die Amerikaner nicht nur dieses Gebiet besiedelt, sondern nahmen bereits ein neues an der Pazifikküste in Besitz. Wenige Jahre später überflügelten die Vereinigten Staaten Großbritannien und avancierten zur bevölkerungsreichsten Nation der westlichen Welt nach Rußland und Frankreich. 1860 zählte das Land fast 32 Millionen Menschen, darunter allein vier Millionen Sklaven. Während der letzten 50 Jahre war die amerikanische Bevölkerung viermal schneller gewachsen als diejenige Europas und sechsmal so rasch wie die durchschnittliche Weltbevölkerung.[1]

Drei Faktoren sind für dieses Phänomen verantwortlich: eine Geburtenrate, die wiederum um die Hälfte höher lag als diejenige Europas, eine etwas niedrigere Sterberate und die Einwanderung. Alle drei Faktoren waren mit dem relativen Wohlstand der amerikanischen Gesellschaft verknüpft. Der Bevölkerung stand sehr viel mehr Land zur Verfügung als in Europa; folglich war die Versorgungslage günstiger, die Leute konnten früher heiraten und sich mehr Kinder leisten.

Obgleich Nordamerika häufig von Epidemien heimgesucht wurde, forderten diese in den vorwiegend ländlichen Gebieten weniger Menschenleben als im dichter besiedelten Europa. Das günstige Verhältnis von Nutzfläche zu Einwohnerzahl in den Vereinigten Staaten ermöglichte höhere Löhne und bot Aufstiegschancen, die allein in der ersten Hälfte des 19. Jahrhunderts fünf Millionen Immigranten anlockten.

Obwohl die Vereinigten Staaten in diesem Zeitraum vorwiegend ländlich strukturiert blieben, vermehrte sich die urbane Bevölkerung (definiert als jene Gruppe, die in Gemeinden mit 2500 oder mehr Einwohnern lebte) zwischen 1810 und 1860 dreimal schneller als die Landbevölkerung, und zwar von sechs auf 20 Prozent der Gesamtbevölkerung. Dies war die höchste Urbanisierungsrate in der amerikanischen Geschichte. Während der gleichen Zeitspanne stieg der Prozentsatz an Arbeitskräften im nichtagrarischen Bereich von 21 auf 45 Prozent.[2] Unterdessen nahm die natürliche Zuwachsrate der amerikanischen Bevölkerung, wenngleich sie höher blieb als die Europas, langsam ab, da die Eltern sich in dem Bestreben, ihre Kinder besser zu ernähren und zu erziehen, für weniger Nachwuchs entschieden. Von 1800 bis 1850 sank die Geburtenrate Amerikas um 23 Prozent. Die Sterberate war ebenfalls leicht rückläufig – wenn auch vermutlich um nicht mehr als fünf Prozent.[3] Und doch wuchs die Bevölkerung während des ganzen Zeitraums in unverändertem Tempo – um 35 Prozent pro Jahrzehnt –, weil der steigende Einwandererstrom die sinkenden Geburtenraten wettmachte. Insgesamt bewirkte während dieser 50 Jahre der Geburtenüberschuß drei Viertel des Bevölkerungswachstums, während die Immigration den Rest ausmachte.[4]

Der wirtschaftliche Aufschwung begünstigte diesen demographischen Wandel erheblich. Die Bevölkerung verdoppelte sich alle 23 Jahre, das Bruttosozialprodukt alle 15 Jahre. Unter Wirtschaftswissenschaftlern ist umstritten, wann diese »intensive« Zuwachsrate einsetzte, da auswertbare Daten für die Zeit vor 1840 nur lückenhaft vorhanden sind. Fest steht, daß das Wirtschaftswachstum bis ins frühe 19. Jahrhundert hinein »extensiv« war – im Grunde genommen ebenso wie das Bevölkerungswachstum. Irgendwann nach dem Krieg gegen Großbritannien (1812–1814) – vermutlich im Zuge der Überwindung der Wirtschaftskrise von 1819 bis 1823 – begann die Wirtschaft schneller zu wachsen als die Bevölkerung, was eine geschätzte Pro-Kopf-Steigerung der nationalen Erträge und des Einkommens von durchschnittlich 1,7 Prozent jährlich zwischen 1820 und 1860 zur Folge hatte.[5] Die höchsten Zuwachsraten finden sich in den 30er und 50er Jahren, unterbrochen von einer schwerwiegenden Krise zwischen 1837 und 1843 und einer leichteren in den Jahren 1857 und 1858.

Obgleich die meisten Amerikaner Nutznießer dieser Einkommenssteigerung waren, profitierte die Oberschicht doch mehr davon als die Unterschicht. Während das Durchschnittseinkommen um 102 Prozent anstieg, erhöhten sich die Reallöhne der Arbeitnehmer nur um zwischen 40 und 65 Prozent.[6] Diese wachsende Kluft zwischen Reich und Arm scheint indes kennzeichnend für die meisten kapitalistischen Wirtschaftssysteme in den ersten Jahrzehnten intensiven Wachstums und zunehmender Industrialisierung. Wahrscheinlich kamen die amerikanischen Arbeiter in dieser Beziehung sogar noch besser weg als die der meisten europäischen Länder. Tatsächlich wird bis heute heftig diskutiert, ob die britischen Arbeitnehmer während der ersten 50 Jahre der industriellen Revolution nicht einen *absoluten Rückgang* der Reallöhne hinnehmen mußten.[7]

Verbesserte Transportmöglichkeiten waren unabdingbar für die ökonomische Entwicklung eines Landes von der Größe der Vereinigten Staaten. Vor 1815 konnte man Frachtgüter nur dann kosteneffizient über weite Strecken befördern, wenn man Segelschiffe oder die floßartigen, flußabwärts treibenden Flachboote benutzte. Die Straßen Amerikas waren zumeist unbefestigte, ausgefahrene Pisten, die bei Regen unpassierbar wurden. Die Kosten dafür, eine Tonne Frachtgut von einem amerikanischen Hafen aus 30 Meilen ins Landesinnere zu schaffen, lagen ebenso hoch wie die für den Transport derselben Waren über den Atlantik. Die Fahrt von Cincinnati nach New York dauerte mindestens drei Wochen; der einzig mögliche Weg, Waren zwischen diesen beiden Städten zu verschiffen, führte den Ohio und den Mississippi hinunter bis nach New Orleans und von dort über den Seeweg, durch den Golf von Mexiko und die Atlantikküste entlang: insgesamt eine mindestens siebenwöchige Unternehmung. Es erstaunt daher nicht, daß Amerikas Transatlantikverkehr den Binnenhandel überwog. Die meisten Fertigwaren, die in den Vereinigten Staaten gekauft wurden, stammten aus Großbritannien; Handwerker arbeiteten hauptsächlich auf Bestellung und allein für den heimischen Markt; Farmer, die nicht in der Nähe eines schiffbaren Gewässers lebten, verzehrten die meisten ihrer Anbauprodukte selbst. Die Wirtschaft wuchs, wenn überhaupt, nur wenig rascher als die Bevölkerung.

Dies änderte sich nach 1815 dank einer Revolution im Verkehrswesen, wie Historiker den Vorgang bezeichneten, ohne zu übertreiben. Privatgesellschaften, Einzelstaaten, ja selbst die Bundesregierung halfen mit, den Bau wetterfester Schotterstraßen zu finanzieren. Noch bedeutender war eine Pioniertat des Staates New York, der durch den Bau des Eriekanals Albany mit Buffalo und folglich New York City mit dem Nordwesten des Landes verband; damit war die Kanalära eingeläutet, und eine fieberhafte Bautätigkeit setzte ein, die dem Land bis 1850 rund 3700 Meilen Kanalstrecke bescherte. Etwa in der gleichen Zeitspanne erfüllte sich auch Robert Fultons Traum: Dampfschiffe befuhren schon bald jeden schiffbaren Fluß von Bangor bis nach St. Joseph. Doch schon in den 50er Jahren wurden sowohl romantisches Flair wie wirtschaftliche Bedeutung der Dampfschiffahrt vom Siegeszug der Lokomotive überschattet. Mit den 9000 Meilen Gleislänge, über die die Vereinigten Staaten um 1850 verfügten, waren sie führend in der ganzen Welt – ein Rekord, der sich dennoch bescheiden ausnimmt im Vergleich zu den 21 000 zusätzlichen Schienenmeilen, die während des nächsten Jahrzehnts verlegt wurden, und mit denen die Vereinigten Staaten ein größeres Streckennetz besaßen als die ganze übrige Welt. Eiserne Trassen spannten sich über die Appalachen und überbrückten den Mississippi. Um 1860 sollte eine noch jüngere Erfindung den ganzen Kontinent erobern: Der Telegraph strahlte über Kupferdrähte Direktmeldungen aus, die den im Bau befindlichen Eisenbahnstrecken vorauseilten.

Diese Wunder der Technik veränderten das Leben der Amerikaner von Grund auf. So halbierten sich zum Beispiel die Kosten des Transports auf der Straße auf 15 Cents pro Tonne und Meile. Aber die Straßen verloren bald an Bedeutung, sieht man von Kurzstrecken und Lokalverkehr ab. Kanalgebühren sanken auf weniger als einen Cent pro Tonnenmeile, Flußtarife lagen noch niedriger, und die Bahnkosten beliefen sich 1860 auf weniger als drei Cents. Trotz der höheren Preise erhielten größere Geschwindigkeit und Verläßlichkeit (die meisten Kanäle froren im Winter zu, und Flüsse wurden bei Niedrigwasser oder Flut unschiffbar) das Eisenbahngeschäft konkurrenzfähig. Städte, die nicht ans Schienennetz angeschlossen waren, verloren an Bedeutung; die anderen blühten auf, insbesondere wenn sie zusätzlich noch über Wasserwege verfügten. Chicago, eine Stadt, die in den Prärieausläufern am Ufer des Michigansees förmlich aus dem Boden schoß, wurde 1860 zur Endstation für 15 Eisenbahnlinien, nachdem ihre Bevölkerung im Jahrzehnt zuvor um 375 Prozent gestiegen war. Mit der halsbrecherischen Geschwindigkeit von 30 Meilen pro Stunde verkürzte das Dampfroß die Reisezeit zwischen New York und Chicago von vormals drei Wochen auf zwei Tage. Bald schon waren mehr Unfalltote durch Eisenbahnunglücke als durch explodierende Dampfschiffe zu beklagen. Die neuen Transportmittel reduzierten die Lieferfrist zwischen beispielsweise Cincinnnati und New York von 50 auf fünf Tage. Cincinnati wurde dank dieser Entwicklung zur Fleischgroßhandelsmetropole der Vereinigten Staaten. Die Differenz des Großhandelspreises für Schweinefleisch aus dem Westen der Staaten zwischen Cincinnati und New York sank um fast 90 Prozent, die Differenz der Großhandelspreise für Mehl aus dem Westen zwischen den nämlichen beiden Städten verringerte sich von 2,48 Dollar auf 48 Cents.

Der Telegraph ermöglichte direkte Notierungen über diese und andere Preisänderungen im ganzen Land. Im Verein mit der Eisenbahn und mit technischen Innovationen in Druckverfahren und Papierherstellung verhalf er der Zeitung, dem damals führenden Kommunikationsmedium des Landes, zu einer enormen Einflußsteigerung. Der Preis für eine Einzelausgabe sank von sechs Cents im Jahre 1830 auf einen oder zwei Cents 1850. Die Auflagen stiegen doppelt so rasch wie das Bevölkerungswachstum. Die »neuesten Nachrichten« waren nun, statt wie bisher Tage, nur noch wenige Stunden alt. Schnellzüge brachten die Wochenendausgaben der Großstadtblätter (wie Horace Greeleys *New York Tribune*) zu 1000 Meilen entfernt gelegenen Farmen, wo die Bewohner ihre politische Meinung nach den Leitartikeln formten. 1848 schlossen sich mehrere große Zeitungen zu einer Genossenschaft zusammen und gründeten die Associated Press, das erste große Telegraphen- und Nachrichtenbüro der Vereinigten Staaten.[8]

Mit der Revolutionierung des Verkehrswesens wurde der Weg frei zur Umgestaltung und Modernisierung des Wirtschaftssystems. Bis 1815 produzierten die Amerikaner auf ihren Farmen beziehungsweise im eigenen Haushalt die meisten ihrer Konsum- oder Gebrauchsartikel sowie ihre Garderobe noch selbst. Mütter und Töchter nähten die Kleider für die ganze Familie mit selbstgesponnenem Garn und aus handgewebten Stoffen. Sie arbeiteten teils beim Schein selbstgezogener Kerzen, teils bei natürlichem Licht, das durchs Fenster in ein Haus fiel, welches mit heimischen Materialien aus einer nahe gelegenen Sägemühle oder Ziegelei von ortsansässigen Zimmerleuten, Maurern oder männlichen Mitgliedern des Hausstandes erbaut worden war. Auch die Schuhe wurden in der Familie selbst hergestellt oder vom Dorfschuster angefertigt; das Leder dazu lieferte die heimische Gerberei. Handwerkszeug und landwirtschaftliches Gerät, das die Ortschaft benötigte, bestellte man beim Schmied. Sogar Schußwaffen baute ein Büchsenmacher aus der Umgebung, der mit Recht stolz auf seine Kunstfertigkeit war. In größeren Gemeinden und Städten standen Schneidermeister, Schuhmacher, Tischler oder Stellmacher kleinen Werkstätten vor, wo sie, unterstützt von ein paar Gesellen und ein, zwei Lehrjungen, solide Gebrauchsgegenstände anfertigten und für reichere Kundschaft wohl auch Aufträge »nach Maß« bearbeiteten. In einem Zeitalter zeitraubenden und teuren Überlandtransports wurden solche Waren selten weiter als 20 Meilen vom Herstellungsort entfernt verkauft.

Diese vorindustrielle Welt konnte der Revolutionierung des Verkehrswesens nicht standhalten, die Arbeitsteilung und Spezialisierung der Produktion für immer größere und entlegenere Märkte ermöglichte. Immer mehr Farmer spezialisierten sich jetzt auf Anbaufrüchte, für die sich Boden und Klima ihres Landes am besten eigneten. Mit dem Erlös ihrer Ernteerträge kauften sie Nahrungsmittel,

Kleidung und Haushaltswaren, die sie vordem am Ort in Auftrag gegeben oder selbst angefertigt hatten, die aber nun anderswo angebaut, verarbeitet beziehungsweise hergestellt und ihnen auf dem Wasser- oder Schienenweg zugänglich gemacht wurden. Für die Feldarbeit schafften die Farmer neu entwickelte Sämaschinen, Grubber, Mähmaschinen und -binder an, die eine aufblühende landwirtschaftliche Maschinenindustrie in stetig wachsender Zahl auf den Markt brachte.

In Gemeinden und Städten reorganisierte und standardisierte ein neuer Unternehmertypus, der sogenannte »Handelskapitalist« oder »Industrielle«, die Produktion verschiedener Warensortimente für den Massenverkauf auf regionalen und später auch auf landesweiten Märkten. Manche dieser Unternehmer waren eigentlich Handwerksmeister, die nun die Arbeit ihrer Angestellten, denen sie Tages- oder Stücklohn zahlten, planten und überwachten, statt sich mit ihnen wie bisher sowohl die Arbeit an der Herstellung eines Produkts als auch dessen Verkaufserlös zu teilen. Andere Industrielle hatten ursprünglich wenig oder gar keine Beziehung zum jeweiligen »Gewerbe« (Schuhmacherei, Schneiderei und so weiter). Sie waren ausschließlich Geschäftsleute, die das Kapital zur Verfügung stellten und Facharbeiter beschäftigten, um ein Unternehmen effizienter zu strukturieren. Dazu boten sich verschiedene Möglichkeiten an, denen allen freilich eines gemeinsam war: Der Fertigungsprozeß eines Produkts (Schuhe oder Möbel zum Beispiel), der zuvor einem einzigen oder einigen wenigen erfahrenen Handwerkern oblag, wurde nun in zahlreiche Einzelschritte zerlegt, die jeweils nur begrenzte Fachkenntnis erforderten und von verschiedenen Arbeitern gesondert ausgeführt wurden. Manchmal benutzte der Arbeiter dazu noch das herkömmliche Handwerkszeug, immer häufiger aber bediente er sich maschineller Hilfe.

Hochmechanisierte Industriezweige wie die Textilherstellung gingen schon frühzeitig zum Manufaktursystem über, wo alle Arbeitsgänge unter einem Dach vereint wurden und eine einzige Energiequelle (in der Regel Wasser, manchmal auch Dampf) die Maschinen in Betrieb hielt. Dieses System ermöglichte es der Textilindustrie Neuenglands, ihre Jahresproduktion an Baumwollstoff von vier Millionen Yards im Jahre 1817 auf 308 Millionen Yards im Jahre 1837 zu steigern. In weniger mechanisierten Unternehmen wie etwa der Schneiderei waren die Betriebe kleiner, und ein Teil der Arbeitsvorgänge wurde angelernten Kräften – oft Frauen und Kindern – übertragen, die sie in Heimarbeit verrichteten. Daran änderte sich auch dann nichts, als in den 40er Jahren die Nähmaschine erfunden wurde, die ja ebensogut zu Hause benutzt werden konnte wie in der Fabrik.

Unabhängig vom genauen Verhältnis zwischen Maschinen- und Handwerksbetrieb sowie zwischen Fabrikfertigung und Heimarbeit waren die entscheidenden Kriterien der neuen Produktionsweise Arbeitsteilung und -spezialisierung, Standardisierung, straffere Disziplin sowie Effizienz und Mengensteigerung bei Kostensenkung. All diese Faktoren zusammengenommen reduzierten die Preise für Großhandelswaren von 1815 bis 1860 um 45 Prozent. Im gleichen Zeitraum sanken die Verbraucherpreise sogar noch drastischer, und zwar um schätzungsweise 50 Prozent.[9]

Um 1860 nahm die moderne amerikanische Wirtschaft des Massenkonsums, der Massenproduktion und kapitalintensiven Landwirtschaft erkennbare Konturen an, auch wenn ihre Entwicklung in den verschiedenen Regionen und Industriezweigen keineswegs einheitlich verlaufen war. Selbst in den fortschrittlichsten Landesteilen wie Neuengland war sie noch längst nicht abgeschlossen, und so fand man auch dort noch viele Dorfschmiede und herkömmliche Schuster. Westlich des Mississippi und in rückständigeren Gebieten, wo die Revolution des Verkehrswesens sich noch nicht bemerkbar machte – in den Hochland- und Kiefernwaldplateaus des Südens beispielsweise oder den großen Wäldern in Maine und in den Adirondacks –, hatte diese Entwicklung kaum begonnen. Viele Amerikaner lebten noch immer in einer fast autarken, handwerklich orientierten Prä-Marktwirtschaft, die sich nicht sonderlich von der ihrer Großeltern unterschied. Desungeachtet hatten die fortschrittlicheren Wirtschaftsregionen den Vereinigten Staaten bereits den höchsten Lebensstandard der Welt sowie den zweithöchsten Industrieertrag verschafft, und sie arbeiteten sich rasch an ihre britischen Vettern heran, obwohl deren industrielle Revolution 50 Jahre Vorsprung hatte.[10]

Besagte Vettern begannen aufzuhorchen. Der Sieg *Amerikas* über 14 britische Yachten im Wettbewerb der Royal Yacht Squadron von 1851 erschütterte die Nummer Eins unter den Seemächten der Welt. Der Wettkampf wurde anläßlich der internationalen Industrieausstellung im Crystal Palace in London ausgetragen, wo die Produkte der amerikanischen Industrie großes Interesse fanden – weniger ob der Qualität der amerikanischen Musketen, Mähmaschinen, Schlösser und Revolver, sondern weil sie aus maschinell gefertigten, auswechselbaren Teilen bestanden. Das Konzept der Austauschbarkeit war 1851 nicht mehr neu, und es war auch keine Erfindung der Amerikaner. Die französische Waffenindustrie hatte bereits um 1780 auswechselbare Teile für Musketen produziert. Aber die meisten dieser Teile waren von erfahrenen Handwerkern auf nichtmaschinellem Wege angefertigt worden, und ihre Auswechselbarkeit war bestenfalls annäherungsweise gewährleistet. Neu für die europäischen Beobachter von 1851 war die amerikanische Technik, jedes Einzelteil von einer Spezialmaschine anfertigen zu lassen, die eine beliebige Zahl gleicher Teile mit geringerer Toleranz reproduzieren konnte, als selbst der geschickteste Handwerker sie erzielt hätte. Die Briten nannten diesen Prozeß »das amerikanische Fabrikationssystem« – ein Begriff, der sich bis heute erhalten hat.[11]

Die Auswechselbarkeit der nach diesem »System« fabrizierten Teile ließ freilich oft noch zu wünschen übrig. Mitunter war es nötig, Teile nachträglich per Hand zurechtzufeilen, um eine exakte Paßform zu erreichen. Präzisionsmaschinen und Meßgeräte mit Toleranzen im Bereich von einem Tausendstel Zoll kamen erst ein bis zwei Generationen später auf den Markt. Dennoch überzeugte ein Test mit zehn willkürlich ausgewählten Musketen, die jeweils in verschiedenen Jahren zwischen 1844 und 1853 von der Waffenfabrik Springfield (Massachusetts) hergestellt worden waren, die britischen Skeptiker. Ein Arbeiter zerlegte die Musketen, schüttelte die Teile in einer Kiste kräftig durcheinander und setzte anschließend die zehn Musketen wieder tadellos zusammen.

Es war kein Zufall, daß das System der Auswechselbarkeit zuerst in der Handfeuerwaffenherstellung perfektioniert wurde. In Kriegszeiten benötigt eine Armee so rasch wie möglich Waffen in großer Zahl und muß sich außerdem darauf verlassen können, für beschädigte Teile ebenso schnell Ersatz zu bekommen. Die Waffenschmieden der US-Regierung in Springfield und Harper's Ferry hatten das neue System in der Generation vor 1850 schrittweise entwickelt. Die Briten importierten amerikanische Maschinen, um während des Krimkrieges die Enfield-Werke aufzubauen. Außerdem errichtete Samuel Colt in London eine Revolverfabrik, die mit Maschinen aus Connecticut ausgestattet wurde. Vorgänge wie diese markierten die Verlagerung der Weltvorherrschaft in der Werkzeugmaschinenindustrie von Großbritannien nach den Vereinigten Staaten.

In den Jahren nach 1850 berichteten Delegationen britischer Industrieller, die Amerika besucht hatten, nach ihrer Heimkehr über eine breitgefächerte Produktpalette, ausnahmslos von Spezialmaschinen gefertigt: Uhren und Chronometer, Möbel und andere Holzprodukte, Nägel und Schrauben, Muttern und Bolzen, Schienennägel, Schlösser, Pflüge und so weiter. »Es gibt nichts, was nicht maschinell hergestellt werden könnte«, erklärte Samuel Colt 1854 einer Parlamentsabordnung – zu diesem Zeitpunkt waren die Briten schon bereit, ihm zu glauben.[12]

Die Prinzipien der Massenproduktion wurden in Amerika nach und nach auch auf scheinbar unmögliche Gebiete angewandt: so zum Beispiel auf den Hausbau. Dies war die Epoche, in der die *balloon-framing*- oder Nagelrahmen-Bauweise erfunden wurde, eine Methode, nach der heute mindestens drei Viertel aller amerikanischen Häuser errichtet werden. Vor 1830 beschränkte man sich in der Regel auf Stab- oder Blockbauweise, und zwar unter Benutzung eines der drei folgenden Werkstoffe: roh behauener Baumstämme, Ziegel oder Stein, grober, von Zimmerleuten bearbeiteter Bohlen, die mit Zapfen und Dübeln verbunden und mit Holzkeilen verankert wurden. Erstere Variante war preiswert, aber zugig und konnte die in wachsendem Wohlstand lebende Mittelschicht bald nicht mehr zufriedenstellen; die beiden letzteren waren solide, aber teuer und erforderten eine lange Bauzeit sowie geschickte Maurer und Zimmerleute. Gerade die aber waren knapp in den praktisch über Nacht aus dem Boden schießenden Städten wie Chicago, wo in kürzester Zeit möglichst viele Unterkünfte benötigt wurden. Um den steigenden Bedarf an Wohnraum zu decken, entstanden in den 30er Jahren die ersten Nagelrahmen-Gebäude in Chicago und Rochester, einer aufstrebenden Stadt am Eriekanal. Ihr heute geläufiges Bauschema beruhte auf maschinell gesägten Bohlen, die, mit ebenfalls industriell hergestellten Nägeln zusammengehalten, zum Gerippe eines Fachwerkhauses aufgeschlagen wurden. Maschinell gefertigte Seitenwandungen und Schindeln sowie industriell hergestellte Türen und Fensterrahmen ergänzten den Rohbau. Skeptiker spotteten, diese »Gerippe« würde gewiß schon der erste starke Wind umpusten. In Wirklichkeit aber waren sie erstaunlich widerstandsfähig, denn die Bohlen waren so zusammengenagelt, daß jeder Druck von der Maserung des Holzes aufgefangen wurde. Solch ein Haus konnte in einem Bruchteil der Zeit und zu einem Bruchteil der Kosten errichtet werden, die traditionelle Bauweisen erfordert hätten. Diese »Chicago-Konstruktion« war so erfolgreich, daß sie schon bald in allen Teilen des Landes Nachahmer fand.[13]

Am *balloon-framing*-Haus lassen sich vier Faktoren veranschaulichen, die damals und später angeführt wurden, um das Aufkommen des amerikanischen Manufaktursystems zu erklären. Der erste Faktor war das, was Volkswirtschaftler Bedarf nennen und was Sozialwissenschaftler als eine Demokratie des Konsums apostrophieren könnten: das Bedürfnis oder der Wunsch einer wachsenden und mobilen Bevölkerung nach einem Sortiment gebrauchsfertiger Konsumgüter zu annehmbaren Preisen. Die meisten Amerikaner zählten sich in den 50er Jahren zur »Mittelklasse«, und sie waren willens und in der Lage, sich Konfektionsschuhe, -möbel, -herrenbekleidung, -uhren, -gewehre, ja sogar -häuser zu leisten. Wenn diese Produkte auch nicht die Qualität, Verarbeitung, Exklusivität und Haltbarkeit der erlesenen Stücke aus handwerklicher Produktion aufwiesen, so waren sie doch funktionstüchtig und vor allem erschwinglich. Eine neue Institution, das »Warenhaus«, entstand, um die Erzeugnisse der Massenproduktion an ein Massenpublikum zu verkaufen. Europäische Besucher, die (nicht immer positiv) auf den Zusammenhang zwischen einem politischen System des allgemeinen Wahlrechts der (weißen) Männer und einem sozioökonomischen System standardisierten Konsums aufmerksam machten, trafen voll ins Schwarze. Drückende Armut und verschwenderischen Reichtum gab es in den Vereinigten Staaten zwar auch, aber was die meisten Beobachter beeindruckte, war die breite Mittelschicht. Ein weiterer Faktor, der dem amerikanischen System Auftrieb verlieh, war der Mangel an qualifizierten, entsprechend teuren Arbeitskräften. So begünstigte zum Beispiel die Knappheit an Zimmerleuten den Erfolg des Nagelrahmen-Hauses. »Die Arbeiterklasse ist hier vergleichsweise klein«, berichtete eine britische Industriekommission, die 1854 die Vereinigten Staaten besuchte, »und eben diesem Mangel ... darf man wohl den außerordentlichen Erfindungsreichtum zuschreiben, der sich in den vielen arbeitssparenden Maschinen widerspiegelt, deren automatische Verrichtung schon fast vollständig die aufwendige Handarbeit der älteren Fertigungsländer ersetzt.« Die Europäer fanden bei den amerikanischen Arbeitern erstaunlich wenig Widerstand gegen die Mechanisierung. Da Arbeitskräfte von vornherein knapp waren, dienten die neuen Maschinen nicht wie anderswo dazu, Arbeiter zu ersetzen, sondern eher dazu, die Produktivität des einzelnen Arbeiters zu steigern. Amerikanische »Arbeiter begrüßen mit Genugtuung alle mechanischen Verbesserungen«, berichtete ein britischer Industrieller (überspitzt), »denn sie sind gebildet genug, deren Wert und Bedeutung zu schätzen, und verstehen wohl, daß die Maschine sie vom Stumpfsinn mühseliger Handlangerdienste befreit«.[14]

Manche Historiker führen, wenngleich sie die These vom Arbeitskräftemangel nicht in Abrede stellen, noch einen dritten Grund für die kapitalintensive Erscheinungsform des amerikanischen Systems ins Feld – die schier unerschöpflichen Ressourcen der Vereinigten Staaten, die ja auch eine Form von Kapital darstellen; drei herausragende Beispiele in der hier behandelten Epoche sind Land, Holz und reichlich Wasserkraft vornehmlich in Neuengland. Das günstige Verhältnis zwischen Land und Bevölkerung förderte eine Agrarform, die anderswo unwirtschaftlich gewesen wäre, in den Vereinigten Staaten dagegen ökonomisch sinnvoll war, da hier der Einsatz von Maschinen zwar einen bescheidenen Ertrag pro Morgen, aber einen hohen Gewinn pro Arbeitsstunde erzielte. Holz war in Amerika so reichlich vorhanden, wie es in Europa knapp war; folglich fand es in der Neuen Welt zahlreiche Verwendungszwecke – als Brennstoff für Dampfschiffe und Lokomotiven, als Bauholz für Häuser, für Rahmen und Maschinenteile und so weiter. Amerikanische Werkzeugmaschinen wurden zuerst in der holzverarbeitenden Industrie entwickelt, wo sie bald fast in der gesamten Produktion zum Einsatz kamen, nämlich für Möbel, Musketen- und Beilschäfte, Radspeichen, Türen und eine Vielzahl anderer Artikel. Der Holzverbrauch bei maschinell gefertigten Produkten war zwar wesentlich verschwenderischer als im handwerklichen Betrieb, doch erwies sich das Fabrikationssystem als ökonomisch rationell, wo das Holz billig, die Arbeitskraft dagegen teuer war. Amerikas Vorreiterrolle in der holzbearbeitenden Fabrikation war Voraussetzung für seine Führungsrolle in der Metallverarbeitung nach 1850. Strömungsstarke Flüsse lieferten den amerikanischen Manufakturen billige Energie und sorgten dafür, daß Wasser seinen Status als Hauptquelle der industriellen Energie in den Vereinigten Staaten bis 1870 behaupten konnte.[15]

Der vierte Faktor, mit dem britische Beobachter die Leistungsfähigkeit des amerikanischen Wirtschaftssystems erklärten, war ein Bildungswesen, dank dessen ein Großteil der amerikanischen Arbeiterschaft Lesen und Schreiben gelernt und sich »geistige Beweglichkeit« erworben hatte. Im Gegensatz dazu mangelte es einem britischen Arbeiter, der statt allgemeiner Schulbildung nur seine lange »fachbezogene« Lehrzeit aufzuweisen hatte, an »Formbarkeit des Geistes und rascher Auffassungsgabe für Neuerungen«, und es »widerstrebt [ihm], Methoden, an die er gewohnt ist, zu ändern«, wie ein englischer Fabrikant es formulierte. Das britische System der Handwerkslehre hatte in den Vereinigten Staaten, wo zumindest im Nordosten die meisten Kinder bis zum 14. oder 15. Lebensjahr die Schule besuchten, keinen Bestand. »Da er weit gebildeter ist als die Angehörigen einer viel höheren Gesellschaftsschicht in der Alten Welt ... scheint jeder [amerikanische] Arbeiter beständig etwas Neues zu erfinden, das ihm seine Arbeit erleichtert, und es besteht ein starkes Bedürfnis ... sich über jede neue Verbesserung zu informieren.«[16]

Dies war vielleicht ein bißchen übertrieben ausgedrückt. Aber viele technische Neuerungen in Amerika wurden tatsächlich von den Arbeitern selbst beigesteuert. Elias Howe, ein Maschinenschlossergeselle aus Boston, der eine Nähmaschine erfand, ist nur eins von vielen Beispielen. Männer wie er waren es, die den Zeitgenossen vorschwebten, wenn sie von der Erfindungsgabe der Yankees sprachen. Sie benutzten den Begriff »Yankee« dabei in allen drei Bedeutungen des Wortes: Amerikaner, insbesondere Bewohner der nördlichen Staaten und speziell Neuengländer. Von 143 wichtigen Erfindungen, die in den Vereinigten Staaten zwischen 1790 und 1860 patentiert wurden, kamen 93 Prozent aus den Staaten, in denen die Sklaverei nicht zulässig war, den sogenannten *free states,* und davon fast die Hälfte allein aus Neuengland. Ein Großteil der Werkzeugmaschinenindustrie sowie die meisten Manufakturen mit den modernsten Methoden des amerikanischen Fabrikationssystems befanden sich in Neuengland. Ein Argentinier, der 1847 die Vereinigten Staaten besuchte, schrieb, mit der Umsiedlung der Neuengländer in andere Landesteile hätten »in der übrigen Union die ... moralische und intellektuelle Begabung [sowie] ... die Handfertigkeit, die einen Amerikaner zur wandelnden Werkstatt macht, [Einzug gehalten] ... Diese Leute sind es, die die großen Kolonisations- und Eisenbahnunternehmungen begründen und weiterentwickeln«.[17]

Britische Beobachter täuschten sich nicht, wenn sie eine Verbindung zwischen der »geistigen Beweglichkeit« der Yankees und ihrem Bildungssystem konstatierten. Um 1850 hatte Neuengland die weltweit führende Rolle im Bildungswesen übernommen und konnte den geringsten Anteil an Analphabeten vorweisen. Über 95 Prozent seiner erwachsenen Bevölkerung konnten lesen und schreiben; drei Viertel der Kinder zwischen fünf und 19 Jahren waren in einer Schule registriert und besuchten durchschnittlich sechs Monate im Jahr den Unterricht. Die übrigen Gebiete im Norden lagen nicht weit hinter diesem Standard zurück. Der Süden dagegen hinkte nach; hier konnten nur 80 Prozent der weißen Bevölkerung lesen und schreiben, und nur ein Drittel der weißen Kinder besuchte durchschnittlich drei Monate im Jahr die Schule. Die Sklaven gingen natürlich überhaupt nicht zur Schule, und nur ein Zehntel von ihnen konnte lesen und schreiben. Doch selbst wenn man die Sklaven mitrechnet, konnten in den 50er Jahren fast vier Fünftel der amerikanischen Bevölkerung lesen und schreiben, im Gegensatz zu nur zwei Dritteln in Großbritannien und Nordwesteuropa und gar nur einem Viertel in Süd- und Osteuropa. Berücksichtigt man nur die freie Bevölkerung, so konnten sich mit der Analphabetenrate der Vereinigten Staaten von 10 Prozent nur noch Schweden und Dänemark messen.[18]

Der Ausbau des Bildungswesens in diesen Ländern seit dem 17. Jahrhundert war eine Folge der protestantischen Reformation. Die Geistlichkeit mußte in der Lage sein, Gottes Wort zu lesen und zu verstehen. Auch in der amerikanischen Erziehung des 19. Jahrhunderts spielte die Religion noch eine wichtige Rolle. Die meisten Colleges und höheren Schulen wurden von Konfessionskirchen getragen, und selbst in den staatlichen Schulen wirkte die protestantische Schirmherrschaft nach. Ausgehend von Neuengland, wurde seit 1830 das staatliche Schulsystem vereinheitlicht und in dieser Form auf den Süden und Westen des Landes ausgedehnt; weit über den Ohio war es indes noch nicht vorgedrungen. Als Leiter der staatlichen Schulbehörde von Massachusetts und obendrein unermüdlicher Publizist setzte Horace Mann zahlreiche Reformen durch: die Errichtung von Schulen zur Lehrerausbildung, die Einführung standardisierter, abgestufter Lehrpläne, die Einbindung verschiedener Landkreis- und von wohltätigen Stiftungen getragenen Stadtschulen in ein einheitliches staatliches Schulsystem sowie die Ausweitung des staatlichen Lehrangebots auch auf die höheren Schulen.

Ein wichtiges Ziel dieser Schulen blieb es, so der Schulinspektor von Massachusetts 1857, ihren Zöglingen die protestantischen Moralwerte »Ordnung, Pünktlichkeit, Beharrlichkeit und Fleiß« durch »tägliche moralische und religiöse Unterweisung« einzuschärfen. Neben der Vermittlung von Sachkenntnis und Wissen kamen auch diese Werte den Bedürfnissen einer wachsenden kapitalistischen Wirtschaft zugute. Schulen, so schrieb Horace Mann 1848, seien »die großen Mittler bei der Schaffung oder Mehrung nationalen Reichtums«, ja, sie seien »wirksamer für die Erwirtschaftung und gewinnbringende Verwendung des gesamten Volksvermögens als alle anderen Faktoren, die in den Büchern der Volkswirtschaftler Erwähnung finden«.[19] Der Textilmagnat Abbot Lawrence beschied einen Freund aus Virginia, der dem industriellen Fortschritt Neuenglands nacheifern wollte: »Ohne ein allgemeingültiges System zur Volkserziehung können Sie nicht erwarten, Ihre Ressourcen zu erschließen; eine ordentliche Schulbildung ist das A und O für jeden dauerhaften Fortschritt.« »Intelligente Arbeiter«, ergänzte ein anderer Yankeegeschäftsmann 1853, gleichsam als Echo der britischen Beobachter, »können weit besser zur Mehrung des in ein Geschäft investierten Kapitals beitragen als solche, die nichts gelernt haben.«[20]

III

Die neuere Forschung hat die oben zitierten Beobachtungen, wonach amerikanische Arbeiter den industriellen Fortschritt vorbehaltlos begrüßten, in Frage gestellt.[21] So widersetzten sich offenbar besonders die qualifizierten Handwerker gewissen Ausprägungen der kapitalistischen Entwicklung. Sie gründeten Gewerkschaften und Arbeiterparteien, die in den 30er Jahren einen beachtlichen Einfluß erlangten, in einer Zeit also, da die Spannungen, die den Übergang von einer lokal gebundenen Handwerkstradition zum expandierenden Kapitalismus begleiteten, am deutlichsten erkennbar waren. Streitigkeiten über Löhne und Arbeitskontrollen führten zu Streiks und anderen Auseinandersetzungen. Der Aktivismus der Arbeiter erlahmte freilich nach 1837, als Wirtschaftskrise und darauf folgende Arbeitslosigkeit den Kampfgeist erheblich schwächten. Als die Depression überwunden war, verschärfte eine drastisch steigende Einwanderungsrate die ethnischen und religiösen Konflikte innerhalb der Arbeiterklasse. Nativismus, Temperenzlerbewegung und zunehmende Regionalkonflikte rangierten nun vor den ökonomischen Fragen, die in den 30er Jahren Priorität gehabt hatten. Trotzdem kam es weiterhin zu Unstimmigkeiten am Arbeitsplatz, die gelegentlich zu offenen Konfrontationen führten, etwa im Streik beim Schuhmacher von Massachusetts im Jahre 1860.

Technische Neuerungen waren indes nicht der Hauptgrund für die Arbeiterunruhen. Zwar ersetzten die Maschinen manch einen Handwerker oder minderten den Wert seiner Fähigkeiten. Andererseits aber führten die meisten Maschinen in dieser Zeit nur einfache Vorgänge aus, die zuvor von un- oder angelernten Arbeitern verrichtet worden waren. Und selbst als komplexere Werkzeugmaschinen Handwerker ersetzten, wurden dadurch gleichzeitig Arbeitsplätze für andere hochqualifizierte Fachkräfte – Maschinisten, Werkzeugmacher und Dreher, Maschinenbauer, Bau- und Maschinenbauingenieure – geschaffen, deren Zahl sich allein zwischen 1850 und 1860 verdoppelte.[22] Die Revolution im Transport- und Nachrichtenwesen schuf völlig neue Berufszweige, zum Teil mit eigenem Ausbildungsgang und guter Bezahlung – Lotsen für die Dampfschiffahrt, Eisenbahnarbeiter, Telegraphisten. Die Anzahl der Arbeitskräfte in den beiden letztgenannten Gruppen erhöhte sich in den 50er Jahren um das Fünffache. Die rasche Verlagerung der Siedlungsgrenze nach Westen, die außergewöhnliche Mobilität der amerikanischen Bevölkerung und das regionale Gefälle im Tempo der technologischen Entwicklung bewirkten, daß ausgebildete Handwerker, die in einem Teil des Landes durch die neue Technologie verdrängt wurden, westwärts ziehen und dort wieder Arbeit finden konnten. Europäische Beobachter, die den Widerstand der heimischen Arbeiter gegen Innovationen der Flexibilität der Arbeiter in den Vereinigten Staaten gegenüberstellten, irrten sich in dieser Hinsicht nicht. Auch die sinkenden Löhne waren nicht der Hauptgrund für die Arbeiterunruhen in den Vereinigten Staaten. Trotz der gewaltigen Inflation Mitte der 30er und wiederum Mitte der 50er Jahre sowie zeitweiliger Phasen der Arbeitslosigkeit aufgrund von Wirtschaftskrisen war langfristig ein Aufwärtstrend des Realeinkommens zu verzeichnen. Doch der Mensch denkt kurzfristig, und dem Durchschnittsarbeiter, der während eines Konjunkturrückgangs etwa im Jahr 1841 oder 1857 mit seinem kargen Lohn auszukommen versuchte, half die relativierende Perspektive des Historikers dabei herzlich wenig. Hinzu kam, daß die Löhne männlicher Handwerker in einigen Berufen sanken, da die Einführung neuer Methoden oder Maschinen es den Unternehmern erlaubte, völlig unerfahrene oder »schlampige« Arbeiter, häufig Frauen und Kinder, einzustellen, die die einzelnen Schritte eines Prozesses verrichteten, den vormals gelernte Fachkräfte in einem Arbeitsgang ausgeführt hatten. Es war kein Zufall, daß die Unruhen zum Großteil unter Berufsgruppen auftraten, wo die drastische Vereinfachung der Arbeitsgänge auf ein Niveau, das nur noch geringe oder gar keine Fachkenntnisse mehr erforderte, möglich war: Schuster, Schneider, Weber, Möbeltischler, Drucker.

Und ungeachtet des allgemeinen Trends zu steigenden Realeinkommen mußten die Arbeiter am unteren Ende der Skala, insbesondere Frauen, Kinder und Neueinwanderer, in Ausbeutungsbetrieben oder stickigen Fabriken trotz vieler Überstunden für einen Hungerlohn schuften. Ihr Auskommen fanden sie nur, wenn andere Familienmitglieder mitarbeiteten. Gewiß bedeuteten für manche dieser Leute die paar Pennies, die sie als Hausbedienstete, Fabrik- und Hafenarbeiter oder Näherinnen, Ziegelträger oder Bauarbeiter verdienten, immer noch eine Verbesserung gegenüber dem Elend, vor dem sie aus Irland geflohen waren, doch in diesen Kreisen war die Armut weit verbreitet, besonders unter den Arbeitern in Großstädten mit einer hohen Einwandererquote. In New York zum Beispiel wurden Massen von Armen in laute Mietskasernen gepfercht, was der Stadt eine Sterberate einbrachte, die fast doppelt so hoch war wie die von London.[23]

Obwohl das Arbeiterelend in New York 1863 den heftigsten Aufstand in der Geschichte Amerikas verursachen sollte, gingen die Arbeiterproteste in der Vorkriegsära nicht von den Betroffenen aus. Es war nicht so sehr das Lohnniveau als vielmehr das Lohnkonzept an sich, das diese Proteste schürte. Lohnarbeit bedeutete eine Form der Abhängigkeit, die gegen die republikanischen Prinzipien, auf denen das Land gegründet war, zu verstoßen schien. Kernstück der republikanischen Verfassung war die Freiheit, ein kostbares, aber auch heikles Bürgerrecht, das ständig durch korrupte Machtmanipulationen bedroht wurde.

Der Philosoph der republikanischen Staatsverfassung, Thomas Jefferson, hatte das Wesen der Freiheit als Unabhängigkeit definiert, und diese setzte einen Anteil am Produktivvermögen voraus. Ein Mensch, dessen Lebensunterhalt von anderen abhing, konnte nie wirklich frei sein, und ebensowenig konnte eine abhängige Klasse die Basis einer republikanischen Regierung konstituieren. Frauen, Kinder und Sklaven waren Abhängige; das grenzte sie aus dem Gemeinwesen freier republikanischer Bürger aus. Lohnarbeiter waren gleichfalls Abhängige; deshalb fürchtete Jefferson die Entwicklung des Industriekapitalismus mit seinem Bedarf an Lohnarbeitern. Was Jefferson vorschwebte, war ein ideales Amerika der Farmer und selbständigen Handwerker, die über ihre eigenen Produktionsmittel verfügten und sich ihren Lebensunterhalt in selbständiger Arbeit verdienen konnten.

Allein, die amerikanische Wirtschaft entwickelte sich nicht nach diesem Ideal. Statt dessen sahen sich Handwerker, die über ihre eigenen Gerätschaften verfügten und ihre Erzeugnisse zu einem »rechtschaffenen« Preis verkauften, allmählich in ein System gezwungen, in dem sie ihre Arbeitskraft verkaufen mußten. Statt für sich selbst arbeiteten sie für jemand anderen. Statt einen angemessenen Preis für ihre Leistung zu erzielen, bekamen sie Löhne, deren Höhe sich nicht am realen

Wert ihrer Arbeit orientierte, sondern von einem immer weiter entfernten »Markt« diktiert wurde. »Meister« und »Geselle« waren nicht länger durch den gemeinsamen Beruf und durch die Aussicht des Gesellen, selbst eines Tages zum Meister aufzusteigen, miteinander verbunden. Mehr und mehr schieden sie sich in »Arbeitgeber« und »Arbeitnehmer«, vertraten verschiedene, mitunter gar entgegengesetzte Interessen. Der Arbeitgeber wollte seinen Profit maximieren, also die Leistungsfähigkeit steigern und die Produktionskosten, einschließlich der Löhne, kontrollieren. Der Arbeitnehmer geriet in Abhängigkeit von seinem »Boß«, und das nicht nur bezüglich seines Lohns, sondern auch bezüglich der Produktionsmittel, der Maschinen, die der einzelne Arbeiter sich nicht mehr leisten konnte. Das Aufkommen des Industriekapitalismus zwischen 1815 und 1860 schuf so ein neues Klassensystem mit Kapitalisten, die die Produktionsmittel, und Arbeitern, die nur ihre Arbeitskraft besaßen. Handwerksgesellen, die mit diesem Prozeß konfrontiert wurden, wollten sich nicht damit abfinden. Sie und ihre Sprecher übten scharfe Kritik am aufkommenden Kapitalismus.

Kapitalismus und republikanische Staatsform seien unvereinbar, so betonten sie. Lohnabhängigkeit beraube den Menschen seiner Unabhängigkeit und damit seiner Freiheit. Lohnarbeit sei nicht besser als Sklavenarbeit – sei folglich »Lohnsklaverei«. Der Boß sei gleichbedeutend mit dem Sklavenhalter. Er bestimme Arbeitszeit, Arbeitstempo, Arbeitsteilung und Lohnniveau; er könne seine Leute nach eigenem Gutdünken einstellen und feuern. Der vorindustrielle Handwerker war gewohnt gewesen, sich seine Arbeit selbständig einzuteilen. Er arbeitete gemäß seinem Auftrag und nicht nach der Uhr. Wenn er Lust hatte, sich Zeit für ein, zwei Drinks mit Freunden zu gönnen, dann tat er das. Doch in dem neuen System arbeiteten alle Werktätigen im gleichen Tempo; das System machte sie zu Maschinen; sie wurden zu Sklaven der Uhr. Die Fabrikanten unterstützten die Temperenzlerbewegung, die nach 1830 an Einfluß gewann, weil ihre protestantischen Tugenden der Nüchternheit, Pünktlichkeit, Zuverlässigkeit und Sparsamkeit genau die Tugenden waren, die disziplinierte Arbeitskräfte unter dem neuen System vorweisen sollten. Einige Arbeitgeber versuchten sogar, ihren Angestellten das Trinken in der Freizeit zu untersagen. Für Leute, die glaubten, ein Recht auf ihre drei Schnäpse pro Tag zu haben, bedeutete dies einen weiteren Schritt hin zur Versklavung.

In den Augen der Arbeitsreformer verletzte der Kapitalismus auch noch andere Grundsätze der republikanischen Staatsform: Rechtschaffenheit, Gemeinwohl und Gleichheit aller Bürger. Rechtschaffenheit forderte vom Individuum, das Interesse der Allgemeinheit über das eigene zu stellen; der Kapitalismus aber verherrlichte das Gewinnstreben des einzelnen und seinen Kampf um Profit. Das

Gemeinwohl verlangte, daß eine Republik das Interesse des gesamten Volkes im Auge hatte und nicht nur das der privilegierten Klassen. Aber indem sie Privilegien gewährten und Geld bereitstellten, um Banken zu errichten, Gesellschaften zu gründen, Kanäle zu graben, Straßen und Staudämme zu bauen, und andere Projekte zur wirtschaftlichen Entwicklung förderten, hatten Staats- und Gemeindeverwaltungen bestimmte Schichten auf Kosten anderer favorisiert. Sie hatten *Monopole* geschaffen, Machtkonzentrationen, welche die Freiheit des einzelnen bedrohten. Und sie hatten eine zunehmende Ungleichheit des Wohlstands (definiert als Besitz von realem und persönlichem Eigentum) gefördert. In den größten amerikanischen Städten besaßen um 1840 die reichsten fünf Prozent der Bevölkerung etwa 70 Prozent des steuerpflichtigen Eigentums, während der ärmsten Hälfte so gut wie nichts gehörte. Und auch wenn der Wohlstand auf dem Lande nicht so ungleich verteilt war, besaßen um 1860 in den Staaten die obersten fünf Prozent freier erwachsener Männer 53 Prozent des Volksvermögens, während der unteren Hälfte nur ein Prozent davon gehörte. Alter ebenso wie Klassenzugehörigkeit waren für dieses Mißverhältnis verantwortlich – die meisten 21jährigen besaßen wenig oder gar nichts, während den meisten 60jährigen zumindest etwas gehörte, und der Durchschnittsbürger durfte damit rechnen, seinen Besitz in der Spanne zwischen Jugend und Alter zu verfünffachen. Desungeachtet wurde persönliches Besitztum zu einem schwer erreichbaren Ziel für die Amerikaner auf der untersten Stufe der Wirtschaftsskala.[24]

Wo diese Zustände angeprangert wurden, sparte man nicht mit republikanischer Rhetorik. Lohnarbeit »trägt die Ketten der Sklaverei und schmiedet sie fester und fester um die Mitglieder der freien Arbeiterschaft«, postulierte ein Sprecher. Die Fabrik fesselte ihre Arbeiter »an Händen und Füßen« durch ein System des kleinlichen Despotismus, »so abstoßend, wie nur je eines die Opfer der Tyrannei in der Alten Welt unterdrückt hat«.[25]

Ein Dichter zog gar eine Parallele zwischen dem amerikanischen Befreiungskrieg von 1776 und dem Arbeiterkampf ein halbes Jahrhundert später:

> For liberty our fathers fought
> Which with their blood they dearly bought,
> The Fact'ry system sets at nought ...
> Great Britain's curse is now our own,
> Enough to damn a King and Throne.[26]

Um dieser neuen Tyrannei Paroli zu bieten, blieb dem Arbeiter nur die Möglichkeit, ihr seine Arbeitskraft zu entziehen – sei es, daß er kündigte, um sich anderswo zu verdingen, sei es, daß er in den Streik trat. Dies waren zwar stärkere Druckmittel, als sie die Sklaven besaßen, aber ob sie ausreichten, um das Gleichgewicht mit dem Kapital wiederherzustellen, hat eine seit damals nicht enden wollende Debatte entfacht. Die Radikalen waren jedenfalls anderer Ansicht, und sie legten eine Reihe von Plänen vor, die helfen sollten, Wohlstand und Besitztum auszugleichen oder das Lohnsystem durch Erzeugerkooperativen zu umgehen. Auch mit Kommunen wurde in den 30er und 40er Jahren verstärkt experimentiert, angefangen bei dem noch ziemlich harmlosen Unternehmen Brook Farm der Transzendentalisten in Massachusetts bis hin zur berühmt-berüchtigten Gründung von John Humphrey Noyes in Oneida (New York), wo man sich nicht nur Sachgüter, sondern auch die Ehegatten teilte.

Doch dies waren Nadelstiche, die höchstens die Peripherie des Kapitalismus trafen. Den Kern des Problems traf da schon eher der Kampf gegen die Monopolbildung, der quer durch die Reihen der Demokratischen Partei Andrew Jacksons ging. Diese Bewegung einte Gewerkschaften und Arbeiterführer mit den freien Bauern, besonders jenen im südlichen Hochland und dem nordwestlichen Tiefland, die am Scheidepunkt zur kapitalistischen Marktwirtschaft standen und Angst hatten, davon überrannt zu werden. Diese Gruppen bekundeten ein Erzeugerbewußtsein, das auf der Arbeitstheorie des Nutzwertes fußte: Vermögensbildung beruht ausschließlich auf der Arbeit, mit der dieses Vermögen produziert wurde, und folglich sollten seine Erträge denen zufließen, die es geschaffen haben. Nicht zu diesen »produzierenden Klassen« zählten Bankiers, Anwälte, Kaufleute, Spekulanten und andere »Kapitalisten«, die man als »Blutsauger« oder »Parasiten« anprangerte, da sie »›assoziiertes Vermögen‹ manipulieren« und »sich auf Kosten der ausgebeuteten Arbeiterschaft bereichern«.[27]

Von all den »Blutsaugern«, die Farmer und Arbeiter schröpften, galten die Bankiers als die schlimmsten. Banken im allgemeinen und die Second Bank der Vereinigten Staaten im besonderen wurden zum tragenden Symbol der kapitalistischen Entwicklung in den 30er Jahren und zum Hauptsündenbock für die diagnostizierten Mißstände.

Ein Teil des Kapitals für die industrielle Revolution Amerikas kam von Staats- und Kommunalregierungen, die Straßen, Kanäle und Schulen finanzierten, ein weiterer von ausländischen Investoren, die sich von der rasch wachsenden amerikanischen Wirtschaft höhere Renditen versprachen, als sie zu Hause erzielen konnten, und wieder ein Teil stammte aus einbehaltenen Gewinnen amerikanischer Firmen. Daneben aber entwickelten sich staatlich konzessionierte Banken zu einer wachsenden Kapitalquelle. Zwischen 1820 und 1840 verdreifachte sich deren Zahl, während ihre Aktiva sich im gleichen Zeitraum verfünffachten. Nach einer Ruhephase während der Wirtschaftskrise in den 40er Jahren verdoppelten sich Zahl und Aktiva der Staatsbanken von 1849 bis 1860 abermals, und ihre Noten avancierten zum gängigsten Zahlungsmittel der Vorkriegsära.[28]

So wichtig die Banken für die wirtschaftliche Entwicklung auch waren, eine noch größere Rolle spielten sie in der Politik. Andrew Jacksons Veto gegen die Erneuerung der geltenden Charta für die Second Bank der Vereinigten Staaten trug 1832 wesentlich zur Spaltung der Republikanischen Partei in Demokraten und Whigs bei. Noch etliche Jahre nach dem Börsenkrach von 1837 blieb die Bankenfrage der strittigste Punkt der Landespolitik und entzweite die Whigs als Anhänger des Bankwesens mit ihren Gegnern, den Demokraten. Letztere bezeichneten die Vermögenskonzentration bei den Banken als die größte Bedrohung der Freiheit seit George III. »Von Anfang an waren die Banken bekanntermaßen der Feind unserer republikanischen Regierung«, behaupteten sie, »der Motor einer neuen Form von Unterdrückung ... ein Vermächtnis, das die aristokratischen Strömungen einer vergangenen Epoche hinterlassen haben, und zwar als Mittel, um den Platz einzunehmen, den vordem räuberische Barone und blutsaugerische Feudalherren innehatten.« Banken, so hieß es, verursachten »die künstliche Ungleichheit des Wohlstandes, Massenarmut und Kriminalität, den Niedergang der allgemeinen Moral und viele andere Mißstände der Gesellschaft. [...] Um des Rechtes auf Gleichstellung willen laßt uns die Banken abschaffen«.[29]

Im Gegenzug machten sich die Befürworter des Bankwesens über solche Argumente lustig und nannten sie kindisch oder reaktionär. Das »Kreditsystem«, so erklärten sie, sei »eine Errungenschaft freier Institutionen«, ein Antrieb des Wirtschaftswachstums, dem alle Amerikaner beispiellosen Wohlstand verdankten. »Was wir brauchen, ist Kapital«, postulierte 1843 ein Whig-Vertreter aus Ohio. »Wir wollen uns, mit Hilfe gut kontrollierter ... Banken, in die Lage bringen, die gewaltigen Ressourcen unseres Staates zu erschließen.« Der Mann, »der hier und heute für eine völlige Abschaffung unseres Kreditsystems eintritt«, sei nicht minder vorsintflutlich als »einer, der versuchen wollte, eine Lokomotive oder ein Postschiff durch einen Planwagen zu ersetzen oder der rastlosen Strömung des Mississippi in einem Flachboot zu trotzen«.[30]

Die Whigs im Norden und ihre republikanischen Nachfolger erarbeiteten nach 1854 ein Grundkonzept freier Arbeit, das ihre Idealvorstellung des kapitalistischen Fortschritts verdeutlichen sollte. Dem Argument der Handwerker, Lohnsystem und Arbeitsteilung entfremde Arbeiter und Unternehmer einander, hielten die Whigs entgegen, die so erzielte größere Effizienz würde durch steigende Löhne und Profite beiden Seiten gleichermaßen zugute kommen. »Die Interessen von Kapitalist und Arbeiter ... stimmen vollkommen überein«, schrieb der Whig-Volkswirtschaftler Henry Carey aus Philadelphia. »Beide ziehen Vorteile aus jeder Maßnahme, die dazu dient ... Wachstum zu fördern.«[31] Auf die Behauptung, Vermögensbildung gehe ausschließlich auf die Leistung der Arbeiter zurück, erwiderten die Whigs, daß der Bankier, der Kapital flüssig mache, der Unternehmer, der es investiere, und der Kaufmann, der neue Märkte erschließe, auch »Arbeiter« seien, die ebenso zur Vermögensbildung beitrügen wie der Farmer oder der Handwerker, die mit ihren Händen arbeiteten. Dem Vorwurf, daß Lohnabhängigkeit den Arbeiter zum Sklaven mache, hielten die Ideologen der freien Arbeit entgegen, eine solche Abhängigkeit brauche nur befristet zu bestehen; in einer rasch wachsenden Wirtschaft und einer Gesellschaft, die Chancengleichheit sowie kostenlose staatliche Schulbildung biete, könne ein junger Mann, der die Tugenden der Arbeitsamkeit, gepaart mit Selbstdisziplin, Strebsamkeit, Sparsamkeit und Mäßigkeit besitze, es aus eigener Kraft zu etwas bringen, könne sich irgendwann selbständig machen oder gar ein erfolgreicher Unternehmer werden.

Um die Mitte des 19. Jahrhunderts hatten die Amerikaner zahlreiche echte wie fiktive Beispiele von Selfmademen vorzuweisen, die sich kraft ihres »Fleißes, ihrer Klugheit und Beharrlichkeit sowie guter Wirtschaftsführung« emporgearbeitet und »erst ein gutes Auskommen und dann sogar Reichtum« erlangt hatten.[32] Und mit der Wahl Abraham Lincolns zum Präsidenten konnte man gar jemanden vorweisen, der aus einer Blockhütte ins Weiße Haus aufgestiegen war. »Ich schäme mich nicht einzugestehen, daß ich vor 25 Jahren noch ein einfacher Lohnarbeiter war und mich beim Eisenbahnbau oder auf den Flachbooten verdingte – gerade so, wie es jedem Sohn eines armen Mannes widerfahren mag!« sagte Lincoln 1860 auf einer Versammlung in New Haven. Doch in den freien Staaten, so fuhr er fort, weiß ein Mann, daß »er sein Los verbessern kann ... es gibt keinen freien Bürger, der ein Leben lang vom Schicksal ins Joch der Lohnabhängigkeit gezwungen wird«. Der Begriff »Lohnsklave« sei ein Widerspruch in sich, behauptete Lincoln weiter. »Der Mann, der im letzten Jahr noch für einen anderen arbeitete, tut es in diesem für sich, und schon nächstes Jahr wird er selbst Leute anstellen, damit sie für ihn arbeiten.« Wenn ein Mann »sein Leben lang Lohnabhängiger bleibt, so ist das nicht die Schuld des Systems, sondern entweder die einer abhängigen Natur, welche diese Lage bevorzugt, oder aber Verschwendungssucht, Torheit oder ungewöhnliches Mißgeschick sind dafür verantwortlich«. Das System der »*freien* Arbeit«, schloß Lincoln, »macht für alle den Weg frei – bringt allen Hoffnung, Energie und Fortschritt und bessert das Los von allen«. Eben weil es diese Hoffnung, Energie und Fortschrittsaussichten in den Sklavenstaaten des Südens nicht gab, wurde aus den Vereinigten Staaten ein »geteiltes Haus«.[33]

Wie verklärt Lincolns Version des amerikanischen Traums auch gewesen sein mag,[34] immerhin half diese Ideologie der allgemeinen Aufstiegschancen, Klassenbewußtsein und -kämpfe in den Vereinigten Staaten zu mildern. »Zumindest in den Neuenglandstaaten gibt es nicht einen Arbeiterjungen mit durchschnittlicher Begabung«, notierte ein britischer Industrieller 1854 bei einem Besuch, »der nicht irgendeine mechanische Erfindung oder Verbesserung des Manufakturbetriebs im Kopf hat, womit er, zu gegebener Zeit, seine Stellung zu bessern oder gar zu Reichtum und gesellschaftlichem Ansehen zu gelangen hofft.« Eine Zeitung in Cincinnati berichtete 1860: »Unter all den ungezählten jungen Männern, die in unserer Stadt den verschiedensten Berufen nachgehen, gibt es keinen einzigen, der nicht den Wunsch hat, ja sogar fest darauf vertraut, eines Tages reich zu werden.«[35] Das Evangelium des Erfolgs zog eine Flut von Ratgebern nach sich, die den jungen Männern den Weg nach oben weisen wollten. Damit bekam das amerikanische Leben eine ganz eigene Dynamik; gleichzeitig machten sich aber auch ungezügelte Hektik und gewinnsüchtiger Materialismus breit, was manche Europäer abstieß und viele Amerikaner mit Sorge erfüllte.

Whigs und Republikaner unterstützten alle möglichen »Erschließungsmaßnahmen«, die Wirtschaftswachstum und Aufstiegschancen fördern sollten – »Binnenerschließung« in Form von Straßen, Kanälen, Eisenbahnen und dergleichen, Zölle, welche die amerikanische Industrie und Arbeiterschaft vor ausländischer Billiglohnkonkurrenz schützen sollten, und ein zentralisiertes und rationalisiertes Bankenwesen. Viele dieser Politiker unterstützten den Temperenzlerkreuzzug, der die amerikanische Bevölkerung soweit ausnüchterte, daß der Pro-Kopf-Konsum alkoholischer Getränke von über 26 Litern reinen Alkohols jährlich in den 20er Jahren auf weniger als acht Liter in den 50er Jahren zurückging. Im gleichen Zeitraum verdoppelte sich der Pro-Kopf-Verbrauch von Kaffee und Tee. Die Whigs unterstützten außerdem die staatlichen Schulen als wirksames Mittel zur Förderung der allgemeinen Aufstiegschancen. Volksschulen, so sagte der New Yorker Whig-Gouverneur William H. Seward, seien »die großen Gleichstellungsinstitutionen der Epoche ... nicht indem sie alle auf die Ausgangsstufe nivellieren, sondern indem sie alle zur Gemeinschaft der Weisen und Guten emporheben«. Horace Mann glaubte, daß Bildung »mehr leistet, als die Armen von ihrem Haß auf die Reichen zu befreien; sie schützt sie vor der Armut«.[36]

Wer sich diesen Prinzipien der Whig-Republikaner verschrieb, gehörte in der Regel zu denen, die in der Marktwirtschaft reüssiert hatten oder dies anstrebten. Wie zahlreiche Untersuchungen von Wählerlisten aus der Vorkriegszeit ergeben haben, gewannen Whigs und Republikaner die meisten Stimmen unter aufstrebenden Protestanten in qualifizierten und gehobenen Berufen sowie bei Farmern, die durch günstige Verkehrsanbindung Anschluß an die Marktwirtschaft gefunden hatten. Diese Gruppen waren »Insider«, die die kapitalistische Umgestaltung des 19. Jahrhunderts begrüßten und meist auch von ihr profitierten. Obgleich einige Demokraten, besonders im Süden, ebenfalls zu den Insidern zählten, erhielt die Demokratische Partei den größten Zulauf von »Außenseitern«: Arbeiter, die sich gegen den Niedergang der Handwerksberufe und gegen die Lohnabhängigkeit empörten, katholische Einwanderer auf der untersten Stufe der gesellschaftlichen und beruflichen Leiter, die Anstoß nahmen an den Bestrebungen der protestantischen Yankees, ihren Alkoholkonsum einzuschränken oder ihre Kinder zum Besuch staatlicher Schulen zu verpflichten, Erben des Jefferson-Jacksonschen Argwohns gegen Banken, Kapitalgesellschaften oder andere Vermögenskonzentrationen, die die republikanische Freiheit bedrohten, Kleinbauern im Hoch- oder Hinterland, die eine Abneigung hegten gegen feine Großstadtpinkel, Kaufleute, Banken, Yankees und alle übrigen, die ihnen die Freiheit nehmen wollten, so zu leben, wie es ihnen gefiel.[37]

Angesichts vieler Ungereimtheiten der amerikanischen Politik bedürfen solche Verallgemeinerungen freilich mancher Einschränkung. Ungeachtet ihrer gesellschaftlichen Randstellung bildete die verschwindend geringe Zahl schwarzer Männer in dem halben Dutzend Nordstaaten, die ihnen das Wahlrecht zubilligten, einen zuverlässigen Whig-Block. Der erklärte Egalitarismus der Demokratischen Partei galt nämlich nur für die Weißen. Ihr Engagement für Sklaverei und Rassismus war im Norden ebenso offenkundig wie im Süden, während die Grundsätze der Whigs zum Teil auf dem gleichen protestantischen Reformismus fußten, der auch die Abolitionistenbewegung ins Leben gerufen hatte. Zu den demokratischen Führern in New York gehörten viele Bankiers und Kaufleute, Vertreter vom anderen Ende der Sozialskala also, die mit den irischamerikanischen Massen in den Mietskasernen nichts weiter gemein hatten als die Loyalität gegenüber derselben Partei. Beispiele wie diese zeigen, daß die Verallgemeinerungen im vorigen Absatz zwar eine Tendenz beschreiben, aber keine allgemeingültige Wahrheit.

Am deutlichsten manifestiert sich diese Tendenz vielleicht in den älteren Staaten des Nordwestens – in Ohio, Indiana und Illinois. Die ersten Siedler dieser Staaten stammten weitgehend aus dem oberen Süden und aus Pennsylvania. Sie bevölkerten den südlichen Teil der Region und begründeten eine Mais-Schweine-Whisky-Wirtschaft, deren bescheidene Überschüsse sie auf den über das Flußnetz von Ohio und Mississippi zugänglichen Märkten verkauften. Man nannte sie »Buckeyes« (Spitzname für die Bewohner Ohios), »Hoosiers« (Spitzname für die Bewohner Indianas) oder »Suckers« (Spitzname für die Einwohner von Illinois);

sie trugen Kleider aus selbstgewebten Stoffen, die sie mit dem Öl von Walnuß- oder Butternutbäumen färbten, was ihnen im Bürgerkrieg als Soldaten der Südstaaten den Spitznamen »Butternuts« eintrug. Sie blieben der bäuerlichen Tradition verhaftet, pflegten ihren Lokalpatriotismus und die Abneigung gegen die »Yankees« mit ihrer Neuenglandtradition, die sich in den nördlichen Landesteilen ihrer drei Staaten ansiedelten, nachdem diese ab 1825 durch den Eriekanal erschlossen worden waren. Diese Yankees begründeten in Ohio, Indiana und Illinois eine Weizen-Rinder-Schafe-Molkerei-Wirtschaft, die nach 1850 dank des expandierenden Eisenbahnnetzes Anschluß an die Märkte des Ostens bekam. Der rege Bahnverkehr und die vielen neuen Banken, Industriebetriebe, Gemeinden und Städte in der Hand der Yankees bescherten diesen Landesteilen ein rascheres Wachstum als den »Butternut«-Regionen. Eine quantitative Analyse der sozioökonomischen und kulturellen Variablen in Illinois um 1850 ergab eine eindeutige Wechselbeziehung zwischen den Yankeegebieten mit der Erzeugung von Weizen, Käse und Wolle und dem landwirtschaftlichen Nutzwert pro Morgen Landes sowie dem Prozentsatz erschlossenen Bodens, dem Wert der landwirtschaftlichen Maschinen, mit Banken und Banken-Freundlichkeit, mit Urbanisierung, Bevölkerungswachstum, Schulen, Bekämpfung des Analphabetentums, Kongregationalisten und Presbyterianern sowie Temperenz- und Antisklavenorganisationen. Bei den »Butternut«-Gebieten dagegen erbrachte diese Analyse eindeutig eine Korrelation mit der Produktion von Mais, Bataten und Whisky, mit Antibanken- und Antischwarzentendenzen, mit Analphabetentum und Baptisten. Es versteht sich von selbst, daß in den »Butternut«-Regionen die Demokraten eine überwältigende Mehrheit hielten, während die Yankeecounties erst die Whigs und nach 1854 die Republikaner wählten.[38]

Einen weiteren demokratischen Wählerblock stellten Außenseiter im wahrsten Sinne des Wortes – die Immigranten. In den ersten 40 Jahren der Republik waren die Einwanderungszahlen nicht sehr hoch gewesen. Noch in den 20er Jahren betrug die durchschnittliche Zuwachsrate weniger als 13 000 pro Jahr.

Schon im nächsten Jahrzehnt hingegen vervierfachte sich diese Zahl. Die Not einer wachsenden Bevölkerung angesichts begrenzter Ressourcen in England, Irland und dem Westen Deutschlands trieb Tausende über den Atlantik, weil sie sich in der Neuen Welt höhere Löhne oder billiges Land erhofften. Trotz der Wirtschaftskrisen im Amerika der frühen 40er Jahre stieg die jährliche Einwandererquote um 40 Prozent und damit über die der Boomphase in den 30er Jahren. Der wirtschaftliche Aufschwung nach der Depression in den Vereinigten Staaten fiel zusammen mit den Kartoffelmißernten und Hungersnöten in Irland und den politischen Unruhen auf dem europäischen Kontinent im Zuge der Revolutionen von 1848. Diese gegenläufigen Strömungen führten allein in dem Jahrzehnt nach 1845 drei Millionen Immigranten über den Atlantik, den anteilsmäßig größten Ausländerzustrom in der Geschichte Amerikas.

Vor 1840 waren drei Viertel der Einwanderer Protestanten, die vornehmlich aus Großbritannien stammten. Die Hälfte aller Neuankömmlinge, die ins Erwerbsleben eintraten, wählten Fachberufe oder Büroposten, und ein weiteres Drittel wurde Farmer. Doch als sich der Einwandererzustrom in den folgenden zwei Jahrzehnten versechsfachte, war in der religiösen und beruflichen Aufteilung ein dramatischer Wandel zu verzeichnen. Zwei Drittel der Neueinwanderer waren nun Katholiken aus Irland ûnd Deutschland. Und während der Prozentsatz der Farmer (hauptsächlich Deutsche) gleich blieb, ging der Anteil der anderen Berufsgruppen zurück, mit Ausnahme der ungelernten beziehungsweise angelernten Arbeiter, vor allem Iren, deren Anteil auf fast die Hälfte der Gesamtmenge emporschnellte.[39]

Armut, Religion und kulturelle Entfremdung machten die Iren gleich dreifach zu Außenseitern. In den 30er und 40er Jahren kam es in mehreren Städten des Nordostens zu antikatholischen und ethnischen Ausschreitungen. Der folgenreichste Aufruhr ereignete sich 1844 in Philadelphia, wo nach zwei blutigen Zusammenstößen zwischen Protestanten, irischen Katholiken und der Bürgerwehr mindestens 16 Tote und Hunderte von Verwundeten zu beklagen waren; ferner wurden zwei Kirchen und Dutzende von Häusern zerstört. In mehreren Städten wurden »nativistisch«-politische Parteien gegründet, mit dem Ziel, die Einbürgerungsphase zu verlängern, nach deren Ablauf Immigranten das Bürger- und Wahlrecht verliehen wurde, sowie die Ausübung öffentlicher Ämter auf Einheimische zu beschränken. Diesen Parteien gelang es immerhin, einen Bürgermeister für New York zu stellen und drei Abgeordnete aus Philadelphia in den Kongreß zu entsenden. Eigentlich richtete sich der Nativismus mehr gegen die Katholiken als gegen die Einwanderer an sich. Tatsächlich zählten protestantische Einwanderer (besonders aus Nordirland) selbst zu den radikalsten Nativisten. Obgleich die Führer der Bewegung der gehobenen Mittelschicht entstammten, rekrutierte sie auch eine große Gefolgschaft aus den Reihen der protestantischen Facharbeiter. Deren Animosität gegenüber ihren Arbeitskollegen anderer Glaubensrichtungen trug nach Kräften dazu bei, die Entstehung der Jacksonschen Arbeitersolidarität zu vereiteln. Weil aber im Nativismus Whig-Untertöne mitschwangen, schlossen die katholischen Einwanderer sich fester denn je der Demokratischen Partei an. Noch mehr Unheil sollte der politische Nativismus in den 50er Jahren anrichten, als er zum Zusammenbruch des Zweiparteiensystems beitrug und so den Bürgerkrieg einleitete.[40]

Problematische Auswirkungen hatte die wirtschaftliche Umstrukturierung auch auf eine andere Gruppe politischer Außenseiter – die Frauen. Mit der Produktionsverlagerung vom eigenen Heim in Werkstatt oder Fabrik wurden viele Familien von selbständigen Produzenten zu lohnabhängigen Konsumenten. Der Wechsel in der Landwirtschaft von der Eigenbedarfs- zur Marktproduktion wirkte sich ähnlich, wenn auch weniger einschneidend auf die Farmersfamilien aus. Diese Veränderungen verschoben die wirtschaftliche Rolle der meisten weißen Frauen von der Produzentin zu der der Konsumentin. (Sklavenfrauen verrichteten natürlich nach wie vor ihre Feldarbeit.) Statt selbst Garn zu spinnen, Stoffe zu weben, Seife zu kochen und Kerzen zu ziehen, kauften die Frauen solche und andere Bedarfsartikel immer häufiger im Warenhaus.

Gewiß, manche Frauen nahmen eine Stelle in einer Textilfabrik an oder verrichteten als Näherin, Putzmacherin oder Schuhstepperin Heimarbeit. Wenn auch nur wenige Frauen (ausgenommen Sklavinnen) in Landwirtschaft, Baugewerbe, Bergbau oder Verkehrswesen tätig waren, arbeiteten nach wie vor viele von ihnen als Hausbedienstete und Wäscherinnen. Um die Mitte des 19. Jahrhunderts waren ein Viertel der Angestellten in Fertigungsbetrieben weiblich; speziell in der Textilbranche stellten Mädchen und Frauen sogar fast zwei Drittel der Belegschaft. Trotzdem arbeiteten insgesamt nur 25 Prozent aller weißen Frauen vor ihrer Heirat außer Haus, und nach der Eheschließung waren es nur mehr fünf Prozent. Viele ledige junge Frauen – wie etwa die berühmten Lowell-Schwestern, die in den Baumwollspinnereien der nach ihrem Erfinder benannten gleichnamigen Stadt arbeiteten – waren nur zwei oder drei Jahre berufstätig, um sich in dieser Zeit ihre Aussteuer zu verdienen. Heim und Mutterschaft waren die von der Mittelklasse propagierten Ideale. Almanache für Damen (im behandelten Zeitraum waren mehr als 100 auf dem Markt, angeführt vom renommierten *Godey's Lady's Book*) verbreiteten dieses Ideal in allen Gesellschaftsschichten.

Die wirtschaftliche Umstrukturierung holte den Mann als Produzenten *aus* dem Haus ins Büro oder in die Fabrik. Diese Trennung von Heim und Arbeitsplatz verführte dazu, Männern und Frauen verschiedene Domänen zuzuordnen. Demnach war der Wirkungskreis des Mannes die geschäftige, konkurrenzgeprägte, dynamische Welt von Handel, Politik und Staatsgeschäften. Das Reich der Frau dagegen waren Heim und Familie; ihr fiel die Aufgabe zu, Kinder zu gebären und aufzuziehen und aus ihrem Heim einen »sicheren Hafen« zu machen, in den der Mann allabendlich nach des Tages Mühen zurückkehrte, um Liebe und Geborgenheit am häuslichen Herd zu finden. Wo dieser »Häuslichkeitskult« so weit getrieben wurde, die Frauen von der »realen Welt« fernzuhalten und sie auf eine

Sphäre der Innerlichkeit zu beschränken, mußte das Streben nach Gleichberechtigung einen empfindlichen Rückschlag erleiden.[41]

Aber hatte die Rollenteilung wirklich nur negative Folgen für die Frau? Historiker sind dazu übergegangen, diese Auslegung zu modifizieren. Die wirtschaftliche Neuordnung fiel zusammen mit einer Änderung der Lebensqualität wie der Kinderzahl der Durchschnittsfamilie. Liebe und Zuneigung diktierten zunehmend die Wahl des Ehepartners, eine Wahl, die im übrigen immer häufiger von den jungen Leuten selbst getroffen wurde und nicht mehr von ihren Eltern. Und wenn die Ehefrauen jetzt wirtschaftlich eine geringere Rolle spielten, so wuchs dafür ihr Einfluß in der Familie. Die patriarchalische Herrschaft über Frauen und Kinder verblaßte im städtischen Raum, sobald die Väter fast den ganzen Tag von zu Hause fort waren und die Mütter die Verantwortung für die Kindererziehung übernahmen. Liebevolle Zuwendung und Förderung der Selbstdisziplin ersetzten Unterdrückung und körperliche Züchtigung als bevorzugtes Mittel der Sozialisation in den Mittelschichtfamilien, wo im übrigen die Kinder zunehmend ins Zentrum der Aufmerksamkeit rückten – ein Phänomen, das europäischen Besuchern besonders auffiel. Die Kindheit trat erstmals als eigenständige Lebensphase in Erscheinung. Und da die Eltern sich ihren Kindern nun intensiver widmeten, gingen die Geburtenzahlen zurück, weil man dem vorhandenen Nachwuchs eine längere und bessere Ausbildung ermöglichen wollte.

So erklärt sich die Parallelität von Geburtenrückgang und steigendem Bildungsniveau im 19. Jahrhundert. Die Frauen spielten bei dieser Entwicklung nicht nur die entscheidende Rolle, sondern zogen auch beachtlichen Nutzen daraus. In der Mittelschicht wurde die Ehe zunehmend zu einer gleichberechtigten Partnerschaft, in der die Frauen in mancher Hinsicht sogar die überlegene Position einnahmen. Bestimmte der Mann außer Haus, so regierte die Frau im Haushalt. Der Entschluß, weniger Kinder zu bekommen, wurde gemeinsam gefaßt, ging aber vermutlich in den meisten Fällen von der Frau aus. Immerhin erforderte er ein gewisses Opfer traditionell männlicher Sexualvorrechte. Die gängigsten Verhütungsmethoden – Enthaltsamkeit und Koitus interruptus – zwangen ihn zu einer bisher nicht geübten Disziplin. Weniger Kinder bedeuteten für die Mittelstandsfrau um 1850, daß sie nicht mehr, wie noch ihre Mütter und Großmütter, ständig durch Schwangerschaft, Geburt oder Säuglingspflege belastet war. Damit bekam sie nicht nur die Möglichkeit, sich dem einzelnen Kind eingehender zu widmen, sondern erhielt auch Freiraum für außerhäusliche Aktivitäten.

Gerade das Konzept von der Sphäre der Frau *innerhalb* ihrer Familie wurde, so paradox es klingt, ein Sprungbrett zur Ausdehnung dieser Sphäre über den eigenen Herd hinaus. Wenn Frauen schon die Hüterinnen von Betragen und

Moral waren, die Wächterinnen über Frömmigkeit und Kinderstube, warum sollten sie dann ihre Domäne – Religion und Erziehung – nicht über die Grenzen des eigenen Heims hinaus erweitern? Und genau das taten sie. In den Glaubensgemeinschaften hatten Frauen schon seit langem die Mehrheit inne, und während der zweiten Erweckungsbewegung, dem *second great awakening,* verstärkten sie ihre Vorherrschaft in diesem Bereich sogar noch. Es kamen Bibelgesellschaften und zahlreiche Reformorganisationen auf – allen voran die Temperenz- und die Abolitionistenbewegung. Die Frauen waren in all diesen Vereinen aktiv vertreten, anfangs in getrennten, zunehmend aber in »gemischten« Gremien, nachdem die weiblichen Abolitionisten in den 30er Jahren dies durchgesetzt hatten.

Noch beeindruckender waren die Fortschritte der Frauen auf dem Bildungssektor. Bis zum 19. Jahrhundert war der Schulbesuch von Mädchen in Amerika wie anderswo weit unüblicher gewesen als der von Jungen, und folglich lag die Analphabetenquote der Frauen weit höher als die der Männer. Um 1850 hatte sich das in den Vereinigten Staaten grundlegend geändert; hier besuchten jetzt ebenso viele Mädchen wie Jungen die Grundschule und lernten lesen und schreiben – damit war Amerika das erste Land, in dem dieses Ziel erreicht wurde. Die höhere Schulbildung blieb zwar vorläufig noch Männern vorbehalten, aber im zweiten Viertel des 19. Jahrhunderts wurden bereits mehrere »Seminare« gegründet, an denen Mädchen eine weiterführende Ausbildung absolvieren konnten.

Das Oberlin College nahm – getreu seinem Namen – schon bald nach der Gründung im Jahre 1833 sowohl weibliche als auch männliche Studenten auf. Einen noch wichtigeren Schritt bedeutete zweifellos die Feminisierung des Lehrberufes. Wie die meisten sozialen und wirtschaftlichen Neuerungen begann auch dieser Prozeß in Neuengland und breitete sich von dort allmählich nach Westen und Süden aus. Um 1850 waren fast drei Viertel der Lehrer an staatlichen Schulen in Massachusetts Frauen.

Und noch ein Bildungsberuf erschloß sich den Frauen in dieser Zeit – die Schriftstellerei. Da neuerdings soviel Nachdruck auf Heim und Familie gelegt wurde, interessierte sich eine große Leserschaft für Artikel und Bücher über Haushaltsführung, Kinderpflege, Kochen und verwandte Themen. Immer neue Frauenzeitschriften kamen auf den Markt, um die rege Nachfrage zu decken. Frauen konnten als Schriftstellerinnen ein stattliches Auskommen finden. Besserer Bildungsstand und mehr Freizeit der Frauen, gepaart mit Romantik und Sentimentalität der viktorianischen Zeit sorgten für reißenden Absatz von Romanen, die sich auf die Freuden und Leiden von Liebe, Ehe, Heim, Familie und Tod konzentrierten. Ein Schwarm von Autorinnen belieferte die Verlage mit einer Flut rührseliger Bestseller. »Diese verdammte Bande weiblicher Schmierfinken«, nannte sie Nathaniel Hawthorne abfällig – vielleicht, weil er sie um ihre Tantiemen beneidete.

Während also das Ideal vom häuslichen Reich den Frauen die Vordertür für den Schritt in die »wirkliche« Welt versperrte, öffnete es gleichzeitig die Hintertür zu einem expandierenden Reich, das zunächst einmal Religion, Reform, Bildung und Schriftstellerei umfaßte. Frauen, die schreiben, vortragen, unterrichten oder Zeitschriften redigieren konnten, mußten sich über kurz oder lang fragen, warum sie für diese Arbeiten nicht ebensoviel Geld bekommen sollten wie Männer und warum sie im übrigen nicht auch Pfarrer, Anwälte oder Ärzte werden durften. Warum, so die nächste Frage, durften sie ihr Vermögen nicht selbst verwalten, und warum hatten sie kein Stimmrecht? So führte der »Hausfrauenfeminismus« – wie manche Historiker ihn apostrophierten – auf indirektem Weg zu einem radikaleren Feminismus, der die Gleichstellung der Frauen in allen Lebensbereichen forderte. 1848 setzte ein Frauenrechtskonvent in Seneca Falls (New York) die moderne Frauenrechtsbewegung in Gang. Ihre an der Unabhängigkeitserklärung orientierte »Gesinnungserklärung« postulierte, »daß Männer und Frauen gleich geboren sind« und Anspruch haben auf ihre »unveräußerlichen Rechte« einschließlich des Wahlrechts. Die Konferenz wurde in einer Kirche abgehalten; eine der beiden Hauptorganisatorinnen, Elizabeth Cady Stanton, war Absolventin des ersten Frauencolleges in Troy (New York); die andere, Lucretia Mott, war Lehrerin; beide hatten sich in der Abolitionistenbewegung hervorgetan. Mit Aktivitäten wie diesen gelang es dem »Hausfrauenfeminismus«, der zunächst auf die Hintertür beschränkt war, 1848 auch die Vordertür einen winzigen Spaltbreit aufzustoßen.[42]

IV

Die Herausbildung der auf das Wohl des Kindes bedachten Familie in diesem Zeitraum spornte die Abolitionisten dazu an, ihren Kreuzzug auf den größten Übelstand der amerikanischen Sklaverei zu konzentrieren: jene tragische Ironie, daß Sklavenfamilien gleichzeitig gefördert und mit Zerstörung bedroht wurden.

Sklavenehen waren in den Vereinigten Staaten rechtlich nicht abgesichert. Gegen 1850 lebten mehr als die Hälfte aller Sklaven auf Farmen oder Plantagen mit weniger als 20 Leibeigenen, so daß es schwierig war, einen Ehepartner im gleichen Quartier zu finden. Trotzdem heirateten viele Sklaven und gründeten große Familien. Die meisten Sklavenhalter unterstützten dies, vor allem, weil sie nach

Abschaffung des afrikanischen Sklavenhandels im Jahre 1807 auf die natürliche Fortpflanzung angewiesen waren, um weiterhin genügend Arbeitskräfte für das ständig wachsende »Baumwollimperium« zu haben. Im Gegensatz zu den Vereinigten Staaten hatte die Sklaverei in den meisten anderen Ländern der westlichen Hemisphäre ihren Höhepunkt zu einer Zeit erreicht, als der afrikanische Sklavenhandel florierte. Diese Regionen hatten ihren Bedarf an Arbeitskräften hauptsächlich aus Importen gedeckt. So kam es, daß der Sklavenanteil in anderen Gesellschaften der westlichen Welt rückläufig war, während die Sklavenbevölkerung in den Vereinigten Staaten sich alle 26 Jahre durch natürliche Fortpflanzung verdoppelte.[43]

Aber die nordamerikanische Sklaverei richtete die Familienstruktur, die sie einerseits förderte, auf der anderen Seite allmählich zugrunde. Verantwortungsbewußte Sklavenhalter bemühten sich, zu verhindern, daß Sklavenfamilien durch Verkauf oder Umsiedlung zerrissen wurden. Doch nicht alle waren verantwortungsbewußt, und keiner konnte über seinen Tod hinaus verhindern, daß Sklaven verkauft wurden, um den Nachlaß zu regeln und Gläubiger zufriedenzustellen. Die ständige Ausdehnung der Plantagenwirtschaft in neue Grenzbereiche hinein entwurzelte viele Sklaven, die mit ihren Herren westwärts ziehen und ihre Familien zurücklassen mußten. Aus jüngsten Studien über die Sklavenehen geht hervor, daß sie zu etwa einem Viertel von ihren Herren oder deren Erben auseinandergerissen wurden, die Mann und Frau getrennt verkauften beziehungsweise umsiedelten.[44] Auch der Verkauf von Kleinkindern ohne ihre Eltern kam, wenngleich er nicht die Regel war, alarmierend häufig vor.

Diese Familienzersplitterung war das schwächste Glied in der Argumentationskette der Befürworter der Sklaverei. Einer der wirkungsvollsten moralischen Angriffe auf die Institution wurde Theodore Welds *American Slavery as It Is,* das 1839 erschien und mehrmals neu aufgelegt wurde. Das Buch, im wesentlichen eine Sammlung von Inseraten und Zeitungsartikeln aus den Südstaaten, verdammte die Sklaverei durch den Mund der Sklavenhalter, und es enthielt zuhauf Belohnungsanzeigen für die Wiederbeschaffung entlaufener Sklaven mit Hinweisen wie: »Wahrscheinlich wird er versuchen, nach Savannah zu kommen, da er behauptete, seine Kinder lebten in dieser Gegend« oder Inserate wie das folgende, aufgegeben in einer Zeitung in New Orleans: »NEGER ZU VERKAUFEN. – Eine 24jährige Negerin mit zwei Kindern im Alter von 8 und 3 Jahren. Besagte Neger werden je nach Wunsch einzeln oder zusammen verkauft.«[45]

Harriet Beecher Stowe benutzte Welds Buch als Quelle für zahlreiche Szenen der nachhaltigsten Anklage aller Zeiten, ihren Roman *Onkel Toms Hütte* (von dem noch die Rede sein wird). Verfaßt im Stil des sentimentalen Frauenromans, wie ihn die Bestsellerautorinnen des 19. Jahrhunderts populär gemacht haben, behandelt das Buch die gewaltsame Familientrennung als ein Thema, welches den Mittelschichtlesern, die ihre eigenen Kinder und Ehegatten zärtlich liebten, am ehesten zu Herzen gehen mußte. Eliza, die, um ihren Sohn vor dem brutalen Sklavenhändler in Sicherheit zu bringen, über die Treibeisschollen des Ohio flieht, und Tom, den man in den Süden verkauft hat und der nun um seine in Kentucky zurückgebliebenen Kinder weint – diese Szenen gehören zu den unvergeßlichsten der amerikanischen Literatur.

Wenngleich viele Leser aus den Nordstaaten über Toms Schicksal Tränen vergossen, bewirkten politische und wirtschaftliche Manifestationen der Sklaverei nachhaltigere Kontroversen als die moralischen und humanitären Anklagen. In einer demokratischen Republik, die sich im raschen Wandel zu freiem Arbeitsmarkt und Industriekapitalismus befand, mußte die Leibeigenschaft eine zunehmend befremdliche Einrichtung sein. In den Augen einer wachsenden Zahl von Yankees schwächte die Sklaverei die Arbeitskraft, hemmte wirtschaftliche Entwicklung und Bildung und zeugte eine Herrenkaste, die entschlossen war, das Land um jeden Preis im Interesse dieser rückständigen Institution zu regieren. Die Sklaverei untergrabe »Intelligenz, Vitalität und Energie«, postulierte in den 40er Jahren New Yorks prominenter Sklavengegner und Whig-Führer William Henry Seward. Im Süden habe sie »einen ausgelaugten Boden, alte und verfallende Städte, jämmerlich vernachlässigte Straßen ... den absoluten Mangel an Unternehmungsgeist und Fortschritt« hervorgebracht. Er nannte die Sklaverei »unvereinbar mit allen ... Faktoren der Sicherheit, des Wohls und der Größe einer Nation«. »Sklaverei und freie Lohnarbeit«, so Seward in seiner berühmtesten Rede, seien »antagonistische Systeme«, zwischen denen ein »nicht zu unterdrückender Konflikt« wüte, der mit der Aufhebung der Sklaverei enden müsse.[46]

Aber ob die Sklaverei nun rückständig und ineffektiv war, wie Seward behauptete, oder nicht, sie war jedenfalls außerordentlich produktiv. Der Ertrag an Rohbaumwolle verdoppelte sich nach 1800 mit jedem Jahrzehnt und erzielte die höchste Steigerungsrate aller landwirtschaftlichen Grundstoffe. Die Baumwolle aus dem amerikanischen Süden, die hauptsächlich durch Sklavenarbeit gewonnen wurde, deckte drei Viertel des Weltbedarfs. Die Erzeugnisse des Südens stellten drei Fünftel des gesamten amerikanischen Exports dar und brachten Devisen ein, die eine wichtige Rolle für das amerikanische Wirtschaftswachstum spielten. Und während die Sklaverei den »alten Süden« zweifellos vom Norden »unterschied«, kann die Frage, ob die Unterschiede die Gemeinsamkeiten überwogen und einen nicht zu unterdrückenden Konflikt heraufbeschworen, so einfach nicht beantwortet werden. Immerhin hatten Norden und Süden sehr viel gemeinsam: Sprache, Verfassung, Rechtsordnung, das Engagement für republikanische Einrichtungen, die gleiche überwiegend protestantische Religion, das Erbe britischer Tradition, dieselbe Geschichte und die gleichen Erinnerungen an den gemeinsamen Kampf um nationale Souveränität.

Dennoch begannen die Amerikaner um 1850 auf beiden Seiten der Trennungslinie zwischen Freiheit und Sklaverei die Unterschiede zur jeweils anderen Seite stärker zu betonen als die Gemeinsamkeiten. Zwar sprachen Yankees und Südstaatler dieselbe Sprache, aber sie benutzten sie immer häufiger dazu, sich gegenseitig zu verunglimpfen. Ebenso wurde die Rechtsordnung zunehmend ein Instrument der Teilung statt der Einheit: Die Nordstaaten verabschiedeten Gesetze, welche die persönliche Freiheit garantierten, um einem vom Süden getragenen Gesetz zur bundesweiten Zwangsrückführung entflohener Sklaven entgegenzuwirken; ein von Südstaatlern dominierter Supreme Court sprach dem Kongreß das Recht ab, die Sklaverei in den Territorien im Nordwesten zu verbieten, eine Entscheidung, die die meisten Nordstaatler empörte. Was das gemeinsame Bekenntnis zum Protestantismus betraf, so erwies sich auch dies als eher trennend denn einigend. Die beiden größten Glaubensgemeinschaften – Methodisten und Baptisten – hatten sich über der Frage der Sklaverei in feindliche Nord- und Südkirchen gespalten, und die drittgrößte – die der Presbyterianer – entzweite sich teils wegen regionaler Belange, teils ebenfalls über der Sklavenfrage. Und die Ideologie der republikanischen Staatsform brachte ebenfalls keine Abhilfe, da die meisten Nordstaatler sie als Garant der freien Arbeit definierten, während die meisten Südstaatler darauf beharrten, eines der höchsten Dogmen republikanischer Freiheit sei das Recht auf Eigentum – Sklaven eingeschlossen.

Auf beiden Seiten begann man mit Stolz oder Besorgnis auf quantitative Unterschiede zwischen Norden und Süden hinzuweisen. Zwischen 1800 und 1860 war der Anteil der landwirtschaftlichen Arbeitskräfte am Gesamtarbeitsaufkommen im Norden von 70 auf 40 Prozent gesunken, während er im Süden mit 80 Prozent konstant geblieben war. Nur ein Zehntel der Südstaatler wohnte in statistisch als Städte ausgewiesenen Siedlungsgebieten, im Norden dagegen war es ein Viertel der Gesamtbevölkerung. Sieben Achtel der Einwanderer ließen sich in Staaten nieder, in denen Sklaverei nicht erlaubt war. Von den Männern der Vorkriegsära, die prominent genug waren, um später im *Dictionary of American Biography* Aufnahme zu finden, entstammten im Süden prozentual doppelt so viele dem Militär wie im Norden; dagegen war das Verhältnis auf den Gebieten Literatur, Kunst, Medizin und Bildungswesen genau umgekehrt. Bei den Gewerbetreibenden überwog der Anteil der Yankees um das Dreifache und bei den

Ingenieuren und Erfindern gar um das Sechsfache.[47] Prozentual besuchten im Norden fast doppelt so viele Jugendliche die Schule wie im Süden. Fast die Hälfte der Südstaatler (Sklaven inbegriffen) waren Analphabeten im Vergleich zu nur sechs Prozent der Bewohner der »freien« Staaten.

Viele konservative Südstaatler spotteten über das Vertrauen der Yankees auf Schule und Bildung. So fragte die *Southern Review* in einem Artikel: »Ist das der Weg, Fabrikanten zu fabrizieren? Für Leute, die eines Tages von ihrer Hände Arbeit leben müssen, wäre es jedenfalls keine gute Voraussetzung, wenn man aus jedem Kind im Staate einen Literaten machte.« Der Süden, so entgegnete der Geistliche Theodore Parker aus Massachusetts 1854, sei »der Widersacher der Industrie des Nordens – der Feind unserer Minen, Manufakturen und unseres Handels ... unserer demokratischen Politik im Bundesstaat, unseres demokratischen Schulwesens, unserer demokratischen Gemeindearbeit«. Yankees und Südstaatler zu vereinen sei ebenso unmöglich, wie Feuer und Öl zu mischen, meinte auch der Anwalt der Plantagenbesitzer Charles C. Jones Jr. aus Savannah. Sie »sind so grundlegend getrennt durch Klima, Moral, Religion und durch Wertvorstellungen, die sich derart radikal in allem widersprechen, was Ehre, Aufrichtigkeit und Männlichkeit betrifft, daß sie nicht länger unter derselben Regierung leben können«.[48]

Was all diesen Differenzen zugrunde lag, war eben die »besondere Institution« – *peculiar institution* –, wie der von den Südstaaten geprägte Euphemismus für die Sklaverei lautete. »Auf dem Gebiete der Sklaverei«, so postulierte der *Charleston Mercury* 1858, »sind Nord- und Südstaatler ... nicht nur zwei Völker, sondern sie sind Rivalen, ja feindliche Völker.«[49] Diese Rivalität gefährdete die Zukunft der Republik. Für die Amerikaner des 19. Jahrhunderts verkörperte der Westen die Zukunft. Expansion hieß das Lebenselixier des Landes. Solange der Streit um die Sklaverei auf die moralische Vertretbarkeit dieser Institution da, wo sie bereits existierte, beschränkt blieb, vermochte das Zweiparteiensystem die Gemütserregung, die der Konflikt hervorrief, in Schach zu halten. Doch als die Kontroverse sich in den 40er Jahren auf die Ausweitung der Sklaverei auf die neuen Territorien zu konzentrieren begann, ließ sich der Eklat nicht länger abwenden.

»Der Kurs des Imperiums ist unaufhaltsam nach Westen gerichtet«, hatte Bischof George Berkeley der Neuen Welt in den 20er Jahren des 18. Jahrhunderts prophezeit. Westwärts schaute auch Thomas Jefferson, um künftigen Generationen amerikanischer Farmer ein Reich der Freiheit zu sichern. Sogar der Präsident der Yale-Universität, Timothy Dwight, der als föderalistischer Neuengländer einer Region und einer Gruppierung angehörte, die sich noch am wenigsten für die westliche Expansion begeisterten, ließ sich 1794 zu solch verklärenden Versen hinreißen:

> All hail, thou western world! by heaven design'd
> Th' example bright, to renovate mankind.
> Soon shall thy sons across the mainland roam;
> And claim, on far Pacific shores, their home;
> Their rule, religion, manners, arts, convey,
> And spread their freedom to the Asian sea.[50]

Ein halbes Jahrhundert später fand ein anderer Yankee, obwohl er nie im Westen gewesen war, dessen Anziehungskraft ebenso unwiderstehlich. »Nach Osten gehe ich nur gezwungenermaßen«, schrieb Henry David Thoreau, »aber westwärts ziehe ich aus freien Stücken. Der Fortschritt der Menschheit bewegt sich von Ost nach West.«[51]

»Zieh westwärts, junger Mann«, lautete Horace Greeleys Parole während der Wirtschaftskrise nach 1840. Und sie gingen nach Westen; in der ersten Hälfte des 19. Jahrhunderts folgten Millionen einem Drang, der bis heute nicht nachgelassen hat. »Der Westen ist das Ziel, eine andere Hoffnung bleibt uns nicht«, schrieb ein Umsiedler vor seinem Aufbruch. »Für arme Leute gibt es keine größere Chance als ein neues Land.« »Das alte Amerika scheint sich aufzulösen und westwärts zu ziehen«, notierte ein Pionier auf dem Weg nach Illinois im Jahre 1817. »Während wir auf diesem Pfad der Hoffnung dem Ohio zustreben, verlieren wir kaum je den Kontakt zu den Familien vor und hinter uns.«[52] Zwischen 1815 und 1850 wuchs die Bevölkerung westlich der Appalachen fast dreimal so rasch wie die der ursprünglichen 13 Staaten. Während dieser Zeitspanne trat durchschnittlich alle drei Jahre ein neuer Staat der Union bei. 1840 hatten die Staaten zwischen den Appalachen und dem Mississippi das *frontier*-Stadium überwunden. Diesen ersten Grenzbereich hatten die Flüsse geschaffen, allen voran das Ohio-Mississippi-Missouri-Netz mit seinen Nebenflüssen, auf denen die Siedler zu ihren neuen Heimstätten gelangt waren und die anfangs ihre einzige Verbindung zur Außenwelt bildeten.

Nachdem die ersten Staaten jenseits des Mississippi entstanden waren, rückte die Siedlungsgrenze in den 40er Jahren in wahren Bocksprüngen über 1000 Meilen weit über die Great Plains und die ehrfurchtgebietenden Gebirgsketten bis zur Pazifikküste vor. An dieser *frontier* gab es zunächst nur die Überlandwege und Schiffahrtsrouten um Kap Hoorn, den Handel mit Bisamfellen aus den Bergen, Silber aus Santa Fe und Rinderfellen aus Kalifornien. In den 40er Jahren siedelten dann auch Farmer an der *frontier*, und Tausende von Amerikanern verkauften ihren Besitz zu den von der Wirtschaftskrise diktierten Schleuderpreisen, spannten ihre Ochsen vor Contestoga-Wagen und fuhren über den Oregon-, Kalifornien- und Mormonen-Trail nach Westen – einer neuen Zukunft entgegen, durch Land, das teils den Mexikanern gehörte, teils von den Engländern beansprucht wurde. Dies kümmerte freilich kaum jemanden, denn die meisten Amerikaner betrachteten es als *manifest destiny*, also ihre Bestimmung, auch diese Gebiete den Vereinigten Staaten einzuverleiben. Unbegrenzte Möglichkeiten erwarteten die Siedler, die »diese Urwälder, unerschlossenen Ebenen und unberührten Täler« in »einen großartigen Schauplatz immerwährenden Fortschritts, globalen Unternehmertums und beispiellosen Handelsverkehrs« verwandeln würden, versprach der Autor eines Emigrantenführers für Oregon und Kalifornien. »Diese fruchtbaren Täler werden seufzen unter der Last ihrer reichen Früchte; diese zahlreichen Flüsse werden von Dampfschiffen wimmeln ... das ganze Land wird durchkreuzt sein von Straßen, Eisenbahnlinien und Kanälen.«[53]

Der in jeder Hinsicht bemerkenswerteste Zug nach Westen vor dem kalifornischen Goldrausch von 1849 war die Flucht der Mormonen an den Großen Salzsee. Das Mormonentum als erste in den Vereinigten Staaten begründete Religion entsprang der spirituellen Begeisterung im Zuge des *second great awakening* unter der zweiten Generation der Neuenglandyankees im Norden des Staates New York. Sein Gründer und Prophet Joseph Smith schuf nicht nur eine Kirche, sondern auch eine utopische Gemeinschaft, die wie viele in dieser Epoche mit kollektivem Besitzstand und unorthodoxen Ehegepflogenheiten experimentierte. Im Gegensatz zu den meisten anderen Utopien überlebte und prosperierte das Mormonentum.

Der Weg zum Überleben war allerdings mit Hindernissen gepflastert. Die theokratische Struktur des Mormonentums war Stärke und Schwäche zugleich. Smith, der von sich behauptete, direkt mit Gott in Verbindung zu stehen, regierte seine Jünger mit eiserner Hand. Generalstabsmäßig in Schlachtreihen unermüdlicher Arbeiter gegliedert, schufen sie, wo immer sie sich niederließen, blühende Gemeinwesen. Doch Smith' Messiaskomplex, sein Anspruch, das Mormonentum sei die einzig wahre Religion und werde sich die Erde untertan machen, sowie sein Beharren auf absolutem Gehorsam provozierten Schismen innerhalb und Ressentiments außerhalb der Bewegung. Nachdem man sie aus New York und Ohio vertrieben hatte, zogen die Mormonen westwärts, um in Missouri ihr Zion zu errichten. Doch Missouri hatte keine Verwendung für diese Yankeeheiligen, die göttliche Offenbarungen empfingen und im Verdacht standen, abolitionistische Ziele zu verfolgen. 1838 und 1839 wurden zahlreiche Mormonen vom Pöbel massakriert, und die übrigen flohen über den Mississippi nach Illinois. Dort lebten die Gläubigen trotz der Wirtschaftskrise etliche Jahre in Wohlstand. Umherziehende Missionare bekehrten Tausende zu ihrem Glauben. Sie bauten die Flußsiedlung Nauvoo zu einer florierenden Neuenglandstadt von 15000 Seelen aus. Aber andersgläubige Nachbarn neideten den »Heiligen« ihren Erfolg und fürchteten überdies ihre Privatarmee, die Nauvoo-Legion. Als ein neuerliches Schisma Smith' jüngste Offenbarung enthüllte, in der die Polygamie sanktioniert wurde, gab der Prophet den Befehl, die Druckerpresse der Dissidenten zu zerstören. Daraufhin nahmen die Behörden von Illinois Smith und seinen Bruder in Haft; 1844 stürmte der Pöbel das Gefängnis und ermordete beide.[54]

Smith' Nachfolger Brigham Young sah ein, daß die Mormonen ihr Zion nicht inmitten von feindlichen Ungläubigen errichten konnten. Daher organisierte er 1846 und 1847 den Auszug seiner Anhänger an den Großen Salzsee auf mexikanischem Territorium, in so unwirtlichem Gebiet, daß andere Weiße keinerlei Anspruch darauf erhoben. Dort würden Indianer die einzigen Nachbarn der Gläubigen sein, und nach mormonischer Theologie waren die Indianer Abkömmlinge eines der verlorenen Stämme Israels, weshalb Young es als seine Pflicht ansah, sie zu bekehren.

Brigham Young erwies sich als einer der tüchtigsten Organisatoren des 19. Jahrhunderts. Wie Joseph Smith stammte auch er aus Vermont. Was Young an charismatischen Fähigkeiten entbehrte, das machte er mehr als wett durch seinen eisernen Willen und durch außerordentliche administrative Fähigkeiten. Er organisierte die Umsiedlung der Mormonen bis ins kleinste Detail. Unter seinem theokratischen Regime, dank zentralistischer Planung und kollektiver Bewässerung aus den Bergflüssen, konnten die Mormonen die Hungerperioden während der ersten zwei Winter in Salt Lake City überleben, und sie schafften es, die Wüste im wahrsten Sinne des Wortes zum Erblühen zu bringen – nicht als Rose, dafür aber mit Getreide und Gemüse. Da Jahr für Jahr sowohl aus Europa wie aus den Vereinigten Staaten Tausende Neubekehrter eintrafen, lebten 1860 im Zion am Salzsee schon 40000 Menschen. Young verstand es sogar, seine Anhänger davon abzuhalten, sich dem kalifornischen Goldrausch von 1849 und ähnlichen Abenteuern in Virginia City und Denver 1859 anzuschließen. Die Mormonen verdienten mehr am Handel mit den Schürfern auf dem Weg zu den Goldfeldern, als die meisten Prospektoren sich in den Minen erwarben.

Die größte Bedrohung für die Mormonen war ihr Konflikt mit der Regierung der Vereinigten Staaten, die das Gebiet von Mexiko just zu der Zeit erwarb, als die Mormonen ihr Zion am Salzsee gründeten. 1850 überredete Young Washington dazu, ihn als Gouverneur über das neue Territorium Utah einzusetzen. Dies vereinte Staat und Kirche an der Spitze und garantierte einen Frieden auf Zeit. Aber nichtmormonische Richter und andere Staatsbeamte beklagten sich darüber, daß ihre Autorität nur dem Namen nach Gültigkeit habe; das Volk gehorche den Gesetzen, die von der Kirchenhierarchie verkündet und ausgelegt würden. Die Spannungen zwischen Mormonen und Nichtmormonen eskalierten mitunter zu heftigen Auseinandersetzungen. 1852 wandte die öffentliche Meinung Amerikas sich heftig gegen die »Heiligen«, weil deren Kirche die Polygamie öffentlich als von Gott gewollt sanktionierte (Brigham Young selbst ehelichte insgesamt 55 Frauen). 1856 brandmarkte das erste nationale Parteiprogramm der Republikaner die Polygamie als »Barbarei«, die der Sklaverei gleichkäme. 1857 bezichtigte Präsident James Buchanan die Mormonen der Rebellion und sandte Truppen aus, die sie zwingen sollten, sich einem neuen Gouverneur zu unterwerfen. Während ihres Guerillakrieges gegen die Bundessoldaten im Herbst des Jahres 1857 massakrierte eine Gruppe fanatischer Mormonen in Mountain Meadows 120 Einwanderer, die auf dem Weg nach Kalifornien waren. Das veranlaßte die Regierung, Truppenverstärkung ins Krisengebiet zu entsenden. Young war Realist genug, das Unvermeidbare zu akzeptieren, und so trat er seine Zivilhoheit ab, zügelte seine Anhänger und schloß einen unsicheren Frieden mit den Vereinigten Staaten. Als der nächste Präsident, Abraham Lincoln, gefragt wurde, was er gegen die Mormonen zu unternehmen gedenke, gab er zur Antwort, sie seien das geringste seiner Probleme, und folglich »gedenke ich, sie in Frieden zu lassen«.

Wie so vieles in der amerikanischen Geschichte scheint auch der Zug nach Westen eine Geschichte des Wachstums und Erfolges zu sein. Für die Ureinwohner Amerikas – die Indianer – war es freilich eine bittere Lektion voller Einbußen und Niederlagen. Um 1850 hatte der weiße Mann mit seinen Krankheiten und Kriegszügen die indianische Bevölkerung nördlich des Rio Grande auf die Hälfte der geschätzten Million reduziert, die noch zwei Jahrhunderte zuvor in dieser Region beheimatet gewesen war. Bis auf ein paar Tausende waren alle Indianer in den Vereinigten Staaten in die westlichen Gebiete jenseits des Mississippi abgedrängt worden. Demokratische Regierungen hatten in den 30er Jahren die Deportation von 8500 Indianern der »fünf zivilisierten Völker« – Cherokee, Choctaw, Creek, Chickasaw und Seminolen – aus den Südstaaten in ein für sie bereitgestelltes Reservat westlich von Arkansas durchgeführt. Ebenfalls in den 30er Jahren setzten der erbarmungslose Widerstand gegen Black Hawks Versuch, die Heimat seiner Vorfahren in Illinois zurückzufordern, sowie die endgültige Niederschlagung des Seminolenaufstands in Florida den seit mehr als zwei Jahrhunderten währenden Indianerkriegen östlich des Mississippi ein Ende.

Unterdessen hatte die Regierung beschlossen, entlang des 95. Meridians (der Westgrenze von Arkansas und Missouri) eine »ständige« Indianer-*frontier* zu errichten. Jenseits dieser Linie konnten die Indianer frei umherziehen in der »großen amerikanischen Wüste«, wie der Forschungsreisende Zebulon Pike das Gebiet genannt hatte. Aber das Konzept einer ständigen Indianer-*frontier* hatte kaum ein Jahrzehnt Bestand. Der Zug nach Westen auf dem Landweg, die Eroberung des mexikanischen Territoriums und die Goldfunde in Kalifornien erschlossen auch dieses riesige Gebiet der *manifest destiny*, der besonderen Bestimmung der weißen Amerikaner. Also nahm die Regierung die burlesken Verhandlungen mit den Indianerhäuptlingen wieder auf, um die Abtretung riesiger Landstücke gegen Leibrenten zu erreichen, die freilich bald für den Kauf von Feuerwasser und andere Waren des weißen Mannes, von arglistigen Händlern feilgeboten, dahinschwanden. Da es nun keine Siedlungsgrenze im Westen mehr gab, über die man die Indianer zurückdrängen konnte, begann man sie in »Reservaten« unterzubringen, wo sie die Wahl hatten, die Lebensweise des weißen Mannes zu erlernen oder unterzugehen. Die meisten dieser Reservate befanden sich auf wertlosem, schlechtem Land, und nicht sehr viele Indianer verspürten Neigung, die Lebensweise des weißen Mannes zu übernehmen. Also gingen sie unter. Allein in Kalifornien reduzierten Krankheit, Fehlernährung, Feuerwasser und Mord die geschätzten 150000 Indianer von 1845 auf 35000 im Jahre 1860. Wenngleich weiße Siedler die Great Plains und die Wüstengebiete westlich davon vorerst noch nicht für sich beanspruchten, war die Reservatspolitik doch schon ein Vorzeichen dafür, welches Schicksal die stolzen Krieger in diesen Gebieten ein bis zwei Jahrzehnte später ereilen sollte.[55]

Die Bestimmung, die den weißen Amerikanern Hoffnung signalisierte, bedeutete für die Indianer den Untergang. Außerdem entzündete sie die langsam glimmende Lunte zu einem Pulverfaß, dessen Explosion die Vereinigten Staaten 1861 entzweisprengen sollte.

2.

Mexiko wird uns vergiften

I

James K. Polk konnte unter seiner Präsidentschaft einen größeren Gebietszuwachs verzeichnen als jedes andere Staatsoberhaupt der amerikanischen Geschichte. Mit der Annexion von Texas, dem Oregon-Vertrag, der die Grenze zu Kanada festlegte, und der Inbesitznahme aller mexikanischen Provinzen nördlich des 31. Breitengrades vergrößerte sich das Land während Polks einmaliger Amtsperiode um zwei Drittel. Nachdem er 1844 mit einem Wahlprogramm gesiegt hatte, das Oregon bis zur nördlichen Grenzlinie 54°40′ und Texas bis zur südlichen Grenzscheide des Rio Grande beanspruchte, schloß Polk mit den Briten einen Vergleich, in dem man sich auf den 49. Breitengrad einigte. Mit Mexiko aber führte er Krieg um Texas sowie um Kalifornien und New Mexico. Mit diesem Krieg war ein regionaler Konflikt verknüpft, der sich anderthalb Jahrzehnte später im Bürgerkrieg entladen sollte.[1]

Die Whigs opponierten im Kongreß gegen »Mr. Polks Krieg« und verweigerten der Resolution, die im Mai 1846 die Kriegserklärung des Präsidenten bestätigen sollte, ihre Stimme. Doch als die demokratische Mehrheit die Resolution verabschiedet hatte, billigten auch die meisten Whigs die Kriegsausgaben für den Feldzug gegen die feindlichen Streitkräfte. Ein Whig-Abgeordneter, der noch miterlebt hatte, wie die Föderalistische Partei von der Bildfläche verschwunden war, nachdem sie sich gegen den Krieg von 1812 ausgesprochen hatte, meinte zynisch, daß er von nun an für »Krieg, Pestilenz und Hungersnot« eintrete. Trotzdem beschuldigten die Whigs den Präsidenten weiterhin, den Konflikt provoziert zu haben, indem er amerikanische Truppen in von Mexiko beanspruchtes Gebiet entsandte. Hinterrücks attackierten sie die Kriegführung der Regierung und widersetzten sich dem mit gewaltsamen Mitteln erreichten Gebietszuwachs. Ermutigt durch die Wahlen von 1846 und 1847, in denen sie 38 Sitze hinzugewannen und die Mehrheit im Repräsentantenhaus erlangten, verstärkten die Whigs ihre Angriffe gegen Polk noch. Einer dieser neuen Whig-Abgeordneten, ein schlaksiger Mensch aus Illinois mit zerfurchtem Gesicht, zerzaustem schwarzen Haar und schlechtsitzendem Anzug, forderte in seinen Resolutionen Aufschluß darüber, wo genau denn die Mexikaner amerikanisches Blut vergossen und damit den Krieg entfacht hätten. Abraham Lincolns Resolutionen wurden zwar vom Repräsentantenhaus zurückgestellt, doch dafür verabschiedete es die eines anderen Whig-Abgeordneten, in der es hieß, der Krieg sei vom Präsidenten »unnötigerweise und verfassungswidrig angezettelt« worden.[2]

Wie der Krieg, so war auch der Begriff der *manifest destiny* eine vornehmlich demokratische Doktrin. Seit dem Tage, da Thomas Jefferson die föderalistische Opposition gegen den Ankauf Louisianas überwunden hatte, strebten die Demokraten die Ausdehnung amerikanischer Einrichtungen auf ganz Nordamerika an, gleichgültig, ob die Bewohner der betreffenden Gebiete – Indianer, Spanier, Mexikaner, Kanadier – damit einverstanden waren oder nicht. Als Gott den amerikanischen Waffen im Unabhängigkeitskrieg den Sieg bescherte, formulierte 1845 ein demokratischer Kongreßabgeordneter herablassend, habe Er nicht »im Sinn gehabt, die ursprünglichen Staaten zum einzigen Hort der Freiheit auf Erden zu machen. Er bestimmte sie im Gegenteil nur zu jenem großen Zentrum, von dem Zivilisation, Religion und Freiheit fort und fort ausstrahlen sollen, bis der ganze Kontinent sich in ihrem Segen sonnen wird«. »Ja, mehr, mehr, mehr!« stimmte John L. O'Sullivan zu, der das Schlagwort von der *manifest destiny* geprägt hatte. »Mehr ... bis unser nationales Schicksal sich erfüllt hat und ... der ganze, schier grenzenlose Kontinent uns gehört.«[3]

Auch die Whigs waren nicht abgeneigt, die Segnungen der amerikanischen Freiheit selbst auf Mexikaner und Indianer auszudehnen. Aber es widerstrebte ihnen, dieses Ziel mit Gewalt zu verfolgen. Getreu den vorwiegend protestantischen Wurzeln der Whig-Ideologie vertrauten sie mehr auf Mission denn Annexion. »›Wie eine Stadt, die auf einem Berg thront‹«, sollten die Vereinigten Staaten die »wahren republikanischen Grundsätze« nicht durch Eroberung verbreiten, sondern durch mustergültiges Beispiel, forderten viele Whigs. Wenn es auch »ein Gewinn für die Menschheit [wäre], falls wir den amerikanischen Leitgedanken, daß alle Menschen frei geboren und mit den gleichen Rechten begabt sind, in Mexiko verbreiten könnten«, sagte 1846 der Geistliche Theodore Parker, ein erklärter Gegner der Sklaverei, »so müssen wir diesen Gedanken doch erst im eigenen Land verwirklichen«. Während die demokratische Fortschrittsidee auf die *räumliche* Ausweitung bestehender Einrichtungen abzielte, schwebte den Whigs eine *zeit*gebundene Verbesserung dieser Einrichtungen vor. »Dem Drang nach grenzenlosem Neuerwerb entgegengerichtet ist der nach internen Reformen«, postulierte Horace Greeley. »Eine Nation kann ihre Kraft nicht gleichzeitig dafür einsetzen, sich andere Territorien einzuverleiben und die Verhältnisse im Land zu verbessern.«[4]

Der Erwerb mexikanischen Territoriums war Polks oberstes Kriegsziel. Der Wunsch amerikanischer Siedler in Oregon und Kalifornien, von den Vereinigten Staaten annektiert zu werden, hatte 1846 die Doppelkrise mit Großbritannien und Mexiko heraufbeschworen. Indem er die Emigranten dafür lobte, daß sie »es bereits auf sich genommen haben, in den Tälern, deren Flüsse in den Pazifik münden, die Segnungen der Selbstverwaltung zu etablieren«, hatte Polk sich praktisch dazu verpflichtet, das amerikanische Recht auch in »jene fernen Regionen [zu tragen], die die Emigranten sich zur Heimstatt erkoren haben«.[5] Der Vertrag mit England sicherte die Grenzlinie Oregons entlang dem 49. Breitengrad. Aber alle Anstrengungen, Mexiko zum Verkauf von Kalifornien und New Mexico zu bewegen, waren fehlgeschlagen. Also entschloß sich Polk, Gewalt anzuwenden. Kurz nach seinem Amtsantritt gab er der Pazifikflotte Befehl, sich in Bereitschaft zu halten, um im Falle eines Krieges mit Mexiko die kalifornischen Häfen einzunehmen, und im Herbst 1845 wies er den amerikanischen Konsul in Monterey an, bei den amerikanischen Siedlern sowie unter politisch unzufriedenen Mexikanern für die Annexion Stimmung zu machen.

Die Amerikaner in Kalifornien bedurften einer solchen Ermunterung schon deshalb nicht, weil ein so ruhmsüchtiger Mann wie John C. Frémont, Hauptmann des topographischen Armeekorps, sich an ihre Spitze stellte. Frémont, der sich als Forschungsreisender im Westen einen Namen gemacht hatte, war übrigens der Schwiegersohn von Missouris einflußreichem Senator Thomas Hart Benton. Als Gerüchte von einem bevorstehenden Krieg mit Mexiko ins Sacramento Valley drangen, organisierte Frémont aus eigenem Antrieb einen Siedleraufstand und ließ ein unabhängiges Kalifornien ausrufen. Diese »Bärenflaggen-Republik« (ihre Flagge zeigte einen Grizzlybären) bestand nur kurze Zeit und endete, als ihre Bürger die offizielle Kriegserklärung feiern konnten, die ihre Annexion durch die Vereinigten Staaten besiegelte.

Etwa zur gleichen Zeit marschierten ein Freiwilligenkorps aus Missouri und ein reguläres Regiment über den Santa-Fe-Trail, um die Hauptstadt New Mexicos zu erobern. Unter dem Kommando ihres Obersten Stephen Watts Kearney besetzten diese zähen Dragoner Santa Fe am 18. August 1846, ohne daß ein einziger Schuß gefallen wäre. Nachdem er die amerikanische Flagge gehißt hatte, ließ Kearney eine Garnison in der Stadt zurück und drang selbst mit 100 Mann durch die Wüste nach Kalifornien vor, wo sich ihnen Matrosen, Marineinfanteristen und Freischärler anschlossen, mit denen sie im Januar 1847 den mexikanischen Widerstand niederschlugen. In den nächsten Monaten konnten die Amerikaner südlich des Rio Grande noch eine Reihe beachtlicher Siege erringen, deren Krönung die Einnahme der mexikanischen Hauptstadt war und die allesamt für die Dauerhaftigkeit der amerikanischen Eroberungen bürgten. Offen blieb nur die Frage, wieviel Territorium man sich aneignen solle.

Polks Ehrgeiz war mit der Einnahme von New Mexico und Kalifornien fürs erste befriedigt. Im April 1847 entsandte er Nicholas Trist als Bevollmächtigten nach Mexiko, wo der einen Vertrag für die beiden Provinzen aushandeln sollte. Doch die Leichtigkeit, mit der die Amerikaner ihre Siege errungen hatten, weckte Polks Appetit auf weitere Eroberungen. Im Herbst 1847 erhielt eine demokratische Bewegung mit der Losung »ganz Mexiko« – oder zumindest der Annexion etlicher weiterer Provinzen – große Zustimmung. Das erbitterte Hin und Her zwischen den Demokraten, die ganz Mexiko beanspruchten, und den Whigs, die jeden Übergriff auf fremdes Territorium ablehnten, erschwerte Trists Mission erheblich, denn er sah sich 3000 Meilen entfernt in der mexikanischen Hauptstadt einem stolzen Santa Anna gegenüber, der wenig Neigung zeigte, die Hälfte seines Landes abzutreten. In Washington schlug Polk sich auf die Seite derer, die einen harten Kurs einschlagen wollten, und beorderte Trist im Oktober 1847 zurück. Aber als der Botschafter dieses Rückrufschreiben erhielt, war ihm ein Durchbruch in den Verhandlungen gelungen; also ignorierte er den Befehl aus Washington und unterzeichnete einen Vertrag, der Polks ursprüngliche Forderungen erfüllte. Die Vereinigten Staaten hatten 15 Millionen Dollar zu zahlen und die Forderungen amerikanischer Bürger an den mexikanischen Staat zu übernehmen. Als Gegenleistung erkannte Mexiko den Rio Grande als Grenze zu Texas an und trat New Mexico sowie das nördliche Kalifornien an die Vereinigten Staaten ab.[6] Als dieser Friedensvertrag von Guadalupe Hidalgo im Februar 1848 in Washington eintraf, lehnte Polk ihn zunächst rundweg ab. Doch dann besann er sich und legte ihn dem Senat vor, wo die Whigs über genügend Sitze verfügten, um jeden Vertrag niederzustimmen, der noch mehr mexikanisches Territorium annektierte. Dagegen bestand die Hoffnung, daß sie einem Vertrag zustimmen würden, der den Anschein der gewaltsamen Eroberung vermied, indem Mexiko für Kalifornien und New Mexico entschädigt wurde. Polks Taktik hatte Erfolg; der Senat ratifizierte den Vertrag mit 38 gegen 14 Stimmen, wobei fünf der Gegenstimmen aus den Reihen der Demokraten kamen, die mehr Territorium verlangten, und fünf aus den Reihen der Whigs, die jede Gebietserweiterung ablehnten.[7]

Dieser Triumph der *manifest destiny* mag manchen Amerikaner an Ralph Waldo Emersons Prophezeiung erinnert haben, die lautete: »Die Vereinigten Staaten werden Mexiko erobern, aber es wird ihnen dabei ergehen wie dem Mann, der das Arsen schluckt, das ihm den Garaus macht. Mexiko wird uns vergiften.«[8] Er sollte recht behalten. Das Gift war in diesem Fall die Sklaverei. Aus Jeffersons Imperium für die Freiheit war in erster Linie eines für die Sklaverei geworden. Der Gebietserwerb seit der Unabhängigkeit hatte der Republik die Sklavenstaaten Louisiana, Missouri, Arkansas, Florida und Texas zugeführt, während einzig Iowa, das erst 1846 angegliedert worden war, die Reihen der »freien« Staaten verstärkte. Viele Nordstaatler fürchteten, dem neuen Reich im Südwesten werde nun ein ähnliches Schicksal drohen. Sie verurteilten den Krieg als Teil einer »Verschwörung der *slave power*«, der »Sklaventreiber«, die damit ihre »besondere Institution« weiter ausdehnen wollten. War nicht auch Präsident Polk ein Sklavenhalter? War er nicht mit dem Wahlversprechen angetreten, das Territorium, das die Sklaverei zuließ, durch die Annexion von Texas zu vergrößern? Gehörten die Sklavereianhänger unter den Südstaatlern nicht zu den aggressivsten Verfechtern der *manifest destiny*? Und lag nicht der Großteil des Mexiko abgerungenen Territoriums (einschließlich Texas) südlich der alten Missouri-Kompromißlinie 36°30′ – der traditionellen Grenze zwischen Freiheit und Sklaverei? Das Parlament von Massachusetts führte Klage gegen diesen »verfassungswidrigen« Krieg mit seinem dreifachen Ziel der Ausweitung der Sklaverei, der Stärkung der *slave power* und des Herrschaftsanspruchs über die »freien« Staaten. James Russell Lowells schlichter Yankeephilosoph Hosea Biglow mutmaßte sorgenvoll:

> They just want this Californy
> So's to lug new slave-states in
> To abuse ye, an' to scorn ye,
> An' to plunder ye like sin.[9]

Polk begriff die ganze Aufregung nicht. »In Verbindung mit dem Mexikanischen Krieg«, notierte er in seinem Tagebuch, sei die Sklaverei »eine abstrakte Frage. Es ist gänzlich unwahrscheinlich, daß jemals Gebiete von Mexiko erworben werden könnten, in denen die Sklaverei Einzug halten könnte«. Die Agitation sei daher »nicht nur böse, sondern niederträchtig«. Aber zahlreiche Kongreßabgeordnete – darunter sogar einige aus Polks eigener Partei – teilten die Überzeugung ihres Präsidenten nicht und hielten die Agitation für durchaus notwendig. Zwischen 1846 und 1850 überschattete dieses Problem alle anderen Streitpunkte. Hunderte von Abgeordneten fühlten sich berufen, dazu Stellung zu nehmen. Manche von ihnen stimmten mit Polk darin überein, daß es sich um ein »abstraktes« Problem handele, weil die »natürlichen Bedingungen« in den betreffenden Regionen der Sklaverei keine Chance böten. »Das Recht, Sklaven nach New Mexico oder Kalifornien zu überführen, besagt nicht viel«, so John J. Crittenden aus Kentucky, weil nämlich »kein vernünftiger Mensch seine Sklaven dorthin bringen würde, auch wenn er es könnte«.[10] Doch viele Südstaatler waren anderer Meinung. Sie stellten fest, daß in den Flußtälern New Mexicos bereits Baumwolle angebaut wurde. In den Bergwerken hatten seit Jahrhunderten Sklaven geschuftet, und sie würden sich auch in den neuen Territorien als ideale Arbeitskräfte bewähren. »Kalifornien eignet sich ganz besonders für die Sklavenarbeit«, entschied ein Südstaatenkonvent. »Das Recht auf staatlich geschützten [Sklaven-]Besitz in diesem Territorium ist keine bloße Abstraktion.« Eine Zeitung aus Georgia schürte den Verdacht der Abolitionisten auf eine »Verschwörung der Sklaventreiber«, indem sie hinter der Öffnung der neuen Territorien für die Sklaverei ein übergreifendes Ziel vermutete, nämlich, »dem Süden das politische Gleichgewicht in der Konföderation zu sichern und ihm für alle Zukunft die Kontrolle über das Regierungsgeschehen zu verschaffen«.[11] Von den Abgeordneten, die zu diesem Thema sprachen, äußerte über die Hälfte Zuversicht (auf seiten der Südstaatler) oder Befürchtungen (seitens der Nordstaatler), daß die Sklaverei sich auf die neuen Territorien ausdehnen würde, falls man die rechtliche Handhabe dazu erteilte.[12] Viele der Redner räumten ein, daß die »besondere Institution« wohl kaum tiefe Wurzeln in einem Gebiet schlagen würde, das angeblich vor allem aus Wüste und Gebirge bestand, Um freilich ganz sicherzugehen, stimmten die Abgeordneten der Nordstaaten für eine Resolution, welche die Sklaverei in den neuen Territorien ausdrücklich verbot. Dies war das verhängnisvolle Wilmot-Proviso. Am Abend des 8. August 1846, einem schwülen Samstag, als der Kongreß sich schon für die Sommerpause rüstete, erhob sich während einer Debatte über Finanzzuschüsse zum Mexikanischen Krieg der frischgebackene Abgeordnete David Wilmot aus Pennsylvania und stellte den Änderungsantrag, »daß als ausdrückliche und grundlegende Bedingung für jedweden Gebietserwerb von der Republik Mexiko ... in keinem Teil des genannten Territoriums jemals Sklaverei oder Zwangsarbeit eingeführt werden dürfe«.[13]

Hinter diesem Manöver steckte mehr, als man auf den ersten Blick vermuten möchte. Zwar waren Wilmot und seine Bundesgenossen überzeugte Gegner der Sklaverei, darüber hinaus aber wollten sie eine alte politische Rechnung begleichen. Wilmot handelte stellvertretend für eine Gruppe von Demokraten aus dem Norden, die Polk grollten und der Vorherrschaft der Südstaatler in der Partei ein Ende machen wollten. Ihr Unmut ging bis aufs Jahr 1844 zurück, als die Südstaatler Martin Van Buren die Präsidentschaftskandidatur verweigert hatten, weil er die Annexion von Texas nicht billigen mochte. Die Polk-Administration hatte bei der Ämterbesetzung in New York den konservativen Gegnern Van Burens den Vorzug gegeben. Die Senkung der Zollgebühren nach dem Walker-Tarif von 1846 verärgerte die Demokraten in Pennsylvania, die glaubten, man habe ihnen bereits höhere Zölle auf bestimmte Waren zugesichert. Polks Veto gegen eine Gesetzesvorlage, die Flüsse und Häfen betraf, empörte die Demokraten von den Großen Seen und aus den Flußgebieten im Westen. Der Kompromiß, in dem die Regierung den 49. Breitengrad als Grenze Oregons akzeptiert hatte, erboste all jene Demokraten, die den Slogan »Fifty-four fourty or fight« (54°40′ oder Kampf) intoniert hatten. Nachdem sie der Annexion von Texas mit dem Rio Grande als umstrittener Grenze zugestimmt und damit die Gefahr eines Krieges mit Mexiko in Kauf genommen hatten, erschien ihnen Polks Weigerung, einen Krieg mit England zu riskieren, um ganz Oregon zu bekommen, wie ein Verrat. »Unser Recht auf Oregon ist einem schmachvollen Kompromiß geopfert worden«, erklärte ein Demokrat aus Ohio. »Die Regierung vertritt die Interessen des Südens und nur die des Südens! [...] Da der Süden die Grenzen des freien Landes festgelegt hat, sollte der Norden die Grenzen für die Sklavengebiete bestimmen.« – »Es ist an der Zeit«, befand auch der Kongreßabgeordnete Gideon Welles aus Connecticut, »daß die Demokratie des Nordens ihren Standpunkt offen vertritt. Seit Jahren schon richtet sich alles und jedes nach dem Diktat des Südens und wird von seinen Launen regiert. Wir müssen«, so schloß Welles, »der Bevölkerung des Nordens die Gewißheit geben ... daß wir keine weitere Ausbreitung der Sklaverei als Folge dieses Krieges dulden werden.«[14]

Als Wilmot sein Proviso vortrug, machte sich damit der angestaute Zorn der Demokraten des Nordens Luft, von denen viele sich weniger um die Sklaverei in den neuen Territorien sorgten als um ihre Macht innerhalb der Partei. Die Whigs aus dem Norden, die in ihrem Kampf gegen die Sklaverei konsequenter waren, unterstützten das Proviso. Die von zwei Parteien getragene Koalition im Repräsentantenhaus verabschiedete es gegen die vereinte Opposition südlicher Demokraten und Whigs – ein unheilvolles Omen. Sonst richteten sich die Abstimmungen im Kongreß zu Themen wie Zolltarife, Bankenwesen oder Bundeszuschüsse zu wertsteigernden Investitionen nach der Parteidisziplin. Durch das Wilmot-Proviso jedoch wurde aus dem Parteienstreit ein regionaler Konflikt. Damit hatte die politische Landschaft sich unwiderruflich verändert. »Wie durch Zauberei«, so kommentierte der *Boston Whig*, »brachte das Proviso die große Frage zur Entscheidung, die nun das amerikanische Volk zu entzweien droht.«[15]

Die volle Tragweite des Provisos wurde nicht unmittelbar deutlich, denn der Kongreß von 1846 vertagte sich, noch bevor der Senat darüber abstimmen konnte. Aber die Nord-Demokraten brachten es in der nächsten Sitzungsperiode erneut ein und stürzten den Präsidenten damit in arge Bedrängnis, denn er begriff allmählich, welch ein Fiasko er sich mit seinem Krieg eingehandelt hatte. »Die Sklavenfrage nimmt allmählich eine bedrohliche ... Wendung«, schrieb Polk in sein Tagebuch. Sie »wird die Demokratische Partei unweigerlich zerstören, wenn sie nicht gar am Ende die Union selbst bedroht«.[16] Das Repräsentantenhaus verabschiedete Wilmots Ergänzungsantrag abermals per regionalem Votum. Im Senat allerdings blockierte das Übergewicht des Südens (die Union setzte sich 1847 aus 14 »freien« und 15 Sklavereistaaten zusammen), das Proviso. Nun begann die Regierung Druck auszuüben, bis sich schließlich genügend demokratische Vertreter des Nordens im Repräsentantenhaus genötigt sahen, ihr Votum zu ändern, so daß die Haushaltsvorlage ohne das Proviso verabschiedet wurde. Die Krise war damit jedoch nicht abgewendet, sondern nur verschoben.

Die Einstellung zur *free-soil-* oder Freiland-Bewegung im Jahre 1847 läßt sich in drei konzentrischen Kreisen darstellen. Deren innersten bildete ein Kern von Abolitionisten, die in der Sklaverei einen sündhaften Verstoß gegen die Menschenrechte sahen, der umgehend wiedergutzumachen sei. Darum schloß sich ein größerer Kreis von Sklavereigegnern, der vom inneren Kern ideologische Nahrung bezog und Leibeigenschaft als Übel an sich betrachtete, als etwas, was sozial repressiv war, ökonomisch rückständig und politisch schädlich für die Interessen der »freien« Staaten.[17] Zu diesem Kreis gehörten vornehmlich Whigs (und einige Demokraten) aus dem Yankee-Staatengürtel und den Gebieten nördlich des 41. Breitengrades, die dieses Problem für das wichtigste der amerikanischen Politik hielten. Der äußere Kreis schließlich umfaßte alle diejenigen, die zwar für das Wilmot-Proviso gestimmt hatten, es aber nicht unbedingt für das dringlichste Thema des Landes hielten, und die kompromißbereit waren. Zu diesem äußeren Kreis zählten Whigs wie Abraham Lincoln, der glaubte, die Sklaverei sei »ein ausgesprochenes Unglück für den Neger, den weißen Mann und den Staat«, eines, das »unser republikanisches Beispiel seiner Geltung in der Welt beraubt – den Gegnern freier Institutionen das Recht gibt, uns als Heuchler zu brandmarken«, der aber auch glaubte, daß »die Verbreitung abolitionistischer Doktrinen eher dazu angetan ist, das Unheil zu verschlimmern als es zu lindern«, weil der Süden dadurch veranlaßt würde, sich zusammenzuschließen, um seine »besondere Institution« zu verteidigen.[18] Ebenfalls zum äußeren Kreis rechneten sich Demokraten wie Martin Van Buren, den die Folgen der Sklaverei für die Betroffenen herzlich wenig kümmerten, der sogar selbst mit der Sklaverei sympathisiert hatte, bis sie 1844 seine Präsidentschaftskandidatur vereitelte.

Alle *free soiler* – vielleicht mit Ausnahme einiger Van-Buren-Anhänger – stimmten in folgenden Punkten überein: freie Arbeit sei effizienter als Sklavenarbeit, da sie durch Lohnanreiz und durch den Drang nach sozialem Aufstieg motiviert werde, statt durch die Gewalt der Peitsche; Sklaverei untergrabe das Ansehen der Arbeit, indem sie diese mit Knechtschaft gleichsetze und den weißen Arbeiter degradiere; Sklaverei hemme Erziehung und sozialen Fortschritt und verurteile arme Weiße ebenso zur Unwissenheit wie die Sklaven; mithin verdamme die *peculiar institution* alle Südstaatler bis auf die Sklavenbarone zur Armut und unterbinde die Entwicklung einer breitgefächerten Wirtschaft; alle neuen Territorien müßten sklavenfrei bleiben, um der freien Arbeit eine Chance zu geben.

Manche Mitglieder der beiden äußeren Kreise unterstützten diese Forderungen nicht aus »Überempfindlichkeit ... oder morbidem Mitgefühl für die Sklaven«, wie David Wilmot es formulierte. »Die Neger nehmen auf diesem schönen Kontinent schon genug Raum ein ... Ich möchte der freien weißen Arbeit ein schönes Land erhalten ... wo die Söhne derer, die sich mühsam emporgerackert haben, die Söhne meiner Rasse und Hautfarbe, ohne die Schmach leben können, welche durch die Assoziation mit der Negersklaverei die freie Arbeit befleckt.« Falls die Sklaverei in den neuen Territorien zugelassen würde, schrieb der die *free-soil*-Bewegung vertretende Redakteur und Dichter William Cullen Bryant, »wird die freie Arbeit keines Staates dort Einzug halten«. Hielte man aber die Sklaverei von den Territorien fern, dann würde »die freie Arbeit der Staaten dort [Fuß fassen] ... und binnen weniger Jahre wird das Land in den Händen einer rührigen und tatkräftigen Bevölkerung blühen und gedeihen«.[19]

Die Südstaatler empörten sich über diese Angriffe auf ihr Gesellschaftssystem. Es hatte eine Zeit gegeben, da auch viele von ihnen der Überzeugung gewesen waren, die Sklaverei sei ein Übel – wenngleich ein vorläufig »notwendiges«, weil die Emanzipation der Schwarzen Rassenkonflikte heraufbeschworen hätte. Aber die moralischen Bedenken verblaßten, als in den 30er Jahren die steigende Nachfrage nach Baumwolle auf dem Weltmarkt den Plantagen im Süden einen ungeahnten Aufschwung bescherte. Der Kampf der Abolitionisten gegen die Sklaverei drängte die Südstaatler in die Defensive und forderte sie zu erbitterten Gegenangriffen heraus. So war 1840 die Sklaverei schon kein notwendiges Übel mehr, sondern »ein großer moralischer, sozialer und politischer Segen – ein Segen für Sklaven und Herren gleichermaßen«. Sie hatte die afrikanischen Wilden zivilisiert und ihnen von der Wiege bis zur Bahre eine Sicherheit verschafft, die der elenden Armut der freien Arbeiter in England und den Nordstaaten vorzuziehen war. Indem sie die Weißen von niedrigen Knechtsdiensten entband, wertete die Sklaverei die Arbeit der Weißen auf und verschonte sie vor der entwürdigenden Konkurrenz freier Neger. Die Sklaverei, so hieß es, banne das Gespenst des Klassenkonflikts, der eine Gesellschaft mit ausschließlich freier Arbeit letztlich zerstören müsse, da nur die Sklaverei »die Gleichstellung unter den Freien fördert, indem sie Ränge und Kasten unter ihnen aufhebt und so republikanische Institutionen bewahrt«.[20] Ferner schaffe die Sklaverei die Grundlage für eine Oberschicht von Gentlemen, die sich den Künsten, der Literatur, dem Gemeinwohl und dem Staatsdienst widmen könnten, und für eine Gesellschaft, die jener »ordinären, verachtenswerten« der Yankee-»Ladenschwengel« weit überlegen sei. In der Tat, sagte Senator Robert M. T. Hunter aus Virginia, »kennt die Geschichte kein namhaftes Zivilisationssystem, dessen Fundament nicht auf der Einrichtung der Sklaverei beruht«. »Statt eines Übels«, so resümierte John C. Calhoun die Position des Südens, sei die Sklaverei ein unveräußerliches Recht und »die sicherste und stabilste Basis für freie Institutionen auf der Welt«.[21]

Die Befürworter der Sklaverei hatten, wie nicht anders zu erwarten, den Wunsch, die Segnungen dieser Institution auch den neuen Territorien zuteil werden zu lassen. Und selbst jene, die gar nicht erwarteten, daß die Leibeigenschaft dort Fuß fassen würde, verübelten dem Norden den Versuch, sie zu unterbinden, als einen Anschlag auf die Ehre des Südens. Das Wilmot-Proviso verurteile den Süden zu »schmachvoller Ungleichheit«, erklärte ein Sprecher aus Virginia. Es »sagt im Grunde zum Südstaatler: Fort! Du bist nicht meinesgleichen und mußt folglich aus unserer Mitte verbannt werden wie einer, dem ein Makel anhaftet«. Nachdem er die meisten der Soldaten gestellt hatte, die das mexikanische Territorium erobert hatten, war der Süden besonders empört darüber, daß man ihn nun bei der Gewinnverteilung leer ausgehen lassen wollte. »Wenn der kriegsmüde Soldat in seine Heimat zurückkehrt«, so fragte ein Abgeordneter aus Alabama, »soll er dann hören, daß er sein Eigentum nicht in das Land bringen darf, das mit seinem Blut errungen wurde?«[22] »Kein wahrer Südstaatler«, so versicherten viele von ihnen, würde sich einer solchen »gesellschaftlichen Schmach [beugen] [...] Lieber tot, als sich solchermaßen zu unterwerfen«.[23]

Außer ihrer geheiligten Ehre stand für die Sklavenhalter »unser und unserer Familien Leben und Glück« auf dem Spiel. Die Annahme des Wilmot-Provisos würde zehn weitere »freie« Staaten schaffen, warnte James Hammond aus South Carolina. Dann würde der Norden »uns im Kongreß niedermachen, unseren Sklaven die Freiheit oder etwas Gleichwertiges verkünden und uns auf den Stand von Haiti erniedrigen. [...] Unsere einzige Sicherheit liegt im *Gleichgewicht* der MACHT. Wenn wir jetzt nicht handeln, liefern wir unsere Kinder, nicht die Nachwelt, sondern unsere *Kinder*, vorsätzlich dem Untergang aus«.[24]

Die Südstaatler bestritten die Verfassungsmäßigkeit des Wilmot-Provisos. Nach der Präzedenzfallregelung schien der Kongreß berechtigt, die Sklaverei in den neuen Territorien zu verbieten; der erste Kongreß nach Inkrafttreten der Verfassung hatte die Nordwest-Verordnung von 1787, welche das Nordwest-Territorium für sklavenfrei erklärte, bestätigt, und nachfolgende Kongresse hatten die Verordnung für jedes Einzelterritorium gebilligt, das aus dem Gebiet herausgelöst worden war; der Kompromiß von 1820 untersagte die Sklaverei nördlich der Demarkationslinie 36°30′ im Louisiana-Gebiet. Auch Abgeordnete der Südstaaten hatten für diese Gesetze gestimmt. Aber im Februar 1847 brachte Senator John C. Calhoun Resolutionen ein, die dem Kongreß das Recht absprachen, Sklaveneigentum von den Territorien fernzuhalten. »Hochgewachsen, abgehärmt, mit fieberglühendem Antlitz, hohlen Wangen und stechendem Blick«, so beschrieb Henry Clay den Senator, der darauf bestand, daß die Territorien der »gemeinschaftliche Besitz« aller souveränen Staaten seien. In seiner Eigenschaft als »Vertretergremium« dieser Staaten könne der Kongreß einen Sklavenhalter ebensowenig daran hindern, seinen menschlichen Besitz in die Territorien zu überführen, wie er ihm verbieten könne, seine Pferde oder Schweine dorthin zu bringen. Sollte der Norden darauf bestehen, das Wilmot-Proviso durchzusetzen, warnte Calhoun mit Grabesstimme, so wären die Folgen »politische Revolution, Anarchie, Bürgerkrieg«.[25]

Der Senat verabschiedete Calhouns Resolutionen nicht. Als die Präsidentschaftswahlen von 1848 näher rückten, versuchten beide großen Parteien, die Risse in den eigenen Reihen zu schließen. Eine Möglichkeit wäre es gewesen, die schon vorhandene Grenzlinie des Missouri-Kompromisses quer durch die neuen Territorien bis zum Pazifik zu verlängern. Polk und sein Kabinett befürworteten diese Lösung. Der Präsident, der seit längerem kränkelte und vorzeitig gealtert war, stellte sich nicht zur Wiederwahl. Außenminister James Buchanan machte 36°30′ zum Herzstück seiner Kampagne im Vorwahlkampf. 1847 auf 1848 verabschiedete der Senat eine Version seines Antrags mit Unterstützung der meisten Südstaatensenatoren, die die Sklaverei grundsätzlich in allen Territorien befürworteten, um sie zumindest in einigen durchzusetzen. Aber die nördliche Mehrheit im Repräsentantenhaus brachte den Beschluß zu Fall.

Ein weiteres Konzept, das dem Wirbel um die Präsidentschaftspolitik entsprang, wurde unter dem Begriff »Volkssouveränität« bekannt. 1848 identifizierte man es noch weitgehend mit Senator Lewis Cass aus Michigan, Buchanans Hauptrivalen um die Präsidentschaftskandidatur. Gestützt auf das Argument, die Siedler in den Territorien seien ebenso fähig zur Selbstbestimmung wie die Bürger der US-Staaten, schlug Cass vor, die neuen Territorien sollten selbst entscheiden, ob sie die Sklaverei zulassen wollten oder nicht. Seine Idee bestach durch den diplomatischen Charme der Zweideutigkeit, denn Cass ließ sich nicht näher darüber aus, *wann* die Wähler dieser Gebiete ihre Entscheidung treffen sollten – ob während der Territorialphase oder erst, wenn sie als Staaten in die Union aufgenommen würden. Die meisten Zeitgenossen unterstellten ersteren Fall – einschließlich Calhoun, der denn auch gegen die Volkssouveränität stimmte, weil sie das Besitzrecht der Siedler aus dem Süden verletzen könnte. Aber genügend Südstaatler begrüßten den Vermittlungsversuch und verhalfen Cass zur Nominierung – allerdings war die Volkssouveränität in der Wahlerklärung bezeichnenderweise nicht abgesegnet. Dafür lehnte sie das Wilmot-Proviso ebenso ab wie Calhouns Resolutionen. Die Demokratische Partei hielt an ihrer Tradition fest, die Einigkeit in der Union dadurch zu bewahren, daß sie in der Sklavenfrage keine eindeutige Position bezog.

Die Whigs hielten es ebenso, ja sie legten überhaupt kein Wahlprogramm vor und nominierten den Helden eines Krieges, den die meisten von ihnen nicht gebilligt hatten. Nichts erhellt die Willkür der amerikanischen Politik besser als die Kandidatur von Zachary Taylor. Untersetzt, mit kurzen, stämmigen Beinen und buschigen Brauen, die er dauernd finster zusammenzog, nachlässig in seiner Kleidung, ein Berufsoffizier (aber kein West-Point-Absolvent) ohne erkennbare politische Meinung, das war Taylor – nicht gerade der Mann, der das Zeug zum Präsidenten zu haben schien. General Winfield Scott, ein West-Point-Absolvent mit einem Faible für Galauniformen und ein erklärter Whig-Anhänger, schien auf den ersten Blick besser geeignet, wenn die Partei der Kriegsgegner sich schon bemüßigt fühlte, ihr Renommee durch die Nominierung eines Militärs aufzubessern. Aber Scotts Tugenden hatten leider auch ihre Kehrseite. Seine Kritiker fanden ihn aufgeblasen. Er schrieb mit Vorliebe offene Briefe, in denen er in jedes Fettnäpfchen trat und sich der Lächerlichkeit preisgab. Sein Spitzname – »alter Wichtigtuer« – verrät, wie er zu seiner politischen Verantwortung stand. Umgekehrt hatten Taylors Schwächen auch ihr Gutes, wie es sein Beiname »alter Haudegen« bezeugt. Viele Wähler der neuen Ära des allgemeinen Stimmrechts für (weiße) Männer hatten offenbar eine Vorliebe für rauhbeinige Kandidaten. Als Kriegsheld stand Taylor in der Gunst des Volkes an erster Stelle. Zwar hatte Scott den Feldzug von 1847 zur Eroberung der mexikanischen Hauptstadt geplant und angeführt, doch hatte sich Taylor mit den Siegen von 1846 am Rio Grande und seinem erstaunlichen Triumph in Buena Vista im Februar 1847, bei dem die Chancen drei zu eins gegen ihn standen, bereits einen Namen gemacht, als Scott noch am Anfang stand.

Der Sieg in Buena Vista setzte Taylor auf einen Erfolgskurs, der nicht mehr aufzuhalten war. Hauptrivale des alten Haudegens um die Nominierung war (neben Scott) Henry Clay. Weltgewandt, geistreich und populär war der 70jährige Clay, der Mitbegründer der Whig-Partei und Schöpfer ihres »amerikanischen Systems«

zur Förderung des Wirtschaftswachstums durch Schutzzölle, Nationalbank und Bundeshilfe für Inlandserschließungen. Aber da er bereits dreimal einen Präsidentschaftswahlkampf verloren hatte, kannte Clay sowohl die Nachteile als auch die Vorzüge einer langen politischen Karriere. Wie die Mehrheit seiner Partei hatte er sich gegen die Annexion von Texas und gegen den Mexikanischen Krieg ausgesprochen.[26] Doch die Whigs durften sich keinen Wahlsieg erhoffen, ohne wenigstens einige der Staaten, die die Annexion und den Mexikanischen Krieg befürwortet hatten, für sich zu gewinnen. Taylor schien dafür der richtige Mann zu sein.

Der General war außerdem ein Geschenk des Himmels für die Whigs in den Südstaaten, denen durch die beharrliche Unterstützung des Wilmot-Provisos seitens der Nord-Whigs im heimischen Lager erhebliche Einbußen drohten. (Die meisten Nord-Demokraten hatten Wilmots Proviso zugunsten von Cass' Doktrin der Volkssouveränität fallenlassen.) Die Whig-Führer im Süden, allen voran Senator John J. Crittenden aus Kentucky und der Kongreßabgeordnete Alexander Stephens aus Georgia, münzten die Taylor-Begeisterung geschickt zur Propaganda für den Süden um. Daß Taylor selbst in Louisiana und Mississippi Plantagen mit mehr als 100 Sklaven besaß, schien zu garantieren, daß man sich in der für den Süden wichtigsten Frage auf ihn verlassen konnte. »Die Wahrheit ist«, befand Robert Toombs aus Georgia, daß Clay »sich mit Leib und Seele den Sklavereigegnern unter den Nord-Whigs verschrieben hat«, während Taylor »Südstaatler, Sklavenhalter, Baumwollpflanzer« sei und sich »durch Geburt, Umgang und Überzeugung ... mit dem Süden« identifiziere.[27] Die Delegierten des Südens brachten auf dem Whig-Parteitag die Stimmen ein, welche im ersten Wahlgang Clay die Nominierung verwehrten und sie Taylor im vierten sicherten.

Mit Taylors Kandidatur kam ein seit langem gärender Konflikt unter den Nord-Whigs zum Ausbruch. »Es ist eine Selbstverständlichkeit, daß wir General Taylor unter keinen Umständen unterstützen können und wollen«, schrieb Charles Sumner aus Massachusetts. »Wir können niemanden unterstützen, der sich nicht eindeutig gegen die Ausbreitung der Sklaverei ausspricht.« Sumner sprach für eine Faktion innerhalb der Partei, die, da sie mit ihrer Gewissensverantwortung argumentierte, unter dem Namen »Conscience Whigs« bekannt wurde. Sie stand in erbittertem Gegensatz zu einer eher konservativen Gruppe, die wegen der Vormachtstellung der Textilmagnaten in ihren Reihen als »Cotton Whigs« bezeichnet wurde. Diese Baumwoll-Faktion war gegen den Mexikanischen Krieg und für das Wilmot-Proviso eingetreten. Ihre Position vertrat sie in beiden Fällen jedoch eher halbherzig, und 1848 wollte sie sich zugunsten von Taylor und dessen Wahlsieg mit den Whigs aus dem Süden zusammentun. Da die

»Conscience Whigs« sich außerstande sahen, diese Allianz der »Herren des Webstuhls« mit den »Herren der Peitsche« gutzuheißen, sagten sie sich von ihrer Partei los. Ihr hochgestecktes Ziel war, mit Sumners Worten, »eine neue Kristallisation der Parteien und die Gründung einer großen Freiheitspartei im Norden«.[28]

Die Zeit schien reif für einen solchen Schritt. In New York rüstete die Van-Buren-Faktion der Demokraten zur Revolte. Unter dem Namen »Barnburners« (nach dem legendären holländischen Farmer, der seine Scheune [barn] in Brand setzte, um die Ratten auszuräuchern) entsandte diese Faktion eine eigene Delegation auf den Nationalkonvent der Demokraten. Als der Parteitag dafür stimmte, beiden New Yorker Delegationen ein Mandat zu verleihen, traten die »Barnburners« aus und beriefen ein Sonderforum ein, auf dem Van Buren mit einem auf dem Wilmot-Proviso fußenden Wahlprogramm nominiert wurde. Die Sklavengegner unter Demokraten und Whigs aus den übrigen Nordstaaten jubelten. Der Parteitag der »Barnburners« lieferte den Funken für ein politisches Feuer im Kampf gegen die Sklaverei; die Liberty-Partei bot sich als Zündholz an.

Die bereits 1839 von überzeugten Abolitionisten gegründete Liberty-Partei hatte für ihren Präsidentschaftskandidaten im Jahr 1844 nur drei Prozent der Wähler im Norden gewinnen können. Seit dieser Wahl hatten die Parteiführer unablässig über künftige Strategien beraten. Eine radikale Faktion wollte eine neue Doktrin proklamieren, wonach die Regierung durch die Verfassung ermächtigt sei, die Sklaverei in den Bundesstaaten abzuschaffen. Doch die eher pragmatisch denkende Mehrheit unter Führung von Salmon P. Chase strebte in eine andere Richtung – sie suchte eine Koalition mit den Sklavereigegnern bei Whigs und Demokraten. Als gewiefter Anwalt, der auch entlaufene Sklaven verteidigt hatte, verband Chase religiöse Überzeugung und Humorlosigkeit mit unstillbarem Ehrgeiz und politischem Weitblick. Obwohl die Liberty-Partei an ihrem Ziel, die Sklaverei überall abzuschaffen, festhalten müsse, so Chase, sei der erste Schritt zu diesem Ziel doch sinnvollerweise ein Bündnis mit jenen, die sich darum bemühten, die Territorien sklavenfrei zu halten – egal, wofür sie sonst eintreten mochten. Falls eine solche Koalition in Ohio genügend Einfluß erlangte, um Chase in den Senat zu wählen – um so besser.

Im Frühjahr 1848 nahm Chase erste Kontakte mit den oppositionellen Whigs und Demokraten auf. Diese führten, nachdem die Nominierung von Cass und Taylor durch die konservative Parteimehrheit die Abolitionisten mit ihren angestammten Parteien entzweit hatte, im August zu einem *free-soil*-Konvent in Buffalo, der stark an eine religiöse Versammlung erinnerte. 15 000 sendungsbewußte »Delegierte« drängten trotz drückender Schwüle in die Stadt. Unter einem riesigen Baldachin, den man im Park aufgeschlagen hatte, bejubelten sie endlose

Reden, in denen die »Sklaventreiber« verdammt wurden, während ein 465 Mann starker Exekutivausschuß in der Kirche zusammentrat, um die eigentliche Arbeit zu verrichten. Dieser Ausschuß vollbrachte nachgerade ein Wunder, indem er die Faktionen dreier Parteien zusammenführte, die zu Bankwesen, Zöllen und anderen Wirtschaftsfragen sehr unterschiedliche Meinungen vertraten. Allein, diese Fragen, welche zwei Jahrzehnte lang Hauptgegenstand der amerikanischen Politik gewesen waren, mußten jetzt hinter einer noch wichtigeren zurückstehen, was der altgediente Whig-Abgeordnete Joshua Giddings aus Ohio so formulierte: »Unser politischer Kampf muß sich in Zukunft zwischen Sklaverei und Freiheit entscheiden.«[29] Mit der Nominierung eines »Barnburners« zum Präsidenten, eines »Conscience Whigs« zum Vizepräsidenten und der Annahme eines Liberty-Programms, das im wesentlichen von Chase entworfen war, etablierte der Ausschuß seine neue Fusionspartei, und der »Massenparteitag« im Park spendete der Arbeit des Ausschusses frenetischen Beifall.

Martin Van Buren als Präsidentschaftskandidaten anzuerkennen, war für Liberty-Partei und Whigs nicht leicht. Als Befürworter der Sklaverei und Jackson-Anhänger hatte der »kleine Zauberer« sich in den 30er Jahren allem Anschein nach die unwandelbare Feindschaft von Abolitionisten und Whigs zugezogen. Doch 1848 brach ein neues Zeitalter an. Jetzt billigte Van Buren das Sklavereiverbot für die Territorien sowie die Abschaffung der Sklaverei im District of Columbia. Die »Barnburner«, die auf ihn gesetzt hatten, erklärten die Leibeigenschaft zu »einem großen moralischen, sozialen und politischen Übel – einem Relikt der Barbarei, das mit dem Fortschreiten der christlichen Zivilisation unweigerlich ausgemerzt werden muß«. In einer Rede vor seinen Parteifreunden sagte der Whig-Vertreter Sumner: »Es ist nicht der Van Buren von 1838, für den wir stimmen sollen, sondern der Van Buren von *heute*.«[30] Mit Charles Francis Adams als Kandidaten für die Vizepräsidentschaft verstärkte die Wahlliste ihr Image einer vom moralischen Gewissen geleiteten Partei. Charles Francis erbte die Aura des aufrechten Abolitionisten von seinem Vater John Quincy, der im selben Jahr verstorben war. Joshua Leavitt, einer der Gründer der Liberty-Partei und Mitstreiter von John Quincy Adams im Kampf gegen die *gag rules*, die »Knebelbestimmungen«, mit denen der Kongreß bis 1844 die Petitionen zur Abschaffung der Sklaverei boykottiert hatte, rührte viele Mitglieder des Parteitages in Buffalo zu Tränen, als er in einer gefühlsbetonten Rede den Mut jener Männer beschwor, die den Abolitionisten den Weg bereitet hatten. Dann erteilte Leavitt der neuen *free-soil*-Koalition seinen Segen. »Die Liberty-Partei ist nicht tot«, erklärte er, »sondern *verwandelt*.« Nachdem die Delegierten gelobt hatten, »unablässig weiterzukämpfen« für »freien Boden, freie Rede, freie Arbeit und freie Menschen«, kehrten sie heim, um ihren gottgefälligen Kampf auszufechten.[31]

Die *free-soil*-Bewegung machte die Sklavenfrage zum Kernpunkt ihres Wahlkampfs und zwang die beiden großen Parteien, ihre bisherige Strategie aufzugeben: Sie konnten es sich nicht mehr leisten, das Problem einfach zu ignorieren. Statt dessen versuchten sie, durch eine Verwirrungstaktik in beiden Regionen Anhänger zu gewinnen. Die Demokraten verteilten im Norden und Süden unterschiedliche Wahlkampfbiographien von Cass. Im Norden betonten sie, die Volkssouveränität sei das beste Mittel, die Sklaverei in den Territorien zu verhüten. Im Süden dagegen zitierten sie Cass' Versprechen, dem Wilmot-Proviso die Zustimmung zu verweigern, und verwiesen stolz auf den Erfolg ihrer Partei (trotz Whig-Opposition) beim Erwerb von Territorium, auf das die Sklaverei ausgeweitet werden *könne.*

Da sie kein Wahlprogramm zu verteidigen und einen Kandidaten ohne politische Vergangenheit vorzustellen hatten, fiel es den Whigs leichter, sich als die richtige Partei für das ganze Volk zu präsentieren. Im Norden verwiesen sie auf Taylors Versprechen, *kein* Veto einzulegen, gleichgültig, wie der Kongreß über die Sklaverei in den Territorien entscheiden würde. Jene Sklavengegner unter den Whigs, die Taylor in der Hoffnung unterstützten, er werde sich auf ihre Seite schlagen – William H. Seward und Abraham Lincoln zum Beispiel –, sahen sich nicht getäuscht. Die Südstaatler hätten gut daran getan, einer Rede Sewards in Cleveland mehr Aufmerksamkeit zu schenken. Seward war leutselig, listig, klug, kurzum der geborene Politiker, aber er war auch ein überzeugter Abolitionist, und er sollte schon bald als einer der führenden Berater Taylors in Erscheinung treten. »Freiheit und Sklaverei sind antagonistische Faktoren, mithin in ein und derselben Gesellschaft unvereinbar«, sagte er auf der Versammlung in Cleveland. »Es ist möglich, die Sklaverei auf ihre gegenwärtigen Grenzen zu beschränken«; letzten Endes aber »*kann* und *muß* sie abgeschafft werden«.[32] Doch viele Südstaatler waren geblendet von Taylors Ruhm als Held von Buena Vista und von seinem Ansehen als Sklavenhalter großen Stils. »Uns ist Old Zack mit seinen Zucker- und Baumwollplantagen und seinen 400 Negern lieber«, verkündete der *Richmond Whig.* »Werden die Bürger [aus dem Süden] einen Nordstaatenpräsidenten wählen?« fragte eine Zeitung aus Georgia.[33]

Die meisten wählten den Südstaatler. Taylor siegte in acht der 15 Sklavenstaaten mit einer Mehrheit von 52 Prozent. Und er konnte auch sieben der 15 »freien« Staaten für sich gewinnen, obwohl die Whig-Mehrheit im Norden durch die Stimmengewinne der *free-soil*-Bewegung auf 46 Prozent zurückging. Aber obwohl die *free-soil*-Bewegung im Norden 14 Prozent der Stimmen für sich verbuchen konnte und die Demokraten in Vermont, Massachusetts und New York als zweite Partei verdrängte, gelang es ihr in keinem einzigen Staat, die Mehrheit zu gewinnen. Und auch den Wahlausgang beeinflußte sie nicht: Van Buren konnte zwar in New York genügend demokratische Stimmen erringen, um Taylor den Staat zu sichern, aber die *free-soiler* neutralisierten diesen Effekt, indem sie in Ohio genügend Whig-Wähler fanden, um diesen Staat Cass zuzuführen. Trotz des durch die Sklavenfrage entstandenen Drucks überwanden die Zentripetalkräfte der Parteien die regionalen Zentrifugalkräfte.[34]

Gleichwohl hatte diese Spannung das System an den Rand der Zerreißprobe gebracht. Die *free-soil*-Bewegung, die hoffte, die amerikanische Politik wieder auf den Kampf zwischen Freiheit und Sklaverei auszurichten, zeigte sich mit dem Wahlergebnis zufrieden. »Die Sklavenfrage hat die öffentliche Meinung in bisher ungekanntem Maße aufgerüttelt«, schrieb Sumner. »Die jüngste Wahl«, bestätigte einer seiner Gesinnungsgenossen, »ist nur der Bunker Hill der moralischen und politischen Revolution, die einzig mit dem Sieg der Freiheit enden kann.«[35]

II

Eine weitere dramatische Entwicklung, die der Präsidentschaftswahlkampf im Osten überschattet hatte, bedrohte 1848 das Zweiparteiensystem. Arbeiter, die im Januar für John Sutter ein Sägewerk im Sacramentotal bauten, entdeckten im Flußbett Goldkörner. Obwohl Sutter den Fund geheimzuhalten versuchte, gelangte die Nachricht rasch nach San Francisco. Bis Juni hatte das Goldfieber den Hafen in eine Geisterstadt verwandelt: Die Bevölkerung strömte in hellen Scharen in die Ausläufer der Sierra. Im August erreichte die Neuigkeit die Atlantikküste, wo sie in der Öffentlichkeit jedoch auf Skepsis stieß, da man inzwischen von märchenhaften Geschichten aus dem Westen genug hatte. Aber im Dezember horchte das ganze Land auf, denn Polks letzte Jahresbotschaft an den Kongreß enthielt einen Hinweis auf die »außerordentlichen« Funde in Kalifornien. Zwei Tage später erschien wie gerufen ein Sonderbeauftragter von den Goldfeldern, der in einer Teebüchse 320 Unzen reines Gold mitführte. Die Zweifel zerstoben; jedermann war bekehrt; viele träumten davon, das große Los zu ziehen, und Hunderttausend brachen nach Westen auf. Waren die Umsiedler im Jahrzehnt zuvor nur vereinzelt bis Kalifornien vorgedrungen, so lockte der große Goldrausch von 1849 eine Flut von Glücksrittern an. Etwa 80000 dieser »Forty-Niner« erreichten im ersten Jahr ihr Ziel. Tausende starben unterwegs, viele von ihnen an einer Choleraepidemie. Einige der »Forty-Niner« zogen tatsächlich das große Los; auf die meisten aber warteten nichts als harte Arbeit, Not und Enttäuschung. Trotzdem drängten immer neue Goldsucher nach, bis Kalifornien bei der Volkszählung von 1850 mehr Einwohner aufzuweisen hatte als Delaware oder Florida. Das Bestreben des Territoriums, als 31. Staat in die Union aufgenommen zu werden, entfachte im Osten einen neuerlichen Regionalkonflikt.

Was im Hexenkessel der Goldsucherlager am meisten fehlte, waren Recht und Ordnung. Anfangs wählte jedes Camp sich seine eigenen Beamten und führte eine primitive Rechtsprechung ein. Die war freilich kaum ausreichend für ein so großes Gebiet mit vorwiegend männlicher Bevölkerung »aus den letzten Winkeln der Welt«, wo man rasch mit dem Revolver oder dem Henkersstrick bei der Hand war, um persönliche Rechte zu schützen oder auch zu verletzen. Ein paar Armee-Einheiten waren nicht in der Lage, der Staatsgewalt in Kalifornien Geltung zu verschaffen. Zudem waren die Soldaten gegen den Reiz des Goldes nicht gefeit, und viele von ihnen desertierten. Was Kalifornien brauchte, war eine Territorialregierung. Das gleiche galt für New Mexico mit seiner vorwiegend spanischen und indianischen Bevölkerung und der wachsenden Mormonensiedlung am Großen Salzsee. Im Dezember 1848 drängte Präsident Polk den Kongreß, noch vor Ablauf seiner Amtszeit Territorialregierungen für New Mexico und Kalifornien zu schaffen. Um die leidige Sklavenfrage zu lösen, empfahl Polk, die Demarkationslinie 36°30′ bis zum Pazifik zu verlängern.[36]

Doch der Kongreß wollte davon nichts wissen. Während der kurzen Sitzungsperiode, die am 4. März auslief, tobten in beiden Häusern wüste Redeschlachten: Südstaatenmitglieder drohten mit Sezession, und für keine Gesetzesvorlage zu den Territorien kam eine Mehrheit zustande. Im Repräsentantenhaus bestätigten die Abgeordneten der Nordstaaten erneut das Wilmot-Proviso, legten einen territorialen Gesetzentwurf für Kalifornien vor, der die Sklaverei ausschloß, verabschiedeten eine Resolution, die die Abschaffung des Sklavenhandels im District of Columbia forderte, und erwogen sogar einen Antrag auf Abschaffung der Sklaverei in der Hauptstadt. Diese Maßnahmen erzürnten die Südstaatler, die ihre Vormachtstellung im Senat nutzten, um sie samt und sonders zu blockieren. Eine Parteikonferenz der Südstaatler beauftragte Calhoun, eine »Eingabe« zu entwerfen, die der Empörung des Südens über diese Schandtaten Rechnung trug. Calhoun kam der Aufforderung bereitwillig nach, witterte er doch erneut die Chance zur Gründung einer »Southern-Rights«-Partei, auf die er schon seit langem seine Hoffnungen setzte. Unter Aufzählung einer langen Liste von »Angriffen« der Nordstaaten – darunter die Nordwest-Verordnung, der Missouri-Kompromiß, Gesetze zur Wahrung der persönlichen Freiheit in verschiedenen Einzelstaaten, die das Sklavenfluchtgesetz blockierten, und das Wilmot-Proviso – wiederholte die Eingabe Calhouns Doktrin des verfassungsmäßigen Rechtes, Sklaven in alle Territorien zu überführen, gemahnte die Südstaatler daran, daß ihr »Besitz, ihr Wohlstand, ihre Gleichheit, Freiheit und Sicherheit« auf dem Spiel stünden, und drohte, daß der Süden sich von der Union lossagen würde, falls seine Rechte nicht gewahrt würden.[37]

Doch Calhouns schweres Geschütz versagte. Obwohl 46 der 73 Süd-Demokraten im Kongreß seine Eingabe unterzeichneten, taten es ihnen nur zwei der 48 Whigs gleich. Nachdem sie eben erst die Präsidentschaft gewonnen hatten, wollten die Süd-Whigs ihre Partei nicht schwächen, noch bevor Taylor sein Amt angetreten hatte. »Von einer Administration, die wir an die Macht gebracht haben, erwarten wir nicht, daß sie eine Maßnahme ergreift oder den Beschluß einer Maßnahme zuläßt, die sich [gegen] unsere Sicherheit richtet«, erklärte Robert Toombs. »Wir fühlen uns unter General Taylor sicher«, bekräftigte Alexander Stephens.[38]

Um so größer war der Schock, als sie feststellen mußten, daß Taylor ein *free-soil*-Wolf im Schafspelz des Hüters der Einzelstaatsrechte war. In der Manier eines guten Militärführers plante Taylor, das Patt in der Sklavenfrage mit einem Flankenangriff zu brechen, der die Territorialstufe umging und Kalifornien und New Mexico direkt als Staaten in die Union aufnahm. Nach mexikanischem Gesetz war die Sklaverei in den genannten Gebieten verboten gewesen. Die Zeitungen der Südstaaten druckten einen Leitartikel des *San Francisco Star* ab, in dem es hieß, daß 99 von 100 Siedlern die Sklaverei für »einen unnötigen moralischen, sozialen und politischen Fluch für sich und die Nachwelt« hielten. Mit Kalifornien und New Mexico als »freien Staaten« wäre das Kräfteverhältnis im Senat zu Ungunsten des Südens verlagert worden, und das vielleicht unwiderruflich. »Zum erstenmal«, sagte Senator Jefferson Davis aus Mississippi, »sind wir im Begriff, das politische Gleichgewicht zwischen Nord und Süd auf Dauer zu zerstören.« Dies sei nichts weniger als ein »Plan, das Wilmot-Proviso mit einer sogenannten Einzelstaatsverfassung zu tarnen«.[39] In den Augen anderer Süd-Demokraten kam dieser Plan der Ehrabschneidung gleich, und sie gelobten, sich niemals »durch solch eine schändliche List und Ungerechtigkeit« derart »erniedrigen und versklaven« zu lassen.[40]

Aber Taylor ließ sich nicht beirren. Er entsandte Vertreter nach Monterey und Santa Fe, die die Siedler auffordern sollten, Einzelstaatsverfassungen anzunehmen und sich um die Aufnahme in die Union zu bewerben. Die Kalifornier hatten diesen Prozeß schon eingeleitet, bevor Taylors Gesandter eintraf. Im Oktober 1849 verabschiedeten sie eine freistaatliche Verfassung und wählten im November einen Gouverneur und ein Parlament, das im Kongreß die Anerkennung als souveräner Staat beantragte. New Mexico handelte nicht so rasch. In diesem riesigen

Gebiet lebten nur wenige englischsprachige Bürger – sieht man von den Mormonen in Salt Lake ab, deren Verhältnis zur Regierung gespannt war. Überdies beanspruchte Texas die Hälfte des heutigen Staates New Mexico und einen Teil von Colorado. Diese Grenzstreitigkeiten mußten erst beigelegt werden, bevor man die Eigenstaatlichkeit New Mexicos in Betracht ziehen konnte.

Ein freies Kalifornien hätte die Südstaatler vielleicht weniger aufgebracht, wenn sie nicht aus anderen Gründen in Taylor einen Verräter seiner Gesellschaftsklasse gesehen hätten. Vierzig Armeejahre hatten den alten Haudegen zu einer eher nationalen denn regionalen Perspektive bekehrt. Er hoffte die Whig-Partei zu stärken, indem er die *free-soil*-Anhänger in ihre Reihen zurückführte. Im August 1849 erklärte der Präsident vor einer Versammlung in Pennsylvania: »Die Bürger des Nordens brauchen keine weitere Ausdehnung der Sklaverei zu befürchten.«[41] Nachdem er sich verpflichtet hatte, gegen einen diesbezüglichen Erlaß kein Veto einzulegen, ließ Taylor den entsetzten Robert Toombs wissen, daß er zu seinem Wort stehen werde, selbst wenn der Kongreß es für richtig halten sollte, das Wilmot-Proviso zu verabschieden. Das schlimmste aber war, daß Senator Seward zu einem Freund und Berater des Präsidenten avancierte. Die Aufmerksamkeit, die all diese Neuerungen erregten, war ein schwerer Schlag für die Whigs im Süden, die in den Einzelstaatswahlen von 1849 denn auch prompt eine Schlappe erlitten. »Die Sklavenfrage«, schrieb ein Vertreter aus Georgia, »ist die einzige Frage, die das Wahlergebnis überhaupt noch beeinflußt.« Weil er »den Süden gänzlich im Stich gelassen« und »die ganze Whig-Partei [dort] entzweit« habe, zog Taylor sich den Zorn der erbosten Südstaatler zu.[42]

Die Spannung verschärfte sich, als der Kongreß im Dezember 1848 zusammentrat. Taylors Charisma hatte nicht ausgereicht, um den Whigs die Mehrheit in Repräsentantenhaus oder Senat zu sichern.[43] Zwölf *free-soiler* bildeten das Zünglein an der Waage zwischen 112 Demokraten und 105 Whigs im Unterhaus. Der demokratische Kandidat für das Amt des Sprechers war Howell Cobb, ein Gemäßigter aus Georgia. Kandidat der Whigs war Robert Winthrop aus Massachusetts, ein »Cotton Whig«, der schon dem vorigen Kongreß als Sprecher gedient hatte. Mehrere Demokraten weigerten sich, Cobb zu unterstützen, während die *free-soiler,* die aus den Reihen der Whigs hervorgegangen waren, nicht für Winthrop stimmen wollten, obgleich er sich früher für das Wilmot-Proviso eingesetzt hatte. Noch befremdlicher war, daß ein halbes Dutzend Whigs aus dem Süden unter Führung von Stephens und Toombs sich gerade *deswegen* gegen Winthrop stellten und nicht nur, weil die Whig-Führung sich weigerte, das Proviso abzulehnen. »Ich [werde] mich mit keiner Partei verbünden, die sich nicht ausdrücklich von solch aggressiven abolitionistischen Bewegungen distanziert hat«, erklärte Stephens. Um sich gegen »das Diktat nördlicher Horden von Barbaren und Vandalen« wehren zu können, müsse der Süden »die nötigen Vorkehrungen betreffs Truppen und Geld, Waffen und Munition etc. [treffen], um für den Ernstfall gerüstet zu sein«.[44]

In drei Wochen und 62 Wahlgängen gelang es dem Repräsentantenhaus nicht, einen Sprecher zu wählen. Die Gefahr der Sezession wurde zum Schlagwort der Krise. »Falls Sie kraft Ihrer Gesetzgebung versuchen, uns aus den Territorien Kaliforniens und New Mexicos zu vertreiben«, donnerte Toombs, »*dann bin ich für die Sezession.*« »Wir haben den Wert der Union kühl abgewogen«, warnte Albert Gallatin Brown aus Mississippi. »Wir fordern Sie auf, uns unsere Rechte [in Kalifornien] zuzugestehen; sollten Sie sich weigern, bin ich dafür, daß wir sie uns durch bewaffneten Einsatz holen.« Die Freiheit des Südens stand wieder ebenso auf dem Spiel wie schon 1776, denn »es liegt auf der Hand«, so ein Kongreßabgeordneter aus Alabama, »daß die Willkür, mit welcher der Staat über das Eigentum eines Bürgers und dessen Nutzung – seien es Ochsen, Pferde oder Neger – bestimmt gleichermaßen despotisch und tyrannisch ist«.[45]

Es kam mehrfach zu Schlägereien zwischen Süd- und Nordstaatlern im Repräsentantenhaus. Und der Senat ließ sich von dieser Atmosphäre anstecken. Jefferson Davis soll einen Kongreßabgeordneten aus Illinois zum Duell gefordert haben, und Senator Henry S. Foote (der wie Davis aus Mississippi stammte) zog während einer hitzigen Debatte einen geladenen Revolver. In seiner Verzweiflung griff das Repräsentantenhaus schließlich auf eine Sonderregelung zurück, die gestattete, den Sprecher kraft relativer Mehrheit zu wählen, und im 63. Wahlgang wurde Cobb das Amt zugesprochen. Es war ein unheilvoller Start in die 50er Jahre.

War die Union ernsthaft in Gefahr? Hatten die Südstaatler wirklich die Absicht, sich loszusagen, oder blufften sie nur, um Zugeständnisse zu erzwingen? Die *free-soiler* glaubten an einen Bluff. Chase ging achselzuckend über »das abgedroschene Geschrei von der Sezession« hinweg. Joshua Giddings tat es als »hohle Prahlerei« ab, mit der man »Hasenfüßen Angst einjagen [wolle], um sie den eigenen Wünschen gefügig zu machen«. Seward meinte: »Die Unzufriedenen im Süden ... glauben, sie könnten einen Kompromiß erzwingen. Ich denke, der Präsident ist willens, sich mit ihnen zu messen, so wie General Jackson einst gegen die Verfechter der Nullifikationstheorie hart geblieben ist.«[46]

Tatsächlich wollte Taylor den Süden zwingen, Farbe zu bekennen, ja er war entschlossen, den Bluff – falls es einer war – als solchen zu entlarven. Seine Botschaft an den Kongreß vom Januar 1850 drängte auf sofortige Aufnahme Kaliforniens in die Union und auf Zulassung New Mexicos, sobald die nötigen Vorkehrungen getroffen seien. Taylor rückte nie von diesem Standpunkt ab. Als Toombs und Stephens an den Südstaatler in ihm appellierten und ihn warnten, der Süden würde sich diesem Affront nicht »beugen«, riß Taylor die Geduld. In einer Sprache, die einem Präsidenten schlecht anstand, erwiderte er ihnen, er würde persönlich eine Armee anführen, um dem Gesetz Geltung zu verschaffen, ja er würde jeden Verräter, den er erwischte – einschließlich Toombs' und Stephens' – ruhigen Gewissens aufhängen, wie er es in Mexiko mit Spionen und Deserteuren gemacht habe. Einem Freund gegenüber bemerkte Taylor anschließend, früher habe er die Yankees für die Unruhestifter gehalten, doch seine Erfahrungen seit Amtsantritt hätten ihn davon überzeugt, daß die Südstaatler »intolerant und umstürzlerisch« seien und daß sein früherer Schwiegersohn Jefferson Davis der »Anführer ihres Komplotts« sei.[47]

Die Drohungen des Präsidenten stimmten den Süden natürlich nicht versöhnlicher. »Die Dinge stehen schlecht hier«, berichtete ein Abgeordneter aus Illinois. »Ich fürchte, die Union ist in Gefahr.«[48] Calhoun fand die Abgeordneten des Südens »entschlossener und verwegener, als ich sie je erlebt habe. Viele bekennen sich als Sezessionisten, und noch mehr räumen ein, daß, außer durch die Trennung von der Union [für den Süden] wenig Hoffnung bestünde«. Calhoun mag übertrieben haben. Diejenigen, die sich unumwunden zu Sezessionisten erklärten, Yankees verhöhnten, die Gegensätze zwischen Nord und Süd für unversöhnlich hielten und sich mit ihrem nationalistischen Auftreten den Beinamen »Eisenfresser« (*fire eater*) einhandelten, waren immer noch in der Minderheit, sogar in South Carolina. Eine größere Gruppe, zu der auch Calhoun gehörte, bewahrte sich zumindest »ein wenig Hoffnung« auf eine Lösung ohne Sezession. In Calhouns Fall war diese Hoffnung freilich sehr gering. »Wie die Dinge jetzt liegen«, schrieb er in einem persönlichen Brief vom 16. Februar 1850, »kann [der Süden] nicht ohne Gefahr in der Union bleiben, ... und es gibt wenig oder gar keine Aussicht auf eine Wende zum Besseren.« Dennoch drängten Calhoun und andere Südstaatler auch weiterhin auf »baldige und effektive« Konzessionen des Nordens zur Vermeidung der Sezession.[49]

Wie ein Damoklesschwert schwebte über dem Kongreß ein geplanter Konvent der Sklavenstaaten mit dem erklärten Ziel, »Methoden des Widerstandes gegen die Aggression des Nordens zu formulieren und zu ergreifen«. Calhouns lange gehegtes Projekt zur Einigung des Südens hatte also Früchte getragen. Er selbst litt zu diesem Zeitpunkt bereits an der Schwindsucht, die ihn binnen fünf Monaten ins Grab bringen sollte, und daher hielt er sich als Sprecher South Carolinas im Hintergrund und ließ Mississippi die Führungsrolle übernehmen. Auf einem von zwei Parteien initiierten Treffen in Jackson im Oktober 1849 wurde beschlossen, im kommenden Juni einen Konvent in Nashville abzuhalten. Niemand konnte über den Zweck dieses Vorhabens im Zweifel sein: Es würde sich eine »einheitliche Front« der Südstaaten bilden, »um dem Norden die Alternative der Auflösung ihrer Partnerschaft vor Augen zu führen«, falls die Yankees nicht aufhörten, die Rechte des Südens zu verletzen. Die Baumwollstaaten im unteren Süden sowie Virginia wählten ihre Delegation noch während des Winters. Und auch wenn die Whigs im oberen Süden noch zögerten, bekam die Bewegung doch Gewicht genug, um viele Amerikaner in Alarmbereitschaft zu versetzen.[50]

In dieser Krisensituation betrat Henry Clay abermals die politische Bühne und legte einen Plan vor, der, wie bereits seine Resolutionen von 1820 und 1833, den Süden beschwichtigen sollte. Die folgenden Debatten des Jahres 1850 wurden die berühmtesten in der Geschichte des amerikanischen Kongresses. Neben Clay standen Calhoun und Daniel Webster im Rampenlicht, jene beiden anderen Mitglieder des bedeutenden Senatstriumvirats, das seit Jahrzehnten die amerikanischen Staatsgeschicke lenkte. Alle drei waren noch während der Revolution zur Welt gekommen. Sie hatten ihre Laufbahn dem Ziel geweiht, das Erbe der Verfassungsväter zu bewahren – Clay und Webster als Nationalisten und Calhoun als Partikularist, der darauf verwies, daß die Union nur überleben könne, wenn Norden und Süden innerhalb des Verbands gleichberechtigte Machtblöcke blieben. Alle drei waren wiederholt als Anwärter auf das Präsidentschaftsamt gescheitert. Alle drei gaben ihre Abschiedsvorstellung, Clay und Webster als kompromißbereite Schlichter, Calhoun als düsterer Unheilsprophet, der in dieser Rolle selbst nach seinem Tod am Ende des ersten Aktes noch präsent blieb. Einige der Protagonisten der nächsten Generation spielten in diesem dramatischen Geschehen ebenfalls führende Rollen: die Senatoren Stephen A. Douglas, William H. Seward, Jefferson Davis und Salmon P. Chase.

Am 29. Januar 1850 unterbreitete Clay dem Senat acht Resolutionen. Die ersten sechs faßte er zu Paaren zusammen, deren jedes beiden Kontrahenten einen Kompromiß anbot. Das erste Paar sah vor, Kalifornien als souveränen Staat aufzunehmen und in den übrigen Gebieten der mexikanischen Zession »der Sklaverei keinerlei Beschränkungen aufzuerlegen«. Das zweite Resolutionspaar regelte die Grenzstreitigkeiten zwischen Texas und New Mexico zugunsten des letzteren und entschädigte Texas durch Übernahme der Schulden, die es sich vor der Annexion aufgebürdet hatte. Das sollte die Chancen zur Schaffung eines weiteren Sklavenstaates in Texas verringern, andererseits aber die texanischen Staatsfinanzen sanieren.[51] Viele Aktionäre texanischer Obligationen waren Südstaatler; der Führer einer einflußreichen Lobby für diesen Teil des Kompromisses stammte aus South Carolina. Clays drittes Resolutionspaar forderte das Verbot des Sklavenhandels im District of Columbia, garantierte dafür aber den Fortbestand der Sklavenhaltung in der Bundeshauptstadt. Wenn diese sechs Vorschläge den Norden ein wenig begünstigten, so stellte Clays letztes Resolutionspaar einen Ausgleich dar, indem es dem Kongreß die Hoheit über den innerstaatlichen Sklavenhandel absprach und ein strengeres Gesetz für die Rückführung entflohener Sklaven aus »freien« Staaten verlangte.[52]

Der endgültige Kompromiß von 1850 hielt sich eng an Clays Vorschläge. Doch bis es soweit war, sollten noch sieben Monate mit Reden, Debatten und zermürbendem Feilschen hinter den Kulissen vergehen. Und der »Kompromiß«, auf den man sich schließlich einigte, war nicht einer, in dem alle Parteien einen Teil ihrer Forderungen opferten, sondern eine Vielzahl einzeln verabschiedeter Maßnahmen, deren jede rechtskräftig wurde, indem eine Mehrheit der Abgeordneten einer Region gegen eine Mehrheit der anderen stimmte. Es steht außer Frage, daß dieser Kompromiß von 1850 eine schwerwiegende Krise abwendete, doch wie die weitere Entwicklung zeigt, konnte er das Debakel lediglich hinauszögern.

Generationen amerikanischer Schulkinder lernten die berühmten Senatsansprachen der Kompromißdebatte auswendig: »Wenn ich heute zu Ihnen spreche, dann möchte ich das nicht als Bürger von Massachusetts tun und auch nicht als Vertreter der Nordstaaten, sondern als *Amerikaner*«, begann Daniel Webster seine Ansprache vom 7. März, mit der er sich ehemalige Abolitionisten zum Feind machen sollte. »Ich spreche heute für den Erhalt der Union. Hören Sie mich an in dem Bewußtsein, daß ich für eine gute Sache eintrete.« Nachdem er den Mexikanischen Krieg verurteilt und das Wilmot-Proviso unterstützt hatte, beschwor Webster nun die Nordstaatler, den Zorn der Vergangenheit zu begraben. Er appellierte an sie, den Süden mit dem Proviso weder zu »verspotten noch zu rügen«. Die Natur würde dafür sorgen, daß die Sklaverei in New Mexico ausgeschlossen bliebe. »Ich würde mir nicht die Mühe machen, überflüssigerweise eine Verordnung der Natur zu bestätigen oder den Willen Gottes zu bekräftigen.« Was die Sezession betraf, so warnte Webster die »Eisenfresser«, daß sie ebensowenig »ohne Erschütterung« abgehen könne, wie »Himmelskörper aus ihrer Bahn stürzen und sich gegenseitig im Weltraum anrempeln könnten, ohne das Universum in Trümmer zu legen!«.[53]

Websters Ansprache fand den Beifall vieler Amerikaner, die sich im März 1850 zur Durchsetzung des Kompromisses zusammenschlossen. Aber sie stand in scharfem Gegensatz zu den Reden der Senatoren, die nicht die Interessen der Mittelschicht vertraten. Drei Tage vor Websters Ansprache hielt der sterbende Calhoun seine Abschiedsrede vor der Nation. Zu schwach, um selbst das Wort zu ergreifen, saß der hagere Mann aus South Carolina in Decken gehüllt auf seinem Platz, während James Mason aus Virginia dem Senat seine letzte große Rede verlas. Calhouns Untergangsprophezeiungen spiegelten sich in den durchdringend aus tiefen Höhlen starrenden Augen des vom Tode gezeichneten Mannes wider. Die Gefahr bestünde »zuerst und vor allem« darin, »daß das Gleichgewicht zwischen den Landesteilen zerstört ist«. Bevölkerung, Reichtum und Macht hätten sich im Norden rascher vermehrt als im Süden, weil nämlich eine diskriminierende Gesetzgebung den Norden bevorzugt habe. Hier nannte er die Nordwest-Verordnung und den Kompromiß von 1820, der die territoriale Ausdehnung des Südens verhindert habe, sowie Zölle und Bundeshilfen für die Inlandserschließung (Calhoun verschwieg, daß er diese Maßnahmen seinerzeit selbst unterstützt hatte), mit denen der Norden seine Unternehmungen auf Kosten des Südens förderte. Die Yankees hätten mutwillig südliche Institutionen attackiert, bis die Unionsbande eines nach dem anderen zerrissen seien: Methodisten und Baptisten hätten sich in Nord- und Südkirchen gespalten, freiwillige Verbände sich über der Frage der Sklaverei entzweit, selbst politische Parteien brächen in der gleichen Weise auseinander, und bald werde »außer Gewalt nichts mehr bleiben, was die Staaten noch zusammenhält«. Was könne man tun, um diesem Schicksal zu entgehen? Da der Norden seit jeher der Aggressor gewesen sei, müsse er aufhören, die Sklaverei zu kritisieren, er müsse entlaufene Sklaven zurückschicken sowie dem Süden gleiche Rechte in den Territorien einräumen und einen Verfassungszusatz billigen, «der dem Süden weitgehend die Macht zurückgibt, die er zu seinem eigenen Schutz besaß, bevor das Gleichgewicht zwischen den Landesteilen gestört wurde«.[54] Kalifornien sei hierfür der Testfall. Die geplante Aufnahme Kaliforniens in die Union als »freier Staat« bekunde die Absicht, »das Gleichgewicht zwischen beiden Landesteilen unwiderruflich zu stören«. Unter solchen Umständen könnten die Südstaaten es »nicht mit ihrer Ehre und Sicherheit vereinbaren, noch länger in der Union zu verbleiben«.[55]

William H. Seward sprach für jene Amerikaner, deren Meinung der von Calhoun diametral entgegengesetzt war. In seiner Rede vom 11. März verurteilte Seward »jeglichen Kompromiß« der Art, wie Clay vorgeschlagen hatte. Die Sklaverei sei eine ungerechte, rückständige und aussterbende Institution, erklärte der New Yorker Senator. Ihre Tage seien gezählt. »Man kann das Rad des sozialen Fortschritts nicht zurückdrehen.« Die Macht des Kongresses, die Sklaverei in den Territorien zu unterbinden, sei nicht nur durch die Verfassung sanktioniert, sondern es gebe »auch noch ein Gesetz, das höher steht als die Verfassung«, nämlich das Gesetz Gottes, vor dem alle Menschen gleich seien. Die augenblickliche Krise »dreht sich um die Kernfrage, ob die Union bestehen bleibt und die Sklaverei unter dem unermüdlichen, friedvollen Walten moralischer, sozialer und politischer Kräfte schrittweise, durch freiwilliges Engagement und mit Entschädigung abgebaut wird, oder ob die Union sich auflöst und es zum Bürgerkrieg kommt, der eine gewaltsame, aber vollständige und sofortige Befreiung der Sklaven herbeiführen würde«.[56]

Sewards Rede über das höhere, das göttliche Gesetz erregte großes Aufsehen. Die Südstaatler brandmarkten sie als »ungeheuerlich und diabolisch«; Clay behauptete, sie sei »hirnverbrannt, rücksichtslos und abscheulich«. Sogar Taylor verurteilte sie. »Das ist ein schöner Schlamassel, in den Gouverneur Seward uns gebracht hat«, äußerte er gegenüber einem der Regierung nahestehenden Redakteur. »Diese Rede muß unverzüglich widerrufen werden.«[57] Widerruf oder nicht, Sewards Haltung repräsentierte die Meinung der oberen Nordstaaten ebenso wahrheitsgetreu, wie die Calhouns für den unteren Süden stand. Desungeachtet arbeiteten Vertreter des oberen Südens und des unteren Nordens weiter fieberhaft auf einen Ausgleich zwischen den Extremen hin. Während die Rednerschlacht vor überfüllten Zuschauerrängen weitertobte, suchte man in den Ausschüssen nach einem Kompromiß, der eine Mehrheit finden könnte. Ein dreizehnköpfiger Sonderausschuß des Senats unter Clays Vorsitz legte einen Gesetzentwurf vor, der mehrere Maßnahmen in einem Paket zusammenfaßte: die Zulassung Kaliforniens als sklavenfreien Staat, die Bildung zweier Territorien (New Mexico und Utah) ohne Verbot der Sklaverei, die Regelung der texanischen Grenzstreitigkeiten zugunsten New Mexicos bei gleichzeitiger Entschädigung von zehn Millionen Dollar an Texas zur Begleichung seiner vor der Annexion angefallenen Schuldenlast. Dieses Paket, das Präsident Taylor spöttisch als »Omnibus Bill« bezeichnete, zielte darauf ab, eine Mehrheit beider Landesteile zu gewinnen, indem man jede Seite dazu bewegte, auch Punkte, die ihr nicht behagten, zu akzeptieren, damit sie in den Genuß der von ihr angestrebten Regelungen kam. Es schien, als habe man einen aussichtsreichen Weg gefunden, um die auf dem Konvent der »Eisenfresser« am 3. Juni in Nashville angezettelte Krise zu entschärfen. Das Sezessionsfieber war seit dem letzten Winter abgeflaut. Sechs Sklavenstaaten entsandten überhaupt keinen Delegierten, zwei andere nur einige inoffizielle Vertreter. Besonders die Whigs glänzten durch Abwesenheit. Aus der Einsicht heraus, daß er keine Vollmacht für ein radikales Vorgehen habe, nahm der Kongreß eine abwartende Haltung ein. Die Delegierten verabschiedeten eine Resolution, welche die Verlängerung der Grenzlinie 36°30′ bis zum Pazifik favorisierte, und vertagten sich auf einen Zeitpunkt nach der endgültigen Kongreßentscheidung.[58]

Doch während die Gesetzgeber den heißen Washingtoner Sommer hindurch weiterarbeiteten, zeigte sich, daß die »Omnibus«-Strategie fehlschlagen würde.

Ein kompromißbereiter Block von Whigs aus dem oberen Süden und Demokraten aus dem unteren Norden machte sich zwar für den Vorschlag stark, doch sie vertraten zusammen nicht einmal ein Drittel der jeweiligen Häuser. Die meisten anderen Abgeordneten bekundeten ihre Absicht, gegen das Paket zu stimmen, um jene Punkte der Resolution zu Fall zu bringen, mit denen sie nicht einverstanden waren. Die Fronten zwischen den drei Whig-Faktionen verhärteten sich zusehends. Taylor und die meisten Whigs aus dem Norden versteiften sich ausschließlich auf ihre Kalifornienpolitik, weil sie glaubten, die (potentielle) Genehmigung der Sklaverei in New Mexico und Utah würde die Partei im Norden vernichten. Die Whigs aus dem unteren Süden dagegen kämpften unerbittlich gegen ein freies Kalifornien. Clays kompromißbereite Whigs trafen die Schleudern und Pfeile von beiden Seiten. Taylors Abneigung gegen Clay und Webster äußerte sich in zunehmendem Sarkasmus.

In dieser gespannten Atmosphäre ereignete sich Ende Juni eine neuerliche Krise. Eine Handvoll Zivilisten und Soldaten hatten einen Kongreß in Santa Fe einberufen, um eine sklavereifreie Verfassung aufzusetzen, die mit knapp 8000 Wählerstimmen verabschiedet wurde. Taylor drängte darauf, New Mexico zusammen mit Kalifornien in die Union aufzunehmen, und kränkte die Südstaaten aufs neue in ihrer Ehre. Unterdessen drohte der Gouverneur von Texas, den Anspruch seines Staates auf Santa Fe und den gesamten Rest New Mexicos östlich des Rio Grande mit Gewalt aufrechtzuerhalten. Ein Zusammenstoß zwischen den Texanern und der US-Armee schien unvermeidlich. Als der 4. Juli, der Unabhängigkeitstag, näherrückte, hagelte es Drohungen von seiten der Südstaatler, die ankündigten, sie würden für Texas kämpfen. »Alle freien Männer vom Delaware bis zum Rio Grande [werden] sich zu dieser Rettungsaktion zusammentun«, verkündete Alexander Stephens mit all der Kampfeslust, die das schmächtige Männchen mit seinen 90 Pfund aufbieten konnte. Und »wenn der ›Rubikon‹ überschritten ist, dann sind die Tage dieser Republik gezählt«.[59] Taylor ließ sich nicht ins Bockshorn jagen. Nachdem er der Garnison in Santa Fe Befehl gegeben hatte, auf ihrem Posten zu bleiben, verbrachte er einen glühendheißen 4. Juli damit, sich unter dem noch nicht fertiggestellten Washington Monument die Reden zum Unabhängigkeitstag anzuhören. Der Präsident, der Hunger und Durst mit rohem Gemüse, Kirschen und eisgekühlter Milch gestillt hatte, erkrankte tags darauf und starb am 9. Juli an akuter Gastroenteritis.

Ob zum Guten oder zum Schlechten – Taylors Tod bezeichnete jedenfalls einen Wendepunkt in der Krise. Der neue Präsident, Millard Fillmore, war ein Whig aus New York, der für die Seward-Faktion im eigenen Staat nichts übrig hatte. Mit seiner wohlwollenden Haltung dem Kompromiß gegenüber tendierte dieser Präsident aus dem Norden fast ebensoweit südwärts, wie Taylor, der Präsident aus dem Süden, sich dem Norden angenähert hatte. Fillmore legte New Mexicos Antrag auf Beitritt zur Union zu den Akten und unterstützte den »Omnibus«. Trotzdem verbrachte der Senat einen ganzen Monat damit, verwirrende Zusatzartikel und Aufhebungserklärungen ebendieser Artikel zu verabschieden, bevor Clays Resolution am 31. Juli endgültig abgelehnt wurde. Erschöpft und desillusioniert verließ der einst so respekteinflößende Mann aus Kentucky die Hauptstadt, um sich in New Port zu erholen. Seine jüngeren Kollegen blieben im Hexenkessel auf dem Capitolshügel, um die Scherben aufzulesen, denn nichts anderes war die mühsame Kleinarbeit, in der es schließlich doch noch gelang, den Kompromiß zu verabschieden. Als Repräsentant der neuen Generation betrat Stephen Douglas die Bühne, um im 3. Akt die Hauptrolle zu übernehmen. Douglas, ein Mann, dessen Trinkfestigkeit nur durch seine Arbeitskraft übertroffen wurde (beides zusammen sollte ihn 11 Jahre später mit erst 48 Jahren das Leben kosten), erwarb sich den Beinamen »Little Giant«, weil er, der nur 1,60 Meter groß war, durch seine politische Tüchtigkeit bestach. An das »Omnibus«-Konzept hatte er nie geglaubt, und so zerlegte er nun das Vehikel in seine Bestandteile und brachte für jeden einzelnen eine Mehrheit zusammen. Die Nordstaatler beider Parteien und die Grenzland-Whigs stimmten für die Aufnahme Kaliforniens, das Verbot des Sklavenhandels im District of Columbia und die (rasch angenommene) Zahlung von zehn Millionen Dollar an Texas zur Begleichung der Grenzstreitigkeiten mit New Mexico. Viele Demokraten aus dem Norden verbündeten sich mit den Südstaatlern beider Parteien zur Verhängung einer strengeren Strafregelung für entlaufene Sklaven und zur Territorialeinteilung von New Mexico und Utah ohne Verbot der Sklaverei. Fillmore förderte die friedliche Lösung, indem er genügend Whigs aus dem Norden dazu überredete, sich bei der Abstimmung über das Sklavenfluchtgesetz und die territoriale Regelung der Stimme zu enthalten, damit die entsprechenden Gesetzesvorlagen Rechtsgültigkeit erlangen konnten. Bei all diesen Maßnahmen kam es vor allem auf regionaler Ebene und nicht auf Parteiebene zu Konfrontationen; auch dies war ein Anzeichen dafür, wie sehr das bestehende Zweiparteiensystem unter der Last der Sklaverei litt.[60]

Douglas' Leistung schien gleichwohl das Patt abgewendet zu haben, welches seit 1846 die Regierung gelähmt und die Republik bedroht hatte. Die Spannung, die während einer der längsten und hitzigsten Sitzungsperioden in der Geschichte des Kongresses gegärt hatte, löste sich, und fast überall im Land atmete man erleichtert auf. In der Hauptstadt flossen Whisky und Champagner in Strömen. Angeheiterte Menschen intonierten: »Die Union ist gerettet!« und ehrten die Politiker, die das Rettungswerk vollbracht hatten, mit Ständchen. »Ich begegne überall nur glücklichen Gesichtern«, schrieb ein Beobachter. »Die Erfolgreichen jubeln, die Neutralen haben sich auf die Seite der Sieger geschlagen, und die Unterlegenen schweigen.« Präsident Fillmore nannte den Kompromiß »eine endgültige Regelung« aller regionalen Probleme, und diese Wendung wurde bald zum Schlagwort politischer Orthodoxie. Einzig die Anhänger Calhouns und die *free-soiler* bezweifelten die Endgültigkeit des Kompromisses.[61] Aber diese Nörgler der Rechten und Linken waren vorübergehend isoliert. Als der Nashville-Konvent im November erneut zusammentrat, nahm nur die Hälfte der Delegierten – aus sieben Staaten – daran teil. Und selbst diese Unerschütterlichen schienen die Fruchtlosigkeit ihres Vorgehens zu erkennen. Sie verabschiedeten Resolutionen, in denen der Kompromiß verurteilt und das Recht auf Sezession bestätigt wurden. Doch ihr einziger konkreter Vorschlag bestand im Aufruf zu einem weiteren Konvent im Dienste der Rechte der Südstaatler – irgendwo, irgendwann. Die »Eisenfresser« aus South Carolina verließen Nashville mit dem festen Vorsatz, beim nächstenmal ihre Zeit nicht durch Partnerschaft mit anderen Staaten zu vertrödeln, die sich, von des Gedankens Blässe angekränkelt, zu keinem Entschluß durchringen konnten. In Zukunft würden sie allein handeln und darauf vertrauen, daß die anderen Staaten ihrem Beispiel folgten.[62]

Die *free-soiler* verurteilten außerdem »den Vollzug der Ungerechtigkeiten in dieser schimpflichsten aller Legislaturperioden«, wie Charles Francis Adams es formulierte. Salmon P. Chase war der Meinung, daß »die Frage der Sklaverei in den Territorien umgangen wurde. Sie ist noch nicht geklärt«.[63]

Damit hatte er recht. Die Legislative bestimmte im Falle von Utah und New Mexico, bei der Staatszulassung sollten »sie mit oder ohne Sklaverei in die Union aufgenommen werden, je nach Maßgabe ihrer Verfassung zum Zeitpunkt der Aufnahme«. Damit aber war nichts über die Sklaverei *während der Territorialphase* ausgesagt. Dies war eine bewußte Auslassung. Der Kongreß gab den Schwarzen Peter an den Supreme Court weiter, indem er diesem die Territorialgesetze zur Revision vorlegte. Zufällig kam aus den betroffenen Territorien kein Fall zur Verhandlung, der die Sklavenfrage betraf. Mehrere Sklavenhalter überführten ihr Eigentum nach Utah, wo Gouverneur Brigham Young und sein Parlament ihnen entgegenkamen und die Institution 1852 legalisierten (im gleichen Jahr, in dem die Mormonen sich öffentlich zur Polygamie bekannten). Auch New Mexico erließ 1859 einen Sklavenkodex. Dennoch bestand nicht die Aussicht, daß eines dieser beiden Territorien die Position des Südens im Kongreß stärken würde. Die Volkszählung von 1860 verzeichnete 29 Sklaven in Utah und keinen einzigen in New Mexico; im übrigen lag die Eigenstaatlichkeit für beide Territorien noch in weiter Ferne. Kalifornien leistete sich einen boshaften Streich, der Calhoun wohl noch im Grab mit Genugtuung erfüllt haben dürfte: Es erließ Gerichtsbeschlüsse, in denen der Staat Sklavenhaltern samt ihrem Eigentum den »vorübergehenden Aufenthalt« (manchmal auf mehrere Jahre) gestattete. In den 50er Jahren hatte Kalifornien vermutlich mehr Sklaven als Utah und New Mexico zusammen. Und dieser neue »freie« Staat verschob das Gewicht im Senat auch nicht gegen den Süden, denn seine Senatoren waren ausgesprochen profillose Demokraten.[64]

»Ich glaube, die Regelung der letzten Sitzungsperiode und der klare Kurs der Regierung bei der Vollstreckung des Sklavenfluchtgesetzes haben der Sklaverei neuen Auftrieb gegeben«, notierte ein Whig-Vertreter aus North Carolina Anfang 1851. »Diese Art Eigentum ist seit 25 Jahren nicht so sicher gewesen.«[65] Er irrte sich – und zwar genau wegen des »klaren Kurses« der Regierung bei der Durchsetzung des Sklavenfluchtgesetzes. Obwohl es einer der am wenigsten strittigen Punkte des Kompromisses gewesen war, sollte sich das Gesetz über die Zwangsrückführung flüchtiger Sklaven als umstrittenstes Vermächtnis der »endgültigen Regelung« erweisen.

3.

Ein Imperium für die Sklaverei

I.

Mit einer Ausnahme setzten sich die Südstaaten der Vorkriegsära in allen Streitfragen für die Souveränität der Einzelstaaten und gegen eine dominierende Bundesregierung ein. Diese Ausnahme war das Sklavenfluchtgesetz von 1850, das der Bundesregierung mehr Macht einräumte als jedes andere bislang vom Kongreß erlassene Gesetz – eine Ironie des Schicksals, die auf das Urteil des Supreme Court im Falle »Prigg vs. Pennsylvania« von 1842 zuückging.

In der Verfassung, die sich zum Thema Sklaverei bezeichnenderweise einer durchweg euphemistischen Sprache befleißigte, hieß es in Artikel IV, Absatz 2, unter sorgfältiger Vermeidung des Begriffs »Sklave«, daß jede »Person, die in einem Staat im Dienst- oder Arbeitsverhältnis steht« und in einen anderen flüchtet, »auf Anforderung an die Partei, welche auf besagte Dienst- oder Arbeitsleistung rechtens Anspruch hat, auszuliefern« sei. Darüber, wie diese Maßnahme zu vollstrecken sei, machte die Verfassung keine Angaben. Ein Bundesgesetz von 1793 ermächtigte Sklavenhalter zum Überschreiten von Staatsgrenzen, wenn es galt, ihr Eigentum zurückzuholen, um es vor einen örtlichen Magistrat oder vor das Bundesgericht zu bringen und dort ihre Besitzansprüche nachzuweisen. Dem Flüchtigen verlieh dieses Gesetz keinerlei Schutz; ihm gestattete man weder Rechtsbehelf nach der Habeaskorpusakte noch das Recht auf einen Geschworenenprozeß oder auf Aussage in eigener Sache. Manche Nordstaatler sahen in diesem Gesetz eine verkappte Aufforderung an Kidnapper, freie Schwarze einzufangen. Und tatsächlich gaben professionelle Sklavenfänger sich nicht immer sonderlich große Mühe, nachzuprüfen, ob sie auch wirklich den Richtigen gefaßt hatten, genausowenig wie Richter sich in jedem Fall über Gebühr anstrengten, um sicherzustellen, daß ein angeblicher Flüchtling der Beschreibung entsprach. Etliche Sklavenfänger machten sich nicht einmal die Mühe, ihre Beute überhaupt vor

Gericht zu bringen, sondern schafften sie einfach auf dem schnellsten Weg in den Süden.

Um solchem Mißbrauch vorzubeugen, verabschiedeten mehrere Nordstaaten persönliche Freiheitsgesetze. Diese Maßnahmen gaben entweder den Flüchtigen das Recht auf Aussage, Habaeskorpusakte und Geschworenenprozeß, oder sie stellten Kidnapping unter Strafe. Beamte, die gegen die Sklaverei waren, konnten einige dieser Gesetze nutzen, um die Gefangennahme entflohener Sklaven zu verhindern. 1837 verurteilte der Staat Pennsylvania einen gewissen Edward Prigg wegen Menschraubs, nachdem er eine Sklavin und ihre Kinder gefangengenommen und ihrem Besitzer in Maryland ausgeliefert hatte. Priggs Anwälte legten Berufung beim Supreme Court ein, der 1842 ein spitzfindiges Urteil fällte. Die Richter erklärten das Gesetz gegen Kidnapping, welches Pennsylvania 1826 erlassen hatte, für verfassungswidrig und bestätigten das Sklavenfluchtgesetz von 1793. Das Recht eines Sklavenhalters auf sein Eigentum, so die Richter, habe Vorrang vor jedweder Gesetzgebung der Einzelstaaten. Gleichzeitig aber verfügte das Gericht, daß die Vollstreckung des verfassungsmäßig verankerten Sklavenfluchtgesetzes den Bundesbehörden obliege, die Einzelstaaten sich also nicht daran zu beteiligen bräuchten. Damit war einer neuen Serie persönlicher Freiheitsgesetze Tür und Tor geöffnet (neun wurden allein zwischen 1842 und 1850 erlassen), Gesetze, die es verboten, zur Wiederbeschaffung enflohener Sklaven einzelstaatliche Institutionen in Anspruch zu nehmen.[1]

In manchen Nordgebieten konnten die Sklavenhalter ihr Eigentum nicht ohne die Hilfe von Bundesvollzugsbeamten, den Federal Marshals, zurückverlangen. Schwarzenführer und weiße Sympathisanten bildeten vielerorts Selbstschutzausschüsse, die sich gegen den Einsatz der Bundesbehörden zur Wehr setzten. Diese Ausschüsse arbeiteten eng mit der legendären »Untergrundbahn« zusammen, die schwarze Flüchtlinge nach Norden in die Freiheit brachte. In der übertriebenen Darstellung der Südstaatler nahm sich die »Untergrundbahn« aus wie ein gigantisches Yankeenetz, geknüpft von lauter Gesetzesbrechern, die jährlich Tausende von Sklaven stahlen; aber auch ihre »Kondukteure« aus dem Norden verklärten die Bahn und erzählten noch ihren Enkeln von ihren Heldentaten. Wie viele Sklaven wirklich entkamen, läßt sich unmöglich feststellen, aber es waren vielleicht etliche Hundert jährlich, denen die Flucht in die Nordstaaten oder nach Kanada gelang. Nur wenige von ihnen kamen aus dem tiefen Süden, der Region, die am lautesten nach einem schärferen Sklavenfluchtgesetz verlangte – weniger um des praktischen Nutzens willen als aus Prinzip. Ebenso wie ein freies Kalifornien gegen ihre Ehre ging, galt es den Südstaatlern als Beleidigung, wenn der Norden flüchtigen Sklaven Hilfe leistete. »Auch wenn der Verlust des Eigentums schmerzt«, meinte Senator James Mason aus Virginia, »so ist der Verlust der Ehre doch noch weit schmerzlicher.« Das Sklavenfluchtgesetz, so urteilte ein anderer Politiker, sei »die einzige Maßnahme des Kompromisses [von 1850], die darauf abzielt, die Rechte des Südens zu wahren«.[2]

Umgekehrt freilich schien das Gesetz die Privilegien des Nordens rücksichtslos zu mißachten. Yankeesenatoren hatten sich vergeblich darum bemüht, die Gesetzesvorlage, welche angeblich flüchtigen Sklaven das Recht auf Anhörung, Habeaskorpus und Geschworenenprozeß garantierte, durch Zusatzartikel zu untermauern. Die Südstaatler wiesen das Ansinnen, diese Geburtsrechte der Amerikaner könnten auch für Sklaven gelten, empört zurück. Das Sklavenfluchtgesetz von 1850 bürdete den Schwarzen, die Sklavenfängern in die Hände fielen, zwar die Beweislast auf, gab ihnen aber keine gesetzliche Handhabe, mit der sie ihr Recht auf Freiheit hätten beweisen können. Dagegen konnte der Anspruchsteller einen angeblichen Flüchtling vor einen Commissioner (ein vom Gesetz neu geschaffenes Amt) bringen und dort mittels Affidavit vom Gericht eines Sklavenstaates oder durch die Aussage eines weißen Zeugen sein Eigentumsrecht beweisen. Entschied der Commissioner gegen den Anspruchsteller, so hatte dieser eine Gebühr von fünf Dollar zu entrichten, urteilte er zu dessen Gunsten, erhielt er von ihm zehn Dollar Entschädigung. Diese Provision, die angeblich den bürokratischen Aufwand decken sollte, der nötig war, um einen Flüchtling in den Süden zurückzubringen, war unter den Abolitionisten als Bestechungsgeld für die Commissioner verschrien. Das Gesetz von 1850 verlangte außerdem von den US-Marshals und ihren Deputys, daß sie Sklavenbesitzern bei der Wiederbeschaffung ihres Eigentums halfen, und belegte sie im Weigerungsfall mit einer Geldstrafe von 1000 Dollar. Das Gesetz ermächtigte die Marshals, Bürger vom Fleck weg zu Deputys zu ernennen, die bei der Ergreifung eines Flüchtlings mithelfen mußten, und es verhängte empfindliche Strafen für jeden, der einem Flüchtigen Unterschlupf gewährte oder seine Festnahme behinderte. Die Kosten für die Gefangennahme und Rückführung eines entlaufenen Sklaven gingen zu Lasten der Staatskasse.[3]

Die Wirksamkeit dieses Gesetzes bestätigte den Verdacht, daß es zugunsten der Kläger abgefaßt worden sei. Allein in den ersten 15 Monaten nach seinem Inkrafttreten wurden 84 Flüchtlinge in die Sklaverei zurückgeschickt und nur fünf für frei erklärt. Während der 50er Jahre wurden 332 in die Sklaverei zurückgeschickt, und nur elf erhielten die Freiheit.[4] Im Gesetz war auch keine Verjährungsklausel enthalten. Beispiele belegen, daß einige der ersten in die Sklaverei zurückgeführten Flüchtlinge schon seit langem im Norden ansässig waren: Im September 1850 nahmen Bundes-Marshals einen Dienstmann fest, der seit drei Jahren in New York lebte, und führten ihn einem Commissioner vor, der sich weigerte, die Beteuerung des Mannes, seine Mutter sei eine freie Negerin, zu Protokoll zu nehmen, und ihn an seinen früheren Besitzer in Baltimore zurückschickte. Einige Monate später verhafteten Sklavenjäger einen schwarzen Schneider, der seit vielen Jahren in Poughkeepsie ein gutgehendes Geschäft führte, und brachten ihn nach South Carolina zurück. Im Februar 1851 wurde ein Schwarzer im Süden Indianas vor den Augen seiner entsetzten Familie festgenommen und einem Plantagenbesitzer ausgeliefert, der behauptete, in dem Mann einen ihm vor 19 Jahren entlaufenen Sklaven wiederzuerkennen. Ein Sklavenhalter aus Maryland machte sein Eigentumsrecht auf eine Schwarze aus Philadelphia geltend, die nach seiner Aussage 22 Jahre zuvor entlaufen war. Zudem erhob er Anspruch auf ihre sechs in Philadelphia geborenen Kinder. In diesem Fall wies der Commissioner die Klage ab. Und in den Fällen des Schneiders aus Poughkeepsie und des Dienstmanns aus New York legten deren schwarze wie weiße Freunde zusammen und kauften sie frei. Die meisten Flüchtlinge aber, die in den Süden verschleppt wurden, blieben für immer dort.[5]

Anwälte, die gegen die Sklaverei waren, fochten erfolglos gegen das Sklavenfluchtgesetz. 1859 wurde es vom Supreme Court in zweiter Instanz bestätigt.[6] Bis dahin hatten freilich die Schwarzen und ihre weißen Verbündeten längst alles in ihrer Macht Stehende getan, um das Gesetz durch Flucht und Widerstand zu umgehen. Die Jagd auf Schwarze, die seit langem im Norden ansässig waren, versetzte die Negergemeinden des Nordens in panische Angst. Viele Schwarze flohen nach Kanada – schätzungsweise 3000 allein in den letzten drei Monaten des Jahres 1850. In den 50er Jahren verdoppelte sich die schwarze Bevölkerung von Ontario auf 11 000 Personen.

Manche dramatische Flucht spielte sich buchstäblich vor der Nase der Sklavenfänger ab. So lebte in Boston ein junges Ehepaar, William und Ellen Craft, deren ursprüngliche Flucht aus der Sklaverei in Georgia zwei Jahre zuvor von der Antisklavenpresse enthusiastisch bejubelt worden war. Ellen, die eine so helle Haut hatte, daß sie als Weiße durchgehen konnte, hatte sich das Haar kurzgeschnitten, Männerkleidung angezogen und war in die Rolle eines kränklichen weißen Gentleman geschlüpft, der, begleitet von seinem »Diener« (William) zur Kur in den Norden reiste. In dieser Verkleidung waren die beiden mit der regulären, der »oberirdischen« Bahn in die Freiheit gelangt. William Craft fand als geschickter Möbeltischler Arbeit in Boston. Er und seine Frau wurden Mitglieder der Kirche von Theodore Parker, dem Führer des örtlichen Selbstschutzausschusses, zu dessen Gemeinde bereits mehrere entflohene Sklaven gehörten. Die Publicity um die Crafts erregte zwangsläufig auch die Aufmerksamkeit ihres früheren Besitzers, der, sobald der Entwurf zum Sklavenfluchtgesetz rechtskräftig wurde, zwei Bevollmächtigte ausschickte, die das Paar wieder einfangen sollten – ein, wie sich bald herausstellte, völlig sinnloses Unterfangen. Boston war die Nachrichtenzentrale der Abolitionisten. Getreu der Doktrin vom »höheren Gesetz« hatten Schwarze und Weiße dieser Stadt geschworen, Widerstand gegen das Sklavenfluchtgesetz zu leisten. »Wir müssen dieses Gesetz mit Füßen treten«, erklärte Wendell Phillips. »Man muß es anprangern, sich dagegen wehren, es mißachten«, befand die Antisklavengesellschaft von Boston. »Als moralische und religiöse Männer können [wir] einem unmoralischen und unreligiösen Gesetz nicht gehorchen.« Als die Sklavenfänger am 25. Oktober 1850 in Boston eintrafen, erklärten sie feierlich, daß sie die Crafts schnappen würden, »selbst wenn [wir] bis in alle Ewigkeit hier bleiben müßten. Und wenn es in Massachusetts nicht genügend Männer gibt, um sie zu ergreifen, dann werden [wir] ein paar aus dem Süden mitbringen«. Tatsächlich blieben sie fünf volle Tage, holten aber keine Verstärkung. Parker versteckte Ellen Craft in seinem Haus, wo die ganze Zeit ein geladener Revolver auf dem Schreibtisch bereitlag. William tauchte bei einem schwarzen Abolitionisten unter, der zwei Faß Schießpulver auf der Veranda stehen und in der Küche ein regelrechtes Waffenlager eingerichtet hatte. Mitglieder des Selbstschutzausschusses schlugen in der Stadt Plakate an, auf denen die »Menschenräuber« beschrieben waren; man belästigte sie auf der Straße und warnte sie am 30. Oktober, daß ihre Sicherheit, sollten sie länger bleiben, nicht mehr garantiert werden könne. Die Sklavenjäger verließen Boston mit dem Nachmittagszug.[7]

Präsident Fillmore verurteilte die Bostoner, drohte damit, die Bundestruppen einzuschalten, und versicherte dem Besitzer der Crafts, falls er noch einen Versuch unternehmen wolle, werde die Regierung ihm helfen, und zwar »mit allen Mitteln, die Verfassung und Kongreß zu seiner Verfügung stellen«. Doch da hatte der Selbstschutzausschuß die Crafts schon auf ein Schiff gebracht, das nach England fuhr. Parkers letzter Trumpf war eine trotzige Botschaft an Fillmore. »Lieber möchte ich mein ganzes Leben im Gefängnis zubringen und dort Hungers sterben, als einem meiner Gemeindemitglieder den Schutz der Kirche zu verweigern«, schrieb der Pfarrer dem Präsidenten. »Ich muß den Geboten Gottes gehorchen, was auch immer geschehen mag ... Sie können unmöglich erwarten, daß ich tatenlos zusehe, wie meine eigene Gemeinde in die Sklaverei verschleppt wird.«[8]

Boston blieb der Schauplatz dieser neuen Revolution. Im Februar 1851 wurde ein schwarzer Kellner, der nach seiner Flucht aus Virginia im Jahr zuvor den Namen Shadrach angenommen hatte, in einem Bostoner Café von Sklavenjägern festgenommen, als der Ahnungslose sie gerade bediente. Sie schleppten ihn zum Bundesgerichtshof, vor dem sich alsbald eine aufgebrachte Menschenmenge zusammenrottete. Da das persönliche Freiheitsrecht sie daran hinderte, die Einzelstaatsbehörden in Anspruch zu nehmen, versuchten einige Deputys des Bundes-Marshals, Shadrach in Gewahrsam zu halten. Doch plötzlich brach eine Gruppe von schwarzen Männern in den Gerichtssaal ein, befreite Shadrach und brachte ihn auf die »Untergrundbahn« nach Kanada. Shadrach ließ sich in Montreal nieder und machte ein Restaurant auf. In den Staaten kam es seinetwegen zu einem gewaltigen Aufruhr. Die Abolitionisten frohlockten. »Dieser Shadrach wurde aus einem glühenden Hexenkessel befreit«, schrieb Theodore Parker. »Ich finde, dies ist die nobelste Tat, die unsere Stadt seit der Boston Tea Party vollbracht hat.« Konservative Bostoner Zeitungen dagegen verurteilten die Rettungsaktion als »eine Freveltat ... den Triumph des Pöbels«. In Washington sprach Daniel Webster von Verrat, und Henry Clay verlangte eine Untersuchung, um herauszufinden, »ob wir in den Städten dieses Landes von weißen oder schwarzen Männern regiert werden sollen«. Entschlossen, den Widerstand gegen das Sklavenfluchtgesetz zu ersticken, befahl Präsident Fillmore dem zuständigen Staatsanwalt, alle »Gehilfen und Anstifter dieses schändlichen Vergehens« strafrechtlich zu verfolgen. Ein Geschworenengericht stellte vier Schwarze und Weiße unter Anklage, aber die Geschworenen weigerten sich, sie zu verurteilen. »Noch ist Massachusetts sicher! Noch respektiert man bei uns das höhere Gesetz«, verkündete triumphierend eine Zeitung, die mit den Gegnern der Sklaverei sympathisierte. Ein Redakteur aus Savannah dagegen sicherte sich mit seiner Meinung mehr Anhänger – vielleicht im Norden ebenso wie im Süden –, als er Boston »einen schwarzen Fleck auf der Landkarte« nannte – »geschändet durch die niedrigste, die gemeinste, die SCHWÄRZESTE NICHTIGKEITSERKLÄRUNG«.[9]

Die Bundesregierung bekam schon bald Gelegenheit, in Boston ihre Macht auszuspielen. Ein 17jähriger Sklave namens Thomas Sims floh im Februar 1851 aus Georgia und entkam als blinder Passagier auf einem Schiff nach Boston, wo er als Kellner Arbeit fand. Als sein Besitzer ihn aufspürte, erteilte der Bürgermeister von Boston den Bundes-Marshals die Genehmigung, Polizisten als Deputys zu verpflichten und bei Sims' Verhaftung mitwirken zu lassen. Diesmal sicherten die Beamten das Gerichtsgebäude mit einer schweren Kette (was die Abolitionisten als Symbol dafür werteten, daß die »Sklaventreiber« ihren Einfluß nun auch auf den Norden ausweiteten) und ließen es von Polizei und Militär bewachen. Im April 1851 bemühten sich die Anwälte des Selbstschutzausschusses neun Tage lang vergeblich um einen Habeaskorpuserlaß. Auch andere juristische Schachzüge, mit denen man Sims freizubekommen versuchte, scheiterten. Als der Bundes-Commissioner zugunsten des Besitzers entschied, schafften 300 bewaffnete

Deputys und Soldaten Sims um vier Uhr morgens aus dem Gericht und brachten ihn auf die Marinewerft, wo 250 US-Soldaten bereitstanden, um ihn auf ein Schiff zu verfrachten, das ihn in den Süden und damit in die Sklaverei zurückführte.[10]

Die Bostoner Kaufmannselite hatte Recht und Ordnung verteidigt. In den nächsten drei Jahren wurden in Boston keine Flüchtlingsfälle mehr bekannt – und sei es nur, weil viele gefährdete Schwarze aus der Stadt flohen. Eine Zeitlang verlagerte sich die Widerstandsszene an andere Orte. Bislang hatte dieser Widerstand, abgesehen von ein paar harmlosen Blessuren, noch keine Opfer gefordert. Die meisten Abolitionisten hatten traditionsgemäß zur Gewaltlosigkeit geraten. Manche von ihnen, wie etwa William Lloyd Garrison, waren erklärte Pazifisten. Aber das Sklavenfluchtgesetz hob die Verpflichtung zur Gewaltlosigkeit auf. »Der einzige Weg, aus dem Sklavenfluchtgesetz einen toten Buchstaben zu machen«, so der Schwarzenführer Frederick Douglass im Oktober 1850, »führt über ein halbes Dutzend oder mehr tote Kidnapper.« In mehreren Ortschaften meldeten die Zeitungen, daß »die Farbigen sich bewaffneten«. In Pittsburgh »fanden Revolver, Bowiemesser und andere Mordwaffen reißenden Absatz«. In Springfield, Massachusetts, organisierte ein weißer Wollhändler namens John Brown, dem alttestamentarischer Zorn aus den Augen blitzte, eine schwarze Selbstverteidigungsgruppe, der er den Namen »Gileaditen« gab.[11]

Es schien nur eine Frage der Zeit, bis wirklich Blut fließen würde. Und als die Zeit kam, da hieß der Ort des Geschehens Christiana, ein Dorf in Pennsylvania, nahe der Grenze zu Maryland, etwa auf halber Strecke zwischen Philadelphia und einem anderen Dorf mit Namen Gettysburg. Christiana, eine Quäkergemeinde, die Sklavenflüchtlingen Unterschlupf gewährte, war am 11. September 1851 alles andere als friedfertig und freundlich gesinnt. An diesem Morgen kam ein Sklavenhalter aus Maryland, begleitet von mehreren Verwandten und drei Deputy-Marshals, ins Dorf, um nach zwei Flüchtlingen zu fahnden, die zwei Jahre zuvor entkommen waren und sich angeblich im Haus eines anderen Schwarzen versteckt hielten. Sie fanden die Flüchtigen, aber mit ihnen noch zwei Dutzend bewaffnete Schwarze, die schworen, sich der Gefangennahme um jeden Preis zu widersetzen. Zwei Quäker erschienen und rieten den Sklavenjägern, sich in ihrem eigenen Interesse zurückzuziehen. Der Besitzer weigerte sich jedoch und erklärte: »Entweder ich kriege mein Eigentum zurück, oder ich fahre zur Hölle.« Es kam zu einer Schießerei, die mit dem Tod des Sklavenhalters endete. Außerdem wurden sein Sohn schwer und zwei andere Weiße sowie zwei Schwarze leicht verletzt. Die Schwarzen versteckten sich auf dem Land; ihre drei Anführer schaffte man auf schnellstem Wege mit der »Untergrundbahn« nach Kanada.[12]

Der »Kampf von Christiana« erregte nationales Aufsehen. »Bürgerkrieg – die ersten Schüsse sind gefallen«, meldete eine Zeitung aus Lancaster in Pennsylvania. Die *New York Tribune* brachte die Meinung vieler Yankees zum Ausdruck: »Gäbe es keine Sklaverei, dann würde so etwas nicht vorkommen; ohne das Sklavenfluchtgesetz wären diese Schwarzen gar nicht in den freien Staaten.« Die konservative Presse urteilte anders über diese »Revolte«, die »nie stattgefunden hätte, wenn nicht die ahnungslosen und irregeleiteten Schwarzen von den Fanatikern, die sich zum ›höheren Gesetz‹ bekennen, aufgehetzt worden wären«. Die Südstaatler verkündeten: »Wenn die Aufrührer von Christiana nicht gehängt werden ... TRENNEN WIR UNS VON EUCH! ... Wenn ihr in diesem eindeutigen Akt der Rechtsprechung versagt, WIRD DER BUND AUFGELÖST.«[13]

Diesmal bot Fillmore die Marineinfanterie auf. Zusammen mit den Bundes-Marshals durchkämmten sie die Gegend und verhafteten mehr als 30 Schwarze und ein halbes Dutzend Weiße. Die Regierung stellte ein Auslieferungsgesuch für die drei Flüchtlinge, die nach Ontario entkommen waren, aber die kanadischen Behörden weigerten sich, ihm stattzugeben. Um zu beweisen, daß sie es ernst meinte, verfolgte die Regierung angebliche Mitläufer nicht nur wegen des Verstoßes gegen das Sklavenfluchtgesetz, sondern wegen Landesverrats. Demgemäß stellte ein Geschworenengericht in der Voruntersuchung 36 Schwarze und fünf Weiße unter Anklage. Doch der harte Kurs der Regierung wurde schon bald zur Farce. Ein spottlustiger Anwalt der Verteidigung brachte es auf den Punkt: »Sir – haben Sie das gehört? Da haben also drei harmlose, friedfertige Quäker und 38 verzweifelte, erbarmungswürdige, bettelarme Neger, bewaffnet mit Sensen, Knüppeln und ein paar Musketen, angeführt von einem unbewaffneten Müller, der einen Filzhut trug und einen klapprigen Rotfuchs ritt, Krieg gegen die Vereinigten Staaten geführt.« Das Bestreben der Regierung, den Widerstand gegen das Sklavenfluchtgesetz in Verruf zu bringen, verstärkte die Sympathien für die Abolitionisten, von denen einer berichtete, daß »die gute Sache zur Zeit sehr vielversprechend aussieht ... Diese Hochverratsprozesse waren ein unverhoffter Glücksfall für uns«. Nachdem die Geschworenen den ersten Angeklagten, einen der Quäker, freigesprochen hatten, ließ die Regierung die übrigen Anklagepunkte fallen und beschloß, auf die Fortsetzung des Verfahrens zu verzichten.[14]

In der Zwischenzeit war es in Syracuse, New York, zu einer weiteren dramatischen Rettungsaktion gekommen. In dieser Stadt im Norden des Staates wohnte der schwarze Küfer William McHenry, besser bekannt als Jerry, ein Sklavenflüchtling aus Missouri. Die Agenten seines Besitzers begingen den Fehler, Jerry zu verhaften, als gerade ein Konvent der Sklavereigegner in Syracuse tagte und die Stadt außerdem von Jahrmarktsbesuchern wimmelte. Zwei der prominentesten

Abolitionisten des Nordens, Gerrit Smith und Samuel J. May, faßten den Plan, Jerry aus dem Polizeirevier zu befreien. May, ein unitarischer Geistlicher, erklärte seiner Gemeinde, Gottes Gebot gelte mehr als das Sklavenfluchtgesetz, das »wir niedermachen müssen, komme, was da wolle«. Ein großer Trupp Schwarzer und Weißer brach am 1. Oktober in die Polizeiwache ein, packte Jerry, setzte ihn in eine Kutsche und schmuggelte ihn über den Ontariosee nach Kanada. Ein Geschworenengericht stellte 12 Weiße und 12 Schwarze unter Anklage (diesmal als Aufrührer und nicht wegen Landesverrats), aber von den betroffenen Schwarzen waren neun bereits nach Kanada geflohen. Von denen, die sich vor Gericht verantworten mußten, wurde nur ein Schwarzer verurteilt, der jedoch starb, ehe er gegen das Urteil Berufung hätte einlegen können.[15]

Der Widerstand des Nordens gegen das Sklavenfluchtgesetz schürte den Groll der »Eisenfresser«, die immer noch wütend darüber waren, daß Kalifornien der Union als freier Staat beigetreten war. »Wir können nicht länger in der Union bleiben«, sagte einer von ihnen, »wenn unsere Zugehörigkeit an solch schmachvolle Bedingungen geknüpft ist.« South Carolina, Georgia und Mississippi hielten im Jahre 1851 mehrere Versammlungen ab, auf denen gegen die Union gehetzt wurde. Der »Eisenfresser« William L. Yancey bereiste Alabama, um die dortige Bevölkerung aufzuwiegeln. Der Gouverneur von South Carolina ging davon aus, daß »nun nicht mehr der leiseste Zweifel daran besteht, daß ... unser Staat sich lossagen wird«.[16]

Aber schon begann sich eine Gegenströmung abzuzeichnen. Die höchsten Baumwollpreise seit zehn Jahren und die erfolgreichste Baumwollernte aller Zeiten bewog manch einen Plantagenbesitzer, vom Gedanken an Sezession Abstand zu nehmen. Unter der Führung von Toombs und Stephens verschaffte der Unionsgedanke der Whigs sich erneut Geltung. Die alten Parteigrenzen verblaßten zeitweilig, als eine demokratische Minderheit in Georgia, Alabama und Mississippi sich mit den Whigs zusammentat, um konstitutionelle Unionsparteien zu gründen, die sich den »Southern-Rights«-Demokraten entgegenstellten. Die Unionisten erlangten eine Delegationsmehrheit bei den Einzelstaatskonventen, wo sie für die »Kooperation« mit anderen Staaten eintraten und sich von der Sezession individueller Staaten distanzierten. Aber wie bereits der Nashville-Konvent gezeigt hatte, war Kooperation nur ein anderes Wort für Untätigkeit. Die Unionisten errangen das Gouverneursamt in Georgia und Mississippi (wo Jefferson Davis für die »Southern-Rights«-Demokraten kandidierte), die Mehrheit der gesetzgebenden Versammlung in Georgia und Alabama und stellten 14 der 19 Kongreßabgeordneten dieser drei Staaten. Sogar in South Carolina erlitten die Separatisten einen Rückschlag. Dieses negative Ergebnis einer zweijährigen

Sezessionistenpropaganda bestätigte die Ansicht vieler Nordstaatler, daß die Sezessionsdrohungen bloße Prahlerei gewesen seien, womit man die Regierung habe einschüchtern und zu Konzessionen zwingen wollen.[17]

Eine eingehendere Analyse hätte diese Schlußfolgerung freilich modifiziert, denn die Unionisten setzten sich nicht weniger leidenschaftlich für »die Sicherheit ... für Rechte und Ehre der Sklavenstaaten« ein als die »Southern-Rights«-Demokraten. In mehreren Staaten machten die Unionisten sich den »Georgia-Standpunkt« zu eigen, der besagte, der Süden sei zwar »nicht völlig einverstanden« mit dem Kompromiß von 1850, werde aber »daran festhalten, um diesen Konflikt auf Dauer beizulegen« – solange der Norden sich gleichfalls daran hielt; jegliches Einschreiten des Kongresses gegen die Sklaverei im District of Columbia, jegliche Weigerung, einen neuen Sklavenstaat aufzunehmen oder die Sklaverei in den neuen Territorien anzuerkennen, das würde Georgia (und andere Staaten) aber zum Widerstand nötigen – mit der Sezession als letztem Druckmittel. Schließlich »steht und fällt der Erhalt unserer innig geliebten Union mit der gewissenhaften Vollstreckung des Sklavenfluchgesetzes«.[18]

Der Unionismus war folglich, bildlich gesprochen, eine leicht verderbliche Ware. Er konnte nur solange überdauern, wie der Norden sich untadelig an die Spielregeln hielt. Diese Erkenntnis dämpfte den Triumph der Süd-Whigs bei den Wahlen von 1851 beträchtlich. Denn obwohl der Whig-Block die Mehrheit der Unionistenstimmen beisteuerte, wedelte der Whig-Hund in dieser Koalition doch mit einem demokratischen Schwanz. Der »Georgia-Standpunkt« zwang die Whigs aus dem Norden, gegen ihren Willen das Sklavenfluchtgesetz und die Sklaverei in den Territorien zu bejahen. Solange Fillmore im Weißen Haus regierte, schien die Lage stabil. Trotzdem waren die Nord-Whigs nervös. Die meisten von ihnen fanden sich nur widerwillig mit dem Sklavenfluchtgesetz ab. Ihre Partei entsandte immer mehr radikale Sklavengegner in den Kongreß: Thaddeus Stevens aus Pennsylvania und Georg W. Julian kamen 1849 ins Repräsentantenhaus; Benjamin Wade aus Ohio errang 1851 einen Sitz im Senat. Falls Männer wie sie in der Partei das Sagen bekämen, würde diese am Nord-Süd-Konflikt scheitern. Schon Taylors Abtrünnigkeit hatten die Whigs im Süden kaum überstanden; ein weiterer Einbruch wäre ihr Ende.

Nach der Rettung des Flüchtlings Jerry in Syracuse verebbte der Aufruhr um das Sklavenfluchtgesetz, vielleicht weil die zahlreichen Verfechter von Recht und Ordnung schließlich die Oberhand gewannen. Vielleicht hatten sich aber inzwischen auch fast alle gefährdeten Flüchtlinge nach Kanada abgesetzt. Jedenfalls wurden 1852 nicht einmal ein Drittel so viele Schwarze aus dem Norden in die Sklaverei zurückgeschickt wie im ersten Jahr nach Inkrafttreten des Gesetzes.[19]

Demokraten, konservative Whigs, Handelsgesellschaften und andere Verbände, die für Mäßigung plädierten, hielten überall im Norden öffentliche Versammlungen ab, um die Einhaltung des Kompromisses einschließlich des Sklavenfluchtgesetzes zu bekräftigen.

Die gleichen Verbände gingen, ermutigt durch die Negerfeindlichkeit, die in weiten Bevölkerungskreisen des Nordens vorherrschte, sogar noch weiter. 1851 verabschiedeten Indiana und Iowa, gefolgt von Illinois im Jahre 1853, ein Gesetz, das *allen* Schwarzen, freien wie Sklaven, den Zuzug verbot. Drei Fünftel der Landesgrenze zwischen »freien« und Sklavenstaaten fielen mit den südlichen Grenzlinien dieser Staaten zusammen. Das Aufenthaltsverbot, das zum Teil dazu dienen sollte, den Süden zu besänftigen, indem es entlaufenen Sklaven Asyl verweigerte, spiegelte darüber hinaus auch den Rassismus vieler Weißer wider. Obwohl Ohio 1849 sein Einreiseverbot für Neger aufgehoben hatte, wollten viele Bewohner der südlichen Countys von Ohio nichts mit Schwarzen zu schaffen haben und hätten im Ernstfall eher dem Sklavenfänger geholfen als dem Flüchtling.[20]

Trotzdem gärte der Groll gegen das Sklavenfluchtgesetz bei vielen Yankees weiter; bisweilen konnte sogar einem Verfechter von Recht und Ordnung das Herz weich werden, wenn er sich etwa vorstellte, wie man einen Flüchtling gefesselt in die Leibeigenschaft zurückschleppte. Unter den Protestanten, die im Zuge des *second great awakening* zur Antisklavenbewegung gestoßen waren, weckte ein solches Jammerbild Empörung und Tatendrang. Auf diesem emotionalen Phänomen gründet der unerhörte Erfolg von *Onkel Toms Hütte.* Als Tochter, Schwester und Ehefrau kongregationalistischer Geistlicher war Harriet Beecher-Stowe von klein auf mit dem doktrinären Geflecht von Sünde, Schuld, Buße und Erlösung vertraut, und sie verstand es, diese Themen in eine Prosa zu kleiden, die von echtem wie falschem Pathos gleichermaßen durchdrungen war. Nachdem eine Abolitionisten-Zeitschrift *Onkel Toms Hütte* neun Monate lang in Fortsetzungen abgedruckt hatte, kam der Roman im Frühjahr 1852 in Buchform auf den Markt. Binnen eines Jahres wurden allein in den Vereinigten Staaten 300 000 Exemplare verkauft – das entspräche heute einem Absatz von mindestens drei Millionen. Der Roman fand in Großbritannien eine ebenso erstaunliche Resonanz und wurde zudem in mehrere Sprachen übersetzt. Nach einem Jahrzehnt waren in den Vereinigten Staaten über zwei Millionen Exemplare verkauft, womit das Buch, proportional zur Bevölkerung, zu *dem* Bestseller aller Zeiten avancierte.

Obwohl die Autorin behauptete, Gott habe sie zu dem Roman inspiriert, diente das Sklavenfluchtgesetz als weltliches Werkzeug. »Hattie, wenn ich die Feder zu führen verstünde wie du, dann würde ich etwas schreiben, das dieser ganzen Nation zum Bewußtsein brächte, was für ein Frevel die Sklaverei ist«, sagte ihre

Schwägerin, nachdem der Kongreß das Gesetz verabschiedet hatte. »Ich werde es tun, wenn ich am Leben bleibe«, gelobte Harriet. Und sie hielt ihr Versprechen. Abends, wenn sie ihre sechs Kinder zu Bett gebracht und ihre Haushaltspflichten erledigt hatte, saß sie bei Kerzenschein in der Küche und schrieb. Unvergeßliche Figuren erweckte ihre Phantasie zum Leben, trotz der bisweilen arg klapprigen Handlung und einer ziemlich wirren Episodenstruktur. »Dieses glorreiche Werk«, schrieb Henry James, den der Roman in seiner Jugend tief bewegt hatte, war »weit weniger ein Buch als ein visionärer Zustand«.[21]

Gestützt auf ihre Kenntnis der Leibeigenschaft in Kentucky und ihre Erfahrungen mit entflohenen Sklaven während der 18 Jahre, die sie in Cincinnati lebte, gestaltete die Autorin ihre bewegenden Szenen für Millionen von Lesern wirklicher als das wahre Leben. Dabei war das Buch keine einseitig-blinde Anklage gegen den Süden. Etliche der sympathischeren Figuren waren Südstaatler, und der widerlichste Schurke, Simon Legree, war ein Yankee-Umsiedler. Mrs. Stowe (oder vielleicht Gott) beschuldigte die *ganze* Nation der Sünde der Sklaverei. Sie zielte mit ihrem Roman auf das protestantische Gewissen des Nordens, und sie traf ins Schwarze.

Der politische Einfluß von *Onkel Toms Hütte* läßt sich nicht genau abschätzen. Man kann die Verkaufszahlen auflisten, aber nicht die Wählerstimmen, die das Buch beeinflußte, oder die Gesetze, zu denen es anregte. Doch von den Zeitgenossen zweifelte kaum jemand an der Durchschlagskraft des Romans. »Solch ein literarischer Handstreich ist noch nie dagewesen«, urteilte Henry Wadsworth Longfellow. Lord Palmerston, der ein Jahrzehnt später als Englands Premierminister darüber entscheiden mußte, ob er auf seiten des Südens in den Bürgerkrieg eingreifen solle, las *Onkel Toms Hütte* dreimal und bewunderte nicht so sehr die Geschichte an sich als vielmehr die »Staatskunst«, die daraus sprach. Als Abraham Lincoln sich im Sommer 1862 mit dem Problem der Sklaverei herumschlug, entlieh er aus der Kongreßbibliothek die Dokumentation *A Key to Uncle Tom's Cabin,* einen Folgeband, in dem die Autorin die wahren Hintergründe darstellt, auf denen ihr Roman basiert. Als Lincoln später im selben Jahr mit der Schriftstellerin zusammentraf, soll er sie mit den Worten begrüßt haben: »Sie also sind die kleine Frau, die das Buch geschrieben hat, das diesen großen Krieg auslöste.«[22]

Im Süden traf *Onkel Toms Hütte* einen bloßliegenden Nerv. Trotz verschiedener Bestrebungen, das Buch zu verbieten, verkaufte es sich in Charleston und anderswo so schnell, daß die Buchhändler mit den Bestellungen nicht Schritt halten konnten. Die leidenschaftliche Erbitterung, mit der man im Süden Mrs. Stowes »Lügen« und »Entstellungen« anprangerte, war vielleicht der beste Maßstab dafür, wie zielsicher sie trafen. »Noch nie hat eine Frau etwas so Verabscheuungswürdiges oder Widernatürliches hervorgebracht«, schrieb der *New Orleans Crescent.* Der Herausgeber des *Southern Literary Messenger* wies seinen Literaturkritiker an: »Ich wünsche mir die Kritik so heiß wie das Höllenfeuer, auf daß sie den Ruf dieses gemeinen Luders von einem Weibsbild, das so ein Buch schreiben konnte, in Schutt und Asche legt.« Binnen zwei Jahren hatten Schriftsteller, die die Sklaverei befürworteten, *Onkel Toms Hütte* mit mindestens 15 Romanen beantwortet, deren These, daß die Sklaven ein besseres Los hätten als die freien Arbeiter im Norden, sich im Titel eines dieser Bücher widerspiegelt: *Uncle Robin in His Cabin in Virginia and Tom Without One in Boston.*[23] Ein Jahrzehnt später, während des Bürgerkrieges, reflektierte eine Tagebuchschreiberin aus South Carolina, die selbst ihre Zweifel an der Sklaverei hegte, die zwanghafte Fixierung der Südstaatler auf *Onkel Toms Hütte,* indem sie ausgerechnet den Roman als Meßlatte wählte, um die Lebensrealität des Südens zu bestimmen.[24]

Später wurde »Onkel Tom« zum Synonym für einen Schwarzen, der seinen weißen Unterdrückern gegenüber kriecherische Unterwürfigkeit an den Tag legt. Diese Mißdeutung ging zum Teil auf das Konto der allgegenwärtigen »Tom-Shows«, die über Generationen hinweg die Bühne beherrschten und den Roman in ein komisches oder groteskes Melodram verkehrten. Aber dieser kriecherische Tom war nicht der Onkel Tom aus Stowes Buch. Ihr Tom war einer der wenigen wahren Christenmenschen in einem Roman, der darauf abzielte, eine christliche Leserschaft zu rühren. Ja, ihr Tom war eigentlich eine Christusfigur. Gleich Jesus erduldete er demütig die Pein, die eine gottlose weltliche Macht ihm auferlegte. Wie Jesus starb er für die Sünden der Menschheit, um die Unterdrückten anderer Länder ebenso erretten zu können wie sein eigenes Volk. Stowes Leser lebten in einer Zeit, in der man diese Botschaft besser verstand, als wir es heute können. Sie gehörten einer Generation an, die es nicht als peinlich, sondern im Gegenteil als Inspiration empfand, wenn sie den Liedtext mitsang, in dem ein Jahrzehnt später eine andere Yankeedichterin die Opferbereitschaft der Soldaten für die Befreiung der Menschheit mit dem freiwillig erduldeten Kreuzestod Christi verglich: »As he died to make men holy, let us die to make men free.«

II

Die defensiv-aggressive Stimmung des Südens in den 50er Jahren entsprang zum Teil dem Gefühl wirtschaftlicher Unterlegenheit dem Norden gegenüber. In einer Nation, die Wachstum mit Fortschritt gleichsetzte, mußte die Volkszählung von 1850 viele Südstaatler verunsichern. Sie ergab, daß der Bevölkerungszuwachs im abgelaufenen Jahrzehnt in den »freien« Staaten um 20 Prozent höher gewesen war als in den Sklavenstaaten. Fehlende wirtschaftliche Entfaltungsmöglichkeiten schienen für diese bedenkliche Entwicklung verantwortlich zu sein. In Sklavenstaaten geborene Menschen hatten sich in »freien« Staaten dreimal häufiger angesiedelt als umgekehrt. Überdies ließen sich sieben Achtel der ausländischen Einwanderer im Norden nieder, wo genügend Stellenangebote winkten und wo sie keine Konkurrenz von Sklaven zu fürchten brauchten. In den entscheidenden Bereichen der wirtschaftlichen Entwicklung schien der Norden den Süden zu überflügeln. 1850 führten nur 14 Prozent der bestehenden Kanalstrecken durch Sklavenstaaten. Noch 1840 hatte der Süden über 44 Prozent der Gleisanlagen des Landes verfügt, aber um 1850 hatte die raschere Bautätigkeit im Norden den Anteil des Südens auf 26 Prozent gedrückt.[25] Die Werte in der Industrieproduktion sahen noch schlechter aus. Gegenüber 42 Prozent der Bevölkerung besaßen die Sklavenstaaten nur 18 Prozent der Produktionskapazität des Landes; 1840 waren es noch 20 Prozent gewesen. Und besonders beunruhigend dabei war, daß sich wiederum fast die Hälfte des Industriekapitals in jenen vier Grenzstaaten konzentrierte, deren Engagement für die Rechte des Südens auf wackeligen Füßen stand.

Für den einzigen Lichtblick in der Wirtschaftsbilanz des Südens sorgte die Rohstofferzeugung. Gegen 1850 war der Baumwollpreis wieder auf fast das Doppelte seines Tiefstands von 5,5 Cents das Pfund Mitte der 40er Jahre gestiegen. Allein, dieser Silberstreif kränzte eine düstere Wolke, denn die Staaten, in denen Baumwolle angebaut wurde, behielten nicht einmal fünf Prozent davon zur Weiterverarbeitung im eigenen Land. 70 Prozent wurden ins Ausland exportiert, der Rest ging in die Manufakturen im Norden, der mit der Weiterverarbeitung ebensoviel Gewinn erzielte, wie der Süden für seine Rohbaumwolle bekam. Überdies mußte der Süden zwei Drittel seiner Bekleidung und anderer Fertigwaren aus dem Norden beziehungsweise aus dem Ausland importieren, womit freilich der Aderlaß, den der Süden durch seine Export-Import-Wirtschaft erlitt, noch nicht zu Ende war. Etwa 15 bis 20 Prozent der Erträge seiner Rohbaumwolle kassierten »Kommissionäre«, die den Pflanzern Kredite, Versicherungen, Lagerraum und Versand besorgten. Die meisten dieser Kommissionäre vertraten Firmen aus England oder den Nordstaaten. Fast alle Schiffe, die Baumwolle aus den Häfen des Südens abtransportierten und mit Fertigwaren dorthin zurückkehrten, waren auf Werften im Norden oder in Großbritannien gebaut worden und gehörten Firmen im Norden oder in England. Auf der Rückreise von Europa liefen sie für gewöhnlich nördliche Häfen an, weil dort das Handelsaufkommen größer war. Ihre Fracht für Küsten- oder Überlandtransporte nach Süden wurde umgeladen, wodurch sich die Frachtkosten für Importgüter in den Süden noch einmal erhöhten.[26]

Die Selbstvorwürfe des Südens ob seines »entwürdigenden Vasallentums« gegenüber den Yankees wurden während der regionalen Krise zwischen 1846 und 1851 fast zur Litanei. »Bis auf einen kleinen Bruchteil liegt unser gesamter Handel in den Händen der Nordstaatler«, klagte ein prominenter Bürger Alabamas 1847. »Nehmen Sie zum Beispiel nur unsere Stadt Mobile – sieben Achtel unseres Aktienkapitals sind im Besitz von Nordstaatlern ... Unser Groß- und Einzelhandel – kurz gesagt, alles, was Gewinn bringt – befindet sich in der Hand von Leuten, die ihre Profite im Norden investieren ... Finanziell gesehen sind wir ärger versklavt als unsere Neger.«[27] Die Yankees »beschimpfen und verurteilen Sklaverei und Sklavenhalter«, schrieb vier Jahre später eine Zeitung aus dem Süden, und dennoch »kaufen wir all unsere Luxus- und Bedarfsartikel ... vom Norden ... Unsere Sklaven tragen Kleider, die im Norden gefertigt werden [und] arbeiten mit Hacken, Pflügen und Werkzeugen aus dem Norden ... Der Sklavenhalter kleidet sich in Tuche aus dem Norden, reitet auf einem Sattel aus dem Norden ... liest Bücher aus dem Norden ... Auf Schiffen des Nordens werden seine Erzeugnisse zum Markt befördert ... und auf Papier aus dem Norden formuliert er mit Feder und Tinte aus dem Norden wieder und wieder Resolutionen zur Wahrung seiner Rechte«. Wie könne der Süden hoffen, sein Prestige zu wahren, fragte James B. D. De Bow, ein junger Südstaatler, der sich als Verfechter der Diversifikation hervortat, »wenn der Norden reich und mächtig wird, während wir bestenfalls unseren alten Status bewahren?«[28]

1846 hatte De Bow in New Orleans eine Zeitschrift mit dem Titel *Commercial Review of the South and West* (bald allgemein bekannt als *De Bows Review*) gegründet, die auf dem Titelblatt mit dem optimistischen Slogan warb: »Der Handel ist König.« Die Summe, »welche uns jährlich durch unsere Abhängigkeit vom Norden verlorengeht«, so De Bow 1852, betrage »100 Millionen Dollar. Allmächtiger! Ist Irlands Abhängigkeit von Großbritannien etwa entwürdigender? Wollen wir uns aus dieser demütigenden Unmündigkeit nicht endlich befreien?« De Bow verlangte »Taten! TATEN!! TATEN!!! nicht in der Rhetorik des Kongresses, sondern durch zunehmende Mechanisierung und erfolgreichen Einsatz von

Hammer und Amboß«.[29] Viele Südstaatler zollten De Bows Worten begeistert Beifall, aber auch er speiste sie mehr mit Rhetorik ab, als Taten vorzuweisen.

1845 wurde auf einem Konvent in Memphis die Vision eines südlichen Handelsimperiums beschworen, die übrigens De Bow zur Gründung seines Journals anregte. Dieser Konvent ließ eine Tradition südlicher Beratungsrunden aufleben, die in den 30er Jahren mit dem Gelübde begonnen hatten, »uns aus den schändlichen Fesseln unserer kommerziellen Abhängigkeit zu befreien«.[30] Das vorherrschende Thema bei diesen ersten Treffen war die Gründung von Schiffahrtslinien, die im Besitz der Südstaaten sein und den Direktverkehr mit Europa ermöglichen sollten. Der Konvent von Memphis, der erste, der nach sechsjähriger Pause wieder zusammentrat, konzentrierte sich auf den Bedarf von Bahnverbindungen zwischen dem unteren Mississippital und der Südatlantikküste. Bis 1852 ließ sich weder das Eisenbahnprojekt noch das der Schiffahrtslinien realisieren; trotzdem verhalf De Bow der Handelsbewegung in diesem Jahr mit einem Treffen in New Orleans zu neuem Auftrieb. Von da an trat bis 1859 einmal jährlich eine ähnliche Beratungsrunde in verschiedenen Städten des Südens zusammen.

An schwungvollen Reden und Resolutionen herrschte auf diesen Konventen kein Mangel. Neben der Forderung nach einer direkten Schiffahrtslinie zwischen den Südstaaten und Europa verlangte man Fluß- und Hafenausbauten, den Bau von Eisenbahnen und speziell eine Südroute für den Schienenverkehr zum Pazifik. Die Delegierten drängten die Südstaatler, sich beim Bau von Fabriken mit den Yankees zu messen. Auch auf die Kultur richteten sie ihr Augenmerk und stellten beschämt fest, daß die meisten von Südstaatlern gelesenen Bücher und Zeitschriften von Autoren und aus Verlagen des Nordens stammten, daß der Süden viele seiner intelligentesten Söhne auf Colleges im Norden schickte und daß eine unerhört hohe Zahl von College-Präsidenten, Professoren, Lehrern und sogar Zeitungsredakteuren im Süden gebürtige Yankees waren. Um dem abzuhelfen, forderten die Delegierten die Gründung südlicher Verlage, Zeitschriften und Colleges sowie die Förderung von Autoren und Akademikern aus dem Süden.

Von all diesen Initiativen löste das Wirtschaftsevangelium die größte Begeisterung aus. »Gebt uns Manufakturen, Fabriken und Werkstätten«, forderten Journalisten aus dem Süden, und »es wird nicht mehr lange dauern, bis wir unsere Rechte durchsetzen können«. Die Textilbranche schien besonders geeignet, um dem Süden den Weg in die Industrialisierung zu bahnen. »Bringt die Spindeln zur Baumwolle«, so lautete bald das Schlagwort derer, die sich für den Süden stark machten. »South Carolina und Georgia besitzen Vorzüge, die es nur zu fördern gilt, um der Baumwollverarbeitung dort zum Erfolg zu verhelfen«, erklärte William Gregg, der selbst mit gutem Beispiel vorangegangen war und im gebirgsnahen Graniteville in South Carolina eine große Textilfabrik errichtet hatte. »Haben wir nicht das Rohmaterial zur Hand und können so die zweimaligen Transportkosten sparen? Ist die Arbeitskraft bei uns nicht billiger als bei unseren Brüdern im Norden?« Gleich neben der Industrie wurde die Eisenbahn als Retter des Südens propagiert. »Die Eisenbahn ist *das* System unserer Zeit«, schrieb 1853 einer der wenigen Whigs aus South Carolina. »Bisher gab es zwei große Zivilisations-Systeme, das griechische und das christliche, und jetzt kommt die Eisenbahn hinzu.«[31]

In den 50er Jahren unternahm der Süden tatsächlich große Schritte. Die Sklavenstaaten vergrößerten ihr Eisenbahnnetz um mehr als das Vierfache und überflügelten damit den Norden, der sein Schienennetz im selben Zeitraum nur verdreifachte. Das in die südliche Industrie investierte Kapital stieg um 77 Prozent und übertraf damit die Bevölkerungswachstumsrate, so daß der Pro-Kopf-Betrag an Investitionen um 39 Prozent zunahm. Die Produktion von Textilien aus den Südstaaten stieg um 44 Prozent. Doch es erging dem Süden wie Alice im Wunderland: Je rascher er vorwärtsstrebte, desto weiter schien er alsbald zurückzufallen. Obwohl der Anteil der Sklavenstaaten am landesweiten Eisenbahnnetz sich 1860 auf 35 Prozent erhöhte, war dies doch weniger als die 44 Prozent von 1840. Nach dem Maßstab Gleislänge pro Kopf und pro 1000 Quadratmeilen, war die Bahnversorgung des Nordens auch 1860 noch mehr als doppelt so gut wie im Süden. Und das Kapital, das pro Meile in Schienenlänge und Betriebsmittel investiert wurde, lag in den »freien« Staaten um 30 Prozent höher als in den Sklavenstaaten. Während die Pro-Kopf-Investitionen auf dem Industriesektor in den 50er Jahren im Norden nicht rascher anstiegen als im Süden, war das Bevölkerungswachstum der »freien« Staaten im gleichen Zeitraum größer als das der Sklavenstaaten (40 Prozent gegenüber 27 Prozent), so daß der Anteil des Südens an der nationalen Produktionskapazität sogar von 18 auf 16 Prozent sank. Der Versuch, »die Spindeln zur Baumwolle zu bringen«, schlug fehl: 1860 belief sich der Ertrag der in den Sklavenstaaten produzierten Baumwolltextilien auf nur zehn Prozent des amerikanischen Gesamtgewinns.[32] Fast die Hälfte der Spindeln des Landes drehten sich in den Staaten, die so gut wie keine Baumwolle anbauten. Die Stadt Lowell in Massachusetts betrieb 1860 mehr Spindeln als alle 11 der zukünftigen konförderierten Staaten zusammen.[33] Zwei Fünftel des gesamten südlichen Industriekapitals konzentrierten sich 1860 in den vier Grenzstaaten. Die Banken, Handelsfirmen, Kommissionäre und Schiffahrtslinien des Nordens kontrollierten auch weiterhin das Transportgeschäft des Südens.[34]

Die Verfechter der industriellen Revolution südlich des Potomac gestanden ihre Enttäuschung offen ein. Den Südstaatlern fehle »jeglicher Zug, der ein arbeitsames Volk charakterisiert«, klagte der Textilfabrikant William Gregg. Die Industrie des Südens habe sich »verausgabt, ist dahingesiecht und gestorben«, weil »eine schädliche Raupe am Werk war«, die »auch die besten Erfolgsbestrebungen verdorben« und »die schönsten Hoffnungen der Produzenten im Süden zunichte gemacht hat«.[35]

Zeitgenossen und Historiker haben für dieses »Scheitern der Industrialisierung in der Sklavenwirtschaft«, wie der Untertitel einer neueren Studie lautet, verschiedene Erklärungen angeboten. Traditionelle Wirtschaftswissenschaftler in der Nachfolge von Adam Smith vertraten die Meinung, freie Arbeit sei effizienter als Sklavenarbeit, weil den freien Arbeiter die Angst vor Armut und der Wunsch nach Verbesserung seiner Lage motiviere. Ein Sklave, so Adam Smith, »kann kein anderes Interesse haben, als soviel zu essen und sowenig zu arbeiten wie möglich«. Dem stimmten die Yankee-Abolitionisten uneingeschränkt zu. »Versklave einen Menschen«, sagte Horace Greeley, »und du zerstörst seinen Ehrgeiz, seinen Unternehmungsgeist und seine Fähigkeiten. Bedingt durch seine Natur, ist der Wunsch nach Besserung der eigenen Lage der Hauptantriebsquell des Menschen.«[36] Der aus dem Norden stammende Journalist und Landschaftsarchitekt Frederick Law Olmsted unternahm in den 50er Jahren drei ausgedehnte Reisen durch den Süden, aus denen drei Bücher hervorgingen, die eine träge, heruntergewirtschaftete Gesellschaft als Frucht der Sklaverei porträtierten. Das Existenzminimum, mit dem Sklaven und auch viele »arme Weiße« leben müßten, hemmte die Entwicklung eines Konsumgütermarktes, der andernfalls die Industrie des Südens hätte stimulieren können.[37]

Diese Erklärungen für die »Rückständigkeit« des Südens haben durchaus ihre Gültigkeit, und dennoch sind sie nicht ganz überzeugend. Die erfolgreiche gemeinsame Beschäftigung von Sklaven und weißen Arbeitern in Textilfabriken, Eisengießereien (wie den Tredegar Works in Richmond) und in anderen Industriezweigen bewies, daß Potential für eine Industrialisierung in größerem Maßstab vorhanden war. Was den fehlenden heimischen Markt angeht, so bestand im Süden eine derart rege Nachfrage nach im *Norden* hergestellten Schuhen, Kleidern, Lokomotiven, Dampfschiffen, landwirtschaftlichen Geräten – um nur einige Produkte zu nennen –, daß Wegbereiter wie Gregg und De Bow überzeugt waren, ein Markt für südliche Produkte sei sehr wohl vorhanden, man müsse ihn nur kultivieren.

Andere Analysen der Industrialisierungsbestrebungen des Südens konzentrieren sich nicht auf Arbeitskräftemangel oder Absatzprobleme, sondern auf Kapitalengpässe. Gewiß, Kapital war im Süden reichlich vorhanden: 1860 ergab eine Erhebung zur Vermögensverteilung, daß der durchschnittliche weiße Südstaatler fast doppelt so reich war wie der durchschnittliche weiße Nordstaatler.[38] Das Problem bestand darin, daß dieser Reichtum im Süden hauptsächlich in Land und Sklaven investiert wurde. Ein Brite, der 1846 Georgia bereiste, war »verblüfft darüber, wie schwierig es hier ist, mit preiswerten Aktien Geld für den Bau von Fabriken zu beschaffen. ›Warum‹, sagen die Leute, ›muß all unsere Baumwolle die weite Reise in den Norden machen, um dort verarbeitet zu werden und zu einem solch hohen Preis zu uns zurückzukommen?‹ Weil hier alles überschüssige Geld in den Ankauf von Negern gesteckt wird, darum«. Ein Nordstaatler beschrieb den Investitionskreislauf in der Ökonomie der Südstaaten folgendermaßen: »Baumwolle verkaufen, um Neger kaufen zu können, mehr Baumwolle ernten, um noch mehr Neger kaufen zu können, und ad infinitum so weiter – das sind Ziel und Zweck aller Unternehmungen des echten Baumwollpflanzers.«[39]

War nun diese Tendenz, den Kapitalgewinn in den Ankauf von Sklaven zu investieren, wirtschaftlich rationell? Nein, antwortete eine frühere Historikergeneration in Anlehnung an Ulrich B. Phillips, der im Plantagenbetrieb einen immer weniger profitablen Unternehmenszweig sah und glaubte, daß die weißen Südstaatler mehr aus kulturellen denn aus ökonomischen Gründen daran festhielten.[40] Ja, antwortete eine jüngere Historikergeneration, die nach Prüfung reichhaltigen Datenmaterials zu dem Ergebnis gelangte, daß die mit Sklaven betriebene Landwirtschaft ebenso ertragreich gewesen sei wie mögliche andere Anlagen.[41] Vielleicht, meint eine weitere Gruppe von Wirtschaftswissenschaftlern, die zu bedenken geben, daß Investitionen in Eisenbahnen und Fabriken möglicherweise ertragreicher gewesen wären als die in die Landwirtschaft, zumal die Tage der Baumwolle angesichts eines beinahe gesättigten Marktes ohnehin gezählt waren. Und, so resümieren diese Experten, abgesehen vom Reinvestitionswert für den einzelnen Pflanzer war diese Art der Wirtschaftsplanung in jedem Falle hinderlich für die ökonomische Gesamtentwicklung des Südens.[42]

Einige Anzeichen deuten darauf hin, daß das agrarorientierte Wertsystem des Südens wesentlich für die mangelnde Industrialisierung verantwortlich war. Wenn auch der Glanz von Jeffersons Egalitarismus um 1850 trüb geworden sein mochte, die Fackel der Agrarpolitik brannte noch. »Die, welche in der Erde arbeiten, sind Gottes auserwähltes Volk ... dessen Busen Er sich zu Seinem besonderen Hort wahrer und echter Tugend erkoren hat«, hatte der Landedelmann von Monticello geschrieben. Das Verhältnis von Industriearbeitern zu Farmern ist in jeder Gesellschaft »das Verhältnis ihrer morschen zu ihren gesunden Teilen«, und »zur Stärkung einer reinen Regierung« trägt es »gerade soviel bei wie Wunden zur Kräftigung des menschlichen Körpers«.[43] Die Hartnäckigkeit, mit der der Süden an dieser Überzeugung festhielt, schuf ein für die Industrialisierung ungünstiges kulturelles Klima. »In Städten und Fabriken kommen die Verirrungen unserer Natur stärker zum Ausdruck«, erklärte 1829 James Hammond aus South Carolina. Das ländliche Leben dagegen »fördert eine großzügige Gastfreundschaft, hohe und vollendete Höflichkeit, einen stolzen, unabhängigen Geist ... sowie alle edleren Tugenden und heroischen Züge«. Ein Engländer, der 1842 den Süden bereiste, registrierte die weitverbreitete Ansicht, »daß die Arbeit des Volkes sich auf die Landwirtschaft beschränken und daß das Fabrikwesen Europa oder den Nordstaaten überlassen bleiben soll«.[44]

Verfechter der Sklaverei kontrastierten das angenehme Los des Leibeigenen so oft mit dem Elend der Lohnsklaven, daß sie schließlich selbst von ihrer Theorie überzeugt waren. Man hüte sich vor dem »Bestreben, die Zivilisation des Nordens« mit ihren »schmutzigen, überfüllten, lasterhaften Fabriken zu imitieren«, warnte 1854 ein Plantagenbesitzer. »Laßt den Norden getrost seine Mietlingsarbeit mit all ihrer ... Armut, ihrem Rowdytum, Pöbel und Antipachtsystem genießen«, sagte der Zolleinnehmer von Charleston. »Wir wollen davon nichts wissen. Wir sind zufrieden mit der Arbeit unserer Sklaven. [...] Wir mögen das Alte – alte Weine, alte Bücher, alte Freunde, alte und festgefügte Beziehungen zwischen Arbeitgeber und Arbeitnehmern.«[45]

Ende der 50er Jahre hatten die Agrarpolitiker im Süden einen Gegenangriff auf das Evangelium der Industrialisierung in Gang gesetzt. Das Sozialprestige der Sklavenbarone zog andere Berufsgruppen eher in seinen Einflußbereich als umgekehrt. »Eine große Plantage mit Negern ist das Nonplusultra, das jeder Gentleman des Südens anstrebt«, schrieb 1860 ein entmutigter Industrieförderer aus Mississippi. »Dafür brütet der Anwalt über seinen staubigen Wälzern, schwingt der Kaufmann seine Elle ... wetzt der Redakteur seine Feder und der Mechaniker seinen Hobel – alle, alle, die überhaupt vom Aufstieg zu träumen wagen, betrachten dies als das Ziel ihrer Wünsche.« Schließlich waren Handel und Gewerbe niedere Berufe, die für »Yankees« gut genug sein mochten, aber doch nicht für Gentlemen. »Es ist wahr, daß der Norden den Großteil unseres Handels und unserer Fabrikation besorgt«, schrieb 1858 ein Beobachter aus Alabama, »und uns ist es ganz recht so. Wir sind ein Agrarvolk, und Gott gebe, daß wir es bleiben dürfen. Es ist der freieste, glücklichste, unabhängigste und in unseren Augen der mächtigste Stand auf Erden.«[46]

Viele Plantagenbesitzer investierten natürlich in Eisenbahnen und Fabriken, und in den 50er Jahren expandierten diese Unternehmungen auch. Aber der Trend schien doch auf eine noch stärkere Konzentration auf Land und Sklaven hinzusteuern. Während das Pro-Kopf-Vermögen im Süden zwischen 1850 und 1860 um 62 Prozent stieg, kletterte der Durchschnittspreis für Sklaven um

70 Prozent und der Wert landwirtschaftlicher Nutzfläche um 72 Prozent. Demgegenüber stieg die Pro-Kopf-Investition in Fabrikationsbetriebe im Süden nur um 39 Prozent. Mit anderen Worten, die Südstaatler hatten 1860 einen größeren Teil ihres Kapitals in Land und Sklaven investiert als 1850.[47]

Auch wenn das Beharren auf der Agrarpolitik Jeffersons dieses Phänomen erklären hilft, gibt es für den Historiker daneben auch pragmatische Gründe dafür. In den 50er Jahren herrschte Hochkonjunktur für Baumwolle und andere Rohstoffe aus dem Süden. Niedrige Baumwollpreise hatten in den 40er Jahren dem Kreuzzug für größere wirtschaftliche Vielfalt neuen Auftrieb gegeben. Aber im nächsten Jahrzehnt schnellte der Baumwollpreis um mehr als 50 Prozent bis auf durchschnittlich 11,5 Cents pro Pfund empor. Demzufolge verdoppelte sich die Baumwollernte bis Ende der 50er Jahre auf vier Millionen Ballen jährlich. Preise und Erzeugung von Zucker und Tabak erlebten einen ähnlichen Aufschwung. Der scheinbar unstillbare Bedarf an südlichen Rohstoffen bewog die Plantagenbesitzer, jeden verfügbaren Morgen Landes für deren Anbau zu nutzen. So kam es, daß der Pro-Kopf-Ertrag bei Hauptnahrungsmitteln im Süden in den 50er Jahren derart zurückging, daß diese Agrargesellschaft auf dem Sektor der Nahrungsmittelerzeugung zur Mangelregion zu werden drohte.[48]

Wenngleich solche Tendenzen manche Südstaatler mit Sorge erfüllten, äußerten sich doch die meisten entzückt über den schwindelerregenden Reichtum, den der Baumwollboom ihnen bescherte. Die Verfechter von »König Handel« traten in den Hintergrund; es herrschte »König Baumwolle«. »Unsere Baumwolle ist der wundervollste Talisman der Welt«, rühmte 1853 ein Plantagenbesitzer. »Seine Macht verwandelt alles in das, was wir gerade brauchen.« Die Südstaatler seien »zweifellos das reichste Volk auf Erden, denn sie erzielen 10 bis 20 Prozent Kapitalgewinn, mit den besten Aussichten, auf lange Zeit hinaus so erfolgreich zu bleiben«, prahlte James Hammond. »Die Sklavenaristokratie des Südens ist heute die führende Weltmacht«, erklärte er 1858 vor dem Senat. »Baumwolle, Reis, Tabak und Schiffsbedarf regieren die Welt. [...] Keine Macht auf Erden wagt es ... Krieg gegen die Baumwolle zu führen. Die Baumwolle ist König.«[49]

Ende der 50er Jahre waren die Handelskonvente des Südens zum gleichen Ergebnis gekommen. Der Zusammenschluß dieser Handelskonventsbewegung mit einigen gleichzeitig stattfindenden Pflanzerkonventen im Jahre 1854 verdeutlichte dies. Seither war die mit Sklaven betriebene Landwirtschaft und deren Rechtfertigung das Hauptthema der Tagungen. Sogar *De Bows Review* schloß sich diesem Trend an. Obwohl De Bow auch weiterhin Lippenbekenntnisse für die Industrialisierung ablegte, räumte seine *Review* der Landwirtschaft, den Polemi-

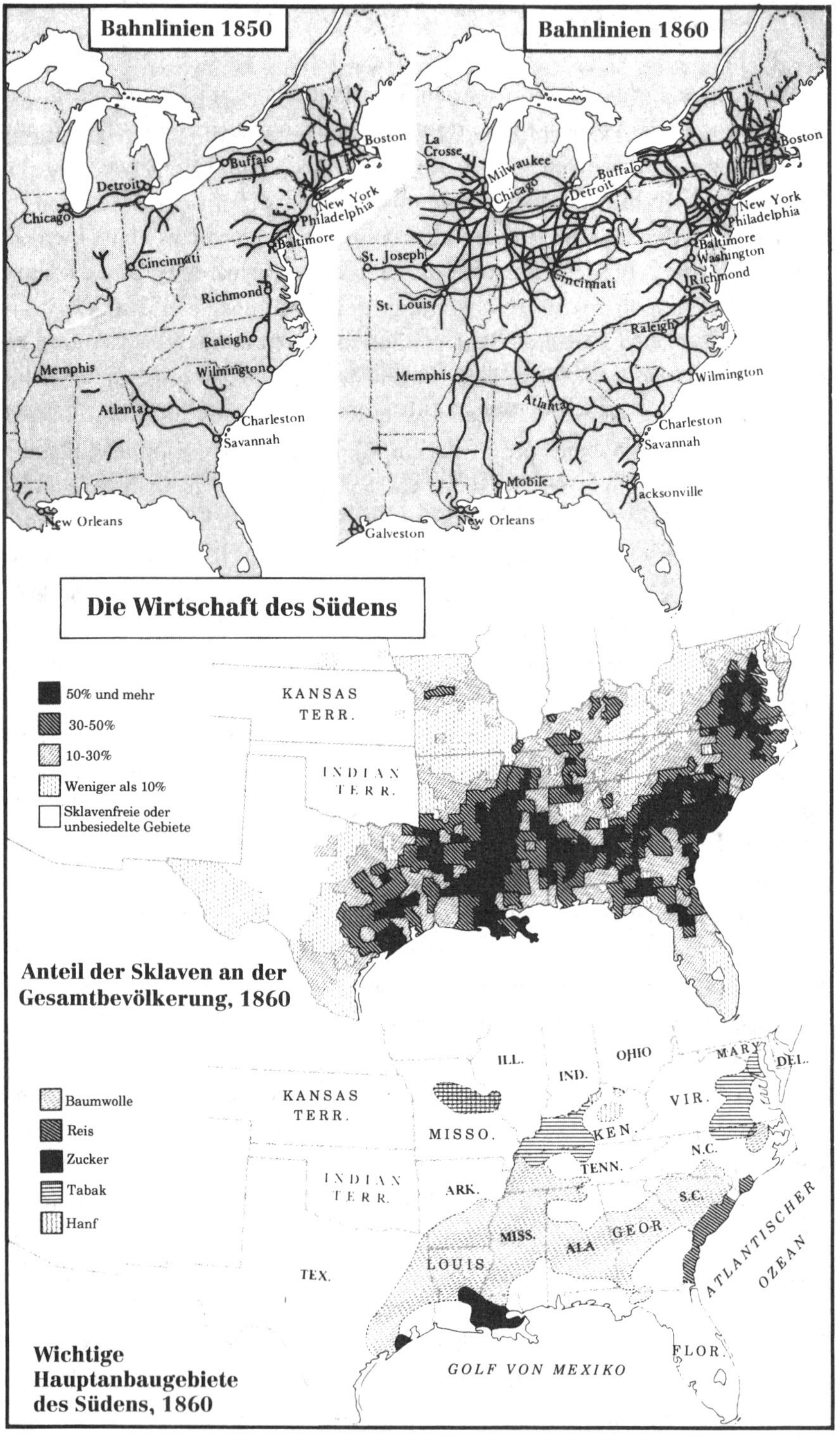

Bahnlinien 1850
Boston
Buffalo
Detroit
Chicago
New York
Philadelphia
Baltimore
Cincinnati
Richmond
Raleigh
Wilmington
Memphis
Atlanta
Charleston
Savannah
New Orleans
Bahnlinien 1860
La Crosse
Milwaukee
Chicago
Detroit
Buffalo
Boston
New York
Philadelphia
Baltimore
Washington
Richmond
St. Joseph
St. Louis
Cincinnati
Raleigh
Memphis
Wilmington
Atlanta
Charleston
Savannah
Mobile
Jacksonville
New Orleans
Galveston
Die Wirtschaft des Südens
50% und mehr
30-50%
10-30%
Weniger als 10%
Sklavenfreie oder unbesiedelte Gebiete
KANSAS TERR.
INDIAN TERR.
Anteil der Sklaven an der Gesamtbevölkerung, 1860
Baumwolle
Reis
Zucker
Tabak
Hanf
KANSAS TERR.
INDIAN TERR.
ILL.
IND.
OHIO
MARY.
DEL.
VIR.
MISSO.
KEN.
N.C.
TENN.
ARK.
S.C.
MISS.
ALA
GEOR.
LOUIS
TEX.
ATLANTISCHER OZEAN
FLOR.
GOLF VON MEXIKO
Wichtige Hauptanbaugebiete des Südens, 1860

ken der Sklavereianhänger und dem Nationalismus des Südens immer breiteren Raum ein. 1857 hatten die Politiker diese »Handels«-Konvente weitgehend zu ihrem Sprachrohr gemacht, über das sie nun für eine Wiederbelebung des afrikanischen Sklavenhandels warben.[50]

Seit Ende 1807 war dieser Handel kraft eines Bundesgesetzes verboten. Sklavenschmuggel wurde freilich in kleinem Rahmen fortgeführt; in den 50er Jahren bewirkten die steigenden Sklavenpreise eine Belebung dieses illegalen Geschäfts und verstärkten den Ruf nach Aufhebung des Einfuhrverbots von Sklaven, eine Tendenz, die auch von politischen Motiven getragen wurde. Agitation in dieser Frage, so einer ihrer Verfechter, würde »dem Norden eins auswischen und seiner Selbstherrlichkeit Trotz bieten«. Eine Delegierte des Handelskonvents von 1856 behauptete: »Industrielle, politische und verfassungsmäßige Interessen geben uns das Recht, die Öffnung dieses Handels zu fordern. [...] Mit billigen Negern könnten wir der feindlichen Gesetzgebung des Kongresses die Stirn bieten. Sobald die Staaten ausreichend mit Sklaven versorgt wären, würden die Schwarzen sich in den Territorien ausbreiten, und nichts könnte ihre natürliche Vermehrung aufhalten.« Manche Verfechter der Sklaverei fühlten sich aus Gründen der »Konsistenz« bemüßigt, auch den Sklavenhandel zu verteidigen. »Die Sklaverei ist rechtmäßig«, sagte ein Delegierter auf dem Konvent von 1858, »und da sie rechtmäßig ist, kann an den natürlichen Mitteln zu ihrer Etablierung nichts Unrechtes sein.« Oder, wie William L. Yancey es formulierte: »Wenn es rechtens ist, Sklaven in Virginia zu kaufen und sie nach New Orleans zu bringen, wieso ist es dann unrecht, sie in Afrika zu kaufen und nach New Orleans zu bringen?«[51]

Ja, warum eigentlich? Doch die meisten Südstaatler verschlossen sich der zwingenden Logik dieser Argumentation. Neben dem moralischen Abscheu vor den Schrecken der Sklaventransportroute über den Atlantik hatten viele Sklavenhalter im oberen Süden wirtschaftliche Gründe, sich der Wiederzulassung des Afrikahandels zu widersetzen. Die steigende Nachfrage nach Sklaven mehrte ihren Wohlstand; ein wachsender Strom von Leibeigenen flüchtete aus dem oberen Süden in die Baumwollstaaten. Trotzdem forderte der Handelskonvent von 1859 in Vicksburg (an dem nur Delegierte aus dem unteren Süden teilnahmen) die Aufhebung des Verbots von Sklavenimporten. Zwar wußte man, daß die Erfolgsaussichten im Kongreß gleich Null waren, doch das kümmerte die Delegierten wenig, denn die meisten von ihnen waren Sezessionisten und favorisierten als solche ohnehin eine Südstaatlernation, die ihre eigenen Gesetze erlassen konnte. Solange das nicht möglich war, konnten sie immerhin versuchen, das Bundesgesetz zu umgehen, indem sie »Lehrlinge« aus Afrika einführten. De Bow wurde Präsident eines eigens für diesen Zweck gegründeten Arbeitsbeschaffungsverbandes. 1858 genehmigte das Unterhaus des Parlaments von Louisiana den Import solcher Lehrlinge. Aber der Senat brachte die Maßnahme zu Fall.[52]

Als ihr Versuch, das Gesetz zu ändern, gescheitert war, begannen die »Eisenfresser«, es zu brechen. Bekanntestes Beispiel für den illegalen Sklavenhandel der 50er Jahre war der Schoner *Wanderer,* der Charles A. L. Lamar gehörte, dem Sproß einer berühmten Südstaatenfamilie. Lamar gründete ein Syndikat, das mehrere Schiffe nach Afrika entsandte, um dort Sklaven einzukaufen. Eins davon war die *Wanderer,* eine schnelle Yacht, die 1858 eine Ladung von 500 Afrikanern an Bord nahm. Mit den 400 Überlebenden, die in Georgia ankamen, erzielte Lamar einen stattlichen Gewinn. Doch die Bundesbeamten hatten von der Affäre Wind bekommen, nahmen Lamar sowie mehrere Mannschaftsmitglieder in Haft und beschlagnahmten das Schiff. Geschworenengerichte in Savannah sprachen alle Angeklagten frei. Vertreter der Staatsanwaltschaft, die Lamar unter Anklage gestellt hatte, wurden von der öffentlichen Presse als Yankeehandlanger so übel verleumdet, daß sie einen grotesken Widerruf publizierten und sich für die Aufhebung des Gesetzes von 1807, welches den Sklavenhandel verbot, einsetzten. »Der morbiden Haltung angeblicher Philantropen und der krankhaften geistigen Verirrung von Fanatikern des ›höheren Gesetzes‹ noch länger nachzugeben«, so die Geschworenen über die Gegner des Sklavenhandels, »ist schwach und töricht.« Als die Nordstaatler Lamars Freispruch kritisierten, zog eine Zeitung im Süden gegen die Heuchelei der Yankees zu Felde: »Was ist der Unterschied zwischen einem Yankee, der das Sklavenfluchtgesetz im Norden verletzt, und einem Südstaatler, der das Gesetz gegen den afrikanischen Sklavenhandel im Süden bricht?« Lamar kaufte die *Wanderer* auf einer öffentlichen Versteigerung zurück und betrieb seinen Sklavenhandel weiter bis zum Bürgerkrieg, in dem er an der Spitze seines Regiments fiel.[53]

III

Diejenigen, die vorhatten, noch mehr Sklaven zu importieren, wollten natürlich auch das Territorium für die Sklaverei erweitern. Zu diesem Zweck richteten viele Südstaatler ihr Augenmerk nicht auf die recht unergiebigen Gebiete, die bereits Teil der Vereinigten Staaten waren, sondern auf das Land südlich der Grenze. Auf dem Handelskonvent von 1856 brachte eine Delegierter aus Texas einen Toast aus, der begeisterten Beifall fand: »Auf die Republik der Südstaaten, im Norden von der Mason-Dixon-Linie und im Süden vom Isthmus des Tehuantepec begrenzt, einschließlich Kubas und aller anderen Ländereien an unseren südlichen Gestaden.«[54]

Diese Version der *manifest destiny* war 1856 nicht neu. Acht Jahre zuvor, als der Senat eben den Friedensvertrag ratifiziert hatte, mit dem die Union Kalifornien und New Mexico erwarb, hatte Präsident Polk sein nächstes Ziel umrissen: »Ich trete ausdrücklich dafür ein, Kuba zu erwerben und es zu einem Staat [der] Union zu machen.«[55] Dieser Vorschlag gefiel insbesondere den Südstaatlern, die darin eine Möglichkeit sahen, ihre politische Macht zu vergrößern. »Die Perle unter den Inseln Mittelamerikas«, so ein annexionistisches Pamphlet, »wäre mit ihren 13 oder 15 Abgeordneten im Kongreß dem Süden eine große Hilfe.« Im Glauben, daß der Golf von Mexiko »zu den Vereinigten Staaten gehört«, erklärte Senator Jefferson Davis 1848, »Kuba muß unser werden«, um »die Reihen der sklavenhaltenden Wählerschaft zu verstärken«.[56]

Polk gab seinem Gesandten in Spanien Vollmacht, 100 Millionen Dollar für die Insel zu bieten. Doch seine Bemühungen in dieser Richtung endeten als Totgeburt. Die plumpen Versuche des amerikanischen Gesandten amüsierten und erbosten die spanischen Behörden gleichermaßen. Dieser Diplomat mit dem unglaublichen Namen Romulus M. Saunders, ein Politiker aus South Carolina, sprach nur Englisch, »und selbst das massakriert er manchmal«, notierte Außenminister Buchanan. Der spanische Außenminister ließ Saunders wissen, eher als Kuba zu verkaufen, würde Spanien »es vorziehen, die Insel im Ozean versinken zu sehen«. So oder so wäre es unwahrscheinlich gewesen, daß der Kongreß, mit seiner Whig- und Wilmot-Proviso-Mehrheit im Repräsentantenhaus, die nötigen Gelder bewilligt hätte, um ein Territorium anzukaufen, in dem fast eine halbe Million Sklaven lebten. Der Sieg der Whigs im Präsidentschaftswahlkampf von 1848 beendete die offiziellen Bestrebungen zum Erwerb von Kuba – fürs erste jedenfalls.[57]

Verfechter der Annexion überraschte dieser Fehlschlag nicht. Schließlich waren auch Texas, Kalifornien und New Mexico nur durch Revolutionen und Krieg gewonnen worden; sie waren willens, die gleichen Methoden auf Kuba anzuwenden, und sie setzten dabei auf den gutaussehenden, charismatischen kubanischen Glücksritter Narciso Lopez, der 1848 nach New York geflohen war, nachdem die spanischen Behörden seinen Plan, kubanische Pflanzer zu einer Revolte anzustacheln, durchkreuzt hatten. Lopez rekrutierte nun eine Armee aus mehreren hundert Abenteurern, Veteranen des Mexikanischen Krieges und Exilkubanern für eine Invasion der Insel. Er bat Jefferson Davis, die Expedition anzuführen. Der Senator erhob Einwände und empfahl statt dessen seinen Freund Robert E. Lee, der das Ansinnen in Erwägung zog, dann aber höflich zurückwies. Daraufhin übernahm Lopez selbst das Kommando, doch die Taylor-Administration bekam

Wind von dem Unternehmen und entsandte ihre Seestreitkräfte, die Lopez' Schiffe im September 1849 in ihre Gewalt brachten und das Auslaufen der Flotte verhinderten.

Lopez aber machte sich unverzagt daran, eine neue Expedition, diesmal mit Freibeutern, zu organisieren. Im Glauben, die Nordstaatler seien zu »zaghaft und zögerlich« für dieses Unternehmen, reiste Lopez von New York nach New Orleans, wo er »seine Hoffnungen auf die Männer des tapferen Westens und des chevaleresken Südens setzen« wollte.[58] Unterwegs machte er in Mississippi Station, um Gouverneur John Quitman das Kommando über seine Invasionstruppen anzutragen. Quitman war ein Veteran aus dem Mexikanischen Krieg, in dem er es bis zum Generalmajor gebracht und jenen Angriff befehligt hatte, bei dem die Hauptstadt Mexikos fiel. Als »Eisenfresser«, der in der Krise von 1850 gern Sezessionsdrohungen aussprach, fand Quitman dieses Angebot zwar verlockend, doch er schlug es aus, weil er sich verpflichtet fühlte, in Mississippi auf seinem Posten zu bleiben. Allerdings half er Lopez, Männer zu rekrutieren und Geld für Waffenkäufe zu beschaffen. Durch ähnliche Quellen kam Lopez auch in Louisiana an Waffen und Freiwillige. Im Mai 1850 verließ seine 600 Mann starke Armee den Hafen von New Orleans, angefeuert von jubelnden Menschenmengen, die ihm das Geleit gaben, und der »stillschweigenden Unterstützung« der Behörden. Lopez landete an der Nordwestküste Kubas, nahm die Stadt Cardenas ein und brannte den Gouverneurssitz nieder. Aber der erwartete Aufstand kubanischer Revolutionäre blieb aus. Als spanische Truppen auf Cardenas vorrückten, flohen die Freibeuter auf ihr Schiff, das nur mit knapper Not einem spanischen Kriegsschiff entkam, und segelten bis Key West, wo die Expeditionsstreitkräfte sich unrühmlich auflösten.[59]

Trotzdem wurde Lopez im unteren Süden ein eines Helden würdiger Empfang bereitet. Dutzende von Städten und Verbänden feierten ihn mit Salut, Paraden, Trinksprüchen und Banketten. Südstaatensenatoren forderten amerikanische Sanktionen, um Spanien zu bestrafen. »Ich will Kuba, und ich weiß, daß wir es früher oder später bekommen müssen«, erklärte Albert Gallatin Brown, wie Jefferson Davis Senator aus Mississippi. Und Brown ging noch weiter. »Ich will Tamaulipas, Potosi und ein, zwei andere mexikanische Staaten; und ich will sie alle zu demselben Zweck – zur Festigung und Ausbreitung der Sklaverei.« Der *Southern Standard* hatte eine noch größere Vision. »Mit Kuba und Santo Domingo könnten wir die Erzeugnisse der Tropen kontrollieren und damit den Welthandel und mit diesem die Macht über die Welt.« »Wir haben«, so schrieb *De Bows Review,* »eine Bestimmung zu erfüllen, ›eine besondere Bestimmung‹ in ganz Mexiko, in Südamerika, auf den Inseln Mittelamerikas.«[60]

Zachary Taylors Administration, die sich zu diesem Zeitpunkt darum bemühte, Kalifornien und New Mexico als »freie« Staaten der Union zuzuführen, ließ sich von solchem rhetorischen Bombast nicht beirren. Die Regierung stellte Lopez, Quitman und verschiedene andere Südstaatler kurzerhand wegen Verletzung der Neutralitätsgesetze unter Anklage. Quitman drohte daraufhin, die Miliz von Mississippi einzusetzen, um die Souveränität seines Staates gegen die Bundes-Marshals zu schützen. Doch schließlich gab er klein bei, trat von seinem Gouverneursamt zurück und ließ sich widerstandslos in Haft nehmen. In drei Prozessen in New Orleans gegen ein und denselben Angeklagten (einen Plantagenbesitzer aus Mississippi) konnten sich die Geschworenen zu keinem Urteil durchringen, und daraufhin ließ die Bundesregierung die übrigen Anklagen fallen. Ausgelassene Feiern folgten dieser Entscheidung. »Und wenn das Beweismaterial gegen Lopez noch tausendmal erdrückender wäre«, so eine Zeitung aus New Orleans, »könnte man doch keine Geschworenenliste zusammenbringen, die ihn verurteilen würde, weil die öffentliche Meinung ihre eigenen Gesetze diktiert.«[61]

Nachdem sie sich so leicht entlastet sahen, unternahmen die Freibeuter 1851 einen neuen Vorstoß. William J. Crittenden aus Kentucky, ein Neffe des Justizministers, befehligte ein »Regiment« freiwilliger Südstaatler in der 420 Mann starken Invasionsstreitmacht. Wieder machten die Hafenbehörden von New Orleans heimlich gemeinsame Sache mit den Freibeutern, so daß diese am 3. August 1851 mit einem bis an die Schandeckel beladenen Schiff auslaufen konnten. Doch diesmal waren die spanischen Truppen in Alarmbereitschaft. Einen verfrühten Aufstand vor Ort, der den Invasoren in die Hände hätte spielen sollen, hatten sie bereits niedergeschlagen. Nun töteten sie in mehreren Gefechten 200 der Freibeuter und setzten die übrigen gefangen. Die kubanischen Behörden schickten 160 Gefangene nach Spanien, richteten Lopez in Havanna vor den Augen einer riesigen Menschenmenge mit der Garrotte hin und trieben 50 amerikanische Gefangene, darunter Crittenden, auf dem Marktplatz zusammen, wo sie von einem Erschießungskommando exekutiert wurden.[62]

Als diese Nachricht in New Orleans eintraf, revoltierte der Pöbel. Das spanische Konsulat wurde verwüstet, und spanische Geschäfte fielen Plünderern zum Opfer. »Blut um Blut!« forderte der *New Orleans Courier.* »Unsere Brüder müssen gerächt werden! Wir müssen Kuba erobern!«[63] Doch die Fillmore-Administration, die sich schämte, daß es ihr mißlungen war, die Freibeuter aufzuhalten, bevor sie Kuba erreichten, beschränkte ihre Aktivitäten auf die – im übrigen erfolgreichen – diplomatischen Bemühungen, die überlebenden amerikanischen Gefangenen aus Spanien freizubekommen.

Das Freibeutertum erlahmte eine Zeitlang, und die Expansionisten konzentrierten sich nun darauf, in der Wahl von 1852 einer ihnen wohlgesinnten Regierung ans Ruder zu verhelfen. Der Hurrapatriotismus der Faktion des »Jungen Amerika« in der Demokratischen Partei machte Kuba zu einem wichtigen Thema dieser Wahl.[64] Die »Jungen Amerikaner« waren keineswegs allesamt Südstaatler. Ihr oberster Fürsprecher etwa war Stephen Douglas aus Illinois. Dennoch lag der Schwerpunkt der Expansionsbestrebungen eindeutig im Süden. »Die Männer des Südens haben fast einmütig den Wunsch, daß Kuba der Union als südstaatliche Trophäe zugeführt werden möge«, urteilte ein Beobachter. »Die Sicherheit des Südens läßt sich nur mit der Ausweitung seiner ›besonderen Institution‹ gewährleisten«, meinte ein anderer. Die »Jungen Amerikaner« feierten ihren neuen Präsidenten, Franklin Pierce, mit Freudenfeuern und Fackelzügen, in denen Spruchbänder wie dieses mitgeführt wurden: »Der Erfolg des jüngsten demokratischen Sieges – Pierce und Kuba.«[65]

Pierce' erste Amtshandlungen waren ganz im Sinne seiner Parteigänger. »Die Politik meiner Regierung wird sich nicht von irgendwelchen furchtsamen Vorahnungen leiten lassen, die eine Expansion für unheilvoll halten«, versprach der Präsident in seiner Antrittsrede. »Unsere Position auf dem Globus macht den Erwerb gewisser Besitzungen ... äußerst wichtig für unseren Schutz. [...] [Die] Zukunft ist grenzenlos.«[66] Pierce besetzte sein Kabinett und das diplomatische Korps mit Verfechtern des *manifest-destiny*-Gedankens. Unter allen Ernennungen spiegelten sich die Absichten der Regierung am klarsten in der des amerikanischen Gesandten Pierre Soulé für Spanien. Als gebürtiger Franzose, der 1825 wegen der republikanischen Staatsform Frankreichs nach Louisiana ausgewandert war, begrüßte der Aufwiegler Soulé auf der einen Seite die 48er Revolutionen in Europa, weil sie den Kontinent vom Joch der Monarchie befreiten, während er auf der anderen Seite die Freibeuter unterstützte, die Kuba der Union als Sklavenstaat zuführen wollten. Binnen eines Jahres nach seiner Ankunft in Madrid hatte Soulé die Monarchie öffentlich angeprangert, den französischen Botschafter im Duell verwundet, ein 48stündiges Ultimatum (das Spanien ignorierte) zu einem Zwischenfall mit einem amerikanischen Schiff vor Havanna vorgelegt und sich auf ein Intrigenspiel mit spanischen Revolutionären eingelassen.

Trotz alledem wurde der Gadsden-Ankauf die einzige Expansionsleistung der Pierce-Administration. Und selbst dabei kam weniger heraus, als die Südstaatler sich erhofft hatten. James Gadsden, ein Eisenbahnunternehmer aus South Carolina, wurde Gesandter in Mexiko mit dem Auftrag, einen zum Bau einer Eisenbahnlinie von New Orleans zum Pazifik benötigten Landstreifen zu kaufen. Abolitionistische Yankees argwöhnten, er habe daneben noch ein anderes Ziel im

Auge: nämlich den Erwerb eines geeigneten Territoriums für künftige Sklavenstaaten. Der Verdacht mag begründet gewesen sein. Ursprünglich bot Gadsden dem mexikanischen Präsidenten 50 Millionen Dollar für ein fast 250 000 Quadratmeilen großes Gebiet im Norden seines Landes. Der gerissene Santa Anna brauchte zwar wie immer Geld, sah aber keine Möglichkeit, wie er es hätte anstellen sollen, fast ein Drittel dessen, was von seinem Land noch geblieben war, zum Ausverkauf freizugeben. Schließlich einigte er sich mit Gadsden darauf, ihm 55 000 Quadratmeilen für 15 Millionen Dollar abzutreten, aber die Nord-Senatoren strichen davon noch einmal 9000 Quadratmeilen, ehe genügend Nord-Demokraten sich bereit fanden, den Vertrag 1854 gemeinsam mit den Senatoren der Südstaaten zu ratifizieren.[67]

Vor der Kubafrage traten Gadsdens Bemühungen zunächst einmal in den Hintergrund. Pierce, der entschlossen war, die Insel auf die eine oder andere Art zu erwerben, wußte sehr wohl, daß Spanien 1853 ebensowenig zum Verkauf bereit war wie fünf Jahre zuvor. Das überlieferte Dokumentationsmaterial läßt vermuten, daß die Regierung hoffte, in Kuba eine Revolution à la Texas anzuzetteln, die wiederum durch eine Freibeuterinvasion unterstützt werden sollte. Aus den Instruktionen des Außenministers an Soulé in Madrid ging hervor, daß ein erneuter Versuch, Kuba zu kaufen, zwar »inopportun« sei, die Vereinigten Staaten aber hofften, die Insel werde sich »aus ihrer gegenwärtigen kolonialen Unterjochung entweder selbst befreien oder daraus befreit werden«.[68] Im Juli 1853 fand offenbar ein Treffen zwischen Pierce und John Quitman statt, bei dem der Präsident Quitman zu einem Freibeuterfeldzug ermunterte, der diesmal mit mehr Männern und großzügigerer Finanzhilfe ausgestattet sein würde als die Unglücksinvasion von Lopez. Quitman brauchte nicht viel Ermunterung. »Man hat uns um Land betrogen, das dem US-Bund gehört«, erklärte er. »Selbst der Teil von Texas, der angeblich für die Sklaverei gesichert war, ist uns [durch die Beilegung der Grenzstreitigkeiten zugunsten Mexikos] entrissen worden. [...] Die goldene Pazifikküste ... wird dem Süden und seinem Arbeitspotential verweigert. [...] Wir sind jetzt im Westen ebenso eingeschlossen wie im Norden.« Folglich sei es an der Zeit, in Kuba »wirkungsvoll zuzuschlagen, nach dem Vorbild von Texas«.[69]

Prominente Südstaatler billigten Quitmans Vorhaben. Der Gouverneur von Alabama leistete tatkräftige Unterstützung. Zahlreiche führende Politiker in Texas halfen mit, den Feldzug zu organisieren, der wie die vorigen von New Orleans ausgehen sollte. »Jetzt ist die Zeit zu handeln«, schrieb Alexander Stephens aus Georgia, »solange England und Frankreich [mit dem Krimkrieg] alle Hände voll zu tun haben« und also nicht eingreifen könnten.[70] Bis zum Frühjahr 1854 rekrutierte Quitman mehrere tausend Freiwillige. Exilkubaner setzten sich mit revolutionären Gruppen auf der Insel in Verbindung, um nochmals einen Aufstand anzuzetteln. Senator John Slidell aus Louisiana brachte, gestützt von anderen Senatoren der Südstaaten, eine Resolution ein, die die Aufhebung des Neutralitätsgesetzes forderte. Das Komitee für ausländische Beziehungen wollte dieser Resolution schon zustimmen, als die Regierung im Mai 1854 überraschend Einspruch erhob und Quitman zurückpfiff.[71]

Was war geschehen? Offenbar hatte die Regierung, die ihren ganzen politischen Einfluß darangesetzt hatte, den Kansas-Nebraska-Act durchzusetzen, beschlossen, von einer zweiten Unternehmung zugunsten der Sklaverei abzusehen, um die Nordhälfte der Partei vor dem Zusammenbruch zu bewahren.[72] »Die Nebraskafrage hat unsere Partei in allen ›freien‹ Staaten arg mitgenommen«, schrieb Außenminister William M. Marcy, »und hat sie der Kraft beraubt, die für den Erwerb von Kuba nötig gewesen wäre und dafür sehr viel vorteilhafter hätte genutzt werden können.« Am 31. Mai, einen Tag, nachdem er den Kansas-Nebraska-Act unterzeichnet hatte, erließ Pierce eine Proklamation, die das Freibeutertum untersagte und für Zuwiderhandlungen die volle Strafe nach dem Neutralitätsgesetz androhte.[73]

Doch damit waren die Bemühungen um den Erwerb Kubas noch nicht zu Ende. Entschlossen, die finanzielle Notlage der spanischen Regierung auszunutzen, ermächtigte der Präsident Soulé 1854, stolze 130 Millionen Dollar für die Insel zu bieten. Sollte Spanien das Angebot ausschlagen, war Soulé angewiesen, seine Bemühungen »auf das nächste wünschenswerte Ziel [zu richten] und die Insel vom spanischen Dominium loszulösen«. Was immer dieser rätselhafte Befehl bedeuten sollte – falls die Regierung erwartete, Soulé werde sich der verschwiegenen Kanäle der Diplomatie bedienen, so hatte sie ihren Mann falsch eingeschätzt. Im Oktober 1854 traf er sich mit seinen Kollegen in England und Frankreich, den Gesandten James Buchanan und John Mason, in Ostende. Irgendwie gelang es dem hitzköpfigen Soulé, den für gewöhnlich vorsichtigen Buchanan und den naiven Mason zur Unterzeichnung eines Memorandums zu überreden, das als Ostende-Manifest bekannt wurde. »Die nordamerikanische Republik braucht Kuba ebenso notwendig wie irgendein Mitglied seiner gegenwärtigen ... Staatenfamilie«, hieß es in diesem Dokument. Sollten die Vereinigten Staaten entscheiden, daß ihre Sicherheit vom Besitz der Insel abhinge, dann »berechtigt uns jedes Gesetz, irdisch wie göttlich, sie Spanien zu entreißen«.[74]

Seinem Naturell gemäß hatte Soulé es versäumt, die Begegnung in Ostende vor der europäischen Presse geheimzuhalten. Auch eine amerikanische Zeitung brachte Einzelheiten des »Manifests« in Erfahrung und publizierte den Vorgang im November 1854. Blätter, die den Gegnern der Sklaverei nahestanden, verurteilten die »Schmach und Schande« dieses »Banditenmanifests«, »diesen räuberischen Vorwand«, zu »plündern, zu rauben und zu morden, sich am Profit der Provinzen und am Schweiß der Sklaven zu bereichern«.[75] Das Repräsentantenhaus ließ die diplomatische Korrespondenz beschlagnahmen und veröffentlichen. Die gebeutelte Regierung, ohnehin schon ins Wanken geraten unter der heftigen Reaktion auf den Kansas-Nebraska-Act, der die Demokraten bei den Wahlen von 1854 66 ihrer 91 Sitze kostete, zwang Soulé zum Rücktritt und ließ alle weiteren Pläne zum Erwerb Kubas fallen. Quitman griff trotzdem im Frühjahr 1855 den Plan eines Freibeuterfeldzugs auf. Doch Pierce konnte ihn schließlich davon abbringen – eine Aufgabe, die dadurch erleichtert wurde, daß spanische Truppen im Januar 1855 mehrere kubanische Revolutionäre festnahmen und exekutierten – ein unangenehmer Wink, was den Anführern einer weiteren Invasion blühen könnte.

Unterdessen verlagerte sich das öffentliche Interesse auf ein Gebiet ein paar hundert Meilen südwestlich von Havanna, wo der bemerkenswerteste und erfolgreichste Freibeuterführer der Epoche seine glänzende Karriere in Szene setzte. Der 1824 in Nashville geborene William Walker zeigte äußerlich wenig Anzeichen des Machthungers, von dem er beseelt war. Er war schüchtern und schweigsam, asketisch, rotblond und sommersprossig, nur 1,65 Meter groß, wog keine 120 Pfund, und das einzig Auffallende an ihm waren seine leuchtenden, durchdringenden, graugrünen Augen. Nachdem er im Alter von 14 Jahren sein Examen an der Universität Nashville mit summa cum laude bestanden hatte, ging das rastlose Wunderkind nach Europa, um Medizin zu studieren, wurde mit 19 Jahren von der Universität von Pennsylvania approbiert, praktizierte jedoch nur kurze Zeit, ehe er nach New Orleans zog, um Jura zu studieren. Nach einer kurzen Karriere als Anwalt wandte Walker sich dem Journalismus zu und wurde Herausgeber des *New Orleans Crescent*.[76]

1849 schloß Walker sich dem Menschenstrom an, den der Goldrausch nach Kalifornien lockte. Doch seine unruhige Seele fand auch im Goldstaat keinen Frieden. Als Journalist prangerte er die Kriminalität an und half mit, die Selbstschutzbewegung in San Francisco ins Leben zu rufen. Er bestritt drei Duelle und wurde zweimal verwundet. 1853 dann fand Walker endlich seine wahre Berufung. Mit 45 schwerbewaffneten Männern segelte er von San Francisco los, um die Halbinsel Niederkalifornien (Baja California) und das abgelegene Gebiet Sonora zu »kolonialisieren«. Angeblich wollte er die Apachen unterwerfen, den rückständigen mexikanischen Provinzen die Segnungen amerikanischer Zivilisation und angelsächsischer Energie bringen und nebenbei noch Sonoras Gold- und Silberlager ausbeuten.

Dies war weder die erste noch die letzte der vielen amerikanischen Freibeuterexpeditionen ins Gebiet südlich der Grenze, die während der unruhigen Jahre nach dem Mexikanischen Krieg unternommen wurden. Die chronische Instabilität und die häufigen Regierungsumstürze in der mexikanischen Hauptstadt schufen ein Machtvakuum, das Banditenführer und Gringoinvasoren füllten, die das Grenzgebiet in ständigem Aufruhr hielten. Walkers Expedition war anfänglich mehr Erfolg beschieden als den meisten dieser Unternehmungen. Seine Freibeuter eroberten La Paz, die verschlafene Hauptstadt von Baja California. Walker ernannte sich selbst zum Präsidenten dieser neuen Republik und schickte sich an, Sonora zu annektieren, ohne daß er auch nur einen Fuß in diese reichere Provinz gesetzt hatte. Sein kühnes Vorgehen lockte weitere Rekruten aus Kalifornien an. Walkers Armee überwand mit wenig Vorräten und noch weniger militärischer Erfahrung zerklüftete Gebirgskämme, überquerte auf Flößen den Colorado River und marschierte in Sonora ein. Fünfzig der erschöpften und halbverhungerten Männer zettelten eine Meuterei an und desertierten. Die übrigen ergriffen angesichts einer überlegenen Streitmacht, der etliche ihrer Kameraden zum Opfer fielen, die Flucht. Mit 34 Überlebenden rettete sich Walker über die Grenze und ergab sich im Mai 1854 in San Diego den amerikanischen Behörden. Walker, den in San Francisco viele wie einen Helden begrüßten, kam wegen Verletzung des Neutralitätsgesetzes vor Gericht, wurde aber freigesprochen; die Geschworenen brauchten nur acht Minuten, um ihr Urteil zu fällen.

Dieses Sonoramanöver war indes bloß die Vorbereitung für die eigentliche Jagdpartie. Anfang der 50er Jahre richtete sich das Augenmerk der Amerikaner auf den zentralamerikanischen Isthmus als Landbrücke zwischen Atlantischem und Pazifischem Ozean. Eine Kanalverbindung durch dieses Dschungelgebiet würde die Reise zwischen Kalifornien und den übrigen Staaten um Wochen verkürzen. Die beste Route für einen solchen Kanal schien sich in Nicaragua anzubieten, aber der Bau wäre mit großen Schwierigkeiten und hohen Kosten verbunden. Indessen gründete der New Yorker Cornelius Vanderbilt, ein früher Tycoon des Verkehrswesens, die Accessory Transit Company, die Passagiere und Frachtgut via Nicaragua zwischen New York und San Francisco befördern sollte. Angetan von dem tropischen Klima, das für den Anbau von Obst, Baumwolle, Zucker und Kaffee wie geschaffen schien, begannen bald auch andere amerikanische Investoren mit begehrlichem Blick auf dieses Gebiet zu schielen. Doch das politische Klima hielt sie von Investitionen ab; die Revolution schien in Nicaragua Dauerzustand zu sein – allein in den sechs Jahren vor 1855 hatte das Land 15 Präsidenten kommen und gehen sehen. Die Versuchung, die dieses Land für Freibeuter darstellte, war fast unwiderstehlich; William Walker jedenfalls konnte ihr nicht widerstehen.

1854 schloß Walker mit den Rebellen in Nicaraguas damaligem Bürgerkrieg einen Vertrag, und im Mai 1855 segelte er mit einem ersten Truppenkontingent von 57 Mann von San Francisco los, um seine Sache vor Ort zu vertreten. Weil Großbritannien die Gegenseite unterstützte und weil die Spannungen zwischen Amerikanern und Briten in den letzten Jahren zugenommen hatten, stellten die US-Behörden sich blind, als Walker aufbrach. Mit finanzieller Hilfe von Vanderbilts Verkehrsgesellschaft besiegten Walkers Freibeuter und ihre Verbündeten die »Legitimisten« und rissen die Regierungsgewalt an sich. Walker ernannte sich selbst zum Oberbefehlshaber der nicaraguanischen Armee. Unterdessen strömten weitere Amerikaner ins Land – bis zum Frühjahr 1856 waren es bereits 2000. Im Mai gewährte Präsident Pierce der Regierung Walker diplomatische Anerkennung.

Obgleich Walker selbst und mit ihm die Hälfte seiner Freibeuter aus dem Süden stammte, war das Unternehmen bislang nicht von einem prosüdstaatlichen Element geprägt. Doch um die Mitte des Jahres 1856 sollte sich das ändern. Während die Presse des Nordens Walker weitgehend als Piraten verurteilte, lobten die Gazetten im Süden ihn als einen Mann, der sich für eine »edle Sache« engagiere. »Im Grunde ist es *unsere* Sache.« 1856 übernahm der demokratische Nationalkonvent einen Programmpunkt, der von keinem anderen als Pierre Soulé eingereicht worden war und der den »Machteinfluß [der USA] im Golf von Mexiko« billigte.[77] Verfechter der Sklavereiexpansion erkannten die Gelegenheit, das fragliche Gebiet für die Plantagenwirtschaft zu erschließen. Tatsächlich boten sich in Zentralamerika noch faszinierendere Möglichkeiten als auf Kuba, denn die dünngesäte Mischlingsbevölkerung und die schwachen, instabilen Regierungen schienen es zu einer leichten Beute zu machen.[78] Natürlich hatten die zentralamerikanischen Republiken die Sklaverei schon in der vorigen Generation abgeschafft. Doch das war nur von Vorteil, würde es doch den Südstaatlern Gelegenheit geben, Sklavenplantagen zu gründen, ohne daß sie die Konkurrenz ortsansässiger Pflanzer zu fürchten brauchten. »Ein barbarisches Volk kann ohne die heilsame Lektion, welche die Sklaverei gelehrt hat, niemals zivilisiert werden«, erklärte eine Zeitung aus New Orleans, die zur Emigration in Walkers Nicaragua aufforderte. »Es ist die Pflicht und das verbriefte Vorrecht der Weisen, die Unwissenden durch Sklaverei zu leiten und zu regieren ... und je rascher die zivilisierte Welt ihre Pflicht und ihr Recht erkennt, um so eher wird der wahre Fortschritt der Zivilisation gesichert sein.«[79]

Im Laufe des Jahres 1856 erwarben Hunderte von Möchtegernpflanzern Landzuweisungen für Nicaragua. Im August erschien Pierre Soulé persönlich in Walkers Hauptstadt und handelte bei Banken in New Orleans ein Darlehen für ihn aus. Der »Schicksalsbote mit den grauen Augen«, wie die Presse Walker nun beschrieb, brauchte diese Hilfe dringend. Seine Revolution war in Schwierigkeiten, denn die anderen Länder Zentralamerikas hatten ein Bündnis geschlossen, um ihn zu stürzen. Sie wurden unterstützt von Cornelius Vanderbilt, den Walker gegen sich aufgebracht hatte, als er für eine Anti-Vanderbilt-Faktion in der Accessory Transit Company Partei ergriff. Der Präsident von Nicaragua lief zum Feind über, woraufhin Walker sich im Juli 1856 selbst zum Präsidenten ernannte. Die Pierce-Administration zog ihre diplomatische Anerkennung zurück. Walker erkannte, daß seine einzige Hoffnung nun auf der Unterstützung durch den Süden ruhte, und beschloß, »die Südstaaten an Nicaragua zu binden, als ob es einer der ihren wäre«, wie er es später formulierte. Am 22. September 1856 machte er Nicaraguas Emanzipationsedikt von 1824 rückgängig und legalisierte die Sklaverei aufs neue.[80]

Sein gewagtes Spiel hatte Erfolg, und er gewann die Unterstützung des Südens. »Keine Bewegung auf Erden« sei dem Süden so wichtig wie die Walkers, erklärte eine Zeitung. »Im Namen der weißen Rasse«, hieß es in einer anderen, »bietet [er] euch und euren Sklaven jetzt Nicaragua an, zu einer Zeit, da ihr auf dem ganzen Erdkreis keinen Freund habt.« Der Handelskonvent von Savannah äußerte sich auf seiner Jahresversammlung begeistert über die »unternommenen Bemühungen, in den Staaten Zentralamerikas die Zivilisation einzuführen und diese reichen und fruchtbaren Regionen durch die Einführung der Sklaverei zu erschließen«.[81] Im Winter von 1856 auf 1857 trafen aus New Orleans und San Francisco mehrere Schiffsladungen neuer Rekruten ein, die für Walker kämpfen wollten. Aber sie reichten nicht aus. Manche der Männer kamen gerade noch rechtzeitig in Nicaragua an, um dort einer Choleraepidemie zum Opfer zu fallen, die Walkers Armee dahinraffte, während die zentralamerikanische Allianz sie gleichzeitig im Kampf überwältigte. Am 1. Mai 1857 übergab Walker den Rest seiner Truppen einem Marinebefehlshaber der Vereinigten Staaten, dessen Schiff sie nach New Orleans brachte. Zurück blieben 1000 Amerikaner, die an der Cholera gestorben oder im Kampf gefallen waren.

Die traurige Geschichte war freilich noch nicht beendet. Im Süden hatte sie vielmehr erst richtig begonnen. Hier wurde Walkers Rückkehr stürmisch gefeiert. Die Bürger öffneten dem »grauäugigen Schicksalsboten« Herz und Börse, als er den Süden bereiste, um Geld und Truppen für einen erneuten Versuch zu sammeln. Im November 1857 brach Walker von Mobile aus zu einem zweiten Nicaraguafeldzug auf. Doch die Marine holte ihn ein und brachte seine Armee in die Staaten zurück. Die Zeitungen der Südstaaten entfachten einen Sturm der Entrüstung angesichts dieser »Machtanmaßung« der Marine. Alexander Stephens verlangte, daß der Kommandeur, der Walker aufgehalten hatte, vor ein Kriegsgericht gestellt würde. Zwei Dutzend Senatoren und Abgeordnete aus den Südstaaten unterstützten diese Forderung in einer außerordentlichen Kongreßdebatte. »Ein schwererer Schlag gegen die Rechte des Südens ist nie geführt worden«, sagte ein Vertreter aus Tennessee, »als der, den Kapitän Paulding sich anmaßte, da er seine willkürliche Freveltat an unserem Volk verübte.« Die Handlungsweise der Regierung habe bewiesen, daß Präsident Buchanan nicht besser sei als andere Yankees, denn auch er wolle »die Expansion der Sklaverei im Süden unterdrücken«. Im Mai 1858 stimmte ein Schwurgericht in New Orleans mit zehn zu zwei dafür, Walker von der Verletzung des Neutralitätsgesetzes freizusprechen.[82]

Die überwältigenden Sympathiebekundungen des Südens verleiteten Walker dazu, abermals eine Invasion Nicaraguas in die Wege zu leiten. Seine Reise durch den Süden löste diesmal eine regelrechte Manie unter der Bevölkerung aus, die sich in einen tödlichen Kampf mit den Yankeetyrannen verstrickt glaubte. In einer Stadt beschwor Walker »die Mütter von Mississippi, ihre Söhne anzuflehen, sich mit den Kriegswaffen zu gürten und für die Institutionen und für die Ehre des sonnigen Südens in den Kampf zu ziehen«.[83] Mississippis Söhne folgten seinem Ruf. Walkers dritte Expedition stach im September 1858 von Mobile aus in See. Doch sein Schiff lief auf ein Riff und sank 60 Meilen vor der zentralamerikanischen Küste. Ungeachtet der Schmach, auf einem britischen Schiff, das sie gerettet hatte, nach Mobile zurückkehren zu müssen, wurden die Freibeuter dort mit dem gewohnten stürmischen Empfang begrüßt.

Doch Walkers Nummer wurde langsam fad. Als er sich aufmachte, um Truppen für einen vierten Versuch anzuwerben, verlor sein Publikum das Interesse. Walker schrieb ein Buch über seine Erfahrungen in Nicaragua, in dem er an »die Herzen der Jugend unseres Südens« appellierte, »dem Ruf der Ehre zu folgen«.[84] Wenige folgten seinem Appell. Siebenundneunzig Freibeuter reisten in kleinen Gruppen zu einem Treffen in Honduras, wo sie Unterstützung für eine neuerliche Invasion Nicaraguas zu finden hofften. Statt dessen schlug ihnen unverhohlene Feindseligkeit entgegen, und ihre Mission endete mit einer Niederlage. Walker ergab sich einem britischen Marinekapitän in der Annahme, man werde ihn wie üblich in die Vereinigten Staaten zurückbringen. Doch der Kapitän lieferte ihn den örtlichen Behörden aus. Am 12. September 1860 ereilte Walker sein Schicksal vor einem honduranischen Erschießungskommando.

Sein Vermächtnis aber lebte fort, nicht nur in der Einstellung der Zentralamerikaner gegenüber den Gringos, sondern auch in der Haltung der Nordamerikaner zu dem regionalen Konflikt, der die Vereinigten Staaten auseinanderzureißen drohte. Als Senator John J. Crittenden 1861 den Vorschlag machte, die Sezessionskrise abzuwenden, indem man die Grenzlinie 36°30′ zwischen Sklaverei und Freiheit in allen Territorien, »den bestehenden ebenso wie allen künftigen«, wiederherstellte, wiesen Abraham Lincoln und seine Partei den Antrag mit der Begründung ab, daß er »gleichbedeutend sei mit einer fortwährenden Kriegserklärung gegen jedes Volk, jeden Stamm und jeden Staat, dem auch nur ein Fußbreit Land zwischen hier und Feuerland gehört«.[85]

Das war nur wenig übertrieben. Nachdem sie in die 50er Jahre mit einer Kampagne eingetreten waren, die die Rechte des Südens durch neue wirtschaftliche Vielfalt zu verteidigen suchte, beendeten viele Südstaatler das Jahrzehnt mit einer anderen Vision: Jetzt träumte man von der Ausdehnung der Sklaverei in ein tropisches Reich unter südstaatlicher Herrschaft. Dieser Wunschtraum war Thema eines Buches, das 1859 von Edward A. Pollard veröffentlicht wurde, einem Journalisten aus Virginia, der zum Chronisten der Konförderation werden sollte. »Unser Schicksal auf diesem Kontinent«, schrieb Pollard, »liegt im ... tropischen Amerika, [wo] uns ein Reich entstehen könnte, so mächtig und glänzend, wie es uns nur je in Träumen erschienen ist ... ein Reich ... das die edlen Besonderheiten der Zivilisation des Südens repräsentiert ... das Herr ist über die beiden vorrangigsten Rohstoffe der Welt – Baumwolle und Zucker. [...] Das Schicksal der südlichen Zivilisation wird sich in einem Glanz vollenden, der noch heller strahlt als der von ehedem.«[86]

Ein anderer Virginier, George Bickley, wollte seinen Traum mit einem organisierten System untermauern und gründete Mitte der 50er Jahre die »Knights of the Golden Circle«, einen Verband zur Förderung eines Kreises von Sklavenstaaten, der sich vom amerikanischen Süden durch Mexiko und Zentralamerika bis zu den Randgebieten Südamerikas und von dort wieder nordwärts über die Inseln Mittelamerikas erstrecken sollte, um sich endlich in Key West zu schließen. »Mit dieser Erweiterung entweder unseres *Systems,* der *Union,* oder einer Konförderation der Südstaaten«, schrieb Bickley 1860, »werden Baumwolle, Tabak, Zucker, Kaffee, Reis, Mais und die Teeländer des Kontinents ebenso in unsere Hände fallen wie die größten Erzlager der Welt.«[87]

So hatte sich Thomas Jeffersons Imperium für die Freiheit um 1860 in den Wunschtraum des Abgeordneten L. Q. C. Lamar aus Mississippi verkehrt, der »die amerikanische Freiheit mit südlichen Institutionen auf jedem Zoll amerikanischen Bodens verankern« wollte.[88]

Doch der Begeisterungstaumel angesichts dieses Plans, die Freiheitsversion des Südens mittels Sklaverei am Golf von Mexiko zu etablieren, trat hinter der erbitterten Kontroverse zurück, die der Versuch, Kansas damit zu »beglücken«, auslösen sollte.

4.

Whisky, Weihrauch und Sklaverei

I

Das Jahr 1852 sollte das letzte werden, in dem die Whig-Partei sich einer Präsidentschaftswahl stellte. Millard Fillmores Bemühungen um die Durchsetzung des Sklavenfluchtgesetzes sicherten ihm die Unterstützung der Süd-Whigs für eine zweite Kandidatur. Aber der Präsident hatte dafür jene Whigs gegen sich aufgebracht, die die Sklaverei ablehnten, allen voran die Gruppe um Seward in New York, Fillmores eigenem Staat. Sewards Wohlwollen galt Winfield Scott, einem Virginier (der allerdings selbst kein Sklavenhalter war). Auf dem Whig-Konvent ergab sich die seltsame Konstellation, daß die meisten Süddelegierten einen Kandidaten aus dem Norden favorisierten und umgekehrt, während viele Kriegsgegner von vor vier Jahren auch diesmal wieder einen Kandidaten unterstützten, der die amerikanischen Truppen in ebendem Krieg zum Sieg geführt hatte, den sie hatten verhindern wollen. Die endlosen taktischen Manöver dieses Parteikongresses verstärkten den Eindruck, daß die Whigs in eine Sackgasse geraten waren. Die Südstaatler erhielten genügend Unterstützung von den Nordstaatlern, um einen Beschluß zu verabschieden, der »als eine prinzipielle und grundlegende Regelung« der »gefährlichen und irritierenden« Sklavenfrage den Kompromiß von 1850 »bestätigte«. Alle Gegenstimmen zu diesem Programmpunkt kamen von jenen Nord-Whigs, die die Hälfte von Scotts Delegiertenbeistand ausmachten. Das Wahlverfahren zur Ernennung eines Präsidentschaftskandidaten quälte sich durch 52 namentliche Abstimmungen, in denen die Yankeedelegierten 95 Prozent von Scotts und die Süddelegierten 85 Prozent von Fillmores Stimmen stellten. Im 53. Wahlgang schwenkte dann ein Dutzend gemäßigter Südstaatler zu Scott über und verhalf ihm zur Nominierung.[1]

Viele Süd-Whigs zeigten sich bestürzt über dieses Ergebnis. Sie argwöhnten, Seward sei der Drahtzieher, der den Wahlausgang beeinflußt habe, und fürchteten eine Wiederholung des Taylor-Debakels. Als Scotts Annahmeschreiben dann nur ein halbherziges Bekenntnis zum Parteiprogramm enthielt, sahen sie ihren Verdacht bestätigt. »Wenn wir ihn unterstützen«, schrieb ein Abgeordneter aus North Carolina, »dann müssen wir uns darauf gefaßt machen, künftig hinter der Abolitionistenarmee herzumarschieren und ihr die Schleppe zu tragen.« Neun Whig-Abgeordnete der Südstaaten unter Führung von Alexander Stephens und Robert Toombs verweigerten Scott öffentlich ihren Beistand. Im weiteren Verlauf des Wahlkampfs bewirkte die Wählerflucht bei den Whigs einen Erdrutsch für die Partei. Am Wahltag erzielte Scott im unteren Süden 35 Prozent der direkten Wählerstimmen (Taylor hatte es vier Jahre zuvor noch auf 50 Prozent gebracht) und konnte von den 15 Sklavenstaaten nur Kentucky und Tennessee für sich gewinnen. In den 11 späteren Konförderierten Staaten stellten die Whigs von 1852 auf 1853 keinen einzigen Gouverneur und nur 14 von 65 Abgeordneten; einzig in Tennessee behielten sie die gesetzgebende Gewalt. Alexander Stephens' Unkenruf: »Die Whig-Partei ist tot« schien, soweit es den unteren Süden betraf, nicht übertrieben.[2]

Das wachsende Wohlwollen der Nord-Demokraten gegenüber dem Süden erleichterte den Süd-Whigs den Entschluß, zur Demokratischen Partei überzulaufen. Selbst die Rückkehr der »Barnburners« in die Reihen der Demokraten schien diesen Prozeß nicht zu beeinträchtigen. Der demokratische Nationalkonvent verabschiedete nicht weniger als drei Programmpunkte, die den Kompromiß von 1850 getreulich erneuerten. Und er bekräftigte nochmals, daß »der Kongreß nicht die Macht hat ... sich in Fragen der Sklaverei einzumischen« – außer natürlich, darum ging es, Sklavenhaltern bei der Wiederbeschaffung ihres flüchtigen »Eigentums« behilflich zu sein.[3] Da das Parteistatut für die Nominierung eines Präsidenten eine Zweidrittelmehrheit vorschrieb, konnten die Süddelegierten die Kandidatur von Lewis Cass und Stephen Douglas blockieren, deren Haltung zur Volkssouveränität ihnen suspekt war. Allerdings gelang es den Südstaatlern nicht, statt dessen ihren eigenen Kandidaten, den leicht zu beeinflussenden James Buchanan, zu nominieren. Achtundvierzig Wahlgänge lang blieb die Partei scheinbar ebenso festgefahren wie die Whigs. Im 49. Wahlgang nominierte man schließlich den noch weitgehend unbekannten Franklin Pierce aus New Hampshire, einen ehemaligen Senator und Veteran des Mexikanischen Krieges, der allen Faktionen genehm war und über dessen Einstellung zur Sklaverei – trotz seiner Yankee-Abstammung – kein Zweifel bestand. Albert G. Brown aus Mississippi fand Pierce »so zuverlässig wie Calhoun selbst«, während ein »Eisenfresser« aus South Carolina nachdenklich bekannte, daß »eine für den Süden so günstige Nominierung nicht zu erwarten war«. Die Demokraten, die seit den Tagen

Jacksons nicht mehr so einmütig in einen Wahlkampf gegangen waren, errangen einen überwältigenden Sieg.[4]

Pierce erfüllte die Erwartungen der Südstaatler. Seine Bemühungen, Kuba zu erobern, schlugen zwar fehl, dafür aber setzte seine Administration das Sklavenfluchtgesetz tatkräftig durch und öffnete das Gebiet aus dem Louisianaankauf, nördlich der Grenzlinie 36°30′, für die Sklaverei. Doch die Regierung schaffte dies nur auf Kosten des Friedens im Lande, opferte dafür die Einheit innerhalb der Demokratischen Partei und letztlich sogar die Union.

Im März 1854 entfloh Anthony Burns der Sklaverei in Virginia und gelangte als blinder Passagier nach Boston. Dort fand er Arbeit in einem Bekleidungsgeschäft. Aber Burns, der lesen und schreiben gelernt hatte, machte den Fehler, seinen Bruder, der noch immer als Sklave lebte, schriftlich zu benachrichtigen. Ihr früherer gemeinsamer Besitzer fing den Brief ab, stellte fest, wo Burns sich aufhielt und machte sich auf den Weg nach Norden, um sein »Eigentum« zurückzufordern. Am 24. Mai nahm ein Deputy-Marshal Burns fest und ließ ihn im Bundesgerichtsgebäude unter schwere Bewachung stellen. Der Selbstschutzausschuß trat in Aktion und berief in der Faneuil Hall eine Versammlung ein, die zu dem Schluß kam, daß »der Gehorsam vor Gott den Widerstand gegen Tyrannen gebietet«. Eine Gruppe schwarzer und weißer Abolitionisten, angeführt von dem 30jährigen unitarischen Geistlichen Thomas Wentworth Higginson, wollte das Wort in die Tat umsetzen und versuchte, Burns zu retten, indem sie mit Äxten, Revolvern und einem Sturmbock gegen das Gerichtsgebäude anrannte. Higginson und ein Schwarzer schlugen die Tür ein, wurden aber von Deputy-Marshals zurückgeknüppelt. Da löste sich ein Schuß und tötete einen der Deputys.

Präsident Pierce, der um Hilfe gebeten wurde, beorderte mehrere Kompanien der Marine, der Kavallerie und Artillerie nach Boston, wo sie gemeinsam mit der Staatsmiliz und der Ortspolizei für Ruhe sorgten, während ein Bundes-Commissioner über Burns' Schicksal befand. »Scheuen Sie keine Kosten«, telegraphierte Pierce dem Staatsanwalt von Boston, »um den Gesetzesvollzug zu gewährleisten.« Der Präsident ließ außerdem einen Zollkutter bereitstellen, der Burns nach Virginia zurückbringen sollte. Obwohl sie wußten, daß ihre Bemühungen sinnlos waren, nahmen die Anwälte des Selbstschutzausschusses jeden nur erdenklichen juristischen Schachzug zu Burns' Gunsten wahr, während die Bostoner Geld sammelten, um ihn freizukaufen. Sein Besitzer war auch durchaus willens, ihn abzugeben, aber der Staatsanwalt weigerte sich, dieser Lösung zuzustimmen. Um dem Gesetz Genüge zu tun, drängte er darauf, den Fall erfolgreich zu Ende zu führen. Am 2. Juni führten die Truppen Burns gefesselt zum Kai. Ihren Weg, vorbei an mit schwarzen Tüchern verhängten Häusern, säumten finster dreinblickende

Yankees; die amerikanische Flagge wehte auf Halbmast, und die Kirchenglocken läuteten das kostbarste Vermächtnis der amerikanischen Revolution zu Grabe: die Freiheit. Um den Preis von 100 000 Dollar (was heute etwa zwei Millionen Dollar entspräche) hatte die Pierce-Administration die Gesetzeshoheit aufrechterhalten.[5]

Diese Affäre hatte weitreichende negative Auswirkungen. »Als alles vorbei war und ich allein in meinem Bureau saß«, schrieb ein vordem konservativer Abgeordneter, »da vergrub ich mein Gesicht in den Händen und weinte. Ich fühlte mich hundeelend.« Der Textilmagnat Amos A. Lawrence erinnerte sich: »Eines Abends gingen wir als altmodische, konservative, kompromißbereite Union-Whigs zu Bett & wachten am nächsten Morgen als eingefleischte Abolitionisten auf.«[6] Ein Bundesgeschworenengericht beschuldigte Higginson, Theodore Parker, Wendell Phillips und vier weitere weiße und schwarze Abolitionisten der Rebellion und der Anstiftung zur Rebellion. Nachdem ein Bezirksstaatsanwalt den ersten Anklagepunkt aus formaljuristischen Gründen abgeschmettert hatte, ließ die Regierung auch alle weiteren Beschuldigungen fallen; in Washington hatte man eingesehen, daß es aussichtslos war, einen Geschworenenprozeß in Massachusetts zu gewinnen. William Lloyd Garrison verbrannte am 4. Juli öffentlich ein Exemplar der Verfassung, und Tausende gaben dieser Schmähung des bislang verehrten Dokuments, das aber nun als Pakt mit dem Tode mißbraucht worden war, im stillen ihren Segen. Die Neuengland-Staaten verabschiedeten neue Gesetze über die Freiheit des einzelnen, die in mehreren Punkten mit dem Bundesgesetz kollidierten.[7]

Auch Ohio, Michigan und Wisconsin erließen verschärfte persönliche Freiheitsgesetze, nachdem es in diesen Staaten ebenfalls zu Auseinandersetzungen wegen flüchtiger Sklaven gekommen war. Den wohl schmerzlichsten dieser Fälle erlebte Margaret Garner, die im Januar 1856 zusammen mit ihrem Mann und vier Kindern von Kentucky nach Ohio fliehen konnte. Als ein Polizeiaufgebot sie festnehmen wollte, griff Margaret nach einem Küchenmesser, schnitt einer ihrer Töchter die Kehle durch und versuchte auch ihre übrigen Kinder zu töten, um sie vor der gewaltsamen Rückführung in die Sklaverei zu bewahren. Der Staat Ohio verlangte von der Justiz, Mrs. Garner wegen Totschlags anzuklagen, aber ein Bundesrichter hob die Entscheidung der Einzelstaatsinstanz auf und ordnete an, daß die Garners ihrem Eigentümer auszuliefern seien. Dieser ehrenwerte Gentleman verkaufte die Familie sofort weiter flußabwärts nach New Orleans. Auf dem Weg dorthin bekam eins der Kinder die Freiheit, die Margaret ihnen hatte erkämpfen wollen; es ertrank bei der Havarie eines Dampfschiffs.[8]

Was den Kampfgeist der Nordstaatler noch mehr herausforderte als das Problem der Sklavenflüchtlinge, war der Kansas-Nebraska-Act, den der Kongreß im

Mai 1854 verabschiedete. Das Inkrafttreten dieses Gesetzes, das zeitlich mit dem Anthony-Burns-Fall zusammentraf, war, für sich betrachtet, vielleicht das wichtigste Ereignis, das die Nation in den Bürgerkrieg trieb. Die Kansas-Nebraska-Bill sorgte für den endgültigen Niedergang der Whig-Partei und wurde zum Geburtshelfer einer neuen, rein nordstaatlich ausgerichteten republikanischen Partei.

Der Kansas-Nebraska-Act rührte aus dem gleichen Wunschdenken, das die Amerikaner von Anfang an westwärts getrieben hatte. Rastlose Siedler und Bodenspekulanten hatten angefangen, begehrliche Blicke auf die fruchtbaren Täler in Kansas und am Platte River zu werfen. Um 1852 war auch der Gedanke an eine transkontinentale Eisenbahn durch dieses Gebiet zum Traum von Unternehmern, Politikern und Grenzbewohnern geworden. Doch solange die Regierung von den Indianern kein Land abgetreten bekam, die Region also nicht als Territorium ausweisen konnte, so lange konnte man es auch nicht vermessen und den Farmern zur Nutzung überlassen.

Alle Welt rede von einer Eisenbahnverbindung nach Kalifornien, grollte ein Abgeordneter aus Missouri, aber »wie in Gottes Namen soll diese Bahn gebaut werden, wenn ihr nie jemanden auf dem Land siedeln laßt, durch das die Strecke führen soll?«.[9] Die Südstaatler hatten es freilich nicht eilig mit der Erschließung des neuen Territoriums, das nördlich der Grenzlinie 36°30′ lag und mithin nach dem Missouri-Kompromiß für die Sklaverei gesperrt war. Außerdem favorisierten sie eine Südroute für die Pazifikeisenbahn durch das bereits geschaffene Territorium New Mexico, mit New Orleans als östlichem Endpunkt.

Wie der Zufall es wollte, führten zwei Demokraten aus Illinois – William A. Richardson und Stephen A. Douglas – den Vorsitz im Komitee, das zuständig war für Territorien im Repräsentantenhaus respektive im Senat. Beide waren Fürsprecher der vom »Jungen Amerika« propagierten *manifest destiny*, zu der eben auch eine unbegrenzte Westexpansion gehörte. Douglas, ein Investor großen Stils auf dem Grundstücksmarkt von Chicago, wußte den Wert seiner Besitztümer dadurch zu steigern, daß er sich eine Bundeslandzuweisung für eine Eisenbahn von Chicago nach Mobile sicherte. Vielleicht in der Hoffnung, diesen Plan auch für die Strecke Chicago–San Francisco zu verwirklichen, legten Douglas und Richardson 1853 Gesetzentwürfe vor, die darauf abzielten, die Erschließung des Nebraska-Territoriums um den größten noch verbleibenden Teil des Louisianaankaufs nördlich von 36°30′ zu erweitern. Im Repräsentantenhaus wurde die Maßnahme rasch verabschiedet, doch im Senat konnten die Südstaaten sie im März 1853 blockieren. Um sein Gesetz doch noch durchzubringen, brauchte Douglas im Senat mindestens sechs Stimmen der Südstaatler. Und die machten ihm unmißverständlich klar, welchen Preis er dafür würde zahlen müssen.[10]

Den mächtigsten Block im Senat bildete ein Quartett von Südstaatlern, die gemeinsam in einem Haus in der F-Street logierten. Diese »F-Street-Bande«, wie sie sich selbst titulierte, bestand aus James M. Mason und Robert T. Hunter aus Virginia, Andrew P. Butler aus South Carolina und David R. Atchison aus Missouri – in dieser Reihenfolge Vorsitzende der Komitees für ausländische Beziehungen, Finanzen, Gerichtswesen sowie Vizepräsident, seit Pierce' ursprünglicher Vizepräsident überraschend in seinem zweiten Amtsmonat verstorben war. Atchison war unbeherrscht, rüpelhaft und angriffslustig und der unverblümteste »Southern-Rights-«Verfechter im Senat. Seine Wählerschaft, fast ausnahmslos Sklavenhalter, widersetzte sich der Gründung des Nebraska-Territoriums, denn wenn es zustande käme, würde Missouri fortan »von ›freien‹ Territorien eingeschlossen sein. [...] Umringt von den Abgesandten der Abolitionisten ... wäre unser Besitz [an Sklaven] bald gefährdet«. Atchison drohte, eher wolle er Nebraska »in der Hölle versinken« sehen, denn seiner Gründung als Freiland zustimmen. Wir müssen »die Institutionen Missouris auf das Territorium ausweiten, ganz gleich, welche Opfer an Blut oder Geld es auch kosten mag«, gelobte eine Versammlung, vor der Atchison als Redner auftrat. Die »F-Street-Bande« ließ Douglas wissen: wenn er Nebraska haben wolle, dann müsse er das Leibeigenschaftsverbot für die Region aufheben und »Sklavenhalter wie Nichtsklavenhalter gleichberechtigt auf eine Stufe stellen«.[11]

Douglas wußte wohl, daß ein solcher Schritt im Norden »einen wütenden Proteststurm auslösen« würde. Also versuchte er zunächst, den Missouri-Kompromiß zu umgehen, statt ihn außer Kraft zu setzen. Seine ursprüngliche Version der Nebraska-Bill vom Januar 1854 griff auf die Sprache der Gesetzgebung Utahs und New Mexicos von vor vier Jahren zurück und sah vor, daß Nebraska, wenn es als Staat beziehungsweise Staatenverband der Union beiträte, sich dem Bund »mit oder ohne Sklaverei anschließen solle, je nach Maßgabe der eigenen Verfassung«.[12] Doch für die Südstaatler war das Problem damit nicht gelöst. Falls der Missouri-Kompromiß sich während der Territorialphase durchsetzte, würde die Sklaverei nie in Nebraska Fuß fassen können. Atchison verstärkte den Druck, und daraufhin entdeckte Douglas, daß ein »Kopierfehler« einen Paragraphen des Gesetzentwurfs ausgelassen hatte, aus dem hervorging, daß »alle Fragen, die Sklaverei in den Territorien betreffend ... den dort ansässigen Bewohnern überlassen bleiben sollen«.[13] Aber auch das war noch nicht gut genug, denn der Missouri-Kompromiß blieb ja, trotz seiner stillschweigenden Umgehung durch die Kopierfehler-Klausel, bestehen. Also unternahm Douglas den verhängnisvollen Schritt. Er fügte seinem Entwurf einen ausdrücklichen Widerruf des Sklavereiverbots nördlich von 36°30′ hinzu. Überdies sah seine Neufassung der Gesetzesvorlage zwei Territorien vor – Nebraska westlich von Iowa und Kansas westlich von Missouri. Das sah ganz nach einem Trick aus, Kansas der Sklaverei und Nebraska der Freiheit vorzubehalten, besonders, da Klima und Boden im östlichen Kansas ähnlich waren wie im Stromgebiet des Missouri, wo die meisten Sklaven des gleichnamigen Staates lebten.

Diese Maßnahme löste in der Tat einen wütenden Proteststurm aus, neben dem sich die Debatten von 1850 wie ein milder Regenschauer ausnahmen. Die ersten Wolken beschwor die Pierce-Administration selbst herauf. Der Präsident fürchtete die politischen Konsequenzen der Auflösung eines Pakts, der durch 34 Jahre Nationalpolitik sanktioniert war. Mit Ausnahme von Kriegsminister Jefferson Davis und Marineminister James Dobbin aus North Carolina widersetzte sich das Kabinett der Widerrufsklausel. Die Regierung entwarf daraufhin eine vage Alternative, die vorsah, die Sklavenfrage in den Territorien an den Supreme Court zu verweisen. Doch damit gab sich die »F-Street-Bande« nicht zufrieden. Zusammen mit Davis und Douglas schlichen sie sich am Sonntag, dem 22. Januar, ins Weiße Haus ein (Pierce' Abneigung gegen »Geschäfte am Sabbat« war bekannt) und stellten dem Präsidenten ein Ultimatum: Bestätigen Sie den Widerruf, oder Sie verlieren den Süden. Pierce kapitulierte. Ja, er tat noch ein übriges und erklärte sich bereit, die revidierte Kansas-Nebraska-Bill zu »einem Prüfstein für die Parteilinie« zu machen.[14] Demokraten und Whigs der Nordstaaten waren wie betäubt, als sie Douglas' Gesetzantrag zu Gesicht bekamen. Die *free-soiler* freilich zeigten sich nicht überrascht, hatten sie doch genau das von den »Sklaventreibern« erwartet. Und sie hatten eine Entgegnung bei der Hand, die den Norden aufwiegeln sollte gegen diese »grobe Verletzung eines geheiligten Gelübdes«, gegen dieses »abscheuliche Komplott«, »freies« Territorium in eine »trübselige Region des Despotismus, bewohnt von Herren und Sklaven« zu verwandeln. Sätze wie diese entstammten der Feder von Salmon P. Chase, Charles Sumner, Joshua Giddings und drei anderen *free-soil*-Abgeordneten, die gemeinsam einen »Appell der unabhängigen Demokraten« in der *National Era* veröffentlichten – jener Zeitschrift, in der *Onkel Toms Hütte* erstmals als Fortsetzungsroman erschienen war.[15]

Dieser Appell wurde zum Leitgedanken einer ganzen Flut erbitterter Reden, Predigten und Leitartikel im Kongreß sowie überall im Norden. Die gemäßigte *New York Times* prophezeite, daß die heftige Reaktion der Nordstaaten »einen tiefsitzenden, starken und unauslöschlichen Haß auf die Institution [der Sklaverei] erzeugen [könnte], der ihre politische Macht unter allen Umständen und um jeden Preis vernichten wird«. Hunderte von »Anti-Nebraska«-Versammlungen sandten Resolutionen und Petitionen an den Kongreß. »Dieses Verbrechen muß verhindert werden«, hieß es in einer beispielhaften Eingabe. »Aller Korruption, aller Bestechung und allem Verrat zum Trotz soll Nebraska, das Herzstück unseres Kontinents, für immer frei bleiben.« Von zehn gesetzgebenden Versammlungen der Nordstaaten, die in den ersten Monaten des Jahres 1854 tagten, verurteilten die fünf unter Whig-Führung den Gesetzentwurf, und vier der fünf demokratisch geführten weigerten sich, ihn zu ratifizieren. Einzig das Parlament von Illinois billigte die Maßnahme auf Drängen von Douglas. Im Kongreß protestierten die Nord-Whigs geschlossen dagegen. Der neugewählte Whig-Senator aus Maine, William Pitt Fessenden, betrachtete Douglas' Gesetzentwurf als »einen furchtbaren Frevel. [...] Je länger ich mich damit befasse, desto zorniger werde ich. Es fehlt nicht mehr viel, um mich durch und durch zum Abolitionisten zu bekehren«.[16]

Douglas versteifte sich darauf, daß die Aufhebung des Sklavereiverbots nördlich von 36°30′ nichts Neues sei. Der Kompromiß von 1850, so erklärte er, habe die Beschränkung aufgehoben, indem er im ehemals mexikanischen Territorium die Volkssouveränität ebenso anerkannte wie südlich jener Grenzscheide. Senatoren des Nordens stellten diese Begründung als Scheinargument bloß. Der Kompromiß von 1850 bezöge sich nur auf die mexikanische Zession, keinesfalls aber auf den Louisianaankauf, und zum Zeitpunkt seines Inkrafttretens habe niemand – Douglas inbegriffen – etwas anderes angenommen. Die Aufhebungstheorie entlarve sich mithin als Rationalisierung für einen politischen Kurs, den Douglas unter dem Druck des Südens steuere. Trotz alledem gelang es demokratischer Parteidisziplin und Douglas' parlamentarischem Taschenspielertrick, den Gesetzentwurf im März mit 41 gegen 17 Stimmen im Senat durchzusetzen; nur fünf der 20 Demokraten aus sklavenfreien Staaten stimmten gemeinsam mit Nord-Whigs und *free-soil*-Anhängern dagegen.[17]

Die Nord-Demokraten im Repräsentantenhaus, denen im Herbst Neuwahlen bevorstanden, zeigten sich widerstandsfähiger gegen den Druck der Regierung. Aber auch das nützte letztlich nichts, denn Alexander Stephens, der für den Gesetzentwurf zuständige Faktionsführer, ging mit »Peitsche und Sporen« zu Werke und setzte am 22. Mai mit 115 gegen 104 Stimmen seinen Antrag durch. »Ich fühle mich, als ob die *Mission* meines Lebens vollbracht wäre«, notierte Stephens frohlockend.[18] Vielleicht war ihm das wirklich gelungen, aber nur, indem er dem überregionalen Zweiparteiensystem den Todesstoß versetzte. Die Nord-Whigs in beiden Häusern des Kongresses stimmten geschlossen gegen den Gesetzantrag, während von 34 Süd-Whigs 25 dafür stimmten beziehungsweise sich zu seinen Gunsten der Stimme enthielten. Von 75 Süd-Demokraten stimmten 72 für die Maßnahme oder enthielten sich, während 49 von 108 Nord-Demokraten dagegen stimmten beziehungsweise sich enthielten. Von den letzteren wußten viele, daß ein zustimmendes Votum ihre Niederlage bei der nächsten Wahl bedeuten würde, während eine negative Entscheidung sie um ihren Einfluß innerhalb der Partei gebracht hätte. Nur sieben der Vertreter des Nordens, die mit Ja stimmten, wurden wiedergewählt, während etliche, die mit Nein stimmten, die Demokratische Partei auf immer verließen. Für die Whigs aus Nord und Süd führte die schmerzliche Spaltung dazu, daß ihre Wege sich endgültig trennten. »Diese unsägliche Nebraskaaffäre hat der Whig-Partei effektiv den Garaus gemacht«, schrieb Truman Smith aus Connecticut, der empört sein Senatsmandat niederlegte. »Wir Whigs aus dem Norden sind unwiderruflich entschlossen, niemals auch nur die geringste politische Verbindung oder Beziehung« zu den Süd-Whigs zu pflegen.«[19] Den Südstaatlern war das nur recht. »Wir wollen keine Parteiverbindung ... mit den Nord-Whigs erklärten sie, »solange sie ihren ungezügelten Fanatismus nicht unmißverständlich bereuen.«[20]

Um alles noch schlimmer zu machen, brachten die Senatoren des Südens einen Gesetzentwurf zu Fall, den ein vorwiegend nördliches Votum im Repräsentantenhaus verabschiedet hatte und der potentiellen Siedlern 160 Morgen große Parzellen auf staatseigenem Boden garantieren sollte. Ein solches Gesetz, erklärte ein Südstaatler, »würde sich als höchst wirksamer Bundesgenosse der Abolitionisten erweisen, indem es Yankees und Ausländer, die von vornherein gegen die Teilhabe der Sklavenhalter am Staatsgebiet sind, ermuntern und animieren würde, auf freiem Farmland zu siedeln«.[21]

Wer würde nun die Scherben der zerschlagenen politischen Parteien auflesen? Im unteren Süden sollten alsbald die Demokraten das Gros der Whig-Überbleibsel in die eigene Scheuer einfahren. Im oberen Süden klammerten sich die Whigs – unter wechselnden Namen – noch ein paar Jahre lang an eine unsichere Existenz. Im Norden lagen die Dinge komplizierter. Einige Sklavereigegner unter den Whigs, wie etwa William H. Seward, hofften, ihre Partei für die Staats- und Kongreßwahlen von 1854 zu verjüngen, indem sie die *free-soiler* und Anti-Nebraska-Demokraten für sich gewannen. Aber diese Gruppierungen wollten sich nicht vereinnahmen lassen. Statt dessen schlugen sie, gemeinsam mit vielen Whigs, vor, auf »bloße Parteinamen [zu verzichten] und sich wie ein Mann für die Wiederherstellung der Freiheit und für die Vernichtung der ›Sklaventreiber‹ stark zu machen«.[22] So formierten sich überall im Norden neue Antisklavereikoalitionen, die bei den Herbstwahlen kandidieren wollten. Diese Koalitionen gaben sich verschiedene Namen – »Anti-Nebraska«-, »Fusions«-, »Volks«-, »Unabhängigkeitspartei« –, doch die Gruppe, die am meisten von sich reden machte, war die der Republikaner. Eine Anti-Nebraska-Kundgebung in einer Kirche in Ripon, Wisconsin, scheint dieses Etikett als erste aufgegriffen zu haben. Bei einem Treffen von 30 Kongreßabgeordneten in Washington wurde der Name am 9. Mai offiziell bestätigt. Die neue Partei in Michigan bezeichnete sich im Juli ebenfalls als republikanisch. Und auch Konvente für die Wahl zum Repräsentantenhaus in mehreren Wahlbezirken, besonders in den alten Staaten des Nordwestens, wählten diesen Namen, in dem Anklänge an den Freiheitskampf von 1776 mitschwangen. »Da wir die Notwendigkeit erkennen, für die obersten Prinzipien einer republikanischen Regierung und gegen die abstoßendsten und grausamsten Aristokratenintrigen zu kämpfen, mit welchen je die Erde gestraft oder die Menschheit erniedrigt ward, wollen wir zusammenarbeiten unter dem Namen Republikaner«, beschloß der Konvent von Michigan.[23]

Der Wahlkampf im Norden wurde heftig und erbittert geführt, und das ganz besonders in Illinois, Douglas' eigenem Staat. Douglas eröffnete den Propagandafeldzug am 1. September mit einer Ansprache in Chicago, wo eine feindselige Menge ihn zwei Stunden lang niederschrie, bis er endlich wütend vom Podium stürmte und sich in ihm wohlgesonnenere Provinzen im Süden seines Bundesstaates aufmachte. Unterdessen war Abraham Lincoln über den Kansas-Nebraska-Act so »erregt ... wie nie zuvor«.[24] Lincoln, der sich immer noch als Whig bezeichnete, hielt im Parlament Wahlreden zugunsten von Anti-Nebraska-Kandidaten, in der Hoffnung, deren Sieg würde eine gesetzgebende Mehrheit schaffen, die ihn in den US-Senat wählen könnte. Lincoln und Douglas lieferten einander im Oktober in Springfield und Peoria ein berühmt gewordenes Rededuell. In seinen Ansprachen stellte Lincoln bereits die gleichen Themen vor, die er sechs Jahre später ins Präsidentenamt einbringen sollte.

Die Gründerväter der Nation, so Lincoln, hätten sich gegen die Sklaverei ausgesprochen. Sie verabschiedeten eine Unabhängigkeitserklärung, die in dem Bekenntnis gipfelte, alle Menschen seien gleich geschaffen. Sie erließen die Nordwest-Verordnung von 1787, welche die Sklaverei in dem riesigen Nordwest-Territorium verbot. Auch wenn viele der Gründerväter selbst Sklaven besaßen, bekundeten sie doch ihre grundsätzliche Ablehnung der Sklaverei, die sie nur vorübergehend (so ihre Hoffnung) in der Praxis tolerierten. Darum hätten sie die Begriffe »Sklave« oder »Sklaverei« in der Verfassung nicht erwähnt, sondern nur von »gedungenen Personen« gesprochen. »So ist die Angelegenheit in der Verfassung versteckt«, sagte Lincoln, »genau wie ein Leidender eine Schwiele oder ein Krebsgeschwür versteckt, das er nicht sofort herauszuschneiden wagt, aus Angst, er könnte daran verbluten, aber dennoch mit dem Versprechen, daß die Operation zu gegebener Zeit in Angriff genommen wird.« Der erste Schritt hierzu sei es, die Ausbreitung des Geschwürs zu verhindern, ein Schritt, den die Gründerväter mit der Nordwest-Verordnung, mit dem Verbot des afrikanischen Sklavenhandels im Jahre 1807 und mit der Einschränkung durch den Missouri-Kompromiß von

1820 vollzogen hätten. Der zweite Schritt sei der Beginn eines Prozesses allmählicher Befreiung, und auch den habe die Generation der Väter in den Staaten nördlich von Maryland bereits eingeleitet.

Lincoln bestritt, »daß die Versklavung eines Menschen durch einen anderen MORALISCH GERECHTFERTIGT sein« könne. Trotzdem wollte er die Südstaatler nicht richten. Wenn sie »uns sagen, sie seien für den Ursprung der Sklaverei nicht verantwortlicher als wir, dann erkenne ich dies an. [...] Sie tun genau das, was auch wir in ihrer Lage tun würden. [...] Wenn es heißt, die Institution besteht, und es ist schwer, sie abzuschaffen«, dann erkannte Lincoln auch dies an. »Ich will sie gewißlich nicht dafür tadeln, daß sie unterlassen, wovon ich selbst nicht wüßte, wie es zu bewerkstelligen wäre. Und wenn mir alle Macht auf Erden gegeben wäre, so wüßte ich mir doch betreffs der bestehenden Einrichtung keinen Rat. Meine erste Regung wäre wohl die, alle Sklaven zu befreien und sie nach Liberia zu schicken.« Aber nach kurzer Überlegung kam er zu dem Schluß, daß dies unmöglich sei. »Was also dann? Sollen wir sie befreien und als Kulis unter uns behalten? Ist denn gewiß, daß dies ihre Lage verbessern würde? [...] Was bliebe sonst? Sie befreien und politisch und gesellschaftlich gleichstellen?« Selbst wenn Lincolns eigenes Empfinden dies hätte akzeptieren können, so »wissen wir doch sehr wohl, daß die große Masse der weißen Bevölkerung es nicht könnte. [...] Ein allgemeines Gefühl, ob begründet oder unbegründet, darf man nicht gefahrlos außer acht lassen«.

Auf jeden Fall schützte die Verfassung die Sklaverei dort, wo sie bereits existierte. Doch das »rechtfertigt die Ausbreitung der Sklaverei auf unsere ›freien‹ Territorien ebensowenig, wie es uns eine Entschuldigung dafür bieten würde, den afrikanischen Sklavenhandel wiederzubeleben«. Die große »moralische Verfehlung und Ungerechtigkeit« des Kansas-Nebraska-Act sei, daß er Territorium, welches bislang für die Sklaverei gesperrt war, für sie öffne und so die Institution »auf den besten Weg zu Ausdehnung und unbeschränkter Dauer« führe, statt sie zu begrenzen, um sie allmählich abzuschaffen. Die Volkssouveränität, so Lincoln, sei im Prinzip falsch und in der Praxis schädlich. Ihr Postulat, daß die Frage der Sklaverei in einem Territorium nur die dort ansässigen Bewohner betreffe, sei ein Irrtum. Es beeinträchtige die Zukunft der ganzen Nation. »Ist denn Nebraska, obschon ein Territorium, nicht auch ein Teil von uns? Gehört das Land dort nicht uns? Und wenn wir die Herrschaft darüber abtreten, verzichten wir damit nicht auf das Recht auf Selbstverwaltung?« Er könne diese »*angebliche* Neutralität, die, wie mich dünkt, einzig die versteckte Gier nach Ausbreitung der ... widernatürlichen Ungerechtigkeit der Sklaverei bemäntelt, nur verabscheuen«. Douglas' Behauptung, die natürlichen Gegebenheiten würden verhindern, daß die Leibeigenschaft in Kansas Wurzeln schlüge, sei pure »Augenauswischerei«. Temperatur, Niederschlagsmenge und Bodenbeschaffenheit im Osten von Kansas seien die gleichen wie in Missouri und Kentucky. Fünf Sklavenstaaten bestünden bereits nördlich der Grenzlinie 36°30′. »Das Klima wird ... die Sklaverei nicht aus diesen Territorien heraushalten ... kein *natur*bedingter Faktor wird das bewerkstelligen.« Lincoln wußte, daß Pflanzer aus Missouri bereits Sklaven nach Kansas gebracht hatten. Der einzige Weg, ihnen Einhalt zu gebieten, bestand darin, daß der Kongreß die Sklaverei im Territorium verbot.

Doch Douglas hatte darauf verwiesen, daß eine solche Maßnahme gegen das »geheiligte Recht [der Siedler] auf Selbstverwaltung« verstoßen würde. Unsinn, erwiderte Lincoln. Die *Sklaverei* sei ein Verstoß gegen dieses Recht. »Wenn der weiße Mann sich selbst regiert, so ist das Selbstverwaltung; aber wenn er neben sich selbst auch noch andere Menschen beherrscht ... ist das Despotismus. [...] Der Neger ist ein *Mensch.* [...] Von moralischem Recht kann keine Rede sein, wo ein Mensch den anderen versklavt.« »Niemand lasse sich täuschen«, schloß Lincoln warnend:

»Der Geist von Sechsundsiebzig und der Geist von Nebraska sind unvereinbare Gegensätze. [...] Stück für Stück ... haben wir den alten Glauben für den neuen geopfert. Vor nunmehr fast 80 Jahren sind wir angetreten mit der Erklärung, daß alle Menschen gleich geschaffen seien; doch jetzt sind wir von diesem Beginn zu jener anderen Erklärung herabgesunken, die besagt, es sei ein ›geheiligtes Recht auf Selbstverwaltung‹, daß manche Menschen andere versklaven. Diese Prinzipien können nicht nebeneinander bestehen. [...] Unser republikanischer Talar ist besudelt und schleift im Staube. Laßt uns ihn wieder reinwaschen. [...] Laßt uns die Unabhängigkeitserklärung erneuern und mit ihr die Gepflogenheiten und die Politik, die mit ihr übereinstimmen. [...] Wenn wir dies tun, dann haben wir damit die Union nicht nur gerettet, sondern wir haben sie in einer Weise gerettet, die sie für alle Zeiten der Errettung würdig macht und bewahrt.«[25]

Diese wortgewandte Rede umriß das Programm der neuen Republikanischen Partei. Bis Lincoln sich auch offiziell zu ihr bekannte, sollte freilich noch über ein Jahr vergehen, denn er tat dies erst, als die Whig-Partei rettungslos zerrüttet war. Auch ging er nicht soweit wie viele andere Republikaner, die Abschaffung der Sklaverei und Widerruf des Sklavenfluchtgesetzes forderten. Aber Lincolns Bekenntnis zum moralischen Widerstand gegen die Sklaverei, sein Glaube, die Nationalregierung habe das Recht und die Pflicht, die Territorien sklavenfrei zu halten, und seine Überzeugung, dieses »Krebsgeschwür« müsse letztlich herausgeschnitten werden, wurden zu Marksteinen der republikanischen Politik. Das historische Fundament, auf das sich Lincolns Argumentation stützte, stand natürlich auf unsicherem Boden, und Douglas verlor denn auch keine Zeit, den schwächsten Punkt anzuprangern. Dieselben angeblichen Väter der Abolitionistenbewegung, die das Nordwest-Territorium für die Sklaverei gesperrt hatten, waren bereit gewesen, sie in den Südwest-Territorien zu gestatten, und hatten damit das Fundament für sieben neue Sklavenstaaten und das Baumwollkönigreich im unteren Süden gelegt. Doch die *free-soiler* ließen sich von solchen Spitzfindigkeiten nicht beirren; wenn die Republikaner der Ära Jefferson sich in manchen Punkten geirrt hatten, so würden die neuen Republikaner der 50er Jahre deren Fehler nicht wiederholen. Die Sklaverei durfte sich nicht weiter ausbreiten; die Partei, die den Kansas-Nebraska-Act verabschiedet hatte, mußte bekämpft werden.

Die Mehrheit der Nordwähler von 1854 schien diese Meinung zu teilen. Die Demokraten mußten bei den Wahlen empfindliche Verluste hinnehmen. Nachdem sie noch 1852 in allen Nordstaaten bis auf zwei gesiegt hatten, verloren sie 1854 mit nur zwei Ausnahmen die Vormachtstellung in allen sklavenfreien Staaten. Die Zahl der Nord-Demokraten im Repräsentantenhaus sank von 93 auf 23, womit sie ihren 58 Kollegen von den Süd-Demokraten weit unterlegen waren. Ungefähr ein Viertel der Anhänger der Nord-Demokraten sagten sich bei dieser Wahl von ihrer Partei los.[26]

Nachdem sie 150 Abgeordnete der verschiedensten Gruppierungen durchgebracht hatten, war den Gegnern der Demokraten die absolute Mehrheit im nächsten Kongreß sicher – sofern sie sich politisch auf einen gemeinsamen Rahmen einigen konnten. Wie schwierig dieses Problem zu lösen sein würde, zeigte sich an Lincolns Geschick in Illinois, wo die Anti-Nebraska-Koalition in einem gemeinsamen Wahlgang eine solide Mehrheit im Parlament erreicht hatte. Lincolns Whig-Freunde machten etwa drei Viertel dieser Koalition aus. Aber ein halbes Dutzend Anti-Nebraska-Demokraten wollte partout keinen Whig in den US-Senat wählen, weshalb Lincoln in jedem Wahlgang die Mehrheit knapp verfehlte. Um wenigstens den Sieg eines Douglas-Demokraten zu verhindern, setzte Lincoln sich schließlich für den Anti-Nebraska-Demokraten Lyman Trumbull ein, der dadurch im zehnten Wahlgang Sieger wurde.[27]

Die trüben Gewässer von Illinois waren freilich noch ziemlich klar, verglichen mit dem schier unergründlichen politischen Morast in den Nordstaaten. Die fast schon vergessen geglaubte Nativismusbewegung lebte wieder auf, und zwar so stark, daß sie in manchen Regionen, besonders in den Staaten östlich von Ohio, sogar die Anti-Nebraska-Koalition zu überrollen drohte. »Der Nativismus scheint fast alle Leute um den Verstand zu bringen«, empörte sich 1854 ein Demokrat aus Pennsylvania. »Das ›Know-Nothing‹-Fieber grassiert hier wie eine Epidemie«, schrieb ein anderer Abgeordneter desselben Staates. Und ein Politiker aus

Connecticut lamentierte, die Nativisten spielten »der demokratischen Partei übel mit«. Ein Whig-Führer aus einer der nördlichen Provinzen des Bundesstaates New York wiederum urteilte besorgt, sein Distrikt habe sich »gefährlich am ›Know-Nothing‹-Virus infiziert«. Diese »Know-Nothings«, die abwechselnd als »Tornado«, »Hurrikan« oder »Mißgeburt des politischen Wahnsinns« apostrophiert wurden, gewannen 1854 die Wahlen in Massachusetts und Delaware mit Bravour, erhielten etwa 40 respektive 25 Prozent der Stimmen in Pennsylvania und New York und erzielten auch in anderen Regionen des Nordostens sowie in den Grenzstaaten eindrucksvolle Ergebnisse.[28] Wer aber waren diese geheimnisvollen »Know-Nothings«, woher kamen sie, und wofür traten sie ein?

II

Um die nativistischen Parteien, die um 1840 viel von sich reden gemacht hatten, war es nach den Wahlen von 1844 wieder still geworden. Der wirtschaftliche Aufschwung nach der Depression milderte die Spannungen zwischen heimischen und eingewanderten Arbeitern, Spannungen, an denen sich die Krawalle entzündet hatten. Selbst als die Einwanderungsquote sich nach der Kartoffelfäule in Europa Mitte der 40er Jahre vervierfachte, schien Amerika dank seines rasanten wirtschaftlichen Aufschwungs immer noch imstande, alle, die kamen, aufzunehmen. Der Mexikanische Krieg und die daraus erwachsende Kontroverse über die Sklaverei konzentrierte die Politik auf ebendiese Themen. Es wäre denkbar gewesen, daß der Krieg gegen eine katholische Nation antikatholische Stimmungen ausgelöst hätte, doch war die Demokratische Kriegspartei auch die der Einwanderer, während die Whigs, die früher schon mit dem Nativismus geliebäugelt hatten, gegen den Krieg opponierten.

Bei den Präsidentschaftswahlen von 1852 versuchten die Whigs, unter Führung des Nativistengegners William H. Seward, die irischen und katholischen Wähler für sich zu gewinnen. General Scott, der Präsidentschaftskandidat der Whigs, war ein High-Church-Anhänger und hatte seine Töchter in einem Kloster erziehen lassen. Als Befehlshaber der amerikanischen Truppen in Mexiko hatte er das Eigentum der Kirche unter seinen Schutz gestellt. 1852 schmuggelten die Whigs ihnen wohlgesinnte irische Fragesteller in Versammlungen, vor denen Scott als Redner auftrat, um so dem Kandidaten Gelegenheit zu der Versicherung zu geben, wie »gern er diesen klangvollen irischen Akzent höre«.[29] Aber solch plumpe Anbiederungsversuche blieben ohne Erfolg, denn während die Amerikaner irischer Herkunft wie gewohnt demokratisch wählten, waren viele Whigs gekränkt über diesen Kotau vor den »Paddies« (so der Spitzname der Irländer) und blieben am Wahltag daheim. So wie die Sklavenfrage die Süd-Whigs mit ihrer Partei entzweite, geschah es in einigen Nordstaaten durch das Wiederaufleben ethnischer Feindseligkeiten.

Zu dieser Wiederbelebung des Nativismus trugen verschiedene Ursachen bei. In der ersten Hälfte der 50er Jahre stieg die Einwanderungsquote fünfmal so hoch wie im Jahrzehnt zuvor. Die meisten Neuankömmlinge waren nun arme katholische Bauern oder Arbeiter aus Irland und Deutschland, die in hellen Scharen in die Mietskasernen der Großstädte drängten. Kriminalität und Wohlfahrtskosten schnellten in die Höhe. So verdreifachte sich beispielsweise die Verbrechensrate in Cincinnati zwischen 1846 und 1853, und die Mordrate stieg gar um das Siebenfache. Im gleichen Zeitraum mußte man in Boston die Sozialhilfeausgaben verdreifachen.[30] Die Einheimischen machten für diese Steigerungsraten die Einwanderer verantwortlich, insbesondere die Iren, bei denen Verhaftungsquote und Sozialhilfe prozentual gar um etliches höher lagen als ihr Bevölkerungsanteil. Die Einheimischen waren freilich nicht unbedingt die entschiedensten Nativisten. Frühe protestantische Einwanderer aus England, Schottland und vor allem aus Ulster hatten ihre antikatholische Einstellung in die neue Heimat mitgebracht und standen nicht selten an der Spitze der antiirischen Aufrührer und natürlich auch Wähler in den Vereinigten Staaten. Radikale und Agnostiker unter den deutschen Immigranten, die nach der Niederwerfung der 48er Revolution aus ihrem Land geflohen waren, hegten erbitterten Groll gegen die katholische Kirche, die es mit den Kräften der Gegenrevolution gehalten hatte.

Tatsächlich begann für die Kirche während des Pontifikats von Papst Pius IX. (1846–1878) eine Phase der Reaktion. Die Revolutionen von 1848 und 1849 machten Pius zum »erbitterten Feind von Liberalismus und sozialen Reformen«. Anläßlich des Ersten Vatikanischen Konzils erklärte er später die Unfehlbarkeit des Papstes, und im Syllabus von 1864 verurteilte er den Sozialismus, die Volkserziehung, den Rationalismus und ähnliche Frevel bürgerlicher Freiheiten. »Es ist ein Irrtum«, erklärte der Papst, »zu glauben, daß der römische Pontifex sich mit Fortschritt, Liberalismus und der modernen Zivilisation versöhnen und sie anerkennen kann und soll.« Die katholische Kirche Amerikas richtete sich nach den Worten ihres Oberhirten. Erzbischof John Hughes aus New York attackierte Abolitionisten, *free-soiler* und verschiedene protestantische Reformbewegungen als Handlanger der »roten republikanischen Politik Europas«.[31]

Die Einwanderungswelle hatte die Mitglieder der katholischen Kirche in den 40er Jahren dreimal so rasch zunehmen lassen wie die der protestantischen. Unter stolzem Verweis auf diese Entwicklung (welche die Protestanten mit Besorgnis erfüllte), hielt Erzbischof Hughes 1850 eine Rede mit dem Titel »Der Niedergang des Protestantismus und seine Ursachen«, die großes Aufsehen erregte. »Das Ziel, welches wir anstreben«, so Hughes, »ist es, alle heidnischen und alle protestantischen Nationen zu bekehren. [...] All dies hat nichts mit geheimer Mauschelei zu tun. [...] Unsere Mission [ist es], die Welt – einschließlich der Bewohner der Vereinigten Staaten – zu bekehren, die Menschen in den Städten ebenso wie die auf dem Lande ... die Parlamente, den Senat, das Kabinett, den Präsidenten, kurz gesagt, alle und jeden!« Das Presseorgan des Erzbistums verkündete: »Der Protestantismus ist erschöpft, machtlos, im Aussterben begriffen ... und er weiß sehr wohl, daß seine letzte Stunde geschlagen hat, wenn er sich Auge in Auge mit der katholischen Wahrheit messen muß.«[32]

Solche Worte waren Wasser auf die Mühlen der antikatholischen Bewegung. Maria »die Katholische«, die spanische Armada, die Pulververschwörung (1605 in London), die glorreiche Revolution von 1688 und Foxes *Buch der Märtyrer*, das waren Marksteine, die im Gedächtnis des Volkes weiterlebten und als solche Eingang ins Denken der anglo-amerikanischen Protestanten gefunden hatten. Der Kampf der Puritaner gegen die Papisterei hatte 250 Jahre gedauert und war noch nicht zu Ende. Das erste Generalkonzil der amerikanischen Bischöfe, das 1852 in Baltimore zusammentrat, attackierte die Gottlosigkeit des Volkserziehungskonzepts und beschloß, Steuerbeihilfen für katholische Schulen oder Steuererleichterungen für Eltern zu beantragen, die ihre Kinder auf solche Schulen schickten. 1852 auf 1853 lösten diese Bestrebungen in einem Dutzend Städten und Staaten des Nordens (einschließlich Marylands) erbitterte Gegenkampagnen aus. Für »freie Schulen« votierende Kandidatenlisten beider großen Parteien, in erster Linie aber der Whigs, gewannen mehrere Wahlen mit dem Programm, staatliche Schulen als Pflanzstätten des Republikanismus gegen den »dreisten Versuch« dieses »despotischen Glaubens« zu verteidigen, der sich anmaße, »Kirche und Staat ... zu vereinigen« und den »Freiheitsbaum zu entwurzeln«, ja »unsere Freiheitskappe durch die Mitra zu ersetzen«. Erzbischof Hughes zahlte mit gleicher Münze zurück und geißelte die staatlichen Schulen als Urquell von »Sozialismus, rotem Republikanertum, Universalismus, Untreue, Deismus, Atheismus und Pantheismus«.[33]

Inmitten dieser Schulkampagne trieb Hughes die Priesterschaft in eine weitere hitzige Auseinandersetzung, die diesmal um das Kirchengut entbrannte. In vielen Regionen standen die katholischen Kirchen unter der Hoheit eines Laienkuratoriums, das die Gemeinde repräsentierte. Diese Regelung stimmte zwar mit der protestantischen Praxis überein, widersetzte sich jedoch der katholischen Tradition. Vorstöße des Klerus, die Herrschaft über das Kircheneigentum zu gewinnen, erreichten zwar Einzelstaatsparlamente, aber nach erbitterten Debatten lehnten diese es ab, die geistliche Hoheitsgewalt zu sanktionieren – ja, in manchen Fällen versuchten sie sogar, die Laienverwaltung als obligatorisch vorzuschreiben. Im Juli 1853 traf Monsignore Gaetano Bedini als päpstlicher Nuntius in den Vereinigten Staaten ein, um über Besitzstreitigkeiten in einzelnen Diözesen zu entscheiden. Nachdem er dies zu Gunsten des Klerus getan hatte, bereiste Bedini das Land, um amerikanischen Katholiken den päpstlichen Segen zu spenden. Viele protestantische und nativistische Presseorgane gerieten darüber in helle Aufregung. »Er ist hier«, empörte sich eine Zeitschrift, »um den besten Weg zu finden, uns italienische Fesseln anzulegen, die uns als Sklaven an den Thron der grimmigsten Tyrannei ketten sollen, die es auf Erden gibt.« Die Rolle der Kirche bei der Unterdrückung nationalistischer Aufstände in Italien in den Jahren 1848 und 1849 brachte auch radikale Exilanten aus katholischen Ländern gegen Bedini auf, den sie als »Schlächter von Bologna« apostrophierten. Während Bedini seine Rundreise fortsetzte, brachen in mehreren Städten, die er besuchte, Revolten aus, und als er im Februar 1854 nach Italien zurückkehrte, mußte man ihn im Hafen von New York heimlich an Bord seines Schiffes bringen, um ihn vor dem aufgebrachten Pöbel zu schützen.[34]

Auch die Temperenzlerbewegung trug dazu bei, die ethnischen Spannungen zu verschärfen. Bis 1850 hatte diese Bewegung sich weitgehend darauf beschränkt, durch Selbstverleugnung und gütliches Zureden an die protestantische Mittel- und Arbeiterklasse zu appellieren, dem Dämon Whisky zu entsagen und nüchterne, arbeitsame und aufstrebende Bürger zu erziehen. Damit war sie dann auch erstaunlich erfolgreich gewesen. Aber wer auffallend gut gegen diesen Prohibitionsfeldzug durchhielt, das waren irische und deutsche Einwanderer, denen Schenken und Biergärten Zentren gesellschaftlichen und politischen Lebens bedeuteten. Eine deutliche Zunahme von Trunkenheit, Raufereien und Kriminalität insbesondere unter der irischen Bevölkerung trug dazu bei, die Temperenzlerbewegung in eine, die für Zwangsmaßnahmen gegen diese aufsässigen Elemente eintrat, zu verwandeln. Im Glauben, die Spirituosen seien der eigentliche soziale Unruhestifter, versuchten die Prohibitionisten in den Einzelstaaten Gesetze zu erwirken, die Herstellung und Verkauf alkoholischer Getränke untersagten. Ihren ersten großen Sieg errangen sie 1851 in Maine. Dieser Erfolg löste eine Welle von Maine-Gesetz-Debatten in anderen Parlamenten aus. Die Demokratische Partei sprach sich generell gegen Temperenzgesetze aus, während die Whigs dem Thema zwiespältig gegenüberstanden. Aus Angst, »feuchte« Wähler zu vertreiben, weigerten sich die Whigs, Stellung zu beziehen, und verloren damit den großen Anteil der Temperenzbefürworter in ihren Reihen. Die Koalitionen der Antialkoholiker aller Parteien errangen zwischen 1852 und 1855 die Mehrheit in genügend Parlamenten, um das Maine-Gesetz in einem Dutzend weiterer Staaten einzuführen, darunter ganz Neuengland, New York und Delaware sowie mehrere Staaten im Mittelwesten.[35]

Dieses Gesetz wurde freilich, genau wie die Prohibition in einer späteren Generation, fast häufiger gebrochen als respektiert. Die Vollstreckung blieb oft aus; in der Folgezeit widerriefen viele gesetzgebende Versammlungen das Gesetz oder schränkten seinen Geltungsbereich ein. Wer trinken wollte, konnte das auch weiterhin tun; wer es nicht wollte, hatte bereits unter dem Einfluß der früheren, gütlichen Phase des Kreuzzugs damit aufgehört. 1861 waren nur drei der 13 Staaten, die das Prohibitionsgesetz eingeführt hatten, noch »trocken«. Die eigentliche Bedeutung der Prohibitionsbewegung in den 50er Jahren lag jedoch nicht in den Gesetzen, die sie verabschiedete, sondern in dem Auftrieb, den sie dem Nativismus gab. Eine katholische Zeitung klassifizierte die Prohibition als gleichbedeutend mit »staatlichem Erziehungssystem, Ungläubigkeit, Pantheismus«, mit Abolitionismus, Sozialismus, Frauenrechtlertum und »europäischem roten Republikanismus«, den Teilen »eines großen Ganzen, die gegen Gott Krieg führen«. Die Temperenzler zahlten mit gleicher Münze heim. »Es ist der Alkohol, der so viele katholische (wie auch andere) Häuser mit Streit und Gewalt überzieht ... der unsere Gefängnisse mit irischen Missetätern füllt und die Galgen mit katholischen Mördern bestückt«, erklärte Horace Greeleys *New York Tribune.* »Die Tatsache, daß die Katholiken in diesem Land proportional zu ihrer Bevölkerungszahl sehr viel mehr Schnapsbuden unterhalten und mehr Alkohol verkaufen als Angehörige jeder anderen Konfession, begründet und bewahrt ein starkes Vorurteil gegen sie.«[36]

Gebeutelt von den Stürmen der Anti-Nebraska-, Antialkohol-, Antikatholiken- und Antiimmigrantenbewegung, war das Zweiparteiensystem 1854 vom Zusammenbruch bedroht. Und es waren nicht nur die abolitionistischen Republikaner, die sich anschickten, die Scherben aufzulesen. In mehreren Staaten schien eine neue und mächtige nativistische Partei noch weit mehr von diesem Trümmerhaufen zu profitieren. In den 50er Jahren waren eine Reihe geheimer Bruderschaften entstanden, deren Mitgliedschaft einheimischen Protestanten vorbehalten blieb. In New York schlossen sich 1852 zwei von ihnen, der Order of United Americans und der Order of the Star Spangled Banner, unter Führung von James Barker zusammen. Vor dem Hintergrund der Konflikte zwischen Protestanten und Katholiken über staatliche Schulen, den Bedini-Besuch und die Temperenzlerkampagnen gründete der rührige Barker Hunderte von Logen im ganzen Land, deren Mitgliedschaft man auf eine halbe Million oder mehr schätzte. Die Logenbrüder verpflichteten sich, ausnahmslos einheimische Protestanten in öffentliche Ämter zu wählen. In geheimer Versammlung billigte der Orden bestimmte Kandidaten oder ernannte seine eigenen. Befragten Außenseiter sie nach dem Orden, so waren die Mitglieder gehalten, mit »Ich weiß nichts davon«, (I know nothing) zu antworten. Aufgrund ihrer Geheimhaltungsklausel und der straffen Organisation wurden diese »Know-Nothings« schnell zu einem mächtigen Wählerblock.[37]

Ihre Mitglieder rekrutierten sich vornehmlich aus jungen Büroangestellten und Fabrikarbeitern. Sehr viele waren Erstwähler. Eine Analyse ergab, daß Männer in den Zwanzigern doppelt so oft dazu neigten, »Know-Nothing« zu wählen, wie Männer über 30. Außerdem waren ihre Anführer »Neulinge« in der Politik und entstammten selbst dem Milieu ihrer Wählerschaft. In Pittsburgh etwa waren über die Hälfte der »Know-Nothing«-Führer unter 35, und fast die Hälfte waren Handwerker und Angestellte. Die »Know-Nothings«, die 1854 in das Parlament von Massachusetts gewählt wurden, rekrutierten sich hauptsächlich aus Facharbeitern, Landpfarrern und Angestellten der verschiedensten Unternehmenszweige. Die Maryland-Führer waren jünger und weniger wohlhabend als ihre demokratischen Gegenspieler.[38]

Als politische Bewegung machten die »Know-Nothings« sowohl durch ihr Parteiprogramm von sich reden als auch durch ihre Vorurteile. In der Regel favorisierten sie die Temperenzler und widersetzten sich kategorisch der steuerlichen Unterstützung für kirchliche Privatschulen. Ihr oberstes Ziel war es, den Einfluß eingewanderter Wähler auf die Politik zu mindern. Laut Bundesgesetz konnten Immigranten eingebürgert werden, sobald sie fünf Jahre in den Vereinigten Staaten ansässig waren. Aber in einigen Großstädten stellten gefällige Demokraten-Richter die Einwanderungsurkunden aus, kaum daß die Immigranten von Bord waren. Die meisten Staaten beschränkten das Stimmrecht auf angestammte Bürger, doch einige erteilten auch den Einwanderern das Wahlrecht binnen eines Jahres nach Gründung eines eigenen Hausstands. Anfang der 50er Jahre begann die starke Einwanderungswelle, die 1846 eingesetzt hatte, sich in den Wählerlisten bemerkbar zu machen. Da die Einwanderer überwiegend junge Leute waren, stieg die Zahl der im Ausland geborenen Wähler rascher als ihr Anteil an der Bevölkerung. In Boston beispielsweise vermehrten sich die Immigrantenwähler zwischen 1850 und 1855 um 195 Prozent, das einheimische Wählerpotential dagegen stieg nur um 14 Prozent. Weil diese »Ausländer« vor allem demokratisch, katholisch und »feucht« wählten, hatte ihr starker Zuwachs besorgniserregende Folgen für Whigs, Protestanten und Temperenzler – ja selbst für einige einheimische Demokraten aus der Arbeiterklasse, mußten sie doch plötzlich mit eingewanderten

Arbeitskräften konkurrieren, die sich auch mit geringerem Lohn zufriedengaben. Selbst die Landbevölkerung reagierte unwillig auf den wachsenden Einfluß des Immigrantenvotums in den Städten. Die »Know-Nothings« forderten eine Verlängerung der Wartefrist bis zur Einbürgerung auf 21 Jahre. In manchen Staaten wollten sie öffentliche Ämter gebürtigen Amerikanern vorbehalten und den Immigranten nach der Einbürgerung noch eine mehrjährige Wartefrist aufbürden, ehe sie auch das Wahlrecht erhielten. Eine Einwanderungsbeschränkung per se beantragten sie nicht, wenngleich manche »Know-Nothings« vermutlich hofften, daß sie mit erschwerten Bedingungen für den Erwerb der bürgerlichen und politischen Rechte einen Teil der Immigranten abschrecken könnten.

Die meisten »Know-Nothings« protestierten auch gegen den Kansas-Nebraka-Act. In manchen Gebieten schlossen sie sich 1854 mit Anti-Nebraska-Koalitionen zusammen. Das warf die komplexe Frage auf, wie »Know-Nothings« und die neue Republikanische Partei zueinander standen. Die Abolitionistenbewegung entstammte dem gleichen evangelisch-protestantischen Kulturgut wie Temperenzlertum und Nativismus. In den Augen mancher *free-soiler* waren Sklaverei und Katholizismus gleichermaßen repressive Institutionen. Beide »gründen und stützen sich auf die Basis von Ignoranz und Tyrannei«, urteilte eine »Know-Nothing«-Loge in Massachusetts, und deshalb »kann es keine wirkliche Feindschaft gegen den Katholizismus geben, die nicht auch die Sklaverei mit einschließt, den natürlichen Bundesgenossen der römischen Kirche im Kampf gegen Freiheit und republikanische Institutionen«.[39] Der Umstand, daß die katholischen Einwanderer bei den Wahlen die sklavenfreundlichen »Hunker«, einen konservativen Flügel der Demokratischen Partei, unterstützten, festigte in den Augen der »Know-Nothings« diese angebliche Identität von Sklaverei und Katholizismus ebenso wie zahlreiche Leitartikel in der katholischen Presse, welche die *free-soil*-Bewegung als »wilden, gesetzlosen, destruktiven Fanatismus« brandmarkten. Die irischen Amerikaner, die mit den freien Schwarzen auf der untersten Stufe der sozialen Rangordnung konkurrieren mußten, waren ausgesprochen negerfeindlich und rotteten sich in den Städten des Nordens oft gegen Schwarze zusammen. 1846 hatte ein massives irisches Votum dazu beigetragen, daß ein Volksentscheid abgelehnt wurde, der den Schwarzen im Staat New York gleiches Wahlrecht wie den Weißen einräumen wollte. »Keine andere Gruppierung unserer Bürger war so fanatisch, so einmütig in ihrer Empörung gegen gleiches Wahlrecht für alle, ohne Ansehen der Hautfarbe«, lautete die scharfe Kritik der *New York Tribune.* »›Möchten Sie Ihre Tochter etwa mit einem Neger verheiraten?‹ fragten sie höhnisch jeden, der sich für Demokratie ohne Ansehen von Rasse oder Hautfarbe einsetzte.« 1854 faßte ein *free-soiler* die Themen der bevorstehenden Wahlen wie folgt zusammen:

»Freiheit, Temperenzlerbewegung und Protestantismus gegen Sklaverei, Rum und Katholiken.«[40]

Viele Abolitionistenführer erkannten allerdings sehr wohl, daß ihre Ideologie mit dem Nativismus unvereinbar war. »Ich begreife nicht«, schrieb Abraham Lincoln, »wie jemand, der vorgibt, empfindsam auf das Unrecht gegen die Neger zu reagieren, einem Bündnis beitreten kann, das eine weiße Schicht erniedrigen will.« William H. Seward hatte die Nativisten im eigenen Staat seit über einem Jahrzehnt bekämpft. Im Parteiprogramm der New Yorker Republikaner hieß es 1855: »Die schändlichen und antirepublikanischen Lehren des Ordens der Know-Nothings verurteilen wir und lehnen sie aufs schärfste ab.«[41] »Ein Sklavereigegner«, so George W. Julian, Gründer der Republikanischen Partei in Indiana, »ist notwendigerweise der Feind [dieses] organisierten Plans der Bigotterie und Ächtung, der als die größte und untilgbare Schande unserer Politik in die Geschichte eingehen wird.« Da »wir gegen die Versklavung der Schwarzen sind, weil die Sklaven ihrer Menschenrechte beraubt werden«, postulierten andere Republikaner, »sind wir auch gegen ... [dieses] System der Sklaverei des Nordens, das darin bestehen soll, Iren und Deutsche zu entrechten«.[42]

Eingefleischte *free-soiler* klagten außerdem, die »Know-Nothing«-Euphorie sei eigentlich nur ein taktisches Manöver, das die Aufmerksamkeit von »der wahren Frage unserer Epoche«, nämlich der Sklaverei, ablenken solle. »Weder der Papst noch die Ausländer können das Land je regieren oder seine Freiheiten gefährden«, schrieb Charles A. Dana, Chef vom Dienst bei Greeleys *New York Tribune,* »aber die Sklavenzüchter und Sklavenhändler regieren es bereits.« 1854 gelobte Dana, er werde die »Know-Nothings« in der *Tribune* nie erwähnen, »außer um ihnen eine höllische Abreibung zu verpassen«.[43] George Julian hegte sogar den Verdacht, dieses »Täuschungsmanöver des Feldzugs gegen den Papst und die Ausländer« sei ein »raffinierter« Plan der Vertreter der Sklaverei, dazu erdacht, »die Bevölkerung der ›freien‹ Staaten über Bagatellen und Nebensächlichkeiten zu entzweien, während der Süden vereint bleibt und geschlossen sein größtes Interesse verteidigt«.[44]

Trotz alledem gingen 1854 und 1855 *free-soil*-Führer in mehreren Staaten aus politischen Erwägungen Bündnisse mit den »Know-Nothings« ein. In manchen Fällen geschah dies in der guten Absicht, Einfluß auf die Bewegung zu erlangen und sie für die Sache der Abolitionisten zu gewinnen. Am deutlichsten wird dies am Beispiel von Massachusetts, wo der Mexikanische Krieg und das Wilmot-Proviso die politischen Kräfte so verschoben hatte, daß eine Koalition von *free-soil*-Anhängern (einschließlich der »Conscience-Whigs«) und Demokraten von 1850 bis 1852 über die Mehrheit im Parlament verfügte. Die Koalition entsandte

Charles Sumner in den Senat und verabschiedete beziehungsweise beantragte eine Reihe von Reformen: ein Unternehmerpfandrecht für Handwerker, den Zehnstundentag für Fabrikarbeiter, allgemeine Banken- und Körperschaftsgesetze, Prohibitionsverordnungen und Neuverteilung der Legislative mit dem Ziel, einen Teil der Machtkonzentration von Boston (mit seinen »Cotton-Whigs« und der großen irischen Wählerschaft) nach Mittel- und West-Massachusetts zu verlagern. Die konservativen Whigs und die Bostoner Wählerschaft verhinderten diese Neuverteilung jedoch 1853 in einem Volksbegehren mit knapper Mehrheit. Daraus entstand der eigentliche Funke, der 1854 das »Know-Nothing«-Feuer entfachte, das, ausgehend vom westlichen Massachusetts, auf den ganzen Staat übergriff und dazu führte, daß die »Know-Nothings« den Gouverneur, eine überwältigende Mehrheit der Legislative und sämtliche Abgeordneten stellten. Die Whigs zeigten sich angesichts dieses Flächenbrandes wie gelähmt. »Dies bedrohliche Resultat habe ich ebenso wenig erwartet«, schrieb ein Whig-Journalist, »wie daß ein Erdbeben das State House dem Erdboden gleichmachen und die Faneuil Hall in Trümmer legen würde.«[45]

Free-soiler- und Republikanerführer wie Charles Francis Adams und Charles Sumner waren nicht minder überrascht. Auf alle *free-soiler* traf dies freilich nicht zu. Vielmehr hatte einer von ihnen, ein gewisser Henry Wilson, selbst auf dieses Ergebnis hingewirkt. Wie viele der jüngeren »Know-Nothing«-Wähler war Wilson in seiner Jugend Schusterlehrling und -geselle gewesen, was ihm den Spitznamen »Natick Cobbler« eintrug, dann aber brachte er es zum Schuhfabrikanten, ging als Whig in die Politik und half 1848 mit, die *free-soil*-Partei zu gründen. 1854 nominierte die neue Republikanische Partei Wilson für das Amt des Gouverneurs. Whigs, Demokraten und »Know-Nothings« stellten ebenfalls Kandidaten auf. In der klugen Voraussicht, daß die Nativisteneuphorie auch auf andere Parteien übergreifen würde, trat Wilson der »Know-Nothing«-Bewegung bei, die er zu bändigen hoffte. Manche *free-soiler* äußerten sich empört über diese Strategie. »Während die Freiheit eines ganzen Imperiums auf dem Spiel steht«, schrieb einer von ihnen, »macht Wilson sich davon, um ein paar Iren zu jagen!«[46] Wilson blieb auf der Kandidatenliste der Republikaner, erreichte bei der Wahl aber nur den vierten Platz, da er die meisten seiner *free-soil*-Anhänger überredet hatte, für die »Know-Nothings« zu stimmen.

Allein, Wilsons scheinbarer Wahnsinn hatte durchaus Methode, wie ein erzürnter »Cotton-Whig« erkannte. »Die Know-Nothings«, so schrieb er, »sind von *free-soil*-Abenteurern der schlimmsten Sorte dirigiert worden. Henry Wilson und Anson Burlingame haben den Takt bestimmt ... Unsere Kongreßmitglieder sind samt und sonders vom Schlage der Ultraagitatoren und Sklavereigegner.«[47] Die

»Know-Nothings« wählten Wilson in den Senat, wo er für den Nativismus nichts, um so mehr aber für die Sache der Sklavereigegner tat. Die einzigen nativistischen Gesetze, welche dieses Parlament verabschiedete, waren einmal die Vorschrift, daß nur wählen dürfe, wer des Lesens und Schreibens kundig sei, und zum anderen eine Maßnahme zur Auflösung mehrerer irischer Bürgerwehren; letzteres sollte die Abolitionisten besänftigen, denn diese Bürgerwehren hatten entscheidend an Anthony Burns' Rückführung in die Leibeigenschaft mitgewirkt.[48] Ferner setzte das Parlament ein neues Gesetz zur Freiheit des einzelnen durch und verbot die Rassentrennung in staatlichen Schulen – das erste Gesetz dieser Art, das je verabschiedet wurde. Außerdem führten diese »Know-Nothing«-Gesetzgeber eine Reihe von Reformen ein, die ihnen, welche Ironie, den Ruf bescherten, eines der fortschrittlichsten Parlamente in der Geschichte des Staates zu sein: Das Schuldgefängnis wurde abgeschafft; verheiratete Frauen erhielten ein Recht auf Eigentum; eine Versichungskommission wurde gegründet; die Impfung für Schulkinder wurde Pflicht; den Geschworenengerichten wurde mehr Macht eingeräumt; als Heimstätten erworbene Grundparzellen waren von nun an vor dem Zugriff von Gläubigern geschützt.[49]

Republikanern und »Know-Nothings« war es in den meisten Nordprovinzen gelungen, die Whigs in die Knie zu zwingen und die Demokraten zu schwächen. Doch 1855 war noch unklar, welche der beiden neuen Parteien die wirkliche Alternative zu den Demokraten bilden würde. In etwa der Hälfte der Staaten waren die Republikaner zur zweitstärksten Partei aufgerückt. In der anderen Hälfte schien die Amerikanische Partei, wie die »Know-Nothings« ihren politischen Arm seit neuestem nannten, sich zu behaupten. Doch 1855 kam es zu einer bedeutsamen Wendung. Der Schwerpunkt der Nativistenbewegung verlagerte sich allmählich südwärts. Nicht nur, daß die »Know-Nothings« in Connecticut, Rhode Island, New Hampshire und Kalifornien die Parlamentsmehrheit errangen, sie gewannen auch noch die Wahlen in Kentucky und Maryland, bekamen die Legislative von Tennessee in die Hand, vereinigten mindestens 45 Prozent der Stimmen in fünf anderen Südstaaten auf sich und waren insgesamt im Süden erfolgreicher, als die Whigs es seit 1848 gewesen waren.

In weiten Teilen des Südens war die Amerikanische Partei im wesentlichen eine Whig-Fraktion unter neuem Namen. Trotz der relativ kleinen Anzahl von Einwanderern und Katholiken bestand im Süden durchaus eine nativistische Tradition. Und diese Tradition festigte die Amerikanische Partei in Maryland, Louisiana, Missouri und zum Teil auch in Kentucky – Staaten, die über Städte mit hohen Einwandererzahlen geboten. *»Bürger von New Orleans!«* verkündete 1854 ein politisches Flugblatt. »Morgen habt ihr mit der Wahl des Bezirksstaatsanwalts eine wichtige Pflicht zu erfüllen ... Pater Mullen und die Jesuiten dürfen diese Stadt nicht länger regieren ... Die Iren machen unsere Wahlen zum Schauplatz von Gewalt und Betrug ... Amerikaner! Sollen wir von Iren und Deutschen regiert werden?«[50] Nativistenunruhen und Ausschreitungen an Wahltagen kamen in den Städten des Südens weit häufiger vor als im Norden. In Baltimore waren verschiedene Banden wie die »Plug Uglies« und die »Blood Tubs« dafür berüchtigt, daß sie den Sieg der »Know-Nothings« an den Wahlurnen erzwangen. Mitte der 50er Jahre kamen bei ethnisch-politischen Krawallen in New Orleans vier, in St. Louis zehn, in Baltimore 17 und in Louisville mindestens 22 Menschen ums Leben. In manchen Regionen des oberen Südens, besonders in Maryland, fühlten sich Demokraten und Whigs gleichermaßen zur Amerikanischen Partei hingezogen. Doch anderswo im Süden rekrutierten sich ihre Mitglieder hauptsächlich aus ehemaligen Whigs, denen der politische Kontakt mit Nativisten lieber war als der mit Demokraten. Und der Nationalismus der »Know-Nothings« wurde zum unionistischen Gegengewicht zu den zunehmend partikularistisch orientierten Demokraten.[51]

Die Sklavenfrage spaltete die »Know-Nothings« schon bald, und zwar entlang der regionalen Grenzen. Auf dem ersten Nationalrat der Amerikanischen Partei im Juni 1855 in Philadelphia weigerten sich die meisten Norddelegierten, angeführt von Henry Wilson, eine von Südstaatlern und Nordkonservativen eingebrachte Resolution zum Kansas-Nebraska-Act zu unterstützen. Von nun an siechte die Partei im Norden dahin, während sie im Süden immer mehr Anhänger gewann. Für die Gegner der Sklaverei unter den »Know-Nothings« empfahl sich ein Bündnis mit der Republikanischen Partei, die sie mit offenen Armen aufnahm, freilich nur solange sie dadurch den Nativismus nicht sanktionierte. Abraham Lincoln sprach das Dilemma der Republikaner offen aus. »Von ihren Prinzipien«, so Lincoln über die »Know-Nothings«, »halte ich kaum mehr als von denen, welche die Ausweitung der Sklaverei begünstigen ... Unser Fortschritt in die Degeneration scheint mir ziemlich rasch vonstatten zu gehen. Als Nation begannen wir mit der Erklärung, daß *alle Menschen gleich geschaffen* seien. Inzwischen heißt es praktisch: ›Alle Menschen sind gleich geschaffen, *außer den Negern.*‹ Wenn die ›Know-Nothings‹ an die Macht gelangen, wird es heißen: ›Alle Menschen sind gleich geschaffen, außer Negern *und* Ausländern *und* Katholiken.‹ Wenn es aber soweit kommt, dann würde ich lieber gleich in ein Land auswandern, in dem man gar nicht erst vorgibt, die Freiheit zu lieben – nach Rußland zum Beispiel, wo man den Despotismus unverfälscht und ohne die infame Beimischung von Heuchelei praktiziert.« Trotzdem, so räumte er ein, seien die »Know-Nothings« im Herzen von Illinois »zumeist alte politische und persönliche Freunde von mir«. Ohne sie »sind wir nicht ausreichend gerüstet für den Entscheidungskampf um die Nebraska-Demokratie«. Lincoln war bereit, »mit jedem zu ›fusionieren‹, solange es nur auf einer Basis geschieht, die ich vertreten kann«. Die einzige Hoffnung, die Wahl in Illinois zu gewinnen, sah er darin, »die Überreste dieser Organisation zu unseren Bedingungen zu übernehmen«, nachdem »die ›Know-Nothing‹-Bewegung endgültig zugrunde gegangen sein wird«.[53]

Salmon P. Chase führte in Ohio vor, wie das zu bewerkstelligen sei. Nachdem sie 1854 in allen Kongreßbezirken gesiegt hatte, rüstete die Anti-Nebraska-Koalition in Ohio sich 1855, Chase bei den Bundeswahlen zum Gouverneur zu küren. Aber konnte ihnen das ohne Unterstützung der »Know-Nothings« gelingen? Militante *free-soiler* wie Joshua Giddings glaubten es. Die Nativisten, so meinte er, seien »ungerecht, engherzig und unamerikanisch. Niemals werden wir uns mit einer solchen Partei vereinigen, egal zu welchem Bündnis«. Chase schien einverstanden. »Ich kann Menschen nicht aufgrund ihrer Geburt ächten«, schrieb er. »Ich kann Religion und Glauben nicht zum politischen Prüfstein machen.« Folglich erkannte er im Januar 1855, daß die Stärke »der ›Know-Nothing‹-Bewegung ... die Wahl eines Mannes in meiner Position unmöglich machen könnte«.[53]

Aber Chase' Ehrgeiz löste bald schon seine Zunge. Er ließ vertraulich verlauten, daß er gewillt sei, mit den abolitionistischen »Know-Nothings« zusammenzuarbeiten, falls er dies tun könne, ohne »Prinzipien zu opfern«. – »Mir scheint, Sie haben genug gegen die ›Know-Nothings‹ gewettert und sollten sich allmählich zurückhalten«, sagte er im Februar 1855 zu einem befreundeten Journalisten. »Ich folge der Devise: Bekämpfe niemanden, der nicht gegen uns kämpft.« Man könne ruhig zugeben, »daß die Leute einigen Grund hatten, sich gegen die Einflußnahme des Papstes und das organisierte Ausländertum aufzulehnen«, solange man nur darauf bestünde, »wie wichtig es ist, daß der Anti-Sklaverei-Gedanke an erster Stelle auch weiter steht«.[54] Chase wollte also die Republikaner dazu bringen, die nativistischen *Taktiken* zu verachten, gleichzeitig aber den Nativismus als kulturellen Impuls anzuerkennen. Er war auch bereit, dem Antikatholizismus symbolisch die Hand zu reichen, mochte sich aber um keinen Preis die protestantischen Einwanderer entfremden, vor allem nicht das große deutsche Wählerpotential, dessen Unterstützung die Republikaner wollten und brauchten. Diese Verneigung vor der antikatholischen Bewegung bei gleichzeitiger Abkehr von einem verallgemeinernden Nativismus gab den Republikanern die Möglichkeit, einige »Know-Nothings« in ihre Reihen aufzunehmen, ohne das Gefühl zu haben, damit »Prinzipien [zu] opfern«.

Chase überstand diesen Drahtseilakt mit heiler Haut. Die konservativen »Know-Nothings« stellten in Ohio eine eigene Kandidatenliste auf. Radikale *free-soiler* drohten, es ebenso zu machen, sollte Chase den Nativisten Konzessionen einräumen. Der republikanische Staatskonvent nominierte Chase mit einem Wahlprogramm, das, so der Kandidat selbst, nicht einmal »ein Augenzwinkern in Richtung der ›Know-Nothings‹ enthielt«. Die Kandidaten für die anderen öffentlichen Ämter stammten jedoch aus dem Umfeld der »Know-Nothings« – auch wenn Chase sie als »ehrenwerte Männer« rühmte, »die die Sklaverei aufrichtig ablehnen und nur in sehr lockerem Kontakt zu ihrem Orden stehen«. Während er öffentlich verkündete, daß »es diesen Leuten um nichts anderes geht als um die alles entscheidende Frage der Sklaverei«, prophezeite Chase insgeheim, daß die »Know-Nothing«-Bewegung alsbald »würdevoll ihren Geist aufgeben« werde.[55]

Vielleicht. Jedenfalls war das wichtigste ethnokulturelle Problem im Wahlkampf der Rassismus gegen die Schwarzen; ins Spiel gebracht wurde er von den Demokraten, die rasch ihr Vorgehen perfektionierten, »Negerrepublikanern« nachzusagen, sie wollten die Gleichberechtigung für die Neger erkämpfen. Indem sie die Kandidatur von Chase als »Niggers Wahlprogramm« bezeichneten, behaupteten die Demokraten von Ohio, die Republikaner wollten »das Interesse von über 20 Millionen Menschen ... für das von drei Millionen Schwarzen« opfern. Die republikanische Politik, die vorgebe, die Ausbreitung der Sklaverei zu begrenzen, würde unweigerlich in ein Emanzipationsprogramm münden, das »drei bis fünf Millionen unzivilisierter, korrumpierter Wilder ungehindert im Land umherstreifen« und der weißen Arbeiterschaft das Brot vom Munde fortnehmen ließe.[56]

Chase überstand auch diese Angriffe und errang das Gouverneursamt mit 49 Prozent der Stimmen gegenüber 43 Prozent für die Demokraten und acht Prozent für die eigenständige Kandidatenliste der Amerikanischen Partei. Obwohl sie ohne Unterstützung der »Know-Nothings« nicht hätten gewinnen können, kamen die Republikaner in Ohio doch mit einem abolitionistischen Wahlprogramm und ohne Verpflichtungen den Nativisten gegenüber an die Macht. Sie demonstrierten diesen politischen Zaubertrick noch einmal im Dezember 1855 anläßlich des Tauziehens um das Amt des Sprechers im Repräsentantenhaus.

Das Parteienchaos bei der Eröffnung des neuen Kongresses spiegelte die Verwüstung wider, welche die Wahlen 1854 und 1855 angerichtet hatten. Die meisten Schätzungen zählten annähernd 105 republikanische Abgeordnete, 80 Demokraten und 50 von der Amerikanischen Partei. Bei letzteren kamen 31 aus Sklavenstaaten, und von den übrigen hatte ein halbes Dutzend eine konservative Meinung zur Sklavenfrage. Bei den Demokraten kamen nur 23 aus »freien« Staaten, und einigen davon war es peinlich, mit ihren Kollegen aus dem Süden zusammengeschirrt zu sein. Bei den Republikanern (von denen sich noch nicht alle zu diesem Namen bekannten) hatten schätzungsweise zwei Drittel eine zumindest formale Beziehung zu den »Know-Nothings«, wenngleich die Hälfte oder mehr unter ihnen größeren Wert auf Abolitionismus als auf Nativismus legte. Diese Einstellung vertrat auch Nathaniel P. Banks aus Massachusetts, ein früherer Demokrat und dann »Know-Nothing«-Anhänger, der nun, genau wie sein Kollege Henry Wilson im Senat, versuchen wollte, den »Know-Nothing«-Karren hinter das republikanische Pferd zu spannen. Die Republikaner nominierten Banks als Sprecher, doch der Kandidat verfehlte in einem Wahlgang nach dem anderen knapp die 118 Stimmen, die für den Sieg erforderlich gewesen wären. Darüber vergingen zwei Monate, und die Atmosphäre wurde immer gespannter. Während dieser Zeit aber reiften Banks' Anhänger zu echten Republikanern, und als das Repräsentantenhaus am 2. Februar 1856 endlich den Wahlmodus änderte und eine relative Stimmenmehrheit gelten ließ, da gewann Banks im 133. Wahlgang mit 103 Stimmen das Amt des Sprechers. Falls überhaupt ein bestimmter Augenblick die Geburtsstunde der Republikanischen Partei markierte, dann war es dieser.

Was ermöglichte den verblüffenden Niedergang der »Know-Nothings« und den phänomenalen Aufstieg der Republikaner zur Mehrheitspartei des Nordens in weniger als zwei Jahren? Zum einen war dafür ein dramatischer Rückgang der Einwandererzahlen verantwortlich, die nach 1854 auf weniger als die Hälfte des Niveaus schrumpften, das sie zu Beginn des Jahrzehnts erreicht hatten. Der Hauptgrund aber läßt sich im Schlagwort »blutendes Kansas« zusammenfassen. Die traurigen Vorgänge in diesem entlegenen Territorium überzeugten die meisten Nordstaatler davon, daß die *slave power* letztlich doch eine weitaus größere Bedrohung der republikanischen Freiheit darstellte als der Papst.

5.

Das Verbrechen an Kansas

I

Nachdem sie den Kampf um ein freies Kansas im Kongreß verloren hatten, beschlossen die Sklavereigegner, die Schlacht direkt hinaus in die Prärie zu verlagern. »Da es vor Ihrer Herausforderung kein Entrinnen gibt«, erklärte William H. Seward den Senatoren des Südens am 25. Mai 1854, »so nehme ich sie im Namen der Freiheit an. Wir werden miteinander um den jungfräulichen Boden von Kansas ringen, und Gott möge der Seite zum Sieg verhelfen, die zahlenmäßig ebenso in der Übermacht ist wie in ihrem Rechtsanspruch.«[1] In Massachusetts engagierte sich der ehemals konservative Amos Lawrence als Geldgeber für die New England Emigrant Aid Company, eine Organisation, die im Sommer 1854 gegründet worden war, um die Besiedelung von Kansas durch *free-soiler* zu fördern. Von den Neuengländern selbst nutzten zwar nur wenige das Angebot, aber die Gesellschaft war eine große Hilfe für die Farmer aus den Staaten des Mittelwestens, die sich nach und nach in Kansas niederließen. Lawrence' Mäzenatenrolle wurde gebührend geehrt, indem man die Stadt, die zum Hauptquartier der freistaatlichen Streitkräfte des Territoriums werden sollte, nach ihm benannte.

Am Anfang freilich waren die Zuwanderer aus dem benachbarten Missouri den *free-soil*-Siedlern zahlenmäßig überlegen und an Zielstrebigkeit zumindest ebenbürtig. »Wir spielen um einen sehr hohen Einsatz«, versicherte Missouris Senator David Atchison seinem Kollegen Robert M. T. Hunter aus Virginia. »Die Partie erfordert all unseren Mut. [...] Wenn wir siegen, dann werden wir die Sklaverei bis zum Pazifik ausdehnen, scheitern wir, so sind Missouri, Arkansas, Texas und sämtliche Territorien für uns verloren.« Fünfzehn Jahre zuvor hatten die Bewohner Missouris die Mormonen durch Brandschatzen aus ihrem Staat vertrieben; Atchison vertraute darauf, daß sie mit den Siedlern in Kansas auf die gleiche Art fertigwerden würden. »Wir rüsten uns«, erklärte er Jefferson Davis. »Wir werden schießen, brennen und hängen müssen, aber die Sache wird bald erledigt sein. Wir sind entschlossen, die Abolitionisten zu ›mormonisieren‹.«[2]

Atchison tat sein Bestes, um dieses Versprechen einzulösen. Als Andrew Reeder, ein Demokrat aus Pennsylvania, im Herbst 1854 als Territorialgouverneur nach Kansas kam, rief er zur Wahl eines Kongreßabgeordneten auf. Daraus wurde die erste von vielen Wahlkampagnen in Kansas, bei denen sich das übliche Rowdytum der *frontier*-Politik durch den Streit um die Sklaverei deutlich verschlimmerte. Im November 1854 holten Atchison und andere prominente Bürger Missouris eine Rotte »Grenzschläger« nach Kansas, die die Wählerschaft des sklavereifreundlichen Kandidaten verstärken sollten. Viele dieser hageren, unrasierten und ungewaschenen trinkfesten Kerle aus Missouri, die von den aus dem Norden gebürtigen Siedlern als »Pukes« (»Brechmittel«) verhöhnt wurden, hatten zwar kaum ein materielles Interesse an der Sklaverei, aber sie hatten eine Menge gegen »diese pferdegesichtigen, scheinheiligen Yankees« mit ihrer »krankhaft kriecherischen Vorliebe für die Nigger«.[3] Die »Grenzschläger« gewannen die erste Runde. Mit einer Mehrheit von über 1700 Stimmen, die ein nachträglich eingesetztes Kongreßkomitee allerdings als Betrug entlarvte, wählten sie einen Befürworter der Sklaverei in den Kongreß.

Wahrscheinlich hätten sie auch eine ordnungsgemäße Wahl für sich entscheiden können. Gouverneur Reeder ließ im Zuge der Vorbereitungen zur nächsten Parlamentswahl für das Territorium im März 1855 eine Volkszählung durchführen. Von 8501 Einwohnern *bona fide* (einschließlich 242 Sklaven) waren 2905 rechtmäßige Wähler, von denen drei Fünftel aus Missouri und anderen Sklavenstaaten stammten. Aber Atchison wollte kein Risiko eingehen. »Achtet auf jeden Schurken unter euch, der auch nur im mindesten nach einem *free-soiler* oder Abolitionisten aussieht, und macht ihn unschädlich«, appellierte der Stellvertreter des Senators in Missouri an eine Versammlung in St. Joseph. »Denen, die Gewissensbisse haben, sei gesagt ... es ist an der Zeit, sich über solchen Firlefanz hinwegzusetzen, denn euer Leben und euer Besitz sind in Gefahr. [...] Verschafft euch Zutritt zu jedem Wahlbezirk in Kansas ... und wählt mit vorgehaltenem Bowiemesser oder Revolver!« Atchison beurlaubte sich vom Senat und führte abermals eine Bande von »Grenzschlägern« nach Kansas. »Elfhundert Männer kommen zur Wahl von Platte County herüber«, erklärte er seinen Anhängern, »und wenn das nicht genügt, können wir auch 5000 schicken, jedenfalls genug, um jeden gottverfluchten Abolitionisten im Territorium zu töten.«[4] Es kamen tatsächlich an die 5000 – laut einer Untersuchung des Kongresses genau 4908 – und gaben unrechtmäßige Stimmzettel zur Wahl eines Territorialparlaments ab, das sich aus 36 Befürwortern der Sklaverei und drei *free-soil*-Anhängern zusammensetzte. »Die Missourier haben *unsere* Rechte vortrefflich verteidigt«, lobte eine Zeitung aus Alabama. »Heil dem Sieger!« jubelte der sklavereifreundliche *Leavenworth Herald.* »Auf, ihr Männer des Südens! Bringt eure Sklaven her und besetzt das Territorium. Kansas ist gerettet.«[5]

Gouverneur Reeder war über diese Vorgänge entsetzt. Er war als Sympathisant der Sklavenhalter nach Kansas gekommen, aber als die Missourier ihn für den Fall, daß er gegen sie einschreiten würde, mit dem Tode bedrohten, da wechselte er die Seite. In einem Drittel der Bezirke ordnete er Neuwahlen an, bei denen zumeist *free-soil*-Kandidaten siegten, doch als das Parlament im Juli 1855 zusammentrat, zogen trotzig die ursprünglichen Sieger und Sklavereibefürworter ein. Reeder war inzwischen nach Washington gefahren, wo er Pierce bestürmte, diese Farce nicht anzuerkennen. Aber der Präsident hatte sich von Atchison, Douglas und anderen Demokraten beeinflussen lassen, die behaupteten, das Problem sei in Wahrheit von der Emigrant Aid Company heraufbeschworen und von republikanischen Zeitungen unverhältnismäßig aufgebauscht worden. Atchison überredete Pierce außerdem dazu, Reeder gegen einen fügsameren Gouverneur auszutauschen, und der Präsident entschied sich für Wilson Shannon aus Ohio. Zu Shannons ersten Pflichten gehörte es, einen vom Parlament entworfenen Sklavenkodex durchzusetzen, der Agitation gegen die Sklaverei mit Geldbußen und Freiheitsstrafen ahndete, Anstiftung zu Sklavenaufständen oder Sklavenfluchthilfe mit dem Tod bestrafte, alle Wähler schwören ließ, daß sie für die Einhaltung dieser Gesetze sorgen würden, und der endlich rückwirkend die Stimmzettel der »Grenzschläger« legalisierte, indem er das Wahlrecht auch ohne vorherige Ortsansässigkeit in Kansas gelten ließ.[6]

Die *free-soiler* in Kansas – die im Herbst 1855 den Siedlern, die für die Sklaverei eintraten, zahlenmäßig überlegen waren – hatten weder die Absicht, sich diesen Gesetzen zu beugen, noch die, das »Scheinparlament« anzuerkennen, welches sie verabschiedet hatte. Die aus den Nordstaaten zugewanderten Siedler bewaffneten sich mit Sharpe-Hinterladergewehren, die man ihnen aus Neuengland geschickt hatte. Die *free-soiler* organisierten sich politisch und beriefen für den Oktober einen Konvent nach Topeka ein. Dort entwarfen sie eine freistaatliche Verfassung und ordneten Neuwahlen für Parlament und Gouverneur an. Die Anhänger der Sklaverei boykottierten natürlich diese Wahl, und so kam es, daß Kansas im Januar 1856 zwei Territorialregierungen hatte: eine offizielle in Lecompton und die inoffizielle in Topeka, die jedoch die Mehrheit der tatsächlichen Einwohner repräsentierte.

Die Partisanen beider Lager glichen wandelnden Waffenarsenalen, und es schien nur eine Frage der Zeit, bis es zum Schußwechsel kommen würde. Die Ermordung eines *free-soil*-Siedlers durch einen Verfechter der Sklaverei bildete im November 1855 den Auftakt zu einer Reihe von Zwischenfällen, die durchaus hätten zum Krieg führen können. So überquerten an die 1500 Missourier die Grenze, um Lawrence, die Hochburg der *free-soiler*, zu stürmen, wo sie jedoch von 1000 Mann mit Sharpe-Gewehren und einer Haubitze empfangen wurden. Die Bundestruppen sahen tatenlos zu, weil sie von der unschlüssigen Pierce-Administration keine Instruktionen erhalten hatten. Gouverneur Shannon reiste nach Lawrence und überredete beide Seiten, ihre Streitkräfte aufzulösen. Mit Atchisons Hilfe gelang es ihm, die widerstrebenden Missourier heimzuschicken. »Wenn ihr Lawrence jetzt angreift«, so Atchison, »dann ist das der Angriff eines Pöbelhaufens, und was wäre die Folge? Ihr könntet die Wahl eines abolitionistischen Präsidenten verursachen und obendrein den Ruin der Demokratischen Partei. Wartet noch ein Weilchen. Ihr könnt diese Leute jetzt nicht vernichten, ohne dabei mehr zu verlieren, als ihr gewinnen würdet.«[7]

Diese Argumentation ließ kaum auf einen dauerhaften Frieden hoffen. Daß es in den nächsten Monaten zu keinen weiteren Ausschreitungen kam, war in erster Linie einem strengen Winter zu verdanken. Als aber der Frühling ins Land zog, da blühte mit dem Löwenzahn auch die Gewalt wieder auf. Der jährliche Neuzugang an Siedlern versprach die Freistaatsmehrheit zu stärken. Die Reaktion der Sklavereianhänger äußerte sich zunächst in Maulheldentum. »Blut um Blut!« forderte der *Atchison Squatter Sovereign.* »Befreien wir uns von allen Abolitionisten ... und machen wir unmißverständlich klar, daß alle, die nicht umgehend an die Ostküste abziehen, in die Ewigkeit einziehen werden!«[8] Richter Samuel Lecompte, ein Anhänger der Sklaverei, beauftragte ein Voruntersuchungsgericht damit, die Mitglieder der Freistaatsregierung des Hochverrats anzuklagen. Da viele der Betroffenen in Lawrence lebten, bot ihre versuchte Festnahme den Missouriern, die nun als Polizeiaufgebot fungierten, erneut Gelegenheit, diese Bastion der Yankee-Abolitionisten anzugreifen. Mit fünf Kanonen bestürmten sie am 21. Mai die Stadt. Da sie sich keiner weiteren Gesetzesmißachtung schuldig machen wollten, beschlossen die Freistaatsführer, auf Widerstand zu verzichten. Das etwa 800 Mann starke Polizeiaufgebot drang daraufhin in Lawrence ein, demolierte die Redaktionen der beiden Lokalzeitungen, brannte das Hotel und den Sitz des *free-soil*-Gouverneurs nieder und plünderte Geschäfte und Wohnhäuser.

All dies geschah vor dem Hintergrund einer landesweiten Debatte über das Schicksal des Territoriums. Im Kongreß beantragten sowohl Republikaner wie Demokraten, Kansas als Staat in die Union aufzunehmen – erstere wollten dies unter der freistaatlichen Verfassung von Topeka geschehen sehen, letztere erst nach der Wahl eines neuen verfassunggebenden Konvents unter Leitung der Territorialregierung in Lecompton. Für die Südstaatler stand und fiel ihre Zukunft mit diesem Kongreßbeschluß. »Daß Kansas als Sklavenstaat in die Union aufgenommen wird, ist nunmehr Ehrensache«, schrieb der Abgeordnete Preston Brooks aus South Carolina im März 1856. »An der Kansasfrage wird sich das Schicksal des Südens entscheiden. Wenn Kansas ein Mietlings- [d.h. »freier«] Staat werden sollte, dann wird der Sklavenbesitz in Missouri auf die Hälfte seines gegenwärtigen Wertes sinken ... [und] der Abolitionismus wird zur vorherrschenden Geisteshaltung. Das gleiche gilt für Arkansas und das obere Texas.«[9]

Da die Republikaner die Mehrheit im Repräsentantenhaus hielten und die Demokraten die im Senat, konnte weder die eine noch die andere Kansas-Bill zum Gesetz werden. Beide Parteien konzentrierten sich auf den Propagandawert der Streitfrage im Hinblick auf die bevorstehenden Präsidentschaftswahlen. Die Republikaner profitierten allerdings mehr von dieser Strategie, da die Demokraten Ausschreitungen seitens der Sklavereianhänger in Kansas unterstützt hatten und damit dem Gegner eine willkommene Gelegenheit boten, einen weiteren Angriff der »Sklaventreiber« auf die Rechte der Nordstaatler zu beklagen. Dank zahlreicher tüchtiger, junger abolitionistisch eingestellter Reporter vor Ort, deren Eifer freilich bisweilen zu Lasten ihrer Genauigkeit ging, konnte die wachsende Phalanx republikanischer Zeitungen das »blutende Kansas« weidlich ausschlachten.

Stoff lieferten ihnen die Südstaatler auch in Zukunft reichlich. Unmittelbar auf die »Plünderung von Lawrence« folgten alarmierende Nachrichten aus dem Capitol in Washington. Den ganzen Frühling über hatte Charles Sumner seinen Zorn auf das vermeintliche »Verbrechen an Kansas« genährt – so der Titel einer Rede, die er am 19. und 20. März vor den überfüllten Rängen des Senats hielt. »Das wird die durchgreifendste und umfassendste Ansprache meines Lebens«, sagte Sumner wenige Tage vor seiner Philippika zu Salmon P. Chase. »Dieser Frevel drückt mir das Herz ab, und ich werde kein Blatt vor den Mund nehmen.« Und er machte seinem Herzen denn auch gründlich Luft, allerdings mit mehr Leidenschaft als gutem Geschmack. »Mörderische Räuber aus Missouri«, erklärte der Senator, »Mietlinge, gedungen aus dem Auswurf einer noch nicht sattelfesten Zivilisation«, hätten »jungfräuliches Territorium vergewaltigt, um es in die verhaßte Umarmung der Sklaverei zu zwingen«. Als Opfer eines direkten Angriffs hatte Sumner Mitglieder der »F-Street-Bande« ausersehen, darunter Andrew P. Butler aus South Carolina, der »schlüpfrigen Schleim abgesondert« habe, als er die Entwaffnung der Freistaatler in Kansas forderte. Butlers Heimatstaat mit »seiner durch die Sklaverei verursachten schmachvollen Idiotie« habe in seiner, Butlers,

Person einen »Don Quichotte [in den Senat entsandt], der sich einer Dirne verschrieben und ihr die Treue geschworen hat, einer, die ... wenngleich verderbt in den Augen der Welt, in den seinen die Keuschheit verkörpert – ich meine die Metze Sklaverei«.[10]

Sumners Rede löste heftige Erregung aus – im Senat, wo mehrere Demokraten ihn tadelten, und in der Presse, wo selbst das republikanische Lob durch Vorbehalte bezüglich der Rhetorik abgeschwächt wurde. Das einzige, was manche Südstaatler davon abhielt, Sumner zum Duell zu fordern, war die Gewißheit, daß er ablehnen würde. Außerdem waren Duelle etwas für sozial Gleichgestellte; ein so niedriges Subjekt wie dieser Yankeelump verdiente es, ausgepeitscht zu werden oder eine Tracht Prügel zu beziehen. So jedenfalls dachte der Abgeordnete Preston Brooks, ein Vetter von Andrew Butler. Zwei Tage nach Sumners Rede betrat Brooks nach Schluß der Sitzung den fast leeren Senatssaal und ging schnurstracks auf das Pult zu, an dem Sumner saß und Briefe schrieb. Dessen Rede, so erklärte er dem Senator, »stellt eine Beleidigung South Carolinas und Mr. Butlers dar, mit dem ich verwandt bin«. Als Sumner aufstehen wollte, schlug der rasende Brooks ihm dreißigmal oder öfter den Spazierstock mit goldenem Knauf über den Kopf. Sumner, dessen Beine unter dem am Boden festgeschraubten Pult eingezwängt waren, brach blutüberströmt zusammen, als er sich endlich befreien konnte.[11]

Dieser Vorfall brachte selbst jene Yankees, die an sich nicht viel für Sumner übrig hatten, in Rage. Der »blutende Sumner« wurde neben dem »blutenden Kansas« zu einem weiteren Symbol der Schandtaten der »Sklaventreiber«. Der Süden, so hieß es in einer Zeitung, »kann Redefreiheit nirgendwo tolerieren und möchte sie in Washington mit Knüppel und Bowiemesser unterdrücken, so wie er jetzt schon versucht, sie in Kansas durch Massaker, Plünderung und Mord zu verhindern«. »Ist es schon soweit gekommen«, fragte William Cullen Bryant von der *New York Evening Post,* »daß wir in Gegenwart unserer Gebieter aus den Südstaaten nur noch mit angehaltenem Atem sprechen dürfen? ... Sollen nun auch wir gezüchtigt werden wie ihre Sklaven? Sind denn auch wir Sklaven, lebenslange Sklaven und Opfer ihrer brutalen Schläge, wenn wir uns nicht so gebärden, wie es ihnen gefällt?«[12]

Um alles noch schlimmer zu machen, feierte der Süden Brooks als Helden. Wenngleich manche Südstaatler die Affäre wegen ihrer elektrisierenden Wirkung auf den Norden bedauerten, überwog der öffentliche Beifall für Brooks' Tat die Skrupel doch bei weitem. Die Gazetten seines Heimatstaates rühmten voller Stolz, daß Brooks' »so beherzt und wacker für ... die Ehre South Carolinas eingetreten« sei. Der *Richmond Enquirer* nannte »die Tat in der Idee gut, in der Durchführung besser und am allerbesten in ihren Auswirkungen. Die ungehobelten

Abolitionisten im Senat werden übermütig. [...] Sie vergessen sich und wagen es, Gentlemen zu beleidigen! [...] Die Wahrheit ist, daß man sie zu lange ohne Halsband hat herumlaufen lassen. Sie müssen mit der Peitsche gefügig gemacht werden«.[13] Braxton Bragg, ein Pflanzer aus Louisiana und ehemaliger Offizier, schlug vor, das Repräsentantenhaus solle ein Dankesvotum an Brooks verabschieden. »Das Feingefühl solcher Hunde« wie Sumner, notierte Bragg, »läßt sich nur durch ihre Schädeldecke und mittels eines großen Knüppels treffen«. Brooks selbst prahlte: »Die Südstaatler stehen geschlossen hinter mir. Man bittet mich um die Überreste meines Spazierstocks wie um *Reliquien.*« Als das Repräsentantenhaus mit 121 zu 95 Stimmen für seinen Ausschluß plädierte, verhinderte die Opposition aus dem Süden die erforderliche Zweidrittelmehrheit. Brooks legte sein Mandat dennoch nieder und kehrte nach Hause zurück, um sich durch Wiederwahl zu rächen. South Carolina feierte seinen »Helden« und schickte ihn in triumphaler Einmütigkeit nach Washington zurück. Von überall her erhielt Brooks neue Spazierstöcke, die zum Teil mit Parolen beschriftet waren wie »Schlag ihn noch einmal« oder »Weiter mit niederschmetternden Argumenten«.[14]

Diese Reaktion des Südens erzürnte die gemäßigten Nordstaatler noch mehr als Brooks' Angriff auf den wehrlosen Sumner. »Es ist nicht die Attacke an sich (so entsetzlich diese auch war), was mich erregt«, schrieb ein konservativer Whig, der künftig republikanisch wählte, »sondern der Ton der südstaatlichen Presse und der offenkundige Beifall der gesamten Bevölkerung des Südens.« Ein Konservativer aus Boston, der bislang den Süden verteidigt hatte, »mußte [nun] zugeben, daß die Zivilisation dort auf einer niedrigeren Stufe steht, als ich es je zuvor für möglich gehalten hätte, obgleich [Theodore] Parker und die sogenannten Extremisten wiederholt bestimmt darauf beharrt haben, während ich es bislang heftig bestritt«. Führer der Republikaner berichteten, sie hätten »nie zuvor so tiefen, entschiedenen und erbitterten Haß und soviel Feindseligkeit gegen die weitere Ausbreitung der Sklaverei und ihrer politischen Macht erlebt wie gegenwärtig«.[15]

Brooks' einzige Strafe bestand in einer 300-Dollar-Geldbuße, die ein Bezirksgericht über ihn verhängte. Sumners Verletzungen, erschwert durch ein posttraumatisches Syndrom, das eine psychogene Neurose in einen physischen Erschöpfungszustand verwandelte, hielten ihn in den nächsten vier Jahren fast die meiste Zeit aus dem Senat fern.[16] Aber das Parlament von Massachusetts wählte ihn auch während dieser Zeit wieder, als symbolische Ohrfeige für die »Barbarei der Sklaverei«. Vielen Yankees genügte solch passiver Protest nicht. »Wenn der Süden sich im Streit mit dem Norden der Knute der Sklaverei bedient«, notierte ein New Yorker Geistlicher in seinem Tagebuch, »so bleibt dem Norden nichts weiter übrig, als zurückzuschlagen, sofern er sich nicht versklaven lassen will.«[17] Im fernen Kansas wohnte ein 56jähriger Abolitionist, der ebenfalls an dieses alttestamentarische Dogma von »Auge um Auge« glaubte. Ja, dieser John Brown sah selbst ganz so aus, wie man sich den biblischen Krieger vorstellt, der seine Feinde mit dem Kieferknochen eines Esels erschlug – wenngleich er zeitgemäßere Waffen wie Gewehre bevorzugte und in einem berüchtigten Fall sogar zum Pallasch griff.

Brown, Vater von 20 Kindern, hatte im Lauf der Jahre mit seinen diversen geschäftlichen Unternehmungen so wenig Erfolg gehabt wie als Farmer. 1855 ging er mit sechs Söhnen und einem Schwiegersohn nach Kansas, wo sie Staatsland gepachtet hatten. Als Fanatiker in Sachen Sklaverei mit fast unwiderstehlichem Einfluß auf viele seiner Gesinnungsgenossen trat Brown einer freistaatlichen Kompanie bei (zu der auch seine Söhne gehörten), um in dem Guerillakrieg mitzukämpfen, der im Frühling 1856 ausbrach. Als die Kompanie im Mai losmarschierte, um Lawrence gegen die Missourier zu verteidigen, erfuhr sie, daß die Stadt sich kampflos ergeben hatte und Plünderern zum Opfer gefallen war. Diese Kunde brachte Brown gleichermaßen auf gegen die Streitkräfte der Sklavereianhänger wie gegen die Bewohner von Lawrence, die er ob ihrer vermeintlichen Feigheit verachtete. Das sei kein Weg, Kansas die Freiheit zu erstreiten, erklärte er seinen Männern. Man müsse »mit Feuer kämpfen«, müsse »die Herzen der Sklavenschinder mit Angst und Schrecken erfüllen«. Als sein Trupp dann noch von dem Anschlag auf Sumner in Washington hörte, wurde Brown Zeugenaussagen zufolge »wahnsinnig – einfach *wahnsinnig*«. »Es muß etwas geschehen, um diesen Barbaren zu zeigen, daß auch wir Rechte haben«, erklärte Brown. Er schätzte, daß die Verfechter der Sklaverei seit Beginn der Unruhen in Kansas mindestens fünf *free-soiler* ermordet hätten, und verfiel auf eine »radikale Vergeltungsmaßnahme« gegen »die gemeinen Sklaventreiber« in seiner unmittelbaren Nachbarschaft am Pottawatomie Creek – von denen freilich keiner etwas mit den Morden zu tun hatte. Mit vier Söhnen und drei weiteren Männern entführte Brown in der Nacht vom 24. auf den 25. Mai fünf sklavereifreundliche Farmer aus ihren Behausungen und spaltete ihnen kaltblütig mit dem Pallasch den Schädel. Auge um Auge.[18]

Dieses entsetzliche Massaker blieb ungeahndet. Den Bundesbehörden gelang es, zwei von Browns Söhnen, die *nicht* an der willkürlichen Hinrichtung teilgenommen hatten, dingfest zu machen, und militante Verfechter der Sklaverei brannten die Heimstätten der Browns nieder. Das zweifache Trauma von Lawrence und Pottawatomie ließ den Guerillakrieg in Kansas eskalieren. Unter den etwa 200 Mann, die in diesen Gefechten den Tod fanden, war auch einer von Browns Söhnen. Er selbst und seine übrigen Söhne, die sich als Soldaten eines heiligen Krieges betrachteten, entgingen auf rätselhafte Weise der Gefangennahme und wurden für die Morde von Pottawatomie nie vor Gericht gestellt. Trotz emsiger

Bemühungen der US-Armee, weitere Ausschreitungen zu unterbinden, reichten die Truppen einfach nicht aus, um der Stippangriffe, die diesen Kampf kennzeichneten, Herr zu werden.

Als die Nachricht vom Pottawatomie-Massaker die Ostküste erreichte, verbreitete sich unter den Sklavereigegnern gleichzeitig die Mär, Brown habe mit dieser Freveltat nichts zu schaffen, und wenn doch, dann habe er nur aus Notwehr gehandelt.[19] Wie nicht anders zu erwarten, zogen republikanische Zeitungen es vor, die »Barbarei« der »Grenzschläger« und eines Mannes vom Schlage Preston Brooks' zu verurteilen, statt die Barbarei eines freistaatlichen Krieges anzugreifen. Auf jeden Fall verblaßte das Pottawatomie-Massaker schon bald neben Berichten über andere »Kämpfe«, die in vielen Zeitungen Schlagzeilen machten und den »Bürgerkrieg in Kansas« proklamierten. Mehr als alles andere prägte dieser Bürgerkrieg das Umfeld der Präsidentschaftswahlen des Jahres 1856.

II

Zu Beginn des Jahres 1856 war keineswegs sicher, daß die Republikaner die zweitstärkste Partei des Nordens werden würden. In der Hoffnung, ihren Regionalzwist vom Jahr zuvor beilegen zu können, berief die Amerikanische Partei im Februar einen Nationalkonvent ein. Tatsächlich kehrten auch einige der Norddelegierten, die im Juni 1855 ausgetreten waren, in den Schoß der Partei zurück. Doch auch diesmal blockierte eine Allianz der Südstaatler mit den Konservativen aus New York und Pennsylvania eine Resolution, die den Widerruf des Kansas-Nebraska-Acts forderte. Daraufhin regten 70 Yankeedelegierte an, eine Nordamerikanische Partei ins Leben zu rufen. Die übrigen Delegierten nominierten Millard Fillmore als Präsidentschaftskandidaten der Amerikanischen Partei.

Die Nordamerikanische Partei berief einen Konvent ein, der einige Tage vor dem republikanischen Parteikongreß zusammentreten sollte. Sie wollte einen Sklavereigegner und Nativisten nominieren, den die Republikaner würden akzeptieren müssen, wenn sie eine Spaltung des abolitionistischen Votums vermeiden wollten. Doch wie das Ergebnis zeigte, war es unmöglich, den Nativismus vor den abolitionistischen Karren zu spannen. Wieder einmal diente Nathaniel Banks, der eben erst durch seine Wahl zum Sprecher die Herrschaft der Republikaner im Repräsentantenhaus gefestigt hatte, als Strohmann – diesmal für die Einverleibung der Nordamerikanischen Partei durch die Republikaner. Banks, der unter den Nativisten nach wie vor großes Ansehen genoß, ließ sich von der Nordamerikanischen Partei als Präsidentschaftskandidat nominieren. Doch sobald die Republikaner ihre Kandidaten benannt hätten, wollte Banks zu dessen Gunsten zurücktreten, worauf der Nordamerikanischen Partei kaum eine andere Wahl bliebe, als den republikanischen Kandidaten zu akzeptieren. Mehrere Delegierte der Nordamerikanischen Partei waren in dieses Komplott eingeweiht. Und es verlief genau nach Plan: Banks wurde nominiert, woraufhin aller Augen sich nach Philadelphia richteten, wo der erste Nationalkonvent der Republikaner tagte.

Zu den Führern der Republikaner zählten so kluge Köpfe wie der Ex-Whig Thurlow Weed aus New York und der Ex-Demokrat Francis Preston Blair aus Maryland. Da sie damit rechneten, daß manch altgedienter Politiker, der nach wie vor loyal zu seiner angestammten Partei stand, nicht an einer »republikanischen« Sitzung teilnehmen würde, verzichteten sie in ihrer Einladung zum Konvent auf dieses Etikett. Statt dessen wandten sie sich »ohne Ansehen vergangener politischer Differenzen oder Spaltungen« an Delegierte, »die den Widerruf des Missouri-Kompromisses [und] die Politik der gegenwärtigen Administration ablehnen«. Es galt, sowohl das Wahlprogramm als auch den Kandidaten so zu präsentieren, daß denkbar viele Wähler angezogen und möglichst wenige verprellt wurden. Eine besonders heikle Aufgabe war es, sowohl Nativisten wie Immigranten (zumindest die protestantischen) zu gewinnen. Und fast ebenso schwierig würde es sein, ehemalige Whigs und Demokraten zu vereinen. Um diesen Zielsetzungen gerecht zu werden, konzentrierte sich das Parteiprogramm auf Themen, die Disparitäten einten, und ignorierte beziehungsweise vermied solche, die zu Spaltungen hätten führen können. Vier Fünftel des Programms betrafen die Sklaverei; es verurteilte die Politik der Regierung in Kansas, bestätigte das Recht des Kongresses, die Territorien für die Sklaverei zu sperren, forderte die Aufnahme von Kansas als »freien« Staat in die Union, geißelte das Ostende-Manifest und zitierte die Unabhängigkeitserklärung als maßgebliche Quelle für die Prinzipien der *free-soil*-Politik. Zwei kurze Programmpunkte wiederholten praktisch die alte Whig-Forderung nach staatlicher Finanzierung der Binnenlanderschließung und forderten Mittel zum Bau einer transkontinentalen Eisenbahn sowie für Kanal- und Hafenausbauten – Projekte, die in Gegenden, wo die Demokraten Nutzen daraus ziehen konnten, auch deren Unterstützung finden würden (Pierce hatte drei Gesetzentwürfe zur Verbesserung des Kanal- und Hafenwesens durch sein Veto blockiert). Der letzte Punkt, der den Nativismus betraf, war ein Meisterstück an Doppeldeutigkeit. Indem es jede Gesetzgebung ablehnte, die »Gewissensfreiheit und Gleichberechtigung der Bürger« einschränken könnte, schien das Programm sich vom Nativismus zu distanzieren. Aber bei der Definition besagter »Bürger« wurde offenbar der »Know-Nothing«-Plan nicht ausgeklammert, der vorsah, die Wartefrist bis zur Einbürgerung auf 21 Jahre zu verlängern (ein Plan, den die Republikaner freilich nie ernsthaft verwirklichen wollten). Und »Gewissensfreiheit« war gleichsam ein Schlüsselbegriff für die Protestanten und ihren Protest gegen Bestrebungen von katholischer Seite, die King-James-Bibel aus staatlichen Schulen zu verbannen.[20]

Da sich die Republikanische Partei zum erstenmal präsentierte, war für sie ein zugkräftiges Programm wichtiger als sonst in der amerikanischen Politik. Aber natürlich konnte der Kandidat noch viel mehr dazu beitragen, das Image der Partei zu formen. Seward und Chase waren die prominentesten Anwärter, nur hatten sich beide Feinde bei Gruppen gemacht, auf deren Unterstützung die Republikaner angewiesen waren: Nativisten, demokratische Sklavereigegner und konservative Whigs. Außerdem zweifelten Seward und sein Berater Thurlow Weed an den Siegeschancen der Republikaner bei der Wahl von 1856 und zogen es vor, eine günstigere Konstellation vier Jahre später abzuwarten. Der aussichtsreichste Kandidat, eben weil er so gut wie gar keine politische Erfahrung und mithin auch keinen Ruf zu verteidigen hatte, war John. C. Frémont. Das Image eines schneidigen »Wegbereiters« der Westexpansion kam ihm jetzt politisch zugute. Frémont würde, so prophezeite ein republikanischer Stratege, schon »durch sein abenteuerliches Leben und seinen Werdegang« Wähler anlocken.[21] Seiner Ehe mit der eigensinnigen Jessie Benton, Tochter des legendären Jackson-Anhängers Thomas Hart Benton, der die Atchison-Faktion in Missouri bekämpfte, verdankte Frémont wertvolle Verbindungen zu etlichen Ex-Demokraten. Seine Rolle bei der Unterstützung eines »freien« Kaliforniens im Jahre 1849 und sein Eintreten für ein »freies« Kansas 1856 sicherten ihm das Vertrauen der Abolitionisten. Frémont wurde denn auch gleich im ersten Wahlgang nominiert. Die Ex-Whigs beschwichtigte man mit der Ernennung William Daytons aus New Jersey zum Vizepräsidenten.

Daytons Nominierung gefährdete freilich den heiklen Plan, die Nordamerikanische Partei zur Unterstützung der republikanischen Kandidaten zu gewinnen. Banks schlug, wie verabredet, die Nominierung durch die Nordamerikanische Partei aus, aber die Nativisten erwarteten von den Republikanern als Gegenleistung dafür, daß sie nun Frémont unterstützten, die Ernennung *ihres* Vizepräsidentschaftskandidaten. Als die Republikaner sich weigerten, grollte die Nordamerikanische Partei eine Zeitlang, aber schließlich akzeptierte sie Dayton doch. Es kostete die Nativisten eine ziemliche Überwindung, die republikanische Wahlliste zu billigen, denn Frémonts Vater war Katholik gewesen und er selbst war von einem Priester getraut worden. Während des Wahlkampfes kursierte sogar das allerdings falsche Gerücht, Frémont sei selbst ein heimlicher Katholik. Etliche

Mitglieder der Nordamerikanischen Partei, vor allem in Pennsylvania, entschlossen sich verbittert, zu Fillmore überzulaufen, doch dieser Kandidat bot ihnen nur schwachen Trost, denn er gehörte bloß dem Namen nach zu den »Know-Nothings«, während seine Hauptanhängerschaft sich aus südstaatlerischen Whigs rekrutierte, die sich nicht dazu überwinden konnten, mit den Demokraten zusammenzugehen.

Als politisch organisierte Bewegung verschwand der Nativismus nach 1856 für lange Zeit in der Versenkung. Der Kampf gegen Katholiken (und gegen den Rum) blieb der Republikanischen Partei als versteckte Unterströmung erhalten. Aber für die republikanische Hauptströmung bedeutete nicht der Katholizismus, sondern die *slave power* jene Gefahr, die die amerikanischen Freiheiten bedrohte. »Sie sind heute hier versammelt«, hatte sich der Parteivorsitzende auf dem Republikanerkongreß an die Delegierten gewandt, »um einer Bewegung die Richtung zu weisen, die darüber entscheiden wird, ob das Volk der Vereinigten Staaten in Zukunft und für alle Zeit an die gegenwärtige Nationalpolitik der Ausbreitung der Sklaverei gefesselt bleiben soll.«[22]

Der demokratische Kandidat war in jeder Beziehung das Gegenteil von Frémont. Der »Wegbereiter« war mit 43 Jahren der bisher jüngste Präsidentschaftskandidat; James Buchanan war mit 65 einer der ältesten. Während der schillernde Frémont und seine ehrgeizige Gattin sich mit den Jahren ebenso viele Feinde wie Freunde geschaffen hatten, wirkte der Hagestolz und strenge Presbyterianer Buchanan farblos, aber zuverlässig. Im Gegensatz zu Frémont, der nur drei Monate lang ein öffentliches Amt bekleidet hatte – er vertrat Kalifornien im Senat –, blickte Buchanan auf eine so lange Karriere im Staatsdienst zurück, daß man ihm den Spitznamen »Old Public Functionary« verliehen hatte – für zehn Jahre war er Kongreßabgeordneter und für ein weiteres Jahrzehnt Senator gewesen, fünf Jahre stand er als Gesandter in Rußland und Großbritannien im diplomatischen Dienst, und vier Jahre amtierte er als Außenminister. Ein politisches Attribut hatten Frémont und Buchanan denn doch gemeinsam – hohe Erfolgschancen. Während der Kansas-Nebraska-Unruhen war Buchanan als Gesandter in England gewesen, und folglich konnte man ihm – im Gegensatz zu den Kandidaten Pierce und Douglas – keinerlei Verschulden an der Kansasmisere nachsagen. Außerdem stammte Buchanan aus Pennsylvania, das sich allmählich zum entscheidenden Schlachtfeld der Wahlen entwickelte.

Auf dem demokratischen Nationalkonvent bekamen Pierce und Douglas die meiste Unterstützung von Delegierten der Südstaaten, die sich ihrer Rolle bei der Aufhebung des Missouri-Kompromisses dankbar erinnerten. Buchanan erntete die meisten Stimmen im Norden– eine Ironie des Schicksals, wie sich herausstellen sollte, denn Buchanan sympathisierte stärker mit dem Süden als jeder seiner beiden Rivalen. Als die Wahl sich über mehr als ein Dutzend namentlicher Abstimmungen erstreckte, zogen erst Pierce und dann Douglas ihre Kandidatur im Interesse der Einigkeit der Partei zurück; so siegte Buchanan im 17. Wahlgang. Anders als das Wahlprogramm der Republikaner widmete das Grundsatzpapier der Demokraten kaum mehr als ein Fünftel seines Textes der Sklavenfrage. Es billigte die Volkssouveränität und verurteilte die Republikaner als »partikularistische Partei«, die zu »Verrat und bewaffnetem Widerstand gegen das Gesetz in den Territorien« anstifte. Andere Punkte ihres Programms wärmten alte Lieblingsthemen der Ära Jackson wieder auf: Souveränität der Einzelstaaten, eine Bundesregierung mit begrenzter Machtbefugnis, keine Bundeshilfe für innerstaatliche Erschließungsmaßnahmen, keine Nationalbank, diese »Bedrohung unserer republikanischen Institutionen und der Freiheiten des Volkes«.[23]

Der Wahlkampf entwickelte sich zu einem zweifachen Duell: Buchanan gegen Fillmore im Süden und Buchanan gegen Frémont im Norden. In den meisten südlichen Landstrichen verlief die Kampagne eher lustlos, denn hier war das Resultat ja eine ausgemachte Sache. Obgleich Fillmore bei der allgemeinen Wahl in den Sklavenstaaten 44 Prozent der Stimmen für sich verbuchen konnte, siegte er doch nur in Maryland. Frémont triumphierte im gesamten oberen Norden – Neuengland, Michigan und Wisconsin – souverän mit 60 Prozent der allgemeinen Wahl gegenüber 36 Prozent für Buchanan und vier Prozent für Fillmore. Große republikanische Mehrheiten in den Yankeeregionen des nördlichen New York, in Nord-Ohio und Nord-Iowa sicherten Frémont auch in diesen Staaten den Sieg. Die Entscheidung fiel in den unteren Nordstaaten Pennsylvania, Indiana, Illinois und New Jersey. Pennsylvania und einer der drei übrigen Staaten, respektive alle zusammengenommen mit Ausnahme von Pennsylvania, mußten im Verein mit dem fast einmütigen Süden Buchanan den Einzug ins Weiße Haus sichern.

Die Demokraten konzentrierten ihren Propagandafeldzug auf den Norden, wo sie mit dem Image der um die Rettung der Union bemühten Konservativen gegen den Extremismus der Republikaner auftraten. Die altvertrauten Themen – Banken, Binnenlanderschließung und Zolltarife – schienen in diesem Wahlkampf kaum von Interesse. Und selbst die neueren wie Temperenz und Nativismus kamen nur in einzelnen Regionen zum Tragen. Natürlich ließen es sich die Demokraten nicht nehmen, die Republikaner als Neo-Whig-Förderer von Staatsbanken und Schutzzöllen oder als bigotte Erben der »Know-Nothings« zu verteufeln, aber die wahrhaft brisanten Themen waren Sklaverei, Rassenprobleme und vor allem die Union. In diesen Punkten konnten die Nord-Demokraten sich, ohne unbedingt als Verteidiger der Sklaverei auftreten zu müssen, als Schirmherren der Union präsentieren, als Anwälte der weißen Rasse gegen die sezessionistischen »Negerrepublikaner«.

Diese Yankeefanatiker seien eine partikularistische Partei, lautete die Anklage der Demokraten. Zu Recht, denn nur in vier Sklavenstaaten (alle im oberen Süden) erschienen Frémonts Wahllisten, und die Republikaner blieben in diesen Staaten weit unter einem Prozent der Stimmen. Falls Frémont Präsident würde, weil der Norden geschlossen hinter ihm stand, dann, so warnten die Demokraten, würde die Union zerbrechen. Oder wie Buchanan selbst es formulierte: »Man muß die Negerrepublikaner ... als Sezessionisten scharf angreifen, und diese Anklage kann nicht oft genug wiederholt werden.«[24] Die Südstaatler trugen das Ihre dazu bei, indem sie drohten, sich von der Union loszusagen, falls die Republikaner die Wahl gewännen. »Wird Frémont gewählt«, so Robert Toombs, »dann bedeutet dies das Ende der Union, daran ist nichts zu deuteln.« Als die Republikaner im September bei der Parlamentswahl in Maine mit überwältigender Mehrheit siegten, versetzte Gouverneur Henry Wise in Virginia seine Miliz in Alarmbereitschaft und bekundete in einem Privatschreiben: »Wenn Frémont gewählt wird, kommt es zu einer Revolution.« Senator James Mason aus Virginia bekräftigte dies. Der Süden, so meinte er, »sollte nicht zögern, sondern umgehend zur ›sofortigen, absoluten und unwiderruflichen Trennung‹ schreiten«.[25]

Diese Warnungen verfehlten ihr Ziel nicht. Viele konservative Whigs – darunter auch die Söhne von Henry Clay und Daniel Webster – versprachen Buchanan ihre Unterstützung, da dies der einzige Weg sei, die Union zu retten. Sogar Frémonts Schwiegervater Thomas Hart Benton drängte seine Anhänger ungeachtet seines Hasses auf die demokratische Führungsschicht, für Buchanan zu stimmen. Andere konservative Whigs in so ausschlaggebenden Staaten wie New York, Pennsylvania und Illinois wählten Fillmore (dessen Wahlkampf die Demokraten insgeheim mitfinanzierten), wodurch sie das antidemokratische Votum splitteten und mithalfen, die beiden letztgenannten Staaten den Demokraten zuzuschlagen.

Ein Sieg der Republikaner würde nicht nur zur Auflösung der Union führen, so die Demokraten, nein, dadurch, daß er Sklaverei wie Rassenregelung ins Ungleichgewicht bringe, würde er auch die Vorherrschaft der Weißen in Nord und Süd gefährden. »Die Negerrepublikaner«, so erklärte eine demokratische Zeitung aus Ohio den Wählern, beabsichtigten, »Millionen von Negern ... zu befreien, damit sie euch dann aus den Werkstätten herausdrängen und euch im ehrlichen Arbeitskampf Konkurrenz machen können«. Demokraten in Pittsburgh verkündeten, die einzige Alternative laute: »die weiße Rasse oder die der Neger«, denn »das Hauptziel der Partei, die Frémont unterstützt«, sei es, »die afrikanische Rasse in diesem Lande dem weißen Mann politisch und ökonomisch völlig gleichzustellen«. In Indiana veranstalteten die Demokraten eine Parade, in der junge Mädchen in weißen Kleidern mitmarschierten und Plakate trugen, auf denen zu lesen stand: »Väter, bewahrt uns vor Niggergatten!«[26]

Vorwürfe wie der, sie würden der Sezession Vorschub leisten und die Rassengleichstellung befürworten, drängten die Republikaner in die Defensive. Vergeblich beteuerten sie, die wahren Sezessionisten seien die Südstaatler, die ja schließlich mit dem Austritt aus der Union drohten. Und ebenso vergeblich betonten sie, daß sie keineswegs die Absicht hätten, »die afrikanische Rasse den Weißen völlig gleichzustellen«. Im Gegenteil, so erklärten sehr viele Republikaner, das Hauptziel der Sperrung der Territorien für die Sklaverei bestünde doch gerade darin, weiße Siedler vor der erniedrigenden Konkurrenz mit schwarzen Arbeitskräften zu schützen. Um den Vorwurf des egalitären Abolitionismus zu widerlegen, enthielte ja die freistaatliche »Verfassung« von Kansas eine Klausel, die nicht nur Sklaven, sondern auch freie Schwarze aus dem Territorium verbanne. »Wir vertreten hier nicht eigentlich das Wohlergehen der Neger«, erklärte Lyman Trumbull vor dem republikanischen Konvent, »sondern wir sind hier zum Schutz unserer weißen Arbeiterklasse, zu unserem eigenen Schutz und zur Wahrung unserer persönlichen Freiheiten.« Abolitionisten wie Lewis Tappan und William Lloyd Garrison verurteilten die Republikanische Partei gerade, weil in ihr »kein Platz ist für den Sklaven oder den freien Farbigen. [...] Ihre Moral ... endet bei 36 Grad, 30 Min. [...] Sie ist eine Partei der Hautfarbe, ausschließlich für weiße Männer, nicht für alle«.[27]

Trotz ihrer Dementis konnten die Republikaner die Wähler im unteren Norden nicht davon überzeugen, daß die Partei am Ende nicht doch ein »negerrepublikanischer« Bund sei, geleitet von »ungezügelter und fanatischer Sentimentalität für die schwarze Rasse«.[28] Die Demokraten wußten mehrere Republikaner zu benennen, die sich öffentlich für die Gleichberechtigung der Neger ausgesprochen hatten. Sie wiesen darauf hin, daß die meisten der Männer, die sich jetzt Republikaner nannten, erst kürzlich dafür gestimmt hatten, den Schwarzen in New York, Wisconsin und anderswo das Wahlrecht zuzugestehen, und daß jene Gesetzgeber, die in Massachusetts die Rassentrennung in Schulen aufgehoben hatten, nun Frémont unterstützten. Die Demokraten konnten außerdem darauf verweisen, daß die Republikaner von prominenten Schwarzen wie Frederick Douglass favorisiert wurden; Douglass hatte erklärt, Frémonts Wahl werde »die Einführung der Sklaverei in Kansas verhindern, die Herrschaft der Sklavenhalter in der Republik stürzen ... und die Sklaverei mit dem Zeichen nationaler Verurteilung brandmarken«.[29] Neben dem drohenden Schatten der Sezession war der

Verdacht, sie würden die Gleichberechtigung der Schwarzen durchsetzen wollen, das größte Hindernis, das dem Sieg der Republikaner in weiten Teilen des Nordens im Wege stand.

Die Republikaner wußten wohl, daß sie den Sieg nicht durch Verteidigung, sondern nur durch Gegenangriff erringen konnten. Und sie entdeckten die Achillesferse des Gegners, nämlich seine Abhängigkeit von der *slave power.* »Die Sklaventreiber«, so ein Republikaner aus Ohio, »versuchen aus unserem Land ein Großreich der Sklaverei zu machen; sie wollen Sklavenzucht, Sklavenhandel, Sklavenarbeit, Ausbreitung der Sklaverei, Sklavereipolitik und Sklavenbesitz FÜR ALLE ZEIT ALS HERRSCHAFTSELEMENTE UNSERER REGIERUNG verankern.« Der Sieg der Republikaner, so prophezeite eine Versammlung in Buffalo, würde »unserem Land eine Volksregierung garantieren statt der einer Oligarchie, eine Regierung, die vor aller Welt die Rechte der Menschen statt die Privilegien einer Herrenrasse bewahrt«.[30]

Das Ziel, auf das sich der Direktangriff der Republikaner richtete, war Kansas. Solle er von »Schutzzoll, Nationalbank, von Binnenlanderschließung und den Kontroversen zwischen Whigs und Demokraten« sprechen? So lautete Sewards rhetorische Frage in einer Wahlkampfrede. »Nein«, gab er gleich selbst die Antwort, denn diese Themen »gehören der Vergangenheit an. Worüber also spreche ich dann – Kansas vielleicht? ... O ja, das ist das Thema ... das und kein anderes«. Ein eingefleischter Demokrat, der sich nun plötzlich entschloß, für die Republikaner zu stimmen, urteilte: »Wären die ›Sklaventreiber‹ nicht gar so *anmaßend aggressiv* gewesen, dann hätte ich wohl ruhig mitangesehen, wie sie sich ausbreiteten ... Aber wenn sie versuchen, ihre Herrschaft [in Kansas] mit Feuer & Schwert durchzusetzen, dann sage ich halt, genug!« Einem demokratischen Freund, der ihn zur Rückkehr in seine angestammte Partei zu überreden versuchte, erklärte er: »Haltet mir keinen Platz frei. Ich komme nicht zurück.«[31]

Der Wahlkampf entfachte Leidenschaften, wie es sie so in der amerikanischen Politik noch nie gegeben hatte. Die republikanische Jugend veranstaltete riesige Fackelzüge, bei denen zur Melodie der *Marseillaise* ein Kampflied skandiert wurde, in dem es hieß: »Freier Boden, freie Rede, freie Menschen! Frémont, er macht uns frei!« Henry Wadsworth Longfellow fiel es »schwer, stillzusitzen, wenn eine solche Erregung in der Luft liegt«. Ein altgedienter Politiker in Indiana staunte: »Männer, Frauen & Kinder, alles schien auf den Beinen und alle beseelt von einer Inbrunst, wie ich sie bisher noch nie erlebt habe, und dabei bin ich doch aktiv an sechs Präsidentschaftswahlen beteiligt gewesen. [...] Anno 40, da haben alle gejubelt. [...] Jetzt herrscht wenig Überschwang – vielmehr spürt man einen feierlichen, fast schmerzhaften Ernst.«[32] Die Wahlbeteiligung im Norden war mit

83 Prozent der Stimmberechtigten erstaunlich hoch. Es sah ganz so aus, als ob die Nordstaatler »darauf brennen [würden], die Revolution zu entfachen«, schrieb voll ehrfürchtiger Scheu ein Politiker, und ein Journalist ging sogar noch weiter: »Der Prozeß, der sich jetzt in der Politik der Vereinigten Staaten vollzieht, ist eine Revolution.«[33]

Während dieser Aufruhr die republikanischen Wähler in großer Zahl mobilisierte, verstärkte er gleichzeitig die bösen Vorahnungen, die viele ehemalige Whigs dazu bewog, ihre Stimme Buchanan oder Fillmore zu geben. Auch die Regierung Pierce unternahm Schritte, um die Zeitbombe Kansas zu entschärfen. Der Gouverneur des Territoriums, Wilson Shannon, der sich außerstande sah, der Ausschreitungen in Kansas Herr zu werden, trat im August von seinem Posten zurück. Pierce ersetzte ihn durch John W. Geary, dessen imposante Statur (er war 1,94 Meter groß) und furchtloses Auftreten ihn zur Autoritätsperson prädestinierten. Obwohl er erst 36 Jahre alt war, hatte Geary schon in mehreren Sparten reüssiert. Er war Anwalt, Bauingenieur, hatte als Offizier im Mexikanischen Krieg den Sturm auf Chapultepec geführt und es als erster Bürgermeister von San Francisco fertiggebracht, die Banditen in dieser von Glücksspiel und Prostitution heimgesuchten Stadt zu bändigen. Wenn jemand Kansas rechtzeitig befrieden konnte, um die Demokraten zu retten, dann war es Geary. Er selbst soll gesagt haben, er habe, als er nach Kansas ging, »einen Präsidentschaftskandidaten auf den Schultern getragen«.[34] Geary bot den Guerillabanden beider Seiten die Stirn und setzte die Bundestruppen (1300 Mann waren in Kansas stationiert) so kühn und geschickt ein, daß es ihm gelang, bis zum Oktober die Ausschreitungen weitgehend zu unterdrücken. Kansas hörte auf zu bluten – zumindest vorübergehend.

Die Aussicht auf Frieden in Kansas brachte einige mißgestimmte Nord-Demokraten in den Schoß der Partei zurück. Als man feststellte, daß die Siedler aus dem Norden den Südstaatlern im Territorium zahlenmäßig überlegen waren, keimte erneut die Hoffnung auf, daß die Volkssouveränität Kansas trotz allem noch zu einem »freien« Staat machen könnte. Während offenbar 20 Prozent oder mehr der konservativen Demokraten im oberen Norden 1856 republikanisch wählten, waren es im unteren Norden vermutlich nur zehn Prozent oder gar noch weniger.[35] Dieser Teilerfolg nach dem Desaster von 1854 ermöglichte es der Partei, einige ihrer früheren Verluste wettzumachen. Statt nur 25 Sitzen im Repräsentantenhaus eroberten die Nord-Demokraten diesmal 53, doch waren sie gegenüber den 75 Süd-Demokraten und 92 Republikanern immer noch in der Minderheit. Das wichtigste aber war: Während Frémont mit 114 Wahlmännerstimmen 11 Nordstaaten für sich gewann, siegte Buchanan in den übrigen fünf Staaten – Pennsylvania, New Jersey, Indiana, Illinois und Kalifornien – mit

62 Wahlmännervoten, was ihm, zusammen mit den 112 Stimmen des Südens, einen beruhigenden Vorsprung sicherte.[36] Nach der allgemeinen Wahl freilich war Buchanan ein Minderheitspräsident mit bundesweit 45 Prozent der Stimmen – 56 Prozent im Süden und 41 Prozent im Norden.[37]

Die Südstaatler ließen Buchanan nicht vergessen, daß er seine Wahl hauptsächlich ihnen verdankte. »Mr. Buchanan und die Nord-Demokraten sind auf den Süden angewiesen«, notierte ein Richter aus Virginia nach der Wahl in seinem Entwurf eines südstaatlerischen Programms für die nächsten vier Jahre. »Wenn wir in Kansas Erfolg haben, die Schutzzölle niedrig halten, uns aus der wirtschaftlichen Abhängigkeit vom Norden befreien und das Sklaventerritorium noch um einiges erweitern, können wir vielleicht doch noch als freie Männer unter dem Sternenbanner weiterleben.«[38]

III

Um in Kansas erfolgreich zu sein, mußten die Demokraten allerdings zu einer verwegenen Strategie greifen, denn es galt immerhin, die geschätzte 2:1-Mehrheit der freien Siedler zu überwinden. Das sklavereifreundliche Parlament, welches die »Grenzschläger« 1855 gewählt hatten und das immer noch als gesetzgebende Körperschaft agierte, zeigte sich der heiklen Aufgabe gewachsen. Als es im Januar 1857 zusammentrat, ignorierte man Gouverneur Gearys Forderung nach Modifizierung des drakonischen Sklavenkodex, der für gewisse abolitionistische Aktionen die Todesstrafe vorsah, und verfaßte statt dessen einen Gesetzentwurf, der auf einen manipulierten Verfassungskonvent abzielte. Als die Delegiertenwahl für Juni festgelegt wurde, stellte sich heraus, daß das Parlament die Country Sheriffs (allesamt Verfechter der Sklaverei) mit der Registrierung der Wähler beauftragt und County Commissioner (ebenfalls Befürworter der Sklaverei) mit der Ernennung der Wahlprüfungsrichter betraut hatte. Gemessen an früheren Wahlen in Kansas, bedurfte es nicht viel Scharfsinns, um den Zweck dieser Vorkehrungen zu erkennen. Zur Krönung des Ganzen legte der Entwurf fest, daß die neue, vom Konvent entworfene Verfassung ohne Referendum wirksam werden sollte.

Geary war empört. Er war als Demokrat nach Kansas gekommen, der die »schädlichen« Grundsätze des Abolitionismus »aus tiefstem Herzen verabscheute«. Aber er überzeugte sich schon bald von der »kriminellen Mittäterschaft der Behörden« bei dem Versuch, Kansas »unter allen Umständen« zum Sklavenstaat zu machen. Deshalb sympathisierte er mit der *free-soil*-Bewegung; er wurde später aktiver kommandierender General im Bürgerkrieg und schließlich republikanischer Gouverneur von Pennsylvania. 1857 verweigerte er dem Parlamentserlaß seine Zustimmung; die Legislative verabschiedete ihn prompt unter Mißachtung seines Vetos. Geary, der sich ständig mit den Territorialbeamten anlegte und dessen Leben fast täglich bedroht wurde, erhielt von der ausmanövrierten Pierce-Administration keine Unterstützung und legte am 4. März 1857 sein Amt nieder. Nach seiner Abreise aus Kansas verurteilte er in einem Interview das »Schurkenparlament« des Territoriums. Geary war mit den Gesetzlosen in der verrufensten Stadt des Landes, San Francisco, fertiggeworden, aber Kansas zwang ihn in die Knie.[39]

Buchanan, der sich zu Beginn seiner Amtszeit mit ebenjenem Kansasproblem konfrontiert sah, das die Pierce-Administration zugrunde gerichtet hatte, war entschlossen, das Schicksal seines Vorgängers nicht zu teilen. Er überredete Robert J. Walker aus Mississippi, der mit Buchanan bereits in Polks Kabinett zusammengearbeitet hatte, als Territorialgouverneur nach Kansas zu gehen und dort für eine ordnungsgemäße, von einem Referendum bestätigte Verfassung zu sorgen. Walker war zwar körperlich ein gutes Stück kleiner als Geary, doch an Mut war er ihm ebenbürtig. Trotzdem sah auch er sich von Kansas überfordert. Obwohl selbst Südstaatler, bekannte er offen, daß die Freistaatler in jeder fairen Wahl die Mehrheit bekommen mußten. Das Problem bestand darin, daß die für den Juni anberaumte Delegiertenwahl nicht fair verlaufen würde. Als er Ende Mai in Kansas eintraf, war es zu spät: Das Wahlverfahren ließ sich nicht mehr ändern. Trotzdem drängte Walker die Freistaatler, zur Wahl zu gehen. Mit nur 2200 von 9250 registrierten Wählern, die an der Abstimmung teilnahmen, erlangten die Sklavereiverfechter alle Sitze in dem für September in Lecompton anberaumten Konvent.

Diese Farce einer Wahl stellte Walkers Gouverneursamt von Anfang an unter einen ungünstigen Stern. Die schärfsten Kritiker kamen aus seinen eigenen Reihen, der der Südstaatler. Sie widersetzten sich einem Referendum über die angekündigte Verfassung, worin Walker sie unterstützte. Daher mußte er schon gleich nach seiner Ankunft im Territorium die Feindseligkeiten der Südstaatler vor Ort und daheim im Osten erdulden. Als aus Washington verlautete, daß Buchanan das Drängen des Gouverneurs auf ein Referendum unterstützte, erhoben sich die Demokraten des Südens in selbstgerechtem Protest. »*Wir sind betrogen*«, lamentierten sie, betrogen »von einer Regierung, die mit [südstaatlerischen] Stimmen an die Macht gelangte«. Alle vier Kabinettsmitglieder aus dem Süden wandten sich gegen Walker. Mehrere Einzelstaatenparlamente und demokratische Staatskonvente kritisierten ihn aufs schärfste. Jefferson Davis aus Mississippi verurteilte Walkers »Niedertracht«. Mehrere Südstaatler griffen erneut zu der altbewährten Sezessionsdrohung für den Fall, daß die Regierung Walker nicht entließe und von dem Referendum Abstand nehme.[40]

Unter so massivem Druck gab Buchanan klein bei. Der Süden hatte wieder einen seiner Pyrrhussiege errungen. Doch bevor es soweit war, ging man in Kansas abermals an die Wahlurnen, um über ein neues Territorialparlament abzustimmen. Mit dem Versprechen, für absolute Fairneß zu sorgen, überredete Walker die *free-soiler*, sich diesmal an der Wahl zu beteiligen. Aber siehe da, die ersten Ergebnisse schienen einen erstaunlichen Sieg der Sklavereiverfechter anzukündigen. Bei näherer Untersuchung klärte sich dieses rätselhafte Phänomen dadurch auf, daß zwei entlegene Bezirke mit nur 130 zugelassenen Wählern fast 2900 Stimmzettel abgegeben hatten. In einem Fall hatte man etwa 1600 Namen aus einem alten Adreßbuch von Cincinnati auf die Wählerlisten übertragen. Walker ließ die falschen Ergebnisse aussortieren und bestätigte die Mehrheit der Freistaatler im künftigen Territorialparlament. Diese Maßnahme provozierte neuerliches Entrüstungsgeschrei seitens der Südstaatler, die sich bitter über die »frisierten« Ergebnisse beklagten.

Während der Streit hierüber anhielt, vollendete der Verfassungskonvent in Lecompton sein Werk. Das Dokument, das die Delegierten schließlich vorlegten, entsprach größtenteils den herkömmlichen Gepflogenheiten. Aber es erklärte, daß »das Recht auf Eigentum maßgeblicher ist und höher steht als jede verfassungsmäßige Sanktion und daß das Recht eines Sklavenhalters auf seine Sklaven und deren Nachwuchs gleichwertig und ebenso unantastbar ist wie der Besitzanspruch auf jedwedes andere Eigentum«. Zusatzartikel zu dieser Verfassung wurden auf sieben Jahre gesperrt, und selbst nach Ablauf dieser Frist »soll keine Änderung vorgenommen werden, welche die Eigentumsrechte von Sklavenhaltern betrifft«.[41]

So sah die Lösung eines Problems von akutem nationalem Interesse aus, wie sie ein Konvent anbot, der ein Fünftel der potentiellen Wähler in Kansas repräsentierte. Um sicherzustellen, daß diese Wähler sie nicht ablehnten, beschloß der Konvent, die Verfassungsvorlage nebst einem Gesuch um Gewährung der Eigenstaatlichkeit ohne Referendum an den Kongreß zu schicken – allen Versprechen von Walker und Buchanan zum Trotz.

Da die Demokraten über die Mehrheit im Kongreß verfügten und die Demokratische Partei wiederum von den Südstaatlern dominiert wurde, glaubten die Verfechter der Sklaverei, daß dieses gewagte Gambit Erfolg haben würde. Allein, die meisten Demokraten, darunter auch einige Südstaatler, fanden das denn doch zu schamlos; sie suchten nach einem Weg, zumindest der Form nach das Referendum ernst zu nehmen. Am 7. November modifizierte der Konvent seine Position. Jetzt schrieb er ein Referendum vor, allerdings nicht über die gesamte

Verfassung, sondern lediglich zu zwei alternativen Sklavereiklauseln, bezeichnet als »Verfassung mit Sklaverei« oder »Verfassung mit Ausnahme der Sklaverei«. Das schien durchaus fair, sah man davon ab, daß die Verfassung ohne Sklaverei folgendes festlegte: Während die Sklaverei in Kansas abgeschafft wurde, dürfe »das Eigentumsrecht an bereits in diesem Territorium befindlichen Sklaven in keiner Weise angetastet werden«. Tatsächlich also verbot die Verfassung ohne Sklaverei nur den Import weiterer Sklaven nach Kansas. Die *free-soiler* sahen diese Alternative als Betrugsgeschäft nach dem Motto: Zahl – du gewinnst , Kopf – ich verliere. Und so lehnten sie den Vorschlag denn als »großen Schwindel« ab. Die demokratische Presse im Norden schloß sich vielfach ihren republikanischen Rivalen an und empörte sich mit ihnen über dieses »gemeine Machwerk«.[42] Selbst wenn sie für die Verfassung ohne Sklaverei stimmten, sagten die Freistaatler, was hinderte die Sklavenhalter daran, Leibeigene über die 200-Meilen-Grenze zwischen Missouri und Kansas zu schmuggeln? Und befänden sich diese Sklaven erst einmal in Kansas, dann wären auch sie »unantastbares« Eigentum. Mehrere Südstaaten hatten den Sklavenimport bereits verboten, aber solche Gesetze hatten sich bisher als gänzlich unwirksam erwiesen. Im übrigen standen die Chancen, die Verfassung *mit* Sklaverei zu vereiteln, sehr schlecht, denn der Konvent legte das Wahlverfahren für das Referendum in die Hände jener Beamten, die ihr Geschick im Manipulieren von Wählerstimmen bereits erfolgreich unter Beweis gestellt hatten.

Gouverneur Walker verurteilte den Lecompton-Beschluß als »gemeinen Betrug, pure Heuchelei«. Es sei »unmöglich«, daß Buchanan sich darauf einließe, meinte Walker, denn erst am 22. Oktober hatte der Präsident seine Unterstützung für ein faires Referendum erneut bekräftigt. Aber die Verfechter der Sklaverei, die Walker belächelten und sagten, Buchanan habe seine Meinung eben geändert, sollten recht behalten. Zu einem Nord-Demokraten, der empört gegen diese Kehrtwendung des Präsidenten protestierte, sagte Buchanan, es bleibe ihm keine andere Wahl: Wenn er den Beschluß des Lecompton-Konvents nicht akzeptiere, würden die Südstaaten entweder »aus der Union austreten oder die Waffen gegen ihn erheben«.[43] Der enttäuschte Walker kehrte Kansas für immer den Rücken – der vierte Gouverneur in drei Jahren, der zwischen den Mühlsteinen der Sklaverei und *free-soil*-Bewegung zerrieben worden war.

Am 3. Dezember 1857 stürmte Walkers Freund Stephen A. Douglas ins Weiße Haus, um Buchanan wegen des »betrügerischen Spiels« dieser Lecompton-Verfassung zur Rede zu stellen. Was dort geschehen war, nannte er einen Hohn auf die Volkssouveränität, und er drohte dem Präsidenten, daß er, sollte er Kansas aufgrund solcher Voraussetzungen die Eigenstaatlichkeit verleihen, damit den Untergang der Demokratischen Partei im Norden auf dem Gewissen haben würde.

Falls Buchanan keine Einsicht zeigen sollte, dann, so schwor Douglas, würde er sich im Kongreß offen gegen ihn stellen. »Mr. Douglas«, antwortete ihm Buchanan, »ich möchte Sie daran erinnern, daß bis heute noch kein Demokrat sich gegen eine Regierung seiner Wahl gestellt hat, ohne dabei zugrunde zu gehen. [...] Hüten Sie sich vor dem Schicksal von Tallmadge und Rives« – zwei Senatoren, die politisch in der Versenkung verschwunden waren, nachdem sie sich mit Andrew Jackson überworfen hatten. Douglas aber konterte schlagfertig: »Herr Präsident, ich darf Sie daran erinnern, daß General Jackson tot ist.«[44] Der Fehdehandschuh war geworfen, und das nachfolgende Duell sollte die Demokratische Partei spalten und dazu beitragen, daß 1860 ein Republikaner die Präsidentschaftswahlen gewann.

Die »arglistige« (so Douglas) Lecompton-Verfassung wurde den Wählern von Kansas am 21. Dezember zur Abstimmung vorgelegt. Die *free-soiler* weigerten sich, an dem Referendum teilzunehmen, das daraufhin die Verfassung »mit Sklaverei« durch ein Votum von 6226 gegen 569 Stimmen bestätigte. (Wie üblich ergab auch diesmal eine Untersuchung, daß 2720 der Mehrheitsstimmen durch Manipulation zustande gekommen waren. Unterdessen plante das neue Territorialparlament der *free-soiler* sein eigenes Referendum für den 4. Januar 1858, wo die Wähler Gelegenheit haben sollten, die gesamte Verfassung anzunehmen oder abzulehnen. Diesmal boykottierten die Verfechter der Sklaverei die Abstimmung, bei der sich 138 für die Verfassung »mit Sklaverei« aussprachen, 24 für »ohne Sklaverei« und 10 226 die Verfassung insgesamt ablehnten.

Nun konnte der Kongreß zwischen zwei Volksentscheiden seine Wahl treffen. Die »Eisenfresser« südlich des Potomac heizten ihre Redner an, um eine Wahl nach ihrem Sinne zu gewährleisten. In Alabama erwog Yancey die Bildung von Komitees zur allgemeinen Sicherheit, die »das Herz der Südstaatler in Flammen setzen« und »die Baumwollstaaten auf schnellstem Wege in die Revolution führen« sollten. Gouverneure und Parlamente standen in Bereitschaft, um Konvente einzuberufen, die über die Sezession entscheiden sollten, falls der Kongreß sich weigerte, Kansas nach der »ordnungsgemäß ratifizierten« Lecompton-Verfassung in die Union aufzunehmen. »Wenn Kansas aus der Union verbannt wird, *weil es ein Sklavenstaat ist*«, so Senator James Hammond aus South Carolina, »wie kann dann irgendein Sklavenstaat darin bleiben, ohne seine Ehre zu verlieren?« Die Bürger des Südens, erklärte ein Abgeordneter aus Georgia, beabsichtigten, »sich in dieser Union Gleichberechtigung zu verschaffen oder sich von ihr unabhängig zu machen«.[45] Solche Drohungen stärkten Buchanan den Rücken. Am 2. Februar 1858 sandte er die Lecompton-Verfassung an den Kongreß mit dem Vermerk, er empfehle die Aufnahme eines 16. Sklavenstaates in die Union.

Kansas, so behauptete der Präsident, »ist in diesem Augenblick bereits ebensosehr ein Sklavenstaat wie Georgia oder South Carolina«.[46]

Das Lecompton-Problem hielt den Kongreß monatelang in Atem. Es beschwor sogar noch leidenschaftlichere Auseinandersetzungen herauf als der Kansas-Nebraska-Act vier Jahre zuvor. Die Konfrontation war wieder die gleiche wie damals – allerdings mit zwei entscheidenden Ausnahmen: Diesmal führte Douglas die Opposition an; und unter den nordstaatlerischen Abgeordneten des Repräsentantenhauses waren die Republikaner in der Mehrheit. Douglas' politische Zukunft stand auf des Messers Schneide. Hätte er die Lecompton-Verfassung abgesegnet, dann wäre ihm 1860 die Unterstützung des Südens für seine Präsidentschaftskandidatur sicher gewesen. Allerdings hätte die Nominierung unter solchen Umständen wenig Wert besessen, denn der Mühlstein der Lecompton-Verfassung sollte die Demokraten im Norden so schwer belasten, daß sie dort keinen einzigen Staat für sich gewinnen konnten. Douglas zögerte indes nicht mit seiner Wahl. Er könne, so sagte er vor dem Senat, niemals dafür stimmen, »den Bürgern von Kansas diese Verfassung aufzuzwingen, gegen ihren ausdrücklichen Wunsch und unter Mißachtung unserer eigenen Versprechen«.[47] In Washington gingen haufenweise Briefe und Telegramme ein, die Douglas' aufrechtem Standpunkt Beifall zollten. »Sie haben den einzigen Kurs eingeschlagen, der die Demokratische Partei bei der nächsten Wahl noch vor der Vernichtung retten könnte«, hieß es in einem beispielhaften Schreiben.[48] Douglas machte sogar die ganz und gar neuartige Erfahrung, daß Oppositionsvertreter wie Horace Greeley ihn feierten, ja ihn als guten Republikaner vereinnahmen wollten.

Im Süden allerdings wurde er fast nur geschmäht. Die Südstaatler äußerten sich »befremdet« darüber, daß der Mann aus Illinois sich gegen sie gewandt hatte. »Douglas hielt zu uns, bis die Zeit der Prüfung kam«, sagte ein Vertreter Georgias, »dann hat er uns hintergangen und verraten.« Einer aus South Carolina klagte: »Daß Douglas abtrünnig geworden ist, hat mein Vertrauen in die Nordstaatler, sofern es um die Sklaverei geht, mehr erschüttert als alles andere, denn gerade ihn habe ich lange für einen unserer zuverlässigsten und vertrauenswürdigsten Freunde gehalten.« Als sich die Kontroverse dann zuspitzte, wurden auch die Ausfälle der Südstaatler gegen Douglas zusehends heftiger: Er stehe, hieß es, »an der Spitze einer schwarzen Kolonne ... befleckt mit der Schande eines beispiellosen Verrats ... offenkundigen Betrugs ... verabscheuungswürdiger Ketzerei ... dem Abschaum seiner dreisten Falschheit«, sei »*passé* und am Abgrund ... fort mit ihm in das Grab, das er selbst seinem politischen Leichnam schaufelt«.[49]

Die von Südstaatlern dominierte demokratische Mehrheit des Senats genehmigte am 23. März 1858 die Aufnahme von Kansas als Sklavenstaat. Im Repräsentantenhaus konnte die Regierung genau wie 1854 auf mindestens die Hälfte der Nord-Demokraten rechnen. Aber diesmal genügte das nicht, um die Schlacht zu gewinnen. Und der Begriff »Schlacht« war keine Übertreibung für das, was sich da im Repräsentantenhaus abspielte. Während einer Sitzung, die sich die ganze Nacht hinzog, ging der Republikaner Galusha Grow aus Pennsylvania zu den Demokraten hinüber, um mit ein paar Nord-Demokraten zu konferieren. Da rief Lawrence Keitt aus South Carolina ihm entgegen: »Scher dich zurück auf deine Seite des Saals, du republikanischer Fatzke!« Grow parierte mit einer höhnischen Bemerkung über »Sklaventreiber«, packte Keitt beim Kragen und schlug ihn nieder. Abgeordnete beider Seiten stürzten sich in das Handgemenge. »An die 50 teils reife, teils alte Gentlemen sind aufeinander losgegangen wie Tipperary-Wilde«, schrieb ein Reporter über diese nächtliche Rauferei. »Den meisten von ihnen fehlte es zum Glück an Atem oder Muskelkraft, um einander ernsthaften Schaden zufügen zu können.« Aber Alexander Stephens meinte: »Falls Waffen zur Hand gewesen wären, dann hätte der Streit vermutlich ein blutiges Ende genommen. Alles, was hier geschieht, führt mich zu dem Schluß, daß die Union nicht mehr lange bestehen kann und wird.«[50] Am 1. April taten sich in einer dramatischen namentlichen Abstimmung 22 (von 53) Nord-Demokraten mit den Republikanern sowie mit einer Handvoll Mitglieder der Amerikanischen Partei zusammen, um die Lecompton-Verfassung mit 120 gegen 112 Stimmen zu Fall zu bringen. »Die Höllenqual ist ausgestanden«, schrieb ein Douglas-Demokrat, »und Gott sei Dank hat das Recht triumphiert!«[51]

Um ihr Gesicht zu wahren, befürwortete die Regierung einen Kompromiß, demnach Kansas noch einmal über die Lecompton-Verfassung abstimmen sollte – diesmal unter dem Deckmantel eines Referendums zur Größenregelung der üblichen Landzuweisung, die bei Erteilung der Souveränität gewährt wurde. Eine Ablehnung der Landzuweisung hätte die Eigenstaatlichkeit um mindestens zwei Jahre verzögert. Die Bewohner von Kansas wiesen diese List verächtlich als Bestechungsversuch zurück und brachten sie am 2. August mit einem Votum von 11 300 gegen 1788 Stimmen zu Fall. Unterdessen hatte Kansas wieder aus mehreren Wunden zu bluten begonnen. Siedler und »Grenzschläger« bekämpften einander unnachsichtig; grausame Überfälle aus dem Hinterhalt waren an der Tagesordnung. Im Mai 1858, fast genau am zweiten Jahrestag des Massakers vom Pottawatomie, revanchierte sich eine Bande von Sklavereianhängern bei John Brown, indem sie neun freistaatliche Siedler aus ihren Hütten entführten und vor ein Exekutionskommando stellten (vier der Opfer überlebten ihre Verletzungen).

John Brown erschien aufs neue im Territorium. Seine Freischärler drangen in Missouri ein, töteten einen Sklavenhalter, ließen 11 Sklaven nebst zahlreichen Pferden frei und brachten sie nach Kanada.

Die Freistaatler von Kansas gründeten eine Republikanische Partei und stellten 1859 zwei Drittel der Delegierten für einen neuerlichen Verfassungskonvent. Im Januar 1861 trat Kansas schließlich als »freier« Staat der Union bei und sicherte dem Norden zusammen mit den seit dem Mexikanischen Krieg beigetretenen Staaten Kalifornien, Minnesota und Oregon einen Überhang von vier Staaten gegenüber dem Süden. Kansas wurde sogar eine der stärksten Republikanerhochburgen in der Union. Zwar waren die meisten freistaatlichen Siedler ursprünglich Demokraten gewesen, doch der Kampf gegen die »Sklaventreiber« trieb sie in die Arme der Republikanischen Partei, die in den ersten Jahren der Souveränität regelmäßig Mehrheiten von 2:1 oder 3:1 errang.

Mit Feinden wie den Demokraten brauchten die Republikaner kaum Freunde. Als hätte die Kansas-Geschichte sie übermütig gemacht, erlaubten die Buchanan-Administration, der Supreme Court und die Süd-Demokraten sich noch mehr Eigenwilligkeiten, die den Republikanern bei der Präsidentschaftswahl von 1860 zur Macht verhelfen mußten.

6.

»Lumpenpack und ölverschmierte Mechaniker für A. Lincoln«

I

Dred Scott lebte rund 60 Jahre im Verborgenen. Erst in den beiden letzten Jahren seines Lebens sollte sich das ändern, und auch da galt der Ruhm, den er auf seine alten Tage erlangte, nicht ihm persönlich, sondern dem, was er repräsentierte. Scott war ein Sklave des Militärarztes John Emerson aus Missouri, der ihn in den 30er Jahren für längere Zeit in seine Garnisonen in Illinois und nach Fort Snelling im Norden des Louisianaankaufgebietes (das heutige Minnesota) mitnahm. In Fort Snelling heiratete Scott eine Sklavin, die ebenfalls Emerson gehörte. Sie brachte in einem durch den Missouri-Kompromiß sklavenfrei gewordenen Territorium eine Tochter zur Welt, ehe Emerson die Scotts nach Missouri zurückschickte. Nachdem Emerson gestorben war und seine Witwe die Scotts geerbt hatte, rieten befreundete Weiße in St. Louis Dred Scott 1846, er solle um seine Freilassung prozessieren und als Klagegrund angeben, daß er längere Zeit in einem »freien« Staat und in einem »freien« Territorium ansässig gewesen sei. Scott befolgte diesen Rat. So begann eine elfjährige Saga, die als einfacher Freiheitsprozeß anfing und sich zur berüchtigsten *cause célèbre* der amerikanischen Verfassungsgeschichte ausweitete.

Scott verlor seinen Prozeß in erster Instanz, gewann ihn aber 1850 im Berufungsverfahren vor dem Amtsgericht von St. Louis, dessen Entscheidung der Oberste Gerichtshof von Missouri in nächster Instanz für ungültig erklärte; die Scotts wurden in die Sklaverei zurückgeschickt. Allmählich erlangte der Fall politische Bedeutung. Gerichte in Missouri hatten in früheren Fällen, die dem von Dred Scott durchaus vergleichbar waren, Sklaven die Freiheit gewährt. Wenn es nun diese Präzedenzfälle mißachtete und bestätigte, daß trotz Scotts Aufenthalt in »freiem« Territorium immer noch die Rechtsprechung Missouris ausschlaggebend sei, so reagierte das Oberste Gericht des Staates damit auf den massiven Druck der

Verfechter der Sklaverei. Scotts Anwälte, zu denen inzwischen auch ein aus Vermont gebürtiger Bewohner von St. Louis gehörte, glaubten, sie könnten den Fall doch noch gewinnen, wenn es ihnen gelänge, ihn vor ein Bundesgericht zu bringen. Da Scotts Besitzer inzwischen nach New York gezogen waren, wandten die Anwälte sich an das Bundesappellationsgericht, und zwar unter Bezugnahme auf die Bürgerrechtsklausel in der Verfassung, die Fälle, an denen Bürger mit verschiedenartiger Staatenzugehörigkeit beteiligt sind, der Rechtsprechung der Bundesgerichte unterstellt. 1854 nahm das für Missouri zuständige Appellationsgericht den Fall an (und erkannte damit Scott den Status des Bürgers zu), bestätigte aber gleichwohl die Ablehnung seines Freiheitsbegehrens durch das Gericht von Missouri. Scotts Anwälte legten daraufhin beim US-Supreme-Court Berufung ein. Die Verfechter der Sklaverei begrüßten diesen Schritt, da der Fall inzwischen so problematisch war, daß Verfassungsfragen geklärt werden mußten. Und im Supreme Court gab es schließlich eine südstaatliche Mehrheit.

Die Richter hörten 1856 erstmals die Plädoyers zu dem Fall, vertagten aber die zweite Anhörung auf die Sitzungsperiode von 1856 auf 1857 – vielleicht, weil sie ihr Urteil nicht vor der Präsidentschaftswahl fällen wollten. Das Gericht hatte sich mit drei zentralen Fragen auseinanderzusetzen: War Scott als Schwarzer ein Bürger mit dem Recht, vor einem Bundesgericht zu klagen? Hatte der längerfristige Aufenthalt (jeweils zwei Jahre) in einem »freien« Staat und Territorium Scott frei gemacht? War Fort Snelling tatsächlich ein »freies« Territorium – das heißt, hatte der Kongreß 1820 das Recht gehabt, das Gebiet aus dem Louisianaankauf nördlich von 36°30′ für die Sklaverei zu sperren? Vor der ersten und dritten Frage hätte der Supreme Court sich drücken können, indem er einfach die Urteile des Obersten Gerichtshofs von Missouri und des Bundesappellationsgerichts bestätigte, die entschieden hatten, daß für Scotts rechtlichen Status das Gesetz von Missouri maßgebend sei. Präzedenzfälle für eine solche Regelung waren vorhanden; der Supreme Court selbst hatte im Falle *Strader vs. Graham* (1851) die Rechtsbeschwerde gegen ein Urteil des obersten Gerichts in Kentucky abgelehnt, welches entschieden hatte, daß Sklaven aus Kentucky, die vorübergehend nach Ohio gebracht worden waren, auch weiterhin nach dem Gesetz Kentuckys Sklaven blieben. Tatsächlich hatte es auch eine Zeitlang den Anschein, als ob der Supreme Court diesen Ausweg wählen würde. Am 14. Februar 1857 stimmte die Mehrheit der Richter dafür, den *Strader*-Grundsatz erneut zu bestätigen und es dabei bewenden zu lassen. Richter Samuel Nelson aus New York machte sich an die Niederschrift des Urteils. Aber wenige Tage später revidierte die Mehrheit ihren Beschluß und kam überein, eine umfassende richterliche Entscheidung zu erarbeiten, die allen Aspekten des Falles gerecht würde.

Was veranlaßte das Gericht zu diesem schicksalhaften Entschluß? Die Antworten auf diese Frage muten vage und parteiisch an. Aus den vertraulichen Beratungen der Richter sickerten nur Gerüchte durch, und manches erfuhr die Öffentlichkeit erst Jahre später. Nach den vorliegenden Zeugnissen zu schließen, erklärten die beiden Nichtdemokraten im Richterkollegium, John McLean aus Ohio und Benjamin Curtis aus Massachusetts, sie würden dem von Nelson vorbereiteten eingeschränkten Urteil nicht zustimmen. Ihr Dissens hätte nicht nur Scotts Freiheit bestätigt, sondern auch den Schwarzen das Bürgerrecht zuerkannt und dem Kongreß sein Recht, die Sklaverei in den Territorien zu verbieten, bestätigt. Da sie diesen Dissens nicht als einzige Aussage des Supreme Court zu solch strittigen Themen gelten lassen wollte, zog die südstaatlerische Mehrheit ihre Entscheidung, die Fragen eins und drei zu ignorieren, zurück und beschloß nun, durch den Vorsitzenden Richter Roger B. Taney ein umfassendes Urteil erarbeiten zu lassen. Dieser Interpretation zufolge waren also McLean und Curtis für die leidige Dred-Scott-Entscheidung verantwortlich, die Nelsons unverfängliche Stellungnahme außer Kraft setzte.[1]

Der wahre Sachverhalt scheint jedoch komplexer gewesen zu sein. Seit einem Jahrzehnt bedrohte die Frage der Sklaverei in den Territorien nun schon die Union. Bereits seit dem Kompromiß von 1850, der vorschrieb, jeden Prozeß über Sklaveneigentum in den Territorien Utah und New Mexico zur beschleunigten Revision an den Supreme Court weiterzuleiten – eine Vorschrift, die wortgetreu im Kansas-Nebraska-Act von 1854 wiederholt wurde –, hatten die Politiker alles darangesetzt, den Schwarzen Peter den Gerichten zuzuschieben. Da aber die genannten Territorien die Sklaverei nicht verboten, war bislang noch kein solcher Prozeß zustande gekommen. In dieser Situation kam natürlich ein Verfahren aus einem anderen Teil des Louisianaankaufs sehr gelegen. Der Wunsch nach Klärung des umstrittenen Problems durch die »Justizhoheit« war in Washington während des Winters 1856 auf 1857 besonders unter den Südstaatlern weit verbreitet. Alexander Stephens, ein Freund von Richter James J. Wayne aus Georgia und ein entfernter Verwandter von Richter Robert Grier aus Pennsylvania, äußerte im Dezember 1856 in einem vertraulichen Schreiben: »Ich habe allen Einfluß geltend gemacht, den ich auf den Supreme Court besitze, um die Herren dazu zu bewegen, die Entscheidung über die Missouri-Restriktion nicht länger hinauszuschieben. [...] Ich habe Grund zu der Annahme, daß sie zu dem Schluß kommen werden, daß die Restriktion verfassungswidrig war.« Andere Südstaatler übten in ähnlicher Weise Druck auf das Gericht aus, und sie schienen Erfolg damit zu haben. Zwei Wochen später berichtete Stephens: »Nach dem, was ich *sub rosa* erfahren habe, wird [die Entscheidung] in jedem Punkt mit meinen Ansichten übereinstimmen. [...] Man wird die Restriktion von 1820 für verfassungswidrig erklären. Die Richter schreiben, glaube ich, ihre Gutachten alle der Reihe nach. Der Vorsitzende Richter wird ein sehr ausführliches vorlegen.«[2]

Die fünf Richter aus dem Süden wollten dem Kongreß auf jeden Fall das Recht absprechen, die Territorien für die Sklaverei zu sperren. Einige von ihnen hatten in der Tat schon begonnen, entsprechende Gutachten zu formulieren. Die Schwierigkeit für die Südstaatler bestand darin, die beiden Nord-Demokraten, die Richter Grier und Nelson, auf ihre Seite zu bekommen. Um das zu erreichen, hatten die Südstaatler sich ja zunächst widerstrebend entschlossen, der Kernfrage durch Nelsons eingeschränkte Entscheidung auszuweichen. Aber die Nachricht, daß McLean und Curtis die wesentlichen Punkte in ihrem Dissens aufgreifen würden, lieferte den Richtern des Südens den Vorwand für eine Meinungsänderung, und so befürworteten sie einen Antrag Waynes, wonach Taney eine Entscheidung vorbereiten sollte, die alle Aspekte des Falles behandelte.[3]

Trotzdem blieb noch die schwierige Aufgabe, zumindest einen der Richter aus dem Norden zur Zustimmung zu bewegen, damit nicht der Eindruck entstünde, man habe eine rein regionale Entscheidung gefällt. Nelson war nicht zu überreden – er hatte sein Gutachten bereits geschrieben und war vermutlich verärgert über die Absicht seiner Kollegen, ihn zu übertölpeln. Grier dagegen war leicht zu beeinflussen. Noch dazu kam er aus Buchanans Heimatstaat. Dem designierten Präsidenten lag viel an einer raschen Klärung der Territorialfrage. Auf eine Empfehlung von Richter John Catron aus Tennessee machte Buchanan auf zwar höchst unseriöse, aber wirksame Weise seinen Einfluß auf Grier geltend, und der gab nach. Taney hatte seinen Richter aus dem Norden und konnte mit der Arbeit an seiner Entscheidung fortfahren.[4]

Ein solches Gutachten hatte er schon lange schreiben wollen. Mit seinen 80 Jahren war der Vorsitzende Richter schon recht hinfällig und leidend. Den Tod von Frau und Tochter, die zwei Jahre zuvor einer Gelbfieberepidemie zum Opfer gefallen waren, konnte der gramgebeugte Greis nicht verwinden. Trotzdem klammerte er sich ans Leben, entschlossen, seinen geliebten Süden vor der rebellischen Streitmacht der »Negerrepublikaner« zu schützen. In jüngeren Jahren hatte Taney zu den Anhängern Andrew Jacksons gehört und sich dafür eingesetzt, das amerikanische Unternehmertum vom Zwang der Sonderprämien zu befreien. Als Jacksons Finanzminister hatte er mitgeholfen, die Second Bank of the United States zu ruinieren. Zu Beginn seiner Amtszeit hatte er mit seinen Entscheidungen dazu beigetragen, bestimmte Aktiengesellschaften in den Ruin zu treiben. Doch das Hauptanliegen seiner 28jährigen Amtszeit beim Supreme Court war die Verteidigung der Sklaverei. Dabei hatte Taney für die Einrichtung an sich eigentlich nicht sonderlich viel übrig; seine eigenen Sklaven hatte er sogar freigelassen. Aber er engagierte sich leidenschaftlich »für das südstaatlerische Leben und seine Werte, die elementar mit der ›besonderen Institution‹ verknüpft und ohne sie nicht zu bewahren« zu sein schienen.[5] In vertraulichen Briefen äußerte Taney wachsenden Zorn auf »die Aggression des Nordens«. »Unsere Landsleute aus dem Süden«, schrieb er, seien in großer Gefahr; »das Messer des Mörders sitzt ihnen an der Kehle«.[6] Dem Historiker Don Fehrenbacher zufolge teilten Taneys Kollegen aus den Südstaaten seine Befürchtungen; Richter Peter Daniel aus Virginia war ein »dumpfer Sklavereifanatiker«, und die drei übrigen Richter waren »uneingeschränkte Verfechter der Sklaverei«. Wegen dieses »ausgeprägten emotionalen Engagements, das jede Einsicht und Logik verhinderte«, war die Dred-Scott-Entscheidung »ihrem Ursprung nach rein instinktiv ... ein Werk des uneingeschränkten Parteigängertums, dem Geist nach polemisch, [mit einer] außerordentlichen Anhäufung von Irrtümern, Inkonsistenz und falschen Angaben«.[7]

Taneys Gutachten griff als erstes die Frage auf, ob Dred Scott als Schwarzer ein Bürger sei und als solcher das Recht habe, vor einem Bundesgericht zu prozessieren. Der Vorsitzende Richter widmete diesem Punkt mehr Raum als allen übrigen. Warum er dies tat, ist rätselhaft, denn für die Öffentlichkeit war es die unwichtigste Frage des Falles. Die weißen Südstaatler jedoch betrachteten freie Schwarze als Anomalie und als Bedrohung der Stabilität der Sklaverei; Taneys eigener Staat, Maryland, verzeichnete von allen Staaten die höchste Bevölkerungsrate freier Neger. Indem er das US-Bürgerrecht für Schwarze negierte, verfolgte der Vorsitzende Richter laut Fehrenbacher offenbar das Ziel, »einen durchschlagenden Gegenangriff auf die Antisklavereibewegung zu lancieren und ... jede Bedrohung der südstaatlerischen Stabilität abzuwenden, indem er die Rasse der Neger kategorisch von der Bundesverfassung und allen Rechten, die sie gewährte, ausschloß«. Um dies zu erreichen, mußte er allerdings die Geschichte, das Gesetz und die Logik in »einer groben Verdrehung der Fakten« fälschen.[8] Die Neger seien nicht Teil des »souveränen Volkes« gewesen, das die Verfassung schuf, urteilte Taney; sie gehörten nicht zu den Menschen, welche die Unabhängigkeitserklärung allesamt für »gleich geschaffen« erklärte. Schließlich hatten der Verfasser dieser Erklärung und viele ihrer Unterzeichner selbst Sklaven besessen, und wenn sie Mitglieder der versklavten Rasse als potentielle Bürger betrachtet hätten, so wäre das »in völligem und krassem Widerspruch zu den Prinzipien [geschehen], für die sie einstanden«. Und schließlich, so Taney weiter, wurden zu der Zeit, als die Verfassung angenommen wurde, Neger »seit über einem Jahrhundert als Wesen einer minderwertigen Ordnung angesehen ... so minderwertig, daß sie keinerlei Rechte besaßen, die ein Weißer respektieren mußte«.[9]

Dies war eine glatte Lüge, wie Curtis und McLean in ihrem Dissens dann auch darlegten. Bereits 1788 und auch später hatten freie Schwarze zahlreiche verbriefte Rechte (unter anderem konnten sie Eigentum besitzen und vererben, Verträge schließen und vor Gericht Regreßansprüche stellen). In fünf der 13 Staaten, welche die Verfassung ratifizierten, hatten schwarze Männer das Wahlrecht und waren sogar am Ratifizierungsprozeß beteiligt. Das, so Taney, sei nicht von Bedeutung, denn hier handele es sich um auf Einzelstaaten bezogene Bürgerrechte, und die strittige Frage betreffe ausdrücklich die Bürgerrechte der Vereinigten Staaten. Eine Person könne »alle Rechte und Privilegien des Bürgers eines Einzelstaates besitzen«, urteilte der Vorsitzende Richter, und »doch keinerlei Anspruch haben auf die Rechte und Privilegien der Bürger eines anderen Staates« – ein Justizschwindel, der gegen Artikel IV, Absatz 2 der Verfassung verstieß: »Die Bürger eines jeden Staates sollen Anspruch haben auf alle Privilegien und Immunitäten der Bürger in den übrigen Staaten.«

Nachdem er zu seiner Zufriedenheit nachgewiesen hatte, daß Schwarze nicht als Bürger anzusehen seien,[10] hätte Taney es dabei bewenden lassen und Scott die Gerichtsbarkeit verweigern können, weil der Supreme Court eben nicht für seinen Fall zuständig sei. Daß er dies nicht tat, machte den Rest seiner Entscheidung nach Ansicht vieler Zeitgenossen sowie auch der ersten Historikergeneration nach ihm zum *obiter dictum* (einer beiläufigen, nicht entscheidungserheblichen Bemerkung zu einer Rechtsfrage, die folglich auch keine Gesetzeskraft besitzt). Taney war freilich anderer Ansicht: Da das Gericht in erster Instanz alle Aspekte des Falles berücksichtigt und »aufgrund des vorliegenden Tatbestandes« darüber entschieden habe, so argumentierte er, gehöre *sehr wohl* der ganze Fall, einschließlich der Verfassungsmäßigkeit der Restriktion des Missouri-Kompromisses, auf welche Scott ja einen Teil seiner Prozeßführung stütze, ordnungsgemäß unter die Zuständigkeit des Supreme Court. Die moderne Geschichtswissenschaft folgt dieser Argumentation. Was immer Taneys Entscheidung sonst gewesen sein mag, *obiter dictum* war sie nicht.

Taney und sechs weitere Richter (Curtis und McLean blieben mit ihrem Dissens allein) einigten sich darauf, daß Scotts jeweils zweijähriger Aufenthalt in Illinois und in Fort Snelling – *selbst gesetzt den Fall, letzteres wäre ›freies‹ Territorium* – ihn nicht aus der Sklaverei befreie, sobald er einmal nach Missouri zurückgekehrt sei.[11] Diesem Punkt widmete Taney nur eine der insgesamt 55 Seiten seines Gutachtens. Die Verfassungsmäßigkeit des Missouri-Kompromisses wurde auf 21 Seiten in schwerfälliger Prosa abgehandelt, wobei Taney polemisierte, der Kongreß habe niemals das Recht gehabt, die Sklaverei in einem Territorium zu verbieten. Daß die Verfassung (Artikel IV, Absatz 3) den Kongreß ermächtige,

»alle notwendigen Vorschriften und Bestimmungen für die Territorien zu erlassen«, sei hierbei nicht relevant, so der Vorsitzende Richter in beispielhafter Haarspalterei, denn Vorschriften und Bestimmungen seien schließlich keine Gesetze. Das Nachtragsgesetz, das Fifth Amendment, schütze juristische Personen davor, ohne ordentliches Verfahren ihres Lebens, ihrer Freiheit oder ihres Eigentums beraubt zu werden; Sklaven unterschieden sich in nichts von anderem Besitz, und folglich sei ein Verbot der Sklaverei ein verfassungswidriges Vergehen gegen das Recht auf Eigentum. »Und wenn der Kongreß selbst so etwas nicht tun darf«, fuhr Taney in der Absicht fort, auch gleich die Volkssouveränität anzugehen, »dann konnte er auch keiner Territorialregierung die Vollmacht zur Ausübung eines solchen Gesetzes erteilen.« Dies war nun freilich entschieden *obiter dictum,* da die Frage der Rechtshoheit einer Territorialregierung über die Sklaverei nicht Gegenstand des Falles war.

Die Republikaner übernahmen den Dissens von Curtis und McLean als ihren offiziellen Standpunkt zu dem Fall. Scott sei, so die Dissensvertreter, nicht nur aufgrund seines längerfristigen Aufenthalts in »freiem« Territorium ein freier Mann, sondern er sei laut Verfassung auch ein Bürger mit allen bürgerlichen Rechten. Und diese Verfassung ermächtige den Kongreß sehr wohl, die Sklaverei in den Territorien zu verbieten. Die Formulierung »*alle* nötigen Vorschriften und Bestimmungen« sei durchaus wörtlich zu nehmen. Der erste Kongreß nach Inkrafttreten der Verfassung habe die Nordwest-Verordnung von 1787 bestätigt, die das Nordwest-Territorium für die Sklaverei sperrte. Nachfolgende Kongresse bis ins Jahr 1820 verboten in vier weiteren Fällen die Sklaverei in bestimmten Territorien. Viele, die am Entwurf der Verfassung mitgearbeitet hatten, waren während dieser Phase noch am Leben gewesen, und kein einziger von ihnen hatte gegen derlei Verfügungen Einspruch erhoben. Etliche Verfassungsväter saßen sogar als Abgeordnete im Kongreß und stimmten dort für die entsprechenden Maßnahmen oder verliehen ihnen gar als Präsidenten der Vereinigten Staaten Gesetzeskraft! Wenn das Verbot der Sklaverei in einem Territorium das Rechtsstaatsprinzip verletze, so fragte Curtis, wie stünde es dann um das Gesetz von 1807, welches den Sklavenimport aus Afrika unterbunden hatte? Und was sei mit den Gesetzen, die die Sklaverei in »freien« Staaten verboten? Im übrigen werde ein Sklavenhalter dadurch, daß man ihn daran hindere, seine Sklaven in ein Territorium zu überführen, dieses Eigentums ja keinesfalls beraubt.[12]

Statt die Frage der Sklaverei in den Territorien zu klären, wurde die Entscheidung des Supreme Court selbst zum Politikum. Die Nord-Demokraten urteilten hämisch, Taneys Gutachten sei »die Grabrede des Negerrepublikanertums ... [sie] vernichte und zerstöre ... das Antisklavereiprogramm ... mit einem einzigen

Schlag«. Die Südstaatler gratulierten sich dazu, daß »das Gutachten des Südens zum Thema Sklaverei im Süden ... jetzt oberstes Gesetz im Lande ist«. Die Entscheidung breche »dieser elenden ... negerrepublikanischen Organisation das Genick«.[13] Aber die Republikanische Partei weigerte sich zu sterben. Ihre Presse verurteilte diese »jesuitische Entscheidung«, die sich auf »grobe historische Unwahrheiten« stütze und auf eine »willkürliche Entstellung« der Verfassung. Wenn diese Entscheidung »als Gesetz gelten soll«, schrieb William Cullen Bryant, dann sei die Sklaverei nicht mehr die »besondere Institution« von 15 Staaten, sondern »eine bundesweite Institution, das gemeinsame Erbteil und die Schmach *aller* Staaten. [...] Hinfort wird unsere Flagge, wo immer sie weht, die Fahne der Sklaverei sein. [...] Sollen wir es klaglos hinnehmen ... daß unsere Verfassung hinfort eine Verfassung der Sklavenhalter statt die freier Bürger ist? Niemals! Niemals!« In diesem Sinne verabschiedeten mehrere republikanische Staatsparlamente Resolutionen, die geltend machten, daß die Entscheidung »nach Recht und Gewissen nicht bindend« sei.[14]

Die *New York Tribune* erklärte geringschätzig, die Entscheidung von »fünf Sklavenhaltern und zwei Memmen«[15] sei ein »*dictum* (richterlicher Ausspruch) ... dem gerade soviel moralisches Gewicht zusteht, wie man es dem mehrheitlichen Urteil derer zubilligen würde, die in einer Washingtoner Schankstube versammelt sind«. Mit der *dictum*-Theorie rechtfertigten die Republikaner ihre Weigerung, die Entscheidung des Supreme Court als verbindliches Präzedenzurteil anzuerkennen. Sie bekundeten vielmehr ihre Absicht, das Gericht nach ihrem Sieg in den Präsidentschaftswahlen von 1860 »neu zu bilden« und die »unmenschlichen *dicta*« der Dred-Scott-Entscheidung umzustoßen. »Abhilfe«, so die *Chicago Tribune,* könne hier nur »die Wahlurne schaffen. [...] Laßt den nächsten Präsidenten einen Republikaner sein, dann wird das Jahr 1860 eine Ära ähnlich der nach 1776 einläuten«.[16]

Den Nord-Demokraten dämmerte bald, daß Taney es darauf angelegt hatte, ihre Pläne ebenso zu durchkreuzen wie die der Republikaner. Obwohl die Frage der Volkssouveränität nicht direkt vor Gericht gestanden hatte, lief die Dred-Scott-Entscheidung doch darauf hinaus, daß nicht nur der Kongreß keine Macht habe, die Territorien von der Sklaverei auszuschließen, sondern daß Sklavenbesitz *nicht ausgeschlossen werden könne.* Douglas packte den Stier furchtlos bei den Hörnern. Ja, so sagte er in einer Rede in Springfield (Illinois) im Juni 1857, die Dred-Scott-Entscheidung sei Gesetz und jeder pflichtbewußte Bürger müsse sie befolgen. Das Recht eines Besitzers, seine Sklaven in ein Territorium zu überführen, stünde unwiderruflich fest. ABER – die Bürger eines Territoriums könnten das Problem dennoch selbst entscheiden. Wie? Das Recht auf Sklavenbesitz bleibe »notwendigerweise ein nutz- und wertloses Recht«, sagte Douglas, »solange es nicht von den geltenden Polizeiverordnungen und der örtlichen Gesetzgebung getragen, geschützt und durchgesetzt wird«. Diese Regelungen aber seien abhängig vom »Willen und den Wünschen der Einwohner des Territoriums«.[17]

Dies war eine Vorwegnahme der berühmten Freeport-Doktrin, die Douglas ein Jahr später in seinen Debatten mit Lincoln aufstellte. Es war ein klug angelegter Versuch, sowohl Nord- wie Süd-Demokraten zufriedenzustellen, der vielleicht geglückt wäre, hätte nicht die Lecompton-Verfassung die demokratische Einheit zerstört. Als das geschah, verlangten die Süd-Demokraten, anders entschädigt zu werden. Sie stimmten mit Douglas darin überein, daß die Dred-Scott-Entscheidung nicht von selbst Vorbildfunktion erhalten würde. »Der Senator aus Illinois hat recht«, räumte Senator Albert G. Brown aus Mississippi ein. »Durch Untätigkeit, durch mißgünstiges Einschreiten ... kann das Territorialparlament die Sklaverei ausschließen.« Das aber würde einer Mißachtung »des Rechts auf Schutz unseres Sklaveneigentums in den Territorien [gleichkommen]. Nach der Auslegung des Supreme Court billigt uns die Verfassung dieses Recht zu. Wir fordern es; wir sind entschlossen, es uns zu verschaffen«. Der Kongreß müsse einen bundesweit geltenden Sklavereikodex für die Territorien erlassen, forderte Brown, und müsse ihn, wenn nötig, mit Hilfe der Armee der Vereinigten Staaten durchsetzen. Wenn Piraten Schiffe kaperten, die Bürgern von Massachusetts gehörten, dann würden die Senatoren dieses Staates den Schutz der Marine anfordern. »Habe ich etwa weniger Recht darauf, den Schutz meines Sklavenbesitzes in den Territorien zu verlangen?« Wenn der Norden »uns verfassungsmäßig garantierte Rechte verweigert ... dann ist die Union eine Despotie, [und] ich bin bereit, mich von ihr zu lösen«.[18]

So kam es, daß die Dred-Scott-Entscheidung, statt, wie Taney gehofft hatte, die Republikanische Partei zu lähmen, sie im Gegenteil sogar stärkte, indem sie die Nord-Süd-Spaltung unter den Demokraten vertiefte. Die Republikaner verloren keine Zeit, ihren Vorteil auszunutzen, indem sie die Entscheidung als Folge einer Verschwörung der »Sklaventreiber« darstellten. Seward und Lincoln waren zwei der ersten Vertreter einer solchen Verschwörungstheorie. Unter Berufung auf »geheime Absprachen« zwischen Taney und Buchanan anläßlich der Amtseinführung des Präsidenten sowie auf nicht namentlich genannte Zeugen bezichtigte Seward den designierten Präsidenten und den Vorsitzenden Richter, ein abgekartetes Spiel getrieben zu haben. Einen Tag nach der Amtseinsetzung und einen Tag vor der Entscheidungsverkündung hätten »die Richter, ohne ihre seidenen Roben gegen Höflingsgewänder zu tauschen, dem Präsidenten im Weißen Haus ihre Reverenz erwiesen. Der Präsident empfing sie zweifellos ebenso huldvoll, wie Karl I. seinerzeit die Richter, die auf sein Drängen hin die Freiheitsstatuten von England umgestoßen hatten«. Sewards Anschuldigungen lösten einen Proteststurm aus. Einige Historiker haben sich der Meinung der Demokraten angeschlossen, daß sie »gehässig« und »verleumderisch« gewesen seien.[19] In Wahrheit aber traf Seward beängstigend genau ins Schwarze. Fast möchte man glauben, er habe jenen Brief gelesen, in dem Buchanan sich mit der beschwörenden Bitte an Grier wandte, der Richter aus Pennsylvania solle sich doch der südstaatlerischen Mehrheit anschließen.

Taney empörte sich heftig über Sewards Anspielungen. Der Vorsitzende Richter äußerte später, falls der New Yorker die Präsidentschaftswahlen von 1860 gewonnen hätte, dann hätte er, Taney, sich geweigert, ihm den Amtseid abzunehmen. Die Ironie des Schicksals fügte es, daß Taney dann einem Mann den Eid abnahm, der ganz ähnliche Anschuldigungen vorgebracht hatte. In der Rede nach seiner Nominierung als Senator für Illinois im Jahre 1858 beleuchtete Abraham Lincoln den Prozeß, in dem die Demokraten 1854 den Missouri-Kompromiß widerrufen und ihn 1857 für verfassungswidrig erklärt hatten. Man könne nicht *mit Bestimmtheit* sagen, daß all dies Teil einer Verschwörung gewesen sei mit dem Ziel, die Sklaverei auszudehnen, räumte Lincoln ein. »Aber wenn wir eine stattliche Anzahl von Bauteilen vor uns haben ... von denen wir wissen, daß sie zu verschiedenen Zeiten und an verschiedenen Orten von verschiedenen Handwerkern gefertigt wurden – Stephen, Franklin, Roger und James zum Beispiel –, und wenn wir, da diese Teile zusammengefügt werden, sehen, daß sie sich genau zum Gerüst eines Hauses fügen ... scheint es uns unmöglich, *nicht* zu glauben, daß Stephen und Franklin und Roger und James ... alle nach einem gemeinschaftlichen *Plan* gearbeitet haben.«[20]

Dieselbe Rede enthielt eine noch berühmtere »Haus«-Metapher. »›Ein Haus, wenn es mit sich selbst uneins wird, kann nicht bestehen‹«, mahnte Lincoln mit einem Bibelzitat (Matth. 12, 25). »Ich glaube, diese Regierung kann nicht fortbestehen, wenn sie dauernd *halb für die Sklaverei* und *halb gegen die Sklaverei* ist.« Die Gegner der Sklaverei hofften, die Ausbreitung der Institution zu verhindern und »sie so zu regeln, daß die Öffentlichkeit darauf vertrauen darf, sie sei auf dem Wege zur endgültigen Aufhebung begriffen«. Aber die Befürworter der Sklaverei – einschließlich jener konspirativen Zimmerleute – versuchten »sie voranzutreiben, bis sie in *allen* Staaten rechtsgültig wird ... im *Norden* ebenso wie im *Süden*«. Und wie konnten sie das erreichen? »Einfach [durch] die nächste Dred-Scott-Entscheidung. Es liegt nur beim Supreme Court, zu entscheiden, daß kein der Verfassung unterstehender Staat die Sklaverei verbieten kann, genau wie die Richter jetzt schon entschieden haben, daß ... weder der Kongreß noch das Territorialparlament dazu befugt sind.« Artikel IV der Verfassung bestätige, daß die Verfassung und die Gesetze der Vereinigten Staaten als »höchstes staatliches Recht gelten sollen ... ungeachtet jedweder gegenteiligen Bestimmung in der Verfassung oder im Gesetz von Einzelstaaten«. Wenn daher die US-Verfassung »das Recht auf Sklavenbesitz« schütze, so »kann kein Punkt der Verfassung oder der Gesetzgebung irgendeines einzelnen Staates das Recht auf Sklavenbesitz aufheben«. Lincoln selbst meinte, das Recht auf Sklavenbesitz sei »*nicht* eindeutig und ausdrücklich in der Verfassung bestätigt«. Aber die Demokraten einschließlich Douglas waren gegenteiliger Ansicht. Ginge es nach ihnen, so erklärte Lincoln den Republikanern von Illinois im Juni 1858, »dann würden wir uns mit dem angenehmen Traum niederlegen, daß die Bevölkerung von *Missouri* nahe daran ist, ihren Staat *frei* zu machen, und würden zu der *Realität* erwachen, daß statt dessen der Supreme Court *Illinois* zum *Sklaven*staat gemacht hat«.[21]

Glaubten Lincoln und die übrigen Republikaner wirklich, daß die Dred-Scott-Entscheidung Ergebnis einer Verschwörung mit dem Ziel war, die Sklaverei auf die »freien« Staaten auszudehnen? Oder beschworen sie ein Schreckgespenst herauf, um den Wählern der Nordstaaten Angst einzujagen? Stephen Douglas vermutete letzteres. »Jeder Schuljunge weiß«, daß der Supreme Court niemals »eine so absurde Entscheidung fällen würde«, beteuerte Douglas. »Es ist dies eine Beleidigung der menschlichen Intelligenz und eine grobe Verleumdung des Gerichts.« Zahlreiche Historiker haben Douglas' Worte nachgebetet.[22] Aber war die Behauptung der Republikaner wirklich so abwegig? Im November 1857 veröffentlichte die *Washington Union,* das Presseorgan der Regierung Buchanan, einen Artikel, der erklärte, die Abschaffung der Sklaverei in den Nordstaaten sei ein verfassungswidriger Angriff auf das Privateigentum gewesen. In vertraulicher Korrespondenz und in Zusammenhängen, die nicht der Propaganda dienten, äußerten Republikaner ehrliche Besorgnis über die Auswirkungen der Dred-Scott-Entscheidung. »Die Verfassung der Vereinigten Staaten ist das ausschlaggebende Gesetz für jeden Einzelstaat«, betonte Senator James Doolittle aus Wisconsin, »und wenn sie Sklaven ebenso als Eigentum anerkennt, wie Pferde zum Eigentum zählen, dann kann keine Staatsverfassung oder einzelstaatliche Gesetzgebung sie mehr abschaffen.« Unter Hinweis darauf, daß Scott zwei Jahre lang als Sklave in Illinois gelebt hatte, verurteilte das New Yorker Parlament die Doktrin, wonach »ein Herr seinen Sklaven in einen ›freien‹ Staat überführen kann, ohne das Verhältnis von Herrn und Sklaven aufzulösen. [...] [Dies] wird die Sklaverei in unser Hoheitsgebiet bringen, gegen unseren Willen und mit all ihren entwürdigenden, schädlichen und verderblichen Auswirkungen«.[23]

Die Besorgnis des Parlaments war durchaus verständlich. Beim New Yorker Gericht war ein Fall anhängig, in dem es um das Recht eines Sklavenhalters ging, das Besitzrecht über seine Sklaven zu behalten, während diese in einem »freien« Staat unterwegs waren. Der Fall *Lemmon vs. das Volk* ging auf das Jahr 1852 zurück, als ein New Yorker Richter die Freiheit von acht Sklaven bestätigt hatte, die auf dem Weg nach Texas bei einem Aufenthalt in New York City vor ihrem Besitzer, einem Virginier, geflohen waren. Die meisten Nordstaaten hatten zuvor Sklavenhaltern das Recht auf Transit oder befristeten Aufenthalt mit ihren Sklaven zugestanden. Aber seit Beginn der 50er Jahre hatten alle Staaten bis auf New Jersey und Illinois Gesetze in petto, die jedem Sklaven, der von seinem Herrn in ihr Hoheitsgebiet gebracht wurde, die Freiheit ermöglichten. Die Dred-Scott-Entscheidung nun focht den Rechtsgrundsatz dieser Gesetze an. Daher beschloß Virginia, den Fall Lemmon bis vor die höchste Instanz der New Yorker Gerichtsbarkeit zu bringen (die 1860 das Staatsgesetz bestätigte), und er hätte zweifellos auch vor Taneys Supreme Court Berufung eingelegt, wenn ihm die Sezession nicht zuvorgekommen wäre. Der Fall Lemmon hätte durchaus die von Lincoln befürchtete »nächste Dred-Scott-Entscheidung« herbeiführen können. Die neuere Forschung stützt Lincolns Befürchtung, daß Taneys Supreme Court »eine gewisse Form der Sklaverei im Norden« sanktioniert hätte.[24] Selbst das Recht auf Transit oder befristeten Aufenthalt war, vom Standpunkt der Sklavereigegner aus, bereits ein drohender Fuß in der Tür. »Wenn ein Mann einen Sklaven einen Tag lang in einem freien Staat halten kann, warum dann nicht auch für einen Monat oder gar für ein Jahr?« fragte eine republikanische Zeitung. »Warum sollte sein ›Transit‹ nicht auf unbestimmte Zeit verlängert und sein ›Besuch‹ auf unbestimmte Zeit ausgedehnt werden?«[25]

II

Im Zusammenhang mit der Dred-Scott-Entscheidung war Lincolns »Warnung, daß die Sklaverei überall rechtskräftig werden könnte ... alles andere als absurd«. Der Versuch, Douglas mit dieser sklavereifreundlichen Verschwörung in Verbindung zu bringen (»Stephen und Franklin und Roger und James«), war Teil von Lincolns Senatswahlkampf im Jahre 1858.[26] Im Verlauf der Lecompton-Debatte hatte Douglas geäußert, ihm sei es gleich, ob in Kansas für oder gegen die Sklaverei gestimmt würde – ihm gehe es lediglich um ein faires Votum in Kansas. Die bisherige Laissez-faire-Politik, so Lincoln, habe dem Übel Vorschub geleistet, denn sie habe es den Sklavereiverfechtern ermöglicht, ihr Expansionsprogramm ohne wirksame Opposition voranzutreiben. Der einzige Weg, diesen Kräften Einhalt zu gebieten, sei es, die Republikaner zu wählen, »die mit dem Herzen am Werke sind – denen es auf das Ergebnis ankommt«, die »die Sklaverei als moralisches, soziales und politisches Unrecht betrachten« und die sich »der modernen demokratischen Idee, daß nämlich die Sklaverei gerade so gut sei wie die Freiheit und daher Raum zur Ausbreitung über den ganzen Kontinent haben solle, unermüdlich widersetzen werden«.[27]

So lautete die Botschaft, mit der Lincoln sich im Sommer 1858 in Dutzenden von Ansprachen an die Wähler von Illinois wandte. Douglas trat im gleichen Gebiet auf und brandmarkte Lincoln als »Negerrepublikaner«, dessen abolitionistische Doktrinen die Union zerstören und Illinois mit Tausenden von wulstlippigen, dickköpfigen, degenerierten Negern überfluten wollten. Lincoln »glaubt, daß der Allmächtige den Neger dem weißen Manne ebenbürtig erschaffen hat«, sagte Douglas im Juli in Springfield. »Er meint, der Neger sei sein Bruder. Ich glaube nicht, daß der Neger in irgendeiner Weise mit mir verwandt ist. [...] Diese Regierung ... wurde von Weißen etabliert, zum Nutzen der Weißen und ihrer Nachkommen und in dem Bestreben, daß sie von Weißen ausgeübt und gelenkt werde.«[28]

Um Douglas direkt herauszufordern, schlug Lincoln öffentliche Rededuelle vor. Douglas stimmte sieben solcher Streitgespräche in verschiedenen Teilen des Staates zu. Diese Debatten sind verdientermaßen zu den berühmtesten in der amerikanischen Geschichte avanciert. Hier standen sich zwei beeindruckende Logiker und kämpferische Redner gegenüber, von denen einer nationale Bedeutung besaß, während der andere außerhalb seiner Heimat bislang kaum bekannt geworden war. Tausende von Farmern, Tagelöhnern, Angestellten, Rechtsanwälten – kurz, Angehörige aller Bevölkerungsschichten – kamen in die sieben Präriestädte, in denen die Rededuelle ausgefochten wurden, und verharrten stundenlang sitzend oder stehend bei Sonne oder Regen, Hitze oder Kälte, in Staub oder Schlamm. Die Menge nahm an den Debatten regen Anteil, sei es durch laute Zwischenfragen, gezielte Kommentare, Bravorufe oder Unmutsbekundungen. Hier ging es um weit mehr als eine Senatorenwahl, sogar um mehr als die rasch näher rückenden Präsidentschaftswahlen von 1860, denn Gegenstand der Debatten war nichts weniger als die Zukunft der Sklaverei und die der Union. Zolltarife, Banken, Binnenlanderschließung, Korruption und andere Themen der amerikanischen Politik kamen in diesen Wortgefechten überhaupt nicht vor – ihr ausschließlicher Gegenstand war die Sklaverei.[29]

Nach bewährter Rednerart eröffneten Douglas und Lincoln mit schneidenden Attacken, die den Gegner zwingen sollten, seine Redezeit darauf zu verwenden, angreifbare Positionen zu verteidigen. Ein republikanischer Journalist formulierte diese Strategie in einem Empfehlungsschreiben an einen von Lincolns Bundesgenossen: »Wenn ihr Abe Lincoln in Freeport seht, dann sagt ihm um Gottes willen: ›Klage Chester an! Klag ihn an!‹ [...] Wir dürfen nicht nur dauernd parieren. Wir brauchen absolut tödliche Hiebe. Laßt uns jedesmal, wenn er einen Satz zu Ende bringt, Blut fließen sehen.«[30] Lincolns Hauptangriff bestand in dem Vorwurf, Douglas sei von der Position der Gründerväter abgewichen, während die Republikaner diese Position aufrechterhielten. Gleich den Gründervätern würden die Republikaner »darauf bestehen, daß [die Sklaverei] soweit irgend möglich als Unrecht behandelt werde, und eine der Methoden, sie als Unrecht zu behandeln, besteht darin, Vorkehrungen zu treffen, um *ihre weitere Ausbreitung zu verhindern*«. Lincoln wiederholte wieder und wieder, daß das Land nicht auf Dauer mit einer zur Hälfte für und zur Hälfte gegen die Sklaverei eingestellten Bevölkerung existieren könne; es habe unter dieser Voraussetzung bislang nur existiert, weil die meisten Amerikaner bis 1854 die Ansicht der Gründerväter teilten, daß nämlich ein sorgfältig begrenztes Wachstum der Sklaverei den Weg zu ihrer endgültigen Aufhebung bahnen würde. Douglas aber *»erwartet nicht nur kein Ende der Institution der Sklaverei«,* er erwarte ihre »Fortdauer und Nationalisierung«. Damit aber »löscht er die Fackel der Vernunft und die Freiheitsliebe dieses unseres amerikanischen Volkes«.[31]

In einem Punkt wich Lincolns berühmte Freeport-Frage von dieser Strategie, Douglas mit der *slave power* in eins zu setzen, ab. Gab es irgendeinen rechtmäßigen Weg, so fragte Lincoln in Freeport, wie die Bewohner eines Territoriums die Sklaverei auf eigenen Wunsch hin ausklammern konnten? Diese Frage zielte natürlich darauf ab, den Widerspruch zwischen der Dred-Scott-Entscheidung und der Charta der Volkssouveränität herauszustellen. In der populären Geschichtsschreibung hat man diese Frage mit dem Stein verglichen, der Goliath tötete. Antwortete Douglas mit Nein, so verscherzte er sich die Stimmen der Wähler von Illinois und gefährdete seine Wiederwahl in den Senat. Antwortete er mit Ja, dann verärgerte er den Süden und verlor dessen Unterstützung bei den Präsidentschaftswahlen von 1860. Problematisch an dieser These ist nur, daß Douglas sich der Frage bereits mehrmals gestellt hatte. Lincoln wußte, was er darauf antworten würde: »Er wird sich unverzüglich auf den Standpunkt zurückziehen, die Sklaverei könne in den Territorien überhaupt nicht existieren, ohne daß die Bewohner dies wünschen und sie folglich durch eine territoriale Gesetzgebung schützen. Wenn das den Süden kränkt, so wird er es gelassen hinnehmen, denn er beabsichtigt auf alle Fälle, seine Chancen in Illinois zu behalten. [...] Der Süden ist ihm gleichgültig – er weiß, daß er dort ohnehin bereits gestorben ist«, und zwar wegen seiner Opposition gegen die Lecompton-Verfassung.[32] Lincoln stellte seine Frage trotzdem, und Douglas antwortete erwartungsgemäß. Im nachhinein aber wurde seine Antwort berühmt als die sogenannte Freeport-Doktrin. Sie trug entscheidend dazu bei, daß der Süden sich veranlaßt sah, einen territorialen Sklavenkodex zu fordern – ein Streitpunkt, der 1860 zur Spaltung der Demokratischen Partei führte – die freilich ohnehin nicht zu verhindern gewesen wäre. In den folgenden Debatten stellte Lincoln die Frage nicht mehr, denn deren Tendenz, die Unterschiede zwischen Douglas und den Süd-Demokraten hervorzuheben, durchkreuzte Lincolns Plan, ihre Gemeinsamkeiten hervorzuheben.[33]

Douglas nahm in seinem Gegenangriff Lincolns Metapher vom »geteilten Haus« aufs Korn. Warum, so fragte Douglas, könne das Land nicht auch weiterhin geteilt »in freie und Sklavenstaaten existieren«? Wie ihre persönliche Einstellung zur Sklaverei auch immer gewesen sein mochte, jedenfalls hatten die Gründerväter »jedem Einzelstaat völlig freie Hand gelassen, auf daß er in diesem Punkt nach eigenem Gutdünken verfahren konnte«. Wenn die Nation »geteilt nicht fortbestehen kann, dann muß [Lincoln] sich darum bemühen, alle Staaten frei oder alle zu Sklavenstaaten zu machen, das aber wird unweigerlich die Auflösung der Union zur Folge haben«. Von der endgültigen Aufhebung der Sklaverei zu sprechen, »ist revolutionär und untergräbt den Fortbestand der Regierung«. Solche Reden könnten nur eines bedeuten, nämlich »Fehde zwischen Norden und Süden, geführt mit erbarmungsloser Rachsucht, und zwar solange, bis eine der beiden Regionen an die Wand gedrückt wird und der Habgier der anderen zum Opfer fällt«. Nein, sagte Douglas, »ich würde den Fortbestand der Union niemals gefährden. Ich würde die großen, unveräußerlichen Rechte der Weißen nicht opfern, nicht für alle Neger in der Welt«.[34]

Es sei, so Douglas, eine »ungeheuerliche Häresie«, daß Lincoln die Schwarzen mit zu den »gleich Geschaffenen« zähle. »Die Unterzeichner der Unabhängigkeitserklärung bezogen sich keineswegs auf die Neger ... oder irgendeine andere minderwertige und degenerierte Rasse, als sie die Gleichheit der Menschen untereinander postulierten.« Habe etwas Thomas Jefferson die Absicht gehabt, »in der Unabhängigkeitserklärung auszudrücken, daß seine Negersklaven, die er als Eigentum hielt und auch als solches behandelte, ihm kraft göttlicher Gesetzgebung gleich geschaffen seien und daß er also an jedem Tag seines Lebens gegen Gottes Gesetz verstoße, indem er sie als Sklaven hielt? [›Nein, nein.‹]«.[35]

Das Thema der Rassenfrage kostete Douglas weidlich aus, glaubte er doch damit einen todsicheren Siegestreffer im Süden sowie im Zentralgebiet von Illinois zu landen. Der Neger »muß für immer in einer untergeordneten Position bleiben«, rief Douglas seinen jubelnden Anhängern zu. »Seid ihr dafür, den Negern die bürgerlichen Rechte und Privilegien zu verleihen? [›Nein, nein.‹] Habt ihr den Wunsch, jene Klausel aus unserer Staatsverfassung herauszustreichen, die Sklaven und freie Neger aus dem Staat fernhält ... auf daß Missouri, wenn es die Sklaverei abschaffen sollte, 100 000 befreite Sklaven nach Illinois schicken kann, die dann als Bürger und Wähler auf gleicher Stufe mit euch stehen? [›Niemals, nein.‹] [...] Wenn ihr ihnen erlauben wollt, in den Staat zu kommen und sich unter die Weißen zu mischen, wenn ihr ihnen das Wahlrecht geben wollt ... dann unterstützt Mr. Lincoln und die Partei der Negerrepublikaner, denn sie sind dafür, daß den Negern die Bürgerrechte verliehen werden. [›Nie, nie‹]«[36]

Woher wollte Douglas wissen, daß Lincoln für diese Dinge eintrat? Nun, in den Yankeebezirken des nördlichen Illinois, so Douglas, bestritten schwarze Redner für ihn den Wahlkampf und bewiesen damit, »welch großes Interesse unsere farbigen Brüder am Erfolg ihres Bruders Abe [haben]. [Neuerliches Gelächter.]«. Ja, und in Freeport sah Douglas eine schmucke Kutsche bei einer Lincoln-Versammlung vorfahren. »Eine schöne junge Lady saß auf dem Kutschbock, während Fred. Douglass und ihre Mutter sich im Wageninnern zurücklehnten und der Besitzer der Equipage kutschierte. [...] Wenn ihr Negerrepublikaner glaubt, daß der Neger gesellschaftlich auf einer Stufe mit euren Frauen und Töchtern stehen soll, während ihr das Gespann lenkt, dann ist das euer gutes Recht. [...] Diejenigen unter euch, die denken, daß der Neger euresgleichen sei ... werden natürlich Mr. Lincoln wählen. [›Nieder mit den Negern‹, nein, nein, etc.]«[37]

Daß Douglas unablässig auf diesem Thema herumritt, brachte Lincoln in Rage. »Gleichberechtigung der Neger! Unsinn!« empörte er sich in einem vertraulichen Schreiben. »Wie lange ... wird es noch Schurken geben, die mit einer so primitiven Demagogie hausieren gehen, und wie lange wird es noch Toren geben, die darauf hereinfallen?« Aber was er auch versuchte, Lincoln konnte das Problem nicht ignorieren. Als er auf dem Weg zu seinem vierten Rededuell mit Douglas in Charleston im südlichen Illinois aus seinem Hotel kam, sprach ihn ein Mann an und wollte wissen, ob er »wirklich dafür sei, eine vollständige Gleichstellung zwischen Negern und Weißen herbeizuführen«. Derart in die Defensive gedrängt, reagierte Lincoln entsprechend. »Alles, womit man mir diese Idee einer vollkommenen sozialen und politischen Gleichstellung unterstellt«, so klagte Lincoln über Douglas' Anspielungen, »ist nichts als trügerische und absurde Wortklauberei von der Sorte, mit der man auch beweisen kann, daß eine Roßkastanie ein kastanienbraunes Pferd ist.« Lincoln räumte ein, daß er der Meinung sei, die Schwarzen hätten »einen Anspruch auf all die natürlichen Rechte, welche in der Unabhängigkeitserklärung aufgeführt sind, das Recht auf Leben, Freiheit und das Streben nach Glück«. Aber »ich verstehe nicht, warum ich eine Negerin, nur weil ich sie nicht zur Sklavin haben will, notwendigerweise zur Frau nehmen muß [Bravorufe und Gelächter]«. Damit seine Roßkastanie nicht länger mit einem kastanienfarbenen Roß verwechselt würde, legte Lincoln seine Position in aller Deutlichkeit klar: »Ich befürworte weder heute, noch habe ich es jemals getan, Bestrebungen, die soziale und politische Gleichstellung der weißen und der schwarzen Rasse herbeizuführen [Applaus] – ich befürworte weder heute, noch habe ich es je getan, daß Neger zu Wählern oder zu Geschworenen gemacht oder zur Ausübung eines öffentlichen Amtes befähigt werden oder daß Mischehen zwischen Weiß und Schwarz zugelassen werden sollen; und ich will dem noch hinzufügen, daß es einen physischen Unterschied zwischen den Rassen gibt, der es nach meinem Dafürhalten auf immer verbieten wird, daß beide auf der Basis sozialer und politischer Gleichstellung zusammenleben.«[38]

Soweit war Lincoln bereit, den Vorurteilen der meisten Wähler von Illinois Rechnung zu tragen. Weiter indes nicht. »Laßt uns all diese Haarspalterei über diesen und jenen Mann, diese und jene Rasse und die Minderwertigkeit jener beenden«, sagte er in Chicago. Statt dessen solle man sich »im ganzen Land als ein Volk zusammentun, bis wir aufs neue aufstehen können und erklären, daß alle Menschen gleich geschaffen sind«. Ob der Schwarze dem Weißen an geistiger oder moralischer Begabung ebenbürtig sei oder nicht, »in dem Recht, das Brot, das er mit seiner Hände Arbeit verdient hat, zu essen, ohne irgend jemanden um Erlaubnis zu fragen, *ist er sowohl mir wie Richter Douglas und jedem Menschen auf Erden ebenbürtig* [Stürmischer Beifall]«. Was politische Rechte, Mischehen und dergleichen beträfe, so seien dafür die Parlamente der Einzelstaaten zuständig, »und da Richter Douglas unablässig von der Angst geplagt zu sein scheint, daß eine solche Gefahr drohend über uns schwebt, schlage ich als bestes Mittel, sie abzuwenden, vor, daß man den Richter daheimbehält und ins Parlament seines Staates beruft, wo er dagegen kämpfen kann [Schallendes Gelächter und Applaus]«.[39]

Trotz Lincolns Schlagfertigkeit erzielte Douglas in diesem Punkt einen Vorteil. Und auch bei dem Thema »endgültige Aufhebung« der Sklaverei drängte der »kleine Riese« Lincoln in die Ecke. Mehr als einmal hatte Lincoln gesagt: »Ich habe nicht die Absicht, mich direkt oder indirekt an der Institution der Sklaverei in den Staaten, wo sie existiert, zu vergreifen.« »Nun, wenn er diesen Weg nicht einschlagen will, wie«, so fragte Douglas, »hofft er dann, die endgültige Aufhebung der Sklaverei herbeizuführen? [›Gut getroffen!‹]« Mit solch sinnverwirrender Rhetorik, rügte Douglas, versuchten die »Negerrepublikaner«, ihr Ziel zu verschleiern, das darin bestünde, die Sklaverei anzugreifen und die Union zu zerstören. Lincoln entgegnete, wenn er von einer endgültigen Aufhebung gesprochen habe, so meine er damit einen auf ein endgültiges Ziel gerichteten Entwicklungsprozeß. »Ich glaube nicht ... daß es in einem Tag geschehen wird und auch nicht in einem oder in zwei Jahren. Ich denke nicht, daß die endgültige Aufhebung auf ganz und gar friedlichem Weg in weniger als mindestens 100 Jahren vollzogen werden kann; aber daß sie zum Besten beider Rassen erfolgen wird, wenn Gott die Zeit für gekommen hält, daran hege ich keinen Zweifel [Applaus].« Gleich den Abolitionisten weigerte sich auch Lincoln, sich eine Diskussion über einen »Plan« zur Beendigung der Sklaverei aufdrängen zu lassen. Er vertraute darauf, daß die Südstaatler sich irgendwann wieder dazu bekehren würden, die Leibeigenschaft als Unrecht anzusehen, genau wie Washington, Jefferson und die anderen Gründerväter dies getan hatten. Und genau wie sie als einen ersten Schritt zur Beendigung des Mißstandes die Ausbreitung der Sklaverei begrenzt hatten, »habe ich keinen Zweifel daran, daß [die Sklaverei] für alle Zeiten aussterben würde, wenn wir nur zur Politik der Väter zurückkehrten«.[40]

Auf alle Fälle verfälschten die Fragen »einer vollständigen sozialen und politischen Gleichstellung ... auf die Richter Douglas die Kontroverse zuzuspitzen versucht hat ... den Sachverhalt«, sagte Lincoln in der Abschlußdebatte. Die wahren Probleme seien die moralische Vetretbarkeit und die Zukunft der Sklaverei. »Das ist das Problem, das in diesem Lande fortdauern wird, wenn Richter Douglas' und meine armselige Zunge längst verstummt sein werden. Es ist der ewige Kampf zwischen diesen beiden Prinzipien – Recht und Unrecht – überall auf der Welt ... seit Anbeginn der Zeit. [...] Das eine Prinzip betrifft das allgemeine Menschenrecht und das andere das Königstum von Gottes Gnaden. [...] Ungeachtet, in welcher Gestalt es daherkommt, ob von einem König, der sein eigenes Volk zu beherrschen und von den Früchten seiner Arbeit zu leben versucht, oder ob es von einer Rasse als Entschuldigung dafür gebraucht wird, daß sie eine andere versklavt, es ist stets das gleiche tyrannische Prinzip.«[41]

Nach dem Urteil der Geschichte – oder zumindest nach dem der meisten Historiker – »gewann« Lincoln das Wortgefecht. Das Urteil der Wähler von Illinois im Jahre 1858 läßt sich nicht so leicht feststellen. Die republikanischen und demokratischen Parlamentskandidaten errangen, über den ganzen Staat verteilt, exakt die gleiche Stimmenzahl – 125 000 für jede Partei.[42] Die Demokraten siegten mit drei Ausnahmen in allen 54 südlichen Counties und die Republikaner bis auf sechs in allen 48 Counties des Nordens. Weil die Abgeordnetenzahl dem rascheren Anwachsen der nördlichen Counties in den 50er Jahren nicht angepaßt worden war und weil acht der 13 Senatoren, die über die festgesetzte Zeit hinaus im Amt blieben, Demokraten waren, errang deren Partei im nächsten Parlament eine Mehrheit von 54 Sitzen gegen 46 und wählte Douglas. Es war dies ein bedeutsamer Sieg für den »kleinen Riesen«. Er festigte seine Stellung als Führer seiner Partei im Norden und als ihr stärkster Kandidat für die nächste Präsidentschaftsnominierung. Für Lincoln war es eine ehrenvolle Niederlage. Er hatte den berühmten Douglas zumindest gleichwertig bekämpft, die Streitpunkte zwischen Republikanern und Nord-Demokraten schärfer denn je herausgestellt und sich als republikanischer Wortführer von nationalem Format hervorgetan.[43]

Die Demokraten errangen auch fünf der neun Wahlbezirke für die Abgeordneten des Repräsentantenhauses in Illinois. Das machte diesen Staat zu einem der wenigen Hoffnungsträger, auf die die Partei sich 1858 im Norden noch stützen konnte. Anderswo erlitten die Demokraten fast ebenso katastrophale Einbußen wie 1854. Im nächsten Repräsentantenhaus fielen sie von 53 auf 32 Mandate zurück. In den vier unteren Nordstaaten, die Buchanan 1856 noch für sich hatte verbuchen können (Pennsylvania, Indiana, Illinois und New Jersey), verschob sich 1858 das Gleichgewicht der Parteien von zuvor 29 Demokraten und 21 republikanischen Kongreßabgeordneten auf 16 Demokraten und 34 Republikaner. Der republikanische Anteil der Wählerstimmen in diesen vier Staaten stieg von 35 Prozent im Jahre 1856 (als die Amerikanische Partei an vorderster Front stand) sprunghaft auf 52 Prozent im Jahre 1858. In der Wahlnacht hatte Buchanan ein paar Freunde zu einem exklusiven Dinner ins Weiße Haus gebeten. Als die ersten Telegramme mit den Ergebnissen von Pennsylvania eintrafen, »belustigten wir uns gar sehr darüber«, schrieb der Präsident tags darauf, »und wir lachten unter anderem über unsere vernichtende Niederlage. Sie ist so groß, daß es fast widersinnig scheint«.[44]

Lecompton-Verfassung und Dred-Scott-Entscheidung waren in erster Linie für diesen Sieg der Republikaner verantwortlich. Wieder einmal hatten die vordergründigen Triumphe der Sklavereiverfechter eine Reaktion heraufbeschworen, die ihren erbittertsten Feinden im Norden den Rücken stärkte. Auch andere Entwicklungen wirkten sich zugunsten der Republikaner aus. Das Verschwinden der Amerikanischen Partei im Norden trieb die meisten der verbliebenen Nativisten in die Arme der Republikanischen Partei, weil sie die Demokraten auch weiterhin für die Partei der »Katholiken« hielten. In Industrieregionen förderten die demokratische Zolltarifpolitik und die Wirtschaftskrise im Gefolge der Börsenpanik von 1857 den Wählerwechsel zu den Republikanern, die obendrein von der fortgesetzten Opposition der Südstaatler gegen das Heimstättengesetz und gegen Bundessubventionen zum Bau einer transkontinentalen Eisenbahn profitierten.

III

Wachstum und Konjunktur kamen nach zwölfjähriger Blütezeit 1857/58 plötzlich zum Stillstand.[45] Der Börsenkrach von 1857 hatte sowohl heimische wie ausländische Wurzeln. Der Krimkrieg von 1854 bis 1856 hatte die westeuropäischen Märkte von russischen Getreidelieferungen abgeschnitten, und der amerikanische Export nahm einen ungeahnten Aufschwung. Damit wurde die Spekulationswelle im Westen angeheizt. Der bereits ein Jahrzehnt andauernde Konjunkturanstieg in allen Wirtschaftsbereichen hatte auch zu rapiden Preisanstiegen bei Aktien und anderen Wertpapieren geführt. Zwischen 1848 und 1856 stieg die Zahl der Banken um 50 Prozent, und ihre Noten, Kredite und Depositeneinlagen verdoppelten sich. Meilenlänge und Kapital der Eisenbahnen verdreifachten sich zwischen 1850 und 1857. Textilmanufakturen, Gießereien und Fabriken arbeiteten voll ausgelastet, um eine scheinbar unstillbare Nachfrage zu befriedigen. Das kalifornische Gold pumpte weiterhin Millionen von Dollar in die Wirtschaft des Landes. 1856 begannen indes Pessimisten Risse in dieser Wirtschaftsstruktur zu entdecken. Ein Großteil des in amerikanische Eisenbahnen, Versicherungsgesellschaften und Banken investierten Kapitals stammte nämlich aus Europa und insonderheit aus Großbritannien. Der Krimkrieg und gleichzeitig erfolgte britische und französische Kolonialunternehmungen im Fernen Osten zehrten das Barvermögen der Banken dieser Länder auf. Das führte zu einer Verdoppelung, ja gar Verdreifachung der Zinssätze in Großbritannien und Frankreich, was die europäischen Investoren bewog, weniger ergiebige amerikanische Effekten zu veräußern, um mit dem Erlös in der Heimat zu investieren. Der daraus resultierende Preisrückgang einiger amerikanischer Aktien und Obligationen im Zeitraum 1856 auf 1857 reduzierte die Aktiva jener US-Banken, die diese Wertpapiere hielten. Unterdessen erhöhten die britischen Banken den Deckungssatz der Passiva und veranlaßten damit einige amerikanische Häuser, es ihnen gleichzutun. Zudem zwang ein drastischer Anstieg unverkauften Lagerinventars mehrere amerikanische Textilfirmen, vorübergehend zu schließen.[46]

Im Sommer 1857 hatte die Kombination von Spekulationsfieber in manchen Wirtschaftssparten und ominösen Rückschlägen in anderen ein Klima nervöser Vorahnungen erzeugt. »Wo anders soll dies enden als in einem neuerlichen allgemeinen Zusammenbruch wie dem von 1837?« fragte der Wirtschaftsredakteur des *New York Herald*. Die gleichen Frühsymptome, die 1835 und 1836 vorherrschten, sind 1857 noch zehnmal deutlicher ... Aktienschwindel aller Art, eine allgemeine Rauferei um Land im Westen sowie um Grundstücke in Gemeinden und Städten, Millionen von Dollar, verdient oder geborgt, die für prunkvolle

Häuser und protzige Möbel ausgegeben werden. [...] Daß sich am wirtschaftlichen Horizont ein Gewitter zusammenbraut, steht außer Zweifel.«[47]

In Anbetracht dieser Stimmung war vorauszusehen, daß jegliche finanzielle Schwankungen nach dem Gesetz der *self-fulfilling prophecy* ein Erdbeben auslösen würden. Am 24. August kam der erste Erdstoß: Die New Yorker Filiale einer Investmentgesellschaft aus Ohio stellte ihre Zahlungen ein, weil der Kassierer Gelder veruntreut hatte. Die durch diesen Vorfall ausgelöste Vertrauenskrise wirkte sich auf die gesamte Wirtschaft aus. Die Finanzmärkte in den meisten Landesteilen waren inzwischen telegraphisch miteinander verbunden; das Novum der direkten Kommunikation überschwemmte die Märkte mit einer Nachrichtenvielfalt ohne Gewähr, die dazu führen konnte, daß ein bloßes Gerücht in einer Region sich anderswo zur Krise ausweitete. Verunsicherte Spareinleger stürmten die Banken, die daraufhin ihre Kredite zurückfordern mußten, um an Bargeld zu kommen. Für Spekulanten und Unternehmer, die sich finanziell übernommen hatten, bedeutete dies den Untergang. Eine Weile von Panikverkäufen versetzte der Wall Street einen schweren Schlag. Als diese Fehlschläge im September ihre ersten Auswirkungen im Lande zeigten, ging ein Schiff aus Kalifornien, das zwei Millionen Dollar in Gold an Bord hatte, in einem Sturm unter. Mitte Oktober hatten alle Banken der Nation bis auf wenige ihre Barzahlungen eingestellt. Fabriken schlossen ihre Tore, Geschäftsbankrotte waren an der Tagesordnung, Eisenbahngesellschaften machten pleite, die Bautätigkeit kam zum Stillstand, die Getreidepreise sanken ins Bodenlose, das ausgeklügelte System der Bodenspekulation fiel wie ein Kartenhaus in sich zusammen. 1858 sank die Einwanderungsquote auf ihren niedrigsten Stand seit 13 Jahren. Die Importrate war rückläufig, und die Staatskasse (deren Einnahmen sich zumeist aus Zolltarifen und Landverkäufen speiste) geriet zum erstenmal seit zehn Jahren in die roten Zahlen. Hunderttausende von Männern und Frauen verloren ihre Anstellung, mußten kurzarbeiten oder nahmen Lohnkürzungen in Kauf, als der Winter von 1857 auf 1858 hereinbrach.

Eingedenk dessen, daß einige der 48er Revolutionen in Europa (denen ein Konjunkturrückgang vorausgegangen war) eine radikale Wendung zum Klassenkampf genommen hatten, fragten sich die Amerikaner bang, ob ihnen wohl ähnliches bevorstünde. In mehreren Städten hielten die Arbeitslosen Demonstrationen ab und forderten auf Spruchbändern Arbeit oder Brot. In New York stürmte eine große Menschenmenge die Bäckerläden. Am 10. November rottete sich der Pöbel in der Wall Street zusammen und drohte sich gewaltsam Zugang zur US-Zollbehörde und zum Unterschatzamt zu verschaffen, in dessen Kellergewölben 20 Millionen Dollar lagerten. Soldaten und Marineinfanteristen trieben die

Menschen auseinander, aber die Unruhen dauerten den ganzen Winter über an und erfüllten manchen Bürger mit der bangen Sorge, daß »ein Alptraum über der Gesellschaft« laste.[48]

Allein, obgleich diese Demonstrationen sich häufig militanter Rhetorik bedienten, kam es dabei nur selten zu gewalttätigen Ausschreitungen. Es gab keine Toten zu beklagen und nur wenige Verletzte – in krassem Gegensatz zu den einige Jahre zurückliegenden »Know-Nothing«-Aufständen und zu dem noch andauernden Guerillakrieg in Kansas. Wohlfahrtsverbände und staatliche Hilfsdienste in den Städten des Nordens trugen dazu bei, den Winter über die ärgste Not zu lindern. Eine der sinnfälligsten Folgen der Wirtschaftskrise war eine religiöse Erweckungsbewegung, die Menschen aller Bevölkerungsschichten in Gebetsstunden zusammenführte, wo sie über Gottes Strafgericht für die Sünden von Habgier und Prasserei nachsannen, die ihrer Meinung nach den Börsenkrach verursacht hatten.[49]

Vielleicht hatte der Herr Mitleid mit ihnen. Jedenfalls verlief die Wirtschaftskrise glimpflicher und kürzer, als erwartet. Im Herbst und Winter kam Gold aus Kalifornien in großen Mengen an die Ostküste. Die New Yorker Banken konnten ihre Barzahlungen im Dezember 1857 wieder aufnehmen, und anderswo zogen die Geldinstitute während der kommenden Monate nach. Auch der Aktienmarkt erholte sich im Frühjahr 1858. Die Fabriken öffneten ihre Tore, der Eisenbahnbau kam rasch wieder in Gang, und die Arbeitslosenzahlen sanken. Anfang 1859 war fast wieder alles beim alten. Die Gewerkschaften, die unter dem Druck der Wirtschaftskrise beinahe in der Versenkung verschwunden waren, lebten auf und initiierten eine Reihe von Streiks mit dem Ziel, das Lohnniveau aus der Zeit vor der Depression zu erreichen. Im Februar 1860 organisierten die Schuhmacher von Lynn (Massachusetts) einen Streik, der sich zum größten bisher dagewesenen in der amerikanischen Geschichte ausweiten sollte und an dem schließlich 20 000 Arbeiter aus den Schuhfabriken Neuenglands beteiligt waren.

Die politischen Auswirkungen der Wirtschaftskrise waren vermutlich ihren ökonomischen Folgen vergleichbar. Es brauchte indes seine Zeit, bis die politischen Gegenströmungen sich zu einer Struktur formten, die dann den Republikanern zugute kam. Die anfängliche Neigung, den Banken die Schuld am Börsenkrach zu geben, schien zunächst den Demokraten Gelegenheit zu geben, so recht von ihrer traditionellen Antibankenhaltung zu profitieren. Und wirklich hatten sie im alten Nordwesten einige Erfolge zu verzeichnen. Anderswo freilich hatte das Thema viel von seiner parteigängerischen Prägung verloren, da die Demokraten mittlerweile fast ebenso starke Befürworter der Banken geworden waren wie die Opposition. Ehemalige Whigs, die sich inzwischen den Republikanern angeschlossen hatten, schoben die Schuld einer fehlenden Nationalbank zu, die den unverantwortlichen Praktiken der Einzelstaatsbanken hätte Einhalt gebieten können. Etliche Republikaner forderten die Wiedererrichtung einer Institution nach Art der Second Bank of the United States, die Andrew Jackson zwei Jahrzehnte zuvor zu Grabe getragen hatte. Auch die demokratische Zolltarifpolitik wurde von den ehemaligen Whigs unter den Republikanern scharf kritisiert.

Obgleich kein moderner Historiker die Wirtschaftskrise von 1857 auf 1858 auf die niedrigen Zolltarife zurückgeführt hat, taten Horace Greeley und die Vertreter seiner Schutzzollpolitik genau dies. Der von den Demokraten 1846 verabschiedete »Walker-Tarif« hatte bis 1857 seine Gültigkeit bewahrt. Mit durchschnittlichen Auflagen von 20 Prozent, den niedrigsten seit 1824, war er maßvoll protektionistisch gewesen. Ein neuer Tarif der Demokraten, der im März 1857 verabschiedet wurde, senkte die Abgaben noch weiter und vergrößerte die Freiliste. Einige Monate später setzte die Wirtschaftskrise ein. Es ist nicht verwunderlich, daß Greeley hier einen Zusammenhang sah. »Kein mathematisches Gesetz«, befand die *New York Tribune,* »läßt sich eindeutiger beweisen, als daß der bevorstehende Ruin im wesentlichen auf das Konto der Aufhebung des Schutzzolltarifs geht.«[50]

Die Republikaner machten die Revision der Zolltarife zu einem ihrer Hauptanliegen, besonders in Pennsylvania, wo die Erholung der Eisenindustrie hinter den anderen Wirtschaftszweigen herhinkte. Das Argument, die niedrigeren Abgaben von 1857 hätten es der britischen Industrie ermöglicht, die Kosten amerikanischer Eisenbahnschienen zu unterbieten, hatte sowohl bei den Arbeitern als auch bei den Stahlproduzenten großes Gewicht. Tatsächlich richteten die Republikaner ihre eindringlichsten Tarifappelle an die Arbeiterschaft, die über mehr Wählerstimmen verfügte als die Direktoren. »Wir fordern«, erklärten sie, »den Schutz der amerikanischen Arbeiter vor den Billiglöhnen in Europa.« Ein höherer Zolltarif würde »Tausenden von Mechanikern, Handwerkern und Tagelöhnern, die monatelang zu unfreiwilliger Untätigkeit verurteilt waren, wieder Arbeit geben«. Solche Argumente fielen offenbar auf fruchtbaren Boden, denn in den Wahlen des Jahres 1858 konnten die Republikaner in den Industriebezirken Pennsylvanias große Gewinne verzeichnen.[51]

Das Zollproblem bietet ein treffendes Beispiel dafür, wie sehr die politischen Auswirkungen der Wirtschaftskrise die regionalen Spannungen verschärften. In jeder der drei Sitzungsperioden des Kongresses zwischen der Börsenpanik und den Wahlen von 1860 versuchte eine Koalition aus Republikanern und protektionistischen Demokraten den Zolltarif von 1857 leicht nach oben zu korrigieren. Aber jedesmal tat sich der fast einmütige Süden mit der Hälfte oder mehr der

Nord-Demokraten zusammen, um dagegen zu stimmen. Da ihre Wirtschaft auf dem Export von Rohmaterialien und dem Import von Manufakturwaren basierte, hatten die Südstaatler wenig Interesse daran, die Preise für die von ihnen gekauften Güter zu erhöhen, um Profite und Löhne im Norden zu subventionieren. So blieb der Kongreß, nach Meinung eines verbitterten Republikaners, »schamlos entwürdigt und in demütigender Abhängigkeit von den Sklaventreibern« befangen. Ein Zeitzeuge aus Pennsylvania glaubte einen logischen Zusammenhang zwischen der Unterstützung der Lecompton-Verfassung durch den Süden und seinem Widerstand gegen die Zollregelung zu entdecken: »In Kansas haben sie die Rechte des Volkes mißachtet, nun zerstören sie die freie Industrie der Staaten.«[52]

Die partikularistische Ausrichtung zeigte sich noch deutlicher bei den drei in den 50er Jahren verabschiedeten Maßnahmen staatlicher Landzuweisung: einem Heimstättenbeschluß, einer Verordnung über die Pazifikeisenbahn und Landzuteilungen an die Einzelstaaten für die Errichtung von landwirtschaftlichen und technischen Hochschulen. Mit dem Gedanken, den riesigen Grundbesitz der Zentralregierung für diese Zwecke zu nutzen, spielte man schon seit zehn oder mehr Jahren, und durch die Wirtschaftskrise von 1857 und 1858 erhielten alle drei Maßnahmen vermehrte Zustimmung. Nach den Theorien des Arbeitsreformers George Henry Evans würden die Heimstätten den Arbeitslosen Gelegenheit bieten, ein neues Leben als unabhängige Grundbesitzer zu beginnen, während sich gleichzeitig die Löhne der verbliebenen Arbeiter erhöhten. Der Bau einer transkontinentalen Eisenbahn würde die Reichtümer des Westens erschließen, die einzelnen Landesteile miteinander verbinden, Arbeitsplätze schaffen und den Wohlstand aller Regionen mehren. Landwirtschaftliche und technische Hochschulen würden Farmern und Facharbeitern die Möglichkeit zur Weiterbildung geben. In allen drei Maßnahmen spiegelte sich die Whig-Ideologie vom Interesseneinklang zwischen Kapital und Arbeiterschaft wider, die wechselseitig von Wirtschaftswachstum und verbesserten Ausbildungschancen profitieren mußten. Zusammen mit einem Zolltarif zum Schutz der amerikanischen Arbeiter und Unternehmer wurden diese drei Landzuweisungsmaßnahmen zur neuen, republikanischen Version von Henry Clays vielgepriesenem »amerikanischen System«. Bei den Gesetzesanträgen zur Landzuweisung durften die Republikaner mit mehr Unterstützung der Nord-Demokraten rechnen als bei den Zolltarifen; das galt insbesondere für die Douglas-Anhänger im alten Nordwesten.

Die meisten Südstaatler sträubten sich indes gegen alle drei Maßnahmen. Das Heimstättengesetz würde lauter sklavereifeindliche Yankeesiedler in den Westen bringen. »Da wäre es besser für uns, diese Territorien würden Wüste bleiben, eine riesige Wildnis, in der nur Indianer herumziehen und jagen, als daß solche Leute dort siedeln«, donnerte ein Politiker aus Mississippi.[53] Den Südstaatlern war ferner kaum daran gelegen, Staatsland für die Errichtung von Colleges herzugeben, an denen vorwiegend Yankees studieren würden. Und auch am Bau einer Pazifikeisenbahn, deren östliche Endstation voraussichtlich St. Louis oder Chicago sein würde, waren sie nicht besonders interessiert. Die Senatoren der Südstaaten brachten denn auch 1858 die meisten Stimmen für eine Vertagung der Prüfung aller drei Gesetzentwürfe auf. In der nächsten Sitzungsperiode des Kongresses wurde die Gesetzesvorlage zur Eisenbahn durch eine Reihe von Zusatzartikeln zu einer bedeutungslosen Vorgabe für die Vorverhandlungen. Im Februar 1859 verabschiedete das Repräsentantenhaus einen Homestead-Act. Vizepräsident Breckinridge aus Kentucky machte ein stimmengleiches Ergebnis zunichte, um den Gesetzentwurf zu Fall zu bringen. Die Republikaner fanden jedoch genügend Unterstützung bei den Nord-Demokraten, um wenigstens den Landzuweisungs-College-Act sowohl im Senat als auch im Repräsentantenhaus durchzubringen. Buchanan wußte, was er den südstaatlerischen Demokraten schuldig war, und legte sein Veto ein.

In der ersten Sitzungsperiode des 36. Kongresses (1859/1860), der 1858 gewählt worden war und in dem die Republikaner über mehr Mandate verfügten als im vorangegangenen Kongreß, führte ein etwas anderer Weg gleichwohl zu einem ähnlichen Ergebnis. Streitigkeiten über eine Nord- kontra Südroute brachten die Vorlage über die Pazifikeisenbahn abermals zu Fall. Über Buchanans Veto verhinderte der Süden auch weiterhin die Verabschiedung eines Landzuweisungs-College-Acts. Der Homestead-Act dagegen erreichte den Schreibtisch des Präsidenten. Das Repräsentantenhaus hatte ihn mit einem Votum verabschiedet, in dem 114 der 115 Ja-Stimmen von Abgeordneten des Nordens und 64 der 65 Nein-Stimmen von denen des Südens stammten. Nach langwierigem parlamentarischen Hin und Her verabschiedete der Senat eine modifizierte Version des Gesetzentwurfs. Ein Vermittlungsausschuß erarbeitete einen Kompromiß, gegen den Buchanan freilich wie erwartet sein Veto einlegte. Die Opposition der Südstaatler im Senat verhinderte den Versuch, die Gesetzesvorlage trotz des Vetos durchzusetzen.[54]

Da die Südstaatler Zolltarif-, Homestead-, Pazifikeisenbahn- und Landzuweisungs-College-Act verhindert hatten, konnten sich die Republikaner über einen Mangel an stimmenträchtigen Wahlkampfthemen für 1860 nicht beklagen. Gleichzeitig mit ihren Bemühungen, den Homestead-Act zu verabschieden, stritten die Republikaner 1859 mit den Demokraten auch noch über ein anderes Thema, das 1860 ebenfalls eine entscheidende Rolle spielen sollte: die Annexion

Kubas. Die *manifest destiny* war ein Glaubenssatz, der die meisten Demokraten über regionale Grenzen hinweg einte. Wie immer sie über die Sklaverei in Kansas denken mochten – darüber, wie wünschenswert es sei, Kuba mit seinen 400000 Sklaven zu annektieren, waren sie sich einig. Sowohl Douglas als auch Buchanan setzten sich leidenschaftlich für das Kubaprojekt ein; die Zeichen schienen auf eine Wiederannäherung der sich bekriegenden demokratischen Faktionen hinzudeuten, und Kuba war der Leim, der sie zusammenfügte. In seiner Jahresbotschaft an den Kongreß vom Dezember 1858 forderte Buchanan neuerliche Verhandlungen mit Spanien und den Ankauf Kubas. Senator John Slidell aus Louisiana legte einen Gesetzentwurf vor, in dem er beantragte, 30 Millionen Dollar als Anzahlung zu bewilligen. Das Komitee für auswärtige Beziehungen billigte die Vorlage im Februar 1859. In den nächsten zwei Wochen war die 30-Millionen-Dollar-Bill Hauptthema der Senatsdebatten. Die Republikaner ließen keine Gelegenheit aus, vor der Verschwörung der *slave power* zu warnen, was die Südstaatler veranlaßte, mit gleicher Münze zurückzuzahlen; die Nord-Demokraten blieben zurückhaltend. Die Strategie der Republikaner beabsichtigte, den Gesetzentwurf bis zur Beendigung der Sitzungsperiode am 4. März 1859 hinauszuzögern. Zugleich hofften die republikanischen Senatoren, daß es ihnen gelingen würde, den Homestead-Act, den das Repräsentantenhaus bereits verabschiedet hatte, zur Abstimmung zu bringen. Die Demokraten weigerten sich, dies zuzulassen, solange die Republikaner sich einer Abstimmung über Kuba widersetzten. Die Frage, so der respektlose Ben Wade aus Ohio, sei schließlich: »Sollen wir den Negerlosen Neger besorgen oder den Landlosen Land?«[55] Am Ende wurde im Senat weder das eine noch das andere behandelt, und so bereiteten beide Parteien sich darauf vor, die strittigen Punkte 1860 dem Wähler vorzulegen.

Unterdessen hatte der Konflikt zwischen Douglas und den Süd-Demokraten wegen eines bundesweiten Sklavenkodex für die Territorien abermals jene Wunden geöffnet, die zuerst die Lecompton-Verfassung der Partei geschlagen hatte. Der demokratische Parteiausschuß im Senat feuerte die erste Salve ab, indem er Douglas seines Vorsitzes im Komitee für Territorialfragen enthob. Am 23. Februar 1859 schließlich fielen Senatoren der Südstaaten in einer Sprache über Douglas her, die für gewöhnlich den »Negerrepublikanern« vorbehalten blieb. Das Vergehen des »kleinen Riesen« bestand in seiner Erklärung, er würde nie für einen Sklavenkodex stimmen, der einem Territorium gegen den Willen der Mehrheit seiner Bewohner die Leibeigenschaft aufzwinge. Die Volkssouveränität, so Jefferson Davis, der die Attacke gegen Douglas anführte, sei »Häresie«. Die Weigerung, sie aufzuheben, würde bedeuten, daß der Kongreß »des Vertrauens, das er seitens des Volkes der Vereinigten Staaten genießt, nicht würdig ist«. »Wir lassen uns ... nicht betrügen«, erklärte er, nicht von Männern, die »versuchen, ihr politisches Prestige darauf aufzubauen, daß sie das Vorurteil einer Mehrheit befriedigen und dafür einer Minderheit ihren Besitz nehmen«. Für solche Männer, schloß Davis und sah Douglas dabei fest in die Augen, habe der Süden nichts weiter übrig als »Hohn und Verachtung«.[56]

Diese Debatte zeigt, wie gereizt die Stimmung Ende der 50er Jahre war. Die Aggressivität des Südens stützte sich auf das Selbstvertrauen, das er aus dem Börsenkrach von 1857 gezogen hatte, denn im Süden hatte man unter dieser Wirtschaftskrise kaum zu leiden gehabt. Baumwoll- und Tabakpreise waren nur für kurze Zeit gefallen, um dann wieder auf ihr hohes Niveau aus Vorkrisenzeiten zu klettern. Die Exportwirtschaft des Südens schien vom landesweiten Konjunkturrückgang so gut wie nicht betroffen. Dies führte südlich des Potomac zu allerhand Prahlerei im Verein mit heuchlerischen Mitleidsbekundungen für das Elend der arbeitslosen Lohnsklaven im Norden. »Wer, der die jüngsten Ereignisse verfolgt hat, kann noch an der Herrschaft von König Baumwolle zweifeln?« fragte James Hammond aus South Carolina am 4. März 1858 in seiner berühmten »King-Cotton«-Ansprache vor dem Senat. »Als Kreditmißbrauch den Kredit aufgezehrt und das Vertrauen zerstört hatte, als Tausende der stärksten Handelshäuser der Welt stürzten ... als ihr in eine Sackgasse gerietet und mit Revolution gedroht wurde, was brachte euch da wieder in die Höhe? ... Wir haben 1600000 Ballen Baumwolle über euch ausgeschüttet, um euch im allerletzten Moment vor dem Ruin zu bewahren. [...] Wir haben diese Baumwolle für 65000000 Dollar verkauft und euch damit gerettet.« Die Sklaverei, so fuhr Hammond fort, demonstriere die Überlegenheit der Zivilisation der Südstaaten. »In allen Gesellschaftssystemen muß es eine Klasse geben, die die niedrigen Arbeiten, die stumpfsinnige Plackerei des Alltags verrichtet. [...] Sie bildet den Bodensatz der Gesellschaft. [...] Auch ihr braucht eine solche Klasse, denn ohne sie gäbe es jene andere nicht, die für Fortschritt, Zivilisation und Kultur sorgt. [...] Eure ganze Kaste von Tagelöhnern und ›Werktätigen‹, wie ihr sie nennt, das sind doch im Grunde auch nur Sklaven. Der Unterschied zwischen unseren Sklaven und den euren ist der, daß unsere Sklaven eine Lebensstellung haben und gut entlohnt werden, während die euren nur tageweise angestellt sind, keine Betreuung und nur kargen Lohn erhalten.«[57] Diese Metapher vom Bodensatz der Gesellschaft gewann in der Propaganda des Südens mehr und mehr an Gewicht. Ihren extremsten Niederschlag fand sie in den Schriften von George Fitzhugh. Der heruntergekommene Sproß einer der vornehmsten Familien Virginias mauserte sich mit seinen Theorien über »Das Scheitern der freien Gesellschaft« zum produktiven Schriftsteller. 1854 und 1857 sammelte er seine Essays und gab sie unter dem Titel *Soziologie für den Süden und für die Kannibalen allüberall* in Buchform heraus. Der letzte Band wurde wenige Wochen vor dem Börsenkrach von 1857 publiziert und schien diesen fast vorauszusagen. Freie Arbeit unter einem kapitalistischen System bedeute nichts anderes als Krieg aller gegen alle, schrieb Fitzhugh, ja sie sei im Grunde eine Art von sozialem Kannibalismus. »Die Sklaverei«, so behauptete er, »ist eine natürliche und normale Gesellschaftsform. Die Situation im Norden ist abnorm und anormal.« Indem man »allen Menschen Gleichberechtigung verspricht, gibt man den Starken die Freiheit, die Schwachen zu unterdrücken«, denn »das Kapital übt einen vollkommeneren Zwang auf die freien Arbeiter aus als menschliche Herren auf ihre Sklaven; freie Arbeiter nämlich müssen allezeit arbeiten oder Hunger leiden, Sklaven dagegen werden versorgt, ob sie arbeiten oder nicht«. Deshalb »sagen wir Sklavenhalter euch, ihr müßt zur heimischen Sklaverei zurückkehren, zu der ältesten, besten und gängigsten Form des Sozialismus« sowie »der natürlichen und normalen Lebensform der arbeitenden Klasse, sei sie nun weiß oder schwarz«.[58]

Fitzhughs Ideen waren nicht ganz identisch mit denen weniger exzentrischer Verfechter der Sklaverei, die eine scharfe Trennungslinie zwischen freien Weißen und versklavten Schwarzen zogen und ersteren unermeßlichen Vorrang zubilligten, eben *weil* sie weiß waren. Doch auch wenn Fitzhughs Vorstellungen exzentrisch waren, so waren sie deshalb nicht einzigartig. Manche Vertreter der Sklaverei machten einen Unterschied zwischen südstaatlerischen Freisassen und den Arbeitern und Farmern im Norden. Die Südstaatler galten ihnen mehr, weil sie in einer Sklavengesellschaft lebten. *Vielleicht* taugten die Yankees überhaupt nur als Sklaven. Um diese These zu rechtfertigen, erfanden die Südstaatler eine Genealogie, welche die Yankees als Nachfahren der Angelsachsen des Mittelalters auswies und die Südstaatler als Abkömmlinge ihrer normannischen Eroberer. Diese divergierenden Blutlinien, so behauptete man, seien im einen Fall durch die Adern der Puritaner geflossen, die Neuengland besiedelten, und im anderen durch die der Edelleute, die Virginia kolonialisierten. »Die Südstaatler«, hieß es abschließend in einem Artikel des *Southern Literary Messenger,* »stammen von dieser Rasse ab ... die als Rasse von Edelleuten anerkannt ist ... direkt von den normannischen Pairs von Wilhelm dem Eroberer, [sie sind] eine Rasse, die sich in ihrer frühesten Geschichte auszeichnete als kriegerisch und furchtlos, eine Rasse, die seither stets für ihre Galanterie, Ritterlichkeit, Ehre, Vornehmheit und für ihren Intellekt berühmt war.«[59] Daher stand außer Frage, daß ein normannischer Südstaatler ohne weiteres imstande sein würde, zehn dieser niederen angelsächsischen Yankees zu schlagen, falls es zum Kampf kommen sollte.

Ob die Überlegenheit des Südens nun aus »dem Rassenunterschied zwischen Nord- und Südstaatlern« herrührte, wie der *Southern Literary Messenger* behauptete, oder nicht, die vielgerühmten Tugenden einer Gesellschaft der freien Arbeiter hielt man in jedem Fall für einen Schwindel. »Das große Übel der nordstaatlerischen *freien* Gesellschaft«, so behauptete eine Zeitschrift aus South Carolina, »besteht darin, daß sie mit einer *Sklavenkaste von Handwerkern und Arbeitern* belastet ist, die unfähig zur Autonomie und doch mit den Attributen und Befugnissen freier Bürger ausgestattet ist.« Eine Zeitung aus Georgia brachte ihre Abneigung noch emphatischer zum Ausdruck: »Freie Gesellschaft! Uns wird übel bei diesem Begriff. Was ist sie denn anderes als ein Konglomerat von ölverschmierten Mechanikern, schmutzigen Werktätigen, kümmerlichen Farmern und irregeleiteten Theoretikern? ... Die vorherrschende Klasse, der man [im Norden] begegnet, ist die von Handwerkern, die sich vergeblich anstrengen, vornehm zu tun, und kleinen Farmern, die sich selbst auf ihrem Grund und Boden abrackern, aber kaum würdig wären, mit dem Lakaien eines Gentlemans aus dem Süden Umgang zu pflegen.«[60]

Die Zeitungen des Nordens griffen solche Artikel auf und druckten sie nach. Doch die Yankees fanden keinen Gefallen an der Soziologie des Südens, auch wenn die Reaktion manchmal recht gutmütig ausfiel, wie ein Spruchband dokumentiert, das bei einem der Wortgefechte zwischen Lincoln und Douglas auftauchte: »KÜMMERLICHE FARMER, LUMPENPACK DER GESELLSCHAFT, ÖLVERSCHMIERTE MECHANIKER FÜR A. LINCOLN.« Andere Kommentare fielen zorniger aus und waren mitunter gar nicht druckreif. Ohne Zweifel hatten etliche der Soldaten, die einige Jahre später mit Sherman durch Georgia und South Carolina marschierten, diese Beschreibungen gelesen, die sie als ölverschmierte Mechaniker und knechtische Farmer charakterisierten.

Die Nordstaatler zahlten in dieser Fehde der Spitzen und Beleidigungen auf jeden Fall mit gleicher Münze heim. In einer berühmten Wahlkampfrede verhöhnte William H. Seward 1858 die Doktrin der Südstaatler, daß »Arbeit in jeglicher Gesellschaft, verrichtet von wem auch immer, notwendig unintellektuell, kriecherisch und erniedrigend« sei. Diese Vorstellung habe recht eigentlich die Rückständigkeit des Südens verursacht, sagte Seward, sie sei schuld am Analphabetentum der Massen, am abhängigen Kolonialstatus seiner Wirtschaft. Im Gegensatz dazu »bietet das System der freien Arbeit allen die gleichen Ausbildungschancen und bringt, indem es alle Bereiche industrieller Beschäftigung für ... alle Klassen ... öffnet, sämtliche physischen, moralischen und sozialen Energien des ganzen Staates zur vollen Entfaltung«. Eine Kollision zwischen diesen beiden Systemen bedeute »einen unvermeidlichen Konflikt zwischen opponierenden und beharrenden Kräften, und sie bedeutet, daß die Vereinigten Staaten entweder zu einer ganzheitlich sklavenhaltenden Nation oder zu einer einmütigen Nation der freien Arbeit werden müssen und werden«.[61]

Die Südstaatler behaupteten, das System der freien Arbeit sei anfällig für Unruhen und Streiks. Natürlich sei es das, meinte Abraham Lincoln während einer Wahlkampftour in Neuengland im März 1860, die zeitlich mit dem Schusterstreik zusammenfiel. »*Es freut mich zu sehen, daß in Neuengland ein System fortbesteht, unter dem die Arbeiter streiken* KÖNNEN, *wenn sie dies wollen* [Bravorufe]. [...] Ich begrüße ein System, das es einem Manne erlaubt, mit seiner Arbeit aufzuhören, wenn er dies wünscht, und ich wünschte, es würde sich überall behaupten. [Überwältigender Beifall]« Der Triumph der freien Arbeit, so Lincoln, läge in ihrem offenen Wettbewerb um den Aufstieg, einem Wettbewerb, bei dem die meisten Amerikaner am Ende besser abschnitten, als sie begonnen hätten. »Ich wünsche mir, daß ein jeder die Chance bekommt – und ich glaube, auch der Schwarze hat ein Recht darauf –, seine Lage zu *verbessern.*« Dies sei die eigentliche Bedeutung des ununterdrückbaren Konflikts und des geteilten Hauses, schloß Lincoln, denn wenn der Süden seinen Willen bekäme, »dann wird die freie Arbeit, in der gestreikt werden *kann,* der Sklavenarbeit unterliegen, die diese Möglichkeit nicht hat«.[62]

Die schroffste Anklage gegen das Sozialsystem des Südens kam aus der Feder eines weißen Südstaatlers, eines gewissen Hinton Rowan Helper. Als selbsternannter Sprecher der nichtsklavenhaltenden Weißen war Helper auf seine Art ebenso exzentrisch wie George Fitzhugh. Helper, der aus einer Freisassenfamilie in North Carolina stammte, war während des Goldrauschs nach Kalifornien gegangen, um dort sein Glück zu machen, kehrte jedoch desillusioniert zurück. Als er über die Zustände nachgrübelte, die er im Hinterland von Kalifornien beobachtet hatte, kam Helper zu dem Schluß, daß »die Sklaverei die Wurzel aller Schande, Armut, Ignoranz, Tyrannei und Idiotie des Südens ist«. Gestützt auf die Argumentation der *free-soiler,* behauptete Helper, daß die Sklaverei *jegliche* Arbeit auf das Niveau der Leibeigenschaft degradiere. Die Pflanzer, so urteilte er, rümpften die Nase über die Nichtsklavenhalter und lehnten es ab, Steuern für ein passables Schulsystem zu zahlen. »Die Sklavokratie ist strikt gegen ein allgemeines Bildungssystem«, schrieb Helper in seinem 1857 erschienenen Buch *Die drohende Krise.* »Ihre Existenz hängt ja recht eigentlich von der Ignoranz und der Stumpfheit der Massen ab.« Daten der Volkszählung von 1850 – welche die südstaatlerische Elite vor ein paar Jahren noch selbst beunruhigt hatten – lieferten Helper Informationen, die, selektiv ausgewertet, ihm ermöglichten, die höhere Produktivität einer auf freier Arbeit beruhenden Wirtschaft zu »beweisen«. Allein die Heuernte des Nordens, so behauptete er, sei mehr wert als der prahlerisch gerühmte Wert von »König Baumwolle« und allen übrigen Rohstoffen zusammen. Er beschwor jene Weißen, die selbst keine Sklaven hielten – immerhin drei

Viertel der Bevölkerung des Südens –, ihre Stimme zu nutzen, um »dieses System des oligarchischen Despotismus« zu stürzen, ein System, das schuld daran sei, daß der Süden »sich im Pfuhl der Ignoranz und Degeneration wälzt. [...] Jetzt ist es an der Zeit, daß sie ihre Rechte und Freiheiten geltend machen ... [und] im Dienste der Freiheit des Südens losschlagen«.[63]

Hätte Helper sein Buch in North Carolina publiziert oder auch in Baltimore, wo er es zu Ende schrieb, dann wäre *Die drohende Krise* vermutlich in der Versenkung verschwunden, denn die ätzende Kritik des Autors wurde durch endlose und ermüdende Statistiken erheblich abgeschwächt. Doch kein Verleger aus den Südstaaten wollte das Manuskript annehmen. Also brachte Helper es nach New York, wo es im Sommer 1857 erschien. Die *New York Tribune* erkannte den Wert des Buches für die Republikaner und veröffentlichte eine achtspaltige Kritik, welche die Leser sowohl im Norden wie im Süden aufmerken ließ. Helper hatte die Unzufriedenheit der Nichtsklavenhalter mit dem Sozialsystem des Südens vermutlich übertrieben. Außerhalb der Appalachen waren viele von ihnen relativ eng mit der herrschenden Klasse verbunden, sei es durch verwandtschaftliche Bande, sei es durch den Ehrgeiz, selbst Sklavenhalter zu werden, oder einfach durch die gemeinsame Abneigung gegen Yankees und andere Außenseiter. Da die Sklaverei nicht nur eine Arbeitsform, sondern darüber hinaus ein Kastensystem war, erhob sie alle Weißen in die Kaste der Herrschenden und verminderte so das Potential für Klassenkonflikte. Wie arm und ungebildet manche Weiße auch gewesen sein mögen, sie waren immerhin weiß. Wenn die Angst vor der »Gleichberechtigung der Nigger« sogar den Großteil der Arbeiterklasse im Norden gegen die Republikaner aufbrachte, obwohl die Schwarzen dort nur zwei oder drei Prozent der Bevölkerung ausmachten, so war diese Angst da, wo der Anteil der Schwarzen um das Zehnfache größer war, natürlich um so größer. Wenn Helper die Entfremdung der Freisassen von der Sklavokratie des Südens übertrieb, so taten viele Sklavenhalter es ihm gleich, indem sie allen Ernstes befürchteten, daß in Regionen wie Helpers North Carolina die Weißen, die selbst keine Sklaven besaßen, sich zumindest im Landesinneren gegen ihr Regime auflehnen könnten. Daher verboten manche Südstaaten *Die drohende Krise*. Das weckte natürlich erst recht das Interesse an dem Buch. Ein republikanisches Komitee sammelte Gelder für die Subventionierung einer gekürzten Ausgabe, die 1859 überall im Wahlkampf verteilt wurde. Die Redakteure, die die Kürzung durchführten, sorgten im Süden für Aufregung, indem sie Überschriften einfügten wie »Die dumpfen Massen des Südens« und »Revolution – friedlich, wenn es uns gelingt, mit Gewalt, wenn man uns dazu zwingt«.[64] Achtundsechzig republikanische Kongreßabgeordnete unterzeichneten ein Rundschreiben, das für das Buch Reklame machte. Einer von ihnen war John Sherman aus Ohio, ein gemäßigter Ex-Whig, der später gestand, er habe unterschrieben, ohne das Buch gelesen zu haben. Durch Shermans Unterschrift kam es abermals zu einer heftigen Auseinandersetzung um die Wahl eines Sprechers für das Repräsentantenhaus, als der 36. Kongreß im Dezember 1859 zusammentrat. Obwohl die Republikaner den Demokraten im Repräsentantenhaus mit 113 zu 101 Stimmen überlegen waren, sorgte die Amerikanische Partei des oberen Südens für ein politisches Gleichgewicht. Die Republikaner nominierten Sherman als ihren Sprecher, da er gemäßigt genug schien, um ein paar Stimmen der ehemaligen Whigs zu erringen. Aber die Entdeckung, daß er mit seiner Unterschrift für Helpers Buch geworben hatte, führte zu einem solchen Aufruhr, daß die Abgeordneten aus den Sklavenstaaten ihn nicht zu wählen wagten. Zwei Monate lang und 64 Wahlgänge hindurch war keine Lösung in Sicht, und die Atmosphäre schien so vergiftet, daß man ständig mit Ausschreitungen rechnen mußte. Die Südstaatler verurteilten Helper, sein Buch und jeden, der mit dem Autor oder seinem Werk zu tun hatte, als »Verräter, Renegaten, Apostaten ... gemein, abscheulich ... verlogen ... Aufwiegler, Rebellen«.[65] Die meisten Kongreßabgeordneten kamen bewaffnet zu den Sitzungen; die einzige Ausnahme schien ein ehemaliger Geistlicher aus Neuengland zu sein, der sich freilich am Ende dem Vorbild seiner Kollegen anschloß und eine Pistole zum Zwecke der Selbstverteidigung kaufte. Auch die Parteigänger auf der Galerie trugen Waffen. Ein Südstaatler berichtete, eine erkleckliche Anzahl der Abgeordneten aus den Sklavenstaaten erwarteten, ja wünschten sich gar eine Schießerei im Plenarsaal: Sie »sind willens, die Frage auszufechten und gleich an Ort und Stelle zu regeln. [...] Ich kann nicht umhin zu wünschen, die Union wäre aufgelöst und wir hätten eine südstaatlerische Konföderation«. Der Gouverneur von South Carolina teilte einem der Abgeordneten seines Staates am 10. Dezember 1859 mit: »Wenn ... Sie nach gründlicher Beratung zu dem Schluß kommen sollten, das Problem in Washington mit Waffengewalt entscheiden zu wollen, so schreiben oder telegraphieren Sie mir, und ich werde in kürzestmöglicher Zeit ein Regiment in oder bei Washington bereithalten.«[66]

Während dieser ganzen turbulenten Phase hielten die Republikaner zu Sherman, der aber die Mehrheit durchweg knapp verfehlte. Demokraten und Amerikanische Partei probierten mehrere Konstellationen aus; so hätte etwa ein Douglas-Demokrat mit Unterstützung der Amerikanischen Partei gewählt werden können, wenn die Demokraten des unteren Südens sich nicht geweigert hätten, ihn zu unterstützen. Die Südstaatler verwarfen auch die Anwendung des Präzedenzfalles, wonach man das Reglement des Hauses zeitweilig außer Kraft setzen und mit relativer Mehrheit einen Sprecher hätte wählen können. Da sich 16 der

22 Komitees im Senat unter südstaatlerischem Vorsitz befanden, war der Süden durchaus bereit, das Repräsentantenhaus solange unorganisiert zu lassen, bis er seinen Willen durchsetzen konnte. »Besser die Räder stehen still, [und die Union] entlarvt sich selbst als Versager und findet ihr Ende«, schrieben die Südstaatler einander vertraulich, »als daß man gegen unsere Prinzipien und gegen unsere Ehre verstößt.«[67] Um dieses vom Süden herbeigewünschte Ergebnis zu verhindern, zog Sherman schließlich seine Nominierung zurück, und die Republikaner nominierten den farblosen William Pennington aus New Jersey, der wegen seiner Unterstützung des Sklavenfluchtgesetzes ein Jahrzehnt zuvor genügend Stimmen in den Grenzstaaten hatte gewinnen können, um sich das Sprecheramt zu sichern.

Nichts bisher Dagewesenes hatte die drohende Auflösung der Union so nachdrücklich beschworen wie dieser jüngste Streit im Repräsentantenhaus. Der Zorn der Südstaatler ist vielleicht eher zu verstehen, wenn man sich vergegenwärtigt, *wann* der Disput begann: nur drei Tage nachdem John Brown in Virginia gehenkt worden war, weil er versucht hatte, einen Sklavenaufstand anzuzetteln. Browns Angriff auf Harper's Ferry war ein unheilvoller Auftakt für die 12 Monate, deren Höhepunkt die Präsidentschaftswahl von 1860 bilden sollte.

7.

Die Revolution von 1860

I

Genau wie Dred Scott führte auch John Brown gut 50 Jahre lang ein eher unauffälliges Leben. Anders als Scott wurde er jedoch nicht durch das Wirken der Justiz bekannt, sondern durch einen Akt der Gesetzlosigkeit. Abgesehen von einem kurzen Gastspiel in den Kansasgefechten blieben Browns Umtriebe nach 1856 drei Jahre lang im dunkeln. Mehrmals fuhr er in dieser Zeit in den Osten, um Geld für den Freiheitskampf in Kansas zu beschaffen, und auf diesen Reisen entwickelte Brown den Plan, die Sklaverei direkt in ihrem Herzland zu schlagen. Gleich den alttestamentlichen Kriegern, die er bewunderte und sich zum Vorbild nahm, war auch Brown von dem Wunsch beseelt, den Krieg geradewegs nach Babylon zu tragen. Er studierte Bücher über Guerillakriegführung und Sklavenaufstände. Fasziniert von der Abwehrkraft, mit der sich selbst kleinste Verbände in unwegsamem, bergigen Gelände gegen zahlenmäßig weit überlegene Truppen behaupten konnten, verfiel er auf den Gedanken, einen Sturmangriff in den Ausläufern der Appalachen in Virginia zu wagen. Von dort würde er durchs Gebirge weiter nach Süden vorrücken und unterwegs die Sklaven um sein Banner scharen. Im Mai 1858 fuhr Brown mit 11 weißen Anhängern nach Chatham in Kanada, wo sich eine Gemeinschaft ehemaliger Sklaven niedergelassen hatte. Vierunddreißig Schwarze trafen heimlich mit Browns Gruppe zusammen, um der geplanten Republik befreiter Sklaven in den Bergen eine »provisorische Verfassung« zu geben. Außerdem wählten die Delegierten Brown zum Oberbefehlshaber der Armee dieser neuen Nation.[1]

Das Bekenntnis der meisten Abolitionisten zur Gewaltlosigkeit hatte John Brown nie geteilt. Mit dem christlichen Martyrium eines »Onkel Tom« hatte er nichts im Sinn. Browns Gott war Jehova, der Pharaos Söldner im Roten Meer ertränkte; sein Jesus war der zornige Heißsporn, der die Geldwechsler aus dem

Tempel verjagte. »Ohne Blutvergießen geschieht keine Vergebung«, lautete sein Lieblingsvers aus dem Neuen Testament (Hebräer 9, 22). Leibeigenschaft sei »ein höchst barbarischer, grundloser und durch nichts zu rechtfertigender Kampf« der Herren gegen die Sklaven, hieß es in der Präambel zu Browns Chathamer Verfassung. Der Sieg über diese »Diebe und Mörder« könne nur durch eine Revolution errungen werden. »Worte, nichts als Worte!« rief Brown angewidert, nachdem er an einer Tagung der Antisklavereigesellschaft Neuenglands teilgenommen hatte. »Damit wird man die Sklaven nie befreien. Das Gebot der Stunde heißt Handeln – HANDELN.«[2]

Die Entwicklung in den 50er Jahren hatte Brown unter den Abolitionisten etliche Gesinnungsgenossen gewonnen. Gewalt hatte Mexiko den Südwesten abgetrotzt; mit der Androhung von Gewalt hatten die Südstaatler im Kongreß durchgesetzt, daß der Großteil dieses Gebietes für die Sklaverei geöffnet wurde. Freibeuter versuchten mit Waffengewalt, Kuba und Zentralamerika für die Sklaverei zu gewinnen. Und im näheren Umfeld sorgte vor allem das Sklavenfluchtgesetz dafür, daß die Gewaltlosigkeit in Mißkredit geriet. Vor 1850 war Frederick Douglass Pazifist gewesen. »Wenn man mich fragte, ob ich meine Freiheit auch nur einem einzigen vergossenen Blutstropfen verdanken möchte«, äußerte er etwa in den 40er Jahren, »dann würde ich diese Frage verneinen ... Im Wirken moralischer Kräfte allein liegt die einzig begründete Hoffnung der Sklaven auf ihre Befreiung.« Aber schon einen Monat nach Inkrafttreten des Sklavenfluchtgesetzes schlug er einen anderen Ton an und propagierte jetzt den »gewaltsamen Widerstand« gegen dieses Gesetz. »Sklavenhalter ... Tyrannen und Despoten haben kein Recht auf Leben«, erklärte Douglass nun. »Die einzige Möglichkeit, das Sklavenfluchtgesetz zum toten Buchstaben zu degradieren, ist die, ein halbes Dutzend oder mehr von diesen Sklavenfängern totzuschlagen.«[3] »Wer die Freiheit will, der muß sie sich erkämpfen«, lautete bald einer von Douglass' Lieblingssprüchen. Wie Frantz Fanon und andere, die 100 Jahre später in der gewaltsamen Revolution das einzige Mittel zur Beendigung des Kolonialismus sahen, gelangte auch Douglass zu der Auffassung, daß die Unterdrückten sowohl die eigene Selbstachtung als auch den Respekt ihrer Unterdrücker nur mit Gewalt erringen könnten.

Viele der *free-soiler* in Kansas kamen nun ebenfalls zu dem Schluß, da die *slave power* mit dem Schwert regiert habe, müsse sie folglich auch durch das Schwert umkommen. 1855 zog Charles Stearns, ein Garrison-Anhänger aus Neuengland, nach Kansas, um dort ein Geschäft zu eröffnen. Stearns, der schon einmal lieber ins Gefängnis gegangen war, als der Miliz beizutreten, hielt auch während der ersten Monate im Territorium an seinen pazifistischen Grundsätzen fest. Daß er schließlich doch davon abrückte, erklärte er in einem Brief an seinen früheren Mentor Garrison so: »Der kaltblütige Mord letzte Nacht, dem einer unserer ehrbarsten Mitbürger zum Opfer fiel, hat für mich den Ausschlag gegeben. Es fällt mir schwer, den Lehren Jesu Christi abzuschwören, nachdem ich mich solange dafür eingesetzt habe. Aber ich kämpfe ja nicht für mich, sondern für Gott und die Sklaven.« Ein weiterer Konvertit war Gerrit Smith, ein reicher Grundbesitzer und Philanthrop aus dem Norden des Staates New York. Smith, immerhin Vizepräsident der Amerikanischen Friedensgesellschaft, erklärte 1856: »Bisher habe ich mich der blutigen Abschaffung der Sklaverei widersetzt. Aber wenn die Sklaventreiber ihre Eroberungszüge jetzt bis nach [Kansas] auszudehnen beginnen ... dann sind ich und mit mir 10000 Friedensvertreter nicht nur dafür, sie mit Gewalt zurückzuschlagen, sondern würden es sogar billigen, daß man sie mit Gewalt zu Tode hetzt.«[4]

Smith wurde Mitglied der »geheimen sechs«, eines Bundes, der John Browns geplanten Überfall im Süden unterstützte. Wie Smith waren auch die übrigen fünf vermögende und hochangesehene Männer: Thomas Wentworth Higginson, Geistlicher der Transzendentalkirche und Schriftsteller, Theodore Parker, intellektueller Führer der Unitarier, Samuel Gridley Howe, ein Arzt, dem seine Arbeit mit Blinden und Tauben internationales Ansehen verschafft hatte, George L. Stearns, ein erfolgreicher Fabrikant, und Franklin B. Sanborn, ein junger Pädagoge und Protegé Emersons. Was diese Männer miteinander verband, war ihr Eintreten für die *free-state*-Aktivisten in Kansas. Außerdem hatten die meisten von ihnen sich an den Protesten gegen das Sklavenfluchtgesetz beteiligt. Parker etwa stand dem Selbstschutzausschuß Bostons vor, während Higginson 1854 den – gescheiterten – Angriff zur Befreiung von Anthony Burns geleitet hatte. Mitglieder der »geheimen sechs« hatten in ohnmächtigem Zorn zugesehen, als Polizei, Miliz, Armee und Marine Burns in die Sklaverei zurückschleppten.

Diese Szene hatte sich ihnen unauslöschlich ins Gedächtnis gebrannt, und nun schürte ihr Einsatz für Kansas die Flammen aufs neue. Und dabei machten sie die Bekanntschaft John Browns, für dessen Botschaft der Tat sie mittlerweile reif waren. Wie Frederick Douglass waren auch sie zu der Ansicht gelangt, daß die Sklaven Freiheit und Selbstwertgefühl nur dann erringen konnten, wenn sie sich zur Wehr setzten. Der Sklaverei sei es »bestimmt, blutig zu enden, wie sie begann«, notierte Higginson 1858. »Niemals in der Geschichte ist ein unterdrücktes Volk von anderen befreit worden.« Vielleicht ohne sich der Ironie dessen bewußt zu sein, erkoren die »geheimen sechs« (lauter Weiße den Weißen) John Brown zum idealen Führer der Sklaven in ihrem Befreiungskampf. Dieser grimmige alte Krieger mit dem Adlergesicht wirkte auf die Puritanerabkömmlinge wie ein »hochgesinnter, selbstloser, verspäteter Covenanter«, ein »tapferer Cromwellscher Haudegen, zur Erfüllung einer besonderen Mission ins 19. Jahrhundert versetzt«.[5]

1858 enthüllte Brown den »geheimen sechs« seinen Plan für eine Invasion der südlichen Appalachen. Mehr oder minder begeistert (respektive skeptisch) sagten sie ihm ihren Beistand zu. Stearns zweigte von den für Kansas bestimmten Fördermitteln Geld zum Ankauf von Gewehren und Langspießen ab, mit denen Brown die Sklaven bewaffnen wollte, die ihm, wie er hoffte, bald in Scharen zuströmen würden. Unter falschem Namen pachtete Brown eine Farm in Maryland am Potomac, gegenüber von Harper's Ferry (Virginia). Er hatte vor, das dortige US-Zeughaus und Arsenal zu stürmen und die erbeuteten Waffen unter die Sklaven zu verteilen, sobald sie zu ihm stießen. Am Ende bestand Browns Stoßtrupp für dieses Unternehmen aus fünf Schwarzen und 17 Weißen – unter letzteren drei seiner eigenen Söhne. Das war eine jämmerlich kleine »Armee« für eine Invasion des Sklaventerritoriums und einen Angriff auf US-Eigentum.

Brown setzte freilich alles daran, mehr schwarze Rekruten anzuwerben. Insbesondere drängte er seinen alten Freund Frederick Douglass, sich ihm als eine Art Verbindungsoffizier zu den Sklaven anzuschließen. Im August 1859 trafen Brown und Douglass einander heimlich in einem alten Steinbruch in der Nähe von Chambersburg (Pennsylvania). »Komm mit mir, Douglass«, beschwor Brown den Freund. »Ich brauche dich für eine ganz besondere Mission. Wenn ich losschlage, werden die Bienen ausschwärmen, und dann sollst du mir helfen, sie im Stock zu sammeln.« Aber Douglass lehnte ab. Er war überzeugt, daß Brown sich auf eine selbstmörderische Mission eingelassen habe, »einen Angriff auf die Bundesregierung«, der »das ganze Land gegen uns auf den Plan rufen« würde. Harper's Ferry sei eine »regelrechte Todesfalle«, urteilte Douglass. Schon durch seine geographische Lage – auf einer durch den Zusammenfluß von Potomac und Shenandoah gebildeten Halbinsel und überdies ringsum von Höhenzügen gesäumt, die weithin freie Sicht gestatteten – sei Harper's Ferry bei einem Gegenangriff nicht zu verteidigen. »Ihr werdet da niemals lebend rauskommen«, warnte Douglass den Freund. Brown konnte seine Enttäuschung über Douglass' Absage nicht verhehlen. Überdies blieben auch die schwarzen Mitstreiter aus, mit denen der alte Krieger so fest gerechnet hatte. Einer von ihnen schrieb entschuldigend aus Cleveland: »Ich bin empört über mich und das ganze Negergesindel, gott verdamme sie alle!«[6]

Der Sommer ging zu Ende, der Herbst kam, und noch immer traf keine Verstärkung ein. Brown beschloß, mit dem vorliebzunehmen, was er hatte. In einer fatalistischen Anwandlung verfaßte er eine »Rechtfertigung der Invasion« in der Vergangenheitsform, als sei die Operation bereits gescheitert. Als er Mitte Oktober endlich losschlug, tat er dies, ohne zuvor die Sklaven zu benachrichtigen, auf deren Beistand er zählte, ohne für Proviant zu sorgen oder Fluchtwege von Harper's Ferry aus zu erkunden, und offenbar ohne Konzept, wie es nach Einnahme des Arsenals weitergehen sollte. Fast wollte es scheinen, als hätte Brown gewußt, daß er mit seinem Scheitern und darauffolgenden Martyrium mehr erreichen würde als mit einem wie auch immer gearteten »Erfolg«.

Brown ließ drei Mann zur Bewachung seines Stützpunktes zurück und führte die übrigen 18 am 16. Oktober nach Einbruch der Dunkelheit nach Harper's Ferry hinein. Das Arsenal, das nur von einem einzigen Posten bewacht wurde, nahmen sie im Handstreich. Brown entsandte eine Patrouille, die den Sklaven den Sieg melden und außerdem etliche Geiseln nehmen sollte, darunter einen Urgroßneffen von George Washington. Nachdem diese Vorkehrungen getroffen waren, verlegte Brown sich erst einmal aufs Warten – vermutlich wartete er darauf, daß die schwarzen Bienen endlich ausschwärmten. Aber die einzigen Sklaven, die sich einfanden, waren eine Handvoll Männer, die die Patrouille mitbrachte. Das erste Opfer des Überfalls war ausgerechnet ein freier Schwarzer, nämlich der Gepäckaufseher am Bahnhof, der im Dunkeln von Browns Brückenwache getötet wurde, als er auf den Brückenbock hinaustrat, um nach dem Nachtwächter Ausschau zu halten. Brown stoppte den Mitternachtszug zur Ostküste, doch nachdem er ihn mehrere Stunden lang festgehalten hatte, ließ er ihn unerklärlicherweise weiterfahren – worauf das Personal natürlich unterwegs überall Alarm schlug.

Am Vormittag des 17. Oktober griffen die Bewohner von Harper's Ferry Browns Männer aus dem Hinterhalt an, während die Miliz von Virginia und Maryland auf die Stadt vorrückte. Im Laufe des Nachmittags wurden acht von Browns Männern (darunter zwei seiner Söhne) sowie drei Bürger der Stadt getötet, während sieben der Angreifer entflohen (zwei davon wurden später festgenommen). Brown zog sich mit seinen überlebenden Mitstreitern und den Gefangenen ins befestigte Feuerwehrhaus zurück und verschanzte sich dort. Eine Kompanie der US-Marineinfanterie unter dem Kommando zweier Kavallerieoffiziere, Colonel Robert E. Lee und Lieutenant J. E. B. Stuart, traf noch während der Nacht ein. Nachdem die Miliz auf die Ehre, das Feuerwehrhaus zu stürmen, verzichtet hatte, schickte Lee die Marineinfanterie vor. Die griff mit Sturmbock und Bajonetten an, gab jedoch keinen einzigen Schuß ab, um die Geiseln nicht zu gefährden. Die Kompanie verlor selbst einen Mann, tötete zwei Angreifer und nahm die übrigen gefangen, darunter Brown, der durch den Paradesäbel eines Offiziers verwundet wurde. Keine 36 Stunden nach seinem Beginn war John Browns skurriler Kampf zur Befreiung der Sklaven bereits vorbei.

Die Nachwirkungen indes waren noch über Jahre hinweg spürbar. In Virginia, wo der Pöbel lautstark Browns Kopf forderte, schlugen die Wogen besonders hoch. Um einer Lynchjustiz vorzubeugen, erhob der Staat Virginia eilends Anklage gegen Brown, und zwar wegen Hochverrats, Mord und Anstiftung zum Aufruhr. Man machte ihm den Prozeß, und der Richter verurteilte ihn zum Tode durch den Strang; die Hinrichtung sollte einen Monat später stattfinden, am 2. Dezember. Die übrigen sechs inhaftierten Aufständischen wurden ebenfalls rasch abgeurteilt; vier von ihnen (darunter zwei Schwarze) wurden am 16. Dezember gehenkt, die beiden anderen am 16. März 1860. Der Umstand, daß Brown Helfer im Norden gefunden hatte, erregte großes Aufsehen. Brown hatte auf der Farm in Maryland eine Reisetasche mit Dokumenten und Briefen zurückgelassen, von denen einige seine Beziehung zu den »geheimen sechs« enthüllten. Was diese Herren betraf, so lag Parker, der an Tuberkulose erkrankt war, in Europa im Sterben, und Higginson, der in Massachusetts die Stellung hielt, zeigte keinerlei Reue über seine Mitwirkung an Browns Plan, ja, er trotzte hocherhobenen Hauptes jedem Versuch, ihn festzunehmen. Aber die übrigen vier zogen kläglich den Rückzug an. Stearns, Howe und Sanborn flohen nach Kanada, indes Gerrit Smith einen Zusammenbruch erlitt und mehrere Wochen in einer Nervenheilanstalt in Utica verbringen mußte.

Die drei, die nach Kanada ins Exil gegangen waren, kehrten zwar nach Browns Hinrichtung zurück, aber als der Senat einen Untersuchungsausschuß unter Vorsitz von James Mason einberief, setzte zumindest Sanborn sich abermals nach Norden ab, nur um sich der Vernehmung zu entziehen. Von Kanada schrieb er an Higginson, den er beschwor: »Falls Sie vorgeladen werden ... geben Sie den Feinden unserer Sache ja nicht preis, was Sie wissen.« Higginson machte aus seiner Verachtung gegen ein solches Verhalten keinen Hehl. »Sanborn, gibt es denn unter Verbündeten nicht etwas wie *Ehre?* [...] Kann unsereins sein Gewissen entlasten ... sein Schweigen rechtfertigen ... damit wir uns dem Verdammnisurteil der Gesellschaft entziehen, indes der edlere Mann, den wir geradezu in die Gefahr hineingetrieben haben, als Sündenbock geächtet wird – und gar an den Galgen muß?«[7]

Sanborn ignorierte die Vorladung des Mason-Ausschusses und widersetzte sich einem Versuch des Ordnungsbeamten des Senats, ihn festzunehmen. Der Vorsitzende Richter von Massachusetts, Lemuel Shaw, erklärte den Haftbefehl aus formaljuristischen Gründen für ungültig. Howe und Stearn kamen nach Washington und stellten sich dem Mason-Ausschuß. Aus irgendeinem Grund verzichtete der Ausschuß darauf, Higginson vorzuladen – vermutlich weil Masons Entschluß, eine Verschwörung des Nordens aufzudecken, bis zum Februar 1860 erlahmt war und er Higginson kein nationales Forum für seine Meinungsäußerungen zur Verfügung stellen wollte. Aus vielleicht demselben Grund fanden Howe und Stearns die Fragen des Ausschusses »so ungeschickt formuliert, daß sie, ohne direkt die Unwahrheit zu sagen«, jegliches Vorwissen um Browns geplanten Angriff auf Harper's Ferry leugnen konnten. Ein Historiker, der ihre Aussage liest, wird indes zu der Überzeugung gelangen, daß sie in mehreren Punkten die Unwahrheit sagten. Allein, der Mason-Ausschuß konnte kein Komplott nachweisen, und bis auf die Männer, die tatsächlich mit Brown in Harper's Ferry gewesen waren, wurde nie jemand öffentlich angeklagt.[8]

Die Reaktion des Südens auf Browns Überfall ließ ein Paradoxon zutage treten, das den Kern der Sklaverei berührte: Einerseits lebten viele Weiße in ständiger Furcht vor Sklavenaufständen, andererseits versicherten die Weißen im Süden beharrlich, daß ihre Sklaven gut behandelt würden und sich aus freien Stücken in ihr Los fügten. Die Meldung vom Überfall auf Harper's Ferry löste im Süden eine erste Welle der Angst und Empörung aus, besonders als die Zeitungen berichteten, daß sich unter den in Browns Reisetasche sichergestellten Papieren auch die Landkarten von sieben Südstaaten befunden hätten, auf denen weitere Angriffsziele markiert waren. Wochenlang gingen die abenteuerlichsten Gerüchte um, in denen von Schwarzenaufständen gemunkelt wurde und von bewaffneten Abolitionisten, die von Norden her anrückten, um den Sklaven beizustehen. Doch nach Browns Hinrichtung machte sich Erleichterung im Süden breit – die Gerüchte hatten sich nicht nur als falsch erwiesen, sondern allmählich ging den Südstaatlern auch auf, daß kein einziger Sklave freiwillig zu Brown übergelaufen war. Der behauptete Glaube des Südens an die Friedfertigkeit der Sklaven hatte sich also doch bewahrheitet! Wenn jemand Aufruhr säen wollte, dann allein die Yankeefanatiker.

Das Problem dieser Yankeefanatiker sollte die Gemüter im Süden bald ein drittes Mal zu blinder Wut anstacheln, allerdings erst, nachdem die abolitionistische Reaktion auf Harper's Ferry ihrerseits zwei Phasen durchlaufen hatte. Die erste Resonanz des Nordens kam als eine Art gedämpften Tadels daher. Der *Worcester Spy*, ein abolitionistisches Blatt aus Higginsons Heimatgemeinde, bewertete den Überfall als »eines der unbesonnensten und wahnwitzigsten Unternehmen aller Zeiten«. William Lloyd Garrison fand ihn »selbstlos und gutgemeint«, jedoch »irregeleitet, abenteuerlich und offenkundig verrückt«.[9] Aber Urteile wie diese mußten bald schon der Vorstellung weichen, Brown habe sich als Märtyrer für eine hehre Sache geopfert. Er selbst trug durch sein Verhalten in und nach dem Prozeß viel dazu bei. In seiner Aussage, in Briefen, Interviews und vor allem in seinem Schlußwort vor Gericht legte er eine Würde und Unerschrockenheit an den Tag, die sogar Virginias Gouverneur Henry Wise und dem »Eisenfresser«

Edmund Ruffin Eindruck machten. Während der ganzen Verhandlung beharrte Brown darauf, daß es nicht sein Ziel gewesen sei, eine Revolte zu entfachen, sondern daß er einzig die Sklaven befreien und zur Selbstverteidigung rüsten habe wollen. Gelinde gesagt, war das hinterhältig argumentiert, und in den Augen der Südstaatler machte es ohnehin keinen Unterschied. In seinem Schlußwort vor dem Urteilsspruch wartete Brown dann mit einer so brillanten Rhetorik auf, daß ihre Wirkung auch heute noch spürbar wird:

«Ich leugne alles, mit Ausnahme dessen, was ich von Anfang an zugegeben habe: nämlich meiner Absicht, die Sklaven zu befreien. [...] Hätte ich mich auf die eingestandene Art und Weise ... im Interesse der Reichen, Mächtigen und Intelligenten, also der sogenannten Großen verwendet ... dann wäre jedem in diesem Gerichtssaal mein Handeln nicht strafwürdig, sondern lobenswert erschienen.

Auch dieses Gericht erkennt, so darf ich annehmen, die Gültigkeit der göttlichen Gesetze an. Ich sehe, wie man hier ein Buch küßt, das wohl die Bibel oder zumindest das Neue Testament ist und das mich gelehrt hat, nichts von seinen Mitmenschen zu fordern, was ich nicht bereit bin, auch für sie zu tun. Es lehrte mich ferner, all jener, die da mühselig und beladen sind, als meiner Brüder zu gedenken. Ich habe mich stets bemüht, diese Gebote zu befolgen. [...] Wenn man es nun aber für nötig hält, daß ich mein Leben im Dienste der Gerechtigkeit opfere und mein Blut mit dem Blute meiner Kinder vermische und darüber hinaus mit dem Blut von Millionen Menschen in diesem Sklavenlande, deren Rechte von bösen, grausamen und ungerechten Gesetzen mißachtet werden, dann beuge ich mich und sage: So sei es.«[10]

Diese Worte bewegten Theodore Parker, Brown »nicht nur einen Märtyrer ... sondern auch einen HEILIGEN« zu nennen. Und Ralph Waldo Emerson rissen sie zu der Prophezeiung hin: »Der alte Krieger wird den Galgen ebenso glorifizieren wie [Christus] das Kreuz.«[11] Brown begriff rasch seine Rolle als Märtyrer und kultivierte sie. »Man hat mich, wie es so schön heißt, *gegeißelt*«, schrieb er an seine Frau, »aber ich bin sicher, daß ich alles bei diesem Unglück verlorene Kapital zurückgewinnen kann, und das nur durch die paar Augenblicke, die ich am Strick baumeln werde; und ich bin fest entschlossen, das Allerbeste aus der Niederlage herauszuholen.« Wie Christus, mit dem Brown sich ungeniert verglich, würde er im Tode die Erlösung der Armen vollbringen, deren Errettung ihm als Lebenden nicht geglückt war. Brown verschmähte alle Angebote, sich am Henkersseil vorbeizumogeln, sei es mit Hilfe Dritter, sei es, indem er auf Unzurechnungsfähigkeit plädiert hätte. »Ich tauge ungleich mehr dazu, gehängt zu werden«, erklärte er seinem Bruder, »als zu irgendeinem anderen Zweck.«[12]

In vielen Gemeinden des Nordens kam es am Tage von Browns Hinrichtung zu denkwürdigen Zwischenfällen. Kirchenglocken läuteten, Geschütze feuerten Ehrensalut, Geistliche hielten Gedenkgottesdienste ab, Tausende verneigten sich in stummer Verehrung vor dem Märtyrer der Freiheit. »Ich habe so etwas noch nie gesehen«, schrieb Charles Eliot Norton aus Harvard. Über 1000 Meilen entfernt in Lawrence, Kansas, befand der Herausgeber des *Republican,* daß »der Tod keines Mannes in Amerika je eine solche Erschütterung hervorgerufen hat. Das Volk scheint ergriffen von einer aus tiefer Trauer geborenen Empörung«.[13]

Ein Geistlicher in Roxbury (Massachusetts) erklärte, Brown habe das Wort Verrat »in der amerikanischen Sprache geheiligt«; der junge William Dean Howells verkündete: »Brown ist zu einer Idee geworden, tausendmal reiner und besser und erhabener als die republikanische Idee«, und Henry David Thoreau nannte Brown »einen gekreuzigten Helden«.[14]

Wie läßt sich diese Fast-Heiligsprechung Browns erklären? Manche Yankees gestanden freimütig, daß sie Brown bewunderten, weil er es gewagt hatte, der *slave power,* die es gewohnt war, den Norden ungestraft zu schikanieren, die Stirn zu bieten. »Dies wird als großer Tag in unsere Geschichte eingehen«, notierte Henry Wadsworth Longfellow am Tage von Browns Hinrichtung in sein Tagebuch, »als Datum einer neuen Revolution – genauso nötig wie die alte.« Indem die Virginier Brown hängten, »säten sie den Wind, der Sturm ernten wird, und das schon bald«. Dies war der Geist, der zwei Jahre später *John Browns Body* zum beliebtesten Marschlied der Unionstruppen machen sollte. Aber es steckte noch mehr dahinter. Vielleicht trafen Lafayettes Worte, die bei einer Gedenkveranstaltung in Boston zitiert wurden, den Kern der Sache. »Niemals hätte ich um Amerikas willen mein Schwert gezogen, wenn ich geahnt hätte, daß ich dadurch mithalf, eine Nation von Sklaven zu begründen.«[15] John Brown hatte *sein* Schwert gezogen, weil er versuchen wollte, dieses Krebsgeschwür der Schande, das die Verheißung Amerikas befleckte, auszumerzen. Da spielte es keine Rolle, daß sein Plan wahnwitzig und zum Scheitern verurteilt war. »Die Geschichte wird seine Trugschlüsse über der Ehrung seines unbeugsamen Kurses ... und seiner edelmütigen Ziele vergessen«, meinte William Cullen Bryant, »und sie wird seinen Namen mit dem von Helden und Märtyrern gleichsetzen.« Die meisten von Browns Lobrednern unterschieden ganz ähnlich zwischen seinen »Trugschlüssen« und »seinen edelmütigen Zielen«. Auch wenn »Harper's Ferry ein Wahnsinn war«, wie die religiöse Wochenzeitung *The Independent* schrieb, »so war das beherrschende Motiv seines Manövers doch großartig«. Der Angriff war »das Werk eines Verrückten«, räumte Horace Greeley ein, während er gleichzeitig die »Würde und den Edelmut« Browns und seiner Männer pries.[16]

Eine solche Unterscheidung zwischen Tat und Motiv machte den weißen Südstaatlern freilich keinen Eindruck. Sie sahen nur, daß Millionen von Yankees einen Mörder anzuerkennen schienen, der versucht hatte, ihre Sklaven gegen sie aufzuhetzen, und das provozierte Wutausbrüche, die weit heftiger waren als die erste zornige Reaktion auf den Überfall. Der Norden »hat Raub, Mord und Verrat gebilligt, ja mit Beifall bedacht«, empörte sich *De Bow's Review.* Konnte der Süden es sich leisten, weiter »unter einer Regierung zu leben, deren Untertanen oder Bürger John Brown mehrheitlich als Märtyrer und christlichen Helden feiern?«, fragte eine Zeitung aus Baltimore.[17] Nein! hallte es aus allen Winkeln des Südens zurück. »Die Invasion von Harper's Ferry hat die Sache der Sezessionisten mehr gefördert als irgendein anderes Ereignis seit der Regierungsbildung«, erklärten zwei sonst rivalisierende Blätter aus Richmond einmütig. Sie habe »eine fast vollständige Gesinnungsrevolution unter den ältesten und beständigsten Konservativen bewirkt. [...] Tausende von Männern ... die noch vor einem Monat über den Gedanken an eine Auflösung der Union gespottet haben ... vertreten nun die Ansicht, daß ihre Tage gezählt sind«. Ein Beobachter aus North Carolina bestätigte diese Einschätzung. »Ich bin immer ein glühender Unionist gewesen«, bekannte er im Dezember 1859 in einem persönlichen Schreiben, »aber ich gestehe, daß die Billigung des Frevels von Harper's Ferry ... meinen Glauben erschüttert hat ... und nun bin ich gewillt, lieber jedes Unheil in Kauf zu nehmen, das aus einer Spaltung der Union erwachsen mag, als mich noch weiter den Unverschämtheiten des Nordens auszusetzen.«[18]

Um dem Süden zu beweisen, daß die Sympathiekundgebungen für Brown sich auf eine krakeelende Minderheit beschränkten, organisierten die Konservativen im Norden große Anti-Brown-Demonstrationen. »Die jüngsten Ausschreitungen in Harper's Ferry« verurteilten sie dabei als ein Verbrechen »nicht nur gegen den Staat Virginia, sondern gegen die ganze Union. [...] [Wir] sind bereit, ebenso energisch wie jeder Südstaatler alle Angriffe nördlicher Fanatiker auf die verfassungsmäßigen Rechte des Südens abzuwehren«.[19] Die Demokraten witterten eine Chance, ihre Brücken zum Süden wieder aufzurichten und gleichzeitig den Republikanern eins auszuwischen, indem sie sie mit Brown in Verbindung brachten. Harper's Ferry, so Stephen Douglas, sei das »natürliche, logische und unumgängliche Resultat der Doktrinen und Lehrmeinungen der Republikanischen Partei«. Die Demokraten konzentrierten ihre Angriffe ganz besonders auf Seward, in dem man den nächsten Präsidentschaftskandidaten der Republikaner vermutete. Seward sei der »Erzagitator, der für diesen Aufstand verantwortlich ist«, beteuerten die Demokraten. Seine blutrünstige Rede über den *irrepressible conflict,* den »unvermeidlichen Konflikt«, habe Brown erst zu seiner blutrünstigen Tat inspiriert.[20]

Aus Furcht vor politischen Nachteilen beeilten sich die Republikaner, von Brown abzurücken. Seward verurteilte die »Volksverhetzung und den Verrat« des alten Mannes und erklärte seine Hinrichtung für »notwendig und gerecht«. Selbst wenn Brown »insofern mit uns übereinstimmte, als auch er die Sklaverei für ein Unrecht hielt«, meinte Lincoln, »so ist dies dennoch keine Entschuldigung für Gewalt, Blutvergießen und Verrat«. Iowas Gouverneur Samuel Kirkwood hielt Browns »kriegerische Handlung« für »ein noch größeres Verbrechen«, als es »die Freibeuter-Invasoren Kubas und Nicaraguas verschuldet haben«, auch wenn Browns Überfall »in den Augen vieler bis zu einem gewissen Grad entschuldbar ist, [weil] der Schlag für die Freiheit geführt wurde und nicht für die Sklaverei«.[21]

Den Südstaatlern gefiel dieser Vergleich Browns mit den Freibeutern gar nicht. Außerdem ging ihnen an Lincolns und Kirkwoods Kommentaren einiges gegen den Strich (»insofern mit uns übereinstimmte, als auch er die Sklaverei für ein Unrecht hielt« ... »der Schlag für die Freiheit geführt wurde«). Für die Südstaatler war die Grenze, die Lincolns moralische Grundsätze von Browns Gemetzel trennte, eine reine Spitzfindigkeit. »Wir betrachten jeden«, schrieb eine Zeitung Atlantas, »der nicht beherzt erklärt, daß er das Sklaventum der Afrikaner für einen sozialen, moralischen und politischen Segen hält«, als »einen Feind der Institutionen der Südens«. Und was die bekräftigenden Resolutionen der Konservativen aus dem Norden anging, so sah man darin bloß »leeres Geschwätz und Lippenbekenntnisse«. »Warum haben denn die Konservativen im Norden die infame negerrepublikanische Partei nicht zum Schweigen gebracht?« fragte *De Bow's Review.* »Sie haben solange gesäumt, sie unschädlich zu machen, daß sie nun fast alles im Norden niederreißt.« Im Senat warnte Robert Toombs davor, »daß der Süden niemals zulassen [wird], daß diese Bundesregierung in die verräterischen Hände der Negerrepublikaner übergeht«. »Verteidigt euch!« appellierte Toombs an die Südstaatler. »Der Feind steht schon vor eurer Tür, also wartet nicht, bis er sich an euren Herd drängt, sondern stellt ihn noch auf der Schwelle und verjagt ihn aus dem Tempel der Freiheit, oder reißt dessen Säulen nieder und zieht unsere Widersacher mit in den Untergang.«[22]

Als das Wahljahr 1860 anbrach, ging John Browns Gespenst in den Südstaaten um. Mancher Historiker hat die Stimmung in der Region mit jener »großen Furcht« verglichen, die das ländliche Frankreich heimsuchte, als im Sommer 1789 die Bauern glaubten, »die Schergen des Königs rückten an«, um sie niederzumetzeln.[23] Bis aufs äußerste erregt und gereizt, waren viele Sklavenhalter und Freisassen gleichermaßen bereit, Heim und Herd mit der Waffe gegen die Schergen der »Negerrepublikaner« zu verteidigen. Tausende traten militärischen Verbänden bei; gesetzgebende Versammlungen stellten Gelder zum Ankauf von Waffen bereit. Jede Scheune oder Baumwollentkörnungsmaschine, die niederbrannte, entfachte neue Gerüchte über Sklavenaufstände und abolitionistische Invasoren. Jeder Yankee wurde im Süden zur *persona non grata.* Etliche wurden geteert und gefedert und dann mit Schimpf und Schande aus der Stadt getrieben. Ein paar wurden sogar gelyncht. Die Bürger von Boggy Swamp (South Carolina) jagten zwei Erzieher aus dem Norden aus ihrem Bezirk. »Über ihre abolitionistische oder aufrührerische Gesinnung ist zwar nichts Definitives bekannt«, kommentierte eine Lokalzeitung, »aber da sie als Nordstaatler unweigerlich von Doktrinen durchdrungen sind, die unseren Institutionen feindlich gegenüberstehen, war ihre Anwesenheit hier unerwünscht.« Der aus dem Norden gebürtige Präsident eines Colleges in Alabama mußte fliehen, bloß um sein Leben zu retten. Aus Kentucky vertrieb der Pöbel 39 Personen, die an einer Antisklavenkirche und -schule in Berea wirkten. Zweiunddreißig im Süden stationierte Firmenvertreter aus New York und Boston berichteten bei ihrer Ankunft in Washington: »Die Empörung gegen die Nordstaatler ist so groß, daß wir gezwungen waren, zurückzukehren und unser Geschäft im Stich zu lassen.«[24] In diesem zwischen Furcht und Feindseligkeit schwankenden Klima bereiteten sich die Demokraten im April 1860 auf ihren Nationalkonvent in Charleston vor.

II

Die meisten Süd-Demokraten kamen mit dem einen erklärten Ziel nach Charleston: Douglas zu vernichten. Darin wurden sie von einer Handvoll Regierungsdemokraten aus dem Norden unterstützt. Die Erinnerung an Lecompton und die Freeport-Doktrin vereitelte alle Bemühungen, den Riß zu kitten. Dieser »Demagoge aus Illinois«, erklärte ein Redakteur aus Alabama, »verdient es, am Galgen demokratischer Verachtung zu sterben, und seinen verhaßten Kadaver sollte man vor die Tore der Bundeshauptstadt werfen«.[25]

Einige Demokraten aus den Baumwollstaaten zogen Douglas sogar einen republikanischen Präsidenten vor, nur um völlig klarzustellen, vor welcher Alternative der Süden stand: Unterwerfung oder Sezession. Und um ihrer Prognose Geltung zu verschaffen, schickten sie sich an, die Demokratische Partei in zwei Lager zu spalten.

Den ersten Schritt dazu unternahm im Januar 1860 der Konvent der Demokraten in Alabama, der seine Delegierten anwies, aus dem Nationalkonvent auszuziehen, falls die Partei sich gegen ein Programm sperren sollte, das die Sklaverei auch in den Territorien sanktionierte. Andere demokratische Verbände aus den

Baumwollstaaten schlossen sich an. Im Februar unterbreitete Jefferson Davis dem Senat die südstaatlerischen Forderungen in einer Kernresolution, die sowohl dem Kongreß als auch den Territorialparlamenten das Recht absprach, »den verfassungsmäßigen Anspruch eines jeden Bürgers der Vereinigten Staaten auf Überführung seines Sklaveneigentums in die Territorien anzutasten. [...] Es ist die Pflicht der Bundesregierung, dieses Eigentum dort genauso zu schützen wie alle anderen Besitztümer«.[26] Der von Südstaatlern dominierte Parteiausschuß der Demokraten im Senat billigte die Resolution und warf damit Douglas in Charleston den Fehdehandschuh hin.

In der hitzigen Atmosphäre von 1860 hätten die Demokraten sich keinen schlechteren Tagungsort für ihren Parteitag wählen können als ausgerechnet Charleston.[27] Die Douglas-Delegierten fühlten sich dort wie Fremde im Feindesland. »Eisenfresser« hielten allabendlich flammende Reden im Freien. Drinnen im Saal hatten die Nordstaatler eine Dreifünftelmehrheit, weil die Delegierten nicht nach Parteistärke, sondern gemäß den Wahlmännerstimmen verteilt wurden. Die Douglas-Anhänger waren ebenso fest entschlossen, den Sklavenkodex zu blockieren, wie die Südstaatler, ihn sich zu ertrotzen. Und damit spaltete ein »unvermeidlicher Konflikt« die Partei, konstatierte Murat Halstead, ein hervorragender Nachwuchsjournalist aus Cincinnati, dessen Reportagen den Konvent aufs anschaulichste dokumentieren. »Der Süden will kein Jota von seinem Standpunkt weichen. [...] Die Nord-Demokraten ... sind weder gewillt, sich hinrichten zu lassen, noch Selbstmord zu verüben.«[28]

Ausgelöst wurde die Krise durch den Bericht des Programmausschusses, in dem jeder Staat eine Stimme besaß. Kalifornien und Oregon schlossen sich den Sklavenstaaten an, die nun mit einer Mehrheit von 17:16 einen Sklavenkodex, ähnlich dem der Jefferson-Davis-Resolution, forderten. Der Minderheitenbericht bestätigte das auf dem Prinzip der Volkssouveränität fußende Programm von 1856, ergänzt durch das Gelöbnis, sich dem Entscheid des Supreme Court über die Vollmachten eines Territorialparlaments zu beugen. Den Südstaatlern genügte das aber nicht. Sie hielten sich an den Grundsatz der Freeport-Doktrin, daß ein Gerichtsbeschluß sich nicht von selbst vollstrecken würde. Sklaveneigentum benötige den Schutz der Union, so der aus North Carolina stammende Präsident des Ausschusses. Nur so könne ein Sklavenhalter sein Eigentum nach Kuba, Mexiko und Zentralamerika überführen, wenn diese Länder demnächst den Vereinigten Staaten zugeschlagen würden. Der wortgewaltige Verteidiger der Rechte des Südens, William Lowndes Yancey, hielt eine mißreißende Rede zugunsten des Mehrheitsberichts. Von der Galerie donnerten Hochrufe, als er zum Schluß seiner Ansprache kam: »Wir sind in der Lage, Sie zum Nachgeben aufzufordern«, rief er den Norddelegierten zu. »Welche Ihrer Rechte, Gentlemen aus dem Norden, haben wir Südstaatler je verletzt? [...] Unsere Institutionen sind bedroht; unser Eigentum ist in Gefahr; unsere Ehre steht auf dem Spiel.«[29]

Nach solch brillanter Rhetorik klangen die Erwiderungen der Norddelegierten kläglich, ja fast wie Grabreden. »Wir können von der [Volkssouveränität] nicht ohne persönliche Schmach abweichen«, sagte ein Douglas-Demokrat aus Ohio, »*nie, nie, nie,* so wahr uns Gott helfe.« Und sie standen zu ihrem Wort. Nach zwei Tagen heftigster Debatten setzten die Douglas-Anhänger ihr Programm mit 165 gegen 138 Stimmen durch (Freistaaten 154 gegen 30, Sklavenstaaten 11 gegen 108). Daraufhin zogen 50 Delegierte aus den Baumwollstaaten demonstrativ aus. Danach folgte eine Enttäuschung auf die andere. Douglas konnte die zur Nominierung erforderliche Zweidrittelmehrheit nicht aufbringen. Und dem Konvent gelang es in 57 erbitterten Wahlgängen nicht, sich auf einen anderen Kandidaten zu einigen. Erschöpft und niedergeschlagen vertagten sich die Delegierten schließlich, um sechs Wochen später im freundlicheren Klima von Baltimore einen erneuten Versuch zu wagen. Yancey bereitete ihnen einen denkwürdigen Abschied. In seiner Rede auf dem mondhellen Gerichtsplatz von Charleston riß er eine riesige Zuhörerschaft zu einem dreifachen, ohrenbetäubenden Hoch »auf eine unabhängige Südrepublik« hin, als er mit den Worten schloß: »Vielleicht ist eben jetzt die Feder des Historikers gespitzt, um die Geschichte einer neuen Revolution zu schreiben.«[30]

Alle Versuche, die Partei wieder zu einen, schienen aussichtslos. Die Delegierten aus dem Nordwesten kehrten voller Zorn auf ihre Brüder aus dem Süden heim. »Noch nie habe ich Abolitionisten schonungsloser und giftiger über die Südstaatler reden hören als die Douglas-Männer«, schrieb ein Reporter. »Sie sagen, es kümmere sie einen Dreck, wohin der Süden sich wendet. [...] Was sie angeht, ›mag er vom Konvent geradewegs in die Hölle fahren‹.« Trotzdem strebten die meisten abtrünnigen Südstaatler nach Wiederzulassung in Baltimore. Ihre Strategie »heißt regieren oder zerstören«, notierte Alexander Stephens, der sich im Lauf des Vorjahrs zu einem gemäßigten Kurs durchgerungen hatte und nun Douglas unterstützte.[31] Falls sie wieder zugelassen würden, wollten die Abtrünnigen abermals auf einem Programm mit Sklavenkodex bestehen, und wenn sie damit unterliegen sollten, würden sie erneut ausziehen, diesmal freilich mit dem Versprechen der meisten Delegierten des oberen Südens, sich ihnen anzuschließen. Verweigerte man ihnen aber die Zulassung in Baltimore, dann würden die nämlichen Delegierten aus dem oberen Süden sich von der Partei lossagen und gemeinsam mit ihren Verbündeten aus den Baumwollstaaten eine neue gründen.

In einigen Staaten des unteren Südens organisierten Douglas-Anhänger Konkurrenzdelegationen zu Baltimore. Die dortigen Profilierungsstreitigkeiten entschieden über das Schicksal der Partei. Nachdem sie sich ihren frommen Wunsch, die Abtrünnigen zur Hölle fahren zu lassen, noch einmal reiflich überlegt hatten, zeigten die meisten Norddelegierten sich kompromißbereit und willens, sowohl ein paar Abtrünnigen wie auch einigen ihrer Herausforderer einen Sitz zu verschaffen. Aber die Anti-Douglas-Südstaatler wollten alles oder nichts. Sie zogen abermals aus, gefolgt von den meisten Delegierten des oberen Südens sowie einer Handvoll Sklavereianhänger aus dem Norden – insgesamt mehr als ein Drittel der Gesamtvertretung. Die Abtrünnigen organisierten unverzüglich ihren eigenen Konvent und nominierten John C. Breckinridge aus Kentucky (den gegenwärtigen Vizepräsidenten) als Präsidentschaftskandidaten mit einem Sklavenkodex-Programm. Die entmutigten Loyalisten nominierten Douglas, doch als sie heimkehrten, hatte sich ihr Groll gegen die Rebellen noch verstärkt, die um ein Haar für die Wahl eines »negerrepublikanischen« Präsidenten gesorgt hätten.[32] Durch geschicktes Taktieren bei ihrem Nationalkonvent in Chicago trugen die Republikaner das Ihre dazu bei.

Das Hauptproblem für die Republikanische Partei bestand darin, daß sie fast alle »freien« Staaten für sich gewinnen mußte, um den Wahlsieg davonzutragen. Da sie damit rechnete, Kalifornien, Oregon und vielleicht auch New Jersey zu verlieren, mußte sie unter den Staaten, die sie 1856 verloren hatte, Pennsylvania und entweder Indiana oder Illinois zurückerobern, um im Wahlmännerkollegium die Mehrheit zu erringen. William H. Sewards geringe Popularität in diesen Staaten des unteren Nordens stellte seine erhoffte Nominierung ernstlich in Frage. Um diese Staaten zu gewinnen, mußte ein Republikaner sich die Unterstützung zahlreicher Fillmore-Wähler des Jahres 1856 sichern. Sewards sattsam bekannte Abneigung gegen den Nativismus stand diesem Ziel im Wege. Wichtiger noch: Seine Reden vom übergeordneten Gesetz und dem unvermeidlichen Konflikt hatten ihm ein radikales Image verliehen, das altgediente Whig-Konservative abschreckte. Obwohl Seward Brown und seinen Idealen eine deutliche Absage erteilt hatte, klebte doch noch etwas vom Harper's-Ferry-Kot an seinen Rockschößen. Obendrein hatten die jahrelangen internen Whig-Fehden in New York Seward viele Feinde geschaffen, darunter Horace Greeley. Und mit der Nominierung Sewards würden sich die Republikaner womöglich des Wahlkampfthemas Korruption berauben, das sie ansonsten aufgrund der Skandale in Buchanans Regierungszeit weidlich ausschlachten könnten. Auch der üble Geruch jüngster Konzessionsvergaben durch den New Yorker Stadtrat, die sich bis zu Sewards Politmanager Thurlow Weed zurückverfolgen ließen, schadete seinem Ansehen als Kandidat. Und die rüpelhaften, trinkfreudigen Claqueure, die Sewards Delegation auf der Galerie postierte, trugen mitnichten dazu bei, das Image des New Yorkers aufzubessern.[33]

Seward, der aufgrund seiner Stärke in den oberen Nordstaaten mit großem Vorsprung zum Konvent kam, hoffte auf eine Nominierung im ersten Wahlgang. Doch die Republikaner konnten sicher sein, diese Staaten zu gewinnen, ganz gleich, wen sie nominierten. Die Pragmatiker aller Regionen und die Politiker der unentschiedenen Staaten schlossen sich zu einer Stoppt-Seward-Bewegung zusammen. Potentielle Kandidaten standen reichlich zur Verfügung: Protegés aus Vermont und New Jersey und vier Männer mit staatlicher oder regionaler Rückendeckung, deren Ambitionen über den Status von Günstlingssöhnen hinausgingen: Salmon P. Chase aus Ohio, Simon Cameron aus Pennsylvania, Edward Bates aus Missouri und Abraham Lincoln aus Illinois. Aber Chase haftete wie Seward der Ruf eines Radikalen an, und er verfügte nicht einmal über die einmütige Unterstützung seines eigenen Staates. Cameron, der angeblich notorisch nach der Futterkrippe strebte, abwechselnd Demokrat und »Know-Nothing« gewesen war und außerdem auch noch mit den Whigs geflirtet hatte, stieß auf Ablehnung bei den Delegierten, die darauf bedacht waren, die Partei so makellos erscheinen zu lassen wie Cäsars Frau. Bates erschien eine Zeitlang als Sewards stärkster Rivale, weil Greeley und die einflußreiche Familie Blair ihm den Rücken stärkten in der Hoffnung, daß er neben dem unteren Norden sogar noch ein paar Grenzstaaten für sich gewinnen könne. Aber der farblose 67jährige Mann aus Missouri war Sklavenhalter gewesen, überdies ein »Know-Nothing«, und hatte 1856 Fillmore unterstützt. Das machte ihm zu viele Wählerkreise abspenstig, deren Unterstützung nötig war – besonders die der deutschen Protestanten. Daß ein Republikaner in einem Grenzstaat siegen könnte, damit war nicht zu rechnen, und so mußte Bates sich vor allem mit der Delegiertenunterstützung jener Randstaaten begnügen, in denen die Aussichten der Republikaner düster oder gar hoffnungslos waren: Missouri, Maryland, Delaware und Oregon.

Somit blieb nur Lincoln übrig. Als der Konvent am 16. Mai eröffnet wurde, war Lincoln von einem unbeschriebenen Blatt zum Hauptrivalen Sewards aufgestiegen. Die Parteiführer gelangten nach und nach zu der Erkenntnis, daß der Mann aus Illinois die meisten Stärken und die wenigsten Schwächen eines idealen Kandidaten in sich vereinigte. Er war ein ehemaliger Antisklaverei-Whig in einer Partei, die sich zumeist aus früheren Antisklaverei-Whigs rekrutierte. Und ungeachtet seiner Reden vom geteilten Haus stand er im Ruf, ein Gemäßigter zu sein. Viele frühere Demokraten konnten Seward nicht ausstehen, aber sie erinnerten sich dankbar der großherzigen Geste, mit der Lincoln 1855 zurückgetreten war, um die Wahl des Antisklaverei-Demokraten Lyman Trumbull zum Senator zu ermöglichen. Lincoln hatte die »Know-Nothings« bekämpft, was ihm die deutsche Wählerschaft zugute halten würde, aber nicht auffällig genug, um frühere amerikanische Wähler abzuschrecken, die sich weigern würden, Seward zu unterstützen. Bereits allgemein bekannt und beliebt als »Honest Abe«, genoß Lincoln den Ruf eines integren Mannes, der vorteilhaft vom dubiosen Image von Thurlow Weeds New Yorker Parteiapparat abstach. Lincoln, der selbst aus bescheidenen Verhältnissen stammte, verkörperte die *free-labor*-Ideologie von Chancengleichheit und aufstrebender Mobilität. Er war eben tatsächlich in einer Blockhütte zur Welt gekommen. Die Idee, beim Konvent des Staates Illinois ein paar verwitterte Zaunlatten auszustellen, die Lincoln angeblich vor 30 Jahren gespalten hatte, war ein politischer Geniestreich eines seiner Manager. Von da an wurde Lincoln, der »Holzfäller«, zum Symbol für Siedlungsgrenze, Farm, Chancen, harte Arbeit, *per aspera ad astra* und andere Komponenten des amerikanischen Traums, wie er sich im Selbstverständnis der Republikaner manifestierte. Und schließlich entstammte Lincoln einem Staat und einer Region, die für die Chancen der Republikaner von entscheidender Bedeutung waren, insbesondere wenn Douglas, wie erwartet, der Kandidat der Nord-Demokraten werden sollte. Bis auf William Henry Harrison, der nach einmonatiger Amtszeit verstarb, war kein Präsident aus dem alten Nordwesten mehr gewählt worden. Und nun glaubte diese Region, die im ganzen Land das größte Wachstum zu verzeichnen hatte, ihre Zeit sei gekommen. Die Wahl Chicagos zum Schauplatz des Konvents half Lincolns Kandidatur ungemein. Begeisterte Menschenmassen, vor allem aus Illinois, versammelten sich in der weiträumigen, eigens für den Konvent erbauten Halle, der man den Spitznamen »Wigwam« gab. Mit gefälschten Eintrittskarten verschafften sich Tausende stimmgewaltiger Anhänger Lincolns Zutritt zur Galerie.

Lincoln war freilich schon in der nationalen Politik vor 1860 keine unbekannte Größe gewesen. Sein Rededuell mit Douglas hatte großes Aufsehen erregt; die Veröffentlichung der Debatten im Jahre 1860 machte Lincolns Namen weithin bekannt. 1859 hatte er in einem halben Dutzend Staaten des Mittelwestens politische Reden gehalten. Im Februar 1860 sprach er im New Yorker Cooper Institute vor großem Publikum und reiste von dort weiter nach Neuengland, wo er 11 Reden hielt. Dieses erste Auftreten Lincolns im Nordosten wurde ein Triumph, und seine Anhänger daheim in Illinois konnten daraufhin jubeln, daß »noch kein Mann in den Vereinigten Staaten je zuvor so rasch zu politischem Ruhm aufgestiegen« sei.[34] Zum Teil aufgrund dieser Ansprachen errang Lincoln die Unterstützung etlicher Delegierter Neuenglands und gleich im ersten Wahlgang in Chicago 19 Stimmen dieser Seward-Hochburg.

Gleichwohl war Lincoln vor seiner Nominierung in gewissen Kreisen noch so unbekannt, daß einige Experten seinen Namen noch nicht in ihre Liste der sieben oder 12 oder sogar 21 möglichen Kandidaten aufgenommen hatten. Etliche Zeitungen gaben seinen Vornamen als »Abram« wieder. Aber das währte nicht lange. Der Wendepunkt kam, als Indiana beschloß, sich mit Illinois zusammenzutun, wodurch Lincoln im ersten Wahlgang die massive Unterstützung von zwei der bedeutendsten Staaten des unteren Nordens bekam. Das gab Lincolns Wahlmanagern, einem kaum bekannten, aber hervorragenden Team aus Illinois, die Chance, Pennsylvania das Versprechen abzuringen, im zweiten Wahlgang die meisten Stimmen für Lincoln abzugeben, nachdem der erste Wahlgang in einer Freundschaftsgeste an Cameron gehen würde. Die ganze hektische Nacht vom 17. auf den 18. Mai hindurch arbeiteten die Politiker aus Illinois fieberhaft daran, Lincoln für den zweiten Wahlgang weitere Wähler zu sichern. Ungeachtet Lincolns Schwur in Springfield, *»keine mich bindenden Verträge zu schließen«*, versprachen seine Statthalter in Chicago wahrscheinlich den Leuten aus Indiana, Cameron aus Pennsylvania und vielleicht auch den Blairs aus Maryland und Missouri Kabinettsposten und andere Belohnungen. Inwieweit diese Lockmittel beim Stimmenfang zu Buche schlugen, ist strittig – immerhin konnte Weed ja ähnliche Zusicherungen in Sewards Namen geben. Die Überzeugung, Lincoln könne den unteren Norden für sich gewinnen, Seward dagegen nicht, war jedenfalls Lincolns stärkste Waffe. Und die Delegierten anderer Staaten ließen sich von Indiana und Pennsylvania beeinflussen, weil sie wußten, daß die Partei nur siegen konnte, wenn sie diese Staaten gewann.[35]

Gleich der erste Wahlgang offenbarte Sewards Schwäche und Lincolns überraschende Stärke. Bei 233 für die Nominierung benötigten Stimmen hatte Seward mit 173,5 Stimmen 60 Stimmen zu wenig, während Lincoln 102 Stimmen für sich verbuchen konnte. Beim zweiten Wahlgang zeigte sich bereits, woher der Wind wehte, als nämlich Seward kein Dutzend neuer Stimmen hinzugewann, während Vermont, Pennsylvania und vereinzelte Wahlmänner anderer Staaten, darunter einige aus Ohio, zu Lincoln überwechselten und ihn mit 181 Stimmen Seward fast gleichstellten. Während dieser Wahlgänge herrschte im »Wigwam« eine Spannung, wie man sie in der amerikanischen Politik noch nicht erlebt hatte. 10000 Zuschauer, in der Mehrzahl Lincoln-Anhänger, drängten sich auf der Galerie und veranstalteten einen solchen Lärm, daß ein Reporter, der die Szene beschreiben wollte, zu den skurrilsten Vergleichen greifen mußte: »Man stelle sich vor, sämtliche Schweine, die je in Cincinnati geschlachtet wurden, würden ihr Todesgequieke gemeinsam anstimmen, und dazu würden 20 Dampfpfeifen aufheulen. [...] Eine Herde Büffel oder Löwen hätte kein gewaltigeres

Gebrüll veranstalten können.« Die Reaktion der Menge verfehlte ihre Wirkung auf die Delegierten keineswegs, verlieh sie doch der ohnehin dramatischen Steigerung des Ergebnisses im zweiten Wahlgang eine schier unwiderstehliche Stoßkraft. Als der dritte Wahlgang begann, waren die Nerven der erregten Zuschauer fast bis zum Zerreißen gespannt. Sechs weitere Neuenglandstimmen gingen an Lincoln, dazu acht aus New Jersey, neun aus Maryland und vier weitere aus seinem Heimatstaat Kentucky. Als dann noch 15 Chase-Stimmen aus Ohio an Lincoln fielen, erbebten unter dem Jubelgeschrei buchstäblich die Dachbalken. Unzählige gezückte Bleistifte addierten die Gesamtzahl, noch bevor der Schriftführer sie bekanntgab: Lincoln hatte 231,5 Stimmen. In der plötzlich eintretenden Stille sprang der Vorsitzende der Ohio-Delegation auf seinen Stuhl und verkündete den Wechsel von vier weiteren Wahlmännern zu Lincoln. Damit »erhob sich ein Brausen wie die Vorhut eines Sturms – und schon im nächsten Moment war der Orkan losgebrochen ... Tausende jubelten mit dem Ungestüm des Wahnsinns«.[36]

Keiner der 40 000 Menschen im und um den »Wigwam« hat diesen Augenblick je vergessen. Alle bis auf die extrem konservativen Seward-Delegierten waren überzeugt, sie hätten den stärksten Kandidaten gewählt. Nur wenige konnten freilich wissen, daß sie auch den besten Mann für die schwere Aufgabe gewählt hatten, die dem nächsten Präsidenten bevorstand. Um die Kandidatenliste auszugleichen, nominierte der Konvent Hannibal Hamlin aus Maine als Vizepräsidenten, einen früheren Demokraten und einen von Lincolns ersten Anhängern in Neuengland, der zudem ein Freund Sewards war. Das republikanische Parteiprogramm war eines der eindrucksvollsten Dokumente seiner Art in der amerikanischen Geschichte. Während es keine der Antisklavereiparolen, wie sie im Programm von 1856 ihren Niederschlag gefunden hatten, zurücknahm, milderte es gleichwohl seine Sprache ein wenig und verurteilte John Browns Überfall als »schwerstes Verbrechen«. Froh über die Themen, die die Opposition den Republikanern lieferte, verpflichtete sich das Programm zur Unterstützung eines Heimstättengesetzes, zum Ausbau von Seewegen und Häfen sowie zu Bundesbeihilfen beim Bau einer transkontinentalen Eisenbahn. Um Pennsylvanias und der allgemeinen Whig-Strömungen in der Partei willen enthielt das Programm eine Tarifklausel, die eine »Angleichung« der Steuersätze forderte, »um die industrielle Entwicklung im ganzen Lande zu fördern« und »den Arbeitern annehmbare Löhne zu sichern«. In einem anderen Punkt verwahrte sich die Partei in aller Form gegen »jede Änderung unserer Naturalisierungsgesetze oder jedwede Staatsgesetzgebung, durch welche die Rechte ... ausländischer Bürger geschmälert oder beeinträchtigt werden sollen«. Südstaatlerische Sezessionisten warnte das Programm vor »dem Gedanken an Landesverrat, den aufs strengste zu tadeln und für immer zum Schweigen zu bringen die unumgängliche Pflicht eines empörten Volkes ist«.[37]

III

Die Erregung und der Optimismus von Chicago sprangen auf den Wahlkampf der Republikaner über. Die junge Partei verströmte den Überschwang der Jugend. Erstwähler scharten sich um das republikanische Banner. Zu Tausenden traten sie »Wide-Awake«-Clubs bei und marschierten in kilometerlangen Paraden mit, wobei sie Fackeln auf den allgegenwärtigen Zaunlatten schwenkten, die zu einem Symbol dieses Wahlkampfs wurden. Politische Liederbücher wurden zuhauf gedruckt, und die Parteigetreuen schmetterten ihre Titelmelodie *Ain't you glad you joined the Republicans?*

Ein Vorteil, den die Republikaner gegenüber ihren Widersachern genossen, war die Eintracht innerhalb ihrer Partei. Die enttäuschten Sewardisten folgten dem Beispiel ihres Führers und hielten begeisterte Wahlreden für Lincoln. Nur eine Handvoll linksgerichteter Abolitionisten und eine beträchtlich größere Zahl rechtsgerichteter Whig-Americans hielten auf Abstand. Letztere schränkten die Hoffnung der Republikaner, den Norden im Sturm zu erobern, am meisten ein. Gleich dem sagenhaften Phönix schickte die Whig-Partei sich an, aus der eigenen Asche emporzusteigen. Um 1860 gelang ihr dies in Gestalt der »Constitutional-Union«-Partei, die ihren Konvent eine Woche vor dem der Republikaner abhielt. Diese Konservativen meinten, am ehesten sei das Desaster der Sezession dadurch abzuwenden, daß man zu den Themen, die Norden und Süden entzweiten, überhaupt keine Stellung bezog. Daher gaben sie statt eines Wahlprogramms eine gutgemeinte Resolution heraus, die gelobte, »kein anderes politisches Prinzip als *die Verfassung ... die Union ... und die Wahrung der Gesetze anzuerkennen*«. Der Konvent nominierte den reichen Sklavenhalter John Bell aus Tennessee als Präsidenten und den ehrwürdigen »Cotton-Whig« Edward Everett aus Massachusetts als Vizepräsidenten. Kaum einer der Delegierten war unter 60; diese »Altherrenpartei« wurde zur Zielscheibe nachsichtigen Spottes für die Republikaner, die erklärten, das Bell-Everett-Programm sei »würdig, auf Atlaspapier mit Goldrand gedruckt, in einer Moschuskassette deponiert und dort unter Verschluß gehalten zu werden«. Gleichzeitig beschuldigten Süd-Demokraten die »Constitutional Unionists«, »die Intelligenz des amerikanischen Volkes zu beleidigen«, indem sie eine Partei aufzubauen suchten, »welche die Sklavenfrage ignorieren soll. Dieses Problem muß behandelt und geklärt werden«.[38]

Die »Constitutional Unionists« erwarteten nicht, daß sie die Wahl gewinnen würden. Das Höchste, was sie sich erhoffen durften, war, mehrere Staaten des oberen Südens für sich einzunehmen und Lincoln im unteren Norden soweit zu schwächen, daß ihm die Mehrheit versagt bliebe. Damit würde sich die Präsidentschaftswahl ins Repräsentantenhaus verlagern, wo jeder Staat eine Stimme hatte, aber keine Partei eine Staatenmehrheit hielt. Dann würden die Demokraten sich vielleicht mit den Whig-American-Unionists verbünden und Breckinridge aus Kentucky wählen, sofern man den von seinen extremistischen Southern-rights-Hintermännern fortlotsen konnte. Oder vielleicht bekämen auch die »Constitutional Unionists« genügend Einfluß, um Bell zum Sieg zu verhelfen. Wenn es dagegen dem Repräsentantenhaus bis zum 4. März 1860 nicht gelang, einen Präsidenten zu küren, würde der vom demokratischen Senat gewählte Vizepräsident zum amtierenden Präsidenten aufrücken. Diese verdienstvolle Persönlichkeit wäre entweder Breckinridges Mitkandidat Joseph Lane aus Oregon, ein Sklavereianhänger aus North Carolina, oder der eigene Favorit der »Constitutional Unionists«, Edward Everett.[39]

Aber diese Spekulation ging ins Auge. Die »Constitutional Unionists« mehrerer Südstaaten fühlten sich genötigt zu beweisen, daß sie ebenso treu für die Rechte des Südens eintraten wie die Demokraten, indem sie einen zentralen Sklavenkodex für die Territorien in ihr Programm aufnahmen. Das veranlaßte viele konservative Ex-Whigs im Norden dazu, Lincoln als dem kleineren Übel den Vorzug zu geben. »Ich werde nächsten Dienstag die republikanische Liste wählen«, schrieb ein New Yorker, der ursprünglich die Absicht gehabt hatte, für Bell zu stimmen. »Die einzige Alternative ist immerwährende Unterwerfung unter die Herrschaft des Südens. [...] Ich aber möchte mich daran erinnern können, daß ich in dieser ernsten Krise die rechte Wahl getroffen habe. Der Norden muß seine Rechte unverzüglich geltend machen und die Folgen tragen.«[40] Die Bell-Everett-Liste kam auf weniger als drei Prozent der nördlichen Wählerstimmen und jagte Lincoln keinen einzigen Staat ab.

Die Wahl des Jahres 1860 war einzigartig in der Geschichte der amerikanischen Politik. Der Wahlkampf zerfiel in zwei Einzelschlachten: Lincoln gegen Douglas im Norden, Breckinridge gegen Bell im Süden. In zehn der Südstaaten hatten die Republikaner erst gar keine Liste aufgestellt, denn man hätte ihre Vertreter, falls die es gewagt hätten, dort zu erscheinen, geteert und gefedert – falls ihnen nicht ein noch schlimmerer Empfang bereitet worden wäre. In den übrigen fünf Sklavenstaaten – allesamt im oberen Süden – erhielt Lincoln vier Prozent der allgemeinen Wählerstimmen, in der Hauptsache von Deutschen in St. Louis und Umgebung, die gegen die Sklaverei waren. Breckinridge erging es im Norden ein wenig besser; er gewann hier fünf Prozent der allgemeinen Wählerstimmen, genug, um Douglas Kalifornien und Oregon streitig zu machen. Lincoln eroberte diese Staaten durch relative Stimmenmehrheit und alle übrigen »freien« Staaten mit Ausnahme New Jerseys durch die Majorität in der allgemeinen Wahl.

Dieses Ergebnis war freilich nur durch harte Arbeit zu erreichen gewesen. Denn obwohl der Süden und die Buchanan-Regierung ihn ablehnten, blieb Douglas ein ernstzunehmender Gegner. Zu Beginn des Wahlkampfes hatte es den Anschein, als könne er acht Nord- und einen oder zwei Grenzstaaten mit etwa 140 der insgesamt 303 Wählerstimmen für sich gewinnen. Um dies zu verhindern, zogen die Republikaner einen Wahlkampf auf, der an Energie und Rhetorik nicht seinesgleichen gehabt hatte. Lincoln selbst bewahrte wie üblich das Schweigen des Präsidentschaftskandidaten, aber alle anderen Parteiführer, ob groß, ob klein, begaben sich auf Wahlkampfreise und hielten insgesamt rund 50 000 Reden. Insbesondere bemühten sich die Republikaner unter Führung von Carl Schurz, die herkömmliche demokratische Mehrheit bei den Deutschamerikanern zu brechen. Gewisse Erfolge erzielten sie unter den deutschen Protestanten – vielleicht genug, um in den unentschiedenen Staaten Illinois und Indiana eine Wende herbeizuführen –, wenn auch das tradierte Vorurteil, die Republikaner liebäugelten mit Nativismus und Temperenzlertum, den Demokraten die überwältigende Mehrheit der katholischen Wähler sicherte.[41]

Douglas brach kühn mit der Tradition und führte seinen Wahlkampf selbst. Obwohl er kränklich war und mit ständiger Heiserkeit zu kämpfen hatte, bereiste er gleichwohl von Juli bis November das ganze Land (mit Ausnahme der Westküste), eine Strapaze, die zweifellos mitverantwortlich war für seinen Tod im Jahr darauf. Es war ein mutiges, aber nutzloses Unterfangen. Douglas verkündete sowohl im Norden wie im Süden die Botschaft, er sei der einzige *nationale* Kandidat, der einzige Führer, der das Land vor der Spaltung bewahren könne. In Wirklichkeit aber waren die Douglas-Demokraten kaum mehr nationale Partei als die Republikaner. Die meisten Süd-Demokraten schwärzten Douglas fast ebenso an wie Lincoln und nannten ihn obendrein einen Verräter. Zu guter Letzt errang Douglas nur 12 Prozent der direkten Wählerstimmen des Südens.

Wenn es dem demokratischen Vorwurf des Partikularismus gegen die Republikaner diesmal auch an Glaubwürdigkeit mangelte, so behielt doch die altbewährte Taktik, sie der rassischen Gleichmacherei zu bezichtigen, ihre Schlagkraft. Die Republikaner wurden in diesem Punkt sogar noch anfälliger, indem sie ein Nachtragsgesetz beantragten, das sämtlichen Schwarzen im Staat New York das Wahlrecht verleihen sollte.[42] Wer »auf Tuchfühlung mit einem baumlangen Nigger« an die Urne treten wollte, verkündeten demokratische Redner und Redakteure, wer eine Partei unterstützen wolle, die sage: »›*Ein Nigger ist was Besseres als ein Ire*‹«, wer »bereit [sei, sein] Erbteil mit den Negern zu teilen«, der solle »für den Kandidaten der Republikaner« stimmen.[43] Auf einem demokratischen Festwagen in einer New Yorker Parade prangten lebensgroße Nachbildungen von Horace Greeley und einer »hübschen Niggerdirne, die er mit der ganzen Zuneigung eines wahren Republikaners betätschelte«. Ein Transparent verkündete, daß »freie Liebe und freie Nigger Old Abe gewiß wählen werden«. Der *New York Herald*, die größte demokratische Zeitung des Landes, sagte voraus, wenn Lincoln die Wahl gewinne, würden »Hunderttausende« von Sklavenflüchtlingen »zu ihren Freunden – den Republikanern – in den Norden emigrieren und von diesen den Weißen als Konkurrenz zur Seite gestellt werden. [...] Die Vereinigung mit den Afrikanern wird bald das Schicksal der schönen Töchter der angelsächsischen, keltischen und teutonischen Rassen im Paradies republikanischer Herrschaft sein«.[44]

Solche Angriffe zermürbten viele Republikaner. Zwar billigten die meisten Parteizeitungen in New York den Zusatzartikel über gleiches Wahlrecht für Weiß und Schwarz, doch nur wenige Redner erwähnten es, und die Partei setzte sich kaum öffentlich dafür ein. Fast ein Drittel der republikanischen Wähler schloß sich im Grunde dem demokratischen Lager an und stimmte gegen den Zusatzartikel, dem so eine schmachvolle Niederlage beschieden war, obwohl Lincoln in New York triumphierte.[45] Im gesamten unteren Norden spielten die Republikaner die moralische Frage der Sklaverei herunter und stellten Probleme von regionaler Bedeutung in den Vordergrund. In Pennsylvania und New Jersey sprachen sie über den Zolltarif: von Ohio bis Kalifornien präsentierten sie sich als eine Heimstättenpartei, eine Partei, der die Inlanderschließung am Herzen lag und die sich für den Bau einer Pazifikeisenbahn einsetzte. Damit blieb den Demokraten wenig Gelegenheit, das Rassenproblem auszuschlachten. »Die Republikaner lassen in ihren Reden die Niggerfrage unerwähnt«, klagte ein Demokrat aus Pennsylvania; »statt dessen konzentrieren sie sich ganz auf den Zolltarif.« Natürlich stellte der republikanische Standpunkt zu diesen Themen einen Flankenangriff gegen die »Sklaventreiber« dar. Nachdem Buchanan sein Veto gegen das Heimstättengesetz eingelegt hatte, denunzierte sogar ein demokratisches Blatt in Iowa den Präsidenten als »alten Sünder« und seine Verbündeten aus dem Norden als »Kuppler und Mietlinge« der »Sklavereipropagandisten«.[46]

Die Buchanan-Regierung verhalf den Republikanern zu einem anderen Thema: Korruption. Den Amerikanern galten Gesetzwidrigkeiten und Machtmißbrauch seit jeher als die schlimmsten Bedrohungen der Republikanischen Partei. Nun war Buchanan in den Augen der Republikaner nicht nur das gefügige Werkzeug der »Sklaventreiber«, sondern darüber hinaus war seine Regierung, um mit den Worten des Historikers Michael Holt zu sprechen, »unzweifelhaft die korrupteste vor dem Bürgerkrieg und eine der korruptesten in der ganzen amerikanischen Geschichte«.[47]

Allein ihre Betrugsdelikte, aufgedeckt von einem Untersuchungsausschuß des Repräsentantenhauses, füllten ein dickes Dossier. Der Bericht dieses Ausschusses erschien im Juni 1860, gerade rechtzeitig, um die Republikaner eine gekürzte Fassung als Wahlkampfdokument in Umlauf bringen zu lassen.

Dieser Bericht krönte eine Reihe früherer Untersuchungen, die eine traurige Bilanz von Schmiergeldaffären und Bestechungen bei Regierungsaufträgen im öffentlichen Dienst und sogar im Kongreß ergaben. Kriegs- und Marineministerium hatten, ohne Konkurrenzangebote einzuholen, Verträge an Firmen vergeben, die Spendengelder an die Demokratische Partei abführten. Postamtsmeister in New York und Chicago hatten jahrelang sowohl unter Pierce als auch unter Buchanan öffentliche Mittel in die Schatztruhen der Partei umgeleitet. Die Demokraten hatten einen Teil dieses Geldes für den Kongreßwahlkampf von 1858 abgezweigt. Sie hatten Richter bestochen, damit Immigranten vorzeitig eingebürgert wurden, so daß diese 1856 in den entscheidenden Staaten Pennsylvania und Indiana zur Wahl gehen konnten, und sie hatten irische Eisenbahnarbeiter in Indiana »angesiedelt«, um diesen Staat für Buchanan zu gewinnen. Der New Yorker Postmeister floh außer Landes, als die Buchprüfer in seinen Abrechnungen einen Fehlbetrag von 155 000 Dollar festgestellt hatten. Der Untersuchungsausschuß fand auch Beweise dafür, daß die Regierung Kongreßabgeordnete bestochen hatte, damit sie dafür stimmten, Kansas unter der Lecompton-Verfassung in die Union aufzunehmen. Druckaufträge der Regierung, seit langem eine lukrative Einnahmequelle, wurden unter Buchanan zu einem Skandal beispielloser Größenordnung. Provisionsvergütungen, die um ein Vielfaches über den eigentlichen Druckkosten lagen, fanden ihren Weg in die Parteikassen.

Kriegsminister John Floyd wurde zur Hauptzielscheibe bei dieser Jagd nach Politikern, die Amtsmißbrauch betrieben hatten. Er hatte Regierungseigentum weit unter Wert an ein Konsortium verkauft, dem seine Busenfreunde vorstanden. Außerdem hatte er Schmiergeldrechnungen abgezeichnet, die dem Kriegsministerium von einem in finanzielle Schwierigkeiten geratenen Bauunternehmer präsentiert wurden, der diese quittierten Rechnungen als Bürgschaft für Bankdarlehen und Wertpapiere eines vom Innenministerium eingerichteten Treuhandvermögens für die Indianer verwendete. Zwar war Floyds Mitschuld an dieser Sache zum Teil schon vor der Wahl aufgedeckt worden, in vollem Ausmaß aber kam sie erst im Dezember 1860 ans Licht, worauf Buchanan seinem Kriegsminister straffrei den Rücktritt anbot. Floyd erklärte sich zum Sezessionisten und kehrte in seinen Heimatstaat Virginia zurück, wo gleichgesinnte Landsleute ihm einen festlichen Empfang bereiteten und lautstark eine seiner letzten Amtshandlungen priesen – den Befehl (der später widerrufen wurde), 125 Geschütze von Pittsburgh an Arsenale in Mississippi und Texas zu verlegen.[48]

Die Republikaner schlugen aus diesen Skandalen weidlich Kapital. Freilich kandidierte Buchanan nicht mehr, und die meisten Nord-Demokraten hatten seiner Regierung ohnehin bereits das Vertrauen entzogen, aber dafür waren schon einige Douglas-Demokraten beim Griff in die Kasse ertappt worden, so daß die ganze Partei mit dem Makel der Korruption behaftet war. Die »Plünderung des Volksvermögens«, erklärte das republikanische Parteiprogramm, »zeigt, daß ein grundlegender Regierungswechsel unbedingt erforderlich ist«. Republikanische Wahlkämpfer verknüpften diesen Feldzug »gegen Gauner und korruptes Gesindel« mit Schmähungen wider die »Sklaventreiber«. Die vielfache Aufdeckung von Amtsmißbrauch, so Charles Francis Adams, habe gezeigt, wie »die Interessen der Sklavenhalter zu dem Notbehelf führten, die Bevölkerung der freien Staaten mit ihrem eigenen Gelde zu bestechen, nur damit sie [die Sklavenhalter] die Regierungsgewalt behalten konnten«. Horace Greeley sprach von »nicht nur einem, sondern zwei unvermeidlichen Konflikten – der erste zwischen ... nichtorganisierter Arbeiterschaft ... und aggressiver, fanatischer Propaganda für die Sklaverei ... [der zweite] zwischen ehrbarer Regierung auf der einen Seite und massenhafter Korruption auf der anderen; und in Honest Abe Lincoln erkennen wir den rechten Mann, uns aus beiden Konflikten herauszuführen«.[49] Die Zukunft sollte den Beweis dafür erbringen, daß eine ganze Reihe republikanischer Politiker selbst nicht allzu rechtschaffen war. Aber 1860 triumphierte die Partei mit ihrem unbefleckten Banner der Reform und Freiheit gegen die müden, alten, korrupten, sklavenfreundlichen Demokraten.

Einigen ihrer Wähler stieß indes die republikanische Botschaft sauer auf. Wenn die Parteiredner über die Sklaverei sprachen, dann gaben sie sich, besonders im unteren Norden, alle Mühe, die Republikaner als die eigentliche »Partei der Weißen« hinzustellen. Sie behaupteten, der Ausschluß der Sklaverei in den Territorien bedeute den Ausschluß des Wettbewerbs der Schwarzen mit den weißen Siedlern. Das veranlaßte etliche Abolitionisten, die Republikaner zu verurteilen, weil sie nicht besser seien als die Douglas-Demokraten. William Lloyd Garrison war der Ansicht, daß »die Republikanische Partei für die Abschaffung der Sklaverei in den Sklavenstaaten nichts tun will und auch nichts tun kann«. Wendell Phillips ging sogar so weit, Lincoln »den Sklavenhund von Illinois« zu heißen, weil er nicht für die Aufhebung des Sklavenfluchtgesetzes eintreten wollte.[50]

Manche Republikaner erfüllten dagegen fast die Maßstäbe der Abolitionisten. Im oberen Norden beflügelte die alte protestantische Leidenschaft gegen jede Form von Sklaverei ihre Rhetorik. Und nach dem Parteikonvent der Republikaner entdeckte Seward den unvermeidlichen Konflikt zum zweitenmal. Selbst in Missouri verkündete er beherzt: »Die Freiheit wird über kurz oder lang überall siegen. Wie sie sich bereits in 18 Unionsstaaten durchgesetzt hat, so wird sie sich bestimmt auch in den übrigen 15 durchsetzen ... aus dem einfachen Grund, daß sie sich in der ganzen Welt durchsetzt.«[51]

Die Gouverneurskandidaten John Andrew aus Massachusetts und Austin Blair aus Michigan, die Senatoren Charles Sumner, Salmon P. Chase und Benjamin Wade, die Kongreßabgeordneten George W. Julian und Thaddeus Stevens, fast die gesamte Republikanische Partei von Vermont und eine ganze Reihe weiterer Parteiführer waren praktisch Abolitionisten. Viele von ihnen traten offen für die Aufhebung des Sklavenfluchtgesetzes ein, für die Abschaffung der Sklaverei im District of Columbia sowie für das Verbot des zwischenstaatlichen Sklavenhandels.

Im Glauben, diese Männer verkörperten den progressiven Geist und die künftige Stoßrichtung der Republikaner, unterstützten 1860 viele Abolitionisten ihre Partei. »Lincolns Wahl wird eine Wende hin zum richtigen Kurs anzeigen«, schrieb ein Zeitzeuge, während Frederick Douglass bekräftigte, daß ein Sieg der Republikaner »zwangsläufig als Triumph der Sklavereigegner bejubelt werden wird«.[52] So dachten auch die Südstaatler. Die Demokraten südlich des Potomac sahen in Lincoln »einen unbarmherzigen, verbissenen *free-soil*-Rüpel ohne Manieren ... einen ordinären Pöbelanführer und Feind der Südstaatler ... einen ungebildeten Freischärler ... besessen allein von seinem tief verwurzelten Haß auf die Sklaverei und seinem sattsam bekannten Faible für die Gleichstellung der Neger«. Als der Wahltermin näher rückte, erzeugten die sich mehrenden Anzeichen, daß ein einmütiger Norden Lincoln zum Präsidenten machen würde, im Süden eine prekäre Mischung aus Hysterie, Verzweiflung und Hochstimmung. Die Weißen fürchteten das Auftreten neuer, von triumphierenden »Negerrepublikanern« ermutigter John Browns; die Unionisten ließen alle Hoffnung auf die Zukunft fahren, während die Sezessionisten bereits die Aussicht auf die Unabhängigkeit des Südens genossen. Sogar das Wetter wurde in diesem Sommer 1860 Bestandteil des politischen Klimas: Eine schlimme Dürre und eine langanhaltende Hitzewelle ließen im Süden die Ernte verdorren und stellten die Nerven der Pflanzer auf eine schier unerträgliche Belastungsprobe.[53]

Gerüchte über Sklavenaufstände, angeregt durch das Auftauchen geheimnisvoller Yankeefremdlinge, Berichte von Brandstiftungen, Vergewaltigungen und Giftanschlägen durch Sklaven häuften sich in der Presse des Südens. Seltsamerweise schienen sich solche Greueltaten allerdings nie in der eigenen Nachbarschaft zuzutragen; vielmehr wurden die meisten aus dem weit entfernten Texas gemeldet. Und erstaunlicherweise veröffentlichten anscheinend nur jene Blätter solche Geschichten, die Breckinridges Präsidentschaftskandidatur unterstützten. Die Bell- und Douglas-Gazetten besaßen gar die Unverschämtheit, den Breckinridge-Demokraten zu unterstellen, sie würden »Lügen und Sensationsmeldungen« fabrizieren, um »die Leute in Aufregung zu versetzen und sie in die Sezessionsbewegung zu treiben«.[54]

Dieser Verdacht war allerdings unbegründet. Kein Geringerer als R. S. Holt, ein vermögender Pflanzer aus Mississippi und Bruder des US-Postministers, berichtete: »Wir haben fortwährend einen Vorgeschmack dessen, was Bruderschaft mit dem Norden bedeutet, und zwar durch fast tägliche Großbrände, die Entdeckung von Gift, Messern und Pistolen, die eigens zu diesem Zweck ausgesandte Spione an unsere Sklaven verteilen. [...] In keinem Plantagenstaat findet man auch nur zehn Quadratmeilen, auf denen nicht schon die Fußspur von einem oder gar mehreren dieser Schurken entdeckt wurde.« Zum Glück, fügte er hinzu, hätten »Wunder und die Vorsehung« die Ausführung der »teuflischen« Pläne bislang vereitelt. Doch der Kongreßabgeordnete Lawrence M. Keitt aus South Carolina war nicht gewillt, auf die Vorsehung zu vertrauen. »Ich sehe Gift in den Brunnen von Texas – und den roten Hahn auf den Häusern von Alabama«, notierte er. »Wie können wir das noch länger ertragen? [...] *Es ist genug, um den Bruch mit der Union zu riskieren.*«[55]

Vergebens wies ein Konservativer aus dem Süden darauf hin, daß die meisten dieser Greuelgeschichten »sich bei näherer Prüfung als gänzlich unwahr erwiesen und *insgesamt* maßlos übertrieben waren«.[56] Am Vorabend der Wahl notierte ein Beobachter aus Mississippi, daß »die Gemüter des Volkes in einem Grade erregt sind, der vermutlich in der Geschichte unseres Landes ohne Beispiel ist«. Der Journalist einer methodistischen Wochenzeitschrift in Texas war sicher, daß »die Anschläge der Abolitionisten ... darauf abzielen, [den Süden] mit Gift [und] Feuer in Blut und Flammen zu ertränken ... und seine hübschen Töchter den Niggern als Ehefrauen in die Arme zu treiben«. Wie irrational solche Ängste auch sein mochten, die Reaktion darauf war durchaus handfest – nämlich eine Selbstschutz-Lynchjustiz, neben der die John-Brown-Panik des vorangegangenen Winters wie ein Sonntagsschulpicknick wirkte. »Es ist besser, wir hängen 99 unschuldige (verdächtige) Männer, als daß wir einen Schuldigen davonkommen lassen«, schrieb ein Texaner, »denn der eine Schuldige bedroht die öffentliche Sicherheit.«[57]

Diese Massenhysterie bewog sogar die Unionisten des Südens dazu, die Yankees zu warnen, daß ein Wahlsieg der Republikaner die Spaltung der Union bedeuten würde. »Die Wahl Lincolns – ein hinreichender Grund für die Sezession«, betitelte ein Anhänger Bells in Alabama seine Rede. Der gemäßigte Benjamin H. Hill aus Georgia betonte, daß »diese Regierung und die Negerrepublikaner nicht nebeneinander existieren können. [...] In keiner Periode der Weltgeschichte haben 4000 Millionen Stücke Eigentum darüber debattiert, ob sie sich dem Diktat eines Feindes unterwerfen sollen«. Unübertroffen in ihrem südstaatlerischen Patriotismus wetterte die führende Douglas-Zeitung aus Georgia: »Was auch immer die Folgen sein mögen – ob der Potomac sich nun rot färbt von Menschenblut und ob die Pennsylvania Avenue zehn Fuß hoch mit verstümmelten Leichen gepflastert ist ... nie wird der Süden eine solche Schmach und Erniedrigung wie die Amtseinführung von Abraham Lincoln dulden.«[58]

Die Erregung griff auch auf die Grenzstaaten über. Ein Unionistenredakteur aus Louisville erklärte, er habe Hunderte von Briefen erhalten, »die uns allesamt von dem entschiedenen und weit verbreiteten Entschluß in Kenntnis setzen, die Union aufzulösen«, falls Lincoln gewählt würde. »Wir räumen ein, daß die Verschwörer wahnsinnig sind, aber solcher Wahnsinn ›ist Herr der Stunde‹.« John J. Crittenden, Kentuckys großer alter Mann des Unionismus, der Erbe von Henry Clays Nationalismusaura, hielt kurz vor der Wahl eine Rede, in der er den »profunden Fanatismus« der Republikaner anprangerte, die »es für ihre Pflicht halten ... die Weißen niederzumachen, damit die Schwarzen frei werden können. [...] [Der Süden] ist zu dem Schluß gekommen, daß er, falls Lincoln gewählt werden sollte ... nicht bereit ist, die Folgen mitzutragen, und sich daher, um das Verhängnis abzuwenden, von der Union lossagen wird«.[59]

Die Republikaner wollten sich diese Warnungen nicht zu Herzen nehmen. Schließlich hatten sie dergleichen schon ein dutzendmal oder öfter gehört. 1856 hatten die Demokraten derlei Drohungen benutzt, um die Nordstaatler einzuschüchtern, damit sie demokratisch wählten. Die Republikaner glaubten, daß es sich jetzt, 1860, nicht anders verhielt. Es sei »das altbekannte Spiel, den Norden durch Angstmache und Einschüchterung dazu zu bringen, sich den Forderungen des Südens zu beugen«, befand der republikanische Bürgermeister von Chicago. In einer Rede in St. Paul machte Seward sich lustig über den neuen Anlauf des Südens, den Norden »zu erschrecken oder zu alarmieren«. »Wer fürchtet sich?« [Gelächter und Zwischenrufe: »Niemand!«] »Keiner fürchtet sich; niemand läßt sich kaufen.« Und auch Lincoln erwartete keinen »ernstzunehmenden Versuch, die Union zu spalten. Die Bevölkerung des Südens ist zu vernünftig«, dachte er, als daß sie »den Zusammenbruch der Regierung provozieren« würde.[60]

Nachträglich gelangte man zu der Einsicht, daß die Südstaatler durchaus nicht gespaßt hatten. Zwei kluge Historiker halten es für einen »Kardinalfehler« der Republikaner, diese Warnungen nicht ernst genommen zu haben.[61] Es ist allerdings schwer zu sagen, wie die Republikaner den Südstaatlern ihre Ängste hätten nehmen sollen außer dadurch, daß sie ihre Partei aufgelöst und die Sklaverei zu einer lobenswerten Errungenschaft erklärt hätten. Denn wie ein Parlamentsausschuß in Virginia es formulierte: »Die bloße Existenz einer solchen Partei ist ein Affront gegen den ganzen Süden.« Und ein Redakteur aus New Orleans wertete jede Stimme, die im Norden für Lincoln abgegeben wurde, als *»eine vorsätzliche, kaltblütige Beschimpfung und Kränkung«* der Ehre des Südens. Woran die Südstaatler Anstoß nahmen, war nicht so sehr das, was die Republikaner vielleicht tun würden, als das, wofür sie standen. »Keine andere ›offenkundige Handlung‹ muß so zwingend unseren Widerstand herausfordern«, sagte ein Kongreßabgeordneter aus North Carolina, »wie die schlichte Wahl ihres Kandidaten.«[62]

Lincoln schenkte den Bitten der Konservativen, er möge doch eine Erklärung abgeben, um den Süden zu beschwichtigen, kein Gehör. »Was könnte ich denn sagen, um den Aufruhr zu besänftigen?« fragte er im Oktober. »Etwa daß die Regierung nicht die geringste Absicht hat, sich in die Regelung der Sklavenfrage innerhalb der Einzelstaaten einzumischen? Das habe ich schon so oft gesagt, daß eine Wiederholung nichts weiter als eine Farce wäre, die den Anschein von Schwäche trüge.« Lincoln hätte sich allerdings bereit gefunden, solch frühere Erklärungen zu wiederholen, »wenn nicht die Gefahr bestünde, damit dreiste, schlechte Männer zu ermuntern ... die begierig nach Neuem verlangen, worauf sie wieder ein falsches Bild gründen können – Männer, die mich einschüchtern oder mir zumindest den Ruf eines Hasenfußes und Feiglings anhängen möchten. Was ich auch schreiben würde, sie würden alles niedermachen und als *›schreckliche Blamage‹* brandmarken«.[63]

Douglas hingegen nahm kein Blatt vor den Mund. Bei seinem ersten Ausflug in den Süden erklärte er vor einem großen Publikum in North Carolina, er würde »einen jeden höher aufknüpfen als Haman, der es wagen sollte ... die Union durch Auflehnung gegen ihre Gesetze zu spalten«. Als er auf seiner Wahlkampfreise in Iowa erfuhr, daß die Republikaner bei den Oktoberwahlen in Pennsylvania, Ohio und Indiana[64] triumphiert hatten, sagte Douglas zu seinem Privatsekretär: »Mr. Lincoln ist der nächste Präsident. Wir müssen versuchen, die Union zu retten. Ich werde in den Süden fahren.« Und das tat er, bereiste Tennessee, Georgia und Alabama, ohne seine angegriffene Gesundheit im geringsten zu schonen. Mutig wiederholte Douglas seine Warnungen vor einer Sezession. Der ganze Norden würde sich erheben, um das zu verhindern, versicherte er mit allem Nachdruck. »Ich bin der Meinung, daß die Wahl jedweden Erdenbürgers durch das amerikanische Volk und im Rahmen der Verfassung keine Rechtfertigung bietet, diese Regierung aufzulösen.« Die Südstaatler hörten ihn an, aber sie hörten nicht auf ihn.[65]

Der einzige Hoffnungsschimmer für die Demokraten war eine »Fusion« der drei Oppositionsparteien in den Schlüsselstaaten des Nordens, um Lincoln deren Wahlmännerstimmen zu entziehen und die Wahl ins Repräsentantenhaus zu verlagern. Aber das Vermächtnis der Fehde zwischen Douglas und Buchanan vereitelte die Zusammenarbeit, und die »Know-Nothing«-Ahnen der Verfassungsunionisten säten Argwohn unter den im Ausland geborenen Demokraten. Nach vielen Zusammenkünften in verräucherten Räumen kam es schließlich zu Fusionsvereinbarungen zwischen allen drei Parteien in New York und Rhode Island. Drei der sieben Wahlmänner in New Jersey traten mit Fusionslisten an; in Pennsylvania gelang es den Breckinridge- und Douglas-Wahlmännern zu fusionieren, aber eine aufrührerische Gruppe von Douglas-Demokraten weigerte sich, die Liste zu unterstützen. Ohnehin waren alle diese Anstrengungen vergebens. Lincoln errang die Mehrheit über die verbündete Opposition in New York, Pennsylvania und Rhode Island; die drei Fusionisten in New Jersey verschafften Douglas seine einzigen Wahlmännerstimmen im Norden. Außerdem siegte er noch in Missouri, während Bell in Virginia, in Kentucky und in seinem Heimatstaat Tennessee triumphierte. Breckinridge eroberte den restlichen Süden und gewann 45 Prozent der dortigen Direktstimmen, indes Bell 39 Prozent für sich verbuchen konnte.[66] Lincoln gewann zwar landesweit nur 40 Prozent der direkten Stimmen (54 Prozent im Norden), dafür aber gaben ihm seine 180 Wahlmännerstimmen ein bequemes Polster über das erforderliche Minimum von 152 Stimmen hinaus. Selbst wenn die Opposition sich in jedem ›freien‹ Staat gegen ihn verbündet hätte, hätte er nur New Jersey, Kalifornien und Oregon eingebüßt und die Präsidentschaft immer noch mit 169 Wahlmännerstimmen gewonnen.

Für die Südstaatler war das Bedenklichste an der Wahl der überwältigende Sieg der Republikaner nördlich des 41 Breitengrades. Lincoln gewann dort mehr als 60 Prozent der Stimmen und verlor nur knapp zwei Dutzend Counties. Drei Viertel der republikanischen Kongreßabgeordneten und Senatoren des nächsten Kongresses würden diesen »Yankee« und die Sklavereigegner der »freien« Staaten repräsentieren. Das waren Fakten »von unheilvoller Bedeutung«, erklärte der *New Orleans Crescent.* »Das eitle Wahlkampfgeschwätz über den Konservatismus im Norden kann nun als erledigt betrachtet werden«, befand auch der *Richmond Examiner.* »Eine Partei, die auf einem einzigen Gefühl gegründet ist ... nämlich dem Haß auf die afrikanische Sklaverei, ist jetzt die beherrschende Macht.« Niemand konnte sich jetzt mehr »der Illusion hingeben, ... daß die Negerrepublikaner eine gemäßigte« Partei seien, erklärte das *New Orleans Delta.* »Tatsächlich sind sie im Grunde eine revolutionäre Partei.«[67]

Ob die Partei nun revolutionär war oder nicht, die Gegner der Sklaverei stimmten jedenfalls darin überein, daß eine Revolution stattgefunden habe. »Wir leben in revolutionären Zeiten«, schrieb ein *free-soiler* aus Illinois, »und ich sage: Gott schütze die Revolution.« Charles Francis Adams, dessen Großvater und Vater bei der Wiederwahl fürs Präsidentenamt von Sklavenhaltern geschlagen worden waren, notierte am Tage nach Lincolns Sieg in sein Tagebuch: »Die große Revolution hat tatsächlich stattgefunden. [...] Das Land hat ein für allemal die Herrschaft der Sklavenbarone abgeschüttelt.«[68]

8.

Die Konterrevolution von 1861

I

Der zweite Kontinentalkongreß hatte 14 Monate beraten, ehe er 1776 die Unabhängigkeit Amerikas erklärte. Die Ausarbeitung der Verfassung der Vereinigten Staaten und die Regierungsbildung nahmen fast zwei Jahre in Anspruch. Die Konföderierten Staaten von Amerika hingegen schafften es binnen drei Monaten nach Lincolns Wahl zum Präsidenten, sich zu formieren, eine Verfassung zu entwerfen und in Montgomery (Alabama) ihre Regierungsgeschäfte aufzunehmen.

Der Süden handelte so rasch, weil die Sezession – und das ist nur scheinbar ein Paradoxon – nicht kollektiv vonstatten ging, sondern einzeln, Staat für Staat, vollzogen wurde. Die »Eisenfresser«, die 1850 beim Konvent von Nashville, der zu einem Forum der Zauderer und Warner geriet, ihre Lektion gelernt hatten, wollten diesmal einen Staatenkonvent hinauszögern, bis die Sezession mehrerer Einzelstaaten ein *fait accompli* war. Und da der Boden seit langem bereitet war, konnten die Betreiber der Spaltung bald nach dem Gewitter, das die Wahl Lincolns verursacht hatte, ihre Ernte einbringen.

Wie nicht anders zu erwarten, tat South Carolina den ersten Schritt. »Unter all den Abgründen menschlicher Leidenschaften findet sich gewiß nichts so Grausames und Tödliches wie der Haß, den die Bürger South Carolinas gegenüber den Yankees bekunden«, berichtete der Korrespondent der Londoner *Times* aus Charleston. Die Feindschaft zwischen Griechen und Türken sei geradezu harmlos, »verglichen mit der Animosität, die die ›Aristokraten‹ Carolinas an den Tag legen, wenn es um den ›Pöbel aus dem Norden‹ geht. [...] ›Der Staat South Carolina‹, so belehrte man mich, ›wurde von Gentlemen gegründet. [...] Nichts auf der Welt wird uns je bewegen, einen Bund mit dem ungeschliffenen, brutalen Gesindel aus den Neuenglandstaaten einzugehen!‹«.[1]

In dieser Stimmung berief das Parlament von South Carolina einen Konvent ein, auf dem über die Sezession beraten werden sollte. Die Versammlung wurde mit großem Aufwand inszeniert: Militärkapellen spielten auf, Milizverbände, die sich nach den Freiwilligen im Unabhängigkeitskrieg »Minute Men« nannten, hielten Paraden ab, es gab Feuerwerke und große Bürgerkundgebungen, auf denen die Flagge South Carolinas geschwenkt und »Southern-Rights«-Slogans intoniert wurden. Am 20. Dezember verabschiedete der Konvent mit 169 gegen 0 Stimmen einen »Erlaß«, der »die gegenwärtig bestehende Union zwischen South Carolina und anderen Staaten« auflöste.[2]

Wie die »Eisenfresser« es sich erhofft hatten, bewirkte dieser kühne Schritt eine Kettenreaktion bei den übrigen Staaten des unteren Südens. Nach den Weihnachtsfeiertagen – der Friedensbotschaft Christi wurde in diesem Jahr mit zwiespältigen Gefühlen gedacht – stimmte Mississippi am 9. Januar 1861 für einen entsprechenden Erlaß, gefolgt von Florida am 10. Januar, Alabama am 11. Januar, Georgia am 19. Januar, Louisiana am 26. Januar und Texas am 1. Februar. Zwar konnte keiner dieser Konvente die Einmütigkeit South Carolinas erzielen, aber das Durchschnittsvotum zugunsten einer Sezession betrug immerhin 80 Prozent, ein Ergebnis, das sehr wahrscheinlich die Haltung der weißen Wähler dieser sechs Staaten adäquat widerspiegelte. Außer in Texas wurden die Erlasse den Wählern allerdings nicht zur Ratifizierung unterbreitet. Das gab Anlaß zu dem Vorwurf, ein Komplott von Unionsgegnern handele gegen den Willen des Volkes. Doch in Wahrheit unterblieb die Vorlage hauptsächlich aus Gründen der Zeitersparnis. Im übrigen hatten die Bürger ja gerade erst Delegierte, deren Standpunkt hinlänglich bekannt war, in den Konvent berufen; da schien eine neuerliche Wahl überflüssig. Auch die Verfassung von 1787 war nicht durch Direktwahl ratifiziert worden, sondern stellvertretend von den Konventen der beteiligten Staaten; wenn die damalige Ratifizierung nun gleichfalls durch Konvente widerrufen wurde, so war dem Legalitätsanspruch doch wohl Genüge getan. In Texas stimmten die Wähler mit einer Mehrheit von 3:1 für die Sezession; es ist kaum anzunehmen, daß das Ergebnis in einem der sechs übrigen Staaten anders ausgefallen wäre.[3]

Streitigkeiten entstanden im unteren Süden vorwiegend hinsichtlich Taktik und Zeitpunkt, in der Zielsetzung dagegen war man sich durchaus einig. Die Mehrheit befürwortete die sogenannte Dominotaktik, eine schrittweise Sezession von Einzelstaaten, die sich anschließend auf einem Konvent unabhängiger Staaten zu einer neuen Konföderation zusammenschließen sollten. Aber eine gewichtige Minderheit, vor allem in Alabama, Georgia und Louisiana, drängte auf eine gemeinschaftliche, kooperative Aktion noch *vor* dem Austritt, um zumindest die Einheit der Baumwollstaaten zu sichern. Diese »Kooperatoren« konnten sich frei-

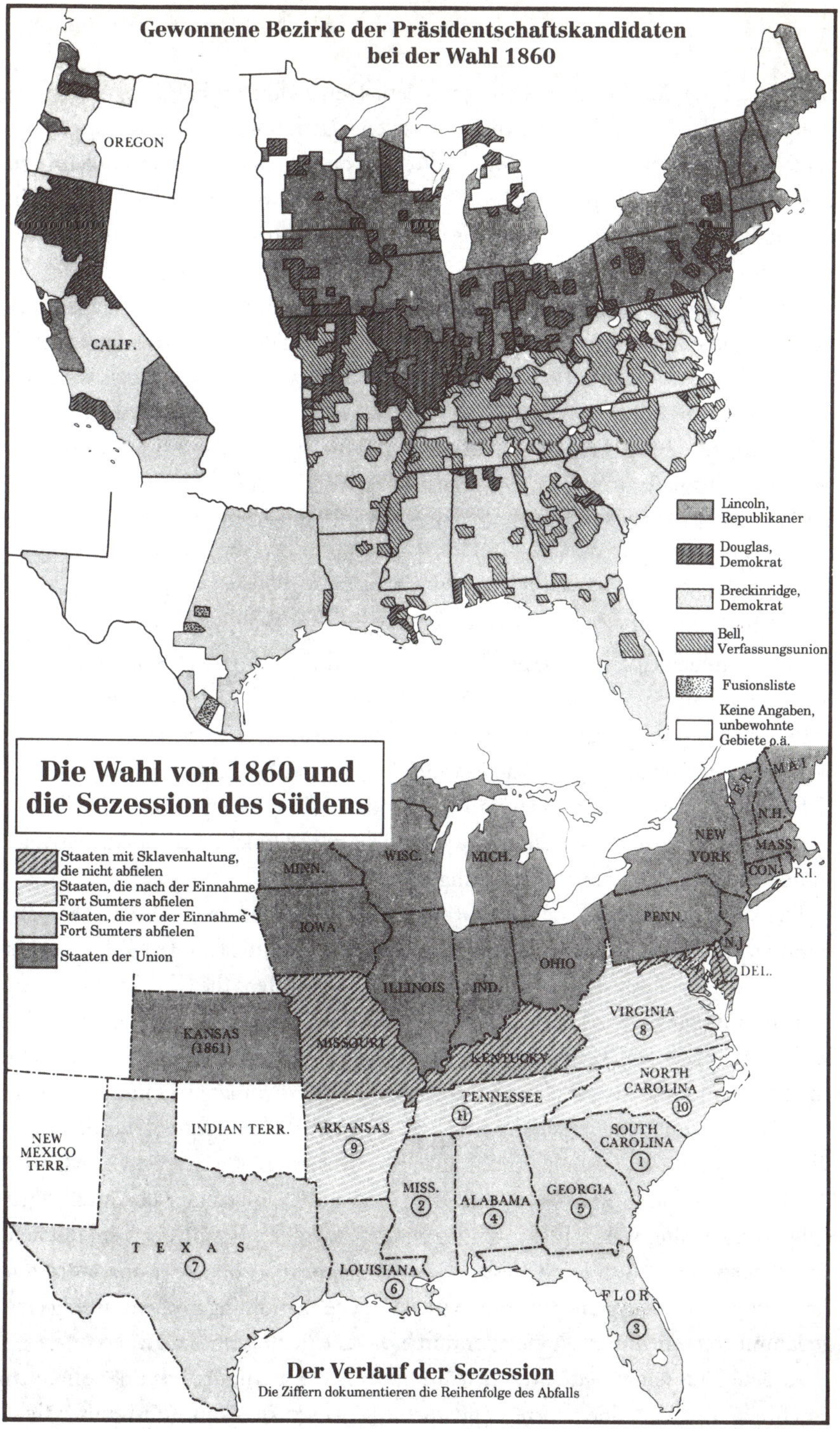
Gewonnene Bezirke der Präsidentschaftskandidaten
bei der Wahl 1860
OREGON
CALIF.
Lincoln, Republikaner
Douglas, Demokrat
Breckinridge, Demokrat
Bell, Verfassungsunion
Fusionsliste
Keine Angaben, unbewohnte Gebiete o.ä.
Die Wahl von 1860 und
die Sezession des Südens
Staaten mit Sklavenhaltung, die nicht abfielen
Staaten, die nach der Einnahme Fort Sumters abfielen
Staaten, die vor der Einnahme Fort Sumters abfielen
Staaten der Union
MAI.
VER.
N.H.
MASS.
CON.
R.I.
NEW YORK
MINN.
WISC.
MICH.
IOWA
PENN.
N.J.
DEL.
OHIO
ILLINOIS
IND.
KANSAS (1861)
MISSOURI
KENTUCKY
VIRGINIA
8
NORTH CAROLINA
10
TENNESSEE
11
NEW MEXICO TERR.
INDIAN TERR.
ARKANSAS
9
SOUTH CAROLINA
1
MISS.
2
ALABAMA
4
GEORGIA
5
TEXAS
7
LOUISIANA
6
FLOR.
3
Der Verlauf der Sezession
Die Ziffern dokumentieren die Reihenfolge des Abfalls

lich untereinander nicht ganz einig werden. Den radikalen Flügel beherrschten kooperative Sezessionisten, die zwar ebenso energisch für die Unabhängigkeit des Südens eintraten wie die sogenannten direkten Sezessionisten, gleichwohl aber zu bedenken gaben, daß ein vereinter Süden wirksamer Front machen könne als ein paar unabhängige Staaten im Alleingang. Doch die Entwicklung kam ihnen zuvor, denn binnen sechs Wochen nach dem Austritt South Carolinas formierte sich ein Bündnis von einem halben Dutzend abtrünniger Staaten. Ein »Kooperator« aus Georgia erklärte Mitte Januar wehmütig, vier Staaten seien »bereits abgefallen. [...] Um mit ihnen *zusammenzuwirken,* müssen wir auch geschlossen aus der Union austreten«.[5]

Die Mitte des Spektrums der »Kooperatoren« behauptete eine Gruppe, die man als »Ultimative« bezeichnen könnte. Sie wollten durch einen Konvent der Südstaaten einen Forderungskatalog erstellen und der neuen Lincoln-Regierung unterbreiten lassen. Ganz oben auf der Liste rangierten: Durchsetzung des Sklavenfluchtgesetzes, Widerruf der persönlichen Freiheitsrechte, eine Garantie für die Nichteinmischung der Regierung in die Sklaverei im District of Columbia sowie beim innerstaatlichen Sklavenhandel und endlich Schutz der Sklaverei in den Territorien, zumindest südlich des Breitengrades 36°30′. Falls die Republikaner nicht zu diesen Zugeständnissen bereit seien, würde der Süden geschlossen aus der Union austreten. Da es aber unwahrscheinlich schien, daß die Republikaner sich allen Forderungen beugen würden (und da die meisten Südstaatler ihnen, auch wenn sie es getan hätten, nicht getraut hätten), erhielten die »Ultimativen« in den Sezessionskonventen nur wenig Unterstützung.

Die dritte und konservativste Gruppe der »Kooperatoren« waren die sogenannten »bedingten Unionisten« (*conditional unionists*), die an ihre Mitbürger aus dem Süden appellierten, man solle Lincoln doch wenigstens die Chance geben, seine angekündigte gemäßigte Politik in die Tat umzusetzen. Erst wenn die Republikaner offen gegen die Rechte der Südstaaten verstießen, solle der Süden vom Recht auf Sezession Gebrauch machen. Doch obwohl die »bedingten Unionisten« einflußreiche Männer wie Alexander Stephens in ihren Reihen zählten, wurden auch sie vom Sog der Ereignisse überrollt. »Die besonnenen und konservativen Männer des Südens«, notierte Senator Judah P. Benjamin aus Louisiana, der sich im übrigen selbst dazu zählte, waren nicht »imstande, den tosenden Strom der Leidenschaft aufzuhalten, der alles mit sich reißt. [...] Es ist eine Revolution ... der ungestümsten Art ... und sie kann gegenwärtig durch menschliche Bemühungen ebensowenig eingedämmt werden wie ein Präriefeuer durch die Gießkanne eines Gärtners«.[5]

Andere Südstaatler bedienten sich ähnlicher Metaphern, um das Phänomen zu beschreiben. »Es ist der reinste Landsturm. [...] Die Bevölkerung ist außer sich.

[...] Wer versuchen wollte, die Leute aufzuhalten, der könnte genausogut versuchen, sich einem Tornado entgegenzustellen.«[6] Die Sezession war ein eindeutiger Akt, als löste sie die unerträgliche Spannung, die sich seit Jahren aufgestaut hatte. Sie bedeutete eine Katharsis für all die lange unterdrückten Ängste und Feindseligkeiten. Und die Menschen begrüßten dieses *freudige* Ereignis mit Jubel und Tanz auf den Straßen. Ihre wilde Ausgelassenheit bot einen Vorgeschmack auf den Freudentaumel, der in der ähnlich naiven Welt des August 1914 auf den Champs-Elysées, Unter den Linden und am Picadilly Circus ausbrach. Die bannerschwenkenden, singenden Massen in Charleston, Savannah und New Orleans wollten oder erwarteten keineswegs, daß es zum Krieg kommen würde; sie glaubten im Gegenteil, daß »die Yankees Feiglinge sind und nicht kämpfen werden« – zumindest behauptete man das, um den Zaghaften die Angst vor der Gefahr zu nehmen. »Was den Bürgerkrieg angeht«, hieß es im Januar 1861 unbekümmert in einer Zeitung Atlantas, »so fürchten wir in Atlanta uns davor nicht im mindesten.« Ein Redakteur vom Lande war der Meinung, selbst Frauen und Kinder könnten allein mit Knallbüchsen und Spielzeugmunition mit jedem Yankee fertig werden, der sich bis Georgia vorwagen sollte. Senator James Chesnut aus South Carolina erbot sich, alles Blut, das infolge der Sezession fließen würde, zu trinken. Und während des Sezessionswinters entstand im Süden das geflügelte Wort: »Der Fingerhut einer Dame wird groß genug sein, alles Blut, das vergossen werden wird, aufzufangen.«[7]

Die »Kooperatoren« waren sich da freilich nicht so sicher. »Ich halte es fast für erwiesen, daß uns ein Krieg ins Haus steht«, notierte Alexander Stephens, der auch davor warnte, daß »Revolutionen sich viel leichter anzetteln als in Schach halten lassen und die Rädelsführer [oft] ... selbst zu ihren Opfern werden«.[8] Aber Stephens' prophetische Warnung stieß auf taube Ohren, und als sein Heimatstaat aus der Union austrat, schloß auch er sich der Revolution an. Bevor es so weit kam, hatten die »Kooperatoren« in allen Staaten, mit Ausnahme von South Carolina und Texas, beachtliches Standvermögen demonstriert. Bei den Parlamentswahlen der übrigen fünf Staaten erzielten die Kandidaten, die dem Kooperationsprogramm nahestanden, mindestens 40 Prozent der Wählerstimmen. Da viele Wahlberechtigte gar nicht zur Abstimmung gingen, darf der potentielle Anteil der »Kooperatoren« sogar noch höher veranschlagt werden. In Alabama und Georgia stimmten 39, respektive 30 Prozent der Delegierten gegen die endgültige Resolution zur Sezession, und das, obwohl sie massiv unter Druck gesetzt worden waren, sich der Mehrheit anzuschließen.

Dieses Ergebnis verführte viele Nordstaatler und auch einige Historiker dazu, die Stärke des Unionismus im unteren Süden zu überschätzen. Noch im Juli 1861 äußerte Lincoln Zweifel daran, »ob heutigen Tages in irgendeinem Staat, South Carolina vielleicht ausgenommen, eine Mehrheit der gesetzlich Wahlberechtigten für die Sezession eintritt«. Hundert Jahre später beteten etliche Historiker dieses Gerücht von einer schweigenden Mehrheit von Unionisten im Süden immer noch nach. »Es läßt sich wohl kaum behaupten, daß eine Mehrheit der weißen Bevölkerung des Südens vorsätzlich dafür eintrat, 1861 die Union aufzulösen«, schrieb einer ihrer Vertreter. »Nicht einmal im tiefen Süden fand sich eine Mehrheit, die grundsätzlich für die Sezession plädiert hätte«, behauptete ein anderer, »und der Erfolg der Sezessionisten ist weniger auf die eigentliche Popularität ihres Programms zurückzuführen als vielmehr auf das außerordentliche Geschick, mit dem sie sich die vorherrschende Krisenmentalität zunutze machten.«[9]

Eine solche Krisenmentalität bestand zweifellos, aber der Glaube an eine unterdrückte Mehrheit von Unionisten beruht gleichwohl auf einem falschen Verständnis vom Unionismus der Südstaatler. Den erklärte ein Unionist aus Mississippi sehr treffend, als er meinte, er sei nun kein »Anhänger der Union in dem Sinne mehr, in dem der Norden die Union verkörpert«. Sein Unionismus war eben an Bedingungen geknüpft, und der Norden hatte gegen diese Bedingungen verstoßen, als er Lincoln zum Präsidenten wählte. »Kooperatoren« in Alabama, die gegen die Sezession stimmten, warnten gleichzeitig Außenstehende, ihre Entscheidung nicht falsch auszulegen. »Wir verachten die Negerrepublikaner«, erklärten sie. »Der Staat Alabama kann und will sich der Lincoln-Regierung nicht beugen. [...] Wir haben die Absicht, uns zu wehren ... aber unser Widerstand gründet sich auf ... einträchtiges Vorgehen zusammen mit den anderen Sklavenstaaten.« Und ein Parteigänger aus Mississippi drückte es folgendermaßen aus: »Mein erstes Wunschziel hieß: lieber Kooperation als Sezession. Läßt sich das aber nicht verwirklichen, dann bin ich gewillt, mich mit dem Nächstbesten zu begnügen, also nachträglicher Kooperation oder Kooperation nach der Sezession.«[10] Diesen Standpunkt teilten die meisten Delegierten, die sich ursprünglich gegen eine sofortige Sezession aussprachen – ein wackliges Fundament, auf das sich der Glaube an den Unionismus des Südens da stützte.

War die Sezession verfassungsmäßig? Oder war sie ein revolutionärer Akt? Die Verfassung schweigt zu dieser Frage. Aber die meisten Sezessionisten hielten ihr Vorgehen für durchaus legal. Sie verwiesen darauf, daß die Souveränität der Einzelstaaten früher bestanden habe als die nationale Souveränität. Nach Ratifizierung der Verfassung hatten die Einzelstaaten einige ihrer Hoheitsaufgaben an die Bundesregierung delegiert, ohne auf ihre wichtigsten Privilegien zu verzichten. Da die Verfassung durch einen Konvent ratifiziert worden war, konnte ein Einzelstaat seine völlige Souveränität jederzeit auf dem gleichen Wege wieder geltend machen. Diese Theorie warf freilich ein kleines Problem für die fünf von den sieben Staaten auf, die der Union nach 1789 beigetreten waren. Aber selbst wenn man diese fünf eher als Geschöpfe denn Schöpfer der Union ansehen mochte, konnten auch sie Anspruch auf Souveränität erheben, denn schließlich hatten sie sich alle eine Staatsverfassung (oder im Falle von Texas eine Nationalverfassung) gegeben, *bevor* sie sich im Kongreß um Aufnahme in die Union bewarben.

Diejenigen Südstaatler (hauptsächlich »bedingte Unionisten«), die diese Theorie ein bißchen schwer verdaulich fanden, konnten immer noch auf das Revolutionsrecht zurückgreifen. Senator Alfred Iverson aus Georgia räumte ein, wiewohl kein Staat ein verfassungsmäßiges Recht habe, sich von der Union loszusagen, besitze dennoch »jeder Staat das Recht auf Revolution«. Der Bürgermeister von Vicksburg bezeichnete die Sezession als »eine gewaltige politische Revolution, die bewirken [wird], daß man die Konföderierten Staaten unter die unabhängigen Nationen der Erde einreiht«.[11] Ein Offizier der Konförderierten Armee erklärte, er habe »nie geglaubt, daß die Verfassung das Recht auf Sezession anerkennt. Ich, Sir, griff auf breiterer Basis zu den Waffen – nämlich gestützt auf das Recht auf Revolution. Uns war Unrecht geschehen. Man wollte uns unser Eigentum und unsere Privilegien nehmen. Es war eine heilige Pflicht, dagegen aufzubegehren«.[12]

Stolz die blaue Kokarde (das Symbol der Sezession) zur Schau tragend, sangen einige dieser begeisterten Revolutionäre sogar die »Marseillaise des Südens« in den Straßen von Charleston und New Orleans.[13] Der Exgouverneur von Virginia, Henry Wise, der zur Gründung von Komitees für öffentliche Sicherheit aufforderte, sonnte sich im Ruf eines »Dantons der Sezessionsbewegung in Virginia«. Mitgerissen vom Taumel robespierreschen Tatendrangs, drohte ein Sezessionist aus Georgia den »Kooperatoren«: »Wir werden unbeirrbar nach Revolution streben, und wenn ihr ... uns aufzuhalten versucht ... werden wir euch als Verräter brandmarken und euch den Kopf abschlagen.«[14]

Das bevorzugte Modell der Sezessionisten war freilich nicht die Französische, sondern die Amerikanische Revolution. Zwar strebten sie nach *liberté,* aber nicht nach *egalité* oder gar *fraternité.* Waren denn nicht auch »die Männer von 1776 ... Sezessionisten« gewesen, fragte ein Vertreter Alabamas. Falls sie in der Union bleiben, erklärte ein Sklavenhalter aus Florida, »wird man uns des Rechts berauben, für das unsere Väter in den Revolutionskriegen gekämpft haben«. Getreu »dem hehren und erhabenen Grundsatz, die Rechte ... die unsere Väter uns vermachten, zu verteidigen und zu bewahren«, erklärte Jefferson Davis, wolle man »solche Opfer wiederholen, wie unsere Väter sie der heiligen Sache der verfassungsmäßigen Freiheit gebracht haben«.[15]

Für welche Rechte und Privilegien kämpften die Konföderierten? Für das Recht, Sklaven zu besitzen, das Privileg, diesen Besitz in die Territorien zu überführen, und Unabhängigkeit von den Zwängen einer Zentralregierung. Die Herrschaft der »Negerrepublikaner« in Washington bedrohte die republikanischen Freiheiten, wie sie der Süden verstand. Die Ideologie, für welche die Väter 1776 gekämpft hatten, postulierte einen immerwährenden Kampf zwischen Freiheit und Macht. Da die Union nach dem 4. März 1861 nicht mehr von den Südstaatlern kontrolliert werden würde, konnte der Süden seine Privilegien gegen die Angriffe der feindlichen Macht nur behaupten, indem er aus der Union austrat. »Am 3. März 1861«, erklärte ein Sezessionist aus Georgia, »sind wir entweder *Sklaven in der Union oder freie Bürger außerhalb von ihr.*« Die Frage, so befanden Jefferson Davis und einer seiner Landsleute aus Mississippi einhellig, sei: »›Wollt ihr Sklaven sein, oder wollt ihr unabhängig sein?‹ ... Wollt ihr euch eures Eigentums berauben lassen«, oder wollt ihr »tapfer für Freiheit, Eigentum, Ehre und Leben kämpfen?«.[16] Die Unterwerfung unter die »Negerrepublikaner wäre gleichbedeutend gewesen mit »dem Verlust von Freiheit, Eigentum, Heim und Vaterland – von allem, was das Leben lebenswert macht«, verkündete ein Sprecher South Carolinas. »Ich verpflichte mich der ruhmreichen Sache der Freiheit und Gerechtigkeit«, schrieb ein Soldat der Konföderierten, »ich kämpfe für die Menschenrechte – kämpfe für alles, was uns Südstaatlern wert und teuer ist«.[17]

Welches Interesse aber konnten Weiße, die gar keine Sklaven besaßen, an diesem Kreuzzug für die Privilegien der Plantagenbesitzer haben, die ihre Sklaven um jeden Preis behalten wollten? Manchen Sezessionisten bereitete diese Frage großes Kopfzerbrechen. Was, wenn Hinton Rowan Helper recht hatte? Was, wenn die Weißen ohne Sklaven potentielle »Negerrepublikaner« wären? »Das Druckmittel, mit dem die Abolitionisten die Sklaverei in den Staaten auszurotten hoffen, ist der Beistand der Bürger aus dem Süden, die keine Sklaven besitzen«, unkte ein Redakteur aus Kentucky. Und wie würden sie dieses Druckmittel nutzen? Indem sie über die Ämtervergabe einen Kader republikanischer Staatsbeamter in ärmere Counties des Südens einschleusten – zuerst in den Grenzstaaten und im Binnenland, wo die *slave power* ohnehin anfällig war, und dann im eigentlichen Herzen des Baumwollreichs. Der Gouverneur von Georgia, Joseph E. Brown, befürchtete, daß einige Weiße sich »mit einem lukrativen Amt zum Verrat an ihrer eigenen Gruppe ködern lassen werden«. Wenn die Republikaner erst ihre »Abolitionisten-Partei ... in den Südstaaten« etablierten, echote der *Charleston Mercury*, »dann wird der Streit um die Sklaverei nicht länger zwischen Norden und Süden stattfinden, sondern im Süden, unter den Bürgern des Südens, ausgetragen werden«.[18]

Die Delegiertenwahlen zu den Sezessionskonventen schienen so geartete Befürchtungen zu bestätigen. Viele Inlandsbezirke mit geringem Sklavenaufkommen entsandten »Kooperations«-Delegierte. Die Delegierten, die bei den Konventen für Aufschub oder Kooperation plädierten, verfügten im Durchschnitt über weniger Vermögen und weniger Sklaven als die sogenannten direkten Sezessionisten. Allerdings sollte man hier die Statistik nicht zu hoch bewerten. Denn eine erkleckliche Anzahl demokratischer Counties mit geringem Sklavenaufkommen stimmte für eine unmittelbare Sezession, während umgekehrt viele Whig-Counties mit hohem Sklavenaufkommen für eine Kooperation eintraten, wobei Kooperationalismus natürlich nicht gleichbedeutend mit Unionismus war. Gleichwohl erregte schon die partielle Korrelation von Kooperationalismus mit niedrigem Sklavenaufkommen Besorgnis unter den Sezessionisten.[19]

Also starteten sie eine Kampagne, um die Nichtsklavenhalter davon zu überzeugen, daß auch sie ein Interesse an der Spaltung der Union hätten – um die Vorherrschaft der Weißen zu sichern. Das Abolitionismusprogramm der »Negerrepublikaner« wurde als erster Schritt hin zu Rassengleichheit und -verschmelzung gebrandmarkt. Georgias Gouverneur Brown verbreitete diese Propaganda in seiner Heimat, dem Hochland im Norden Georgias, wo die Wähler ihn vergötterten. Sklaverei sei »auch für den armen Weißen die beste Staatsform«, sagte Brown. »Bei uns gehört der arme weiße Arbeiter nicht zum Gesinde. Der Neger ist ihm in keinem Sinne ebenbürtig. [...] Er gehört zur einzig wahren Aristokratie, der Rasse der *Weißen.*« Folglich würden Freisassen-Farmer »nie bereit sein, sich dem Abolitionismus zu unterwerfen«, weil sie »wissen, daß sie, sollte die Sklaverei abgeschafft werden, mehr zu leiden hätten als die Reichen, die auch dagegen Vorkehrungen treffen könnten. [...] Wenn es nötig werden sollte, unsere Rechte gegen eine so gefährliche Herrschaft zu verteidigen, dann würde ich die Gebirgsbewohner ebenso aufrufen wie die Leute aus dem Flachland, und sie würden herabkommen wie eine Lawine und sich um die Fahne Georgias scharen«.[20]

Viele Sezessionisten variierten dieses Thema mit großem rhetorischen Aufwand. Die Wahl Lincolns, so eine Zeitung in Alabama, zeige, »daß der Norden [beabsichtigt], die Sklaven zu befreien und die Verschmelzung zwischen ihnen und den Kindern der armen Weißen im Süden zu erzwingen«. – »Liebt ihr eure Mutter, eure Frau, Schwester und Tochter?« fragte ein Sezessionist aus Georgia die Weißen ohne Sklaven. Wenn Georgia in einer Union verbleibt, »die von Lincoln und seinem Stab regiert wird ... dann werden unsere KINDER in ZEHN Jahren oder noch früher die Sklaven von Negern sein«.[21] »Wenn ihr so schwach seid und euch beugt«, wetterte South Carolinas Baptistenprediger James Furman, »dann werden im Nu die Abolitionistenprediger bei der Hand sein, um Ehen zwischen euren

Töchtern und schwarzen Männern zu stiften.« Nein! Nein! tönte laut die Antwort aus Alabama. »Sich darein fügen, daß unsere Frauen und Töchter sich entscheiden müssen zwischen dem Tod oder der Befriedigung der teuflischen Begierden der Neger!! [...] Lieber 10000 Tode sterben, als sich den Negerrepublikanern unterwerfen.«[22]

Vermutlich um ihre Frauen und Töchter zu schützen, taten sich also die weißen Freisassen mit den Plantagenbesitzern zusammen und »scharten sich um das Banner von Freiheit und Gleichheit für die Weißen«, gegen »unsere abolitionistischen Feinde, die sich verschworen haben, die freien weißen Männer des Südens in den Staub zu werfen und sie den Negern gleichzustellen«. Die meisten Weißen im Süden konnten sich darauf einigen, daß »demokratische Freiheit nur besteht, weil wir schwarze Sklaven haben«, deren Präsenz »die Gleichheit unter den Freien befördert«. Folglich »ist Freiheit nicht möglich ohne Sklaverei«.[23]

Diese orwellsche Definition von Freiheit durch Sklaverei erregte nördlich des Potomac nur Spott und Hohn. Wenn die Sezessionisten sich mit den Revolutionsvätern von 1776 vergleichen wollten, so »ist das eine Beleidigung der edlen Beweggründe der Männer von 76«, erklärte William Cullen Bryants *New York Evening Post.* Die Gründerväter kämpften dafür, »die Menschenrechte ... und die Prinzipien universeller Freiheit durchzusetzen«; der Süden dagegen rebellierte »nicht im Interesse der allgemeinen Humanität, sondern für seinen privaten Despotismus. [...] Sein Motto heißt nicht Freiheit, sondern Sklaverei«. Thomas Jeffersons Unabhängigkeitserklärung trete »für das Naturrecht und gegen die bestehenden Institutionen« ein, ergänzte die *New York Tribune,* indes »Mr. Jeff. Davis' Karikatur davon im Interesse einer ungerechten, überkommenen und zerfallenden Institution gegen das befürchtete Vordringen der natürlichen Menschenrechte gerichtet ist«. Kurz gesagt, es handele sich nicht um eine Revolution für die Freiheit, sondern um eine Konterrevolution, »die das Rad des Fortschritts zurückdreht, ... um rückständig alles in tiefste Finsternis zu schleudern ... in Despotismus und Unterdrückung«.[24]

Ohne der Rhetorik dieser Analyse beizupflichten, bekräftigten eine ganze Reihe von Sezessionisten indirekt den Kern des Urteils. Die Unterzeichner der Unabhängigkeitserklärung seien im Unrecht gewesen, sollten sie beabsichtigt haben, bei den Rechten für »alle Menschen« auch die Neger einzubeziehen, meinte Alexander Stephens, nachdem er zum Vizepräsidenten der Konföderation aufgestiegen war. »Unsere neue Regierung gründet sich auf den genau gegenteiligen Gedanken; ihr Fundament und Grundstein ruhen auf der großen Wahrheit, daß der Neger dem Weißen nicht ebenbürtig ist, daß die Sklaverei ... seine natürliche und normale Lebensform ist. Diese unsere neue Regierung ist die erste in der

Weltgeschichte, die sich auf diese große physische, philosophische und moralische Wahrheit stützt.« Die eigentlichen Rebellen waren mithin die »Negerrepublikaner«. Sie billigten »Dogmen, so radikal und revolutionär« wie die der Abolitionisten, befand ein Blatt aus New Orleans. Diese »revolutionären Dogmen«, echoten zahlreiche Südstaatler, »strotzen von furchtbaren Plänen und nehmen Blutvergießen und Gewalttaten ebenso bereitwillig in Kauf wie seinerzeit das Gedankengut der Französischen Revolution«.[25] Daher sei es »ein Sprachmißbrauch«, so Jefferson Davis, Sezession als Revolution zu bezeichnen. Wir sind aus der Union ausgetreten, »um uns vor einer Revolution zu bewahren«, die da drohte, »Sklaveneigentum so unsicher [zu machen], daß es vergleichsweise wertlos geworden wäre«. 1861 instruierte der Außenminister der Konföderation die ausländischen Regierungen dahingehend, daß die Südstaaten eine neue Nation gegründet hätten, »um ihre angestammten Institutionen« vor »einer Revolution zu bewahren, [die] drohte, ihr Sozialgefüge zu zerstören«.[26]

Dies ist die Sprache der Konterrevolution. In einem Punkt wich die Konföderation freilich vom klassischen Muster des Genres ab. Die meisten Konterrevolutionen streben nach Wiedereinführung des *Ancien régime.* Die Konterrevolutionäre von 1861 handelten, bevor die Revolutionäre auch nur irgend etwas getan hatten – ja, sogar etliche Monate bevor Lincoln sein Amt antrat. In dieser Hinsicht paßt die Sezession ins Modell »präventiver Konterrevolution«, wie es der Historiker Arno Mayer entwickelt hat. Anstatt zu versuchen, die alte Ordnung wiederherzustellen, führt eine präventive Konterrevolution den ersten Schlag, um den Status quo zu erhalten, ehe die revolutionäre Drohung sich konkretisieren kann. »Indem sie die Gefahr heraufbeschwören, die es bedeuten würde, den Revolutionären Zeit zu lassen, ihre Streitkräfte zu mobilisieren und Angriffspläne nach eigenen Bedingungen vorzubereiten«, schreibt Mayer, »drängen die Führer der Konterrevolution auf einen Präventivschlag.« Um dafür den nötigen Beistand zu mobilisieren, »übertreiben [sie] absichtlich Ausmaß und Bedrohung der revolutionären Gefahr«.[27]

Mayer schrieb zwar über das Europa des 20. Jahrhunderts, aber seine Thesen gelten auch für die Sezessionisten von 1860. Sie übertrieben die Bedrohung durch die Republikaner und drängten auf Präventivmaßnahmen, um den Gefahren, die jene angeblich heraufbeschworen, vorzubeugen. Der Süden könne es sich nicht leisten, eine »offenkundige Handlung« Lincolns gegen die Rechte der Südstaatler abzuwarten, beteuerten sie. »Wenn ich eine zusammengerollte Klapperschlange auf meinem Weg finde, warte ich dann auf ihre ›offenkundige Handlung‹, oder zertrete ich sie auf der Stelle?« fragte ein Redakteur aus Alabama. Wenn »bedingte Unionisten« behaupteten, »daß etliche Jahre vergehen werden, bis Lincoln mit

Hilfe des Kongresses über Schwert und Staatssäckel gebietet«, argumentierte ein Kommentator aus Mississippi, dann ist das nur »ein zusätzliches Argument dafür, JETZT zu handeln. Laßt uns zuschlagen ... bevor der Feind sein Versprechen, uns zu überwältigen, einlösen kann. [...] Verzögerung birgt Gefahr. Jetzt ist der Zeitpunkt, loszuschlagen«.[28]

II

Selten in der Geschichte hat eine Konterrevolution so rasch die Revolution provoziert, die sie hatte verhindern wollen. Ausschlaggebend war, daß die meisten Nordstaatler nicht gewillt waren, eine Auflösung der Union hinzunehmen. In diesem Punkt zumindest waren der scheidende und der künftige Präsident der Vereinigten Staaten einig.

In seiner letzten Botschaft an den Kongreß vom 3. Dezember 1860 überraschte James Buchanan einige seiner Verbündeten aus dem Süden mit der strikten Ablehnung des Rechts auf Sezession. Die Union sei nicht »allein ein freiwilliger Staatenverbund, der sich nach Gutdünken von einem der Vertragspartner auflösen« lasse, sagte Buchanan. »Das Volk« habe der Verfassung zugestimmt, um »eine *noch* vorbildlichere Union« zu schaffen als die unter den Bundesartikeln, derzufolge »die Union ewig bestehen« solle. Die Schöpfer der Nationalregierung »hatten nie die Absicht, ihr die Saat der eigenen Zerstörung in den Busen zu pflanzen«. Die Souveränität von Einzelstaaten stehe *nicht* höher als die Souveränität der Nation, betonte Buchanan. Die Verfassung verleihe die höchsten Attribute der Souveränität ausschließlich der Bundesregierung: nationale Verteidigung, Außenpolitik, Regelung des Handels mit dem Ausland sowie zwischen den Einzelstaaten und endlich die Münzprägung. »Diese Verfassung«, hieß es in besagtem Dokument, »und die Gesetze der Vereinigten Staaten ... sollen das höchste Recht im Lande sein ... ungeachtet gegenteiliger Bestimmungen in Verfassung oder Gesetz einzelner Staaten.« Wenn die Sezession legitimiert würde, warnte der Präsident, dann würde die Union »zum Trugbild«, und »unsere 33 Staaten lösen sich womöglich in ebenso viele engstirnige, widerstreitende und feindliche Republiken auf. [...] Solch eine furchtbare Katastrophe würde die Hoffnungen der Freiheitsliebenden in aller Welt zerstören. [...] Das Beispiel, das wir seit über 80 Jahren geben, wäre nicht nur verloren, sondern würde fortan als schlüssiger Beweis dafür zitiert werden, daß ein Volk nicht in der Lage ist, sich selbst zu regieren«.[29]

Tausende von Leitartikeln und Ansprachen im Norden griffen diese Themen auf. Überall machte sich die Furcht vor einem Dominoeffekt breit. »Wenn ein paar Staaten jetzt erfolgreich rebellieren«, hieß es in einem Leitartikel, der den Tenor von 100 anderen widerspiegelt, »dann wird in ein paar Jahren eine neue Rebellion oder Sezession folgen.« Das war keine bloße Panikmache. Manche spekulierten bereits über eine Aufteilung des Landes in drei oder vier »Konföderationen« mit einer zusätzlichen unabhängigen Republik am Pazifik. Mehrere New Yorker Kaufleute und Demokraten mit Verbindungen zum Süden erwogen, sich als Gründer einer »freien Stadt« abzusetzen. Ein prominenter New Yorker Rechtsanwalt teilte im Dezember 1860 dem Eisenbahnpräsidenten George B. McClellan vertraulich mit: »Wenn die Sezession im Süden erst richtig in Gang kommt, dann wollen wir hier etwas Ähnliches veranstalten und uns von den Fanatikern Neuenglands und des Nordens, einschließlich einem Großteil unseres eigenen Staates, lossagen.« Im Januar 1861 brachte Bürgermeister Fernando Wood dieses Thema an die Öffentlichkeit, indem er in einer Botschaft an die Stadträte für die Sezession New Yorks plädierte. Das Projekt verlief im Sand, aber es streute gleichwohl die Saat der »Copperheads« aus, die in den nächsten Jahren aufgehen sollte.[30]

»Die Doktrin der Sezession ist Anarchie«, erklärte eine Zeitung aus Cincinnati. »Wenn eine Minderheit das Recht bekäme, nach Belieben und nur, weil sie sich anders nicht durchsetzen kann, die Regierung zu stürzen, dann wäre dies das Ende aller Regierungen.« Auch Lincoln sah in der Sezession »das Wesen der Anarchie«. Und die Souveränität der Einzelstaaten brandmarkte er als »Sophismus«. »Die Union ist älter als jeder dieser Staaten«, erklärte Lincoln, »und eigentlich hat die Union sie erst zu Staaten gemacht.« Die Unabhängigkeitserklärung verwandelte die »Vereinigten Kolonien« in die Vereinigten Staaten; also hätte es ohne diese Union auch nie »›freie‹ und unabhängige Staaten« gegeben. »Da sie *außerhalb* der Union nie Staaten gewesen sind, weder ihrem Wesen noch dem Namen nach«, sagte Lincoln, »woher, woher kommt dann diese wunderliche Allmacht der ›Staatenrechte‹, die Anspruch darauf erheben, rechtmäßig die Union zu zerstören?« Beständigkeit sei »das Grundgesetz aller Nationalregierungen«. Keine Regierung »hatte je in ihrem Grundgesetz eine Bestimmung zu ihrer eigenen Aufhebung. [...] Kein Staat kann aufgrund seines eigenen Antrags rechtmäßig aus der Union austreten. [...] Das kann nur gegen das Gesetz geschehen und also durch Revolution«.[31]

Weder Lincoln noch sonst ein Nordstaatler leugnete das Recht auf Revolution. Immerhin teilten die Yankees das Vermächtnis von 1776. Allerdings, meinte eine Zeitung aus Philadelphia, gebe es kein »Recht auf Revolution nach Belieben«. Revolution sei ein »moralisches Recht, wenn es für eine moralisch vertretbare Sache angewandt wird«, schrieb Lincoln. Aber »wenn sie ohne einen solchen Beweggrund entfacht wird, dann ist eine Revolution nicht rechtens, sondern schlicht die gottlose Ausübung physischer Gewalt«. Der Süden vertrat mithin keine gerechte Sache. Das Ereignis, das die Sezession beschleunigte, war die Wahl eines Präsidenten durch konstitutionelle Mehrheit. Der »Zentralgedanke« des Unionsanliegens, so Lincoln, »ist die Notwendigkeit, nachzuweisen, daß Volksherrschaft nichts Abwegiges ist. Hier und jetzt müssen wir die Frage klären, ob in einer frei gewählten Regierung die Minderheit das Recht hat, die Regierung zu stürzen, wann immer es ihr beliebt«.[32]

Aber wie konnte man diese Frage klären? Das Problem wurde ja noch verschärft durch das »Lame-Duck-Syndrom« [*lame-duck:* nicht wiedergewähltes Kongreßmitglied bis zum Ablauf seiner Amtszeit] im amerikanischen Verfassungssystem. Während des viermonatigen Intervalls zwischen Lincolns Wahl und seinem Amtsantritt übte Buchanan weiterhin die vollziehende Gewalt aus, fühlte sich aber für die Krise nicht mehr verantwortlich, indes Lincoln die Verantwortung zufiel, er aber kaum über Machtmittel verfügte. Der 1860 gewählte Kongreß konnte erst 13 Monate später zusammentreten, und der Kongreß, der im Dezember 1860 tagte, erlebte einen Autoritätsschwund, als die Mitglieder aus dem tiefen Süden gleich nach der Sezession ihrer Staaten zurücktraten. Buchanans entschiedenem Nein zum Recht auf Sezession folgte schließlich das matte Eingeständnis, daß man dagegen ohnmächtig sei und sie nicht verhindern könne. Zwar gewähre die Verfassung keinem Staat das Recht zum Austritt aus der Union, sagte der Präsident, aber sie ermächtige andererseits die Nationalregierung auch nicht dazu, »einen Staat, der zum Austritt entschlossen ist, zur Unterwerfung zu zwingen«.[33]

Die Republikaner machten sich weidlich lustig über diese Argumentation. Buchanan habe dargelegt, daß »kein Staat das Recht hat, sich von der Union loszusagen, es sei denn auf seinen, des betreffenden Staates, ausdrücklichen Wunsch hin«, höhnte Seward, und daß »es die Pflicht des Präsidenten ist, dem Gesetz Geltung zu verschaffen, es sei denn, er stößt auf Widerstand«.[34] Doch eine Alternative hatten die Republikaner offenbar auch nicht zu bieten. Zwar standen mehrere Möglichkeiten zur Auswahl: Zwangsregime, Kompromiß oder »die fehlgeleiteten Brüder in Frieden ziehen zu lassen«. Aber obgleich mehrere Führer der Republikaner irgendwann einmal jede dieser Methoden befürworteten, sprach sich für keine vor dem April 1861 eine Mehrheit aus. Statt dessen tauchte eine ziemlich vage vierte Alternative auf – skizziert als »meisterhafte Untätigkeit« oder »Verzögerungstaktik« –, worunter man eine wachsam abwartende Haltung verstand, die zwar keine größeren Zugeständnisse machte, aber jede unnötige Provokation in der Hoffnung vermied, das Sezessionsfieber würde sich erschöpfen und die mutmaßlichen Heerscharen südlicher Unionisten würden den Süden allmählich zur Vernunft bringen.

Als der Kongreß im Dezember zusammentrat, schworen mehrere Repulikaner, vorwiegend aus den älteren Nordweststaaten, »bei allen himmlischen und irdischen Gütern, daß sie die Rebellenstaaten zur Wüste machen« würden. »Ohne einen kleinen Aderlaß«, schrieb Michigans radikaler, ungehobelter Senator Zachariah Chandler, »wird diese Union ... keinen Pfifferling mehr wert sein.« Die Gefahr, den Zugang zum unteren Mississippital zu verlieren, mag für die Aggressivität vieler Bewohner des Mittelwestens verantwortlich gewesen sein. Die Bevölkerung des Nordwestens, so die *Chicago Tribune,* würde niemals über freie Schiffahrt auf dem Mississippi verhandeln. »Das ist *ihr Recht,* und sie werden es bis zum Äußersten behaupten, selbst wenn Louisiana dadurch von der Landkarte getilgt würde.«[35]

Und wie sollten in den südlichen Häfen Zollgebühren erhoben werden? Wem gehörten eigentlich die Zollämter – den »Amerikanern« oder den Konföderierten? In der Krise um die Nichtigkeitserklärung von 1832 hatte Andrew Jackson gelobt, er werde in South Carolina die Steuern mit Gewalt eintreiben und die Vertreter der Nichtigkeitserklärung hängen lassen. »Oh, was gäben wir jetzt für einen Jackson!« ereiferten sich viele Yankeerepublikaner, die im Rückblick plötzlich ihre Zuneigung zu diesem Demokraten aus Tennessee entdeckten. Wenn die Briefe an die republikanischen Kongreßabgeordneten als Stimmungsbarometer gelten konnten, dann hielten ihre Wähler sich bereit, die Rebellen »mit Gewalt« in die Schranken zu weisen. »Wir haben Lincoln gewählt«, schrieb ein Bürger aus Illinois, »und falls es nötig sein sollte, sind wir gewillt, auch für ihn zu kämpfen. [...] In Little Boon kann er auf 500 wohlbewaffnete und -ausgerüstete »Wide-Awakes« rechnen.« Lincoln »muß die *Gesetze der Vereinigten Staaten gegen jegliche Rebellion durchsetzen*«, bekräftigte ein Wähler aus Ohio, »was immer die Folgen sein mögen«.[36]

Lincoln schien diese Meinung zu teilen. Im Dezember 1860 äußerte er gegenüber seinem Privatsekretär, aus der bloßen Existenz einer Regierung ergebe »sich die Rechtsvollmacht und die Pflicht ... des Präsidenten, die Gesetze zu vollstrecken und die bestehende Regierung aufrechtzuerhalten«. Heimlich wies Lincoln den kommandierenden General Winfield Scott an, er solle sich bereithalten, Zoll einzutreiben und die Forts des Bundes in den abgefallenenStaaten zu verteidigen oder sie, falls sie vor seiner, Lincolns, Amtseinführung geräumt wären, zurückzuerobern. In Springfield warnte das *Illinois State Journal,* Lincolns halbamtliches Presseorgan während dieser Zeit: »Spaltung der Union durch Waffengewalt ist Landesverrat, und der muß und wird unter allen Umständen niedergeschlagen werden. [...] Die Gesetze der Vereinigten Staaten müssen vollstreckt werden – der Präsident hat in diesem Punkt keine Handlungsfreiheit – seine Pflichten sind in der Verfassung ausdrücklich festgelegt.«[37]

Die Republikaner legten Wert darauf, zwischen »Zwang« – was einen allzu barschen Klang hatte – und Vollstreckung der Gesetze zu unterscheiden. »Man führt nicht Krieg gegen einen Staat, indem man dem Gesetz Geltung verschafft«, betonte der *Boston Advertiser.* Die Südstaatler freilich hielten dies für eine reine Spitzfindigkeit. Im Ausland – und dafür hielt sich die Konföderation – »Gesetze zu vollstrecken«, das bedeute sehr wohl Krieg. »Ich bitte Sie, Sir, wenn der Präsident der Vereinigten Staaten eine Flotte nach Liverpool schickte und dort versuchte ... Abgaben zu kassieren ... würde dann irgend jemand behaupten, die britische Regierung sei schuld an dem vielleicht daraus resultierenden Blutvergießen?« fragte Louis Wigfall aus Texas höhnisch.[38]

Auf jeden Fall blieb die Frage bis zum 4. März rein hypothetisch, denn Buchanan beabsichtigte nicht, »Gewalt« anzuwenden. Und selbst wenn er es gewollt hätte, so verfügte er kaum über die nötigen Mittel dazu. Der Großteil der nur 15 000 Mann starken Armee war über 2000 Meilen Grenzland verstreut, und die Kriegsschiffe der Marine patrouillierten entweder in fernen Gewässern oder wurden gerade im Trockendock gewartet. Die stärksten Streitkräfte im Winter 1860 auf 1861 waren die Milizen der abtrünnigen Staaten. Überdies warnten die Unionisten des oberen Südens, die es geschafft hatten, die »Eisenfresser« in ihren Staaten in Schach zu halten, die Republikaner nachdrücklich, daß alles, was nach Gewaltanwendung aussähe, der Auftakt zur Sezession wäre. Eine Zeitlang schwankten daher die Republikaner unschlüssig, während andere Gruppierungen einen Kompromiß zu erarbeiten suchten.

Buchanans Botschaft an den Kongreß wies diesen Bemühungen die Richtung. Zuerst rügte er den Norden im allgemeinen und die Republikaner im besonderen wegen »der ständigen und hitzigen Agitation in der Sklavereifrage«, die nun »ihre natürliche Wirkung gezeitigt« und die Sezession heraufbeschworen habe. Wegen der Republikaner, so der Präsident, gingen »überall im Süden viele Hausmütter des Abends zitternd zu Bett, weil sie nicht wissen, was ihnen und ihren Kindern vor dem Morgen zustoßen« könne. Es fehlte nicht viel, und Buchanan hätte den Republikanern nahegelegt, ihre Partei aufzulösen: Statt dessen forderte er die Nordstaatler auf, ihre Kritik an der Sklaverei einzustellen, ihre »verfassungswidrigen und anstößigen« Gesetze zur Freiheit des einzelnen zu widerrufen, das Sklavenfluchtgesetz anzuwenden und gemeinsam mit dem Süden einen Zusatz zur Verfassung zu verabschieden, der die Sklaverei in allen Territorien unter Schutz stellte. Sofern die Yankees keine Bereitschaft zeigten, diese Maßnahmen mitzutragen, sagte Buchanan, wäre der Süden »im Recht, wenn er der Regierung revolutionären Widerstand leistete«. Als weiteren Beweis dafür, daß die Nordstaatler zum Einlenken bereit seien, empfahl Buchanan ihnen, seine Bemühungen um den Erwerb Kubas zu unterstützen, weil damit ein neuer großer Sklavenstaat in die Union käme, was die Ängste des Südens beschwichtigen würde.[39]

Wie die Republikaner auf diese Vorschläge reagierten, kann man sich leicht vorstellen. Unter den druckreifen Kommentaren fanden sich Formulierungen wie: »Pharisäischer alter Heuchler ... strotzend vom Geist einer fanatischen Sklavenhaltergesellschaft ... niederträchtiges Geschwätz ... unterwürfiges Katzbuckeln vor der Baumwollaristokratie ... schändliche Verdrehung der Fakten ... unverfrorene Lügen.« Nachdem die Wähler gerade erst bei der Präsidentschaftswahl das Programm von Breckinridge mit einer Mehrheit von 4000000 zu 670000 Stimmen abgelehnt hatten, »beantragt [Buchanan] jetzt die bedingungslose Kapitulation ... von sechs Siebteln des Volkes gegenüber einem Siebtel ... indem er *das Programm von Breckinridge zum Bestandteil der Verfassung* macht«.[40]

Zwar gingen nur wenige der im Kongreß eingebrachten Kompromißvorschläge so weit wie der von Buchanan vorgeschlagene, aber ein Merkmal war ihnen allen gemeinsam: Die Republikaner sollten einseitig sämtliche Zugeständnisse machen. Doch die Republikaner weigerten sich, dieser Erpressung, wie sie es nannten, nachzugeben. Tatsächlich bewog die Möglichkeit, daß eine Koalition aus Demokraten und »Constitutional-Unionists« eine »schmachvolle Kapitulation« zusammenstoppeln und als Kompromiß bezeichnen könnte, einige Republikaner, als Alternative die Baumwollstaaten lieber »in Frieden gehen« zu lassen. Da sie die Union schon lange als »Bündnis mit dem Tode« sahen, waren die abolitionistischen Anhänger Garrisons froh, daß die Sklavenhalter den Pakt gebrochen hatten. Und selbst diejenigen, die nicht für Garrison waren, stimmten mit Frederick Douglass darin überein, daß die Union, »falls sie nur durch neuerliche Konzessionen an die Sklavenhalter [und] wiederum auf Kosten der Neger erhalten werden kann ... lieber untergehen« solle. Etliche radikale Republikaner vertraten anfangs einen ähnlichen Standpunkt. Wenn South Carolina aus der Union austreten wolle, so die *Chicago Tribune* im Oktober 1860, »dann laßt es ziehen und wie einen Ast, den man von einem gesunden Baum gehauen hat, welken und verdorren, wohin es gerade fällt«. Horace Greeleys *New York Tribune* befürwortete emphatisch die Alternative des »friedlichen Auszugs«. »Falls die Baumwollstaaten zu der Überzeugung gelangen sollten, daß sie außerhalb der Union besser zurechtkommen als in ihr, dann verlangen wird, daß man sie gehen läßt«, schrieb Greeley in einem berühmten Leitartikel drei Tage nach der Wahl Lincolns. »Wir werden hoffentlich nie in einer Republik leben, in der man mit vorgehaltenem Bajonett zum Verbleiben gezwungen wird.«[41]

Dieser Standpunkt erklärte sich zum Teil aus dem aufrichtigen Wunsch, um jeden Preis einen Krieg zu vermeiden. Aber andere Motive überwogen vermutlich, denn alle anfangs so kompromißbereiten Republikaner billigten später den Krieg, um die Union zu retten. Greeleys »Geht-in-Frieden«-Leitartikel waren eine Art doppeltes Gambit, das einerseits auf den Norden, andererseits auf den Süden zielte. Wie die meisten Republikaner glaubte Greeley zunächst nicht daran, daß die Südstaaten wirklich aus der Union austreten wollten; »sie haben es bloß darauf abgesehen, die freien Staaten mit ihren Drohungen zu Konzessionen zu zwingen«. Sogar nach dem Austritt South Carolinas schrieb Greeley noch an Lincoln: »Ich fürchte nichts ... außer einem weiteren schändlichen Rückzieher der freien Staaten. [...] Ein weiterer fauler Kompromiß, der alles gewährt, aber nichts erreicht, wird uns so vollkommen erniedrigen und demütigen, daß wir den Kopf nie mehr hochtragen können.«[42] Der Rat, die Sezessionisten ziehen zu lassen, war also als Mittel gedacht, das den Kompromiß abwenden sollte. Greeley hoffte, daß sein Gambit im Süden ungefähr so wirken würde wie die Strategie von Eltern, die einem widerspenstigen halbwüchsigen Sohn auf seine wiederholte Drohung, er werde ausziehen, antworten: »Dann geh doch – da ist die Tür!« Indem es jede Erwähnung von Zwang und Gewalt vermied, mochte das Gambit auch dazu beitragen, die erhitzten Gemüter abzukühlen und den Unionisten Gelegenheit verschaffen, ihre mutmaßliche schweigende Mehrheit südlich des Potomac zu mobilisieren.[43]

Die »Zieht-in-Frieden«-Haltung schwand allerdings, sobald klar wurde, daß die gefürchtete Alternative eines Kompromisses sich nicht durchsetzen würde. Um alle dem Kongreß unterbreiteten Kompromißvorschläge zu prüfen, bildeten beide Kammern Sonderausschüsse. Dem »Komitee der dreizehn« im Senat gehörten sehr prominente Mitglieder an: William H. Seward, Benjamin Wade, Stephen Douglas, Robert Toombs, Jefferson Davis und John J. Crittenden. Letzterer schusterte einen Plan zusammen, den er dem Ausschuß als eine Reihe von Verfassungszusätzen unterbreitete. In ihrer endgültigen Form hätten diese Nachtragsgesetze die Einzelstaaten vor zukünftiger Einmischung der Nationalregierung bewahrt, die Sklaverei in den Territorien nördlich vom Breitengrad 36°30′ verboten und sie südlich dieser Demarkationslinie in allen Territorien, »die gegenwärtig bestehen *oder künftig erworben werden*« (Hervorhebung des Autors) geschützt. Dem Kongreß wäre es verboten gewesen, die Sklaverei auf Bundesbesitz innerhalb eines Sklavenstaates abzuschaffen (das betraf Forts, Arsenale, Flottenstützpunkte und so weiter). Ferner wäre es dem Kongreß untersagt gewesen, die Sklaverei im District of Columbia ohne Zustimmung seiner Bürger aufzuheben und auch dann *nur*, wenn sie zuvor in Virginia und Maryland abgeschafft worden wäre. Der Kongreß hätte sich überhaupt nicht mehr in den innerstaatlichen Sklavenhandel einmischen dürfen; und Sklavenhalter, die in den Norden geflüchtete Sklaven nicht zurückbekommen konnten, wären entschädigt worden. Diese Verfassungszusätze hätten für alle Zeiten gültig bleiben sollen; kein künftiges Nachtragsgesetz hätte sie aufheben können.[44]

Ungeachtet der Einseitigkeit dieses »Kompromisses« drängten manche republikanische Geschäftsleute aus Angst, eine Sezessionspanik an der Wall Street könne eine neuerliche Wirtschaftskrise nach sich ziehen, ihre Parteiführer, dem Plan Crittendens zuzustimmen. Thurlow Weed und stillschweigend Seward signalisierten im Dezember ihre Bereitschaft. Aber aus Springfield kam die Weisung, standhaft zu bleiben. »Gehen Sie auf keinen Kompromißvorschlag bezüglich der *Ausdehnung* der Sklaverei ein«, schrieb Lincoln an einflußreiche Senatoren und Mitglieder des Repräsentantenhauses. »Der schwere Kampf ist unvermeidlich, und es ist besser, er kommt jetzt als irgendwann in der Zukunft.« Crittendens Kompromiß, so Lincoln gegenüber Weed und Seward, »würde uns um all das bringen, was wir durch die Wahl gewonnen haben. [...] Die Folge wären Freibeutertum überall im Süden und die Errichtung neuer Sklavenstaaten. [...] Und schon wären wir auf dem besten Wege in ein neues Sklavenreich«. Der bloße Gedanke an einen Territorialkompromiß, erklärte Lincoln, »räumt ein, daß die Sklaverei die gleichen Rechte hat wie die Freiheit, und gibt alles auf, wofür wir gekämpft haben. [...] Eben erst haben wir mit Prinzipien, die dem Volk offen dargelegt wurden, eine Wahl gewonnen. Jetzt sagt man uns im voraus, daß die Regierung aufgelöst werden wird, sofern wir uns nicht denen, die wir besiegt haben, unterwerfen. [...] Wenn wir uns ergeben, so ist das unser Untergang. Denn die Gegner werden dieses Experiment *ad libitum* wiederholen. Kein Jahr wird vergehen, bis wir Kuba aufnehmen müssen als Bedingung dafür, daß sie [die Südstaaten] in der Union verbleiben«.[45]

Auf Lincolns Rat hin stimmten alle fünf Republikaner im Senatskomitee der »dreizehn« gegen Crittendens Kompromißvorschlag – mit der Begründung, daß jeder Kompromiß wertlos sei, wenn die Republikaner sich ihm widersetzten. Toombs und Davis stimmten ebenfalls mit Nein und brachten den Vorschlag mit 7 : 6 Stimmen zu Fall. Daraufhin trug Crittenden seinen Plan in einer öffentlichen Senatssitzung vor, wo er am 16. Januar mit 25 gegen 23 Stimmen abgelehnt wurde: alle 25 Gegenstimmen entstammten dem republikanischen Lager. Vierzehn Senatoren von Staaten, die bereits aus der Union ausgetreten waren oder kurz davor standen, blieben der Abstimmung fern. Obwohl Crittendens Vorschlag zu einem späteren Zeitpunkt wieder auftauchte, blieb er durch die Ablehnung der Republikaner und die Interesselosigkeit des unteren Südens zum Scheitern verurteilt.[46]

Bedeutete dies, daß die Republikaner die letzte Hoffnung auf eine Abwendung der Sezession zunichte gemacht hatten? Das steht zu bezweifeln. Weder Crittendens Kompromiß noch irgendein anderer hätte die Sezession des unteren Südens aufhalten können. Und kein Kompromiß konnte das Faktum rückgängig machen, das die Spaltung ausgelöst hatte: die Wahl Lincolns durch einen einmütigen Norden. »Wir spucken auf jedweden Kompromißplan«, schrieb ein Sezessionist. »Keine menschliche Macht kann die Union retten, alle Baumwollstaaten werden austreten«, prophezeite Jefferson Davis, und Judah Benjamin meinte zustimmend: »Es liegt absolut nicht in unserer Macht, einen Vergleich zu erzielen.«[47] Am 13. Dezember, noch bevor über irgendwelche Kompromisse verhandelt worden war – ja bevor ein einziger Staat faktisch aus der Union ausgetreten war –, unterzeichneten über zwei Drittel der Senatoren und Abgeordneten von sieben Südstaaten eine Botschaft an ihre Wähler: »Die Debatte ist erschöpfend geführt worden. Alle Hoffnung auf Versöhnung mit der Union, sei es durch die Vermittlung von Komitees, durch Kongreßbestimmungen oder Verfassungszusätze, ist erloschen. [...] Ehre, Sicherheit und Unabhängigkeit der Bevölkerung des Südens sind einzig und allein in einer Konföderation der Südstaaten zu bewahren.«[48] Die Delegierten von sieben Staaten, die am 4. Februar 1861 in Montgomery zusammenkamen, um eine neue Nation zu gründen, schenkten den Bemühungen des Kongresses in Washington keinerlei Beachtung.

Es ist jedoch bezeichnend, daß nur sieben Staaten in Montgomery vertreten waren. Bis zum Februar 1861 bestand das Hauptziel der Kompromiß-Bestrebungen darin, die übrigen acht vom Austritt zurückzuhalten. Die Parlamente von fünf dieser Staaten hatten Vorkehrungen zur Einberufung eines Konvents getroffen.[49] Aber damit endete die Parallelität zum Geschehen südlich des 35. Breitengrades auch schon. Die Wähler in Virginia, Arkansas und Missouri entsandten eine Mehrheit von Unionisten zu ihren Parteitagen. Die Wähler in North Carolina und Tennessee, denen es freistand, sich für oder gegen einen Konvent zu entscheiden, stimmten dagegen. Zwar schickten die Konföderierten Staaten Bevollmächtigte zu den Parteitagen des oberen Südens, die dazu aufriefen, man solle sich den südlichen Bruderstaaten anschließen, aber die Konvente von Missouri und Arkansas stimmten im März trotzdem gegen die Sezession (Arkansas mit knapper Mehrheit), und Virginia tat es ihnen am 4. April mit einer 2:1-Mehrheit gleich. Der Hauptgrund für dieses Ergebnis war, daß die Sklaverei im oberen Süden eine weit geringere Rolle spielte als in den Konföderierten Staaten. Dort stellten die Sklaven 47 Prozent der Bevölkerung, im oberen Süden dagegen nur 24 Prozent; 37 Prozent der weißen Familien in Konföderierten Staaten besaßen Sklaven, im oberen Süden waren es nur 20 Prozent.[50]

Das Scheitern der Sezession im oberen Süden schien den Glauben der Republikaner an die grundsätzlich unionistischen Bestrebungen dieser Region zu bestätigen. Allein, der Unionismus des Südens war an die Bedingung geknüpft, daß der Norden jeden Versuch unterlassen würde, die Konföderierten Staaten zu »nötigen«. Das Parlament von Tennessee erklärte, daß seine Bürger sich gegen jede »Invasion auf südstaatlerischen Boden unter allen Umständen bis zum äußersten wehren werden«. Um einer ähnlichen Warnung seines Parlaments den nötigen Nachdruck zu verleihen, vertagte sich der Konvent von Virginia – nachdem er zunächst einmal gegen die Sezession gestimmt hatte – noch nicht, sondern blieb in Bereitschaft, um die weiteren Entwicklungen zu beobachten. Gemäßigte Republikaner beherzigten diese Warnungen und gingen in den ersten drei Monaten des Jahres 1861 besonders behutsam zu Werke. Dies war die Phase der »meisterlichen Untätigkeit« und der begrenzten Konzessionen, womit man die vielbeschworene schweigende Mehrheit der Unionisten des unteren Südens stärken wollte, damit sie eine »freiwillige Wiedereingliederung« (*reconstruction*) ihrer Staaten in die Wege leiten konnten. Allen voran war Seward vom Schlagwort des »unvermeidlichen Konflikts« abgerückt und hatte sich statt dessen zum Anführer der Schlichtungspartei aufgeschwungen. »Jeder Gedanke, den wir denken«, schrieb er am 27. Januar an Lincoln, »sollte versöhnlich sein, nachsichtig und geduldig und so in den abtrünnigen Staaten den Weg ebnen für das Erstarken einer Unionspartei, die sie in unseren Bund zurückführen wird.« Lincoln war zwar weniger optimistisch als Seward, billigte aber dessen Strategie, vorausgesetzt, sie beinhalte »keinen Kompromiß, der die Ausdehnung« der Sklaverei *»unterstützt* oder *gestattet«*.[51]

Die Republikaner im Sonderkomitee der »dreiunddreißig« (ein Abgeordneter für jeden Staat)[52] hatten als erste die Möglichkeiten einer solchen Verzögerungstaktik demonstriert. Charles Francis Adams unterstützte einen Vorschlag, New Mexico (zu dem das heutige Arizona gehörte) als Staat in die Union aufzunehmen. Hinter diesem Schachzug steckte ein scharf kalkuliertes Ziel, nämlich oberen und unteren Süden zu entzweien und ersteren durch scheinbare Konzessionsbereitschaft in der Territorialfrage an die Union zu binden. New Mexico hatte einen Sklavenkodex und verfügte auch über ein paar Sklaven, aber jedermann wußte, daß die Institution dort nicht Wurzeln schlagen konnte; mit New Mexicos Aufnahme in die Union würde, wie Crittenden richtig bemerkte, letztlich dem Norden ein weiterer »freier« Staat zugeführt werden. Die Ausschußmitglieder aus dem unteren Süden hatten für den Vorschlag nur Hohn und Spott übrig, während etliche Mitglieder aus dem oberen Süden ihn guthießen und so Adams' Plan in die Hände spielten. Er überredete neun der 15 Republikaner des Komitees, diesen scheinbaren Verstoß gegen das Parteiprogramm zu ratifizieren. Am 29. Dezember wurde der Vorschlag vom Komitee gebilligt. Doch als er zwei Monate später endlich zur Abstimmung vor den Kongreß gelangte, da wurde er mit einer Mehrheit von 3:1 seitens der Republikaner zu Fall gebracht. Gleichwohl hatte während dieser zwei Monate das Projekt New Mexico dazu beigetragen, den oberen Süden vorläufig in der Union zu halten.[53]

Noch zwei weitere Empfehlungen des Komitees der »dreiunddreißig« dienten diesem Ziel, und beide fanden Sewards aktive und Lincolns passive Billigung. Die erste war eine Resolution, die zur gewissenhaften Beachtung des Sklavenfluchtgesetzes aufrief sowie zum Widerruf damit kollidierender Freiheitsrechte des einzelnen und die am 27. Februar mit Unterstützung etwa der Hälfte der republikanischen Abgeordneten im Repräsentantenhaus angenommen wurde. Tags darauf verabschiedete die Kammer einen beantragten 13. Zusatzartikel zur Verfassung, der die Sklaverei innerhalb der Bundesstaaten gegen jede künftige Einmischung der Bundesregierung schützen sollte. Drei Fünftel der Republikaner mochten sich damit zwar nicht abfinden, aber die zwei Fünftel, die sowohl im Abgeordnetenhaus als auch im Senat dafür stimmten, verschafften dem Nachtragsgesetz jene knappe Zweidrittelmehrheit, die erforderlich war, um es den Einzelstaaten zur Ratifizierung vorzulegen. Doch bevor das geschehen konnte, sorgten unvorhergesehene Zwischenfälle dafür, daß vier Jahre später ein Zusatzantrag zur Abschaffung der Sklaverei verabschiedet wurde.

Sewards Schlichtungspolitik trug auch Früchte in Form eines Friedenskonvents, der am 4. Februar in Washington zusammentrat, also am gleichen Tag wie der verfassunggebende Konvent der Konföderierten in Montgomery. In der Rückschau gesehen, entzweite dieser vom Parlament Virginias einberufene Friedenskonvent die Staaten des oberen und unteren Südens eigentlich nur noch mehr. Die abtrünnigen Staaten und mit ihnen Arkansas weigerten sich, Delegierte zu entsenden. Auch fünf Nordstaaten nahmen nicht teil: Kalifornien und Oregon wegen der großen Entfernung, Michigan, Wisconsin und Minnesota, weil ihre führenden Republikaner dem Unternehmen mißtrauten. Viele Republikaner in anderen Staaten teilten dieses Mißtrauen, aber Seward überredete sie dazu, das Vorhaben als Zeichen des guten Willens zu unterstützen. Mit dem Kompromißvorschlag Crittendens als Ausgangspunkt erreichte dieser »Altherrenkonvent« freilich kaum etwas, sondern trat eigentlich nur auf der Stelle. Viele Delegierte gehörten einer vergangenen Epoche an, verkörpert durch ihren Vorsitzenden, den 71jährigen Altpräsidenten John Tyler aus Virginia. In den Debatten wurde teils planlos, teils erbittert argumentiert; die Republikaner beteiligten sich nur oberflächlich oder aber feindselig. Nach dreimonatiger Anstrengung förderte der Konvent einen modifizierten Crittenden-Kompromiß zutage, von dem man hoffte, der Norden würde sich damit eher anfreunden können. Die Verlängerung des Breitengrades 36°30′ würde nur für »gegenwärtige Territorien« gelten, und zum Erwerb neuen Territoriums würde ein Mehrheitsbeschluß aller Senatoren sowohl der »freien« wie der Sklavenstaaten notwendig sein.[54] Als dieser Vorschlag dem Kongreß unterbreitet wurde, fiel er, vor allem durch das Votum republikanischer Abgeordneter, mit Pauken und Trompeten durch.

Der 600 Meilen entfernt tagende Konvent der Konföderierten erscheint dagegen geradezu als Musterbeispiel an Effizienz. Binnen sechs Tagen entwarfen die Delegierten eine vorläufige Verfassung, wählten einen Übergangskongreß bis zur Amtsübernahme der neuen Regierung sowie einen vorläufigen Präsidenten nebst Vizepräsidenten und verbrachten dann einen gemächlicheren Monat damit, eine endgültige Verfassung zu erarbeiten und die Regierungsmaschinerie in Gang zu setzen. Die Wahl des Zweikammer-Kongresses sowie eines Präsidenten und Vizepräsidenten für die von der Verfassung vorgeschriebene einmalige Amtszeit von sechs Jahren sollte im November 1861 stattfinden.

Barnwell Rhett und ein paar andere »Eisenfresser« kamen zwar als Delegierte nach Montgomery, traten dort aber in den Hintergrund, da dieser Konvent sich nach Kräften bemühte, dem oberen Süden ein gemäßigtes Bild zu vermitteln. Wie es sich für den Anspruch der Konföderierten, die wahren Prinzipien der US-Verfassung zu repräsentieren, welche der Norden mit Füßen getreten hatte, geziemte, war die provisorische Verfassung im wesentlichen eine wortgetreue Kopie dieses ehrwürdigen Dokuments. Ähnliches galt für die einen Monat später verabschiedete ständige Verfassung, wenngleich sie einige bedeutende Abweichungen vom Original aufwies. Die Präambel verzichtete auf die allgemeine Wohlfahrtsklausel und auf die Wendung »von der Absicht geleitet, unseren Bund zu vervollkommnen«; statt dessen trat nun nach »Wir, das Volk« die Klausel: »Ein jeder Staat tritt als souveräner und unabhängiger Partner auf.« Im Unterschied zu den euphemistischen Bezeichnungen der Sklaverei in der US-Verfassung (»Personen, die zu Dienstleistungen oder als Arbeitskräfte herangezogen werden«) nannte die konföderierte Version einen Sklaven schlicht beim Namen. Sie garantierte den Schutz der Leibeigenschaft in jedem neuen Territorium, das die Konföderation erwerben mochte. Die Verfassung verbot allerdings den Import von Sklaven aus dem Ausland, um Großbritannien und besonders den oberen Süden nicht zu verärgern, der das Monopol auf den Sklavenexport in den unteren Süden innehatte. Die Verfassung genehmigte einen Zoll auf Staatseinkünfte, aber nicht zum Schutz der heimischen Industrie (wenngleich dies unklar blieb, da die Klausel es nicht näher definierte). Eine weitere Klausel untersagte Regierungshilfen zur Binnenlanderschließung. Außerdem stützte die Verfassung die Rechte der Einzelstaaten, indem sie deren Parlamente dazu ermächtigte, Beamte der Konföderation anzuklagen, deren Amtsgewalt sich auf den Staat beschränkte, in dem sie Dienst taten. Nachdem sie die Exekutive durch Begrenzung der Präsidentschaft auf eine einmalige sechsjährige Amtszeit geschwächt hatte, stärkte die Verfassung dieses Organ wieder, indem sie dem Präsidenten ein grundsätzliches Vetorecht in Haushaltsfragen einräumte und den Kabinettsbeamten einen nicht stimmberechtigten Sitz im Kongreß zur Verfügung stellte (diese Zusätze traten nie in Kraft).[55]

Das Hauptinteresse konzentrierte sich in Montgomery auf die Wahl eines vorläufigen Präsidenten. An Bewerbern herrschte kein Mangel, doch den Zuschlag erhielt schließlich ein West-Point-Absolvent, der es vorgezogen hätte, Kommandant der konföderierten Armee zu werden. Als prominenteste Vertreter der ursprünglichen Sezessionisten durften Rhett und Yancey mit großer Unterstützung bei der Wahl rechnen. Aber die »bedingten Unionisten« nördlich des 35. Breitengrades, besonders die in Virginia, warfen den beiden die tragische Teilung des Landes, die sie zwang, für die eine oder andere Seite Partei zu ergreifen, nicht weniger vor als die negerfreundlichsten »Negerrepublikaner«. Da die neue Konföderation, der kaum zehn Prozent der weißen Bevölkerung des Landes angehörten und die nur über fünf Prozent seiner industriellen Kapazitäten verfügte, auf die Loyalität des oberen Südens angewiesen war, wurden Yancey und Rhett abgelehnt. Toombs, Stephens und Howell Cobb, alle drei aus Georgia, schienen bessere Chancen zu haben. Aber die Delegierten konnten sich nicht auf einen dieser Kandidaten einigen. Überdies war Stephens, bis zur letzten Minute Anhänger der »bedingten Unionisten«, in den Augen der bedingungslosen Sezessionisten verdächtig, und Toombs, ein ehemaliger Whig, litt bei den altgedienten Demokraten, die in Montgomery in der Überzahl waren, unter einem ähnlichen Handicap. Seine Alkoholprobleme – zwei Abende vor der Präsidentschaftswahl brach er auf einer Party betrunken zusammen – schmälerten seine Chancen noch mehr. Die Kunde aus Richmond, daß Virginias Sezessionsbefürworter, die Senatoren Mason und Hunter, Jefferson Davis favorisierten, gab den Ausschlag. Davis, asketisch, kompetent, als Senator und ehemaliger Kriegsminister regierungserfahren, Demokrat und Sezessionist, war gleichwohl kein »Eisenfresser« und somit der ideale Kandidat. Obgleich er sich nicht um das Amt beworben hatte und es eigentlich gar nicht haben wollte, wählten die Delegierten ihn am 9. Februar einstimmig. Sein Pflichtgefühl – und das Schicksal – geboten ihm, die Wahl anzunehmen. Um Georgia zu versöhnen und das Image einer gemäßigten Konföderation zu pflegen, ernannte man den einstigen Whig Alexander Stephens, der bis vor kurzem noch

Douglas-Demokrat war, zum Vizepräsidenten. Um dem geographischen Gleichgewicht Rechnung zu tragen, verteilte Davis die sechs Kabinettsposten auf je einen Staat der Konföderation, mit Ausnahme seines Heimatstaates Mississippi; den Spitzenposten des Außenministers erhielt der schmollende Toombs.[56]

»Wir haben den richtigen Mann zur rechten Stunde getroffen!« Mit diesen Worten stellte ein wohlwollender William L. Yancey am 16. Februar Jefferson Davis der jubelnden Menge in Montgomery vor. Bei diesem Anlaß begann auch der »Dixie« seine Karriere als inoffizielle Hymne der Konföderierten. Vielleicht inspiriert durch die Musik, hielt Davis eine kurze, kriegslustige Ansprache. »Die Zeit der Kompromisse ist nun vorbei«, sagte er. »Der Süden ist entschlossen, seine Stellung zu behaupten und alle, die sich ihm entgegenstellen, das Pulver des Südens riechen und den Stahl des Südens spüren zu lassen.« Seine Antrittsrede zwei Tage später klang allerdings versöhnlicher. Er versicherte allen, daß die Konföderation den Wunsch habe, in Frieden zu leben, und lud all jene Staaten, die »ihre Geschicke mit den unseren verbinden möchten«, herzlich ein, sich der Konföderation anzuschließen.[57] Im Anschluß daran widmete Davis sich der schweren und verantwortungsvollen Aufgabe, eine neue Nation zu begründen – und deren Grenzen zu erweitern.

Abraham Lincolns Hauptanliegen war es, eine solche Ausdehnung zu verhindern. Und ein Gutteil der Energie, die er auf die Bildung *seines* Kabinetts verwendete, diente ebendiesem Ziel. Es kostete Lincoln unendliche Mühen, dieses Kabinett zusammenzustellen. Die junge Republikanische Partei war noch immer eine lockere Koalition aus etlichen früheren Parteien, eingefleischten Yankees und Grenzern, Radikalen und Konservativen, aus Ideologen und Pragmatikern, aus oberem und unterem Norden und Industriemagnaten aus dem Grenzland wie den Blairs aus Maryland und nicht zuletzt starken Führern, von denen so mancher glaubte, er sei besser für das Präsidentenamt qualifiziert als der Mann, der es errungen hatte. Mit seinen sieben Kabinettsberufungen mußte Lincoln möglichst alle unterschiedlichen Interessen befriedigen, und natürlich würde seine Wahl auch richtungweisend sein für seine Politik dem Süden gegenüber.[58]

Mit einem bislang in der politischen Geschichte Amerikas beispiellosem Aplomb nominierte der frischgewählte Präsident seine vier Hauptrivalen als Anwärter auf Kabinettsposten. Ohne Zögern schlug er Seward als Außenminister und Bates als Justizminister vor. Mit Cameron dagegen hatte er ernstzunehmende Probleme. Der Mann aus Pennsylvania glaubte sich im Besitz einer verbindlichen Zusage von Lincolns Wahlmanagern. Ob das zutraf oder nicht – ihn zu übergehen, mußte in jedem Falle Verdrossenheit wecken; ihn ins Kabinett zu holen, würde wiederum Entrüstung provozieren, sollte ruchbar werden, daß Lincolns Manager ihm schon vor der Wahl das Finanzministerium angeboten hatten. Viele Republikaner hielten den »Winnebago Chief« – ein pejorativer Spitzname, der Cameron seit Jahren anhaftete, weil er angeblich einmal einen Indianerstamm bei einem Vertrag betrogen hatte – für einen »Mann ohne jede Ehre und Integrität«. Bestürzt zog Lincoln sein Angebot zurück, woraufhin Camerons Freunde eine Kampagne zu seinen Gunsten lancierten, die die Partei in arge Besorgnis versetzte, um so mehr, als der Tag der Amtseinsetzung des Präsidenten näher rückte. Lincoln legte die Affäre – nicht aber die Kontroverse – schließlich bei, indem er Cameron das Kriegsministerium übertrug. Das Finanzministerium ging an Chase, der zu einem Führer jener »eisenharten« Republikaner geworden war, die sich selbst der kleinsten Konzession an den Süden hartnäckig widersetzten. Chase' Ernennung kränkte Seward so sehr, daß er seine Zustimmung, Außenminister zu werden, zurückzog – ein offenkundiger Versuch, Lincoln zu erpressen, damit er Chase fallenließ. Dies war der erste Beleg für Sewards Ehrgeiz, als »Premier« in die neue Regierung einzuziehen. »Ich kann es mir nicht leisten, Seward die erste Rolle zu überlassen«, erklärte Lincoln seinem Privatsekretär. Der neugewählte Präsident überredete Seward, nachzugeben und mit Chase im Kabinett zu verbleiben, doch es bedurfte einer weiteren Konfrontation, ehe Seward begriff, daß Lincoln die feste Absicht hatte, sein eigener Premier zu sein.[59]

Als Anerkennung für Indianas frühzeitige Unterstützung seiner Nominierung ernannte Lincoln Caleb Smith zum Innenminister. Dem pedantischen Yankee Gideon Welles wurde das Marineministerium zugesprochen. Lincoln wollte zumindest ein Amt einem Nichtrepublikaner aus dem oberen Süden als Geste des guten Willens übertragen, um diese Region auch künftig an die Union zu binden, und daher bot er ein Portefeuille dem Kongreßabgeordneten John Gilmer aus North Carolina an. Aber Gilmer scheute davor zurück, sich einer Regierung von »Negerrepublikanern« anzuschließen, und so lehnte er das Angebot mit der Begründung ab, Lincolns Weigerung, sich bei der Sklavenfrage in den Territorien kompromißbereit zu zeigen, mache es ihm unmöglich, das Amt anzunehmen. Daraufhin vervollständigte Lincoln sein Kabinett mit Montgomery Blair als Postminister. Blair war zwar ein Bürger Marylands, aber dennoch ein Republikaner »von echtem Schrot und Korn«.[60]

Signifikanter noch als die Kabinettsbildung sollte die Antrittsrede des neuen Präsidenten für seine künftige Politik sein. Wohl wissend, daß die Geschicke des oberen Südens und die Hoffnung auf freiwillige Wiedereingliederung des unteren Südens davon abhängen mochten, was er am 4. März vor dem Capitol sagen würde, formulierte Lincoln jeden Satz seiner Ansprache mit äußerster Sorgfalt.

Nach Konsultation mit verschiedenen Führern der Republikaner, allen voran Seward, wurden mehrere Entwürfe ausgearbeitet.

Lincoln begann damit zwei Monate vor seiner Amtseinführung in Springfield, und er war immer noch damit beschäftigt, als er nach zwölftägiger Eisenbahnfahrt, die ihn im Zickzack durch fünf Staaten führte, in Washington eintraf. Unterwegs hielt er Dutzende von Reden vor dem dichtgedrängten Publikum, das ihm längs der Strecke zujubelte, und auf offiziellen Empfängen. Lincoln sah es als seine Pflicht, zu den Menschen zu sprechen, die sich an jeder Station um seinen Sonderzug scharten, um einen Blick auf ihren künftigen Präsidenten zu erhaschen, so daß er *nach* seiner Wahl gewissermaßen eine zweite Wahlkampfreise absolvierte – mit soviel Engagement, daß er beispielsweise eigens aus dem Zug stieg, um das elfjährige Mädchen zu küssen, das ihm geraten hatte, er solle sich den Bart stehen lassen, der inzwischen kräftig gewachsen war.

In zweierlei Hinsicht war diese Reise taktisch vielleicht ein Fehler. Da Lincoln die schwelende Krise nicht durch eine unbedachte Bemerkung oder einen »Versprecher« weiter zuspitzen wollte, flüchtete er sich oft in Platitüden und Allgemeinplätze, um nur ja keine kontroversen Aussagen zu machen. Das aber hinterließ einen ungünstigen Eindruck bei denen, die ohnehin dazu neigten, den linkischen neuen Präsidenten als hergelaufenen Prärieanwalt abzutun. Außerdem bestand Lincolns Post seit Wochen aus dem Hauptthema der nationalen Presse: Mordgerüchte und -drohungen. Eine Reise, bei der jeder Aufenthalt im vorhinein öffentlich bekanntgegeben wurde, erhöhte natürlich das Attentatsrisiko beträchtlich. Zwei Tage bevor Lincoln planmäßig Baltimore passieren sollte, eine Stadt voller Sympathisanten der Sezession, die für politische Krawalle berüchtigt war, bekamen seine Begleiter Wind davon, daß der Präsident dort beim Umsteigen ermordet werden solle. Tatsächlich kam die Warnung von gleich zwei unabhängigen Quellen – einem Stab der Detektei Pinkerton, den die Eisenbahngesellschaft engagiert hatte, und einem Agenten des Kriegsministeriums –, die beide die aufrührerischen Cliquen Baltimores unterwandert hatten. Widerstrebend ließ Lincoln sich zu einer Fahrplanänderung überreden, mit deren Hilfe man ihn heimlich mitten in der Nacht durch Baltimore schleuste. Wahrscheinlich gab es wirklich ein Mordkomplott, und die Gefahr war kein Hirngespinst. Trotzdem bedauerte Lincoln es im nachhinein, sich »wie ein Dieb in der Nacht« in Washington eingeschlichen zu haben. Viele seiner Anhänger wurden in Verlegenheit gebracht, und die Opposition bekam Gelegenheit, ihn in zahlreichen Karikaturen der Lächerlichkeit preiszugeben. Die ganze Affäre stellte den Beginn seiner Regierung unter ungünstige Vorzeichen – gerade zu einem Zeitpunkt, da er entschieden und als Herr der Lage hätte auftreten müssen.[61]

Lincoln nutzte die ersten Tage in Washington, um seiner Antrittsrede den letzten Schliff zu geben. Während er daran gearbeitet hatte, waren sieben Staaten aus der Union ausgetreten und hatten obendrein Bundeseigentum innerhalb ihrer Grenzen – Zollhäuser, Arsenale, Münzämter und Forts – beschlagnahmt. Um diesen Vorkommnissen Rechnung zu tragen, enthielt die erste Fassung der Rede ein Thema mit zwei Variationen. Thema war Lincolns Entschlossenheit, die Union ungeteilt zu bewahren, die Variationen boten kontrapunktisch das Schwert oder den Ölzweig. Das Schwert war gleichbedeutend mit der Absicht, »alle mir zur Verfügung stehenden Mittel« zu nutzen, um »beschlagnahmte Staatsgüter und Liegenschaften zurückzufordern, diese sowie alle übrigen regierungseigenen Besitztümer jetzt und künftig besetzt zu halten und Importzölle zu erheben«. Der Ölzweig war eine Wiederholung seiner bereits sattsam bekannten Beteuerung, daß die Regierung nicht »gegen die Institution der Sklaverei vorgehen [wird], wo sie bereits besteht« und daß sie die verfassungsmäßig zugesicherte Rückführung entflohener Sklaven durchsetzen werde. Außerdem versprach Lincoln dem Süden: »Die Bundesregierung wird euch nicht angreifen, wenn ihr sie nicht zuerst angreift.«[62]

Seward und Lincolns Vertrauter aus Illinois, Orville Browning, meinten, in diesem Entwurf habe das »Schwert« zuviel Gewicht. Der obere Süden, von der Konföderationsregierung ganz zu schweigen, würde jeden Versuch, Forts und andere Liegenschaften »zurückzufordern«, unfehlbar als »Nötigung« auslegen. Selbst das Versprechen, keinen Staat anzugreifen, sofern dieser nicht zuerst die Bundesregierung angreifen würde, enthalte noch eine verhüllte Drohung. Seward überredete Lincoln, die Formulierung »wenn ihr sie nicht zuerst angreift« zu streichen und ein paar andere Formulierungen abzumildern. Außerdem setzte er einen zusammenfassenden Redeschluß auf, der an den historisch gewachsenen Patriotismus der Südstaatler appellieren sollte. Der neugekürte Präsident seinerseits fügte einen Passus an, in dem er den Südstaatlern versicherte, wenn jemals »an irgendeinem Ort im Lande« die Feindseligkeit gegen die Vereinigten Staaten »so groß und so umfassend [wäre], daß sie kompetente ortsansässige Bürger daran hindern würde, ihre Staatsämter zu verwalten«, dann würde er »vorübergehend« die Regierungsgeschäfte ruhen lassen. Zum vielleicht bedeutsamsten Entschluß, seine Drohung, beschlagnahmtes Bundeseigentum *zurückzufordern*, fallenzulassen, bewegte ihn Browning; somit enthielt die endgültige Fassung der Rede nur noch das Gelöbnis, Liegenschaften des Bundes »besetzt zu halten« und »Steuern und Zollabgaben zu erheben«.[63]

Sätze wie diese waren allerdings mehrdeutig. Wie sollten beispielsweise die Zollgebüren eingezogen werden? Etwa durch vor der Küste stationierte Schiffe der Kriegsmarine? Und wäre das bereits Gewaltanwendung? Wie konnte die Bundesregierung Liegenschaften »besetzt halten«, die unter dem Schutz der konföderierten Streitkräfte standen? Das einzige Bundeseigentum auf konföderiertem Boden, das sich noch in den Händen der Union befand, waren zwei unbedeutende Festungen auf den Keys von Florida sowie Fort Pickens auf einer Insel an der Mündung der Pensacola Bay und Fort Sumter auf einer Insel im Hafen von Charleston. Fort Sumter war gleich zu Anfang der Sezession zu einem Symbol nationaler Souveränität geworden, das die Regierung der Konföderation natürlich nicht dulden konnte, wenn sie ihre eigene Souveränität vor der Welt anerkannt wissen wollte. Würde Lincoln Sumter notfalls mit Waffengewalt verteidigen? Lincoln und Seward ließen dies absichtlich im ungewissen. Da sie jede Provokation vermeiden wollten, mochten sie auch nicht offenbaren, ob der Samthandschuh am Ende eine eiserne Faust verbarg.

Keinerlei Unklarheit gab es indes beim Schluß der Rede, den man, ausgehend von Sewards Entwurf, mehrfach überarbeitet und wesentlich verbessert hatte. »Ich komme nur sehr ungern zum Ende«, sagte Lincoln. »Wir sind nicht Feinde, sondern Freunde. Und wir dürfen nicht zu Feinden werden. Mag der Streit die Bande unserer Freundschaft auch auf eine harte Zerreißprobe gestellt haben, wirklich zerreißen dürfen sie nicht. Die magischen Saiten der Erinnerung, die sich von jedem Schlachtfeld und jedem Heldengrab überall in diesem weiten Land bis hin zu allen lebendig schlagenden Herzen spannen, sie werden den Chor der Union wieder anschwellen lassen. Man braucht sie nur wieder anzuschlagen, und das werden die guten Mächte in uns gewiß vollbringen.«

Die Zeitgenossen hörten aus der Rede jeweils ihre eigenen Wünsche oder Vorurteile heraus. Bei den Republikanern zeigte man sich allenthalben zufrieden mit ihrer »Entschlossenheit« und »Mäßigung«. Die Konföderierten und ihre Sympathisanten dagegen brandmarkten sie als »Kriegserklärung«. Die Douglas-Demokraten im Norden und die »bedingten Unionisten« im Süden bildeten die Wählerschaft, die Lincoln besonders dringend erreichen wollte und mußte; das Urteil aus ihren Reihen fiel unterschiedlich, im großen und ganzen aber ermutigend aus. »Ich stehe zu ihm«, erklärte Douglas kurz und bündig. Einflußreiche Bürger aus Tennessee lobten »Konservatismus und Besonnenheit« der Rede. Und John Gilmer aus North Carolina, der sich Lincolns Kabinett nicht hatte anschließen wollen, war mit der ersten Amtshandlung des Präsidenten gleichwohl sehr einverstanden. »Was kann ein vernünftiger Südstaatler mehr erwarten oder sich wünschen?« fragte er.[64]

Lincoln hatte gehofft, mit seiner Antrittsrede die erhitzten Gemüter abzukühlen und Zeit zu gewinnen – Zeit, in der er sich mit seinen Regierungsgeschäften vertraut machen, seine pazifistische Gesinnung unter Beweis stellen und im Süden der Saat freiwilliger Wiedereingliederung Gelegenheit geben wollte, zu sprießen. Doch als der neue Präsident am Morgen nach der Amtseinführung zum erstenmal sein Büro betrat, bekam er einen Schock. Auf seinem Schreibtisch lag eine Depesche von Major Robert Anderson, dem Kommandanten der Unionsgarnison in Fort Sumter. Anderson meldete, daß seine Vorräte nur noch für wenige Wochen reichten. Die Zeit wurde knapp.

III

Fort Sumter stand auf einem künstlichen Graniteiland vier Meilen außerhalb von Charleston an der Einfahrt zur Bucht. Mit seinen 40 Fuß hohen und acht bis 12 Fuß dicken Backsteinwällen, die 146 schweren Geschützen Platz boten, hatte diese Festung, wenn sie mit 650 Soldaten voll belegt war, den Hafen mühelos unter Kontrolle. Doch Anfang Dezember 1860 war Fort Sumter bis auf die Arbeiter, die letzte Hand an den Innenausbau legten, unbemannt. Die meisten der rund 80 Soldaten der US-Garnison in Charleston hatten sich in Fort Moultrie einquartiert. Diese veraltete Festung lag eine Meile von Sumter entfernt am anderen Ende der Bucht, ebenfalls auf einer Insel, die aber vom Festland aus leicht zu erreichen war und keinen Schutz vor Angriffen aus dem Hinterhalt bot. In Carolina hatte man damit gerechnet, Moultrie zusammen mit Sumter und allen übrigen Stützpunkten der Vereinigten Staaten in Charleston gewissermaßen umsonst zu bekommen. Noch vor dem Austritt aus der Union bedrängten Beamte South Carolinas die Regierung Buchanan, um dies durchzusetzen. Nachdem sie ihre Unabhängigkeit erklärt hatte, entsandte die Republik South Carolina eine Kommission nach Washington, die um die Festungen und das Arsenal verhandeln sollte. Ihr Anliegen wurde von Hunderten von Milizsoldaten in Charleston unterstützt, die feierlich gelobten, die Yankees zu verjagen, falls diese nicht freiwillig das Feld räumten.

Die Garnison in Fort Moultrie wurde nicht von einem Yankee kommandiert. Major Robert Anderson stammte aus Kentucky, war früher selbst Sklavenhalter gewesen und sympathisierte mit dem Süden, aber der Fahne, der er 35 Jahre gedient hatte, hielt er die Treue. Anderson, ein Mann, den düstere Gesichte quälten, wollte vor allem einen Krieg abwenden, der seine Familie wie seinen Staat und die Nation entzweit hätte. Und dabei wußte er, daß der Krieg, wenn er sich nicht verhindern ließe, höchstwahrscheinlich direkt vor seiner Nase ausbrechen würde. Die Heißsporne Carolinas waren kaum mehr zu halten; griffen sie an, erforderten die Ehre und seine Befehle, daß Anderson Widerstand leistete. Wenn erst auf die Fahne geschossen und Blut vergossen worden war, dann würde der Moloch des Krieges sich nicht mehr aufhalten lassen.

Wie Anderson war auch Präsident Buchanan leidenschaftlich darum bemüht, eine solche Katastrophe zu verhindern – zumindest bis zum 4. März, als er aus dem Amt schied. Eine naheliegende Möglichkeit, dem Zusammenstoß vorzubeugen, wäre gewesen, die Garnison einfach abzuziehen. Drei seiner Kabinettsmitglieder, die aus dem Süden stammten, drängten Buchanan auch dazu, doch er weigerte sich, soweit nachzugeben. Aber er versprach den Kongreßabgeordneten aus South Carolina am 10. Dezember, daß er Anderson nicht die angeforderte Verstärkung schicken würde. Im Gegenzug verpflichtete sich South Carolina, Anderson nicht anzugreifen, solange die Verhandlungen um die Übergabe der Forts andauerten. In Carolina hatte man Buchanan zudem so verstanden, daß der militärische Status quo Charlestons in keiner Weise angetastet werden würde.[65]

Während Buchanan zögerte, handelte Anderson. Zweideutige Befehle des Kriegsministeriums interpretierte er dahingehend, daß man ihm Vollmacht gebe, seine Truppen vom schwachen Fort Moultrie ins mächtige Fort Sumter zu verlegen, falls sich ein Angriff nur so abwenden ließ. Heimlich und unbemerkt nahm Anderson diese Umquartierung am 26. Dezember im Schutze der Dunkelheit vor. Doch nachdem ihm dieser Schritt im Dienste des Friedens gelungen war, mußte Anderson am nächsten Morgen erleben, daß ihn der Norden als Helden feierte, weil er den arroganten Bürgern Carolinas eine lange Nase gedreht habe, indes die wütenden Südstaatler ihn als Schurken brandmarkten und den Präsidenten beschuldigten, mit der Besetzung von Fort Sumter wortbrüchig geworden zu sein. »Sie sind heute der populärste Mann der ganzen Nation«, schrieb ein Bürger Chicagos an Anderson. Leverett Saltonstall aus Boston pries Anderson als den *»einzig zuverlässigen Mann«* im Lande. »Solange Sie Fort Sumter halten, werde ich nicht an unserer edlen, ruhmreichen Union verzweifeln.« Aber der *Charleston Mercury* klagte, Andersons »schwerer Vertrauensbruch« habe den Bürgerkrieg eröffnet. Unterdessen eilte Jefferson Davis ins Weiße Haus, um einem »entehrten« Präsidenten die Leviten zu lesen.[66]

Der geplagte Buchanan hätte beinahe dem Drängen des Südens nachgegeben und die Garnison nach Moultrie zurückbeordert. Aber er wußte, daß er und seine Partei mit einem solchen Schritt im Norden das letzte Fünkchen Respekt verloren hätten. Ein prominenter New Yorker Demokrat berichtete: »Andersons Kurs findet hier allgemeine Billigung, und wenn er zurückgerufen wird oder Sumter kapituliert ... wird der Norden einstimmig dafür plädieren, daß man Buchanan hängt. [...] Ich scherze nicht – nie habe ich erlebt, daß das *ganze Volk* zu irgendeiner Frage so einmütig Stellung bezog. Wir sind verloren, wenn Anderson in Ungnade fällt oder wenn man Sumter aufgibt.«[67] Eine Kabinettsumbildung kam Buchanan zu Hilfe und stärkte ihm den Rücken. Die Mitglieder aus dem Süden und ein gebrechlicher Yankee legten im Dezember und Anfang Januar ihr Amt nieder. An ihre Stelle traten eiserne Unionisten, allen voran Kriegsminister Joseph Holt (ein Kentuckier), Justizminister Edwin M. Stanton und Außenminister Jeremiah Black. Stanton und Black setzten für Buchanan eine Antwort an die Kommission aus South Carolina auf, die deren Forderung nach Übergabe Sumters rundweg ablehnte. Buchanan, der aus diesem ungewohnten Beispiel an Standhaftigkeit neuen Mut schöpfte, ging sogar noch weiter – er erklärte sich einverstanden mit dem Vorschlag des kommandierenden Generals Scott, Anderson Verstärkung zu schicken.

Um die Öffentlichkeitswirksamkeit und Provokation in Grenzen zu halten, schickte Scott Verstärkung (200 Soldaten) und Proviant mit einem unbewaffneten Handelsschiff, der *Star of the West,* doch Stümperei vereitelte das ganze Unternehmen. Die Presse bekam vorzeitig Wind von der Mission, während es dem Kriegsministerium nicht gelang, Anderson rechtzeitig zu informieren, so daß die Garnison in Sumter ungefähr die einzige Partei war, die nicht im vorhinein von der Ankunft der *Star of the West* am 9. Januar im Hafen von Charleston wußte. South Carolinas Artillerie nahm das Schiff unter Feuer und erzielte einen Treffer, bevor der Kapitän, ein Zivilist, dem Vorsicht vor Tapferkeit ging, abdrehte und aufs offene Meer hinaussteuerte. Die Schüsse im Hafen hätten der Auftakt eines Bürgerkrieges sein können. Doch sie wurden es nicht – weil Anderson nicht zurückschoß. Da er weder Informationen noch Befehle empfangen hatte, wollte er nicht auf eigene Verantwortung einen Krieg entfachen. Und so blieben die Geschütze von Fort Sumter stumm.[68]

Im Norden wie im Süden stieg der Zorn fast bis zum Siedepunkt. Noch aber kam er nicht zum Ausbruch, denn ungeachtet gegenseitiger Angriffsbeschuldigungen wollte keine Seite den Krieg anfangen. Im stillen mahnten die Sezessionisten anderer Staaten ihre Verbündeten in South Carolina zur Besonnenheit, damit es nicht zum Kampf käme, bevor die neue Konföderation gerüstet sei. Man einigte sich unter der Hand auf Waffenruhe: Carolina würde die Sumter-Garnison in Frieden lassen, solange die Regierung nicht den Versuch unternahm, sie zu verstärken. Eine ähnliche (hier allerdings offizielle) Vereinbarung bestand mit Fort Pickens – wo, anders als in Sumter, die Marine jederzeit und außer Reichweite der Geschütze des Südens Verstärkungstruppen auf der Insel hätte absetzen können.

Fort Pickens blieb freilich in der Folgezeit eher nebensächlich. Im Brennpunkt der Geschichte standen Charleston und Fort Sumter. In den Augen der Nordstaatler wurden Anderson und seine Soldaten etwas wie die Beschützer der Thermopylen der Neuzeit. James Buchanan und der Gouverneur von South Carolina, Francis Pickens, überantworteten das Schicksal dieser Männer den Händen von Abraham Lincoln und Jefferson Davis. Der neue Präsident der Konföderation entsandte eine weitere dreiköpfige Kommission nach Washington, die die Übergabe der Festungen Sumter und Pickens an seine Regierung forderte. Und er erteilte dem neubestallten General Pierre G. T. Beauregard, einem Louisianer, den Oberbefehl über die mehrere 1000 Mann starke Miliz sowie etliche Dutzend Küstenbatterien und Granatwerfer rings um den Hafen von Charleston, die alle auf die einsamen Soldaten im Fort Sumter gerichtet waren.

Das war der Stand der Dinge, als Lincoln am 5. März von dem Versorgungsengpaß in der Garnison erfuhr. Der neue Präsident mußte eine schwerwiegende Entscheidung fällen. Er konnte entweder alle verfügbaren Kriegsschiffe und Soldaten aufbieten und sich mit Proviant und Verstärkung den Weg in die Bucht freischießen lassen – doch das würde ihn mit dem Odium des Kriegstreibers behaften, würde den Norden entzweien und die Südstaaten vereinen, einschließlich derjenigen, die bisher noch nicht aus der Union ausgetreten waren. Oder er konnte den Frieden bewahren, ja vielleicht sogar den oberen Süden für die Union retten, indem er die Garnison abzog und Fort Sumter preisgab; den Norden würde freilich auch diese Entscheidung spalten, ja sie würde weite Teile der Republikanischen Partei demoralisieren, vielleicht seine, Lincolns, Regierung vorzeitig beenden. Zudem wäre ein solcher Schritt gleichbedeutend gewesen mit stillschweigender Anerkennung der Konföderation; er hätte ein Zeichen gesetzt für die ausländischen Regierungen, um deren diplomatische Anerkennung die Konföderation sich so dringend bemühte. Lincoln konnte versuchen, die Entscheidung hinauszuzögern, in der Hoffnung, eine Lösung zu finden, die ermöglichen würde, Sumter, dieses Symbol der Souveränität, zu erhalten, ohne den Krieg heraufzubeschwören, der seine Freunde entzweien und seine Gegner vereinen würde. Dem Präsidenten blieben höchstens sechs Wochen, um eine solche Lösung zu finden, denn bis dahin hätte man Andersons Männer in Fort Sumter ausgehungert. Der Druck, der in diesen sechs Wochen auf ihm lastete, raubte dem noch unerprobten Präsidenten mehr als einmal den Schlaf und bereitete ihm oft Kopfschmerzen und Übelkeit.[69]

Lincolns Dilemma wurde verschlimmert durch widerstreitende Meinungen und unterschiedliche Ziele innerhalb seiner Regierung. General Scott meinte, Verstärkung sei inzwischen unmöglich ohne eine große Flotte und 25 000 Soldaten. Die Regierung verfügte weder über die Schiffe noch über die Männer. Scotts Empfehlung, die Garnison aus Sumter abzuziehen, beeinflußte den Kriegs- und Marineminister. Auch Seward schloß sich ihnen an. Er wollte Sumter allerdings nicht nur aus strategischen, sondern auch aus politischen Gründen aufgeben. Eine solche Geste des Friedens und guten Willens, erklärte er Lincoln, müsse den oberen Süden beruhigen und den Unionisten in den Konföderierten Staaten den Rücken stärken. Es war ein durchtriebenes, falsches Spiel, auf das Seward sich eingelassen hatte. Geleitet von seinen Ambitionen auf das Amt des Regierungschefs, nahm er über einen Mittelsmann auf eigene Faust Kontakt mit den Abgesandten der Konföderierten auf. Er ließ ihnen, auf eigene Verantwortung und ohne Wissen Lincolns, mitteilen, daß Sumter kapitulieren würde. Die gleiche Nachricht spielte er auch der Presse zu. Binnen einer Woche nach Lincolns Amtsantritt erschien in den Zeitungen der Nordstaaten die »amtliche« Verlautbarung, daß Andersons Männer aus Sumter abgezogen würden.

Lincoln hatte keine derartigen Anweisungen gegeben – auch wenn der nahezu einstimmige Rat derer, die dafür bezahlt wurden, ihn zu beraten, ihn beinahe dazu überredet hätte. Aber was wäre dann aus dem Versprechen seiner Antrittsrede geworden, getreulich alle Liegenschaften des Bundes »besetzt zu halten«? Das Mindeste, was er tun konnte, war, Fort Pickens zu verstärken; am 12. März erließ General Scott den entsprechenden Befehl.[70] Als Lincoln am 15. März sein Kabinett zum Thema Sumter befragte, empfahlen fünf von sieben Ministern die Evakuierung des Forts. Ein sechster – Chase – riet, die Garnison nur dann mit Nachschub zu versorgen, wenn dies möglich sei, ohne einen Krieg heraufzubeschwören. Einzig Montgomery Blair wollte das Fort ungeachtet aller Risiken halten. Er fand, eine Kapitulation würde die Unionisten im Süden nicht ermutigen, sondern entmutigen. Nur »Maßnahmen, die Achtung vor der Regierungsgewalt und der Standhaftigkeit ihrer Vertreter einflößen«, könnten die Unionisten stärken, sagte Blair. Das Fort zu opfern, hieße die Union aufzugeben.[71]

Lincoln neigte ebenfalls dieser Meinung zu. Und Blair bot dem Präsidenten mehr als flankierenden Rat. Er machte Lincoln mit seinem Schwager Gustavus V. Fox bekannt, einem 39jährigen Geschäftsmann aus Massachusetts und ehemaligen Marinelieutenant. Fox war der erste von vielen Männern des gleichen Schlags, die während der kommenden vier Jahre rasch aufsteigen und prominent werden sollten: wagemutig, tüchtig und reich an Plänen, die nach Meinung der morschen alten Militärs undurchführbar waren. Fox schlug vor, einen von Kriegsschiffen eskortierten Truppentransport bis zur Sandbank vor dem Hafen von Charleston zu schicken. Dort könnten Männer und Vorräte auf Schlepper oder Boote umgeladen werden, die im Schutz der Dunkelheit die Sandbank überqueren und den Vorstoß nach Sumter wagen sollten. Die Kriegsschiffe und die Garnison im Fort würden sich in Bereitschaft halten, um etwaige Störversuche der konföderierten Artillerie zu vereiteln.

Der Streich konnte vielleicht gelingen; Lincoln war jedenfalls gewillt, darüber nachzudenken. Denn jetzt meldete sich *die* Wählerschaft bei ihm, die ihn zum Präsidenten gekürt hatte, und viele Republikaner waren empört über die Meldung, daß Sumter kapitulieren würde. »HABEN WIR EINE REGIERUNG?« ereiferten sich die Zeitungen in groß aufgemachten Schlagzeilen. »Der Wappenvogel unseres Landes ist bloß ein verängstigtes Huhn, das sich mit Adlerfedern schmückt«, kommentierte ein entrüsteter New Yorker Anwalt. »Sie müssen Fort Sumter unter allen Umständen halten!« hieß es in einem Brief eines Bürgers aus dem Norden, der vielen aus der Seele sprach. »Wenn Fort Sumter evakuiert wird, ist die neue Regierung für alle Zeiten erledigt«, erklärte ein anderer.[72] Sogar die Demokraten verlangten Verstärkung für die »tapfere Truppe, die die Ehre ihres Landes und seiner Fahne inmitten feindlicher und verräterischer Widersacher verteidigte«. Die anhaltende Ungewißheit wurde zu einer schier unerträglichen Zerreißprobe für die Nerven. »Die Regierung *muß sich zu einer Politik der Tat durchringen*«, forderte die *New York Times*. »Fast alles ist besser als weitere Unentschiedenheit«, echoten andere Zeitungen im Norden. »Das Volk verlangt eine Entscheidung, auf daß die reich vorhandene, aber entmutigte Treue der amerikanischen Herzen sich wieder sammeln kann.«[73]

Solche Meinungen aus dem Norden bestärkten Lincoln in seinem Entschluß. Unterdessen versicherte Seward den Abgesandten der Konföderierten ruhigen Blutes, man werde Sumter aufgeben. Einer der drei Emissäre, die Lincoln nach Charleston geschickt hatte, um die Lage erkunden zu lassen, sein Freund Ward H. Lamon, schien den Bürgern Carolinas und sogar Anderson zu erklären, daß die Evakuierung bevorstehe. Falken und Tauben innerhalb der Regierung befanden sich augenscheinlich auf Kollisionskurs. Der Zusammenstoß erfolgte am 28. März. An diesem Tag erfuhr Lincoln, daß General Scott die Festungen Pickens *und* Sumter evakuieren lassen wolle. Er drängte aus eher politischen denn militärischen Gründen darauf: »Die Evakuierung beider Forts«, schrieb der General, »würde die acht [in der Union] verbliebenen Sklavenhalterstaaten unverzüglich beschwichtigen, ihnen Vertrauen einflößen und ihr aufrichtiges Festhalten an dieser Union dauerhaft besiegeln.« Noch am selben Abend, nach einem Staatsbankett, berief Lincoln sein Kabinett zu einer Dringlichkeitssitzung ein. »Baß erstaunt« blickten die meisten drein, als der offensichtlich sehr aufgebrachte Präsident ihnen Scotts Memorandum vorlas. Der General (der aus Virginia stammte) empfahl, sich den Konföderierten bedingungslos zu ergeben. Ob er nun von Seward beeinflußt war (wie die meisten Kabinettsmitglieder annahmen) oder nicht, jedenfalls ließ Scotts politisch motivierter Vorschlag seine ursprüngliche Meinung, eine Verstärkung für Sumter sei unmöglich, suspekt erscheinen. Das

Kabinett widerrief sein zwei Wochen zuvor abgegebenes Votum. Vier der sechs Mitglieder (Caleb Smith hielt weiter zu Seward, Cameron war nicht anwesend) befürworteten nun die Unterstützung Sumters. Alle sechs sprachen sich für eine weitere Verstärkung von Pickens aus. Lincoln erteilte den Befehl für eine geheime Expedition, die letztere Aufgabe ausführen sollte. Von größerer Tragweite war seine Anweisung an Fox, Schiffe und Männer in Bereitschaft zu halten, um Sumter zu verstärken.[74]

Nun saß Seward in der Klemme. Seine Zusicherungen an die Gesandten des Südens, seine Friedenspolitik der freiwilligen Wiedereingliederung, sein Ehrgeiz, Regierungschef zu werden – dies alles schien zum Scheitern verurteilt. Um seine Position zurückzugewinnen, handelte Seward kühn – und ungeheuerlich. Er intervenierte bei der Verstärkung von Fort Pickens und schaffte es, das beste verfügbare Kriegsschiff von der Sumter-Expedition abzuziehen, ein Schritt, der verhängnisvolle Folgen hatte. Am 1. April unterbreitete er Lincoln dann einen außergewöhnlichen Vorschlag. In rätselhaften Worten deutete Seward an, die Streitfrage ließe sich vom Thema der Sklaverei auf das der Union verlagern, falls man auf Sumter verzichten und nur Pickens halten würde. Im übrigen würde der Außenminister von Spanien und Frankreich »Erklärungen [dafür] verlangen«, daß sie sich in Santo Domingo und Mexiko ungefragt eingemischt hätten, und diesen Ländern den Krieg erklären, sollten ihre Erklärungen unbefriedigend ausfallen. Es sei damit zu rechnen, daß eine Auseinandersetzung mit einem überseeischen Feind zwangsläufig das Land wiedervereinigen und die Union festigen würde. »Welche Politik wir auch einschlagen«, schrieb Seward, »jemand muß es sich zur Aufgabe machen, sie unablässig zu verfolgen und zu lenken.« Er ließ wenig Zweifel daran, wen er dabei im Auge hatte.

Man kann sich gut vorstellen, wie erstaunt Lincoln war, als er diesen Brief las. Doch da er Seward weder demütigen noch verlieren wollte, erwähnte der Präsident die Angelegenheit niemandem gegenüber und schrieb am selben Tag eine höfliche, aber entschiedene Antwort. Er habe gelobt, Bundesliegenschaften besetzt zu halten, erinnerte Lincoln seinen Außenminister, und ihm sei schleierhaft, wieso die Verteidigung Sumters mehr mit der Sklaverei oder weniger mit der Union zu tun haben könne als die Verteidigung von Pickens. Ohne auf Sewards Idee eines Ultimatums an Frankreich und Spanien einzugehen, teilte Lincoln ihm mit, daß, welche Politik man auch einschlagen werde, »*ich* [die Entscheidung] *fällen muß*«.[75] Der so gemaßregelte Seward äußerte sich nicht mehr zu dieser Angelegenheit und diente Lincoln während der nächsten vier Jahre als einer seiner treuesten Ratgeber.

Seward war klar, daß die Südstaatler ihn des Betrugs bezichtigen würden, wenn seine Zusage, Sumter zu evakuieren, sich als Märchen herausstellte. Er unternahm einen letzten Versuch, die Situation zu retten. Das Parlament von Virginia, das noch tagte, würde zweifellos für die Sezession stimmen, wenn es zum Kampf kam. Seward überredete daher Lincoln, sich am 4. April in Washington mit einem Unionisten aus Virginia zu treffen. Es ging darum, festzustellen, ob man handelseinig werden könne: Evakuierung Sumters gegen Vertagung des Parlaments *ohne* Sezession. Kurz vor seinem Amtsantritt hatte Lincoln Interesse an einer solchen Lösung bekundet. Ob er in dem Gespräch unter vier Augen mit John Baldwin am 4. April explizit einen solchen Handel vorschlug, ist lange diskutiert worden.[76] Jedenfalls zeitigte das Treffen kein Ergebnis, und Lincoln hielt danach nicht mehr viel vom Unionismus Virginias. Noch am selben Tag machte er ernst mit der Sumter Expedition.[77]

Der Plan für diese Unternehmung hatte sich, gemessen an Fox' erstem Vorschlag, inzwischen aber entscheidend verändert. Statt sich den Weg in den Hafen freizuschießen, würde der gemischte Kampfverband zuerst nur versuchen, Anderson mit Nachschub zu beliefern. Kriegsschiffe und Soldaten würden sich zwar in Bereitschaft halten, doch sofern die Geschütze der Konföderierten nicht auf die Proviantschiffe feuerten, würden auch die nicht schießen, und die Verstärkung würde an Bord bleiben. Lincoln wollte Gouverneur Pickens zuvor von den friedlichen Absichten der Regierung in Kenntnis setzen und ihm versichern, daß man Sumter nur mit Lebensmitteln versorgen wolle. Sollten die Konföderierten das Feuer auf unbewaffnete Schiffe eröffnen, die »Verpflegung für hungernde Männer« an Bord hatten, dann wäre der Süden als Aggressor entlarvt, dem die Schmach zufalle, einen Krieg begonnen zu haben. Das würde den Norden einen und zugleich vielleicht den Süden geteilt halten. Ließen die Südstaatler aber den Nachschub ungehindert passieren, konnten Frieden und Status quo in Sumter erhalten bleiben, und die Unionsregierung hätte einen wichtigen symbolischen Sieg errungen. Lincolns neues Konzept für dieses Versorgungsunternehmen war ein Geniestreich. Im Grunde teilte er Jefferson Davis dadurch mit: »Kopf: ich gewinne – Adler: Sie verlieren.« Es war das erste Indiz der Überlegenheit, die Lincolns Präsidentschaft auszeichnen sollte.[78]

Am 6. April entsandte Lincoln einen Sonderkurier nach Charleston, um Gouverneur Pickens mitzuteilen, daß »ein Versuch unternommen wird, Fort Sumter ausschließlich mit Proviant zu versorgen, und daß, falls man sich einem solchen Versuch nicht widersetzt, keine Anstrengung unternommen werden wird, ohne Vorwarnung Männer, Waffen oder Munition ins Fort zu schaffen, [außer] im Falle eines Angriffs auf die Festung«.[79] Damit war Jefferson Davis am Zug. Auch der Präsident der Konföderation stand unter großem Druck, »etwas zu tun«. Sewards Traum von der freiwilligen Wiedereingliederung des Südens war Davis' Alptraum. »Der Mut und sogar der Patriotismus des Volkes schwindet unter dieser Politik der Untätigkeit«, klagte eine Zeitung aus Mobile. »Wenn nicht recht bald etwas geschieht ... wird das ganze Land dieser Vortäuschung südstaatlerischer Unabhängigkeit so überdrüssig werden, daß das Volk die erste Gelegenheit zu einer allgemeinen Wahl ergreifen wird, um die ganze Bewegung auf den Kopf zu stellen.« Andere Beobachter in Alabama waren ebenfalls der Meinung, ein Krieg sei der beste Weg, »die Katastrophe der Reconstruction zu vermeiden. [...] South Carolina hat es in der Hand, uns für die Reconstruction unerreichbar zu machen, indem es Fort Sumter um jeden Preis erobert. [...] Sir, wenn Sie dem Volk von Alabama kein Blut zu kosten geben, wird es in weniger als zehn Tagen wieder in der alten Union sein!«[80]

Selbst wenn die sieben Staaten des unteren Südens zusammenhielten, war die Zukunft der Konföderation ohne den oberen Süden nicht gesichert. Nach Gesprächen mit Sezessionisten aus Virginia verlangte der »Eisenfresser« Louis Wigfall einen sofortigen Angriff auf Sumter, um Virginia heimzuholen in den Schoß der Konföderation. Die Heißsporne Edmund Ruffin und Roger Pryor, denen der Fortbestand des Unionismus in ihrem Heimatstaat Virginia ein Dorn im Auge war, unterstützten diesen Appell. »Blutvergießen«, schrieb Ruffin, »wird dazu führen, daß viele Wähler in den noch unentschiedenen Staaten aus den Reihen der Unterwürfigen oder Zauderer überlaufen zu denen, die begeistert für eine sofortige Sezession eintreten.« Wenn sie wollten, daß man sich ihnen anschließe, schrieb Pryor den Bürgern von Charleston, dann »*schlagt los!*«. Der *Charleston Mercury* war dazu bereit. »Die südlichen Grenzstaaten werden sich uns nicht anschließen, solange wir nicht unsere Macht zur Selbstbefreiung beweisen und ihnen zeigen, daß eine Garnison von 70 Mann uns das Tor zum Handel mit der Welt nicht versperren kann«, erklärte er. »Laßt uns zum Krieg rüsten. [...] Das Schicksal der Konföderation des Südens hängt an den Flaggenschnüren von Fort Sumter.«[81]

So antwortete Jefferson Davis denn auf Abraham Lincolns Herausforderung »Krieg oder Frieden?« mit: »Krieg«. Am 9. April wurde auf einer schicksalhaften Kabinettssitzung in Montgomery Davis' Befehl an Beauregard ratifiziert: Wenn möglich sollte er die Festung nehmen, bevor die Entsatzflotte eintraf. Anderson wies Beauregards Aufruf zur Kapitulation zurück, ließ aber die Bemerkung fallen, daß seine Truppe in ein paar Tagen ausgehungert wäre, wenn keine Hilfe komme. Die Konföderierten wußten, daß diese Hilfe bereits unterwegs war, und darum eröffneten sie am 12. April frühmorgens um 4.30 Uhr das Feuer. Fox' Entsatzgeschwader, das durch einen Sturm zerstreut war und wegen des hohen Seegangs die Proviantboote nicht zu Wasser lassen konnte, mußte ohnmächtig zusehen.[82]

Nach 33stündigem Bombardement mit 4000 Kanonenkugeln und Granaten, die einen Teil des Forts zerstörten und die Innenräume in Brand setzten, kapitulierte Andersons entkräftete Garnison. Da die wenigen Männer nur ein paar von Sumters 48 Geschützen besetzen konnten, hatten sie nicht mehr als 1000 Salven zurückgefeuert und auch die nur mit geringer Wirkung. Am 14. April wurde das Sternenbanner eingezogen und statt seiner die Flagge der Konföderierten, die »Stars and Bars«, über Fort Sumter gehißt.

Die Nachricht von dieser Niederlage elektrisierte den Norden. Am 15. April erließ Lincoln eine Proklamation, in der er die Einberufung von 75 000 Milizsoldaten für 90 Tage forderte, um eine Revolte niederzuschlagen, die »zu stark ist, um auf dem üblichen Gerichtswege unterdrückt zu werden«. Die Reaktion in den »freien« Staaten war überwältigend. Auf Kriegsversammlungen in jeder Stadt und jedem Dorf jubelte man der Nationalflagge zu und schwor den Verrätern Rache. »Alles ist außer Rand und Band«, schrieb ein Harvardprofessor, der noch unter der Präsidentschaft George Washingtons geboren war. »Ich habe bisher gar nicht gewußt, wie sehr das Volk in Rage geraten kann. [...] Alle Welt, Männer, Frauen und Kinder, scheinen sich, geschmückt mit Unionsabzeichen und -fähnchen, auf den Straßen versammelt zu haben.« Aus Ohio und dem Westen ertönte »ein mächtiger Adlerruf« nach der Flagge. »Die Leute sind total verrückt geworden!«[83]

In New York City, bislang einer Brutstätte prosüdlicher Gesinnung, strömten eine Viertelmillion Menschen zu einer Kundgebung für die Union zusammen. »Der Wandel der öffentlichen Meinung hier ist phantastisch, ja grenzt fast an ein Wunder«, schrieb ein New Yorker Kaufmann am 18. April. »Ich beobachte mit Ehrfurcht die nationale Bewegung hier in New York und überall in den freien Staaten«, ergänzte ein Rechtsanwalt. »Nach unseren vormaligen Zwistigkeiten scheint einem das fast übernatürlich.« Die »Zeit vor Sumter« komme ihr vor wie ein anderes Jahrhundert, notierte eine New Yorkerin. »Es scheint, als hätten wir bis heute gar nicht richtig gelebt, ja hätten bis jetzt nie ein Heimatland gehabt.«[84]

Die Demokraten stimmten in den »Adlerruf« dieses patriotischen Taumels ein. Stephen Douglas machte einen von der Presse ausführlich kommentierten Besuch im Weißen Haus, um für die nationale Einheit zu plädieren, und bei der Rückkehr in seine Heimatstadt Chicago erklärte er vor einer großen Versammlung: »Das Problem hat nur zwei Seiten. Ein jeder muß sich für oder gegen die Vereinigten Staaten entscheiden. Parteilose kann es in diesem Krieg nicht geben – *nur Patrioten – oder Verräter.*« Einen Monat später war Douglas tot – wahrscheinlich starb er an Leberzirrhose –, aber sein kriegerischer Geist lebte noch gut ein Jahr unter den meisten Demokraten fort. »Unsere Feinde sollen durch das Schwert sterben«, so der Tenor demokratischer Leitartikel im Frühjahr 1861.

»Wir sollten alle zimperliche Sentimentalität abschütteln und blutige Rache üben an den nichtswürdigen Verrätern, die dieses Schicksal mit ihren gemeinen Unverschämtheiten und ihren Rebellentaten selbst heraufbeschworen haben.«[85]

Gouverneure aus dem Norden bestürmten das Kriegsministerium mit Gesuchen um Erhöhung der Truppenquote ihres Staates. Lincoln hatte von Indiana sechs Regimenter erbeten; der Gouverneur bot deren 12 an. Der Gouverneur von Ohio telegraphierte, nachdem er die angeforderten 13 Regimenter gestellt hatte, nach Washington, daß er »kaum unter 20 haltmachen könne, ohne die Begeisterung der Leute ernstlich zu dämpfen«. Gouverneur John Andrew aus Massachusetts schickte zwei Tage nach Lincolns Mobilmachungsaufruf eine markig kurze Note: »Zwei unserer Regimenter rücken heute nachmittag aus – eins nach Washington, das andere nach Fort Monroe; ein drittes wird morgen in Marsch gesetzt und das vierte vor Ende der Woche.«[86] Allmählich hatte es ganz den Anschein, als ob der Fingerhut einer Dame doch nicht groß genug sein würde, um das in diesem Krieg vergossene Blut aufzufangen.

9.

In der Zwickmühle: Das Dilemma des oberen Südens

I

Der Kriegsausbruch in Fort Sumter stürzte den oberen Süden in einen regelrechten Gewissenskonflikt. Die Entscheidung dieser Staaten konnte das Schicksal der Konförderation bestimmen, denn sie verfügten über die meisten Ressourcen des ganzen Südens, die nötig waren, um einen Krieg zu führen: Hier lebten über die Hälfte der Gesamtbewohner und zwei Drittel der weißen Bevölkerung, hier konzentrierten sich drei Viertel des Industrievermögens, hier hielt man die Hälfte aller Pferde und Maultiere des Südens, zählte drei Fünftel des Viehbestands und der Ernteerträge. Außerdem stammten Männer mit hohen militärischen Führungsqualitäten aus diesen Staaten: Robert E. Lee, Thomas J. Jackson, Joseph E. Johnston, James E. B. Stuart und Ambrose Power Hill aus Virginia, Daniel H. Hill aus North Carolina, Albert Sidney Johnston und John Bell Hood aus Kentucky und Nathan Bedford Forrest aus Tennessee.

Die Reaktion des oberen Südens auf Lincolns Aufruf zur Mobilmachung vom 15. April schien für die Konföderation recht hoffnungsvoll. Kentucky »wird für den niederträchtigen Zweck, seine südlichen Bruderstaaten zu unterjochen, keine Truppen bereitstellen«, telegraphierte der Gouverneur nach Washington. Tennessee »wird für diese Zwangspolitik keinen einzigen Mann zur Verfügung stellen«, erklärte der dortige Gouverneur, »dagegen, wenn nötig, 50 000 Mann, um unsere Rechte und die unserer Brüder aus dem Süden zu verteidigen«. Der Gouverneur von Missouri, ein eingefleischter Sezessionist, warf dem Präsidenten den Fehdehandschuh hin: »Ihre Mobilmachung ist illegal, verfassungswidrig, revolutionär und unmenschlich. [...] Nicht einen Mann wird der Staat Missouri stellen, um einen solch unheiligen Kreuzzug zu führen.« Die Gouverneure von Virginia, North Carolina und Arkansas schickten ähnliche Antworten, indes die Gouverneure von Maryland und Delaware sich in ominöses Schweigen hüllten.[1]

Derlei Verweise auf »unsere Rechte« und die »Brüder aus den Südstaaten« lassen auf die Motive schließen, die vier der acht Staaten in die Konföderation führten und in drei weiteren große Sezessionistenminderheiten schufen. »Wir müssen uns entweder mit dem Norden oder mit dem Süden identifizieren«, schrieb ein Virginier, und zwei ehemalige Unionisten aus North Carolina sprachen stellvertretend für die meisten ihrer Mitbürger, als sie erklärten: »Die Trennung muß gemäß der Sklavereigrenze vollzogen werden. Der Süden muß zum Süden halten. [...] Blut ist dicker als Wasser.«[2] Zeitungen in Tennessee und Arkansas verkündeten, daß »die Identität der Zielsetzung und die Interessengemeinschaft, die zwischen allen Sklavenhalterstaaten bestehen, diese vereinen müssen und werden«. Vor die Wahl gestellt zwischen »Unterwerfung« und Verteidigung von »Ehre ... Freiheit ... Rechten«, sei die Entscheidung der Südstaatler »so sicher wie die Gesetze der Schwerkraft«.[3]

In den Augen südlicher Unionisten trug Lincoln die Hauptschuld an diesem tragischen Krieg. Was der Präsident in seinem Aufruf zur Mobilmachung vom 15. April als notwendige Maßnahme bezeichnete, um »die Ehre, die Integrität und den Bestand unserer nationalen Einheit zu wahren«, wurde südlich des Potomac umgewandelt in eine verfassungswidrige Zwangspolitik gegen souveräne Staaten. »In North Carolina war die Union schon sehr im Kommen und gewann an Bedeutung, bis Lincoln uns niederwarf«, schrieb ein enttäuschter Unionist. »Er hätte keine wirksamere Taktik einschlagen können, um die Union zu zerstören. [...] Mir bleibt keine andere Wahl, als für oder gegen meinen Heimatstaat zu kämpfen. [...] Lincoln hat uns zu einer Einheit zusammengeschweißt, der gar nichts weiter übrig bleibt, als Widerstand zu leisten, bis wir die Invasoren zurückschlagen oder unser Leben lassen.« John Bell, der Präsidentschaftskandidat der Constitutional Union Party von 1860, nach dessen Urteil sich viele Gemäßigte im oberen Süden richteten, erklärte am 23. April in Nashville, er werde in dem »unnötigen, offensiven, grausamen, ungerechten und unbarmherzigen Krieg, der uns [durch Lincolns Mobilmachung] aufgezwungen worden ist«, einem »geeinten Süden« Beistand leisten.[4]

Derlei Erklärungen für eine nachträgliche Hinwendung zur Sezession waren zweifellos aufrichtig, und doch diente die Kritik an Lincoln dabei als willkommene Ausrede. Die Behauptung, sein Befehl zur Mobilmachung habe den oberen Süden zum Austritt bewogen, ist irreführend. Während die Nachricht vom Angriff auf Sumter am 12. April und die von der Kapitulation des Forts am Tag darauf über den Telegraphen tickerten, liefen auf den Straßen Richmonds, Raleighs, Nashvilles und anderer Städte des oberen Südens bereits große Menschenmengen zusammen, um diesen Sieg über die Yankees zu feiern. Sie schwenkten Konföderiertenflaggen und bejubelten den ruhmreichen Kampf um die Unabhängigkeit des Südens. Zwischen dem 12. und 14. April, also *bevor* Lincoln zur Mobilmachung aufrief, fanden zahlreiche solcher Demonstrationen statt. Viele »bedingte Unionisten« ließen sich von dieser mächtigen Woge südstaatlerischen Nationalgefühls mitreißen; andere reagierten eher verschüchtert und schwiegen.

Die Nachricht, daß Sumter gefallen sei, erreichte Richmond am Abend des 13. April. Ein Zug jubelnder Menschen marschierte vor dem Capitol auf, wo ein Artilleriebataillon 100 Salutschüsse »zu Ehren des Sieges« abfeuerte. Die Menge holte das Sternenbanner auf dem Capitolgebäude ein und hißte statt dessen die »Stars and Bars« der Konföderation. Jedermann »schien völlig außer sich vor Freude, noch nie habe ich eine solche Aufregung erlebt«, notierte ein Augenzeuge. »Jedermann ist für die Sezession.« Die Bürger von Wilmington (North Carolina) begrüßten die Nachricht aus Fort Sumter mit »ausgelassener Freude«, hißten auf öffentlichen Gebäuden die Flagge der Konföderierten und feuerten Salut. In Goldsboro (North Carolina) beobachtete der Korrespondent der Londoner *Times* »erregte Massen« mit »geröteten Gesichtern, blitzenden Augen und aufgerissenen Mündern, die ›Jeff Davis‹ und die ›Konföderation des Südens‹ so lautstark hochleben ließen, daß ihr Geschrei die dissonanten Musikkorps übertönte, die sich derweil mit *Dixie's Land* plagten«. Solche Ausbrüche waren nicht bloß eine defensive Reaktion auf den Angriff des Nordens. Vielmehr nahmen sie den Charakter einer Siegesfeier an, einer freudigen Verbrüderung mit dem unteren Süden, der einen Triumph über die »negerrepublikanischen« Yankees errungen hatte.[5]

Das Parlament von Virginia verlor keine Zeit, um den Sezessionsbeschluß zu beantragen, aber einer *ad-hoc*-Versammlung in einem anderen Saal in Richmond, die sich Spontaneous Southern Rights Convention nannte, ging es trotzdem nicht schnell genug. Auf den Straßen und in beiden Parlamentssälen schlugen die Wogen hoch. Der Pöbel drohte, mit Gewalt gegen die Unionistendelegierten, die von westlich des Allegheny-Plateaus kamen, vorzugehen. Am 17. April begeisterte Exgouverneur Henry Wise das rechtmäßige Parlament mit einer zündenden Rede. Er kündigte an, daß die Miliz von Virginia *in diesem Augenblick* das Bundesarsenal in Harper's Ferry erobere und sich im übrigen rüste, die Marinewerft Gosport in der Nähe von Norfolk einzunehmen. In einem solchen Moment durfte kein echter Virginier mehr zögern; mit einem Votum von 88 zu 55 Stimmen verabschiedete der Konvent den Sezessionserlaß.[6]

Wises Ankündigung kam zwar ein wenig verfrüht, aber der Exgouverneur wußte gleichwohl, wovon er sprach: Er hatte nämlich den Feldzug gegen Harper's Ferry selbst geplant. Wise, ein hartnäckiger Sezessionist von 54 Jahren, der freilich mit seinem langen weißen Haar und dem faltigen Gesicht um einiges älter wirkte, war Gouverneur gewesen, als John Brown Harper's Ferry angegriffen hatte. Vielleicht aufgrund dieser Erfahrung schien Wise der dortige Rüstungsbetrieb (eine der zwei Waffenfabriken im Besitz der Regierung der Vereinigten Staaten – die andere befand sich in Springfield, Massachusetts) so besonders wichtig. Ohne mit Virginias gegenwärtigem Gouverneur John Letcher, den er in der Frage der Sezession für halbherzig hielt, Rücksprache zu nehmen, traf Wise sich am 16. April mit Milizoffizieren, und man vereinbarte, daß sie ihre Regimenter nach Harper's Ferry und Norfolk in Marsch setzen würden. Letcher billigte diese Maßnahmen nachträglich. Am 18. April, einen Tag nach Verabschiedung des Sezessionserlasses, rückten mehrere Milizkompanien auf Harper's Ferry vor, das vom 47. US-Regiment verteidigt wurde. Um die Einnahme der wertvollen Rüstungsfabrik durch den Gegner zu verhindern, setzten die Soldaten das Arsenal in Brand und ergriffen die Flucht. Doch die Virginier stürmten die Fabrik, retteten die meisten Maschinen und verschifften sie nach Richmond, wo sie schon bald Gewehre für die Konföderation produzierten.

Ein noch größerer Fang war die Marinewerft Gosport, der bedeutendste Flottenstützpunkt des Landes und die größte Schiffsbau- und -reparaturanlage im Süden. Von den 1200 Geschützen und zehn Schiffen, die sich im April 1861 dort befanden, waren viele Kanonen und vier Kriegsschiffe auf dem neuesten Stand und einsatzbereit, so etwa der mächtige Dampfkreuzer *Merrimack* mit seinen 40 Geschützen. Die meisten Arbeiter und Marineoffiziere auf der Werft stammten aus dem Süden; die Mehrzahl der Offiziere sollte bald ihren Dienst quittieren, um sich der Konföderation anzuschließen. Kommandeur der 800 auf der Werft stationierten Matrosen und Marineinfanteristen war Commodore Charles McCauley, ein trunksüchtiger, 68jähriger Veteran, der schon vor Lincolns und Jefferson Davis' Geburt zur See gegangen war. Als die Nachricht eintraf, daß eine mehrere tausend Mann starke Miliz aus Virginia auf die Marinewerft vorrücke, zeigte McCauley sich dieser Krise nicht gewachsen. Er weigerte sich, die *Merrimack* und die drei anderen Kriegsschiffe durch Flucht zu retten, als sich am 18. April die Chance dazu bot. Tags darauf, kurz bevor an Bord zweier Kriegsschiffe aus Washington Verstärkung eintraf, gab McCauley Befehl, alle Werftanlagen in Brand zu setzen, die Geschütze zu vernageln und die Schiffe zu versenken. Selbst diese unnötigen Abwehrmaßnahmen wurden noch verpatzt; das Trockendock, das Artilleriedepot und etliche andere Gebäude wollten nicht brennen; die meisten Geschütze blieben verwertbar und waren bald unterwegs zu den Forts im Süden; der Rumpf der *Merrimack* blieb unversehrt und konnte später für die berühmte gepanzerte *C. S. S. Virginia* benutzt werden.

All dies geschah, bevor Virginia offiziell aus der Union ausschied, denn der Erlaß wurde erst rechtskräftig, nachdem er am 23. Mai in einem Referendum ratifiziert worden war. Doch die Stimmung im Volk nahm das Ergebnis vorweg. Praktisch trat Virginia also bereits am 17. April der Konföderation bei. Eine Woche spater schlossen Gouverneur Letcher und das Parlament eine Allianz mit der Konföderation, die den Truppen des Südens den Einmarsch nach Virginia gewährte und die Regimenter des Staates den Konföderierten unterstellte. Am 27. April lud der Konvent die konföderierte Regierung ein, Richmond zu ihrer ständigen Hauptstadt zu machen. Da der Südstaatenkongreß die unzureichenden, überbelegten Einrichtungen in Montgomery leid und darüber hinaus bestrebt war, den Bund mit Virginia zu festigen, nahm er das Angebot am 21. Mai an. Als die Virginier am 23. Mai zu den Urnen gingen, ratifizierten sie mit einer Mehrheit von 128 884 zu 32 134 Stimmen ein *fait accompli.*

Virginia brachte bedeutende Ressourcen in die Konföderation ein. Zum einen wies dieser Staat die größte Bevölkerungszahl des ganzen Südens auf, zum anderen war sein Industrievermögen fast so groß wie das der sieben ursprünglichen Konföderierten Staaten zusammengenommen. Die Tredegar-Eisenhütte in Richmond war die einzige Fabrik des Südens, die schwere Artillerie herstellen konnte. Und Virginias Erbe aus der Generation von Washington, Jefferson und Madison verlieh dem Staat ein immenses Prestige, das, so hoffte man, auch die übrigen Staaten des oberen Südens für die Konföderation gewinnen würde. Aus der Rückschau betrachtet, war vielleicht der größte Aktivposten, den Virginia zur Sache der Unabhängigkeit des Südens beisteuerte, Robert E. Lee.

Lee, der 1861 54 Jahre zählte, war der Sohn eines Helden aus dem Unabhängigkeitskrieg, Sproß einer der angesehensten Familien Virginias, ein Gentleman, wie er im Buche steht, und offenbar ohne Fehl und Tadel, falls man seine besondere Zurückhaltung, die nur höchst selten eine Gefühlsregung den Mantel der Würde durchbrechen ließ, nicht als Fehler werten will. Seit er 1829 als zweiter seiner Klasse die West-Point-Akademie absolviert hatte, gehörte er der US-Armee an. Lees hervorragende Leistungen im Mexikanischen Krieg, seine Erfahrung als Pionier- und Kavallerieoffizier sowie als Direktor von West Point wurde am 16. März 1861 mit der Beförderung zum Colonel honoriert. Der kommandierende General Winfield Scott hielt Lee gar für den besten Offizier der ganzen Armee. Im April drängte Scott Präsident Lincoln, Lee den Oberbefehl über die frisch ausgehobenen Unionstruppen zu übertragen. Scott, der wie Lee aus Virginia stammte, hegte die Hoffnung, daß Lee gleich ihm den Streitkräften, denen er sein Leben gewidmet hatte, die Treue halten würde. Lee hatte aus seiner Abneigung gegen die Sklaverei nie einen Hehl gemacht, ja sie 1856 als »moralisches und politisches Übel« bezeichnet. Bis zu dem Tag, an dem Virginia aus der Union ausschied, hatte er sich außerdem gegen die Sezession ausgesprochen. »Die Schöpfer unserer Verfassung hätten niemals so viel Mühe, Weisheit und Geduld auf sie verschwendet«, schrieb er im Januar 1861, »wenn sie gewollt hätten, daß jedes Mitglied der [Union] sie nach eigenem Gutdünken brechen kann. [...] Es ist müßig, über Sezession zu reden.«[7]

Virginias Entschluß änderte jedoch alles. »Ich muß entweder für oder gegen meinen Staat Partei ergreifen«, erklärte Lee einem Freund aus dem Norden. Seine Wahl war ihm durch Geburt und Blut vorherbestimmt: »Ich kann doch nicht die Hand gegen meinen Geburtsort, mein Heim und meine Kinder erheben.« Am 18. April, dem Tag, an dem er von der Sezession Virginias erfuhr, erhielt Lee das Angebot, das Kommando über die Unionstruppen zu führen. Mit Bedauern eröffnete er seinem Freund, General Scott, daß er nicht nur diese ehrenvolle Offerte ausschlagen, sondern auch seinen Abschied von der Armee nehmen müsse. »Es ist mein Wunsch«, sagte Lee, »daß ich, außer zur Verteidigung meines Heimatstaates, nie mehr das Schwert ziehen muß.« Scott antwortete traurig: »Sie haben den größten Fehler Ihres Lebens begangen, aber ich befürchtete schon, daß es so kommen würde.« Fünf Tage später empfing Lee seine Ernennung zum Oberbefehlshaber der Streitkräfte Virginias; drei Wochen danach wurde er zum Brigadegeneral der konföderierten Armee befördert. Die meisten Offiziere aus dem oberen Süden entschieden sich gleichfalls dafür, ihrem Heimatstaat zu dienen; einige taten dies ohne Zögern, andere mit den gleichen unheilvollen Vorahnungen, zu denen sich Lee am 5. Mai bekannte: »Ich sehe voraus, daß unser Land ein furchtbares Martyrium wird durchmachen müssen, vielleicht eine notwendige Buße für unsere nationalen Sünden.«[8]

Zahlreiche Offiziere aus dem Süden blieben allerdings gleich Scott lieber ihrer Nation treu als dem Heimatstaat. Und manche spielten zum Schluß, als die Nation über die Einzelstaaten triumphierte, eine entscheidende Rolle: so der Virginier George H. Thomas, der die Unionsarmee von Cumberland bei Chickamauga rettete und die konföderierte Armee von Tennessee in Nashville zerstörte, David G. Farragut aus Tennessee, der New Orleans einnahm und die Torpedos in der Mobile Bay vernichtete, John Gibbon aus North Carolina, der einer der besten Divisionskommandeure in der Potomac-Armee wurde, indes drei seiner Brüder für den Süden kämpften. Umgekehrt beschlossen auch ein paar aus dem Norden gebürtige Offiziere, die Südstaatlerinnen geheiratet hatten, sich für die Heimat ihrer Frauen zu engagieren; sie wurden zum Teil mit hohen Positionen in der Konföderation belohnt: so Samuel Cooper aus New Jersey, der eine Virginierin heiratete und Generaladjutant in der konföderierten Armee wurde, John

Pemberton aus Pennsylvania, der ebenfalls eine Frau aus Virginia heiratete und zum Oberkommandierenden der Mississippi-Armee aufstieg, mit der er sich Grant in Vicksburg ergab, und Josiah Gorgas, ebenfalls aus Pennsylvania, der die Tochter eines Gouverneurs von Alabama ehelichte und Artilleriechef der Konföderation wurde, für die er wahre Wunder an Improvisation und industriellen Neuerungen vollbrachte, um die Versorgung der konföderierten Streitkräfte mit Waffen und Munition zu gewährleisten.

II

Das Beispiel Virginias – und Robert E. Lees – übte auf den Rest des oberen Südens einen starken Einfluß aus. Arkansas war der nächste Staat, der seinen Austritt erklärte. Sein Konvent hatte sich im März ohne Ergebnis vertagt, allerdings mit der Auflage, im Dringlichkeitsfall erneut zusammenzutreten. Lincolns Aufruf zur Mobilmachung sorgte für eine entsprechende Notlage, und der Konvent versammelte sich am 6. Mai. Doch bevor die Delegierten in Little Rock eintrafen, verband der Gouverneur und Sezessionsbefürworter Henry Rector seinen Staat bereits mit der Konföderation, indem er Bundesarsenale in Fort Smith und Little Rock eroberte und konföderierten Truppen gestattete, in Helena Artillerie zu postieren, die den Flußlauf des Mississippi kontrollieren sollte. Der Konvent trat in einer emotionsgeladenen Atmosphäre zusammen, und die dichtgedrängten Zuschauer auf der Galerie schwenkten Konföderationsfähnchen. Wenige Minuten nach Eröffnung der Sitzung kam bereits der Sezessionserlaß zur Sprache. Ein Antrag, diesen Erlaß einem Referendum vorzulegen – ein Prüfstein für die Stärke der Unionisten bei diesem Konvent – wurde mit 55 gegen 15 Stimmen abgelehnt. Die meisten der 15 Minderheitsdelegierten kamen vom Ozark Plateau aus dem Nordwesten von Arkansas, wo nur wenige Sklaven gehalten wurden. Nach der Ablehnung des Antrags verabschiedete der Konvent den Sezessionserlaß mit 65 gegen fünf Stimmen.[9]

North Carolina und Tennessee lösten sich ebenfalls im Mai von der Union. Noch bevor das Parlament zu einer Sondersitzung einberufen wurde, befahl der Gouverneur von North Carolina der Miliz, drei Bundesforts an der Küste und das Arsenal in Fayetteville einzunehmen. Das Parlament trat am 1. Mai zusammen und genehmigte für den 13. Mai die Wahl zu einem Konvent, der am 20. Mai stattfinden sollte. In den Wochen, die bis dahin verstrichen, schien sich jedermann im Staat, selbst die Bewohner der bislang unionistisch gesinnten Gebirgs-Counties, für die Sezession zu erwärmen. »Dieser Begeisterungstaumel, diese moralische Epidemie ist wie ein Sturmwind übers Land gefegt, vor dem das ganze Volk sich zu ducken schien«, notierte ein Augenzeuge.[10] Nachdem eine Testabstimmung über einen Antrag zur Geschäftsordnung ergeben hatte, daß die Gemäßigten in der Minderheit waren, verabschiedeten die Delegierten am 20. Mai einstimmig den Sezessionserlaß. Unterdessen umging das Parlament von Tennessee das Konventsverfahren, indem es kurzerhand einer »Unabhängigkeitserklärung« zustimmte und diese einem für den 8. Juni anberaumten Referendum vorlegte. Nach dem Vorbild Virginias schloß auch Tennessee ein Militärbündnis mit der Konföderation und ließ die konföderierten Truppen bereits etliche Wochen vor dem Referendum in den Staat einmarschieren. Bei der Wahl wurden 104913 Stimmen für die Sezession und 47238 Gegenstimmen gezählt. Hervorzuheben ist, daß die Wähler aus dem gebirgigen Osten Tennessees zu 70 Prozent gegen die Sezession stimmten.

Zwar strotzten Ansprachen und Leitartikel im oberen Süden von Verweisen auf Recht, Freiheit und Souveränität der Einzelstaaten, Ehre, Widerstand gegen Zwangspolitik und Solidarität mit den südlichen Bruderstaaten, aber das grundlegende Problem der Sklaverei ließ sich hinter solchen Phrasen doch nicht verstecken. Die nachstehende Tabelle veranschaulicht die Wechselbeziehung zwischen Sklavenhaltung und Sezessionsbefürwortung in den Konventen von Virginia und Tennessee.[11]

	Durchschnittszahl der Sklaven in Delegiertenbesitz		Delegierte aus Counties mit weniger als 25% Sklaven		Delegierte aus Counties mit mehr als 25% Sklaven	
	Virginia	Tennessee	Virginia	Tennessee	Virginia	Tennessee
Stimmen für die Sezession	11,4	6,5	34	30	53	23
Stimmen gegen die Sezession	4	2	39	20	13	2

Ein Vergleich der Direktstimmen bei den Sezessionsreferenden macht die Zusammenhänge sogar noch anschaulicher. Die Wähler in 35 Counties Virginias mit einer Sklavenbevölkerung von nur 2,5 Prozent sprachen sich mit einer Mehrheit von 3:2 gegen die Sezession aus, während die Wähler im restlichen Staat, wo die Sklaven 36 Prozent der Bevölkerung ausmachten, mit einer Mehrheit von über 10:1 für die Sezession stimmten. Die 30 Counties aus Ost-Tennessee, die mit einer starken Mehrheit von 2:1 gegen die Sezession stimmten, verfügten nur über ein Sklavenaufkommen von acht Prozent; der übrige Staat, mit einer Sklavenbevölkerung von 30 Prozent, entschied sich mit einer Mehrheit von 7:1 für die Sezession. Ähnliche, wenn auch nicht ganz so krasse Wechselbeziehungen bestanden in Arkansas und North Carolina, wo die Gemäßigten unter den Delegierten durchschnittlich nur über halb so viele Sklaven verfügten wie die radikalen Sezessionisten.[12]

Der *Nashville Patriot* vom 24. April 1861 war sich wohl keiner Ironie bewußt, als er die »in allen Sklavenhalterstaaten bestehende Interessengemeinschaft« als Grund dafür angab, daß diese Staaten sich zusammenschließen müßten, um »Gerechtigkeit und Freiheit« zu verteidigen.[13] Der obere Suden zog also, genau wie der untere, in den Krieg, um die Freiheit des weißen Mannes, Sklaven zu halten und diese, wenn es ihm beliebte, in die Territorien zu überführen, zu verteidigen und um zu verhindern, daß der weiße Herrenmensch womöglich von den »Negerrepublikanern« versklavt würde, die ihn seiner Privilegien zu berauben drohten.

III

In den vier Grenzstaaten gab es kaum halb so viele Sklaven und Sklavenhalter wie in den 11 abtrünnigen Staaten. Trotzdem hatte der Unionismus auch in diesen Staaten kein leichtes Spiel, und außer in Delaware war keineswegs sicher, welche Partei den Sieg davontragen würde. Maryland, Kentucky und Missouri verfügten über zahlenmäßig starke und entschiedene Minderheiten von Sezessionsanhängern. Hätten die Ereignisse nur eine etwas andere Wendung genommen, dann hätten die Sezessionsbefürworter in jedem dieser Staaten die Oberhand gewinnen können. Im Wettstreit um die drei Staaten stand sehr viel auf dem Spiel, hätten sie doch die weiße Bevölkerung und die Kriegsstärke der Konföderation um 45 Prozent aufgestockt, die Industriekapazität gar um 80 Prozent und den Bestand an Pferden und Maultieren um 40 Prozent. Fast 500 Meilen weit verlief der Ohio parallel zur Nordgrenze von Kentucky – ein natürlicher Schutzwall oder ein Invasionsweg, je nachdem, welche Seite über den Fluß gebot und seine Ufer befestigen konnte. Zwei der schiffbaren Nebenflüsse des Ohio, der Cumberland und der Tennessee, fließen durch Kentucky bis ins Herz von Tennessee und in den Norden von Alabama. Da ist es nicht verwunderlich, daß Lincoln mit dem Satz zitiert wird, er hoffe zwar, daß Gott auf seiner Seite sei, Kentucky aber müsse er unbedingt zum Verbündeten haben.

Noch vordringlicher war die Herrschaft über Maryland, denn dieser Staat schloß Washington auf drei Seiten ein (an die vierte grenzte Virginia), und Marylands Loyalität konnte folglich das Schicksal der Hauptstadt gleich zu Beginn des Krieges entscheiden. Wie der untere Süden hatte auch Maryland bei der Präsidentschaftswahl für Breckinridge gestimmt. Das Parlament wurde von Southern-Rights-Demokraten beherrscht; einzig die hartnäckige Weigerung des Gouverneurs und Unionisten Thomas Hicks, das Parlament einzuberufen, hinderte dieses Gremium daran, Maßnahmen zu ergreifen. Die Tabak-Counties im Süden Marylands und das Ostufer der Chesapeake Bay waren ohnehin sezessionistisch eingestellt. Die Counties im Norden und Westen dagegen, in denen Getreide angebaut wurde und die nur wenige Sklaven beherbergten, waren der Union sicher. Aber die Loyalität Baltimores, wo ein Drittel der Bevölkerung des Staates lebte, war fragwürdig. Der Bürgermeister war bestenfalls ein sehr lauer Unionist, und der Polizeichef sympathisierte offen mit dem Süden. In den spannungsgeladenen Tagen nach der Kapitulation von Sumter wurde auf vielen Wohnhäusern und auch auf öffentlichen Gebäuden der Stadt die Flagge der Konföderierten gehißt. Die angestammte Rolle des Pöbels in der Politik von Baltimore machte die Situation unberechenbar. Es bedurfte nur eines Funkens, um die Sezessionisten Marylands zu entflammen; und so ein Funke schlug am 19. April in Baltimores Straßen ein.

An diesem Tag traf das 6. Massachusetts-Regiment – die erste voll ausgerüstete Einheit, die Lincolns Aufruf zur Mobilmachung gefolgt war – auf dem Weg nach Washington in Baltimore ein. Da keine direkte Bahnlinie durch Baltimore führte, mußten die Truppen am Ostbahnhof aussteigen und zu Fuß die Stadt durchqueren, um auf einem anderen Bahnhof den Zug nach der Hauptstadt zu besteigen. Ein Pöbelhaufen, der zunehmend gewalttätig wurde, stellte sich den Soldaten in den Weg. Aufwiegler griffen die Kompanien der Nachhut des Regiments mit Ziegel- und Pflastersteinen, ja sogar mit Pistolen an. Zwischen Zorn und Furcht schwankend, eröffneten ein paar Soldaten das Feuer. Nun war der Mob nicht mehr zu halten. Als das Regiment sich den Weg zum Bahnhof freigekämpft und dort den Zug nach Washington bestiegen hatte, lagen vier Soldaten und 12 Zivilisten, Bürger Baltimores, tot auf den Straßen, und viele Verwundete waren zu beklagen. Es waren die ersten von über 700 000 Opfern, die der Krieg in den kommenden vier Jahren fordern sollte.

Maryland schäumte vor Wut. Hier war aus dem Schlagwort von der Zwangspolitik tödlicher Ernst geworden. Und das schlimmste daran war, daß die Soldaten, die geschossen und Bürger aus Baltimore getötet hatten, aus den abolitionistischsten der »negerrepublikanischen« Staaten stammten. Um zu verhindern, daß noch weitere Regimenter aus dem Norden in Baltimore einmarschierten, gaben der Bürgermeister und der Polizeichef mit widerwilliger Zustimmung von Gouverneur Hicks Befehl, die Brücken der Eisenbahnlinie Philadelphia – Harrisburg zu sprengen. Die Sezessionisten kappten außerdem die Telegraphenleitungen, die von Washington durch Maryland führten. Damit war die Bundeshauptstadt vom Norden abgeschnitten. Tagelang wurde Washington statt mit Nachrichten nur mit Gerüchten versorgt, die immer beängstigender klangen. So hieß es etwa, Regimenter aus Virginia und bewaffnete Sezessionisten aus Maryland rückten auf die Hauptstadt vor. In Washington brach eine Belagerungspanik aus. Bürgervereinigungen und Regierungsbeamte schlossen sich zu Freiwilligenkompanien zusammen. Auf General Scotts Befehl verbarrikadierten diese Einheiten öffentliche Gebäude und befestigten sie mit Sandsäcken. Das imposante Schatzamt wurde als Verteidigungsbastion für den äußersten Notfall hergerichtet.

Nachrichten sickerten durch, wonach sich der Norden in höchster Aufregung befände und weitere Regimenter entschlossen wären, sich um jeden Preis den Weg durch Maryland zu erkämpfen. Aber die Gerüchte von einem drohenden Angriff der Virginier schienen glaubwürdiger als die Hoffnungsbotschaft von der Rettung aus dem Norden. Lincoln blickte sehnsüchtig aus den Nordfenstern des Weißen Hauses und fragte sich im stillen: »Warum kommen sie nur nicht?« Am 24. April besuchte er die Offiziere und Verwundeten des 6. Massachusetts. »Ich glaube, es gibt gar keinen Norden mehr«, gestand er den Soldaten traurig. »Das 7. [New Yorker] Regiment ist eine Legende. Rhode Island existiert auf unseren Karten nicht mehr. Ihr seid die einzigen, die wirklich den Norden verkörpern.«[14] Doch schon am nächsten Tag lief ein Truppenzug mit dem vielgerühmten 7. New Yorker Regiment in Washington ein, und bald folgten weitere Züge mit Regimentern aus den Nordoststaaten. Benjamin F. Butler hatte sie auf einem Umweg über Annapolis in die Hauptstadt gebracht und damit einen der wenigen militärischen Erfolge seiner umstrittenen Karriere erzielt. Butler war ein kluger Anwalt und gewiefter Politiker, ein Demokrat aus Massachusetts, der allerdings bald zu den Republikanern überwechseln sollte. Mit seinem Spitzbauch, dem schütteren Haar und dem Schnauzbart verriet Butler, zumal er obendrein auf dem linken Auge schielte, schon äußerlich seine verschlagene Natur. Er hatte Gouverneur Andrew die Ernennung zum Brigadegeneral der Miliz abgerungen, die Andrew auf Lincolns Mobilmachung hin zusammengestellt hatte. Das 6. Massachusetts war das erste Regiment dieser Brigade gewesen, das nach Washington abrückte. Als Butler, der mit dem 8. Massachusetts folgte, von dem Krawall in Baltimore erfuhr und hörte, daß man die Eisenbahnbrücken gesprengt hatte, ließ er das 8. vor der Chesapeake Bay aussteigen, requirierte einen Dampfer und brachte das Regiment auf dem Wasserweg nach Annapolis. Zur Mannschaft des

8. Massachusetts gehörten etliche Eisenbahner und Mechaniker. Als er feststellte, daß die Sezessionisten auf der Strecke von Annapolis nach Washington Gleise herausgerissen und Betriebsmaterial zerstört hatten, rief Butler Freiwillige auf, das verrostete Wrack einer Lokomotive, die er noch im Depot von Annapolis gefunden hatte, wieder flott zu machen. Ein einfacher Rekrut meldete sich. »Die Lok stammt aus unserer Fabrik. Ich denke, ich kann sie reparieren und wohl auch fahren.«[15] Und wirklich gelang es Butlers Truppen und dem 7. New Yorker, die Strecke wieder in Betrieb zu nehmen, über die dann Tausende von Soldaten aus dem Norden nach Washington gelangten; sie wurden damit zum Vorbild für jene späteren Meisterleistungen im Eisenbahnbau, die dem Norden den Krieg gewinnen halfen.

Die Lage in Baltimore blieb zwar gespannt, aber als immer mehr Unionstruppen über die Eisenbahnlinien Marylands anrückten und am 13. Mai das Kriegsrecht über die Stadt verhängt wurde, war den Sezessionisten erst einmal der Wind aus den Segeln genommen. Gleichwohl beugte Gouverneur Hicks sich dem Druck aus ihren Reihen und berief das Parlament ein. Lincoln erwog daraufhin, Truppen zu entsenden und sezessionistische Parlamentarier festnehmen zu lassen, besann sich dann aber eines Besseren. Zum Erstaunen des Präsidenten entpuppte sich das Parlament als eine Versammlung, die man mit dem Sprichwort »Hunde, die bellen, beißen nicht« hätte charakterisieren können. Das Unterhaus verurteilte den Krieg, den »die Bundesregierung den Konföderierten Staaten erklärt hat« und versicherte, Maryland sei »fest entschlossen, sich an seiner Durchführung weder direkt noch indirekt in irgendeiner Weise zu beteiligen«. Gleichzeitig weigerte sich das Parlament jedoch, einen Sezessionserlaß ins Auge zu fassen oder diese Aufgabe einem Konvent zu übertragen. Schließlich nahmen die Parlamentarier Gouverneur Hicks' Vorschlag an und einigten sich auf »eine neutrale Stellung zwischen unseren Brüdern aus dem Norden und aus dem Süden«.[16]

In den ersten Wochen nach Sumter erklärte man sich in den Grenzstaaten gern für »neutral«, um einer schwierigen Entscheidung auszuweichen. Doch bei der strategisch wichtigen Lage Marylands und angesichts der Nordsoldaten, die zu Tausenden dort stationiert waren oder durchmarschierten, war der Traum von der Neutralität bald ausgeträumt. Marylands angestammter Unionismus setzte sich nach und nach von selbst durch. Die Wirtschaftskraft des Staates basierte auf seinen Bahn- und Wasserverbindungen mit dem Norden. Präsident Robert Garrett von der Baltimore & Ohio-Railroad-Gesellschaft war ein überzeugter Unionsanhänger und stellte die Bahnanlagen für den Transport von Truppen und Nachschub aus dem Westen zur Verfügung. In einer außerordentlichen Kongreßwahl am 13. Juni errangen die Unionisten alle sechs Sitze. Zu diesem Zeitpunkt hatte Maryland auch schon vier Unionsregimenter gestellt. Wer jetzt noch für die Konföderation kämpfen wollte, mußte sich nach Virginia absetzen, um auf konföderiertem Boden Maryland-Regimenter aufzustellen.

Unionsbeamte ängstigten sich dennoch weiter vor Untergrundaktivitäten der Konföderierten in Baltimore. Armeeoffiziere schossen in ihrer Nervosität übers Ziel hinaus, arretierten eine Reihe mutmaßlicher Sezessionisten und inhaftierten sie in Fort McHenry. Einer der Festgenommenen war ein Enkel von Francis Scott Key, der 50 Jahre zuvor, als das Fort unter britischem Beschuß lag, *The Star Spangled Banner* gedichtet hatte. Ein anderer war John Merryman, ein reicher Großgrundbesitzer und Lieutenant einer sezessionistischen Kavallerieeinheit, die während der Aprilunruhen Brücken gesprengt und Telegraphenleitungen zerstört hatte. Merrymans Anwalt beantragte beim Bundesgericht in Baltimore einen Haftprüfungsbefehl. Der Vorsitzende Richter dort war niemand anderer als Roger B. Taney,[17] und am 26. Mai ließ er an den kommandierenden Offizier in Fort McHenry eine Anordnung auf Haftprüfung im Fall Merryman ergehen. Der Offizier weigerte sich aber, Merryman dem Gericht zu überstellen, und zwar unter Berufung darauf, daß Lincoln am 27. April die Habeaskorpusakte für Teile Marylands außer Kraft gesetzt habe.

Diese Auseinandersetzung bildete den Auftakt zu mehreren berühmt-berüchtigten Grundrechtsprozessen während des Krieges. In Artikel I, Absatz 9 der Verfassung ist festgelegt, das Recht, einen Haftprüfungsbefehl zu erwirken, »soll nicht aufgehoben werden, außer zeitweilig, wenn im Falle eines Aufstandes oder feindlichen Einfalles die öffentliche Sicherheit es erfordert«. In einem erstinstanzlichen Gerichtsentscheid vom 28. Mai machte Taney dem Präsidenten das Recht, die Habeaskorpusakte außer Kraft zu setzen, streitig. Er verwies darauf, daß die Klausel über die Vollmacht zu einer solchen Aussetzung nicht von ungefähr in dem Verfassungsartikel stehe, der die Befugnisse des Kongresses erläutert; folglich stünde auch nur dem Kongreß eine solche Vollmacht zu. Im übrigen, so Taney weiter, sei die Festnahme von Zivilisten durch Armeeoffiziere ohne Zustimmung der Zivilgerichte ebenso verfassungswidrig, als wolle man einen Bürger ohne Gerichtsverfahren auf unbestimmte Zeit in Haft behalten.[18]

Die republikanische Presse verurteilte Taneys Einlassung als bloße Spitzfindigkeit der Sklavereibefürworter. Lincoln weigerte sich, Taneys Urteil anzuerkennen. Mehrere prominente Verfassungsjuristen traten eilends an die Öffentlichkeit, um die Rechtmäßigkeit der Position des Präsidenten zu bestätigen. Wo genau die einschränkende Klausel in der Verfassung stehe, sei unerheblich, behaupteten sie; bei der Aufhebung handele es sich um eine Notstandsvollmacht, die im Falle eines Aufstands in Kraft trete, und der Präsident sei der einzige, der in einem solchen Notfall rasch genug handeln könne, vor allem während der Kongreßferien. Die

Aussetzung der Habeaskorpusakte, so die Rechtsgelehrten, diene doch nur dazu, Armeeoffiziere zu ermächtigen, mutmaßliche Verräter festzunehmen und auch ohne Verhandlung in Gewahrsam zu behalten, wenn, wie jetzt in Baltimore, die Zivilbehörden und -gerichte selbst des Landesverrats verdächtig seien.[19]

In seinem Grußwort zur Sondersitzung des Kongresses am 4. Juli 1861 erwähnte Lincoln auch den Fall Merryman. Der Präsident hielt es für seine vorrangigste Pflicht, die Rebellion zu unterdrücken, damit die Gesetze der Vereinigten Staaten auch im Süden wieder vollstreckt werden konnten. Die Aussetzung der Habeaskorpusakte sei eine entscheidende Waffe gegen die Rebellion. »Sollen alle Gesetze, bis auf eines [das Recht auf Habeaskorpus], unvollstreckt bleiben«, so die rhetorische Frage des Präsidenten, »und soll die Regierung selbst zugrunde gehen, nur damit dieses eine nicht womöglich gebrochen werde?«[20] Zwar brachten beide Kontrahenten fundierte Argumente vor, aber Taney, der keine Truppen befehligte, konnte sich nicht durchsetzen; Lincoln dagegen hatte die Macht und nutzte sie. Merryman wurde nach sieben Wochen Festungshaft in Fort McHenry freigelassen und vor dem US-Bezirksgericht angeklagt. Doch sein Fall kam nie zur Verhandlung, weil die Regierung nur zu gut wußte, daß ein Schwurgericht in Maryland ihn niemals verurteilen würde.

Während die Anwälte weiterstritten, verhaftete die Armee den Polizeichef von Baltimore und vier seiner Beamten sowie mehrere prominente Bürger als mitschuldig an den Krawallen vom 19. April und wegen angeblich fortgesetzter subversiver Umtriebe. Doch die erhoffte Ruhe kehrte auch nach diesen drakonischen Maßnahmen nicht ein. Nach dem Sieg der Konföderierten in der Schlacht von Manassas am 21. Juli faßten die Sezessionisten Marylands neuen Mut. Auf einer Sondersitzung des Parlaments im August verurteilte man in Bausch und Bogen die »ungeheuerliche Anmaßung und die ungerechten, ja tyrannischen Handlungen des Präsidenten der Vereinigten Staaten«.[21] Eine weitere außerordentliche Sitzung wurde auf den 17. September anberaumt, doch unterdessen erhielt die Regierung in Washington beängstigende Nachrichten: Es sei eine Verschwörung im Gange, und zwar plane man gleichzeitig eine Konföderierteninvasion in Maryland, einen Aufstand in Baltimore und den Sezessionserlaß im Parlament zu erzwingen. Lincoln entschloß sich, rigoros durchzugreifen. Unionstruppen riegelten Frederick ab (wo das Parlament tagte) und verhafteten 31 Sezessionsanhänger sowie zahlreiche mutmaßliche Komplizen der Verschwörung, darunter den Bürgermeister von Baltimore, George Brown. Sie alle blieben für mindestens zwei Monate, bis nach der Wahl eines neuen Parlaments im November, in Haft.

Es ist nicht weiter verwunderlich, daß diese Abstimmung zu einem triumphalen Sieg für die Unionspartei wurde. Nach der Wahl wurden die Häftlinge, die am wenigsten gefährlich schienen, freigelassen, sobald sie den Treueid auf die Vereinigten Staaten geleistet hatten. Fast alle übrigen wurden im Februar 1862 unter ähnlichen Bedingungen auf freien Fuß gesetzt. Ein paar als besonders gefährlich erachtete Fälle blieben im Gefängnis, bis im Dezember 1862 alle politischen Gefangenen amnestiert wurden. Lincoln rechtfertigte die längere Inhaftierung dieser Männer mit dem Hinweis auf »klare und unmißverständliche Beweise« ihrer »beträchtlichen und unleugbaren Komplizenschaft mit den bewaffneten Rebellen«, aber keiner dieser Beweise wurde je von der Regierung veröffentlicht, noch brachte man einen einzigen der Gefangenen vor Gericht. Einigen, zu denen vermutlich auch Bürgermeister Brown gehörte, konnte man kaum mehr zur Last legen als ihre Sympathie mit dem Süden respektive ihren nur halbherzigen Unionismus. Sie waren ganz einfach Opfer jenes zwanghaften Sicherheitsstrebens, das in Kriegszeiten – und ganz besonders in einem Bürgerkrieg – immer wieder auftritt.[22]

Tausend Meilen westlich von Maryland kennzeichneten ebenso dramatische, aber noch gewaltsamere Vorfälle den Kampf darum, Missouri in der Union zu behalten. Dynamische Persönlichkeiten spitzten diesen Kampf stärker zu, als durch die aktuelle Lage gerechtfertigt war. Das eine Extrem vertrat Gouverneur Claiborne Fox Jackson, Demokrat, Befürworter der Sklaverei und ehemaliger Anführer der »Grenzschläger«. Für das andere stand der Kongreßabgeordnete Francis P. Blair junior, der enge Verbindungen zu Washington hatte – einer seiner Brüder war Postminister, und sein Vater gehörte zu Lincolns Beraterstab. Blair hatte seinen Einfluß genutzt, um Captain Nathaniel Lyon die Ernennung zum Kommandeur der im US-Arsenal von St. Louis stationierten Truppen zu verschaffen; St. Louis war mit 60000 Musketen und anderen Waffen das größte Arsenal in den Sklavenstaaten. Lyon war ein *free-soiler*, und seine leuchtendblauen Augen, der rote Bart und die selbstbewußte Stimme ließen ahnen, wieviel Begeisterungsfähigkeit und Mut in diesem eher schmächtigen Mann steckten und ihn zu einer außergewöhnlichen Führungspersönlichkeit machten. Er hatte in Kansas gedient, als Claiborne Fox Jackson seinerzeit die sklavereifreundlichen Invasoren aus Missouri anführte. Nun, 1861, trafen »Leu« (Lyon) und »Fuchs« (Fox) wieder aufeinander, nur ging der Konflikt diesmal über äsopische Verhältnisse hinaus.

In seiner Antrittsrede als Gouverneur hatte Jackson den Bürgern Missouris am 5. Januar 1861 erklärt: »Gemeinsame Wurzeln und Ziele, Neigungen, Sitten und Gebräuche ... vereinen die Staaten des Südens zu einer Bruderschaft. [...] [Missouri sollte] rechtzeitig seine Absicht kundtun, treu zu seinen sklavenhaltenden Bruderstaaten zu stehen.«[23] Vizegouverneur, Parlamentssprecher und eine Mehrheit der tonangebenden Demokratischen Partei im Parlament vertraten den gleichen Standpunkt. Doch die unionistischen Bestrebungen des Staatskonvents, der beauftragt war, den Sezessionsantrag zu prüfen, hatten ihre Hoffnungen fürs erste vereitelt. Nun aber nutzte Jackson die Nachwirkungen von Sumter, um Missouri in die Konföderation zu treiben. Er bemächtigte sich des Polizeiapparats von St. Louis und mobilisierte Einheiten der prosüdlichen Staatsmiliz, die das kleine US-Arsenal in Liberty unweit von Kansas City besetzten. Am 17. April, dem Tag, an dem der Gouverneur Lincolns Aufruf zur Mobilmachung zurückwies, bat er Jefferson Davis schriftlich um Artillerieunterstützung für die Einnahme des St.-Louis-Arsenals. Am 8. Mai trafen mehrere große Kisten mit der Aufschrift »Marmor«, die in Wahrheit vier Kanonen nebst Munition enthielten, in St. Louis ein; sie kamen aus Baton Rouge, in dessen Bundesarsenal man sie beschlagnahmt hatte. Bald darauf erschien die Artillerie in einem Wäldchen am Rande von St. Louis, im Camp Jackson, wo die Südmiliz exerzierte.

Blair und Lyon reagierten auf jeden Schachzug von Jackson. Lyon stockte das Bundesheer um mehrere Regimenter auf, die von der deutschamerikanischen Bevölkerung, dem Kern der Unionistenbewegung in St. Louis, gestellt wurden. Damit die Sezessionisten nicht noch mehr Waffen aus dem Arsenal erbeuten konnten, trafen Lyon und Blair heimlich Vorkehrungen, 21 000 Musketen über den Fluß nach Illinois zu schaffen. Doch ihr Plan wurde entdeckt, und eine aufgebrachte Menge versammelte sich am Abend des 25. April auf dem Kai. Lyon gelang es, sie zu täuschen, indem er ein paar Kisten mit veralteten Steinschloßgewehren auf ein im Hafen vor Anker liegendes Dampfschiff schickte, wo ein eingeweihter Miliz-Captain aus Illinois vorgab, die Ladung zu erwarten. Der Mob bemächtigte sich der Kisten noch am Kai und schleppte sie im Triumphzug davon. Um Mitternacht überquerten die 21 000 modernen Musketen auf einem anderen Dampfer unbehelligt den Mississippi.

Lyon gab sich nicht damit zufrieden, abzuwarten, bis die Wogen sich glätten würden, wie die »bedingten« Unionisten es empfahlen. Er beschloß vielmehr, die 700 Milizsoldaten samt ihrer Artillerie in Camp Jackson gefangenzunehmen. Am 9. Mai begab er sich persönlich auf einen Erkundungsstreifzug ins Lager; er fuhr in einer Kutsche, mit Kleid und Umschlagtuch als Frank Blairs Schwiegermutter verkleidet. Tags darauf umzingelte er Camp Jackson mit vier Regimentern der Deutschamerikaner und zwei Kompanien Berufssoldaten. Die Miliz kapitulierte, ohne einen Schuß abzugeben. Die Schießerei begann erst später. Als Lyon die Gefangenen durch die Stadt führte, säumte die Straßen eine gereizte Menge, die zusehends größer und gefährlicher wurde. Der Pöbel rief: »Nieder mit den Deutschen« und »Hoch lebe Jeff Davis« und bewarf die deutschen Soldaten mit Ziegelbrocken und Steinen. Als ein Offizier angeschossen wurde, feuerten die Soldaten zurück. Bevor man ihnen Einhalt gebieten konnte, waren 28 Zivilisten tot oder lagen im Sterben, und es gab zahlreiche Verwundete zu beklagen. Der Pöbel wütete die ganze Nacht hindurch in den Straßen und ermordete mehrere wehrlose Deutschamerikaner. Am nächsten Tag forderte ein weiterer Zusammenstoß das Leben von vier Zivilisten und zwei Soldaten.

In St. Louis herrschte Panik, indes die Staatshauptstadt Jefferson City vom Zorn regiert wurde; hier verabschiedete das Parlament in aller Eile Gouverneur Jacksons Gesetzesantrag, mit dem der Kriegszustand über den Staat verhängt wurde. Die Vorfälle in St. Louis trieben viele gemäßigte Unionisten in die Reihen der Sezessionisten. Der prominenteste Konvertit war Sterling Price, ein General des Mexikanischen Krieges und ehemaliger Gouverneur, den Jackson zum Oberbefehlshaber der prosüdlichen Miliz ernannte. Missouri schien auf dem besten Weg, einen Bürgerkrieg innerhalb seiner eigenen Staatsgrenzen zu entfachen. Die Gemäßigten unternahmen einen letzten Versuch, das Schlimmste abzuwenden, indem sie am 11. Juni eine Konferenz zwischen Jackson und Price auf der einen und Blair und Lyon (mittlerweile Brigadegeneral) auf der anderen Seite arrangierten. Jackson und Price erboten sich, ihre Regimenter aufzulösen und die konföderierten Truppen aus Missouri fernzuhalten, vorausgesetzt, Blair und Lyon würden mit den Unionsregimentern genauso verfahren. Nach vierstündigem Streit über die Bedingungen sprang Lyon zornig auf und wetterte: »Ehe ich dem Staat Missouri auch nur einen Augenblick das Recht zugestehe, mir in irgendeinem Punkt meiner Regierung dreinzureden ... würde ich lieber Sie ... und jeden Mann, jede Frau und jedes Kind im Staate tot und begraben sehen. *Das bedeutet Krieg.*«[24]

Und Lyon stand zu seinem Wort. Vier Tage nach dieser Konferenz besetzte er Jefferson City. Price' Miliz und das Parlament räumten die Hauptstadt ohne Gegenwehr. Sie zogen sich 50 Meilen den Missouri flußaufwärts nach Bonville zurück, doch Lyon verfolgte sie erbarmungslos und vertrieb sie am 17. Juni nach einem Scharmützel, das nur wenige Opfer forderte, aus der Stadt. Price' besiegte Truppen zogen sich Anfang Juni bis ganz an die Südwestgrenze von Missouri zurück, die Unionisten immer hart auf den Fersen. Lyon wurde der erste Kriegsheld des Nordens. Ohne nennenswerte Hilfe von außen hatte er eine Armee auf die Beine gestellt, ausgerüstet und geschult, hatte die ersten bedeutenden Siege der Union in diesem Krieg errungen und den Großteil Missouris in seine Gewalt gebracht.

Allein, Lyon hatte in ein Wespennest gestochen. Zwar hätten Guerillaverbände Missouri in jedem Fall heimgesucht, aber die durch Lyon und Blair bewirkte Spaltung des Staates trug dazu bei, große Gebiete in ein Niemandsland zu verwandeln, in dem Stippangriffe, Brandstiftung, Überfälle aus dem Hinterhalt und Mord wüteten. Die konföderierten Guerillaführer William Quantrill, »Bloody Bill« Anderson und George Todd wurden berüchtigt für ihre Angriffe aus dem Hinterhalt. Noch bekannter – oder verrufener – wurden nach dem Krieg ihre Jünger Jesse und Frank James sowie Cole und Jim Younger. Die unionistischen Konterrevolutionstruppen, die »Jayhawkers« aus Kansas und allen voran die Kansas-Regimenter unter Führung von James Lane, Charles Jennison und James Montgomery nahmen es, was Freibeutertaktiken betraf, durchaus mit den Guerillas auf. Mehr als jeder andere Staat litt Missouri unter den Schrecknissen eines gegenseitigen Vernichtungskrieges und unter dem daraus entstandenen Haß, der Appomattox um Jahrzehnte überdauerte.

Ungeachtet aller Kämpfe behielt die Union die politische Macht über den größten Teil des Staates, eine Macht, die sie freilich auf beispiellose Weise nutzte. Der Gouverneur und der Großteil des Parlaments hatten sich aus dem Staub gemacht. Das einzige unionistische Gremium mit einem gewissen Autoritätsanspruch war der Staatskonvent, der sich im März, nach Ablehnung der Sezession, vertagt hatte. Nun versammelte sich am 22. Juli eine beschlußfähige Gruppe des Konvents aufs neue, ernannte sich zur provisorischen Regierung von Missouri, erklärte die Staatsämter für vakant und das Parlament für nicht existent und wählte daraufhin einen neuen Gouverneur und andere Staatsbeamte. Unter dem Namen »Long Convention« (der die Analogie zum Langen Parlament aus dem englischen Bürgerkrieg herstellen sollte) regierte dieser Konvent Missouri bis zum Januar 1865; erst dann löste eine unter einer neuen freiheitlichen Verfassung gewählte Regierung ihn ab.

Unterdessen berief Claiborne Jackson in Neosho, nahe der Grenze zu Arkansas, das prosüdstaatlerische Parlament zusammen. Dieses Gremium war zwar mangels Mitgliedern nicht beschlußfähig, verfügte aber trotzdem am 3. November 1861 einen Sezessionserlaß. Am 28. November nahm der Kongreß in Richmond Missouri als 12. Staat in die Konföderation auf. Missouri entsandte zwar Senatoren und Abgeordnete nach Richmond, doch seine konföderierte Regierung wurde kurz nach dem Sezessionserlaß aus dem Staat verjagt und bestand während des ganzen Krieges nur als Exilregierung weiter.

Fast zwei Drittel der weißen Männer Missouris und zwei Drittel derer in Maryland, die am Bürgerkrieg teilnahmen, kämpften auf seiten der Union. In Kentucky war die Aufteilung zwischen Nord und Süd ausgeglichener; hier trugen mindestens zwei Fünftel der weißen Kampftruppe die graue Uniform. Kentucky war die Wiege von Abraham Lincoln *und* von Jefferson Davis. Es fühlte sich einerseits dem Nationalismus eines Henry Clay verpflichtet, war andererseits aber durch verwandtschaftliche und kulturelle Bande mit dem Süden verknüpft. Drei »freie« und drei Sklavenstaaten grenzten an Kentucky, und eben weil dieser Staat gefühlsmäßig wie geographisch so gleichmäßig aufgeteilt war, widerstrebte es seiner Bevölkerung, sich für eine Partei zu entscheiden. Einen Monat nach Lincolns Aufruf zur Mobilmachung beschloß das Parlament, daß »dieser Staat und seine Bürger nicht an dem Bürgerkrieg, der jetzt im Gange ist, teilnehmen, [sondern] strikte Neutralität bewahren [werden]«.[25]

Die Bürger Kentuckys übten sich mit Stolz in ihrer traditionellen Mittlerrolle zwischen Nord und Süd. Dreimal hatte Henry Clay historisch bedeutende Kompromisse zwischen den Nationen ersonnen, nämlich 1820, 1833 und 1850. 1861 hatte Clays Nachfolger John J. Crittenden sich um einen vierten bemüht. Und noch im März 1861 glaubten die Unionisten Kentuckys, daß der Crittenden-Kompromiß die beste Lösung zur Rettung der Union böte. Gouverneur Beriah Magoffin bat die Gouverneure der drei Mittelweststaaten an Kentuckys Nordgrenze dringend um eine Konferenz, die einen Vermittlungsvorschlag ausarbeiten und den kriegführenden Parteien unterbreiten sollte, und er entsandte Boten mit dem gleichen Ansinnen nach Tennessee und Missouri. Wenn alle sechs Staaten gemeinsam Front machten, so dachte Magoffin, dann könnten sie Norden und Süden zwingen, Frieden zu schließen. Doch die republikanischen Gouverneure der Mittelweststaaten, die sich bereits für den Krieg rüsteten, wollten von dem Vorschlag überhaupt nichts wissen, und Tennessee verschrieb sich ohnehin schon bald der Konföderation. An der Grenzstaatenkonferenz, die am 8. Juni in Frankfort stattfand, nahmen nur Delegierte aus Kentucky und Missouri teil, und die vertagten sich resigniert, nachdem sie ein paar Resolutionen verabschiedet hatten, die keine Beachtung fanden.

Theoretisch bestand zwischen Neutralität und Sezession kaum ein Unterschied. »Neutralität!!« empörte sich im Mai 1861 ein Unionist aus Kentucky. »Ich bitte Sie, Sir, das ist doch eine Erklärung der Staatssouveränität und mithin genau des Prinzips, das South Carolina und andere Staaten zum Austritt bewogen hat.« Lincoln stimmte – theoretisch – zu. Aber wie andere Pragmatiker im Unionslager sah er ein, daß Neutralität das Beste war, was man zur Zeit erwarten durfte, denn die Alternative hieß fraglos Sezession. Nach der Kapitulation von Fort Sumter schwangen die Breckinridge-Demokraten in Kentucky wochenlang bombastische Reden über die Rechte des Südens, die Solidarität mit den Bruderstaaten und dergleichen. Die Bürger des Staates setzten sich zu Tausenden nach Tennessee ab und traten dort in die konföderierte Armee ein. Offiziell wies Gouverneur Magoffin zwar Jefferson Davis' Aufruf zur Mobilmachung ebenso zurück wie den Lincolns, aber da er mit dem Süden sympathisierte, gab er den konföderierten Anwerbern heimlich doch die Erlaubnis, den Staat zu betreten. Sogar ein paar Unionisten aus Kentucky erklärten, falls die Soldaten des Nordens den Süden unter Druck setzen sollten, »werde Kentucky sofort sein Schwert zugunsten der Sache ziehen, die dann auch die seine wäre«. Mit einem feinen Gespür für die heiklen Meinungsverhältnisse in seinem Heimatstaat versicherte Lincoln dem Unionisten Garrett Davis am 26. April, zwar »habe er das unbestrittene Recht, die Truppen der Vereinigten Staaten jederzeit in und durch jedweden Staat marschieren zu lassen«, doch sei es gegenwärtig nicht seine Absicht, von diesem Recht in Kentucky Gebrauch zu machen. Wenn der Staat Kentucky »kein militärisches Manöver gegen die Vereinigten Staaten unternähme, würde er ihn auch nicht behelligen«.[26]

Lincoln, der dieses Versprechen unbedingt halten wollte, ging sogar so weit, einen regen Handelsverkehr durch Kentucky zu dulden, der der Konföderation zugute kam. Pferde, Maultiere, Proviant, Lederwaren, Salz und anderer militärischer Nachschub, ja sogar Munition gelangten über Kentucky nach Tennessee. Viele Yankees verurteilten diesen Handel (derweil andere stillschweigend ausrechneten, wieviel Profit sie dabei machten). Die Gouverneure des Mittelwestens und die Armee brachten den Transport über den Fluß bald zum Erliegen, indem sie den Ohio mit bewaffneten Dampfern und Artillerie bestückten. Doch die Louisville- und die Nashville-Eisenbahngesellschaft beförderten auch weiterhin Wagenladungen voller Vorräte aus Kentucky in die Nachschublager von Tennessee. Zwar hatte Lincoln eine Blockade über die konföderierten Häfen verhängt, doch er zögerte eine Landblockade gegen Kentucky hinaus, um nur ja dessen »Neutralität« nicht zu verletzen. Erst am 16. August, als die Wahlen in Kentucky gezeigt hatten, daß der Staat sicher in der Hand der Unionisten war, verbot Lincoln per Dekret jeglichen Handel mit der Konföderation. Selbst das brachte die Geschäfte nicht ganz zum Erliegen, aber immerhin waren sie jetzt gesetzwidrig und mußten von nun an im verborgenen abgewickelt werden.[27]

Lincolns Nachsicht mit Kentucky machte sich bezahlt. Die Unionisten äußerten sich freimütiger, und die bislang Unentschlossenen schlugen sich auf die Seite der Union. Henry Clays Vermächtnis begann sich durchzusetzen. Unionistische Bürgerwehrregimenter entstanden in rascher Folge, um der von Gouverneur Magoffin gegründeten, prosüdlichen Staatsmiliz die Stirn zu bieten. Agenten der Union schmuggelten 5000 Musketen aus Cincinnati über den Fluß, um die Bürgerwehr zu bewaffnen. Der Kentuckier Robert Anderson, berühmt geworden durch Fort Sumter, richtete als Gegenstück zu den Lagern der Konföderierten gleich hinter der Grenze nach Tennessee Rekrutierungslager für Freiwillige aus Kentucky ein. Bei einer Sonderwahl am 20. Juni errangen die Unionisten über

70 Prozent der Stimmen und damit fünf der sechs Kongreßsitze Kentuckys.[28] Die Sympathie mit der Konföderation war allerdings stärker, als dieses Wahlergebnis vermuten ließe; das rührte daher, daß viele Southern-Rights-Wähler es ablehnten, sich an einer Wahl zu beteiligen, die unter der Schirmherrschaft einer von ihnen nicht akzeptierten Regierung stattfand. Dennoch endete die reguläre Wahl des Staatsparlaments am 5. August mit einem noch überzeugenderen Sieg der Union: Das nächste Parlament würde im Abgeordnetenhaus über eine Mehrheit von 76 gegen 24 und im Senat über eine von 27 gegen 11 verfügen.

Diese Parlamentswahl markierte den Anfang vom Ende der Neutralität in Kentucky. Militärische Umtriebe entlang der Staatsgrenzen zwangen das neue Parlament bald, Partei zu ergreifen. Mehrere Nordregimenter waren in Cairo (Illinois), also am Zusammenfluß von Ohio und Mississippi, stationiert. Etwa gleich starke konföderierte Einheiten hielten keine 50 Meilen weit entfernt den Nordwesten Tennessees besetzt. Der Schlüssel zur Herrschaft über den Mississippi zwischen diesen beiden Fronten war das Steilufer am Kopfbahnhof von Columbus (Kentucky). Beide rivalisierende Kommandeure richteten begehrliche Blicke nach Columbus, und jeder fürchtete – zu Recht –, daß der andere die Absicht habe, die Klippen dort zu erobern und zu befestigen.

Kommandeur der Konföderierten war Leonidas Polk, eine hochgewachsene, soldatische Erscheinung, Mitglied einer vornehmen Südstaatenfamilie, der als West-Point-Absolvent zu den Besten seines Jahrgangs gehört hatte. Polk war 1827 aus der Armee ausgetreten, hatte sich dem geistlichen Stand verschrieben und es bis zum Bischof der Episkopalkirche gebracht. Doch als 1861 der Krieg kam, legte er das Priestergewand ab und zog die Uniform eines Generalmajors an. Trotz seines erstklassigen Rufs als Offizier erfüllte Polk die aufgrund seiner Jugendlaufbahn in ihn gesetzten militärischen Hoffnungen nicht. Er sollte den Krieg nicht überleben. Sein Gegner war der Unionskommandeur Ulysses Simpson Grant, ein laxer, unsoldatischer Mensch aus einer bescheidenen Durchschnittsfamilie, der in West Point zur unteren Hälfte seines Jahrgangs gehört hatte und 1854 in Unehren, nämlich wegen Trunkenheit, aus der Armee ausgeschieden war. Grant hatte auch in mehreren Zivilberufen Schiffbruch erlitten, ehe er sich der Union 1861 als Freiwilliger zur Verfügung stellte. »Ich halte mich für kompetent genug, ein Regiment zu befehligen«, hatte er dem Generaladjutanten in einem Brief vom 24. Mai 1861 – auf den er keine Antwort erhielt – bescheiden mitgeteilt.[29] Grant erhielt seine Ernennung zum Colonel und die Beförderung zum Brigadegeneral durch den Kongreßabgeordneten seines Bezirks und den Gouverneur von Illinois, die händeringend nach Offizieren suchten, um die unbeholfenen Freiwilligenhaufen aus Illinois auf Vordermann zu bringen. Der namenlose Grant, der kaum

Aussichten hatte, sollte es gleichwohl zum General-Lieutenant und Befehlshaber über sämtliche Unionstruppen bringen, ja sogar Präsident der Vereinigten Staaten werden.

Polk machte als erster Anstalten, Columbus zu erobern. Am 3. September marschierten Truppen, die seinem Kommando unterstanden, in Kentucky ein und besetzten die Stadt. Grant besetzte im Gegenzug Pacutah und Smithland an den Mündungen der strategisch wichtigen Flüsse Tennessee und Cumberland. Zwar waren somit beide Seiten in Kentucky eingefallen, doch da die Konföderierten den ersten Schritt getan hatten, wurden sie als Aggressor gebrandmarkt, und das Parlament verwandelte sich von einem halbherzigen zum kriegerischen Unionismusgremium. Am 18. September wurde auf dem Capitol die amerikanische Flagge gehißt, und die Gesetzgeber beschlossen mit einer Mehrheit von 3:1, Kentucky sei »von den Truppen der sogenannten Konföderierten Staaten überrannt« worden, und folglich »... müssen die Invasoren vertrieben werden«.[30] Gouverneur Magoffin und Senator Breckinridge legten ihre Ämter nieder, um sich mit den Konföderierten zusammenzutun. Andere Kentuckier folgten ihrem Beispiel. Am 18. November verabschiedete ein Konvent mit 200 Delegierten den Sezessionserlaß und bildete eine provisorische Regierung, mit der ihn der Kongreß in Richmond am 10. Dezember als 13. Staat in die Konföderation aufnahm. Zum Jahresende hielten 35000 Soldaten der konföderierten Armee den Südwesten Kentuckys besetzt und trotzten über 50000 Unionisten, die den übrigen Staat beherrschten.

Der Krieg war also endlich nach Kentucky gekommen, und hier wurde er mehr als anderswo im wahrsten Sinne des Wortes zum Bruderkrieg. Vier Enkel Henry Clays kämpften für die Konföderation und drei andere auf seiten der Union. Einer der Söhne Senator John J. Crittendens wurde General in der Unionsarmee, der andere General in der Armee der Konföderierten. Die Frau des Präsidenten der Vereinigten Staaten, die aus Kentucky stammte, hatte vier Brüder und drei Schwäger, die für den Süden kämpften – einer starb als Captain in Baton Rouge, ein anderer als General in Chickamauga. Auf mehreren Schlachtfeldern kämpften Kentucky-Regimenter gegeneinander; in der Schlacht von Atlanta nahm ein Breckinridge aus Kentucky, der für die Yankees focht, bei einem Zusammenstoß mit den Rebellen seinen eigenen Bruder gefangen.

IV

Die Unionstreue des vierten Grenzstaates, des kleinen Delaware, stand nie in Zweifel. Delaware war praktisch ein »freier« Staat, denn der Sklavenhandel seiner Bevölkerung betrug weniger als zwei Prozent, und über 90 Prozent seiner schwarzen Einwohner waren frei. Im Januar 1861 hatte das Parlament seine »uneingeschränkte Ablehnung« der Sezession zum Ausdruck gebracht und die Frage seitdem nicht mehr in Betracht gezogen. Die wenigen Sklavenhalter und Sympathisanten mit der Konföderation, die es in Delaware gab, wohnten hauptsächlich in den Counties im Süden, die an die Ostküste Marylands grenzen.[31]

In jedem der vier Staaten des oberen Südens, die aus der Union austraten, gab es ein großes Gebiet, in dem das Engagement für die Sklaverei und die Konföderation kaum größer war als in Delaware: nämlich West-Virginia, den Westen North Carolinas, den Osten Tennessees und den Norden von Arkansas. Wirtschaft und Gesellschaft in zwei dieser Hochlandregionen unterschieden sich so stark vom Rest des jeweiligen Staates, daß sie im Krieg Eigenstaatlichkeit beantragten. West-Virginia gelang es, sich von der Konföderation zu trennen und wieder der Union beizutreten. Ähnliche Bestrebungen im Osten Tennessees schlugen fehl; die dadurch hervorgerufene Verbitterung hielt noch bis lange nach dem Krieg an.

In den 35 Counties von Virginia westlich des Shenandoahtals und nördlich des Flusses Kanawha lebte 1860 ein Viertel der weißen Bevölkerung von Virginia. Sklaven und Sklavenhalter gab es kaum in diesen engen Tälern mit den steilen Berghängen. Kultur und Wirtschaft der Region waren eher auf die nahe gelegenen Staaten Ohio und Pennsylvania ausgerichtet als auf das ferne Tiefland Virginias. Wheeling, die größte Stadt, lag nur 60 Meilen von Pittsburgh, aber 330 Meilen von Richmond entfernt. Seit Jahrzehnten schon hegten die schlichten, armen Bergbewohner, die in dem von Sklavenhaltern dominierten Parlament unterrepräsentiert waren, einen Groll gegen die »Wattenbarone«, die den Staat regierten. Sklaven wurden unter einem Drittel ihres Marktwerts besteuert, anderer Besitz dagegen nach dem vollen Verkehrswert. Der Löwenanteil der staatlichen Binnenerschließung ging an die Counties im Osten, während der Nordwesten vergebens mehr Straßen und Eisenbahnen forderte. »West-Virginia«, erklärte eine Zeitung aus Clarksburg im Sezessionswinter von 1860 auf 1861, »hat unter ... seinen Brüdern im Osten mehr gelitten, als sämtliche Baumwollstaaten zusammengenommen je vom Norden erdulden mußten.«[32]

Die Ereignisse des Jahres 1861 brachten den seit langem unterschwellig bestehenden Wunsch des Westens nach Souveränität endlich zum Tragen. Nur fünf der 31 Abgeordneten aus Nordwest-Virginia stimmten am 17. April für den Sezessionserlaß. Und die Wähler dieser Region lehnten die Ratifizierung des Erlasses mit einer Mehrheit von 3:1 ab. Massenversammlungen der Unionisten überall im Nordwesten vereinigten sich am 11. Juni in Wheeling zu einem Konvent. Der vordringlichste Tagungspunkt, mit dem dieser Konvent sich auseinanderzusetzen hatte, war die Frage, ob man die Eigenstaatlichkeit West-Virginias unverzüglich betreiben oder den Schritt noch hinausschieben solle. Der Stolperstein, der ein sofortiges Handeln erschwerte, war Artikel IV, Absatz 3 der US-Verfassung, demzufolge das Parlament seine Zustimmung erteilen muß, bevor aus dem Territorium eines bereits bestehenden Staates ein neuer gebildet werden kann. Das konföderierte Parlament Virginias würde natürlich der Gründung eines separaten Staates nicht zustimmen, und darum ernannte der Wheeling-Konvent seine eigene »wiedereingesetzte Regierung« von Virginia. Das konföderierte Parlament in Richmond brandmarkte er kurzerhand als rechtswidrig, erklärte alle Staatsämter für unbesetzt und ernannte am 20. Juni neue Regierungsvertreter, angeführt von Francis Pierpoint als Gouverneur. Lincoln erkannte die Pierpoint-Administration *de jure* als Regierung Virginias an. Ein Rumpfparlament, das theoretisch den ganzen Staat, praktisch aber nur die Nordwest-Counties repräsentierte, wählte daraufhin zwei US-Senatoren aus Virginia, die am 13. Juli 1861 ihren Sitz im Senat einnahmen. Drei Kongreßabgeordnete aus West-Virginia nahmen gleichfalls ihre Plätze im Repräsentantenhaus ein.

Als der Wheeling-Konvent im August 1861 wieder zusammentrat, kam es zu einer längeren Debatte zwischen Separatisten und Konservativen. Letztere konnten sich nur schwer damit abfinden, daß ein Parlament, welches nur ein Fünftel der Counties von Virginia repräsentierte, gleichwohl für den ganzen Staat handeln durfte. Aber am 20. August stimmte der Konvent endlich doch einem »Aufteilungserlaß« zu, der am 24. Oktober 1861 per Referendum ratifiziert werden sollte. Bei dieser Gelegenheit würden die Wähler auch gleich die Delegierten für eine verfassunggebende Versammlung des neuen Staates »Kanawha« bestimmen. All diese Maßnahmen wurden vor dem Hintergrund von Militäreinsätzen getroffen, in deren Verlauf eine Unionsarmee in West-Virginia einmarschierte und eine kleinere Konföderiertenarmee besiegte. Diese Leistung war entscheidend für den Erfolg der Souveränitätsbewegung, denn ohne die Präsenz siegreicher Nordtruppen wäre der Staat West-Virginia wohl nicht ins Leben gerufen worden.

Die Unionstruppen marschierten jedoch nicht nur aus politischen, sondern auch aus strategischen Gründen in West-Virginia ein. Die Bahnlinie der »Baltimore and Ohio Railroad« sowie der Ohio verliefen über 200 Meilen durch dieses Gebiet beziehungsweise entlang seiner Grenze. Als direkteste Bahnverbindung zwischen Washington und dem Mittleren Westen sollte die B & O in der Logistik des Bürgerkrieges eine wichtige Rolle spielen. Bereits im Mai 1861 hatten die Konföderierten die Bahnlinie in Harper's Ferry unterbrochen, während die Rebellenmiliz im Nordwesten Virginias die Strecke bei Grafton besetzt hielt und alle Brücken westlich von dort sprengte. West-Virginia bat Washington dringend um militärischen Beistand, doch General Scott, der mit der Verteidigung der Hauptstadt alle Hände voll zu tun hatte, konnte wenig Unterstützung bieten. Statt seiner kam jenseits des Ohio der Gouverneur Ohios, William Dennison, den West-Virginiern zu Hilfe. Wie viele andere Staaten stellte auch Ohio mehr Regimenter, als Lincoln in seiner Proklamation vom 15. April gefordert hatte. Dennison hatte noch das besondere Glück, daß ihm George B. McClellan, William S. Rosecrans und Jacob D. Cox zur Seite standen, die alle drei in diesem Bürgerkrieg berühmte Oberbefehlshaber werden sollten. McClellan und Rosecrans waren in ihrer Abschlußklasse in West Point unter den Besten gewesen und hatten, nachdem sie ihre erfolgreiche Armeelaufbahn aufgegeben hatten, auch im Zivilleben Karriere in kaufmännischen und technischen Berufen gemacht. Cox, der in Oberlin studiert hatte, war ein hervorragender Anwalt, Mitbegründer der Republikanischen Partei in Ohio und Brigadegeneral der Miliz von Ohio. Diese drei Männer bildeten die Regimenter aus, die Gouverneur Dennison und sein ebenso tatkräftiger Nachbar, der Gouverneur von Indiana, Oliver P. Morton, aufgestellt hatten. McClellan, der das Kommando über die Truppen übernahm, schickte am 26. Mai eine Vorhut über den Ohio, die sich mit zwei Unionsregimentern aus Virginia verbinden sollte.

Ihr ursprüngliches Angriffsziel war der Knotenpunkt der B & O in Grafton, 60 Meilen südlich von Wheeling. Der Colonel, der die konföderierte Abteilung in Grafton kommandierte, zog seine zahlenmäßig unterlegene Truppe ins 15 Meilen weiter südlich gelegene Philippi zurück. 3000 Unionssoldaten, die erst seit fünf Wochen Dienst taten, setzten ihr in nächtlichen Gewaltmärschen, bei Regen und trotz erbärmlicher Straßenverhältnisse in einem Tempo nach, das altgedienten Kämpfern Ehre gemacht hätte. Der geplante Zangenangriff gegen die 1500 Konföderierten in Philippi mißlang zwar, aber die Rebellen flohen weitere 25 Meilen südwärts nach Beverly, und das in so kopfloser Hast, daß die Zeitungen im Norden höhnisch über das »Rennen von Philippi« berichteten.

Am 21. Juni traf McClellan in Grafton ein, um den Feldzug persönlich zu führen. McClellan, mit seinen 34 Jahren ein ebenso charmanter wie kultivierter junger Mann, der über große Fähigkeiten und ein noch größeres Selbstwertgefühl verfügte, stellte in West-Virginia erstmals einen aufkeimenden Napoleonkomplex zur Schau, der sich freilich nur in seinen Kriegsberichten und Proklamationen, nicht aber in seiner Truppenführung in der Schlacht niederschlug. »Soldaten!« tönte es etwa in einer Ansprache an seine Truppen in Grafton. »Es ist mir zu Ohren gekommen, daß ihr hier in Gefahr wart. Darum bin ich hergeeilt, mich an eure Spitze zu stellen und die Gefahr mit euch zu teilen. Jetzt fürchte ich nur noch eines – daß ihr nicht die Feinde finden werdet, die eures Schwertes würdig sind.«[33]

Auch Robert E. Lee hoffte, daß McClellans Soldaten auf Widersacher treffen würden, die ihnen ebenbürtig waren. Aber Lee, der in Richmond als eine Art Oberbefehlshaber der Streitkräfte Virginias fungierte, konnte für das weit entfernte West-Virginia nur wenige Männer und noch weniger Waffen entbehren. Mit knapper Müh und Not stellte er ein paar tausend Mann Verstärkung zusammen und schickte sie unter dem Kommando von Robert S. Garnett nach Beverly. Mit 4500 Mann »in elendestem Zustand, was Waffen, Kleidung, Ausrüstung und Disziplin betrifft«, befestigte Garnett die Pässe, über welche die Hauptverkehrswege vom Shenandoahtal nach Wheeling und Parkersburg verliefen.[34]

Ende Juni hatte McClellan 20 000 Mann jenseits des Allegheny-Plateaus in Virginia zusammengezogen. 5000 bis 6000 bewachten die B & O, deren Strecke nach Washington inzwischen wieder in Betrieb genommen worden war. Weitere 2500 Mann schickte McClellan unter dem Kommando von Jacob Cox den Kanawha hinauf nach Charleston. Mit den restlichen 12 000 Mann wollte McClellan Garnetts kleine Armee einkesseln und dann die Falle zuschnappen lassen. Er ließ 4000 Mann zurück, die einen Scheinangriff gegen Laurel Mountain führten, indes er drei Brigaden für die Hauptattacke acht Meilen weiter südlich am Rich Mountain einsetzte. Doch statt die Schützengräben der Konföderierten im Frontangriff zu stürmen, ließ McClellan Rosecrans seinen geplanten Flankenangriff mit nur einer Brigade führen, während er selbst sich mit den beiden anderen Brigaden bereithielt, um die Erfolge auszuschlachten, die Rosecrans erzielen würde. Rosecrans' Ohio- und Idaho-Regimenter, die von einem ortskundigen Unionisten über einen schmalen Bergpfad geleitet wurden, rollten am 11. Juli die Flanke des Gegners auf; 170 der 1300 Konföderierten wurden getötet, verwundet oder gefangengenommen, während die Bundestruppen nur etwa 60 Opfer zu beklagen hatten. McClellan mißdeutete jedoch den Kampflärm, der durch Wald und Lorbeergesträuch herüberdrang und befürchtete, Rosecrans sei geschlagen worden. Deshalb unterließ er den verabredeten Nachstoß und ermöglichte dem Großteil der Rebellen die Flucht. Jacob Cox, der später als Historiker über den Feldzug berichtete, wies darauf hin, daß McClellan schon in West-Virginia »die Eigenschaften erkennen ließ, die später allgemein bekannt wurden. Damals bereits überschätzte er den Feind, neigte dazu, Geräusche und mehrdeutige Zeichen von der Front unvorteilhaft auszulegen, und zögerte, seine Truppe voll einzusetzen, obwohl er wußte, daß sein Untergebener den Feind angriff«.[35]

Trotz McClellans Hasenfüßigkeit veranlaßte Rosecrans' Angriff die Konföderierten zum überstürzten Rückzug. Fünfhundert ihrer Leute wurden später noch gefangengenommen, während Garnetts 3000 Mann starke Hauptstreitmacht am Laurel Mountain, die nun die Bundestruppen im Rücken hatte, über schlechte Straßen gen Norden und Osten floh. Die Unionsbrigaden verfolgten Garnetts Nachhut und griffen sie am 13. Juli in Corrick's Ford an, wo Garnett sein Leben lassen mußte – der erste Bürgerkriegsgeneral, der auf dem Schlachtfeld fiel. Zwar konnten die meisten Rebellen entkommen, aber dennoch befreite der Feldzug den Nordwesten Virginias von organisierten südlichen Streitkräften. Die Zeitungen im Norden rühmten dies als phantastischen Erfolg. McClellan zögerte nicht, das Lob auf sich zu münzen. Am 16. Juli gab er eine Proklamation heraus, die von der Presse, die angefangen hatte, ihn den »jungen Napoleon« zu nennen, publiziert wurde und ihre Wirkung nicht verfehlte: »Soldaten der West-Armee! [...] Ihr habt zwei Armeen aufgerieben. [...] Ihr habt fünf Geschütze, 12 Fahnen, 1500 Ausrüstungen erbeutet und 1000 Gefangene gemacht. [...] Soldaten! Ich habe Vertrauen zu euch und bin zuversichtlich, daß auch ihr gelernt habt, mir zu vertrauen.«[36]

McClellans Siege ermöglichten es dem erneut zusammengetretenen Wheeling-Konvent, im August den Souveränitätserlaß zum Gesetz zu erheben. Doch bevor das Referendum am 24. Oktober stattfand, unternahmen die Konföderierten noch einen beherzten Versuch, West-Virginia zurückzuerobern. Bereits im August hatten sie 20000 Mann im Gebiet jenseits des Allegheny-Plateaus zusammengezogen, womit sie den Bundestruppen zum ersten und einzigen Mal in diesem Krieg zahlenmäßig überlegen waren. Doch die meisten dieser Männer waren unausgebildet, viele bloß mit unzuverlässigen alten Musketen mit glattem Lauf ausgerüstet oder gar nur mit Raubzeugwaffen oder Schrotflinten. Zudem stand ein Drittel von ihnen auf der Krankenliste – die meisten mit Masern oder Ziegenpeter; die Bauernburschen, die diesen Kinderkrankheiten bisher nicht ausgesetzt gewesen waren, wurden von ihnen nachdrücklich außer Gefecht gesetzt. Aber ob gesund oder krank – 5000 Soldaten der Konföderierten dienten unter zwei unabhängigen Kommandos, geführt von John B. Floyd und Henry A. Wise, ehemaligen Gouverneuren Virginias und engagierten Sezessionisten, die es nun nach militärischen Ehren gelüstete. Im Juli hatten Jacob Coxes Ohio-Truppen Wises Brigade den ganzen Kanawha bis nach White Sulphur Springs, 100 Meilen östlich von Charleston, hinaufmanövriert. Floyds Brigaden kamen Wise als Verstärkung zu Hilfe, doch die beiden Männer haßten einander so sehr, daß sie mehr

Zeit damit verbrachten, sich gegenseitig zu befehden, als damit, einen Gegenangriff auf Cox zu planen.[37]

Unterdessen ernannte die Regierung in Richmond Robert E. Lee zum Oberbefehlshaber über die konföderierten Truppen in West-Virginia. Lee begab sich persönlich nach Huntersville, wo 10 000 durchnäßte, kranke und hungrige konföderierte Soldaten einer 3000 Mann starken Unionstruppe gegenüberstanden, die sich auf den Höhen des Cheat Mountain verschanzt hatte, nur wenige Meilen südlich vom Rich-Mountain-Paß, von dem Rosecrans im Juli die Rebellen vertrieben hatte. Die Südstaatler setzten große Hoffnungen in Lee, doch diesmal sollte er sie enttäuschen. Sein komplizierter Plan, der vorsah, daß fünf Kolonnen getrennt gegen zwei Stellungen der Union vorrückten, wurde vereitelt von dem schwierigen Gelände, der Unerfahrenheit seiner Offiziere, der Erschöpfung und Krankheit seiner Männer – und obendrein durch das Wetter. An den meisten der 45 Tage, bevor Lees Truppen am 10. September losmarschierten, hatte es geregnet. Der aufgeweichte Boden zwang sie, das Tempo drastisch zu drosseln. Nachdem ein paar Scharmützel, die auf jeder Seite weniger als 100 Opfer forderten, jede Chance auf einen Überraschungsangriff zunichte gemacht hatten, gab Lee auf und ließ die Operation am 15. September abblasen. Die Bundestruppen behielten die Kontrolle über die Pässe des Allegheny-Plateaus. Nachschubprobleme verhinderten weitere Einsätze der Konföderierten in diesem Gebiet. Mit typisch angeberhaftem Soldatenhumor erzählten die Männer anschließend Geschichten von Maultieren, die vor Erschöpfung starben, als sie die schwerbeladenen Wagen über die aufgeweichten Straßen zerren mußten und dabei im Schlamm einsanken, bis nur noch die Ohren herausschauten. Etwa um diese Zeit ließ Lee sich einen Bart wachsen; es wurde ein grauer.

Lee zog mit dem Großteil seiner Truppen südwärts zum Kanawhatal, um Floyd und Wise beizustehen, deren Vormarsch am 10. September bei Carnifex Ferry von Rosecrans gedrosselt worden war. Jefferson Davis setzte dem Zwist zwischen den beiden politischen Generälen schließlich ein Ende, indem er Wise nach Richmond zurückbeorderte. Als Lee im Kanawhatal anlangte, waren seine Truppen den Unionisten zahlenmäßig zwar überlegen, aber wieder einmal machten Regen, Krankheit und Gelände – nicht zu vergessen Rosecrans' treffliche Feldherrenkunst – den Versuch der Konföderierten, den Feind einzukesseln, zunichte. Rosecrans zog seine Männer am 6. Oktober auf eine besser zu verteidigende Position zurück. Und Lee, der keine Möglichkeit sah, den Feind erfolgreich anzugreifen, kehrte Ende Oktober nach Richmond zurück. Als er bald darauf nach South Carolina fuhr, um die Verteidigungsstellungen der Konföderierten an der Küste zu unterstützen, war sein Ruf in Richmond ziemlich angeknackst. Noch im August hatten die dortigen Zeitungen prophezeit, daß er die Yankees nach Ohio zurückdrängen werde; im Oktober verspotteten sie ihn als »Granny Lee« und als »Evakuierungs-Lee«. Und der *Richmond Examiner* erklärte ihn beißend, für »ausgetrickst, ausmanövriert und, als General, ausgemustert«.[38]

In der ersten Novemberhälfte ging Rosecrans erneut zum Angriff über. Mit viel taktischen Manövern, aber wenig tatsächlichen Gefechten zwang er Floyd, sich völlig aus dem Gebiet zurückzuziehen, das heute West-Virginia ist. Sowohl das Kanawhatal als auch der Nordwesten Virginias blieben von da an unter der militärischen Oberhoheit der Union – abgesehen von periodischen Angriffen der Rebellen und dem ständigen Guerillakrieg. Das Kanawhatal hatte im Referendum vom 23. Mai mehrheitlich für die Sezession gestimmt; auch nachdem das Gebiet zu einem Teil des neuen Staates West-Virginia geworden war, sympathisierte man dort weiter mit der Konföderation. Wie Missouri und andere Regionen im Grenzbereich des Südens litt auch West-Virginia unter einem grausamen Krieg innerhalb des großen Bürgerkrieges – hier kämpfte Nachbar gegen Nachbar, Partisan gegen Partisan. Die Guerillaverbände der Rebellen setzten Tausende von Unionssoldaten matt, deren Versuche einer Gegenrebellion kaum erfolgreicher waren als ähnliche Bestrebungen in den Kriegen der jüngsten Vergangenheit. Der Unionskommandeur der Infanterie, Robert H. Milroy, erklärte im Oktober 1862 ärgerlich: »Wir haben jetzt 40 000 Mann im Dienste der Vereinigten Staaten in West-Virginia stationiert ... [aber] unsere großen Armeen sind hier ganz nutzlos. Sie können die Partisanen in den Bergen genausowenig fangen wie eine Kuh Flöhe. Wir müssen eine Unionsguerilla einsetzen, die die Rebellenguerilla niedermacht.«[39] Und Milroy machte keine leeren Worte. Er führte einen derart erbarmungslosen Konterguerillakrieg, daß die Konföderierten ein Kopfgeld auf ihn aussetzten.

Die militärische Präsenz der Union in West-Virginia war so stark, daß das Referendum über die Eigenstaatlichkeit am 24. Oktober 1824 unbehelligt und wie geplant stattfinden konnte. Die Wähler ratifizierten den neuen Staat mit überwältigender Mehrheit, aber die Wahlbeteiligung war nur gering. In über einem Dutzend Counties boykottierten die Sympathisanten der Konföderation die Wahl. Dennoch legte die verfassunggebende Versammlung im Januar 1862 die Grenzen fest, die ein Gebiet mit 50 Counties umspannten, und das »wiedereingesetzte Staatsparlament von Virginia« bestätigte am 23. Mai 1862 die Gründung des neuen Staates West-Virginia. Etwa vier Prozent der Bevölkerung in diesem neuen Staat waren Sklaven. Aus der Einsicht, daß der republikanische Kongreß wohl kaum einen weiteren Sklavenstaat aufnehmen würde, regte die verfassungsmäßige Versammlung eine stufenweise Emanzipation der Schwarzen an; bei der

Abstimmung fehlte nur eine Stimme, um diesen Vorschlag durchzubringen. Tatsächlich machte der Kongreß dann seine Anerkennung der Souveränität West-Virginias von der Sklavenbefreiung abhängig; der entsprechende Gesetzentwurf wurde im Juli 1862 vom Senat und im Dezember vom Repäsentantenhaus verabschiedet. West-Virginia nahm diese Bedingung an. Der neue Staat wurde am 20. Juni 1863 mit einer Verfassung in die Union aufgenommen, die den nach dem 4. Juli 1863 geborenen Sklaven von vornherein die Freiheit verlieh, allen anderen an ihrem 25. Geburtstag.

1861 werteten die Republikaner die Ereignisse in West-Virginia als Experimentierfeld für die Wiedereinführung der Unionsregierung in anderen Teilen des oberen Südens. Ost-Tennessee erschien als aussichtsreichster Schauplatz für diese Bestrebungen. Die Unionisten hielten dort 1861 zwei Konvente ab, einen in Knoxville am 30. und 31. Mai und einen vom 17. bis zum 20. Juni in Greenville. Ehemalige Whigs und Demokraten beteiligten sich vorerst nur vorsichtig an diesen Schachzügen gegen einen größeren Feind. Ihre Anführer waren Andrew Johnson, ein Demokrat auf Lebenszeit, und William G. Brownlow, ein früherer Methodistenpriester, der sich zum kämpferischen Redakteur des *Knoxville Whig* gemausert hatte, eines Blattes, dessen derbe Ausfälle gegen die Sezessionisten so gar nicht zu Brownlows Spitznamen »Pastor« passen wollten. Johnson war der einzige US-Senator aus einem konföderierten Staat, der der Union die Treue hielt. Brownlow blieb am Ruder seiner Zeitschrift, hißte auf seinem Dach die amerikanische Flagge und schwor, er werde »die Sezessionsführer bekämpfen, bis die Hölle zufriert, und ihnen dann auf dem Eis die Stirn bieten«. Johnson und Brownlow, die beide von einfacher Herkunft waren, brachten den Groll ihrer Wählerschaft, jener kleinen Leute, die keine Sklaven hatten, gegen die Aristokratie der Sezessionisten zum Ausdruck. »Eine ordinäre, geldstolze Sippschaft ist das«, rügte Johnson, »nicht halb soviel wert wie der einfache Mann, der sein Brot im Schweiße seines Angesichts verdient.« Brownlow beharrte darauf, daß ein Freisasse aus Ost-Tennessee »niemals in einer Konföderation des Südens leben kann, wo er als Holzhauer und Wasserträger für die Adelssippschaft und ein paar hochfahrende Tyrannen den Knecht machen müßte«.[40]

Die Unionisten in Ost-Tennessee konnten freilich ohne Militärhilfe aus dem Norden wenig ausrichten. Und so drängte Lincoln seine Generäle denn auch beständig, auf diesem Kriegsschauplatz aktiv zu werden. Aber die große Entfernung, logistische Schwierigkeiten und Kentucky standen dem im Wege. Solange Lincoln den Unionismus in Kentucky zu fördern suchte, indem er Kentuckys Neutralität respektierte, konnten keine Truppen aus dem Norden durch Kentucky marschieren, um nach Ost-Tennessee zu gelangen. Und selbst nachdem die

Unionsstreitkräfte im September 1861 in Kentucky einmarschiert waren, erschwerten das unwegsame Gelände und fehlende Transportmöglichkeiten über die Cumberland Mountains jeden militärischen Einsatz, besonders im Winter. Während für Truppen und Nachschub von Ohio zu den großen Kriegsschauplätzen in West-Virginia zwei Eisenbahnlinien, ein schiffbarer Fluß und eine Schotterstraße zur Verfügung standen, gab es keine solchen Verbindungswege von den Unionsstützpunkten in Ost-Kentucky für die 150 Meilen übers Gebirge bis nach Knoxville.

Im November erfuhren die Unionspartisanen im Osten Tennessees dann aber doch von einem Einmarsch aus dem Norden. Mit Waffen, die Agenten aus dem Norden zu ihnen durchgeschmuggelt hatten, machten sie sich ans Werk, sprengten fünf Eisenbahnbrücken und überfielen Vorposten der Konföderierten aus dem Hinterhalt. Aber die Yankees kamen nicht. Schuld daran war William Tecumseh Sherman. Der launische, rothaarige Kommandeur der Unionstruppen in Kentucky hatte sich noch nicht die Kaltblütigkeit erworben, die er später im Verlauf des Krieges an den Tag legte. Jetzt machte er sich Sorgen wegen einer starken Konzentration konföderierter Streitkräfte im Herzen Kentuckys, und darum blies er die geplante Invasion Ost-Tennessees ab, die ein kleiner Heeresverband unter General George H. Thomas hätte führen sollen und die auch schon bis auf 40 Meilen an die Grenze nach Tennessee vorgerückt war. Shermans Überschätzung der konföderierten Streitkräfte und seine giftigen Kommentare Reportern gegenüber veranlaßten Reporter, die ihm nicht wohlgesonnen waren, ihn für geisteskrank zu erklären. Die Regierung enthob ihn daraufhin seines Kommandos und versetzte ihn auf einen unbedeutenden, abgelegenen Posten in Missouri. Ein Mißerfolg hätte Shermans Karriere beinahe ebenso ausgelöscht wie die Robert E. Lees, noch ehe der Krieg sieben Monate dauerte.

Shermans Nachfolger, Don Carlos Buell, beugte sich wiederstrebend dem Druck der Regierung und befahl Thomas, seinen Vorstoß zu erneuern. Thomas, ein unionstreuer Virginier und ein Mann von imposanter, eindrucksvoller Erscheinung, der überlegt und besonnen zu handeln pflegte, führte seine 4000 Mann starke Armee umsichtig durch winterliche Schnee- und Graupelschauer und über unwegsame Gebirgspfade, die den Namen »Straße« nicht verdienten. Am 19. Januar 1862 griff eine etwa gleich starke Konföderiertenarmee Thomas bei Logan's Cross Roads in der Nähe von Mill Springs (Kentucky) an, wurde jedoch zurückgeworfen und durch einen Gegenangriff der Union in die Flucht geschlagen. Ungeachtet dieses Sieges konnte Thomas wegen des strengen Winters den Weg durchs Gebirge nicht fortsetzen. Als der Frühling kam, zeigte sich, daß die Vorstöße der Union in West- und Mittel-Tennessee alle Kräfte auf diese Gegend lenkten. Ironischerweise überließen die Nordarmeen, während sie den konföderierten Teil Tennessees »befreiten«, das unionistische Gebiet sich selbst – sehr zu Lincolns Kummer.

Ohne Hilfe aus dem Norden hatten die Unionisten in Ost-Tennessee bitter unter ihrer Loyalität zu leiden. Nach den Brückensprengungen im November gingen die konföderierten Truppen hart gegen sie vor. Man verhängte das Kriegsrecht, ließ fünf Partisanen hinrichten, inhaftierte Brownlow und verwandelte seine Druckerei in eine Waffenfabrik. Außerdem wurden Hunderte von Unionisten ins Gefängnis gesperrt – eine sehr viel gründlichere Unterdrückung Andersdenkender, als die Nordstreitkräfte sie in Maryland vorexerziert hatten. Brownlows Talent zu dramatischer Selbstdarstellung machte ihn zum Märtyrer, was die Konföderierten in eine so peinliche Lage brachte, daß sie ihn im März 1862 freiließen und bis zur Unionsfront eskortierten.

Viele andere Bewohner Ost-Tennessees flohen teils einzeln, teils in Gruppen, um sich der Unionsarmee anzuschließen. Und wenn diese Armee Ost-Tennessee auch erst im September 1863 besetzte, als schon mehr als die Hälfte des Krieges vorbei war, kämpften doch 30 000 weiße Bürger Tennessees für den Norden – mehr als aus jedem anderen konföderierten Staat.

V

Das Vorgehen der acht Staaten des oberen Südens im Jahre 1861 hatte einen bedeutenden, wenngleich nicht eindeutigen Einfluß auf den Ausgang des Krieges. Dieser Einfluß läßt sich abschätzen, indem man sich die möglichen Folgen dessen vergegenwärtigt, was *nicht* geschah. Wenn alle acht Staaten (oder alle bis auf Delaware) aus der Union ausgetreten wären, dann hätte der Süden seine Unabhängigkeit sehr wohl erringen können. Wären dagegen alle acht in der Union geblieben, hätte die Konföderation gewiß nicht so lange überleben können, wie es der Fall war. Wie die Dinge lagen, begünstigten die acht Staaten rein von ihrer Kriegsstärke her den Süden. Die geschätzten 425 000 Soldaten, die sie den Südarmeen stellten, machten die Hälfte der Gesamtstreitkräfte der Konföderation aus. Umgekehrt stellten die nämlichen acht Staaten 235 000 weiße Soldaten und schließlich 85 000 Schwarze für die Unionsarmeen – insgesamt nur 15 Prozent der Männer, die für die Union kämpften.[41] Andererseits verlieh der Umstand, daß der Norden so viele Streitkräfte aus Sklavenstaaten mobilisieren konnte, den Kriegsleistungen der Union einen entscheidenden Auftrieb. Und die strategische Bedeutung der Flüsse, Bahnlinien und Gebirgszüge der Grenzstaaten (einschließlich West-Virginias) kann gar nicht hoch genug bewertet werden. Der Guerillakrieg und die Probleme der Verwaltung ziemlich großer Gebiete, deren Bevölkerung nicht verläßlich als loyal einzustufen war, blockierten wiederum die Unionstruppen nicht unwesentlich und banden sie an die Grenzstaaten.

Die gespaltene Loyalität des oberen Südens erschwerte es beiden Seiten, ihre Kriegsziele zu definieren und eine Strategie zu entwickeln, mit der sich diese Ziele verwirklichen ließen. Denn während die Regierungen der Union und der Konföderation um den oberen Süden kämpften, mobilisierten sie ja auch ihre Streitkräfte und entschieden über deren effektivsten Einsatz.

10.

Amateure ziehen in den Krieg

I

In dem Kriegsrausch, der die Monate nach Sumter prägte, fanden nüchterne Erwägungen über Sinn und Zweck des Kampfes kein Gehör mehr. Die Mehrheit beider Seiten war überzeugt, sich für eine sinnvolle und gerechte Sache zu engagieren. Die Yankees glaubten, sie würden für Fahne und Vaterland kämpfen. »Wir müssen jetzt kämpfen, nicht weil wir den Süden unterjochen wollen ... sondern weil es sein *muß*«, erklärte eine republikanische Zeitung in Indianapolis. »Man hat die Nation herausgefordert und ihre Regierung angegriffen. Wenn das eine oder das andere ungestraft geschehen kann ... dann sind wir keine Nation mehr, und unsere Regierung ist nur Hokuspokus.« Das *Chicago Journal* schrieb, der Süden habe »sich an der Verfassung vergangen, allen Gesetzen getrotzt und die Flagge, die bisher das ruhmreiche und geheiligte Symbol der amerikanischen Freiheit gewesen ist, mit Füßen getreten«. Die demokratischen Redakteure aus dem Norden legten ebensoviel Patriotismus an den Tag wie ihre republikanischen Konkurrenten. »Unter dem Sternenbanner sind wir geboren und aufgewachsen«, so ein Demokrat aus Pittsburgh. Der Süden mochte zwar einen gerechten Groll gegen die Republikaner hegen, aber »wenn der Süden zum Feind des amerikanischen Regierungssystems wird ... und auf die Fahne schießt ... dann machen wir uns für diese Fahne stark, egal, ob ein Republikaner oder ein Demokrat sie trägt«.[1]

Wissenschaftler, die Tausende von Briefen und Tagebüchern der Unionssoldaten ausgewertet haben, stellten eine relative Übereinstimmung der Motive fest; »kämpfen für den Erhalt der besten Regierung auf Erden« war ein oft gebrauchter Satz. Es sei ein »großer Kampf für Union, Verfassung und Gesetz«, schrieb ein Soldat aus New Jersey. »Unsere ruhmreichen Institutionen sollen zerstört werden. [...] Wir werden vor Gott dafür Rechenschaft ablegen müssen, wenn wir nicht unser Teil dazu beitragen, diese Segnungen bürgerlicher und religiöser Freiheit für die nachfolgenden Generationen zu bewahren.« Ein Rekrut aus dem Mittelwesten beschrieb seine freiwillige Meldung als »eine Pflicht, die ich meinem Land und meinen Kindern schulde. Für sie werde ich tun, was in meinen Kräften steht, um diese Regierung zu erhalten, denn mir schaudert bei dem Gedanken, was ihnen bevorsteht, sollte diese Regierung gestürzt werden«. Die Amerikaner von 1861 fühlten sich ihren Ahnen ebenso verpflichtet wie Gott und der Nachwelt. »Ich weiß ... welch großen Dank wir denen schulden, die vor uns das Leid und Blutvergießen der Revolution auf sich genommen haben«, schrieb ein Soldat aus Neuengland am Vorabend der ersten Schlacht am Bull Run (Manassas) an seine Frau. »Ich bin bereit – ohne jede Einschränkung –, all mein Lebensglück zu opfern, um mitzuhelfen, diese Regierung zu erhalten und den Dank, von dem ich sprach, abzustatten.«[2]

Eine der Eigenschaften, die Lincoln zu einem großen Präsidenten machten, war seine Fähigkeit, die Kriegsziele seiner Regierung in kerniger Prosa auszudrücken. »Unsere Volksherrschaft ist oft als Experiment bezeichnet worden«, sagte Lincoln am 4. Juli vor dem Kongreß. »Nun, zwei ihrer Ziele sind bereits verwirklicht – ihre *Gründung* ist erfolgreich vonstatten gegangen, und ebenso erfolgreich ist sie seither in der *Wahrnehmung* ihrer Amtsgeschäfte. Eins aber steht noch aus – ihre siegreiche Behauptung gegen einen ernstzunehmenden innenpolitischen Versuch, sie zu stürzen. [...] Dieses Problem betrifft mehr als das Schicksal unserer Vereinigten Staaten. Es stellt die ganze Menschheitsfamilie vor die Frage, ob eine verfassungsmäßige Republik oder eine Demokratie ... ihre territoriale Integrität gegen den Feind im eigenen Land behaupten kann oder nicht.«[3]

Die Fahne, die Union, die Verfassung und die Demokratie – das alles waren Symbole oder Abstraktionen; dennoch besaßen sie genügend Macht, um in den Menschen die Bereitschaft zu wecken, für sie zu kämpfen, ja sogar in den Tod zu gehen. Auch die Südstaatler kämpften für Abstraktionen – Eigenstaatlichkeit, das Recht auf Sezession, die Verfassung, wie *sie* sie interpretierten, das Konzept einer südstaatlichen »Nation«, die sich von jener amerikanischen Nation, deren Werte die Yankees untergraben hatten, absetzte. »Gott sei Dank, endlich haben wir ein Vaterland!« jubelte L. Q. C. Lamar aus Mississippi im Juni 1861, ein Land, »für das wir leben, beten, kämpfen und, falls nötig, auch sterben wollen«. »Unterwerfung unter das Joch des Despotismus«, pflichteten Rekruten aus North Carolina und Georgia bei, wäre gleichbedeutend mit »sklavischer Unterwürfigkeit und Verderben«. Ein anderer Zeitgenosse aus North Carolina war »bereit, zum Schutze meines Heims und meiner Familie mein Leben hinzugeben. Ich wäre lieber tot, als daß ich mitansähe, wie die Yankees über dieses Land herrschen«. Sein Wunsch sollte in Erfüllung gehen – er fiel in Gettysburg.[4]

Später nahmen die Südstaatler zwar Anstoß an der offiziellen Bezeichnung, unter der der Konflikt im Norden Eingang in die Geschichtsbücher fand – »The War of the Rebellion« –, aber während des Krieges schmückten sich viele von ihnen voller Stolz mit dem Etikett des Rebellen. Ein Dichter aus New Orleans reimte einen Monat nach Sumter die folgenden Verse:

Yes, call them rebels! 'tis the name
Their patriot fathers bore,
And by such deeds they'll hallow it,
As they have done before.[5]

Jefferson Davis beteuerte wiederholt, daß der Süden für die gleichen »heiligen Rechte der Autonomie« kämpfe, für die auch schon die Revolutionsväter gekämpft hatten. In seiner ersten Botschaft an den Kongreß nach dem Fall Sumters erklärte Davis, daß die Konföderation »von den Staaten, mit denen wir bis vor kurzem verbündet waren, keine Trophäen, keinen Gebietszuwachs und kein Zugeständnis irgendwelcher Art begehrt; alles, was wir verlangen, ist, daß man uns in Ruhe läßt«.[6]

Beide Seiten glaubten, ihr Kampf diene dazu, das Erbe der republikanischen Freiheit zu bewahren; aber Davis' letzter Satz (»alles, was wir verlangen, ist, daß man uns in Ruhe läßt«) benannte das vordringlichste und greifbarste Kriegsziel der Konföderierten: die Abwehr einer Invasion. Da sie die Unionssoldaten als Vandalen betrachteten, die darauf aus waren, den Süden zu plündern und die Sklaven zu befreien, glaubten viele Südstaatler, sie würden im wahrsten Sinne des Wortes für den Schutz von Heim und Herd, von Frauen und Kindern kämpfen. »Unsere Männer *müssen* im Kampf obsiegen, oder sie werden ihren Besitz, ihr Land, ihre Freiheit, kurzum alles verlieren«, notierte ein Südstaatler in seinem Tagebuch. »Umgekehrt kann der Feind, wenn er uns den Sieg überläßt, in sein eigenes Land zurückkehren und wird alles behalten, was er besaß, bevor der Krieg begann.« Ein junger englischer Immigrant in Arkansas zeigte sich so bewegt von einer Rekrutierungsversammlung, daß er freiwillig in die Armee eintrat. Er erinnerte sich später, daß seine Freunde aus dem Süden damals »sagten, sie würden lieber in blutiger Schlacht fallen, als zu überleben und mitansehen zu müssen, wie der hochmütige Feind ihre Altäre und ihren häuslichen Herd schändet«. Die Frauen aus dem Süden übten massiven Druck auf ihre Männer aus, damit sie sich freiwillig zum Kriegsdienst meldeten. »Sie schworen, daß sie selbst ausziehen und sich den Yankeevandalen entgegenwerfen würden, falls nicht jeder taugliche Mann ins Feld zöge. In einem Land, in dem die Frauen von den Männern vergöttert wurden, machte eine solche Sprache die armen Kerle richtig kriegstoll.«[7] Ein Virginier war begierig, »an vorderster Front der ersten Brigade zu stehen, die gegen den anrückenden Feind marschiert, der jetzt den heiligen Boden meines geliebten Heimatstaates mit seinem ruchlosen Schritt entweiht«. Ein Soldat der Konföderation, der gleich zu Beginn des Krieges in Gefangenschaft geriet, formulierte es weniger großspurig. Seine zerschlissene, einfache Uniform und die noch schlichtere Sprache ließen unschwer erkennen, daß er nicht zu den aristokratischen Plantagenbesitzern gehörte. Seine Yankeewächter erkundigten sich, warum er, der doch gar kein Sklavenhalter sei, für den Erhalt der Sklaverei kämpfe, und er gab zur Antwort: »Ich kämpfe, weil *ihr* hier unten seid.«[8]

Für diesen Soldaten wie für viele andere Südstaatler auch drehte sich der Krieg also eigentlich gar nicht um die Sklaverei. Andererseits hätte es ohne Sklaverei keine »Negerrepublikaner« gegeben, die den Lebensstil des Südens bedrohten, und auch keine eigenständige Kultur des Südens, die es gegen eine Invasion der Yankees zu verteidigen galt. Dieses Paradoxon machte den Südstaaten bei ihren Bemühungen, die eigenen Kriegsziele zu definieren, arg zu schaffen. Ein besonderes Handicap war die Sklaverei für die Außenpolitik der Konföderation. Die ersten Gesandten des Südens in Großbritannien berichteten im Mai 1861 aus London, daß »die öffentliche Meinung hier in der Frage der Sklaverei ganz und gar *gegen* die Regierung der Konföderierten Staaten von Amerika eingestellt ist. [...] Die Lauterkeit und Einhelligkeit dieses Gefühls erschweren es der Regierung, sich mit der Frage unserer Anerkennung auseinanderzusetzen«.[9] Um dem abzuhelfen, erwähnten die Konföderierten die Sklaverei so gut wie gar nicht, wenn sie ihre Kriegsziele definierten, und falls sie doch zur Sprache kam, dann nur indirekt, als Indiz für den Verstoß der Nordstaatler gegen die Rechte des Südens. Ansonsten stellten sie es so dar, als kämpfe der Süden für Freiheit und Autonomie – wobei sie ebenso geflissentlich wie unbekümmert eine Frage übergingen, die Samuel Johnson schon einer früheren Generation amerikanischer Rebellen gestellt hatte: »Wie kommt es, daß die, die uns am lautesten mit ihrem *Geschrei* nach Freiheit in den Ohren liegen, in die Riege der Sklaventreiber gehören?«

Es hatte seinen Grund, daß die meisten Nordstaatler sich anfangs ebenfalls darauf versteiften, der Krieg habe nichts mit der Sklaverei zu tun. In seiner Grußbotschaft anläßlich der Sondersitzung des Kongresses vom 4. Juli 1861 bekräftigte Lincoln noch einmal, daß er »nicht die Absicht [habe], direkt oder indirekt gegen die Sklaverei in den Staaten vorzugehen, wo sie bereits besteht«. Immerhin war ja die Sklaverei in diesen Staaten durch die Verfassung geschützt. Die Regierung Lincoln rechtfertigte den Krieg aufgrund der Prämisse, Sezession sei ein verfassungswidriger Akt, und die Südstaaten unterständen demzufolge nach wie vor der Verfassung. Der Kongreß schloß sich dieser Auslegung an. Am 22. und 25. Juli verabschiedeten Senat und Repräsentantenhaus ein paar von John C. Crittenden aus Kentucky und Andrew Johnson aus Tennessee eingebrachte Resolutionen, die erneut bekräftigten, daß die Vereinigten Staaten mit ihrem Kampf keineswegs die Absicht verfolgten, »gegen die Rechte oder bestehenden Institutionen [der ausgetretenen] Staaten vorzugehen«, sondern daß es ihnen allein darum gehe, »die Oberhoheit der Verfassung zu gewährleisten und die Union mit dem vollen Ansehen, mit der Gleichheit und den Rechten aller Staaten ungeschmälert zu erhalten«.[10]

Die Republikaner sollten ihre Meinung bald ändern, doch im Juli 1861 stimmten selbst die Radikalen, die sich erhofften, daß der Krieg die Sklaverei beenden würde, für die Crittenden-Johnson-Resolutionen (obwohl drei Radikale mit nein stimmten und zwei Dutzend sich der Stimme enthielten). Auch die meisten Abolitionisten vermieden anfangs die offene Kritik an der neutralen Haltung der Regierung in der Sklavereifrage. In der Annahme, daß der »Todeskampf mit der Sklavenoligarchie des Südens« schließlich auch die Sklaverei selbst zerstören müsse, riet William Lloyd Garrison seinen Abolitionistenfreunden im April 1861, »›stillzuhalten und auf die göttliche Erlösung zu vertrauen‹, statt zu versuchen, den allgemeinen Tumult noch zu schüren«.[11]

Dieser Entschluß, beim Problem der Sklaverei Zurückhaltung zu üben, war von dem Bestreben nach Einheit des Nordens getragen. 1860 hatte Lincoln bei der Direktwahl in den Vereinigten Staaten (einschließlich der Grenzstaaten) weniger als die Hälfte der Stimmen errungen. Einige derer, die ihn gewählt hatten, und erst recht alle, die für seine Gegner gestimmt hatten, hätten sich 1861 geweigert, einen Antisklavereikrieg zu unterstützen. Umgekehrt hätte das offene Eingeständnis, daß die Verteidigung der Sklaverei ein primäres Kriegsziel der Konföderierten sei, im Süden eher entzweiend als einigend gewirkt. Und deshalb kehrten beide Seiten die Sklaverei unter den Teppich, solange sie ihre Energien darauf konzentrierten, eine engagierte Bürgerwehr zu mobilisieren und Strategien für deren Einsatz zu entwerfen.

II

Die Vereinigten Staaten haben sich in der Regel erst dann auf ihre Kriege vorbereitet, wenn sie bereits darin verwickelt waren. Auf den Bürgerkrieg trifft das ganz besonders zu. Nie war das Land weniger gerüstet als zu Beginn des Krieges, der zum größten seiner Geschichte werden sollte. Anfang 1861 war der Großteil der kleinen, 16000 Mann starken Armee auf die 79 *frontier*-Vorposten westlich des Mississippi verteilt. Fast ein Drittel ihrer Offiziere nahmen ihren Abschied, um sich dem Süden anzuschließen. Das Kriegsministerium dämmerte in althergebrachter Bürokratenroutine vor sich hin. Die meisten seiner Beamten kamen, ebenso wie die vier letzten Kriegsminister, aus dem Süden. Bis auf einen waren die Direktoren der acht Heeresämter seit dem Krieg von 1812 im Dienst. Der 74jährige kommandierende General Winfield Scott litt an Wassersucht und Schwindelanfällen und schlief bisweilen mitten in einer Konferenz ein. Viele tüchtige junge Offiziere hatten, frustriert von öder Routine und mangelnden Aufstiegschancen, den Militärdienst quittiert, um im Zivilberuf Karriere zu machen. Sein Ruf als »Winnebago Chief« weckte nicht gerade große Hoffnungen in Kriegsminister Camerons Fähigkeit, die anstehenden, wichtigen neuen Kriegsverträge effizient und vor allem redlich auszuhandeln.

Die Armee hatte keinen eigentlichen Generalstab, keine strategischen Pläne, kein Mobilisierungsprogramm. Und obwohl sie über einen topographisch-technischen Dienst verfügte, besaß sie für den Süden fast keine zuverlässigen Karten. Als General Henry W. Halleck, der Anfang 1861 die Heeresabteilung West befehligte, Karten brauchte, mußte er sie in einem Buchladen in St. Louis kaufen. Nur zwei Offiziere hatten wenigstens einmal eine Brigade im Gefecht angeführt, und sie waren beide über 70. Die meisten Waffen in den regierungseigenen Arsenalen (einschließlich der 159000 von den Konföderierten Staaten konfiszierten Musketen) waren veraltete Glattlaufgeschütze, viele davon museumsreife Steinschloßgewehre.

Die Marine war auf den Kriegsfall nicht viel besser vorbereitet. Von den 42 bei Lincolns Amtsantritt in Dienst gestellten Schiffen patrouillierten die meisten in Gewässern, die Tausende von Meilen von den Vereinigten Staaten entfernt waren. Weniger als ein Dutzend Kriegsschiffe lagen dienstbereit vor der amerikanischen Küste. Dennoch gab es für die Zukunft der Marine ein paar Hoffnungsschimmer. Zwar nahmen 373 der 1554 Offiziere und einige der 7600 Matrosen ihren Abschied, um sich dem Süden anzuschließen, aber die große Handelsmarine, von der die aufgestockte Kriegsmarine erfahrene Offiziere und Seeleute übernehmen sollte, war überwiegend mit Nordstaatlern besetzt. Und im Gegensatz zum Kriegsministerium verfügte das Marineministerium über herausragende Führungskräfte. Gideon Welles, den Lincoln wegen seines langen grauen Bartes und der finsteren Miene »Vater Neptun« taufte, erwies sich als tüchtiger Verwaltungsbeamter. Doch den richtigen Schwung brachte Ministerialdirektor Gustavus V. Fox ins Marineministerium, der Mann, der den Sumter-Feldzug geplant hatte. Wenige Wochen, nachdem Lincoln am 19. April eine Blockade über die konföderierten Häfen verhängt hatte, war es der Unionsmarine gelungen, eine große Anzahl von Handelsschiffen anzukaufen oder zu chartern, sie zu bewaffnen und zum Blockadedienst einzusetzen. Ende 1861 waren mehr als 260 Kriegsschiffe dienstbereit und 100 weitere (darunter auch die noch im Versuchsstadium befindlichen Panzerschiffe) im Bau.

Die Zukunftsaussichten der Marine des Nordens nahmen sich besonders rosig aus, wenn man sie mit dem Süden verglich. Als die Konföderation ins Leben gerufen wurde, besaß sie überhaupt keine Marine und verfügte nicht über die entsprechenden Produktionsanlagen, um eine aufzubauen. Der Süden besaß keine geeigneten Werften, abgesehen von der eroberten Marinewerft in Norfolk, und keine einzige Maschinenhalle für den Bau einer Antriebsmaschine, die groß genug gewesen wäre, um ein ansehnliches Kriegsschiff anzutreiben. Doch wenn es dem Süden an Werkstoffen mangelte, so verfügte er zum Ausgleich über bemerkenswerte Talente, allen voran Marineminister Stephen R. Mallory und die Kommandanten Raphael Semmes und James D. Bulloch.

Mallory, ein ehemaliger US-Senator aus Florida, hatte als Vorsitzender des Ausschusses für Flottenwesen einschlägige Erfahrungen gesammelt. Privat wurde er von der High-Society Richmonds wegen seiner Neigung zu Frauen von zweifelhaftem Ruf geschnitten, aber der Aufgabe, eine Kriegsflotte aus dem Nichts aufzubauen, erwies sich Mallory als gewachsen. Er kaufte Schlepper, Zollkutter und Flußdampfer, die zu Kanonenbooten umgerüstet und als Hafenpatrouillen eingesetzt wurden. Aus der Einsicht heraus, daß er der Unionsflotte in einer regulären Seeschlacht nicht ebenbürtig wäre, beschloß Mallory, sich auf ein paar Sonderaufgaben zu konzentrieren, die die begrenzten Vorzüge des Südens maximal zur Geltung bringen würden. So regte er die Entwicklung von »Torpedos« – von Seeminen – an, die an Hafen- und Flußmündungen postiert werden sollten; bis Kriegsende hatten solche »Höllenmaschinen« 43 Kriegsschiffe der Union versenkt oder stark beschädigt. Ferner förderte er den Bau von »Torpedobooten«, kleinen zigarrenförmigen Tauchbooten; an einer Stange am Bug war der »Speertorpedo« angebracht, mit dem die Blockadeschiffe angegriffen wurden. Von dieser Konzeption bis hin zur Entwicklung des eigentlichen U-Bootes war es nur noch ein kleiner Schritt. Die Konföderation brachte das erste Kampf-U-Boot der Welt zum Einsatz, die *C. S. S. Hunley.* Bei Versuchsfahrten kam es dreimal zu Unfällen, bei denen jedesmal die ganze Besatzung ertrank (darunter auch der Erfinder des Bootes, Horace Hunley). 1864 versenkte die *C. S. S. Hunley* dann doch noch ein Blockadeschiff vor der Küste von Charleston, wobei sie aber selbst mit unterging – zum vierten- und letztenmal.

Mallory wußte von britischen und französischen Experimenten mit gepanzerten Kriegsschiffen. Er glaubte, der Süden hätte am ehesten eine Chance, die Blockade zu brechen, wenn er mehrere dieser ultramodernen Schiffe baute oder ankaufte, sie mit eisernen Rammspornen bestückte und, so ausgerüstet, die hölzernen Blockadeschiffe versenken ließ. Im Juni 1861 ordnete Mallory die Umwandlung der halbzerstörten *U. S. S. Merrimack* in das erste Panzerschiff der Konföderation an; es wurde auf den Namen *C. S. S. Virginia* umgetauft. Obwohl die Arbeit aufgrund von mehrfachen Engpässen nur langsam voranging, setzte der Süden große Hoffnungen in diese Geheimwaffe (die freilich den Bundestruppen kein Geheimnis blieb, denn deren Spione hatten keine Schwierigkeiten, die laxe Sicherheitsabteilung des Südens zu unterwandern). Die Konföderation machte sich daran, auch andere Fregatten in Panzerschiffe umzuwandeln, aber als Hauptquelle für solche und andere Kriegsschiffe rechnete man mit den britischen Werften. Mit der heiklen Aufgabe, diese Quelle auszukundschaften, betraute Mallory James D. Bulloch aus Georgia.

Bulloch, der 14 Jahre in der US-Marine gedient und acht Jahre Erfahrungen in der Handelsschiffahrt gesammelt hatte, kannte sich mit Schiffen aus wie kaum jemand sonst im Süden. Und er verfügte über das Taktgefühl, die gesellschaftlichen Umgangsformen und die Geschäftstüchtigkeit, die vonnöten waren, um Kriegsschiffe von einem Land zu bekommen, dessen Neutralitätsgesetze einen Berg von Hindernissen gegen eine solche Transaktion auftürmten. Bulloch, der im Juni 1861 in Liverpool eintraf, handelte rasch Verträge für zwei Dampf/Segel-Kreuzer aus, die später als die Kaperschiffe *Florida* und *Alabama* berühmt wurden. Im Herbst 1861 kaufte Bulloch einen schnellen Dampfer, bestückte ihn mit 11000 Enfield-Gewehren, 400 Faß Schießpulver, mehreren Geschützen und großen Mengen Munition, übernahm persönlich das Kommando und brachte das Schiff heil durch die Blockade nach Savannah. Dort wurde der Dampfer in das gepanzerte Rammschiff *C. S. S. Atlanta* umgewandelt. Bulloch kehrte nach England zurück, wo er seine geheime Mission zum Bau und Ankauf von Kriegsschiffen fortsetzte. Seine Arbeit veranlaßte einen enthusiastischen Historiker, Bullochs Verdienste um die Konföderation gleichberechtigt neben die von Robert E. Lee zu stellen.[12]

Die in England gebauten Kaperschiffe wurden zu einem strategisch wichtigen Bestandteil im Seekrieg der Konföderation. In jedem Krieg wird die gegnerische Handelsschiffahrt über kurz oder lang wie Freiwild behandelt. Die Konföderierten machten da keine Ausnahme; sie sandten bewaffnete Kaperschiffe auf die Meere hinaus mit dem Auftrag, Schiffe der Nordstaaten aufzubringen. Anfangs war der Süden dabei auf Freibeuter angewiesen. Als traditionelle Form der Kriegspiraterie war die Freibeuterei von den Amerikanern bereits in der Revolution und im Krieg von 1812 mit großem Erfolg eingesetzt worden. 1861 machte nun Jefferson Davis den Vorschlag, diese Waffe gegen die Yankees zu richten. Am 17. April bot Davis jedem Schiffseigner des Südens, der sich als Freibeuter verdingen wollte, von seiner Regierung ausgestellte Kaperbriefe an. Etwa 20 autorisierte Kaperboote kreuzten bald in den Fahrrinnen vor der Atlantikküste, und bis zum Juli hatten sie zwei Dutzend Prisen aufgebracht.

Die Kaufleute aus dem Norden gerieten darüber in Panik, und ihre Empörung zwang die Unionsflotte, Schiffe aus dem Blockadedienst abzuziehen, um mit ihnen die Piraten zur Strecke zu bringen. Sie konnten auch einige Erfolge verbuchen, brachten damit aber die bislang behauptete rechtliche Definition des Krieges ins Wanken. Lincoln, der sich weigerte, die Konföderation als rechtmäßige Regierung anzuerkennen, gab am 19. April 1861 eine Proklamation heraus, in der er androhte, gefangene Kapermannschaften wie ordinäre Piraten zu behandeln. Im Hochsommer schmachteten denn auch etliche solcher Mannschaften in Gefängnissen des Nordens und warteten auf ihren Prozeß. Jefferson Davis erklärte, für jeden als Piraten gehängten Kaperfahrer werde er einen Kriegsgefangenen der Union hinrichten lassen. Zu der entscheidenden Kraftprobe kam es, als ein Gericht in Philadelphia im Herbst 1861 mehrere Freibeuteroffiziere verurteilte. Davis ließ daraufhin Unionskriegsgefangene das Los ziehen; die Verlierer – darunter ein Enkel von Paul Revere – sollten in einer Vergeltungsaktion hingerichtet werden. Dem Land blieb dieses Racheblutbad dann doch erspart, weil die Regierung Lincoln einen Rückzieher machte. Die Rechtslage war unhaltbar geworden, denn in derselben Proklamation, die die Kaperfahrer als Piraten brandmarkte, hatte Lincoln auch eine Blockade gegen die Konföderation verhängt. Damit wurde der Konflikt implizit zum Krieg aufgewertet und konnte nicht länger zur bloßen Inlandsrevolte heruntergespielt werden. Der Beschluß der Unionsregierung vom 3. Februar 1862, bezwungene Kapermannschaften als Kriegsgefangene zu behandeln, war ein weiterer Schritt in die gleiche Richtung.

Inzwischen war freilich das konföderierte Freibeutertum als solches ohnehin von den Meeren verschwunden. Den waghalsigen Unternehmungen war nur ein kurzer Erfolg beschieden gewesen, denn seit der Unionsblockade war es schwierig, wenn nicht gar unmöglich, Prisen in südliche Häfen zu bringen, und neutrale Nationen verweigerten Prisen die Einfahrt in ihre Häfen. Fortan setzte die Konföderation auf professionelle Kaperfahrer – Kriegsschiffe mit Marinebesatzung, die sich eher darauf konzentrierten, feindliche Schiffe zu versenken, als sie zu erbeuten. Der Wechsel vom Freibeutertum zur autorisierten Kaperei begann im Juni 1861, als das mit fünf Geschützen bestückte Kanonenboot *C. S. S. Sumter* die Blockade an der Mündung des Mississippi durchbrach und auf den Atlantik hinaussteuerte. Sein Kapitän war Raphael Semmes aus Alabama, ein 30jähriger Veteran der US-Marine, der jetzt zur Nemesis ebendieser Marine und zum Schrecken der amerikanischen Handelsschiffahrt wurde. Während der nächsten sechs Monate erbeutete oder verbrannte die *Sumter* 18 Schiffe, bevor Kriegsschiffe der Union sie schließlich im Januar 1862 im Hafen von Gibraltar einschlossen. Semmes verkaufte die *Sumter* an die Briten und reiste über Land quer durch Europa nach England, wo er auf der *C. S. S. Alabama* das Kommando übernahm und zu neuen Großtaten aufbrach.

Ungeachtet aller Erfindungsgabe und technischen Neuerungen konnte die Flotte der Konföderierten die Vormachtstellung der Union auf hoher See oder längs der Küsten und Flüsse des Südens freilich nie ernsthaft brechen. Die größten Hoffnungen der Konföderation ruhten denn auch auf ihrem Heer. Die Südstaatler, ein Volk, das stolz war auf seine soldatische Tapferkeit, waren zuversichtlich, daß sie die Yankees in einem fairen Kampf – oder selbst in einem unfairen – schlagen könnten. Die Vorstellung, daß ein Südstaatler zehn Yankees – oder zumindest deren drei – besiegen könne, bestand 1861 tatsächlich. »Werft nur drei oder vier Granaten unter diese blauwanstigen Yankees«, so ein Zeitzeuge aus North Carolina im Mai 1861, »und sie werden auseinanderstieben wie die Schafe.« Nach Ansicht der Südstaatler war der Norden nichts weiter als ein Krämervolk. Daß die Industriekapazität der Union die der Konföderierten um ein Vielfaches überstieg, spielte in ihren Augen keine Rolle. Nicht die bessere *Waffe,* sondern der bessere Mann sei es, der »den Sieg davontragen« werde, prophezeite Henry Wise aus Virginia. »Tapfere Männer könnten sogar mit Steinschloßgewehren und altmodischen Bajonetten gegen die Stadtlaffen des Nordens vorrücken ... auch dann würde er mit seinem Leben dafür bürgen, daß die Yankees das Hasenpanier ergreifen.«[13]

In Erwartung eines kurzen und ruhmreichen Feldzugs drängten die jungen Südstaatler zu den Fahnen, um ja den Spaß nicht zu versäumen. Obgleich die Konföderation Kriegsministerium und Armee praktisch aus dem Boden stampfen mußte, ging die Mobilmachung im Süden rascher vonstatten als im Norden. Zeitgleich mit dem Austritt aus der Union machte sich jeder Staat daran, Milizeinheiten zusammenzuziehen und sie zur Regimentsstärke aufzustocken. Theoretisch war die Miliz eine ausgebildete und im Kriegsfall einsatzbereite Reserve der Bürgerwehr. Aber da Realität und Theorie bekanntlich nie übereinstimmen, war die Miliz der meisten Südstaaten in den letzten Jahrzehnten schwach und nachlässig geworden. In den 50er Jahren war anstelle des Pflichtdienstes in der Miliz für alle Männer das Freiwilligenkonzept getreten. In den Stadt- und Landgemeinden überall in den Staaten entstanden freiwillige Milizkompanien mit charakteristischen Namen – Tallapoosa Grays, Jasper Greens, Floyd Rifles, Lexington Wild Cats, Palmetto Guards, Fire Zouaves. In Staaten, die bereits ein Milizsystem hatten, wurden die Freiwilligenkompanien in dieses System integriert, und es dauerte nicht lange, da *waren* sie praktisch die Miliz. Ausbildung, Drill und Ausrüstung dieser Einheiten waren sehr verschieden. Viele verbrachten mehr Zeit im Wirtshaus als auf dem Exerzierplatz. Und selbst die, welche sich den Anschein gaben, als nähmen sie ihre Ausbildung ernst, glichen bisweilen eher einem ausgelassenen Gesangsverein als einer kämpfenden Truppe. Und doch waren es gerade diese Milizkompanien, die im Norden wie im Süden als erste dem Mobilmachungsaufruf folgten.

Im Vorfrühling 1861 hatte South Carolina 5000 Mann unter den Waffen, von denen die meisten an der Belagerung von Fort Sumter teilnahmen. Die anderen Sezessionsstaaten brauchten sich hinter dieser stolzen Zahl nicht zu verstecken. Im Februar schuf der Konföderiertenkongreß ein Kriegsministerium, und Präsident Davis ernannte Leroy P. Walker aus Alabama zum Kriegsminister. Obwohl er gleich seinem Gegenspieler Cameron Politiker war, hatte Walker, was Tüchtigkeit und Rechtschaffenheit betraf, einen besseren Ruf. Noch wichtiger war vielleicht, daß Jefferson Davis selbst West-Point-Absolvent, Veteran des Mexikanischen Krieges und ehemaliger Kriegsminister der US-Regierung war. Obwohl die Pedanterie, mit der Davis sich ständig in militärische Belange einmischte, schließlich zum Konflikt mit einigen Armeeoffizieren führte, war es 1861 auch seiner Kriegserfahrung zu verdanken, daß die Mobilmachung im Süden so rasch vonstatten ging.

Am 6. März vereidigte der Konföderiertenkongreß eine Armee von 100000 Freiwilligen auf 12 Monate. Die meisten der bereits bestehenden Milizregimenter wurden auf die konföderierte Armee verteilt, indes die neugebildeten Einheiten sich um Waffen und Ausrüstung rauften. Anfangs wurden diese Regimenter statt von der konföderierten Regierung von Einzelstaaten, Gemeinden und Privatpersonen ausgerüstet. Zwar erkor der Süden Kadettengrau zu seiner offiziellen Uniformfarbe, aber da ursprünglich jedes Regiment seine eigenen Uniformen stellte, waren die konföderierten Armeen in eine verwirrende Vielfalt von Trachten gekleidet, die dem »Uniform«-Gedanken Hohn sprach. Kavallerie und Artilleriebataillone stellten ihre Pferde selbst, und einige Freiwillige brachten sogar ihre eigenen Waffen mit, die von Bowiemessern und Colt-Revolvern bis hin zu Schrotflinten und Jagdgewehren reichten. Viele Rekruten aus der Pflanzeraristokratie rückten sogar mit ihren Sklaven ein, die ihre Wäsche besorgten und sich um ihr leibliches Wohl kümmerten. Getreu der altehrwürdigen Miliztradition wählten die Freiwilligenkompanien ihre Hauptleute und Lieutenants selbst. Stabsoffiziere (Oberst, Oberstleutnant und Major) wurden offiziell von den Staatsgouverneuren ernannt, aber in der Praxis wählten viele Regimenter sich auch diese Offiziere selbst, entweder durch das Votum der ganzen Truppe oder durch die Offiziere aller Kompanien. Häufig war die Offizierswahl eine nachträgliche Dankesgeste für einen angesehenen Plantagenbesitzer, Anwalt oder Privatmann, der sich um die Aufstellung einer Kompanie oder eines Regiments verdient gemacht hatte. Manchmal bezahlte ein vermögender Gönner auch die Uniformen und die Ausrüstung der Einheit, die er rekrutiert hatte. Wade Hampton aus South Carolina, der als der reichste Plantagenbesitzer des Südens galt, warb eine ganze »Legion« an (einen gemischten Truppenverband mit Infanterie, Kavallerie und Artillerie in Regimentsgröße), die er auf eigene Kosten bewaffnete und ausstattete – und deren Oberst er, wohl nicht ganz zufällig, wurde.

Zu dem Zeitpunkt, als Lincoln nach der Niederlage von Sumter 75 000 Freiwillige für die Miliz aufrief, hatte der Süden mit seiner Do-it-yourself-Mobilmachung bereits 60 000 Mann angeworben. Diese Soldaten machten freilich schon bald erste bittere Erfahrungen mit den Logistik- und Versorgungsproblemen, unter denen der Süden bis ans Kriegsende leiden sollte. Selbst nach dem Beitritt von vier Staaten des oberen Südens verfügte die Konföderation nur über ein Neuntel der Industriekapazität der Union. 1860 hatten die Nordstaaten 97 Prozent der Schußwaffen des Landes hergestellt sowie 94 Prozent seiner Stoffe, 93 Prozent des Roheisens und über 90 Prozent des Schuhwerks. Das Eisenbahnnetz der Union war pro Quadratmeile mehr als doppelt so dicht wie das der Konföderation, und auch bei Kanälen und Schotterstraßen verfügte der Norden im Vergleich zum Süden über ein Vielfaches der Meilenlänge. Die Südstaaten konnten zwar genug Nahrungsgüter produzieren, um den eigenen Bedarf zu decken, aber das Verkehrsnetz, das bei Kriegsbeginn noch zur Verteilung dieser Nahrungsgüter ausgereicht hatte, brach bald zusammen, weil nicht genügend Ersatzteile produziert werden konnten. Die Schienen hatte man bisher fast ausschließlich aus dem Norden oder aus England bezogen; von den 470 im Jahre 1860 in den Vereinigten Staaten gebauten Lokomotiven kamen nur 19 aus dem Süden.

Die Zulieferdienste der konföderierten Armee leisteten schier heldenhafte Arbeit, um diese Engpässe zu überwinden. Aber außer für die Artillerie kamen ihre Erfolge anscheinend immer zu spät oder waren nicht ausreichend. Der Süden erlebte während des Krieges eine Industrialisierung wie im Treibhaus, doch die Pflanze, die dabei herauskam, hatte noch nicht recht Wurzel geschlagen und warf kaum Ertrag ab. Der Quartiermeister General Abraham Myers konnte die Armee nie zufriedenstellend mit Zelten, Uniformen, Decken, Schuhen oder mit Pferd und Wagen beliefern. Folglich mußte »Johnny Reb« – so der Spitzname der südstaatlerischen Rekruten – oft im Freien unter einer erbeuteten Decke schlafen, eine zerschlissene, handgewebte und mit Walnußsaft eingefärbte Uniform tragen und obendrein barfuß marschieren und kämpfen, falls es ihm nicht gelang, einem toten oder gefangenen Yankee die Stiefel abzunehmen.

Die konföderierten Soldaten nörgelten über diese Mißstände, wie es beim Militär seit Menschengedenken der Brauch ist. Noch mehr aber beklagten sie sich über das Essen – oder vielmehr über die akute Nahrungsmittelknappheit –, wofür sie Generalkommissar Lucius B. Northrop verantwortlich machten. Sogar Zivilisten gaben Northrop die Schuld an der schlechten Frontversorgung, den steigenden Preisen daheim und dem katastrophalen Transportwesen, durch dessen Schuld Nahrungsgüter in den Lagerhäusern verfaulten, während die Armee draußen Hunger litt. Vielleicht, weil er so mürrisch und eigensinnig war, wurde Northrop »der am meisten verfluchte und geschmähte Mann in der Konföderation«.[15] Trotzdem behielt Jefferson Davis ihn fast bis zum Kriegsende im Amt, was, den Gerüchten zufolge, auf einer Vetternwirtschaft beruhte, die bis in die Zeit zurückreichen sollte, als die beiden sich als junge Kadetten in West Point miteinander angefreundet hatten. Northrops Unbeliebtheit warf auch auf Davis einen Schatten, sobald den Süden das Kriegsglück verließ.

Das Artilleriedepot war der einzige Lichtblick im Versorgungswesen der Konföderation. Als Josiah Gorgas im April 1861 die Ernennung zum Artilleriechef annahm, stand ihm zunächst eine scheinbar noch hoffnungslosere Arbeit bevor als Myers und Northrop. Nahrungsgüter baute der Süden bereits reichlich an, und es schien leichter, die Kapazitäten zur Herstellung von Wagen, Pferdegeschirr, Schuhen und Kleidung aufzustocken, als eine völlig neue Grundlage zur industriellen Erzeugung von Schießpulver, Geschützen und Gewehren zu schaffen. Bis auf die Tredegar-Eisenhütte war keine Gießerei im Süden in der Lage, schwere Artillerie herzustellen. An Waffenfabriken gab es nur die kleinen Arsenale in Richmond und Fayetteville (North Carolina) sowie den konfiszierten Maschinenpark aus Harper's Ferry, den man nach Richmond überführt hatte. Die Du-Pont-Werke in Delaware waren der größte Schießpulverproduzent des Landes; im Süden wurde davon so gut wie nichts erzeugt, und es würde nicht leicht sein, die schweren, sperrigen Fässer durch den immer dichter werdenden Blockadegürtel zu schmuggeln. Der Grundbestandteil von Schießpulver, nämlich Salpeter (Kaliumnitrat), wurde ebenfalls importiert.

Allein, ungeachtet aller Widrigkeiten entpuppte Gorgas sich als nahezu geniales Organisations- und Improvisationstalent. Fast könnte man in Abwandlung des bekannten Wortes sagen, daß es ihm gelang, Pflugscharen in Schwerter umzuschmelzen.[15] Er schickte Caleb Huse nach Europa, um dort alle verfügbaren Waffen nebst Munition einzukaufen. Huse machte seine Sache ebenso gut wie Bulloch, der Kriegsschiffe für die Konföderierten in England bauen ließ. Die Waffen und weiteres Zubehör, das Huse durch die Blockade heimschickte, trugen entscheidend zum Überleben der Konföderation im ersten Kriegsjahr bei. Gorgas ließ unterdessen in mehreren Staaten Waffenfabriken und Gießereien errichten, die Handfeuerwaffen und Artillerie herstellen sollten. Er gründete ein Bergbau- und Salpeteramt, dessen Direktor Isaac M. St. John im Süden der Appalachen Kalksteinhöhlen aufspürte und außerdem die Frauen des Südens aufforderte, den Inhalt ihrer Nachttöpfe zu horten und den Salpeter herauszudestillieren. Die Artillerieverwaltung baute ferner eine große Pulverfabrik in Augusta (Georgia), die 1862 unter Leitung von George W. Rains die Produktion aufnahm. Artillerieoffiziere durchstreiften den Süden und kauften oder beschlagnahmten Destillierapparate, mit deren Hilfe sie aus Kupfer Zündhütchen fertigten. Kirchen- und Plantagenglocken wurden eingeschmolzen, und aus der gewonnenen Bronze wurden Kanonen gegossen. Die Schlachtfelder des Südens suchte man nach Blei ab, aus dem sich wieder Kugeln gießen ließen, und sogar weggeworfene, defekte Waffen wurden eingesammelt und repariert.

Gorgas, St. John und Rains waren Helden der konföderierten Armee, denen freilich im Bürgerkrieg keine Kränze geflochten wurden.[16] Der Süden litt auf so gut wie allen Gebieten unter technischen Mängeln und Versorgungsengpässen, aber wenigstens brauchte er sich ab dem Sommer 1862 nicht mehr ernstlich um seine Artillerie zu sorgen – auch wenn die Qualität der konföderierten Geschütze und Granaten bis zum Schluß Anlaß zu Klagen gab. Gorgas jedenfalls konnte am dritten Jahrestag seiner Ernennung stolz in seinem Tagebuch vermerken: »Während wir vor drei Jahren noch kein einziges Gewehr, keine Pistole und keinen Säbel hergestellt haben, ja nicht einmal eine Granate oder eine Kugel (außer in den Tredegar-Werken), und ansonsten höchstens ein Pfund Pulver, produzieren wir heute alles Kriegsgerät in Mengen, die den Bedarf unserer großen Armeen decken.«[17]

1861 lagen diese Bravourleistungen freilich noch in der Zukunft. Engpässe und chaotische Zustände in der Verwaltung schienen im Artilleriedepot nicht weniger zu herrschen als in allen anderen Abteilungen der Armee. In einem repräsentativen Bericht meldete ein südstaatlicher Stabsoffizier am 19. Mai aus dem Shenandoahtal, die Männer seien »unversorgt, schlecht ausgerüstet, ohne Munition und Verpflegung. [...] Die völlige Verwirrung und Ignoranz, die in den Sitzungen des Stabes zutage treten ... sind ohne Beispiel«. Obwohl er nicht einmal in der Lage war, die bereits vereidigten Truppen auszurüsten, veranlaßte der Konföderiertenkongreß im Mai 1861 die Werbung von bis zu 400 000 zusätzlichen Freiwilligen für eine dreijährige Dienstzeit. Der Ansturm war so groß, daß das Kriegsministerium nach eigener Aussage 200 000 Mann wegen fehlender Waffen und Ausrüstung zurückweisen mußte. Ein Grund für die Waffenknappheit war, daß die Gouverneure bei der Trennung ihrer Staaten von der Union die in den Bundesarsenalen erbeuteten Musketen einfach beschlagnahmten und für sich behielten. Statt sie an die Hauptfronten in Virginia und Tennessee zu schicken, rüsteten sie damit Heimatregimenter aus, die ihre Staatsgrenzen verteidigen und vor potentiellen Sklavenaufständen schützen sollten. Schon dieses frühe Beispiel verdeutlicht die erbitterte Konkurrenz zwischen Souveränitätsdenken und zentralistischen Bestrebungen. Die Regierung in Richmond konnte man für ein solches Handicap kaum verantwortlich machen, aber die Soldaten an der Front wollten irgend jemandem die Schuld geben, und Kriegsminister Walker eignete sich von Natur aus gut zum Sündenbock. »In der gesamten Armee herrscht die Meinung vor«, schrieb General Beauregards Adjutant in Manassas am 22. Juni, »daß im Kriegsministerium großer Schwachsinn und schändliche Schlamperei grassieren.«[18] Und obgleich Beauregards Armee einen Monat später die Schlacht von Manassas gewann, wurde die Kritik an Walker immer lauter. Viele Südstaatler glaubten, die Konföderierten würden nach diesem Sieg nur deshalb nicht gen Washington marschieren und die Unionshauptstadt besetzen, weil es an Material und Transportmöglichkeiten fehlte, wofür niemand anderes als das Kriegsministerium verantwortlich sei. Aufgerieben von der ständigen Kritik und überarbeitet, wie er war, legte Walker im September sein Amt nieder. Sein Nachfolger wurde Judah P. Benjamin, der zweite von insgesamt fünf Männern, die sich auf dem Schleudersitz des Kriegsministers zu halten suchten.

III

Walker war – wie seine Nachfolger auch – eher ein Opfer der Verhältnisse als eigener Unfähigkeit. Sein Gegenspieler in Washington konnte diese Entschuldigung nicht für sich in Anspruch nehmen. Gewiß, auch Simon Cameron geriet in den Sog einer Mobilmachung, die so überstürzt vonstatten ging, daß die Truppenverwaltung bei der Ausrüstung der Streitkräfte nicht mehr Schritt halten konnte, doch hat er persönliche Kritik eher verdient als Walker.

Der Norden begann später mit der Aufstellung eines Heeres als der Süden. Die Union zählte mehr als dreieinhalbmal so viele weiße Männer im wehrfähigen Alter wie die Konföderation. Aber wenn man die Drückeberger und Ausfälle berücksichtigt (das Gros der Männer aus den westlichen Territorien und aus den Staaten an der Pazifikküste) und dagegen aufrechnet, wie viele weiße Arbeiter im Süden aufgrund der Sklaverei für die konföderierte Armee freigestellt werden konnten, dann bleibt nur noch ein tatsächliches Übergewicht von 2,5:1 zugunsten der Union. Ab 1862 besaß die Unionsarmee diese numerische Übermacht auch tatsächlich. Im Juni 1861 dagegen konnte sich die Konföderation dank ihres zeitlichen Vorsprungs bei der Mobilmachung zum ersten und einzigen Mal in diesem Krieg fast kräftegleich mit den Unionstruppen messen.

Als Lincoln 75000 Freiwillige aufgerufen hatte, sich für 90 Tage der Miliz zur Verfügung zu stellen, stützte er sich damit auf ein Gesetz von 1795, das vorsah, im Gefahrenfall die Staatsmiliz zum Bundesheerdienst einzuziehen. Die Regierung erkannte jedoch schon bald, daß der Krieg länger als drei Monate dauern und mehr als 75000 Mann erfordern würde. Also warb Lincoln am 3. Mai um weitere 42000 Soldaten und 18000 Matrosen, die sich freiwillig auf drei Jahre verpflichten sollten, und stockte im übrigen die regulären Truppen um zusätzliche 23000 Mann auf. Der Präsident tat dies ohne Ermächtigung des Kongresses, wobei er sich auf seine verfassungsmäßig garantierte Vollmacht als Commander-in-Chief, also Oberbefehlshaber, berief. Als der Kongreß im Juli zusammentrat, sanktionierte er nicht nur rückwirkend Lincolns Maßnahme, sondern veranlaßte auch gleich, daß eine weitere Million Freiwillige auf drei Jahre verpflichtet wurde. Zwischenzeitlich hatten einige Staaten allerdings bereits Freiwillige auf *zwei Jahre* angeworben (etwa 30000 Mann), die das Kriegsministerium nun widerstrebend übernahm. Anfang 1862 waren über 700000 Wehrfähige der Unionsarmee beigetreten. Gut 90000 davon gehörten den Neunzig-Tage-Regimentern an, deren Zeit inzwischen abgelaufen war. Viele dieser Männer hatten sich allerdings bei Drei-Jahres-Regimentern wiederverpflichtet, und etliche Neunzig-Tage-Regimenter hatten sich in Drei-Jahres-Verbände umgewandelt.

Diese unterschiedlichen Wehrdienstzeiten verwirrten die Zeitgenossen ebenso, wie sie seither die Historiker durcheinanderbringen. Tatsächlich artete der Rekrutierungsprozeß, der bei der Union wie bei den Konföderierten auf Lokal- und Staatsebene von Energie und Unternehmungsgeist geprägt war, auf nationaler Ebene in Konfusion aus. Die regen, geschäftstüchtigen Gouverneure zeigten sich frustriert von Kriegsminister Camerons schlampiger Verwaltung. »2400 Männer eingezogen, und nicht einmal die Hälfte davon bewaffnet«, schrieb Indianas Gouverneur Morton zu Anfang des Krieges an Cameron. »Warum kommt es bei den Waffenlieferungen zu derartigen Verspätungen? [...] Noch keine Offiziere zur Musterung der Truppen eingetroffen. Kein Pfund Pulver, nicht eine einzige Kugel und kein Stück Ausrüstung hat man uns geschickt. Erlauben Sie mir, mich nach der Ursache hierfür zu erkundigen.« Einige Monate später brachte Ulysses S. Grant, Befehlshaber des Stützpunktes in Cairo (Illinois), eine repräsentative Klage vor: »Die Transportmöglichkeiten lassen stark zu wünschen übrig. Ich habe keine Sanitätswagen. Die erhaltenen Kleidungsstücke sind fast ausnahmslos von minderer Qualität und nicht ausreichender Stückzahl. Die Männer sind in der Mehrheit mit alten, notdürftig wieder instand gesetzten Steinschloßgewehren bewaffnet. [...] Der Etat des Quartiermeisters wurde so knapp bemessen, daß der Regierungskredit mittlerweile aufgebraucht ist.« Ende Juni wußte Cameron sich nicht mehr anders zu helfen als dadurch, daß er neue Freiwilligenregimenter einfach zurückwies. Bedauernd gestand denn auch Lincoln in seiner Botschaft an den Kongreß vom 4. Juli: »Was der Regierung mit am meisten zu schaffen macht, ist, eine Regelung zu finden, damit neue Truppen künftig nicht eher aufgenommen werden, als bis wir sie versorgen können.«[19]

Einzelstaaten, Städte und Privatpersonen sprangen ein und machten die Versäumnisse der Bundesregierung wett. Die meisten Gouverneure beriefen ihre Parlamente ein, die die Gelder bewilligten, um die Regimenter so lange auf Staatskosten zu unterhalten, bis die Armee sie übernehmen konnte. Außerdem schickten die Gouverneure Einkäufer nach Europa, wo sie untereinander und mit den Einkäufern der Konföderierten konkurrierten und den Preis für den Waffenüberschuß der Alten Welt in die Höhe trieben, mit dem dann die Armeen der Neuen Welt ausgerüstet wurden. Die Einzelstaaten schlossen Verträge mit Textil- und Schuhfabriken, die ihnen Uniformen und Schuhwerk lieferten. Stadtverwaltungen nahmen Kredite auf, um »ihre« Regimenter aufstellen und ausrüsten zu können. Freiwilligenverbände wie das Union Defense Committee von New York wurden ins Leben gerufen, um Regimenter anzuwerben, sie auszurüsten und sogar Schiffe oder Züge zu chartern, die die Soldaten nach Washington brachten. Eine Gruppe von Ärzten aus dem Norden gründete zusammen mit einem Frauenkomitee die United States Sanitary Commission, eine Hilfsorganisation zur Erneuerung der unzulänglichen und veralteten Einrichtungen des Sanitätsdepots der Armee.

Die ersten Regimenter des Nordens traten wie die im Süden in kunterbunten Uniformen an: blau aus Massachusetts und Pennsylvania, grau aus Wisconsin und Iowa, grau mit scharlachroten Litzen aus Vermont, schwarze Hose und rotes Flanellhemd aus Minnesota – und nicht zu vergessen die schmucke »Zuave«-Ausstattung der New Yorker mit ihren pluderigen roten Breeches, den purpurnen Blusen und dem roten Fes. Als die Unionsstreitkräfte sich in Washington sammelten, erweckten sie fast den Eindruck, als handelte es sich um eine Zirkusparade. Die Vielfalt der Uniformen auf Unions- wie Konföderiertenseite und die Ähnlichkeit mancher Uniformen der gegnerischen Lager führten in den ersten Schlachten zu tragischen Verwechslungen, weil Regimenter den Feind irrtümlich für Verbündete hielten und umgekehrt. So rasch wie möglich bereitete die Regierung des Nordens diesem Mißstand ein Ende und kleidete ihre Soldaten fortan in die vorschriftsmäßigen hellblauen Hosen und dunkelblauen Feldblusen der regulären Truppe.

Gegen Ende 1861 hatte das Kriegsministerium den Einzelstaaten die Verantwortung für Unterhalt, Bekleidung und Ausrüstung der Unionssoldaten abgenommen. Aber diese Entlastungsmaßnahme wurde leider durch Ineffizienz, Wuchergeschäfte und Korruption beeinträchtigt. Um die Lieferverträge für Hunderttausende von Uniformen erfüllen zu können, preßten die Textilfabrikanten die Fasern wiederverwertbarer Wollwaren zu einem Material zusammen, das man *shoddy* (Kunstwolle) nannte. Dieser Begriff wurde bald auch adjektivisch verwendet, wenn es darum ging, Uniformen, Schuhe oder Decken zu beschreiben, die, kaum daß man sie ein paar Wochen getragen oder benutzt hatte, schon zerschlissen waren. Unter *shoddy* verstand man schließlich ganz allgemein die sehr schlechte Verarbeitung von Artikeln, die nötig waren, um binnen weniger Monate eine Armee von einer halben Million Soldaten auszurüsten und mit Nachschub zu versorgen. Die Eisenbahngesellschaften stellten der Regierung überteuerte Rechnungen; manche Lieferanten verkauften ausrangierte Musketen, die sie selbst für 3,50 Dollar erworben hatten, für 20 Dollar das Stück an die Armee zurück; gerissene Pferdehändler drehten der Armee zu horrenden Preisen spatige Pferde an. Als diese und andere unlautere Geschäftspraktiken ruchbar wurden, machte man, teils zu Recht, teils zu Unrecht, Simon Cameron dafür verantwortlich. Tatsächlich vergab er lukrative Verträge, ohne Konkurrenzangebote einzuholen, und erteilte eine verdächtig hohe Zahl von Aufträgen an Firmen mit Sitz in seinem Heimatstaat Pennsylvania. Das Kriegsministerium wickelte außerdem den Großteil des Militärverkehrs über die Northern Central Railroad und die Pennsylvania Railroad ab – Gesellschaften, an denen Cameron und sein Vize Thomas Scott finanziell beteiligt waren.

Das Repräsentantenhaus beauftragte einen Ermittlungsausschuß mit der Prüfung der Verträge, und dieses Komitee legte Mitte 1862 einen Bericht vor, in dem Camerons Amtsführung scharf kritisiert wurde. Doch da hatte Lincoln den ins Zwielicht geratenen Cameron längst abgeschoben und als Gesandten nach Rußland geschickt. Der neue Kriegsminister war Edwin M. Stanton, ein arbeitsamer Anwalt aus Ohio, der unter der Regierung Buchanan kurze Zeit als Justizminister amtiert hatte. Stanton, ein Mann mit stechendem Blick, stammte aus dem demokratischen Lager und hielt ursprünglich nicht viel von Lincoln. Doch bald nachdem er das Kriegsministerium übernommen hatte, revidierte er sowohl seine politische Einstellung als auch seine Meinung über den Präsidenten. Außerdem wurde er bekannt für seine Unbestechlichkeit, seine Tüchtigkeit und seine Grobheit gegenüber den Kriegslieferanten wie auch gegen jedermann sonst.

Die Hals über Kopf durchgeführte Mobilmachung von 1861 war so gut wie abgeschlossen, bevor Stanton als der sprichwörtliche neue Besen ins Kriegsministerium einzog. Die Logistik der Armee hatte die Testphase überstanden und sogar ein wenig Effizienz bewiesen. Die Wirtschaft des Nordens hatte ihre Produktion der Nachfrage so gut angepaßt, daß die Unionsarmee zur bestverpflegten und am aufwendigsten ausgestatteten Streitmacht aller Zeiten wurde. Dies war zum großen Teil das Verdienst von Generalquartiermeister Montgomery Meigs, der sein Amt im Juni 1861 angetreten hatte. Meigs hatte die Militärakademie von West Point als einer der Besten seines Jahrgangs absolviert und konnte auf eine glänzende Karriere im Pionierkorps zurückblicken. Er führte die Aufsicht über eine Reihe von Großprojekten, darunter den Neubau der Capitolskuppel und des Potomacaquädukts für die Wasserversorgung Washingtons. Seine Erfahrung im Umgang mit Lieferanten ermöglichte ihm, dem Chaos und der Korruption bei den Kriegsverträgen Einhalt zu gebieten und für die Zukunft Ordnung und Redlichkeit zu garantieren. Wann immer es sich ermöglichen ließ, bestand Meigs auf Wettbewerbsausschreibungen, und er widersetzte sich nachdrücklich dem System von Gestehungskosten plus Unternehmergewinn, das die Hersteller favorisierten, die ihre Profite mit Vorliebe durch Kostenaufblähung steigerten.

Bis auf Waffen und Verpflegung wurde fast alles, was eine Armee benötigte, vom Quartiermeisteramt bereitgestellt: Uniformen, Überzieher, Schuhe, Tornister, Provianttaschen, Feldflaschen, Kochgeschirr, Decken, Zelte, Feldbetten, Pferde, Maultiere, Viehfutter, Pferdegeschirr, Hufeisen, transportable Schmieden, Marketenderwagen, Schiffe (sofern die Armee mit Wasser und Kohle oder Holz zu ihrem Antrieb versorgt werden konnte) sowie Versorgungsdepots für Lagerung und Zuteilung. Die Logistik der Unionsarmee war weit anspruchsvoller als die des Gegners. Der Bürgerkrieg wurde hauptsächlich im Süden ausgetragen, wo die konföderierten Streitkräfte in unmittelbarer Nähe zu ihren Versorgungsquellen operieren konnten. Dagegen mußten die einmarschierenden Nordarmeen lange Nachschubverbindungen mit Wagenzügen, Eisenbahnlinien und Hafenanlagen unterhalten. Eine Unionsarmee, die im Feindesland operierte, kam durchschnittlich auf einen Güterwagen für je 40 Mann und ein Pferd oder Maultier (einschließlich der Kavallerie- und Artilleriepferde) für je zwei bis drei Mann. Der Feldzug einer 100000 Mann starken Armee erforderte demnach 2500 Versorgungswagen und mindestens 35000 Tiere, und eine Streitmacht dieser Größenordnung konsumierte 600 Tonnen Nahrungsgüter pro Tag. Obwohl ein paar Fälle bekannt wurden, in denen Unionsarmeen sich von ihrer Truppe absetzten und plündernd über Land zogen (Grant auf dem Vicksburgfeldzug, Sherman auf dem Marsch durch Georgia und die beiden Carolinas), waren solche Aktionen doch die Ausnahme.

Meigs lieferte das erforderliche Kriegsmaterial so zuverlässig und pünktlich, daß man sein Verdienst am Sieg der Nordstaaten nicht hoch genug rühmen kann. Er überwachte die Ausgabe von 1,5 Milliarden Dollar, fast die Hälfte der direkten Kosten, die der Krieg im Norden verursachte. Er nötigte die Infanterie, ihre großen und schweren Sibley- und Adamszelte gegen tragbare Schutzzelte einzutauschen, denen die Yankeesoldaten den Spitznamen »Dog Tents« verpaßten; ihre Nachkommen setzten noch eins drauf und nannten sie »Pup Tents«. Das Amt des Quartiermeisters lieferte den Bekleidungsherstellern eine Reihe gestaffelter Standardmaße für Uniformen. Diese »Größen« wurden nach dem Krieg für die Zivilbekleidung der Herren beibehalten. Die schier unersättliche Nachfrage nach Schuhen bei der Armee gab den Anstoß zum weitverbreiteten Einsatz der neuen Blake-McKay-Maschine, die Oberleder und Sohlen zusammennähte. Mit diesen und vielen anderen Neuerungen drückten Meigs und seine Dienststelle der amerikanischen Gesellschaft einen bleibenden Stempel auf.

IV

Im Norden wie im Süden hielten die Freiwilligenregimenter engen Kontakt zu ihren Heimatstaaten. Die Wehrpflichtigen wählten viele ihrer Offiziere selbst; die restlichen wurden von den Gouverneuren ernannt. Kompanien, ja sogar ganze Regimenter setzten sich oft aus Rekruten einer einzigen Landgemeinde, einer Stadt oder eines Counties zusammen. Kompanien aus benachbarten Städten taten sich zu Regimentern zusammen, die ihre Kennziffern in chronologischer Ordnung gemäß ihrer Gründung erhielten: das 15. Massachusetts-Infanterieregiment, das 2. Pennsylvania-Kavallerieregiment, das 4. Freiwilligenbataillon der Ohio-Artillerie und so weiter. Manche Kompanien und Regimenter fanden sich auch auf der Basis ethnischer Gemeinsamkeiten zusammen: das 69. New Yorker war eines der vielen irischen Regimenter; im 79. New Yorker dienten die schottischen Hochländer in stilechter Uniform mit Kilt; und zahlreiche Regimenter hatten vorwiegend Soldaten deutscher Abstammung in ihren Reihen. Manchmal gehörten Brüder und Vettern oder Väter und Söhne ein und demselben Regiment an oder dienten gar in derselben Kompanie. Orte wie ethnische Gruppen identifizierten sich sehr stark mit »ihren« Regimentern. Das hob einerseits die Moral sowohl an der Heimat- wie an der Kampffront, konnte andererseits aber auch zu einer Katastrophe für eine Familie oder Gemeinde werden, wenn ein Regiment in einer einzigen Schlacht 50 Prozent oder mehr Verluste zu beklagen hatte, was nicht selten vorkam.

Die Sollstärke eines Regiments betrug sowohl in der Unions- wie auch in der konföderierten Armee 1000 Mann, aufgeteilt in zehn Kompanien. Doch schon nach wenigen Monaten reduzierte sich diese Zahl aufgrund von Todes- und Krankheitsfällen erheblich. Die ärztliche Untersuchung der Rekruten wurde oft nur oberflächlich durchgeführt. Eine nachträgliche Überprüfung der Tauglichkeitsrate bei der Union im Jahre 1861 ergab, daß schätzungsweise 25 Prozent der Rekruten aus gesundheitlichen Gründen hätten abgewiesen werden müssen. Viele dieser Männer mußten schon bald als dienstuntauglich aus der Armee entlassen werden. Binnen eines Jahres nach seiner Gründung war ein repräsentatives Regiment durch Krankheit, Verlust und Fahnenflucht um gut die Hälfte seiner ursprünglichen Zahl reduziert. Statt aber nun die alten Regimenter wieder zur Sollstärke aufzustocken, zogen die Staaten Neugründungen vor, weil sich damit auch neue Möglichkeiten des Mäzenatentums im Tausch gegen Offizierspatente boten und weil jeder Staat natürlich besonders stolz darauf war, eine große Zahl von Regimentern ausgerüstet zu haben. Von den 421000 neuen, für drei Jahre eingezogenen Freiwilligen, die 1862 in die Unionsarmee eintraten, wurden nur 50000 bereits bestehenden Regimentern zugeteilt. Erfahrene Berufssoldaten kritisierten diese Praxis als ineffizient und unwirtschaftlich, weil man zum einen die Regimenter weit unter der vollen Truppenstärke hielt und zum anderen verhinderte, daß »grüne« Rekruten durch fronterfahrene Veteranen angeleitet wurden. 1862 und 1863 zogen viele ältere Regimenter mit nur 200 oder 300 Mann in die Schlacht, indes die neuen Regimenter unnötige Verluste erlitten, weil es ihnen an jeglicher Kampferfahrung mangelte.

Die Berufssoldaten bemängelten auch die Gepflogenheit der Offizierswahl in den Freiwilligenregimentern. Wenn man unter einer Armee eine unpolitische, auf strengen Drill, Disziplin und unbedingten Gehorsam gegründete Institution versteht, dann erscheint die Offizierswahl in der Tat wenig sinnvoll. Doch in der amerikanischen Tradition blieben die Mitglieder der Bürgerwehr auch dann noch Bürger, wenn sie Soldat wurden. Sie wählten Kongreßabgeordnete und Gouverneure – warum sollten sie da nicht auch ihre Captains und Colonels wählen? In den Anfangsstadien der Do-it-yourself-Mobilmachung von 1861 nahmen Möchtegernoffiziere noch an, das Kriegshandwerk sei leicht und rasch zu erlernen. Schmerzliche Erfahrungen korrigierten diesen Irrtum jedoch bald. Viele

Offiziere, die ihre Ernennung ihrem politischen Einfluß verdankten, erwiesen sich eindeutig als inkompetent. Ein Soldat aus einem Pennsylvania-Regiment klagte im Sommer 1861: »Col. Roberts weiß offenbar nicht einmal über die einfachsten Truppenbewegungen Bescheid. In unserem Regiment fehlt es ganz und gar an Ordnung und Plan. [...] Nichts wird zur rechten Zeit erledigt, niemand kümmert sich um das Morgen. [...] Man kann uns bloß einen zusammengewürfelten Haufen nennen, der nicht dafür gerüstet ist, dem Feind die Stirn zu bieten.« Offizieren, die am Bull Run in Panik gerieten und ihre Männer sich selbst überließen, wurde die Schuld an der Niederlage mehrerer Unionsregimenter zugeschrieben. »Es ist besser, 1000 Kandidaten, die nach militärischen Würden streben, vor den Kopf zu stoßen«, kommentierte *Harper's Weekly*, »als noch einmal eine solche Massenflucht, angeführt von Colonels, Majoren und Hauptleuten, zu riskieren.«[20]

Am 22. Juli, dem Tag der Niederlage am Bull Run, genehmigte der Unionskongreß die Bildung von Militärkommissionen, die Vollmacht zur Überprüfung der Offiziere bekamen und gehalten waren, jeden Ungeeigneten vom Dienst zu suspendieren. In den nächsten paar Monaten wurden Hunderte von Offizieren entlassen oder reichten von sich aus ihren Rücktritt ein, bevor man sie vor den Prüfungsausschuß zitieren konnte. Damit hörte zwar die Praxis der Offizierswahl nicht auf, und Gouverneure vergaben auch weiterhin aus politischen Rücksichten Kommandos, aber es war immerhin ein Schritt auf dem Wege zur Durchsetzung minimaler Kompetenzmaßstäbe. Und je länger der Krieg dauerte, desto stärker setzte sich, zumindest in den altgedienten Regimentern, die Regel durch, die Beförderung zum Offizier vom Verdienst eines Mannes abhängig zu machen. 1863 hatte die Unionsarmee die Offizierswahl so gut wie abgeschafft.

In der Konföderation hielt man an diesem Brauch länger fest. Und der Süden richtete auch erst im Oktober 1862 Ausschüsse zur Überprüfung der Offiziere ein. Trotzdem leisteten die konföderierten Offiziere, zumindest auf dem Kriegsschauplatz Virginia, in den ersten beiden Kriegsjahren, vermutlich bessere Arbeit als ihre Gegenspieler. Zwei Faktoren sind dafür im wesentlichen verantwortlich. Zum einen beschloß 1861 der Oberbefehlshaber der Union, Winfield Scott, die kleine reguläre Armee zusammenzuhalten, statt ihre Einheiten auf das Freiwilligenheer zu verteilen. Dabei hätten Hunderte von Offizieren und Unteroffizieren des Berufsheeres den Freiwilligenregimentern als Ausbilder gute Dienste leisten können. Aber Scott behielt sie bei den regulären Truppen, die manchmal weit weg an der Siedlungsgrenze stationiert waren, während »grüne« Freiwillige unter inkompetenten Offizieren in Virginia sinnlos ihr Blut vergossen und fielen. Der Süden hatte im Gegensatz zur Union gar kein stehendes Heer. Die 313 Offiziere, die aus der US-Armee austraten, um sich der Konföderation anzuschließen, waren gewissermaßen der Sauerteig für die erste junge Führungselite der Südstaatenarmeen.

Absolventen der Militärakademien des Südens bescherten der Konföderation einen Grundstock an ausgebildeten Offizieren. 1860 lagen sieben der acht Militär-»Colleges« des ganzen Landes in den Sklavenstaaten. Das Virginia Military Institute in Lexington und The Citadel in Charleston waren zu Recht stolz auf die Rolle, die ihre Absolventen im Bürgerkrieg spielten. 1861 waren ein Drittel der Stabsoffiziere der Regimenter aus Virginia Absolventen des Virginia Military Institute. Von den insgesamt 1902 Schülern dieses Instituts kämpften 1781 für den Süden. Wenn konföderierte Regimenter sich ihre Offiziere wählten, dann suchten sie sich in der Regel Männer mit solider militärischer Ausbildung aus. Die meisten Offiziere des Nordens kamen dagegen aus dem Zivilleben und mußten das Kriegshandwerk durch Erfahrung lernen, um den Preis von Niederlagen und sinnlosen Verlusten.

Politische Kriterien spielten bei der Ernennung von Generälen und von Offizieren niederer Ränge durchaus eine Rolle. Im Norden wie im Süden ernannte der Präsident die Generäle, vorbehaltlich der Bestätigung durch den Senat. Lincoln und Davis hielten es für nötig, die Interessen von Partei, Fraktion und Staat bei der Ernennung eines Generals ebenso sorgfältig zu berücksichtigen wie bei der eines Kabinettsmitgliedes oder eines Postamtsvorstehers. Viele Politiker liebäugelten mit einem Brigadiersstern für sich oder einen ihrer Freunde. Lincoln, der besonders die Demokraten zum Beistand in diesem Krieg bewegen wollte, ernannte viele prominente Demokraten zu Generälen – darunter Benjamin F. Butler, Daniel E. Stickles, John A. McClernand und John A. Logan. Und um die Loyalität der vielen nicht in Amerika geborenen Einwohner zu sichern, belohnte Lincoln auch Führer aus ihren Reihen mit dem Generalsrang – Carl Schurz, Franz Sigel, Thomas Meagher und viele andere. Davis mußte die Ambitionen mächtiger Staatspolitiker nach militärischem Ruhm befriedigen; daher ernannte er Männer wie Robert A. Toombs aus Georgia und John B. Floyd und Henry A. Wise aus Virginia zu Generälen.

Diese Berufungen waren politisch sinnvoll, konnten aber gleichwohl zu militärischen Katastrophen führen. »Es grenzt beinahe an Mord, Männer wie Banks, Butler, McClernand, Sigel und Lew Wallace wichtige Kommandos zu übertragen«, schrieb der West-Point-Professor Henry W. Halleck, »und doch läßt es sich anscheinend nicht umgehen.«[21] Besonders im Norden wurde der »politische« General fast zum Synonym für Inkompetenz. Oft war diese Gleichsetzung freilich unfair, denn manche aus politischen Erwägungen ernannte Unionsoffiziere wurden erstklassige Truppenkommandeure – zum Beispiel Frank Blair und John Logan. Die West-Point-Absolventen Ulysses S. Grant und William T. Sherman verdankten ihr Offizierspatent ursprünglich dem politischen Einfluß des Kongreßabgeordneten Elihu Washburne aus Illinois und des Senators John Sherman (Williams Bruder) aus Ohio. Im übrigen lagen sowohl im Norden wie im Süden die meisten führenden Kommandos in der Hand von West-Point-Absolventen – und von denen erbrachten manche schlechtere Leistungen als die »politischen« Generäle. Generäle, die aus dem Zivilleben stammten, beklagten sich mitunter bitter darüber, daß die »West-Point-Clique« die Armeen als exklusive Zirkel führe, eigenmächtig über die Beförderungen bestimme und dabei die besten Kommandos für sich reserviere.

Die Ernennung von »politischen Generälen« war – wie die Wahl der Kompanieoffiziere – ein wichtiger Bestandteil des Mobilmachungsprozesses einer hochpolitisierten Gesellschaft. Die Disziplin in den Bürgerkriegsarmeen war oft von demokratischen Prinzipien geprägt. Noch 1864 klagte der Generalinspekteur der Armee von Nord-Virginia über »die Schwierigkeiten mit der korrekten und prompten Befehlsausführung. Es fehlt an Respekt vor und Gehorsam gegenüber den Instruktionen eines Generals, wie sie in einem Militärverband selbstverständlich sein sollten«. Aber nur, weil ihre weiland Nachbarn von nebenan jetzt Schulterstreifen trugen, sahen »Johnny Reb« und »Billy Yank« noch längst keinen Grund, ihren Befehlen zu gehorchen, es sei denn, es waren vernünftige Befehle. »Wir haben hier ein strenges Reglement. Neulich bei der Parade haben sie uns vorgelesen, daß wir alle den Hut abnehmen müssen, wenn wir zum Colonel gehen oder zum General«, schrieb ein Rekrut aus Georgia nach Hause. »Ihr wißt, daß ich da auf gar keinen Fall mitmache. Bevor ich vor irgendwem den Hut ziehe, würde ich den Kerl lieber zur Hölle fahren sehen, und wenn das denen nicht paßt, dann sollen sie mich meinetwegen erschießen.« Etwa zur gleichen Zeit schrieb ein Soldat aus Massachusetts: »Auf die Exerziererei und das Salutieren vor den Offizieren und das Wacheschieben wird hier mächtig Wert gelegt.«[22]

Viele Offiziere leisteten wenig, was ihren Männern hätte Respekt einflößen können. Manche hatten einen Hang zum Trinken und Zechen, was natürlich ein schönes Vorbild für ihre Soldaten abgab. Im Sommer 1861 kampierte das 75. New Yorker auf dem Wege nach Washington in der Nähe von Baltimore. »Heute nacht sind keine 200 Mann im Lager«, schrieb ein Soldat resigniert in sein Tagebuch. »Capt. Catlin, Capt. Hurbert, Lt. Cooper und noch ein oder zwei Offiziere stehen unter Arrest. Hundert Männer sind betrunken und 100 andere treiben sich in Freudenhäusern rum. [...] Col. Alford ist jetzt immerfort besoffen.« 1862 schrieb ein Soldat aus North Carolina über seinen Captain: »Einmal hat ... er [mich] ins Arrestlokal gesteckt, aber dann hat er sich auf der Fahrt von Wilmington nach Goldsboro wieder besoffen, und da haben wir ihn auf dem Klo eingesperrt, und nun sind wir quitt.«[23]

Offiziere wie diese waren zum Glück in der Minderheit, und nach und nach wurden sie teils von den Prüfungskommissionen ausgesiebt, teils nahmen sie selbst ihren Abschied. Die besten Offiziere aus dem Zivilleben nahmen auch ihren neuen Beruf durchaus ernst. Viele von ihnen saßen bis tief in die Nacht über Lehrbüchern und studierten Ausbildungsmethoden und Kriegstaktik. Sie vermieden kleinliche oder unvernünftige Befehle und verschafften sich Gehorsam nicht durch Drohungen, sondern kraft ihrer Persönlichkeit und ihres Intellekts. Ihr Führungsstil orientierte sich an Vorbild und gutem Beispiel und nicht an starren Vorschriften. Und in der Schlacht führten sie ihre Truppen in vorderster Reihe an, statt sich im sicheren Gefechtsstand in Deckung zu halten. In beiden Armeen fielen etwa 15 Prozent mehr Offiziere als Unteroffiziere und Mannschaftsangehörige. Die höchsten Verluste waren unter den Generälen zu beklagen; bei ihnen lag die Wahrscheinlichkeit, im Kampf zu fallen, um 50 Prozent höher als bei den gemeinen Soldaten.

Die Bürgerkriegsregimenter lernten das Kämpfen nicht im Ausbildungslager, sondern gleich auf dem Schlachtfeld. Entsprechend dem anfänglichen Mangel an Professionalität erhielten die Rekruten nur eine oberflächliche Ausbildung, die in der Hauptsache aus Griffübungen am Gewehr (aber kaum Übungsschießen) bestand sowie aus Kompanie- und Regimentsdrill in Manövern und manchmal noch Brigadedrill und Gefechtstaktik. Divisionsdrill und Scheinangriff wurden nur selten exerziert; Brigaden wurden übrigens erst im Juli 1861 oder noch später zu Divisionen zusammengefaßt, und erst im Frühjahr und Sommer 1862 wurden Divisionen zu Armeekorps vereinigt.[24] Es kam vor, daß ein Regiment nur drei Wochen nach seiner Aufstellung in die Schlacht zog – mit welchem Erfolg, läßt sich denken. Der preußische Generalfeldmarschall Helmuth Graf von Moltke bestritt, er habe gesagt, die amerikanischen Armeen von 1861 seien nur bewaffnete Vagabundenhaufen, die sich gegenseitig durch die Lande jagten – aber ob er es nun ausgesprochen hat oder nicht, er und viele andere Militärexperten Europas hätten damals guten Grund zu diesem geringschätzigen Urteil gehabt. Doch 1862 oder 1863 hatte die harte Schule der Erfahrung Rebellen- wie Yankeeveteranen zu zähen, kampferprobten Soldaten erzogen, deren Durchhaltevermögen und Bereitschaft, schlimmste Strapazen auf sich zu nehmen, viele Europäer, die die Amerikaner für nichts anderes als aufgeblasene Großmäuler gehalten hatten, in Erstaunen versetzte. Ein britischer Beobachter, der zehn Tage nach der Schlacht von Antietam den Kriegsschauplatz besuchte, schrieb: »Auf schätzungsweise sieben oder acht Morgen Wald findet sich kein Baum, der nicht voller Kugeln oder Granatsplitter steckt. Es ist unvorstellbar, daß ein Mensch eine Schlacht, wie sie hier gewütet haben muß, durchstehen konnte.«[25]

V

Dilettantismus und Verworrenheit charakterisierten nicht nur die Mobilmachung der Armeen, sondern auch die strategische Entwicklung. Die meisten Offiziere hatten kaum etwas über Strategie gelernt. Der Lehrplan in West Point vernachlässigte strategische Studien zugunsten von Pionierwesen, Mathematik, Festungsbauwesen, Armeeverwaltung und ein bißchen Taktik als Dreingabe. Der eintönige Garnisons- oder Grenzlanddienst im Kampf gegen die Indianer, zu dem die meisten Offiziere nach der Militärakademie beordert wurden, regte kaum zu strategischen Studien an. Wenn überhaupt, hatten nur sehr wenige Bürgerkriegsgeneräle Carl von Clausewitz gelesen, den maßgeblichen Autor des 19. Jahrhunderts auf dem Gebiet der Kriegskunst. Immerhin waren eine Reihe von Offizieren mit den Schriften von Antoine Henri Baron de Jomini vertraut, einem in französischen Diensten zum General aufgestiegenen Militärschriftsteller schweizerischer Abkunft, der zum namhaftesten Interpreten der Feldzüge Napoleons I. wurde. Jeder West-Point-Absolvent hatte sich in den Kursen von Dennis Hart Mahan, der fast ein halbes Jahrhundert lang an der Militärakademie lehrte, in die Jominianischen Prinzipien vertieft. Henry W. Hallecks *Elements of Military Art and Science* (1846), im wesentlichen eine Übersetzung von Jominis Werk, diente in West Point als Lehrbuch. Dennoch sollte man Jominis Einfluß auf die Strategie des Bürgerkrieges nicht überschätzen, wie manche Historiker dies getan haben.[26] Viele »Jominianische Prinzipien« waren schlichtweg vernunftbestimmte, praktische Erwägungen, auf die Jomini kaum Urheberrecht beanspruchen durfte: Man führe die geschlossene Formation der eigenen Streitkräfte gegen Bruchteile der feindlichen Truppen; man attackiere das Fernmeldewesen des Feindes, indes man das eigene schütze; man setze die eigene Stärke gezielt gegen den Schwachpunkt des Feindes ein, und so weiter. Es finden sich kaum Zeugnisse dafür, daß Jominis Schriften die Strategie des Bürgerkrieges konkret beeinflußt hätten; der erfolgreichste Stratege des Krieges, nämlich Grant, gestand jedenfalls, er habe Jomini nie gelesen.

Die empirische Methode spielte bei der Entwicklung der Bürgerkriegsstrategien eine größere Rolle als alle Theorie. 1861 beherrschten die Erfahrungen aus dem Mexikanischen Krieg das Denken der meisten Offiziere. Aber dieser in einer Ära der glattläufigen Musketen leicht errungene Sieg gegen einen schwachen Feind lenkte manchen Bürgerkriegskommandanten auf die falsche Fährte, denn jetzt hatte man es mit einem entschlossenen und (nach 1861) größtenteils mit modernen gezogenen Flinten bewaffneten Gegner zu tun. Die Erfahrung, die nötig war, um im Bürgerkrieg zu bestehen, mußte in diesem Krieg erst gesammelt werden. Und so, wie Generäle und Politiker aus ihren Fehlern lernten, wie die Kriegsziele sich von einem begrenzten Krieg auf den totalen Krieg ausweiteten – und nicht zuletzt beeinflußt von dem ständigen Schwanken zwischen politischer Notwendigkeit und bürgerlicher Moral –, reifte allmählich auch eine militärische Strategie heran. Der Bürgerkrieg war in erster Linie ein politischer Krieg, ja eher ein Volkskrieg als einer zwischen Berufsheeren. Deshalb waren politische Führung und öffentliche Meinung auch so wichtig für die strategische Planung.

1861 hegten viele Amerikaner eine romantische, ja verklärende Vorstellung vom Krieg. »Ich muß fern von euch sein, weil ich für eine ruhmreiche Sache kämpfe«, schrieb ein Soldat aus dem Süden im Juni 1861 an seine Familie, »und ich bin stolz darauf, daß ich dabei sein darf.« Viele Rekruten der Konföderation waren der gleichen Meinung wie jener junge Mann aus Mississippi, der erklärte, er sei Soldat geworden, »um gegen die Yankees zu kämpfen – ein kolossaler Spaß«. Ein Zivilist, der im Mai 1861 den Umzug der konföderierten Regierung von Montgomery nach Richmond mitmachte, schrieb, in den Zügen »drängten sich die Truppen zuhauf, und alle waren so ausgelassen und vergnügt, als zögen sie auf ein Volksfest statt in die Schlacht«.[27] Ein Freiwilliger aus New York schrieb kurz nach seinem Eintritt in die Armee an seine Familie: »Ich und die anderen Jungs, wir sind guter Dinge ... und kreuzfidel.« Regimenter, die zur Front abrückten, marschierten stolzgeschwellt an jubelnden, fähnchenschwingenden Menschenmengen vorbei, und beim Klang der zackigen Militärmusik schwirrte ihnen der Kopf vor Ruhmesphantasien. »Der Krieg stimmt uns alle ganz weich und sentimental«, notierte die Südstaatlerin Mary Boykin Chesnut im Juni 1861 in ihr Tagebuch. Bislang verband man mit dem Gedanken an Krieg nur »glänzende Paraden, klingendes Spiel und schmucke Uniformen«.[28]

Auf beiden Seiten war die Zahl derer groß, die an ein rasches Ende des Krieges glaubten – ein, zwei Gefechte, und die feigen Yankees respektive die schludrigen Rebellen würden sich ergeben. Ein Soldat aus Alabama äußerte 1861 in einem Brief die Meinung, daß man schon im nächsten Jahr wieder Frieden haben werde, »weil wir noch vor Ablauf dieser Frist den letzten Yankee töten werden, falls die Kerls bis dahin nicht sowieso geschlagen sind. Ich glaube, die Brigade von J. D. Walker kann es mit 25 000 Yankees aufnehmen, und ich traue mir zu, daß ich selber mit 25 fertig werde«. Die Nordstaatler waren nicht minder zuversichtlich. In der Rückschau erinnerte sich James Russell Lowells fiktiver Yankeephilosoph wehmütig:

> I hoped, las' Spring, jest arter Sumter's shame
> When every flagstaff flapped its tethered flame,
> An' all the people, startled from their doubt,
> Come musterin' to the flag with sech a shout, –
> I hoped to see things settled 'fore this fall,
> The Rebbles licked, Jeff Davis hanged, an' all.[29]

Bei soviel Vertrauen auf einen raschen Sieg schien es überflüssig, sich über Strategien den Kopf zu zerbrechen. Allerdings gab es auf beiden Seiten verantwortungsbewußte Führer, die den Glauben des einfachen Mannes an einen Blitzkrieg nicht teilten. Doch auch sie konnten nicht voraussehen, wozu dieser Krieg sich auswachsen würde – zu einem totalen Krieg, der die totale Mobilmachung von Männern und Hilfsgütern erforderte, beides, Menschen und Material, in großem Umfang zerstörte und nur mit bedingungsloser Kapitulation enden konnte. Im Frühjahr 1861 richteten sich die meisten Führer des Nordens noch auf einen begrenzten Feldzug ein. Ihr Ziel war nicht, den Süden zu erobern, sondern einen Aufstand zu unterdrücken und der Union die latente Loyalität der Südstaaten zurückzugewinnen. Der Glaube an den Unionismus im Süden lebte fort.

Ein Krieg mit begrenzten Zielen erforderte eine Strategie der begrenzten Mittel. Der Kommandeur der Unionstruppen, General-in-Chief Winfield Scott, entwarf eine solche Strategie. Für Scott, den Unionisten aus Virginia, kam ein Eroberungskrieg nicht in Frage, denn was käme dabei heraus? »Fünfzehn verwüstete Staaten [die Sklavenstaaten], die nicht zur Eintracht mit ihren Eroberern zu bewegen und nur durch schwere Besatzungsgarnisonen zu halten wären, was viermal so viel kosten würde, als man [an diesen Staaten] andernfalls durch Nettoabgaben und Steuern verdienen könnte.« Statt im Süden einzumarschieren, schlug Scott vor, ihn mit einer Seeblockade und einer Kanonenbootflotte, unterstützt durch Infanterie längs des Mississippi, zu »umklammern«. Derart abgeschnitten von der Welt, mußte den Rebellen mit weniger Blutvergießen, als jeder andere Plan kosten würde, bald die Luft ausgehen, und die Regierung »könnte sie zur Annahme ihrer Bedingungen bewegen«.[30]

Scotts Methode erforderte Zeit – Zeit für die Marine, um genügend Schiffe für eine wirksame Blockade zu erwerben, Zeit, die Kanonenboote zu bauen und die Mannschaften auf die Unternehmung vorzubereiten. Scott erkannte selbst, was am meisten gegen seinen Plan sprach, nämlich: »Die Ungeduld unserer patriotischen und loyalen Unionsfreunde. Sie werden auf sofortiges, energisches Handeln drängen, ohne dabei, wie ich fürchte, die Folgen zu bedenken.«[31] Und er sollte recht behalten. Die öffentliche Meinung im Norden forderte eine Invasion, um die Rebellenarmee zu »zermalmen«, die Manassas besetzt hielt, einen Eisenbahnknotenpunkt in Nord-Virginia, an dem die Hauptstrecken ins Shenandoahtal und in den tiefen Süden zusammenliefen. In den Zeitungen wurde Scotts Strategie als »Anakondaplan« verhöhnt. Nachdem die konföderierte Regierung Virginias Angebot, Richmond zur Hauptstadt zu machen, angenommen hatte, wollte der südstaatliche Kongreß auch dort tagen. Also wurde der Beginn der nächsten Sitzungsperiode auf den 20. Juli festgesetzt. Daraufhin gab Horace Greeleys *New York Tribune* in ihrer Schlagzeile die Parole aus:

AUF NACH RICHMOND! AUF NACH RICHMOND!

Wir dürfen nicht zulassen,
daß der Rebellen-Kongreß
am 20. Juli
dort zusammentrifft

AN DEM TAG MUSS DIE STADT IN DEN
HÄNDEN DER NATIONALARMEE SEIN

Andere Zeitungen wiederholten den Ruf: »Auf nach Richmond!« Manche deuteten sogar an, Scotts »Anakondaplan« zeuge vom verräterischen Widerstreben des Generals, in seinem Heimatstaat einzumarschieren. Viele Nordstaatler konnten nicht begreifen, wieso ein General, der mit weniger als 11 000 Mann ein Land von acht Millionen Einwohnern besetzt hatte, 175 Meilen weit marschiert war, feindliche Armeen, die größer waren als seine eigene, besiegt und die Hauptstadt des Gegners eingenommen hatte, nun davor zurückscheute, in Virginia einzumarschieren und den Feind 25 Meilen von der Hauptstadt der Vereinigten Staaten entfernt zu bekämpfen. Die spektakulären Erfolge einer Offensivstrategie in Mexiko verleiteten sowohl Unions- wie konföderierte Kommandeure in den ersten Etappen des Bürgerkriegs dazu, einer Offensivkampagne das Wort zu reden. Die Erfolge Lyons in Missouri und McClellans in West-Virginia schienen ja auch zu bestätigen, daß es ein Vorteil war, als erster und vor allem rasch zuzuschlagen.

Scott ließ sich davon allerdings nicht überzeugen. In seinen Augen waren die Neunzig-Tage-Regimenter ein Haufen von blutigen Anfängern und folglich unbrauchbar. Auch die auf drei Jahre verpflichteten Regimenter würden eine mehrmonatige Ausbildung benötigen, ehe sie für den Kampf gerüstet waren. Aber Scott hatte bei seinen Erwägungen nicht die politischen Erfordernisse von 1861 berücksichtigt. Unter dem Druck der Öffentlichkeit war die Regierung kaum in der Lage, den militärischen Einsatz an der Hauptfront Virginias noch länger hinauszuzögern. Mit der von Scott angeregten Blockade der Seehafen im Süden hatte man bereits begonnen, und sein Vorschlag, den Mississippi flußabwärts zu besetzen, wurde zu einem Teil der Unionsstrategie im Jahre 1862. Aber letzten Endes zeigte die weitere Entwicklung, daß der Norden den Krieg nur gewinnen konnte, wenn es ihm gelang, die Armeen des Südens auf dem Schlachtfeld aufzureiben. In dieser Hinsicht folgte die Allgemeinheit mit ihrem Geschrei, man solle die Rebellen »fertigmachen«, einem vernünftigen, wenn auch allzu optimistischen Instinkt. Lincoln meinte, es wäre einen Versuch wert, den Feind bei Manassas anzugreifen, denn solch eine Attacke fügte sich in sein Konzept der begrenzten Kriegsziele. Glückte sie, wäre es eine Schmach für die Sezessionisten; vielleicht führte sie gar zur Eroberung Richmonds, doch sie würde das soziale und ökonomische System des Südens nicht zerstören; sie würde nicht zu einer Politik der verbrannten Erde im Süden führen.

Im Juli 1861 hatten die Unionstruppen etwa 35000 Mann im Großraum Washington zusammengezogen. Sie standen unter dem Kommando von General Irvin McDowell, der aus Scotts Stab hervorgegangen war, aber selbst noch keinerlei Erfahrung als Frontkommandeur gesammelt hatte. Dem Abstinenzler McDowell, der sich dafür am Essen schadlos hielt, mangelte es keineswegs an Intelligenz oder Unternehmungsgeist – aber er war, wie sich herausstellen sollte, ein glückloser General, dem nichts, was er anpackte, gelang. Auf Lincolns Anweisung entwarf McDowell den Plan für einen Flankenangriff auf die 20000 Konföderierten, die den Eisenbahnknotenpunkt Manassas verteidigten. Ein wichtiger Bestandteil dieses Plans sah vor, daß die 15000 Soldaten der Bundesarmee, die unter dem Kommando von Robert Patterson, einem 69jährigen Veteranen des Krieges von 1812, bei Harper's Ferry stationiert waren, verhinderten, daß die 11000 Konföderierten, die ihnen gegenüberstanden, als Verstärkung nach Manassas vordrangen.

McDowells Plan war gut – für ein Veteranenheer mit erfahrenen Offizieren. Beides hatte McDowell nicht. Am 29. Juni plädierte er auf einer Strategiekonferenz im Weißen Haus dafür, die Offensive so lange zu verschieben, bis die neuen, auf drei Jahre verpflichteten Soldaten ihre Grundausbildung absolviert hätten. Scott versuchte noch einmal, sich mit seinem »Anakondaplan« Gehör zu verschaffen. Aber als man den Generalquartiermeister Meigs um seine Meinung fragte, lautete seine Antwort: »Ich glaubte nicht, daß wir den Krieg je würden beenden können, ohne die Rebellen zu besiegen. [...] Es war vernünftiger, sie hier zu schlagen, als weit in ein gefährliches Land vorzudringen, um sie [in der von Scott vorgeschlagenen Mississippi-Unternehmung] zu bekämpfen. [...] So, wie die Dinge jetzt lagen, würde es billiger und vernünftiger sein, den Kampf in Virginia auszutragen.«[32] Lincoln war der gleichen Ansicht. Und was die Unerfahrenheit der McDowellschen Truppen anbelangte, so schien der Präsident die Gedanken eines Rebellenoffiziers aus Virginia gelesen zu haben, der berichtete, seinen Männern mangele es dermaßen an »Disziplin und Unterweisung«, daß es »schwer [werden wird], sie im Kampf sinnvoll einzusetzen. [...] Für das ganze Regiment würde ich nicht eine einzige Kompanie Berufssoldaten hergeben«. Lincoln befahl McDowell, mit der Offensive zu beginnen. »Ihr seid unerfahren, das stimmt«, sagte er, »aber die anderen sind es auch; ihr seid alle gleich unerfahren.«[33]

Der Kommandeur des Südens in Manassas war Pierre G. T. Beauregard, der weltmännische, redegewandte Held von Fort Sumter, ein napoleonischer Typ im Auftreten wie in seinen Ambitionen. Den Befehl über die Streitkräfte der Rebellen im Shenandoahtal führte Joseph E. Johnston, ein schmächtiger, stets tadellos gekleideter, ehrgeiziger, aber gleichwohl vorsichtiger Mann mit stechendem Blick und übertriebenem Ehrgefühl. In ihrer gegensätzlichen Haltung – hie offensiv, dort defensiv – verkörperten Beauregard und Johnston die Polarität im strategischen Denken des Südens schlechthin. Das elementare Kriegsziel der Konföderation war – wie seinerzeit in der Amerikanischen Revolution das der Vereinigten Staaten –, eine junge Nation vor dem Übergriff eines Eroberers zu schützen. Und so suchten sich die Konföderierten ihre Anregungen bei den Helden von 1776, die sich gegen eine noch größere Übermacht behauptet hatten als die, von der die Südstaatler sich 1861 bedroht sahen. Der Süden konnte den Krieg schon »gewinnen«, indem er ihn bloß nicht verlor; der Norden konnte nur gewinnen, wenn er auch siegte. Das riesige Territorium der Konföderation – mit 750000 Quadratmeilen war es so groß wie Rußland westlich von Moskau und doppelt so groß wie die ursprünglichen 13 Vereinigten Staaten zusammen – würde Lincoln vor eine ebenso schwere Aufgabe stellen, wie sie 1812 Napoleon oder George III. im Jahre 1776 gestellt worden war. Der Kriegsberichterstatter der Londoner *Times* wartete bereits zu Beginn des Krieges mit folgendem Kommentar auf:

»Es ist eine Sache, die Rebellen vom Südufer des Potomac zu vertreiben oder sogar Richmond zu besetzen, aber eine ganz andere, dauerhaft ein Gebiet zu unterwerfen, das fast so groß ist wie Rußland in Europa. [...] Noch nie ist ein Unabhängigkeitskrieg gescheitert, außer wenn das Kräfteverhältnis weitaus ungleicher verteilt war als in diesem Fall. [...] Genau wie England während der Revolution darauf verzichten mußte, die Kolonien zu erobern, so wird der Norden auf die Eroberung des Südens verzichten müssen.«[34]

Jefferson Davis war ebenfalls dieser Ansicht. Zu Beginn des Krieges scheint er eine Strategie ins Auge gefaßt zu haben, die sich an der George Washingtons im Unabhängigkeitskrieg orientierte. Washington setzte auf Zeit; falls nötig, trat er vor einem überlegenen Feind den Rückzug an; umgekehrt richtete er einen Gegenangriff gegen isolierte britische Vorposten oder Abteilungen, falls ein solcher Angriff Aussicht auf Erfolg versprach. Vor allem aber versuchte er, große Schlachten zu vermeiden, die seine Armee aufgerieben und seine Pläne zunichte gemacht hätten. Washingtons Strategie hat man als Zermürbungskrieg bezeichnet – eine Strategie, die dadurch siegte, daß sie nicht verlor, die einen besser ausgerüsteten Feind aufrieb und ihn schließlich dadurch zum Aufgeben zwang, daß man den Krieg immer weiter in die Länge zog und zu kostspielig machte.[35]

Zwei wichtige Faktoren hinderten Davis allerdings daran, eine solche Strategie anders als in begrenztem, sporadischen Stil nachzuahmen, und beide wurden von politischen wie von militärischen Gegebenheiten diktiert. Zum einen forderten Gouverneure, Kongreßabgeordnete und die Öffentlichkeit, daß jeder Fußbreit Boden der Konföderation mit Waffengewalt gegen das Eindringen der »abolitionistischen Horden Lincolns« verteidigt werde. Daher schwärmten 1861 kleine Verbände aus und bildeten einen Verteidigungsgürtel mit Schwerpunkten entlang der Arkansas-Missouri-Grenze, an mehreren Stellen der Golf- und Atlantikküste, längs der Tennessee-Kentucky-Grenze im Shenandoahtal, in West-Virginia und natürlich bei Manassas. Historiker haben diese »Rundumverteidigung« kritisiert, weil sie die Streitkräfte zu einer so lockeren Kette auseinanderzog, daß die Unionstruppen unweigerlich irgendwo den Durchbruch schaffen mußten, wie es 1862 ja auch an mehreren Stellen geschah.[36]

Der zweite Faktor, der einem Zermürbungskrieg nach Washingtons Vorbild im Wege stand, war das Temperament der Südstaatler. In dem Glauben, daß sie beliebig viele Yankees schlagen könnten, wiesen die Südstaatler das Ansinnen, sie sollten »untätig dasitzen und abwarten«, bis die Unionstruppen angreifen würden, verächtlich von sich. »Der Gedanke, auf Schläge zu warten, statt sie auszuteilen, entspricht ganz und gar nicht der Mentalität unseres Volkes«, tadelte der *Richmond Examiner.* »Die aggressive Politik ist die wahrhaft defensive. Eine Kolonne, die nach Ohio oder Pennsylvania vorrückt, ist als Defensivmaßnahme mehr wert als ein ganzer Wall von Küstenbataillonen zwischen Norfolk und dem Rio Grande.«[37] Die Presse im Süden verlangte ebenso lautstark nach einem Vorstoß gegen Washington, wie die Zeitungen im Norden: »Auf nach Richmond« schrien. Beauregard legte mehrere kühne Pläne für eine Offensive gegen

McDowell vor. Aber seine Entwürfe waren bloß noch Makulatur, als er von McDowells Gegenoffensive erfuhr.

Die Konföderierten fügten schließlich die verschiedenen Elemente strategischer Theorie und politischer Realität zu einer, wie Davis es nannte, »Offensiv-Defensiv-Strategie« zusammen. Die sah so aus, daß die Konföderierten ihr Vaterland verteidigten, indem sie interne Verbindungswege nutzten (ein Jominianisches, aber genausogut von praktischer Vernunft diktiertes Konzept), um verstreute Truppenteile rasch zusammenzuziehen und geschlossen gegen eine Invasionsarmee marschieren zu lassen und, falls sich die Gelegenheit dazu bot, zur Offensive überzugehen, und zwar bis hin zu einer Invasion des Nordens. Niemand hat diese Strategie je zu einer systematischen und umfassenden Theorie entwickelt. Vielmehr entstand sie 1862 schrittweise aus einer Reihe größerer Schlachten auf den Kriegsschauplätzen Virginias, Marylands, Tennessees und Kentuckys und gipfelten 1863 in Gettysburg. Beinahe trat sie schon im Juli 1861 in rudimentärer Form bei der ersten Schlacht von Manassas (am Bull Run) in Erscheinung, einem nach späteren Bürgerkriegsmaßstäben unbedeutenden Kampf, der freilich sowohl im Norden wie im Süden wichtige psychologische Folgen zeitigen sollte.

11.

Abschied vom Neunzig-Tage-Krieg

I

General McDowell wußte sehr wohl, warum er im Juli 1861 nicht mit unerfahrenen Truppen »gen Richmond« marschieren mochte. Umstände, auf die er keinen Einfluß hatte, belasteten den Feldzug von Anfang an. Seine 30000 Mann hätten sich am 8. Juli in Bewegung setzen sollen, aber der Abmarsch verzögerte sich, weil es an Proviantwagen fehlte und weil erst in letzter Minute eingetroffene Regimenter in Brigaden und Divisionen eingeteilt werden mußten. Als die Armee schließlich am 16. Juli mit dem Abmarsch begann, lief bei den ersten Soldaten bereits die 90tägige Dienstzeit aus. Tatsächlich gingen ein Infanterieregiment und eine Artilleriebatterie am Vorabend der bevorstehenden Schlacht nach Hause. Die konföderierten Soldaten waren durch ihre längere Rekrutierungszeit psychologisch im Vorteil; denn der Rekrut, dessen Dienstzeit fast abgelaufen war, ging wohl mit geringerer Motivation in den Kampf.

Auch General Robert Patterson im Shenandoahtal mußte befürchten, daß die Neunzig-Tage-Rekruten in seiner 15000-Mann-Armee den vollen Einsatz in einem wirklichen Gefecht gegen die 11000 Konföderierten unter Joseph E. Johnston scheuen würden. Das war einer der Gründe dafür, daß es Patterson nicht gelang, Johnstons Kräfte im Shenandoahtal zu binden, während McDowell den Angriff gegen Beauregard in Manassas führte. Zu Pattersons Verwirrung trugen unklare Weisungen aus Washington bei, aus denen nicht eindeutig hervorging, ob er Johnston angreifen oder nur vor ihm manövrieren sollte. Da er sich irrtümlich dem Gegner zahlenmäßig unterlegen wähnte, ging Patterson auf Nummer Sicher und beschränkte sich auf das Manövrieren. Bedauerlicherweise manövrierte er sich dabei selbst aus dem Feldzug hinaus. Am 18. und 19. Juli entwischte ihm Johnstons Armee, marschierte von Winchester zur Bahnstation in Piedmont und fuhr mit dem Zug nach Manassas. Nun waren die konföderierten Streitkräfte in Manassas gleich stark wie die Invasionsarmee McDowells.

Vom Herannahen McDowells war Beauregard durch das Netz seiner Spione in Washington gewarnt worden. An deren Spitze stand Rose O'Neal Greenhow, die mit verschiedenen Politikern des Nordens befreundet war und zugleich Spitzeldienste für die Konföderation verrichtete. In bester romantischer Tradition überbrachten Südstaatenschönheiten hoch zu Roß verschlüsselte Botschaften mit den Plänen der Union. Doch selbst in Kenntnis dieser Pläne wäre Johnston nicht rechtzeitig zur Verstärkung Beauregards zur Stelle gewesen, wenn McDowells Armee nicht im Schneckentempo dahingekrochen wäre. In dieser Phase des Krieges brauchten marschunerfahrene Soldaten mit 50 Pfund Gepäck auf dem Rücken drei Tage für eine Strecke, die kriegserfahrene Veteranen später an einem Tag bewältigten. An jeder Straßenkrümmung machten die Truppen halt, um vom Gegner gefällte Bäume aus dem Weg zu räumen oder Schutz vor angeblichen »verdeckten Batterien« zu suchen. Ein Halt an der Spitze einer Kolonne pflanzte sich ziehharmonikaartig bis zu deren Ende fort, wo die Männer es leid wurden, stundenlang in der glühenden Julisonne zu stehen, und davonspazierten, um Wasser zu suchen oder Brombeeren zu pflücken. Als die Yankees endlich in Centreville anlangten, drei Meilen von der konförderierten Verteidigungsstellung entfernt, hatten sie ihre gesamten Lebensmittelvorräte aufgebraucht und verloren einen weiteren Tag damit, auf neuen Proviant zu warten. In Ermangelung geschulter Kavallerie sondierte McDowell persönlich die gegnerischen Linien und stellte fest, daß sein ursprünglicher Plan, die rechte Flanke der Konföderierten anzugreifen, an der Unebenheit des Geländes und an der starken Verteidigungsstellung des Gegners just auf dieser Flanke scheitern mußte. So verging ein weiterer Tag, an dem McDowell den Plan zu einem Angriff auf der linken Seite entwarf und die Wege in dieser Richtung erkundete. Unterdessen brachte die überlastete Eisenbahn die Truppen Johnstons nach Manassas. Als McDowell schließlich am Morgen des 21. Juli seinen Sturmangriff begann, waren bereits drei gegnerische Brigaden aus dem Shenandoahtal eingetroffen, und die vierte war unterwegs.

Trotz all dieser Zeitverluste wäre McDowells Angriff um ein Haar geglückt. Beauregard hatte seine Truppen am Südufer des Bull Run aufgestellt, eines träge dahinfließenden, von Baumstämmen verstopften Gewässers wenige Meilen nördlich von Manassas. Konförderierte Regimenter kontrollierten die Eisenbahnbrücke über den Fluß auf der rechten Seite, die Chausseebrücke nach Warrenton sechs Meilen flußaufwärts auf der linken Seite sowie ein halbes Dutzend Furten zwischen beiden Brücken. Beauregard erwartete, daß McDowell die Bahnlinie angreifen werde, und stellte neun von seinen zehneinhalb Brigaden an dieser Flanke auf, wo er die Yankees mit einem eigenen Überraschungsangriff am Morgen des 21. Juli zu empfangen hoffte. Statt dessen verrieten kurz nach Sonnenaufgang Artilleriefeuer und Musketenschüsse einige Meilen flußaufwärts, daß ihm McDowell zuvorgekommen war.

Die 10000 Mann starke Angriffskolonne der Union hatte sich um zwei Uhr morgens in Marsch gesetzt und hatte durch das Unterholz auf einem überwachsenen Wagenpfad eine sechs Meilen lange Umfassungsbewegung eingeleitet, während andere Regimenter einen Scheinangriff gegen die Chausseebrücke unternahmen. Die flankierende Kolonne durchwatete den Bull Run zwei Meilen flußaufwärts von der Brücke, wo die Konföderierten sie nicht erwarteten. Der Kommandeur der konföderierten Streitkräfte an der Brücke war Colonel Nathan »Shanks« Evans (den Spitznamen verdankte er seinen spindeldürren Schenkeln), ein trinkfester Haudegen aus South Carolina. Er durchschaute das Bombardement der Brücke als Finte der Union und bemerkte die Staubwolke der Flankenkolonne zu seiner Linken; daher zog er den größten Teil seiner Truppen zusammen, um sich der ersten Yankeebrigade, die durch die Felder brach, entgegenwerfen zu können. Damit hielt Evans den Angriff der Union so lange auf, bis zwei Brigaden Verstärkung angerückt waren.

Zwei Stunden lang wichen 4500 Rebellen nördlich der Chaussee unter hinhaltendem Widerstand vor 10000 Yankees zurück. Für die Männer beider Seiten war es die Feuertaufe, und sie schlugen sich erstaunlich gut. Den Nordstaatenoffizieren aber fehlte es an der notwendigen Erfahrung, die gleichzeitigen Sturmangriffe mehrerer Regimenter zu koordinieren. Zuletzt machte sich jedoch das zahlenmäßige Übergewicht geltend und drückte die Rebellen über die Chaussee und die Hänge des Henry House Hill hinauf. Dabei brachen einige Südstaatenregimenter auseinander und traten die Flucht nach hinten an; McDowell schien kurz vor einem überwältigenden Erfolg zu stehen. Von Washington waren zahlreiche Reporter, Abgeordnete und sonstige Zivilisten an den Schauplatz des Geschehens gefahren, um die Schlacht zu beobachten. Da sie drei Meilen entfernt standen, konnten sie außer Rauch wenig erkennen, doch brachen sie in Jubel aus, als der Sieg der Union gemeldet wurde, und die nach Washington abgehenden Telegramme weckten im Weißen Haus große Hoffnungen.

Allein, die Siegesmeldungen waren verfrüht. Johnston und Beauregard hatten weitere Verstärkungen auf die linke Seite der Konföderation geworfen und waren persönlich an der Front erschienen, um auseinandergefallene Einheiten wieder zu sammeln. So wogte am Nachmittag der Kampf um Henry House Hill in erbitterten, aber unkoordinierten Angriffen und Gegenangriffen stundenlang hin und her. (Der Berg war nach dem Haus einer gewissen Judith Henry benannt, einer bettlägrigen Witwe, die ihre Wohnung nicht verlassen wollte und bei einem Granateinschlag ums Leben kam.) Das Kampfgetümmel sah auf beiden Seiten Männer, die der Krieg berühmt machte: auf Unionsseite Ambrose E. Burnside, William Tecumseh Sherman und Oliver Howard, deren jeder im Augenblick noch eine Brigade kommandierte, aber vor Beendigung des Krieges an der Spitze einer Armee stehen sollte, auf der Seite der Konföderation Beauregard, der das Feldkommando, und Johnston, der das Gesamtkommando innehatte, ferner James E. B. (»Jeb«) Stuart mit dem kecken Bart und der schmucken Feder am Hut, den verwegenen, romantischen und tödlich gefährlichen Colonel eines Kavallerieregiments, das einen Angriff durch Unionsinfanterie mit einer beherzten Attacke stoppte, Wade Hampton, dessen South-Carolina-Legion schwere Verluste erlitt, und Thomas J. Jackson, einen früheren Professor am Virginia Military Institute, der jetzt eine Brigade von Virginiern aus dem Shenandoahtal befehligte. Jackson war ein humorloser, verschlossener Exzentriker und strenger Zuchtmeister, der keine Nachsicht mit menschlichen Schwächen kannte, dabei ein frommer Presbyterianer, der die Erfolge der Konföderation seinem Herrgott zuschrieb und die Yankees verteufelte. Er wurde einer der besten Generäle des Bürgerkrieges und war schon zu Lebzeiten eine Legende.

Hier am Henry House Hill nahm diese Legende ihren Anfang. Während die konföderierten Regimenter, die am Morgen gekämpft hatten, gegen Mittag über den Berg abzogen, brachte Jackson seine neuen Truppen knapp hinter dem Bergkamm in Stellung. General Bernard Bee aus South Carolina, der seine in Auflösung begriffene Brigade zu sammeln versuchte, zeigte auf Jacksons Leute und scheint sinngemäß gerufen zu haben: »Da steht doch Jackson wie eine Wand [*stone wall*]! Sammelt euch hinter den Virginiern!« Allerdings gab es mindestens einen Beobachter, der Bees Worte anders auffaßte; ihm zufolge zeigte der General aus South Carolina ärgerlich auf Jacksons Truppen, die unbeweglich hinter dem Bergkamm warteten, und sagte: »Seht euch diesen Jackson an! Steht stocksteif da wie eine Wand!« Bee selbst konnte nicht mehr klarstellen, was er gemeint hatte: Kurze Zeit später traf ihn eine tödliche Kugel. Aber Jacksons Brigade stoppte den Sturmangriff der Union und erlitt dabei höhere Verluste als jede andere südstaatliche Brigade an diesem Tag. Von Stund an war Jackson unter dem Spitznamen »Stonewall« bekannt, und seine Männer, die in Manassas nicht gewankt noch gewichen waren, hießen die »Stonewall-Brigade«.[1]

Während der Schlacht kam es immer wieder zu Verwechslungen zwischen eigenen und gegnerischen Uniformen. Bei zahllosen Gelegenheiten wagten die Brigaden nicht zu schießen, weil sie fürchteten, befreundete Soldaten zu treffen, oder

Die Aufstellung der Streitkräfte am 16. 7.1861

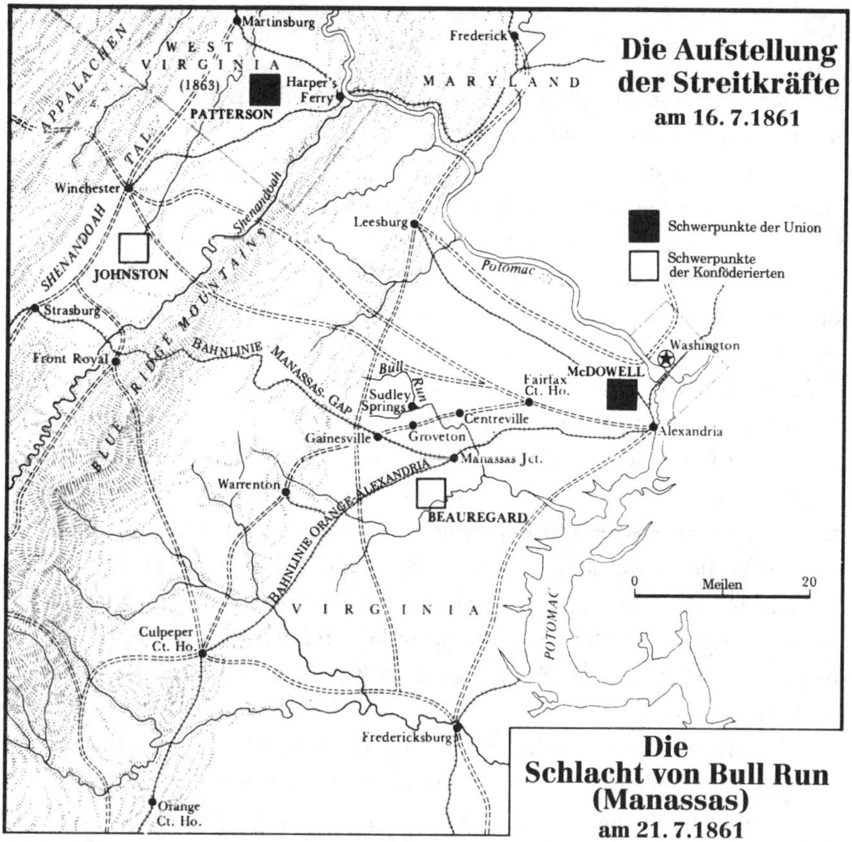

Die Schlacht von Bull Run (Manassas) am 21. 7.1861

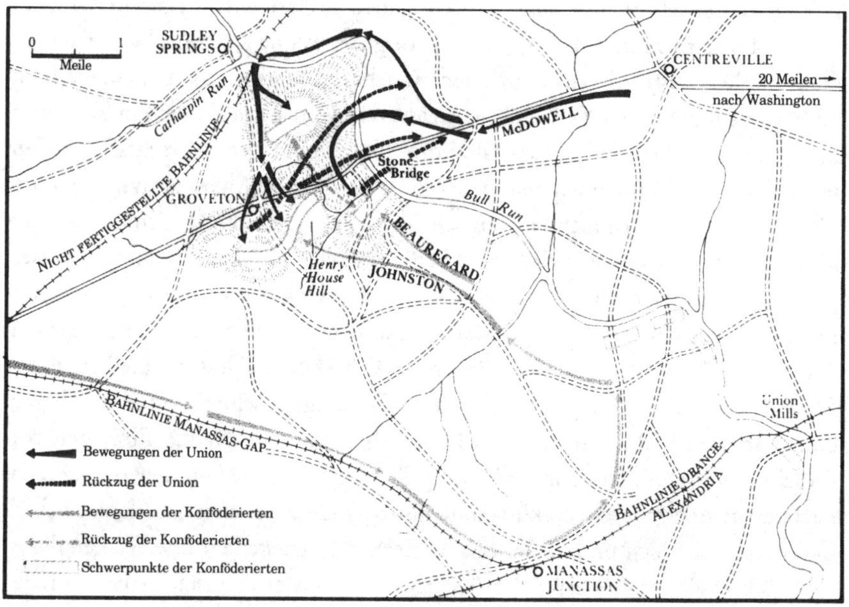

sie feuerten irrtümlich auf Freunde. Dasselbe Problem ergab sich mit der nationalen Flagge, die jedes Regiment mitführte. Die »Stars and Bars« der Konföderation – elf Sterne auf blauem Grund in der Ecke einer Flagge mit zwei roten und einem weißen waagerechten Balken – waren in den Rauchschwaden und Staubwolken der Schlacht leicht mit den »Stars and Stripes« der Union zu verwechseln. Später entwarf Beauregard eine neue Feldflagge mit weißen Sternen in einem blauen Andreaskreuz auf rotem Grund, die zu dem bekannten Banner der Konföderation wurde.[2]

Eine solche Uniformverwechslung beeinflußte sogar den Ausgang des Kampfes. Auf dem Höhepunkt der Schlacht um Henry House Hill waren zwei Artilleriebatterien der Union gerade dabei, Breschen in die Stellung der Konföderierten zu schießen, als plötzlich rechts von zwei Geschützen aus dem 70 Meter entfernten Wald ein blaugekleidetes Regiment auftauchte. Die Artillerie hielt dieses Regiment für die angeforderte Infanterieverstärkung und stellte für einige verhängnisvolle Minuten das Feuer ein, während das Regiment – das 33. Virginia aus Jacksons Brigade – die Musketen senkte und feuerte. Die Artilleriegeschütze wurden ausgeschaltet, und die Koordination des Unionsangriffs auf diesem Teil des Schlachtfelds brach zusammen.

Im Lauf des Nachmittags brach dann die ohnehin schwache Koordination der übrigen Armeeteile des Nordens zusammen; einzelne Regimenter setzten den Kampf ohne Fühlungnahme miteinander fort, Nachzügler fielen zurück, und es gelang McDowell nicht, zwei Reservebrigaden ins Treffen zu führen. Johnston und Beauregard hatten dagegen jede verfügbare Einheit herangeholt, darunter auch die letzte Brigade aus dem Shenandoahtal, die gegen 16 Uhr kurzerhand vom Zug sprang und auf das Schlachtfeld marschiert kam. Zu diesem Zeitpunkt hatten die Rebellen dieselbe Anzahl von Soldaten auf dem Gefechtsfeld stehen wie der Gegner (auf beiden Seiten waren zuletzt 18000 Mann aktiv), waren der Union an frischen Truppen aber entscheidend überlegen. Die meisten Unionsregimenter hatten an diesem drückend heißen, schwülen Tag bei knappen Wasser- und Lebensmittelvorräten mehr als 14 Stunden lang marschierend oder kämpfend auf den Beinen gestanden. Manche Nordstaatensoldaten fragten sich beim Anblick der konföderierten Verstärkungen verzweifelt: »Und wo bleiben *unsere* Reserven?« In diesem Augenblick erkannte Beauregard seinen Vorteil und befahl einen Gegenangriff auf der ganzen Linie. Als die konföderierten Einheiten vorpreschten, zerschnitt ein unheimlicher, gellender Schrei die Luft: der *rebel yell*, das nachgerade übermenschlich klingende Hurrageschrei der angreifenden Rebellen, das den Gegner jetzt und fortan mit Angst und Schrecken erfüllte. »Einen derartigen Schrei gibt es diesseits der Hölle kein zweites Mal«, schrieb nach dem Krieg ein Nordstaatenveteran. »Er bohrt sich einem durch Mark und Bein wie ein Korkenzieher. Man muß ihn gehört haben, um das zu verstehen.«[3]

Von diesem tosenden Gegenangriff zu Tode erschreckt, fanden die mutlosen und erschöpften Yankeesoldaten, daß sie genug gekämpft hätten. Sie fielen allmählich zurück – zunächst vereinzelt und unter gelegentlichem Aufbäumen, dann in wachsender Panik. Offiziere verloren den Überblick, einzelne Männer wurden von ihren Kompanien getrennt, und die Disziplin löste sich restlos auf. Der Rückzug wurde zum ungeordneten, wilden Wettlauf zu den wenigen Übergängen über den Bull Run, wobei die Leute Gewehr, Gepäck und alles andere wegwarfen, was ihnen beim Laufen hinderlich sein konnte. Etliche Einheiten aus Shermans Brigade und einige Kompanien von Berufssoldaten hielten Disziplin und bildeten eine Nachhut, die die Rebellen bei ihrer planlosen Verfolgung des Gegners aufhielt.[4]

Fliehende Unionssoldaten und in Panik ausbrechende Zivilisten gerieten einander in den Weg. Einige Abgeordnete versuchten vergeblich, wild dreinblikkende Soldaten aufzuhalten, die, meilenweit vom Schlachtfeld entfernt, offenbar gesonnen waren, erst auf dem anderen Ufer des Potomac haltzumachen. »Je weiter sie liefen, desto verängstigter wurden sie«, konstatierte einer der Abgeordneten.

»Wir riefen sie an, versuchten ihnen klarzumachen, daß keine Gefahr mehr bestand, beschworen sie, stehenzubleiben. Wir nannten sie Feiglinge, beschimpften sie auf die übelste Weise, ja, wir zogen sogar unsere schweren Revolver und machten Miene, sie zu erschießen, aber es war alles umsonst: eine schreckliche, aberwitzige, hoffnungslose Panik hatte sie erfaßt und steckte alle an, die in ihrer Nähe waren. Die Hitze war schrecklich, obwohl es schon auf sechs Uhr ging; die Männer waren erschöpft und ausgelaugt – der Mund stand ihnen offen, die Lippen waren rissig und vom Aufbeißen der Patronen während der Schlacht geschwärzt, und ihr Blick war der von Irren; eine solche Unzahl grauenhafter Jammergestalten sah noch kein Sterblicher.«[5]

Auf dem anderen Ufer des Bull Run feierten jubelnde Rebellen ihren Sieg und umkreisten Hunderte von gefangenen Unionssoldaten. Jefferson Davis persönlich war in der Stunde des Sieges eingetroffen. Im Grunde seines Herzens Soldat, konnte er nicht still in Richmond am Schreibtisch sitzen, wenn 80 Meilen entfernt das Kampfgeschehen tobte. Er mietete einen Sonderzug, ließ sich bei Manassas ein Pferd geben und ritt am Spätnachmittag mit einem Adjutanten dem Gefecht entgegen, vorbei an einem wachsenden Strom von Verwundeten und Nachzüglern, die ihm zuriefen: »Machen Sie kehrt! Wir sind geschlagen!« Zwar wußte Davis, daß die rückwärtigen Bereiche eines Schlachtfeldes immer den Eindruck von Chaos und Niederlage vermitteln, gleichgültig, wie die Dinge an der Front stehen, doch beim Weiterreiten sank ihm dennoch der Mut. Sollte das das Ende seiner Konföderation sein? Aber als er sich Johnstons Hauptquartier näherte, verlor sich der Schlachtenlärm im Norden. Johnston kam dem Präsidenten mit der Meldung vom Triumph des Südens entgegen. Davis war hocherfreut und befahl, dem geschlagenen Feind sofort energisch nachzusetzen. Johnston und Beauregard hielten eine solche ernsthafte Verfolgung des Gegners für nicht durchführbar, obwohl einzelne Einheiten der Konföderation bereits ein, zwei Meilen über den Bull Run hinaus vorgerückt waren. Johnston meinte: »Unsere Armee war durch den Sieg mehr aufgelöst als die der Vereinigten Staaten durch ihre Niederlage.«[6]

Als in den folgenden Wochen das ganze Ausmaß des konföderierten Sieges klar wurde, begann man in der Südstaatenpresse nach Sündenböcken dafür zu suchen, daß es versäumt worden war, »den Sieg ausznutzen und Washington zu nehmen«. Es kam zu einem unwürdigen Streit, in dem die Parteigänger der Hauptakteure – Davis, Johnston, Beauregard – einander die Schuld an diesem »Versäumnis« zu geben suchten. In den Nachkriegsmemoiren dieser drei Männer wurde die Kontroverse fortgesetzt. Indes war die Vorstellung einer »Einnahme« Washingtons im Juli 1861 eine Illusion, und alle drei hatten das seinerzeit auch erkannt. McDowell baute am Abend des 21. Juli in Centreville eine Verteidigungslinie aus unverbrauchten Reserven auf. Am nächsten Morgen machte ein heftiger Regenguß die Wege zu Matsch; die konföderierte Logistik hätte aber selbst bei gutem Wetter einen weiteren Vormarsch nicht bewältigen können. In den Armeedepots in Manassas gab es praktisch keine Lebensmittel mehr. In Washington herrschte Panikstimmung, aber die Rebellen waren nicht im Anmarsch – und hätten es auch nicht sein können.

Im Juli 1861 lag der Streit um das erwähnte »Versäumnis« noch in der Zukunft. Der Süden gab sich dem Freudentaumel über einen Sieg hin, der scheinbar bewies, daß ein einziger Südstaatler es mit jeder beliebigen Zahl von Yankees aufnehmen konnte. Dabei wurde übersehen, daß das Zahlenverhältnis der beteiligten Truppen annähernd gleich gewesen war, daß die Konföderierten zumeist in der Defensive gekämpft hatten (was zumal für unerfahrene Truppen leichter als das Angreifen war) und daß der Sieg der Yankees greifbar nahe gewesen war. Wie auch immer: Die Schlacht bei Manassas (oder Bull Run, wie man sie im Norden nannte[7]) war einer der entscheidendsten taktischen Siege des ganzen Krieges. Auch wenn sie in den Augen vieler Südstaatler strategisch folgenlos blieb, vereitelte sie doch auf acht Monate hinaus weitere Bemühungen der Union, in das Kernland Virginias einzumarschieren. Und verglichen mit späteren Schlachten, war die Zahl der Opfer klein. Rund 400 Konföderierte wurden getötet und 1600 verwundet, von denen 225 ihren Verletzungen erlagen. Auf Unionsseite gab es ebenfalls rund 625 Tote und tödlich Verletzte, 950 nicht tödlich Verletzte und über 1200 Gefangene.[8]

Die nachhaltigsten Folgen dieser Schlacht dürften psychologischer Art gewesen sein, und zwar auf durchaus paradoxe Weise. Der überschwengliche Siegestaumel des Südens schlug die biblische Mahnung »Hochmut kommt vor dem Fall« in den Wind und gefiel sich in gockelhafter Überheblichkeit. Manassas sei *»eine der entscheidenden Schlachten der Weltgeschichte«* gewesen, tönte der Politiker Thomas R. R. Cobb aus Georgia. Sie »hat unsere Unabhängigkeit ein für allemal gesichert«. Edmund Ruffin hielt »diese hart umkämpfte Schlacht praktisch für das Ende des Krieges«. Nach seiner Meinung sollte Beauregard »einen Ausfall gegen Philadelphia unternehmen und es in Schutt und Asche legen ... als Ausgleich und Vergeltung für die früheren Greueltaten des Nordens«.[9] Der *Mobile Register* prophezeite, die Unionsarmee werde sich »künftig nur noch auf Kanonenschußweite aus Washington herauswagen«. Der *Richmond Whig* ging sogar noch weiter: »Der Zusammenbruch der Yankeerasse, ihre Untauglichkeit zu imperialer Herrschaft, zwingt dem Süden die Führungsrolle auf. Wir sind genötigt, das Szepter der Macht zu ergreifen. Wir müssen lernen, unserer neuen Bestimmung gerecht zu werden.«[10]

Unmittelbar nach der Schlacht waren viele Nordstaatler vor lauter Scham und Verzweiflung fast geneigt, dieser Einschätzung zuzustimmen. »Der heutige Tag wird als SCHWARZER MONTAG in die Geschichte eingehen«, schrieb ein New Yorker, als er vom Ausgang der Schlacht erfuhr. »Wir sind auf der ganzen Linie schmählich besiegt, geschlagen, vernichtet.« Horace Greeley, dessen *New York Tribune* wesentlich dazu beigetragen hatte, die Regierung zum verfrühten Losschlagen zu verleiten, verbrachte sieben schlaflose Nächte voller Selbstvorwürfe und schrieb dann Lincoln einen bedrückten Brief. »Auf jeder Stirn lastet dumpfe, schwarze, verzehrende Verzweiflung. [...] Zögern Sie nicht, mit den Rebellen zu ihren Bedingungen Frieden zu schließen, wenn es für das Land und die Menschheit das beste ist!«[11]

Langfristig aber sorgte Bull Run im Norden nicht für Defätismus, sondern für eine Erneuerung des Kampfgeistes, was der Korrespondent der Londoner *Times* bereits am Tag nach der Schlacht kommen sah: »Dieser Stich in den aufgeblasenen Ballon des Nordens wird eine Menge giftiger Gase entweichen lassen und den Menschen die Augen öffnen, auf welchen Konflikt sie sich eingelassen haben.« Ein führender Kirchenmann des Nordens gab in einer Predigt über eine Stelle aus den Sprüchen Salomons – »Wer seine Rute schont, der haßt seinen Sohn« – diesem neuen Geist grimmiger Entschlossenheit Ausdruck. Ein einfacher Soldat hieb in dieselbe Kerbe: »Ich will sehen, wie die Sache ausgefochten wird, und wenn ich dabei mein Leben lasse.« Und während Greeley seinen verzweifelten Brief an Lincoln schrieb, verfaßte ein anderer Autor einen Leitartikel für die *Tribune,* in dem es hieß: »Es ist nicht Sitte bei den Amerikanern, nach einer Niederlage Trübsal zu blasen. [...] Rückschläge, mögen sie zuerst noch so lähmend wirken, treiben zu um so größerer Anstrengung an. [...] Auf denn, ans Werk, und guten Mut!«[12]

Lincoln hielt es eher mit diesem Leitartikel als mit dem Brief Greeleys. Er und General Scott waren zwar erschüttert über die Meldungen vom Bull Run, aber sie gerieten nicht in Panik. Sie waren die ganze Nacht tätig, um aus dem Chaos der Niederlage ein Mindestmaß an Ordnung zu retten. »Das Kind liegt im Brunnen«, schrieb Lincolns Privatsekretär, »und wir werden eine Zeitlang den Schnabel halten müssen, bis wir diese Schmach einigermaßen getilgt haben. Die Regierung wird die Kriegsvorbereitungen mit Nachdruck fortsetzen.« Am Tag nach Bull Run unterzeichnete Lincoln ein Gesetz, das die Einberufung von 500 000 Mann auf drei Jahre vorsah. Drei Tage später unterschrieb er ein Gesetz über die Einberufung von weiteren 500 000 Mann.[13] In den folgenden Wochen wurden die Rekrutierungsbüros von Freiwilligen förmlich gestürmt; Nordstaatengouverneure überhäuften die Regierung mit Angeboten, neue Regimenter zu stellen; und bald bevölkerten diese Regimenter selbst die Ausbildungslager rund um Washington, wo sie einen dynamischen, faszinierenden General als Befehlshaber vorfanden: George B. McClellan.

Am Tag nach Bull Run hatte McClellan um zwei Uhr morgens durch ein Telegramm von seinem Kommando über diese neue Armee von Freiwilligen erfahren, die sich auf drei Jahre verpflichtet hatten; die Armee erhielt bald den Namen Potomac-Armee. Als McClellan am 26. Juli in Washington eintraf, war »von einer zu befehligenden Armee nichts zu sehen – es gab lediglich eine Ansammlung von Regimentern, die an den Ufern des Potomac hockten; einige waren völlig neu, andere von der jüngsten Niederlage entmutigt«.[14] Mag in dieser Äußerung auch ein gewisses Eigenlob mitschwingen: McClellan schaffte in den ersten beiden Monaten seines Kommandos alles, was man von ihm erwartet hatte. Seine Militärpolizei sammelte Drückeberger ein und griff deren Offiziere in den Washingtoner Bars auf. Seine Prüfungsausschüsse siebten unfähige Offiziere aus. McClellan war ein hervorragender Organisator und Administrator. In bezug auf die Ausbildung seiner Leute achtete er auf Professionalität: Er machte aus Rekruten echte Soldaten. Er lehrte sie Disziplin und Selbstachtung, und sie dankten es ihm mit einer Bewunderung, die sie keinem anderen General entgegenbrachten. McClellan schmiedete die Potomac-Armee zu einem Kampfinstrument, wie es kein zweites gab – das war sein wesentlicher Beitrag zum letztendlichen Sieg der Union –, doch erwies er sich als außerstande, dieses Instrument in der Krise der Schlacht auch mit größtmöglicher Effizienz einzusetzen.

Nicht alle Südstaatler teilten die nach Manassas verbreitete Überzeugung von der Unbesiegbarkeit der Konföderation. Mary Boykin Chesnut hatte den Eindruck: »Der Sieg lullt uns in trügerische Träume ein«, während er im Norden »alles an Mannhaftigkeit mobilisieren wird«. Ein Tagebuch schreibender Sekretär im Kriegsministerium der Konföderation schäumte einen Monat nach der Schlacht: »Wir ruhen uns auf unseren Lorbeeren aus, während der Feind fünf- oder sechshunderttausend Mann ausbildet und ausrüstet.« Nachträglich ist man immer klüger, aber in diesem Falle stimmten nach dem Krieg beide Seiten darin überein, daß der einseitige Triumph des Südens in der ersten großen Schlacht »das Schlimmste war, was der Konföderation passieren konnte«. Diese Auffassung ist in der Geschichtsschreibung des Bürgerkrieges geradezu zur Lehrmeinung geworden.[15]

An dieser Lehrmeinung ist viel Wahres, aber sie enthält vielleicht doch nicht die ganze Wahrheit. Das Selbstvertrauen, das die Sieger von Manassas gewannen, erfüllte sie mit einem Korpsgeist, der durch weitere Siege in den folgenden beiden Jahren noch wuchs. Gleichzeitig erzeugte die Niederlage der Union bei den Offizieren in Virginia das bohrende, kaum eingestandene Gefühl militärischer Unterlegenheit. So wurde die Schlacht bei Manassas, genauer gesagt: die kollektive Erinnerung beider Seiten an sie, zu einem wichtigen psychologischen Moment auf dem östlichen Kriegsschauplatz. Dieser psychologische Aspekt macht erklärlich, warum McClellan, nachdem er eine schlagkräftige Waffe geschmiedet hatte, davor zurückschrak, mit ihr wirklich eine Schlacht zu wagen. Im tiefsten Innersten fürchtete er immer, der Gegner könnte stärker sein als er. Und die Konföderierten, getragen vom moralischen Auftrieb, den der Sieg verleiht, hatten einen psychologischen Vorsprung, der ihre materielle Unterlegenheit in Virginia weitgehend ausglich.[16] So kam es zum Paradox von Bull Run: Dem Süden gereichte das dort gewonnene Selbstvertrauen, dem Norden gereichten die dort erlittene Demütigung und die neugewonnene Entschlossenheit zum Schaden wie zum Nutzen.

II

Zwei Tage nach Bull Run verfaßte Lincoln ein Memorandum über die künftige Strategie der Union. Die Bemühungen um eine Intensivierung der Blockade sollten vorangetrieben werden; Maryland sollte »mit sanfter[!], aber fester und sicherer Hand« gehalten werden; die Unionstruppen in Virginia sollten verstärkt, gründlich ausgebildet und auf eine neue Invasion vorbereitet werden; der unfähige Patterson sollte durch einen neuen Befehlshaber von der Armee in Harper's Ferry (Nathaniel P. Banks) abgelöst werden; auf den westlichen Kriegsschauplätzen sollten die Unionsarmeen zur Offensive übergehen und dabei »ihr ganz besonderes Augenmerk Missouri widmen«.[17]

Viel erwartete Lincoln sich von dem neu ernannten Befehlshaber des (im wesentlichen in Missouri gelegenen) Bereichs Western Department, John C. Frémont. Als »Pfadfinder des Westens« berühmt, genoß Frémont dank seiner elfjährigen Tätigkeit im topographischen Korps der Armee einen militärischen Ruf, an den die meisten anderen »politischen Generäle« nicht heranreichten. Doch die mit dem Kommando in Missouri verbundenen enormen Schwierigkeiten – eine in sich gespaltene Bevölkerung, Partisanenkrieg, politische Intrigen, Kriegsgewinnlertum und der drohende Einmarsch konföderierter Truppen aus Arkansas und Tennessee – offenbarten bald die Schwächen in Frémonts Charakter. Er war der Typ des Blenders; durch seine Naivität und seinen Ehrgeiz, so rasch wie möglich Heer und Marine aufzurüsten und mit Aplomb auf dem Mississippi einzufallen, war er zum Opfer zwielichtiger Partner prädestiniert, deren immense Profite für neue Skandale sorgten. Frémont hätte sogar das unbeschadet überstehen können, wenn er Siege vorzuweisen gehabt hätte. Statt dessen mußten, kaum war Frémont am 25. Juli in St. Louis eingetroffen, die Unionsstreitkräfte in Missouri Rückschläge einstecken, die sich wie Nachbeben des Erdbebens von Bull Run ausnahmen.

Durch Frémonts Ernennung kam Nathaniel Lyon unter sein Kommando. Nachdem dieser Sterling Price' Miliz in die Südwestecke des Staates abgedrängt hatte, besetzte seine kleine, nur 5500 Mann starke Armee Springfield am Ende einer stark gefährdeten Nachschublinie, die fast 200 Meilen entfernt in St. Louis begann. Hier sah sich Lyon einer bunt zusammengewürfelten südlichen Streitmacht gegenüber, bestehend aus Price' 8000 Missouriern und 5000 weiteren konföderierten Truppen unter General Ben McCulloch, einem derben Pioniertyp, der sich seine Sporen im Kampf gegen die Indianer, als Offizier im Mexikanischen Krieg und als Texas Ranger verdient hatte. Price brannte darauf, Missouri von den Yankees und den »Deutschen« unter Lyon zu befreien. McCulloch hegte großes

Mißtrauen gegen Price' Missourier, von denen 2000 bis 3000 gänzlich unbewaffnet waren, während der Rest mit einem bunten Allerlei aus Jagdgewehren, Schrotflinten und uralten Musketen aufwartete. Trotz schwerer Bedenken ließ McCulloch sich dennoch von Price zu einer Offensive überreden.

Lyon erfuhr unterdessen, daß er von Frémont keine Verstärkungen zu erwarten hatte. Sämtliche Unionstruppen schienen anderswo gebraucht zu werden, um Freischärler zu bekämpfen und einen konföderierten Einfall ins südöstliche Missouri zurückzuschlagen, der die Unionsbasis in Cairo (Illinois) bedrohte. Lyon war dem Gegner im Verhältnis von mehr als 2:1 unterlegen; außerdem lief bei über der Hälfte seiner Leute die 90tägige Dienstzeit aus. So schien ihm keine andere Wahl als der Rückzug zu bleiben. Doch der ungestüme, rothaarige General ertrug den Gedanken nicht, sich kampflos ins südwestliche Missouri zurückzuziehen. So beschloß er, McCulloch und Price anzugreifen, bevor sie ihn angreifen konnten.

Unter Mißachtung aller Regeln der Kriegskunst (wie später auch Lee seine größten Siege erfechten sollte) teilte Lyon seine ohnehin kleine Armee angesichts eines stärkeren Gegners in zwei Gruppen und beorderte eine 1200 Mann starke Flankenkolonne unter Franz Sigel zu einer nächtlichen Umfassungsaktion an das Südende des konföderierten Lagers am Wilson's Creek, zehn Meilen südlich von Springfield. Während Sigel die Konföderierten im Rücken faßte, wollte Lyon mit seiner Haupttruppe von vorne kommen. Die Föderierten führten dieses schwierige Zangenmanöver erfolgreich durch und begannen mit ihrem Überraschungsangriff am 10. August bei Sonnenaufgang. McCulloch und Price hielten jedoch ihre Stellung und sammelten ihre Leute zu einem hin- und herwogenden Feuergefecht auf kurze Distanz, das sich an den Ufern des Wilson's Creek und an den Hängen eines nahe gelegenen Berges hinzog.

Den Kampf kennzeichneten zwei Wendepunkte, durch welche die Rebellen schließlich die Oberhand behielten. Zum einen blieb Sigels Angriff, der zunächst die Konföderierten auf ihrem südlichen Flügel zurückgeworfen hatte, nach einer Verwechslung ähnlich jener bei Bull Run stecken: Ein Louisiana-Regiment in Uniformen, deren Farbe dem Milizgrau von Lyons 1. Iowa-Regiment ähnelte, kam Sigels Nachhut so nahe, daß es eine mörderische Salve abfeuern konnte, bevor die Unionstruppen ihren Irrtum erkannten. Sigels Angriff brach zusammen; Sperrfeuer durch konföderierte Artillerie und ein Gegenangriff der Infanterie verjagten seine demoralisierte Brigade bald in alle vier Winde. Die Louisianer und Arkansaner auf diesem Teil des Schlachtfelds stießen daraufhin zu den Missouriern, die Lyons Haupttruppe bekämpften; ihre Überlegenheit betrug inzwischen 3:1. Im Kampfgetümmel wurde Lyon zunächst zweimal leicht verwundet, und sein Pferd wurde unter ihm erschossen, bevor ihn eine Kugel ins Herz traf. Das demoralisierte die Unionstruppen, denen zu allem Überfluß auch die Munition ausging. So überließen sie das Schlachtfeld dem Gegner und zogen sich langsam nach Springfield zurück, ohne daß die gleichermaßen gebeutelten Südstaatler sie weiter verfolgten.

Die Verluste in dieser blutigen Schlacht betrugen auf beiden Seiten rund 1300 Mann – prozentual beträchtlich mehr als am Bull Run. Der taktische Sieg der Konföderierten am Wilson's Creek war zwar bei weitem nicht so entscheidend wie der bei Manassas und machte außerhalb Missouris auch keinen großen Eindruck auf die Öffentlichkeit, aber seine strategischen Folgen schienen auf den ersten Blick gravierender zu sein. Die Streitkräfte der Union zogen sich bis nach Rolla, hundert Meilen nördlich von Springfield, zurück. Price hingegen marschierte mit neuem Selbstvertrauen und Prestige nordwärts bis zum Missouri, nicht ohne unterwegs neue Rekruten anzuwerben. Mit 18000 Mann umzingelte er dann die von 3500 Soldaten gehaltene Garnison Lexington, die größte Stadt zwischen St. Louis und Kansas City. Frémont kratzte zwar eine kleine Truppe zusammen, um die Garnison zu verstärken, konnte den Belagerungsring aber nicht durchbrechen. Nach dreitägigem Widerstand kapitulierte Lexington am 20. September.

Price' Ansehen stieg, während Frémonts Ruf Schaden litt. Frémont war gerade zwei Monate Befehlshaber und schien bereits halb Missouri verloren zu haben. Konföderierte Freischärler verstärkten ihre Aktivitäten. Die Familie Blair, die Frémont bisher finanziell unterstützt hatte, wandte sich von ihm ab und betrieb hinter den Kulissen seine Ablösung. Und ein gewagter Schritt, mit dem Frémont seine Glücklosigkeit beheben wollte, erwies sich als böser Fehler, der sein Schicksal besiegelte.

Am 30. August erließ Frémont eine atemberaubende Proklamation. Als kommandierender General übernahm er »die administrative Gewalt im Staat [Missouri]«, verhängte das Kriegsrecht, verfügte die Todesstrafe für Freischärler, die hinter den Linien der Union gefaßt wurden, beschlagnahmte das Eigentum aller konföderierten Aktivisten in Missouri und erklärte ihre Sklaven für frei.[18] Frémont scheint für dieses übereilte Vorgehen zwei Motive gehabt zu haben: Zum einen hielt er drakonische Maßnahmen zur Bekämpfung der Partisanen und zur Einschüchterung der mit den Rebellen sympathisierenden Zivilbevölkerung für nötig; zum anderen wollte er bei den republikanischen Gegnern der Sklaverei Punkte sammeln. Dieses zweite Ziel erreichte er zwar, aber um den Preis der Entfremdung von Lincoln, der sich gerade behutsam darum bemühte, Kentucky in der Union zu halten. Der Präsident schrieb Frémont einen persönlichen Brief, in dem er ihm verbot, Partisanen »ohne meine vorherige Billigung« zu erschießen, denn wenn Frémont unterschiedslos jeden gefangengenommenen Freischärler hinrichten ließe, »würden die Konföderierten ganz gewiß zur Vergeltung die besten unserer eigenen Leute erschießen, die sich in ihrer Hand befinden, und so weiter, Mann um Mann, *ad infinitum*«.[19] Zweitens gab Lincoln zu bedenken, die Freilassung der Sklaven auf Rebellenseite könne »unsere Freunde im Süden der Union alarmieren und gegen uns einnehmen, ja womöglich unsere recht guten Aussichten auf Kentucky zunichte machen«. Der Präsident äußerte die Bitte (die kein Befehl war), Frémont möge diesen Teil seiner Proklamation in Einklang mit einem Gesetz bringen, das der Kongreß am 6. August verabschiedet hatte und demzufolge nur solches Eigentum (einschließlich Sklaven) beschlagnahmt werden durfte, das unmittelbar der konföderierten Kriegsanstrengung diente.[20]

Einem klügeren Mann als Frémont wäre Lincolns Wunsch Befehl gewesen. Doch mit einer prokonsularischen Arroganz, die Lincoln übel vermerkte, weigerte sich Frémont, den Text seiner Proklamation ohne ausdrücklichen Befehl zu ändern. Zu allem Überfluß schickte er seine temperamentvolle Frau (Tochter des legendären Thomas Hart Benton) nach Washington, die Lincoln seinen Irrtum ausreden sollte. Jessie Frémont stieß den Präsidenten vor den Kopf, indem sie die größere Klugheit und das größere Ansehen ihres Mannes durchblicken ließ. Sie erwies der Sache ihres Mannes einen denkbar schlechten Dienst. Noch während sie mit dem Präsidenten sprach, trafen im Weißen Haus Briefe von Unionsanhängern aus den *border states* ein, die ihre Besorgnis und ihren Unmut äußerten. »Wir ertragen eher noch einige Niederlagen wie die bei Bull Run als eine solche Proklamation, sofern sie von der Regierung gedeckt wird«, schrieb Joshua Speed aus Kentucky, Lincolns ältester und bester Freund. »Du darfst nicht zulassen, daß wir durch die hirnverbrannten Aktionen eines Affen in Uniform von unserer jetzigen aktiven Loyalität abgebracht werden.« Einen Tag nach Jessie Benton Frémonts Besuch erteilte Lincoln ihrem Mann offiziell den Befehl, sein Emanzipationsedikt zu ändern.[21]

Danach waren Frémonts Tage als Befehlshaber in Missouri gezählt. Da er wußte, daß er sich nur durch einen Sieg auf dem Schlachtfeld retten konnte, zog Frémont eine Armee von 38 000 Mann zusammen und unternahm den Versuch, Price' Miliz zu vernichten. Doch Price kannte seit der Einnahme von Lexington den Unterschied zwischen einem militärischen Einmarsch und einem Raid: Ihm fehlten das Menschenmaterial und die logistischen Möglichkeiten, um seinen Raid zu einer erfolgreichen Besetzung des eroberten Territoriums auszubauen. Über die Hälfte seiner Leute machten sich davon, um die Ernte einzubringen oder auf eigene Faust als Freischärler zu kämpfen, und so zog er sich neuerlich in die Südwestecke Missouris zurück. Noch bevor die Föderierten Price stellen konnten, war Frémont von Lincoln seines Postens enthoben worden. Es gelang den Unionstruppen schließlich, Price' Armee vernichtend zu schlagen, doch Frémont war zu diesem Zeitpunkt weit weg in West-Virginia, wo er einem neuen Fehlschlag entgegenging.

III

Lincolns Widerruf von Frémonts Befreiungserlaß und die Ablösung des Generals von seinem Kommando entfachten eine Kontroverse: Streitpunkt war die Sklaverei. Nachdem der Kongreß im Juli die Crittenden-Johnson-Resolutionen verabschiedet hatte, die die Abschaffung der Sklaverei als Kriegsziel ausschlossen, setzte in den folgenden Wochen bei vielen Republikanern ein Umdenken ein. Abolitionisten, die sich bisher zurückgehalten hatten, gingen nun an die Öffentlichkeit. Ein wichtiger Auslöser dieses Umdenkens war die Niederlage der Union am Bull Run. »Das Ergebnis des Kampfes war ein schrecklicher Schlag«, schrieb ein Abolitionist; aber: »Er wird vielleicht den Erfolg haben, diesem verblendeten Land Umfang und Schwierigkeit der vor ihm liegenden Aufgabe vor Augen zu führen.« Eine Rebellion *mit* der Sklaverei *für* die Sklaverei konnte nur durch den Kampf *gegen* die Sklaverei niedergeschlagen werden. Frederick Douglass gab dieser Überzeugung folgendermaßen Ausdruck: »Die Sklavenhalter zu bekämpfen, ohne die Sklaverei zu bekämpfen, ist eine halbherzige Sache, die den Mut der Beteiligten lähmt. [...] Dem Feuer muß man mit Wasser begegnen. [...] Dem Krieg zur Vernichtung der Freiheit muß man mit Krieg zur Vernichtung der Sklaverei begegnen.«[22]

In der Erkenntnis, daß viele Nordstaatler sich aus rassistischen oder verfassungsrechtlichen Gründen weigern würden, moralische Argumente für das Kriegsziel der Sklavenbefreiung gelten zu lassen, verfielen die Gegner der Sklaverei auf das Argument der »militärischen Notwendigkeit«. Wenn die Südstaatler damit prahlten, die Sklaverei sei ein »Bollwerk der Konföderation«, weil sie es dem Süden ermögliche, »eine im Verhältnis zu seiner Bevölkerung weit größere Streitmacht ins Feld zu schicken als der Norden«, so konnten die Befürworter der Sklavenbefreiung dazu nur sagen: »Eben«. Sklaven stellten mehr als die Hälfte aller Arbeitskräfte im Süden. Für die Armeen der Rebellen erzeugten sie Nahrungsmittel, bauten Befestigungen und schafften Nachschub heran. Sie arbeiteten in Bergwerken und Munitionsfabriken. Die Sklavenarbeit war für die Kriegsanstrengung des Südens so wichtig, daß die Regierung zuerst Sklaven zwangsverpflichtete, bevor sie weiße Männer als Soldaten einzog. »Das eigentliche Herz dieser Rebellion ist der Neger in Form des Sklaven«, schrieb Douglass. »Entwindet der Hand des Negers die Hacke, und ihr trefft die Rebellion in ihrem Lebensnerv.«[23]

Aber wie war das im Rahmen einer Verfassung zu bewerkstelligen, die die Sklaverei ausdrücklich unter ihren Schutz stellte? Die Rebellen hätten ihre verfassungsmäßigen Rechte verwirkt, gaben die Vertreter der Sklavenemanzipation hierauf zur Antwort. Als Strafe für ihren Verrat sei ihr Eigentum zu konfiszieren. Außerdem sei der Süden praktisch dabei, Krieg zu führen, auch wenn es sich theoretisch um eine innenpolitische Erhebung handelte. Die Lincoln-Administration hätte das durch die Verhängung einer Blockade und die Behandlung der in ihre Hände gefallenen konföderierten Soldaten als Kriegsgefangene auch bereits anerkannt. Indem sie somit der Konföderation den Status einer kriegführenden Partei zugebilligt habe, sei die Union zur Beschlagnahme feindlichen Eigentums als einer legitimen Kriegshandlung berechtigt.[24]

Der erste prominente Mann, der in diesem Sinne handelte, war Benjamin Butler. Schon im Mai waren drei Sklaven, die an südstaatlichen Befestigungen gearbeitet hatten, in Fortress Monroe (Virginia) zu Butler übergelaufen. Am nächsten Tag erschien ihr Besitzer – ein Colonel der Konföderation – mit der Parlamentärflagge und verlangte unter Berufung auf das Gesetz über flüchtige Sklaven die Rückgabe seines Eigentums. Butler erwiderte, da Virginia sich nicht mehr als der Union zugehörig betrachte, habe das Gesetz über flüchtige Sklaven dort auch keine Geltung. Er bezeichnete die übergelaufenen Sklaven als »Kriegskonterbande« und übertrug ihnen Arbeiten in seinem Lager. Die Nordstaatenpresse griff die Wendung von der »Kriegskonterbande« auf, und seither wurden Sklaven, die sich auf die Seite der Union flüchteten, als »Konterbande« bezeichnet.

Die Administration billigte nach einigem Zögern Butlers Vorgehen. Bis Juli waren es an die 1000 Schwarze, die als »Konterbande« in Fortress Monroe zur Union übergingen. Der rechtliche Status dieser Leute war unklar. Butler beschloß, den Stier bei den Hörnern zu packen und dem Kriegsministerium gezielte Fragen vorzulegen. In einem Brief vom 30. Juli, der nicht viel später in den Zeitungen abgedruckt wurde, fragte er Kriegsminister Cameron: »Sind diese Männer, Frauen und Kinder Sklaven? Oder sind sie frei? [...] Welche Auswirkungen haben die Rebellion des Südens und der Kriegszustand auf ihren Status? [...] Falls sie überhaupt jemandes Eigentum sind: werden sie nicht Eigentum ihrer Retter? Wir aber als ihre Retter brauchen und wollen dieses Eigentum nicht behalten ... ist daher nicht jedes Eigentumsverhältnis aufgelöst?«[25]

Das waren ernste Fragen, und sie bargen Zündstoff. Während Butler seinen Brief schrieb, schlug sich der Kongreß mit denselben Fragen herum, und zwar bei der Debatte einer Gesetzesvorlage, die die Konfiskation von Eigentum vorsah, das zur Begünstigung der Rebellion mißbraucht wurde. John J. Crittenden aus Kentucky vertrat mit Nachdruck den Standpunkt, der Kongreß habe in Kriegszeiten ebensowenig wie im Frieden das Recht, Gesetze gegen die Sklaverei zu beschließen. Richtig, sagten die Republikaner, aber der Kongreß könne sehr wohl durch Konfiskation von Eigentum Verrat bestrafen, denn diese Maßnahme betreffe stets nur den einzelnen und nicht die Institution. In diesem zaghaften und beschränkten Sinn erließen die Republikaner am 6. August ein Konfiskationsgesetz; Butler bekam insoweit seine Antwort. Die »Konterbande« waren dann – aber nur dann – keine Sklaven mehr, wenn sie zuvor unmittelbar in den bewaffneten Streitkräften der Konföderation beschäftigt worden waren. Aber waren sie auch frei? Das wurde in dem Gesetz nicht gesagt, und so war der Confiscation Act nicht entfernt jener flammende Aufruf zur Sklavenbefreiung, den die Abolitionisten immer dringender erwarteten. Den Abgeordneten der Demokratischen Partei und der *border states* ging er wiederum zu weit. Mit drei Ausnahmen stimmten sie geschlossen gegen die Gesetzesvorlage, während alle Republikaner bis auf sechs dafür stimmten. Zum erstenmal waren die beiden Parteien sich in der Unterstützung der Kriegsmaßnahmen der Union nicht einig – ein Signal dafür, daß die Auseinandersetzung mit dem Süden, sollte sie zum Krieg gegen die Sklaverei geraten, ein rein republikanischer Krieg sein würde.

1861 sah Lincoln diese Aussicht mit Sorge; darum hatte er Frémonts Emanzipationsedikt widerrufen, das weit über das Konfiskationsgesetz hinausging, da es sich auf *alle* Sklaven bezog, die Eigentum der Rebellen waren, und sie alle für *frei* erklärte.[26] Bei den meisten Republikanern machte sich der Präsident mit diesem Schritt unbeliebt. »Es heißt, wir müssen auf die *border states* Rücksicht nehmen«, meinte dazu ein einflußreicher Republikaner aus Connecticut. »Mit Verlaub gesagt: *zum Teufel* mit den *border states.* [...] Tausend Lincolns können die Menschen nicht davon abhalten, gegen die Sklaverei zu kämpfen.« Sogar Orville Browning, ein konservativer Senator aus Illinois, der eng mit Lincoln befreundet war, kritisierte den Widerruf von Frémonts Erlaß. Lincoln fühlte sich getroffen und entschloß sich zu einer persönlichen Antwort an Browning. Frémonts Vorgehen habe sich »nicht im Rahmen des *militärisch* Gesetzlichen oder Notwendigen« bewegt. Er hätte feindliches Eigentum, einschließlich der Sklaven, konfiszieren können, wie das Butler getan hatte, aber »es obliegt ihm nicht, auf Dauer ihre zukünftige Lage zu definieren [indem er sie für frei erklärte]. Das ist Aufgabe von Gesetzen, die der Gesetzgeber macht, aber nicht von militärischen Proklamationen«. Browning hatte Frémonts Schritt als »einziges Mittel zur Rettung der Regierung« unterstützt. Im Gegenteil, sagte Lincoln, »das ist die Kapitulation der Regierung«. Als eine Kompanie Unionssoldaten aus Kentucky von Frémonts Edikt erfahren habe – berichtete der Präsident –, hätten sie »die Waffen weggeworfen und sich aufgelöst«. Wenn Frémonts Anordnung nicht modifiziert worden wäre, »würden die Waffen, die wir Kentucky geliefert haben, gegen uns gerichtet werden. Wenn wir Kentucky verlieren, haben wir, so will mir scheinen, fast das ganze Spiel verloren. Wenn Kentucky verloren ist, können wir Missouri nicht mehr halten und Maryland wohl auch nicht. Sind alle diese gegen uns, wächst uns die Sache über den Kopf. Dann könnten wir auch gleich der Trennung [vom Süden] samt Preisgabe dieses Capitols zustimmen«. Und schließlich: »Kann denn noch ... von einer Regierung auf der Grundlage von Verfassung und Gesetz die Rede sein, wenn ein General – oder ein Präsident – dauerhafte Besitzregelungen per Proklamation trifft?«[27]

Man kann sich fragen, ob Lincoln noch an diese Worte dachte, als er ein Jahr später dann doch den Versuch unternahm, eine dauerhafte Besitzregelung in Gestalt seiner Emanzipationsproklamation zu treffen, die alle Sklaven für »auf alle Zeit frei« erklärte, aber in diesem einen Jahr war ein ganzes Menschenalter an Veränderungen komprimiert. Das Problem der Sklaverei verschwand nicht von selbst – dafür sorgten die Sklaven. Einzeln und zu zweit, zu Dutzenden und Aberdutzenden machten sie sich selbst zu »Konterbande«, indem sie zur Union überliefen. Für ihre Besitzer war es ungeheuer schwierig, sie ausfindig zu machen, sogar in den unionsfreundlichen *border states.* Viele Nordstaatenregimenter gewährten flüchtigen Sklaven Unterschlupf und gaben sie auch auf ausdrücklichen Befehl nicht wieder heraus.[28]

Die Radikalrepublikaner hießen solches Verhalten gut, und im Oktober 1861 setzten sich einige Radikale sogar dafür ein, die »Konterbande« nicht nur freizulassen, sondern sie auch zu bewaffnen und auf seiten der Union kämpfen zu lassen. Kriegsminister Cameron sprach sich in seinem Jahresbericht für dieses Vorhaben aus: »Wer gegen diese Regierung Krieg führt, hat von Rechts wegen alle Eigentumsrechte verwirkt. [...] Es ist ebenso selbstverständlich das Recht der Regierung, Sklaven zu bewaffnen, wenn es nötig sein sollte, wie es ihr Recht ist, erbeutetes Schießpulver zu verwenden.«[29] Am 1. Dezember gab Cameron den Bericht an die Presse, ohne die Billigung des Präsidenten abgewartet zu haben. Als ein konsternierter Lincoln diese Worte las, wies er Cameron an, den Bericht zurückzuziehen und den zitierten Absatz zu streichen. In einigen Zeitungen war der Text jedoch schon erschienen. Das Vorpreschen Camerons trug wie dasjenige Frémonts zu einer wachsenden Entfremdung zwischen Lincoln und dem radikalen Flügel seiner Partei bei, und wie Frémont war auch Cameron seinen Posten bald los. In beiden Fällen war der Hauptgrund für die Ablösung des Amtsinhabers seine Ineffizienz, nicht sein Abolitionismus; aber nur die wenigsten Radikalen mochten glauben, daß das Problem der Sklaverei überhaupt nichts mit den Entlassungen zu tun gehabt habe.

In seiner jährlichen Botschaft an den Kongreß sagte Lincoln am 3. Dezember 1861, er habe »mit peinlicher Sorgfalt darauf geachtet«, daß der Krieg »nicht zu einem blutigen und erbarmungslosen revolutionären Kampf entartet«. Doch die Abolitionisten und manche Republikaner sahen in dem Krieg bereits genau dies: den revolutionären Konflikt zwischen zwei Gesellschaftssystemen. »WIR SIND DIE REVOLUTIONÄRE!« schrieb 1861 der aus Virginia stammende, aber in Neuengland aufgewachsene Moncure Conway. Zwar würden die Konföderierten sich »mit dem Recht der Revolution legitimieren«, aber in Wirklichkeit sei ihre Sache »keine Revolution, sondern eine Rebellion gegen die edelste aller Revolutionen«. Ein anderer Abolitionist schrieb, der Norden müsse die Freiheit zum Kriegsziel erklären und damit »*die ruhmreiche zweite Amerikanische Revolution*« vollenden.[30] Thaddeus Stevens, der stets grimmig dreinschauende, cromwellsche Wortführer der radikalen Republikaner im Repräsentantenhaus, forderte justament jenes blutige, erbarmungslose Ringen, das Lincoln zu vermeiden hoffte: »Befreit jeden Sklaven, erschlagt jeden Verräter, verbrennt das Haus eines jeden Rebellen, wenn diese Dinge dazu dienen, unseren Tempel der Freiheit zu erhalten.« Wir müssen »diesen Krieg als radikale Revolution verstehen«, meinte Stevens, »und unsere Institutionen entsprechend umformen«. Ganz so weit mochten Stevens' Kollegen zwar nicht gehen, aber im Dezember 1861 gingen sie doch bereits weit über ihre noch wenige Monate zuvor vertretene Position hinaus. Am 4. Dezember stimmte das Repräsentantenhaus mit klarer republikanischer Mehrheit gegen eine neuerliche Bestätigung der Crittenden-Resolution, die die Abschaffung der Sklaverei als Kriegsziel ausschloß.[31]

IV

Auch bei der wachsenden Unzufriedenheit der Republikaner mit McClellan spielte die Frage der Sklaverei eine Rolle. Noch wichtiger waren allerdings die Schwächen in McClellans Charakter und Feldherrenkunst.

»McClellan bleibt für mich eines der Rätsel dieses Krieges«, sagte Ulysses S. Grant gut zehn Jahre nach dem Konflikt. Noch heute ist die Geschichtsforschung damit beschäftigt, dieses Rätsel zu lösen.[32] Vom Schicksal schien McClellan zur

Größe bestimmt. Er stammte aus einer wohlhabenden Familie in Philadelphia und wurde in den besten Privatschulen erzogen; diese Voraussetzungen ermöglichten ihm den Besuch von West Point mit Hilfe einer Sondergenehmigung, da er das vorgeschriebene Mindestalter um zwei Jahre unterschritt. Nachdem er in seinem Jahrgang als Zweitbester abgeschnitten hatte, machte er schon im Alter von 20 Jahren durch technische Leistungen im Mexikanischen Krieg von sich reden. Im Laufe seiner weiteren Karriere in der Armee kam er auch als amerikanischer Beobachter des Krimkrieges nach Europa. 1857 nahm er seinen Abschied, mit 30 Jahren wurde er Chefingenieur und Vizepräsident einer Eisenbahngesellschaft, zwei Jahre später Präsident einer anderen. Im Mai 1861, mit 34 Jahren, wurde er zweithöchster General in der US-Armee; im Juli übernahm er das Kommando über die wichtigste Feldarmee des Nordens. McClellan kam, wie es der Korrespondent der Londoner *Times* ausdrückte, als der »hehre Reiter« nach Washington, um die Union zu retten; die Presse hob ihn in den Himmel. Ein eher nüchtern eingestellter Zeitgenosse schrieb: »Ihn umgibt eine undefinierbare *Aura des Erfolges*; er hat etwas vom ›Mann der Vorsehung‹ an sich.«[33]

Aber vielleicht war McClellans Karriere *zu* erfolgreich gewesen. Anders als Grant hatte er weder die Demütigung der Niederlage noch die Verzweiflung beim Versagen kennengelernt. Weder die Not noch die Bescheidenheit waren seine Lehrmeisterinnen gewesen. Die Vergötterung, die ihm in den ersten Wochen in Washington entgegenschlug, stieg ihm zu Kopfe. Die Briefe an seine Frau verrieten die ersten Anzeichen eines Messiaskomplexes. »Ich finde mich hier in einer merkwürdigen Lage: der Präsident, das Kabinett, General Scott und alle anderen hofieren mich«, schrieb er am Tag nach seiner Ankunft in Washington. »Durch einen merkwürdigen Zauber scheine ich *die* Macht im Lande geworden zu sein.« Drei Tage später war er auf dem Capitol und zeigte sich »ganz überwältigt von den Glückwünschen, die ich erhielt, und der Hochachtung, mit der ich behandelt wurde«. Der Kongreß schien bereit, »mir in allem meinen Willen zu lassen«. In der folgenden Woche berichtete McClellan, er habe »Briefe um Briefe empfangen – Gespräch um Gespräch geführt, worin man mich aufforderte, die Nation zu retten, und mir die Präsidentschaft, die Diktatur usw. antrug«. McClellan behauptete, kein Interesse an solchen Vollmachten zu haben, aber er badete doch im Jubel und den Hochrufen seiner Soldaten, wenn er durch ihre Reihen ritt – Hochrufe, die seinem napoleonischen Selbstverständnis schmeichelten. »Du machst dir keinen Begriff, wie sich die Mienen der Menschen aufhellen, wenn ich unter sie trete. Jedes Auge leuchtet. [...] Ein solches Hurra hast Du noch nicht gehört. [...] Ich glaube wirklich, sie lieben mich. [...] Gott hat ein großes Werk in meine

Hände gegeben. [...] Ich wurde dazu berufen; mein bisheriges Leben scheint mich unbewußt zu diesem großen Ziel hingeführt zu haben.«[34]

Das erste Opfer von McClellans Überheblichkeit wurde der Oberbefehlshaber Scott. Mehr als doppelt so alt wie McClellan, war Scott der größte lebende Soldat Amerikas und der Held zweier Kriege; an militärischem Ansehen stand er nur George Washington nach. Doch haftete Scotts Ruhm an vergangenen Kriegen; McClellan hatte den Ehrgeiz, der Held dieses Krieges zu werden. So kam es bald zur Rivalität mit dem »alten General«, wie McClellan ihn privatim nannte. Nun konnte tatsächlich nur *ein* Mann an der Spitze des militärischen Aufbaus nach Bull Run stehen, und McClellan ging mit großer Energie an diese Aufgabe. Seine Achtzehn-Stunden-Tage zeitigten rasche und sichtbare Erfolge. Er verständigte sich direkt mit dem Präsidenten und überging dabei Scott. Dieser war alt und gebrechlich und konnte nur noch wenige Stunden am Tag Papierkram erledigen, aber er war pikiert, daß man ihn ostentativ von allem ausschloß. McClellan wiederum beklagte sich, daß Scott seine Pläne vereitele, die Armee zu erweitern und auf eine baldige Offensive vorzubereiten. »Ich lasse nichts unversucht, um unsere Kampfkraft zu erhöhen«, schrieb er Anfang August seiner Frau, »aber dieser vertrottelte alte General kommt mir dauernd in die Quere. [...] Ich weiß wirklich nicht, ob er ein *Tattergreis* oder ein *Verräter* ist. [...] Wenn er mir nicht aus dem Weg geschafft werden kann ... werde ich zurücktreten und die Administration sich selbst überlassen. [...] Die Menschen erwarten von mir, daß ich das Land rette – ich *muß* es retten und kann auf nichts Rücksicht nehmen, was sich mir in den Weg stellt.«[35] Lincoln versuchte, zwischen beiden Generälen zu vermitteln, was jedoch nur den Erfolg hatte, das Unvermeidliche hinauszuzögern. Schließlich gab der Präsident dem Druck republikanischer Senatoren nach und billigte den Rücktritt Scotts zum 1. November »aus gesundheitlichen Gründen«. McClellan wurde sein Nachfolger als Oberbefehlshaber. Lincoln gab McClellan zu bedenken, seine Doppelfunktion als Oberbefehlshaber der Streitkräfte und Befehlshaber der Potomac-Armee werde »für Sie eine enorme Arbeitsbelastung zur Folge haben«, worauf McClellan erwiderte: »Ich schaffe das alles.«[36]

Die Senatoren taten das Ihre, den Rücktritt Scotts zu forcieren, weil McClellan sie in der Überzeugung bestärkt hatte, der »alte General« trage die Hauptverantwortung für die Untätigkeit der Armee. McClellan war kaum in Washington eingetroffen, als er die Absicht bekundete, »diese Sache *en grand* zu behandeln und die Rebellen in einem einzigen Feldzug zu vernichten«.[37] Das war Musik in den Ohren der Republikaner. Doch schon bald äußerte McClellan die ersten Befürchtungen, daß Beauregard dabei sei, eine riesige Armee aufmarschieren zu lassen, um *ihn* zu vernichten. Ein seltsamer Mangel an Selbstvertrauen sprach auf einmal aus McClellans Worten und Taten, auch wenn er weiter überzeugt war, das von Gott auserwählte Werkzeug zur Rettung der Republik zu sein. Zum erstenmal machte sich McClellans chronische Neigung bemerkbar, die Stärke des Gegners zu überschätzen und diese Fehlkalkulation dann als Entschuldigung für das Verharren in der Defensive zu benutzen. Im Oktober 1861 verfügte McClellan über 120000 Mann, während Beauregard und Johnston in und um Manassas nur 45000 Mann stehen hatten. Trotzdem gab sich McClellan überzeugt, daß der Gegner 150000 Mann stark sei und einen Angriff vorbereite.[38]

Die Konföderation hatte ihre Vorposten bis in Sichtweite Washingtons vorgeschoben. Sie hatte auch Geschützbatterien am unteren Potomac aufgestellt, um den Schiffsverkehr mit der Hauptstadt zu unterbinden. Ende September räumten die Südstaatler eine exponierte Stellung auf dem Munson's Hill einige Meilen südwestlich von Washington. Als die Föderierten nachrückten, entdeckten sie statt des Riesengeschützes, das sie erwartet hatten, eine bemalte Holzattrappe. Diese »Quäkerkanone« brachte McClellan in arge Bedrängnis und ließ Zweifel an der angeblichen Überlegenheit der konföderierten Streitkräfte aufkommen. Den Menschen im Norden riß allmählich der Geduldsfaden; sie wollten endlich Taten gegen die frechen Rebellen sehen. Die Sache mit der »Quäkerkanone« kostete McClellan einiges von der ihm bisher zuteil gewordenen grenzenlosen Unterstützung und Bewunderung. Als die schönen, trockenen Oktobertage verstrichen und die Potomac-Armee noch immer nicht ausrückte, begannen einige Republikaner an McClellans Kompetenz, ja sogar an seiner Staatstreue zu zweifeln. Das tägliche telegraphische Bulletin »Am Potomac nichts Neues« hatte unmittelbar nach Bull Run den nordstaatlichen Gemütern zur Beruhigung gereicht; jetzt wurde der Satz zu einem auf McClellan gemünzten Witz. »Mit unserem Jung-Napoleon geht es genauso schnell bergab, wie es bergauf gegangen war«, schrieb ein Republikaner aus Indiana, der die Hand an den Puls der öffentlichen Meinung gelegt hatte. Lyman Trumbull sagte im November, wenn McClellans Armee, ohne eine Schlacht geschlagen zu haben, ins Winterquartier ziehe, »so wird das, wie ich stark befürchte, zur Anerkennung der Konföderation durch auswärtige Regierungen und zur Demoralisierung unserer eigenen Leute führen. [...] Handeln handeln heißt das Gebot der Stunde«.[39]

Am 21. Oktober gab es dann doch etwas Neues am Potomac; allerdings war es nicht die Art von Aktion, auf die der Norden gehofft hatte. Die Rebellen hatten die Stadt Leesburg (Virginia), 40 Meilen stromaufwärts von Washington, in ihrer Gewalt. In der Absicht, sie zu vertreiben, gab McClellan General Charles P. Stone den Befehl, von der Marylander Seite des Flusses einen »leichten Aufmarsch« gegen den Gegner zu unternehmen, während andere Unionsregimenter von der virginischen Seite flußaufwärts marschieren sollten, um die konföderierte Flanke zu bedrohen. Stone beauftragte mit dieser Mission Colonel Edward Baker, einen früheren Politiker aus Illinois, der mit Lincoln gut befreundet war und seinen zweiten Sohn nach dem Präsidenten benannt hatte. Baker ging mit dem größten Teil seiner Brigade über den Fluß, wo seine Leute einer konföderierten Brigade in die Arme liefen, die sich in einem Waldstück auf dem 100 Fuß hohen Steilufer bei Ball's Bluff postiert hatte. Kampfunerfahren, wie sie waren, bezogen Baker und seine Leute schlecht gewählte Stellungen. Nach einem heftigen Scharmützel, bei dem Baker sein Leben ließ, wurden die Yankees von den Konföderierten in ungeordneter Flucht das Ufer hinunter und in den Fluß getrieben, wo einige Unionssoldaten, die den Kugeln entkommen waren, ertranken. Über die Hälfte von Bakers 1700 Mann wurden getötet, verwundet oder gefangengenommen.

Nach diesem demütigenden Desaster vergoß Lincoln bittere Tränen um Baker, während bei den Republikanern die zornige Suche nach einem Sündenbock anhob. Als der Kongreß im Dezember zusammentrat, bildete er einen Untersuchungsausschuß, das »Joint Committee on the Conduct of War«, das die Ursachen für die Niederlagen der Union bei Ball's Bluff und Bull Run ermitteln sollte. Vorsitzender des Ausschusses, in dem Radikalrepublikaner die Mehrheit hatten, war Benjamin Wade. Kritiker sahen in dem Ausschuß eine »jakobinische« Verschwörung zur Beseitigung demokratischer Generäle; seine Verteidiger rühmten ihn als eisernen Besen gegen Ineffizienz und Korruption in der Armee; in Wirklichkeit war er von beidem etwas.[40] In den ersten Monaten seiner Arbeit ging der Ausschuß auf der Suche nach Sündenböcken in der Tat ziemlich willkürlich vor; sein erstes Opfer war General Stone. Dieser Offizier galt als Anhänger der Sklaverei, seit er einen erbitterten Briefwechsel mit Andrew, dem Gouverneur von Massachusetts, geführt hatte, in dem es um die Rückgabe von »Konterbande« ging, die Zuflucht bei Massachusetts-Regimentern unter dem Kommando Stones gesucht hatten. Einige Zeugen vor dem Ausschuß machten vage Andeutungen über Kontakte, die Stone angeblich zu konföderierten Offizieren gehabt haben sollte. Zwar wurde aus diesen Aussagen ein Hochverratsprozeß gegen Stone konstruiert – der Ausschuß hatte den Verdacht, daß der General seine Leute bewußt in eine Falle gelockt habe –, doch bekam der General keine Gelegenheit, seinen Anklägern von Angesicht zu Angesicht gegenüberzutreten oder auch nur ihre Aussagen zu lesen. McClellan versuchte eine Zeitlang, seine schützende Hand über seinen Untergebenen zu halten, bis ihm klar wurde, daß mit Stone das eigentliche Ziel des Ausschusses getroffen werden sollte: McClellan selbst. Als er weitere zweifelhafte Aussagen über angebliche Kungeleien Stones mit den Konföderierten zu Gesicht bekam, übergab er das Material Kriegsminister Stanton, der die Verhaftung Stones anordnete. So wurde dieser glücklose und wahrscheinlich unschuldige General sechs Monate lang in Fort Lafayette inhaftiert. Offiziell ist ihm nie der Prozeß gemacht worden. Er wurde schließlich freigelassen und mit kleineren Kommandos betraut, aber seine Karriere war ruiniert.[41]

Gleichgültig, ob McClellan den General seinen Gegnern zum Fraß vorgeworfen hat oder nicht,[42] Ende 1861 war er politisch schwer angeschlagen. McClellan war Demokrat. Einige seiner besten Kameraden in der Armee in Vorkriegszeiten waren Südstaatler gewesen, darunter auch Joseph Johnston, dessen Armee McClellan bei Manassas, wie scheinen wollte, nur zögernd angegriffen hatte. Er war zwar kein Freund der Sklaverei, aber die Abolitionisten mochte er noch weniger. Politische Beziehungen verbanden ihn mit den Demokraten in New York, die ihn als nächsten Präsidentschaftskandidaten ihrer Partei zu handeln begannen. Einem von ihnen schrieb McClellan im November: »Haltet mir den Nigger vom Hals – wir wollen nichts mit ihm zu schaffen haben. *Ich* kämpfe darum, die Union zu erhalten. [...] Wollen wir dieses Ziel erreichen, können wir es uns nicht leisten, die Negerfrage ins Spiel zu bringen.«[43]

Zu diesem Zeitpunkt hätte Lincoln McClellans Formulierung der Kriegsziele noch zugestimmt. Der Präsident tat auch sein Bestes, um McClellan gegen die wachsende Kritik an der Untätigkeit der Armee in Schutz zu nehmen. »Ich möchte sorgfältig vorgehen und will alles so gut wie möglich machen«, erklärte McClellan dem Präsidenten in einem ihrer ersten Gespräche. »Ich bitte nur darum, daß man mich nicht drängt.« Worauf Lincoln entgegnete: »Sie haben in dieser Sache freie Hand.« Aus der Library of Congress entlieh der Präsident Bücher über Kriegskunst und las bis spät in die Nacht hinein, um sich in die Grundlagen der Strategie zu vertiefen. Als Laie war er geneigt, dem Fachmann McClellan blinden Glauben zu schenken. Andererseits versuchte er, als Fachmann auf seinem Gebiet, dem General die Augen für die Realitäten der Politik zu öffnen – vor allem für die Gefahr, die es mit sich brachte, politischen Druck in einem Volkskrieg zu unterschätzen. Bei einem ihrer häufigen Treffen versuchte er McClellan klarzumachen, daß das Verlangen der Republikaner, endlich Taten zu sehen, »eine Realität ist, mit der man rechnen muß«.[44]

McClellan sperrte sich nicht nur gegen solche Realitäten; im privaten Kreis äußerte er auch seine Verachtung für alle republikanischen Politiker – den Präsidenten nicht ausgenommen. In Briefen an seine Frau schrieb er: »Ich kann Dir gar nicht sagen, wie sehr mich diese elenden Politiker allmählich anekeln – das ist eine ganz erbärmliche Sorte Mensch. [...] Diese idiotische Administration widert mich von Tag zu Tag mehr an.« Im Kabinett saßen »einige der größten Pflaumen, die ich kenne. [...] Der mieseste von allen ist Seward – ein kleiner, aufgeblasener, übereifriger Wichtigtuer. [...] Welles ist ein geschwätziges altes Weib ... Bates ein alter Narr. [...] Der Präsident ist nichts weiter als ein wohlmeinender Affe ... ›der Original-Gorilla‹. [...] Es ist absolut widerwärtig ... die Schwäche und Untauglichkeit der armen Kreaturen zu sehen, die die Geschicke dieses großen Landes lenken«.[45]

Eines Novemberabends kamen Lincoln und Seward unangemeldet zu McClellan auf Besuch. Er weilte auf einer Hochzeitsgesellschaft; als er eine Stunde später nach Hause kam und erfuhr, wer auf ihn wartete, kümmerte er sich nicht um seine Gäste, sondern ging nach oben. Eine halbe Stunde später teilte ein Diener dem Präsidenten und dem Kriegsminister mit, der General sei zu Bett gegangen. Lincolns Privatsekretär tobte, während der Präsident nur gesagt haben soll: »Ich würde ihm das Pferd halten, wenn er uns nur Erfolge beschert.«[46]

Aber das war eben die Crux: Militärische Erfolge konnte man nicht erzielen, wenn man nicht bereit war, Risiken einzugehen; davor aber schrak McClellan offenbar zurück. Ihm fehlte jener seelische und moralische Mut, der wahrhaft große Generäle auszeichnet: der Wille, zu *handeln* und sich dem schrecklichen Moment der Wahrheit auf dem Schlachtfeld zu stellen. Er hatte im Verlauf seiner Karriere nichts als Erfolge erlebt und scheute sich nun, Fehlschläge zu riskieren. Außerdem litt er an dem, was man das »Bull-Run-Syndrom« nennen könnte: eine Lähmung, die jeglichen Schritt gegen die Konföderierten verhinderte, solange die Armee nicht hundertprozentig gerüstet und bereit war. McClellan war ein Genie der Vorbereitung – aber er war niemals ganz fertig. Die Armee war ewig *fast* einsatzbereit – aber immer war der Gegner stärker und besser gerüstet.

Um von seinen eigenen Ängsten abzulenken, schob McClellan die Schuld gerne anderen zu. »Ich befinde mich hier in einer fürchterlichen Lage«, hatte er im August geschrieben. »Der Feind ist drei- bis viermal stärker als ich [in Wirklichkeit war McClellan doppelt so stark wie der Feind] – der Präsident ist ein Idiot, der alte General ein Tattergreis – die wahre Lage der Dinge können oder wollen sie nicht sehen.« Im November, als McClellan fast dreimal so viele Soldaten wie die Konföderierten vor seiner Front und ein dreifaches Übergewicht in der Artillerie hatte, klagte er: »Wenn ich keine weiteren Mittel bekomme, kann ich nichts unternehmen. [...] Ich habe nichts unversucht gelassen, um aus dieser Armee das zu machen, was sie sein soll. [...] An allen Ecken und Enden werde ich von diesen Nichtskönnern eingeengt und hintergangen. [...] Es sieht jetzt so aus, als ob wir zu einem Winter der Untätigkeit verdammt wären. Falls dem so sein sollte, liegt der Fehler nicht bei mir; wenigstens diesen Trost wird mein Gewissen haben, auch wenn die große Welt es nie erfährt.«[47]

V

Auch Jefferson Davis hatte Probleme mit dem *amour-propre* seiner Generäle. Am 31. August erhob der Präsident der Konföderation fünf Männer in den vollen Generalsrang.[48] Joseph E. Johnston und Pierre G. T. Beauregard waren der vierte beziehungsweise fünfte auf der Liste, hinter Adjutant General Samuel Cooper, Albert Sidney Johnston und Robert E. Lee. Als Joseph Johnston hiervon erfuhr, war er außer sich vor Wut. Diese Rangfolge sei nicht nur gesetzwidrig, wie er Davis in einem hitzigen Brief mitteilte; sie kränke auch seine Ehre. In der Armee der Vereinigten Staaten habe er einen höheren Rang bekleidet als alle diese Leute, und nach dem Wortlaut des einschlägigen Gesetzes der Konföderation über die Einführung des Generalsranges sei er ihnen rangmäßig noch immer überlegen. Außerdem sei Cooper ein reiner Schreibtischgeneral (und zu allem Überfluß ein Yankee, geboren und aufgewachsen in New Jersey); A. S. Johnston sei nach einem gemächlichen Marsch von Kalifornien eben erst in der Konföderation eingetroffen und habe noch keinen ernstgemeinten Schuß gehört; Lee habe überhaupt noch keine Schlacht gewonnen und stecke sogar derzeit in West Virginia in der Bredouille; er, Joe Johnston, hingegen habe die Schlacht bei Manassas gewonnen. Davis habe sich »gegen meine Rechte als Offizier vergangen«, erklärte Johnston, er habe »meinen guten Ruf als Soldat und als Mensch befleckt« und »zugunsten von Personen, von welchen noch keine einen Handstreich für die Konföderation getan hat, einen Mann zurückgesetzt, der seit Ausbruch des Krieges treulich gedient ... und maßgeblichen Anteil an dem einen großen Kräftemessen dieses Krieges gehabt hat«.[49]

Über die Sprache dieses Briefes verstimmt, gab Davis eine eisige Antwort: »Sir – ich habe soeben Ihren Brief vom 12. d. M. empfangen und gelesen. Sein Ton ist, wie Sie sagen, ungewöhnlich; seine Argumente und Feststellungen sind äußerst einseitig, seine Unterstellungen ebenso unbegründet wie ungehörig.«[50] Erst später erklärte Davis, er habe Johnston hinter Lee und A.S. Johnston gesetzt, weil letztere in der US-Armee höhere Offizierspositionen innegehabt hatten als Joseph Johnston, der zwar General, aber nur Stabsoffizier gewesen war – eine zweifelhafte Begründung, die außerdem auf Cooper nicht zutraf, der in der alten Armee ebenfalls Stabsoffizier gewesen war.

Dieser würdelose Disput hatte für die Konföderation im wesentlichen den Effekt, daß er zwischen Davis und Johnston Zwietracht säte, was sich später bitter rächen sollte. Er machte auch einen bedeutenden Unterschied zwischen Davis' und Lincolns Führungsqualitäten im Krieg sichtbar. Davis war ein stolzer Mann, dem seine Ehre über alles ging und der eine Kränkung niemals vergessen oder vergeben konnte. Ganz im Gegensatz zu Lincoln wäre er niemals bereit gewesen, einem arroganten General auch noch das Pferd zu halten, wenn er nur auf dem Schlachtfeld siegreich war.

Auch mit Beauregard legte Davis sich an. Im Oktober wurde der Bericht dieses kecken Louisianers über die Schlacht bei Manassas publik; darin wurde angedeutet, Davis habe die von Beauregard angeforderte Verstärkung durch Johnston so lange verzögert, daß es fast zur militärischen Katastrophe gekommen wäre. Daß der Präsident Beauregards grandiosen Offensivplan *vor* der Schlacht verworfen hatte, wurde von der Presse mit der Kontroverse um die versäumte Einnahme Washingtons *nach* dem Sieg bei Manassas durcheinandergebracht. Der ganze Bericht war in hochfahrendem Ton gehalten und kehrte Beauregards eigene Verdienste über Gebühr heraus. Davis fühlte sich auf den Schlips getreten und rügte den General, weil er mit seiner Darstellung den »offenkundigen Versuch« gemacht habe, »sich selbst auf meine Kosten herauszustellen«.[51] Es gab eine Möglichkeit, Beauregard zufriedenzustellen, der sich in Virginia mit dem zweithöchsten Kommandorang – nach Johnston – nicht ausgelastet fühlte, indem man ihn so weit wie möglich von Richmond wegbeorderte. So versetzte Davis ihn im Januar 1862 zum Kriegsschauplatz Tennessee und Kentucky, wo er dem anderen Johnston – Albert Sidney – helfen konnte, sich dem Aufmarsch der Unionsstreitkräfte in Kentucky entgegenzustellen.

Trotz des Streits mit den Generälen sah Davis dem neuen Jahr gelassener entgegen als Lincoln. Seit Mitte Juli hatte die Konföderation die meisten wichtigen Landschlachten des Krieges gewonnen: Manassas, Wilson's Creek, Lexington (Missouri), Ball's Bluff. Die Kriegsmarine der Union hatte zwar einige bedeutende Siege errungen, doch waren diese vorerst folgenlos geblieben. Einer dieser scheinbaren Triumphe zur See – die Entführung der Südstaatenbeauftragten James Mason und John Slidell von dem britischen Schiff *Trent* – hatte den Yankees angesichts britischer Drohungen sogar einen Rückschlag beschert. Die Banken des Nordens hatten Zahlungen in Hartgeld ausgesetzt, und die Regierung hatte eine Finanzkrise zu gewärtigen.[52] Die Moral im Norden war so schlecht wie seit Bull Run nicht mehr. Der Washingtoner Korrespondent der Londoner *Times* berichtete, daß sich alle ausländischen Diplomaten (bis auf einen) in ihrer Einschätzung einig seien: »Die Union ist endgültig zerbrochen, die Unabhängigkeit des Südens so gut wie besiegelt.«[53] Die Potomac-Armee ging ins Winterquartier, ohne irgend etwas zur Vertreibung der gegnerischen Vorposten in Sichtweite des Flusses unternommen zu haben, und zu allem Überfluß erkrankte McClellan Mitte Dezember an Typhus, so daß die Armee fast einen Monat lang keinen einsatzfähigen Befehlshaber hatte. Lincoln hatte zwei vielversprechende Generäle,

Henry W. Halleck und Don Carlos Buell, mit dem Kommando auf den Kriegsschauplätzen Missouri beziehungsweise Kentucky betraut, aber beide meldeten Anfang Januar, ein baldiger Vormarsch sei unmöglich. »Überaus entmutigend«, schrieb Lincoln auf die Abschrift eines Briefes von Halleck an ihn. »Hier und auch sonst gibt es nichts, was wir tun können.« An dem Tag, an dem er diese Worte niederschrieb – es war der 10. Januar 1862 –, suchte er Quartiermeister General Meigs in seinem Büro auf. »General, was soll ich tun?« fragte er verzweifelt. »Das Volk wird ungeduldig, Chase hat kein Geld ... der General der Armee hat Typhus. Wir sind an einem Tiefpunkt. Was soll ich bloß tun?«[54]

Doch der Januar 1862 war für die Sache der Union die dunkle Stunde vor dem Morgengrauen. Es sollten noch andere dunkle Nächte kommen, aber die vier Monate nach diesem Januar erwiesen sich für den Norden als eine der hellsten Perioden des ganzen Krieges.

12.

Blockade und Brückenkopf: Der Krieg zur See 1861 bis 1862

I

Die US-Navy errang 1861 einige der wichtigsten Siege der Union. In erster Linie diente die Kriegsmarine Blockadezwecken. Das war keine leichte Aufgabe, da die Küste der Konföderation 3500 Meilen lang war und neben zehn großen Seehäfen 180 Meeresarme, Buchten und Flußmündungen aufwies, die für kleinere Schiffe befahrbar waren. Im Juni 1861 waren es drei Dutzend Blockadeschiffe, die vor den südlichen Küsten kreuzten. Woche für Woche wurden neue Blockadeschiffe in Auftrag gegeben oder gechartert – alte Briggs oder umgebaute Raddampfer –, die sich mit den modernen Dampffregatten und Kriegsschaluppen in den langweiligen Patrouillendienst rund um die Uhr teilten.[1]

Anfangs war die Zahl dieser Fahrzeuge zu klein, so daß sie kaum jedes zehnte Handelsschiff abfingen, das die Blockade durchbrach. Als Zahl und Effizienz der Blockadeschiffe größer wurden, trat eine andere Schwierigkeit auf: Die Kriegsmarine besaß nur zwei Stützpunkte im Süden, nämlich Hampton Roads an der Mündung des James River, gegenüber der von Konföderierten gehaltenen Stadt Norfolk, und Key West in Florida. Manche Schiffe verbrachten fast genausoviel Zeit mit dem Ansteuern dieser Stützpunkte zu Reparatur- und Verproviantierungszwecken wie im eigentlichen Blockadedienst. Um Abhilfe zu schaffen, beschloß man, zusätzliche südstaatliche Häfen zu erobern, die als Flottenstützpunkte dienen sollten. Während die erste derartige Operation noch im Planungsstadium war, verbuchte die US-Navy im Hatteras Inlet (North Carolina) ihren ersten Sieg in diesem Krieg.

Auf 200 Meilen Länge sind der Küste von North Carolina Inselbarrieren vorgelagert, die an einem halben Dutzend Stellen von Meerengen durchbrochen werden; eine von diesen, Hatteras Inlet, war als einzige auch für große Schiffe befahrbar. Dahinter öffnen sich der Albemarle- und der Pamlico-Sund – Binnenmeere mit Eisenbahn- und Kanalverbindungen ins Landesinnere. Diese Verkehrsadern dienten Richmond als Hintertür zum Atlantik; die Vordertür war unpassierbar, weil die Union Hampton Roads kontrollierte. In den ersten Monaten des Krieges nahmen zahlreiche Blockadebrecher den Weg durch Hatteras Inlet. Die Sunde North Carolinas dienten ebenfalls als Operationsbasis für Kaperfahrer, die von hier aus durch die Meerengen hervorbrachen, um Handelsschiffe zu überfallen. Was die Kaperfahrer nicht erbeuteten, fiel immer wieder den häufigen Stürmen vor Kap Hatteras zum Opfer; die Rebellen hatten nämlich den Leuchtturm demontiert und alle Navigationshilfen in den tückischen Gewässern vor der Küste beseitigt.

Keine Kriegsmarine, die etwas auf sich hielt, konnte ein solches »Piratennest« dulden, und Kommodore Silas Stringham vom atlantischen Blockadegeschwader gedachte, es mit einer Flottille von sieben Schiffen und 141 Geschützen auszuräuchern. Begleitet wurde die Eingreiftruppe von zwei Transportschiffen mit 900 Soldaten und Marineinfanteristen unter Benjamin Butler. Die Soldaten sollten die beiden Forts, die Hatteras Inlet bewachten, von hinten angreifen, nachdem die Schiffe sie von See her sturmreif geschossen hatten; nach den Lehrbüchern der Kriegsmarine richteten Schiffe allein gegen gut befestigte Forts nichts aus. Das hätte aber nur dann gestimmt, wenn die halbfertigen Forts wirklich gut befestigt gewesen wären. Wie sich herausstellte, zwang die Flotte mit ihren gezogenen Geschützen die Forts am 28. und 29. August zur Aufgabe, während sie außer Reichweite von deren 19 glatten Geschützen blieb. Am 29. August ergaben sich die 670 Mann Besatzung der Forts, ohne daß Butlers Truppen einen einzigen Schuß abgegeben hätten. Die Nachricht von diesem Sieg milderte im Norden ein wenig die Enttäuschung über Bull Run und Wilson's Creek. In North Carolina brach Panik aus; man erwartete, daß nun Yankeehorden über alle Küstenstädte herfallen würden. Aber die Blaujacken waren nicht darauf vorbereitet, ihren Sieg auszubauen – noch nicht.

Der nächste Erfolg fiel der Marine fast wie eine reife Frucht in den Schoß. Vor der Küste Mississippis, auf halbem Wege zwischen New Orleans und Mobile, liegt Ship Island. Im September 1861 gaben die Konföderierten, nach einem eher symbolischen Beschuß durch die *U.S.S. Massachusetts,* entgegenkommenderweise ihre halbfertigen Befestigungen auf der Insel ohne weiteren Widerstand auf. Daraufhin besetzten Bundestruppen die Insel und errichteten hier eine Basis für das Blockadegeschwader im Golf von Mexiko und für den Feldzug gegen New Orleans.

Unterdessen zog eine formidable Flotte der Föderierten die Atlantikküste entlang und näherte sich Port Royal in South Carolina. Diese Eingreiftruppe bestand aus 17 Kriegsschiffen, 25 Kohleschiffen und 33 Transportschiffen mit 12000 Infanteristen und 600 Marineinfanteristen sowie ihrem Nachschub. Am 1. September trieb ein Sturm vor Kap Hatteras die Flotte auseinander; mehrere Transportschiffe samt einem Großteil der Munition und den meisten Landungsbooten gingen verloren. Dieses Mißgeschick machte den ursprünglichen Plan zunichte, mit den Truppen zu landen und die beiden Forts an der Einfahrt zur Port Royal Bay in einem Sturmangriff zu nehmen. Wieder einmal mußte die Marine die Arbeit allein verrichten.

Das war keine erfreuliche Aussicht für Flaggoffizier Samuel du Pont, einen Veteran mit 46 Dienstjahren in der Marine und Neffen des Gründers der Schießpulverfabrik du Pont. Nach der traditionellen Faustregel, wonach ein Küstengeschütz vier Schiffsgeschütze aufwog, hatten die 43 Geschütze in den Forts gegen die 157 der Flotte gute Chancen. Aber du Pont hatte vor, mit der Tradition zu brechen. Er verfiel auf eine Taktik, die durch die Dampfkraft ermöglicht wurde und darin bestand, seine Schiffe in einem Oval vor den Forts hin- und herkreuzen zu lassen, so daß er diese mit schweren Breitseiten belegen konnte und gleichzeitig dem Gegner kein festes Ziel bot. Am 7. November verwirklichte die Unionsflotte diesen Plan mit tödlicher Präzision und setzte beide Forts nach nur vierstündigem Beschuß außer Gefecht. Dann besetzten Unionstruppen die ganze Gegend samt ihren ertragreichen Pflanzungen mit Langfaserbaumwolle. Von ihren Besitzern zurückgelassen wurden rund 10000 Mann Konterbande; bald darauf begannen Abolitionisten, mit ihnen die Erziehung befreiter Sklaven und die Plantagenbearbeitung durch freie Arbeitskräfte zu erproben.

Um den Preis von 31 Opfern hatte sich die Kriegsmarine der Union den besten Naturhafen der gesamten Südatlantikküste gesichert. Mehr noch: die US-Navy erwarb sich den Ruf der Unbesiegbarkeit, der die Moral der südstaatlichen Küstenanrainer untergrub. Am Tag nach der Eroberung Port Royals traf Robert E. Lee als frischgebackener Befehlshaber der Verteidigungstruppen an der Südatlantikküste in Savannah ein. Er sah in diesem Kommando »eine weitere Expedition der vergeblichen Hoffnung – und schlimmer als in West Virginia«. Lee erkannte, daß die Überlegenheit zur See den Yankees die Möglichkeit gab, zuzuschlagen, wann und wo sie wollten. »Es gibt so viele Angriffsziele und so wenig Möglichkeiten, sie vom Meer her zu verteidigen, daß wir kaum zur Ruhe kommen werden«, seufzte er.[2] Lee blieb nichts weiter übrig, als die Verteidigungstruppen der Konföderation an strategisch wichtigen Punkten zusammenzuziehen und im übrigen den größten Teil der Küste dem Feind zu überlassen. In den folgenden Monaten eroberten die Blaujacken eine Reihe weiterer Häfen bis hinab nach St. Augustine in Florida. Im April 1862 legten Belagerungsgeschütze, die auf einer Insel in der Mündung des Savannah River postiert waren, Fort Pulaski in Schutt und Asche, womit die Bundestruppen die Einfahrt in den Savannah kontrollierten.

In einer weiteren Gemeinschaftsexpedition von Heer und Flotte, bei der diesmal die Armee die Hauptlast des Kampfes trug, wurden alle Häfen North Carolinas bis auf Wilmington abgeriegelt. Mit diesem Feldzug begann die wechselhafte Karriere von Ambrose E. Burnside, einem stattlichen, sympathischen, etwas selbstgefälligen Mann aus Rhode Island, dessen imposanter Backenbart die englische Sprache um ein neues Wort bereicherte: das Anagramm *sideburns.* In Bull Run hatte er eine Brigade angeführt; danach war er in seine Heimat zurückgekehrt und hatte eine Division von Soldaten aufgestellt, die sich auf Wasser und Schiffe verstanden. Sie brauchten diese Kenntnisse, denn sie hatten die Aufgabe, im Anschluß an die Einnahme des Hatteras Inlet die dahinter liegenden Sunde unter ihre Kontrolle zu bringen. Der schlimmste Feind der Yankees bei diesem Unternehmen waren nicht die Rebellen, es war das Wetter. Burnsides Flottille aus behelfsmäßigen Kanonenbooten, Kohlenprahmen und Passagierdampfern mit 12000 Truppen geriet am 13. Januar vor Hatteras in einen Sturm, dem drei Fahrzeuge zum Opfer fielen. Zwei weitere Wochen mit sturmartigen Winden zwangen die Expeditionstruppe knapp hinter dem Hatteras Inlet zu einem recht kläglichen Abwarten. Als das Wetter endlich besser wurde, freuten sich seekranke Soldaten auf den Kampf als das kleinere Übel.

Ihr erstes Ziel war die sagenumwobene Insel Roanoke, ein sumpfiges Stück Land von zehn Meilen Länge und zwei Meilen Breite; hier erinnerten der Name Virginia Dare sowie das rätselhafte Wort »Croatan« an das geheimnisvolle Schicksal der ersten englischen Kolonie auf nordamerikanischem Boden. Roanoke lag beherrschend in der Durchfahrt zwischen dem Pamlico- und dem Albemarle-Sund und war damit der Schlüssel zu Richmonds Hintertür. Verteidigt wurde die Insel von 3000 konföderierten Soldaten, vier Batterien mit 22 Geschützen und sieben mit je einem Geschütz bestückten Kanonenbooten; Befehlshaber war Henry A. Wise, jener »politische General«, der nach den Fehden mit seinem virginischen Landsmann John Floyd aus West-Virginia hierher versetzt worden war. Wise war nicht ganz kriegsunerfahren und erkannte die Unzulänglichkeit seiner »Moskitoflotte«, seiner schlecht plazierten Batterien und seiner ungenügend ausgebildeten, zahlenmäßig unterlegenen Truppen. Er bat Richmond dringend um mehr Männer und mehr Geschütze, aber Richmond zeigte sich merkwürdig uninteressiert.

Diese Gleichgültigkeit sollte die Konföderation teuer zu stehen kommen, denn die Yankees brachen nun mit Macht herein. Am 7./8. Februar schlugen Burnsides

16 Kanonenboote mit ihren 64 Geschützen die »Moskitoflotte« in die Flucht und schalteten die konföderierten Küstenbatterien aus, während Dampfschiffe mit Landungsbooten im Schlepptau die Brandung durchquerten und 7500 Soldaten an Land brachten. Hier pflügten die Soldaten durch »undurchdringliche«, knietiefe Sümpfe und nahmen die Schützengräben der Rebellen, wobei sie nur 264 Mann verloren. Dafür nahmen sie die 2675 Verteidiger der Insel gefangen. General Wise entkam, während sein Sohn, ein Captain der Infanterie, im Gefecht fiel. Am nächsten Tag zerstörten die Kanonenboote der Union die »Moskitoflotte« und nahmen Elizabeth City auf dem Festland ein. In den folgenden Wochen eroberten die Yankees sämtliche Häfen an den North-Carolina-Sunden, darunter auch New Berne und Beaufort mit den Eisenbahnanbindungen ans Hinterland und Beauforts gutem Hafen, der nun zu einer weiteren Basis für die Blockadeflotte wurde.

Das war amphibische Kriegführung, wie sie im Buche stand; sie trug Burnside die Beförderung zum Major General ein. Im Norden hob sie die Moral, der Süden schrie Zeter und Mordio. Der konföderierte Kongreß setzte einen Untersuchungsausschuß ein, der das Desaster unter die Lupe nehmen sollte. Der allgemeine Unmut zwang Judah Benjamin zum Rücktritt von seinem Posten als Kriegsminister (woraufhin Davis, der große Stücke auf ihn hielt, ihn prompt zum Außenminister ernannte). Bis zum April 1862 war jeder wichtige Hafen an der Atlantikküste bis auf Charleston und Wilmington (North Carolina) entweder in der Hand der Union oder jedenfalls für Blockadebrecher unzugänglich. Aus diesem Grund und weil die Union immer mehr Kriegsschiffe einsetzte, wurde der Blockadering um die Konföderation in der ersten Jahreshälfte 1862 bedeutend fester. Darüber hinaus waren die Hoffnungen des Südens, die Blockade mit seiner (nicht sonderlich geheimen) Geheimwaffe, dem Panzerschiff *C. S. S. Virginia,* zu durchbrechen, vom *U. S. S. Monitor* zunichte gemacht worden.

Da die Rebellen keine alten Traditionen und nur wenige Vorurteile der Kriegsmarine zu überwinden hatten, traten sie unbeschwerter in das Zeitalter der gepanzerten Kriegsschiffe, der Ironclads, ein als die Union. Im Juli 1861 begannen sie, den aus dem Wasser geborgenen Holzrumpf der Fregatte *Merrimack* mit einer gepanzerten Kasematte zu überziehen. Die Tredegar-Eisenwerke gerieten mit dieser Aufgabe an den Rand ihrer Leistungsfähigkeit: Sie hatten zwei Lagen von jeweils zwei Zoll dicken Eisenplatten anzufertigen, die den Aufbau des Schiffes über der Wasserlinie auf 178 Fuß Länge und 24 Fuß Höhe schützen sollten, sowie eine ein Zoll dicke Lage, die den 264 Fuß langen Rumpf bis in drei Fuß Tiefe unter der Wasserlinie umgab. Zusätzlich wies der Aufbau des Schiffes eine Neigung von 36° auf, so daß feindliche Kugeln an ihm abprallten. Das seltsame

Aussehen dieses Gefährts, das auf den Namen *Virginia* umgetauft wurde, erinnerte an eine schwimmende Scheune, von der nur das Dach zu sehen war. Bestückt war die *Virginia* mit zehn Geschützen – vier an jeder Breitseite sowie vorne und hinten je ein Sieben-Zoll-Pivotgeschütz. Am Burg der *Virginia* war ferner ein eiserner Rammsporn angebracht, der den Rumpf hölzerner Kriegsschiffe durchbohren sollte. Die wesentlichen Nachteile dieses an sich formidablen Fahrzeugs waren seine unzuverlässigen Maschinen und sein großer Tiefgang. Da die Rebellen keine Möglichkeit hatten, neue Maschinen von entsprechender Stärke zu bauen, setzten sie die beiden alten Maschinen der *Merrimack* wieder instand, die von der Vorkriegsmarine ausgemustert worden waren und durch neue ersetzt werden sollten. Durch die schwere Panzerung aber hatte die *Virginia* einen Tiefgang von 22 Fuß. Damit waren Operationen in flachen Gewässern ausgeschlossen; andererseits war das Schiff für Manöver auf hoher See nicht seetüchtig genug. Die schwachen Maschinen und die unbeholfene Form der *Virginia* begrenzten ihre Geschwindigkeit auf vier bis fünf Knoten und machten sie so schwer manövrierbar, daß sie für eine Kehrtwendung um 180° eine halbe Stunde brauchte. Zum Teil wurden diese Probleme erst nach dem Stapellauf des Schiffes erkennbar; bis dahin beflügelte dieses Panzerschiff die Hoffnungen des Südens, während es im Norden Schrecken verbreitete.

Dieser Schrecken war es, der den Norden aus seiner Untätigkeit in Sachen Panzerschiffe aufscheuchte. Im Besitz einer konventionellen Kriegsmarine, die allem überlegen war, was die Konföderierten aufbieten konnten, und vor allem mit dem Aufbau einer Blockadeflotte beschäftigt, hatte Marineminister Welles zunächst keine Lust, mit neumodischen Ideen zu experimentieren. Doch Gerüchte über die Aktivitäten der Rebellen veranlaßten den Kongreß, den Minister am 3. August 1861 per Gesetz zum Bau von drei Prototypen solcher Panzerschiffe zu verpflichten. Welles setzte daraufhin eine Marinekommission ein, um die zahlreichen von Schiffsbauern vorgelegten Vorschläge prüfen zu lassen. Das Gremium akzeptierte schließlich zwei Entwürfe, die zum Bau der *Galena* und der *New Ironsides* führten – zweier Schiffe konventioneller Machart, die aber mit Eisenplatten gepanzert waren.

Ein Mann, der kein Angebot eingereicht hatte, war John Ericsson, der hitzköpfige, aber geniale Ingenieur, der schon den Schiffspropeller und andere Neuerungen im Schiffsbau erfunden hatte. Durch frühere Fehden mit der US-Navy verbittert, saß er in seinem New Yorker Büro und schmollte, bis ihn ein Schiffsbauer überredete, dem Marineministerium doch seinen radikalen Entwurf vorzulegen. Ericssons Vorschlag enthielt mehrere neuartige Momente. Auf einem von einer dünnen Eisenplatte überzogenen Holzrumpf sollte ein 172 Fuß langes, flaches Deck liegen, dessen Seitenwände unter die Wasserlinie heruntergezogen und durch eine 4,5 Zoll dicke Panzerung gesichert waren. Schiffsschraube, Anker und alle wichtigen Maschinen lagen unter diesem schützenden Gehäuse verborgen, das nach Ericssons Plänen kaum zwei Fuß aus dem Wasser ragen sollte, so daß das Ganze an ein Floß erinnerte – und außerdem wenig Zielfläche für gegnerisches Feuer bot. Auf diesem Flachdeck nun stand Ericssons bedeutsamste Neuerung: ein drehbarer, mit acht Zoll dicken Eisenplatten gepanzerter Turm, in dem sich zwei 11-Zoll-Geschütze befanden. Durch diesen Turm und den geringen Tiefgang (11 Fuß), die geringe Verdrängung (1200 Tonnen – etwa ein Viertel der *Virginia*) und die Geschwindigkeit von acht Knoten würde Ericssons Schiff manövrierfähig und wendig sein; es konnte um den schwerfälligen Gegner buchstäblich herumtanzen und in jede gewünschte Richtung feuern.

Lincoln und Welles waren von dem Entwurf beeindruckt. Aber würde das Gefährt auch schwimmen? Genauer gesagt: Würde es in schwerer See nicht untergehen? Einige Mitglieder der Marinekommission waren skeptisch. So etwas wie diese Käseschachtel auf einem Floß hatten sie in ihrem Leben noch nicht gesehen. Ericsson erschien vor dem Gremium und zerstreute alle Bedenken mit einem bravourösen Auftritt. So wurde man handelseinig, aber der Spott einiger führender Marineoffiziere über »Ericssons Wahn« bewog Welles doch zu einer Rückversicherung: Entweder das Schiff erwies sich als »absoluter Erfolg« (was immer das bedeuten mochte), oder die Schiffsbauer zahlten die 275000 Dollar, die die US-Regierung dafür ausgab, auf Heller und Pfennig zurück. Ericsson war das gleichgültig: Er hatte Vertrauen zu seiner Erfindung. Um Zeit zu sparen, vergab er an verschiedene Firmen Unteraufträge und kümmerte sich persönlich nahezu um alles. Obwohl der Norden drei Monate später als der Süden mit dem Bau von Panzerschiffen begonnen hatte, lief Ericssons Panzerschiff am 30. Januar 1862 vom Stapel – zwei Wochen früher als die *Virginia* der Konföderierten. Zweifler, die bei beiden Anlässen zugegen waren, prophezeiten, diese verrückten Dinger würden wie Steine ins Wasser plumpsen, jubelten dann aber doch, als ihre Prophezeiung widerlegt wurde. Weitere Wochen vergingen damit, daß man beide Schiffe gefechtsbereit machte. Ericsson nannte sein Schiff *Monitor.* Es fehlte an Zeit für Probefahrten, um festzustellen, ob das Schiff den vertraglich festgelegten Bedingungen genügte; die *Monitor* mußte ihre Probe im Kampf bestehen.

Am 8. März lief die *Virginia* aus Norfolk aus – zu einer Probefahrt, wie die Mannschaft glaubte. Es sollte der Ernstfall werden. Fünf Schiffe der Union mit insgesamt 219 Geschützen an Bord bewachten die Mündung des James River bei Hampton Roads: die *Minnesota,* die *Roanoke,* die *St. Lawrence,* die *Congress* und die *Cumberland.* Die drei letzteren waren Segelschiffe – noch um 1840 der Stolz der Kriegsmarine, aber inzwischen durch die Dampfmaschine überholt. Die beiden ersteren waren Dampffregatten (die *Roanoke* war allerdings durch eine gebrochene Welle gehandicapt) und der Stolz der Kriegsmarine von 1862. Mit den Gefechten dieses Tages freilich waren auch sie überholt. Seit Wochen waren Gerüchte umgegangen, daß die *Merrimack* (wie man auf Unionsseite die *Virginia* weiterhin nannte) unterwegs sei. Jetzt kam sie und nahm als erstes die mit 24 Geschützen bestückte *Cumberland* aufs Korn. Sie verpaßte ihr mehrere Treffer in die Seite, rammte sie sodann und riß ein sieben Fuß breites Loch in ihren Rumpf, so daß die *Cumberland* sank. Unterdessen gaben sowohl die *Cumberland* als auch die *Congress* auf die *Virginia* mehrere Breitseiten ab, die jedoch nach den Worten eines nordstaatlichen Beobachters an dem Schiff »wirkungslos abprallten wie Erbsen aus einer Spielzeugflinte«.[3] Das stimmte nicht ganz; vor Ablauf des Tages wurden zwei Geschütze der *Virginia* getroffen, alle Deckaufbauten und ein Teil des Schornsteins wurden weggerissen, der Rammsporn brach bei der Kollision mit der *Cumberland* ab, zwei Mann Besatzung fanden den Tod, und mehrere andere wurden verwundet. Aber keiner der 98 Einschüsse, die das Schiff trafen, durchschlug die Panzerung oder richtete ernstlichen Schaden an.

Nach der Versenkung der *Cumberland* nahm sich die *Virginia* die mit 50 Geschützen bestückte *Congress* vor; sie deckte das wehrlose Schiff mit Breitseiten ein, bis an Bord mehrere Feuer ausbrachen, die schließlich auf das Pulvermagazin übergriffen und die *Congress* in die Luft sprengten. Die *Minnesota* war bei dem Versuch, ihrem Schwesterschiff zu Hilfe zu eilen, auf Grund gelaufen, und so wandte sich die *Virginia* diesem Flaggschiff der gegnerischen Flotte zu, die im vergangenen August Hatteras Inlet erobert hatte. Der Tiefgang der *Virginia* verhinderte jedoch bei hereinbrechender Nacht die Annäherung an die *Minnesota.* So hoben sich die Rebellen dieses und die anderen Schiffe für den nächsten Morgen auf.

Es war der schlimmste Tag in der 86jährigen Geschichte der US-Navy gewesen. Die *Virginia* hatte innerhalb weniger Stunden zwei prächtige Schiffe versenkt – eine Leistung, die erst 1941 wieder einem Kriegsgegner der USA glücken sollte. Mindestens 240 Blaujacken hatten den Tod gefunden, unter ihnen auch der Kapitän der *Congress* – kein anderer Tag des Krieges kostete die Marine so viele Opfer. Die gesamte Flotte der Union vor Hampton Roads – immer noch der wichtigste Blockadestützpunkt – war von der Vernichtung bedroht. Aus den Telegrammen, die in dieser Nacht nach Washington gingen, sprach Panik. Das Kabinett trat am nächsten Morgen zu einer Krisensitzung zusammen. Marineminister Welles suchte die Nerven von Kriegsminister Stanton mit der Nachricht zu beruhigen, daß die *Monitor* von Brooklyn nach Hampton Roads unterwegs sei, um die *Virginia* zu stellen. Aber würde sie auch rechtzeitig da sein? Und wenn ja: konnte diese »Konservendose auf schwimmendem Untersatz« irgend etwas gegen das gepanzerte Monstrum der Konföderierten ausrichten?

Nun: sie war rechtzeitig da, und sie richtete etwas aus. Die *Monitor* war zwar schon in der Nacht neben der *Minnesota* in Stellung gegangen, doch die Besatzung war erschöpft, da sie kurz zuvor mit Mühe und Not einem bösen Sturm widerstanden hatte, der das Schiff auf dem Weg von Brooklyn um ein Haar zum Kentern gebracht hätte. Die Aussicht auf ein Gefecht mit der *Virginia* ließ jedoch den Adrenalinspiegel wieder steigen. Als das Schiff der Konföderierten am Morgen des 9. März auslief, um den Rest der Unionsflotte zu erledigen, bemerkte die Besatzung ein eigenartiges Gefährt neben der *Minnesota.* »Wir dachten erst, es wäre ein Floß mit einem Kessel der *Minnesota,* der an Land gebracht und repariert werden sollte«, erinnerte sich ein Fähnrich zur See von der *Virginia.* Aber der Kessel fuhr ein Geschütz aus und feuerte. Ein Matrose von der *Monitor* beobachtete die Reaktion auf der *Virginia:* »Ein Schiff kann genauso erstaunt aussehen wie ein Mensch, und die *Merrimack* war baß erstaunt.« Die Rebellen wandten ihre Aufmerksamkeit von der gestrandeten *Minnesota* ab und diesem befremdlichen Fahrzeug zu, das die träge *Virginia* zu umkreisen begann »wie ein räudiger Köter« und aus seinen 11-Zoll-Kanonen 175 Pfund schwere Kugeln abfeuerte. Zwei Stunden lang bombardierten sich die beiden Panzerschiffe, doch keines vermochte die Panzerung des anderen aufzubrechen; die Eisenplatten der *Virginia* erhielten nur an einigen Stellen Risse durch den schweren Beschuß. Einmal lief das Südstaatenschiff auf Grund, und als die *Monitor* mit ihrem geringeren Tiefgang drohend näher kam, sah die Besatzung der *Virginia* ihr letztes Stündlein gekommen. Das Schiff kam jedoch wieder frei und setzte den Kampf fort, wobei es erfolglos versuchte, die *Monitor* zu rammen. Inzwischen hatten die asthmatischen Maschinen der *Virginia* schon fast ihren Geist aufgegeben, und ein Lieutenant fand das Schiff »schwerfällig wie die Arche Noah«. Die *Monitor* versuchte ihrerseits, das Heck der *Virginia* zu rammen, um die Schiffsschraube oder das Steuerruder zu zerstören, verfehlte ihr Ziel jedoch knapp. Gleich darauf traf eine Granate von der *Virginia* das Steuerhaus der *Monitor* und verwundete den Kapitän. Das Unionsschiff unterbrach den Kampf kurzfristig, während die *Virginia,* die erneut auf Grund zu geraten drohte, in Richtung Norfolk zurückdampfte. Auf beiden Schiffen glaubte die Besatzung, den Kampf der Giganten gewonnen zu haben, aber in Wirklichkeit war es nur ein Unentschieden. Auf beiden Seiten war man müde und stellte den Kampf ein – fast in beiderseitigem Einverständnis, könnte man meinen.[4]

An diesem Tag hatte jene Revolutionierung des Seekriegs ihren Abschluß gefunden, die eine Generation zuvor durch den Einsatz der Dampfkraft bei Kriegsschiffen begonnen hatte. Vorbei war es jetzt mit den anmutigen Fregatten und machtvollen Kampfschiffen mit ihren gen Himmel ragenden Masten und den schweren Eichenbohlen. Als das Duell zwischen *Monitor* und *Virginia* in England bekannt wurde, kommentierte die Londoner *Times*: »Standen uns bisher 149 erstklassige Kriegsschiffe zum sofortigen Einsatz zur Verfügung, so sind es jetzt nur noch zwei, und zwar die *Warrior* und ihr Schwesterschiff, die *Ironside* [die im Teststadium befindlichen Panzerschiffe Großbritanniens]. Gegenwärtig gibt es in der englischen Flotte nur diese beiden Schiffe, die man guten Gewissens in ein Gefecht mit der kleinen *Monitor* schicken könnte.«[5]

Für Washington war zunächst vorrangig, daß die Unionsflotte bei Hampton Roads gerettet war. In den folgenden beiden Monaten beäugten die *Monitor* und die *Virginia* einander argwöhnisch, doch kam es zu keinem Kampf. Keine der beiden Seiten besaß weitere Panzerschiffe, keine konnte den Verlust ihrer unentbehrlichen Waffe riskieren. Als McClellan im Mai 1862 auf der Halbinsel Virginia einmarschierte und die Konföderierten zum Rückzug nach Richmond zwang, fiel Norfolk in die Hand der Bundestruppen, und die *Virginia* strandete. Sie war nicht seetüchtig genug, um sich den Weg zur offenen See zu erkämpfen, und hatte für die Rückfahrt den James River hinauf zu viel Tiefgang, und deshalb wurde das brave Panzerschiff am 11. Mai, kaum drei Monate nach seinem Stapellauf, von seiner Besatzung gesprengt. Auch die *Monitor* sollte ihren ersten Geburtstag nicht erleben. Am letzten Tag des Jahres 1862 – sie wurde gerade zu Blockadeaufgaben nach Süden geschleppt – ging sie in einem Sturm vor Kap Hatteras unter.

Trotz ihrer Mängel fungierten die *Virginia* wie die *Monitor* als Prototypen für die nächste Generation von Panzerschiffen, die beide Seiten noch während des Krieges bauten oder zu bauen begannen: bei der Konföderation waren es 21, bei der Union 58. Allerdings traten viele dieser Schiffe gar nicht mehr in Aktion; sie waren nur für den Kampf auf Flüssen und in flachen Gewässern bestimmt und reichten nicht an den Ruhm ihrer Vorgänger heran. Die auf den Flüssen des Südens lauernden konföderierten Panzerschiffe versetzten zwar die Kriegsmarine der Union in eine gewisse Nervosität (*ram fever*), blieben aber für den Verlauf des Krieges ziemlich bedeutungslos. Rückgrat der Hochseemarine der Union blieb das dampfgetriebene, besegelte Kriegsschiff aus Holz. Erst im letzten Drittel des 19. Jahrhunderts kehrte die Kriegsmarine überall auf der Welt zu Eisen und Stahl zurück und setzte die wichtigsten Anregungen von »Ericssons Wahn« um: geringes Profil des Schiffes, Schnelligkeit, Manövrierfähigkeit, drehbare Geschütztürme sowie wenige schwerkalibrige Kanonen anstelle der Breitseiten aus vielen Geschützen.

II

Beim Dienst auf den Blockadeschiffen der Unionsmarine waren wenig Lorbeeren zu ernten. Der Hauptfeind war die Langeweile. Insgesamt waren während des Krieges rund 500 Schiffe an der Blockade beteiligt; in den vier Jahren des Kampfes waren jederzeit durchschnittlich 150 Schiffe auf Patrouillenfahrt. Aufgebracht oder vernichtet wurden rund 1500 Blockadebrecher. Wenn man davon ausgeht, daß auf jeden aufgebrachten Blockadebrecher ein Dutzend nur gesichteter oder ergebnislos verfolgter kamen, bedeutete dies, daß jedes Blockadeschiff im Durchschnitt nur alle drei bis vier Wochen einen Blockadebrecher sichtete und nur ein- bis zweimal im Jahr an der Aufbringung eines solchen beteiligt war. »Tag um Tag, Tag um Tag lagen wir untätig da und ließen uns von den Wellen schaukeln«, beklagte sich ein Offizier über den Dienst auf Blockadeschiffen. Ein anderer beschrieb seiner Mutter, wie sie sich den Blockadedienst vorzustellen hatte: »Du mußt nur an einem heißen Sommertag aufs Dach steigen und dich mit einem halben Dutzend Schwachköpfen unterhalten, dann wieder nach unten gehen und abgestandenes Wasser voller Eisenrost trinken, wieder aufs Dach klettern und das Ganze in regelmäßigen Abständen so lange wiederholen, bis Du völlig erledigt bist, und schließlich alles dicht machen und ins Bett gehen.«[6]

Nur die Aussicht auf einen reichen Fang hielt die Matrosen bei Laune. Aus dem Erlös der Beute von jedem aufgebrachten Schiff bekam die Mannschaft die eine Hälfte, die US-Regierung die andere. Umgerechnet bedeutete das rund sieben Prozent vom Wert der Beute für den Kapitän, etwas weniger für jeden Offizier und 16 Prozent, die auf alle Matrosen zu verteilen waren. Manchmal ging bei diesem System der Traum vom großen Los in Erfüllung: Im Herbst 1864 brachte das kleine Kanonenboot *Aeolus* ohne fremde Hilfe zwei Blockadebrecher auf, was dem Kapitän 40000 Dollar, jedem Offizier 8000 bis 20000 Dollar und jedem Matrosen 3000 Dollar eintrug.

Höher waren potentieller Profit und Abenteuerlichkeit des Geschehens für die Besatzung der Blockadebrecher. »Ich habe viel erlebt, aber das ist unvergleichlich«, schrieb ein britischer Offizier, der auf einem Blockadebrecher tätig war. »Wildschweinjagd zu Pferd mit dem Speer, Pferderennen, Großwildjagd, Polo – ich habe alles gemacht, und alles hat seine prickelnden Augenblicke, aber nichts kommt dem Brechen einer Blockade gleich.«[7] Diese Bemerkung trifft allerdings auf das erste Kriegsjahr nicht zu. Die Blockade hatte damals noch mehr Ähnlichkeit mit einem Sieb als mit einem Kordon, und das geringe Risiko, das mit ihrem Durchbrechen verbunden war, trieb zwar die Frachtpreise und die Versicherungsraten in die Höhe, hatte aber kaum etwas »Prickelndes«. Doch schon im Sommer

1862 lagen die Dinge anders. Die meisten Häfen des Südens waren abgeschnitten oder besetzt, und so konnte sich die Blockadeflotte auf die wenigen noch offenen Häfen konzentrieren. Die nordstaatlichen Kapitäne hatten aus der Erfahrung gelernt und in Küstennähe kleinere Schiffe als Wachboote postiert, die Leuchtraketen abschossen, sobald sich ein Blockadebrecher von See oder vom Landesinneren her der Hafeneinfahrt näherte. Alle Kriegsschiffe in Sichtweite nahmen dann Kurs auf den Blockadebrecher. Mehrere Meilen weiter draußen patrouillierte ein zweiter Kordon von Unionsschiffen in einem größeren Umkreis und verfolgte dem offenen Meer zusteuernde Blockadebrecher, die von den Wachbooten entdeckt worden waren, oder der Küste zustrebende Schiffe, die sie selbst entdeckt hatten.

Bei langsamen oder sehr großen Blockadebrechern und bei guten Sichtverhältnissen funktionierte dieses System recht ordentlich. Aber solche Schiffe, die unter derartigen Verhältnissen die Blockade zu durchbrechen suchten, verschwanden bald von der südstaatlichen Bildfläche. An ihre Stelle traten schlanke, schnelle Fahrzeuge mit geringem Tiefgang, die (zumeist in Großbritannien) eigens zum Zweck des Blockadebrechens gebaut worden waren; sie waren grau gestrichen, um nicht so leicht erkannt zu werden, arbeiteten mit Anthrazit, das keinen Rauch entwickelte, hatten ein niedriges Freibord, einziehbare Schornsteine und Ventile für den Dampfabzug, die unter Wasser lagen. An Bord saßen Lotsen, die jede Handbreit der Küste kannten und mondlose, stürmische oder neblige Nächte für das blitzartige Ein- oder Ausfahren auf einer Wasserstraße bevorzugten, an der man sämtliche Navigationshilfen mit Ausnahme codierter Küstenlichter zur Orientierung der Lotsen beseitigt hatte. Unter diesen Umständen konnte ein Blockadebrecher in 200 Meter Entfernung an einem Kriegsschiff vorbeiziehen, ohne bemerkt zu werden. Manche Blockadebrecher führten die gleichen Leuchtraketen mit, wie sie bei der US-Marine verwendet wurden, und stifteten Verwirrung, indem sie sie in die falsche Richtung abschossen.

Die wichtigsten Stützpunkte der Blockadebrecher wurden Nassau, Bermuda und Havanna. Hier nahmen sie Geschütze, Munition, Schuhe, Armeedecken, Arzneimittel, Salz, Tee, Spirituosen, Reifröcke und Korsettstangen an Bord. Sobald die Unionsmarine über genügend Schiffe verfügte, zog sie (ungeachtet britischer und spanischer Proteste) einen dritten Kordon von Blockadeschiffen um diese Häfen, um auch Blockadebrecher abzufangen, die Hunderte von Meilen von der heimatlichen Küste entfernt waren. In der Regel entkamen die Blockadebrecher jedoch diesen Patrouillenschiffen und gelangten unbehelligt nach Wilmington, Charleston, Mobile oder irgendeinem anderen Hafen, wo sie für die Rückfahrt Baumwolle luden.

Wilmington und Nassau wurden zu typischen Städten der Kriegsgewinnler – brutal, gewalttätig, schamlos, protzend und habgierig.[8] Die Aussicht auf Profit durch eine erfolgreiche Fahrt überwog die Chancen der Aufbringung, die (im Jahre 1864) 1:3 standen. Die Schiffseigentümer konnten mit ein oder zwei »Rundfahrten« ihre Investitionen herausholen und mit jeder folgenden Fahrt Profit machen. Auf den europäischen Märkten kletterten die Baumwollpreise auf das Sechs-, Acht- oder Zehnfache des Vorkriegsniveaus, so daß Spekulanten, die die Baumwolle im Süden kauften und außer Landes brachten, einen Gewinn von mehreren hundert Prozent verbuchen konnten. 1864 erhielt der Kapitän eines Blockadebrechers pro »Rundfahrt« mindestens 5000 Dollar in Gold, die anderen Offiziere bekamen zwischen 750 und 3500 Dollar, die einfachen Matrosen 250 Dollar. Darüber hinaus reservierten die Kapitäne einen Teil des Frachtraums für sich selbst; beim Auslaufen nahmen sie Baumwolle mit, auf der Rückfahrt hochwertige Güter, die sie auf Versteigerungen losschlugen.Viele Schiffseigentümer, Kapitäne und Matrosen waren Briten; sogar mancher ehemalige Offizier der Royal Navy war darunter, der seinen Abschied eingereicht hatte, um sich auf diese lukrativere Karriere zu verlegen. Die zahlreichen Südstaatler, die ebenfalls Blockadebrecher besaßen und verkehren ließen, waren zwar von Patriotismus beseelt, doch das Gewinnstreben war auch ihnen nicht völlig fremd. Der Norden behandelte die Besatzung eines aufgebrachten Blockadebrechers als Kriegsgefangene; allerdings scheute er die diplomatischen Verwicklungen, die sich aus der Gefangennahme ausländischer Besatzungsmitglieder ergeben mußten, und ließ diese frei. Die Praxis, auf einlaufenden Blockadebrechern anstelle von Kriegsmaterial hochwertige Konsumgüter ins Land zu schaffen, nahm schließlich so überhand, daß die Regierung der Konföderation Anfang 1864 Regelungen in Kraft setzte, die (wiewohl oft umgangen) den Transport von Luxusgütern generell verboten und ferner bestimmten, daß alle Blockadebrecher mindestens die Hälfte ihres Frachtraums zu festen Preisen der Regierung zu überlassen hatten. Auch die Regierung (zumal das Zeugamt unter Josiah Gorgas) und einige Südstaaten kauften eigene Blockadebrecher.

Wie effektiv war nun die Blockade? Diese Frage läßt sich auf zweierlei Weise beantworten. Zum einen kann man darauf verweisen, daß während des Krieges schätzungsweise fünf von sechs Blockadebrechern durchkamen (1861 waren es neun von zehn, 1865 nur mehr einer von zweien). Sie transportierten eine halbe Million Ballen Baumwolle außer Landes und brachten eine Million Paar Schuhe, eine halbe Million Gewehre, 1000 Tonnen Schießpulver, mehrere hundert Geschütze und so fort in den Süden. Der Dollarwert des Charlestoner Außenhandels war 1863 höher als im letzten Friedensjahr. Die Abgesandten der Konföderation in Großbritannien legten lange Listen mit den Namen von Schiffen vor, die die Blockade durchbrochen hatten, um zu beweisen, daß diese nur auf dem Papier bestand und keinen Anspruch auf völkerrechtliche Anerkennung hatte. Im Januar 1863 nannte Jefferson Davis die »sogenannte Blockade« eine »unerhörte Anmaßung«. Ein prominenter Historiker der konföderierten Diplomatie ist derselben Ansicht. Wie Frank L. Owsley schreibt, war die Blockade eine »Absurdität«; »sie bestand kaum auf dem Papier«, und mit ihr habe »Old Abe ... die Welt zum Narren gehalten«.[9]

Die meisten Südstaatler freilich, die die Blockade miterlebten, sahen das anders. »Schon wird durch die Blockade die Munition knapp«, schreibt Mary Boykin Chesnut am 16. Juli 1861. Die Blockade sei »ein Palisadenzaun, der uns einengt«, ergänzt sie im März 1862. Im Juli 1861 vertraute ein Kaufmann aus Charleston seinem Tagebuch an: »Die Blockade geht weiter, und alle Artikel des täglichen Verbrauchs, besonders Lebensmittel, werden immer teurer.« Vier Monate später notiert er: »Geschäft liegt völlig darnieder, alles enorm teuer, Salz kostet 15 bis 20 Cent pro Quart [etwa ein Kilo], Schuhe sind kaum zu haben, Trockengüter aller Art laufen aus.« Ein südstaatlicher Marineoffizier gab nach dem Krieg zu, die Blockade habe »die Konföderation von der Welt abgeschnitten, ihres Nachschubs beraubt und Heer und Flotte geschwächt«.[10]

Die Geschichtswissenschaft tendiert ebenfalls eher zu letzterer Auffassung. Gewiß kamen fünf von sechs Blockadebrechern durch, aber das ist nicht das Entscheidende. Vielmehr muß man fragen, wie viele Schiffe mit wieviel Fracht durchgekommen *wären*, wenn es die Blockade nicht gegeben hätte. In vier Kriegsjahren wurde die Blockade 8000mal durchbrochen,[11] während in den vier Jahren vor dem Krieg über 20 000 Fahrzeuge in südstaatlichen Häfen ausgelaufen oder eingelaufen waren. Die Blockadebrecher waren auf Geschwindigkeit, nicht auf Fassungsvermögen angelegt, und wenn sie verfolgt wurden, warfen sie mitunter einen Teil der Ladung über Bord. Durch die Blockade verringerte sich der durch Hochseeschiffahrt abgewickelte Handel des Südens auf weniger als ein Drittel seines normalen Standes. Und gleichzeitig war der Bedarf des Südens an allen Arten von Vorräten viel größer als in Friedenszeiten. Was den Baumwollexport betrifft, so muß das Jahr 1861 außer Betracht bleiben, weil der Süden von sich aus ein Baumwollembargo verhängte, um Druck auf die britische Außenpolitik auszuüben (siehe unten). Dieses Embargo wurde 1862 aufgehoben, und danach nimmt sich die halbe Million Ballen, die während der letzten drei Kriegsjahre durch die Blockade geschmuggelt wurde, recht spärlich gegenüber den zehn Millionen Ballen aus, die in den drei Jahren vor dem Krieg exportiert worden waren. Für das größere Dollarvolumen des Charlestoner Handels zu Kriegszeiten gibt es zwei

Gründe: Charleston war einer der Hauptanlaufhäfen für Blockadebrecher, weil diesen andere Häfen verschlossen waren, und die Inflation wertete den konföderierten Dollar dermaßen ab, daß man im März 1863 zehn Dollar für das brauchte, was man zwei Jahre zuvor für einen gekauft hatte. Die Blockade war denn auch einer der Hauptgründe für die ruinöse Inflation, die den konföderierten Dollar bei Kriegsende auf ein Prozent seines ursprünglichen Wertes gesenkt hatte.

Die bei Marinehistorikern beliebte These, daß die Blockade für den Norden »den Krieg gewonnen« habe, geht freilich entschieden zu weit,[12] aber die Blokkade leistete einen wichtigen Beitrag zum Sieg der Union. Das Marinepersonal machte zwar nur fünf Prozent der bewaffneten Streitkräfte der Union aus, doch seine Bedeutung für den Ausgang des Krieges war erheblich größer.

III

Die Frage nach der Wirksamkeit der Blockade wurde im ersten Kriegsjahr zu einem brisanten außenpolitischen Problem. Die auf Blockaden bezüglichen Aussagen des Völkerrechts formulierte die Pariser Seerechtsdeklaration, die die europäischen Mächte (nicht aber die USA) nach dem Krimkrieg 1856 unterzeichnet hatten: »Um bindend zu sein, müssen Blockaden wirksam, das heißt von Kräften getragen sein, die stark genug sind, den Zugang zu verwehren.« Südstaatendiplomaten beharrten darauf, daß die Leichtigkeit, mit der 1861 die Blockade zu durchbrechen war, deren Wirkungslosigkeit bewiesen habe; infolgedessen müsse sich keine Nation daran halten. Das war die traditionelle amerikanische Position gegenüber britischen Blockaden gewesen, speziell zur Zeit der napoleonischen Kriege, als die Vereinigten Staaten sich gegen die Briten stellten und mit beiden Seiten Handel trieben. Jetzt aber lagen die Dinge genau andersherum. Ein Hauptziel der konföderierten Diplomatie im Jahre 1861 war es, Großbritannien zu veranlassen, die Blockade für illegal zu erklären und damit die Intervention durch die Royal Navy zum Schutz des britischen Handels mit dem Süden vorzubereiten.

Hauptwaffe der südstaatlichen Außenpolitik war die Baumwolle. Großbritannien importierte drei Viertel seiner Baumwolle aus dem amerikanischen Süden; die Textilindustrie hatte Vorrangstellung in der britischen Volkswirtschaft. »Was würde geschehen, wenn drei Jahre lang keine Baumwolle geliefert würde?« hatte James Hammond aus South Carolina in seiner berühmten »King-Cotton«-Rede von 1858 gefragt. »England würde mächtig auf die Nase fallen und die ganze zivilisierte Welt mit sich reißen – mit Ausnahme des Südens.« Den Engländern werde gar nichts anderes übrigbleiben, als zu intervenieren, um Baumwolle zu bekommen: das war 1861 das Credo des Südens. Wenige Tage nach der Kapitulation von Fort Sumter erklärte ein Kaufmann aus Charleston gegenüber einem Korrespondenten der Londoner *Times*: »Wenn diese elenden Yankees eine Blockade über uns verhängen und euch von unserer Baumwolle abschneiden wollen, dann versenkt ihr einfach ihre Schiffe und erkennt uns an. Das wird noch vor dem Herbst sein, schätze ich.« Im Jui 1861 äußerte Vizepräsident Alexander Stephens die Überzeugung: »So oder so wird die Blockade fallen, oder es gibt eine Revolution in Europa. [...] Unsere Baumwolle ist ... der gewaltige Hebel, mit dem wir selbst unser Schicksal gestalten können.«[13]

Um diesen Hebel anzusetzen, beschlossen die Südstaatler, über den Export von Baumwolle ein Embargo zu verhängen. »Wir halten die Trümpfe in der Hand«, jubelte der *Charleston Mercury*, »und wir werden sie ausspielen, bis jede Baumwollfabrik in England und Frankreich bankrott ist oder unsere Unabhängigkeit anerkannt wird.« Der *Memphis Argus* gab den Pflanzern den Rat: »Haltet jeden Ballen Baumwolle auf euren Plantagen zurück. Laßt nicht den kleinsten Faden nach New Orleans oder Memphis gelangen, bevor nicht England und Frankreich die Konföderation anerkannt haben – nicht einen einzigen Faden!«[14] Zwar wurde das Embargo von der Regierung der Konföderation niemals offiziell gebilligt, aber der Druck der öffentlichen Meinung war so stark, daß er das Embargo gleichsam erzwang. Der größte Teil der Baumwollernte von 1860 war bereits verschifft, als der Krieg ausbrach. Die Baumwollverladung von 1861 hätte normalerweise im September begonnen, aber trotz der Brüchigkeit der Blockade verließ nur wenig Baumwolle das Land. Im Frühjahr 1862 bepflanzten die Südstaatler nur etwa die Hälfte ihrer üblichen Baumwollanbaufläche und widmeten den Rest des Bodens der Lebensmittelproduktion. Die britischen Baumwollimporte aus dem Süden erreichten 1862 drei Prozent des Standes von 1860.

Zunächst sah die »King-Cotton«-Diplomatie verheißungsvoll aus. Offizielle Stellen in England und Frankreich äußerten sich besorgt über die wahrscheinlichen Folgen einer durch Baumwollmangel hervorgerufenen Hungersnot. Textilmagnaten in Lancashire und Lyon sprachen bereits von Betriebsstillegungen. »England muß die Blockade brechen, oder Millionen werden verhungern«, erklärte eine für die Textilarbeiter sprechende Zeitung im September 1861. Im Oktober waren Premierminister Viscount Palmerston und Außenminister Lord Russell einhellig der Ansicht: »Die Baumwollfrage kann gegen Jahresende gravierend werden. [...] Nur den Nordstaaten zuliebe können wir nicht Millionen Menschen zugrunde gehen lassen.« Britische und französische Diplomaten erröterten die Möglichkeit eines gemeinsamen Vorgehens gegen die Blockade.[15]

Letzten Endes scheiterte ein solches gemeinsames Vorgehen an mehreren Faktoren. Da war erstens das Bestreben Palmerstons und Russells, eine Verwicklung in den Krieg nach Möglichkeit zu vermeiden. »Halten wir uns um Gottes willen da heraus«, sagte Russell im Mai 1861, während Palmerston den Volksmund bemühte: »Wo zwei sich streiten, freut sich der dritte.« Auch ohne die kriegerischen Warnungen von Außenminister Seward – die die Briten als unverschämte Kraftmeierei empfanden – wußte England sehr wohl, daß jede Maßnahme gegen die Blockade zu einem Konflikt mit den Vereinigten Staaten führen konnte, der den britischen Interessen mehr schaden mußte als das vorübergehende Ausbleiben der Baumwolle aus dem amerikanischen Süden. Die »wahre Politik« Englands – so Palmerston zu Russell am 18. Oktober – sei es, »auf dem eingeschlagenen Weg weiterzugehen und uns aus dem Konflikt herauszuhalten«.[16] In Frankreich tendierte Napoleon III. zwar eher zu einer Intervention, mochte aber nichts ohne Mitwirkung der Engländer unternehmen.

War England schon über Sewards »Auftrumpfen« verstimmt, so empörten sich viele Briten noch mehr über den wirtschaftlichen Erpressungsversuch der Konföderation. Wenn die Südstaatler »glauben, sie könnten uns durch ihren König Baumwolle zur Kooperation zwingen«, unterlägen sie einem Irrtum, erklärte die *Times.* Zugunsten des Südens zu intervenieren, »weil sie uns keine Baumwolle geben«, wäre, so Lord Russell im September 1861, »eine Schändlichkeit sondergleichen. [...] Kein englisches Parlament könnte eine solche Gemeinheit begehen«.[17]

Mit Rücksicht auf die britische (und französische) Empfindlichkeit in dieser Frage konnten die Südstaatendiplomaten nicht zugeben, daß es ein Baumwollembargo gab. Damit verwickelten sie sich jedoch in Widersprüche; denn wie konnten sie die Blockade für unwirksam erklären, wenn keine Baumwolle nach Europa gelangte? Auf eine Anfrage des französischen Außenministers in dieser Sache vom Februar 1862 räumte der Beauftragte der Konföderation in Paris ein: »Zwar sei ein großer Teil der Schiffe, die die Blockade zu durchbrechen versucht hätten, durchgekommen, doch sei die Gefahr der Aufbringung immerhin so groß, daß sich weniger wagemutige Leute durch sie hätten abschrecken lassen.« Ein fatales Eingeständnis! Acht Tage später gab Außenminister Russell den britischen Standpunkt in Sachen Blockade bekannt: »Die Tatsache, daß einzelne Schiffe die Blockade erfolgreich unterlaufen haben, wird als solche nichts an der Wirksamkeit der Blockade im Sinne des Völkerrechts ändern«, solange diese Blockade von einer Anzahl von Schiffen durchgeführt werde, »die ausreicht, um wirklich den Zugang [zu einem Hafen] zu verhindern *oder eine offenkundige Gefahr beim Anlaufen oder Verlassen des Hafens darzustellen*«.Im Februar entsprach die Blockade der Nordstaaten ohne Zweifel diesem Kriterium. Auch der Wunsch, keinen Präzedenzfall zu schaffen, der sich in einem künftigen Krieg gegen britische Sicherheitsinteressen auswirken konnte, bewog die Briten, der Argumentation der Südstaaten in puncto »Papierblockade« nicht zu folgen. So äußerte sich der zweite Kronanwalt dahingehend, daß Großbritannien sich vor »neumodischen Vorstellungen und Interpretationen des Völkerrechts« hüten müsse, »die es uns verwehren könnten, eines künftigen Tages eine wirksame Blockade zu errichten, und damit unserer Hoheit auf dem Meer den Todesstoß versetzen müßten«.[18]

Durch eine bittere Ironie der Geschichte trogen die Erwartungen des Südens in bezug auf eine auswärtige Intervention zur Beseitigung der Blockade gleich aus zwei Gründen: Erstens schien der »Erfolg« des Baumwollembargos lediglich den Erfolg der Blockade zu beweisen, und zweitens bewiesen die enormen Baumwollexporte der Jahre 1857 bis 1860 nicht etwa die Allgewalt von »König Baumwolle«, sondern resultierten aus dessen Vertreibung vom Thron. Auch mit Überstunden hatten es die britischen Fabriken nicht geschafft, all diese Baumwolle zu Stoff zu verarbeiten. In den Lagerhäusern von Lancashire stapelten sich überschüssige Rohbaumwolle und fertiger Stoff. Das Embargo des Südens entpuppte sich 1861 als heimlicher Segen für die Textilfabrikanten. Wohl gingen die Fabriken im Winter von 1861 auf 1862 zu Kurzarbeit über, aber der wahre Grund war nicht die Baumwollknappheit, sondern der gesättigte Markt für Baumwollstoffe. Der Bestand an Rohbaumwolle in Großbritannien und Frankreich war im Dezember 1861 höher als in jedem Dezember davor. Die Hungersnot infolge Baumwollknappheit, von der sich der Süden so viel erhoffte, machte sich eigentlich erst im Sommer 1862 bemerkbar. Zu diesem Zeitpunkt aber hatte die Konföderation das Embargo aufgehoben und versuchte verzweifelt, ihre Baumwolle durch die enger werdende Blockade zu schleusen, um mit ihr Importlieferungen zu bezahlen. Zu diesem Zeitpunkt war aufgrund der gestiegenen Preise auch der Baumwollanbau in Ägypten und Indien forciert worden, und aus diesen Ländern kam in den folgenden drei Jahren der größte Teil der europäischen Baumwollimporte.

Die schlimmste Arbeitslosigkeit in der britischen Textilindustrie währte vom Sommer 1862 bis zum Frühjahr 1863. Die Auswirkungen dieser Arbeitslosigkeit entsprachen aber weder den südstaatlichen Hoffnungen noch den britischen Befürchtungen. Schon vor dem Krieg hatte die Textilerzeugung ihre beherrschende Rolle in der britischen Volkswirtschaft zu verlieren begonnen. Der Krieg förderte zusätzlich das Wachstum in der Eisen-, Schiffsbau- und Rüstungsindustrie, was den Niedergang der Textilindustrie weitgehend ausglich. Durch die Herstellung wollener Uniformen und Decken für die amerikanischen Armeen wurde der Überhang in der Baumwollverarbeitung teilweise abgebaut. Der blühende Handel mit Kriegsmaterial mit dem Norden sowie das Blockadebrechen in Richtung Süden überzeugten die britischen Kaufleute von den Vorteilen der Neutralität. Mißernten in Westeuropa in den Jahren 1860, 1861 und 1862 verstärkten die britische Abhängigkeit von amerikanischem Getreide und Mehl. In den ersten beiden Jahren des Bürgerkrieges stellten die Unionsstaaten fast die Hälfte der britischen Getreideimporte; vor dem Krieg war es kaum ein Viertel gewesen. »König Getreide«, so jubelten die Yankees, war mächtiger als »König Baumwolle«.[19] Und nachdem die Kaperschiffe der Konföderation einen erheblichen Teil der US-Handelsflotte von den Meeren vertrieben hatten, wurde der größte Teil dieses erweiterten Handels mit dem Norden von britischen Schiffen getätigt – ein weiterer wirtschaftlicher Rohrkrepierer des Südens, der die Briten von einem Eingreifen in den Krieg abhielt.

Im zweiten Jahr des Konflikts war Großbritannien bereit, außerordentliche Erweiterungen der nordstaatlichen Blockade zu dulden. Im April 1862 gingen Kriegsschiffe der Union dazu über, britische Handelsschiffe aufzubringen, die zwischen England und Nassau oder Bermuda verkehrten, und zwar mit der Begründung, ihre Fracht sei letzten Endes für die Konföderation bestimmt. Das erste Schiff, das auf diese Weise abgefangen wurde, war die *Bermuda,* die von einem US-Prisengericht konfisziert wurde. Die Kriegsmarine kaufte sie und setzte sie als Blockadeschiff ein. So hatten die Briten zu dem Schaden, der bereits chauvinistische Wellen schlug, noch den Spott. Indessen verwiesen amerikanische Diplomaten auf britische Präzedenzfälle für solche Beschlagnahmungen. Während der napoleonischen Kriege hatte die Royal Navy amerikanische Kriegsschiffe beschlagnahmt, die Fracht zu einem neutralen Hafen brachten, von wo sie nach Frankreich reexportiert werden sollte. Britische Gerichte hatten damals die Lehre von der »kontinuierlichen Fahrt« entwickelt, um die Konfiskation von Schmuggelware zu rechtfertigen, die letzten Endes für einen feindlichen Hafen bestimmt war, auch wenn die Reise durch die Landung in einem neutralen Hafen unterbrochen wurde. Als diese Rechnung 1862 wieder präsentiert wurde, konnte Whitehall sich schwerlich von dem eigenen Präzedenzfall distanzieren.

1863 erweiterte ein Nordstaatengericht die Lehre von der »kontinuierlichen Fahrt« auf beispiellose Weise, und zwar im Fall der *Peterhoff.* Im Februar brachte ein Kriegsschiff der Union die britische *Peterhoff* in der Karibik auf; sie war nach Matamoros in Mexiko unterwegs und hatte Rüstungsgüter geladen. Die Kriegsmarine der Union argwöhnte nicht ohne Grund, daß der eigentliche Bestimmungsort dieser Fracht die Konföderation sei. Auf der Texas gegenüberliegenden Seite des Rio Grande situiert, war Matamoros zum *entrepôt* für den Handel mit dem Süden geworden: Hier tauschte man Baumwolle gegen Schmuggelware. Das

Prisengericht bestätigte die von der Kriegsmarine vorgenommene Erweiterung des Begriffs »kontinuierliche Fahrt« dahingehend, daß er auch den Reexport von Schmuggelware über Landesgrenzen, nicht nur von neutralen Häfen aus, umfaßte. Diesmal protestierte ein großer Teil der britischen Öffentlichkeit gegen diese »unverschämte Anmaßung« der Yankees. Aber das Foreign Office registrierte diesen Präzedenzfall lediglich, und Großbritannien berief sich ein halbes Jahrhundert später auf ihn, um die Beschlagnahmung amerikanischer Schiffe mit Schmuggelware für das neutrale Holland zu rechtfertigen, die für den Weitertransport nach Deutschland auf dem Landweg bestimmt war.[20]

IV

Das Hauptziel der konföderierten Außenpolitik war neben dem Hinwirken auf eine britische Intervention gegen die Blockade die diplomatische Anerkennung der südstaatlichen Nation. Auf der Suche nach Anerkennung entsandte das konföderierte Außenministerium eine dreiköpfige Kommission unter William L. Yancey nach Europa. Yancey war ein notorischer »Eisenfresser« und befürwortete die Wiederaufnahme des Sklavenhandels mit Afrika; er war daher nicht eben der beste Mann, um dem Süden Freunde in Großbritannien zu werben, wo man die Sklaverei ablehnte. Gleichwohl kündigte die britische Regierung bald nach Ankunft der Südstaatler in London einen Schritt an, der bei den Amerikanern zu beiden Seiten des Potomac die irrige Erwartung weckte, die diplomatische Anerkennung der Konföderation stehe unmittelbar bevor.

Lincoln hatte die Rebellen zu »Aufrührern« erklärt. Nach dem Völkerrecht wäre damit der Konföderation der Status einer kriegführenden Macht versagt gewesen. Die Verhängung der Blockade durch den Norden stellte jedoch eine Kriegshandlung dar, die auch neutrale Mächte tangierte. Am 13. Mai erklärte daher Großbritannien in einer von der Königin erlassenen Proklamation seine Neutralität. Gegen diesen Schritt wäre nichts einzuwenden gewesen – außer daß er automatisch die Konföderation als kriegführende Macht anerkannte. Andere europäische Nationen folgten dem britischen Beispiel. Der Status als kriegführende Macht gab den Konföderierten nach dem Völkerrecht das Recht, in neutralen Ländern Kredite aufzunehmen und Waffen zu kaufen sowie auf hoher See Kreuzer einzusetzen, die befugt waren, fremde Schiffe zu durchsuchen und zu beschlagnahmen. Die Nordstaatler protestierten heftig gegen diese britische Maßnahme; Charles Sumner nannte sie später die »hassenswerteste Tat in der britischen Geschichte seit Karl II.«. Aber der Protest des Nordens stand juristisch auf schwachen Füßen, denn die Blockade symbolisierte gewissermaßen die Anerkennung des Südens als kriegführender Macht. Außerdem war in den Augen der Europäer die Konföderation mir ihrer nationalen Verfassung, ihrem Heer, der wirksamen Kontrolle eines Territoriums von 750 000 Quadratmeilen Größe und einer Bevölkerung von neun Millionen Menschen in der Praxis eine kriegführende Macht – gleichgültig, was sie nach nordstaatlicher Theorie war. Wie Lord Russell sagte: »Die Frage nach den Rechten einer kriegführenden Macht ist keine prinzipielle, sondern eine faktische.«[21]

Die Verbitterung des Nordens gründete zum Teil in Kontext und Zeitpunkt des britischen Schrittes. Die Neutralitätserklärung erfolgte kurz nach zwei »inoffiziellen« Gesprächen zwischen Lord Russell und den Abgesandten der Konföderation, genau einen Tag, bevor der neue US-Gesandte Charles Francis Adams in London eintraf. Die Anerkennung des Südens als kriegführender Macht schien Adams vor vollendete Tatsachen zu stellen, die ihn offenbar auf den nächsten Schritt vorbereiten sollten – die diplomatische Anerkennung des Südens als Nation. Nach Sewards Ansicht konnten Russells Zusammenkünfte mit Yancey und seinen Kollegen »als Anerkennung aufgefaßt« werden. Der Süden faßte sie in der Tat so auf; der *Richmond Whig* betrachtete die Neutralitätserklärung als »weiten und entschlossenen Schritt in jene Richtung, die das Volk der Südstaaten erwartet hat«.[22]

Die britische Politik hatte Seward während des Frühlings zunehmend verärgert. Als er von Russells Zusammenkünften mit den Beauftragten der Rebellen erfuhrt, explodierte er. »Hol's der Teufel, denen werde ich einheizen«, sagte er zu Sumner. Am 21. Mai sandte er Adams eine undiplomatische Depesche und wies ihn an, die Beziehungen zu Großbritannien abzubrechen, falls es zu weiteren Kontakten zwischen der britischen Regierung und südstaatlichen Abgesandten komme. Sollte Großbritannien die Konföderation offiziell anerkennen, »werden wir von Stund an nicht mehr Freunde sein, sondern wieder, wie wir es schon zweimal gezwungenermaßen waren, Großbritanniens Feind werden«.[23]

Lincoln hatte versucht, Sewards Sprache zu mäßigen, konnte sich aber nur partiell durchsetzen. Immerhin brachte er Seward soweit, es der Diskretion Adams' zu überlassen, ob er Lord Russell den Inhalt dieser Depesche mündlich vortragen oder sie ihm als ganzes aushändigen wollte. Adams kam bei den kämpferischen Tönen Sewards zu dem Schluß, daß in diesem Fall Diskretion der Tapferkeit vorzuziehen sei. Die Londoner Gesandtschaft war mit Adams vortrefflich besetzt. Schon sein Großvater und sein Vater hatten diesen Posten innegehabt, und Charles Adams hatte einen großen Teil seiner Jugend in den amerikanischen Gesandtschaften in Petersburg und London verlebt. Seine Zurückhaltung und

Reserviertheit gefielen den Engländern, denen das, was sie für die Hemdsärmeligkeit des amerikanischen Nationalcharakters hielten, ein Dorn im Auge war. Adams und Lord Russell waren einander auf Anhieb sympathisch. Adams verbarg Sewards eiserne Faust in einem Samthandschuh; Russell, nicht minder weltläufig als Adams, versicherte dem amerikanischen Gesandten, daß Großbritannien vorderhand nicht die Absicht habe, der Konföderation die diplomatische Anerkennung zu gewähren. Der Außenminister räumte ein, zweimal mit den Beauftragten des Südens gesprochen zu haben, »rechne jedoch nicht damit, sie ein weiteres Mal zu sehen«.[24]

Er sah sie in der Tat nicht mehr. Es dauerte einige Zeit, bis den Abgesandten des Südens klar wurde, was das zu bedeuten hatte; fürs erste schickten sie weiterhin optimistische Berichte nach Richmond. Im September 1861 verlor Yancey schließlich die Geduld und trat von seinem Amt zurück. Gleichzeitig entschloß sich die Regierung der Konföderation, auf Beauftragte zu verzichten und sie durch Bevollmächtigte in den großen europäischen Hauptstädten zu ersetzen. So kam James Mason aus Virginia nach London und John Slidell aus Louisiana nach Paris.

Damit löste der Süden ungewollt eine Kettenreaktion aus, die fast zum Abbruch der englisch-amerikanischen Beziehungen geführt hätte. Es war ein offenes Geheimnis, daß Mason und Slidell Richmond auf einem Blockadebrecher verlassen würden. Der US-Kriegsmarine gelang es peinlicherweise jedoch nicht, dieses Schiff vor dem Eintreffen in Havanna abzufangen, wo die beiden Diplomaten auf das britische Dampfschiff *Trent* umstiegen. Kapitän Charles Wilkes war entschlossen, die Ehre der Kriegsmarine zu retten. Wilkes war ein 40jähriger Veteran, der die mit 13 Geschützen bestückte Schaluppe *U. S. S. San Jacinto* befehligte – ein querköpfiger, temperamentvoller Mann, der sich für einen großen Kenner des Seerechts hielt. Da es erlaubt war, diplomatische Depeschen als Kriegsschmuggelware zu beschlagnahmen, kam Wilkes zu dem Schluß, daß es auch erlaubt sein müsse, Mason und Slidell als »verkörperte Depeschen«[25] festzunehmen. Diese neuartige Interpretation des Völkerrechts wurde indessen nie auf ihre Gültigkeit geprüft, denn anstatt die *Trent* nach ihrer Aufbringung auf hoher See am 8. November als Prise zu beschlagnahmen, verhaftete Wilkes Mason und Slidell und ließ das Schiff weiterfahren.

Die Öffentlichkeit im Norden zollte der Tat heftigen Beifall. »Die Leute freuen sich, daß einer John Bull bei den Hörnern packt«, berichtete ein Journalist. Das Repräsentantenhaus verabschiedete eine Resolution, in der Wilkes ausdrücklich belobigt wurde. Doch nachdem sich der erste Überschwang der Begeisterung gelegt hatte, begann man nachdenklich zu werden. Es war kaum zu erwarten, daß

Großbritannien den Vorfall stillschweigend übergehen werde. Die Gefahr eines Kriegsausbruchs bescherte dem amerikanischen Aktienmarkt eine Talfahrt. Schatzanleihen der Regierung fanden keine Abnehmer mehr. Nach allem, was aus Großbritannien zu hören war, stand eine unangenehme Konfrontation bevor. Die Briten waren empört über die »Verschleppung« Masons und Slidells; sie sahen den Union Jack mit Füßen getreten. Premierminister Palmerston erklärte vor dem Kabinett: »Wenn *Sie* das schlucken wollen – ich will es auf keinen Fall.«[26] Das Kabinett stimmte dafür, Washington ein Ultimatum zu stellen: Man verlangte eine Entschuldigung und die Freilassung der konföderierten Diplomaten. Großbritannien beorderte Truppen nach Kanada und verstärkte seine Flotte im Westatlantik. Es roch nach Krieg.

Die englandfeindliche Presse gab sich hocherfreut ob dieser Aussicht, während besonnenere Köpfe die Weisheit Lincolns beherzigten, der angeblich gesagt hatte: »Nur *ein* Krieg auf einmal!« Selbst das Führen dieses einen Krieges war für die Union problematisch, und zwar durch einen Aspekt der *Trent*-Krise, der nicht an die Öffentlichkeit drang und auch von Historikern nur selten erwähnt wird. 1861 bezog die Union aus Britisch-Indien Salpeter, der für die Schießpulverproduktion unentbehrlich war. Durch den Krieg waren die Salpeterreserven gefährlich zusammengeschmolzen. Im Herbst 1861 schickte Seward ein Mitglied der Firma du Pont in geheimer Mission nach England, um alle dort lagernden und von Indien eintreffenden Salpetervorräte aufzukaufen. Der Agent führte den Auftrag aus und stand im Begriff, 2300 Tonnen des Minerals auf fünf Schiffe zu verladen, als die Nachricht vom *Trent*-Zwischenfall London erreichte. Die Regierung verhängte daraufhin bis zur Beilegung der Krise ein Embargo auf alle Transporte in die USA: Keine Beilegung der Krise, kein Salpeter.[27]

In den gespannten Dezemberwochen des Jahres 1861 waren sich Lincoln und Seward auch dieses Problems neben anderen wohl bewußt; die Frage war nur, wie man die Krise entschärfen konnte, ohne die Demütigung in Kauf zu nehmen, sich einem Ultimatum gebeugt zu haben. Seward sah ein, daß Wilkes' Vorgehen nicht dem Völkerrecht entsprach, da der Kapitän es unterlassen hatte, die *Trent* zur Aburteilung vor einem Prisengericht in den nächsten Hafen zu schleppen. In einer untypischen Anwandlung von Mäßigung signalisierte Seward seine Bereitschaft, Mason und Slidell mit der Begründung freizulassen, Wilkes habe ohne Weisung gehandelt. Aus London hatte man auf diplomatischem Wege zu verstehen gegeben, dieser Kompromiß, der den USA ihr Gesicht wahren half, sei für die Briten annehmbar. In einer entscheidenden Sitzung am ersten Weihnachtstag kamen Lincoln und sein Kabinett zu dem Schluß, daß ihnen nichts anderes übrigbleibe, als Mason und Slidell ziehen zu lassen. Da die Presse im großen und ganzen derselben Meinung war, würde die Regierung durch die Freilassung ihren Rückhalt in der Öffentlichkeit nicht gefährden. Mason und Slidell setzten ihre unterbrochene Reise nach Europa fort, wo sie jedoch ihrem Ziel, das Ausland für eine Intervention gegen die Blockade zu gewinnen, nie mehr so nahe kamen wie durch ihre Gefangennahme im November 1861. Mit ihrer Freilassung platzte die Seifenblase eines englisch-amerikanischen Krieges, und das Salpeter für du Pont wurde nach Amerika verschifft und bald darauf zu Schießpulver für die US-Armee verarbeitet.

Nach der Beilegung dieser Krise gestalteten sich die englisch-amerikanischen Beziehungen besser, als sie es zuvor gewesen waren. »Die Freilassung der Herren Mason und Slidell hat einen ersten außergewöhnlichen Effekt gehabt«, schrieb der junge Henry Adams von der amerikanischen Gesandtschaft in London, der als Sekretär seines Vaters tätig war. »Der Wind, der uns mit solcher Gewalt ins Gesicht blies, scheint uns nun mit derselben Heftigkeit den Rücken zu stärken.«[28] Diesem Umschwung kamen Berichte über Siege der Nordstaaten an der Atlantikküste zugute, noch mehr jedoch Meldungen von bemerkenswerten militärischen Erfolgen der Union im Westen.

13.

Der Krieg auf den Flüssen 1862

I

Bis zum Februar 1862 war auf den Flüssen südlich von Cairo (Illinois) nur wenig gekämpft worden; in den darauffolgenden vier Monaten aber spielten sich hier kriegsentscheidende Aktionen ab. Die strategische Bedeutung des von Cairo ausstrahlenden Flußnetzes war von Anfang an klar gewesen, und so wurde aus der südlichsten Stadt der »freien« Staaten ein riesiger Heeres- und Flottenstützpunkt. Kombinierte Invasionstruppen von Heer und Flotte zogen 1862 von hier aus den Tennessee und Cumberland hinauf und den Mississippi hinunter.

Wenn diese Offensiven erfolgreich waren, so war das nicht zuletzt der harmonischen Zusammenarbeit der Kommandeure von Flotte und Heer in Cairo zu danken – Andrew H. Foote, ein Yankeeflaggoffizier aus Connecticut, der Gott fürchtete, den Alkohol mied und die Sklaverei haßte, und Brigadegeneral Ulysses S. Grant, der Gott ebenfalls fürchten mochte, aber zur Sklaverei keine Meinung hatte und den Alkohol zumindest nicht mied. Es war ein Glückszufall für den Norden, daß Foote und Grant so gut miteinander auskamen, denn der institutionelle Rahmen für die Zusammenarbeit von Heer und Flotte ließ viel zu wünschen übrig. Nach der Theorie, daß für die Kriegführung – auch zu Wasser – im Landesinneren die Armee zuständig sei, war es das Kriegsministerium und nicht das Marineministerium, das die ersten Kanonenboote für Operationen auf Flüssen im Westen baute. Das Kommando auf den Schiffen hatten zwar Marineoffiziere, doch wurden deren Operationen von Heeresoffizieren überwacht. Die Mannschaften auf den Kanonenbooten waren bunt zusammengewürfelt – neben Flußschiffern, die sich freiwillig gemeldet hatten, sah man Soldaten, die vom Heer abkommandiert waren, zivile Dampferlotsen und Pioniere und ein paar Teerjacken von der Salzwassermarine. Erst im Herbst 1862 bereinigte der Kongreß diese Situation und unterstellte auch die Flußgeschwader

der Marine. Doch ihre größten Siege errang die Flußflotte in ihren ersten improvisierten Monaten.

Die Kanonenboote dieser Marine waren das Werk von James B. Eads, dem Ericsson der Süßwassermarine. Eads, aus Indiana gebürtig, betrieb in St. Louis eine Schiffsbaufirma; im August 1861 verpflichtete er sich vertraglich, sieben Kanonenboote mit geringem Tiefgang für den Einsatz auf Flüssen zu konstruieren. Diese Gefährte waren gegen Jahresende fertig und nahmen sich höchst ungewöhnlich aus. Sie hatten einen flachen Boden, große Breite und Schaufelräder; Maschinenraum und Mannschaftsquartiere lagen unter einer schrägen Kasematte, die mit einer bis zu 2,5 Zoll dicken Eisenpanzerung verkleidet war. Diese vom Marinekonstrukteur Samuel Pook entworfene Kasematte erinnerte an einen Schildkrötenpanzer, weswegen man diesen Schiffen den Spitznamen »Pook's turtles« gab. Die formidablen, mit 13 Kanonen bestückten Fahrzeuge sahen zwar merkwürdig aus, waren aber den umgebauten Dampfern, die der Süden gegen sie aufbieten konnte, mehr als gewachsen.

Gegen Invasionen auf dem Wasserweg verteidigte sich die Konföderation im wesentlichen mit Forts, von denen es besonders starke am Mississippi gab. In Columbus (Kentucky), nur 15 Meilen südlich von Cairo gelegen, hatte General Leonidas Polk die Anhöhen mit 140 schweren Geschützen befestigt. Die Konföderation war mit Recht stolz auf dieses »Gibraltar des Westens«, an dessen Kanonen offenbar nichts, was schwamm, vorbeikam – nicht einmal »Pook's turtles«. Um aber auf jeden Fall sicherzugehen, befestigten die Südstaatler auf der 150 Meilen langen Strecke flußabwärts bis Memphis einige weitere Vorposten. Im Gegensatz zu diesen Gibraltars waren die Festungen, die knapp südlich der Grenze zu Kentucky den Tennessee und den Cumberland decken sollten, ungünstig gelegen, und Ende 1861 waren sie noch nicht fertiggestellt. Das mochte daran liegen, daß die Südstaatler ihr Hauptaugenmerk auf den Mississippi richteten, während der Tennessee und der Cumberland weniger wichtig zu sein schienen. Gerade sie verliefen aber durch eine der wichtigsten Agrar- und Industrieregionen der Konföderation, die sich durch Getreideanbau, Pferde- und Maultierzucht sowie Eisenproduktion auszeichnete. Die Eisenwerke von Clarksville am Cumberland standen, was den Süden betraf, an Bedeutung nur denen der Firma Tredegar in Richmond nach, während das ebenfalls am Cumberland gelegene Nashville ein wichtiger Schießpulverproduzent und das Hauptnachschubdepot der konföderierten Streitkräfte im Westen war.

Diese Streitkräfte unterstanden dem Kommando von Albert Sidney Johnston, dem höchstrangigen Feldoffizier der Konföderation. Aus Kentucky gebürtig, hatte Johnston sowohl für Texas als auch für die USA gegen Mexiko gekämpft und war bei Ausbruch des Bürgerkrieges Befehlshaber des Pazifischen Bereichs in Kalifornien. Wie Robert E. Lee lehnte er einen hohen Posten in der Unionsarmee ab und schlug sich – Apachen und Unionspatrouillen klug umgehend – quer durch den Südwesten zur Konföderation durch. Johnston, ein großer, stattlicher Mann, mit Sinn für Humor begabt und eine natürliche Autorität ausstrahlend, sah aufs Haar aus wie der große Soldat, als der er gemeinhin galt. Jefferson Davis, der in den 20er Jahren sein Kommilitone an der Transsylvania University und in West Point gewesen war, hatte ihn bewundert und an seiner Seite gegen die Black Hawk sowie in den Kriegen gegen Mexiko gekämpft. Während Davis von Joseph Johnston eine recht geringe Meinung hatte, war Albert Sidney Johnston für ihn »der größte Soldat und fähigste Mann – als Zivilist *und* als Militär, bei der Konföderation *und* bei der Union«.[1]

Johnstons Militärbereich West erstreckte sich von den Appalachen bis zu den Ozarks. Anfang 1862 verfügte er an dieser 500 Meilen langen Front über 70000 Mann, die einer anderthalbmal so starken, an einer ähnlich langen Front von Ost-Kentucky bis Südwest-Missouri postierten Streitmacht der Union gegenüberstanden. Die Nordstaatler wurden jedoch durch ein Doppelkommando beeinträchtigt: Im November hatte Henry W. Halleck als Befehlshaber des Bereichs Missouri Frémont abgelöst, und seine Amtsgewalt erstreckte sich in östlicher Richtung bis zum Cumberland; jenseits des Flusses befehligte Don Carlos Buell den Bereich Ohio mit Hauptquartier in Louisville.

Der Ausbruch des Krieges hatte Halleck und Buell – ebenso wie Johnston – in Kalifornien überrascht. Auch diese Männer weckten dank ihrer Vorkriegskarriere bei ihren Landsleuten die Erwartung, sie seien zu großen Dingen berufen. Halleck war in seinem Jahrgang in West Point einer der Besten gewesen. Er schrieb *Elements of Military Art and Science* – eine Art Paraphrase der Schriften Jominis – und übersetzte Jominis Napoleonbiographie ins Englische. Diese Werke brachten Halleck in den Ruf eines großen Theoretikers der Strategie. »Old Brains«, wie er manchmal (und nur hinter seinem Rücken) genannt wurde, hatte 1854 den Dienst in der Armee quittiert, um sich als Geschäftsmann und Anwalt in Kalifornien niederzulassen; hier schrieb er zwei Bücher über Rechtsfragen im Bergbau, lehnte aber die Stelle eines Richters am Supreme Court seines Bundesstaates ab. Er bekam zwar schon eine Glatze und einen Embonpoint, hatte ein Doppelkinn, vorquellende Augen und ein reizbares Temperament, doch als Militäradministrator flößte er Vertrauen ein. In den ersten Monaten seiner Amtszeit wurde er den in ihn gesetzten Erwartungen gerecht; er brachte Ordnung in das von Frémont hinterlassene Chaos und organisierte mit Erfolg den logistischen Apparat für 90000 Soldaten und die Süßwassermarine seines Bereichs. Auch

Buell erwies sich als tüchtiger Administrator. Wie McClellan, der seine Berufung nach Louisville betrieb, war Buell ein strenger Zuchtmeister, der wußte, wie man aus unerfahrenen Rekruten richtige Soldaten machte. Doch im Gegensatz zu McClellan hatte er kein Charisma und war bei seinen Leuten nie wirklich beliebt.

Lincoln drängte die beiden wiederholt zu einer gemeinsamen, breit angelegten Offensive auf der ganzen Front zwischen Mississippi und den Appalachen. Der Präsident war überzeugt, daß der Norden den Krieg nur gewinnen könne, wenn er seine überlegene Truppenstärke dazu nutzte, »verschiedene Punkte *gleichzeitig*« anzugreifen, und den Gegner daran hinderte, seine Truppen von ruhigen zu bedrohten Frontabschnitten umzudirigieren. Dem gemeinsamen Vorgehen stand jedoch das Doppelkommando von Halleck und Buell entgegen: Jeder der beiden war bestrebt, sich gegenüber dem anderen ins bessere Licht zu setzen, während beide davor zurückscheuten, eine Niederlage zu riskieren. Buell zeigte sich bereit, die Hauptstreitmacht der Konföderierten in Bowling Green anzugreifen, falls Halleck ihm mit einem Diversionsangriff den Tennessee aufwärts zu Hilfe kam. Doch Halleck erhob Einspruch. Er sei zur Zusammenarbeit mit Buell »noch nicht gerüstet«, teilte er Lincoln am 1. Januar 1862 mit. »Zu große Hast wird alles verderben.«[2]

In Lincoln stieg der Verdacht auf, daß Halleck bei all seinen Meriten als Administrator und Theoretiker keine rechte Kämpfernatur sei. Eine solche gab es jedoch unter Hallecks Kommando: Ulysses S. Grant in Cairo. Während Halleck und Buell noch telegraphisch aufeinander einhackten, erbot Grant sich zu handeln. Er bat Halleck dringend um die Erlaubnis, mit seinen Truppen sowie Footes neuen Kanonenbooten den Tennessee hinaufzufahren und Fort Henry einzunehmen. Halleck zögerte, versagte die Erlaubnis, besann sich Ende Januar eines besseren und befahl Grant schließlich, loszuschlagen.

Kaum hatte Grant grünes Licht, machte er Tempo und Druck. Es war seine erste echte Chance, alle Zweifel bezüglich seines Alkoholismus zu zerstreuen, der ihn 1854 gezwungen hatte, den Dienst in der Armee zu quittieren. 1861 war er wieder in die Armee eingetreten und hatte führen gelernt, was seinem Selbstvertrauen guttat. Er hatte entdeckt, daß seine lakonische, formlose, verständige Art seinen Leuten Respekt und Gehorsam einflößte. Im Gegensatz zu vielen anderen Kommandeuren rief Grant selten nach Verstärkung, er beklagte sich selten und stritt sich nicht mit Kollegen herum, sondern handelte und tat mit den verfügbaren Ressourcen, was zu tun war.

Grants erster Auftrag als Colonel des 21. Illinois-Regiments war der Angriff auf das Lager eines Rebellenregiments in Missouri gewesen. Als junger Offizier im Mexikanischen Krieg hatte Grant seinen persönlichen Mut bewiesen. Jetzt aber war er Befehlshaber; er trug die *Verantwortung.* Grant erinnerte sich, was in ihm vorging, als seine Leute sich dem gegnerischen Lager näherten: »Mein Herz klopfte höher und höher, bis es mir in der Kehle zu sitzen schien. Damals hätte ich alles darum gegeben, wieder daheim in Illinois zu sein, aber dafür mangelte es mir an Zivilcourage, und so ging ich eben weiter.« Es stellte sich heraus, daß das Regiment in Missouri vom Herannahen der Yankees Wind bekommen und das Lager abgebrochen hatte. Schlagartig wurde Grant klar, daß der gegnerische Colonel »ebensoviel Angst vor mir gehabt hatte wie ich vor ihm. Diese Sicht der Dinge war mir völlig neu; aber ich habe sie nie vergessen. [...] Es war mir eine wertvolle Lehre«. Und es war eine Lektion, die McClellan und viele andere Kommandeure der Union, zumal im Osten, niemals lernten.

Wenige Monate später war Grant mit fünf Regimentern von Cairo den Mississippi hinabgefahren, um eine neue Operation der Bundestruppen in Missouri durch ein Ablenkungsmanöver zu unterstützen: Er sollte ein konföderiertes Lager bei Belmont angreifen, das gegenüber dem »südlichen Gibraltar« in Columbus auf der anderen Seite des Flusses stand. Am 7. November schlugen Grants Truppen eine gleich starke Streitmacht der Rebellen in die Flucht, gerieten jedoch ihrerseits in einen Gegenangriff und wurden von Verstärkungen aus Columbus eingekesselt. Einige von Grants Offizieren gerieten in Panik und rieten zur Kapitulation, doch Grant meinte bloß, »wir hätten uns zum Lager durchgeschlagen und wir könnten uns auch wieder heraushauen«. Das taten sie denn auch und gelangten zu ihren Transportschiffen zurück – zwar nicht ohne Verluste, aber unter größeren Verlusten für den Feind. Die Schlacht bei Belmont leistete nicht viel für den Krieg und war schwerlich ein Sieg der Union zu nennen; doch Grant zog aus ihr neue, wertvolle Lehren und hatte bewiesen, daß er auch in bedrängter Lage nicht den Kopf verlor. Lincoln wußte es noch nicht, aber hier war der General, den er in den vergangenen sechs Monaten gesucht hatte.[3]

Grant und Foote rieten zum Angriff auf Fort Henry, das sie – zu Recht – für den schwachen Punkt in Johnstons Front hielten. Auf einem niedrigen Hochufer errichtet, von umgebenden Bergen beherrscht und durch jedes Anschwellen des Flusses von Überschwemmung bedroht, war Fort Henry kein Ruhmesblatt südstaatlicher Ingenieurskunst. Johnston sah nur die Notwendigkeit, Columbus und Bowling Green zu verteidigen, wo er die Hauptangriffe der Union erwartete, und schob die Verstärkung Fort Henrys auf, bis es zu spät war. Am 5. Februar landeten Transportschiffe unter dem Schutz von Footes Panzerschiffen und drei hölzernen Kanonenbooten einige Meilen flußabwärts von Fort Henry und brachten Grants 15000 Mann an Land. Die Infanteristen – so der Plan – sollten das Fort vom Rücken her angreifen, während es vom Fluß her von den Kanonenbooten bombardiert wurde. Schwere Regenfälle verwandelten jedoch die Wege in

Schlammlöcher und behinderten den Vormarsch der Truppen, ließen aber zugleich den Fluß anschwellen, so daß das Erdgeschoß des Forts unter Wasser stand. Als die Unionsflottille am 6. Februar in Sicht kam, hatte das Fort nur neun Geschütze auf den Feind gerichtet, während die Kanonenboote in ihrer Position mit dem Bug voran aus doppelt so vielen Rohren feuern konnten. Der Festungskommandant erkannte die Chancenlosigkeit seiner Lage und schickte seine 2500 Mann starke Garnison über Land in das 12 Meilen entfernte Fort Donelson am Cumberland, während er selbst mit einer einzigen Artilleriekompanie zurückblieb, um die Kanonenboote in Hinhaltekämpfe zu verwickeln.

Unter diesen Umständen machten die konföderierten Kanoniere ihre Sache gut. Zwei Stunden lang schlugen sie sich mit der Flotte herum, erzielten rund 80 Treffer gegen die Schiffe und setzten ein Panzerschiff außer Gefecht, wo nach einem Schuß, der den Kessel traf, 20 Mann tödliche Verbrühungen erlitten. Doch schließlich mußten die Verteidiger, nachdem die Hälfte ihrer Leute tot oder verwundet und die meisten Geschütze unbrauchbar geworden waren, vor den Kanonenbooten kapitulieren, noch bevor Grant, der mit seinen Soldaten durch den Schlamm watete, auf dem Schauplatz erschien. Danach dampften die drei hölzernen Kanonenboote stromaufwärts und zerstörten eine Eisenbahnbrücke, die auf der Verbindungslinie zwischen Johnstons Truppen in Columbus und jenen in Bowling Green lag. Anschließend setzten sie ihre Fahrt fort und steuerten die 150 Meilen entfernten Muscle Shoals in Alabama an, wo sie neun Schiffe der Konföderierten zerstörten oder eroberten, darunter einen formidablen Dampfer, den die Rebellen zu einem Panzerschiff umgebaut hatten, um die Yankees mit ihren eigenen Waffen zu schlagen. Statt dessen wurde er nun der Invasionsflotte einverleibt, die den Tennessee zu einer Einfallstraße der Union in den tiefen Süden machte.

Grant und Foote hielten sich nicht damit auf, ihren Sieg zu feiern. »Fort Henry ist unser«, telegraphierte Grant am 6. Februar an Halleck. »Werde am 8. Fort Donelson nehmen und zerstören.«[4] Schlechtes Wetter verzögerte jedoch die Versorgung seiner Truppen mit Nachschub und ihren Marsch über Land, während Foote zunächst seine ramponierten Kanonenboote reparieren mußte, bevor er mit ihnen den Tennessee hinunter und wieder den Cumberland hinauf zum Fort Donelson dampfen konnte. Durch die Verzögerung gewann Johnston Zeit, über seinen nächsten Schritt nachzudenken; doch war das kaum ein Trost. Mit der Einnahme Fort Henrys und der Unterbrechung der Eisenbahnlinie südlich des Forts hatte Grant sich schlagartig zwischen die beiden Hauptteile von Johnstons Streitkräften gesetzt. Die Yankees konnten nun Columbus vom Rücken her angreifen, sie konnten die 5000 Konföderierten in Fort Donelson überwältigen und dann stromaufwärts dampfen, um Nashville zu nehmen, oder sie konnten sich hinter Johnstons 25 000 Mann in Bowling Green setzen, während Buell diese mit seinen 50 000 Mann von vorne attackierte. Johnston blieb offenbar nur die Wahl, alle verfügbaren Kräfte (rund 35 000 Mann) in Fort Donelson zu konzentrieren und vielleicht einen Gegenangriff auf Fort Henry zu versuchen oder aber Kentucky aufzugeben und seine gesamte Armee in Nashville zusammenzuziehen, um die dortigen lebenswichtigen Fabriken und Nachschublager zu verteidigen.

Am 7. Februar kamen führende Offiziere der Konföderation in Bowling Green zu einer Katastrophensitzung zusammen und diskutierten diese wenig erfreuliche Alternative. Auch Beauregard war zugegen; er kam aus Virginia, wo Jefferson Davis erleichtert aufgeseufzt hatte, als er fort war. Optimistisch wie immer wollte Beauregard nacheinander Grant und Buell erledigen. Johnston erhob Einwände. Er glaubte nicht daran, die beiden gegnerischen Heere getrennt schlagen zu können; vielmehr fürchtete er, mit seiner ganzen Armee zwischen Grants Hammer und Buells Amboß aufgerieben zu werden. Johnston wollte sich lieber auf die Linie Nashville-Memphis zurückziehen, in Donelson eine symbolische Truppe zurücklassen, um Grant aufzuhalten, und den Hauptteil seiner Armee für ein anderes Gefecht unter günstigeren Umständen aufsparen. Der Plan war gut, doch unerklärlicherweise änderte Johnston seine Meinung und entschloß sich, ernsthaft um Fort Donelson zu kämpfen. Anstatt nun aber alle verfügbaren Kräfte dorthin zu werfen, führte er nur 12 000 Mann ins Treffen und zog sich mit dem Rest nach Nashville zurück. Zum Kommandanten von Donelson ernannte er ausgerechnet John Floyd, der nach Kentucky versetzt worden war, nachdem er den Verlust West-Virginias mitverschuldet hatte. Seine Anwesenheit machte Donelson zu einer noch begehrteren Beute für den Norden, wo Floyd wegen Betrugs und angeblichen Waffentransfers in den Süden, begangen in seiner Funktion als Kriegsminister unter Buchanan, gesucht wurde.

Das Einbringen dieser Beute gestaltete sich jedoch schwieriger, als Grant und Foote erwartet hatten, und Floyd erwischten sie auch nicht. »Fort« Donelson war eigentlich gar kein Fort, sondern nur ein Palisadenzaun um 15 Morgen Land, auf denen sich Soldatenunterkünfte und Lagergerätschaften befanden. Die Wehranlagen erschöpften sich in zwei Batterien von 12 schweren Geschützen, die in der Steilwand einer 100 Fuß hohen Klippe am Cumberland postiert waren und Angriffe vom Fluß her abwehren sollten, sowie drei Meilen halbkreisförmiger Schützengräben zur Abwehr von Angriffen zu Lande. Die Südstaatler waren gerade dabei, diese Gräben zu verstärken, als am 12. Februar 15 000 siegessichere Yankees unter Grant anrückten. Sondierungsangriffe am nächsten Tag wurden zurückgeschlagen und überzeugten Grant davon, daß Donelson nicht ohne Kampf fallen

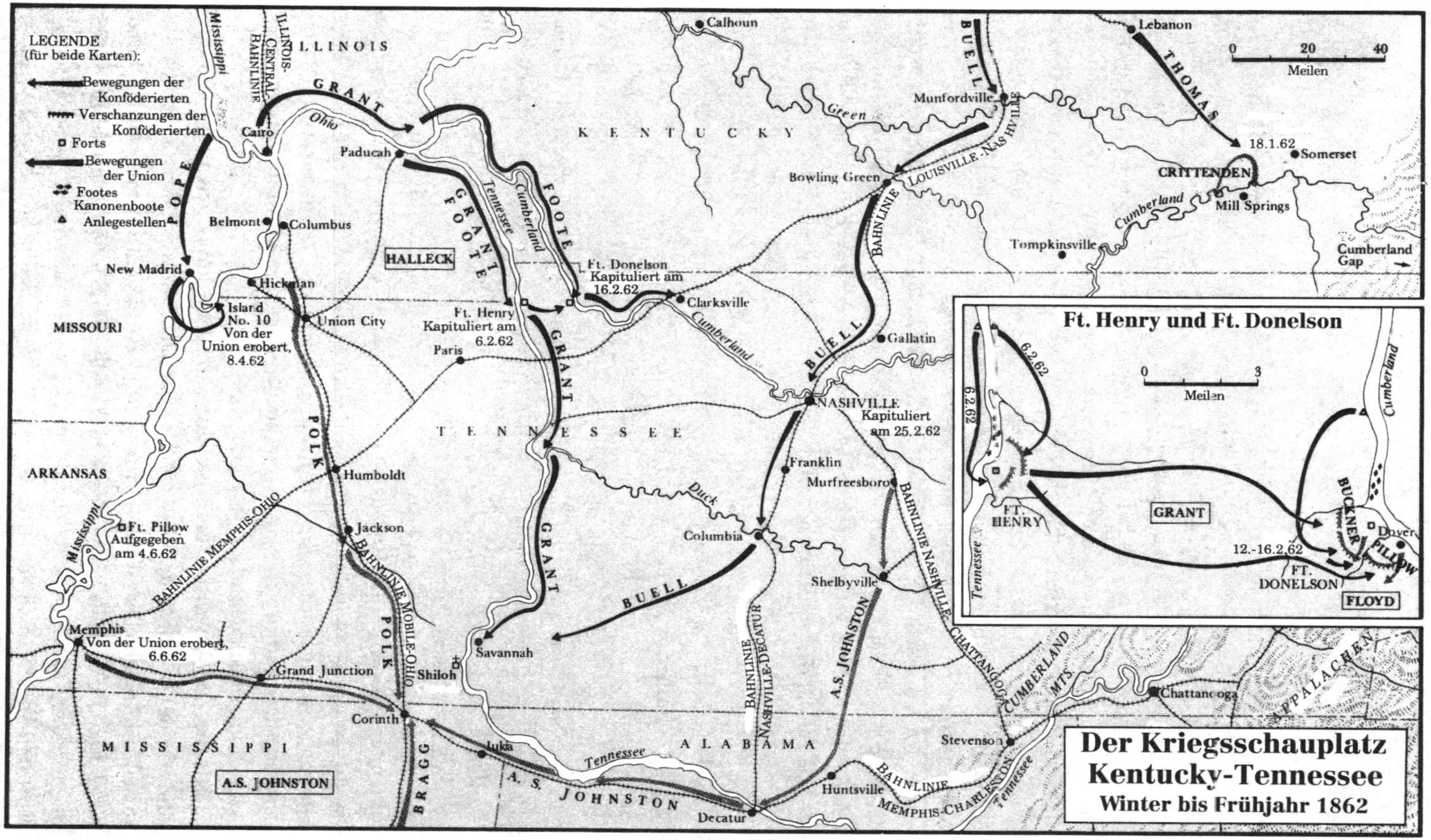

Der Kriegsschauplatz
Kentucky-Tennessee
Winter bis Frühjahr 1862
LEGENDE
(für beide Karten):
Bewegungen der Konföderierten
Verschanzungen der Konföderierten
Forts
Bewegungen der Union
Footes Kanonenboote
Anlegestellen
0 20 40
Meilen
ILLINOIS
KENTUCKY
TENNESSEE
MISSOURI
ARKANSAS
MISSISSIPPI
ALABAMA
ILLINOIS-CENTRAL-BAHNLINIE
GRANT
POPE
FOOTE
GRANT FOOTE
HALLECK
BUELL
THOMAS
CRITTENDEN
POLK
BRAGG
A.S. JOHNSTON
Cairo
Paducah
Belmont
Columbus
New Madrid
Hickman
Island No. 10 Von der Union erobert, 8.4.62
Union City
Ft. Henry Kapituliert am 6.2.62
Ft. Donelson Kapituliert am 16.2.62
Paris
Clarksville
Humboldt
Jackson
Ft. Pillow Aufgegeben am 4.6.62
BAHNLINIE MEMPHIS-OHIO
BAHNLINIE MOBILE-OHIO
Memphis Von der Union erobert, 6.6.62
Grand Junction
Corinth
Shiloh
Savannah
Iuka
Decatur
Huntsville
Stevenson
Chattanooga
Calhoun
Bowling Green
Munfordville
LOUISVILLE-NASHVILLE BAHNLINIE
Lebanon
18.1.62
Somerset
Mill Springs
Tompkinsville
Cumberland Gap
Gallatin
NASHVILLE Kapituliert am 25.2.62
Franklin
Murfreesboro
Columbia
Shelbyville
BAHNLINIE NASHVILLE-DECATUR
BAHNLINIE NASHVILLE-CHATTANOOGA
BAHNLINIE MEMPHIS-CHARLESTON
CUMBERLAND MTS.
APPALACHEN
Mississippi
Ohio
Tennessee
Cumberland
Green
Duck
Ft. Henry und Ft. Donelson
0 3
Meilen
6.2.62
GRANT
FT. HENRY
BUCKNER
PILLOW
FLOYD
Dover
12.-16.2.62
FT. DONELSON

werde. Am 14. Februar trafen aus der Union 10 000 Mann Verstärkung ein, ferner vier von Footes Panzerschiffen und zwei hölzerne Kanonenboote. In der Hoffnung, ein zweites Fort Henry zu erleben, gab Grant der Marine den Befehl, das Fort vom Fluß her zu bombardieren, während seine Truppen den Ring um Donelson schlossen und die Garnison an der Flucht hinderten. Doch diesmal traf die Marine auf einen Gegner, der ihr mehr als gewachsen war. Foote führte seine Panzerschiffe zu nahe an das Fort heran, so daß sie über das Ziel hinausschossen, zugleich aber den konföderierten Geschützen mit ihrer geringeren Reichweite die Gelegenheit zu plazierten Schüssen boten, durch welche Schornsteine weggerissen, Steuerreepe zerfetzt, Panzerungen durchschlagen und Lotsenhäuschen sowie Maschinenräume in den Kanonenbooten zerschmettert wurden. Die verkrüppelten Ungetüme ließen sich nach und nach stromabwärts treiben, bis sie außer Sicht waren. Jedes der Schiffe zählte 40 bis 50 Einschläge; 54 Matrosen waren tot oder verwundet, während in den Batterien der Rebellen kein einziges Geschütz und kein einziger Mann verlorengegangen waren. Dementsprechend beschwingt war nun die Moral der Südstaatler, die die Kanonenboote für unüberwindlich gehalten hatten.

Der Jubel war jedoch verfrüht; denn noch immer waren die Rebellen auf drei Seiten von besser bewaffneten Infanteristen umringt, während auf der vierten Seite schwimmende Artillerie lag, die zwar angeschlagen war, aber trotzdem den Fluß beherrschte. Die belagerten Verteidiger hatten drei Möglichkeiten: Sie konnten entweder sofort kapitulieren oder stillsitzen und auf ein Wunder hoffen oder aber den Belagerungsring durchstoßen und nach Nashville fliehen. In dieser Nacht – die Unionssoldaten hatten sich nach einem lauen Tag ohne Decken und Mäntel schlafen gelegt und holten sich jetzt im naßkalten Schneegestöber eine Lungenentzündung – hielten die konföderierten Generäle einen Kriegsrat ab. Floyds Divisionskommandeure, der dünkelhafte Politiker Gideon Pillow aus Tennessee und der dunkelhäutige, gutaussehende, düstere West-Point-Absolvent Simon Bolivar Buckner, einigten sich auf einen Ausbruchsversuch am Morgen. Die ganze Nacht hindurch verlegten sie Truppen in Pillows Bereich auf der linken Seite der Front. Diese Aktivitäten blieben dem Feind infolge des Schneetreibens und des heulenden Winds verborgen.

Wie der Zufall es wollte, befand Grant sich gerade am Unterlauf des Cumberland zu einer Besprechung bei Foote, als kurz nach Morgengrauen der Angriff der Rebellen losbrach. Der Nordwind trug den Schlachtenlärm fort, so daß Grant nicht ahnte, was sich fünf Meilen weiter südlich zutrug. Er rechnete für diesen Tag nur mit Gefechten, »die ich selber auslösen würde«, und hatte seine Divisionskommandeure lediglich instruiert, bis auf weiteres ihre Stellungen zu halten.[5]

In diesen Instruktionen zeigte sich bereits etwas für den späteren General Grant Typisches: Er dachte immer eher an das, was er mit dem Feind vorhatte, als daran, was der Feind gegen ihn unternehmen könnte. Diese offensive Einstellung gewann zwar letztlich den Krieg, brachte seine Truppen aber auch mehr als einmal an den Rand einer Katastrophe. In diesem Falle hatte sein Befehl zum Stillhalten den Erfolg, daß die beiden Divisionskommandeure an der linken Flanke und in der Mitte so gut wie nichts taten, um der von General John A. McClernand befehligten Division auf dem rechten Flügel zu Hilfe zu kommen, die daher die ganze Wucht des konföderierten Sturmangriffs abbekam. McClernand war ein ehrgeiziger Demokrat aus Illinois, dem Grant wegen seiner Ruhmsucht nicht über den Weg traute. An dem frostkalten Morgen dieses 15. Februar hatte er Gelegenheit zum Kampf, aber die Chancen standen schlecht. Zwar schlugen sich viele Regimenter wacker, doch nach mehrstündigen schweren Gefechten waren fünf Brigaden auf der rechten Seite um fast eine Meile zurückgeworfen worden. Demoralisiert und ohne Munition, waren sie außerstande, den Ausbruch der Rebellen durch diese Bresche zu verhindern.

Kuriere waren ausgeschwärmt, um Grant ausfindig zu machen, der jetzt zum Schlachtfeld zurückeilte. Seine Gegner zeigten unterdessen einen befremdlichen Wankelmut. Als General Pillow seine Linien abritt, war er erschüttert, seine siegreichen Soldaten nach den erlittenen schweren Verlusten völlig erschöpft und desorganisiert zu sehen. Er kam zu dem Schluß, daß diese Männer nicht imstande seien, einen Marsch über Land auszuhalten und einen eventuellen Flankenangriff durch Verstärkungen abzuwehren, welche die Union den Berichten seiner Späher zufolge zusammenzog. Daher beschwor er Floyd – gegen den empörten Protest Buckners –, den Ausbruchsversuch abzublasen und die Truppen in die relative Sicherheit der Schützengräben zurückzuführen.

Während der Gegner noch in Unschlüssigkeit verharrte, war Grant auf dem Schauplatz des Kampfes erschienen. Er war, wie schon in Belmont, nicht der Mann, sich ins Bockshorn jagen zu lassen. »Die Stellung auf dem rechten Flügel muß zurückgewonnen werden«, erklärte er seinen Offizieren. »Ein paar von uns sind arg demoralisiert, aber noch demoralisierter muß der Gegner sein, sonst hätte er nach seinem Ausbruchsversuch nicht wieder kehrtgemacht: Wer jetzt als erster angreift, wird siegen, und der Feind wird sich sputen müssen, um mir zuvorzukommen!«[6] Grant ersuchte Foote, von den Kanonenbooten aus einige Bomben auf die Rebellen zu werfen, um der Infanterie moralisch den Rücken zu stärken. Noch während diese Bitte in die Tat umgesetzt wurde, reorganisierten Unionsoffiziere ihre Brigaden, schritten zum Gegenangriff und eroberten das am Morgen verlorene Gelände zurück.

Die Nacht senkte sich über einer gespenstischen Szene. Fast 1000 Yankees und Rebellen waren gefallen und 3000 verwundet; viele dieser Verwundeten lagen unversorgt und sterbend in der strenger werdenden Kälte. Kühl war auch die Stimmung im südstaatlichen Hauptquartier, wo gegenseitige Schuldzuweisungen die Atmosphäre vergifteten. Der Plan eines nächtlichen Ausbruchs der Garnison wurde fallengelassen, nachdem Späher berichtet hatten, daß unweit der einzig brauchbaren Straße Unionsregimenter kampierten. Pillow war noch immer dafür, sich den Weg ins Freie zu erkämpfen, aber Floyd und Buckner waren der festen Überzeugung, daß dieses falsche Heldentum sie drei Viertel ihrer Männer kosten würde, und sahen als einzige Möglichkeit die Kapitulation. Als »politische Generäle« wollten Floyd und Pillow jedoch nicht *in personam* kapitulieren. Floyd wußte, daß er aufgrund seiner Vorkriegsvergangenheit keine Gnade von seinen Häschern zu erwarten hatte. So requirierte er zwei bei Donelson vor Anker liegende Dampfschiffe und setzte sich noch vor dem Morgengrauen mit 1500 seiner Virginier flußabwärts ab. Der streitbare Pillow hatte ebensowenig Lust wie Floyd, in Kriegsgefangenschaft zu geraten. Er hatte »Freiheit oder Tod« zu seinem Motto gemacht und wählte jetzt die Freiheit – mit seinem Stab entfloh er in einem Kahn über den Tennessee. Floyd hatte vor seinem Verschwinden das Kommando über Fort Donelson auf Pillow übertragen, der es jetzt seinerseits an Buckner weitergab. Buckner fand diese Schmierenkomödie widerlich und war gesonnen, das Schicksal seiner Männer zu teilen.

Vor der Kapitulation ließ er jedoch noch einen anderen, ebenso angewiderten Kommandeur mit seinen Leuten fliehen – Nathan Bedford Forrest, den Anführer eines Kavalleriebataillons, das sich an diesem Tag im Kampf ausgezeichnet hatte. Forrest, ein Selfmademan, den der Sklavenhandel und seine Plantagen reich gemacht hatten, war im Juni 1861 als Gefreiter in die Armee eingetreten und hatte es zum Lieutenant-Colonel eines Bataillons gebracht, das er auf eigene Kosten aufgestellt und ausgerüstet hatte. Ohne Schulbildung oder frühere militärische Erfahrungen wurde Forrest zu einem der innovativsten und unermüdlichsten Kommandeure der Konföderation. Er erfand das taktische Zusammenspiel berittener und nicht berittener Kräfte, das zwar in keinem Lehrbuch des Krieges vorkam – solche Bücher las er ohnehin nicht –, sich aber in den waldreichen Gegenden West-Tennessees und Nord-Mississippis trefflich bewährte. Von Gestalt ein Hüne, einschüchternd und unerschrocken, zeigte er Killerinstinkte gegen alle Yankees und alle Schwarzen, die keine Sklaven waren. Am 16. Februar verließ er Fort Donelson an der Spitze von 700 Kavalleristen, führte die Männer über einen vereisten Fluß, der für die Infanterie zu tief zum Durchwaten war, und entkam, ohne einer einzigen Feldwache der Union begegnet zu sein.

Am 16. Februar, kurz nach Tagesanbruch, ließ Buckner an Grant den Vorschlag übermitteln, die Kapitulationsbedingungen zu erörtern. Die Antwort war schroff: »Kann nur bedingungslose und sofortige Kapitulation akzeptieren. Habe vor, unverzüglich Ihre Wehranlagen anzugehen.« Buckner war indigniert über diese »so gar nicht generösen oder ritterlichen« Worte. Immerhin hatte er 1854 dem völlig abgebrannten Grant nach dessen Ausscheiden aus der Armee Geld für die Heimreise geliehen. Jetzt blieb ihm freilich keine andere Wahl, als mit seinen 12000 bis 13000 Mann zu kapitulieren.[7] Als im Norden die Kapitulation des Forts Donelson bekannt wurde, läutete man zur Feier dieses großen Sieges die Kirchenglocken und schoß Salut aus Kanonen. Lincoln beförderte Grant zum Major-General, so daß er in der Kommandostruktur des westlichen Kriegsschauplatzes gleich nach Halleck rangierte. Noch acht Monate zuvor war er ein obskurer Ex-Captain von zweifelhaftem Ruf gewesen; jetzt wurde er in allen Zeitungen des Landes gefeiert.

Von allen bisherigen Feldzügen des Bürgerkrieges war dieser in strategischer Hinsicht am folgenreichsten. Auf dem Kriegsschauplatz Tennessee/Kentucky war fast ein Drittel der Streitkräfte Johnstons außer Gefecht gesetzt. Vom Rest befand sich die eine Hälfte in Nashville, die andere in Columbus; zwischen ihnen waren 200 Meilen Entfernung und ein siegreicher Feind, der Flüsse und Bahnlinien kontrollierte. Buells unverbrauchte Ohio-Armee näherte sich Nashville von Norden, während eine neu aufgebaute Mississippi-Armee der Union unter John Pope von der anderen Seite des Mississippi Columbus bedrohte. Am 23. Februar mußte Johnston Nashville evakuieren; es fiel als erste Hauptstadt eines konföderierten Bundesstaates und als erstes bedeutendes Industriezentrum in die Hand des Feindes. Wenige Tage später mußte auch die Garnison in Columbus aufgeben. Ganz Kentucky und der größte Teil Tennessees unterstanden nun militärisch der Union – abgesehen von der Guerillatätigkeit und den regelmäßigen Kavalleriestreifzügen der Rebellen, die diesen Kriegsschauplatz fortan heimsuchten. Noch bewachten konföderierte Forts den Mississippi an der Westgrenze Tennessees, aber auch ihre Tage waren offenbar gezählt. Die *New York Tribune,* ein gutes Stimmungsbarometer des Nordens, war himmelhoch jauchzend, so wie sie nach Bull Run zu Tode betrübt gewesen war: »Die Sache der Union ist nun in allen Teilen des Landes siegreich auf dem Vormarsch«, erklärte die Zeitung. »Jeder Schlag, den sie austeilt, verheißt der Rebellion Schreckliches. Die Rebellen selber sind in Panik geraten oder verzweifelt. Man braucht kein besonders weitsichtiger Prophet mehr zu sein, um das Ende des Ringens vorherzusagen.«[8]

In der Tat waren viele Rebellen verzweifelt. Südstaatliche Zeitungen und Tagebuchschreiber beklagten das »unehrenhafte ... beschämende ... Katastrophenregister«. Mary Boykin Chesnut hatte »jeden Tag nervösen Schüttelfrost. Die schlechten Nachrichten bringen mich um«.[9] James Mason berichtete aus London: »Die jüngsten Rückschläge in Fort Henry und Fort Donelson haben sich auf die Stimmung unserer hiesigen Freunde ungünstig ausgewirkt.« Unter solchen unguten Vorzeichen trat Jefferson am 22. Februar sein Amt als Präsident der Konföderation an. Davis und seine bediensteten Neger trugen zu diesem feierlichen Anlaß schwarze Anzüge. Auf die Frage, warum er in Schwarz gehe, gab der Kutscher trocken zur Antwort: »Das ist hier in Richmond immer so, Ma'am, wenn es 'ne Beerdigung gibt oder so was.« Der strömende Regen während der Zeremonie verstärkte die Friedhofsstimmung. In seiner Antrittsrede räumte Davis ein: »Nach einer Serie von Erfolgen und Siegen haben wir jüngst schwere Mißgeschicke erlebt.«[10]

Gleichwohl mahnten die Wortführer des Südens – wie ihre nordstaatlichen Kollegen nach Bull Run – zur Hingabe an die gemeinsame Sache. »Zwar bläst der Wind uns momentan ins Gesicht«, fuhr Davis fort, »aber der Ausgang [des Krieges] zu unseren Gunsten ist nicht zweifelhaft. [...] Vielleicht hat es dem Ratschluß der Vorsehung gefallen, uns den Wert unserer Freiheiten durch den Preis zu lehren, den wir für sie zu zahlen haben.« Der Verlust der Forts Henry und Donelson sei »zu unserem Besten!« gewesen, behaupteten Richmonder Zeitungen. »In Zeiten der Not erweist sich der Wert von Menschen und von Nationen. [...] Wir müssen noch entschiedener als bisher zu Werke gehen.«[11]

Indessen waren den Südstaatlern weitere Niederlagen bestimmt, bevor sie wieder einen Sieg feiern konnten. Nachdem im Februar Johnstons Verteidigungslinie östlich des Mississippi zusammengebrochen war, gab im Monat darauf die Linie westlich des Flusses nach. In Arkansas stand ein neuer General an der Spitze der konföderierten Truppen: Earl Van Dorn, ein kleiner, aber verbissener Mann aus Mississippi, der im Mexikanischen Krieg und in *frontier*-Kämpfen gegen Indianer fünfmal verwundet worden war. Van Dorn hatte Johnston den Floh ins Ohr gesetzt, in Missouri einzumarschieren, St. Louis zu nehmen und dann Grants Truppen von Norden her zu überraschen. Zu diesem Zweck mußte er jedoch zunächst eine Unionsarmee von 11 000 Mann aus dem Wege räumen, die im Winter Sterling Price' Missourier aus ihrem Heimatstaat vertrieben hatte. Van Dorn stellte eine buntgemischte Truppe von 16 000 Mann auf die Beine; sie bestand aus den Divisionen unter Price und Ben McCulloch, die im vorangegangenen August bei Wilson's Creek siegreich gewesen waren, sowie drei Regimentern Indianer von den »fünf zivilisierten Völkern« im Indian Territory. Die Indianer, vorwiegend Cherokees, dienten unter Häuptlingen, die Bündnisverträge mit der Konföderation geschlossen hatten, weil sie sich in einer südstaatlichen Nation größere Unabhängigkeit erhofften als in den Vereinigten Staaten – eine paradoxe Hoffnung, da es zumeist Südstaatler gewesen waren, die die Indianer eine Generation zuvor aus ihrer angestammten Heimat vertrieben hatten. Auf jeden Fall gedachte der alte Indianerfeind Van Dorn, mit Hilfe der Indianer »Reputation zu gewinnen und meinem Land zu dienen ... Ich muß St. Louis haben, und dann: Hurra!«.[12]

Die kleine Unionsarmee, die Van Dorn südlich des Pea Ridge an der Grenze zwischen Arkansas und Missouri den Weg verstellte, wurde von Samuel R. Curtis befehligt, einem farblosen, aber kompetenten West-Point-Absolventen, der in Mexiko gekämpft hatte und danach dreimal Kongreßabgeordneter für Iowa gewesen war. Van Dorn wollte Curtis' Truppen in ihren Schützengräben nicht frontal angreifen, sondern marschierte mit seiner Armee an der Flanke des Gegners entlang, um dessen Nachschublinien abzuschneiden und ihn von hinten anzugreifen. Aufmerksame Unionsspäher, unter ihnen »Wild Bill« Hickok, kamen ihm jedoch auf die Schliche. Als Van Dorn am fahlen, verhangenen Morgen des 7. März den Gegner, wie er glaubte, im Rücken angriff, mußte er feststellen, daß Curtis mit seinen Truppen eine Wendung um 180° vollzogen hatte und auf ihn wartete. Artilleriefeuer auf der linken Seite der Union trieb die Indianerregimenter auseinander, während Yankeeschützen McCulloch und seinen Stellvertreter töteten und den nächsthöchsten Offizier auf diesem Teil des Schlachtfeldes gefangennahmen, womit dem Angriff der Rebellen der Wind aus den Segeln genommen war. Auf der rechten Seite der Union, drei Meilen weiter östlich, hatte sich unterdessen die Infanterie, die dem Gegner im Verhältnis 1:2 unterlegen war, nach erbitterten Gefechten bei der an einer wichtigen Straßenkreuzung gelegenen Elkhorn Tavern zähneknirschend zurückgezogen.

Am nächsten Morgen mußte Van Dorn feststellen, daß es nicht damit getan ist, den Gegner im Rücken zu fassen. Den konföderierten Truppen war die Munition ausgegangen, aber jetzt stand die Unionsarmee zwischen ihnen und ihren Munitionswagen. Beide Armeen waren bei der Elkhorn Tavern zusammengezogen worden; Sperrfeuer der Unionsartillerie schaltete die südstaatlichen Batterien aus, die nicht mehr genug Granaten für eine wirksame Gegenwehr besaßen. In einem Bilderbuchangriff, bei dem sich Franz Sigels Division deutsch-amerikanischer Regimenter aus Missouri und Illinois hervortat, stürmten 7000 Unionsinfanteristen nach vorn. Die Rebellen ergriffen das Hasenpanier und liefen davon. Es war – mit umgekehrten Vorzeichen – eine ebenso unrühmliche Flucht wie die bei Bull Run. Die Verluste auf beiden Seiten betrugen jeweils rund 1300 Mann, aber trotzdem war die Schlacht am Pea Ridge der einseitigste Sieg einer zahlenmäßig unterlegenen Unionsarmee während des ganzen Krieges. Van Dorns Streitkräfte zerstreuten sich in alle Himmelsrichtungen; es dauerte fast zwei Wochen, sie wieder zusammenzuführen. Johnston beorderte dann Van Dorn mit seinen 15000 Mann über den Mississippi nach Corinth, einem Eisenbahnknotenpunkt im nördlichen Mississippi. Sie kamen jedoch nicht rechtzeitig an, um noch in die Schlacht bei Shiloh, einer kleinen, aus Holzbalken gefügten Kirche, eingreifen zu können.

II

Nach den Verlusten der Konföderation in Tennessee wurde die Kritik an Sidney Johnston, dem früher so hochgelobten, immer lauter. Die Zeitungen warfen ihm Inkompetenz, Trunksucht, ja sogar Verrat vor. Abgeordnete aus Tennessee ersuchten Davis in einer Petition, Johnston seines Kommandos zu entheben. Davis ließ sich jedoch von diesem »unüberlegten Geschrei« nicht beirren. »Wenn Sidney Johnston kein General ist, haben wir überhaupt keinen General; dann wäre es besser, den Krieg aufzugeben.«[13] Johnston würdigte seine Kritiker keines Wortes. »Die Probe auf das Verdienst ist in meinem Beruf ... der Erfolg«, schrieb er in einem vertraulichen Brief. »Das ist ein strenger Maßstab, aber ich glaube, er ist richtig. [...] Was die Leute wollen, ist eine Schlacht und ein Sieg.«[15]

Johnston, in niedergeschlagener Stimmung, scheint wenig Hoffnung gehabt zu haben, einen solchen Sieg zu erringen. Beauregard sprang in die Bresche und war Johnston behilflich, in Corinth (Mississippi) 42000 Mann zusammenzuziehen – 27000 aus den wieder vereinigten Flügeln von Johnstons Armee und weitere 15000 aus New Orleans und Mobile, deren Befehlshaber Braxton Bragg war, ein hitzköpfiger Leuteschinder, der eine durch Niederlagen entmutigte Armee wieder einigermaßen auf Vordermann brachte. Infolgedessen fehlte an der Küste des Golfs von Mexiko Braggs Infanterie, was einen Angriff vom Wasser aus gefährlich machte, doch die südstaatlichen Strategen hielten es für vordringlich, Corinth zu verteidigen, den Knotenpunkt der wichtigsten Nord-Süd- und Ost-West-Bahnlinie im Mississippital. Beauregard wollte ein übriges tun und nordwärts marschieren, um die Yankees aus Tennessee zu vertreiben. »Wir müssen etwas tun«, meinte er, »und wenn wir dabei umkommen, sonst ist in Kürze alles verloren.«[15] Johnston ließ sich von Beauregards Zuversicht und Energie anstecken, und sie planten gemeinsam eine Offensive zur Rückgewinnung Tennessees.

Als Kommandeur des ganzen Militärbereichs hatte Halleck die Eroberung der Forts Henry und Donelson durch Grant und Foote als persönlichen Erfolg verbucht und war daraufhin zum Befehlshaber aller Unionstruppen westlich der Appalachen befördert worden. Er beorderte Grant nach Pittsburgh Landing am Tennessee, 20 Meilen nördlich von Corinth, wo Buell mit weiteren 35000 Mann zu ihm stoßen sollte. Sobald die beiden Armeen vereinigt waren, wollte Halleck das Feldkommando über die 75000 Mann übernehmen und sie gegen Corinth führen. Doch die Rebellen planten, Grant anzugreifen, bevor Buell eintraf. Beauregard entwarf Pläne, um vier Korps auf verschiedenen Wegen für den 4. April gefechtsmäßig in Stellung zu bringen. Diese Pläne hätten jedoch eher für Veteranen getaugt als für frische Truppen und unerfahrene Stabsoffiziere. Nur die wenigsten dieser Soldaten hatten schon einmal einen 20 Meilen langen Tagesmarsch absolviert, und noch weniger hatten bereits ihre Feuertaufe hinter sich. Johnstons Truppen waren in dieser Hinsicht den Bundestruppen vergleichbar, die McDowell neun Monate zuvor nach Bull Run geführt hatte, und sie machten in den folgenden Tagen auch vergleichbare Erfahrungen. Der Marsch geriet mit seinen Irrungen und Wirrungen zu einem Alptraum: Die Divisionen des einen Korps versperrten denen eines anderen den Weg, ganze Einheiten nahmen eine falsche Abzweigung und verliefen sich, strömender Regen verwandelte die Straßen in Morast, in dem Wagen und Artillerie steckenblieben. Der 4. April kam und verging, ohne daß sich mehr als vereinzelte Konföderierte am vereinbarten Punkt eingestellt hätten; der 5. April kam und war schon fast vergangen, bevor die Armee endlich Stellung bezogen hatte.

Beauregard war mittlerweile der Verzweiflung nahe und hätte die ganze Attacke am liebsten abgeblasen. Die zweitägige Verzögerung hätte, so glaubte er, Buell Zeit gegeben, Grant zu verstärken. Auch war er überzeugt, daß die konföderierten Soldaten durch den Lärm, den sie mit dem Abfeuern ihrer Flinten zur Erprobung des feucht gewordenen Pulvers veranstaltet hatten, jede Chance zu einem Überraschungsangriff vertan hätten.[16] Doch bei einem Kriegsrat am Nachmittag des 5. April fegte Johnston diese Bedenken vom Tisch. Nachdem er die Armee endlich in Gefechtsposition gebracht hatte, war er nicht bereit, klein beizugeben. Konföderierte Colonels hatten ihren Regimentern bereits Johnstons Tagesbefehl verlesen, worin er sich verpflichtete, seine Männer »zu einem entscheidenden Sieg über Agrarsöldner« zu führen, »die gekommen sind, um Euch zu unterjochen und Euch Eure Freiheitsrechte, Euer Eigentum und Eure Ehre zu nehmen. [...] Denkt daran: vom Ausgang dieses Kampfes hängt das Schicksal Eurer Mütter und Eurer Frauen, Eurer Schwestern und Eurer Kinder ab. [...] Mit solchem Antrieb zu kühnen Taten ... werden Eure Generäle Euch zuversichtlich in den Kampf führen«. Gleichgültig, ob Buell zur Verstärkung Grants herangerückt war oder nicht: »Ich würde den Kampf gegen sie suchen, und wenn sie nach Hunderttausenden zählten«, meinte Johnston. Den Korpskommandeuren befahl er, ihre letzten Vorbereitungen zu treffen: »Meine Herren, morgen bei Tagesanbruch greifen wir an.«[17]

Beauregards Vorsicht hätte eigentlich berechtigt sein müssen, aber sie war es nicht. Buells Vorausdivision war in der Tat in Grants Hauptquartier Savannah, neun Meilen flußabwärts von Pittsburgh Landing, eingetroffen, aber weder Grant noch Buell sahen Anlaß zu besonderer Eile, und sie schickten weder diese Division vor, noch bemühten sie sich um rasches Heranziehen der anderen Divisionen. Fünf der sechs Divisionen Grants kampierten auf der Hochfläche westlich von Pittsburgh Landing; die sechste unter General Lew Wallace (dem nachmaligen Autor von *Ben Hur*) war fünf Meilen weiter nördlich stationiert und bewachte die Nachschubdepots der Armee an einem anderen Anlegeplatz. Grant hatte offenkundig die Lehren von Fort Donelson vergessen: Er konzentrierte sich wieder einmal so ausschließlich auf seine eigenen Angriffspläne, daß er keinen Gedanken auf das verwandte, was die Rebellen planen mochten. Seine ganze Armee war von diesem offensiven Geist erfüllt. Die Leute waren wie ihr Kommandeur der Überzeugung, daß Johnstons Armee durch die erlittenen Niederlagen zutiefst demoralisiert sei: »Corinth wird noch schneller als Donelson fallen, wenn wir nur aktiv werden. Alle Berichte besagen übereinstimmend, daß die breite Masse der einfachen Soldaten herzlich müde ist.«[18]

Grant ließ seine Leute in Pittsburgh Landing keine Schützengräben anlegen, weil er nicht mit einem Gefecht an dieser Stelle rechnete und weil er die aggressive Stimmung der Männer nicht verderben wollte. Regimenter schlugen ihr Lager auf, ohne an eine Verteidigungslinie auch nur zu denken. Ihre Vorposten und Patrouillen waren nicht geeignet, feindliche Bewegungen in mehr als einigen 100 Metern Entfernung wahrzunehmen. Die beiden Divisionen, die Corinth am nächsten standen, dem ersten Ziel eines jeden Angriffs, bestanden aus neuen, kampfunerprobten Truppen. Eine dieser beiden Divisionen unterstand William Tecumseh Sherman, der erst kürzlich wieder mit einem Kommando betraut worden war. Sherman war sich wie Grant seiner Sache allzu sicher. Fünf Monate zuvor hatte die Presse ihn für verrückt erklärt, weil er die von den Rebellen ausgehende Gefahr in Kentucky übertrieben hatte. Jetzt unterschätzte Sherman die Gefahr – vielleicht um zu beweisen, daß seine Nerven nicht mehr mit ihm durchgingen. Einige seiner Colonels an der Frontlinie schlossen aus der vermehrten Lärmentwicklung und Aktivität, die am 4. und 5. April weiter südlich zu bemerken war, auf einen bedrohlichen Aufmarsch des Gegners, doch Sherman sah in diesen Aktivitäten lediglich »leichtes Vorpostenfeuer. [...] Ich befürchte keinerlei Angriff auf unsere Stellung«. Zu einem Colonel, der nervös von Tausenden von Rebellen in den Wäldern erzählte, soll Sherman gesagt haben: »Dann gehen Sie doch mit Ihrem verdammten Regiment wieder nach Ohio! Beauregard wird nicht so dumm sein, seine eigene Operationsbasis aufzugeben und uns auf unserer anzugreifen.«[19] Grant wiederum sah in den Bewegungen der Rebellen eine mögliche Gefahr für Wallace' isolierte Division flußabwärts und mahnte Wallace zur Wachsamkeit. Am 5. April schrieb Grant an Halleck, er habe »nicht die leiseste Idee, daß ein Angriff (generell) bevorsteht, werde aber für alle Fälle gerüstet sein«.[20]

Er war indes nicht gerüstet, als am nächsten Morgen bei der Shilohkirche Tausende von Rebellen mit gellendem Kriegsgeschrei aus den Wäldern brachen. Als erstes schlugen sie die beiden neuen Divisionen unter Sherman und Benjamin M. Prentiss, einem »politischen General«, der den Mexikanischen Krieg mitgemacht hatte. Wider aller Erwartung hatte Johnston einen Überraschungscoup gelandet – allerdings keinen totalen, auch wenn Sensationsberichte der Nordstaatenpresse später von Unionslagern wissen wollten, wo die Soldaten angeblich im Schlaf überrannt worden seien. Noch lange vor dem Morgengrauen hatte einer von Prentiss' Brigadekommandeuren eine Patrouille ausgeschickt, die auf Vorauseinheiten der konföderierten Schlachtlinie traf. Die Patrouille zog sich langsam zurück und lieferte dabei dem Feind ein geräuschvolles Scharmützel, um Prentiss' Division zu warnen, die sich daraufhin mühsam in Formation brachte. Auch Shermans Männer sprangen vom Frühstück auf und griffen sich ihre Musketen. Als ihr Kommandeur nach vorn ritt, um zu sehen, was los war, krachte eine Salve, und Shermans Ordonnanz fiel tot zu Boden. »Mein Gott, die greifen uns an!« rief der endlich überzeugte General. Nach dem ersten Schock aber bewies Sherman an diesem Tag Kaltblütigkeit und Mut. Die nächsten 12 Stunden sollten zum Wendepunkt in seinem Leben werden. Was er am Tag von Shiloh lernte – über den Krieg und über sich selbst –, machte ihn zu einem der führenden Generäle des Nordens. Sherman schien an allen Linien zugleich zu sein, machte seinen unerfahrenen Truppen Mut und feuerte sie an, die Sturmangriffe des Gegners zurückzuschlagen – bei enormen Verlusten auf beiden Seiten. Sherman selbst wurde zweimal leicht verwundet; drei Pferde wurden unter ihm erschossen. Auf seiner linken Seite behaupteten sich zunächst auch Prentiss' Männer, während von hinten Verstärkungen von den anderen drei Divisionen kamen, von denen zwei schon den Kampf um Donelson mitgemacht hatten.

Grant, der im Hauptquartier der Armee neun Meilen flußabwärts auf Buell wartete, hörte das Gewehrfeuer, als er sich gerade zum Frühstück setzen wollte. Er requirierte ein Depeschenboot, dampfte nach Pittsburgh Landing und war gegen neun Uhr vormittags auf dem Schlachtfeld. Die Gefechte hatten inzwischen eine in diesem Krieg bisher nicht gekannte Intensität erreicht. Johnston und Beauregard warfen schon früh alle sechs Divisionen in den Kampf; auch alle in der Nähe befindlichen Soldaten Grants eilten im Laufschritt an die Front, die sich über sechs Meilen erstreckte und vom Tennessee am linken Flügel der Union bis zum Owl Creek am rechten reichte. Grant ließ per Kurier auch Lew Wallace' Division aufs Schlachtfeld beordern, aber Wallace benutzte einen falschen Weg und mußte umkehren, so daß er zu der Schlacht am 6. April zu spät kam. Wohl oder übel mußte Grant an diesem ersten Tag von Shiloh mit den fünf Divisionen auskommen, die er im Feld stehen hatte.

Für Tausende von Soldaten war der Schock, »den Elefanten zu sehen« (wie man damals das »Fronterlebnis« umschrieb), zuviel. Sie flohen hinter die Linien und versteckten sich in den Klippen an der Anlegestelle. Zum Glück für die Union rannten auch Tausende von Südstaatensoldaten von der Front weg, in den Augen das blanke Entsetzen. Auf beiden Seiten hatten die Kommandeure alle Hände voll zu tun, ihre ausgedünnten Brigaden zu reorganisieren und die Löcher zu stopfen, die die Flüchtenden und die wachsenden Verluste rissen. Grant besuchte im Laufe des Tages alle seine Divisionskommandeure und errichtete auf dem Höhenrücken westlich von Pittsburgh Landing aus reorganisierten Versprengten und Artillerie eine letzte Auffangstellung, falls die Rebellen so weit vordringen sollten. Johnston begab sich persönlich am rechten Flügel der Konföderation an die Front, um erschöpfte Truppen durch seine Gegenwart aufzumuntern. Hier traf ihn am Nachmittag eine Kugel, die eine Ader im Bein zerriß; er war verblutet, fast bevor er die Verletzung bemerkt hatte.

Beauregard übernahm das Kommando und bemühte sich, den Angriff in Schwung zu halten. Die schneidigen Südstaatler hatten inzwischen die linke und rechte Seite der Union aus ihrer Ausgangsstellung um zwei Meilen zurückgeworfen. Prentiss hatte sich mit den Überresten seiner Division und Teilen von zwei anderen Divisionen auf einem Weg verschanzt, den die Soldaten aus dem Norden »Hohlweg« nannten, die Rebellen »Hornissennest«. Grant hatte Prentiss befohlen, »diese Stellung unter allen Umständen zu halten«.[21] Prentiss befolgte den Befehl aufs Wort. Die Kommandeure des Südens berannten die Stellung ein Dutzend Male immer aufs neue, anstatt sie zu blockieren und zu umgehen (ein taktisches Manöver, das noch nicht bekannt war). Zwar rückten insgesamt 18000 Konföderierte Prentiss' 4500 Mann auf den Leib, aber dank des unkoordinierten Vorgehens der Rebellen vermochten die Yankees jeden einzelnen Angriff abzuschlagen. Zuletzt bombardierten die Konföderierten das »Hornissennest« aus 62 Feldgeschützen und umstellten es mit Infanterie. Um 17.30 Uhr, eine Stunde vor Sonnenuntergang, kapitulierte Prentiss mit seinen 2200 Überlebenden. Ihr beherztes Ausharren hatte Grant genügend Zeit verschafft, die Reste seiner Armee auf dem Höhenzug bei Pittsburgh Landing zu postieren.

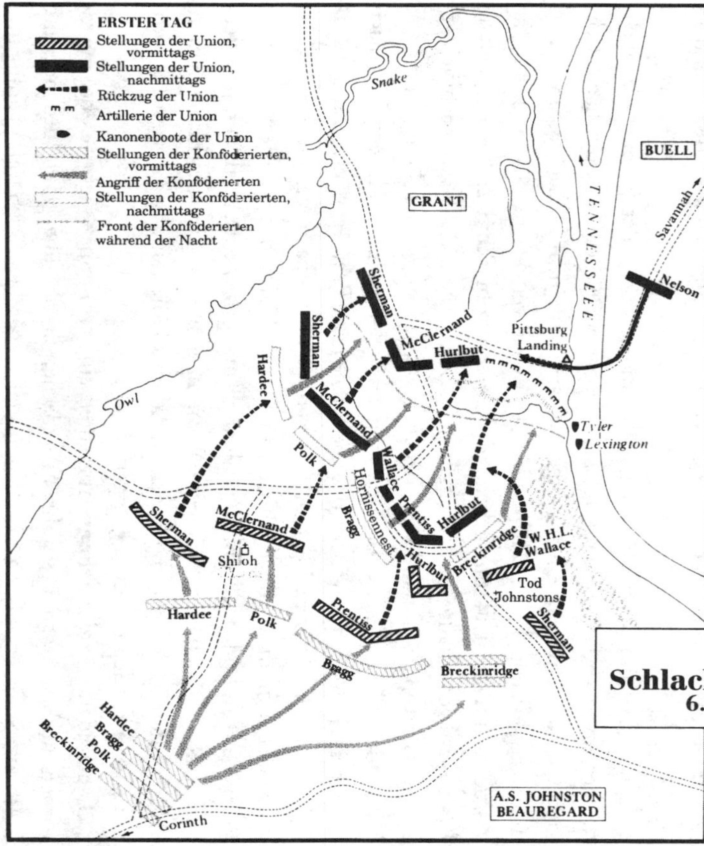

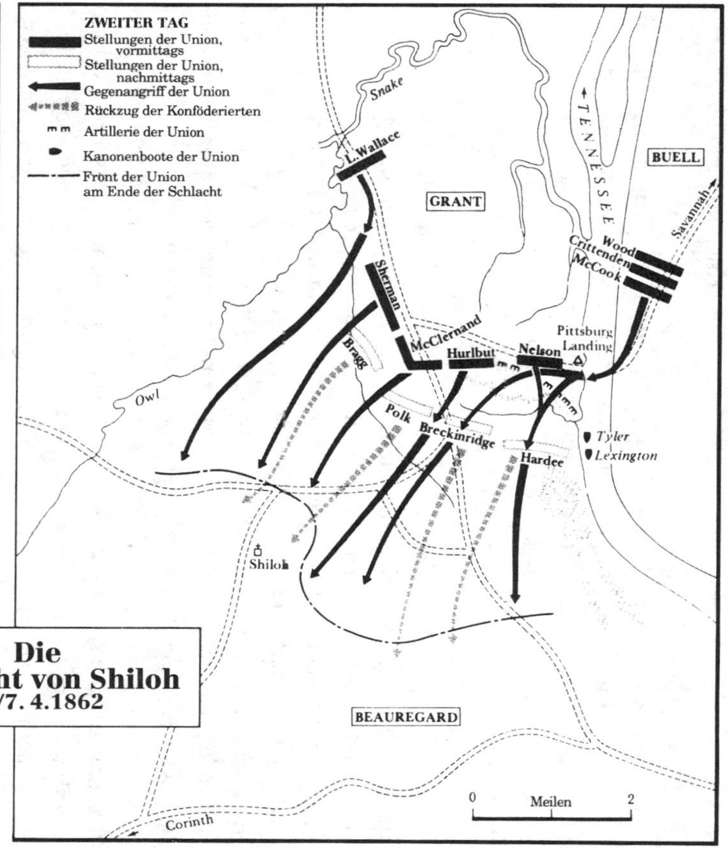

Die Schlacht von Shiloh
6./7. 4.1862

Inzwischen war auch Wallace' verirrte Division eingetroffen, und Buells Vorausdivision war dabei, über den Fluß zu setzen. Das wußte Beauregard noch nicht; wohl aber merkte er, daß seine eigene Armee desorganisiert und abgekämpft war, und so verweigerte er die Genehmigung zu einem letzten Angriff in der hereinbrechenden Dämmerung. Im endlosen Nachtarocken des Südens nach dem Bürgerkrieg wurde diese Entscheidung heftig kritisiert; gleichwohl war sie vernünftig. Die Verteidiger auf seiten der Union hatten Geländevorteile (bei einem Sturmangriff der Konföderierten hätten viele Soldaten die tiefe Schlucht eines Flußarms durchqueren müssen) und verfügten über eine enorme Artillerie (darunter die Acht-Zoll-Granaten der beiden Kanonenboote). Nach dem Eintreffen der Verstärkungen waren die Yankees auch zahlenmäßig überlegen. Am nächsten Morgen hätten Grant und Buell 25 000 neue Soldaten ins Gefecht werfen können, zusätzlich zu den 15 000 arg mitgenommenen, aber kampfeswilligen Überlebenden, die vom ersten Tag an dabei waren. Beauregards effektive Truppenstärke war durch Verluste und Abgänge auf rund 25 000 Mann geschrumpft. Grant spürte das und war fest entschlossen, am 7. April zum Gegenangriff überzugehen. Als ihm einige Offiziere zum Rückzug rieten, da die Rebellen am nächsten Morgen einen neuen Sturmangriff versuchen könnten, erwiderte Grant: »Rückzug? Nein. Ich habe vor, sie bei Tagesanbruch anzugreifen und zu erledigen.«[22]

Beauregard und seine Männer auf der anderen Seite der Front waren nicht minder zuversichtlich. Beauregard sandte sogar ein Siegestelegramm nach Richmond: »Nach schwerer, zehnstündiger Schlacht dank dem Allmächtigen vollständigen Sieg errungen – Feind aus allen Stellungen vertrieben.« Am nächsten Tag würde es nur noch darum gehen, die Gegend vom Feind zu säubern. Hätte Beauregard von Grants Verstärkungen gewußt, er wäre nicht so zuversichtlich gewesen. Das Oberkommando der Rebellen war jedoch einer Falschmeldung der Kavallerie im nördlichen Alabama aufgesessen, daß Buell auf dem Weg nach Alabama sei. Von der Kavallerie in seiner Nähe hätte Beauregard etwas anderes erfahren können. Nathan Bedford Forrests Späher beobachteten, wie Boote die ganze Nacht hindurch Buells Brigaden über den Fluß setzten. Forrest versuchte, Beauregard zu finden. Als ihm das nicht gelang, gab er enttäuscht auf, nachdem andere konföderierte Generäle seine Warnungen in den Wind geschlagen hatten. »Wir werden eine Abreibung beziehen, daß uns Hören und Sehen vergeht«, prophezeite er für den nächsten Morgen.[23]

Die Soldaten beider Seiten verbrachten eine schlimme Nacht. Es begann zu regnen, und bald waren es wahre Sturzbäche, die sich über 95000 lebende und 2000 tote Soldaten auf den 12 Quadratmeilen zwischen Pittsburgh Landing und der Shilohkirche ergossen. Und von den Lebenden waren Zehntausende verwundet; viele lagen in dem strömenden Regen im Sterben. Blitz und Donner wechselten mit den Explosionen von Granaten, die die ganze Nacht hindurch von den Kanonenbooten aus in die Biwaks der Konföderierten gefeuert wurden. Trotz ihrer Erschöpfung konnten nur die wenigsten Soldaten in dieser Nacht schlafen, die »so lang, so grauenvoll« war. Ein Unionsoffizier schrieb über seine Leute: »Sie lagen in Wasser und Schlamm und waren am Morgen noch genauso zerschlagen wie am Abend zuvor.«[24]

Grant verschmähte den Luxus einer Schiffskabine und verbrachte die Nacht auf dem Feld bei seinen Männern. Vier Meilen weiter, unweit der Shilohkirche, schlief Beauregard bequem in Shermans erbeutetem Zelt; doch am Morgen gab es ein böses Erwachen. Ein weiterer Tag bei Shiloh begann mit einem Überraschungsangriff, aber diesmal waren es die Yankees, die angriffen. Auf breiter Front zogen Buells Ohio-Armee und Grants West-Tennessee-Armee heran; zunächst stießen sie nur auf geringen Widerstand der Rebellen. Im Laufe des Vormittags wurde dann die südliche Front fester, und einige Stunden lang tobte der Kampf so heftig wie am Tag zuvor. Ein besonders herzzerreißender Anblick für die vorrückenden Unionstruppen waren die Opfer des Vortags. Manche Verwundeten waren zusammengerückt, um einander in der Nacht zu wärmen. »Viele waren so gestorben, andere lagen in den letzten Zügen, als wir vorbeikamen«, schrieb ein Nordstaatensoldat. »Das Stöhnen und Weinen war herzzerreißend. [...] Die von Blut starrenden Leichen, die überall in den groteskesten Verrenkungen, mit unvorstellbaren Verwundungen herumlagen, waren ein schockierender Anblick.«[25]

Im Laufe des Nachmittags hatte der erbarmungslose Vormarsch der Union die Rebellen bis zum Ausgangspunkt ihres ursprünglichen Angriffs zurückgedrängt. Nicht nur, daß die Yankees über unverbrauchte Truppen und mehr Leute verfügten – die Moral der Südstaatler hatte einen schweren Schlag erlitten, als sie erkennen mußten, daß von einem Sieg keine Rede sein konnte. Gegen 14.30 Uhr sagte Beauregards Stabschef zu seinem General: »Finden Sie nicht, daß unsere Truppen wie ein Stück Zucker sind, das schon völlig aufgeweicht ist und zwar noch die Form hält, aber jeden Augenblick zerfallen kann? Wäre es nicht vernünftig, mit dem, was wir haben, abzuziehen?«[26] Beauregard pflichtete ihm bei und gab den Befehl zum Rückzug. Die Blauröcke waren zu abgekämpft und ausgelaugt, um dem Feind auf den aufgeweichten Wegen, die ein neuerlicher Wolkenbruch in eine schlammige Brühe verwandelt hatte, wirksam nachsetzen zu können, und ließen sich in den zurückeroberten Lagern erschöpft zu Boden fallen. Zwar nahm Sherman am nächsten Tag mit zwei übermüdeten Brigaden die

Verfolgung auf und zog vier Meilen in Richtung Corinth, aber er kehrte nach einem kurzen Scharmützel mit Forrests Kavallerie um; außer der Verwundung Forrests hatte er kaum etwas erreicht. Die Blauen wie die Grauen hatten fürs erste genug vom Kämpfen.

Das war auch kein Wunder. Mit Shiloh endete ein Jahr Krieg, und es war die erste Schlacht einer Größenordnung, die von nun an für die nächsten drei Jahre an der Tagesordnung sein sollte. Die 20000 Gefallenen und Verwundeten von Shiloh (sie verteilten sich ungefähr zu gleichen Teilen auf beide Seiten) entsprachen fast dem Doppelten der 12000 Opfer von Manassas, Wilson's Creek, Fort Donelson und Pea Ridge *zusammen.* Mit der romantischen Unschuld, die »Rebs« und »Yanks« 1861 fröhlich in den Krieg hatte ziehen lassen, war es gründlich vorbei. »Erst als ich das sah, wurden mir die ›Reibungsverluste‹ dessen klar, was man einen glorreichen Krieg nennt«, schrieb ein Gefreiter aus Tennessee nach der Schlacht. »Menschen, die ... in jeder erdenklichen Stellung dalagen; die Toten ... mit weit aufgerissenen Augen, die Verwundeten jämmerlich um Hilfe flehend. [...] Ich war ... wie vor den Kopf geschlagen.« Sherman beschrieb die »zu Bergen aufgehäuften, verstümmelten Körper toter Soldaten ... ohne Kopf und ohne Beine. [...] Die Szenen auf diesem Schlachtfeld hätten jeden Menschen vom Krieg kuriert«.[27]

Shiloh räumte mit der Illusion der Yankees von einem raschen Zusammenbruch der Konföderation im Westen auf. Nach der Kapitulation von Fort Donelson hatte ein Unionssoldat geschrieben: »Meine Meinung ist, daß dieser Krieg in weniger als sechs Wochen beendet sein wird.« Nach Shiloh schrieb derselbe Soldat: »Falls ich am Leben bleibe, will ich meinem Land weiter dienen, bis diese Rebellion niedergeschlagen ist, und wenn es zehn Jahre dauert.« Vor Shiloh war Grant überzeugt gewesen, daß ein einziger weiterer Sieg der Union die Rebellion beenden werde; nun gab er »jeden Gedanken daran auf, daß die Union anders als durch vollständige Eroberung [des Südens] zu retten ist«.[28] Mit Shiloh trat Amerika in die Zeit des totalen Krieges ein.

III

Zwar hatte Grant in Pittsburgh Landing den Sieg der Niederlage abgetrotzt, aber die öffentliche Meinung im Norden befaßte sich zunächst mehr mit ihr als mit dem Sieg. Die Zeitungen berichteten von Unionssoldaten, die in ihren Zelten von gegnerischen Bajonetten aufgespießt worden seien, und von der bereits am Boden liegenden Armee Grants, die nur durch das rechtzeitige Eintreffen Buells gerettet worden sei. Grant, nach der Eroberung von Donelson als Held gefeiert, war jetzt ein geschmähterer Sündenbock, als es im Süden Albert Sidney Johnston nach seinem Rückzug aus Tennessee gewesen war. Worin lag der Grund für diesen Wankelmut? Zum Teil war er mit den Rückschlägen des ersten Tages und den furchtbaren Verlusten zu erklären. Auch die *pro domo* gefärbten Darstellungen einiger Offiziere Buells, die gegenüber Reportern auskunftsfreudiger waren als Grant und seine Untergebenen, beeinflußten die öffentliche Meinung. Es ging das unzutreffende Gerücht um, Grant sei bei Shiloh betrunken gewesen. Der 1854 in Ungnade gefallene Captain konnte sich von seinem schlechten Ruf nicht befreien. Und die Größe des nordstaatlichen Sieges bei Shiloh war nicht auf den ersten Blick zu erkennen. Beauregard beispielsweise beharrte darauf, die Schlacht als einen Triumph des Südens zu bezeichnen. Nur »ungünstige Umstände« hätten die Yankees vor der Vernichtung bewahrt, berichtete er; der Rückzug der Konföderierten nach Corinth sei Teil eines umfassenderen strategischen Plans gewesen![29]

Als die Konföderierten sich schließlich ihre Niederlage eingestehen mußten, wandelte sich bei vielen die Haltung zu Beauregard. Sie warfen ihm vor, die Niederlage dem Sieg abgetrotzt zu haben, als er sich weigerte, am Abend des ersten Tages von Shiloh den Befehl zu einem letzten Sturmangriff zu geben. Etwa zur selben Zeit, als dieser Meinungsumschwung im Süden vor sich ging, begann man in Illinois, Grant die Stange zu halten. Als ein prominenter Republikaner aus Pennsylvania sich bei Lincoln über Grant beschwerte, der ein Nichtskönner, ein Trunkenbold und ein Risiko für die Administration sei, hörte der Präsident ihn ruhig an und sagte dann: *»Ich kann diesen Mann nicht entbehren; er kämpft.«* Einer von Grants Stabsoffizieren steckte dem Abgeordneten Elihu Washburne aus Illinois – dem einstigen Gönner Grants – Informationen zu, die Washburne veranlaßten, in einer Rede vor dem Repräsentantenhaus Grant über den grünen Klee zu loben: Hier sei ein General, der durch seine »geradezu übermenschlichen Anstrengungen« bei Shiloh »einen der brillantesten Siege« in der amerikanischen Geschichte erfochten habe.[30]

Das war eine Übertreibung. Grant beging vor der Schlacht Fehler, die er bei aller unbestrittenen Kaltblütigkeit und allem unbezähmbaren Siegeswillen während des Kampfes kaum wiedergutmachen konnte. Immerhin erstritten die Unionsarmeen bei Shiloh einen strategischen Erfolg von großer Bedeutung: Sie machten die große Chance der Konföderation zunichte, die Initiative im Mississippital zurückzugewinnen. Von da an ging es mit dem Süden in dieser kriegsentscheidenden Region stetig bergab. Am selben Tag, an dem Beauregards geschundene Armee den traurigen Rückzug nach Corinth antrat – am 7. April –, errangen Heer und Flotte gemeinsam einen weiteren wichtigen Triumph am Mississippi, und zwar ohne Blutvergießen.

Als die Konföderierten im Februar ihr Gibraltar in Columbus evakuierten, ließen sie auf der Insel Nr. 10, fünfzig Meilen stromabwärts, eine Garnison von 7000 Mann sowie 52 schwere Geschütze zurück. Dieser Vorposten blockierte die Schiffahrt des Nordens ebenso gründlich, wie es Columbus getan hatte. Halleck gab der Flußflotte unter Andrew Foote den Befehl, die Inselbatterien zu bombardieren, während die neuformierte Mississippi-Armee unter John Pope auf dem Landweg von der missourischen Seite des Flusses heranrückte. Footes sieben Panzerschiffe und zehn Mörserboote (große Schuten mit je einem 13-Zoll-Mörser an Bord) bombardierten die Verteidigungsstellung der Rebellen auf große Entfernung, richteten aber wenig Schaden an. Unterdessen brachte Pope das Missouriufer unterhalb der Insel in seine Gewalt und führte einige Transportschiffe mit niedrigem Tiefgang durch einen Sperrkanal, den seine Truppen mit der Hilfe von »Konterbande« angelegt hatten. Damit waren die Konföderierten auf drei Seiten eingeschlossen; nur eine verwundbare Nachschublinie durch die Sümpfe auf dem tennesseeseitigen Ufer des Flusses blieb noch offen. Pope bat Foote dringend um ein Kanonenboot, das sich den Geschützen der Insel stellen und stromabwärts einen Trupp decken konnte, der den Fluß überqueren sollte, um diese vierte Seite zu schließen. Diese Aufgabe fiel der *Carondelet* während eines spektakulären Gewitters in der Nacht vom 4. auf den 5. April zu; ein weiteres Kanonenboot folgte zwei Nächte später, ebenfalls während eines Gewitters. Mit den Kanonenbooten als Speerspitze überquerte Popes Armee den Mississippi und umzingelte die Garnison; am 7. April fielen ihr die 7000 Mann samt Geschützen und Gerät in die Hände – ein Verlust, den der Süden schwerlich verkraften konnte. Mit einer Handvoll Opfern hatte Pope einen Erfolg erzielt, den Halleck für brillanter hielt als den Erfolg Grants in Donelson. Der Norden hatte einen neuen Helden.

Nach diesem Erfolg gab Halleck Pope den Befehl, sich Grant und Buell in Pittsburgh Landing anzuschließen, wo Halleck persönlich das Kommando über die kombinierten Heere übernahm, deren Stärke jetzt über 100 000 Mann betrug. Versammelt war die *crème de la crème* der militärischen Begabungen in diesem Krieg, darunter vier nachmalige Oberbefehlshaber der US-Armee: Halleck, Grant, Sherman und Philip Sheridan (damals noch Captain); ferner fünf weitere jetzige oder künftige Armeebefehlshaber: Buell, Pope, Rosecrans, George H. Thomas und James B. McPherson. Halleck wußte kaum, wo er alle diese Begabungen, namentlich Grant, einsetzen sollte. »Old Brains« unterschätzte noch immer dessen Wert und legte Grant gleichsam auf Eis, indem er ihm den bedeutungslosen Posten eines stellvertretenden Befehlshabers der kombinierten Armee übertrug. Der unglückliche Grant bat dringend um Versetzung, blieb aber.

Halleck arbeitete sich im Schneckentempo nach Corinth vor; vor jedem Scharmützel mit gegnerischen Vorposten mußte die ganze Armee sich eingraben. Mit seinen Vorsichtsmaßregeln erreichte Halleck zwar, daß Beauregard nicht angreifen konnte, aber er sorgte gleichzeitig auch dafür, daß er selbst nicht wirksam angreifen konnte. Halleck führte Krieg nach dem Buch – nach seinem Buch. Es war der Jominianische Belagerungs- und Manöverkrieg des 18. Jahrhunderts gegen »strategische Punkte«, nicht der moderne Krieg des Kampfes auf der ganzen Linie zur Vernichtung oder Lähmung einer feindlichen Armee. Halleck wäre glücklich gewesen, wenn er Beauregard ohne Kampf aus Corinth hätte hinausmanövrieren können. Grant hingegen konnte nicht erkennen, »wie die bloße Besetzung von Punkten den Krieg beenden sollte, solange noch riesige und aktive Rebellenarmeen existierten«. Mit dieser Art von Kriegführung aber wollte Halleck nichts zu tun haben.[31]

Auch die Führer der konföderierten Seite sahen in Corinth einen zentralen strategischen Punkt. »Werden wir hier geschlagen«, schrieb Beauregard zwei Wochen nach Shiloh, »ist das ganze Mississippital und wahrscheinlich auch unsere Sache verloren.«[32] So holte der Süden Verstärkungen aus Ost-Tennessee und sogar von der südlichen Atlantikküste heran. Van Dorn kam mit 15000 Mann aus Arkansas. Anfang Mai verfügte Beauregard in Corinth über 70000 Mann. Von diesen aber laborierten noch viele an ihren bei Shiloh erlittenen Verwundungen, und Tausende waren durch Typhus oder Ruhr geschwächt. Das Trinkwasser war knapp und durch die Abfälle der Armee verseucht, so daß Corinth eine ökologische Falle wurde, in der ebenso viele Soldaten erkrankten und starben, wie bei Shiloh den Tod gefunden hatten. Angesichts dieser Vergeudung von Menschenleben und der Aussicht, durch eine Belagerung umzingelt zu werden, begann Beauregard daran zu zweifeln, daß Corinth um jeden Preis gehalten werden müsse. Während Halleck noch seine Linien verlängerte und seine Belagerungsgeschütze auffuhr, entschloß Beauregard sich am 25. Mai zum Abzug. Er verfuhr dabei ebenso heimlich wie geschickt und hinterließ Halleck nur einige Versprengte und eine verpestete Stadt als Beute. Fünfzig Meilen weiter südlich, in seinem neuen Stützpunkt Tupelo (Mississippi), verkündete Beauregard, die Evakuierung Corinths sei »gleichbedeutend mit einem großen Sieg«.[33] Jefferson Davis allerdings war schockiert und verärgert: Noch ein solcher Sieg, und die Konföderation wäre erledigt. Zwar redete Beauregard noch davon, wieder die Offensive zu ergreifen, aber Davis hatte von seinen großspurigen Plänen und ihren kleinlauten Ergebnissen genug. Als Beauregard einen nicht genehmigten Urlaub nahm, um seine angeschlagene Gesundheit wiederherzustellen, nahm Davis die Gelegenheit wahr und ersetzte ihn durch Braxton Bragg.

Durch die Einnahme Corinths war die Unionsarmee in Besitz der Eisenbahn nach Memphis gelangt. Bevor Hallecks Blauröcke die fünftgrößte Stadt der Konföderation erobern konnten, war ihnen eine gemischte Flußflotte zuvorgekommen, die ihnen die Arbeit abgenommen hatte. Es war nicht leicht gewesen. Nach dem Verlust der Insel Nr. 10 war der nächste Stützpunkt der Rebellen auf dem Mississippi Fort Pillow, 50 Meilen oberhalb von Memphis. Neben den 40 Geschützen im Fort verfügten die Südstaatler über eine neue Verteidigungsflotte auf dem Fluß, bestehend aus acht zu gepanzerten Rammschiffen umgebauten Dampfern. Am 10. Mai hatte diese Behelfsmarine bei Plum Run Bend oberhalb von Fort Pillow einen Überraschungsangriff auf die Unionsflotte gefahren und zwei Panzerschiffe durch klaffende Löcher unterhalb der Wasserlinie zeitweilig außer Gefecht gesetzt. Der Kapitän der Südstaatenflotte versicherte Beauregard voller Stolz: »Weiter werden sich die Yankees auf dem Mississippi nicht mehr vorwagen.«[34]

Aber schon bald hatten die Blaujacken ein paar eigene Rammschiffe. Die Idee des Rammens war eine marinetaktische Reminiszenz aus den Tagen der Galeere, bevor Schießpulver und Segelschiffe, die zum Rammen nicht wendig genug waren, zur Entwicklung der Taktik des Breitseitenfeuers geführt hatten. Durch die Einführung des Dampfantriebs wurde das Rammen wieder möglich. Ein Kriegsschiff von mehreren hundert Tonnen Gewicht mit verstärktem Bug war auch bei mäßiger Geschwindigkeit eine tödlichere Waffe als alle Projektile und Granaten, die man damals kannte. Das hatte die *Virginia* bei Hampton Roads bewiesen, und die konföderierte Flußflotte bewies es erneut bei Plum Run Bend. Der enthusiastischste Verfechter der Rammtaktik war ein hagerer, zerbrechlich wirkender, 57jähriger Bauingenieur aus Pennsylvania namens Charles Ellet. Nachdem er vergeblich versucht hatte, die Kriegsmarine der Union für seine Ideen zu interessieren, wandte er sich an Kriegsminister Stanton, der sich begeistert zeigte. Stanton ernannte Ellet zum Colonel und ließ ihn ihm Westen der Union eine Rammflotte für den Flußkampf entwickeln.

Auf der Basis seiner eigenen Berechnungen baute Ellet neun Dampfer zu größtmöglicher Leistung um. Als Schiffsbesatzung nahm er vorzugsweise Flußschiffer in Dienst, kein Marinepersonal. Das Flaggschiff befehligte Ellet selbst, seinem Bruder Alfred übertrug er das Kommando über das zweite Schiff. Noch sieben weitere Ellets – Brüder, Neffen und so weiter – waren mit von der Partie, teilweise als Kapitäne. Diese bemerkenswerte Familie mit ihrer noch bemerkenswerteren Flottille wollte zeigen, was sie konnte, und die konföderierte Flotte in

Fort Pillow angreifen. Beauregard kam ihr jedoch zuvor, als er das Fort evakuieren ließ, nachdem es durch die Aufgabe Corinths von der Landseite her gefährdet war. Memphis aber wollten die Konföderierten behaupten. Am 6. Juni bei Sonnenaufgang dampfte die südstaatliche Flußflotte los, um es mit fünf Panzerschiffen der Union und vier von Ellets Rammschiffen aufzunehmen. Zu Tausenden säumten die Einwohner Memphis' die Klippen, um ihre Seite anzufeuern.

Doch keine zwei Stunden später hatte die Heimmannschaft verloren. Mit 15 Knoten dampften Charles und Alfred Ellet flußabwärts und nahmen die gegnerische Vorhut aufs Korn. Die Erschütterung der Kollision zwischen Charles Ellets Schiff und dem vorausfahrenden konföderierten Rammschiff war so gewaltig, daß sie noch auf den Klippen zu spüren war. Der Aufprall bohrte ein riesiges Loch in den Bug des gegnerischen Schiffes; Alfred Ellet schlüpfte glücklich zwischen zwei auf ihn zuhaltenden Rammschiffen der Konföderation hindurch, so daß beide zusammenstießen, danach machte er kehrt und rammte dasjenige Schiff, das bei dem Zusammenprall nicht untergegangen war. Inzwischen waren auch die Kanonenboote der Union in Aktion getreten. Mit ihren Salven erledigten sie zwei angeschlagene Schiffe der Konföderation, versenkten ein anderes und eroberten drei weitere, die sie zuvor außer Gefecht gesetzt hatten. Nur ein einziges Schiff der Südstaatler konnte flußabwärts entkommen. Die Rebellenflotte existierte nicht mehr. Die Einwohner von Memphis sahen in dumpfem Schweigen zu, wie Ellets Sohn Charles junior mit einer vierköpfigen Abordnung zum Postamt marschierte und die Stars-and-Stripes-Flagge aufzog. Sein mannhafter Vater, das einzige schwerwiegende Opfer auf seiten der Union, erlag zwei Wochen später seinen Verletzungen. Charles junior wurde mit 19 Jahren der jüngste Colonel der Armee und übernahm dann das Kommando über die Rammschiffflotte. Ein Jahr später war auch er tot.

Die Yankees besetzten Memphis und bauten es zum Stützpunkt für künftige Operationen aus, während die Flotte 300 Meilen flußabwärts fuhr und die nächste Bastion der Konföderierten bei Vicksburg ins Visier nahm. Unterdessen hatte die Salzwassermarine die spektakulären Erfolge der Flußflotte noch überboten: Sie hatte New Orleans erobert und dann, flußaufwärts steuernd, die Unionsflagge im Herzen von Dixieland aufgepflanzt.

Die Einnahme von New Orleans bestätigte die Richtigkeit der Lincolnschen Strategie, mehrere Punkte gleichzeitig anzugreifen. Der Druck der Union in Tennessee hatte die konföderierten Führer gezwungen, aus Louisiana eine Armeedivision (die bei Shiloh mitgekämpft hatte) und acht Kanonenboote (die vor Memphis zerstörte Flotte) abzuziehen. Zur Verteidigung von New Orleans blieben zurück 3000 Milizionäre mit kurzer Dienstzeit, ein paar Flußbatterien knapp unterhalb der Stadt an der Stelle, wo Andrew Jackson 1815 die Briten besiegt hatte, eine »Moskitoflotte« von einem Dutzend kleiner Kanonenboote, zwei unfertige Panzerschiffe und, 75 Meilen flußabwärts zu beiden Seiten des Mississippi, zwei Forts mit 126 Geschützen. Die Verteidiger verließen sich namentlich auf diese Forts, von denen man erwartete, daß sie jedes hölzerne Kriegsschiff in Grund und Boden schießen würden, das dumm genug war, sich der mit drei Knoten fließenden Strömung entgegenstemmen zu wollen. Indes hatte die Unionsmarine bereits bewiesen, daß hinreichend viele Schiffe mit hinreichend schweren Geschützen unter dem Kommando eines beherzten Seemanns eine ernstzunehmende Gefahr für gemauerte Forts darstellten. Die Marine schickte sich an, diesen Beweis erneut anzutreten, und der beherzte Seemann war diesmal der beherzteste von allen: Flaggenoffizier David Glasgow Farragut.

Farragut, 60 Jahre alt, war mit neun Jahren zum erstenmal zur See gefahren und hatte im Krieg von 1812 und im Mexikanischen Krieg gekämpft. Wie Grant besaß er eher große Charakterstärke als Schärfe des Verstandes. Farragut stammte zwar aus Tennessee und war mit einer Virginierin verheiratet, doch blieb er der Flagge, der er ein halbes Jahrhundert lang gedient hatte, unerschütterlich treu. Als südstaatliche Freunde ihn zum Überlaufen überreden wollten, wehrte er ihre Bitten mit den Worten ab: »Hört mal, Freunde: Eher holt euch der Teufel, als daß ihr mich dazu herumkriegt. Laßt es euch gesagt sein!«[35] Im Februar 1862 übernahm er das Kommando über eine Einsatztruppe, bestehend aus acht Dampfschaluppen (Fregatten hatten zu großen Tiefgang für die Barren in der Mississippimündung), einer beseegelten Schaluppe und 14 Kanonenbooten. Begleitet wurde der Verband von 19 Schonern mit Mörsern an Bord, die die Forts mit steilem Feuer zermürben sollten, bevor die Flotte an ihnen vorbeifuhr. Um den Widerstand zu Lande zu brechen, brachten Transportschiffe 15 000 Soldaten unter dem allgegenwärtigen Benjamin Butler zum Golf.

Anfang April brachte Farragut seine Flotte glücklich über die Barren und ging wenige Meilen unterhalb der Forts vor Anker. Von hier aus bombardierten die Mörserschoner die Forts tagtäglich mit bis zu 3000 Granaten. Dieses Bombardement beschädigte zwar einige Geschütze des Gegners und erzeugte viel Schutt, vermochte aber die gegnerische Feuerkraft kaum zu reduzieren. Farragut hatte ohnehin nie besonders an diesen Mörserangriff geglaubt; nach sechs Tagen entschloß er sich, ohne weiteren Aufschub den »Spießrutenlauf« zu wagen. Eines Nachts stahlen sich zwei Kanonenboote der Union an den Forts vorbei und sprengten die Flußsperre in Gestalt einer mit Schiffswracks behängten Kette; sie wurden zwar entdeckt und beschossen, doch gelang es den Mannschaften, eine Öffnung zu schaffen, durch welche die Kriegsschiffe der Union einzeln passieren konnten. Am 24. April um zwei Uhr früh lichteten 17 Schiffe Farraguts den Anker und dampften stromaufwärts. Die Forts eröffneten aus 80 oder 90 Geschützen das Feuer, die Schiffe erwiderten mit doppelt so vielen; die Mörserflotte nahm ihr Bombardement wieder auf, und das konföderierte Panzerschiff *Louisiana,* mit noch nicht funktionsfähigen Maschinen am Ufer vertäut, machte mit so vielen seiner 16 Geschütze los, wie es tragen konnte. Von den Kanonenbooten der Rebellen versuchten drei, Kriegsschiffe der Union zu rammen (eines von ihnen hatte Erfolg und bohrte die mit zehn Geschützen bestückte *Varuna* in den Grund), während die zivilen Kapitäne der anderen konföderierten Schiffe stromaufwärts flohen oder ihr Fahrzeug versenkten. Mit Schleppkähnen zogen die Konföderierten Feuerflöße mit brennenden Kiefernzapfen und Pechballen in die Strömung, wo sie auf Yankeeschiffe zutrieben. Das alles ereignete sich auf einer Fläche von kaum einer Quadratmeile Größe und war damit die größte Feuerwerksdarbietung in der amerikanischen Geschichte.

Alle Unionsschiffe, die durchkamen, und auch die vier, die nicht durchkamen, gerieten unter schweren Beschuß; in den anderthalb Stunden, die die Flotte brauchte, um die Forts zu passieren, wurden 37 Mann getötet und 147 verwundet. Die Rebellen hatten zwar weniger Opfer zu beklagen, aber ihre »Moskitoflotte« war dahin, die halbfertigen Panzerschiffe waren von ihren Besatzungen zerstört worden, damit sie nicht dem Feind in die Hände fielen, die Garnisonen in den Forts meuterten später und ergaben sich, und die Miliz verzog sich ins Hinterland. Am Morgen des 25. April brachten Farraguts Schiffe die Flußbatterien unterhalb von New Orleans mit ein oder zwei Breitseiten zum Schweigen. Dann fuhr die Flotte in New Orleans ein, wo Baumwollballen brannten und eine aufgebrachte Menschenmenge drohend ihre Pistolen gegen die 12-Zoll-Geschütze schwang, die auf die Straßen der Stadt gerichtet waren. George Washington Cable, damals ein junger Bursche von 17 Jahren, erinnerte sich später an diesen trostlosen Tag: »Die Menschen auf dem Deich waren außer sich vor Wut. Von den wimmelnden Schiffsdecks kam keine Antwort; aber ein alter Seebär auf der *Hartford,* in der Hand die Abzugsleine eines drehbaren Geschützes, war so deutlich zu erkennen, daß man ihn lächeln sah; er tätschelte stumm den großen schwarzen Spalt und grinste breit.«[36] In operettenreifen »Verhandlungen« verzichtete der Bürgermeister von New Orleans auf die Ehre, dem Feind die größte Stadt des Südens zu übergeben. Am 29. April war Farragut der Farce überdrüssig und ließ durch Marineinfanteristen auf öffentlichen Gebäuden die Unionsflagge hissen. Zwei Tage später zog Butler an der Spitze seiner unversehrten Truppen in New Orleans ein und richtete ein gut funktionierendes, aber strenges Regiment in der besetzten Stadt ein.

In den folgenden beiden Monaten fuhr Farragut mit den meisten seiner Schiffe zweimal den Mississippi hinauf und erzwang unterwegs die Kapitulation von Baton Rouge und Natchez. Vicksburg aber war von anderem Kaliber. Zur Kapitulation aufgefordert, gab der Militärgouverneur der Stadt zur Antwort: »In Mississippi weiß man nicht und will nicht wissen, was ›kapitulieren‹ heißt. [...] Wenn Kommodore Farragut ... es uns beibringen will, soll er kommen und es versuchen.«[37] Er kam, er versuchte es, aber er siegte nicht. In der letzten Juniwoche kreuzten die Unionsflotten, die New Orleans und Memphis unterworfen hatten, vor Vicksburg auf; man plante, die Verteidigung der Stadt unter der geballten Wucht von über 200 Kanonen und 23 Mörsern zu zerschlagen. Aber die Batterien der Rebellen an und auf dem 200 Fuß hohen Steilhang, auf dem die Stadt errichtet war, gaben heraus, so gut sie konnten. Farragut sah bald ein, daß das Bombardement durch die Marine zwar geeignet war, die Stadt in Schutt und Asche zu legen und die Bewohner in den Untergrund zu treiben, daß aber die Schiffsgeschütze allein gegen eine entschlossene Verteidigung nicht ankommen konnten. Und der Süden *war* entschlossen, diese Barriere zu verteidigen, die als letzte verhinderte, daß der ganze Mississippi unter die Kontrolle der Union geriet. Earl Van Dorn war gekommen, um das Kommando über die 10 000 Soldaten zu übernehmen, die Ende Juni in Vicksburg in den Gräben lagen. Den Steilhang vom Fluß aus durch Unionsinfanterie stürmen zu wollen, wäre Selbstmord gewesen. Um die Verteidigung aufzubrechen, gab es nur die Möglichkeit, Vicksburg mit einer großen Landstreitmacht vom Rücken her anzugreifen, gleichzeitig aber die Flußblockade durch die Marine aufrechtzuerhalten. Die Umsetzung dieses Plans in die Tat war ein vertracktes strategisches Problem, dessen Lösung die Unionsarmee fast ein Jahr lang beschäftigte.

Farragut hatte 3000 von Butlers Soldaten nach Vicksburg gebracht. Für Operationen gegen Van Dorn war diese Truppe zu klein, und deshalb machte sie sich (unterstützt von 1500 Mann »Konterbande«) daran, eine Landenge außer Reichweite der Vicksburger Geschütze zu durchstechen, in der Hoffnung, der Fluß werde sich ein neues Bett graben und die konföderierte Festung auf dem Trockenen sitzen lassen. Aber der Mississippi, dessen Wasserstand infolge der sommerlichen Trockenzeit jeden Tag um mehrere Zoll sank, spielte nicht mit. Farragut begann angesichts des sinkenden Wasserspiegels um seine tiefgängigen Schiffe zu fürchten. Drei Viertel der Unionssoldaten und die Hälfte der Seeleute erkrankten an Typhus, Ruhr oder Malaria; jeden Tag starben Männer.

Schließlich gaben die Yankees den Versuch auf, Vicksburg noch in diesem Sommer zu nehmen – nicht ohne von den Rebellen ein blaues Auge verpaßt zu bekommen. Die Waffe, die diesen Schlag austeilte, war die *C. S. S. Arkansas,* kommandiert von dem südstaatlichen Gegenstück zu Farragut, dem alten Seebären Isaac Newton Brown aus Kentucky. Dieser Veteran der US-Marine hatte während der Bombardierung Vicksburgs durch die Unionsflotte die Fertigstellung eines konföderierten Panzerschiffs auf dem Yazoo überwacht. Die *Arkansas* wurde von spuckenden Maschinen angetrieben, hatte zehn Kanonen an Bord und ähnelte äußerlich der *Virginia.* Mitte Juli dampfte sie gen Süden, um den Kampf mit den vereinigten Bundesflotten aufzunehmen. Als erstes traf sie auf die berühmte *Carondelet* und setzte sie außer Gefecht; danach zog sie zwischen den beiden verdutzten Unionsflottillen hindurch, die mit gedrosseltem Dampf und nicht geladenen Geschützen zu beiden Seiten des Flusses vertäut lagen. Sie luden in Windeseile und bedachten den eisernen Eindringling mit einem Geschoßhagel. Die *Arkansas* feuerte zurück, und zwar »auf jeden Punkt in ihrem Umfeld und ohne Furcht, einen Freund zu treffen oder einen Feind zu verfehlen«.[38] Auf der *Arkansas* gab es 60 Tote und Verwundete und beträchtlichen Schaden, aber sie setzte eines von Ellets Rammschiffen außer Gefecht und brachte sich schließlich unter den Vicksburger Geschützen in Sicherheit.

Farragut, fuchsteufelswild, versuchte vergeblich, das konföderierte Ungetüm zu vernichten. Schließlich gab er verdrossen auf und fuhr am 26. Juli mit seiner Flotte flußabwärts, bis sie im Niedrigwasser auf Grund lief. Die Flußkanonenboote der Union kehrten nach Helena (Arkansas) zurück. Fürs erste behielten die Konföderierten die Kontrolle über 200 Flußmeilen des Mississippi, von Vicksburg bis Port Hudson in Louisiana, wo sie Befestigungen bauten, die an Stärke nur denen von Vicksburg nachstanden. Die Taten der *Arkansas* machten dem Süden wieder Mut. Van Dorn beschloß, die Unionsgarnison in Baton Rouge zu attackieren, »und dann: Ho! nach New Orleans!«.[39] Er beorderte die *Arkansas* stromabwärts; sie sollte in Baton Rouge die Kanonenboote der Union in Schach halten, während eine Armeedivision zu Lande angriff. Doch dank ihrer stockenden Maschinen kam die *Arkansas* zu spät; als sie am 5. August eintraf, hatten die Blauröcke den Angriff der Rebellen bereits abgewehrt. Am nächsten Tag versagten die Maschinen des Panzerschiffs erneut, und die Besatzung sprengte es beim Herannahen von Kriegsschiffen der Union in die Luft, um es nicht dem Feind in die Hände fallen zu lassen.

Damit war ein Schlußpunkt unter das gesetzt, was die *New York Tribune* im Mai als »Sturzflut von Siegen« im Westen bezeichnet hatte.[40] Zwischen Februar und Mai hatten Unionstruppen ein Territorium von 50 000 Quadratmeilen erobert, 1000 Meilen schiffbarer Flüsse in ihre Gewalt gebracht, die Hauptstädte von zwei Bundesstaaten und die größte Stadt des Südens eingenommen und 30 000 gegnerische Soldaten außer Gefecht gesetzt. Wie sehr die Moral des

Südens unter diesen Rückschlägen zu leiden hatte, ist den Tagebucheintragungen Mary Boykin Chesnuts vom April und Mai zu entnehmen:

»Schlacht um Schlacht – Katastrophe um Katastrophe ... Wie könnte ich da schlafen? Die Gewalt, mit der sie unser Land bedrängen, ist schrecklich. [...] Jede Morgenzeitung reicht, um einer gesunden Frau das Herz zu brechen oder einer starken und tapferen graue Haare zu machen. [...] New Orleans ist dahin – und mit ihm die Konföderation. Sind wird jetzt geteilt? [...] Ich habe nur Katastrophen zu melden. [...] Die Wirklichkeit ist grauenhaft.«[41]

IV

In Richmond schätzte man die Gefahr, die von McClellans hervorragend ausgerüsteter Armee ausging, als noch gravierender ein als die Katastrophen im Westen. Nach langem und dringendem Bitten Lincolns hatte McClellan endlich den Plan für eine Frühjahrsoffensive gegen die Armee Joseph E. Johnstons vorgelegt, die Manassas verteidigte. McClellan beabsichtigte, die Rebellen nicht direkt anzugreifen, sondern seine Armee per Schiff über die Chesapeake Bay zur Mündung des Rappahannock, 80 Meilen südöstlich von Manassas, zu transportieren. Damit würden die Bundestruppen zwischen Johnston und Richmond stehen und die Konföderierten zwingen, zum Schutz ihrer Hauptstadt nach Süden zu eilen. McClellan rechnete damit, entweder Richmond einzunehmen, bevor Johnston zu Hilfe kommen konnte, oder den Feind auf einem Feld seiner (McClellans) Wahl zur Schlacht zu stellen, so daß seine Leute nicht gegen feindliche Schützengräben ankämpfen mußten.

Der Plan gefiel Lincoln nicht; zwar plazierte er McClellans Armee zwischen Johnston und Richmond, aber dafür ließ er auch Johnstons Armee zwischen McClellan und Washington. Gewiß hegte Lincoln keinen Verdacht, daß McClellan als Demokrat ein »weiches Herz« den Rebellen gegenüber haben könnte und sie gar nicht besiegen wolle, doch McClellans strategische Vorstellungen genügten ihm nicht. Wie Grant glaubte der Präsident an die Bekämpfung der gegnerischen *Armee,* nicht an das Manövrieren zur Eroberung von *Punkten.* »Wenn [Sie] den Weg durch die Bay nehmen, um ein Schlachtfeld zu suchen, anstatt bei Manassas zu kämpfen«, erklärte Lincoln, »verschieben [Sie] nur das Problem, ohne es zu lösen. [...] [Sie] werden überall denselben Gegner und dieselben oder ähnliche Verschanzungen vorfinden.«[42]

Doch bevor McClellan sein Manöver durchführen konnte, hatte Johnston es durchschaut und sich Anfang März aus Manassas in eine leichter zu haltende

Stellung hinter dem Rappahannock, 40 Meilen weiter südlich, zurückgezogen. Allerdings hatte dieser Rückzug, mochte er auch militärisch klug sein, ungünstige politische Folgen. Er fiel mit anderen Rückschlägen der Konföderation zusammen und versetzte der Moral der Menschen einen weiteren Schlag – und er trieb den Keil des Mißtrauens zwischen Johnston und Davis noch tiefer. Der Präsident war von der Notwendigkeit dieses Rückzugs nicht überzeugt; als er erfuhr, daß Johnston dabei mit einer solchen Eile vorgegangen war, daß große Mengen Vorräte vernichtet werden mußten, weil sie auf den schlammigen Straßen nicht transportiert werden konnten, war Davis entsetzt und empört.

Nicht weniger entsetzt war Lincoln, als sich herausstellte, daß die aufgegebene konföderierte Verteidigungsstellung bei weitem nicht so stark und ausgedehnt war, wie McClellan behauptet hatte. Zeitungskorrespondenten entdeckten in Centreville hölzerne »Quäkerkanonen«. Ein Reporter schrieb: »Die vermeintliche Uneinnehmbarkeit dieser Stellung erweist sich als Bluff.« Offensichtlich hatten auf der Linie Manassas-Centreville nicht mehr als 45000 Rebellen gestanden – kaum halb so viele, wie McClellan geschätzt hatte. »Fassungslos, beschämt und gedemütigt komme ich von diesem Besuch des Vorpostens der Rebellen zurück«, schrieb ein anderer Reporter aus dem Norden. »Ich habe den Eindruck, daß ihr Rückzug *unsere Niederlage* ist.«[43]

Die Frage war: was nun? Nach Johnstons Rückzug hatte sich McClellans Plan erledigt, den Gegner auf dem Rappahannock zu überflügeln. Doch der Unionskommandeur wollte nur ungern von dem Gedanken lassen, seine Armee auf dem Wasserweg zu einem Punkt östlich von Richmond zu transportieren. Er schlug eine Landung in Fortress Monroe vor, an der Spitze der von den Flüssen York und James gebildeten Halbinsel. Mit einer sicheren, seegestützten Nachschublinie im Rücken konnte die Unionsarmee dann 70 Meilen weit die Halbinsel hinaufmarschieren und brauchte nur zwei Flüsse zu überqueren, bevor sie nach Richmond kam. Das gefiel McClellan viel besser als Lincolns Idee einer Invasion zu Lande, bei der 100 Meilen zwischen Washington und Richmond zurückzulegen und ein halbes Dutzend Flüsse zu durchqueren waren und man von einer durch Kavallerie-Raids verwundbaren Bahnlinie abhing. Trotzdem blieb Lincoln skeptisch: Die Konföderierten, auf den inneren Linien operierend, konnten Truppen auf die Halbinsel verlegen, und McClellan würde wieder »denselben Gegner und dieselben oder ähnliche Verschanzungen« vorfinden. Widerstrebend stimmte er dem Plan McClellans zu – unter der Bedingung, daß der General genügend Truppen zurückließ, um Washington gegen einen Überraschungsschlag der Rebellen schützen zu können. McClellan versprach das.

Generalquartiermeister Montgomery Meigs besorgte 400 Schiffe und Lastkähne für den Transport von McClellans Armee – über 100000 Soldaten, 300 Kanonen, 25000 Tiere und Berge von Gerät. Beeindruckend demonstrierte der Norden hier seine logistischen Fähigkeiten. Doch es stand von Anfang an ein Unstern über McClellans Plänen. Lincoln beschnitt McClellans Machtbefugnisse, weil er kein unbeschränktes Vertrauen mehr zu seinem Befehlshaber hatte. Am 8. März ernannte er vier Korpskommandeure für die Potomac-Armee; zuvor hatte er sich zwar mit dem Committee on the Conduct of War, nicht aber mit McClellan beraten. Drei Tage später degradierte er McClellan vom Oberbefehlshaber zum Befehlshaber nur der Potomac-Armee. Zur Begründung wies er darauf hin, daß McClellan mit seinen Pflichten als Befehlshaber im Feld ausgelastet sei und sich nicht auch noch um andere Kriegsschauplätze kümmern könne. Die Entscheidung war zwar sinnvoll, signalisierte aber auch Lincolns Vorbehalte gegen McClellan. Am 11. März schuf der Präsident ferner für General Frémont einen neuen Militärbereich in West-Virginia. Der Druck der Republikaner hatte diesen Schritt erzwungen, durch den der Abolitionist Frémont ein wichtiges Kommando erhielt. Drei Wochen später bewog wiederum republikanischer Druck den Präsidenten dazu, eine Division aus McClellans Armee abzukommandieren und Frémont zuzuteilen.

In der Folge hielt er weitere Divisionen zurück, nachdem er dahintergekommen war, daß der General weniger Truppen zur Verteidigung Washingtons zurückgelassen hatte als versprochen. Die Konfusion in dieser Sache führte zu einem bizarren Jonglieren mit Zahlen, das dem Historiker noch heute die Wahrheitsfindung erschwert. McClellan behauptete, 73000 Mann zur Verteidigung der Hauptstadt abgestellt zu haben, Lincoln kam indes nur auf 29000. Wie sich herausstellte, hatte McClellan einige Truppen doppelt gezählt und auch die 23000 Mann starke Armee von Nathaniel Banks im Shenandoahtal in die Verteidigungskräfte der Hauptstadt einbezogen. Zweifellos hatte McClellan recht mit der Annahme, daß die Rebellen gar nicht daran dachten, einen Schlag gegen Washington zu führen, und daß selbst in diesem unwahrscheinlichen Fall Banks' Divisionen rasch genug zur Stelle wären, um sie aufzuhalten. Aber da ihm die Einmischung von Zivilisten grundsätzlich gegen den Strich ging, hatte er Lincoln seine Vorkehrungen zur Verteidigung der Hauptstadt nicht dargelegt. Lincolns Sorge um die Sicherheit der Hauptstadt war gewiß übertrieben; hätten Umstände jedoch bewirkt, daß die Rebellen die Hauptstadt bedrohten, dann hätte der Präsident sich in den Augen aller Nordstaatler eines strafwürdigen Versäumnisses schuldig gemacht.

Lincolns Befürchtungen erhielten Nahrung durch einen Zusammenstoß am 23. März im Shenandoahtal. Dort befehligte »Stonewall« Jackson eine kleine konföderierte Armee. Er hatte den Auftrag, Banks' Streitmacht bei Winchester zu stören und den Transfer von Unionstruppen aus dem Shenandoahtal zu McClellan zu verhindern. Als Jackson davon Kunde bekam, daß zwei der drei Divisionen Banks' verlegt werden sollten, griff er bei Kernstown knapp südlich von Winchester das an, was er für die gegnerische Nachhut hielt. Anstatt, wie sie erwartet hatten, einen kleinen Trupp zu erledigen, sahen die 4200 Rebellen sich plötzlich einer ausgewachsenen Division von 9000 Mann gegenüber und wurden böse zugerichtet. Doch der taktische Fehler Jacksons – ein weiterer Rückschlag der Konföderation in diesem unseligen Frühjahr – verwandelte sich plötzlich in einen wichtigen strategischen Sieg: In der Meinung, Jackson würde nicht angegriffen haben, wenn er keine nennenswerte Streitmacht gehabt hätte, stoppte Lincoln den Transfer von Banks' Divisionen. Und da der Präsident gerade zu dieser Zeit die zahlenmäßige Diskrepanz der in und um Washington verfügbaren Truppen entdeckte, befahl er auch McDowells großem, 35000 Mann starkem Korps, im nördlichen Virginia zu bleiben. Fürs erste fehlten McClellan also rund 50000 von den 150000 Mann, mit denen er für seine Armee auf der Halbinsel gerechnet hatte.

Verbittert warf McClellan später der Administration vor, sie habe ihm als einem Demokraten keine Erfolge gegönnt. Diese Anschuldigung enthielt kaum ein Körnchen Wahrheit, im Gegenteil: die Republikaner zürnten dem General, weil es ihm am Willen zum Erfolg zu mangeln schien. In der ersten Aprilwoche näherte sich McClellan mit 55000 Mann der konföderierten Verteidigungsstellung in der Nähe des alten Schlachtfeldes aus dem Unabhängigkeitskrieg bei Yorktown. Hinter dem Warwick River waren kaum 13000 Rebellen unter John B. Magruder eingegraben. McClellan zögerte mit dem Angriff, weil er der Meinung war, daß die Stärke der südlichen Verschanzungen eine zu große Zahl von Opfern fordern werde. »Prince John« Magruder tat sein Bestes, ihn in dieser Einschätzung zu bestärken. Als Liebhaber des Theaters inszenierte er für McClellan ein kleines Kabinettstück: Er ließ seine Infanterie endlos im Kreis marschieren und bewegte seine Artillerie geräuschvoll hin und her, um den Eindruck zu erwecken, daß er über mehr Leute verfügte, als er hatte. McClellan reagierte so, wie Magruder es erhofft hatte: Er kam zu dem Schluß, daß er Yorktown nur durch eine Belagerung nehmen könne. Lincoln war verzweifelt, als er das hörte. »Mir scheint, Sie sollten lieber sofort die feindliche Linie durchbrechen«, telegraphierte er an McClellan. »Durch Aufschub wird der Feind mehr gewinnen als Sie.« Lincoln deutete ihm auch die wachsenden Zweifel der Republikaner an seiner Loyalität an. »Es ist für *Sie* dringend notwendig, jetzt zuzuschlagen. [...] Dem Land bleibt nicht verborgen, daß das gegenwärtige Zögern, gegen einen verschanzten

Feind vorzugehen, nur die Neuauflage von Manassas ist. [...] Ich habe Ihnen nie ... mit größerem Wohlwollen geschrieben als heute, auch nie mit ernsterem Willen, Sie zu unterstützen. [...] *Aber Sie müssen handeln.*«[44]

McClellan handelte nicht; statt dessen schrieb er seiner Frau, wenn Lincoln die feindlichen Linien durchbrechen wolle, »soll er kommen und es selber tun«. Während der General sich über seine schwierige Lage beklagte – »die Rebellen auf der einen Seite und die Abolitionisten und andere Schufte auf der anderen« –, brachte er seine Pioniere und Belagerungsgeschütze ins Spiel. Woche um Woche ging ins Land, während die Unionsartillerie sich darauf vorbereitete, die Rebellen mir Mörsern und 200-Pfündern aus ihren Gräben zu bomben. Lincoln wurde schier wahnsinnig ob dieses »ewigen Zögerns«. Wie er befürchtet hatte, nutzten die Konföderierten den Aufschub dazu, die gesamte Armee Johnstons auf die Halbinsel zu verlegen.[45]

Eine Inspektion der Verteidigungsstellung in Yorktown überzeugte Johnston davon, daß sie hoffnungslos schwach war. »Jeder andere als McClellan hätte nicht gezögert, anzugreifen.«[46] Johnston empfahl den Rückzug bis zu einer vorbereiteten Verteidigungsstellung knapp außerhalb Richmonds. Jefferson Davis und Robert E. Lee stimmten jedoch gegen diesen Vorschlag und befahlen Johnston, die Linie in Yorktown so lange wie möglich zu halten. Die Rolle Lees in dieser Angelegenheit läßt Rückschlüsse darauf zu, wie sehr Davis das Vertrauen zu Johnston verloren hatte: Der Präsident hatte Lee im März aus Savannah abberufen und ihn in Richmond zu einer Art stellvertretendem Oberbefehlshaber gemacht. Johnston hielt in Yorktown bis Anfang Mai aus, als McClellan sich anschickte, die Befestigungen mit seinen Belagerungsgeschützen in Schutt und Asche zu legen. Johnston wartete das nicht ab, sondern räumte die Gräben in der Nacht vom 3. auf den 4. Mai und zog sich ins Landesinnere der Halbinsel zurück. Davis war über diesen neuen Verlust ebenso bestürzt, wie Lincoln es über den Zeitaufwand von vier Wochen war. Am 5. Mai lieferte eine starke konföderierte Nachhut unter James Longstreet dem Gegner ein Hinhaltegefecht in der Nähe der alten Kolonialhauptstadt Williamsburg. Um den Preis von 1700 Opfern verlor der Feind 2200 Mann, und die Rebellen verzögerten den Vormarsch der Union lang genug, um der restlichen Armee samt ihrer Artillerie und allen Wagen den Abzug zu ermöglichen.

Im April hatten häufige Regenfälle die Operation behindert; im Mai legten noch schwerere Güsse die Armeen lahm. Die einzige bedeutsame Aktion spielte sich auf dem Wasser ab. Nach Johnstons Rückzug war Norfolk mit seinem Marinehafen nicht mehr zu halten. So sprengten die Konföderierten dort alles in die Luft, was militärisch von Wert war – auch die *Virginia* – und zogen ab. Die *Mo-*

nitor fuhr an der Spitze eines Verbandes von fünf Kanonenbooten den James River hinauf. Die Kapitäne träumten davon, nach dem Vorbild Farraguts die Flußbatterien zu durchbrechen und weiterzudampfen, um Richmond vor ihre Geschütze zu bekommen. Konföderierte Beamte begannen bereits, die Archive einzupacken und sich zum Verlassen der Stadt zu rüsten, doch bald packten sie wieder aus. Am 15. Mai wurden die Kanonenboote von den Batterien bei Drewry's Bluff, sieben Meilen stromabwärts von Richmond, gestoppt. Die *Monitor* erwies sich als ineffektiv, da ihre Geschützrohre nicht steil genug gestellt werden konnten, um die Batterien in 90 Fuß Höhe zu treffen. Die anderen Schiffe wurden von den konföderierten Kanonen mit Steilfeuer eingedeckt, während am Ufer Scharfschützen lauerten und Yankeematrosen aufs Korn nahmen. Die Flotte gab auf, und ein allgemeiner Seufzer der Erleichterung ging durch Richmond.

Trotz des Freudenschimmers, den die Schlacht bei Drewry's Bluff verbreitete, beherrschte das bange Gefühl drohenden Unheils den Süden. McClellan rückte mit seiner Armee bis auf sechs Meilen an Richmond heran, während vom westlichen Kriegsschauplatz fast täglich Meldungen über Niederlagen und Rückzüge eintrafen. In der durch diese Rückschläge entstandenen Krisenatmosphäre des Frühjahrs 1862 beschloß die Konföderation die Einführung der allgemeinen Wehrpflicht und die Verhängung des Kriegsrechts. Die inneren Zwistigkeiten nahmen zu; der konföderierte Dollar sackte immer mehr ab. In derselben Zeit ließ eine zuversichtlich gestimmte Unionsregierung politische Gefangene frei, setzte die Rekrutierungen aus und stellte die Kriegsfinanzen des Nordens auf eine gesunde Grundlage. So griffen die Entwicklungen an der Heimatfront kontrapunktisch den Rhythmus der Ereignisse auf dem Schlachtfeld auf.

14.

Die Finanzierung des Krieges

I

Solange der Süden sich in Siegesgewißheit wiegte, war Jefferson Davis ein geachteter Führer. Die Rückschläge aber schadeten seinem Ruf. Die »krassen und bestürzenden Anzeichen von Untauglichkeit«, als deren Beweis die Übergabe der Forts Henry und Donelson betrachtet wurde, hätten Davis »das Vertrauen des Landes« gekostet, schrieb der *Richmond Whig*. Der Kongreßabgeordnete William Boyce aus South Carolina beklagte die »unglaubliche Unfähigkeit unserer Exekutive«, die »uns an den Rand des Ruins gebracht hat«. George W. Bagby, Herausgeber des *Southern Literary Messenger* und Richmonder Korrespondent verschiedener Zeitungen, schrieb im Frühjahr 1862: »Wir haben eine sehr dunkle Stunde erreicht. [...] Der Grund dafür ist er [Davis] mit seiner Kälte, Arroganz, Reizbarkeit, Engstirnigkeit, Sturheit, *Bosheit.* Solange er lebt, gibt es keine Hoffnung.«[1]

Davis verwahrte sich gegen die in seinen Augen »verächtlichen« Anwürfe von Menschen, »die aus Eigennutz und Parteilichkeit Streit suchen«.[2] Doch war er selbst nicht frei von der Sünde der Überheblichkeit und des Eigensinns. Asketisch und humorlos, ertrug er Dummheit nur schwer. Ihm fehlte die Gabe Lincolns, mit Vertretern der unterschiedlichsten Überzeugungen im Interesse der gemeinsamen Sache zusammenzuarbeiten. Lincoln kam es nicht darauf an, recht zu behalten, sondern den Krieg zu gewinnen; Davis wollte lieber recht behalten. Öffentlich setzte er sich nur selten zur Wehr; privat aber schlug er mitunter in einer Form zurück, die seine Kritiker in ihrer Feindseligkeit nur noch bestärkte. Sogar seine ihm ergebene Frau Varina gestand: »Wenn jemand anderer Meinung ist als er, ärgert er sich und führt die Differenz auf die Unbelehrbarkeit seines Widerparts zurück.« Davis litt an Verdauungsstörungen und einer Neuralgie, die sich durch die kriegsbedingten Belastungen derart verschlimmerte, daß er schließlich auf einem Auge erblindete und dauernd von Schmerzen gepeinigt war, was seine Reizbarkeit erhöhte. Er kannte und bedauerte seine Dünnhäutigkeit und ständige Abwehrbereitschaft: »Ich wünschte, ich könnte es lernen, die Leute einfach reden zu lassen, die mich angreifen«, schrieb er im Mai 1862 an seine Frau, »und mich in Nachsicht und Nächstenliebe von den Katzen wie von den Schlangen abzuwenden.«[3]

Die »Katzen« wünschten sich von der Regierung eine wirksamere, energischere Kriegführung. Es müsse ein totaler Krieg werden, schrieb ein General der Konföderierten, »in welchem die gesamte Bevölkerung und die gesamte Produktion ... auf Kriegsverhältnisse einzustellen sind und alle Einrichtungen dem Krieg zuarbeiten müssen«.[4] Im Frühjahr 1862 beschloß die Regierung der Konföderation zwei radikale Maßnahmen, um derartigen Ratschlägen Rechnung zu tragen: die Wehrpflicht und das Kriegsrecht. Der Erfolg waren noch giftigere Angriffe der »Schlangen«.

Im Winter 1861 auf 1862 war der Rausch der Kriegsbegeisterung im Süden verflogen. »Das Romantische an der Sache ist völlig weg«, schrieb ein Soldat aus »Stonewall« Jacksons Brigade im Shenandoahtal, »nicht bloß bei mir, sondern im ganzen Heer.«[5] Noch verfügte der Süden über mehr Soldaten als Waffen, um sie auszurüsten, aber es war zu erwarten, daß dieser Zustand sich im Frühjahr abrupt und katastrophal ändern würde – nicht durch ein Überangebot an Waffen, sondern weil dann für fast die Hälfte aller Soldaten die einjährige Wehrpflicht zu Ende ging.[6] Nur die wenigstens schienen bereit zu sein, sich erneut anwerben zu lassen. »Wenn ich diese zwölf Monate hinter mir habe, tue ich alles, um mich [aus der Armee] rauszuhalten«, schrieb ein anderer Soldat aus Virginia im Januar 1862. »Noch ein Jahr könnt' ich das nicht aushalten.«[7] Es sah ganz so aus, als würde die Armee zusammenschrumpfen, wenn die Yankees gerade mit ihrer Frühjahrsoffensive begannen.

Der Kongreß der Konföderierten rückte dem Problem zunächst mit dem probaten Mittel der Freiwilligkeit zu Leibe. Im Dezember 1861 erließ er ein Gesetz, das allen Einjährigen, die sich für ein weiteres Jahr verpflichteten, ein Kopfgeld von 50 Dollar und 60 Tage Heimaturlaub versprach, mit der zusätzlichen Maßgabe, daß sie, wenn sie dies wünschten, das Regiment wechseln und neue Offiziere wählen durften. Der Kommentar eines Historikers hierzu: »Ein schlechteres Gesetz hätte selbst der Feind dem Süden nicht aufzwingen können.«[8] Die Heimaturlaube mußten aller Voraussicht nach die Armee in einer kritischen Zeit genauso schwächen, wie es die Verweigerung der Neuverpflichtung getan hätte; die Wahl neuer Offiziere konnte tüchtige »Schleifer« durch »gute alte Kumpel« ersetzen; und die Reorganisation neuer Regimenter war ein todsicheres Rezept für das Chaos, zumal viele Infanteristen sich zu der glanzvollen (und sichereren) Kavallerie oder Artillerie meldeten.

Ein bestürzter Robert E. Lee bezeichnete dieses Gesetz als »überaus fatal« und forderte, die Leute statt dessen von Gesetzes wegen »zum Wehrdienst einzuziehen«. Er hatte den Krieg zwar begonnen, um die nationale Regierung an der Ausübung von Zwang gegen einen Bundesstaat zu hindern, doch jetzt war Lee überzeugt, daß man den Krieg verlieren müsse, wenn die Regierung in Richmond nicht die Vollmacht erhielt, Männer zum Kriegsdienst zu zwingen. Davis war derselben Ansicht. Am 28. März 1862 sandte er eine Sonderbotschaft an den Kongreß und empfahl die Einführung der allgemeinen Wehrpflicht. Verfechter der bundesstaatlichen Rechtsautonomie und der Rechte des einzelnen wandten ein, eine solche Maßnahme widerspreche allem, wofür der Süden kämpfe. Da ergriff Senator Louis Wigfall aus Texas das Wort, ein hitziger Mann, der nie ein Blatt vor den Mund zu nehmen pflegte; er rief seinen Kollegen zu, »mit diesen Kindereien aufzuhören ... Fast in jedem Staat der Konföderation steht irgendwo der Feind ... Virginia ist vom Feind umzingelt. Wir brauchen ein riesiges Heer. Wo wollen Sie es hernehmen? [...] Kein Mensch hat irgendwelche individuellen Rechte, wenn sie dem Wohl des Landes entgegenstehen!«.[9]

Mehr als zwei Drittel der Kongreßabgeordneten und Senatoren schlossen sich ihm an. Am 16. April verabschiedeten sie das erste Wehrpflichtgesetz der amerikanischen Geschichte. Es erklärte alle tauglichen, weißen Bürger zwischen 18 und 35 Jahren auf drei Jahre für wehrpflichtig. Einjährige, die sich freiwillig gemeldet hatten, mußten weitere zwei Jahre dienen. Diese generelle Wehrpflicht bot jedoch diverse Schlupflöcher. Ein zum Wehrdienst Eingezogener konnte einen Ersatzmann aus dem Kreis der »Dienstuntauglichen« stellen – Männer, die nicht das angegebene Alter hatten oder eingewanderte Ausländer waren. Diese Praxis, Ersatzleute zu stellen, reichte in der europäischen wie in der amerikanischen Geschichte weit zurück. Wer in früheren Kriegen – auch während des Unabhängigkeitskrieges – zum Dienst in der Bürgerwehr gerufen worden war, hatte einen Ersatzmann stellen dürfen. Selbst die *levée en masse* der Französischen Revolution gestattete das Stellen von Ersatzleuten. Grundlage dieser Praxis war die Überlegung, daß die Talente eines Mannes, der es sich leisten konnte, Ersatz zu stellen, an der Heimatfront, bei der Bereitstellung und Beschaffung des Kriegsmaterials, vielleicht von größerem Nutzen waren als in der Armee. In der Erkenntnis, daß das Stellen von Ersatzleuten nicht alle von der Wehrpflicht befreite, die für Aufgaben hinter den Linien gebraucht wurden, erließ der Kongreß am 21. April ein Zusatzgesetz, das verschiedene Personengruppen ausdrücklich von der Wehrpflicht ausnahm: Beamte der Konföderation und der einzelnen Staaten, Eisenbahner und Flußarbeiter, Telegraphisten, Bergleute, verschiedene Gruppen von Industriearbeitern, Krankenhauspersonal, Geistliche, Apotheker und Lehrer. Dem Druck der Pflanzer, auch Plantagenaufseher auszunehmen, beugte sich der Kongreß nicht – aber damit war das Problem nicht ausgestanden.

Einige dieser Ausnahmen luden geradezu zum Betrug ein. Zahlreiche neue Schulen entstanden, da der Lehrberuf einen bemerkenswerten Aufschwung nahm. Plötzlich gab es Dutzende neuer Apotheken, bestückt »mit ein paar leeren Tiegeln, einem dürftigen Sortiment von Kämmen und Bürsten, ein paar Flaschen ›Haartinktur‹ und ›Zauberöl‹ und anderem Yankeeschnickschnack«. Gouverneure, die gegen die allgemeine Wehrpflicht waren, erhöhten die Anzahl ihrer vom Kriegsdienst befreiten Beamten. Besonderen Einfallsreichtum bewiesen die Gouverneure Joseph Brown aus Georgia und Zebulon Vance aus North Carolina: 92 Prozent aller vom Wehrdienst befreiten bundesstaatlichen Beamten kamen aus diesen beiden Staaten. Brown vertrat den Standpunkt, daß auch Offiziere der Bürgerwehr in diese Kategorie fielen, und ernannte daraufhin Hunderte von neuen Offizieren. Sarkastisch beschrieb ein General der Konföderierten ein Milizregiment in Georgia oder North Carolina: Es bestehe aus »3 Feldoffizieren, 4 Stabsoffizieren, 10 Hauptleuten, 30 Leutnants und einem Gefreiten, der das heulende Elend hat«.[10]

Das Stellen eines Ersatzmannes war die umstrittenste Form der Wehrdienstbefreiung. Wer reich war, konnte sich aus der Armee freikaufen, gleichgültig, ob seine Fähigkeiten in der Heimat benötigt wurden oder nicht. Eine bittere Redensart kam auf: »Die Reichen führen Krieg, aber die Armen fechten ihn aus.« Manche Arme konnten allerdings auch reich werden – sofern sie überlebten –, indem sie sich als Ersatzleute verkauften. Die Vermittler von Ersatzleuten – *substitute brokers* – machten glänzende Geschäfte. Viele Ersatzleute desertierten so bald wie möglich und verkauften sich erneut – und noch einmal und noch einmal. Ein Mann aus Richmond soll sich dreißigmal verkauft haben. Der Preis für einen Ersatzmann stieg bis Ende 1863 auf 6000 Dollar (das entsprach 300 Dollar in Gold oder dem Lohn eines Facharbeiters für drei Jahre). Der Mißbrauch, der mit dem Stellen von Ersatzleuten getrieben wurde, artete schließlich so aus, daß der Kongreß das Privileg im Dezember 1863 abschaffte.

Hauptzweck der allgemeinen Wehrpflicht war es, die Leute durch Androhung, nicht durch Anwendung von Zwang zum freiwilligen Eintritt in die Armee zu bewegen. Daher ließ das Gesetz den potentiellen Wehrpflichtigen 30 Tage Zeit, sich freiwillig zu melden und so dem Stigma des Eingezogenwerdens zu entgehen. Wenn sie das taten, konnten sie sich neuen Regimentern anschließen und sich ihre Offiziere selbst wählen – geradeso wie die Freiwilligen von 1861. Eingezogene Soldaten und Ersatzleute hingegen wurden auf vorhandene Regimenter verteilt. Bis zu einem gewissen Grad taten diese Vergünstigungen ihre Wirkung. Im Laufe des Jahres 1862 stieg die Gesamtzahl der Soldaten in der Armee der Konföderierten von rund 325 000 auf 450 000. Da im selben Zeitraum rund 75 000 Mann durch Tod oder Verwundung ausschieden, belief sich der Nettozuwachs der Truppenstärke auf annähernd 200 000 Mann. Weniger als die Hälfte dieser neuen Männer waren Eingezogene und Ersatzleute; die übrigen galten als Freiwillige, auch wenn das Motiv ihrer Meldung zur Armee nicht immer lauterer Patriotismus war.

Die allgemeine Wehrpflicht hatte zwar den Erfolg, der Armee mehr Soldaten zuzuführen, blieb aber der unpopulärste Akt der Konföderationsregierung. Kleine Farmer, die sich nicht von der Armee freikaufen konnten, stimmten mit den Füßen ab und verbargen sich in den Wäldern oder Sümpfen. Werbeoffiziere wurden heftig angefeindet, wenn sie ins Landesinnere oder in andere Gegenden kamen, wo man sich für die Sache der Konföderation nur halbherzig oder gar nicht engagierte. Bewaffnete Banden von Fahnenflüchtigen und Deserteuren terrorisierten ganze Counties. Die allgemeine Wehrpflicht stellte eine beispiellose Ausdehnung der Regierungsgewalt über Menschen dar, die früher an dieser Gewalt leicht zu tragen gehabt hatten. Sogar manche Soldaten, von denen man Zustimmung zu einem Gesetz hätte erwarten können, das Drückeberger zwang, ihr Los zu teilen, sahen in diesem Gesetz die Absage an alles, wofür sie kämpften. Ein Gefreiter aus Virginia brandmarkte die Wehrpflicht als »so krasse Machtanmaßung ... eine derartige Abdankung des Rechts, für das wir vor allem anderen jetzt kämpfen, daß ich meine Treue zu dieser Sache am liebsten aufkündigen würde«. Ein Soldat aus North Carolina sinnierte: »Wenn man hört, daß manche Leute den Despotismus der *Konföderation* mit dem der Regierung Lincoln vergleichen – dann muß etwas im argen liegen.«[11]

Die allgemeine Wehrpflicht offenbarte einen Grundwiderspruch der konföderierten Kriegsanstrengung: die Notwendigkeit, jeffersonsche Ziele mit hamiltonschen Mitteln zu erreichen. Reine Jeffersonianer konnten das nicht akzeptieren. Ihr freimütigster Wortführer, Joseph Brown aus Georgia, verurteilte das Einziehen zum Kriegsdienst als »gefährliche Usurpation der den Bundesstaaten vorbehaltenen Rechte durch den Kongreß ... im Widerspruch mit allen Grundsätzen, für die Georgia in die Revolution eingetreten ist«.[12] Als Entgegnung legte Jefferson Davis den Habit Hamiltons an. Die Verfassung der Konföderation, belehrte er Brown, gebe dem Kongreß die Vollmacht, »Armeen aufzustellen und zu unterhalten« und »für die Landesverteidigung zu sorgen«. Sie enthielt ferner eine Klausel (die wie die eben genannte aus der US-Verfassung abgeschrieben war), die den Kongreß ermächtigte, alle Gesetze zu erlassen, »die notwendig und zweckdienlich sind, um die vorstehenden Befugnisse auszuüben«. Brown hatte die Verfassungsmäßigkeit der allgemeinen Wehrpflicht bestritten, weil sie in der Verfassung nicht ausdrücklich vorgesehen war. Das war gute jeffersonianische Lehre, von Generationen strenger Verfechter des Südens geheiligt. Doch Davis insistierte gut hamiltonianisch darauf, daß die Formel »notwendig und zweckdienlich« die allgemeine Wehrpflicht legitimiere. Niemand könne an der Notwendigkeit zweifeln, »wenn unsere schiere Existenz von zahlenmäßig weit überlegenen Armeen bedroht ist«. Daher der Schluß: »Die einzig wahre Probe aufs Exempel ist die Frage, ob das Gesetz darauf angelegt und berechnet ist, das Ziel zu erreichen. [...] Falls die Antwort positiv ausfällt, ist das Gesetz verfassungskonform.«[13]

Die meisten Südstaatler stimmten Davis hierin wohl zu – besonders wenn sie in Virginia wohnten oder im westlichen Tennessee oder in Mississippi oder Louisiana, in Staaten also, denen, anders als Georgia, 1862 der Einmarsch des Gegners drohte. »Unsere Aufgabe ist es jetzt, unsere Feinde aufs Haupt zu schlagen und unsere Häuser zu retten«, erklärte der *Richmond Enquirer.* »Mit theoretischen Erwägungen können wir uns hinterher befassen.«[14] Das Einziehen wurde von jedem Gericht bestätigt, vor dem es angefochten wurde, auch vom Obersten Gerichtshof von Georgia, der es einmütig billigte.

Gleichwohl blieb die mangelnde Kriegsbegeisterung ein ernstes Problem. Eine weitere Kontroverse, die die Gemüter erhitzte, entzündete sich an der Frage des Kriegsrechts. Dieses Thema brachte Davis in Verlegenheit. In seiner Antrittsrede vom 22. Februar hatte er die Weigerung der Konföderation, »die persönliche Freiheit oder die Freiheit der Rede, des Denkens und der Presse zu beeinträchtigen«, in einen positiven Gegensatz gebracht zu der Lincolnschen Inhaftierung von »Zivilbeamten, friedlichen Bürgern und anständigen Frauen« in üblen »Bastillen« und ohne Gerichtsverfahren.[15] Davis übersah die Unterdrückung bürgerlicher Freiheitsrechte in Teilen der Konföderation selbst, namentlich im östlichen Tennessee, wo mehrere hundert Zivilisten in Südstaaten-»Bastillen« schmachteten und fünf hingerichtet worden waren. Nur fünf Tage nach Davis' Antrittsrede hatte der Kongreß ihn ermächtigt, in solchen Gegenden, denen »die Gefahr eines gegnerischen Angriffs« drohte, die Habeaskorpusakte auszusetzen und über sie das Kriegsrecht zu verhängen.[16] Davis verhängte daraufhin prompt das Kriegsrecht über Richmond und andere Städte Virginias. Der Grund dafür war nicht nur der Einmarsch der Union, sondern auch die steigende Kriminalität und Gewalttätigkeit der durch den Krieg stark wachsenden Bevölkerung der Hauptstadt. General John H. Winder, Kommandeur der Militärpolizei für den Bezirk Richmond, baute eine schlagkräftige, aber brutale Militärpolizei auf. Er verbot den Verkauf von Spirituosen, führte ein Paßsystem ein, verhaftete betrunkene Soldaten, Glücksspieler, Taschendiebe und Diebe; außerdem warf er einige »illoyale« Bürger ohne Gerichtsverhandlung ins Gefängnis, darunter auch zwei Frauen sowie John Minor Botts, einen ehrwürdigen Gewerkschaftler aus Virginia und ehemaligen Abgeordneten des US-Kongresses. Der *Richmond Whig* verglich diese Aktionen mit Lincolns Unterdrückung bürgerlicher Freiheitsrechte, woraufhin Winder drohte, die Zeitung einzustellen. Er tat es zwar nicht, aber ein Richmonder Tagebuchschreiber notierte im April 1862, einige Redakteure hätten »Angst davor, daß ihr Büro geschlossen wird, wenn sie die Stimmungen wiedergeben, die nach Ausdruck verlangen. Es ist wirklich ein Schreckensregiment«.[17]

Für andere Zeitungen hingegen war ein derartiges Regiment genau das, was Richmond brauchte. »In unseren Straßen herrscht Ruhe«, freute sich der *Dispatch,* weil die Militärpolizei »alle Bummelanten, Herumtreiber und verdächtigen Subjekte kassiert hat ... die Folge sind Friede, Sicherheit, die Achtung vor Leben und Eigentum und ein kräftiger Aufschwung des Patriotismus«. Der *Examiner* war der Überzeugung, in einem Notfall müsse »die Regierung dies alles kraft militärischer Anordnung tun ... Zum Henker mit Verfassungsfragen und Mäßigung! Was wir wollen, ist wirksamer Widerstand«.[18]

Manche Kommandanten von Militärdistrikten, die weit von Richmond entfernt waren, verhängten das Kriegsrecht in eigener Regie, was zu scharfen Protesten führte. General Van Dorns pauschale Verkündung des Kriegsrechts in Teilen Louisianas und Mississippis veranlaßte den Gouverneur zu der Feststellung: »Kein freies Volk kann und soll [diese] willkürliche und ungesetzliche Usurpation der Herrschaft dulden.«[19] Davis untersagte zwar den Generälen, eigenmächtig die Habeaskorpusakte auszusetzen oder das Kriegsrecht zu verhängen, aber manchmal ehrten sie dieses Verbot, indem sie es übertraten. Die Aussetzung der Habeaskorpusakte war ein besonders wirksames Mittel zur Durchsetzung der Wehrdiensterfassung in Teilen des Südens, wo bundesstaatliche Richter durch die Anwendung der Habeaskorpusakte die Freilassung von Eingezogenen anordneten.

Vertreter der bürgerlichen Freiheiten brachten das Kriegsrecht in Zusammenhang mit der allgemeinen Wehrpflicht, um Davis' »Despotie« zu verurteilen. Ein Triumvirat von Bürgern Georgias setzte sich an die Spitze der regierungsfeindlichen Faktion in diesen Fragen: Gouverneur Brown, Vizepräsident Stephens und Robert Toombs, mittlerweile ein ehrgeiziger, aber frustrierter Brigadegeneral. Obgleich die Verfassung der Konföderation die Aussetzung der Habeaskorpusakte im Fall einer Invasion zuließ, betrachtete Stephens ein solches Vorgehen als »verfassungswidrig«. »Schluß mit der Vorstellung: ›Zuerst erringen wir die Unabhängigkeit, dann sehen wir nach der Freiheit‹«, erklärte er. »Sind unsere Freiheitsrechte erst verloren, sind sie vielleicht für immer verloren.« Brown pflichtete ihm bei: »Wir haben vom Despotismus des Militärs mehr zu befürchten als von der Unterwerfung durch den Feind.« Toombs verurteilte »die schändlichen Pläne von

Davis und seinen Janitscharen. [...] Der Weg zur Freiheit führt nicht durch die Sklaverei«.[20] Der Kongreß beugte sich diesen Protesten; im April begrenzte er die Reichweite des Kriegsrechts und bestimmte, daß die Berechtigung zu dessen Verhängung im September abzulaufen habe. Im Oktober erneuerte der Kongreß Davis' Vollmacht zur Aussetzung der Habeaskorpusakte – legte aber das Auslaufen dieser Vollmacht auf den Februar 1863 fest. Der anhaltende Widerstand gegen die Einberufung bewog den Kongreß dann, die Vollmacht im Februar 1864 ein drittes Mal zu erneuern, doch lief sie auch diesmal Ende Juli aus.

Davis besaß also nur insgesamt sechzehn Monate lang die Vollmacht, die Habeaskorpusakte auszusetzen. In dieser Zeit machte er von der Vollmacht im allgemeinen sparsamer Gebrauch als sein Amtskollege in Washington. Das Gerede der südlichen Freiheitsfanatiker von der Tyrannei der Exekutive wirkt daher übertrieben. Die Konföderation stand nicht vor dem Problem des Nordens, erobertes Territorium mit einer feindlich gesinnten Bevölkerung verwalten zu müssen, und in den unzufriedenen ländlichen Gebieten des Südens war der Anteil der illoyalen Bevölkerung – wenn auch noch groß genug – weitaus geringer als in den Grenzstaaten des Nordens, wo die Regierung Lincoln die bürgerlichen Freiheitsrechte hauptsächlich außer Kraft setzte.

Aufgrund der militärischen Erfolge der Union lockerte sich im Frühjahr 1862 die Vorgehensweise des Nordens für einige Monate. Seit Juli 1861 war Außenminister Seward für die innere Sicherheit verantwortlich – ein merkwürdiges Arrangement, das vermutlich auf Lincolns Mißtrauen gegen Kriegsminister Cameron zurückzuführen war. Seward hatte ein Korps von Agenten aufgebaut, die sich in ihrem Übereifer, Verrat zu wittern, auch durch das Fehlen von Beweisen nicht irritieren ließen. Seward schien geradezu vernarrt in sein Vermögen, jeden ins Gefängnis zu werfen, den er der Begünstigung der Rebellion bezichtigte. Republikaner wie Demokraten empörten sich. Es mochte vielleicht, schrieb Horace Greeley, notwendig sein, konföderationsfreundliche Parlamentarier in Maryland zu verhaften, aber wenn die Regierung einen so prominenten Demokraten des Nordens wie James Wall aus New Jersey (der bald darauf in den Senat gewählt werden sollte) ins Gefängnis warf, »dann zerreißt man das ganze Geflecht der Gesellschaft«.[21]

Lincoln erkannte die Berechtigung dieser Vorwürfe an. Im Februar 1862 schadete die Inhaftierung von rund 200 politischen Gefangenen der Sache der Union mehr, als daß sie nützte. Die Ernennung Edwin M. Stantons zum Kriegsminister bot Gelegenheit zu Abhilfe, und am 14. Februar übertrug Lincoln die Sorge für die innere Sicherheit dem Kriegsministerium. Zu Beginn der Rebellion, sagte der Präsident, seien harte Maßnahmen notwendig gewesen; denn »jedes Ministerium war durch Verrat lahmgelegt«. Nunmehr sei die Regierung Herr der Lage und verfüge über genügend bewaffnete Kräfte, um die Rebellion niederzuschlagen. »Die Erhebung hat vermutlich ihren Höhepunkt überschritten und ist im Abklingen begriffen ... Angesichts dieser Umstände und in dem Bestreben, die Rückkehr zum normalen Gang der Geschäfte zu fördern«, ordnete Lincoln daher die Freilassung aller politischen Gefangenen an, die einen Treueid ablegten. Stanton bildete einen Prüfungsausschuß, der freizügige Kriterien für diese »Treue« festlegte. Auf dem Höhepunkt seiner Siegesgewißheit ließ der Norden im Frühjahr 1862 die meisten politischen Gefangenen frei. Die *New York Tribune* jubelte: »Die Herrschaft der gesetzlosen Despotie ist zu Ende.« Stanton erntete Lob als menschlich denkender Vertreter der bürgerlichen Freiheitsrechte – ein ironisches Vorspiel zu seinem späteren Ruf als brutaler Tyrann.[22]

Auch für eine andere hoffnungsfrohe Entscheidung des Frühjahrs 1862 war Stanton verantwortlich. Am 3. April ließ er alle Rekrutierungsbüros schließen. Die Öffentlichkeit sah darin ein Zeichen, daß die Armeen nun groß genug seien, um den Krieg zu gewinnen. Auch Stanton mag das geglaubt haben; auf jeden Fall hielt er das bestehende System der Truppenaushebung für untauglich. Gouverneure von Einzelstaaten, prominente Persönlichkeiten und von aktiven Regimentern abkommandierte Offiziere suchten alle an denselben Stellen nach Rekruten. Stanton machte mit diesen Operationen Schluß, um sie zu reorganisieren und zu rationalisieren, falls dies notwendig werden sollte. Da die Rebellion im Westen offenkundig zusammenbrach und McClellan sich zum entscheidenden Vorstoß die Halbinsel hinauf anschickte, waren viele Nordstaatler der Überzeugung, es werde nicht notwendig sein. Im Juli erkannten sie ihren Irrtum.

II

Die Ereignisse auf dem Schlachtfeld tangierten auf beiden Seiten das Vermögen, den Krieg zu finanzieren. Die Wirtschaft der Konföderation war mit einem doppelten Handicap in den Krieg gegangen. Der größte Teil des südlichen Kapitals war in nichtliquider Form, nämlich in Land und Sklaven, gebunden. Die konföderierten Staaten besaßen zwar 30 Prozent des Nationaleigentums (in Form von Grundbesitz und beweglichem Eigentum), aber sie verfügten nur über 12 Prozent der umlaufenden Währung und 21 Prozent der Bankeinlagen. Das Baumwollembargo hinderte den Süden 1861 und 1862 daran, aus seinem wichtigsten Wirtschaftsgut Kapital zu schlagen. Die meisten Farmer besaßen kein Geld zur Zeichnung konföderierter Schuldverschreibungen, sondern hatten selbst Schulden – hauptsächlich bei Kommissionären, die ihrerseits von Kaufleuten oder Banken des Nordens finanziert wurden.

Ursprünglich hatte der Süden gehofft, vermittels der Schulden der Pflanzer die Yankeebanken den Krieg finanzieren zu lassen. Am 21. Mai 1861 verabschiedete der Kongreß ein Gesetz, das Bürger der Konföderation dazu verpflichtete, an den Fiskus eine Summe abzuführen, die der Höhe ihrer Schulden bei US-Bürgern entsprach; als Gegenleistung sollten sie Schuldverschreibungen der Konföderation erhalten. Mit späteren Gesetzen konfiszierte man dann das Eigentum »ausländischer Feinde«. Wie so viele andere Finanzmaßnahmen des Südens zeitigten jedoch auch diese Gesetze enttäuschende Resultate – nicht mehr als 12 Millionen Dollar, ein Klacks gegenüber den schätzungsweise 200 Millionen, die man Gläubigern des Nordens schuldete. Die Durchsetzung des Gesetzes war schwierig, das Verhehlen von Schulden leicht. Außerdem zogen es manche Pflanzer vor, ihren Kreditrahmen bei nördlichen Kommissionären zu behalten, um illegal Baumwolle hinter die feindlichen Linien verkaufen zu können.[23]

Von den drei wichtigsten Methoden der Kriegsfinanzierung – Steuern, Kredite, Papiergeld – ist die Besteuerung die am wenigsten inflationäre. Doch den Südstaatlern schien sie 1861 auch die am wenigsten erstrebenswerte zu sein. Die Amerikaner der Vorbürgerkriegszeit hatten zu den Menschen mit der weltweit geringsten Steuerlast gehört, und im Süden war die Pro-Kopf-Belastung sogar nur halb so groß gewesen wie in den »freien« Staaten. Als bäuerliche Gesellschaft, in der ein Drittel der Bevölkerung Sklaven waren, hatte der Süden keinen nennenswerten öffentlichen Dienst und daher keinen großen Steuerbedarf. Mit Ausnahme der Zölle – die trotz der Klagen des Südens Ende der 50er Jahre niedriger waren, als sie es fast ein halbes Jahrhundert lang gewesen waren – wurden fast alle Steuern von einzelstaatlichen oder lokalen Regierungsbehörden eingezogen. Die konföderierte Regierung verfügte nicht über den Apparat, inländische Steuern einzutreiben, und ihre Wähler waren nicht gewohnt, sie zu zahlen. 1861 führte der Kongreß eine bescheidene Zollabgabe ein, die jedoch während des gesamten Krieges nur 3,5 Millionen Dollar einbrachte. Im August erlangte eine direkte Steuer von einem halben Prozent auf Grundbesitz und bewegliche Habe Gesetzeskraft.[24] Die Regierung in Richmond überließ das Eintreiben dieser Abgabe den Einzelstaaten. Nur South Carolina entsprach dieser Erwartung; Texas konfiszierte Nordstaatenbesitz, um seinen Anteil zu zahlen, und alle anderen Staaten entledigten sich ihrer Verpflichtung nicht durch das Erheben der Steuer, sondern indem sie Kredite aufnahmen oder Banknoten druckten.

Als bessere und gerechtere Art der Kriegsfinanzierung schienen sich Kredite anzubieten. Die Südstaatler, die ihr Leben für die Freiheit einsetzten, erwarteten, daß künftige Generationen den Preis für die Unabhängigkeit zahlten, die ihnen die Männer von 1861 erstritten. Die erste Ausgabe von Schuldverschreibungen über 15 Millionen Dollar war rasch gezeichnet. Im Mai und August 1861 genehmigte der Kongreß die Ausgabe von 100 Millionen Dollar in Schuldverschreibungen mit achtprozentiger Verzinsung. Diese Schuldverschreibungen verkauften sich jedoch nur langsam. Sogar jene Südstaatler, die Bargeld für derartige Investitionen übrig hatten, mußten ihren ganzen Patriotismus aufbringen, um Schuldverschreibungen zu acht Prozent zu kaufen, wo die Inflationsrate Ende 1861 bereits 12 Prozent pro *Monat* erreicht hatte! In der Erkenntnis, daß willige Investoren vielleicht kein Bargeld besaßen, aber über Baumwolle, Tabak und andere Produkte verfügten, erlaubte der Kongreß ihnen, die Erträge aus diesen Produkten zu verpfänden und dafür Schuldverschreibungen zu kaufen. Dieser »Produktekredit«, ein Geistesblitz von Finanzminister Christopher Memminger, war zwar eine gute Idee, aber nicht sehr erfolgreich. Manche Pflanzer, die einen Teil ihrer Baumwolle verpfändet hatten, überlegten es sich anders und verkauften statt dessen zu höheren Preisen auf dem offenen Markt oder an Agenten nördlicher Käufer. So erbrachte der Produktekredit schließlich nur 34 Millionen Dollar.

Den größten Teil der restlichen 100 Millionen Dollar in Schuldverschreibungen kauften die Investoren mit Schatzobligationen, die in immer größerem Umfang aus der Notenpresse kamen. Der Süden griff nicht aus freien Stücken, sondern notgedrungen zu dieser Methode der Kriegsfinanzierung. Memminger gab 1862 zu bedenken, das Drucken von Schatzobligationen sei »die gefährlichste Methode der Geldbeschaffung ... Die riesige Menge von Geld, die heute in Umlauf ist, muß zur Geldentwertung und schließlich zur Katastrophe führen«.[25] So war es in der Tat. Aber seit Ausbruch des Krieges häuften sich die Rechnungen auf Memmingers Schreibtisch schneller, als er sie mit Hilfe von Krediten oder Steuern bezahlen konnte. Ihm blieb nichts anderes übrig, als den Kongreß um die Ermächtigung zum Druck von Schatzobligationen zu bitten. Der Kongreß bewilligte im Mai 1861 20 Millionen Dollar, im August weitere 100 Millionen, im Dezember zusätzliche 50 Millionen und im April 1862 noch einmal 50 Millionen. Im ersten Jahr ihres Bestehens bezog die Konföderationsregierung drei Viertel ihrer Einnahmen aus der Druckerpresse, knapp ein Viertel aus Schuldverschreibungen (die zum Teil mit ebendiesen Schatzobligationen gekauft wurden) und weniger als zwei Prozent aus Steuern. Zwar nahm der Anteil der Kredite und Steuern in späteren Jahren geringfügig zu, aber in erster Linie finanzierte sich die Konföderation mit anderthalb Milliarden Papierdollar, die schon im Augenblick ihres Entstehens entwertet waren.

Diese Banknoten sollten binnen zwei Jahren nach Kriegsende zum Nennwert in Hartgeld einlösbar sein. Praktisch zehrten sie vom Vertrauen der Bevölkerung in die Selbstbehauptungskraft der Konföderation. Einige Kongreßabgeordnete wollten dieses Papiergeld zum legalen Zahlungsmittel machen, das heißt, jedermann rechtlich dazu verpflichten, es bei der Zahlung von Schulden und Verbindlichkeiten zu akzeptieren. Eine Mehrheit im Kongreß, zu der auch Memminger und Präsident Davis gehörten, hielt das jedoch für verfassungswidrig oder unratsam oder beides. Ein gesetzlicher *Zwang* zur Anerkennung dieser Noten würde, so warnten sie, Verdacht erregen, das Vertrauen in die Währung untergraben, die Geldentwertung beschleunigen und damit das Gegenteil dessen bewirken, was erreicht werden sollte. Das Versprechen, die Noten nach dem Krieg in Hartgeld einzulösen, war nach Memminger der bessere Weg, sie akzeptabel zu machen. Südliche Staaten, Counties, Städte und sogar Privatunternehmen gingen dazu über, Banknoten und sogenannte *shinplasters* in kleinem Nennwert auszugeben. Das Fehlen hochwertigen Papiers und ausgebildeter Graveure im Süden führte jedoch dazu, daß dieses Geld ebenso wie die Banknoten der Konföderation stümperhaft gedruckt und leicht zu fälschen war. Manche Fälschungen konnte man daran erkennen, daß sie besser waren als das Original! In einer Flut von Papier ertrinkend, erlebte der Süden eine galoppierende Inflation. Zuerst entwickelte sich die Geldentwertung langsam, weil die Siege der Konföderation im Sommer 1861 die Zuversicht stärkten. Im September lag der Preisindex nur 25 Prozent über seinem Januarniveau. Die Ausgabe neuer Banknoten führte dazu, daß er in den folgenden drei Monaten auf 35 Prozent kletterte, und militärische Rückschläge im Frühjahr 1862 ließen ihn in der ersten Hälfte jenes Jahres auf 100 Prozent hochschnellen; in der zweiten Jahreshälfte verdoppelte ihn die fortgesetzte Vermehrung des Zahlungsmittelumlaufs noch einmal. Anfang 1863 mußte man sieben Dollar hinlegen, wo zwei Jahre zuvor noch ein Dollar genügt hatte.

Diese Form der Inflation wirkte sich als eine Art ruinöser Besteuerung aus, worunter am meisten die Armen zu leiden hatten. Sie verschärfte die Klassengegensätze und führte zu einer wachsenden Entfremdung der weißen Unterschichten von der Sache der Konföderation. Die Lohnsteigerungen blieben weit hinter dem Preisanstieg zurück. 1862 wurden die Löhne für Facharbeiter und ungelernte Arbeiter um 55 Prozent angehoben, während die Preise um 300 Prozent stiegen. Kaum besser waren die Verhältnisse auf den kleinen Farmen, wo die meisten Südstaatenweißen lebten. Die bäuerlichen Familien erzeugten zwar vieles für den eigenen Bedarf, aber die Abwesenheit erwachsener Männer auf vielen Farmen minderte die Ernteerträge und brachte große Not.

Das schlimmste Problem auf vielen Farmen waren die Knappheit an Salz (dem einzigen Mittel zur Fleischkonservierung) und der katastrophale Anstieg des Salzpreises – von zwei Dollar pro Sack vor dem Krieg auf mancherorts 60 Dollar im Herbst 1862. Vor 1861 hatte der Süden trotz reicher Salzvorkommen den größten Teil seines Salzes aus dem Norden oder dem Ausland importiert. Der Krieg zwang zur raschen Erschließung der südlichen Salzminen, aber infolge der Transportpriorität von Kriegsmaterial, der Zerrüttung des südlichen Eisenbahnnetzes und des Mangels an Arbeitskräften blieben die Lieferungen spärlich und die Preise hoch. »Es herrscht jetzt in diesem Land viel Elend bei den ärmeren Familien von Freiwilligen«, schreibt ein Mann aus Mississippi im Dezember 1862, »denn es fehlt an *Getreide und Salz* ... Bei Gott, ich frage mich, ob man da tatenlos zusehen kann? Soll denn um den Preis verhungernder Frauen und Kinder dieser Krieg weitergehen und die Regierung im Sattel bleiben?« Die Zunahme der Desertionen aus der Armee im Jahre 1862 hing zum Teil mit der Notlage in den Familien der Fahnenflüchtigen zusammen. Eine Mutter von drei Kindern, deren Mann in der Armee war, schrieb an Jefferson Davis, sie könne nichts zu essen auftreiben. »Wenn ich und die Kleinen Hunger leiden und sterben, während ihr Vater dient, dann soll unser Blut über den Süden kommen – das walte Gott, der Allmächtige!« Ein Soldat aus Mississippi, der von seinem Heimaturlaub nicht zurückgekommen war, schrieb am 1. Dezember 1861: »Arme Leute konnten nicht anders, als die Armee zu verlassen und nach Hause zu gehen, um für ihre Familien zu sorgen ... Wir sind arme Leute und wollen gewiß unser Land verteidigen, aber unsere Familien gehen vor.«[26]

Verzweifelte Südstaatler suchten nach Sündenböcken, denen sie die Schuld an ihrer Not geben konnten. Sie warfen »Spekulanten« und »Preistreibern« vor, lebenswichtige Güter aufzukaufen und zu horten, bis der Preisanstieg den Verkauf mit phantastischen Profiten erlaubte. »Wir haben es in Wirklichkeit mit zwei Kriegen zu tun«, erklärte eine Zeitung in Georgia 1862. »Während unsere tapferen Grauröcke im Felde gegen die Abolitionisten kämpfen ... führt eine gewissenlose Brut von Blutsaugern in der Heimat Krieg gegen ihre mittellosen Familien.« Diese »Bande von Halsabschneidern greift der Konföderation an ihre edelsten Teile«; diese »verächtlichen Wichte«, die »auch noch die Luft auf Flaschen ziehen und sie flaschenweise verkaufen würden«, hätten »die jetzigen hohen Preise verursacht« und seien »entschlossen, ihren Reibach zu machen, selbst wenn darüber die Hälfte des Volkes zugrunde geht«.[27] Jefferson Davis selbst konstatierte, das »gigantische Übel« der Spekulation habe »Bürger aller Schichten von der entschlossenen Durchführung des Krieges abgebracht und zu dem erbärmlichen Bestreben verführt, Geld zu scheffeln«. Der *Richmond Examiner* lamentierte 1862: »Von heimischen Kaufleuten im Süden können Yankees und Juden noch lernen ... Der ganze Süden stinkt nach der Lust am Wucher!«[28]

Trotz dieser Verurteilung »heimischer« Kaufleute schossen sich der *Examiner* und viele andere Südstaatler auf die Juden als die schlimmsten »Preistreiber« ein.

Jüdische Händler seien »hier eingefallen wie die ägyptischen Heuschrecken«, erklärte ein Kongreßabgeordneter. »Sie sogen dem Land das Mark aus, plünderten seine Vorräte, monopolisierten seinen Handel.« In Charleston, so hieß es, gebe es mehr Juden als in Jerusalem, die Straßen Wilmingtons »wimmelten« von »schmierigen, öligen« Juden, die Blockadebrechern ihre Vorräte abkauften. John B. Jones, Sekretär im Kriegsministerium, wütete in seinem Tagebuch gegen »jüdische Preistreiber«, die »unserer Sache mehr geschadet [hätten] als Lincolns Armeen. Falls wir unsere Unabhängigkeit erringen und nicht in die Knechtschaft der Yankees geraten, werden wir unseren ganzen Wohlstand in den Händen der Juden sehen«.[29]

Solche Schmähungen kannte man nicht allein aus der Konföderation. Wie zu anderen Zeiten und an anderen Orten auch mißbrauchten Menschen, die sich in ihnen unverständliche Zusammenhänge verstrickt sahen, eine identifizierbare Minderheit als Sündenbock. Natürlich gab es im Süden jüdische Kaufleute, und einige von ihnen spekulierten mit Konsumgütern. Dasselbe tat eine weit größere Zahl südstämmiger Nichtjuden. Aber die meisten Kaufleute, ob Juden oder Nichtjuden, waren ebenso Opfer wie Verursacher von Knappheit und Inflation. Gewiß verkauften viele von ihnen ihre Waren mit Preisaufschlägen von 50 Prozent und mehr. Aber bei einer Inflation, die mit 10 oder 15 Prozent im Monat dahingaloppierte, erzielten sie real so gut wie keinen Gewinn aus dem, was sie verkauften.

Im Laufe des Jahres 1862 erwies sich die Wirtschaft der Konföderation als nicht mehr lenkbar. Die Vergeblichkeit aller Versuche, sie unter Kontrolle zu bringen, bewiesen die Bemühungen verschiedener Staaten, »Monopole« einzudämmen oder Höchstpreise festzusetzen. Antimonopolgesetze sollten Spekulanten das Handwerk legen, die versuchten, lebensnotwendige Güter aufzukaufen oder »exorbitante« Preise für sie zu verlangen. Diese Gesetze erwiesen sich jedoch als nicht durchsetzbar, da sie entweder einen Schwarzmarkt erzeugten oder die Engpässe noch weiter verschlimmerten. Der rigorose Vertreter des Richmonder Kriegsrechts, General John Winder, legte im April 1862 für verschiedene Kategorien von Lebensmitteln Höchstpreise fest. Prompt stellten Farmer und Fischer den Verkauf ihrer Waren zu diesen Preisen ein. Drei Wochen später gab sich Winder geschlagen und lockerte die Kontrollen, woraufhin die Preise sich verdoppelten und verdreifachten. Unter dem Druck der Blockade, der Invasion und einer Flut von Papiergeld war die unausgewogene Agrarwirtschaft des Südens außerstande, gleichzeitig Kanonen und Butter zu produzieren, ohne daß es zu Versorgungsengpässen und Inflation kam.

Die Wirtschaft des Nordens vermochte sich den Erfordernissen des Krieges besser anzupassen. Allerdings gab es im Winter von 1861 auf 1862 eine Zeit, wo fiskalische Probleme die Sache der Union gefährdeten: Als Lincolns Administration in den Krieg zog, hatte sie mindestens zwei finanzielle Vorteile gegenüber der Konföderation – eine wohlbestellte Staatskasse und eine sichere Einnahmequelle in Gestalt der Zölle. Doch die 1857 eingeführten niedrigeren Zollsätze sowie die wirtschaftliche Depression im Anschluß an den Börsenkrach jenes Jahres hatten die Staatseinkünfte um 30 Prozent gemindert. Von 1858 bis 1861 wies der Bundeshaushalt zum erstenmal seit dem Krieg von 1812 viermal hintereinander ein Defizit auf. Die Sezession löste einen neuen Börsenkrach aus. Das Hartgeld mied die Staatskasse, und die Kreditwürdigkeit der Regierung sank. Beim Amtsantritt Lincolns war die nationale Verschuldung die höchste seit 40 Jahren. Finanzminister Salmon P. Chase war aus politischen Gründen ernannt worden und besaß keine finanzielle Erfahrung, im Gegensatz zu Memminger bei den Konföderierten, einem ausgewiesenen Fachmann auf dem Gebiet des Handels- und Bankenrechts.

Chase war jedoch lernfähig und wurde ein guter Finanzminister. Sein wichtigster Lehrmeister war Jay Cooke, der Chef eines Bankunternehmens in Philadelphia, dessen Bruder ein politischer Kampfgefährte von Chase in Ohio gewesen war. In den ersten Monaten des Krieges hielt Chase die Staatskasse durch kurzfristige Bankkredite zu 7,3 Prozent über Wasser. Cooke überredete ein paar seiner betuchten Geschäftspartner dazu, längerfristige Schuldverschreibungen zu sechs Prozent zu zeichnen. Chase wiederum kam auf die Idee, Schuldverschreibungen auch an einfache Leute zu verkaufen, nicht nur an Bankiers, und zwar im Nennwert bis herab zu 50 Dollar, zahlbar in Monatsraten. Cooke übernahm es, diese Schuldverschreibungen mittels einer patriotischen Propaganda zu vermarkten, die die großen Aktionen des 20. Jahrhunderts zum Kauf von Kriegsanleihen vorwegnahm. Zwar war diese Politik, einen demokratischen Krieg mit demokratischen Mitteln zu finanzieren, anfangs wenig erfolgreich, doch mit dem Erlös von 400 Millionen Dollar durch *five-twenties* und 800 Millionen durch *five-twenties* und 800 Millionen durch *seven-thirties* erzielte Cooke schließlich einen großen Erfolg. *Five-twenties* waren Schuldverschreibungen zu sechs Prozent mit einer Laufzeit von mindestens fünf und höchstens 20 Jahren und *seven-thirties* waren Verschreibungen mit dreijähriger Laufzeit zu 7,30 Prozent. Zeitungen warfen Cooke gelegentlich vor, er bereichere sich an den Provisionen aus diesen Verkäufen. In der Tat verdiente sein Unternehmen rund vier Millionen Dollar an der Vermarktung dieser Schuldverschreibungen. Das lief jedoch umgerechnet auf eine Provision von drei Achtel Prozent hinaus, wovon Cooke alle Auslagen für Vermittler und Reklame bezahlte; als Nettogewinn blieben ihm 700 000 Dollar. Eine billigere und effizientere Methode, Schuldverschreibungen an den Mann zu bringen, hätte es für die Regierung nicht geben können.[30]

Anders als die Konföderation, die kaum zwei Fünftel ihrer Kriegsfinanzen über Darlehen bestritt, beschaffte sich die Union zwei Drittel ihrer Einkünfte mit dieser Methode. Und während der Süden letztlich nur fünf bis sechs Prozent seiner Gelder tatsächlich aus Steuermitteln erhielt, machte die Regierung des Nordens 21 Prozent ihrer Gelder auf diese Weise locker. Der Kongreß hob im Verlauf des Konflikts die Zölle mehrmals an, aber die Abgaben aus Zöllen beliefen sich in Kriegszeiten durchschnittlich nur auf 75 Millionen Dollar pro Jahr – inflationsbereinigt kaum mehr als die 60 Millionen jährlich, die Mitte der 50er Jahre angefallen waren. Weit wichtiger, wenngleich zunächst nur mittelbar, waren die neuen inländischen Steuern, die der Norden erhob; den Anfang machte die erste bundesweite Einkommensteuer in der amerikanischen Geschichte, die am 5. August 1861 Gesetzeskraft erlangte. Diese revolutionäre Maßnahme ergab sich aus der Notwendigkeit, der Finanzverwaltung die Aufbringung ausreichender Geldmittel für die Verzinsung der Schuldverschreibungen zu garantieren. Die republikanischen Väter der Einkommensteuer von 1861 gestalteten sie maßvoll progressiv, indem sie die dreiprozentige Steuer nur auf Jahreseinkommen von mehr als 800 Dollar erhoben und somit die meisten Lohnempfänger verschonten. Dies geschah, wie der Vorsitzende des Finanzausschusses im Senat, William Pitt Fessenden, erläuterte, weil das begleitende Zollgesetz regressiver Natur war. »Nimmt man beide Maßnahmen zusammen, so werden, denke ich, die Lasten gleichmäßiger auf alle Schichten der Gemeinschaften verteilt.«[31]

Die meisten dieser Steuern sollten erst 1862 erhoben werden. Bis dahin würde die Regierung sich mit Darlehen behelfen müssen. Aber das Vermächtnis der Jacksonschen Trennung von politischem System und Bankwesen schuf Komplikationen. Das Gold für den Kauf von Schuldverschreibungen mußte buchstäblich in einer Extrakasse der Regierung hinterlegt werden. Ein schwammiger Zusatz zu dem Gesetz über Kriegskredite vom 5. August schien diese Anforderung zu umgehen und es der Staatskasse zu erlauben, das zugunsten der Regierung deponierte Gold in den Banken zu lassen, wo es einen Teil der gesetzlichen Reserven zur Stützung der Banknoten bilden würde. Chase jedoch, der in seinen fiskalischen Ansichten ein Jacksonianer des harten Geldes war, zog es vor, anders zu verfahren. Er wies Banken und andere Käufer von Schuldverschreibungen an, in Hartgeld zu zahlen, das manchmal wochenlang ungenutzt in irgendwelchen Tresoren lag, während die Bankreserven gefährlich zusammenschmolzen.[32]

Die Niederlage der Union in der Schlacht bei Ball's Bluff im Oktober 1861 sowie McClellans mißglückter Vormarsch gegen Richmond untergruben das Vertrauen in den Sieg des Nordens, und die Entführung Masons und Slidells von der *Trent* durch Captain Wilke beschwor die Gefahr eines Krieges mit Großbritannien herauf. Angst vor Liquiditätsproblemen führte zu einem Run auf die Banken, deren Hartgeldreserven drastisch zurückgingen. Die Folgen waren unausweichlich. Am 30. Dezember setzten die Banken New Yorks ihre Hartgeldauszahlungen aus. Andere Banken folgten dem Beispiel. Mangels Hartgeld konnte der Staat seine Lieferanten, Auftragnehmer und Soldaten nicht mehr bezahlen. Die Kriegswirtschaft in einer der reichsten Nationen der Welt drohte zum Erliegen zu kommen. Lincoln klagte am 10. Januar: »Das Faß hat keinen Boden mehr. Was soll ich tun?«

In der Tat: Was sollte er tun? Da er kein Finanzexperte war, spielte er bei den Bemühungen des Kongresses um eine Bewältigung der Krise kaum eine Rolle. Chase schlug vor, nationale Banken einzuschalten, die ermächtigt waren, durch offizielle Schuldverschreibungen abgesicherte Banknoten auszugeben. Das würde die Währung von den direkten Hartgeldforderungen entlasten, neues Geld in die Wirtschaft pumpen und einen Markt für die Schuldverschreibungen schaffen. Diese Überlegungen trugen schließlich im National-Banking-Act von 1863 Früchte. Der Kongreßabgeordnete Elbridge G. Spaulding aus New York, Vorsitzender des vom Parlament mit der Ausarbeitung von Notmaßnahmen beauftragten Unterausschusses, war hingegen der Meinung, die akute Krise erfordere rascheres Handeln als die langwierigen Prozeduren, die notwendig wären, um ein neues Banksystem zu schaffen. Eine Abordnung von Bankleuten machte Spaulding (der selbst Bankier war) den Vorschlag, den Banken die gesetzliche Möglichkeit zu geben, als Depots für öffentliche Mittel zu fungieren, um mit der verschwenderischen Praxis aufzuräumen, Gold von den Banken in Tresorräume der Regierung zu schaffen, und eine neue Emission von Schuldverschreibungen zu genehmigen, die »am Markt« und nicht zum Nennwert verkauft werden sollten. Da solche Schuldverschreibungen unter pari verkauft werden würden, würden die Investoren auf Kosten der Regierung hohe Zinssätze und große Gewinne erzielen. Spaulding lehnte diesen Vorschlag ab und war strikt gegen »jede Art des Geldmachens der Regierung durch Wall Street oder staatliche Streets ... [und] das Drücken von Regierungsmitteln auf 75 oder 60 Cent pro Dollar«.[33] Statt dessen legte er einen Gesetzentwurf vor, der zur Emission von 150 Millionen Dollar in Schatzanweisungen, das heißt Papiergeld, ermächtigte.

Dieser Gesetzentwurf schien das zweifelhafte Vorbild der Konföderation nachzuahmen, doch gab es einen entscheidenden Unterschied. Die US-Schatzanweisungen sollten gesetzliches Zahlungsmittel sein – zulässig zur Tilgung aller öffentlichen oder privaten Schulden mit Ausnahme von Zinsen auf Schuldverschreibungen der Regierung und von Zöllen. Die Ausklammerung der Schuldverschreibungszinsen war als Alternative zum Verkauf der Schuldverschreibungen unter pari gedacht; man rechnete damit, daß die Zahlung von sechs Prozent Zinsen in Hartgeld für Investoren die Schuldverschreibungen zum Nennwert attraktiv machen würde. Zölle sollten in Hartgeld zahlbar sein, um ausreichende staatliche Einkünfte zur Finanzierung der Schuldverschreibungszinsen sicherzustellen. Bei allen anderen Transaktionen sollten Privatpersonen, Banken und die Regierung selbst US-Schatzanweisungen – die bald *greenbacks,* Laubfrösche, hießen – als gesetzliches Zahlungsmittel akzeptieren.

Die Gegner dieses Plans wendeten ein, das Gesetz über gesetzliche Zahlungsmittel sei verfassungswidrig; als die Väter der Verfassung dem Kongreß die Vollmacht gegeben hätten, »Münze zu schlagen«, hätten sie wirklich »Münzen« gemeint. Zu verlangen, daß zur Begleichung von Schulden aus früheren Verträgen Papiergeld akzeptiert werde, bedeute Eidbruch. Aber der Generalbundesanwalt und die meisten republikanischen Kongreßabgeordneten waren für eine großzügige Auslegung des »Münz«-Rechts und der Verfassungsklausel vom »Notwendigen und Zweckdienlichen«. »Der vorliegende Gesetzentwurf ist eine Kriegsmaßnahme«, erklärte Spaulding im Repräsentantenhaus, »ein *notwendiges Mittel* zur Ausübung der von der Verfassung garantierten Vollmacht, ›Armeen aufzustellen und zu unterhalten‹. [...] Wir leben in außergewöhnlichen Zeiten und müssen zu außergewöhnlichen Mitteln greifen, um unsere Regierung zu retten und unsere nationale Einheit zu wahren.«[34]

Die Gegner der Gesetzesvorlage zweifelten auch an deren Angemessenheit, Sittlichkeit, ja sogar Theorie. Derartige Scheine würden an Wert verlieren, wie die *continentals* der Revolutionszeit an Wert verloren hatten und gegenwärtig die Scheine der Konföderierten an Wert verloren. »Menschlicher Witz«, meinte der demokratische Kongreßabgeordnete George Pendleton aus Ohio, »hat bisher kein anderes Mittel entdeckt, Papierwährung auf dem Pariwert zu halten, als ihre rasche, billige und zuverlässige Konvertierbarkeit in Gold und Silber.« Wenn diese Gesetzesvorlage durchgehe, werde »es eine Inflation bei den Preisen geben ... die Einkommen werden entwertet; die Ersparnisse der Armen werden sich in Luft auflösen, der Notgroschen der Witwe wird dahinschmelzen; Schuldverschreibungen, Hypotheken, Banknoten – alles, was einen festen Wert hat, wird seinen Wert verlieren«. Ein Bankier betonte: »Gold und Silber sind der einzige wahre Wertmaßstab. Zu ebendiesem Zweck hat sie der Allmächtige erschaffen.«[35]

Die Befürworter der Vorlage verwiesen auf die Kurzsichtigkeit derartiger Einwände. »Jeder intelligente Mensch weiß, daß geprägtes Geld nicht die Währung des Landes ist«, sagte der republikanische Abgeordnete Samuel Hooper aus Massachusetts. Staatliche Banknoten waren das wichtigste Tauschmittel, auch wenn viele von ihnen entwertet und uneinlösbar waren. Die Frage vor dem Kongreß sei nur, ob die Banknoten einer souveränen Regierung »ebensoviel Substanz« hätten »wie die Noten von Banken, die ihre Hartgeldauszahlungen eingestellt haben«.[36]

Anfang Februar hatten sich die meisten Geschäftsleute und Bankiers von der Notwendigkeit der Gesetzesvorlage über gesetzliche Zahlungsmittel überzeugt und mit ihnen Finanzminister Chase und Fessenden, der Vorsitzende des Finanzausschusses. »Ich bin mit Widerstreben zu dem Ergebnis gelangt, daß die Klausel über das gesetzliche Zahlungsmittel eine Notwendigkeit ist«, erklärte Chase am 3. Februar 1862 dem Kongreß. »*Unverzügliches Handeln ist das Gebot der Stunde. Die Staatskasse ist nahezu leer.*« Fessenden hielt die Maßnahme für »verfassungsrechtlich zweifelhaft ... Sie ist arglistig ...Sie widerspricht allen meinen Vorstellungen von politischer, moralischer und nationaler Ehre«. Gleichwohl »kommt es nicht in Betracht, die Regierung in einer solchen Krise ohne Ressourcen zu lassen«. Daher stimmte Fessenden für die Vorlage.[37] Dasselbe taten drei Viertel seiner republikanischen Kollegen im Kongreß; sie überstimmten um ein geringes die drei Viertel der Demokraten, die dagegen stimmten. Mit der Unterzeichnung durch Lincoln am 25. Februar erlangte der Legal-Tender-Act Gesetzeskraft.

Dieses Gesetz schuf eine nationale Währung und veränderte die monetäre Struktur der Vereinigten Staaten. Es pochte auf die nationale Souveränität, um einen Krieg gewinnen zu helfen, der um die Bewahrung dieser Souveränität geführt wurde. Es verschaffte der Staatskasse die Mittel, ihre Rechnungen zu bezahlen, stellte das Vertrauen der Investoren wieder her, ermöglichte damit den Verkauf zu pari der gleichzeitig genehmigten 500 Millionen Dollar an neuen sechsprozentigen Schuldverschreibungen und machte die Gelder frei, die während der Finanzkrise im Dezember gehortet worden waren. Alle diese segensreichen Dinge traten ein, ohne daß es zu der vom politischen Gegner prophezeiten ruinösen Inflation kam und obwohl im Juli 1862 die Emission weiterer 150 Millionen in *greenbacks* genehmigt wurde. Das ergab eine Gesamtsumme von 300 Millionen, was annähernd der Menge der in Umlauf befindlichen Schatzanweisungen der Konföderierten entsprach. Während aber der Preisindex im Süden Ende 1862 auf 686 kletterte (im Februar 1861 war es 100), verharrte der Preisindex des Nordens zur selben Zeit bei nur 114. In bezug auf den ganzen Krieg erlebte die Union eine Inflation von nur 80 Prozent (gegenüber den 9000 Prozent bei der Konföderation), vergleichbar den 84 Prozent im Ersten Weltkrieg (1917–1920) und den 70 Prozent im Zweiten Weltkrieg (1941–1949, einschließlich der Nachkriegszeit nach Aufhebung der kriegsbedingten Preiskontrollen). Obwohl die mangelnde Hartgelddeckung der *greenbacks* einen Spekulationsmarkt für Gold schuf, stieg die »Goldprämie« nicht drastisch, außer in Zeiten militärischer Rückschläge der Union. In den vier Monaten nach Verabschiedung des Legal-Tender-Act stieg die Goldprämie nur auf 106 (so daß 100 Golddollar 106 *greenback*-Dollar wert waren).

Für den Erfolg des Legal-Tender-Act waren drei Gründe ausschlaggebend. Der erste war die Stärke der nördlichen Wirtschaft, der zweite der glücklich gewählte Zeitpunkt des Gesetzes, das in den Monaten militärischer Erfolge der Union im Frühjahr 1862 in Kraft trat, so daß die *greenbacks* von einer starken Woge allgemeiner Siegeszuversicht getragen wurden, und der dritte Grund war die Verabschiedung eines umfassenden Steuergesetzes am 1. Juli 1862, das viel von dem Inflationsdruck auffing, den die *greenbacks* erzeugten. Die Union hatte schließlich anderthalbmal mehr Kriegseinkünfte aus Steuern als aus der Emission von Papiergeld – in deutlichem Gegensatz zu den Konföderierten.[38]

Der Internal-Revenue-Act von 1862 besteuerte so gut wie alles; es war ein Wunder, daß er nicht auch noch die Luft besteuerte, die der Norden atmete. Man erhob Vergnügungssteuern auf Spirituosen, Tabak und Spielkarten, Luxussteuern auf Kutschen, Segelschiffe, Billardtische, Schmuck und sonstigen Aufwand, Steuern auf Markenarzneimittel und Zeitungsannoncen, Gewerbesteuern für fast jeden erdenklichen Berufsstand mit Ausnahme des Klerus, Stempelsteuern, Steuern auf die Bruttoeinkünfte von Unternehmen, Banken und Versicherungsgesellschaften sowie eine Steuer auf die an Investoren gezahlten Dividenden oder Zinsen, Mehrwertsteuern auf Fertigerzeugnisse und Fleischwaren, eine Erbschaftssteuer und eine Einkommensteuer. Das Gesetz sah auch die Schaffung eines Bureau of Internal Revenue vor, das seither einen festen Bestandteil der Bundesregierung bildet, obwohl die meisten besagten Steuern (einschließlich der Einkommensteuer) einige Jahre nach Beendigung des Krieges aufgehoben wurden. Das Verhältnis des amerikanischen Steuerzahlers zur Regierung wurde nie wieder, was es gewesen war.

Der Internal-Revenue-Act war in verschiedener Hinsicht erstaunlich modern. Er behielt die Steuer bei Gehältern von Staatsbeamten und bei Unternehmensdividenden gleich ein. Er erweiterte die progressiven Züge der schon geltenden Einkommensteuer, indem er die ersten 600 Dollar unbesteuert ließ, von Einkommen zwischen 600 und 10000 Dollar drei Prozent erhob und von Einkommen über 10000 Dollar fünf Prozent.[39] Die ersten 1000 Dollar eines Vermächtnisses waren erbschaftssteuerfrei. Betriebe von weniger als 600 Dollar Wert waren von der Mehrwert- und der Umsatzsteuer befreit. Verbrauchssteuern lasteten hauptsächlich auf Produkten, die von den Reichen gekauft wurden. Zur Erklärung dieser progressiven Elemente sagte der Vorsitzende des Ways-and-Means-Komitees, Thaddeus Stevens: »Während die Reichen und Prosperierenden genötigt sein werden, in großem Umfang vom Überfluß ihrer Mittel abzugeben ... sind dem fleißigen Arbeiter und Handwerker keine Lasten aufgebürdet worden. [...] Das Brot des Armen bleibt unbesteuert, und ... unter den Maßgaben dieser Vorlage wird niemand zu leiden haben, dessen Lebensunterhalt allein von seiner Hände Arbeit abhängt.«[40]

Ob die Lohnempfänger der Nordstaaten diese Rücksichtnahme zu schätzen wußten, ist schwer zu sagen. Zu dem Zeitpunkt, da das Steuergesetz in Kraft trat, spürten viele von ihnen bereits die Inflation. Die Preissteigerungen waren zwar bei weitem nicht so entscheidend wie im Süden, führten aber dennoch bei den Arbeitern der Nordstaaten in den Jahren 1863 und 1864 zu einem durchschnittlichen Rückgang der Reallöhne um 20 Prozent. Nach der klassischen Wirtschaftstheorie hätte der durch den kriegsbedingten Rückgang der Einwanderung und die Einziehung der Werktätigen zur Armee verursachte Arbeitskräftemangel bewirken müssen, daß die Löhne mit den Lebenshaltungskosten zumindest Schritt hielten oder sie gar übertrafen. Daß dies nicht geschah, dürfte drei Gründe gehabt haben: zum einen eine gewisse Konjunkturflaute aufgrund der Nachwirkungen der Börsenpanik von 1857 sowie einen neuerlichen Börsenkrach samt Konjunkturabschwächung infolge der Sezession von 1861, was bedeutete, daß erst 1862 das Überangebot an Arbeitskräften in Arbeitskräftemangel umschlug, sodann die kriegsbedingte Beschleunigung der Mechanisierung gewisser Schlüsselindustrien, die dazu beitrug, den engen Arbeitsmarkt zu entlasten – beispielsweise wurden während des Krieges mehr Mähmaschinen für die Getreide- und Heuernte hergestellt als je zuvor, was den Bedarf an landwirtschaftlichen Arbeitskräften verringerte, die Produktivität der Näherinnen, die Uniformen und sonstige Bekleidungsstücke herstellten, steigerte sich durch die Nähmaschine, und die Blake-McKay-Maschine zum Montieren des Schuhoberteils auf die Sohle verringerte den Zeitaufwand für diesen Vorgang um 90 Prozent –, und schließlich die erhebliche Ausweitung der Frauenarbeit in vielen Berufen, von der Verwaltung und dem Heeressanitätsdienst bis zur Arbeit auf dem Feld und in der Fertigung. In der Landwirtschaft konnten die Frauen durch vermehrten Einsatz von Landmaschinen weitgehend die Lücken schließen, die die Einziehung von fast einer Million Bauern und Landarbeitern zum Nordstaatenheer hinterlassen hatte. »Ich sah mehr Frauen als Männer auf der Straße Pferdegespanne führen oder auf dem Feld arbeiten«, schrieb im Herbst 1862 ein Reisender aus Iowa. Als Beweis für »die große Revolution, die das Maschinenwesen in der Landwirtschaft bewirkt«, berichtete ein anderer Beobachter im Jahr darauf, er habe gesehen, wie »eine stramme Matrone, deren Söhne bei der Armee sind, mit ihrem Pferdegespann das Gras schnitt. [...] Lässig auf der Schneidemaschine sitzend, schaffte sie jeden Tag mühelos sieben Morgen«. In der Nordstaatenindustrie arbeiteten die Frauen hauptsächlich in Berufen, in denen sie ohnehin schon stark vertreten waren – in der Textil-, Bekleidungs- und Schuhindustrie –, steigerten aber während des Krieges auch ihren Anteil an den Arbeitskräften in der verarbeitenden Industrie von einem Viertel auf ein Drittel. Da Frauen in denselben oder vergleichbaren Positionen viel weniger verdienten als Männer, bedeutete die Erhöhung ihres Anteils an den Arbeitskräften, daß die Lohnsteigerungen im Durchschnitt niedrig blieben.[41]

Daß die Löhne den Anstieg der Lebenshaltungskosten nicht auffingen, bot besonders 1863 und 1864 Anlaß zu Protesten und Streiks. Nicht wenige Streiks führten schließlich zu erheblichen Lohnerhöhungen, zumal in den Facharbeiterberufen und der Schwerindustrie, wo Maschinen und Frauen wenig gegen den nun akuten Arbeitskräftemangel ausrichten konnten. Im letzten Kriegsjahr hatten die Reallöhne in vielen dieser Berufe wieder das Vorkriegsniveau erreicht, und sie sollten nach Beendigung des Krieges weiter erhöht werden. Für ungelernte Arbeiter und Frauen dagegen blieben niedrige Löhne und Inflation ein Übelstand: »Wir können nicht mehr von dem leben, was uns die Unternehmer bieten. Sie mästen sich an ihren Arbeitsverträgen, indem sie aus der Arbeitskraft ihrer Werktätigen riesige Profite schlagen«, schrieb 1864 eine Gruppe von Näherinnen – im Krieg wie im Frieden die am meisten ausgebeuteten Arbeiterinnen –, die Armeeuniformen herstellten.[42]

Politische Agitation und Streiks während des Krieges sowie der Stolz der Arbeiter auf ihren Beitrag zum Sieg des Nordens bewirkten, daß die Werktätigen immer militanter wurden und sich organisierten. Schon während des Krieges entstanden einige neue Gewerkschaften, und eine Reihe von Arbeiterzeitungen wurden gegründet. Damit war der Weg geebnet für die Gründung eines Dachverbandes, der National Labor Union, im Jahre 1866. Der kriegsbedingte Aufschwung trug dazu bei, daß am Vorabend des Börsenkrachs von 1873 mehr Industriearbeiter als je zuvor Mitglied einer Gewerkschaft waren.

III

Die zweite Sitzung des 37. Kongresses (1861 auf 1862) brachte so viele Neuerungen wie kaum eine andere in der amerikanischen Geschichte. Die Parlamentarier gestalteten nicht nur das Steuer- und Währungssystem des Landes völlig um und taten einiges zur Abschaffung der Sklaverei,[43] sie verabschiedeten auch Gesetze von weitreichender Bedeutung für die Verfügung über öffentliche Ländereien, die Zukunft des College- und Universitätswesens und den Bau transkontinentaler Eisenbahnen. Diese Leistungen waren um so bemerkenswerter, als sie in eine Zeit fielen, in der jeder Gedanke dem Krieg galt. Allerdings ermöglichte justament der Krieg – beziehungsweise das Fehlen der Südstaatler im Kongreß – die Verabschiedung dieser hamiltonianisch-whig-republikanischen Maßnahmen zur Förderung der sozioökonomischen Entwicklung durch die Regierung.

Nachdem sie für die Wähler des Nordwestens einen Homestead-Artikel in ihr Parteiprogramm von 1860 aufgenommen hatten, wehrten die Republikaner die zaghaften Einwände der Demokraten und der Grenzstaaten linker Hand ab und verabschiedeten am 20. Mai 1862 den Homestead-Act. Das Gesetz bestimmte, daß ein Siedler (beziehungsweise eine Siedlerin – über das Geschlecht machte es keine Aussage) 160 Morgen bundeseigenen Landes besitzen durfte, wenn er (beziehungsweise sie) das Land fünf Jahre lang bewohnt und kultiviert hatte. Der Homestead-Act wurde zwar zu keinem Zeitpunkt der blauäugigen Vision mancher Träumer gerecht, die »jedem Armen seine Farm« versprochen hatten, aber er trug maßgeblich zu dem enormen Aufbruch gen Westen bei, der nach dem Krieg einsetzte. Noch vor Beendigung des Krieges hatten 25 000 Siedler ihre Claims auf über drei Millionen Morgen abgesteckt – Vorläufer jener rund 500 000 Farmerfamilien, die schließlich 80 Millionen Morgen Homestead-Land besiedelten.

Seit Jahren hatte Justin Morrill aus Vermont – Begründer der republikanischen Zollgesetzgebung von 1861 und Vorsitzender des parlamentarischen Unterausschusses, der den Internal-Revenue-Act ausgearbeitet hatte – sich für eine Gesetzesvorlage eingesetzt, die für die Einzelstaaten bundeseigenes Land zur Förderung der höheren Bildung »in Landwirtschaft und Handwerk« ausweisen sollte. Die Vorlage sah vor, jedem Einzelstaat (auch den Südstaaten, sofern sie zur Union zurückkehrten) 30 000 Morgen bundeseigenen Landes pro Kongreßabgeordneten und Senator zuzuweisen. Da New York, Pennsylvania und andere volkreiche Staaten nach diesem Plan den Löwenanteil erhalten würden, das bundeseigene Land, das sie bekommen sollten, jedoch im Westen der Union lag, schmeckte der Plan vielen Weststaatlern gar nicht. Gleichwohl sprachen sich so viele Weststaaten-Republikaner für die Gesetzesvorlage aus – zum Teil als Ausgleich für oststaatliches Entgegenkommen beim Homestead-Act –, daß der Morrill-Act am 2. Juli 1862 verabschiedet werden konnte. Zur Sicherheit schuf der Kongreß auch gleich ein Landwirtschaftsministerium. Vom Erfolg der Collegebewegung auf bundeseigenem Boden zeugten später der Aufbau erstrangiger Einrichtungen in vielen Einzelstaaten sowie weltberühmte Universitäten in Ithaca, Urbana, Madison, Minneapolis und Berkeley.

In den 50er Jahren hatte der Konflikt um die Route einer transkontinentalen Eisenbahn die Inanspruchnahme staatlicher Hilfe beim Bau einer solchen Bahnlinie vereitelt. 1862 aber, vom südlichen Klotz am Bein befreit, legten die Yankeeparlamentarier los. Am 1. Juli, dem Tag, an dem auch der Internal-Revenue-Act in Kraft trat, unterzeichnete Lincoln den Pacific-Railroad-Act. Danach stellte der Bund 6400 Morgen bundeseigenen Landes pro Meile zur Verfügung (später doppelt soviel) und lieh Gesellschaften, die zum Bau der Eisenbahn von Omaha zur Bucht von San Francisco entstanden, 16000 Dollar pro Meile (für den Eisenbahnbau in den Prärien) und 48000 Dollar pro Meile (in den Bergen) in Form von Schuldverschreibungen der Regierung. Diese Maßnahme, die darauf abzielte, privates Kapital anzulocken, hatte spektakulären Erfolg. Die ersten Schienen wurden 1863 östlich von Sacramento verlegt; sechs Jahre später verband in Promontory (Utah) ein goldener Nagel die Trasse der Central Pacific mit der Union Pacific. Weitere staatliche Landzuweisungen an Transkontinentalbahnen folgten und beliefen sich schließlich auf 120 Millionen Morgen. Zwar wurden diese Eisenbahnen zu einer Quelle der Korruption und des Machtpokers in der Politik, aber die meisten Amerikaner sahen 1862 die staatliche Hilfe für den Eisenbahnbau als eine allen Gesellschaftsgruppen zugute kommende Investion in die nationale Einheit und das wirtschaftliche Wachstum an.

Das war der Grundgedanke, der allen drei Landzuweisungsgesetzen von 1862 zugrunde lag. Bis zu einem gewissen Grad kamen diese Gesetze einander in die Quere; in den folgenden Jahren konkurrierten Siedler, Universitäten und Eisenbahnen um ihren Teil an ein und demselben Boden. Aber die 225 Millionen Morgen, die die Regierung schließlich nach Maßgabe dieser Gesetze vergab, stellten nur einen Bruchteil der zwei Milliarden Morgen bundeseigenen Landes dar. Und trotz Vergeudung, Korruption und Ausbeutung halfen diese Landzuweisungen, ein riesiges Gebiet zu bevölkern, mit Schulen auszustatten und mit stählernen Schienen zu durchziehen.

Mit seinen Gesetzen zur Finanzierung des Krieges, zur Befreiung der Sklaven und zur Investition von bundeseigenem Land in künftiges Wachstum hat der 37. Kongreß mehr als irgendein anderer dazu beigetragen, den Gang des nationalen Lebens zu ändern. Dieser Kongreß entwarf, wie ein Forscher zutreffend schreibt, »die Blaupause des modernen Amerika«. Er half auch gestalten, was die Historiker Charles und Mary Beard die »zweite amerikanische Revolution« genannt haben, in deren Verlauf »die Kapitalisten, Arbeiter und Bauern des Nordens und Westens die Oberschicht der Plantagenbesitzer des Südens aus ihren Machtpositionen in der nationalen Regierung vertrieben ... und ungeheure Veränderungen in der Struktur der Klassen, der Akkumulation und Verteilung des Reichtums, der Geschwindigkeit der industriellen Entwicklung und der von den Gründungsvätern ererbten Verfassung bewirkten«.[44] Dieses neue Amerika des

Handels im großen Stil, der Schwerindustrie und der kapitalintensiven Landwirtschaft, das Großbritannien überflügelte, um 1880 die führende Industrienation der Erde und über weite Strecken des 20. Jahrhunderts der Brotkorb der Welt zu werden – dieses Amerika wäre wahrscheinlich auch entstanden, wenn es den Bürgerkrieg nicht gegeben hätte. Aber der Krieg prägte die besondere Struktur dieser neuen Gesellschaft, und die Parlamentarier des 37. Kongresses, die den Kauf von Kriegsanleihen mit *greenbacks* und ihre Rückzahlung in Gold sanktionierten und so die Konzentration von Investitionskapital begünstigten, die Südstaateneigentum konfiszierten und die Industrie des Nordens stützten, indem sie innere Märkte erschlossen, durch Schutzzölle sicherten und ihre Zugänglichkeit durch Subventionierung des Transportwesens verbesserten, die bundeseigenes Gebiet besiedeln ließen und seine Kultivierung förderten und die Geld- und Kreditstruktur des Landes rationalisierten: diese Parlamentarier gestalteten in der Tat eine Zukunft, die von der Vergangenheit so sehr verschieden war, daß sie die Bezeichnung »Revolution« verdiente.

Gewiß mangelte es der Revolution nicht an ironischen Brechungen. Abgeordnete der westlichen Staaten waren die stärksten Befürworter des Legal-Tender-Act und des National-Banking-Act gewesen, um jener Instabilität und regionalen Unausgewogenheit des Geld- und Kreditsystems abzuhelfen, die den westlichen Staaten am meisten zu schaffen machte. Abgeordnete und Bankiers aus dem Osten, die mit dem bestehenden System zufriedener waren, zeigten sich gleichgültig oder ablehnend. Weststaatler waren auch die stärksten Befürworter einer Bundeshilfe für den Bau einer transkontinentalen Eisenbahn gewesen, während die Oststaatler, die bereits über ein gutes Transportsystem verfügten, weniger enthusiastisch waren. Als Folge dieser Gesetze nahm jedoch die Kontrolle östlicher Bankiers, Kaufleute und Investoren über die Kredit-, Transport- und Marktstruktur des Landes zu. In den 90er Jahren empörten sich die Farmer des Westens und Südens gegen ihre »Sklaverei« im Dienst einer östlichen »Geldmacht«, die ihnen angeblich das Lebensblut aussaugte. Sechzig Jahre früher hatten jacksonianisch gesinnte Handwerker und Kleinbauern mit Argwohn die Revolution des Transportwesens, das Wachsen der Banken und die Herausbildung eines auf Lohnarbeit basierenden Kapitalismus beobachtet – Dinge, die offenbar ihre republikanische Unabhängigkeit bedrohten. In den 90er Jahren nun hatte dieses Wirtschaftssystem auch in den entferntesten Winkeln des Landes seinen Einzug gehalten. Wohl zum letzten Male erhoben sich besorgte Amerikaner im Namen des Jeffersonschen Republikanismus und versuchten die Gegenrevolution gegen die zweite amerikanische Revolution mit ihrer kapitalistischen Arbeitsorganisation. Neuerlich hallte das Land wider von der Rhetorik der Regionalinteressen –

diesmal standen der Süden und Westen gegen den Nordosten –, als bei einer Präsidentenwahl unter populistischen Vorzeichen ein früherer Unionsgeneral mit einem früheren Konföderiertengeneral als seinem Vize antrat.

Aber das ist eine Geschichte, die nicht hierher gehört. Bevor freilich diese Geschichte erzählt werden konnte, bevor die »zweite amerikanische Revolution« die »Blaupause des modernen Amerika« entwerfen konnte, mußte der Norden erst einmal den Krieg gewinnen. Die Aussichten auf den Sieg verschlechterten sich im Sommer 1862 unversehens, als »Stonewall« Jackson und Robert E. Lee die Kriegsmaschine der Union zum Entgleisen brachten.

15.

Katzenjammer am Chickahominy

I

Im Mai 1862 schienen die Zukunftsaussichten der Konföderation trübe. Der größte Teil des Mississippitals war in feindlicher Hand. In Virginia waren die 100 000 Mann von McClellans Armee so nahe an Richmond herangerückt, daß sie die Kirchenglocken hören konnten. Das Korps Irvin McDowells, das Lincoln zum Schutz Washingtons bei Fredericksburg zurückgehalten hatte, war im Aufbruch nach Süden begriffen, um zum rechten Flügel McClellans zu stoßen. Das würde die Unionstruppen, die sich um Richmond zusammenzogen, auf 135 000 Mann bringen – mehr als doppelt soviel, wie Joseph E. Johnston aufbieten konnte. Zwar ließ McClellans bisherige Kriegführung eher die Belagerung Richmonds als einen Angriff auf Johnstons Armee erwarten; gleichwohl schien die Einnahme Richmonds nur noch eine Frage der Zeit zu sein.

Der nächste Akt des Dramas spielte sich jedoch nicht vor den Toren Richmonds ab, sondern 100 Meilen weiter nordwestlich, im Tal des Shenandoah. »Stonewall« Jackson, der die aufständischen Kräfte in diesem strategisch wichtigen Gebiet befehligte, war auf 17 000 Mann verstärkt worden, und zwar durch eine Division aus der Armee Johnstons. Ihr Kommandeur war Richard B. Ewell, ein exzentrischer, kahlköpfiger Junggeselle von 45 Jahren, der mit seiner Hakennase und der Angewohnheit, den Kopf schief zu halten, an einen Vogel erinnerte. Alles an Ewell wirkte ulkig. Wegen eines Magengeschwürs aß er nur in Milch gekochten geschälten Weizen mit Rosinen und Eigelb. Und beim Fluchen pflegte er zu lispeln. Er war ein gefundenes Fressen für Späße am Lagerfeuer, aber ein noch komischerer Kauz war Jackson selbst. Angetan mit einem alten Armeemantel, den er schon im Mexikanischen Krieg getragen hatte, und auf dem Kopf ein Kadettenkäppi vom Virginia Military Institute mit zerbrochenem Schirm, lutschte Jackson dauernd Zitronen, um seine Verdauungsstörungen zu beheben, und vermied es, seine Speisen mit Pfeffer zu würzen, weil er den für Schmerzen im linken Bein verantwortlich machte. Er war ein strenger Zuchtmeister und hatte seinen in Manassas errungenen Ruhm mit einem gescheiterten Winterfeldzug nach West-Virginia befleckt, was einige seiner Leute an den Rand der Meuterei getrieben hatte. Als frommer Presbyterianer wirkte er auf manche seiner Kollegen wie ein religiöser Fanatiker. Er war verschlossen, humorlos und geheimniskrämerisch und erklärte seinen Leuten nur ungern den Sinn eines Befehls. Seine strategische Hauptmaxime – »den Gegner immerzu verwirren, irreführen und verblüffen« – schien er auch auf die eigenen Leute anzuwenden.[1] Vor dem 8. Mai 1862 hielten ihn viele seiner Leute für verrückt und nannten ihn »Old Tom Fool«. Die Ereignisse dieses Monats bewiesen ihnen, daß er schlau war wie ein Fuchs. Diese Ereignisse machten Jackson zum größten Helden des Südens, bis ihn ein anderer, noch gerissenerer Fuchs verdrängte, der nichts Fanatisches an sich hatte: Robert E. Lee.

Lee war es, der Jackson in das Shenandoahtal schickte. Er fungierte als Jefferson Davis' Militärberater und entwarf ein Ablenkungsmanöver zum Shenandoah, um McDowells Unionskorps den Weg zu McClellan zu verlegen. Schon einmal, nach der Schlacht bei Kernstown im März, hatte das nordstaatliche Kommando die Truppenverlegung vom Shenandoahtal nach Ost-Virginia abgeblasen. Inzwischen hatte sich eine der drei Divisionen von Nathaniel Banks, die westlich des Blue Ridge gelegen hatte, in Richtung Osten in Bewegung gesetzt, und eine weitere machte sich marschbereit. Lee hoffte, beide mit einer Offensive Jacksons zur Rückkehr zu zwingen. Es waren Lees erste Gehversuche in jener Offensiv-Defensiv-Strategie, die seine Spezialität werden sollte. Und solange Jackson lebte, befehligte er die mobilen Kräfte, die Lee als Speerspitze seiner Strategie einsetzte. Das tat er auch jetzt, und zwar mit einer Reihe von Manövern, die den Gegner in der Tat irreführten, verwirrten und verblüfften.

Anfang Mai marschierte Jackson mit einem Teil seiner Armee nach Osten über den Blue Ridge. Späher der Bundestruppen meldeten, er bewege sich in Richtung Richmond-Front. Dasselbe glaubten Jacksons eigene Leute. Kaum hatten sie aber die Bahnlinie bei Charlottesville erreicht, lud Jackson sie auf Güterwagen und fuhr mit ihnen zurück nach Westen über den Blue Ridge nach Staunton. Von dort führte er 9000 Mann einige Meilen weiter westlich über Gebirgspässe zu dem Dorf McDowell, wo sie am 9. Mai eine halb so große Unionstruppe stellten und besiegten. Diese Blauröcke gehörten zu einer 25000-Mann-Armee, die John C. Frémont in West-Virginia zusammenzog, um mit ihr 250 Meilen nach Süden zu fahren und Knoxville zu erobern. Dieser unausführbare Plan war zu gleichen Teilen der Soldatenromantik Frémonts und dem Wunsch Lincolns nach Befreiung des östlichen Tennessee entsprungen. Jacksons Überraschungsangriff machte diese Kampagne zunichte, bevor sie begonnen hatte.

»Stonewall« marschierte nun mit seinen Leuten zurück ins Shenandoahtal nach Harrisonburg. Banks' letzte noch verbliebene Division hatte sich kurz zuvor nordwärts nach Strasburg zurückgezogen, wo sie sich verschanzte. Jackson tat zunächst so, als setze er ihr nach, schwenkte aber in New Market plötzlich nach Osten über den Massanutten Mountain, der hier das Shenandoahtal in zwei kleinere Täler teilt. Jackson hatte Stunden mit dem Studium der Landkarten des Shenandoahtals verbracht, die ihm sein glänzender Militärtopograph Jedediah Hotchkiss angefertigt hatte. Diese Mühe machte sich jetzt bezahlt. Während Jacksons flinke Kavallerie unter Turner Ashby einen Scheinangriff auf der Mautstraße nach Strasburg ritt und Banks zu der Annahme verleitete, die Rebellen nahten auf diesem Weg, erfolgte der Hauptstoß der Konföderierten im Luraytal östlich des Massanutten Mountain. Hier überwältigten die Truppen Jacksons und Ewells mit vereinten Kräften am 23. Mai den kleinen Unionsvorposten in Front Royal. Jackson war jetzt nur noch zehn Meilen von Banks' Flanke entfernt, mit einer Streitmacht, die mehr als doppelt so groß war wie die Unionsdivision.

Bei allen diesen raschen Täuschungsmanövern kamen Jackson einheimische Späher und Kundschafter zu Hilfe, die die Gegend wie ihre Westentasche kannten. Die nordstaatlichen Truppenkommandanten hatten diesen Vorteil nicht. Mehr noch, Talbewohner wie Belle Boyd aus Front Royal hielten Jackson über die Bewegungen der Bundestruppen auf dem laufenden. Banks hatte es nicht nur mit Jacksons Armee zu tun, sondern auch mit einer feindselig gestimmten Zivilbevölkerung – ein Problem, vor dem jede Invasionsarmee der Union stand und das aus diesem Krieg einen Krieg nicht nur der Militärs, sondern auch der Bevölkerung machte.

Ohne Nachsicht für die Schwäche des Fleisches hatte Jackson seine Infanterie in mörderischem Tempo vorwärtsgepeitscht. »Jeden, der müde und erschöpft war oder am Wegrand zusammenbrach, stufte er als schlechten Patrioten ein«, berichtete ein Offizier. »Selbst wenn ein Mann weiß wie Baumwolle im Gesicht war und sein Puls so schwach ging, daß man ihn kaum noch fühlte, sah er in ihm bloß den untauglichen Soldaten und ritt ungeduldig davon.« Ewell erfaßte die Lage und befahl seinen Kolonnen, sich von allem überflüssigen Marschgepäck zu befreien. »Wir können auf alles verzichten bis auf Proviant und Munition«, erklärte er. »Den Weg zum Ruhm kann man nicht schwer bepackt antreten.«[2] Jacksons Männer liefen barfuß, sie hatten Blasen an den Füßen und waren erschöpft von 160 Meilen Fußmarsch und zwei Schlachten in zwei Wochen. Aber sie nannten ihn nicht mehr »Tom Fool«. Jetzt hieß er »Old Jack«, und sie waren stolz darauf, daß sie als »Jacksons Fußkavallerie« bekannt wurden.

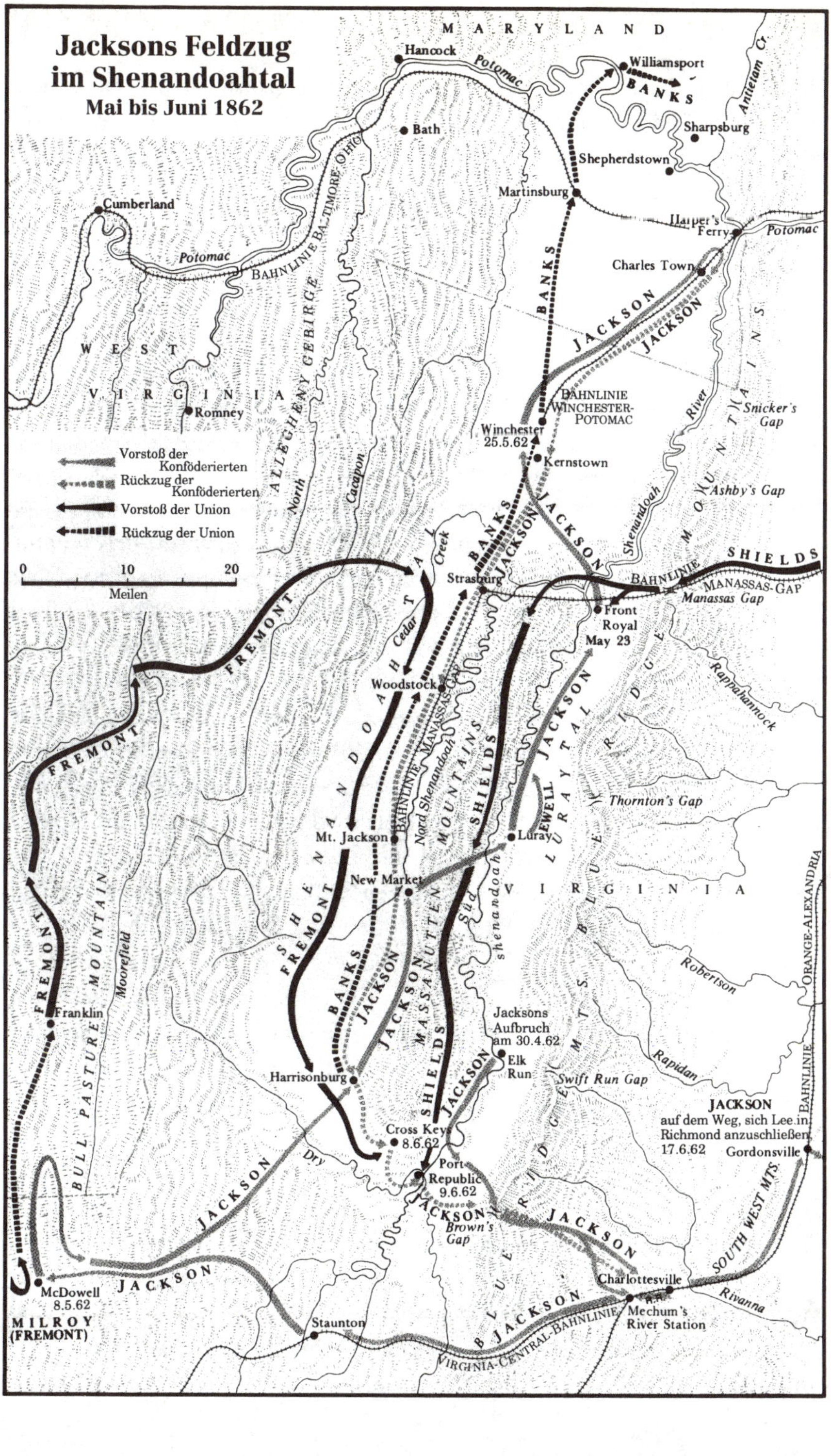
Jacksons Feldzug
im Shenandoahtal
Mai bis Juni 1862
M A R Y L A N D
Hancock
Potomac
Williamsport
B A N K S
Antietam Cr.
Bath
Sharpsburg
Shepherdstown
Martinsburg
Harper's Ferry
Potomac
Cumberland
Potomac
BAHNLINIE BALTIMORE-OHIO
ALLEGHENY GEBIRGE
Charles Town
B A N K S
J A C K S O N
J A C K S O N
W E S T
V I R G I N I A
Romney
BAHNLINIE WINCHESTER-POTOMAC
Winchester 25.5.62
Kernstown
River
Snicker's Gap
Shenandoah
Ashby's Gap
North
Cacapon
Vorstoß der Konföderierten
Rückzug der Konföderierten
Vorstoß der Union
Rückzug der Union
0
10
20
Meilen
B A N K S
J A C K S O N
J A C K S O N
S H I E L D S
BAHNLINIE MANASSAS-GAP
Manassas Gap
Strasburg
Front Royal May 23
Creek
Cedar
F R E M O N T
F R E M O N T
Woodstock
BAHNLINIE MANASSAS-GAP
Nord Shenandoah
M O U N T A I N S
S H I E L D S
J A C K S O N
L U R A Y T A L
E W E L L
Rappahannock
Thornton's Gap
B L U E R I D G E
Mt. Jackson
Luray
New Market
V I R G I N I A
S H E N A N D O A H
T A L
F R E M O N T
Süd
Shenandoah
MOUNTAIN
Moorefield
F R E M O N T
B A N K S
J A C K S O N
J A C K S O N
M A S S A N U T T E N
S H I E L D S
Robertson
ORANGE-ALEXANDRIA
Franklin
BULL PASTURE MOUNTAIN
Jacksons Aufbruch am 30.4.62
Elk Run
Swift Run Gap
Rapidan
Harrisonburg
J A C K S O N
BAHNLINIE
JACKSON
auf dem Weg, sich Lee in Richmond anzuschließen, 17.6.62
Gordonsville
Cross Keys 8.6.62
Dry
Port Republic 9.6.62
J A C K S O N
J A C K S O N
Brown's Gap
J A C K S O N
SOUTH WEST MTS.
J A C K S O N
McDowell 8.5.62
J A C K S O N
Charlottesville
Mechum's River Station
Rivanna
J A C K S O N
M I L R O Y
(FREMONT)
Staunton
VIRGINIA-CENTRAL-BAHNLINIE

Sie sollten diesen Stolz noch brauchen, um durchzuhalten; vor ihnen lagen noch härtere Märsche und Kämpfe. Nachdem ihm der Ernst seiner Lage aufgegangen war, räumte Banks im Eiltempo Strasburg und zog sich zu seiner Basis in Winchester, zwanzig Meilen weiter nördlich, zurück. Jacksons übermüdete Truppen hetzten am 24. Mai hinter ihm her, überfielen seinen Wagenzug und erbeuteten willkommenen Proviant. Der Hauptteil von Banks' Truppen gewann jedoch den Wettlauf nach Winchester und stellte sich dort dem Kampf. Im Morgennebel des 25. Mai attackierten im Bergland südlich und westlich der Stadt rund 15000 Rebellen 6000 Yankees. Nach kurzem, heftigem Kampf erlagen die Bundestruppen dem Druck und strömten nordwärts, um sich jenseits des 35 Meilen entfernten Potomac in Sicherheit zu bringen. Ashbys undisziplinierte Kavallerie hatte sich in einen Haufen von Plünderern aufgelöst; die Männer durchstöberten die Unionslager nach Beute oder führten, wenn es nicht weit war, gefangene Pferde zu sich nach Hause. Ohne Kavallerie und mit einer ausgelaugten Infanterie konnte Jackson den versprengten Blauröcken nicht nachsetzen. Aber auch so hatten ihm die Siege von Front Royal und Winchester 2000 Gefangene, 9000 Gewehre und eine solche Menge an Lebensmitteln und Medikamenten beschert, daß Jacksons Leute ihrem Gegner den Spitznamen »Proviantmeister Banks« verpaßten.

Jacksons Feldzug bewirkte die von Lee erhoffte Entlastung Richmonds. Als Lincoln am 24. Mai von der Einnahme Front Royals durch Jackson erfuhr, traf er umgehend zwei Entscheidungen. Erstens befahl er Frémont, seine Truppen ostwärts nach Harrisonburg im Shenandoahtal zu führen, von wo sie nach Norden marschieren und Jackson von hinten angreifen konnten. Zweitens stoppte er McDowells Bewegung von Fredericksburg gegen Richmond und gab ihm Weisung, schleunigst zwei Divisionen in das Tal zu schicken, um Jackson in der Flanke zu fassen. McClellan wie McDowell wandten ein, daß diese Aktion dem Gegner in die Hände spiele. Sie sei »ein vernichtender Schlag für uns«, drahtete McDowell an Lincoln. »Dort werde ich nichts für Sie holen, hier viel für Sie verlieren.«[3] Trotzdem führte er den Befehl aus. Ins Shenandoahtal zurückgekehrt, entsandte er die Division James Shields', die Banks ihm erst wenige Tage zuvor zugeführt hatte. McDowell selbst folgte mit einer weiteren Division. Lincoln, der in Washington im Telegraphenamt des Kriegsministeriums saß, bombardierte die drei getrennten Kommandos – Frémont, Banks, McDowell – mit Telegrammen, in der Hoffnung, sie wie Springer und Läufer auf dem militärischen Schachbrett hin und her zu bewegen. Aber seine Generäle bewegten sich zu langsam oder in der falschen Richtung. Anstatt bei Harrisonburg in das Tal zu gelangen, fand Frémont die Pässe von wenigen feindlichen Kräften blockiert und marschierte 40 Meilen nach Norden, um einen Übergang nordwestlich von Strasburg zu nehmen. Das brachte Lincoln in Rage, weil es Jacksons 16 000 Mann die Chance gab, im Süden über Strasburg zu entkommen, bevor Frémonts 15 000 Mann und Shields' 10 000 Mann (denen weitere 10 000 auf dem Fuße folgten) sie von Osten und Westen in die Zange nehmen konnten.

Genau so kam es dann auch. Nach der Schlacht bei Winchester war Jackson bis auf wenige Meilen an Harper's Ferry herangerückt, um den Eindruck zu erwecken, er wolle über den Potomac setzen. Am 30. Mai war seine Truppe fast doppelt so weit von Strasburg entfernt wie die sich einander nähernden Truppen Frémonts und Shields'. Nur etwas Kavallerie stand der Zangenbewegung der Union im Wege. Aber eine seltsame Lethargie schien die nordstaatlichen Befehlshaber befallen zu haben. »Jacksons Fußkavallerie« eilte am 30. Mai Tag und Nacht gen Süden, während die Blauröcke zauderten. Am 1. Juni räumten die Rebellen Strasburg und schleppten sich weiter nach Süden, während Frémont und Shields, endlich aufgewacht, sich an ihre Fersen hefteten. In den folgenden paar Tagen kam es zu einer erbitterten Jagd. Frémont verfolgte Jackson auf der Mautstraße durch das Tal, während Shields parallel zu ihnen, aber östlich des Massanutten Mountain nach Süden zog. Ashbys Kavallerie verbrannte vier Brücken, um die Unionstruppen aufzuhalten. Es gab mehrere Nachhutgefechte der Kavallerie; bei einem von ihnen fiel Ashby, mittlerweile zu einem romantischen Helden des Südens geworden. Jackson verlangte seinen Leuten weiterhin das Äußerste ab. Sie gewannen den Wettlauf zur einzigen noch intakten Brücke über den Shenandoah, bei Port Republic am Südende des Tals, wo Jackson fünf Wochen zuvor seinen abenteuerlichen Feldzug begonnen hatte. In diesen Wochen war Jacksons eigene Division mehr als 350 Meilen marschiert (Ewells Division 200 Meilen) und hatte drei Schlachten gewonnen. Jetzt machten sie halt, um erneut zu kämpfen.

Am 8. Juni rückte Frémont mit seinen Truppen gegen Ewells Division vor, die drei Meilen nördlich von Port Republic, in dem winzigen Nest Cross Keys, lag. Frémont führte diesen Angriff schlecht. Obwohl er Ewell im Verhältnis von 11 000 zu 6000 überlegen war, beorderte er nur einen Bruchteil seiner Infanterie zu einem Angriff gegen die konföderierte Rechte. Der Angriff wurde abgewehrt, und Frémont ließ sich auf ein Artillerieduell ein, bei dem nichts herauskam. Angesichts dieser schwachen Leistung traf Jackson eine seiner tollkühnen Entscheidungen. Seine Armee von 15 000 Mann saß zwischen zwei feindlichen Kräften fest, deren vereinigte Stärke nach seiner Schätzung mindestens anderthalbmal so groß war wie seine eigene. Am sichersten wäre es gewesen, sich zum nächsten verteidigungsfähigen Paß im Blue Ridge zurückzuziehen. Aber zwischen den beiden Bundesarmeen unter Frémont und Shields lagen nicht durchwatbare Flüsse, während Jacksons Truppen die einzige Brücke hielten. In der Nacht vom 8. auf den 9. Juni gab Jackson Ewell den Befehl, eine symbolische Truppe für den Kampf mit Frémont zurückzulassen und mit der übrigen Division nach Port Republic zu marschieren. Jackson hatte vor, Shields' Vorhut zu überwältigen und dann kehrtzumachen und Frémont anzugreifen. Der Plan scheiterte am hartnäckigen Widerstand der beiden Brigaden Shields' in Port Republic. Dreitausend Blauröcke behaupteten sich drei Stunden lang gegen die 7000 bis 8000 Mann, die Jackson schließlich ins Treffen führte. Zuletzt obsiegte das zahlenmäßige Übergewicht, aber da war Jacksons Armee bereits zu abgekämpft für den geplanten Angriff gegen Frémont. Der hatte sich an diesem blutigen Morgen des 9. Juni ruhig verhalten. Beide Seiten nahmen ihre Truppen zurück und formierten sich neu. In der folgenden Nacht zog sich Jackson zum Brown's Gap im Blue Ridge zurück.

Jacksons Feldzug im Shenandoahtal wurde berühmt und wird noch heute an Militärakademien als Musterbeispiel dafür studiert, wie Schnelligkeit und Ausnutzung des Geländes eine zahlenmäßige Unterlegenheit wettmachen können. Jacksons Armee von 17000 Mann hatte drei getrennt operierende gegnerische Verbände mit einer Gesamtstärke von 33000 Mann ausmanövriert und fünf Schlachten gewonnen, wobei es Jackson bis auf einmal (Cross Keys) immer gelungen war, überlegene Kräfte auf den Kampfplatz zu führen. Am wichtigsten war, daß Jacksons Feldzug 60000 Unionssoldaten von anderen Aufgaben abgehalten und zwei große strategische Bewegungen gestört hatte: Frémonts Feldzug ins östliche Tennessee und McDowells Plan, vor Richmond zum rechten Flügel McClellans zu stoßen. Jacksons Siege im Shenandoahtal umgaben ihn und seine »Fußkavallerie« mit der Aura der Unbesiegbarkeit. Sie setzten die Siegesserie des Südens auf dem Kriegsschauplatz Virginia fort, die bei Manassas begonnen hatte. Ein Gefreiter der Rebellen schrieb im Rückblick auf den Shenandoahfeldzug: »General Jackson hatte den anderen von Anfang an ›die Pistole auf die Brust gesetzt‹, und dabei blieb es.«[4] Der Soldat meinte das militärisch, aber es war auch psychologisch richtig. In den Augen vieler Nordstaatler wuchs »Stonewall« zu Überlebensgröße; er hatte ihnen auch psychologisch die Pistole auf die Brust gesetzt, und dabei blieb es bis zu seinem Tod ein Jahr später.

Daß Lincoln das Korps McDowells schwenken und Jagd auf Jackson machen ließ, war wahrscheinlich ein strategischer Irrtum, vielleicht sogar der kolossale Fehler, als den ihn McClellan ansah. Aber wenn die Unionsbefehlshaber im Shenandoahtal auch nur halb so energisch agiert hätten wie Jackson, hätten sie dessen Armee ohne weiteres einkesseln und aufreiben können. Und selbst wenn McDowells Korps wie geplant zu McClellan gestoßen wäre, hätten dessen bisherige Aktionen wenig Anlaß zu der Erwartung gegeben, daß er nun schleunigst und unerschrokken an die Einnahme Richmonds gegangen wäre.

II

Einige Meilen nördlich von Richmond entspringt der Chickahominy. Er fließt nach Süden und mündet etwa in der Mitte der Halbinsel in den James River. Der Chickahominy wurde für die Verteidigung Richmonds ein wichtiger Faktor. Normalerweise träge und flach, war der Fluß durch die ungewöhnlich starken Regenfälle im Mai zu einem reißenden Strom angeschwollen und teilte den Ring von Unionstruppen, der sich um Richmond bildete, in zwei Teile. McClellan hatte mehr als die Hälfte seiner Armee auf der Nordseite des Chickahominy aufgestellt, um sein Nachschublager zu schützen und sich dem von Norden her erwarteten Vormarsch McDowells anzuschließen. Einige vom tobenden Fluß bedrohte Behelfsbrücken bildeten die einzige Verbindung zwischen den beiden Flügeln von McClellans Armee.

Nervös wartete Jefferson Davis in Richmond ab, während McClellan seine Belagerungsartillerie bereit machte, und bedrängte einen zögernden Joseph Johnston, eine Art Gegenschlag zu führen. Johnston beschloß daraufhin, den schwächeren linken Unionsflügel auf der Südseite des Flusses anzugreifen. Einheiten aus North Carolina hatten seine Truppen auf fast 75000 Mann verstärkt. Ein wolkenbruchartiger Regen am 30. Mai schien ein Wink des Himmels für die Konföderierten zu sein: Er schwemmte die meisten Brücken über den Chickahominy fort und sorgte somit für die zahlenmäßige Überlegenheit südstaatlicher Truppen über die beiden isolierten Unionskorps auf der Südseite des Flusses.

Aber der von Johnston für den frühen Morgen des 31. Mai geplante Angriff ging von Anfang an schief. Aufgrund eines falsch verstandenen mündlichen Befehls rückte James Longstreet mit seiner übergroßen Division auf der falschen Straße vor, wo er zwei anderen Divisionen in die Quere kam und den Angriff bis zum späten Nachmittag verzögerte. Als der Ansturm endlich losbrach, geschah dies aufgrund mangelhafter Stabsabsprache unkoordiniert und mit jeweils nur einer Brigade. Es gelang den Konföderierten, den linken Unionsflügel eine Meile durch das an einer Wegkreuzung gelegene Dorf Seven Pines, rund sieben Meilen östlich von Richmond, zu treiben. Auf der rechten Seite der Union hingegen überquerte der stimmgewaltige Kommandeur des 2. Korps, der 65jährige Edwin »Bull« Sumner, mit einer seiner Divisionen auf schwankenden Brücken, über die knöcheltief das Wasser schoß, den Chickahominy und brachte gegen Abend die Rebellen unweit der Eisenbahnstation Fair Oaks in einem blutigen Gefecht zum Stehen. Am nächsten Tag flackerten immer wieder ergebnislose Kämpfe auf, als weitere Unionsverstärkungen von der anderen Seite des Chickahominy die Konföderierten zwangen, das am ersten Tag gewonnene Terrain preiszugeben.

Seven Pines (oder Fair Oaks, wie die Yankees sagten) war eine verworrene Schlacht – »phänomenal verpfuscht«, wie Johnstons Ordonnanzchef sagte.[5] Die meisten der 42000 Mann, die auf jeder Seite eingesetzt waren, kämpften in kleinen Gruppen in dichtem Wald und auf überschwemmten Lichtungen, wo man die Verwundeten an Zäune oder Baumstümpfe lehnen mußte, damit sich nicht im Schlamm ertranken. Wenn überhaupt eine Seite einen Gewinn verbuchen konnte, dann die Bundestruppen; denn auf seiten des Gegners gab es 1000 Tote und Verwundete mehr (6000) als bei ihnen. Der wichtigste südstaatliche Gefallene war Joe Johnston, der am Abend des 31. Mai durch einen Granatsplitter und eine Kugel in die Schulter getroffen worden war. Zu seinem Nachfolger berief Davis Robert E. Lee, der die Vergeblichkeit weiterer Kämpfe erkannte und das Gefecht am 1. Juni abbrach.

Als Lee das Kommando über die neue Nord-Virginia-Armee übernahm, teilte kaum jemand die hohe Meinung, die Davis von dem stillen Mann aus Virginia hatte. »Evakuierungs-Lee« schnaubte der *Richmond Examiner* in Anspielung auf dessen Feldzug in West-Virginia, »der bisher noch keine einzige Schlacht gegen den Eindringling gewagt hat!« Auf der Seite des Gegners äußerte McClellan seine Zufriedenheit über den Wechsel im südstaatlichen Kommando; er hielt Lee für »vorsichtig und großer Verantwortung nicht gewachsen ... dürfte zaghaft und unentschlossen agieren«.[6]

Ein Psychiater, der McClellan zu ergründen versuchte, könnte aus diesen Worten viel lernen: Sie trafen auf McClellan selbst zu, hätten aber in bezug auf Lee nicht unpassender sein können. Dieser kümmerte sich nicht um die Kritik und organisierte seine Armee um für einen Feldzug, der seinem Konzept einer Offensiv-Defensiv-Strategie entsprach. Die ersten Handlungen Lees galten der Defensive. Er ließ seine Soldaten an der Verstärkung der Befestigungen und Gräben rings um Richmond arbeiten, was ihm neuen Spott als »King of Spades« als »Spaten-(›Pik‹-)König«, eintrug. Doch bald wurde deutlich, daß Lee nicht die Absicht hatte, sich einzuigeln. Im Gegenteil war er, wie er Davis erklärte, dabei, »eine Linie aufzubauen, die ich mit einem Teil unserer Kräfte halten kann«, während er den Rest zu einem Vernichtungsschlag gegen McClellans exponierten rechten Flügel auf der Nordseite des Chickahominy zusammenzog.[7]

Lee wußte, daß diese Flanke »in der Luft hing« (daß sie nicht durch natürliche oder künstliche Hindernisse wie einen Fluß, rechtwinklige Befestigungen oder ähnliches gedeckt war), weil eine waghalsige Erkundung durch »Jeb« Stuarts Kavallerie diesen Umstand entdeckt hatte. Neunundzwanzig Jahre alt, hatte Stuart sich in diesem Krieg bereits bescheidenen Ruhm erworben, doch er lechzte nach mehr. Mit den kniehohen Kavalleriestiefeln, den Stulpenhandschuhen, die bis

Der
Halbinsel-Feldzug
April bis Mai 1862
LEGENDE (für beide Karten):
Stellungen der Konföderierten
Bewegungen der Konföderierten
Rückzug der Konföderierten
Stellungen der Union
Bewegungen der Union
Rückzug der Union
Rapidan
McDOWELL
Fredericksburg
Rappahannock
BAHNLINIE RICHMOND-FREDERICKSBURG
Frederick's Hall
North Anna
VIRGINIA-CENTRAL-BAHNLINIE
Hanover Junction
South Anna
Ashland
Mattapony
McCLELLAN
Rappahannock
Potomac
CHESAPEAKE BAY
McCLELLAN
James
Mechanicsville
RICHMOND
Pamunkey
White House
BAHNLINIE RICHMOND-YORK RIVER
Urbanna
West Point
Fair Oaks
Chickahominy
DANVILLE-BAHNLINIE
Drewry's Bluff 15.5.62
Seven Pines 31.5. - 1.6.62
York
J. E. JOHNSTON
J. E. JOHNSTON
Appomattox
City Point
James
Williamsburg 5.5.62
Gloucester
Severn
Yorktown
Belagert vom 5.4. bis 4.5.62
Petersburg
SOUTHSIDE-BAHNLINIE
MAGRUDER
Warwick
JAMES
Ft. Monroe
BAHNLINIE NORFOLK-PETERSBURG
Norfolk
Erobert am 10.5.62
Portsmouth
Suffolk
Elizabeth

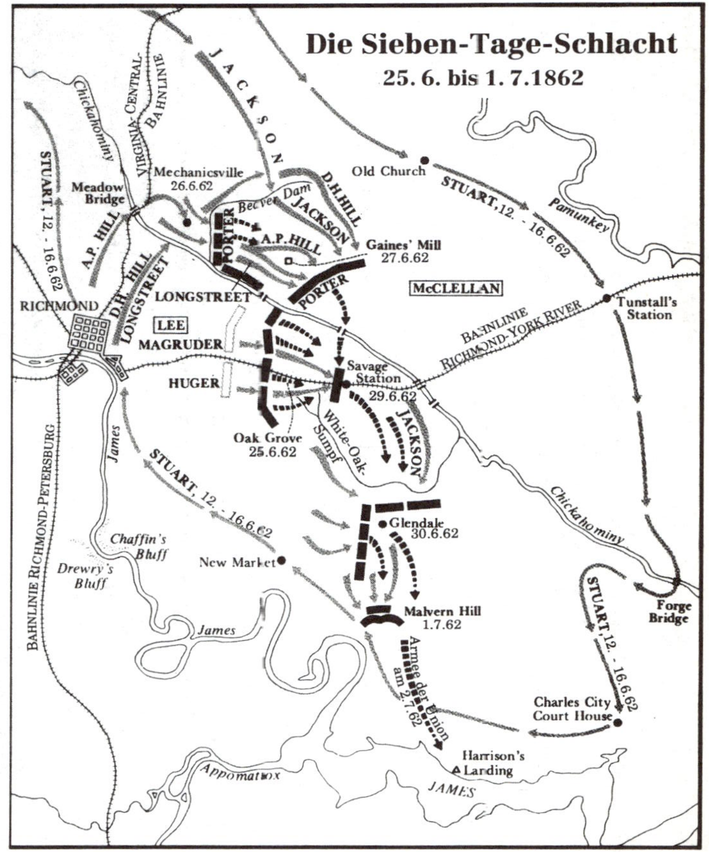
Die Sieben-Tage-Schlacht
25. 6. bis 1. 7.1862
JACKSON
Chickahominy
VIRGINIA-CENTRAL-BAHNLINIE
STUART, 12. - 16.6.62
Meadow Bridge
Mechanicsville 26.6.62
Beaver Dam
D.H.HILL
JACKSON
Old Church
STUART, 12. - 16.6.62
Pamunkey
A.P. HILL
PORTER
A.P. HILL
Gaines' Mill 27.6.62
D.H. HILL
LONGSTREET
LONGSTREET
PORTER
McCLELLAN
RICHMOND
LEE
MAGRUDER
BAHNLINIE RICHMOND-YORK RIVER
Tunstall's Station
HUGER
Savage Station 29.6.62
Oak Grove 25.6.62
White-Oak-Sumpf
JACKSON
James
STUART, 12. - 16.6.62
BAHNLINIE RICHMOND-PETERSBURG
Glendale 30.6.62
Chickahominy
Chaffin's Bluff
New Market
Drewry's Bluff
Malvern Hill 1.7.62
STUART, 12. - 16.6.62
Forge Bridge
James
Armee der Union am 2.7.62
Charles City Court House
Harrison's Landing
Appomattox
JAMES

zum Ellbogen reichten, einem rotgesäumten Cape mit gelber Schärpe und einem Filzhut mit hochgesteckter Krempe und Straußenfeder wirkte er haargenau wie der schneidige Kavalier, der er sein wollte. Er war aber auch ein überragender Reiterführer, besonders wenn es galt, Informationen über Positionen und Bewegungen des Gegners zu sammeln. Bei diesen und anderen der Kavallerie zufallenden Aufgaben – Abschirmen der Armee gegen feindliche Reiterei, Patrouillieren an der Front und den Flanken, um Überraschungsangriffe zu verhindern, dem Überfallen feindlicher Nachschublinien und Verfolgen geschlagener feindlicher Infanterie – waren die Reiter der Rebellen ihren Widersachern in dieser Phase des Krieges überlegen. Im Sattel aufgewachsen, ritten die Söhne des virginischen Landadels die unbedarften Yankeereiter buchstäblich über den Haufen. Als Lee am 10. Juni zu Stuart sagte, er wünsche eine Erkundung, um Stärke und Standort der rechten Seite der Union zu erfahren, war Stuart zur Stelle.

Mit 1200 ausgewählten Männern ritt er am 12. Juni von Richmond nach Norden und schwenkte dann ostwärts über das Quellgebiet des Chickahominy; die wenigen feindlichen Patrouillen, auf die er stieß, fegte er beiseite. Begünstigt wurde sein Vorankommen durch die organisatorische Zerrissenheit der Unionskavallerie; sie war kompanien- und regimenterweise über das ganze Heer verteilt und nicht wie die südstaatliche Kavallerie zu einer eigenen Division zusammengefaßt. Stuarts Reiter machten den Standort des 5. Korps unter Fitz-John Porter aus, das McClellan auf der Nordseite des Chickahominy belassen hatte, während die übrige Armee auf die andere Seite verlegt worden war. Stuart hatte seinen Auftrag ausgeführt. Aber er wußte auch, daß ihm mittlerweile der Feind im Rücken saß. Auf demselben Weg nach Richmond zurückzukehren, auf dem er gekommen war, hätte Gefahr bedeutet. Aber vielleicht konnte er die Verfolger abschütteln, wenn er weiterritt und McClellans Armee vollständig umrundete. Außerdem wäre es eine bravouröse Leistung – so recht nach Stuarts Geschmack. Im Geiste sah er schon die Schlagzeilen vor sich. So preschte er weiter, gewann Scharmützel, nahm 170 feindliche Soldaten und fast doppelt so viele Pferde und Maultiere gefangen und zerstörte ganze Wagenladungen mit Unionsnachschub. Er war Tag und Nacht unterwegs, auf Schleichwegen, die ihm einheimische Reiter zeigten, und überquerte den Hochwasser führenden Chickahominy auf einer behelfsmäßigen Brücke, die die Rebellen hinter sich verbrannten – wenige Minuten, bevor die ihnen nachsetzende Unionskavallerie am Nordufer unverrichteter Dinge die Pferde zügeln mußte. Stuarts Berittene vermieden weitere Zusammenstöße und beendeten ihren Rundritt nach Richmond am 16. Juni; vier Tage und 100 Meilen lagen hinter ihnen. Dieses Husarenstück trug Stuart so viel Beifall ein, wie er sich nur wünschen mochte. Das Unternehmen gereichte ihm auch zu großer persönlicher

Befriedigung, denn einer der gegnerischen Kavalleriekommandanten war sein Schwiegervater Philip St. George Cooke, ein Virginier, über dessen Entscheidung, der Union treu zu bleiben, Stuart sich sehr geärgert hatte. »Das wird er nur einmal bereuen«, hatte Jeb sich geschworen, »und zwar für immer.«[8]

Lee hatte die Informationen, die er brauchte. Und er wußte, wem er den Angriff übertragen wollte: Jackson. Jacksons Armee sollte unbemerkt vom Shenandoahtal herankommen und Porters Korps in die Flanke fallen, während gleichzeitig drei Divisionen der Richmond-Armee den Chickahominy überqueren und Porters Front angreifen sollten. Die Gefahr dabei war natürlich, daß, während Lee nördlich des Chickahominy 60000 Mann gegen Porters 30000 Mann zusammenzog, die 75000 Blauröcke südlich des Flusses die Front der 27000 Konföderierten vor ihnen durchbrachen und Richmond nahmen. Aber Lee hatte McClellan richtig eingeschätzt: Wie gewöhnlich war der Unionsbefehlshaber überzeugt, er habe es nördlich wie südlich des Chickahominy mit einer Übermacht zu tun.

Währenddessen war McClellan ausschließlich damit beschäftigt, eine Flut von Telegrammen nach Washington zu schicken, um zu erläutern, warum er mit seiner eigenen Offensive noch nicht ganz soweit war: Die Wege seien zu matschig; die Artillerie sei noch nicht bereit; es brauche seine Zeit, bis er die beim Gefecht von Seven Pines oder Fair Oaks aufgeriebenen Divisionen reorganisiert und die glücklich zur Verstärkung von McDowell eingetroffene Division integriert habe; und wann denn der Rest von McDowells Korps zu ihm stoße? Am 24. Juni war McClellan den Rebellen auf die Schliche gekommen und hatte vom Herannahen Jacksons erfahren; am 25. Juni drahtete er an Stanton: »Die Rebellentruppe einschließlich Jackson wird mit 200000 Mann angegeben [in Wirklichkeit waren es kaum 90000] [...] Ich werde gegen eine enorme Übermacht zu kämpfen haben ... Falls [die Armee] durch überlegene Kräfte vernichtet wird ... darf die Verantwortung dafür nicht mir zugeschoben werden; sie muß dort liegen, wohin sie gehört.«[9]

Lee griff am nächsten Tag, dem 26. Juni, an; es war der zweite Tag der »Sieben-Tage-Schlacht«.[10] Für die Rebellen begann der Kampf nicht verheißungsvoll. Nach Lees Plan sollte Jackson die Flanke Porters am frühen Morgen attackieren. Aber bis zum Mittag blieb alles still, während ein ratloser Lee sich Sorgen machte. Wo blieb Jackson? Außerstande, länger zu warten, schickte der impulsive A. P. Hill seine Division am Spätnachmittag in einen Sturmangriff gegen eine gleich große Zahl von Bundestruppen (16000), die hinter Beaver Dam Creek bei Mechanicsville, rund sechs Meilen nordöstlich von Richmond, in Stellung lagen. Es folgte ein Gemetzel: Fast 1500 Rebellen wurden getötet oder verwundet, während die Yankees nur 360 Opfer zu beklagen hatten. Die ganze Zeit befanden sich

Jacksons drei Divisionen nur wenige Meilen weiter nördlich, aber ihr Kommandeur unternahm nichts, um Hill zu Hilfe zu eilen.

Keine der Erklärungen für Jacksons Untätigkeit ist befriedigend: weder die, daß Unionskavallerie seinen Voraustrupp bedrängt hatte, noch die, daß nordstaatliche Axtschwinger ihm gefällte Bäume in den Weg gelegt und Brücken über Bäche verbrannt hatten – mit dergleichen war Jacksons Trupp im Shenandoahtal spielend fertig geworden; was hielt seine Männer jetzt auf? Es war wohl die Erschöpfung, die Müdigkeit von Männern, die erst einmal eine stockende Fahrt in rüttelnden Eisenbahnwagen und einen Marsch durch die ungewohnte Hitze des Tieflands hatten über sich ergehen lassen müssen, bevor sie sich von den Strapazen des Shenandoah-Feldzugs erholen konnten, vor allem aber die Müdigkeit von Jackson selbst, einem Mann, der anscheinend überdurchschnittlich viel Schlaf brauchte, in den vorangegangenen paar Tagen jedoch nur wenige Stunden Ruhe gehabt hatte – und das nach sechs Wochen Anspannung im Shenandoahtal. Jackson hatte wahrscheinlich erlitten, was wir heute »streßbedingte Erschöpfung« nennen würden. Unduldsam gegen Schwächen anderer, weigerte er sich, solche bei sich selbst zu sehen oder etwas dagegen zu tun – außer daß er in entscheidenden Augenblicken der »Sieben-Tage-Schlacht« in unzeitigen Schlaf fiel.[11]

Obwohl er in Mechanicsville einen, wie er sich ausdrückte, »vollständigen Sieg« errungen hatte, dachte McClellan nicht daran, zur Offensive überzugehen. Er wußte, daß Jackson unweit seiner rechten Flanke stand, und instruierte Porter in der Nacht vom 26. auf den 27. Juni, vier Meilen zurückzugehen und eine noch stärkere Stellung auf der Hochfläche hinter Boatswain's Swamp bei Gaines' Mill zu beziehen. In der Annahme, daß seine Eisenbahnnachschublinie nördlich des Chickahominy durch den Vorstoß der Konföderierten gegen seine Rechte bedroht sei, beschloß McClellan zudem, seine Basis und alle Vorräte an den James River im Süden der Halbinsel zu verlegen. Das bedeutete zugleich den Verzicht auf seinen ursprünglichen Plan, Richmond durch Belagerung und Artilleriebeschuß zu erobern, denn seine Belagerungsgeschütze konnten auf dem Landweg nur mit der Bahn transportiert werden, aber eine Bahnlinie vom James River nach Richmond gab es nicht. McClellan kämpfte von nun an nur, um seinen Rückzug zu decken, den er euphemistisch »Verlegung der Basis« nannte. So war die Schlacht bei Mechanicsville zwar eine taktische Niederlage für den Süden gewesen, entpuppte sich nun aber als strategischer Sieg. Sie ermöglichte Lee die Verwirklichung seines ersten Ziels, das Belagerungsvorhaben McClellans zu unterbinden. Sie verschaffte dem Befehlshaber der Konföderierten die psychologische Überlegenheit über den Gegner – und Lee gab diesen Vorteil nicht mehr aus der Hand. Obwohl Jackson es versäumt hatte, am 26. Juni anzugreifen, hatten sein

Erscheinen in der Nähe des Kriegsschauplatzes und sein im Shenandoahtal gewonnener Ruf genügt, um den Yankees wieder einmal »die Pistole auf die Brust zu setzen«.

Bevor Lee jedoch die Ernte dieses Vorteils einfahren konnte, mußte er Porters Korps aus den Schützengräben hinter Boatswain's Swamp vertreiben. Dies kostete einen hohen Preis. Der Angriff der Rebellen am 27. Juni krankte abermals an mangelhafter Abstimmung zwischen Lee und seinen Divisionskommandeuren. Lees Plan sah vor, daß A. P. Hill Porters Mitte attackierte, während Longstreet einen Scheinangriff gegen die Linke führte und Jackson mit vier Divisionen gegen die rechte Seite der Union stürmte. Wenn Porter seine Truppen schwenken ließ, um Jacksons Drohung abzuwehren, sollte Longstreet seine Finte in einen echten Angriff verwandeln, und sämtliche 5000 Rebellen sollten gemeinsam gegen Porters 35 000 Mann vorrücken. Aber wiederum war Jackson langsam in der Aufstellung und träge beim Angriff. Wieder einmal kämpfte A. P. Hills Division, fast ganz auf sich allein gestellt, an einem heißen Nachmittag mehrere Stunden lang; sie attackierte über eine tiefe Schlucht hinweg und in unwegsamem Waldesdickicht wohlpostierte Unionsverteidiger, die Hills Brigaden dezimierten.[12] Isolierte Vorstöße Longstreets und von Teilen von Jacksons Kommando entlasteten Hill ein wenig. Kurz vor Sonnenuntergang hatte Lee endlich alle seinen Divisionen soweit, daß sie geschlossen vorrücken konnten. In der Mitte der Linie gelang einer Brigade von Texanern unter dem baumlangen, hünenhaften, blondbärtigen Brigadegeneral John Bell Hood der Durchbruch. Porters Linie, im Zentrum durchstoßen, brach zusammen. Frische Unionsbrigaden von jenseits des Chickahominy bildeten eine Nachhut und verhinderten eine Auflösung der Truppen; in ihrem Schutz konnte Porter im Laufe der Nacht die meisten seiner Leute und Geschütze auf dem anderen Ufer in Sicherheit bringen. Trotzdem gerieten 2800 Blauröcke in Gefangenschaft, und 4000 fielen oder wurden verwundet. Die Konföderierten aber kostete Lees Triumph 9000 Tote und Verwundete; sie hatten nach sechs Stunden Kampf fast ebenso hohe Verluste wie bei Shiloh nach zwei Tagen.

McClellan hatte Porter 6000 Mann vom Südufer des Chickahominy geschickt. Die übrigen 69 000 Mann Bundestruppen auf dieser Seite waren während des zweitägigen blutigen Ringens nördlich des Flusses nicht aktiv geworden. Ihre Offiziere ließen sich von einer Neuauflage des Magruderschen »Fronttheaters« narren. Von Lee mit dem Kommando über die 27 000 Mann betraut, die die Linie östlich von Richmond hielten, hatte Magruder seinen Leuten befohlen, sozusagen die Angriffslust aus allen Poren zu schwitzen, und die grauberockten Thespisjünger machten begeistert mit. Artillerie feuerte Salven ab; Infanterie zog zu Angriffsformationen auf und sondierte Verteidigungsstellen der Union; Offiziere brüllten mit Stentorstimme imaginären Regimentern in den Wäldern Befehle zu. Mehrere Unionsgeneräle schluckten den Köder und informierten McClellan darüber, daß die Rebellen in großer Stärke die Front bedrohten. So versäumten die Bundestruppen an diesem 27. Juni die Gelegenheit, mit ihrer erdrückenden Übermacht auf dem Südufer des Chickahominy zum Gegenangriff überzugehen. Ja, um acht Uhr abends berichtete McClellan in einem Telegramm an Stanton von einem »Angriff durch weit überlegene Kräfte« zu *beiden* Seiten des Chickahominy![13]

In Wirklichkeit war die Potomac-Armee trotz der Niederlage bei Gaines' Mill noch in guter Verfassung. Aber McClellan sah sich als geschlagenen Mann. Nach Mitternacht drahtete er noch einmal an Stanton: »Ich habe diese Schlacht verloren, weil meine Truppen zu klein waren. [...] Die Regierung hat nichts für diese Armee getan. [...] Wenn ich diese Armee noch rette, dann sage ich Ihnen ganz offen, daß ich weder Ihnen noch sonst einem Menschen in Washington dafür danke. Sie haben Ihr Bestes getan, um diese Armee hinzuopfern.« Daß McClellan nach einer solchen Depesche nicht seines Kommandos enthoben wurde, war einem befremdeten Oberst im Telegraphenamt zu danken, der die letzten beiden Sätze wegließ, als er die Botschaft an Stanton weitergab.[14]

Während McClellan seine Armee zum James River zurückzog, hoffte Lee, ihn unterwegs in der Flanke packen zu können. Er improvisierte einen neuen Plan, wonach neun konföderierte Divisionen auf sechs verschiedenen Wegen gegen die sich zurückziehenden Blauröcke vorrücken sollten. Doch schlechte Stabsarbeit, fehlerhafte Karten, geographische Hindernisse, ängstliche Divisionskommandeure (namentlich Magruder und Benjamin Huger), zäher Widerstand der Yankees und – wieder einmal – Jacksons Langsamkeit ließen das Unternehmen scheitern. Den ersten Fehlschlag gab es am 29. Juni bei Savage's Station, knapp drei Meilen südlich des Chickahominy. Drei Unionsdivisionen bildeten dort eine Nachhut, um ein Feldlazarett und einen nach Süden fahrenden, riesigen Wagenkonvoi zu decken. Lee gab Magruder den Befehl, diese Stellung von Westen anzugreifen, während Jackson deren rechte Seite von Norden anging. Doch Jackson vertrödelte den ganzen Tag mit der Instandsetzung einer Brücke, anstatt den Fluß zu durchwaten. Magruder ging schließlich allein vor, mit weniger als der Hälfte seiner Division. Die Yankees wehrten diesen schwachen Angriff ab und zogen sich dann in der Nacht zurück. Sie hinterließen 2500 Kranke und Verwundete (aus früheren Kämpfen) sowie mehrere Feldärzte, die freiwillig die Gefangenschaft ihrer Patienten teilten.

Am nächsten Tag scheiterte ein weiterer von Lees komplizierten Plänen: der konzentrische Sturmangriff von sieben Divisionen bei dem Dorf Glendale. Nur

Longstreet und Hill gelang es, ihre Leute ins Treffen zu führen; sie lieferten sich am Spätnachmittag eine wilde Schlacht mit Teilen von fünf Unionsdivisionen. Die Rebellen gewannen etwas Terrain und machten 1000 Gefangene, verloren aber 3500 Mann durch Tod und Verwundung, doppelt so viele wie die Yankees. Jackson mit seinen 25 000 Mann trug zu dem Ergebnis nur insoweit bei, als er seine Aufgabe nicht erfüllte. Als er sich von Norden White Oak Swamp näherte, schickte er einen Trupp voraus, der die Brücke über den Bach reparieren sollte. Als Artillerie und Scharfschützen der Union das verhinderten, legte sich Jackson aufs Ohr und machte ein Nickerchen. Unterdessen entdeckten seine Offiziere Furten, die für die Infanterie geeignet gewesen wären, doch Jackson, der wie in Trance war, tat nichts, während zwei Meilen weiter südlich Longstreets und Hills Leute verbluteten. Jackson hatte, wie ein Historiker urteilte, »katastrophal und unrettbar auf der ganzen Linie« versagt.[15]

Trotzdem hoffte Lee noch immer, sein Unternehmen zur Vernichtung »dieser Leute« (wie er den Gegner nannte) wenigstens teilweise zu retten. Am Morgen des 1. Juli war er mißmutig und gereizt. Wenn »diese Leute« entkämen – fuhr er einen verdutzten Brigadegeneral an –, dann deswegen, »weil meine Befehle nicht befolgt werden!«.[16] Die Bundestruppen hatte eine neue Verteidigungsstellung bezogen – ihre bisher stärkste –, und zwar drei Meilen südlich von Glendale, auf dem Malvern Hill unweit des James River. 150 Fuß hoch und von tiefen, eine Meile breiten Schluchten flankiert, war Malvern Hill nur frontal, bergauf und über offenes Gelände angreifbar. Vier Unionsdivisionen und 100 Geschütze deckten diese Front, weitere vier Divisionen und 150 Geschütze standen in Reserve. Falls diese Truppen nicht absolut demoralisiert waren, mußte ein Angriff auf sie der reine Selbstmord sein. Lee aber nahm viele offensichtliche Anzeichen der Demoralisierung wahr. Die Rückzugsroute der Union war übersät mit im Stich gelassenen Gerät und mit Waffen. Die Quartiermeister und Ordonnanzoffiziere der Konföderierten hatten eine reiche Ernte an erbeutetem Material eingefahren, darunter 30 000 Handfeuerwaffen und 50 Kanonen. Ferner hatten die Rebellen in den vorangegangenen sechs Tagen 6000 Yankees gefangengenommen; noch am Morgen des 1. Juli lasen sie Dutzende von Nachzüglern auf. Letzten Endes sollte sich zwar zeigen, daß die Potomac-Armee mit ihrer sprichwörtlichen Dickfelligkeit gegenüber allen Anfeindungen mitnichten demoralisiert war, aber mit ihrem Befehlshaber sah es anders aus. McClellan drahtete nach Washington, »überlegene Kräfte« hätten ihn »überwältigt«: »Ich fürchte, ich werde gezwungen sein, mein Material zurückzulassen, um im Schutz der Kanonenboote meine Leute zu retten.«[17] Lee mit seiner unheimlichen Begabung, die Gedanken des gegnerischen Befehlshabers zu lesen, spürte McClellans Mutlosigkeit, projizierte sie aber irrigerweise auch auf die Soldaten.

Jedenfalls war Lee nach der Enttäuschung gewillt, jede sich bietende Gelegenheit zu ergreifen, um es »diesen Leuten« noch einmal zu zeigen. Longstreet, der sich in diesem Feldzug als zuverlässigster Untergebener Lees erwiesen hatte, war entgegen seiner sonstigen Art in derselben aggressiven Stimmung. Am Morgen des 1. Juli entdeckte er zwei erhöhte Positionen nördlich von Malvern Hill, von wo aus es seiner Ansicht nach möglich sein mußte, die Verteidigungsstellungen der Union für einen Sturmangriff der Infanterie zu schwächen. Lee gab der Artillerie Weisung, sich auf den beiden Kuppen zu konzentrieren. Aber wieder einmal brach die Stabsarbeit zusammen; die Order erreichte nur einige der Kanoniere, deren schwaches Feuer bald von Unionsbatterien zum Schweigen gebracht wurde. Trotzdem gab Lee den Befehl zum Sturmangriff. Das Durcheinander bei der Weitergabe dieser Befehle bewirkte, daß der Angriff nicht schlagartig erfolgte, sondern daß die Brigaden einzeln vorrückten statt im Verband. Damit war die Unionsartillerie in der Lage, fast jede angreifende Einheit aufzureiben, so daß nur wenige gegnerische Regimenter nahe genug herankamen, um von der Infanterie niedergemacht zu werden. Es war vielleicht das einzige Mal in diesem Krieg, daß Artilleriefeuer höhere gegnerische Verluste verursachte als Gewehrfeuer.[18] D. H. Hills Division gehörte zu denen, die am übelsten zugerichtet wurden; Hill schrieb später über die Schlacht von Malvern Hill. »Das war nicht Krieg – das war Mord.«[19] Die Verluste der Konföderierten, die in dieser Schlacht 5500 Tote und Verwundete zu beklagten hatten, waren mehr als doppelt so hoch wie die Gesamtverluste der Union.

In der Erkenntnis, daß die Rebellen schwer angeschlagen waren, wollten einige Unionsgeneräle am nächsten Tag einen Gegenangriff starten. Sogar McClellans Protegé Fitz-John Porter befürwortete einen solchen Schritt. Als McClellan statt dessen Order gab, den Rückzug nach Harrison's Landing am James River fortzusetzen, entrüstete sich einer seiner streitbarsten Brigadegeneräle – Philip Kearny aus New Jersey, der im Mexikanischen Krieg einen Arm verloren hatte – vor Offizierskameraden: »Einen solchen Befehl kann man nur geben, wenn man ein Feigling oder ein Verräter ist ... Statt uns zurückzuziehen, hätten wir dem Feind nachsetzen und Richmond nehmen müssen.«[20]

Lee seinerseits erkannte die Vergeblichkeit weiterer Angriffe. 20 000 Südstaatler, fast ein Viertel der Armee, waren in der vorangegangenen Woche gefallen oder verwundet worden – doppelt so viele Opfer wie auf Unionsseite. Rebellen und Yankees hielten im Kampf inne, um ihre Wunden zu lecken. Zwar hatten die Blauröcke während der »Sieben-Tage-Schlacht« nur eine einzige taktische Niederlage hinnehmen müssen – die bei Gaines' Mill –, aber sie waren ständig zurückgewichen, und das Ergebnis des Feldzugs war ein strategischer Sieg der Konföderierten gewesen, mit allen Folgen, die das für die Moral beider Truppen und Heimatfronten haben mußte. Trotzdem war Lee unzufrieden. »Unser Erfolg war weder so groß noch so vollständig, wie ich mir hätte wünschen können«, schrieb er. »Unter normalen Umständen hätten wir die Bundesarmee vernichten müssen.«[21] Vernichten! Diese napoleonische Vision beherrschte das strategische Denken Lees auch weiterhin, bis zu dem Augenblick ein Jahr später, da sie selbst vernichtet wurde – am sanften Hang des Cemetery Ridge bei einer kleinen Stadt in Pennsylvania.

Unmittelbar nach der »Sieben-Tage-Schlacht« ergriff Lee verschiedene Maßnahmen, um den durch den Feldzug entdeckten Mängeln in seiner Kommandostruktur abzuhelfen. Da Jacksons Divisionen und verschiedene andere Brigaden erst am Vorabend dieser Schlachten zu Lees Streitmacht gestoßen waren, hatte die Nord-Virginia-Armee nie zuvor im Verband gekämpft, und Lee hatte keine Zeit gehabt, aus ihrer Kommandoriege ein Exekutivorgan seines Willens zu schmieden. Zu diesem Zweck tauschte er nun mehrere Offiziere aus, verbannte die schwächeren Divisionskommandeure nach Texas und Arkansas und ließ fähigere Untergebene auf deren Posten nachrücken. Nachdem sich das Problem, mit acht oder neun Divisionskommandeuren direkt zu kommunizieren, als unlösbar erwiesen hatte, organisierte Lee die Armee in zwei Korps um (die allerdings erst später als Korps bezeichnet wurden) und unterstellte sie Longstreet und Jackson. Es gibt keine Indizien, daß Lee die grauenhaften Leistungen Jacksons in der »Sieben-Tage-Schlacht« gerügt hätte, doch mag die Übertragung des größeren Korps an Longstreet einem Tadel gleichgekommen sein. Jackson erholte sich denn auch bald von seiner streßbedingten Erschöpfung und rechtfertigte in Zukunft das Vertrauen, das ihm Lee mit der Übertragung eines Korpskommandos bezeigt hatte.

III

Die 30000 Toten und Verwundeten der »Sieben-Tage-Schlacht« entsprachen zahlenmäßig *sämtlichen* Verlusten an den westlichen Kriegsschauplätzen – einschließlich Shiloh – im ersten Halbjahr 1862. Seit der »Sieben-Tage-Schlacht« fielen die Kämpfe zwischen der Potomac-Armee und der Nord-Virginia-Armee härter und verlustreicher aus als die zwischen anderen Armeen. Die meisten Soldaten in der Potomac-Armee kamen aus den Nordoststaaten, während die meisten Männer in den westlichen Unionsarmeen aus den älteren Staaten des Nordwestens stammten. Die Bauernsöhne und Naturburschen aus dem Westen betrachteten sich als härtere Kämpfer als die verweichlichten »Stehkragen«-Soldaten aus dem

Nordosten. In Wirklichkeit waren die »milchgesichtigen« Angestellten und Handwerker des Ostens eher immun gegen die Infektionskrankheiten des Lagerlebens und waren besser imstande, im Gefecht Schläge auszuteilen und einzustecken, als die Soldaten der westlichen Union. Bezogen auf die Gesamtdauer des Krieges war der Anteil der krankheitsbedingten Todesfälle bei Unionssoldaten aus Staaten westlich der Appalachen um 43 Prozent höher als bei den verweichlichten Oststaatlern, während bei diesen die kampfbedingten Verluste um 23 Prozent höher lagen als bei den Weststaatlern. Die Zahl der gefallenen Kombattanten war in der Potomac-Armee größer als in allen anderen Unionsarmeen zusammengenommen. Einundvierzig der 50 Unionsregimenter mit den prozentual höchsten Verlusten unter den Kombattanten kämpften in dieser Armee. Im Süden dienten 40 der 50 Regimenter mit den höchsten Verlusten in der Nord-Virginia-Armee. Von allen Armeebefehlshabern beider Seiten mußte Lee die höchste Verlustrate hinnehmen.[22]

Einer der Gründe dafür war Lees Konzept der Offensiv-Defensive, das er strategisch wie taktisch einsetzte. Lee gilt wahrscheinlich zu Recht als der beste Taktiker dieses Krieges, aber seine Erfolge verlangten einen hohen Preis. In jedem Gefecht der »Sieben-Tage-Schlacht« waren die Konföderierten die Angreifer und hatten infolgedessen einen höheren Prozentsatz an Verwundeten und Toten zu verzeichnen als die Verteidiger. Dasselbe galt für mehrere spätere Schlachten Lees. Noch in den Jahren 1864 und 1865, als die Südstaaten mit dem Rücken zur Wand standen und kaum noch die Kraft hatten, die schwereren Schläge des Gegners abzuwehren, unternahm die Nord-Virginia-Armee mehrere offensive Gegenstöße. Das Mißverhältnis zwischen dem Privatcharakter Lees, der ein menschlicher, ritterlicher, zurückhaltender, freundlicher Mann, der Inbegriff des »christlichen Gentleman«, war, und seiner wagemutigen, aggressiven, aber verlustreichen Taktik als Feldherr gehört zu den frappierendsten Kontrasten der Kriegsgeschichte.

Natürlich forderten auch manche Schlachten auf dem westlichen Kriegsschauplatz einen furchtbaren Blutzoll. Ein Grund für die hohen Verluste in den Schlachten des Bürgerkrieges war die Diskrepanz zwischen traditioneller Taktik und modernen Waffen. Das taktische Erbe des 18. Jahrhunderts und der Napoleonischen Kriege sah geschlossene Formationen von Soldaten vor, die darauf gedrillt worden waren, im Verband zu manövrieren und in Salven zu feuern. Gewiß hatten manche Bürgersoldaten des amerikanischen Unabhängigkeitskrieges nach Indianerart aus dem Hinterhalt, hinter Bäumen und Felsen versteckt, gekämpft, und die kaum gedrillte *levée en masse* der Französischen Revolution war in loser Formation wie »ein Haufen Plänkler« vorgerückt. Das lag aber hauptsächlich daran, daß es ihnen an Ausbildung und Disziplin mangelte; das Ideal blieben, für

Washingtons Continentals wie für Napoleons Veteranen, für die Preußen Friedrichs des Großen wie für die Rotröcke Wellingtons, die kompakten, geschlossenen Kolonnen und automatisierten Linien, die mit maschinenhafter Effizienz agierten und feuerten.

Diese Taktik räumte der Offensive ebenfalls Vorrang ein. Stoßtrupps rückten im Gleichschritt vor, feuerten auf Kommando ihre Salven ab und legten die letzten paar Meter im Eilschritt zurück, um mit einem Bajonettangriff die gegnerische Linie zu durchstoßen. Napoleon setzte die Artillerie in Verbindung mit Vorstößen der Infanterie ein, indem er die Feldgeschütze mit den Fußsoldaten vorrücken ließ, um Breschen in die gegnerischen Reihen zu schlagen und diese für den Schlußangriff zu zermürben. Die Amerikaner bedienten sich dieser Taktik mit großem Erfolg im Mexikanischen Krieg. Auch in West Point lehrte man den Wert der taktischen Offensive. Die meisten führenden Bürgerkriegsoffiziere hatten im Mexikanischen Krieg gekämpft und/oder waren Absolventen von West Point; vor dem Hintergrund dieser Erfahrungen hatten sie die Lehre gezogen, daß die taktische Offensive, die auf Sturmangriffen geschlossener Infanterieeinheiten und flankierendem Artilleriebeschuß basierte, schlachtentscheidend war.[23]

In Mexiko forderte diese Taktik keine hohen Verluste, weil die Hauptwaffe der Infanterie der einschüssige Vorderlader mit glattem Lauf war. Die maximale Reichweite dieser Waffe lag bei etwa 250 Metern, die effektive Reichweite (die Entfernung, auf die ein guter Schütze sein Ziel mehr oder weniger regelmäßig treffen konnte) betrug an einem windstillen Tag etwa 80 Meter. Die geschlossene Formation war notwendig, um die Feuerkraft dieser ungenauen Waffen zu konzentrieren; Artillerie konnte die vorrückende Infanterie begleiten, weil die Kanoniere vor feindlichem Musketenfeuer bis auf die letzten paar hundert Meter relativ sicher waren, und Bajonettangriffe konnten Erfolg haben, weil im Eilschritt vorrückende Infanterie die letzten 80 Meter in jenen 25 Sekunden zurücklegen konnte, die die verteidigenden Infanteristen nach dem Abfeuern einer Salve zum Nachladen ihrer Musketen brauchten.

Der gezogene Lauf verlängerte die Reichweite der Büchse um das Vierfache, weil er der konischen Kugel einen Spin verpaßte, mittels dessen sie sich buchstäblich durch die Luft bohrte. Dieses Phänomen war seit Jahrhunderten bekannt, aber vor der Mitte des 19. Jahrhunderts verfügten nur Spezialregimenter oder ein bis zwei Kompanien pro Regiment über Büchsen. Diese Kompanien wurden als Plänkler eingesetzt, das heißt, sie operierten vor und neben dem Hauptverband, griffen an oder zogen sich in loser Formation zurück und schossen nach Gutdünken auf alle sich bietenden Ziele im gegnerischen Lager. Warum verfügten nicht alle Infanteristen über Büchsen, wenn sie doch weiter reichten und genauer trafen? Weil ein Geschoß, das groß genug war, um die Züge »auszufüllen«, nur mühsam zu laden war. Mitunter mußten die Schützen den Ladestock buchstäblich in den Lauf hämmern. War die Büchse ein paarmal abgefeuert worden, bildete sich in den Zügen Pulverrückstand, der entfernt werden mußte, bevor man erneut feuern konnte. Da rasches und zuverlässiges Feuern in der Schlacht entscheidend war, war die Büchse für die Masse der Infanteristen ungeeignet.

Jedenfalls war sie es bis zur Mitte des 19. Jahrhunderts. An der Entwicklung einer brauchbaren Militärbüchse waren viele beteiligt, aber das Hauptverdienst gebührt fraglos dem französischen Hauptmann Claude E. Minié und dem Amerikaner James H. Burton, einem Zeugmeister im Bundesarsenal Harper's Ferry. 1848 vervollkommnete Minié ein Geschoß, das so klein war, daß man es leicht in einen gezogenen Lauf laden konnte. Ein Holzstöpsel an der Unterseite des Geschosses bewirkte, daß dieses beim Abfeuern expandierte und sich in die Züge paßte. Solche Geschosse waren teuer; Burton entwickelte eine billigere und bessere Patrone mit einem Hohlboden, der sich mit Gas füllte und beim Abfeuern nach außen in die Züge gedrückt wurde. Das war der berühmte *minié ball* der Bürgerkriegsbüchse. Die Überlegenheit der Büchse demonstrierten britische und französische Soldaten im Krimkrieg. Als Kriegsminister stellte Jefferson Davis die US-Armee 1855 auf die Springfield Rifle Musket, Kaliber .58, um. Zusammen mit der ähnlich gebauten Enfield Rifle Musket vom Kaliber .577, in das dieselben Patronen paßten, wurde die Springfield die wichtigste Infanteriewaffe des Bürgerkriegs.

Da es sich um einschüssige Waffen handelte, die vom Lauf her geladen wurden, war das Laden dieser Büchsen noch immer eine umständliche Prozedur. Selbst der geschickteste Soldat konnte nicht mehr als drei Schüsse pro Minute abgeben. Um 1861 hatten verschiedene Erfinder schon mit Hinterladern experimentiert, aber bei den damals gebräuchlichen in Papier gewickelten Kartuschen, die Geschoß und Pulver enthielten, traten am Geschützboden Gas und mitunter auch Feuer aus und machten diese Waffen unzuverlässig und für den Benutzer sogar gefährlich. Verbesserungen machten die einschüssigen Sharps-Karabiner und -Gewehre zu einer beliebten Waffe bei der Unionskavallerie und bei Scharfschützeneinheiten, die sie sich zu beschaffen wußten. Durch die Entwicklung der Metallpatrone konnte die Nordstaatenarmee ihre Kavallerie und einige Infanterieeinheiten von 1863 an mit Repetiergewehren ausstatten, von denen der siebenschüssige Spencer-Karabiner am erfolgreichsten war. Diese Waffen wurden mit weniger Pulver geladen und hatten infolgedessen eine kürzere Reichweite als die Springfields und Enfields mit ihren Papierpatronen, aber sie waren auch störanfälliger. So blieben die Vorderlader während des ganzen Krieges die Hauptwaffe der Infanterie.

Die nordstaatliche Industrie steigerte die Produktion im Laufe des Krieges auf insgesamt über zwei Millionen Gewehre; der Süden, der nicht mithalten konnte, verließ sich im wesentlichen auf Importe durch Blockadebrecher und auf erbeutete Unionswaffen. 1861 verfügte keine der beiden Seiten über viele Gewehre, und so trugen viele Soldaten altmodische Waffen mit glattem Lauf, die aus alten Beständen stammten. Im Laufe des Jahres 1862 erhielten die meisten Unionsregimenter neue Springfields oder Enfields, während viele konföderierte Einheiten noch mit glattläufigen Musketen auskommen mußten. Hier liegt einer der Gründe für die 2:1-Verlustrate der Konföderierten gegenüber der Union in der »Sieben-Tage-Schlacht«. Von 1863 an waren nahezu alle Infanteristen beider Seiten mit Büchsen bewaffnet.

Der Übergang von der glattläufigen Muskete zum Gewehr mit gezogenem Lauf hatte im wesentlichen zwei Folgen: Die Verluste vervielfachten sich, und die taktische Defensive gewann an Bedeutung: Es dauerte lange, bis Offiziere, die in der alten Taktik ausgebildet und erfahren waren, diesen Veränderungen Rechnung trugen. Immer wieder gab es auf beiden Seiten Generäle, die den Befehl zu geschlossenen Sturmangriffen in traditioneller Formation gaben. Bei einer effektiven Reichweite von 300 bis 400 Metern konnten Verteidiger derartige Angriffe allein mit Gewehrfeuer ausschalten. Die Artillerie verlor als Offensivwaffe an Bedeutung, weil Treffgenauigkeit und Zuverlässigkeit der Geschosse über große Weite zu wünschen übrigließen und weil die Geschütze nicht mehr wie früher mit der Infanterie gegen die feindlichen Linien vorrücken konnten, da gute Schützen die Kanoniere und vor allem ihre Pferde auf Entfernungen bis zu einer halben Meile abschießen konnten. Scharfschützen hatten es besonders auf gegnerische Offiziere abgesehen, was die gegenüber Gefreiten prozentual höheren Verluste unter Offizieren und Generälen erklärt. Die Offiziere beider Seiten gingen bald dazu über, den Sattel soweit wie möglich zu meiden und die Uniform eines Gefreiten zu tragen, an der nur ein aufgenähtes Schulterstück ihren Rang verriet. Die altmodische Kavallerieattacke gegen Infanterie, die ohnehin überholt war, wurde vollends obsolet gegenüber Gewehren, die die Pferde außer Gefecht setzten, lange bevor die Reiter in Säbel- oder Pistolenreichweite kamen. Der Bürgerkrieg beschleunigte die Entwicklung hin zur abgesessenen Kavallerie, bei der das Pferd im wesentlichen nur noch Transportmittel, aber nicht mehr eigenständige Waffe war.

Im Laufe der Zeit lernten die Soldaten aus ihren Erfahrungen und entwickelten neue, dem Gewehr angepaßte Kampftaktiken. Infanterieformationen lockerten sich und wurden zu einer Art überdimensionaler Scharmützellinie. Die Männer rückten stoßweise vor und nutzten natürliche Deckungen im Gelände aus, um neu zu laden, bevor sie wieder ein paar Meter vorpreschten; dabei arbeiteten sie einander zu zweit oder zu dritt zu, um sich beim Laden und Feuern abwechseln zu können und einen kontinuierlichen Beschuß anstelle des früheren Salvenfeuers zu sichern. Für die Offiziere war es jedoch schwierig, in dieser Zeit, die den Funk noch nicht kannte, die Kontrolle über große Einheiten zu behalten, die sich dieser Taktik bedienten. Das beschränkte die Einsatzmöglichkeiten für die Taktik der losen Formation und zwang bis zum Ende des Krieges dazu, in manchen Fällen die Sturmangriffe in geschlossener Ordnung beizubehalten.

Und wenn die Taktik der losen Formation mitunter auch dazu führte, daß gegnerische Linien genommen wurden, stellte sie die Überlegenheit der taktischen Offensive doch nicht wieder her – zumal dann nicht, wenn die Verteidiger dazu übergingen, Gräben zu ziehen und Brustwehren zu errichten, wie sie das seit 1863 und 1864 taten. Es wurde zur Faustregel, daß angreifende Kräfte eine numerische Überlegenheit von mindestens 3:1 haben mußten, um Gräben nehmen zu können, die von gefechtsbereiten Truppen verteidigt wurden. Die Artillerie hatte also durch das Gewehr einiges an Offensivkraft eingebüßt; am besten funktionierte sie als Verteidigungswaffe, wenn sie angreifende Infanterie nach Art einer riesigen abgesägten Schrotflinte mit Kartätschen (wie am Malvern Hill) beschoß. Trotz gelegentlicher Erfolge eines geradlinigen taktischen Sturmangriffs – so die konföderierten Siege in Gaines' Mill, Chancellorsville und Chickamauga oder die Triumphe der Union bei Missionary Ridge und Cedar Creek – trug die Defensive gegen Frontalangriffe für gewöhnlich den Sieg davon. Und selbst wenn ein Sturmangriff durchdrang, so nur um einen hohen Preis an Toten und Verwundeten. Romantischen Kriegstraditionen verhaftet und vom Glorienschein von »Attacke« und »Heldenmut« geblendet, mußten die Südstaatensoldaten in der »Sieben-Tage-Schlacht« für ihre Sturmangriffe bitter büßen. Mit Recht konnte D. H. Hill in späteren Jahren über die vor den Linien der Union in Gaines' Mill aufgehäuften Leichenberge sinnieren: »Wir hielten es für eine große Sache, gegen eine Artilleriebatterie oder eine Feldschanze der Infanterie anzurennen ... Wir waren verschwenderisch mit Blut damals.«[24]

In den neun Schlachten der Jahre 1862 und 1863 ergriffen die konföderierten Armeen sechsmal die taktische Offensive, wobei sich die Toten und Verwundeten beider Seiten auf über 15000 Mann beliefen. Zwei dieser sechs Schlachten gewannen sie (Chancellorsville und Chickamauga), und in einer dritten (der »Sieben-Tage-Schlacht«) errangen sie einen strategischen Erfolg; aber ihre Gesamtverluste übertrafen die der Union um 20000 Mann (89000 gegenüber 69000). Im Frühjahr 1864 kehrte sich die Lage um: Grants Leute verzeichneten fast doppelt so viele Verluste wie Lees Armee, als die Yankees von der Wilderness bis nach

Petersburg die Offensive ergriffen. Das Streben beider Seiten, den Sieg durch taktische Sturmangriffe zu erringen, erwies sich im neuen Zeitalter des Gewehrs als Chimäre. Die taktische Überlegenheit der Verteidigung erklärt, warum der Bürgerkrieg sich so lange hinzog und so blutig war. Das Gewehr und der Schützengraben beherrschten die Schlachtfelder des Bürgerkriegs so gründlich, wie das Maschinengewehr und der Schützengraben die Schlachtfelder des Ersten Weltkriegs beherrschten.

IV

In der nebelverhangenen Düsternis des Malvern Hill inspizierte ein Offizier am Morgen des 2. Juli 1862 den Schauplatz des Kampfes vom Vortag. »Die markerschütternden Schreie Tausender hatten uns schon in den Ohren gegellt, bevor der Nebel sich lichtete«, schrieb er 20 Jahre später; der Anblick hatte sich ihm unauslöschlich eingeprägt. »Jetzt bot sich uns in einer halben Meile Entfernung auf den Hängen hinab zum Wald ein gräßliches Schauspiel. Über 5000 Tote und Verwundete bedeckten den Boden ... aber genügend waren noch am Leben und bewegten sich, was dem ganzen Platz etwas einzigartig Madenhaftes gab.«[25] Die beiden Armeen vereinbarten bald eine Waffenruhe, um die Toten zu begraben und die Verwundeten zu versorgen. Diese traurigen Pflichten gruben dem Gedächtnis die Schrecken des Krieges noch unvergeßlicher ein als das eigentliche Kampfgeschehen. »Der Anblick, der sich uns bot, die Gerüche, die uns entgegenschlugen, waren einfach unbeschreiblich«, schrieb ein Südstaatensoldat von einem Begräbnistrupp. »Leichen, die unter dem Druck giftiger Gase auf das Doppelte ihrer ursprünglichen Größe angeschwollen oder buchstäblich geplatzt waren ... Die Gerüche waren ekelerregend und so widerlich, daß uns allen nach kurzer Zeit übel wurde und wir uns, den Mund gegen den Boden gepreßt, hinlegen mußten, die meisten von uns unter heftigem Erbrechen.« In einem Brief in die Heimat beschreibt ein Yankeesoldat nach einer anderen Schlacht ein Feldlazarett, das in einem Gehöft eingerichtet worden war. »Vor dem Haus konnte man die Schweine sehen, die zur Farm gehörten, wie sie [amputierte] Arme und andere Körperteile fraßen.«[26]

Viele Zivilisten auf beiden Seiten, vor allem aber im Süden, erlebten diese Szenen und Gerüche nicht nur durch Briefe von der Front, sondern ganz direkt. Die Kämpfe im Mai und Juni 1862 spielten sich zu einem großen Teil vor den Toren Richmonds ab. Von den 21 000 verwundeten Konföderierten aus der Schlacht bei Seven Pines und der »Sieben-Tage-Schlacht« wurden viele dorthin gebracht. »Wir lebten in einem einzigen großen Lazarett und atmeten die Dünste der Leichenhalle«, schrieb eine Frau aus Richmond.[27] Kirchen, Hotels, Lagerhäuser, Läden, Scheunen, ja sogar Privatwohnungen wurden als Notlazarette requiriert. Weiße Frauen meldeten sich zu Hunderten freiwillig als Krankenschwestern; Sklaven wurden als Sanitäter und Totengräber mobilisiert.

Wie die Unionsarmee leisteten auch die Konföderierten den Verwundeten in Feldlazaretten auf oder nahe dem Schlachtfeld Erste Hilfe und führten Notbehandlungen durch. Es dauerte aber lange, bis der Süden Krankenhäuser für die Behandlung und Genesung der Schwerverwundeten und der Soldaten mit langwierigen Erkrankungen einrichtete. Anfangs entstanden solche Krankenhäuser hauptsächlich auf lokale oder private Initiative hin. Von Ende 1861 an übernahm dann das Gesundheitsministerium der Konföderierten diese Aufgabe. Die Armee errichtete mehrere Krankenhäuser in Richmond, das wichtigste, das Chimborazo Hospital, auf einem Berg am östlichen Stadtrand. Es wurde die größte derartige Einrichtung auf der Erde. In den 250 Pavillons konnten jeweils 40 bis 60 Patienten untergebracht werden, 100 Zelte boten jeweils acht bis zehn Rekonvaleszenten Platz. Im Juni 1862 war jedoch erst ein Bruchteil dieser Bauten fertig, und von den Tausenden von Verwundeten, die in die Stadt kamen, starben viele auf der Straße, weil es nirgends einen Platz für sie gab. Der Schock der »Sieben-Tage-Schlacht« sowie späterer Schlachten in Virginia zwang den Süden zur Vergrößerung und Modernisierung seiner Krankenhäuser.

Dieser Schock und das Beispiel von Frauen, die sich, um Leben zu retten, in Richmond und in Corinth (Mississippi) freiwillig gemeldet hatten, zwang auch das Gesundheitsministerium, das ursprünglich nichts von weiblicher Krankenpflege hatte wissen wollen, zum Umdenken.

Am Vorabend des Bürgerkrieges war Florence Nightingale für amerikanische Frauen nicht weniger eine Heldin, als sie es in England war. Florence Nightingale hatte den unzulänglichen Sanitätsdienst der britischen Armee im Krimkrieg revolutioniert. Sie hatte auch der Krankenpflege als Beruf zur Anerkennung verholfen und 1860 im St. Thomas' Hospital in London die erste Schwesternschule der Welt eingerichtet. Als in Amerika der Krieg ausbrach, meldeten sich weiße Frauen aus dem Süden freiwillig als Krankenschwestern oder gründeten kleine Krankenhäuser für Soldaten. Eines der besten derartigen Krankenhäuser wurde in Richmond von Sally Louisa Tompkins aufgebaut; Jefferson Davis ernannte diese Frau später zum Hauptmann, damit ihre Krankenstation als Armeelazarett eingestuft werden konnte.

Solche Beispiele widerlegten das Vorurteil gegen die Tätigkeit »vornehmer Damen« in Lazaretten. Es war wohl statthaft, daß weiße Frauen die Kranken zu

Hause oder sogar in den Sklavenquartieren pflegten, aber in der Männerwelt des Lazaretts hatten sie nichts zu suchen, bekamen sie dort doch so manches zu sehen, was eine Dame nicht sehen durfte. Die Frau hatte zu Hause zu bleiben und Verbände anzulegen, Strümpfe zu stopfen und himmlische Rosen ins irdische Leben der müde aus der Schlacht heimgekehrten Krieger zu flechten. Obwohl diese Auffassung zu Beginn des Krieges noch überwog, trotzten zahlreiche Südstaatenfrauen aus guter Familie den mißbilligenden Blicken eines Vaters oder Bruders und meldeten sich zur Krankenpflege. Eine von ihnen war die 27jährige Kate Cumming aus Mobile. Sie ging im April 1862 nach Corinth, wo Beauregards geschlagene Armee sich von der Schlacht bei Shiloh zu erholen suchte. »Wenn die Leute behaupten, das sei kein Ort für Damen«, schrieb Kate Cumming, »dann frage ich mich, was Miss Nightingale und die Hunderte vornehmer Damen dazu sagen würden, die auf die Krim gegangen sind?«[28]

Als Kate Cumming ein Corinther Hotel zu Gesicht bekam, das man in ein Krankenhaus umgewandelt hatte, wurde sie blaß. »Soviel ich auch gehört und gelesen hatte: auf die Schreckensbilder, die ich hier sah, war ich nicht im entferntesten vorbereitet.« Aber sie und ihre Schwestern im Mitleid bezwangen den Impuls, wegzulaufen, und machten sich unverzüglich ans Werk. »Ich blieb die ganze Nacht wach, wusch den Männern die Wunden und gab ihnen zu trinken«, schrieb sie in ihr Tagebuch. »Die Leute liegen überall im Haus auf ihren Decken, so wie man sie gebracht hat ... In der schlechten Luft, die durch diese vielen Menschen entstanden war, wurde mir zuerst schwindlig und übel, aber das gab sich bald. Wir müssen durch Blut und Wasser waten, und wenn wir den Männern etwas geben, knien wir darin; aber wir denken uns nichts dabei.«[29]

Kate Cumming und andere weiße Frauen, die im Sommer 1862 in Lazaretten die Kranken pflegten, hatten sich freiwillig gemeldet. Die offiziellen Krankenpfleger der Armee waren Soldaten, die man zu diesem Zweck abgestellt hatte (unter ihnen viele Rekonvaleszenten), sowie Sklaven und Sklavinnen, die man zum Dienst in der Küche und der Wäscherei oder zum Saubermachen gezwungen hatte. Manche weißen Frauen, die sich freiwillig gemeldet hatten, spielten nur für ein paar Tage den Engel der Kranken und waren dann wieder verschwunden. Die meisten aber leisteten wertvolle Dienste und widerlegten damit das Vorurteil vieler Stabsärzte, die ursprünglich keine weißen Frauen in den Lazaretten hatten sehen wollen. Der medizinische Leiter des Militärkrankenhauses in Danville (Virginia) zog schließlich Frauen in seiner Anstalt den Soldaten als Krankenpfleger vor; letztere seien »ungehobelte Stoffel vom Land«, die »Rizinusöl nicht von einem Ladestock und Laudanum nicht von einem Loch im Boden« unterscheiden könnten. Im September 1862 verabschiedete der konföderierte Kongreß ein

Gesetz über den Einsatz ziviler Oberschwestern und Schwestern in Krankenhäusern der Armee; Frauen waren »überall zu bevorzugen, wo ihre Dienste den jeweiligen Zweck am besten erfüllen«.[30] Viele weiße Frauen wurden daraufhin in den offiziellen Sanitätsdienst der Armee übernommen. Sie und ihre freiwillig dienenden Schwestern erwarben sich jenen Ruhm, durch den ihre Leistung nach dem Krieg mit einer ähnlichen Aura des Kampfes für eine verlorene Sache verklärt wurde wie der Einsatz der konföderierten Soldaten.[31] Andere Frauen leisteten außerhalb der Krankenhäuser einen entscheidenden Beitrag, indem sie überall im Süden Soldatenhilfe organisierten oder Gesellschaften zur Entlastung der Krankenhäuser gründeten, die kranke und verwundete Soldaten oder deren Familien mit Lebensmitteln, Dienstleistungen und Geld versorgten. Diese Anstrengungen gehörten 1862 zur Mobilisierung aller Ressourcen für den totalen Krieg. Sie zogen die Frauen des Südens in beispiellosem Umfang für öffentliche Aufgaben heran und trugen dazu bei, sie vom Podest hehrer Weiblichkeit herunterzuholen, auf dem sie verkümmerten.

Vergleichbare Erfahrungen machten ihre Schwestern im Norden, die schon vor dem Krieg emanzipierter waren und sich nun mit demselben Eifer, aber in größerer Zahl in die Schlacht stürzten. Wichtigstes Instrument ihrer Aktivitäten war die U.S. Sanitary Commission. Diese mächtige Organisation – die größte freiwillige Vereinigung in einem Land, das für derlei Unternehmungen berühmt war – entstand aus dem Zusammenschluß lokaler Gesellschaften zur Soldatenhilfe, die schon wenige Tage nach der Beschießung des Forts Sumter entstanden waren. Die Initiative zur Gründung solcher Vereinigungen ging meist von Frauen aus, die sich engagieren wollten, aber auch bereits Erfahrungen mit Gesellschaften gesammelt hatten, die für die Abschaffung der Sklaverei, die Rechte der Frauen, für Temperenzler, Bildung, Missionen und dergleichen eintraten. Elizabeth Blackwell, die erste Amerikanerin, die unbeeindruckt vom Spott der Männerwelt den Doktor der Medizin gemacht hatte (1849), ergriff die Initiative und organisierte am 29. April 1861 ein Treffen von 3000 Frauen im New Yorker Cooper-Institut. Auch einige prominente Männer nahmen an diesem Treffen teil, auf dem die Women's Central Association for Relief (W.C.A.R.) gegründet wurde, die die Tätigkeit der vielen kleineren Vereine koordinieren sollte. Ursprünglich war es Aufgabe der W.C.A.R., ein Ausbildungsprogramm für Krankenschwestern aufzubauen – das erste derartige Unternehmen in den USA. Die W.C.A.R. wurde auch zum Kern der U.S. Sanitary Commission.

Die »Sanitary«, wie man sie bald nannte, orientierte sich am Beispiel der British Sanitary Commission im Krimkrieg. Schmutz und primitive sanitäre Verhältnisse hatten Krankheiten und Infektionen hervorgerufen, die die alliierten Armeen auf der Krim dezimiert und in Großbritannien den Ruf nach Reformen ausgelöst hatten. In Amerika wollte man nun eine ähnliche Kommission einrichten, um diesen Problemen in der Unionsarmee zu begegnen, und am 15. Mai 1861 begab sich eine Delegation berühmter Ärzte (ausschließlich Männer) unter Leitung des prominenten, an medizinischen Problemen interessierten unitarischen Geistlichen Henry Bellows als Vertreter der W.C.A.R. und angeschlossener Organisationen nach Washington. Diese Delegation stieß zunächst auf den Widerstand des Army Medical Bureau. Dessen Chef (der Generalstabsarzt) war nach 43 Jahren regulärer Armee ein alter Veteran, der sich jede Einmischung von seiten ziviler Wichtigtuer verbat. Auch der Gedanke an weibliche Krankenpfleger erfüllte ihn mit Skepsis. Die Delegation wandte sich über seinen Kopf hinweg an Kriegsminister Cameron und den Präsidenten. Lincoln konnte zivilen Hilfsdiensten für das Medical Bureau zunächst wenig abgewinnen und sprach vom »fünften Rad am Wagen«. Trotzdem gab er seine Einwilligung, und am 13. Juni unterzeichnete er den Erlaß zur Errichtung der U.S. Sanitary Commission.[32]

Offiziell hatte die Kommission nur eine untersuchende und beratende Funktion. Der dezentrale, behelfsmäßige Charakter der nordstaatlichen Mobilmachung im Jahre 1861 bot einer freiwilligen Vereinigung jedoch die Chance, sich ihre eigenen Befugnisse zu schaffen. Mit Bellows als ihrem Präsidenten und dem talentierten Frederick Law Olmsted als Geschäftsführer tat die »Sanitary« denn auch genau dies. Sie warb Ärzte und andere prominente Bürger als Mitarbeiter für lokale Zweiggesellschaften an, von denen es 1863 im Norden 7000 gab. Die Mitarbeiter auf nationaler Ebene sowie die 500 bezahlten Beauftragten der Kommission waren Männer; die meisten der 10000 freiwilligen Helfer waren Frauen. Sie veranstalteten Wohltätigkeitsbasare und »Sanitary Fairs«, um Geld zu sammeln. Sie schickten Verbandszeug, Medikamente, Kleidung, Lebensmittel und freiwillige Schwestern in Feldlager und Lazarette. Sie versorgten Soldaten auf Heimaturlaub mit Kost und Logis. Aufgrund der engen Verbindungen zwischen den Leitern der Kommission und den Bürgern, die sich freiwillig meldeten und Regimentsoffiziere wurden, nahmen sie Einfluß auf die hygienischen Verhältnisse in den Feldlagern, auch wenn das Army Medical Bureau ihnen nach wie vor die kalte Schulter zeigte. »Sanitätsinspektoren« der Kommission zeigten den Soldaten, wie ein Lager richtig entwässert wird und wo die Latrinen, die Wasservorratstanks und die Küche am besten eingerichtet werden. Viele Soldaten, kümmerten sich nicht um diese Dinge und litten unter den Folgen. Andere profitierten durch besseren gesundheitlichen Zustand von der Berücksichtigung dieser Ratschläge.

Die »Sanitary« gewann bei den Soldaten an Beliebtheit und im Kongreß an Einfluß. Vom Winter 1861 auf 1862 an war sie zu einem Machtfaktor in der nationalen Politik geworden. Sie nutzte diese Macht, um das Anciennitätsprinzip des Medical Bureau zu attackieren, das jungen, fortschrittlichen Stabsärzten keine Chance bot, während das Bureau in der Hand von Leuten wie dem Generalstabsarzt Clement A. Finley blieb, der noch ganz der verschlafenen Bürokratie einer 16000-Mann-Friedenstruppe verhaftet war. »Es ist sträfliche Schwäche, die Verantwortung, die auf den Schultern des Generalstabsarztes ruht, einem selbstzufriedenen, eingebildeten, bigotten Schafskopf zu überlassen, bloß weil er von allen alten Kasinoärzten unserer Grenzwachen der älteste ist«, schrieb der Geschäftsführer der Kommission, Olmsted, in einem persönlichen Brief. »Er weiß nichts und tut nichts und ist zu nichts anderem fähig, als auf Formfragen und Präzedenzfällen herumzureiten.« Der Präsident der Kommission, Bellows, entwarf ein Gesetz, das es Lincoln erlauben sollte, das Anciennitätsprinzip zu umgehen und jüngere Leute auf Spitzenpositionen im Medical Bureau zu berufen. Ein solches Gesetz, meinte Bellows, »würde die ganzen ehrwürdigen Nichtstuer und senilen Quertreiber ausbooten, die jetzt die Gesundheit und Sicherheit unserer Männer gefährden«.[33]

Das medizinische Establishment der Armee schlug zurück und verwahrte sich gegen »Sensationsprediger, Dorfärzte und resolute Weiber« in der Kommission.[34] Trotzdem wurde das Gesetz am 18. April 1862 verabschiedet. Es setzte nicht nur das Anciennitätsprinzip außer Kraft, sondern ermächtigte auch den Generalstabsarzt, acht Gesundheitsinspektoren zu ernennen, die befugt waren, eine Reform der Verfahrensweise in der Armee durchzuführen. Lincoln ernannte unverzüglich den Kandidaten der »Sanitary« zum neuen Generalstabsarzt: den 33jährigen William Hammond, einen fortschrittlichen, durchsetzungsfähigen, resoluten Stabsarzt. Die Ernennung Hammonds markierte das Ende der Gegnerschaft zwischen Armee und Kommission und den Beginn einer außerordentlich fruchtbaren Partnerschaft zwischen öffentlichem und privatem Gesundheitswesen. Die Armee überstellte der Kommission mehrere Passagierdampfer, die zu Hospitalschiffen umgebaut und mit freiwilligen Krankenschwestern bemannt wurden und die Evakuierung Verwundeter von der Halbinsel in Krankenhäuser in Washington und New York übernahmen. Den Wert einer solchen Maßnahme hatte die Kommission bereits bewiesen, als sie Lazarettschiffe zur Bergung der Verwundeten von Shiloh angemietet hatte. Eine Pionierleistung der »Sanitary« war auch die Entwicklung von Lazarettzügen, die mit Spezialwaggons für den Schienentransport von Verwundeten ausgerüstet waren.

Generalstabsarzt Hammond war von den Krankenschwestern der Sanitary Commission, die auf den Lazarettschiffen Dienst taten, so beeindruckt, daß er im Juli 1862 eine Verordnung erließ, wonach mindestens ein Drittel der Sanitäter in den Krankenhäusern Frauen sein mußten. Schon im April 1861 hatte man die verehrungswürdige Reformerin der Irrenanstalten, Dorothea Dix, zum »Superintendent of Female Nurses« ernannt, allerdings mit recht vage definierten Vollmachten. Dorothea Dix bemühte sich in nicht ganz reibungsloser Zusammenarbeit mit der Sanitary Commission um die Anwerbung von Krankenschwestern. Als der Krieg vorbei war, hatten über 3000 nordstaatliche Frauen als bezahlte Krankenschwestern bei der Armee gedient. Außerdem arbeiteten einige tausend Frauen weiterhin als Freiwillige und als bezahlte Kräfte im Auftrag der Sanitary Commission.

Männer und Frauen der Nordstaaten wirkten in diesem Krieg aber auch in anderer Form im Gesundheitswesen mit. Manche arbeiteten für andere freiwillige Einrichtungen wie die (von der U.S. Sanitary Commission unabhängige) Western Sanitary Commission auf dem Kriegsschauplatz jenseits des Mississippi oder in der Christian Commission, die im November 1861 vom YMCA, dem Christlichen Verein Junger Männer, gegründet worden war; sie versah Unionssoldaten mit Decken, Kleidung und Büchern und sorgte für ihr leibliches und seelisches Wohl. Einige Frauen der Nordstaaten, die als Krankenschwestern berühmt wurden, handelten auch weitgehend auf eigene Faust. Eine von ihnen war Clara Barton, eine 40jährige unverheiratete Frau, die als Sekretärin im Patentamt arbeitete, als der Krieg ausbrach. Sie wurde zum Ein-Mann-Sanitätsbetrieb, sammelte Arzneien und Vorräte und tauchte an verschiedenen Schlachtfeldern oder in Feldlazaretten auf, um die Verwundeten zu trösten und sorglosen oder gleichgültigen Feldärzten die Hölle heiß zu machen. Ihre Bekanntschaft mit einflußreichen Abgeordneten stärkte jenen politischen Kräften den Rücken, die auf eine Reform des Gesundheitswesens der Armee drangen. Aus ihren Kriegserlebnissen speiste sich nach dem Krieg Clara Bartons Kreuzzug für den Beitritt Amerikas zum Internationalen Roten Kreuz. Eine bemerkenswerte Frau war auch Mary Ann Bickerdyke, eine 45jährige Witwe aus Illinois, die ihre Schwesterntätigkeit 1861 in der von einem Fieber heimgesuchten Armeebasis in Cairo begann. Groß, stattlich, unbeugsam und trotzdem mütterlich, stürmte sie wie ein Racheengel durch das Lager. Für träge Offiziere wurde sie zum Pfahl im Fleisch; die Gefreiten aber schlossen sie ins Herz und nannten sie »Mutter Bickerdyke«. Sie sorgte in den Lagern für Sauberkeit und zog mit Grants und später mit Shermans Armeen von Donelson bis nach Atlanta. Mary Ann Bickerdyke erwarb sich die Achtung dieser beiden Unionsgeneräle; sie war die einzig Frau, die Sherman in den Lazaretten seiner vorgeschobenen Basis duldete.

Nicht alle Armeekrankenschwestern gehörten zu jenen Frauen, die man im 19. Jahrhundert als »ehrbar« bezeichnete. Auf beiden Seiten gab es Regimenter, die an der alten Armee-Institution der »Marketenderin« festhielten – der Wäscherin und Köchin, die mitunter auch als Prostituierte und als Krankenschwester fungierte. Gleichwohl hatten nach 1862 die »ehrbaren« Krankenschwestern viele Vorurteile widerlegt, die es bei Kriegsausbruch gegen sie gegeben hatte. Sie hatten sich – bei den Soldaten und in der Öffentlichkeit, wenn auch nicht immer bei den Stabsärzten – jene Achtung und Geltung verschafft, die Florence Nightingale und ihre Kohorten in Großbritannien erworben hatten. Der Mut und die Tatkraft, die viele Frauen bewiesen, räumten mit der Vorstellung vom »schwächeren Geschlecht« auf. Das mag sogar mancher Ehe zugute gekommen sein. Die Frau von George Templeton Strong, dem Schatzmeister der Sanitary Commission, setzte es sich im Juni 1862 in den Kopf, als freiwillige Krankenschwester auf die Virginia-Halbinsel zu gehen. Dort trat sie kompetent auf, fand einen neuen Lebensinhalt und veränderte das Bild, das ihr Mann von ihr gehabt hatte. »Mein kleines Frauchen hat sich in diesen zwei Monaten erstaunlich herausgemacht«, schrieb Strong in sein Tagebuch. »Ich hab' ihr bisher nicht ein Zehntel von der Tatkraft, dem Mut, der Diskretion und Charakterstärke zugetraut, die sie an den Tag legt. Der Himmel segne sie!«[35]

Der Bürgerkrieg war ein Meilenstein in der Entwicklung der Krankenpflege vom untergeordneten Dienst zum vollwertigen Beruf. Der Krieg brachte aber auch wichtige Neuerungen im militärischen Gesundheitswesen. Eine dieser Neuerungen war die Einrichtung eines speziellen Ambulanzkorps, das den Verwundeten Erste Hilfe leistete und sie in Feldlazarette transportierte. Nach traditioneller Praxis beider Armeen fungierten Regimentsmusikanten sowie die »vor dem Feind erfolglosesten« Soldaten als Träger, die die Verwundeten auf dem Schlachtfeld bargen und den Chirurgen in den Feldlazaretten zur Hand gingen. Von zivilen Fuhrleuten erwartete man, daß sie sich als Ambulanzfahrer zur Verfügung stellten. Die Mängel dieses Systems traten bei den großen Kämpfen des Jahres 1862 zutage. Die Männer und Burschen der Musikkorps (viele von ihnen keine 18 Jahre alt) waren für die ihnen zugedachten Aufgaben nicht genügend gedrillt und kampferprobt und ergriffen bei den ersten Schüssen nur allzuoft entsetzt die Flucht. Und selbst wenn die Ambulanzfahrer ihre Pflicht nicht vergaßen, gab es zu wenige von ihnen. Während des Gefechts setzten sich die Soldaten oft über Befehle hinweg und verließen ihre Position, um verwundete Kameraden hinter die Linien zu tragen, weil sie wußten, daß es sonst niemand tun würde.

Diese erbärmliche Situation wurde bei der Unionsarmee im Sommer 1862 zum Skandal und veranlaßte Generalstabsarzt Hammond, nach der »Sieben-Tage-Schlacht« Jonathan K. Letterman zum neuen Leiter des Sanitätswesens (Medical Director) der Potomac-Armee zu ernennen. Durch diese Ernennung besserte sich die Lage. Die Sanitary Commission hatte sich schon seit langem für den Aufbau eines ausgebildeten Ambulanzkorps eingesetzt. Letterman gliederte eine solche Einheit der Potomac-Armee ein; andere Unionsarmeen zogen nach, und 1864 wurden die Ambulanzkorps gesetzlich verankert. Diese Nichtkombattanten der Ambulanz trugen spezielle Uniformen und waren hochmotiviert; sie riskierten ihr Leben, um mitten in der Schlacht zu den Verwundeten zu gelangen und sie so schnell wie möglich zu einem Feldchirurgen oder ins Feldlazarett zu schaffen. Am Ambulanzkorps nahmen sich europäische Armeen bis zum Ersten Weltkrieg ein Vorbild; Deutsche und Franzosen übernahmen dieses System im Krieg von 1870 auf 1871.[36] Der Süden baute 1862 ein vergleichbares »Sanitätskorps« auf, institutionalisierte es aber nicht in derselben Weise wie der Norden. Die Verwundetenfürsorge der Konföderierten bewirkte – was für die Kriegsanstrengung der Südstaaten insgesamt zutrifft – mit den verfügbaren Ressourcen Wunder, aber sie hatte einfach nicht genug Männer, Medikamente und Feldlazarette, um mit der Union mithalten zu können. Das war einer der Gründe, weshalb auf seiten der Rebellen rund 18 Prozent der Verwundeten ihren Verletzungen erlagen, während es auf seiten der Yankees nur 14 Prozent waren.[37]

Die diesbezüglichen Verlustzahlen beider Seiten waren natürlich nach heutigen Maßstäben katastrophal. Im Koreakrieg starb nur einer von 50 verwundeten Amerikanern an seinen Wunden, im Vietnamkrieg einer von 400. Für den Soldaten des Bürgerkrieges war die Wahrscheinlichkeit, an einer Verwundung zu sterben, achtmal größer, die Wahrscheinlichkeit, einer Krankheit zu erliegen, zehnmal größer als für den amerikanischen Soldaten im Ersten Weltkrieg. Tatsächlich sind doppelt so viele Soldaten des Bürgerkriegs Krankheiten zum Opfer gefallen, wie im Kampf getötet oder tödlich verwundet wurden. Solche Zahlen scheinen auf den ersten Blick das Resümee zu bestätigen, das manche Historiker über den amerikanischen Bürgerkrieg gezogen haben: daß »das Sanitätswesen eines seiner düstersten Kapitel« gewesen sei.[38]

Diese Einschätzung kann sich auf eine damals weit verbreitete Meinung stützen. Zeitungen und Sanitary Commission berichteten wahre Schauergeschichten von verdreckten Lazaretten, betrunkenen Chirurgen, unversorgten Kranken oder verwundeten Soldaten, die qualvoll sterben mußten. Viele Armeeärzte standen im Ruf, »Quacksalber« oder »Schlächter« zu sein, was das allgemein niedrige Ansehen des Arztberufs spiegelte. Die Soldaten fürchteten das Lazarett wie die Pest und gaben sich oft alle Mühe, eine Verwundung oder Krankheit zu verbergen, um nicht dort eingeliefert zu werden. »Mir scheint die Docktoren bringen mehr Leute um als Sie gesund machen«, schrieb ein Soldat aus Alabama 1862. »Die Docktoren sind nicht gantz bei trost.« Die Yankeesoldaten sahen es genauso. Ein Gefreiter aus Illinois schrieb: »Unser Arzt hat so viel Ahnung wie ein zehnjähriges Kind.« Ein Offizier aus Massachusetts bezeichnete seinen Regimentschirurgen als »Rindvieh«.[39]

Wenn viele Soldaten glaubten, außerhalb des Lazaretts schneller gesund zu werden, so hatten sie wahrscheinlich recht. Doch lag dies mehr am allgemeinen Wissensstand der Medizin als an der besonderen Unfähigkeit der Armeeärzte. Der Bürgerkrieg fiel ins ausgehende medizinische Mittelalter. Erst die Jahre nach 1860 brachten die Morgenröte einer neuen Zeit, in der europäische Forscher wie Louis Pasteur oder Joseph Listen jene mikroskopischen Übeltäter entdeckten, die Trinkwasser und Lebensmittel infizierten und durch offene Wunden in den Blutkreislauf drangen. Binnen einer Generation hatte die neue Wissenschaft der Bakteriologie die Medizin revolutioniert. Die Entdeckung, daß es zwischen Moskitos und Gelbfieber oder Malaria eine Verbindung gab, erlaubte den erfolgreichen Kampf gegen diese mörderischen Krankheiten. Im Bürgerkrieg wußten die Ärzte von all dem nichts; die medizinische Revolution kam für sie zu spät. Sie ahnten nichts vom ursächlichen Zusammenhang zwischen Wasser und Typhus, zwischen nicht sterilisierten Instrumenten und Infektionen, zwischen Moskitos und Malaria. Begriffe wie Asepsis und Antisepsis waren in der Chirurgie unbekannt. Von Antibiotika konnten die Ärzte nichts wissen, weil sie kaum eine Vorstellung vom Funktionieren des Körpers hatten. Außerdem verursachten das große Kaliber und die niedrige Fluggeschwindigkeit der kurzläufigen Bürgerkriegswaffen grauenhafte Wunden; die Kugel blieb gewöhnlich im Körper stecken, statt ihn zu durchschlagen. Die Chirurgen kannten praktisch keine andere Methode als die Amputation, um Wundbrand, Knochenmarkentzündungen oder Blutvergiftungen zu stoppen. Bauchwunden waren im allgemeinen tödlich, weil keine Prävention gegen Bauchfellentzündung bekannt war. Chloroform und Äther wurden zwar zur Anästhesie verwendet, waren aber zumal im Süden knapp, so daß man die Soldaten bei einer Operation manchmal mit Whisky betäuben mußte.[40] Es war die »heroische Zeit« der Medizin, in der alles, von der Ruhr über die Verstopfung bis hin zur Malaria oder Erkältung, mit Kalomel oder Brechweinstein oder Chinin oder Morphium oder Laudanum behandelt wurde. Kein Wunder, daß viele Soldaten sich lieber nicht in die Klauen der Ärzte begaben. Und kein Wunder auch, daß viele betäubungsmittelsüchtig wurden.

Krankheiten waren eine größere Gefahr für die Soldaten des Bürgerkrieges als die Waffen des Gegners. Das war bei allen Armeen der Geschichte so gewesen. Die durch Krankheit bedingte Sterblichkeit war in den Bürgerkriegsarmeen sogar vergleichsweise niedriger als in allen früheren Armeen. Auf zwei Soldaten der Union oder der Konföderation, die an einer Krankheit starben, kam einer, der durch Kampfhandlungen fiel; bei den britischen Soldaten in den Napoleonischen Kriegen oder im Krimkrieg war dieses Verhältnis 8:1 beziehungsweise 4:1 gewesen, in der amerikanischen Armee im Mexikanischen Krieg 7:1. Hoch war die Krankheitssterblichkeit im Bürgerkrieg nur nach Maßstäben des 20. Jahrhunderts. Trotzdem und trotz aller diesbezüglichen Fortschritte gegenüber früheren Kriegen waren Krankheiten ein hemmender Faktor bei den militärischen Operationen des Bürgerkrieges. Immer stand ein beträchtlicher Prozentsatz aller Männer eines Regiments auf der Krankenliste. Die meisten Regimenter büßten von ihrer Anfangsstärke von 1000 Mann durch Krankheiten rund die Hälfte ein, bevor das Regiment das erste Gefecht erlebte.

Am schlimmsten traf es die Soldaten in ihrem ersten Jahr. Das Zusammenpferchen von Tausenden von Menschen verschiedenster Herkunft in einer neuen und ansteckungsträchtigen Umgebung zeitigte die zu erwartenden Folgen. Menschen (zumal aus ländlichen Gegenden), die ihr Leben lang nichts mit Masern, Mumps oder Mandelentzündung zu tun gehabt hatten, bekamen prompt diese Kinderkrankheiten, die zwar selten tödlich waren, aber eine Einheit wochenlang lahmlegen konnten. Schlimmer waren Pocken und Wundrose, die wie der Schnitter durch manche ländlichen Regimenter fuhren. Wenn die Soldaten von diesen Erkrankungen genesen waren und sich eine Zeitlang im Ausbildungs- oder Basislager aufgehalten hatten – wo sie durch mangelnde Hygiene und infolge der wechselhaften Witterung ihre Wasservorräte verschmutzten, fruchtbare Nährböden für Bakterien schufen und anfällig für tödliche Viren wurden –, zogen sie sich häufig eine der drei großen tödlichen Krankheiten dieses Krieges zu: Durchfall (Ruhr), Typhus oder Lungenentzündung. Beim Marsch nach Süden zu den Sommerfeldzügen holten sich viele die vierte der vorherrschenden tödlichen Krankheiten: die Malaria. Nicht wenige Besatzungstruppen der Union in Städten des Südens sowie Soldaten der Konföderation, die vor größeren Städten – namentlich Richmond – kampierten, lernten ein weiteres Soldatenleiden kennen: die Geschlechtskrankheit. An ihr litten den Berichten zufolge ebenso viele Männer wie an Masern, Mumps und Mandelentzündung zusammen.[41]

Mehrere militärische Operationen sind durch Krankheiten beeinträchtigt worden. Lee scheiterte mit seinen Feldzügen in West-Virginia zum Teil deshalb, weil so viele von seinen Leuten durch Krankheiten außer Gefecht gesetzt waren. Im Juli 1862 wurde der erste Versuch, Vicksburg zu nehmen, nicht zuletzt deshalb aufgegeben, weil mehr als die Hälfte der Unionssoldaten und -matrosen krank waren. Beauregard entschloß sich zur Aufgabe Corinths, weil durch Krankheiten epidemischen Ausmaßes mehr als ein Drittel seiner Armee auf der Krankenliste stand. Als Hallecks Unionsarmee Anfang Juni die Besetzung von Corinth abgeschlossen hatte, waren auch ein Drittel oder mehr der Yankeesoldaten erkrankt. Fast die Hälfte der 29 Unionsgeneräle, darunter Halleck selbst und John Pope, erkrankten während des Feldzugs von Corinth oder unmittelbar danach an dem, was sie bedauernd »die Räumung von Corinth« (Durchfall) nannten; Sherman bekam Malaria. Daß Halleck nach dem Fehlschlag von Corinth nicht den Einmarsch in Mississippi folgen ließ, lag zum Teil daran, daß für einen Sommerfeldzug im tiefen Süden eine noch höhere Sterblichkeitsrate durch Krankheit bei den nicht akklimatisierten Nordstaatensoldaten befürchtet wurde.

Krankheiten beeinflußten auch den Ausgang des Halbinselfeldzugs in Virginia. McClellans Armee war schon durch die schweren Regenfälle und die schwüle Wärme in den Chickahominysümpfen im Mai und Juni gesundheitlich angeschlagen und litt noch mehr, als sie im Juli in Harrison's Landing ankam. Fast ein Viertel der nicht verwundeten Männer war krank. Jeden Tag wurden Dutzende von neuen Malaria-, Ruhr- und Tpyhusfällen gemeldet. McClellan selbst hatte eine frühere Ruhrerkrankung noch nicht auskuriert. In Anbetracht der bevorstehenden ungesündesten Jahreszeit (August/September) beschloß die Regierung, ungeachtet der Proteste McClellans, seine Armee von der Halbinsel abzuziehen.

Bei dieser Entscheidung spielten allerdings auch strategische und politische Fragen eine Rolle. Lincoln hatte erkannt, daß es von Nachteil war, wenn er als sein eigener Oberbefehlshaber zu agieren versuchte, und hatte Halleck vom westlichen Kriegsschauplatz ab- und auf diesen Posten berufen. Ferner hatte der Präsident aus den Korps von Banks, Frémont und McDowell in Nord-Virginia eine neue Armee gebildet und John Pope nach Osten dirigiert, um sie zu übernehmen. Unterdessen verabschiedete der Kongreß ein Gesetz zur Beschlagnahme des Eigentums von Konföderierten (einschließlich ihrer Sklaven), und Lincoln hatte vor, eine Erklärung zur Sklavenbefreiung abzugeben. Das Scheitern von McClellans Feldzug auf der Halbinsel war nicht bloß ein militärischer Fehlschlag; es bedeutete auch den Abschied von jenem begrenzten Krieg für bestimmte Ziele, den McClellan hatte führen wollen. Von nun an sollte der Norden nicht darum kämpfen, die alte Union zu erhalten, sondern darum, sie zu zerstören und auf ihrer Asche eine neue zu errichten.

16.

Wir müssen die Sklaven befreien oder selbst das Joch tragen

I

War Robert E. Lee enttäuscht darüber, daß McClellans Armee in den Kämpfen der »Sieben-Tage-Schlacht« der Vernichtung entronnen war, so war die Bevölkerung der Südstaaten hochzufrieden. »Wir haben der ›Grande Armee‹ des Nordens den Todesstoß versetzt«, notierte ein Tagebuchschreiber aus Richmond. »Lee hat das Blatt gewendet, und es sollte mich nicht wundern, wenn wir jetzt eine Serie von Erfolgen haben.« Lee war der Held der Stunde. Kein Wort mehr vom »Spatenkönig« oder vom »Evakuierungs-Lee«. Der *Richmond Whig* stellte fest, der stille Mann aus Virginia habe »seine Kritiker mit seinem brillanten Genie ... seiner Tatkraft und seinem Wagemut in Erstaunen und Ratlosigkeit versetzt. Er hat seinen Ruf dauerhaft gefestigt und Anspruch auf die bleibende Dankbarkeit seines Landes«.[1]

Diese Kommentatoren konnten natürlich die abgründige Ironie in Lees Erfolg nicht erkennen. Wenn McClellan in diesem Feldzug gesiegt hätte, wäre der Krieg wahrscheinlich zu Ende gewesen; die Union wäre vermutlich ohne größere Zerstörungen im Süden wiederhergestellt worden, und die Sklaverei hätte, zumindest für eine gewisse Zeit, in nur leicht veränderter Form weiterbestanden. Mit seinem Sieg über McClellan sorgte Lee dafür, daß der Krieg bis zur Vernichtung der Sklaverei, des alten Südens und so gut wie aller Werte dauerte, für die die Konföderation kämpfte.

Nach den Kämpfen der »Sieben-Tage-Schlacht« gab es in der Politik der Union eine bewußte Hinwendung zum totalen Krieg. Zunächst war die Moral des Nordens ebenso am Boden, wie die des Südens gestärkt war. »Das Gefühl der Niedergeschlagenheit ist hier sehr ausgeprägt«, schrieb ein prominenter Demokrat aus New York, und ein republikanischer Tagebuchschreiber sprach vom »schwärzesten Tag seit Bull Run ... Es sieht verheerend aus. [...] Es fällt mir schwer, mir meinen festen Glauben an den Sieg der Nation und des Rechts zu bewahren«. Lincoln war nicht minder deprimiert, ließ sich aber nicht beirren. »Ich gedenke das Ringen fortzusetzen, bis ich gesiegt habe oder bis ich sterbe, geschlagen bin ... oder der Kongreß oder mein Land mich fallenlassen.«[2]

Lincoln sah nun ein, daß die Aussetzung der Rekrutierung im April ein Fehler gewesen war. Er befürchtete jedoch, mit einem neuen Ruf zu den Fahnen unmittelbar nach der »Sieben-Tage-Schlacht« »eine allgemeine Panik und Massenflucht« auszulösen. Seward löste das Problem mit einem klugen Schachzug. Er eilte nach New York und konferierte mit einigen Nordstaatengouverneuren. Man vereinbarte, eine (von Seward aufzusetzende) Eingabe an den Präsidenten zu richten: Er sollte die Einzelstaaten zur Stellung neuer Freiwilliger aufrufen, um »an die jüngsten Erfolge der Bundesarmeen anzuknüpfen« und »die Rebellion schleunigst zu zerschlagen«. Seward datierte das Dokument auf den 28. Juni zurück, um den Anschein der Kopflosigkeit nach McClellans Rückzug zu vermeiden. Lincoln tat so, als leistete er dem Appell der Gouverneure Folge, und forderte am 2. Juli 300 000 neue Freiwillige, um den Krieg nun »zu einem raschen und befriedigenden Abschluß« zu bringen.[3]

So begannen die Rekrutierungsausschüsse im Norden wieder mit ihrer Arbeit. Gouverneure riefen die wehrfähigen Männer auf, sich zu melden und »für die alte Fahne, für unser Land, für die Union und die Freiheit« zu kämpfen. Der Quäker James S. Gibbons, ein Abolitionist, »leicht in Rage zu bringen, wenn es darauf ankam«, schrieb ein populäres Rekrutierungsgedicht, das von Stephen Foster, Luther O. Emerson und anderen vertont wurde: »We are Coming, Father Abraham, Three Hundred Thousand More.« Aber die 300 000 stellten sich mit quälender Langsamkeit ein. Die Paraden und Aufmärsche von 1862 waren ein schwacher Abglanz der mitreißenden Kundgebungen von 1861. Die immer längeren Listen der Opfer hatten den Menschen gezeigt, daß der Krieg kein glorreiches Spiel war. Der Norden hatte nur ein Drittel seiner potentiellen militärischen Stärke mobilisiert, aber dank einer blühenden Kriegswirtschaft und der arbeitsreichen Sommersaison auf den Farmen gab es nur wenige junge Männer, die untätig und daher bereit waren, sich freiwillig zu melden. Dazu kam, daß sich auch die neuen Rekruten wie ihre Kameraden, die schon in der Armee waren, für drei Jahre verpflichten mußten. Die Gouverneure berichteten an das Kriegsministerium, daß sie zur Erfüllung ihrer Quoten ohne weiteres genügend Freiwillige für eine kürzere Frist anwerben könnten, daß es jedoch schwierig sein würde, Rekruten zu finden, die sich auf drei Jahre verpflichteten.

Daraufhin ließ sich die Regierung ein raffiniertes Zuckerbrot-und-Peitsche-System einfallen. Das Zuckerbrot war das Handgeld. Das Kriegsministerium ermächtigte die Einzelstaaten, von den traditionellen 100 Dollar Handgeld, die normalerweise erst bei der ehrenvollen Entlassung aus der Armee vollständig ausgezahlt wurden, 25 Dollar schon vorab auszuzahlen. Daneben boten manche Staaten oder Städte ein zusätzliches Handgeld für Rekruten an, die sich auf drei Jahre verpflichteten. Als Entschädigung für das ökonomische Opfer gedacht, das der Freiwillige und seine Familie brachten, wurden diese ursprünglich bescheidenen Handgelder zum Vorläufer dessen, was sich später zu einem basarähnlichen Bieten und Feilschen um lebendiges Fleisch zur Erfüllung der Distriktquote auswuchs. – Die Peitsche war ein Bürgerwehrgesetz, das der Kongreß am 17. Juli 1862 verabschiedete. Dieses Gesetz definierte die Bürgerwehr (Miliz) als Gesamtheit aller tauglichen Männer zwischen 18 und 45 Jahren und ermächtigte den Präsidenten, eine einzelstaatliche Miliz für einen Zeitraum von bis zu neun Monaten für den Dienst im Bundesheer heranzuziehen. Da die Miliz in einigen Staaten im Dornröschenschlaf lag, ermächtigte eine entscheidende Klausel des Gesetzes den Präsidenten dazu, »alle notwendigen Bestimmungen und Regelungen zu veranlassen, um die Aufstellung der Bürgerwehr und die sonstige Durchführung dieses Gesetzes zu gewährleisten«.[4] Damit konnte die Bundesgewalt auf Kosten der Einzelstaaten ausgeweitet werden. Die Regierung scheute sich in der Folge nicht, diese Vollmachten zu nutzen, um sich über einzelstaatliche Grenzen hinwegzusetzen und gewissermaßen die Wehrpflicht einzuführen. Am 4. August verlangte das Kriegsministerium von den Einzelstaaten die Aufstellung einer 300 000-Mann-Miliz auf neun Monate, und zwar *zusätzlich* zu den 300 000 Freiwilligen auf drei Jahre, die es einen Monat zuvor gefordert hatte.[5] Ferner mußte jedes Unterschreiten der Rekrutenquote durch eine entsprechend größere Neun-Monate-Miliz kompensiert werden. Unternahmen die Einzelstaaten nichts, um diese Miliz auf die Beine zu stellen, schritt das Kriegsministerium ein und nahm die Sache selbst in die Hand. Kriegsminister Stanton milderte allerdings den Hieb dieser Peitsche, indem er eine Regelung vornahm, wonach jeder Mann, mit dem die Dreijährigenquote übererfüllt wurde, für vier Mann Neun-Monate-Miliz zählte.

Diese Regelung war zwar rechtlich umstritten und rechnerisch verwirrend, aber sie erfüllte ihren Zweck. Mit Hilfe einiger Fristverlängerungen gelang es den meisten Staaten, hinreichend viele freiwillige Rekruten für drei Jahre beziehungsweise neun Monate anzuwerben, so daß die Neun-Monate-Miliz nicht zwangsweise eingezogen werden mußte. Vor Ablauf des Jahres 1862 waren auf diese Weise 421 000 Freiwillige für drei Jahre sowie 88 000 Milizionäre zusammengekommen, womit nach Stantons Arithmetik die kombinierten Quoten um 45 Prozent übertroffen waren. Die meisten Freiwilligen rekrutierte man auf bewährte Weise, indem neue Regimenter aufgestellt wurden, wobei die jeweils dazugehörenden rund 30 Offiziersstellen als Rosinen gedacht waren. Einige dieser neuen Regimenter entwickelten sich bis 1863 zu Eliteeinheiten, doch machten auch sie dieselben verlustreichen Erfahrungen wie ihre Vorgänger von 1861.

In einigen Staaten wurde es notwendig, die Miliz einzuziehen, um die Quoten zu erfüllen. Diese Aushebung stieß mancherorts auf gewalttätigen Widerstand, vor allem bei irischen Katholiken aus dem Kohlerevier des östlichen Pennsylvania, in Gegenden Ohios und Indianas, die mit den Südstaaten sympathisierten (den »Butternut«-Gebieten) und in deutsch-katholischen Siedlungen Wisconsins. In Indiana wurden zwei Werbeoffiziere von einer Menschenmenge ermordet, in Wisconsin wurde ein Regierungsbeauftragter verletzt. Die Armee mußte in alle vier Staaten Truppen entsenden, um die Ordnung aufrechtzuerhalten und die Musterungen durchzuführen. Am 24. September verfügte Lincoln die Aussetzung der Habeaskorpusakte und die Anwendung des Standrechts gegen »alle Personen, welche von der freiwilligen Meldung zum Kriegsdienst abraten, gegen die Aushebung einer Bürgerwehr Widerstand leisten oder sich einer staatsfeindlichen Betätigung zum Vorteil der Rebellen schuldig machen«. Bei der Durchsetzung dieses Erlasses war das Kriegsministerium nicht zimperlich. Stanton überzog das Land mit einem Netz von Militärpolizeikommandeuren, die Hunderte von Kriegsdienstverweigerern und Kriegsgegnern ohne Verfahren verhafteten und einsperrten, darunter fünf Zeitungsherausgeber, drei Richter und mehrere Lokalpolitiker.[6]

Die meisten Verhafteten waren Demokraten. Das zeugte jedoch nicht, wie die Demokraten behaupteten, von der Entschlossenheit der republikanischen Regierung, sich ihrer politischen Gegner zu entledigen. Vielmehr entsprach es der Tatsache, daß nahezu alle, die die Einziehung zur Miliz ablehnten und bekämpften, Demokraten waren. Sie repräsentierten den konservativsten Flügel der Partei in Fragen wie der Sklavenbefreiung, der Wehrpflicht und der vom republikanischen Kongreß 1862 verabschiedeten Finanzgesetzgebung. Am ausgeprägtesten war der Widerstand gegen diese Maßnahmen bei den irischen und deutschen Katholiken und bei den »Butternuts« im südlichen Mittleren Westen, deren Wohlstand und Einkommen deutlich unter dem nordstaatlichen Mittelwert lagen. Diese Gruppen randalierten gegen den Kriegsdienst und trugen Spruchbänder mit Aufschriften wie »Die Verfassung, wie sie ist, die Union, wie sie war« oder »Wir kämpfen nicht für die Freiheit der Nigger«.[7]

Derartige Parolen liefern den Schlüssel zum Verständnis der Kriegsdienstverweigerer wie ihre republikanischen Widersacher. Die »Copperhead«-Fraktion der nordstaatlichen Demokraten, die mit den Südstaaten sympathisierte, war gegen die Umwandlung des Bürgerkriegs in einen totalen Krieg – einen Krieg zur Vernichtung des alten Südens statt zur Wiederherstellung der alten Union.[8] In den Augen der Republikaner war die Ablehnung der republikanischen Kriegsziele gleichbedeutend mit der Ablehnung des Krieges überhaupt. Die Opponenten galten daher als Befürworter der Rebellion und mußten ständig mit ihrer Verhaftung nach dem Standrecht rechnen. 1861 hatte es die meisten derartigen Verhaftungen in Grenzstaaten gegeben, wo man der Konföderation wohlwollend gegenüberstand. 1862 waren viele der Verhafteten nordstaatliche Demokraten, die mit dem Krieg nichts mehr zu tun haben wollten, nachdem die Republikaner in diesem Jahr die Sklavenbefreiung zum Kriegsziel proklamiert hatten.

II

Anfang 1862 waren durch die Eigendynamik des Krieges bei den Republikanern in der Frage der Sklaverei drei schwankende und einander überlappende Fraktionen entstanden. Die energischste und in ihrer Haltung eindeutigste Fraktion waren die Radikalen, die sich der Argumentation der Abolitionisten anschlossen, wonach die Sklavenbefreiung dadurch zu bewerkstelligen war, daß man von dem Recht einer kriegführenden Macht auf Beschlagnahme gegnerischen Eigentums Gebrauch machte. Auf dem anderen Flügel der Partei hoffte eine kleinere Anzahl von Konservativen ebenfalls auf den Untergang der Sklaverei, setzte aber lieber auf das freiwillige Handeln der Sklavenstaaten in Verbindung mit der Kolonisierung der befreiten Sklaven in Übersee. Dazwischen standen die Gemäßigten unter Führung Lincolns, die zwar den moralischen Abscheu der Radikalen gegen die Sklaverei teilten, aber die rassischen Konsequenzen einer umfassenden Sklavenbefreiung fürchteten. Nach den Ereignissen im ersten Halbjahr 1862 übernahmen auch Gemäßigte die radikale Position.

Hiervon zeugte zunächst der zunehmende Einfluß der Abolitionisten. »Zu keiner Zeit haben die Abolitionisten in so hohem Ansehen gestanden wie heute«, frohlockte einer von ihnen im Dezember 1861. »Man macht sich nur schwer die wunderbare Veränderung klar, die über uns gekommen ist«, sinnierte eine Abolitionistin.[9] Der allerradikalste Abolitionist, Wendell Phillips, hielt im Winter 1861 und Frühjahr 1862 vor brechendvollen Häusern seine Vorträge. Im März besuchte er auch Washington, das er ein Jahr zuvor wohl nur unter Lebensgefahr hätte betreten können, und sprach bei drei verschiedenen Gelegenheiten vor großem Publikum, darunter dem Präsidenten und vielen Abgeordneten. Ihm wurde auch die seltene Auszeichnung einer offiziellen Begrüßung vor dem Senat zuteil. »Der Vizepräsident erhob sich von seinem Sitz und begrüßte ihn mit erkennbarer Hochachtung«, schrieb ein Reporter der *New York Tribune.* »Die Aufmerksamkeit der Senatoren für den Apostel der Abolition war von der schmeichelhaftesten Art.« Die *Tribune* erinnerte an den Stimmungsumschwung gegenüber dem vergangenen Winter, als Abolitionisten noch als Unruhestifter verprügelt worden waren, die den Süden zur Sezession provoziert hätten, und meinte dann: »Es geschieht nicht oft, daß uns die Geschichte in so kurzer Folge mit derartig heftigen Gegensätzen konfrontiert ... Die Ehrerbietung und die Hochachtung, die ihm [Phillips] heute von den höchsten Vertretern der Nation entgegengebracht werden, sind ein Tribut an die Idee, für die er sich mehr als jeder andere öffentlich exponiert hat.« Sogar die *New York Times* erteilte den Abolitionisten im Januar 1862 ihren Segen und entsandte einen Berichterstatter zum Kongreß der Anti-Slavery Society von Massachusetts. »Es ist in früheren Jahren viel gesagt und viel gespottet worden über diese Zusammenkünfte«, schrieb die *Times.* »Die Tatsache, daß hier Schwarze und Weiße gesellig zusammenkommen und daß Männer und Frauen gleichberechtigt zu einem gemischten Auditorium sprechen, hat die Spaßvögel unter den Reportern und die Spötter unter den Zeitungsherausgebern immer wieder gereizt. Heute hat es andere Gründe, daß 15 der meistgelesenen Zeitschriften des Nordens hier vertreten sind. Besondere Umstände haben [den Abolitionistentreffen] eine Bedeutung verliehen, die ihnen früher nicht zukam.«[10]

Diese besonderen Umstände waren die sich festigende Überzeugung der Republikaner, daß das Schicksal der Nation nicht zu trennen sei vom Schicksal der Sklaverei. In einer wichtigen Rede legte der Wortführer der Radikalen, George W. Julian aus Indiana, am 14. Januar 1862 vor dem Repräsentantenhaus den politischen Kurs der Republikaner im Kongreß fest: »Wenn ich sage, daß diese Rebellion aus der Sklavenhaltung entsprungen ist und aus ihr lebt, wiederhole ich nur eine schlichte Binsenwahrheit«, erklärte er. Die vier Millionen Sklaven »können nicht neutral sein. Sie werden als Arbeitskräfte, wenn schon nicht als Soldaten, die Verbündeten der Rebellen sein – oder die der Union«. Mit ihrer Befreiung sorgte der Norden dafür, daß ihre Arbeitskraft nicht mehr dem Verrat, sondern der Sache der Union und der Freiheit zugute kam, und das würde den Tag des nationalen Triumphs rascher herbeiführen; sollte die Nation aber ohne solche Schritte wiederhergestellt werden, müsse »die Beschränkung auf das Niederwerfen der Rebellion Spott auf unsere Leiden und Opfer sein, falls die Sklaverei aufs neue wie ein Krebsgeschwür das Herz der Nation zerfressen und ihr teuflisches Treiben wiederaufnehmen« dürfe.[11]

Im Sommer 1862 waren die meisten Republikaner mit Ausnahme der konservativsten zu ähnlichen Ansichten gelangt. »Du machst Dir keinen Begriff von dem Stimmungsumschwung hier in der Negerfrage«, schrieb Senator John Sherman im August an seinen Bruder, den General. »Ich bin jedenfalls auf das große Problem einer generellen Sklavenbefreiung gefaßt.« Eine konservative Bostoner Zeitung schrieb: »Das Phänomen des Jahres ist die furchtbare Intensität, die diese Entschlossenheit [zur Sklavenbefreiung] angenommen hat. Noch vor einem Jahr hätte man bei dem Gedanken gestockt, so weit zu gehen, [doch jetzt] ist man weithin dazu bereit.«[12]

Angesichts dieser Stimmung gingen über den Kongreß Entwürfe zu Antisklavereigesetzen hernieder wie rieselndes Herbstlaub. Sie wurden an die Ausschüsse verwiesen und wohlwollend aufgenommen. Eine einmalige historisch-geographische Fügung hatte den aus Neuengland stammenden Radikalen zu ungewöhnlichem Einfluß im Kongreß, zumal im Senat, verholfen. Neuengland und die obere Reihe der Staaten westlich des Hudson, die Yankee-Emigranten bewohnten, waren die Geburtsstätte des Abolitionismus und der *free-soil*-Politik gewesen. Aus diesen Gegenden waren die ersten und radikalsten Republikaner nach Washington gekommen. Elf der 12 Senatoren aus Neuengland hatten einen Ausschußvorsitz inne; in fünf der 11 übrigen Ausschüsse führten Männer den Vorsitz, die zwar nun andere Staaten vertraten, aber in Neuengland geboren waren. Fünf der zehn prominentesten Radikalen im Repräsentantenhaus, unter ihnen der Sprecher und der Vorsitzende des Steuerausschusses (Galusha Grow und Thaddeus Stevens, beide aus Pennsylvania), waren in Neuengland geboren und aufgewachsen. So war es kein Wunder, daß bis Mitte Januar sieben Gesetzentwürfe zur Sklavenbefreiung und -konfiskation von den Ausschüssen positiv beurteilt wurden und im Laufe der folgenden sechs Monate Gesetzeskraft erlangten.[13]

Einige dieser Gesetze entsprachen alten Forderungen der *free-soil*-Bewegung: Verbot der Sklaverei in den Territorien, Ratifizierung eines neuen Abkommens mit Großbritannien zur wirksameren Unterbindung des Sklavenhandels sowie Abschaffung der Sklaverei im District of Columbia. Aber während diese Gesetze in Friedenszeiten als große Leistungen der Sklavenbefreiung gefeiert worden wären, berührten sie 1862 kaum die eigentlichen Streitpunkte in bezug auf die Sklaverei. Wichtiger war ein am 13. März verabschiedeter neuer Kriegserlaß, der es Offizieren der Armee verbot, flüchtige Sklaven an ihre Herren auszuliefern. Damit löste man ein Problem, das als erster Benjamin Butler 1861 mit seiner Politik der »Konterbande« aufgeworfen hatte. Durch Unionserfolge an der südstaatlichen Atlantikküste und im unteren Mississippital waren zahlreiche Sklaven in Berührung mit den Yankees gekommen. So liefen viele ihren Besitzern davon und suchten in den Unionslagern Zuflucht – und Freiheit.

Manchmal war der Empfang nicht gerade herzlich. Die nordstaatlichen Soldaten waren keine Befürworter der Sklaverei, aber die meisten von ihnen waren auch keine Freunde der Sklaven. Sie kämpften für die Union und gegen den Verrat des Südens; nur eine Minderheit kämpfte 1862 engagiert für die Freiheit der Schwarzen. Die wenigsten Soldaten hätten mit einem Gefreiten aus Wisconsin gesagt: »Ich bin mit meinem Herzen nicht bei diesem Krieg, wenn die Sklaven nicht freikommen.« Verbreiteter war die Ansicht eines New Yorker Soldaten: »Wir müssen erst einmal siegen, und dann ist immer noch Zeit, über die *verdammten Nigger* zu reden.« Manche Yankeesoldaten ließen es im Umgang mit »Konterbande« nicht an Gerechtigkeit und Wohlwollen fehlen, aber typische Reaktionen waren doch eher Gleichgültigkeit, Verachtung oder Grausamkeit. Kurz nachdem Unionstruppen im November 1861 Port Royal in South Carolina eingenommen hatten, berichtete ein Gefreiter von einem so brutalen Vorfall, daß er sich »für Amerika schämte«. »Acht bis zehn Leute von den 47. New Yorkern jagten ein paar Negerinnen, die aber wegliefen; da griffen sie sich ein sieben- bis neunjähriges Negermädchen und vergewaltigten es.« Ein Soldat schrieb aus Virginia in seine Heimat Connecticut, ein paar seiner Regimentskameraden hätten »zwei Niggerweiber genommen ... sie auf den Kopf gestellt und ihnen Tabak, Scherben, Zweige, brennende Zigarren und Sand in den Hintern gestopft«.[14] Und wenn die »Konterbande« willkommen war, dann häufig eher aus eigennützigen denn aus humanitären Gründen. »Offiziere und Mannschaften haben jetzt eine schöne Zeit«, schrieb 1862 ein Soldat aus dem besetzten Louisiana nach Maine. »Für den Arbeitsdienst und zum Kochen und Waschen haben wir Neger.«[15]

Vor dem März 1862 gab es für Unionsbefehlshaber keine verbindlichen Richtlinien für die Behandlung von »Konterbande«. Manche Offiziere folgten dem Vorbild Butlers, nahmen sie in Schutz und schickten weiße Männer fort, die sich als ihre Besitzer ausgaben. Beauftragte des Finanzministeriums überwachten auf den eroberten Inseln South Carolinas den Einsatz von »Konterbande« bei der Ernte von Baumwolle, die für den Verkauf nach Neuengland bestimmt war. Abolitionisten gründeten Hilfsorganisationen für befreite Sklaven, die Lehrer und Arbeitsinspektoren auf diese Inseln entsandten und ein vielbeachtetes Experiment in freier Arbeit und Schwarzenbildung starteten. In anderen Gegenden wiederum verweigerten kommandierende Offiziere Sklaven den Zutritt zu den Unionslagern und gaben sie ihren Besitzern zurück. Für seinen Bereich West ließ General Halleck aus Gründen der militärischen Sicherheit keine »Konterbande« in den Reihen der Union zu. Diese Order wurde zwar von vielen Feldkommandeuren Hallecks mit Nichtachtung gestraft, aber daß es sie überhaupt gab, führte zu einem Aufschrei der Empörung bei den Radikalen, die den Standpunkt vertraten, es sei nicht Sache der Armee, das Gesetz über die Zwangsrückführung durchzusetzen. So verabschiedete der Kongreß einen neuen Kriegserlaß, wonach es bei

Strafe einer Anklage vor dem Kriegsgericht verboten war, flüchtige Sklaven aus Armeelagern auszuliefern – nicht einmal an solche Herren, die ihre Loyalität zur Sache des Nordens versicherten.

Auf diese Weise konnte die Sklaverei in der Union wie in den konföderierten Sklavenstaaten zerschlagen werden. Das beflügelte Lincoln bei seinen ersten Ansätzen einer Emanzipationspolitik. Als Vertreter eines Stufenplans hoffte er, die Sklaverei ohne soziale Unruhen und unter freiwilliger Mitwirkung der Sklavenbesitzer beseitigen zu können, und 1862 glaubte er, einen Ansatz zu wachsendem Druck gegen diese Institution zu erkennen. Die Unionisten in den Grenzstaaten könnten, so meinte er, die Tragweite dieser Entwicklung doch schwerlich verkennen und müßten daher das Angebot einer Bundesentschädigung für die Freilassung ihrer Sklaven positiv aufnehmen. Am 6. März bat Lincoln den Kongreß um die Verabschiedung einer Resolution, die jedem Staat »finanzielle Hilfe« anbot, »der zur stufenweisen Abschaffung der Sklaverei übergeht«. Es sei dies nicht nur eine humanitäre Maßnahme, sagte der Präsident; sie diene auch der Verkürzung des Krieges, denn wenn die Grenzstaaten frei würden, könne sich die Konföderation nicht mehr an die Hoffnung klammern, diese Staaten auf ihre Seite zu ziehen. Diejenigen, die die Kosten dieser Entschädigung kritisieren mochten, wies Lincoln darauf hin, daß mit den Ausgaben für drei Monate Krieg sämtliche Sklaven der vier Grenzstaaten freigekauft werden könnten. An die Adresse der Sklavenhalter richtete Lincoln eine kaum verhüllte Warnung: Wenn sie dieses Angebot ausschlügen, sei es unmöglich, »alle Begleiterscheinungen und alle zerstörerischen Folgen« einer Fortsetzung des Krieges vorherzusehen.[16]

Lincolns Resolution wurde am 10. April vom Kongreß angenommen. Die Republikaner waren geschlossen dafür; von den Demokraten und den Unionisten der Grenzstaaten stimmten 85 Prozent dagegen. Die Ablehnung der Resolution durch diese Gruppe war ein entmutigendes Zeichen. Schon am 10. März hatte Lincoln ergebnislos mit Abgeordneten der Grenzstaaten konferiert; sie hatten die Verfassungsmäßigkeit seines Vorschlags angezweifelt, auf den Wink mit dem Zaunpfahl bundesstaatlicher Zwangsmaßnahmen gereizt reagiert und über die möglichen Rassenprobleme geklagt, die eine sehr große Bevölkerung von freien Schwarzen hervorrufen müsse.[17]

In den auf dieses Treffen folgenden Monaten eskalierte der Krieg, und die Befreiungsbegeisterung wurde größer. Der Kongreß schickte sich an, ein Gesetz über die Konfiskation von Konföderationseigentum zu verabschieden. Weitere »Konterbande« kam zu Zehntausenden unter den Befehl der Unionsarmee. General David Hunter, Befehlshaber der Besatzungstruppen der Union auf den Inseln vor der Küste South Carolinas und Georgias, verhängte am 9. Mai über die drei Staaten seines »Bereichs Süd« (South Carolina, Georgia und Florida) kurzerhand das Kriegsrecht und erklärte die Sklaverei für abgeschafft. Wie vor ihm schon Frémont und Cameron hatte Hunter diesen Schritt vollzogen, ohne Lincoln zu informieren, der ihn der Zeitung entnahm. »Auf *meine* Verantwortung soll das kein kommandierender General tun, ohne mich vorher zu konsultieren«, sagte Lincoln zu Finanzminister Chase, der ihm dringend geraten hatte, den Erlaß Hunters zu bestätigen. Lincoln hob ihn jedoch auf und erteilte dem General eine scharfe Rüge. Die Konservativen zollten dem Vorgehen des Präsidenten Beifall, sie hätten aber die sklavereifeindliche Spitze daran bemerken müssen. Für Hunters Anordnung, so hatte Lincoln angedeutet, möge es zwar »eine für die Aufrechterhaltung der Kontrolle unabweisbare Notwendigkeit geben«, doch sei das eine Entscheidung, »die ich mir selbst vorbehalte«. Dann appellierte Lincoln an die Unionisten der Grenzstaaten, noch einmal über sein Angebot einer nicht entschädigungslosen stufenweisen Emanzipation nachzudenken. Die auf eine solche Weise bewirkten Veränderungen »kämen sanft wie der Tau des Himmels, ohne irgend etwas zu zerreißen oder zu zerstören. Wollen Sie diese Gelegenheit nicht ergreifen? [...] Sie können, selbst wenn Sie es wollten, nicht blind sein für die Zeichen der Zeit«.[18]

Lincoln hatte jedoch die Weitsicht der Abgeordneten aus den Grenzstaaten zu optimistisch eingeschätzt. Diese teilten im Mai 1862 die Erwartung der Nordstaaten, daß der militärische Sieg unmittelbar bevorstehe. Falls es McClellan gelang, Richmond zu nehmen, konnte man vielleicht die Rebellion niederwerfen, ohne die Sklaverei anzutasten. Die »Sieben-Tage-Schlacht« sollte diese Hoffnungen zunichte machen. Die neuen Rekrutierungs- und Mobilmachungsmaßnahmen, die aufgrund von McClellans Niederlage ergriffen wurden, verrieten die Wendung zu einem totalen Krieg, in dem die Erhaltung »der Union, wie sie war«, ein unerfüllbarer Traum wurde; trotzdem blieben die meisten Politiker der Grenzstaaten für diese Zeichen blind.

Den Höhepunkt seiner zweiten Sitzungsperiode erreichte der 37. Kongreß im Juli 1862 mit der Verabschiedung von zwei Gesetzen, die die neue, schärfere Gangart im Krieg ankündigten. Das erste war das Milizgesetz, das der Regierung in der Folge die Handhabe gab, von den Einzelstaaten das Einziehen von Wehrtauglichen für neun Monate zu verlangen. Dieses Gesetz ermächtigte den Präsidenten ferner dazu, »Personen afrikanischer Herkunft« zu »jedem für sie geeignet erscheinenden Kriegsdienst« anzuwerben, einschließlich des Dienstes mit der Waffe – ein Schritt, der bei den Konservativen Entsetzen auslöste und zu dem die Administration noch nicht bereit war. Aber die Regierung erhielt durch dieses Gesetz ungeahnte Möglichkeiten. Sogar gemäßigte republikanische Senatoren gaben zu: »Die Zeit ist gekommen, um ... die Militärbehörden im Interesse der Niederwerfung der Rebellion zur Ausnutzung aller physischen Ressourcen dieses Landes zu zwingen.« Der Krieg müsse nun »nach anderen Grundsätzen« geführt werden: Die Zeit einer »Kriegführung mit Glacéhandschuhen« sei vorüber.[19]

In dieselbe Kerbe hieb das Konfiskationsgesetz vom Juli 1862, das »Verräter« mit der Beschlagnahme ihres Eigentums bestrafte, wozu auch Sklaven gehörten; diese »sollen als Kriegsgefangene gelten und für alle Zeit frei sein«. Das Gesetz war jedoch so verworren formuliert und derartig lückenhaft, daß ein geschickter Anwalt wahrscheinlich »zweispännig hätte hindurchfahren« können. Die Verwirrung führte hauptsächlich vom Doppelcharakter des Bürgerkrieges als inneramerikanischer Aufstand und als Krieg her. Das Konfiskationsgesetz beschlagnahmte das Eigentum der Rebellen zur Strafe für ihren Verrat, befreite aber zugleich die Sklaven der Aufständischen als »Kriegsgefangene«. Der Vorsitzende des Rechtsausschusses im Senat, Lyman Trumbull, sah darin keinen Widerspruch. »Wir können sie als Verräter behandeln«, meinte er, »und wir können sie als Gegner behandeln. Als kriegführende und souveräne Macht haben wir das Recht zu beidem.«[20] Allerdings waren die Bestimmungen des Gesetzes über die Durchsetzung der Hoheitsgewalt der Union vage; sie sahen Eigentumsrechtsverfahren vor den jeweiligen Bezirksgerichten vor, die in den aufständischen Staaten natürlich nicht tätig wurden. Trotzdem war das Konfiskationsgesetz bedeutsam als Hinweis darauf, was dieser Krieg in Zukunft werden sollte: ein Krieg zur Zerschlagung der südstaatlichen Gesellschaftsordnung im Interesse eines Neuaufbaus der Union.

Treibende Kraft bei diesem Prozeß war die Exekutive, die sich durch die Armee Geltung verschaffte. Seit Juli 1862 legten Armee und Exekutive eine bedeutend härtere Gangart vor. Aus dem Westen kam John Pope, um das Kommando über die neu aufgestellte Virginia-Armee zu übernehmen; sie war aus den Divisionen Banks', Frémonts und McDowells gebildet worden, die im Shenandoahtal so erfolglos Jagd auf »Stonewall« Jackson gemacht hatten. Frémont war gekränkt, daß man ihm einen jüngeren General vor die Nase setzte, und reichte seinen Abschied ein, den Lincoln dankbar annahm. Die radikalen Republikaner verloren dadurch zwar einen ihrer Lieblinge unter den Befehlshabern, entdeckten aber bald in Pope einen verwandten Geist. Zu seinen ersten Amtshandlungen in Virginia gehörten eine Reihe von allgemeinen Weisungen an seine Offiziere, die diese ermächtigten, entschädigungslos Rebelleneigentum zu beschlagnahmen, gefangene Partisanen, die auf Unionssoldaten gefeuert hatten, zu erschießen, aus besetzten Gebieten alle Zivilisten zu vertreiben, die nicht ihre Loyalität mit dem Norden erklärten, und sie als Spione zu behandeln, falls sie zurückkamen.

Die Südstaatler waren außer sich vor Wut und begegneten Pope mit einem Haß, wie er keinem anderen Yankee-»Vandalen« außer Butler und später Sherman entgegenschlug. Robert E. Lee erklärte, diesen »Unhold Pope« müsse man »niederzwingen«. Davis drohte Vergeltung an gefangenen Unionssoldaten an, falls gefangengenommene Partisanen exekutiert würden. Die Weisungen Popes waren ohne Zweifel unklug, doch kamen sie nicht von ungefähr. Es gab in der Tat südstaatliche Zivilisten hinter den Unionslinien, die Partisanentruppen bildeten, um gegnerische Nachzügler, Fuhrleute und anderes Personal des Hinterlandes abzuschießen. Abgefangene Papiere des Konföderiertenoberst John D. Imboden, des Befehlshabers der First Partisan Rangers in Virginia, enthielten die Weisung, »den energischsten Krieg gegen die brutalen Eindringlinge zu führen ... ihnen in ihren Lagern aufzulauern und so viele Wachposten, Vorposten, Kuriere und Wagenlenker wie möglich abzuschießen«.[21]

Zwar schoß Pope keine Partisanen ab und verjagte auch keine Zivilisten, aber seine Politik in bezug auf südstaatliches Eigentum wurde befolgt – in Virginia wie an anderen Kriegsschauplätzen, von Gefreiten wie von Offizieren, befohlenermaßen und aus freien Stücken. Weite Teile des Südens verwandelten sich in Wüsteneien. Das war vor allem die unvermeidliche Folge des Krieges; um Brennholz zu gewinnen, fällten die Soldaten Bäume und demolierten Zäune und Gatter; sie zerstörten Brücken, Bachdurchlässe und Gleise oder zweckentfremdeten alles Erdenkliche, um zerstörte Brücken und Gleise zu reparieren; sie beschlagnahmten Getreide, Vieh und Geflügel der Bauern, um sich zu verköstigen. Seit es Kriege gibt, hat die Soldateska Privateigentum geplündert. Doch die Beschädigung und Vernichtung von Südstaateneigentum hatte um die Mitte des Jahres 1862 etwas Mutwilliges, Ideologisches bekommen. Immer häufiger schrieben nun Unionssoldaten nach Hause, es sei an der Zeit, diese »Verräter« nicht länger mit »Glacéhandschuhen« anzufassen. »Der eisernen Faust bedarf es nun und nicht der Sammetpfoten, um diesen Drachen zu zerschmettern«, meinte ein Offizier. Es war doch nur folgerichtig, das Eigentum von Menschen zu zerstören, die es darauf anlegten, die Union zu zerstören – »die Ägypter zu schlagen«, wie Yankeesoldaten es ausdrückten. »Das Spielchen der Rücksichtnahme auf Rebelleneigentum, dessen Besitzer auf dem Feld arbeitet, ist jetzt ausgereizt«, schrieb der Feldkaplan eines Ohio-Regiments. »Dieses Gefühl hat jetzt jeder einfache Soldat in der Armee.«[22] Es war ein Gefühl, das allerhöchsten Segen hatte. Im Juli beorderte Lincoln Halleck nach Washington, um ihn zum kommandierenden General der Armee zu ernennen. Eine der ersten Weisungen Hallecks an Grant, den Befehlshaber der Besatzungstruppen im westlichen Tennessee und in Mississippi, lautete: »Sie ergreifen alle aktiven Sympathisanten [der Rebellen] und halten Sie gefangen oder expedieren sie hinter unsere Linien. Fassen Sie diese Leute schonungslos an und nehmen Sie ihr Eigentum zu Nutz und Frommen der Allgemeinheit; [...] sie müssen endlich merken, daß jetzt Krieg ist.«[23]

Nehmen Sie ihr Eigentum. So sah die Abschaffung der Sklaverei in der Praxis aus. Einer von Grants Untergebenen erläuterte: »Die Politik heißt: über den Feind herfallen, daß ihm graut. Ich beschäftige jetzt nur noch Neger als Fuhrleute und habe 1000 davon in Dienst.« Die Sklavenbefreiung war noch kein Selbstzweck, sondern erst Mittel zum Zweck des Sieges. Sein einziger Wunsch, so Grant an seine Familie, sei es, »die Rebellion niederzuwerfen. Was den Neger angeht, reite ich weder auf seiner Freiheit herum noch auf der Fortdauer seiner Abhängigkeit ... Ich benutze sie als Fuhrleute, Krankenwärter, Kompanieköche und dergleichen und spare mir Soldaten für den Fronteinsatz. Was mit diesen armen Menschen zuletzt werden wird, weiß ich nicht, aber es schwächt den Gegner, wenn wir sie ihm wegnehmen«.[24]

Es gab einen prominenten Nordstaatler, der diese neue Wendung des Krieges beklagte: McClellan. Als Lincoln am 8. Juli nach Harrison's Landing kam, überreichte ihm der General eine Denkschrift über die angemessene Art der Kriegführung. »Es darf kein Krieg sein, dessen Ziel die Unterjochung der Menschen [in den Südstaaten] ist«, instruierte McClellan den Präsidenten. »Die Confiscation von Eigenthum ... oder die erzwungene Abschaffung der Sklaverei dürfen keinen Augenblick lang in Erwägung gezogen werden. [...] Es muß ein Krieg gegen bewaffnete Kräfte, nicht gegen die Bevölkerung sein. [...] Es darf nicht geduldet werden, daß Militärgewalt in die Zusammenhänge des Sklaventhums eingreift. [...] Die Verkündung radicaler Ansichten, zumal über die Sklaverei, wird die rasche Auflösung unserer derzeitigen Armeen bewirken.«[25]

Lincoln las das Dokument in McClellans Gegenwart durch, ohne sich zu äußern. Was ihm durch den Kopf gegangen sein mag, kann man jedoch unschwer rekonstruieren. Noch drei oder vier Monate zuvor hätte er McClellan beigepflichtet. Inzwischen aber war er von der Notwendigkeit einer »erzwungenen Abschaffung der Sklaverei« überzeugt und hatte mit der Abfassung einer Proklamation über die Sklavenemanzipation begonnen. Als einige Tage später ein Unionist aus den Südstaaten und ein Demokrat aus dem Norden dieselben Bedenken geltend machten wie McClellan, entgegnete der Präsident gereizt, in diesem Krieg kämpfe man nicht länger »mit Holunderstengeln, die mit Rosenwasser geladen sind ... Diese Regierung kann nicht mehr lange ein Spiel mitspielen, bei dem sie alles zu verlieren hat und ihre Feinde nichts. Diese Feinde müssen begreifen, daß sie nicht zehn Jahre lang probieren können, die Regierung zu vernichten, um im Falle ihres Scheiterns trotzdem unbehelligt in die Union zurückzukehren«. Die

Forderung der Sklavenbesitzer in den Grenzstaaten, »die Regierung solle nicht zum Schlag gegen ihre erklärten Feinde ausholen, um sie nicht aus Versehen zu treffen«, habe mittlerweile »zur Lähmung – zur tödlichen Erstarrung – der Regierung in diesem ganzen Ringen« geführt.[26]

In dieser Stimmung zitierte Lincoln Abgeordnete der Grenzstaaten für den 12. Juli zu sich ins Weiße Haus. Wieder einmal bat er dringend um tätige Mithilfe bei seinem Plan einer nicht entschädigungslosen Sklavenbefreiung. »Der beispiellos ernste Stand unserer Sache« sei nicht länger zu ignorieren. Mit der Aufhebung von General Hunters Befreiungserlaß zwei Monate zuvor »habe ich Unzufriedenheit, ja Anstoß bei vielen Menschen erregt, deren Unterstützung zu verlieren das Land sich nicht leisten kann. Und dabei ist es nicht geblieben. Der Druck auf mich in dieser Richtung hält an und wird stärker«. Wenn die Grenzstaaten nicht »umgehend den *Entschluß* zur *graduellen Emanzipation* fassen ... wird die Institution [der Sklaverei] in Ihren Staaten einfach der Friction und Abschleifung zum Opfer fallen und durch die Begleiterscheinungen des Krieges aufgerieben werden ... ohne daß Ihnen irgend etwas von Werth dafür bliebe«. Aber sogar diese deutliche Warnung stieß zumeist auf taube Ohren. Zwei Drittel der Repräsentanten der Grenzstaaten unterzeichneten ein Manifest, in dem Lincolns Vorschlag zurückgewiesen wurde, weil er »einen radicalen Umschwung unseres socialen Gefüges« hervorrufen würde, weil er die »Einmischung« der Bundesregierung in die Belange eines Einzelstaates bedeute, weil er zu teuer sei (ein merkwürdiger Einwand für Vertreter von Staaten, welche doch die Nutznießer einer hauptsächlich die »freien« Staaten treffenden Steuer sein würden) und weil er den Konflikt keineswegs verkürzen würde, indem er der Konföderation die Hoffnung auf den Beistand der Grenzstaaten nahm, sondern den Krieg im Gegenteil in die Länge ziehen und den Sieg gefährden müsse, indem viele Sklavenhalter auf Unionsseite der Rebellion in die Arme getrieben würden.[27]

Nach dieser Antwort gab Lincoln den Versuch auf, die Konservativen versöhnlich zu stimmen. Von nun an neigte der Präsident immer stärker dem Standpunkt der Radikalen zu, auch wenn noch mehr als zwei Monate vergehen sollten, bevor dies öffentlich erkennbar wurde. Am 13. Juli – dem Tag, an dem er das Manifest der Grenzstaaten erhielt – informierte der Präsident in einem privaten Gespräch Seward und Welles von seiner Absicht, eine Proklamation zur Sklavenbefreiung zu erlassen. Nach der Erinnerung Welles' sagte Lincoln in dem Gespräch, diese Frage habe seit Wochen »sein Sinnen und Trachten Tag und Nacht beschäftigt«. Er sei zu dem Schluß gelangt, daß die Sklavenbefreiung »eine militairische Nothwendigkeit und für den Erhalt der Union unbedingt geboten ist. Wir müßten die

Sklaven befreien oder selbst das Joch tragen. Die Sklaven seien unstreitig ein positives Moment der Stärke für diejenigen, welche über ihre Dienste geböten, und wir hätten uns darüber schlüssig zu werden, ob dieses Moment für oder gegen uns arbeiten solle«. Verfassungsrechtliche Bedenken ließ Lincoln nicht gelten. Jetzt sei *Krieg,* und als Oberbefehlshaber könne er die Requirierung gegnerischer Sklaven selbstverständlich mit demselben Recht anordnen wie die Zerstörung gegnerischer Bahnlinien. »Die Rebellen könnten nicht gleichzeitig die Verfassung wegwerfen und an ihren Schutz appellieren. Nachdem sie der Regierung den Krieg erklärt hätten, hätten sie die Begleiterscheinungen und Unglücksfälle des Krieges zu tragen.« Die Grenzstaaten würden aus eigenem Antrieb »nichts unternehmen«; vielleicht sei es nicht einmal fair, ihnen den Verzicht auf die Sklaverei anzusinnen, solange die Rebellen an der Sklaverei festhielten. Daher »müsse der Schlag zuerst und am heftigsten [die Rebellen] treffen. [...] Entscheidende und weitreichende Maßnahmen seien einzuleiten. [...] Wir wünschten uns von der Armee, sie möchte kraftvollere Schläge führen. Die Administration müsse mit gutem Beispiel vorangehen und die Rebellion mitten in das Herz treffen«.[28]

McClellan hatte keinen Zweifel daran gelassen, daß er nicht der General für diese Art von kraftvollen Schlägen war. Nachdem er dem Präsidenten seine Denkschrift über die Nichteinmischung in die Sklavenfrage überreicht hatte, ließ er einen Brief an Stanton folgen, in dem er mahnte: »Die Nation wird keine andere Politik unterstützen. [...] Für keine andere werden unsere Armeen den Kampf fortsetzen.« Das war zuviel für Stanton und Chase, und so stimmten sie in den lauter werdenden Chor von Republikanern ein, der von Lincoln die Ablösung McClellans verlangte.[29] Doch Lincoln hatte Bedenken. Er dürfte zwar gewußt haben, daß McClellan privatim auf die Gimpel und Schufte in der Administration schimpfte, die ihn beim Feldzug auf der Halbinsel im Stich gelassen hätten; die demokratischen Parteigänger des Generals posaunten das ja laut genug hinaus. Lincoln wußte ferner, daß prominente New Yorker Demokraten, unter ihnen »Copperhead« Fernando Wood, den General in Harrison's Landing aufgesucht hatten, um ihn als nächsten Präsidentschaftskandidaten der Partei zu gewinnen. Aber Lincoln war sich darüber im klaren, daß die Soldaten der Potomac-Armee in McClellan den militärischen Führer verehrten, der sie zu einer stolzen Armee zusammengeschmiedet hatte. Der gemeine Mann hatte mit den republikanischen Mäkeleien an McClellan nichts im Sinn, und nur wenige Offiziere teilten das republikanische Ideal eines Krieges gegen die Sklaverei. Aus diesen Gründen war Lincoln der Ansicht, McClellan nicht seines Kommandos entheben zu können, ohne die Demoralisierung der Armee und einen vernichtenden Gegenschlag der Demokraten an der Heimatfront zu riskieren.

Diese Gefahr eines demokratischen Zündelns im Hinterhof bewirkte, daß man sich mit der offiziellen Verkündung der Emanzipationspolitik noch Zeit ließ. Am 22. Juli setzte Lincoln das Kabinett von seiner Absicht in Kenntnis, eine Proklamation zur Sklavenbefreiung zu erlassen, und bat um Stellungnahme. Als einziger war Montgomery Blair dagegen; er befürchtete, ein derartiger Erlaß werde die Republikaner bei den Herbstwahlen die Mehrheit im Kongreß kosten. Außenminister Seward billigte zwar die Proklamation, riet aber zu einem Aufschub, »bis Sie sie der Nation auf dem Fundament eines militärischen Erfolges präsentieren können«. Andernfalls werde die Welt darin »das letzte Auskunftsmittel einer erledigten Regierung« sehen, »einen Hilferuf... unseren letzten Aufschrei vor dem Rückzug«. Die Vernünftigkeit dieses Vorschlags »drängte sich mir mit großer Kraft auf«, wie der Präsident später gestand. So legte er seine Proklamation in die Schublade, um auf einen Sieg zu warten.[30]

Er mußte lange warten, wie sich zeigte. Unterdessen polarisierten sich die Meinungen in der Sklavenfrage immer deutlicher. Auf der Linken sparten Abolitionisten und Radikale nicht mit Schmähungen gegen einen Präsidenten, der sich in Sachen Sklavenbefreiung nicht öffentlich festlegen wollte. Lincoln sei »nicht besser als ein nasser Sack«, schrieb William Lloyd Garrison, und seine Kriegsmaßnahmen seien »stockend, zögernd, ausweichend, halbherzig«. Frederick Douglass war überzeugt, Lincoln lasse sich »zum elenden Werkzeug von Verrätern und Rebellen« machen. In einem Brief an Charles Sumner vom 7. August fragte Horace Greeley: »Erinnern Sie sich an dieses alte Erbauungsbuch, in dem folgendes vorkommt: ›Kapitel Eins: Die Hölle‹, ›Kapitel Zwei: Die Hölle – Fortsetzung‹? Das ist ungefähr die Art, wie man in dieser Krise *eigentlich* mit Old Abe reden müßte.« Greeley machte denn auch in der *New York Tribune* dem Präsidenten die Hölle heiß.[31]

Das waren harte Worte, aber Lincoln konnte sie immer noch besser verkraften als die Anwürfe der Demokraten. Das Heranreifen der Sklavenfrage zum drängendsten Kriegsproblem des Jahres 1862 drohte zahllose Demokraten ins Lager der Kriegsgegner zu treiben. Das war keine Kleinigkeit. 1860 hatten 44 Prozent der Wähler in den »freien« Staaten für die Demokraten gestimmt. Rechnet man noch die Stimmen der Grenzstaaten hinzu, vertrat Lincoln als Präsident der Unionsstaaten nur eine Minderheit. Ab 1862 gingen manche Befürworter des Krieges unter den Demokraten zu den Republikanern, ja sogar zu den Radikalen über – die herausragendsten Beispiele sind General Butler und Kriegsminister Stanton. Andere Kriegsbefürworter wie etwa McClellan blieben zwar ihrer Partei treu und unterstützten das Ziel einer Erhaltung der Union durch einen Sieg auf dem Schlachtfeld, waren aber gegen die Sklavenbefreiung. 1862 trat noch eine weitere Gruppe auf: die Vertreter einer friedlichen Lösung, die »Copperheads«, die zwar gegen die Sezession, aber für eine Wiederherstellung der Union auf dem Verhandlungswege und nicht mit Gewalt waren – ein nicht zu verwirklichender Wunschtraum, der darum in den Augen der Republikaner gleichbedeutend mit Verrat war, weil er den Konföderierten in die Hände spielte. Im Süden setzte man große Hoffnungen auf die »Copperhead«-Fraktion; man hielt sie dort »für groß und mächtig genug, um den Krieg und die Mehrheitspartei lahmzulegen, wenn man sie nur im Rahmen der Verfassung gewähren läßt«.[32]

Zwar bildeten die Befürworter des Krieges und die Vertreter einer friedlichen Lösung unter den Demokraten eine schwankende, unsichere, mitunter zerstrittene Koalition, aber in einem Punkt waren sie einig: in der Ablehnung der Sklavenbefreiung. Bei den vier wichtigen namentlichen Abstimmungen des Jahres 1862, die die Sklaverei betrafen – über den Kriegserlaß, der die Rückgabe flüchtiger Sklaven untersagte, über die Sklavenbefreiung im District oft Columbia, über das Verbot der Sklavenhaltung in den Territorien und über das Konfiskationsgesetz –, waren sich 96 Prozent der Demokraten in der Ablehnung einig, während 99 Prozent der Republikaner mit »Ja« stimmten. Selten oder nie in der amerikanischen Politik hat eine Streitfrage die Parteien dermaßen polarisiert wie diese. Infolge der Sezession hatten die Republikaner eine erdrückende Mehrheit im Kongreß und konnten die erwähnten Vorlagen mühelos durchbringen; aber ein Stimmungsumschwung bei den Herbstwahlen zuungunsten der Sklavenbefreiung konnte diese Mehrheit zunichte machen. So erklärten sich Montgomery Blairs Besorgnis und Lincolns Vorsicht.

Wie bei allen Wahlen seit Entstehen der Republikanischen Partei schlachteten die Demokraten der Nordstaaten auch 1862 hemmungslos die Rassenfrage aus. Die »Partei des Fanatismus« der *black Republicans,* der »Negerrepublikaner«, wolle »zwei bis drei Millionen Halbwilde« befreien, die »den Norden überrennen, den Massen der weißen Werktätigen Konkurrenz machen« und ihr Blut »mit deren Söhnen und Töchtern« vermischen sollten, höhnten die Demokraten. »Soll der Arbeiter dem Neger gleichgestellt werden?« lauteten die entrüsteten Schlagzeilen demokratischer Zeitungen.[33] Die Soldaten Ohios, so warnte der demokratische Abgeordnete dieses Staates Samuel S. Cox, würden nicht länger für die Union kämpfen, »wenn das Endergebnis die millionenfache Flucht und der millionenfache Aufbruch der schwarzen Rasse nach Norden« sei. Und Erzbischof John Hughes ließ sich mit der Ermahnung vernehmen: »Wir Katholiken und mit uns die überwältigende Mehrheit der tapferen Blauröcke im Felde haben nicht die geringste Neigung, einen Krieg fortzusetzen, der uns soviel Gut und Blut kostet, nur um einen Klüngel von Abolitionisten zu Gefallen zu sein.«[34]

Bei solchen Äußerungen aus meinungsbildenden Kreisen war es kein Wunder, daß so mancher weiße Arbeiter mit seinen Vorurteilen auf die Straße ging. In gut einem halben Dutzend Städten kam es im Sommer 1862 zu Übergriffen gegen Schwarze. Besonders blutig waren die Ausschreitungen in Cincinnati, wo die Ersetzung streikender irischer Hafenarbeiter durch Neger eine Welle der Gewalt gegen schwarze Wohnviertel auslöste. In Brooklyn versuchte eine Meute von Amerikanern irischer Abkunft, eine Tabakfabrik in Brand zu stecken, in der gerade zwei Dutzend schwarze Frauen und Kinder arbeiteten. Der Alptraum einer sich über den Norden ergießenden Flut von Schwarzen schien im südlichen Illinois Realität zu werden, wohin das Kriegsministerium mehrere Güterwagen mit »Konterbande« als Erntehelfer transportieren ließ. Landarbeiter zur Einbringung der Getreideernte wurden dringend benötigt, aber es kam zu Unruhen, die die Regierung zwangen, die meisten Schwarzen in Sammellager südlich des Ohio zurückzubringen.

Die Schwarzenfeindlichkeit war indes kein Monopol der Demokraten. Die Gesetzgebung der Vorkriegszeit verschiedener Staaten des Mittleren Westens zur Ausgrenzung von Negern hatte den Beifall nicht weniger Whigs gefunden. 1862 stimmten zwei Fünftel der republikanischen Wähler mit den Demokraten, um in einem Referendum das Ausschlußgesetz von Illinois zu bestätigen. Senator Lyman Trumbull aus Illinois, der das Konfiskationsgesetz formuliert hatte, räumte ein: »Es gibt im Westen – ich weiß das aus meinem eigenen Staat – eine starke Aversion dagegen, freie Neger zu uns zu lassen. Die Leute bei uns wollen mit dem Neger nichts zu schaffen haben.«[35] Um diese Abneigung zu besänftigen, vertraten manche Republikaner die These, die *Sklaverei* sei schuld daran, daß die Schwarzen nach Norden und in die Freiheit fliehen würden; die Emanzipation der Sklaven würde dieser tropischen Rasse die Freiheit in einem Klima schenken, das ihr gemäß sei, und sie im Süden festhalten. Diese These stieß jedoch auf erhebliche Skepsis. Um den rassischen Ängsten zu begegnen, die die Achillesferse der Partei darstellten, setzten viele Republikaner auf die Kolonisation.

Diese Lösung des Rassenproblems fand ihren brutalen, aber treffenden Ausdruck in den Worten eines Soldaten aus Illinois: »Ich bin nicht dafür die Neger zu befreien und sie bei uns frei Herum laufen zu lassen und das ist auch nicht Das was Old Abe vor hat, sondern wir schiken sie weg und Kollonisieren sie.«[36] »Old Abe« war 1862 in der Tat ein Befürworter der Kolonisation. Die politischen Erfahrungen in Illinois hatten seine Finger für den Puls der öffentlichen Meinung in dieser Frage sensibilisiert. Seines Erachtens lagen die größten Chancen, jener emanzipationsfeindlichen Stimmung, die den Republikanern bei den Wahlen von 1862 gefährlich werden konnte, den Wind aus den Segeln zu nehmen, darin, die Kolonisation zu befürworten. In diesem Sinne äußerte Lincoln sich auch vor Repräsentanten der Schwarzen aus dem District of Columbia, die er für den 14. August 1862 zu sich ins Weiße Haus eingeladen hatte. Wie ein anwesender Zeitungskorrespondent notierte, erklärte Lincoln vor der Delegation, die Sklaverei sei »das größte Unrecht, das man jemals einem Volk zugefügt« habe. Aber selbst wenn die Sklaverei abgeschafft sei, würden rassische Unterschiede und Vorurteile bestehen bleiben. »Viele Menschen Ihrer Rasse müssen sehr leiden, weil sie unter uns leben. Unsere Rasse leidet an Ihrer Gegenwart.« Die Schwarzen hätten wenig Aussichten, in den Vereinigten Staaten Gleichstellung zu erreichen. »Es fehlt auf unserer Seite – so hart das sein mag – an der Bereitschaft, Sie, die freien Farbigen, unter uns zu dulden. [...] Ich möchte das nicht diskutieren, sondern als eine Tatsache feststellen, mit der wir zu rechnen haben. Ich kann es nicht ändern, beim besten Willen nicht.« Deshalb, so Lincoln, müßten die Schwarzen in ein anderes Land emigrieren, wo sie bessere Chancen hätten. Der Präsident bat die Vertreter der Schwarzen, Freiwillige für ein von der Regierung finanziertes Pilotprojekt einer Kolonisation in Mittelamerika zu werben. Wenn dieser Plan glücke, könne er den Boden für die Emigration von Tausenden bereiten, die der Krieg befreien werde.[37]

Die meisten Wortführer der Schwarzen in den Nordstaaten mokierten sich über Lincolns Vorschlag und ließen an seinem Urheber kein gutes Haar. »Dies ist unser Land so gut wie Ihres«, erklärte ein Neger aus Philadelphia dem Präsidenten, »und wir werden es nicht verlassen.« Frederick Douglass warf Lincoln »Verachtung der Neger« und »heuchlerische Scheinheiligkeit« vor. Die Äußerungen des Präsidenten würden »unwissende und niederträchtige« Weiße geradezu ermutigen, »alle nur erdenklichen Gewalttaten und Greuel gegen Farbige zu begehen«. Abolitionisten und viele radikale Republikaner lehnten eine Kolonisation nach wie vor als rassistisch und unmenschlich ab. »Wieviel besser wären der mannhafte Protest gegen das Vorurteil gegen die Hautfarbe und der besonnene Versuch, befreiten Menschen ein Heim in Amerika zu schaffen!«[38]

Die Konservativen hingegen machten ihren radikalen Kollegen den Vorwurf, sie ignorierten die Unveränderbarkeit rassischer Unterschiede. Mochten die Abolitionisten »noch so hochtönend davon reden, mit dem Ende der Sklaverei habe auch alle Not ein Ende«, schrieb ein Konservativer, »die große Schwierigkeit wird dann erst kommen! Es geht um die tiefe und erhabene Frage der Rasse«. Immerhin fanden es zwei Drittel der Republikaner im Kongreß so wichtig, diesen Stimmen Rechnung zu tragen, daß sie für Zusätze zum Emanzipationsgesetz des District of Columbia und zum Konfiskationsgesetz (samt der Zuweisung von 600 000 Dollar für das Kolonisationsprojekt) stimmten. In der Praxis, meinte ein

Republikaner, sei die Kolonisation »ein aufgelegter Schwindel. Aber bei den Leuten wird sie ankommen«.[39]

Es gelang der Regierung, einige hundert potentielle schwarze Emigranten zu werben, aber in der Praxis erwies sich die Kolonisation wirklich als aufgelegter Schwindel. Das Mittelamerikaprojekt scheiterte am Widerstand von Honduras und Nicaragua. 1863 unterstützte die US-Regierung die Ansiedlung von 453 Kolonisten auf einer Insel vor Haiti, aber auch dieser Versuch schlug fehl, da Hunger und Pocken die Kolonie entvölkerten. 1864 entsandte die Regierung ein Kriegsschiff und holte 368 Überlebende in die Vereinigten Staaten zurück. Das war das Ende der offiziellen Bemühungen um eine Kolonisation der Schwarzen. Zu diesem Zeitpunkt gingen dank der zunehmenden Eigendynamik des Krieges die meisten Nordstaatler ohnehin über die Forderungen von 1862 weit hinaus.

Die Kolonisationsbestrebungen Lincolns vom August 1862 gehörten zu seinen mittelbaren Bemühungen, die öffentliche Meinung auf die Sklavenbefreiung vorzubereiten. Zwar hatte er sich entschlossen, seine Proklamation bis zum nächsten Sieg der Unionstruppen zurückzuhalten, aber er ließ doch bereits Andeutungen verlauten. Am 22. August reagierte er auf einen Leitartikel Horace Greeleys zur Sklavenbefreiung – »Das Gebet von 20 Millionen« – mit einem offenen Brief an die Redaktion. »Mein oberstes Ziel in dem gegenwärtigen Ringen ist die Rettung der Union«, schrieb Lincoln in einem Meisterwerk prägnanter Kürze. »Wenn ich die Union retten könnte, ohne auch nur *einen* Sklaven zu befreien, so würde ich es tun, und wenn ich sie dadurch retten könnte, daß ich *alle* Sklaven befreite, so würde ich es tun; und wenn ich sie dadurch retten könnte, daß ich einige befreite und andere nicht, würde ich auch das tun.«[40] Es war ein Diktum, das allen Standpunkten gerecht wurde: eine Bekräftigung, daß das Ziel des Krieges die Erhaltung der Union blieb, aber zugleich die Andeutung, daß zur Erreichung dieses Zieles die teilweise oder sogar völlige Befreiung der Sklaven notwendig werden könne.

Von derselben bewußten Zweideutigkeit war auch die Antwort, welche Lincoln am 13. September einer Abordnung von Geistlichen gab, die ihm eine Petition zur Sklavenbefreiung überreicht hatten. Der Präsident pflichtete bei: »Die Sklaverei ist die Wurzel der Rebellion«; die Sklavenbefreiung würde »die Rebellen durch Entzug ihrer Arbeitskräfte schwächen« und »uns in Europa helfen und [die Europäer] davon überzeugen, daß uns mehr als Neid und Ehrgeiz treiben«. Aber was würde unter den obwaltenden Umständen, »wo ich in den Rebellenstaaten noch nicht einmal der Verfassung Geltung verschaffen kann ... eine Proklamation zur Sklavenbefreiung von mir *nützen*? [...] Ich möchte kein Dokument herausgeben, von dem die ganze Welt wissen muß, daß es nichts bewirken *kann,* wie die Bulle des Papstes gegen den Kometen!«.[41] Auch hierin war wieder für jeden etwas:

die Versicherung, daß die Sklavenemanzipation zwar wünschenswert, doch derzeit zwecklos sei, vielleicht aber unmittelbar bevorstehe, sobald die militärische Lage der Union eine Wendung zum Besseren genommen hätte.

Militärische Fragen waren es, die Lincoln beschäftigten, als er diese Worte formulierte. Seit zwei Monaten hatte sich die Situation auf dem westlichen wie auf dem östlichen Kriegsschauplatz für die Union dramatisch verschlechtert, und Mitte September befanden sich drei südstaatliche Armeen auf dem Marsch gen Norden, dem scheinbar sicheren Sieg entgegen. In den folgenden Wochen wichen die Konföderierten jedoch wieder südwärts zurück, ohne etwas ausgerichtet zu haben. Damit war die Chance einer Anerkennung der Konföderation durch Europa vertan, und Lincoln hatte den Sieg, den er für seine Proklamation der Sklavenbefreiung brauchte.

17.

»Carry me back to old Virginny«

I

Während McClellan vor Lee zurückwich und Richmond räumte, begann sich der Himmel für die Unionstruppen auch im Westen zu verdüstern. Die Eroberung des Mississippigebiets blieb vor Vicksburg stecken. Der Siegeszug zu Lande kam vor Corinth zum Stehen. Wie konnte das geschehen? Nach gängiger Auffassung trägt Halleck die Schuld, der seine Armee nicht zusammengehalten und eine große Chance, die Rebellion im Tal des Mississippi niederzuwerfen, versäumt haben soll. Die Wahrheit ist komplizierter.

Nachdem Halleck mit seiner 110000 Mann starken Armee Ende Mai Corinth besetzt hatte, mußte er vier Aufgaben bewältigen: Er mußte den nach Süden zurückweichenden Rebellen nachsetzen und nach Möglichkeit Vicksburg nach der Umgehung nehmen, er mußte eine Streitmacht nach Chattanooga entsenden, um das östliche Tennessee zu »befreien«, er mußte das Eisenbahnnetz, das die Bundestruppen auf diesem Kriegsschauplatz mit Nachschub versorgte, reparieren lassen und verteidigen, und er mußte Besatzungstruppen organisieren, um die Ordnung aufrechtzuerhalten, die »Konterbande«-Lager mit den hier versammelten schwarzen Flüchtlingen zu verwalten, die unionstreuen Kräfte bei dem Wiederaufbau Tennessees unter dem von Lincoln nach Nashville entsandten Militärgouverneur Andrew Johnson zu schützen und die Wiederaufnahme des Handels mit dem Norden in den besetzten Gebieten beaufsichtigen. In der besten aller Welten hätte Halleck diese vier Aufgaben auf einmal in Angriff genommen, doch es fehlten ihm die Mittel dazu. Für Kriegsminister Stanton und General Grant hatte die Einnahme Vicksburg höchste Priorität. Hallecks Entscheidung, dieses Unternehmen zugunsten der anderen drei zurückzustellen, wurde oft kritisiert. Ein massiver Feldzug gegen Vicksburg hätte, den Kritikern zufolge, möglicherweise die wichtigste Verkehrsverbindung der Konföderierten abgeschnitten und den Krieg abgekürzt.[1]

Bei dieser These sind jedoch gewisse physikalische, logistische und politische Realitäten nicht berücksichtigt. Die gesundheitlichen Probleme der nicht akklimatisierten Nordstaatensoldaten wurden bereits erwähnt. Auf einen ungewöhnlich verregneten Frühling war eine katastrophale sommerliche Trockenperiode gefolgt. Im nördlichen Mississippigebiet versiegten zusehends die Flüsse und Quellen, aus denen Mensch und Tier ihr Trinkwasser schöpften. Mehrere Infanterie- und Kavalleriebrigaden nahmen in der Tat die Verfolgung der Konföderierten auf und setzten ihnen von Corinth aus 20 Meilen südwärts nach, mußten aber im Juli aus Mangel an Trinkwasser umkehren.[2] Daß Halleck mehrere Brigaden zur Reparatur und Bewachung der Gleisanlagen abstellte, war nicht so abwegig, wie manchmal behauptet wird, denn mit dem Absinken der Wasserstände in den Flüssen unter die Schiffbarkeitsgrenze waren die Armeen ganz und gar auf den Nachschub per Bahn angewiesen. Jeder Feldzug zu Lande gegen Vicksburg wäre durch Rebellenüberfälle auf Eisenbahnen und Nachschubdepots zu stören gewesen; das mußte sechs Monate später Grant erfahren, als ihn derartige Raids zum Abbruch seines ersten Feldzugs gegen Vicksburg zwangen. Andere Brigaden mußte Halleck aus politischen Gründen, nämlich zur Kontrolle und Verwaltung des besetzten Gebietes, von den Kampfeinheiten abziehen. Und schließlich verlieh Lincolns Wunsch nach Wiedereingliederung des östlichen Tennessee diesem eigentlich politischen Ziel eine hohe militärische Priorität.[3]

So teilte Halleck die Tennessee-Armee[4] unter Grant in mehrere Untergruppen zu Besatzungs- und Gleisreparaturzwecken auf, stellte eine Division zur Verstärkung von Unionstruppen ab, die sich in Arkansas erneut bedroht sahen, und beorderte die 40000 Mann der Ohio-Armee unter Buell zum Vorstoß gegen Chattanooga. Buells Feldzug – die einzige größere Aktion der Union auf dem westlichen Kriegsschauplatz im Sommer 1862 – nahm ein ebenso schlimmes Ende wie McClellans Vorstoß gegen Richmond. Als alte Kameraden hatten Buell und McClellan vieles gemeinsam. Buells strategisches Konzept ließ sich mit dem McClellans vergleichen. »Das Ziel«, schrieb Buell, »ist nicht, große Schlachten zu schlagen und uneinnehmbare Befestigungen zu stürmen, sondern durch Demonstrationen und Manövrieren den Gegner an der Konzentration seiner verstreuten Kräfte zu hindern.«[5]

Politisch konservativ, glaubte Buell ferner an den begrenzten Krieg zu begrenzten Zwecken. Das verlangsamte seinen Vorstoß nach Chattanooga entlang der Bahnlinie von Corinth durch das nördliche Alabama. Häufig überfielen Partisanen seine Nachschublinien. »Des Nachts werden unsere Brücken und Vorposten attackiert«, berichtete ein Divisionskommandeur. Buells Glaube an den »sanften« Krieg verbot ihm ein brutales Durchgreifen gegen die Zivilbevölkerung, die den Partisanen Unterschlupf gewährte, oder die Zwangseintreibung von Proviant bei dieser Bevölkerung. Buell kam daher nur in dem Tempo voran, wie seine Reparaturtrupps Brücken instand setzten und Gleise verlegten. Drei Wochen nach dem Abmarsch von Corinth war er erst 90 Meilen vorgerückt und hatte noch nicht einmal die Hälfte des Weges nach Chattanooga hinter sich. Am 8. Juli teilte Halleck einem geplagten Buell mit: »Der Präsident drahtet Ihnen, daß Ihr Vorankommen unbefriedigend ist und Sie sich schneller bewegen müssen.«[6]

Zu diesem Zeitpunkt näherte sich die Ohio-Armee gerade Stevenson (Alabama), wo sie eine neue Eisenbahn-Nachschublinie von Nashville eröffnete. Doch Buells Schwierigkeiten hatten gerade erst begonnen. Just als der erste Güterzug mit Proviant am 13. Juli von Nashville nach Süden abfuhr, überfiel Nathan Bedford Forrest mit seiner Reiterei die Unionsgarnison in Murfreesboro. Forrest nahm die Garnison ein, zerstörte die Bahnlinie und entkam durch die Cumberland Mountains nach Osten, bevor ihn eine von Buell entsandte Division einholen konnte. Kaum waren die Reparaturtrupps mit der Behebung der Schäden fertig, als Forrest erneut zuschlug: Er zerstörte drei Brücken südlich von Nashville und entkam wiederum den ihn verfolgenden Bundestruppen. Forrests Attacken hielten den ohnedies schon schleichenden Vormarsch Buells um mehr als zwei Wochen auf. In Washington äußerte man neuerlich »große Unzufriedenheit«. Als Buell seine Lage zu erklären suchte, drohte man ihm mit der Enthebung von seinem Kommando, wenn er seinen »offensichtlichen Mangel an Energie und Tatkraft« nicht überwände.[7]

Als Buell sich endlich anschickte, 20 Meilen vor Chattanooga den Tennessee zu überqueren, traf ihn ein weiterer Schicksalsschlag in Gestalt eines neuen Kavallerieüberfalls der Rebellen. Diesmal war der gegnerische Kommandeur John Hunt Morgan, ein 36jähriger Offizier aus Kentucky, der in seinen Aktionen die Bravour eines Stuart mit der Härte eines Forrest verband. Von gewinnendem Wesen und stets tadellos gekleidet, hatte er aus drahtigen Kentuckyanern eine Reiterbrigade aufgestellt, die erstmals im Juli 1862 von sich reden machte, als sie auf einem 1000-Meilen-Raid durch Kentucky und das mittlere Tennessee 1200 Gefangene machte und tonnenweise Proviant erbeutete – bei nicht einmal 90 Toten und Verwundeten auf seiten der Konföderierten. Mitte August tauchten Morgans muntere Mannen plötzlich wieder im mittleren Tennessee auf und blockierten die Bahnlinie nördlich von Nashville, indem sie mehrere brennende Güterwagen in einen 800 Fuß langen Tunnel schoben, so daß die Stützbalken Feuer fingen und der Tunnel einbrach. Nach diesem Coup war Buell von seinem wichtigsten Nachschublager in Louisville abgeschnitten.

Diese Raids verdeutlichen den Vorteil des Südens, der auf vertrautem Gelände und defensiv kämpfen konnte. Mit 2500 Mann hatten Forrest und Morgan eine

Invasionsarmee von 40 000 Mann lahmgelegt. Vom Wohlwollen der Bevölkerung getragen und nach Partisanenart in die Berge zurückweichend, vermochte die Rebellenreiterei Ort und Stunde ihres Zuschlagens selbst zu bestimmen. Sämtliche Brücken, Tunnels und Depots an den Hunderte von Meilen langen Bahnlinien zu verteidigen war nahezu unmöglich, und so konnten Partisanen und Kavallerie praktisch ungestraft Blitzüberfälle auf isolierte Garnisonen und nicht bewachte Streckenabschnitte unternehmen. Das einzig wirksame Gegenmittel wäre eine ebenso gut berittene und geführte Unionsreiterei gewesen, mit Kavalleristen, die das Gelände so gut kannten wie die Südstaatler und genauso gut reiten und schießen konnten wie sie. Eine solche Truppe konnte die Kavallerie der Rebellen aufspüren und abfangen, sie unter gleichen Bedingungen bekämpfen und ihre eigenen Raids weit ins Hinterland der Konföderierten ausdehnen. Die Unionsbefehlshaber gingen 1862 in eine harte Schule. Erst 1863 vermochten die Yankees in dieser Hinsicht mit den Rebellen gleichzuziehen, und schließlich zahlten sie, was die Raids betrifft, mit gleicher Münze heim.

Buells Feldzug veranschaulicht ferner die logistischen Stärken und Schwächen der Eisenbahn. Das Dampfroß transportierte ungleich mehr Leute und Nachschub schneller und weiter als sein vierbeiniger Vetter. Als Invasionstruppe, die auf vorgeschobenen Linien und über größere Entfernungen operierte, waren die Unionsarmeen stärker auf den Bahntransport angewiesen als die Konföderierten. Im Januar 1862 ermächtigte der Kongreß der Nordstaaten den Präsidenten, jede Eisenbahnlinie direkt der Regierung zu unterstellen, »wenn er dies im Interesse der öffentlichen Sicherheit für geboten hielt«. In den Nordstaaten machte die Regierung von dieser Vollmacht selten Gebrauch; Stanton benutzte sie immerhin als Drohung, um bei den Eisenbahnen Vorzugsbehandlung und günstige Preise für den Militärverkehr durchzusetzen. Im besetzten Süden jedoch griff die Regierung einschneidend in den Eisenbahnbetrieb ein. Im Februar 1862 rief Stanton die U. S. Military Rail Roads (U.S.M.R.R.) ins Leben und ernannte Daniel McCallum zu deren Direktor. McCallum, ein früherer Geschäftsführer der Erie Railroad und tüchtiger Organisator, hatte schließlich über 2000 Meilen Schienenstrang unter sich, die die U.S.M.R.R. in eroberten Teilen des Südens übernahmen, bauten und instand hielten.

Es dauerte bis Mai 1863, bevor das Kriegsministerium in Richmond eine vergleichbare Kontrolle über die Eisenbahnen des Südens erlangte, und auch danach machte es von seinen Vollmachten nur selten Gebrauch. Ein südstaatliches Pendant zu den U.S.M.R.R. gab es nicht. Die Konföderationsregierung wußte zu keiner Zeit das erratische, heruntergekommene, vielspurige Schienennetz des Südens in derselben effektiven Weise auf Vordermann zu bringen wie der Norden das seine. Auch hieran läßt sich die logistische Überlegenheit der Union ermessen, die dazu beitrug, daß der Norden letztlich die Oberhand behielt.[8]

1862 erwies sich die Abhängigkeit der Unionsarmeen von der Eisenbahn noch ebensosehr als Fluch wie als Segen. »Eisenbahnen sind das Allerschwächste im Krieg«, erklärte Sherman; »ein einziger Mensch kann mit einem Zündholz ganze Verbindungslinien zerstören und abschneiden.« Und er fuhr fort: »Unsere Armeen fahren zwar kreuz und quer durch das Land, aber der Krieg bleibt ihnen auf den Fersen und der Gegner hinterher derselbe wie vorher.« Es sei das Schicksal jeder »Eisenbahn, die durch ein Land fährt, wo jedes Haus ein Hort heimlicher, erbitterter Feinde ist«, daß man ihre »Brücken und Wassertanks verbrennt, die Züge beschießt, die Gleise aufreißt« und »die Maschinen auflaufen läßt und schwer beschädigt«.[9] Aus diesen Erfahrungen zogen die Unionsgeneräle endlich dieselbe Lehre, die ein halbes Jahrhundert zuvor bereits Napoleon beherzigt hatte. Die riesigen Armeen des französischen Kaisers hätten mit den Transportmöglichkeiten jener Zeit nicht verköstigt werden können, und so nährten sie sich einfach von dem Land, in das sie wie die Heuschreckenschwärme einfielen.

Buell war nicht bereit, diese Art von Krieg zu führen, was seinen Sturz bewirkte. Braxton Bragg, der neue Befehlshaber der (bald als Tennessee-Armee bekannten) Konföderierten Armee von Mississippi, erkannte die Bresche, die Morgans und Forrests Reiter-Raids in Buells Nachschublinien geschlagen hatten. »Unsere Kavallerie bahnt mir den Weg nach Mittel-Tennessee und Kentucky hinein«, schrieb er Ende Juli.[10] Bragg beschloß daraufhin, 32000 Mann unter Van Dorn und Price in Mississippi zu lassen, die Vicksburg und die Mitte des Staates halten sollten. Die übrigen 34000 Mann wollte er nach Chattanooga führen, um von dort in Kentucky einzufallen. Er hoffte, so die Strategie Morgans und Forrests in größerem Maßstab zu wiederholen. Buell würde gezwungen sein, ihm zu folgen, und Bragg damit die Chance geben, die Bundestruppen in der Flanke zu fassen. Falls Grant Buell zu Hilfe kam, konnten Van Dorn und Price einen Ausfall nach Norden unternehmen und das westliche Tennessee zurückerobern. Forrests und Morgans Reiterei würde der Union weiter vom Rücken her zusetzen, während Bragg gleichzeitig auf Edmund Kirby Smith' 18000 Mann starke Ost-Tennessee-Armee zählte, die aufmerksam den schleppenden Vormarsch Buells gegen Chattanooga verfolgt hatte. Die Konföderierten waren überzeugt, daß die Kentuckyaner bereits darauf brannten, sich der Sache der Südstaaten anzuschließen, und Bragg requirierte vorsichtshalber 15000 zusätzliche Gewehre, um für den erwarteten Ansturm auf seine Armee gewappnet zu sein.

Seit Bragg im Juni das Kommando von dem entlassenen Beauregard übernommen hatte, war er damit beschäftigt gewesen, die Armee für einen neuen

Feldzug umzuorganisieren und zu disziplinieren. Bragg, von Magengeschwüren und Migräne geplagt, jähzornig und streitbar, war ein harter Zuchtmeister. Er brachte eine Reihe von Soldaten wegen Fahnenflucht vor das Erschießungspeloton und ließ einen Gefreiten hinrichten, der befehlswidrig auf ein Huhn geschossen, aber einen Neger getroffen hatte. Diese Maßnahmen verfehlten nicht ihre Wirkung; die Zahl der Desertionen ging zurück, und die Disziplin wurde besser. Die einfachen Schützen hatten – wie es einer der Ihren formulierte – gelernt, daß Bragg »ein Mann [war], der tat, was er sagte, und dessen Befehlen man zu gehorchen hatte«. Ein anderer Südstaatensoldat setzte freilich hinzu: »Kein einziger Soldat in der ganzen Armee hat ihn geliebt oder geachtet.«[11]

Das kümmerte Bragg indes wenig; sein Hauptproblem war, seine Invasionstruppe von Mississippi nach Chattanooga zu bekommen. Die Lösung, die er fand, war paradox: Er transportierte seine Leute mit der Bahn – allerdings nicht auf dem direkten 200-Meilen-Weg, auf dem Buell seit sechs Wochen dahinschlich, sondern auf einem 776 Meilen langen Umweg, der südwärts nach Mobile, dann in nordöstlicher Richtung nach Atlanta und endlich nordwärts nach Chattanooga führte. Jede Infanteriedivision schickte er einzeln los. Die Aktion begann am 23. Juli, und zwei Wochen später waren alle in Chattanooga. Es war die größte Bahnbewegung der Konföderierten in diesem Krieg.[12] Mitte August waren Bragg und Smith marschbereit für die große Invasion. »Van Dorn und Price werden gleichzeitig mit uns von Mississippi nach West-Tennessee vorrücken«, schrieb ein aufgeregter Bragg, »und ich rechne damit, daß wir uns in Ohio vereinigen.« In einem aufmunternd gemeinten Tagesbefehl erklärte Bragg: »Der Feind steht vor uns und verwüstet dieses schöne Land ... beleidigt unsere Frauen und entweiht unsere Altäre ... In Eurer Hand liegt nun die Entscheidung, ob unsere Brüder und Schwestern in Tennessee und in Kentucky weiterhin in der Knechtschaft der Abolitionstyrannen schmachten werden oder ob ihnen wieder die Freiheit zuteil wird, die sie von ihren Vätern ererbt haben.«[13]

Kirby Smith brach als erster auf und kam am schnellsten voran. Am 14. August verließ er Knoxville mit 21 000 Mann – darunter eine Division von Bragg – und unternahm einen Ausfall nach Norden gegen die Cumberland Gap, die zwei Monate zuvor von einer 8000 Mann starken Unionstruppe eingenommen worden war. Er hatte nicht die Absicht, diese Thermopylen zu berennen, sondern umging sie und zog weiter nach Norden; eine Division ließ er zur Beobachtung der Bundestruppen an der Cumberland Gap zurück. Smith kam mit einem Tempo voran, das Lincoln sich von seinen Generälen gewünscht hätte. Binnen zwei Wochen erreichte er Richmond (Kentucky), das 150 Meilen von Knoxville entfernt war und nur 75 Meilen südlich von Cincinnati lag, wo das Herannahen der Rebellen schier eine Panik auslöste. In Richmond traf Smith zum erstenmal auf nennenswerten Widerstand: eine Division von 6500 neuen Rekruten ohne Fronterfahrung. Die Südstaatler stießen am 30. August mit dem Schlachtruf der Rebellen vor und verjagten die »Yanks«, von denen über 1000 getötet oder verwundet wurden, während die meisten übrigen in Gefangenschaft gerieten. Die Zahl der Verluste auf seiten der Südstaaten betrug kaum 500.

Smith' Armee besetzte Lexington und schickte sich an, in der nahe gelegenen Hauptstadt Frankfort einen konföderierten Gouverneur zu ernennen. Unterdessen waren Braggs 30000 Mann von Chattanooga nach Norden marschiert, parallel zu Kirby Smith, aber rund 100 Meilen weiter westlich. Nach dem Überschreiten der Grenze zu Kentucky ließ Bragg anhalten, um eine Proklamation zu erlassen: »Kentuckyaner! Ich rücke in Euren Staat ein ... um Euch die Freiheitsrechte wiederzugeben, die Euch ein grausamer, erbarmungsloser Feind genommen hat ... Wenn Ihr die Bundesherrschaft vorzieht, so zeigt es uns durch Eure Miene, und wir werden dorthin zurückkehren, von wo wir gekommen sind. Wenn Ihr Euch aber entscheidet, in den Schoß unserer Brüderlichkeit zu kommen, so heißt uns mit dem Lächeln Eurer Frauen willkommen und leiht willig Eure Hand, um Euch das Erbe Eurer Freiheit zu sichern.«[14]

Die Frauen Kentuckys begrüßten die abgerissenen Soldaten mit so manchem Lächeln, doch von den Männern kamen nur wenige, um für den Süden zu kämpfen. Die meisten, die sich geneigt zeigten, waren schon ein Jahr zuvor der Armee der Konföderierten beigetreten; die anderen zogen es vor, auf einen Sieger zu setzen, und als ein solcher hatte Bragg sich noch nicht erwiesen, auch wenn seine Armee in Munfordville, ganze 60 Meilen von Louisville entfernt, eine 4000 Mann starke Unionsgarnison gefangengenommen hatte. Vielleicht begriffen die Kentuckyaner etwas, was Bragg selbst noch nicht erkannte: Seine »Invasion« war in Wirklichkeit nichts anderes als ein überdimensionaler Raid. Die Rebellen geboten weder über das Menschenmaterial noch über die Ressourcen, um einen Raid zu einer Besatzung auszubauen und den Staat Kentucky vor den Gegenmaßnahmen erboster Bundestruppen zu schützen. Schon war Buells Streitmacht durch zwei Divisionen Grants auf 55000 Mann verstärkt worden, während man in Louisville und Cincinnati 60000 neue Unionsrekruten organisierte.

Braggs offenkundiger militärischer Erfolg und sein politisches Scheitern ließen seine Stimmung zwischen Überschwang und Niedergeschlagenheit schwanken. Am 18. September schrieb er an seine Frau: »Wir haben den außerordentlichsten Feldzug der Militärgeschichte hinter uns.« Doch schon wenige Tage später äußerte er sich »tief enttäuscht über die Untätigkeit unserer Freunde in Kentucky. Bisher haben wir keine Verstärkung für diese Armee erhalten ... Die Begeisterung

Stephen A. Douglas
Louis A. Warren Lincoln Library and Museum

William H. Seward
Library of Congress

1856: Männer des *free state* verteidigen Lawrence (Kansas).
The Kansas State Historical Society

Stapel von Eisenbahnschienen in den Werken der U.S. Military Rail Roads in Alexandria.

U.S. Army Military History Institute

Die Besatzung einer Lokomotive der U.S. Rail Roads deutet auf Einschüsse im Schornstein und im Kohletender, verursacht durch gegnerisches Granatfeuer.

U.S. Army Military History Institute

Harper's Ferry: Begegnung zweier Züge der B & O mit Truppen und Nachschub.

U.S. Military Academy Library

Von Bautrupps der Unionsarmee instandgesetzte Eisenbahnbrücke in Tennessee, die bei einem gegnerischen Raid in Brand gesteckt worden war.

Minnesota Historical Society

Der Blockadebrecher *Robert E. Lee*, der die Blockade vierzehnmal durchbrach, bevor er beim fünfzehnten Mal aufgebracht wurde.

Library of Congress

Die *U.S.S. Minnesota*, eine Dampffregatte mit 47 Geschützen, das Flaggschiff der Blockadeflotte, das die *Robert E. Lee* aufbrachte.

Minnesota Historical Society

Oben: Abraham Lincoln

Louis A. Warren Lincoln Library and Museum

Rechts: George B. McClellan

Louis A. Warren Lincoln Library and Museum

Unten: Die *U.S.S. Cairo*, eine von »Pook's turtles«, die auf dem Tennessee und dem Mississippi in Einsatz war, bis sie im Dezember 1862 im Yazoo unweit Vicksburg von einem gegnerischen »Torpedo« versenkt wurde.

U.S. Army Military History Institute

Jefferson Davis
Library of Congress

Robert E. Lee
Library of Congress

Thomas J. – »Stonewall« – Jackson
Library of Congress

James E. B. – »Jeb« – Stuart
Library of Congress

Clara Barton
Library of Congress

Mary Anne – »Mother« – Bickerdyke
U.S. Army Military History Institute

Verwundete Soldaten und Pflegerin in einem Lazarett bei Fredericksburg.
Library of Congress

Vorher und nachher: Photographien eines jungen Schwarzen (»Konterbande«), der als Trommler bei den Unionstruppen diente.

U.S. Army Military History Institute

Schwarze Soldaten (sitzend); hinter ihnen (stehend) weiße Offiziere und Lehrerinnen für *freedmen.*

Library of Congress

Blaue und Graue, im Tod einträchtig vereint: Gefallene am Fuß des Little Round Top.

Library of Congress

Die unverletzten Überlebenden der ursprünglich 86 Mann starken 1. Kompanie des 57. Massachusetts-Regiments nach sechswöchigem Kampf, von der Wilderness bis Petersburg (1864).

U.S. Army Military History Institute

Hafen- und Eisenbahneinrichtungen in City Point (Virginia) am James River, einer Nachschubbasis der Union im Feldzug gegen Petersburg.

Library of Congress

Shermans Soldaten zerstören die Bahnlinie in Atlanta, bevor sie ihren Marsch zum Meer beginnen.

Library of Congress

Bei Gettysburg in Gefangenschaft geratene Soldaten der Konföderation.

U.S. Army Military History Insitute

Das Kriegsgefangenenlager Andersonville: im Hintergrund am Zaun konföderierte Wachposten, im Vordergrund die Latrinen der Gefangenen.

Library of Congress

Ulysses S. Grant
Library of Congress

David G. Farragut
Library of Congress

William Tecumseh Sherman
Louis A. Warren Lincoln Library and Museum

Joseph E. Johnston
Louis A. Warren Lincoln Library and Museum

An Deck der *U.S.S. Hartford*, des Flaggschiffs von Admiral Farragut; am Steuerrad John McFarland, dem der Kongreß für seine Steuermannskünste bei der Schlacht in der Mobile Bay die Ehrenmedaille verlieh.

U.S. Naval Historical Center

Batterie A, 2. Farbige U.S.-Artillerie, in der Schlacht bei Nashville.

Chicago Historical Society

Schützengräben der Union vor Petersburg.

Library of Congress

Schützengräben der Konföderation in Petersburg, mit spanischen Reitern und einem gefallenen Soldaten, nach dem erfolgreichen Angriff der Union am 2. April 1865.

U.S. Army Military History Institute

Gefallener konföderierter Soldat in den Petersburger Schützengräben.

Library of Congress

Das Ende des Kampfes: Schützengraben der Konföderierten in Petersburg nach dem Sturmangriff der Union am 2. April 1865.

Minnesota Historical Society

Die Früchte des Krieges: Überreste eines Pflanzerhauses bei Fredericksburg.

Library of Congress

Richmond am 4. April 1865: Blick vom Schatzamt der Konföderation; im Vordergrund, an den Zaun gebunden, Kavalleriepferde von Yankees, die beim Löschen der von abziehenden Rebellen gelegten Brände helfen.

U.S. Army Military History Institute

schlägt hohe Wellen, erschöpft sich aber in Worten ... Die Leute hier haben zu viele fette Rinder und sind zu wohlhabend, um zu kämpfen ... Wenn es nicht bald anders wird, müssen wir das Gartenland Kentucky seiner eigenen Begehrlichkeit überlassen«.[15]

Als Buells Armee sich nach Louisville zurückzog, bot sich Bragg die Gelegenheit, sie in der Flanke anzugreifen. Da er jedoch wußte, daß er zahlenmäßig unterlegen war, wollte er seine Truppen erst mit denen Kirby Smiths vereinigen, die noch im Raum Lexington-Frankfort, 100 Meilen weiter östlich, standen. Bragg bat Smith, in Bardstown zu ihm zu stoßen, das auf halbem Weg zwischen den beiden Armeen der Konföderation und nur 35 Meilen südlich von Louisville lag. Dort konnten die vereinigten Streitkräfte die Entscheidungsschlacht um Kentucky schlagen. In der Zwischenzeit legten die beiden Befehlshaber eine Pause ein, um dem Amtsantritt des von den Konföderierten eingesetzten Gouverneurs von Kentucky beizuwohnen. Sie hofften, daß dieser symbolische Akt die zaudernden Männer von Kentucky dazu ermutigen würde, ihre abwartende Haltung aufzugeben und sich auf die Seite des Südens zu schlagen.

Die Feierstunde wurde rüde vom Geschützdonner herannahender Unionsartillerie unterbrochen. Unter Druck gesetzt von einem angewiderten Lincoln und einer wütenden nordstaatlichen Presse, hatte Buell endlich zum Schlag gegen die Quälgeister aus dem Süden ausgeholt. Den ganzen vergangenen Monat hatte seine größere und besser ausgerüstete Armee augenscheinlich nichts getan, um die Invasion der Konföderierten zu stoppen. Den ganzen September hindurch hatte Halleck die Telegraphendrähte mit Botschaften heißlaufen lassen, die Buell zum Handeln aufriefen: »Hier wie anderswo gehen Sie zu langsam vor. [...] Die Unbeweglichkeit Ihrer Armee ist höchst erstaunlich. Bragg ist in den letzten beiden Monaten viermal so weit marschiert wie Sie.« Falls Buell sich nicht endlich bewegte, würde er abgelöst werden. Mit (hoffentlich) metaphorischer Übertreibung warnte Halleck: »Die Regierung scheint entschlossen, alle erfolglosen Generäle unter die Guillotine zu legen ... Vielleicht muß man jetzt bei uns, wie in der Französischen Revolution, hart durchgreifen.«[16]

Buell ließ es sich gesagt sein, und in der ersten Oktoberwoche bewegte er sich endlich. Er hatte seine Armee zu einer Streitmacht von 60 000 Mann organisiert; allerdings waren ein Drittel von ihnen unerfahrene Rekruten, die noch nie einen Schuß im Ernstfall abgefeuert hatten. Bragg und Smith hatten zwar 40 000 Veteranen in ihrer Nähe, doch waren diese über eine Front von 60 Meilen Länge zwischen Lexington und Bardstown verteilt. Buell beorderte eine Division zu einem Scheinangriff nach Frankfort (das war die Truppe, die die Amtseinführung des Gouverneurs störte), während er mit den übrigen in drei einander wechselseitig verteidigenden Kolonnen der Hauptarmee Braggs in Bardstown entgegenmarschierte. Bragg wurde durch diese Finte getäuscht, die fast die Hälfte der konföderierten Streitmacht im Raum Frankfort band, während Buells drei Hauptkolonnen den Rest angriffen, der in Braggs Abwesenheit von Bischof Leonidas Polk befehligt wurde. Im Verhältnis 1:2 unterlegen, zog sich der Bischof zurück und forderte von Bragg dringend Verstärkung.

Die folgenden Ereignisse wurden wesentlich von der Trinkwasserknappheit beider Armeen in diesem dürregeplagten Landstrich beeinflußt. Am 7. Oktober bezog Polk mit nur 16000 Mann eine Verteidigungsstellung am Chaplin River bei Perryville. Am selben Abend erschien ein Unionskorps und griff vergeblich an, um sich die paar fauligen Tümpel in einem Zufluß des Chaplin zu sichern. Kommandeur der angriffslustigen Division dieses Korps war Philip Sheridan, ein kleiner, krummbeiniger Mann, der sich in der Vorkriegsarmee nur durch seine Rauflust und einen Schnauzbart ausgezeichnet hatte. Nachdem der Krieg einmal ausgebrochen war, kam ihm die Rauflust zustatten. Das erste Jahr des Konflikts langweilte er sich als Quartiermeister im Hauptmannsrang; im Mai 1862 aber erhielt er durch einen glücklichen Zufall das Feldkommando über ein Kavallerieregiment und hatte sich binnen weniger Wochen als so tüchtig erwiesen (»der Mann ist sein Gewicht in Gold wert«, schrieb ein Vorgesetzter), daß er zunächst ein Brigadekommando und im September ein Divisionskommando erhielt. Im Morgengrauen des 8. Oktober griff Sheridans durstige Division neuerlich an und sicherte sich die Kontrolle über den Nebenfluß sowie das dahinter liegende Hügelland. Im Verlauf des Tages nahm der Rest von Buells Streitmacht links und rechts von Sheridan Aufstellung.

Doch dann verlor Buell die Initiative in einer Schlacht, die einen neuen Höhepunkt der Führungsfehler auf beiden Seiten darstellte. Überzeugt davon, daß der Hauptteil von Buells Armee noch in Frankfort liege, gab Bragg den 16000 Mann von Polk den Befehl zum Angriff auf das (wie er glaubte) Schrumpfheer in Perryville. Am frühen Nachmittag schickte ein widerstrebender Polk zwei von seinen drei Divisionen gegen die beiden Divisionen, die die linke Flanke der Union darstellten. Die Rebellen hatten Glück: Eine dieser blauen Divisionen bestand aus frisch rekrutierten Leuten. Um deren Ängste zu zerstreuen, hatten ihnen am Abend zuvor zwei Generäle und ein Oberst erläutert, wie gering die Wahrscheinlichkeit sei, daß irgend jemand in einer bestimmten Schlacht den Tod fand. Am nächsten Tag wurden in der ersten Sturmwelle der Konföderierten alle drei Offiziere getötet.[17] Die grünen Truppen brachen durch und trieben die andere Unionsdivision eine gute Meile vor sich her, bevor Verstärkung eintraf und die wilde Flucht beendete. Unterdessen attackierte Sheridan im Zentrum die verblie-

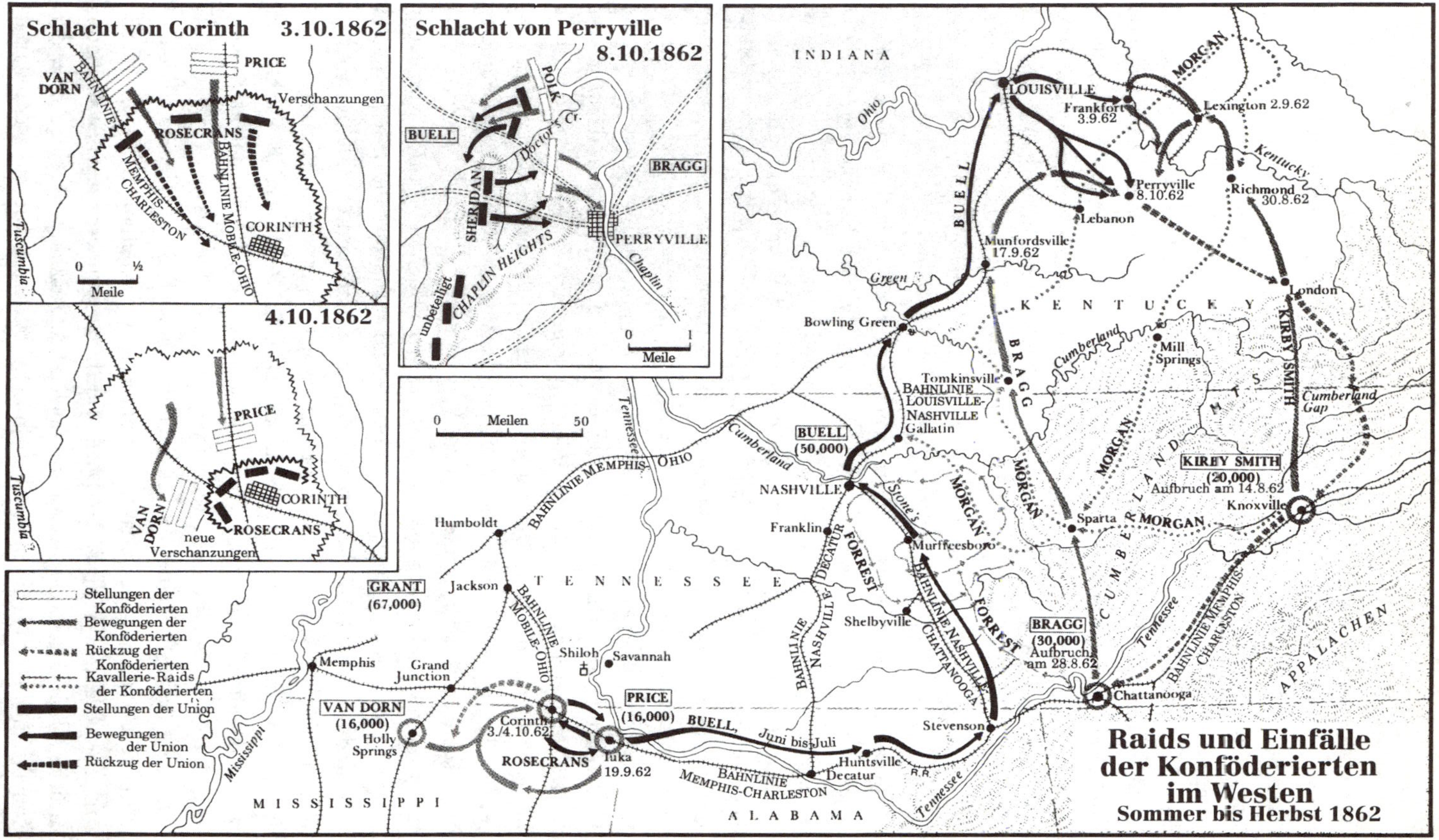
Raids und Einfälle der Konföderierten im Westen
Sommer bis Herbst 1862
Schlacht von Corinth 3.10.1862
VAN DORN
BAHNLINIE
PRICE
Verschanzungen
ROSECRANS
MEMPHIS-CHARLESTON
BAHNLINIE MOBILE-OHIO
CORINTH
Tuscumbia
0 ½ Meile
4.10.1862
PRICE
CORINTH
VAN DORN
ROSECRANS
neue Verschanzungen
Tuscumbia
Schlacht von Perryville 8.10.1862
POLK
BUELL
Doctor's Cr.
BRAGG
SHERIDAN
PERRYVILLE
CHAPLIN HEIGHTS
Chaplin
unbeteiligt
0 1 Meile
INDIANA
Ohio
LOUISVILLE
Frankfort 3.9.62
Lexington 2.9.62
MORGAN
Kentucky
Perryville 8.10.62
Richmond 30.8.62
Lebanon
BUELL
Munfordsville 17.9.62
Green
London
Bowling Green
K E N T U C K Y
Cumberland
Mill Springs
KIRBY SMITH
BRAGG
Tomkinsville
BAHNLINIE LOUISVILLE-NASHVILLE
Gallatin
Cumberland Gap
C U M B E R L A N D M T S
BUELL (50,000)
MORGAN
KIRBY SMITH (20,000) Aufbruch am 14.8.62
Knoxville
NASHVILLE
Stone's
Sparta
Franklin
Murfreesboro
DECATUR
FORREST
BAHNLINIE NASHVILLE-CHATTANOOGA
Shelbyville
BAHNLINIE NASHVILLE-DECATUR
BRAGG (30,000) Aufbruch am 28.8.62
Tennessee
BAHNLINIE MEMPHIS-CHARLESTON
APPALACHEN
Chattanooga
0 Meilen 50
Tennessee
BAHNLINIE MEMPHIS-OHIO
Cumberland
Humboldt
T E N N E S S E E
GRANT (67,000)
Jackson
BAHNLINIE MOBILE-OHIO
Shiloh
Savannah
Memphis
Grand Junction
PRICE (16,000)
BUELL, Juni bis Juli
Stevenson
VAN DORN (16,000)
Holly Springs
Corinth 3./4.10.62
ROSECRANS
Iuka 19.9.62
Huntsville
Decatur
R.R.
Mississippi
M I S S I S S I P P I
A L A B A M A
Stellungen der Konföderierten
Bewegungen der Konföderierten
Rückzug der Konföderierten
Kavallerie-Raids der Konföderierten
Stellungen der Union
Bewegungen der Union
Rückzug der Union

bene Südstaatendivision und warf sie hinter Perryville zurück. An diesem Gefecht war nicht einmal die halbe Unionsarmee beteiligt, weil eine verrückte Verkettung von topographischen und Windverhältnissen (ein sogenannter akustischer Schatten) verhinderte, daß der rechte Flügel und Buell selbst irgend etwas von der nur wenige Meilen entfernten Schlacht vernahmen. Erst als ein Kurier auf dampfendem Pferd ins Hauptquartier zurückgaloppiert kam, erfuhrt der Unionskommandeur, daß eine Schlacht tobte. Doch nun verhinderte die hereinbrechende Dunkelheit einen Angriff des rechten Unionsflügels auf die versprengte Rebellenbrigade an der Front. Buell befahl für den nächsten Morgen Sturmangriff auf der ganzen Linie, doch als die »Yanks« anderntags vorrückten, waren die Rebellen abgezogen. Bragg hatte endlich erkannt, daß er es in Perryville mit einer dreifachen Übermacht zu tun hatte, und sich in der Nacht zurückgezogen, um zu Kirby Smith zu stoßen – um einige Tage zu spät.

Für beide Seiten war diese krönende Schlacht eines langen Feldzugs eine Enttäuschung. Die Verluste waren, gemessen an der Zahl der Kombattanten, relativ hoch – 4200 Bundessoldaten und 3400 Konföderierte –, und keine Seite hatte wirklich »gewonnen«. Buell versäumte die Gelegenheit, ein Drittel der in Kentucky eingedrungenen Rebellen außer Gefecht zu setzen; Bragg und Smith vermochten ihre Invasion nicht mit einem entscheidenden Schlag zu beenden, der die Kentuckyaner vielleicht auf ihre Seite gezogen hätte. Nach Perryville gab es noch ein vorsichtiges Lavieren beider Armeen, ohne daß es zu neuen Kampfhandlungen gekommen wäre. Bei knapper werdendem Proviant und länger werdender Krankenliste verfiel Bragg erneut in seinen Pessimismus und beschloß, den Feldzug abzubrechen. Unter gegenseitigen Schuldzuweisungen einiger Generäle und immer lauter werdender Kritik der südstaatlichen Presse beorderte Bragg seine erschöpften Leute auf dem Weg, den sie gekommen waren, zurück nach Knoxville und Chattanooga. Als er später nach Richmond zitiert wurde, um das Scheitern dieses Feldzugs zu erläutern, stand er Davis offenbar befriedigend Rede und Antwort, denn dieser beließ ihm sein Kommando und bekundete ein Vertrauen in den General, das von immer weniger Südstaatlern geteilt wurde.

Bedächtig folgte Buell den sich zurückziehenden Rebellen. Aus Washington kam eine Reihe von Telegrammen, die ihn aufforderten, anzugreifen oder wenigstens Bragg aus dem östlichen Tennessee zu drängen, um das von Lincoln sehnlichst gewünschte Ziel einer Zurückeroberung dieses Unionsgebiets zu erreichen. »Weder die Regierung noch das Land können diese wiederholten Verzögerungen ertragen«, drahtete Halleck an Buell. Buell telegraphierte nach Washington zurück, er könne dem Gegner nicht schneller nachrücken, weil seine Armee den Kontakt zu ihrem Nachschub halten müsse. Hallecks Erwiderung erinnert an

Lincolns Ungeduld mit diesem General, der wie McClellan anscheinend eher zum Erfinden von Ausreden als zum Handeln taugte. »Sie sagen, [Ost-Tennessee] sei das Zentrum der gegnerischen Versorgung; machen Sie es zum Zentrum Ihrer eigenen. Wenn die gegnerische Armee dort leben kann, kann es auch die Ihre ... [Der Präsident] versteht nicht, warum wir nicht so marschieren können wie der Gegner, so leben wie er und so kämpfen wie er.«[18] Es war umsonst. Buell war nicht der Mann, zu marschieren und zu kämpfen und sich dabei im Land zu versorgen. Als er die Absicht bekundete, wieder eine Basis in Nashville zu errichten, anstatt den Rebellen nachzusetzen, löste Lincoln ihn ab und übertrug William S. Rosecrans das Kommando über die umgetaufte Cumberland-Armee.

Was Bragg zum Rückzug und Lincoln zur Ernennung Rosecrans' veranlaßt hatte, waren Ereignisse, die sich 300 Meilen entfernt in Mississippi zutrugen. Gleich nach der Schlacht von Perryville erhielt Bragg die Nachricht, daß Van Dorn und Price vier Tage zuvor in der Schlacht von Corinth unterlegen waren. Da Braggs Hoffnungen in bezug auf eine erfolgreiche Invasion Kentuckys auf einem ähnlichen nach Norden gerichteten Stoß seiner in Mississippi zurückgelassenen Truppen beruht hatten, verstärkte diese Niederlage seine Mutlosigkeit noch. Befehlshaber für die Union in Corinth war Rosecrans. Während es Buell nicht gelungen war, die Rebellen aus dem mittleren Tennessee und aus Kentucky herauszuhalten, hatte Rosecrans sich in Lincolns Augen das Verdienst erworben, ihnen das westliche Tennessee verwehrt zu haben.

Am 14. September hatten Price' 15000 Mann eine kleine Unionstruppe von der Bahnstation Iuka im nördlichen Mississippi vertrieben. Das war der erste Schritt zu der geplanten Invasion Tennessees. Grant glaubte, einen Ansatzpunkt für einen Gegenangriff zu sehen, und entwarf einen Plan, wie er Price in Iuka zwischen konvergierenden Unionstruppen einkesseln konnte. Zwei Divisionen unter General Edward Ord schickte er entlang der von Corinth kommenden Bahnlinie nach Osten, während er zwei weitere unter Rosecrans von Süden her gegen Iuka heranbeorderte, die Price in der Flanke angreifen sollten, während Ord seine Front attackierte. Diese Zangenbewegung mißglückte jedoch, wie so viele derartige Manöver in einer Zeit mißglückten, in der die Nachrichtenübermittlung auf Kuriere angewiesen war. Price roch den Braten und attackierte am 19. September Rosecrans' Vorhut im Süden der Stadt, während Ord (begleitet von Grant) noch drei Meilen weiter westlich war. Auch hier überdeckte ein akustischer Schatten den Schlachtenlärm, so daß Ord und seine Truppen in seliger Unwissenheit wenige Meilen von Rosecrans entfernt verharrten. In einem kurzen, scharfen Gefecht trugen die zahlenmäßig unterlegenen Yankees ihre Haut teuer zu Markte und fügten dem Gegner mehr Verluste zu, als sie selbst erlitten. Nach Anbruch der Dunkelheit entkam Price jedoch nach Süden, und zwar auf einer Straße, die zu blockieren Rosecrans versäumt hatte. Als die Unionszange sich am nächsten Morgen endlich schloß, faßte sie eine leere Stadt.

Immerhin hatte Grant den Vorstoß von Price nach Norden gestoppt. Aber der unerschrockene Rebell aus Missouri führte seine kleine Armee Van Dorn zu und versuchte sein Glück aufs neue. Mit einer vereinigten beweglichen Streitmacht von 22 000 Mann attackierten sie die Hauptstellung der Union in Corinth. Dort trafen sie auf unerwartet starken Widerstand – 21 000 Mann unter Rosecrans, einem zähen und geschickten Kämpfer. Am 3. Oktober berannten die Südstaatler die äußeren Verteidigungsanlagen nördlich von Corinth mit jener jauchzenden Kampfeslust und grenzenlosen Opferbereitschaft, die für sie kennzeichnend geworden waren. Das Ringen dauerte einen langen, heißen Tag; dann hatten sie die Yankees hinter die inneren Wehranlagen zurückgetrieben. Am nächsten Morgen griffen die Rebellen noch einmal an, erlagen aber nach anfänglichem Erfolg ihrer Erschöpfung und ihrem Durst bei 33 °C im Schatten. Ein Gegenangriff der Union um die Mittagszeit schlug Van Dorn und Price in die Flucht.

Grant war nach Iuka enttäuscht gewesen, weil es ihm nicht gelungen war, »[Price'] ganze Armee gefangenzunehmen oder zu vernichten, wie ich es gehofft hatte«; nach Corinth unternahm er einen neuen Anlauf.[19] Eine Division aus West-Tennessee sollte die fliehenden Konföderierten von vorne abfangen, Rosecrans sie von hinten fassen. »Old Rosy« jedoch, wie seine Leute ihn mittlerweile nannten, ließ sich mit dem Nachsetzen Zeit. Van Dorns Truppe entkam, nachdem sie sich mit Grants Abfangkolonne auf einer Brücke ein scharfes Gefecht geliefert hatte, bei dem die Südstaatler weitere 600 Mann verloren. Trotz seiner Bewunderung für Rosecrans' Zähigkeit im Kampf verhielt sich Grant fortan reserviert gegen den General, der, wie er glaubte, die Rebellen zweimal aus einer Falle hatte entkommen lassen. Immerhin war die (wie sich zeigen sollte) letzte Offensive der Konföderierten auf dem Kriegsschauplatz Mississippi abgeschlagen worden. Die Initiative ging auf Grant über, der einen Monat später seinen ersten (erfolglosen) Feldzug gegen Vicksburg unternahm. Rosecrans verdiente sich die Beförderung auf ein neues Armeekommando. Die Rückschläge der Rebellen in Mississippi sowie den Rückzug Braggs aus Kentucky registrierte man in Richmond mit Enttäuschung, in Washington mit Erleichterung.

Trotz ihrer Bedeutung für das strategische Gesamtbild traten im Bewußtsein der Öffentlichkeit die Ereignisse auf dem westlichen Kriegsschauplatz zwischen Juni und Oktober in den Hintergrund. Die Menschen blickten in erster Linie auf das militärische Geschehen im Osten. Die Feldzüge hier schienen bedeutsamer zu sein, spielten sie sich doch in größerer Nähe zu den beiden Hauptstädten sowie zu den großen Zeitungshäusern ab, die die Kriegsberichterstattung beherrschten. Zur selben Zeit, da Kirby Smith und Bragg von Knoxville und Chattanooga nach Norden marschierten, zogen Jackson und Lee von Richmond nordwärts. Die Invasionen im Westen deckten ein größeres Gebiet ab, aber die Kämpfe im Osten forderten höhere Verluste. Die gleichzeitigen Vorstöße der Konföderierten nach Norden stellten in diesem Krieg die kühnste Demonstration des südstaatlichen Siegeswillens dar.

II

Als Lincoln im Juli 1862 Halleck zum Oberbefehlshaber machte, hoffte er, »Old Brains« werde eine gemeinsame Offensive der 100 000 Mann McClellans auf der Halbinsel mit Popes 50 000 Mann nördlich von Richmond zuwege bringen. Doch an drei Männern scheiterte diese Hoffnung; sie hießen: Pope, McClellan und Jackson.

Popes erste Handlung als Befehlshaber der neu designierten Virginia-Armee war ein Tagesbefehl an die Truppe. Er machte seinem Ruf als Bramarbaseur in diesem unglaublich dummen Dokument alle Ehre. »Ich komme zu Euch aus dem Westen, wo wir vom Feind nur immer den Rücken gesehen haben«, verkündete er. »Leider sind bei Euch gewisse Phrasen in Mode wie ... ›Rückzugslinie‹ oder ›Nachschublager‹. [...] Prüfen wir die wahrscheinlichen Rückzugslinien des Gegners, und lassen wir die unseren für sich selber sorgen! Sehen wir nach vorne und nicht zurück! Vormarsch bringt Ruhm und Erfolg, Nachhut birgt Verderben und Schande.«[20]

Mit dieser höhnischen Verächtlichmachung der östlichen Truppen machte Pope sich wenig Freunde. Fitz-John Porter meinte, Pope habe sich damit »als der Esel verewigt, als den ihn die Militärwelt seit langem kennt«. Das traf auch die Meinung McClellans. Nach Popes Überzeugung wiederum waren McClellans »Unfähigkeit und Ungeneigtheit zu aktiven Bewegungen so groß«, daß von der Potomac-Armee wenig Hilfe zu erhoffen war.[21] Lee hätte kaum zwei miteinander unvereinbarere Gegner finden können, selbst wenn er sie sich hätte aussuchen dürfen.

Nach den Kämpfen der »Sieben-Tage-Schlacht« erklärte McClellan sich bereit, erneut in die Offensive zu gehen, sofern Lincoln ihm weitere 50 000 Mann zur Verfügung stellte. Privatim ließ er jedoch einen führenden New Yorker Demokraten wissen, er habe »jede Achtung und jeden Respekt« vor dieser Administration verloren und bezweifle, daß es recht sei, »das Blut meiner braven Leute zu vergießen, bloß weil es einem Haufen herzloser Halunken so in den Kram paßt«. Als Halleck Oberbefehlshaber wurde, beschwerte sich McClellan, daß er unter einem Offizier dienen müsse, »von dem ich weiß, daß er mir unterlegen ist«. Stanton war für ihn »eine verheuchelte Mißgeburt und ein Schuft«; hätte er »zur Zeit Unseres Erlösers gelebt, wäre Judas ein geachtetes Mitglied der Apostelgemeinschaft geblieben«.[22] Lincoln seinerseits glaubte nicht mehr daran, daß McClellan bereit war, gegen Lee anzutreten. Der Präsident meinte zu einem Senator, er könne keine 50000 Mann erübrigen, aber selbst wenn er 100000 bereitstellen könnte, würde McClellan plötzlich entdecken, daß Lee über 400000 verfüge.[23] Ende Juli beschlossen Lincoln und Halleck, die Potomac-Armee von der Halbinsel abzuziehen und mit Popes Streitmacht zu vereinigen.

Aktionen der Konföderierten hatten diese Entscheidung beeinflußt. Um die von Pope drohende Gefahr für den Eisenbahnknoten Gordonsville nordwestlich von Richmond abzuwenden, hatte Lee am 13. Juli Jackson mit 12000 Mann dorthin beordert. Als McClellan an der Richmond-Front untätig blieb, stellte Lee am 27. Juli A. P. Hill mit weiteren 13000 Mann ab, die zu Jackson zu stoßen hatten. Gerüchte vergrößerten diese Streitmacht – denn trotz Jacksons Fehlschlägen auf der Halbinsel war seine Name mehrere Divisionen wert – und überzeugten Lincoln von der Notwendigkeit, Pope zu verstärken. Als Lee die eingehenden Informationen über McClellans Rückzug zu einem Gesamtbild zusammenfügte, nutzte er seine zurückgezogenen Linien und führte den größten Teil seiner Truppen per Bahn 60 Meilen näher an Gordonsville heran. Die Potomac-Armee mußte ein Mehrfaches dieses Weges per Schiff zurücklegen – den James hinunter, die Chesapeake Bay entlang und den Potomac hinauf –, bevor sie zu Pope aufschließen konnte. Es war der Effizienz dieser Unionsbewegung nicht gerade zuträglich, daß McClellan bitter gegen sie protestierte und daß seine Untergebenen es scheußlich fanden, unter Popes Kommando zu kommen. »Pope wird [von Lee] Prügel beziehen ... und abserviert werden«, schrieb McClellan mit Genugtuung an seine Frau. »Ein Schuft wie er muß jeder Sache zum Unheil gereichen, der er dient.«[24]

Während McClellan in seinem Zelt saß und schmollte, zog Jackson bei Cedar Mountains, 20 Meilen nördlich von Gordonsville, den beiden Vorausdivisionen Popes entgegen. Befehlshaber dieser Unionstruppen war kein anderer als Jacksons alter Widersacher Nathaniel P. Banks. Dieser, darauf bedacht, seine Reputation zu retten, griff am 9. August an, obwohl er wußte, daß er Jackson zahlenmäßig mindestens im Verhältnis 1:2 unterlegen war. In Erwartung baldigster Verstärkung schickte der Unionsgeneral seine beiden unterbesetzten Divisionen in einen ungestümen Sturmangriff, der die verblüfften Rebellen zurückwarf und Jacksons alte »Stonewall-Brigade« in die Flucht schlug. Jackson hatte die erste Phase des Kampfes unglücklich begonnen, aber nun ging er selbst an die Front, sammelte seine Leute um sich und konnte dann befriedigt zusehen, wie A. P. Hills Division die Yankees mit einem vehementen Gegenangriff strafte. Banks wich mehrere Meilen zurück und suchte den Schutz spät eintreffender Verstärkungen, nachdem er 30 Prozent seiner Truppe eingebüßt hatte. Binnen zwei Tagen tauchte der Rest von Popes Armee auf und zwang Jackson, sich nach Gordonsville zurückzuziehen.

Die Schlacht am Cedar Mountain hatte im wesentlichen das Ergebnis, die Verlegung der Operationen von der Halbinsel zum Rappahannock River zwischen Richmond und Washington zu besiegeln. Hier lieferte sich die wieder vereinigte Streitmacht Lees mit ihren 55000 Mann (20000 hatte er in der Gegend von Richmond gelassen) ein zehntägiges Abtauschgefecht mit der gleich starken Armee Popes. Lee suchte nach einem Ansatzpunkt, um einen Teil der gegnerischen Kräfte abspalten und angreifen zu können, während Pope lavierte, um seine Stellung zu halten, bis Verstärkung von der Halbinsel eintraf und er zum Gegenangriff übergehen konnte. Genau das suchte Lee aber zu verhindern, und so verfiel er auf eine Kriegslist, die für ihn typisch werden sollte: Er teilte seine Armee und beorderte Jacksons Korps auf einen langen Marsch im Uhrzeigersinn entlang der Flanke des gegnerischen Heeres, um die Eisenbahnverbindungen der Union in Popes Rücken abzuschneiden. Dieses Manöver widersprach dem militärischen Lehrsatz, die Armee konzentriert zu halten, wenn der Gegner gleich stark oder stärker war. Doch nach Lees Überzeugung konnte der Süden ohnehin nicht gewinnen, wenn er nur immer militärische Lehrsätze befolgte. Hinter seinem wohlerzogenen episkopalischen Auftreten verbarg sich der Wagemut des routinierten Spielers, der bereit ist, alles auf eine Karte zu setzen. Und jener säuerliche Presbyterianer, in welchem ebenfalls das Herz eines Spielers schlug, war der rechte Mann, diesen strategischen Plan auszuführen.

Denn aus Jackson, dem Faulpelz am Chickahominy, war wieder Jackson, der Gladiator des Shenandoahtals, geworden. Pope glaubte denn auch, die Rebellen strebten dem Shenandoah zu, als seine Späher am 25. August Jacksons Marsch nach Nordwesten entdeckten, doch es entging Popes unterbemannter Kavallerie Jacksons Schwenk nach Osten am 26. August, als er entlang der Bahnstrecke ungehindert nach Manassas marschierte, wo die Union, 25 Meilen hinter Pope, ihre Hauptnachschubbasis hatte. In einem der großen Gewaltmärsche des Krieges hatte Jacksons gesamtes Korps – 24000 Mann – in zwei Tagen über 50 Meilen zurückgelegt. Die hungrigen, zerlumpten Rebellen fielen in Manassas wie Heuschrecken über die Berge von Proviant her. Nachdem sie sich satt gegessen und mitgenommen hatten, soviel sie nur schleppen konnten, ließen sie den Rest in Flammen aufgehen.

Für die Anhäufung von Vorräten in Manassas und den Unterhalt der anfälligen einspurigen Bahnverbindung zwischen Pope und seiner Basis war Herman Haupt verantwortlich, der große Zampano des Eisenbahnbaus in diesem Krieg. Der brüske und humorlose Haupt war bei den U.S. Military Rail Roads in Virginia für Konstruktion und Transport zuständig. Er hatte Ordnung in das Chaos des Bahnbetriebs gebracht. Zerstörte Brücken hatte er in Rekordzeit wieder aufgebaut. Seine größte Leistung war die Errichtung einer 80 Fuß hohen und 400 Fuß langen Bockbrücke, die er mit ungelernten Soldaten binnen zwei Wochen aus nichts anderem als jungen Bäumen und Ästen hochzog. Nach dem Anblick dieser Brücke meinte Lincoln: »Ich habe das bemerkenswerteste Bauwerk gesehen, das menschliche Augen je erblickt haben. Dieser Haupt hat eine Brücke gebaut ... über die Stunde für Stunde schwere Züge rollen, und bei meiner Ehre, Gentlemen, sie besteht aus lauter Bohnenstangen und Maiskolben!«[25] Haupt entwickelte vorgefertigte Teile für den Brückenbau und organisierte das erste Baukorps der Union, das in den folgenden drei Jahren wahre Wunder des Brücken- und Eisenbahnbaus vollbrachte. Sein Motto hätte lauten können: »Unmögliches wird sofort erledigt, Wunder dauern etwas länger.« Ein beeindruckter Südstaatenneger sagte: »Die Rebs können die Brücke nicht so schnell verbrennen, wie die Yankees sie wieder aufbauen.«[26]

Binnen vier Tagen hatte Haupt es geschafft, daß über die von Jackson zerstörte Linie wieder Züge fuhren. Doch zum Schaden für den Norden vermochten die militärischen Fähigkeiten Popes nicht mit der Ingenieurskunst Haupts Schritt zu halten. Pope, noch immer zuversichtlich und angriffslustig, sah in Jacksons Raid die Gelegenheit, Jackson »einzusacken«, bevor die andere Hälfte von Lees Armee zu ihm stoßen konnte. Das Problem war nur, den aalglatten »Stonewall« aufzufinden. Nachdem sie das Nachschubdepot in Manassas verbrannt hatten, tauchten Jacksons Truppen unter. Popes überforderte Kavallerie wollte die Rebellen an verschiedenen Stellen gesichtet haben. Das führte zu einer Flut von Befehlen und Gegenbefehlen an die versprengten Korps dreier Kommandos: Popes eigenes Korps, die beiden zu seiner Verstärkung entsandten Korps der Potomac-Armee und Teile von Burnsides 9. Korps, das von der Küste North Carolinas hierher verlegt worden war.

Eine der zur Verstärkung Popes heranrückenden Einheiten der Potomac-Armee war das Korps von Fitz-John Porter, dessen Kommandeur Pope einen Esel genannt und gerade wieder in einem Privatbrief geschrieben hatte: »Ich wollte, diese Armee wäre in Washington und würde uns alle Amtsinhaber vom Hals schaffen, die unser Land ruinieren.«[27] An diesem schicksalhaften 28. August war Porters Freund McClellan in Alexandria und sträubte sich gegen Hallecks Weisung, Pope mit einem weiteren Korps der Potomac-Armee zu Hilfe zu kommen. McClellan schockierte Lincoln mit dem Vorschlag, alle verfügbaren Truppen unter seinem (McClellans) Kommando zu halten, um Washington zu decken, während Pope »zusehen soll, wie er aus seinem Schlamassel allein herauskommt«. Wenn Pope geschlagen würde, schrieb McClellan an seine Frau, »soll ich womöglich Washington zum zweitenmal retten. Nichts als ihre Angst wird diese Leute bewegen, mir ein Kommando von Bedeutung zu übertragen«.[28] Einem fast gebrochenen Halleck gelang es nicht, sich gegen McClellan durchzusetzen. So blieben zwei der besten Korps der Potomac-Armee in Marschdistanz zu Pope, ohne in die folgende Schlacht einzugreifen.

Unterdessen hatten sich Jacksons Leute einige Meilen westlich des alten Schlachtfeldes von Manassas auf einem bewaldeten Höhenzug verborgen. Lee und Longstreet waren mit der restlichen Armee nur wenige Meilen entfernt, nachdem sie durch eine von Pope nur unzureichend gedeckte Schlucht in den Bull Runs Mountains durchgebrochen waren. Stuarts Kavallerie hatte die Verbindung zwischen Lee und Jackson aufrechterhalten, so daß Jackson wußte, daß Longstreets Vorhut am Morgen des 29. August zu ihm stoßen würde.

Am Abend zuvor war eine von Popes Divisionen zufällig über Jacksons Versteck gestolpert. In einem wilden abendlichen Feuergefecht hatten die zahlenmäßig unterlegenen Blauröcke dem Gegner erhebliche Verluste zugefügt, bevor sie sich, selbst arg mitgenommen, zurückzogen. Bei dieser Aktion hatte sich besonders eine rein weststaatliche Brigade hervorgetan (bestehend aus einem Indiana-Regiment und drei Wisconsin-Regimentern); sie machte sich bald als eine der besten Einheiten der Armee einen Namen und wurde unter der Bezeichnung »Iron Brigade« bekannt. Bei Kriegsende hatte sie prozentual höhere Verluste zu verzeichnen, als jede andere Brigade in den Unionsarmeen – ein Verdienst, das auch einer der hier und anderswo bekämpften Einheiten auf gegnerischer Seite zukam, nämlich der rein virginianischen »Stonewall-Brigade«, die höhere Verluste als irgendeine andere Brigade der Konföderierten erlitt.

Nachdem er Jackson aufgespürt hatte, führte Pope in der Nacht und am Morgen des 28. und 29. August sein versprengtes Korps in Gewaltmärschen zusammen. In der Annahme, Jackson plane den Rückzug zu Longstreet (während in Wirklichkeit Longstreet zu Jackson vorrückte), beging Pope einen Fehler. Anstatt zu warten, bis er eine bedeutende Streitmacht als Front gegen Jackson beisammen hatte, schickte er seine Divisionen eine nach der anderen zu einzelnen Sturmangriffen auf einen Gegner vor, der sich nicht, wie erwartet, zurückzog, sondern sich hinter der vorfabrizierten Deckung einer unfertigen Bahntrasse mit ihren Aufschüttungen und Gräben verschanzte. Die Yankees berannten die Stellung mit fa-

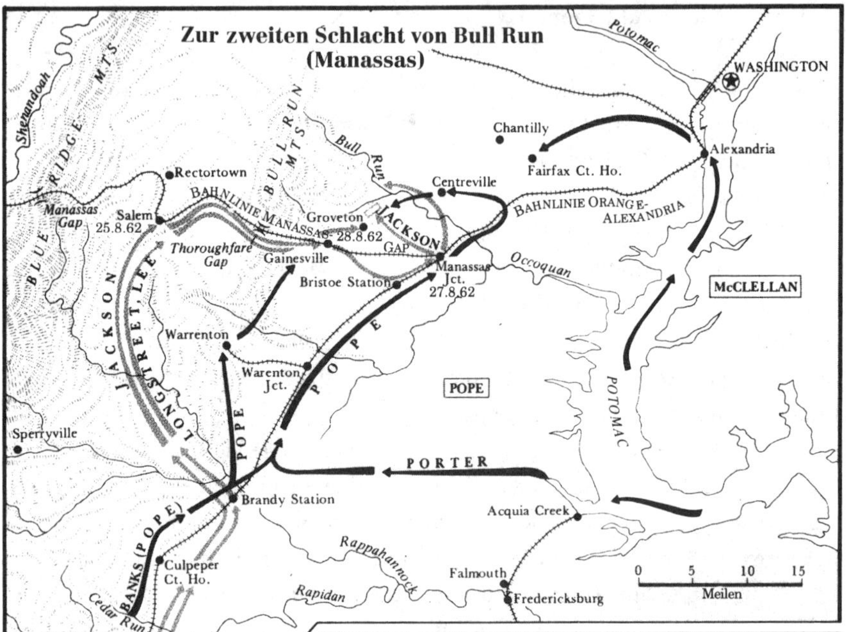
Zur zweiten Schlacht von Bull Run
(Manassas)
WASHINGTON
Potomac
Chantilly
Alexandria
Fairfax Ct. Ho.
Centreville
Rectortown
Salem
25.8.62
Manassas Gap
Groveton
28.8.62
JACKSON
Thoroughfare Gap
Gainesville
Bristoe Station
Manassas Jct.
27.8.62
BAHNLINIE ORANGE-ALEXANDRIA
Occoquan
McCLELLAN
Warrenton
Warenton Jct.
POPE
POTOMAC
Sperryville
PORTER
Brandy Station
Acquia Creek
Culpeper Ct. Ho.
Rappahannock
Falmouth
Fredericksburg
Rapidan
Cedar Run
Cedar Mountain
9.8.62
BANKS (POPE)
JACKSON
LONGSTREET, LEE
Orange Ct. Ho.
Gordonsville
0 5 10 15
Meilen
Shenandoah
BLUE RIDGE MTS
BULL RUN MTS
Bull Run
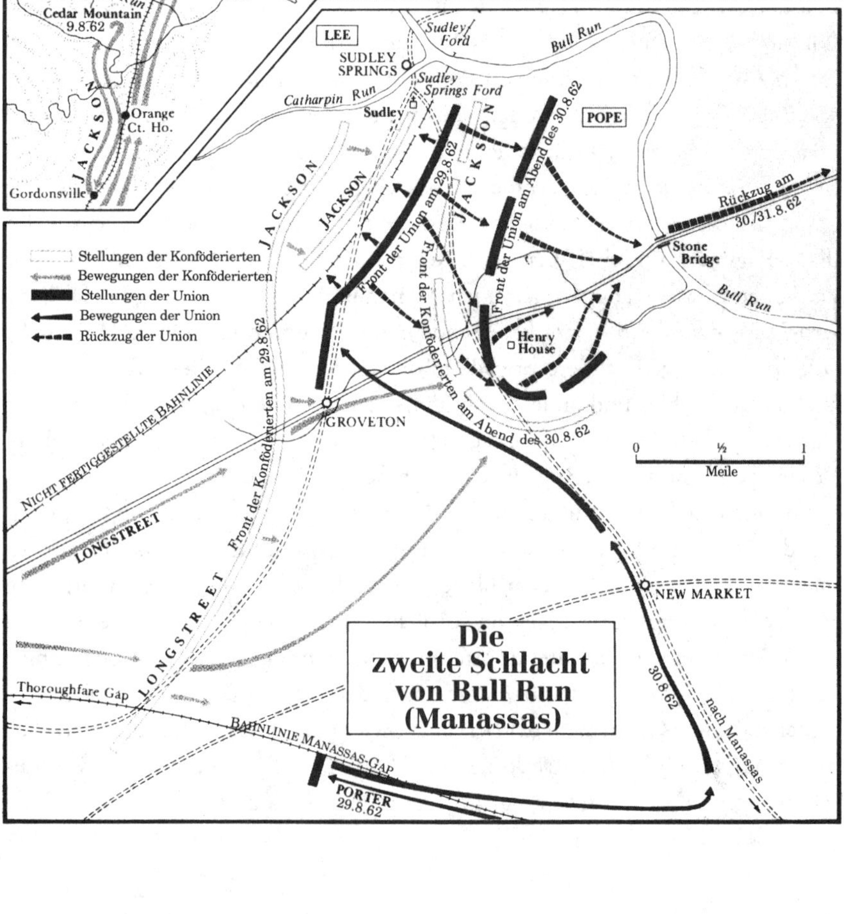
LEE
Sudley Ford
Bull Run
SUDLEY SPRINGS
Sudley Springs Ford
Catharpin Run
Sudley
POPE
JACKSON
Front der Union am 29.8.62
Front der Union am Abend des 30.8.62
Rückzug am 30./31.8.62
Stone Bridge
Bull Run
Stellungen der Konföderierten
Bewegungen der Konföderierten
Stellungen der Union
Bewegungen der Union
Rückzug der Union
Front der Konföderierten am Abend des 30.8.62
Henry House
GROVETON
Front der Konföderierten am 29.8.62
NICHT FERTIGGESTELLTE BAHNLINIE
LONGSTREET
0 ½ 1
Meile
NEW MARKET
Die zweite Schlacht von Bull Run (Manassas)
Thoroughfare Gap
BAHNLINIE MANASSAS-GAP
PORTER
29.8.62
30.8.62
nach Manassas

talistischem Ungestüm ein ums andere Mal und hätten Jacksons Linie mehrmals um ein Haar durchbrochen. Aber die Rebellen verteidigten sich zäh und warfen sie immer wieder zurück.

Am 29. August vermochte Pope nicht mehr als 32000 Mann gegen Jacksons 22000 ins Feld zu führen. Das war jedoch nicht allein seine Schuld. Auf der linken Seite der Union kamen an diesem Morgen weitere 30000 Mann in McDowells großem Korps und Porters kleinerem. McDowell lavierte den ganzen Tag ergebnislos hin und her; erst nach Einbruch der Dunkelheit lieferten sich ein paar von seinen Regimentern ein Mondscheinscharmützel mit dem Feind. Und was an diesem Tag in Porters Kopf vorging, ist schwer zu ergründen. Er glaubte, das gesamte Korps Longstreets frontseitig vor sich zu haben – was es in der Tat gegen Mittag auch war –, und so unternahm Porter mit seinen 10000 Mann gar nichts, während zwei Meilen weiter Tausende von Nordstaatensoldaten kämpften und starben. Da er nicht merkte, daß Longstreets Korps eingetroffen war, gab Pope am Spätnachmittag Porter die Weisung, Jacksons rechte Flanke anzugreifen. Porter konnte dem Befehl nicht Folge leisten, da Longstreet sich mit Jacksons Flanke verband; überdies hatte Porter keinen Respekt vor Pope und ließ sich von ihm keine Befehle erteilen, und so blieb er weiter untätig. Hierfür wurde er später vor ein Kriegsgericht gestellt und unehrenhaft aus dem Dienst entlassen.[29]

Während Pope am 29. August nur rechtsseitig kämpfte, sah man Lee nur auf der Linken parieren. Als Longstreet seine 30000 Mann am frühen Nachmittag in Linie gebracht hatte, forderte Lee ihn zu einem Entlastungsangriff nach vorn auf, um den Druck von Jackson zu nehmen. Longstreet hatte jedoch Bedenken. Er wies darauf hin, daß eine Unionstruppe von unbekannter Stärke (Porter und McDowell) irgendwo dort draußen in den Wäldern liege. Anders als Lee und Jackson zog Longstreet den Kampf aus der Defensive heraus vor und hoffte, diese Bundestruppen ihrerseits zum Angriff zu verleiten. Lee beugte sich dem Urteil seines Untergebenen. So neutralisierte Longstreets Präsenz 30000 Mann Bundestruppen, aber diese neutralisierten umgekehrt auch Longstreet.

In dieser Nacht zogen sich einige Brigaden der Konföderierten aus vorgeschobenen Positionen zurück, um ihre Front zu begradigen. Pope, der in den zurückliegenden Tagen schon des öfteren die Absichten des Gegners falsch eingeschätzt hatte, irrte sich auch diesmal und glaubte, diese Bewegung leite den Rückzug ein. Er wünschte sich so sehr, »vom Feind den Rücken zu sehen« – wie das ja angeblich auf dem westlichen Kriegsschauplatz immer der Fall gewesen war –, daß er den Wunsch schon für die Wirklichkeit nahm. Er telegraphierte eine Siegesmeldung nach Washington und bereitete sich darauf vor, den vermeintlich sich zurückziehenden Rebellen nachzusetzen.

Doch als Pope am nächsten Tag mit dem Nachsetzen begann, empfing die Blauröcke schon nach wenigen hundert Metern ein Kugelhagel von Jacksons Infanterie, die noch immer ihre »Naturstellung« an der unfertigen Bahntrasse hielt. Die Unionstruppen zögerten nur einen Augenblick lang und griffen dann mit noch ungestümerer Gewalt an als am Tag zuvor. Die abgekämpften Südstaatler kamen ins Wanken und wären um ein Haar in die Knie gegangen. Einige Einheiten verschossen ihre letzten Patronen und gingen dazu über, die Yankees mit Felsgestein zu bewerfen. Jackson mußte seinen Stolz bezähmen und Longstreet um Verstärkung bitten. Doch der hatte eine bessere Idee. Er brachte die Artillerie in Stellung, um die Angreifer mit Flankenfeuer zu bestreichen, und warf dann alle seine fünf Divisionen in einen wütenden Gegenangriff gegen die linke Seite der Union, die durch Popes Verschiebung seiner Truppen auf die rechte Seite, wo sie Jackson angreifen sollten, geschwächt worden war. Sobald Longstreets Männer einmal in Aktion getreten waren, sausten sie wie ein riesiger Hammer auf die überraschten Nordstaatler nieder. Benommen zogen sich die Blauröcke zum Henry House Hill zurück, wo 13 Monate zuvor das schwerste Gefecht in der ersten Schlacht auf diesem Schauplatz stattgefunden hatte. Hier gaben sie ein nächtliches Gastspiel, das die Rebellen zum Stehen brachte.

In dieser Nacht beschloß Pope, dem das Prahlen inzwischen vergangen war, sich in Richtung Washington zurückzuziehen. Am 1. September lieferten sich zwei blaue Divisionen bei Chantilly, nur 20 Meilen vor Washington, ein erbittertes Rückzugsgefecht mit Jacksons ermattetem Korps, das Lee erneut im Uhrzeigersinn in Marsch gesetzt hatte, um ein letztes Mal die sich zurückziehende Unionsflanke zu berennen. Nachdem sie diesen Vorstoß bei strömendem Regen und Gewitter abgewehrt hatten, schleppten sich die geschlagenen Blauröcke hinter die Verteidigungsanlagen der Hauptstadt. In den vorangegangenen Tagen hatte die Zahl ihrer Verluste bei einer Gesamtstärke von 65000 Mann 16000 betragen, während die 55000 Mann von Lee kaum 10000 verloren hatten. Die Leistung Lees bei seiner zweiten strategischen Offensive war sogar noch bemerkenswerter als die bei seiner ersten. Kaum einen Monat zuvor hatte die Hauptarmee der Union nur 20 Meilen vor Richmond gestanden. Mit nur halb so vielen Truppen wie seine beiden Gegner (Pope und McClellan) hatte Lee den Schauplatz des Geschehens bis 20 Meilen vor Washington verlegt, und die Rebellen holten anscheinend zum tödlichen Schlag aus.

Hinter den Linien der Union herrschte völlige Konfusion. Als die Nachricht von dem Kämpfen Washington erreichte, ließ Kriegsminister Stanton freiwillige Krankenschwestern und -wärter anwerben, die bei der Versorgung der Verwundeten vor Ort helfen sollten. Es meldeten sich auch viele Regierungsangestellte und andere Zivilpersonen, aber ein Teil, und zwar der männliche, taugte weniger als nichts. Manche waren schon betrunken, als sie an der Front anlangten, und bestachen ein paar Ambulanzfahrer mit Whisky, *sie* anstelle der Verwundeten nach Washington zurückzubringen. Neben dieser schändlichen Episode gab es aber auch die Herkulesarbeit eines Herman Haupt, der seine Eisenbahnzüge in das Chaos schickte, um Verwundete zu bergen, und den unermüdlichen Einsatz zahlreicher Krankenschwestern unter Führung von Clara Barton. »Die Männer wurden vom Feld geschafft und neben den Schienen, bis zum Hügel hinauf, auf dem Boden abgesetzt, viele Quadratmeilen weit«, schrieb Barton einige Tage später. Die Schwestern lösten Heugarben auf und breiteten das Heu als Bettstatt auf dem Boden aus. »Um Mitternacht werden wohl *dreitausend* hilflose Männer auf diesem Heu gelegen haben. [...] Die ganze Nacht haben wir Kompressen und Schlingen gemacht – und Wunden verbunden und auch gewaschen, wenn wir Wasser kriegen konnten, haben sie mit allem gefüttert, was wir hatten, und sind meilenweit in der Dunkelheit über diese armen hilflosen Kreaturen gestiegen, immer in panischer Angst, die Kerze ins Heu fallen und alles in Flammen aufgehen zu lassen.«[30]

Die Verzweiflung dieser grauenvollen Nacht erfaßte in der ersten Septemberhälfte den gesamten Norden. »Mit unserer Nation geht es jetzt rapide bergab«, schrieb ein New Yorker Tagebuchschreiber. »Stonewall Jackson, der nationale Buhmann, steht 40 000 Mann stark vor Maryland. Allgemeiner Vormarsch der Rebellenlinie bedroht unsere Stellung in Missouri und Kentucky. Cincinnati in Gefahr. Die Empörung über unsere Regierung wird zweifellos von allen geteilt.«[31] Auch in der Armee sank die Moral. Die Männer hatten wacker gekämpft, aber sie wußten, daß sie falsch geführt worden waren. Und sie wußten auch, wer schuld daran war: Pope und McDowell. Haltlose Verratsgerüchte begannen über ihn zu kursieren – vielleicht bloß deshalb, weil dieser glücklose Feldherr die Armee in der ersten Schlacht von Bull Run befehligt und bei der Wiederauflage das größte Korps unter sich gehabt hatte. Pope und McDowell wiederum warfen McClellan und Porter mangelnde Kooperation sowie Befehlsverweigerung vor.

Die Regierung war geneigt, Pope zuzustimmen. Lincoln fand McClellans Verhalten »unverzeihlich«. Er habe »Popes Mißerfolg gewollt«, erklärte der Präsident seinem Privatsekretär. Das Kabinett war fast einhellig dafür, McClellan zu entlassen. Statt dessen vereinigte der Präsident Popes Armee mit der Potomac-Armee, übertrug McClellan die Verantwortung für die Verteidigung Washingtons, beorderte Pope zur Befriedung von Indianern nach Minnesota und enthob McDowell seines Kommandos, um ihn schließlich nach Kalifornien zu verbannen. Stanton und Chase protestierten dagegen, daß Lincoln an McClellan festhielt, und Lincoln selbst war »höchst bekümmert«, daß er keine andere Möglichkeit hatte. McClellan habe zwar »in dieser Sache übel agiert«, doch habe er »die Armee hinter sich. [...] Wir müssen mit dem arbeiten, was wir haben. Es gibt niemanden in der Armee, der unsere Truppen so auf Vordermann bringen kann wie er. [...] Wenn er schon selbst nicht kämpfen kann, versteht er es hervorragend, andere für den Kampf zu rüsten«.[32]

Ein außergewöhnlicher Vorfall, der sich auf dem traurigen Rückzug von Popes Truppen nach Washington am 2. September ereignete, bestätigte Lincolns Urteil. Es war »kalt und regnerisch«, wie sich ein Veteran Jahre später erinnerte. »Alles ringsumher sah so trist aus, wie wir uns inwendig fühlten. [...] Da gab es Nachzügler, die sich durch den Schlamm schleppten ... umgestürzte und liegengelassene Wagen; halbe Regimenter, ein Teil der Leute mit Gewehr, ein Teil ohne ... und jeder, den man traf ... sah aus, als hätte er sich am liebsten vor der ganzen Welt versteckt.« Plötzlich kam ein Offizier mit einsamer Eskorte angeritten, und ein Hauptmann lief zurück zum Biwak: »Colonel! Colonel! General McClellan ist da!« rief er. »Little Mac steht dort hinten auf der Straße.«

»Und die Gefreiten vernahmen das Wort! [...] Aus tiefster Niedergeschlagenheit gerieten wir augenblicklich in einen Freudentaumel. Ein Erlöser war gekommen ... Manche warfen die Mütze hoch in die Luft und tanzten und jauchzten wie Schulbuben ... Hochrufe stiegen in die stille Nacht empor, pflanzten sich die Straße entlang fort, und jedes Regiment, jede Brigade, jede Division, jedes Korps fiel ein, und erst in weiter Ferne hörten wir die Rufe verebben ... Die Wirkung, welche die Gegenwart dieses Mannes auf die Potomac-Armee hatte ... war elektrisierend und zu wunderbar, als daß es sich lohnte, nach einem Grund für sie zu suchen.«[33]

Binnen weniger Tage hatte McClellan die Armee soweit, daß sie feldtauglich war. Und ins Feld mußte sie unverzüglich wieder ziehen, denn Lee drang fast ohne Pause vorwärts und führte seine zerlumpten, aber siegessicheren Veteranen über den Potomac, um in den Norden einzumarschieren. Die meisten Nordstaatler empfanden das als Katastrophe. Lincoln dagegen sah die Chance, Lees Armee fern ihrer Heimatbasis kampfunfähig zu machen. Er wies McClellan an, Lee zu verfolgen und »die Armee der Rebellen wenn möglich zu vernichten«.[34]

Lee und Davis waren sich im klaren, daß genau dies geschehen konnte, doch nach Abwägen der Alternativen waren sie zu dem Schluß gekommen, daß der mögliche Gewinn die Risiken überwog. Die formidablen Verteidigungsanlagen Washingtons konnte die Armee von Nord-Virginia nicht durchbrechen. Dort, wo sie war, konnte sie auch nicht bleiben – in einem umkämpften Gebiet, ohne Nachschub, am Ende einer langen und gefährdeten Eisenbahnlinie. Mensch und

Pferd waren von den erbarmungslosen Märschen und Kämpfen der vergangenen zehn Wochen zermürbt; ihre »Uniformen« waren Fetzen; manche Männer mußten barfuß laufen. Am sichersten war es, sich nach Richmond zurückzuziehen, um auszuruhen und neue Kräfte zu sammeln. Aber Lee war nicht der Mann dafür, auf Nummer Sicher zu gehen. Seine Armee war zwar todmüde, aber sie war auch siegesbeschwingt, während der Gegner sich geschlagen und entmutigt fühlte. Lee spürte, daß der Norden auf einem Tiefpunkt war. Kirby Smith und Bragg waren dabei, in Kentucky einzumarschieren. Van Dorn und Price rüsteten sich zur Invasion Tennessees. Jetzt war nicht der richtige Zeitpunkt für die Armee von Nord-Virginia, auf ihren Lorbeeren auszuruhen. Nein: Sie mußte den Krieg in den Norden tragen und die Regierung Lincoln zwingen, um Frieden nachzusuchen. Maryland machte wie Kentucky Miene, sich den benachbarten Sklavenhalterstaaten anzuschließen. Lees hungrige Krieger konnten sich von den üppigen Farmen Marylands und Pennsylvanias ernähren, während sie den Gegner rechtzeitig zur Erntezeit aus dem vom Krieg heimgesuchten Virginia ablenkten. Zuallermindest konnte Lee die B & O unterbrechen und, wenn alles gutging, die Eisenbahnbrücke der Pennsylvania Railroad über den Susquehanna bei Harrisburg verbrennen und damit die beiden Hauptverbindungen Washingtons nach Westen durchtrennen. Eine erfolgreiche Invasion bewog vielleicht die eine oder andere europäische Macht, die Konföderation als Nation anzuerkennen. Auch mochte sie den Demokraten, die für eine friedliche Lösung eintraten, Rückenwind bei den bevorstehenden Wahlen in den Nordstaaten geben. Ein »Friedensvorschlag« vor dem Hintergrund der Präsenz südstaatlicher Armeen auf dem Boden des Nordens, so schrieb Lee am 8. September an Davis, »würde das Volk der Vereinigten Staaten befähigen, bei den kommenden Wahlen selbst zu bestimmen, ob sie diejenigen unterstützen, die für eine Verlängerung des Krieges eintreten, oder jene, die ihn zu einem Abschluß bringen wollen«.[35]

Und so setzte Lee aus politischen wie aus militärischen Gründen am 4. September seine Armee wieder in Bewegung und sprengte 35 Meilen oberhalb Washingtons durch die Furten des Potomac. Durch drei aus Richmond herbeorderte Divisionen verstärkt, zählte die Armee vor dem Übergang über den Fluß rund 55 000 Mann. Aus verschiedenen Gründen blieben jedoch in den folgenden Tagen Tausende von Nachzüglern zurück; sie waren erschöpft oder hungrig, hatten sich an unreifem Getreide den Magen verdorben oder auf den steinigen Wegen die bloßen Füße zerschunden. Eine Frau aus Virginia, die in einem kleinen Ort am Potomac lebte, beschreibt diese Nachzügler:

»Wenn ich sage: ›Sie waren hungrig‹, vermittle ich keinen Eindruck von der notvollen Auszehrung, die aus ihren eingesunkenen Augen sprach. Den ganzen

Tag sammelten sie sich vor den Türen unserer Häuser und sagten in immer demselben jammernden Singsang: ›Ich bin seit sechs Wochen immerzu auf den Beinen und im Kampf und habe nichts anderes als grüne Äpfel und unreifen Mais zu essen gehabt und möchte Sie um einen Bissen Brot bitten.‹ ... Ich habe die Truppen vier Jahre lang jeden Sommer an uns vorbeimarschieren sehen, und ich weiß ungefähr, wie eine marschierende Armee bei der Union und im Süden aussieht. Nachzügler gibt es natürlich immer, aber so etwas habe ich weder vorher noch nachher je erlebt. [...] Daß sie überhaupt imstande waren, zu marschieren und zu kämpfen, war unglaublich.«[36]

Die meisten Soldaten waren freilich guten Mutes, als sie mit dem Lied *Maryland, My Maryland* auf den Lippen am 6. September in Frederick einzogen. Doch es ging ihnen wie Bragg in Kentucky: Sie wurden nicht so begeistert empfangen, wie sie gehofft hatten. Man befand sich im unionistischen Teil Marylands, und diese Rebellen wirkten nicht vertrauenerweckend. Ein Bewohner von Frederick beschrieb sie als »die schmutzigsten Männer und Offiziere, die ich je gesehen habe; ihre Kleider ... hatten sie seit Wochen nicht gewechselt. Das ganze Grundstück roch nach ihnen«.[37] Zwar gingen die Männer schonender mit dem Eigentum von Zivilisten um als Unionssoldaten, aber daß sie ihren Proviant gegen Berechtigungsscheine der Konföderation kauften, trug nicht eben zu ihrer Beliebtheit bei. Trotz des kühlen Empfangs folgte Lee eisern den Instruktionen von Präsident Davis und richtete einen Aufruf »an das Volk von Maryland«. Gekommen seien sie, so sagte Lee, »mit dem tiefsten Mitgefühle für das Unrecht, das den Bürgern eines Gemeinwesens zugefügt worden ist, welches mit den Staaten des Südens durch die innigsten politischen, socialen und commerziellen Bande verknüpft ist«. Sie wollten »Ihnen dabei helfen, dieses fremde Joch abzuschütteln, auf daß es Ihnen wieder möglich werde, die unveräußerbaren Rechte freier Menschen zu genießen«.[38] Die stumme Reaktion der Marylander sprach für sich selbst. Sie stellte den ersten Mißerfolg bei dieser Invasion dar.

Der zweite ging auf einen Schicksalsschlag zurück, der wieder einmal bewies, daß das Leben romanhafter ist als jeder Roman. Lee rechnete zwar damit, daß seine Armee sich weitgehend von den Früchten des Landes würde ernähren können, brauchte aber eine minimale Nachschublinie durch das Shenandoahtal, und zwar vor allem für die Versorgung mit Munition. Diese Route wurde jedoch durch eine in Harper's Ferry liegende Garnison der Union blockiert. Bekannt als »Eisenbahn-Brigade«, hatte diese Einheit die Aufgabe, die B & O sowie den Chesapeake-Ohio-Kanal zu decken. Als durch den Einmarsch der Konföderierten diese Verbindungen östlich von Harper's Ferry abgeschnitten wurden, drang McClellan bei Halleck darauf, die Garnison zur Potomac-Armee zu verlegen, die gerade von

Washington im Anmarsch war, um Lee abzufangen. Halleck lehnte das Ansinnen jedoch ab – eine strategisch unkluge Entscheidung, die aber unabsichtlich Lee eine Falle stellte.

Um diese Garnison in seinem Rücken auszuschalten, kommandierte Lee fast zwei Drittel seiner Armee ab und schickte sie in drei Kolonnen (die größte unter Jackson) gegen Harper's Ferry, wo sie sich auf den Höhenzügen oberhalb des Ortes wieder treffen sollten. Lee gedachte, die 12 000 Blauröcke wie Fische in einem Faß zu fangen, um dann seine gesamte Armee für eine Aktion gegen Harrisburg wieder vereinigt zu haben, bevor McClellan die Bergkette des South Mountain, welche die Flanke der Rebellen schützte, überqueren konnte. Zum dritten Male in drei Feldzügen schickte Lee sich an, seine Armee ungeachtet eines stärkeren Gegners zu teilen. Zu einem Offizier, der seine Besorgnis hierüber äußerte, sagte Lee: »Kennen Sie General McClellan? Das ist ein tüchtiger, aber auch sehr vorsichtiger General. [...] Seine Armee ist in einem sehr demoralisierten und chaotischen Zustand und wird – zumindest seiner Einschätzung nach – erst in drei bis vier Wochen zu Angriffsoperationen bereit sein. Inzwischen hoffe ich bereits auf dem Susquehanna zu sein.«[39]

Statt drei bis vier Wochen, wie er glaubte, hatte Lee jedoch nur noch drei bis vier Tage, bevor der Gegner zuschlug. Gewiß ging McClellan mit seinen 70 000 Mann (die bald auf 80 000 verstärkt wurden) sehr vorsichtig zu Werke, um Lees 50 000 Mann aufzuspüren (die er auf 110 000 schätzte). Aber die Blauröcke waren nicht mehr demoralisiert, und am 11. September zog ihr dem Spieltrieb abholder Befehlshaber das in militärischer Hinsicht größte Los aller Zeiten. Auf einem Feld bei Frederick fanden zwei Unionssoldaten eine Kopie von Lees Befehlen – um drei Zigarren gewickelt, die ein unachtsamer Südstaatenoffizier verloren hatte. Das Blatt enthielt in allen Einzelheiten die Operationsziele für die vier getrennten Teile von Lees Armee. Dieser unglaubliche Glücksfall enthüllte McClellan, daß die einzelnen Gruppen der gegnerischen Armee jeweils mehrere Meilen voneinander entfernt standen und daß zwischen den beiden größten Einheiten 20 bis 25 Meilen sowie der Potomac lagen. McClellan brauchte nur mit seiner gesamten Streitmacht über die Pässe des South Mountain vorzustoßen und die einzelnen Teile von Lees Armee aufzureiben, bevor sie eine Chance hatten, sich zu vereinigen. McClellan erkannte die Gunst der Stunde; einer seiner Generäle hörte ihn jubeln: »Dieses Blatt Papier hier – wenn ich damit Bobbie Lee nicht fertig mache, bin ich bereit, einzupacken.«[40]

Beschwingt von dieser Aussicht, wollte McClellan dennoch nichts überstürzen – immerhin waren ihm die Rebellen ja zahlenmäßig überlegen. Anstatt sich mit seinen Truppen unverzüglich in Marsch zu setzen, entwarf McClellan sorgfältige Pläne und befahl seinen Leuten den Aufbruch erst am hellen Morgen des 14. September – 18 Stunden, nachdem ihm Lees Dispositionen in die Hände gefallen waren. Wie sich herausstellte, war es just diese Verzögerung, die es Lee erlaubte, seine Armee zu sammeln und zu retten. Ein mit der Konföderation sympathisierender Bürger von Maryland hatte McClellans Reaktion auf die gefundenen Befehle beobachtet und war in scharfem Ritt zu Stuart geeilt, um ihn zu informieren. In der Nacht des 13. September gab Stuart die Information an Lee weiter. Lee beorderte als erstes Truppen ab, die die Pässe über den South Mountain sperrten. Am nächsten Tag kämpften zwei Unionskorps bergauf gegen die Division der Konföderierten unter D. H. Hill, die Turner's Gab verteidigte. Unter schweren Verlusten hielt Hills tapferer Trupp hinter Steinmauern und Bäumen aus, bis Longstreet mit Verstärkungen eintraf und die Unionstruppen bis zum Einbruch der Nacht hinhielt. Diese zahlenmäßig unterlegenen Rebellen, die sich im Schutz der Dunkelheit zurückzogen, hatten Lee einen weiteren Tag verschafft. Unterdessen war sechs Meilen weiter südlich ein anderes Unionskorps unter William B. Franklin durch Crampton's Gap gestoßen, nachdem es sich ein scharfes Feuergefecht mit drei Brigaden der Konföderierten geliefert hatte. Trotz großer zahlenmäßiger Überlegenheit rückte Franklin jedoch nur zögernd südwärts gegen die Truppen weiter, die Harper's Ferry belagerten, und kam nicht mehr rechtzeitig, um die Unionsgarnison am Ferry zu entsetzen.

So war die Hälfte von Lees Armee nördlich des Potomac mit knapper Not dem Untergang entronnen; die Invasion Marylands jedoch schien zum Scheitern verurteilt zu sein. Die gesamte Unionsarmee würde am folgenden Tag den South Mountain überquert haben. Den Konföderierten schien nichts anderes übrigzubleiben, als sich in das Shenandoahtal zurückzuziehen. Als Lee jedoch die Nachricht erhielt, daß Jackson damit rechnete, am 15. September Harper's Ferry zu nehmen, überlegte er es sich anders. Er gab Befehl, die ganze Armee in Sharpsburg zusammenzuziehen, einem rund eine Meile vom Potomac entfernten Dorf in Maryland. Lee hatte beschlossen, sich dem Kampf zu stellen. Mit einem kampflosen Rückzug hätte er sein Gesicht verloren, die diplomatischen Bemühungen um Anerkennung der Konföderation durch auswärtige Mächte gefährdet und die Moral des Südens gebrochen. Zweimal hatte er die Unionstruppen schon geschlagen, und er traute sich zu, es ein drittes Mal zu schaffen – war er doch noch immer davon überzeugt, daß die Potomac-Armee demoralisiert sei.

Diese Einschätzung der Unionsmoral schien sich zu bestätigen, als Jackson ziemlich mühelos Harper's Ferry nahm. Die Garnison bestand im wesentlichen aus neuen Truppen unter einem zweitrangigen Kommandeur – Colonel Dixon Miles aus Maryland, der schon in der ersten Schlacht von Bull Run wegen Trunkenheit gemaßregelt worden war und der Harper's Ferry so unzulänglich verteidigte, daß von Verrat gemunkelt wurde. Da Miles beim letzten Schußwechsel vor der Kapitulation tödlich getroffen wurde, brauchte er sich gegen diesen Vorwurf nicht mehr zu verteidigen. Als Jackson in die Stadt einritt – wie üblich in unscheinbarer Uniform und mit zerbeulter Dienstmütze –, sagte einer der entwaffneten Unionssoldaten: »Mann, aussehen tut er ja nicht besonders, aber wenn wir den gehabt hätten, säßen wir jetzt nicht in der Falle!«[41]

Die verschiedenen Einheiten der Konföderation, die Harper's Ferry belagert hatten, marschierten nun so rasch wie möglich dem 15 Meilen entfernten Sharpsburg entgegen. Bis zu ihrer Ankunft am 16. und 17. Dezember hielten nur drei Divisionen die Front Lees; in ihrem Rücken hatten sie den Potomac, über den es im Falle einer Niederlage nur eine einzige Furt als Fluchtweg gab. Im Laufe des 15. September sammelte sich ein bis zwei Meilen östlich von Lees Stellung die Potomac-Armee am Antietam Creek. McClellan agierte noch immer mit der Vorsicht, die seiner Einschätzung von Lees Truppenstärke entsprach; weder lancierte er Sondierungsangriffe noch schickte er Kavallerie über den Bach, um die Stärke des Gegners zu erkunden. Am 16. September hatte der Befehlshaber des Nordens 60 000 Mann zur Verfügung und weitere 15 000 in sechs Meilen Entfernung, mit denen er den 25 000 bis 30 000 Mann Lees entgegentreten konnte. Nachdem McClellan schon nach Washington gemeldet hatte, daß er Lees Armee in ihre Einzelteile zerlegen würde, während sie bereits zersplittert war, versäumte er dies am 16. September zum zweitenmal; statt dessen brütete er Pläne für einen Angriff am nächsten Morgen aus. Am späten Abend dieses Tages – zwei weitere Divisionen der Konföderierten zogen bereits von Harper's Ferry nordwärts – schickte McClellan zwei Korps nördlich von der linken Flanke der Konföderierten über den Antietam; diese Bewegung löste ein scharfes, kleines Gefecht aus, das Lee verriet, an welcher Stelle die Union am nächsten Morgen loszuschlagen gedachte.

Antietam (vom Süden »Sharpsburg« genannt) war eine der wenigen Schlachten des Krieges, in der beide Heerführer im vorhinein bewußt den Kampfplatz wählten und ihre Taktik planten. Anstatt sich einzugraben, nutzten die Konföderierten die Deckung durch Baumgruppen, Felsvorsprünge, Steinmauern, Senken und Hebungen im Gelände sowie einen Hohlweg im mittleren Abschnitt der Front. Nur die südlichste der drei Brücken über den Antietam lag in Gewehrschußweite der Rebellen; diese Brücke wurde zu einem der Angelpunkte der Schlacht. McClellan massierte auf der rechten Seite der Union drei Korps, mit denen er den Angriff beginnen wollte, während er links Burnsides großes 9. Korps aufstellte, das Order hatte, einen Ablenkungsangriff zu führen, um Lee an der Verstärkung der linken Seite durch Abzug von Truppen aus diesem Bereich zu hindern. Vier Unionsdivisionen sowie die Kavallerie hielt McClellan hinter seiner rechten Seite und der Mitte in Reserve, um jeden Durchbruch sogleich ausnutzen zu können. Burnside sollte bei passender Gelegenheit über den Antietam setzen und die rechte Seite der Konföderierten aufrollen. Es war ein guter Schlachtplan, und bei richtiger Durchführung hätte er Lincoln wohl die Erfüllung seines Wunsches gebracht, die Rebellenarmee vernichtet zu sehen.

Aber die Durchführung war nicht gut. Die Schuld daran trugen auf Unionsseite vor allem McClellan selbst und Burnside. McClellan versäumte es, die Angriffe auf seiner rechten Seite zu koordinieren, die infolgedessen in drei Etappen vorgetragen wurden und nicht gleichzeitig. Damit gewann Lee die nötige Zeit, um Truppen aus ruhigen Bereichen abzuziehen und zur Abwehr der Angriffe einzusetzen. Der Befehlshaber der Union versäumte es ferner, die Reserven heranzuführen, als den Blauröcken tatsächlich ein Durchbruch in der Mitte gelungen war. Burnside vertat den Morgen und einen Teil des Nachmittags damit, den Übergang über die zäh verteidigte Brücke zu erzwingen, obwohl seine Leute durch nahe gelegene Furten hätten waten können, ohne auf nennenswerten Widerstand zu stoßen. Infolge dieser Saumseligkeit vermochte Lee am Morgen eine ganze Division von der rechten Seite der Konföderation auf die schwer bedrängte linke zu werfen, wo sie gerade rechtzeitig eintraf, um die dritte Angriffswelle der Union zu brechen. Auf seiten der Konföderation gebührte das Verdienst, die Katastrophe abgewendet zu haben, der geschickten Feldherrenkunst Lees und der Tüchtigkeit seiner Untergebenen, vor allem aber dem verzweifelten Mut der einfachen Soldaten. »Es ist einfach unfaßbar«, schrieb ein Offizier der Union nach der Schlacht, »wie solche Leute wie die Rebellentruppen so immerfort kämpfen können; daß sie sich – verdreckt, hungrig, krank und elend, wie sie sind – so heldenhaft schlagen, entzieht sich jeder Erklärung.«[42]

Die Kämpfe von Antietam gehörten zu den schwersten des Krieges. Die Potomac-Armee focht mit grimmiger Entschlossenheit, um den Makel früherer Niederlagen zu tilgen. Was die Yankeesoldaten anfeuerte, war weder unerschrockene Tapferkeit noch eiserne Disziplin: Jene ist den wenigsten Menschen gegeben, diese war den meisten Bürgerkriegssoldaten unbekannt. Was sie vielmehr insgesamt motivierte, war die potentielle Schande einer neuen Niederlage, im einzelnen auch – in den Augen der Kameraden – die potentielle Schande der Feigheit vor dem Feind. Ein Soldat der Nordstaaten, der in Antietam mitgekämpft hatte, gab für das Verhalten des einzelnen in der Schlacht eine Erklärung, wie man sie besser kaum finden wird. »Wir vernahmen während des ganzen Krieges, daß die Armee ›darauf brennt, dem Feind entgegenzuziehen‹«, schrieb er mit feiner Ironie. »So muß es gewesen sein; denn zuverlässige Korrespondenten schrieben es, und

Leitartikler bestätigten es. Aber wenn man diesen speziellen Kitzel einmal dingfest machen wollte, war es immer das Nachbarregiment, das ihn verspürte. Die Wahrheit ist anders: Wenn Kugeln gegen Baumstümpfe prasseln und scharfe Schüsse die Schädel wie Eierschalen zerbrechen, hat der Durchschnittsmensch nur die eine verzehrende Leidenschaft im Busen, mit heiler Haut davonzukommen. Zwischen der physischen Angst vor dem Vorrücken und der moralischen Angst vor dem Umkehren steckt man in einem Dilemma von ausgesuchter Peinlichkeit.« Wenn freilich der Befehl zum Vorrücken kam, kannte sein Regiment kein Zögern. »In Sekundenschnelle erfüllten das Pfeifen von Kugeln und das Poltern der Kartätschen die Luft. Die seelische Anspannung war so stark, daß sich bei mir in diesem Augenblick jene einzigartige Wirkung einstellte, die wohl von einer ähnlichen Gelegenheit aus dem Leben Goethes berichtet wird: die ganze Gegend erschien mir für einen kurzen Moment in rötliches Licht getaucht.« Dieser Seelenzustand erzeugte in vielen Männern eine Art Kampfeswut, ein hyperadrenalisiertes Ungestüm, das aus ihnen besinnungslose Tötungsmaschinen ohne jeden Gedanken an den normalen Selbsterhaltungstrieb machte. Diese Raserei scheint in Antietam stärker ausgeprägt gewesen zu sein als in jeder der vorangegangenen Bürgerkriegsschlachten. »Meine Leute laden und feuern mit unheimlicher Wuth, dabei schreien und lachen sie hysterisch«, schrieb ein Unionsoffizier ein Vierteljahrhundert später – im Präsens, so als erlebte er die in rötliches Licht getauchte Raserei noch einmal leibhaftig nach.[43]

Joseph Hooker leitete im Morgengrauen mit dem 1. Unions-Korps den Angriff ein, indem er von Norden her auf dem Hagerstown Pike heranstürmte. Die Rebellen erwarteten sie an den »West Woods« und am »Cornfield«, knapp nördlich der weiß gekalkten Kirche der pazifistischen Sekte der Dunker. »Fighting Joe« Hooker – ein aggressiver, ichbezogener General, der den Oberbefehl über die Potomac-Armee anstrebte – hatte seinen Spitznamen beim Halbinsel-Feldzug erhalten. In Antietam machte er ihm alle Ehre. Seine Männer drängten Jacksons Korps von dem Maisfeld und der Straße ab, wobei sie derartige Schläge austeilten, daß Lee Verstärkungen schickte, die von D. H. Hills Division in der Mitte und von Longstreets Korps auf der rechten Seite kamen. Diese Einheiten führten einen Gegenschlag, der Hookers Korps zerschmetterte, bevor das 12. Unions-Korps die zweite Welle des nördlichen Ansturms vortragen konnte. Dieser Angriff stieß durch die Linie der Konföderierten vor der Kirche hindurch, bevor er unter schweren Verlusten zurückgeschlagen wurde. Danach durchbrach eine Elitedivision von »Bull« Sumners 2. Korps die Linie der Rebellen in den »West Woods«. Bevor diese Blauröcke jedoch die gegnerische Flanke aufrollen konnten, tauchten wie aus heiterem Himmel zwei Divisionen der Konföderierten – eine am Morgen

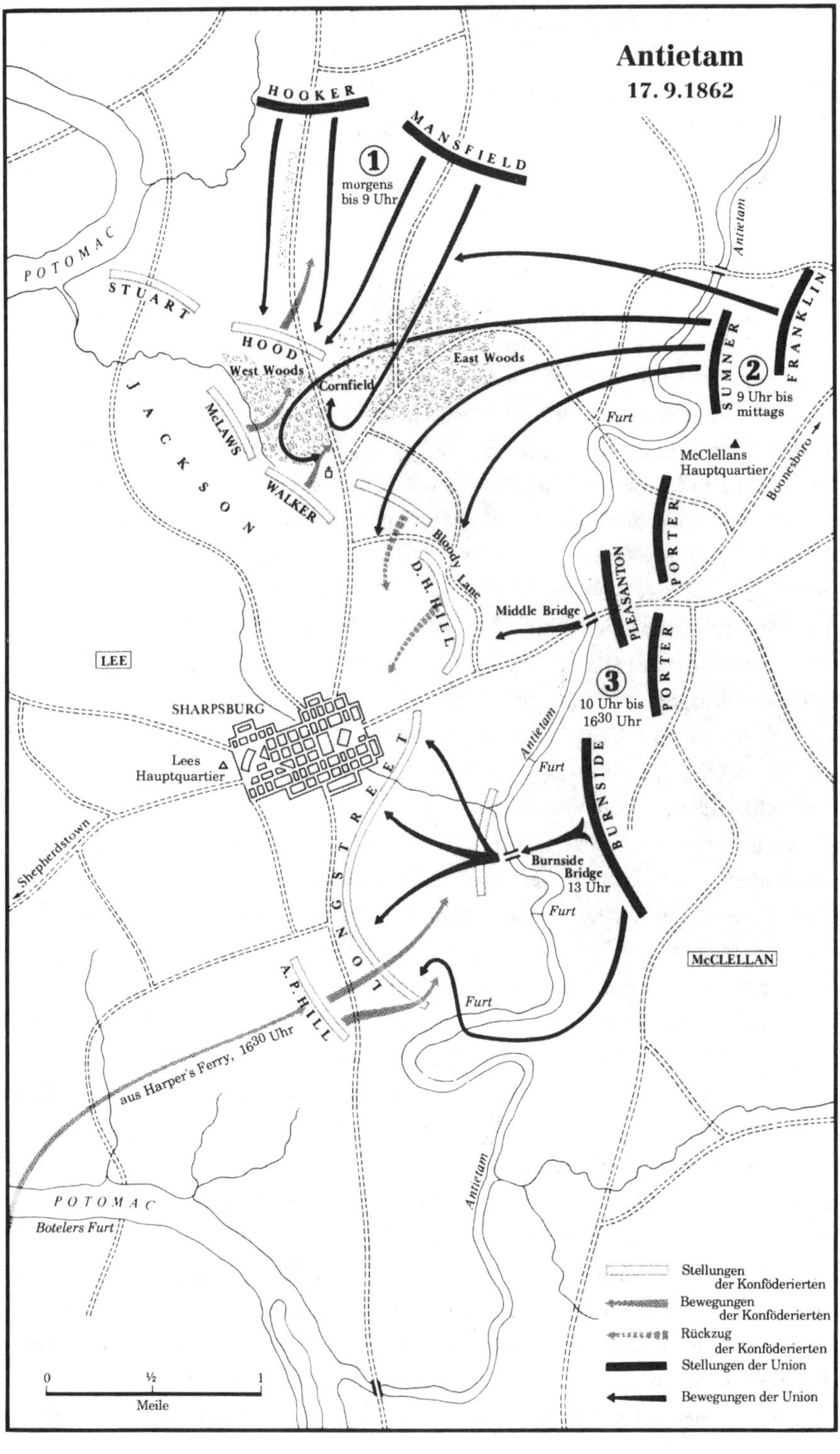
Antietam
17. 9. 1862
HOOKER
MANSFIELD
1
morgens
bis 9 Uhr
POTOMAC
STUART
HOOD
West Woods
Cornfield
East Woods
JACKSON
McLAWS
WALKER
Antietam
FRANKLIN
SUMNER
2
9 Uhr bis
mittags
Furt
McClellans
Hauptquartier
Boonesboro
PORTER
PLEASANTON
Bloody Lane
D. H. HILL
Middle Bridge
PORTER
3
10 Uhr bis
16.30 Uhr
LEE
SHARPSBURG
Lees
Hauptquartier
LONGSTREET
Antietam
Furt
BURNSIDE
Shepherdstown
Burnside
Bridge
13 Uhr
Furt
McCLELLAN
A. P. HILL
Furt
aus Harper's Ferry, 16.30 Uhr
Antietam
POTOMAC
Botelers Furt
Stellungen
der Konföderierten
Bewegungen
der Konföderierten
Rückzug
der Konföderierten
Stellungen der Union
Bewegungen der Union
0
½
1
Meile

von Harper's Ferry eingetroffene und eine von Lee am untätigen rechten Flügel bei Burnsides Brücke abgezogene – in Front, Flanke und Rücken von Sumners Division auf und fegten sie mit einem überraschenden Gegenangriff hinweg. Bei dieser Aktion erlitt ein junger Hauptmann der 20. Massachusetts schwere Verletzungen und wurde, für tot gehalten, zurückgelassen: Oliver Wendell Holmes junior.

Fünf Stunden lang wütete ein grauenvolles Gemetzel auf der linken Seite der Konföderierten. 12000 Mann blieben tot oder verwundet liegen. Jeweils fünf Divisionen der Union und der Konföderation waren dermaßen niedergeworfen worden, daß sie sich gleichsam einvernehmlich zurückzogen und an diesem Tag nicht mehr ernsthaft fochten. Unterdessen waren die anderen beiden Divisionen Sumners nach links geschwenkt, um in einem Hohlweg südöstlich der Dunker-Kirche einen drohenden Angriff der Konföderierten auf ihre Flanke abzuwehren. Damit brach die mittägliche Phase der Schlacht an, in der Blaue und Graue erbittert um diesen Weg kämpften; er war der Schlüssel zur Zentrumsstellung der Rebellen und hieß fortan »Bloody Lane«. Dank ihres Übergewichts an Menschen und Feuerkraft behielten die Blauen schließlich die Oberhand. Aufgeriebene südstaatliche Brigaden zogen sich an den Ortsrand von Sharpsburg zurück, um sich neu zu formieren. Ein Kriegskorrespondent des Nordens, der die »Bloody Lane« wenige Minuten nach ihrer Eroberung durch die Unionstruppen sah, fand kaum Worte für diesen »grauenhaften Anblick«: »Die Konföderierten sind niedergemäht worden wie Gras.«[44]

Jetzt wäre für McClellan der rechte Zeitpunkt gewesen, seine Reserven ins Feld zu schicken. Das Zentrum der feindlichen Stellung war nahezu ungedeckt. »Auf diesem Teil des Feldes stand kein einziger Infanterist der Konföderation, der einen ernsthaften Vormarsch hätte aufhalten können«, schrieb ein Südstaatenoffizier, und ein anderer ergänzte: »Lees Armee war vernichtet, und das Ende der Konföderation schien in Sicht.«[45] Aber McClellan war erschüttert von dem Blutzoll, den drei Unionskorps am Vormittag hatten entrichten müssen, und entschloß sich, das frische 6. Korps zurückzuhalten, obwohl dessen Kommandeur Franklin darauf brannte, anzugreifen. In der Überzeugung, daß Lee bereits dabei sei, seine vermutlich enormen Reserven für den Gegenangriff zu massieren, sagte McClellan zu Franklin: »Es wäre unklug, diesen Angriff zu wagen.«[46] So wurde es auf dem mittleren Abschnitt des Schlachtfeldes ruhig, während die Ereignisse auf dem rechten Flügel der Konföderierten einem neuen Höhepunkt entgegentrieben.

Den ganzen Morgen hatte eine kleine Brigade aus Georgia, hinter Bäumen und einer Steinmauer versteckt, ihre Treffsicherheit an Yankeeregimentern erprobt, die den Übergang über Burnsides Brücke versuchten. Brigadekommandeur war

Robert A. Toombs, der hier seine große Stunde als Soldat hatte. Aus Enttäuschung darüber, daß er nicht Präsident der Konföderation geworden war, und gelangweilt von seinem Amt als Außenminister, hatte Toombs den Befehl über eine Brigade übernommen, um sich jenen Ruhm und jene Ehre zu erwerben, für die er sich bestimmt wußte. Von seinen Vorgesetzten mehr als einmal wegen Unfähigkeit und Befehlsverweigerung gemaßregelt, verbrachte Toombs seine Mußestunden mit Vorliebe damit, über Jefferson Davis und die »West-Point-Clique« herzuziehen, die Armee und Vaterland zugrunde richteten. Für seine Leistung, das gesamte Korps Burnsides am Antietam mehrere Stunden lang aufgehalten zu haben – wobei er auch Verwundungen erlitt –, erwartete er die Beförderung, die jedoch ausblieb; darauf quittierte er den Dienst und ging mit seinen Tiraden gegen die Regierung an die Öffentlichkeit.

Am frühen Nachmittag des 17. September brachen schließlich zwei von Burnsides Eliteregimentern im Laufschritt durch und errichteten unter schweren Verlusten einen Brückenkopf auf der gegnerischen Seite des Flusses. Andere Einheiten machten etwa gleichzeitig Furten über den Antietam ausfindig, und am späteren Nachmittag waren drei von Burnsides Divisionen dabei, die Rebellen in diesem Bereich gegen Sharpsburg zurückzuwerfen, und drohten sogar, ihnen den Weg zu der einzigen Furt über den Potomac zu verlegen: eine neue Krise für Lee und eine neue Chance für McClellan. Fitz-John Porters 5. Korps stand in Reserve bereit, um den Vormarsch Burnsides zu unterstützen. Einer von Porters Divisionskommandeuren beschwor McClellan, ihn zur Deckung Burnsides loszuschicken. McClellan zögerte, schien aber schon bereit, den Befehl zu erteilen, als er Porter fragend ansah. Der schüttelte den Kopf. »Bedenken Sie, General«, hörte man Porter sagen, »ich befehlige die letzte Reserve der letzten Armee der Republik.«[47] Diese Warnung erinnerte McClellan an die Gefahren, die von den Phantomreserven der anderen Seite drohten, und so weigerte er sich, den fraglichen Befehl zu erteilen.

Lee sah unterdessen besorgt nach Süden, wo sein rechter Flügel kurz vor dem Zusammenbruch zu stehen schien. Auf einmal sah er in der Ferne eine Staubwolke, die sich bald als Marschkolonne entpuppte. »Wessen Truppen sind das?« fragte Lee einen Lieutenant, der mit einem Feldstecher in der Nähe stand. Der Lieutenant blickte eine halbe Ewigkeit aufmerksam durchs Rohr und sagte dann: »Sie führen die Flaggen Virginias und der Konföderation mit, Sir.« Lee seufzte erleichtert auf und bemerkte: »Dann ist es Hill aus Harper's Ferry.«[48] So war es in der Tat. Hill war zurückgeblieben, um die Kapitulationsformalitäten zu erledigen, und hatte, auf eine dringende Aufforderung von Lee hin, dann seine zuvor schwer kämpfende Division in mörderischem Tempo nach Sharpsburg heraufgeführt.

Diese Truppen stürzten sich nun am Spätnachmittag auf Burnsides Flanke, als die Yankees eben Lees rechten Flügel demolieren wollten. Überrascht und verwirrt liefen die Angreifer der Union durcheinander, stoppten ihr Vorhaben und zogen sich zurück. Der Überraschungseffekt wurde durch die erbeuteten blauen Uniformen vergrößert, die viele von Hills Männern trugen, so daß vier Flankenregimenter der Union für mehrere verhängnisvolle Minuten das Feuer einstellten.

Die Nacht senkte sich auf eine Szenerie von unvorstellbarem Grauen. Fast 6000 Tote oder Sterbende bedeckten den Boden; weitere 17000 Verwundete schrien vor Schmerzen oder litten stumm. Die Verluste beider Seite am Antictam waren viermal so hoch wie die Gesamtverluste der amerikanischen Verbände bei der Landung in der Normandie am 6. Juni 1944. In Sharpsburg fielen an einem einzigen Tag doppelt so viele Amerikaner, wie bei Kampfhandlungen im Krieg von 1812, im Mexikanischen Krieg und im Spanisch-Amerikanischen Krieg *zusammen* ihr Leben lassen mußten. Nach Einbruch der Dunkelheit versammelten sich die ausgepumpten Korps- und Divisionskommandeure in Lees Hauptquartier, um aus einzelnen Brigaden Verluste von 50 Prozent und mehr zu melden. Kaum 30000 Konföderierte waren am Leben und nicht verwundet. Trotzdem blieb Lee auch noch am folgenden Tag in seiner Stellung, wie um McClellan zu einem neuerlichen Angriff herauszufordern. McClellan stellte sich ihm nicht. Obwohl am Morgen zwei weitere frische Divisionen eintrafen, hypnotisierte ihn noch immer die Vorstellung von Lees legendären Legionen. Am 18. verhielten sich die Armeen den ganzen Tag über ruhig, und am Abend beugte Lee sich der Notwendigkeit und befahl seinen Truppen den Rückzug nach Virginia. McClellan unternahm einen schwächlichen Verfolgungsversuch, den A. P. Hill am 20. September abwies, und so entkamen die Konföderierten unbehelligt ins Shenandoahtal.

Telegraphisch meldete McClellan einen großen Sieg nach Washington. »Maryland ist vollständig von der Präsenz des Gegners befreit, der über den Potomac zurückgeworfen wurde. Sorgen um die Sicherheit Pennsylvanias sind jetzt nicht mehr angebracht.« Vergessen waren Lincolns Instruktionen, »die Rebellenarmee zu vernichten«. Marineminister Welles mag die Meinung des Präsidenten zum Ausdruck gebracht haben, als er zwei Tage nach der Schlacht schrieb: »Nichts von der Armee, außer daß sie, statt den Sieg zu besiegeln, die Rebellen anzugreifen und zu fangen ... eilends über den Fluß entkommen konnte ... Du lieber Gott!« In Briefen an seine Frau äußerte McClellan Stolz auf seine Leistung und Unmut über solche kleinkarierte Kritik. »Diejenigen, auf deren Urteil ich etwas gebe, bestätigen mir, daß ich mich glänzend geschlagen habe und daß die Schlacht ein Kabinettstück war. [...] Meines Erachtens habe ich alles getan, was man von mir verlangen kann, indem ich das Vaterland zweimal gerettet habe. [...] Ich bin ein bißchen stolz darauf, daß ich mit einer geschlagenen und demoralisierten Armee Lee so auf der ganzen Linie besiegt habe. [...] Nun, ich vertraue darauf, daß demnächst die Geschichte mir Gerechtigkeit widerfahren lassen wird.«[49]

Zumindest kann die Geschichte Antietam als strategischen Erfolg der Union verbuchen. Lees Invasion in Maryland brach noch schneller zusammen als Braggs Invasion in Kentucky. Fast ein Drittel der Rebellen, die in Maryland einmarschierten, fielen oder wurden verwundet. Als nach dem Rückzug über den Potomac eine unsensible Regimentskapelle die Weise *Maryland, My Maryland* intonierte, zischten und stöhnten die einfachen Soldaten. Die Musiker erkannten ihren Fehler und spielten *Carry Me Back to Old Virginny.* In Whitehall und im Weißen Haus wurde die Schlacht am Antietam ebenfalls als Sieg des Nordens verbucht. Sie machte die Hoffnungen der Konföderation auf Anerkennung durch England zunichte und führte dazu, daß Lincolns Proklamation zur Sklavenbefreiung früher abgegeben wurde. Das Schlachtfeld von Sharpsburg erwies sich somit als einer der großen Wendepunkte dieses Krieges.

18.

John Bulls »Virginia Reel«

I

Im Sommer 1862 gab der Verlauf des Krieges den Hoffnungen der Konföderation auf diplomatische Anerkennung in Europa neue Nahrung. Die Offensiven Lees bestärkten England und Frankreich in der Überzeugung, daß den Armeen der Nordstaaten die Wiederherstellung der Union nicht gelingen könne. Diese Mächte erwogen, ob sie ihre Vermittlung anbieten sollten, was bedeutet hätte, die Selbständigkeit der Konföderation de facto anzuerkennen. Einflußreiche Vertreter der öffentlichen Meinung in England sympathisierten immer offener mit der Sache des Südens. Als Liverpooler Werften gegen die Neutralität verstießen, indem sie den Rebellen Kreuzer für den Kampf gegen die amerikanische Handelsmarine bauten, schien die Regierung Palmerston beide Augen zuzudrücken. Die schon längst erwarteten Notzeiten für die Baumwollarbeiter *(cotton famine)* traten schließlich im Sommer 1862 ein. Louis Napoleon spielte mit dem Gedanken, der Konföderation die Anerkennung sowie Hilfeleistungen anzubieten, wenn sie ihm dafür Baumwolle lieferte und die französische Suzeränität über Mexiko unterstützte.

Von all diesen Vorgängen erbrachte lediglich der Bau von Kaperschiffen für die Konföderation greifbaren Nutzen. Nirgends schlugen die Herzen der Sache des Südens so entgegen wie in Liverpool. Die Stadt »wurde durch den Sklavenhandel groß«, wie ein amerikanischer Diplomat bissig bemerkte, »und die Söhne derer, die bei diesem Geschäft reich geworden sind, halten es instinktiv mit den rebellierenden Sklaventreibern«.[1] Auf Liverpooler Werften entstanden zahlreiche Blockadebrecher. Im März 1862 sah auch das erste Kriegsschiff, das der Südstaatenbeauftragte James D. Bulloch in Auftrag gegeben hatte, der Fertigstellung entgegen. Daß dieses Schiff als Kaperfahrzeug gedacht war, bildete dank der beharrlichen Detektivarbeit des US-Konsuls in Liverpool, Thomas H. Dudley, ein offenes Geheimnis.

Dieser kämpferische Quäker war Bulloch ebenbürtig. Dudley heuerte Spione und Informanten an, die Beweise für die von der Konföderation beabsichtigte Verwendung des Schiffes sammelten; Bulloch hielt dagegen, indem er gefälschte Papiere vorlegte, aus denen hervorging, daß das Schiff mit dem Namen *Oreto* Eigentum des Königreichs Palermo war. Strittig war die Bedeutung des britischen Foreign-Enlistment-Act, wonach Bau *und* Bewaffnung von Kriegsschiffen für eine kriegführende Macht auf britischem Boden untersagt waren. Gegen den Geist dieses Gesetzes verstoßend, hielt Bulloch sich an dessen Buchstaben, indem er das Schiff ohne Waffen in Empfang nahm, auf die Bahamas brachte und die Geschütze auf einem anderen Schiff aus England holte. Das schnittige Kriegsschiff wurde in einer einsamen Bucht der Bahamas aufgerüstet und trat als *Florida* seinen schrecklichen Weg an. Es zerstörte 38 amerikanische Handelsschiffe, bevor es der Unionsmarine durch eine Kriegslist im Oktober 1864 im brasilianischen Hafen Bahia in die Hände fiel.

Die enge Auslegung des Foreign-Enlistment-Act durch die britischen Behörden ermutigte Bulloch, im Sommer 1862 seinen zweiten, größeren Kreuzer aus Liverpool herauszuschmuggeln. In einem Wettstreit der Juristen, Spione und Doppelagenten, der Stoff für einen Spionagethriller liefern würde, sammelte Dudley Beweise für die illegale Zweckbestimmung des Schiffes, und im Juli wehrte Bulloch sich mit Händen und Füßen gegen das juristische Netz, das um ihn gesponnen wurde. Erneut gewann Bulloch durch bürokratischen Schlendrian, juristische Pfennigfuchserei und die Sympathien des britischen Zolleinnehmers von Liverpool für die Konföderation die nötige Zeit, um sein Schiff startklar zu machen. Als ein Agent ihn von der Absicht der Regierung informierte, das Schiff in letzter Minute zu beschlagnahmen, schickte Bulloch es auf eine Probefahrt, von der es nie zurückkam. Statt dessen traf es vor den Azoren mit einem Begleitboot zusammen, das getrennt von Großbritannien abgegangene Gewehre und Munition geladen hatte. Auf den Namen *Alabama* getauft, fuhr dieser Kreuzer unter Kapitän Raphael Semmes, der seinen Wagemut bereits als Salzwasserpartisan auf der mittlerweile ausgemusterten *C. S. S. Sumter* bewiesen hatte. In den folgenden beiden Jahren machten Semmes und die *Alabama* die Meere unsicher und zerstörten oder erbeuteten 64 amerikanische Handelsschiffe, bevor das Schiff im Juni 1864 von der *U. S. S. Kearsarge* vor Cherbourg versenkt wurde. Die *Alabama* und die *Florida* waren die erfolgreichsten und gefeiertsten Kreuzer der Rebellen. Ihre Kaperfahrten änderten zwar nichts am Ausgang des Krieges, aber sie zogen viele Schiffe der Unionsmarine von der Blockade des Südens ab, trieben die Versicherungssummen für amerikanische Schiffe in astronomische Höhen, zwangen diese Schiffe, im Hafen zu bleiben oder unter ausländischer Flagge zu fahren, und trugen dazu bei, die amerikanische Handelsmarine aus ihrer einst beherrschenden Stellung zu verdrängen, die sie später nie mehr zurückeroberte.

Neben der gelungenen Flucht der *Alabama* aus Liverpool gab es noch ein weiteres Indiz, das auf eine prosüdliche Schlagseite der britischen Außenpolitik deutete. Der in der Schweiz geborene Henry Hotze aus Alabama, der Anfang 1862 nach London kam, war ein erfolgreicher Propagandist für den Süden. Siebenundzwanzig Jahre alt und von jungenhaftem Aussehen, besaß Hotze doch elegante Umgangsformen und beherrschte die Kunst des geistvollen Understatements, was ihn der britischen Oberschicht empfahl. Er erhielt Zutritt zu führenden Kreisen an der Fleet Street und schrieb konföderationsfreundliche Leitartikel für verschiedene Zeitungen. Hotze heuerte auch englische Journalisten an, die für den *Index* schrieben, eine kleine Zeitung, die er im Mai 1862 gründete, um den Standpunkt des Südens darzustellen. Hotze verstand es vorzüglich, die Vorurteile der Briten gegen die aufgeblasenen Yankees zu schüren. Vor Liberalen kehrte er heraus, daß der Süden nicht für die Sklaverei, sondern für sein Selbstbestimmungsrecht kämpfe. Vor Konservativen präsentierte er das Bild eines ländlichen Kleinadels, der seine Freiheitsrechte gegen die Raubgier der Nordstaatenregierung zu verteidigen habe. Vor Geschäftsleuten versprach er, daß eine unabhängige Konföderation ihre Häfen dem freien Handel öffnen werde, im Gegensatz zur Unionsregierung, die gerade wieder die Zölle angehoben hatte. Vor der Textilindustrie versprach er die Wiederaufnahme der Baumwollexporte.

Gerade diese Aussicht machte großen Eindruck, denn die *cotton famine* begann Wirkung zu zeigen. Im Juli 1862 erreichten die Lieferungen von Rohbaumwolle nach Großbritannien nur ein Drittel des normalen Umfangs. Drei Viertel der Arbeiter in den Baumwollspinnereien waren arbeitslos oder machten Kurzarbeit. Fürsorge und Stempelgeld vermochten in den Arbeitergegenden Lancashires Not und Aufsässigkeit nicht zu verhindern. Der junge Henry Adams, Sohn und Sekretär des amerikanischen Gesandten in London, gestand sich bereits im Mai 1862 ein: »Das Leiden der Menschen in Lancashire und Frankreich ist schon jetzt sehr groß und nimmt noch enorm zu.« Schatzkanzler William E. Gladstone befürchtete den Ausbruch von Unruhen, falls nicht etwas zur Linderung des Elends geschah. Gladstone trat für eine Intervention Großbritanniens ein, um den Krieg zu beenden und den Baumwollstrom über den Atlantik wieder in Gang zu bringen. Ein britischer Diplomat sagte voraus: »Der Druck auf die Regierung kann so stark werden, daß es ihr schwerfallen wird, ihm standzuhalten.«[2]

Die Einstellung der Textilarbeiter zum amerikanischen Krieg ist für den Historiker ebenso rätselhaft, wie sie es schon für die Zeitgenossen war. Henry Hotze äußerte sich enttäuscht darüber, daß es ihm nicht gelinge, die Unterstützung dieser Klasse zu gewinnen, die aus wirtschaftlichem Eigeninteresse doch auf seiten des Südens hätte stehen müssen. »Die Arbeiter von Lancashire«, schrieb Hotze, seien die einzige Klasse, »die als Klasse konsequent feindselig gegen uns bleibt. [...] Bei ihnen ist die unvernünftige ... Ablehnung unserer Institution so fest verwurzelt wie nur sonst irgendwo in Neuengland. [...] Sie betrachten uns und ... die Sklaverei als Urheber und Quell ihrer gegenwärtigen Nöte«. Der amerikanische Gesandte Charles Francis Adams bestätigte diese Einschätzung. »Der größte Teil des Adels und der Wirtschaftskreise sind begierig, die Vereinigten Staaten zugrunde gehen zu sehen«, schrieb Adams im Dezember 1862, »die mittleren und unteren Klassen indes sympathisieren mit uns, [denn] sie sehen in der derzeitigen Erschütterung in Amerika eine Epoche der Weltgeschichte, aus der letzten Endes die allgemeine Anerkennung des Rechtes aller Menschen auf die Früchte ihrer Arbeit und des Strebens nach Glück hervorgehen muß.«[3]

Dieser Anschauung zufolge spiegelten sich in den Streitfragen des amerikanischen Bürgerkrieges die Streitfragen des Klassenkonflikts in Großbritannien. Die Union stand für die Herrschaft des Volkes, gleiche Rechte für alle und die Würde menschlicher Arbeit; die Konföderation stand für Adelsherrschaft, Privilegien und Sklaverei. Lincoln brachte in seinen Reden immer wieder dieses Thema zum Ausdruck; der Krieg sei im Grunde »der Streit eines Volkes ... ein Ringen darum, in der Welt jene Form und jenen Inhalt politischer Herrschaft aufrechtzuerhalten, deren vornehmstes Ziel es ist, die Lage des Menschen zu heben ... allen einen ungehinderten Start und eine faire Chance auf der Rennbahn des Lebens zu ermöglichen«.[4] Die britischen Linken boten zahlreiche Variationen zu diesem Thema. Seit einer Generation hatten sie für die Demokratisierung der britischen Politik gekämpft und die Lage der arbeitenden Klasse verbessert. Für sie war Amerika ein »Leuchtturm der Freiheit«, der den Weg zu Reformen beschien. Der führende britische Linke John Bright trat leidenschaftlich für die Sache der Union ein. »Es gibt kein Land, in welchem die Menschen so frei sind und in dem es ihnen so gut geht«, wie die Staaten der Union, erklärte Bright. »Die Existenz dieses freien Landes und dieser freien Regierung hat einen wohltätigen Einfluß auf die Freiheit in Europa.« Die Konföderierten seien »die schlimmsten Feinde der Freiheit, welche die Welt jemals gesehen« habe, erklärte Bright vor Arbeitern. »Das Privileg glaubt, es sei von diesem Streit sehr betroffen, und darum kommt es jeden Morgen mit schreiender Stimme in eure Straßen und verflucht die amerikanische Republik.« Liberale Intellektuelle waren ebenfalls der Überzeugung, ein Sieg des Südens wäre, wie John Stuart Mill es formulierte, »ein Sieg der Mächte des Bösen, der den Feinden des Fortschritts Auftrieb geben und die Zuversicht der Fortschrittsfreunde in der ganzen zivilisierten Welt dämpfen würde«.[5] Ein deutscher Revolutionär, der in England im Exil lebte, betrachtete ebenfalls den amerikanischen Krieg gegen die »sklavenhaltende Oligarchie« als eine weltverändernde revolutionäre Bewegung. »Die Arbeiter Europas«, sagte Karl Marx weiter, fühlten sich »dem starksinnigen, eisernen Sohn der Arbeiterklasse« Abraham Lincoln verbunden und »sind von der Überzeugung durchdrungen, daß, wie der amerikanische Unabhängigkeitskrieg eine neue Epoche der Machtentfaltung für die Mittelklasse einweihte, so der amerikanische Krieg gegen die Sklaverei eine neue Epoche der Machtentfaltung für die Arbeiterklasse einweihen wird«.[6]

Indes haben viele Historiker Brüche in der scheinbar so unionsfreundlichen Haltung der Arbeiterschaft entdeckt. Einige haben sogar die These vertreten, die meisten Textilarbeiter von Lancashire hätten im Grunde ein britisches Eingreifen zugunsten des Südens befürwortet, um wieder an Baumwolle zu kommen. Die rhetorische Unterstützung für die Sache der Union sei das Werk linker Intellektueller à la Bright oder Marx gewesen und habe mit den wahren Gefühlen der beschäftigungslosen Arbeiter nichts zu schaffen gehabt. Die Massenversammlungen von Arbeitern, bei denen Resolutionen für die Union verabschiedet wurden, sollen von diesen bürgerlichen Außenseitern fingiert worden sein. Eine Historikerin hat für Lancashire doppelt so viele Versammlungen zugunsten der Konföderation wie zugunsten der Union registriert.[7]

Diese revisionistische Interpretation geht jedoch zu weit. Die Baumwollverarbeitung war in Großbritannien und auch in Lancashire nicht der einzige Industriezweig. Die Arbeiter der Woll-, Flachs-, Rüstungs- und Schiffsbau-Industrie (aber auch anderer Industrien) profitierten vom verstärkten Kriegshandel. Die Meinung, daß sich in Lancashire demokratische Prinzipien gegen den wirtschaftlichen Eigennutz durchgesetzt hätten, ist nicht unbegründet. Ein kampferprobter Chartistenführer sagte im Februar 1863: »Man hatte uns gesagt, daß es noch etwas Höheres gebe als die Arbeit und etwas Kostbareres als Baumwolle [...]: Recht und Freiheit und Gerechtigkeit und der Kampf gegen jedes Unrecht.«[8]

Ebenso begründet ist die Meinung, daß die britische Oberschicht den Süden unterstützte – oder zumindest dem Norden feindlich gesinnt war, was auf ziemlich dasselbe hinauslief. Vornehme Engländer beteuerten, die Yankees ebensosehr um ihrer Manieren willen nicht zu mögen wie um des verderblichen demokratischen Vorbildes willen, das sie den unteren Ständen gaben. Im kleinen Landadel gab man sich hocherfreut über die »unsterbliche Pleite« von 1861, die »das Versagen republikanischer Einrichtungen in Zeiten der Not« beweise. Der Earl of Shrewsbury registrierte mit Vergnügen »die Bedrängnis der Demokratie und ihr Scheitern«. »Die Auflösung der Union bedeutet, daß Menschen, die nach mir kommen, die Errichtung einer Aristokratie in Amerika erleben werden.«[9] Ähnliche Äußerungen fanden sich auch in prominenten Zeitungen – in der Londoner *Morning Post* und in der gestrengen *Times,* die beide der Regierung Palmerston sehr nahestanden. Die *Times* sah in der Vernichtung des »amerikanischen Kolosses« die erfreuliche »Befreiung von einem Alptraum ... Mit Ausnahme einiger Herren von republikanischer Gesinnung erwartet ein jeder – und wünscht nahezu ein jeder – den Erfolg der Sache der Konföderation.« Für den Fall aber, daß durch irgendeinen unwahrscheinlichen und verhaßten Zufall dem Norden doch der Sieg gelingen sollte, schwante der *Morning Post* Schlimmes: »Wer kann daran zweifeln, daß [dann] die Demokratie noch arroganter, noch aggressiver und, sofern das möglich ist, noch nivellierender und vulgarisierender auftreten wird als je zuvor?«[10] Dieser Krieg der Worte gegen die Yankees vergiftete die englisch-amerikanischen Beziehungen noch, lange nachdem die *Alabama* in den Fluten versunken war und die durch die Blockade geschmuggelten Enfield-Gewehre den letzten Schuß abgefeuert hatten.

1862 kam es in New Orleans zu einem Vorfall, der die Kluft zwischen der britischen Oberschicht und den Nordstaaten vertiefte. Die straffe Hand, mit der Benjamin Butler als Befehlshaber der Besatzungstruppen regierte, gab zu vielen Beschwerden Anlaß, doch nichts erregte so große Empörung wie seine Weisung vom 15. Mai, Frauen, die nicht davon abließen, Unionssoldaten zu beleidigen, »Dirnen in Ausübung ihres Gewerbes« gleichzustellen, welche »sich gefallen lassen [müssen], als solche behandelt zu werden«. Butler hatte diese verfehlte Anweisung nach beträchtlichen Provokationen erlassen – den Vogel schoß eine Frau ab, die von einem schmiedeeisernen Balkon im französischen Stadtviertel den Inhalt ihres Nachttopfs auf Flottenkapitän David Farragut ausleerte. Butler verstand seine Weisung als Zuchtmittel, um die südstaatlichen Zivilisten zu anständigem Betragen zu zwingen; die Südstaatler und die Europäer hingegen deuteten sie als barbarischen Freibrief für Nordstaatensoldaten, vornehme Damen als Prostituierte zu mißbrauchen. In einer außerordentlichen Erklärung vor dem britischen Unterhaus brandmarkte Palmerston das Vorgehen Butlers als »infam«. »Sir, jeder Engländer muß schamrot werden bei dem Gedanken, daß eine solche Tat von einem Angehörigen der angelsächsischen Rasse begangen worden ist!« Das war mehr, als Charles Francis Adams ertragen konnte. Monatelang hatte er Hohn und Spott der Engländer schweigend über sich ergehen lassen. Doch diese selbstgerechte Verurteilung Butlers und der darin mitschwingende Beifall für ein Volk, das sich zwei Millionen Frauen als Sklavinnen hielt, ließ Adams offiziellen Protest einlegen. Palmerstons gereizte Entgegnung bewirkte eine Entfremdung zwischen beiden Männern zu einem Zeitpunkt, da die englisch-amerikanischen Beziehungen ohnehin in eine kritische Phase eintraten.[11]

Man darf die Wechselbeziehung zwischen jeweiliger Klassenzugehörigkeit der Briten und ihrer Einstellung zum Konflikt in Amerika aber nicht übertreiben. Es gab kaum einen wärmeren Freund der Union als den Herzog von Argyll, und ähnliches galt für eine Reihe anderer Männer, deren Blut von derselben Farbe war wie die Uniformen des Nordens. Gleichzeitig gab es Liberale und sogar Linke, die am Kampf des Südens um seine Selbstbestimmung Geschmack fanden. Viele Engländer hatten den griechischen Unabhängigkeitskampf oder das Ringen Ungarns und der italienischen Staaten gegen die Herrschaft der Habsburger begrüßt. Manche sahen die Revolution des Südens gegen die Oberherrschaft der Yankees in ähnlichem Licht. Solche Überzeugungen lebten in Russell und Gladstone, den neben »Old Pam« selbst wichtigsten Mitgliedern im Kabinett Palmerston. »Jefferson Davis und andere Führer des Südens«, sagte Gladstone in einer gefeierten Rede in Newcastle im Oktober 1862, »haben eine Armee geschaffen; allem Anschein nach schaffen sie nun eine Marine; schaffen; und sie haben geschaffen, was mehr ist als beides: eine Nation.«[12]

Der Wurm in diesem Bild von den Südstaatlern als freiheitsliebenden Nationalisten war natürlich die Sklaverei. Etwas, worauf die Engländer sich viel zugute taten, war ja ihre Rolle bei der Zerschlagung des transatlantischen Sklavenhandels und der Abschaffung der Sklaverei auf den Westindischen Inseln. Eine Rebellion im Interesse der Sklaverei zu unterstützen, wäre unbritisch gewesen. Die Vorstellung zu akzeptieren, daß der Süden nicht für die Sklaverei, sondern für seine Unabhängigkeit focht, erforderte beträchtliche geistige Verrenkungen. Doch solange der Norden nicht für die Freiheit kämpfte, billigten viele Briten der Sache der Union keine moralische Überlegenheit zu. Falls es dem Norden darauf ankomme, »die Sympathie der Engländer« zu erringen, mahnte eine linke Zeitung, »muß er die Sklaverei abschaffen«.[13]

Doch spielten diese ideologischen und emotionalen Fragen bei der Gestaltung der britischen Außenpolitik nur eine sekundäre Rolle. Palmerston war Realpolitiker. Als südstaatenfreundliche Parlamentarier im Sommer 1862 eine Kampagne zur Anerkennung der Konföderation durch Großbritannien starteten, gab Palmerston sich verständnislos. Der Süden, schrieb er, werde »kein bißchen unabhängiger sein, bloß weil wir es sagen, solange wir nach einer solchen Erklärung nicht auf seiner Seite in den Krieg eintreten«. Dazu waren nur die wenigsten in Großbritannien bereit. Palmerston hätte gerne mehr Baumwolle gehabt, aber es war nicht zu erkennen, wie die diplomatische Anerkennung allein dies bewirken sollte. Im Süden war man der Überzeugung, daß eine diplomatische Anerkennung die Glaubwürdigkeit der Konföderation im Ausland fördern und die Vertreter einer friedlichen Lösung im Norden stärken müsse. Das mochte richtig sein. Aber was

Palmerston betraf, so war es umgekehrt: Der Süden konnte die diplomatische Anerkennung nur erringen, indem er den Krieg gewann. Großbritannien müsse »wissen, daß die eigenständige Unabhängigkeit [der Konföderation] in Tat und Wahrheit existiert«, bevor es eine entsprechende Erklärung abgebe.[14]

Louis Napoleon auf der anderen Seite des Kanals hatte weniger Hemmungen, seine Parteinahme für den Süden zu bekunden. Soweit das französische Volk über die Sklaverei nachdachte, lehnte es sie ab. Aber die französische Presse widmete dem amerikanischen Krieg weniger Aufmerksamkeit, als es die britischen Zeitungen taten, und abgesehen von den Sorgen, die ihnen die Baumwollkrise bereitete, kümmerten sich die meisten Franzosen kaum um die Vorgänge in Amerika. Napoleon aber kümmerte sich um sie, und er glaubte einen Weg zu sehen, wie er zu Baumwolle kommen und gleichzeitig seine Weltmachtpläne fördern konnte. Im Sommer 1862 kämpften Tausende von französischen Soldaten in Mexiko, um das liberale Regime unter Benito Juárez zu stürzen und aus dem Land eine französische Kolonie zu machen. Der Vorwand, unter dem Napoleon diese Truppen nach Mexiko entsandt hatte, war das Eintreiben von Schulden. Sein wahres Motiv aber war der Aufbau eines Reiches in der Neuen Welt – als Ersatz für das von seinem Onkel an Thomas Jefferson verkaufte. Die Unionsregierung unterstützte Juárez, war aber 1862 nicht in der Lage, ihm zu helfen; die Konföderation hielt es mit Napoleon und glaubte, ihm helfen zu können – gegen einen Preis. Im Juli 1862 ließ sie Napoleon durch John Slidell mehrere hunderttausend Ballen Baumwolle und ein Bündnis gegen Juarez anbieten; dafür sollten die Franzosen die Konföderation anerkennen und wenn möglich mit ihrer Kriegsmarine bei der Durchbrechung der Blockade helfen.

Napoleon fand das Angebot verlockend, zögerte aber, sich Feindseligkeiten mit den Vereinigten Staaten einzuhandeln. So erklärte er Slidell, er wolle sich die Sache überlegen. In Wirklichkeit wagte er kein einseitiges Vorgehen. Zwar hoffte er, Großbritannien als führende Weltmacht zu überflügeln, aber er erkannte auch, daß er bei einer Konfrontation mit der Kriegsmarine der Union ohne England an seiner Seite seine Weltmachtpläne begraben konnte. Aus seiner Sommerresidenz wies Napoleon daher seinen Außenminister an: »Demandez au gouvernement anglais s'il ne croit pas le moment venu de reconnaître le Sud.«[15] Aber die Engländer waren zu einem Zusammengehen mit Napoleon nicht bereit. Die uralte Feindschaft zwischen England und Frankreich lebte noch fort. Palmerston verfolgte Napoleons Weltmachtpläne mit Argwohn. Der britische Premierminister wehrte Mitte Juli einen im Parlament eingebrachten Antrag auf Anerkennung der Konföderation ab, obwohl eine Mehrheit im Unterhaus einen solchen Schritt eindeutig befürwortete.

Im Verlauf des Sommers schienen jedoch die Siege der Konföderierten geeignet, Palmerstons Kriterium für die Anerkennung zu erfüllen: die Errichtung der südstaatlichen Nation »in Tat und Wahrheit«. Während des Jahres 1861 war es für die meisten britischen Beobachter zur Gewißheit geworden, daß dem Norden die Eroberung eines so riesigen Areals und eines so militanten Volkes niemals gelingen könne: Wenn schon die britischen Rotröcke 1776 gegen eine viel schwächere Nation nicht die Oberhand behalten hatten, wie konnten die Yankees jetzt erwarten zu siegen? Zwar hatten die Siege der Union in der ersten Jahreshälfte 1862 diese selbstgefällige Gewißheit erschüttert, aber Jackson und Lee – die in Großbritannien schnell zur Legende wurden – untermauerten sie wieder und machten sie unerschütterlicher denn je. Sogar einige der entschiedensten Freunde der Union schlossen sich jetzt der Überzeugung der *Times* an, die meinte: »Nun müssen Nord und Süd wählen zwischen Trennung und Untergang.« »Das nutzlose Gemetzel und Blutvergießen« hätte nur das eine bewiesen: »Neun Millionen Menschen, auf einem Gebiet von 900 000 Quadratmeilen wohnend und von einem einheitlichen Geist des Widerstandes beseelt, sind nicht zu überwinden.« Dem französischen Außenminister zufolge gab es im September »keinen vernünftigen Staatsmann in Europa«, der dem Norden den Sieg zutraute.[16]

In dem Maße, wie Berichte von neuen Siegen der Konföderierten über den Atlantik drangen, zeigte man sich in Whitehall wie am Quai d'Orsay einem Vermittlungsangebot geneigter. Wenn es den Krieg beenden half, konnte sich ein solches Angebot als der sicherste und schnellste Weg zur Baumwolle erweisen. Am wirkungsvollsten wäre ein gemeinsames Handeln mehrerer Mächte gewesen – Großbritannien, Frankreich, Rußland, dazu vielleicht Österreich und Preußen –, denn der Norden konnte die einhellige Meinung Europas nicht ignorieren, und sogar der kriegerische Seward konnte schwerlich ihnen allen den Krieg erklären. Ein Vermittlungsvorschlag wäre gleichbedeutend mit der Anerkennung der Unabhängigkeit der Konföderation gewesen. Gerüchte, daß ein derartiger Schritt bevorstehe, sorgten bei südstaatlichen Diplomaten für Euphorie und stürzten die amerikanische Gesandtschaft in tiefe Besorgnis. »Ich bin jetzt hoffnungsvoller als zu irgendeinem Zeitpunkt seit meiner Ankunft hier«, schrieb Slidell aus Paris. In London wartete James Mason »auf eine baldige Intervention in irgendeiner Form«.[17] Henry Adams registrierte: »Die Strömung schwillt mit jeder Stunde an und kehrt sich so stark gegen uns wie seit der *Trent*-Affäre nicht mehr.« Konsul Thomas Dudley in Liverpool, deprimiert, weil es ihm nicht gelungen war, die *Alabama* abzufangen, berichtete: »Die Gefahr einer Intervention gegen uns ist jetzt größer als jemals zuvor. [...] Sie sind alle gegen uns und würden über unseren Fall frohlocken.«[18]

Wenn die Europäer glaubten, die drohende Niederlage könne Lincoln dazu bewegen, ihr Vermittlungsangebot anzunehmen, so verkannten sie die Entschlossenheit des Präsidenten, bis zum Sieg weiterzukämpfen. »Ich gedenke diesen Kampf bis zum erfolgreichen Ende oder bis zu meinem Tod fortzusetzen«, hatte er gesagt, und es war ihm ernst damit gewesen. Sogar nach dem Rückschlag in der zweiten Schlacht von Bull Run erklärte Seward dem französischen Gesandten: »Wir werden die Spaltung der Union nicht zulassen ... um keinen Preis. [...] Ein Kompromiß ist nicht möglich.« Solche Sturheit zwang die Befürworter eines Vermittlungsversuchs, ihre Hoffnungen in einen Sieg der Demokraten bei den bevorstehenden Wahlen im Norden zu setzen. In typisch britischer Verkennung des amerikanischen Verfassungssystems sprach Außenminister Russell die Erwartung aus, eine demokratische Mehrheit im Kongreß werde Lincoln zu einer Änderung seiner Außenpolitik zwingen. »Die Demokratische Partei könnte bis dahin [November] das Übergewicht errungen haben«, schrieb Russell im Oktober. »Ich wünsche ihr von Herzen Erfolg.«[19]

Das tat auch Robert E. Lee, als er in Maryland einmarschierte, um einen Siegfrieden zu erringen. Das Schicksal der Diplomatie belastete Lee auf diesem Feldzug. Die Union hätte in Bull Run »eine sehr gründliche Niederlage bezogen«, schrieb Palmerston am 14. September an Russell, »und es ist keineswegs unwahrscheinlich, daß noch größere Desaster auf sie warten und daß sogar Washington oder Baltimore den Konföderierten in die Hände fallen. Falls dies geschieht, wäre es für uns nicht an der Zeit, zu erwägen, ob ... England und Frankreich sich an die streitenden Parteien wenden und ein Übereinkommen auf der Grundlage einer Trennung empfehlen sollten?«. Russell war willens und bereit dazu. Am 17. September – dem Tag von Sharpsburg – stimmte er dem Plan zu, die Vermittlung anzubieten, wobei er hinzusetzte, falls der Norden dies ablehne, »sollten wir selbst die Südstaaten als unabhängigen Staat anerkennen«. Doch noch bevor Berichte von Antietam nach England gelangten (damals benötigten Nachrichten zehn Tage und mehr für den Weg über den Atlantik), wurde Palmerston vorsichtig. Am 23. September erklärte er Russell, das Ergebnis des Feldzugs in Maryland »muß auf den Stand der Dinge erhebliche Auswirkungen haben. Wenn die Union eine große Niederlage einsteckt, ist sie vielleicht sofort für einen Vermittlungsversuch zu haben, und man muß das Eisen schmieden, solange es heiß ist. Wenn sie dagegen die Oberhand behält, können wir noch eine Weile abwarten und sehen, was geschieht«.[20] Als er erfuhr, daß Lee sich nach Virginia zurückgezogen hatte, machte Palmerston einen Rückzieher. »Diese jüngsten Schlachten in Maryland haben eher wieder dem Norden aufgeholfen«, schrieb er Anfang Oktober an Russell. »Die ganze Angelegenheit steckt voller Probleme und kann nur durch einige entschiedenere Treffen zwischen den kriegführenden Armeen geklärt werden.«[21]

Antietam vermochte jedoch Russell und Gladstone in ihrem Anerkennungseifer nicht zu bremsen. Sie setzten durch, daß die Sache am 28. Oktober vor das Kabinett kam, obwohl Palmerston wiederholt betont hatte, daß die Dinge sich seit Mitte September gewandelt hätten, »als die Konföderierten alles zu erobern schienen, was vor ihnen lag. [...] Ich neige wieder sehr stark unserer ursprünglichen Anschauung zu, daß wir uns weiterhin auf die Rolle des bloßen Zuschauers beschränken müssen, bis der Krieg eine entschiedenere Wendung nimmt«.[22] Das Kabinett überstimmte Russell und Gladstone. In diesem Moment warteten die Franzosen mit dem Vorschlag auf, Großbritannien, Frankreich und Rußland sollten einen sechsmonatigen Waffenstillstand vorschlagen, für dessen Dauer die Blockade aufzuheben sei. Dieser Vorschlag begünstigte so eklatant den Süden, daß das mit der Union sympathisierende Rußland ihn prompt ablehnte. Auch das britische Kabinett verwarf ihn nach zweitägigen Beratungen.

Damit war die für den Süden günstigste Gelegenheit eines europäischen Eingreifens vorüber. Sie war indes nicht endgültig vorbei, da die militärische Lage in Fluß blieb und die meisten Briten an der Überzeugung festhielten, daß der Norden diesen Krieg niemals gewinnen könne. Immerhin hatte er eine Niederlage vermieden – Antietam hatte, wie es Charles Francis Adams untertreibend formulierte, »viel dazu beigetragen, unserem gesunkenen Kredit hier wieder aufzuhelfen«.[23] Diese Schlacht hatte aber noch mehr erreicht: Sie hatte Lincoln Gelegenheit zu seiner Emanzipationsproklamation gegeben und damit bewirkt, daß Großbritannien es sich in Zukunft zweimal überlegen würde, bevor es gegen eine Regierung intervenierte, die nicht nur für die Union, sondern auch für die Freiheit focht.

II

Am 22. September, fünf Tage nach der Schlacht am Antietam, berief Lincoln das Kabinett zu einer Sitzung ein. Er habe, sagte der Präsident, vor Gott gelobt, daß er seine Proklamation zur Sklavenbefreiung erlassen werde, sollte die Armee den Gegner aus Maryland vertreiben. »Ich glaube, die Zeit ist gekommen«, fuhr er fort. »Ich wollte, es wäre eine bessere Zeit. Ich wollte, wir wären in besserer Verfassung. Die Aktion der Armee gegen die Rebellen ist nicht ganz das gewesen, was ich am liebsten gesehen hätte.« Immerhin war Antietam ein Sieg, und Lincoln hatte vor, den Rebellenstaaten mitzuteilen, daß, sofern sie nicht bis zum 1. Januar 1863 in die Union zurückkehrten, ihre Sklaven »von da an und für immer frei« sein sollten. Das Kabinett billigte den Plan; nur Montgomery Blair wiederholte seinen Einwand, dieses Vorgehen könne Teile der Grenzstaaten dem Süden in die Arme treiben und den Demokraten für die Wahlen »einen Knüppel« in die Hand geben, um »auf die Administration einzudreschen«. Lincoln entgegnete, er habe alle Möglichkeiten ausgeschöpft, die Grenzstaaten auf die Seite der Union zu ziehen; jetzt »müssen wir den Schritt nach vorne tun« – auch ohne sie. »Sie werden sich fügen, wenn nicht gleich, dann bald.« Und die Demokraten »würden ihre Knüppel immer gegen uns schwingen, welchen Kurs wir auch einschlagen«.[24]

Die Proklamation sollte nur für Staaten gelten, die sich am 1. Januar noch in Rebellion befanden. Das führte zu einiger Verwirrung, weil der Erlaß nur diejenigen Sklaven zu »befreien« schien, die sich außerhalb der Unionsgewalt befanden, während jene, die der Arm der Regierung erreichen konnte, in ihrer Knechtschaft belassen wurden. So sahen es ein paar enttäuschte Linke und Abolitionisten. So sahen es auch die Tories und einige Liberale in England. Die konservative britische Presse gefiel sich darin, mit Entsetzen und mit Hohn zugleich zu reagieren: mit Entsetzen, weil die Proklamation einen Sklavenaufstand begünstigen konnte, gegen den der Aufstand der indischen Sepoy 1857 mit seinen Greueln ein Kinderspiel war, und mit Hohn ob der heuchlerischen Ohnmacht. »Wo er keine Macht hat, wird Mr. Lincoln die Neger befreien, wo er im Besitz der Macht ist, wird er sie als Sklaven behandeln«, erklärte die Londoner *Times.* »Das erinnert mehr an den Chinesen, der mit seinen beiden Schwertern schlägt, um den Gegner zu ängstigen, als an einen ernsthaften Menschen, der seine Sache fördern will.«[25]

Indessen gingen solche Bemerkungen an der Sache vorbei und verkannten die verfassungsmäßigen Vorrechte des Präsidenten. Lincoln agierte im Rahmen seiner Kriegsvollmachten, gegnerische Ressourcen zu beschlagnahmen; gegen die Sklaverei in Gebieten, die loyal zu den Vereinigten Staaten hielten, hatte er keine verfassungsmäßige Handhabe. Die Proklamation würde aus den Streitkräften der Union nach dem 1. Januar Befreiungsarmeen machen – sofern es ihnen gelang, den Krieg zu gewinnen. Und sie ermunterte die Sklaven, der Union dabei zu helfen, den Krieg zu gewinnen. Die meisten Gegner der Sklaverei in Amerika und Großbritannien verstanden das auch. »Wir jauchzen vor Freude, daß wir diesen redlichen Erlaß noch erleben«, schrieb Frederick Douglass, während William Lloyd Garrison von einem »Akt von ungeheurer historischer Tragweite« sprach.[26] Für einen britischen Abolitionisten war der 22. September »ein denkwürdiger Tag in den Annalen des großen Ringens um die Freiheit einer unterdrückten und verachteten Rasse«; eine linke Londoner Zeitung glaubte gar an einen »riesenhaften Schritt auf den Wegen christlichen und zivilisierten Fortganges«.[27] Lincolns eigene, nicht für die Öffentlichkeit bestimmte Analyse bewies, wie sehr seine Vorstellung von diesem Krieg sich gegenüber der Zeit zehn Monate zuvor gewandelt hatte, als ihm ein »unbarmherziges revolutionäres Ringen« noch ein Greuel gewesen war. Nach dem 1. Januar, so erklärte er einem Beamten des Innenministeriums, »wird sich der Charakter dieses Krieges ändern. Es wird ein Unterwerfungskrieg werden. [...] Der [alte] Süden muß zestört und durch neue Vorhaben und Ideen ersetzt werden«.[28]

Würde die Armee für die Freiheit der Sklaven kämpfen? Ein Oberst aus Indiana sprach wohl für die meisten Soldaten, wenn er schrieb, daß zwar nur die wenigsten von ihnen Abolitionisten seien, daß sie aber gleichwohl gesonnen seien, »alles zu vernichten, was die Rebellen auch nur im *geringsten* stark macht«, einschließlich der Sklaverei. »Diese Armee wird die Proklamation zur Sklavenbefreiung befolgen und ihr mit dem Bajonett Geltung verschaffen.« Ein demokratischer Gefreiter in der Potomac-Armee, der in seinen früheren Briefen stets gegen Abolitionisten und Schwarze gewettert hatte, sprach sich jetzt dafür aus, »jede Institution zu beseitigen, wenn das hilft, die Rebellion niederzuwerfen, weil ich finde, daß nichts der Union entgegenstehen darf – weder Nigger noch sonst etwas«. Oberbefehlshaber Halleck erläuterte Grant seinen Standpunkt so: »Der Charakter dieses Krieges hat sich im letzten Jahr erheblich geändert. Jetzt ist keine Hoffnung auf Versöhnung mehr möglich. [...] Wir müssen die Rebellen unterwerfen, oder wir werden selber von ihnen unterworfen. Jeder dem Gegner entzogene Sklave ist genauso viel Wert wie ein außer Gefecht gesetzter Weißer.«[29]

Aber würden McClellan und die Offiziere der Potomac-Armee das mitmachen? Die Ablehnung McClellans durch die Republikaner rührte zum großen Teil von ihrer Überzeugung her, daß er es nicht mitmachen würde. Die erste Reaktion des Generals auf die Proklamation ließ denn auch Unschlüssigkeit erkennen. Er hielt sie für »schändlich« und schrieb seiner Frau, er habe sich »nicht entschließen können, für eine so verfluchte Lehre wie die vom Sklavenaufstand zu kämpfen«. McClellan konsultierte dann demokratische Freunde in New York, die ihm rieten, »mich der Proklamation des Präsidenten zu fügen und weiter meine Pflicht als Soldat zu tun«.[30] Einige Mitarbeiter McClellans schürten indes den Widerstand gegen die neue Politik. Fitz-John Porter brandmarkte diese »absurde Proklamation eines politischen Feiglings«. Ein Stabsoffizier vertraute einem Kollegen an, Lees Armee sei in Sharpsburg bloß deshalb nicht »eingesackt« worden, »weil das nicht das Spiel ist. Das Ziel ist, daß keine Armee gegenüber der anderen in großen Vorteil kommt und daß beide im Feld bleiben, bis sie erschöpft sind; dann werden wir einen Kompromißfrieden schließen und die Sklaverei retten«. Als Lincoln von diesem Gespräch erfuhr, entließ er den Offizier in Unehren aus der Armee, um »ein Exempel zu statuieren« und solchen »törichten, hochverräterischen Meinungsäußerungen« einen Riegel vorzuschieben.[31] McClellan, dem zu spät die

Gefahr solcher unbedachten Gespräche unter seinen Offizieren bewußt wurde, erließ am 7. Oktober einen Armeebefehl, worin er das Militär daran erinnerte, daß es sich der zivilen Gewalt unterzuordnen habe. »Die Correctur politischer Fehler, sofern solche vorgefallen sind«, erklärte McClellan darin abschließend und unter geschickter Anspielung auf die bevorstehenden Wahlen, »ist einzig und allein Sache des Volkes an den Wahlurnen.«[32]

Eines solchen Hinweises hätte es bei den Demokraten kaum bedurft: Sie hatten die Sklavenbefreiung bereits zum Hauptthema ihres Kampfes um den Kongreß gemacht. Das Parteiprogramm der New Yorker Demokraten verurteilte die Proklamation als »Aufforderung zum Gemetzel an Frauen und Kindern, zum Schänden und Rauben, Sengen und Morden«. Als Kandidaten für das Gouverneursamt nominierte die Partei den verbindlichen, in 30 Jahren New Yorker Politik erprobten Horatio Seymour, der erklärte: »Wenn es zutrifft, daß die Sklaverei abgeschafft werden muß, um diese Union zu retten, dann muß es dem Volk der Südstaaten erlaubt sein, sich von einer Regierung zurückzuziehen, die ihm den mit ihrem Amtsantritt garantierten Schutz nicht gewähren kann.«[33] Demokraten in Illinois und Ohio bezogen einen ähnlichen Standpunkt. Sie brandmarkten die Proklamation als »weiteres Fortschreiten auf der robespierreschen Straße der Tyrannei und Anarchie« und betonten, wenn die Abschaffung der Sklaverei »der erklärte Zweck des Krieges ist, dann kann und darf der Süden nicht unterworfen werden. [...] Im Namen Gottes: kein weiteres Blutvergießen zur Befriedigung eines religiösen Fanatismus!«. Ein Demokrat aus Ohio erfand folgende Ergänzung der Parteiparole: »Die Verfassung, wie sie ist, die Union, wie sie war, *und die Nigger, wo sie sind.*«[34]

Daß Lincoln die Habeaskorpusakte außer Kraft gesetzt hatte, um die Aushebung der Miliz durchzusetzen, war auch den Republikanern ein Dorn im Auge. »Die große Mehrheit der Menschen«, erklärte ein Leitartikler aus Ohio, »kann nicht einsehen, warum ausgerechnet *sie* für Nigger und Abolitionisten den Kopf hinhalten sollen.« Wenn »der Despot Lincoln« versuchen sollte, den Weißen Sklavenbefreiung und Wehrpflicht mit Gewalt einzutrichtern, »würde ihm das blühen, was er verdient: der Strick, die Kugel oder der Scheiterhaufen«.[35] Die Verhaftung von Demokraten, die gegen den Krieg agitiert hatten, und die Anklageerhebung gegen 47 Mitglieder der ›Knights of the Golden Circle‹ in Indiana wirkten sich wahrscheinlich eher wie ein Bumerang gegen die Republikaner aus, weil sie den Demokraten ermöglichten, sich zu Märtyrern der bürgerlichen Freiheitsrechte zu stilisieren.

Hinter allen diesen Fragen stand der Krieg selbst. »Nach anderthalbjährigen Mühen«, räumte ein Republikaner ein, »der Hingabe von Blut und Gut und dem Leiden und Sterben Tausender haben wir keinen fühlbaren Fortschritt bei der

Niederwerfung der Rebellion gemacht. [...] Die Menschen sehnen sich nach einer Veränderung, auch wenn sie kaum wissen, nach welcher.«[36] Das blieb auch so, nachdem die Armeen des Nordens den Einmarsch der Konföderation am Antietam, in Perryville und in Corinth zurückgeschlagen hatten. Keine dieser Schlachten war ein eindeutiger Sieg der Union; und das Ausbleiben des entscheidenden Gegenschlags gegen die sich zurückziehenden Rebellen wurde als blamabel empfunden. Im Oktober standen die gegnerischen Truppen in günstigeren Stellungen als fünf Monate zuvor: Braggs Armee besetzte Murfreesboro in Mittel-Tennessee, nur 30 Meilen von Nashville entfernt, und Lees Armee verharrte nur wenige Meilen vor Harper's Ferry. »Jeb« Stuarts Reiterei hatte den Yankees erneut eine lange Nase gedreht und (vom 10. bis 12. Oktober) die gesamte Potomac-Armee umgangen; sie war nördlich bis nach Chambersburg (Pennsylvania) vorgestoßen und mit 1200 erbeuteten Pferden, aber nur zwei Mann an eigenen Verlusten zu den eigenen Linien zurückgekehrt. Wenn irgend etwas die militärische Hilflosigkeit des Nordens zu unterstreichen schien, dann solche Raids.

Bei den Wahlen 1862 verbuchten die Demokraten bedeutende Gewinne: Sie eroberten den Gouverneursposten in New York, den Gouverneursposten und die Parlamentsmehrheit in New Jersey sowie Parlamentsmehrheiten in Illinois und Indiana und stellten insgesamt 43 Abgeordnete mehr im Kongreß. Nur der glückliche Zufall, daß in Ohio und Pennsylvania die Parlaments- und Gouverneurswahlen in ungeraden Jahren stattfanden und daß die republikanischen Gouverneure von Illinois und Indiana erst 1860 für vier Jahre gewählt worden waren, verhinderte wahrscheinlich, daß 1862 diese Ämter an die Demokraten verlorengingen. In Panik geratene Republikaner werteten die Wahlen als »großen, weitreichenden Umschwung der öffentlichen Meinung« und *»einen sehr ernsten und strengen Tadel«*. Frohlockende Demokraten erklärten: »Abolitionisten zerschmettert!«[37] Fast alle Historiker sind sich einig: Diese Wahlen waren »fast ein Desaster für die Republikaner« und »ein großer Triumph für die Demokraten«; »der Urteilsspruch an den Wahlurnen bewies, daß die Bevölkerung des Nordens die Proklamation zur Sklavenbefreiung ablehnte«.[38]

Bei genauerer Betrachtung jedoch rechtfertigen die Wahlresultate diese Schlußfolgerung nicht. In 17 von 19 »freien« Staaten behaupteten die Republikaner den Gouverneursposten, in 16 von 19 die Mehrheit im Parlament. Sie schickten zum erstenmal Abgeordnete in das Parlament von Missouri, gewannen fünf Sitze im Senat hinzu und behielten eine 25-Stimmen-Mehrheit im Abgeordnetenhaus, nachdem sie im Kongreß den geringsten Verlust an Sitzen in einem Jahr ohne Präsidentschaftswahlen seit 20 Jahren erlitten hatten. Es trifft zwar zu, daß die Kongreßdelegationen der sechs Staaten des unteren Nordens, von New

York bis Illinois, für die folgenden zwei Jahre mehrheitlich demokratisch waren, aber anderswo hatten sich die Republikaner mehr als behauptet. Außerdem war der Stimmenvorsprung der Demokraten in den meisten dieser sechs Staaten hauchdünn: Er betrug in Pennsylvania 4000, in Ohio 6000 und in New York und Indiana jeweils 10 000 Stimmen. Diese Mehrheiten ließen sich, worauf Lincoln verwies, durch die Nichtbeteiligung der Frontsoldaten an der Wahl erklären, denn manches deutete auf ein nicht zu unterschätzendes republikanisches Reservoir bei den Wehrpflichtigen hin (was sich bei späteren Wahlen bestätigte, als auch die Stimmabgabe der im Felde stehenden Soldaten zulässig war).[39]

Trotz ihrer Enttäuschung über das Wahlergebnis ließen sich Lincoln und die Republikaner in ihrem weiteren Vorgehen nicht beeirren. Es wurde in den folgenden paar Monaten sogar noch radikaler. Am 7. November entzog der Präsident McClellan den Oberbefehl über die Potomac-Armee. Zwar waren militärische Faktoren hierfür ausschlaggebend, aber der Vorgang hatte bedeutsame politische Untertöne. Im Dezember verwarf das Abgeordnetenhaus eindeutig eine von den Demokraten eingebrachte Resolution, die die Sklavenemanzipation als »*high crime* [schweres, die Amtsenthebung des Präsidenten rechtfertigendes Verbrechen] gegen die Verfassung« brandmarkte, und unterstützte die Proklamation in einer Abstimmung, bei der Fraktionszwang herrschte. Der Kongreß verabschiedete ferner ein Ausnahmegesetz, das die Abschaffung der Sklaverei in West Virginia zur Vorbedingung für dessen Anerkennung als Staat machte.[40]

Den ganzen Dezember hindurch kam es in der demokratischen Presse zu Spekulationen, daß Lincoln nach der Abfuhr, die ihm die Wähler erteilt hätten, die endgültige Proklamation über die Sklavenbefreiung doch nicht erlassen werde. Nahrung hatten solche Spekulationen durch die Botschaft des Präsidenten an den Kongreß vom 1. Dezember erhalten. Lincoln trat erneut für seinen Plan einer stufenweisen, nicht entschädigungslosen Sklavenbefreiung in allen Staaten ein, »in welchen die Sklaverei gegenwärtig existiert«. Besorgte Abolitionisten fragten sich bereits: »Wenn der Präsident beabsichtigt, seinen Freiheitserlaß an Neujahr in Kraft zu setzen, was soll dann dieser ganze Schmus von einer ›stufenweisen Befreiung‹?« Aber sowohl Anhänger als auch Feinde der Sklavenbefreiung mißverstanden Lincolns zugegebenermaßen zweideutige Botschaft. Einige übersahen sein Versprechen, daß alle Sklaven für immer frei bleiben sollten, die »durch die Umstände des Krieges« befreit wurden – Umstände, zu denen auch Lincolns Proklamation gehörte. Die Proklamation war eine Kriegsmaßnahme und nur gegen Staaten anwendbar, die sich im Zustand der Rebellion befanden; Lincolns Vorschlag einer stufenweisen Befreiung hingegen war eine Friedensmaßnahme zur *Abschaffung der Institution* in allen Staaten mit verfassungsmäßigen Mitteln. Die abschließenden Worte des Präsidenten hätten eigentlich keinen Zweifel an seiner Position lassen sollen: »Mitbürger, wir können der Geschichte nicht entrinnen. [...] Die schwere Prüfung, durch die wir gehen, wird uns, in Ehre oder Unehre, bis zu den spätesten Generationen begleiten. [...] Die Dogmen des geruhsamen Einst taugen nicht für das stürmische Jetzt. [...] Wenn wir dem *Sklaven* die Freiheit *schenken, sichern* wir sie dem *Freien.* [...] Wir müssen uns von diesem Joch befreien; dann retten wir das Vaterland.«[41]

Am Neujahrstag machte Lincoln allen Spekulationen ein Ende. Die Proklamation, die er an diesem Tag unterzeichnete, erklärte die Sklavenbefreiung für die Grenzstaaten sowie Tennessee und diejenigen Teile Louisianas und Virginias, die von der Union kontrolliert wurden. Um der Kritik zu begegnen, der erste Entwurf der Proklamation hätte die Sklaven zur Revolte angestiftet, machte der endgültige Erlaß es ihnen zur Pflicht, »sich jeder Gewalt zu enthalten«. In anderer Hinsicht ging diese Proklamation jedoch über die erste hinaus. Sie rechtfertigte die Sklavenbefreiung nicht nur als militärische Notwendigkeit, sondern ausdrücklich auch als »Akt der Gerechtigkeit«, und sie gestattete das Einziehen schwarzer Soldaten und Seeleute zu den Unionstruppen.[42]

Das war nun tatsächlich revolutionär. Bewaffnete Schwarze waren für die Südstaatler der Alptraum schlechthin. Natürlich war der Gedanke an schwarze Soldaten dem Haupte Lincolns nicht fix und fertig zum Zeitpunkt der Befreiungserklärung entsprungen. Diese Überlegung hatte seit Beginn des Krieges in der Luft gelegen, als nordstaatliche Schwarze sich in verschiedenen Orten freiwillig zum Militär gemeldet hatten. Nach der Devise, daß es sich um einen »Krieg der Weißen« handele, hatte das Kriegsministerium diese Freiwilligen immer abgelehnt. Zwar hatten schwarze Soldaten in der Revolution und im Krieg von 1812 mitgekämpft, aber seit 1792 war Negern der Dienst in den einzelstaatlichen Milizen versagt, und die reguläre Armee hatte niemals schwarze Soldaten angeworben. Die Vorurteile der alten Ordnung 1861 waren zählebig. Kriegsminister Camerons Äußerung vom Dezember 1861 über das Bewaffnen von Sklaven hatte Lincoln unter den Tisch fallen lassen, und im Sommer 1862 hatte es die Regierung zunächst abgelehnt, schwarze Regimenter in Kansas, dem besetzten Louisiana und auf den Inseln vor South Carolina aufstellen zu lassen.

Hingegen hatte die Kriegsmarine der Union von Anfang an Männer jeder Hautfarbe und sozialen Stellung genommen. Auf See dienten die Schwarzen in der Hauptsache als Heizer, Kohlenträger, Köche und Stewards. Aber schon im August 1861 fungierten »Konterbande«-Neger als Geschützmannschaft auf der *U.S.S. Minnesota.* Im Mai 1862 befehligte ein Sklave aus South Carolina namens Robert Smalls ein Kurierboot im Hafen von Charleston und fuhr auf ihm zur Blockadeflotte. Später wurde Smalls Lotse in der US-Marine.

Unterdessen setzten schwarze Führer, Abolitionisten und linke Republikaner ihren Kampf für die Einziehung schwarzer Soldaten fort. Das würde, wie sie meinten, nicht nur dem Norden helfen, den Krieg zu gewinnen; es wäre auch ein Beitrag zur Befreiung der Sklaven und zur Gleichberechtigung der ganzen Rasse. Frederick Douglass brachte es auf den Punkt: »Laßt den Schwarzen nur erst einmal die Messingbuchstaben US auf dem Rock, den Adler auf den Knöpfen, die Muskete über der Schulter und Patronen in der Tasche tragen, und keine Macht der Welt wird mehr bestreiten können, daß er sich das Recht auf Staatsbürgerschaft verdient hat.«[43]

Den Schwarzen zur Staatsbürgerschaft zu verhelfen war indes nicht das Hauptmotiv, das den Kongreß bewog, im Milizgesetz vom 17. Juli 1862 die Anwerbung von Negern »für jeden Dienst in Militär und Marine« vorzusehen, »für den sie tauglich befunden werden«. Vielmehr entsprang dieses Gesetz der Notwendigkeit, Arbeitsbataillone aufzustellen, um weiße Soldaten für den Kampf freizubekommen. Die Proklamation zur Sklavenbefreiung sah für schwarze Soldaten begrenzte Aufgaben »als Garnisonen von Festungen, Stellungen, Bahnhöfen und sonstigen Plätzen« vor, nicht aber den Kampf bei den Fronttruppen. Die Realität ging jedoch über die Politik hinweg. Hatte Lincoln neun Tage vor Bekanntgabe der vorläufigen Proklamation einer Delegation erklärt, ein derartiger Erlaß hätte denselben Effekt wie die Bulle des Papstes gegen den Kometen, so äußerte er am 4. August, drei Wochen, bevor das Kriegsministerium die Anwerbung von »Konterbande« für den Kriegsdienst im besetzten South Carolina genehmigte, vor einer Delegation: »Mit der Bewaffnung der Neger würden wir 50 000 Bajonette gegen uns kehren, die für uns waren.«[44] Aber schon während Lincoln diese Worte sprach, stand der Aufbau eines Regiments freier Neger in Louisiana kurz vor dem Abschluß, während in Kansas ein Regiment aus freien Schwarzen und »Konterbande« entstand. Zwei weitere Louisiana-Regimenter sowie das vom Kriegsministerium genehmigte South-Carolina-Regiment vollendeten in aller Stille während des Herbstes ihren Aufbau. Im Oktober erhielten die Schwarzen aus Kansas ihre Feuertaufe in einem Scharmützel in Missouri, bei dem zehn von ihnen den Tod fanden – die ersten schwarzen Kombattanten, die in diesem Krieg fielen.

Gegen Ende des Jahres bequemte sich die Regierung schließlich, die Existenz dieser Regimenter anzuerkennen. Es blieb ihr kaum etwas anderes übrig, denn inzwischen hatte Massachusetts sich in die Sache eingeschaltet. Aus diesem Küstenstaat stammte der Oberst der 1. South-Carolina-Freiwilligen, Thomas Wentworth Higginson, dessen Feder mindestens ebenso mächtig war wie sein Schwert. Nachdem er im Januar 1863 mit einem Teil seines Regiments einen kleinen Raid entlang einem Fluß in South Carolina unternommen hatte, schrieb Higginson für das Kriegsministerium einen begeisterten Bericht, der wie geplant seinen Weg in die Zeitungen fand. »Niemand weiß etwas über diese Männer, der sie nicht in der Schlacht erlebt hat«, hieß es da. »Kein Offizier in diesem Regiment bezweifelt mehr, daß der Schlüssel zur erfolgreichen Weiterführung des Krieges in der unbeschränkten Verwendung schwarzer Truppen liegt.« Die *New York Tribune* bemerkte dazu, solche Berichte seien geeignet, »unser eingefleischtes angelsächsisches Vorurteil gegen die Tüchtigkeit und den Mut von Negertruppen zu erschüttern«.[45] Ungefähr zu derselben Zeit, als Higginson seinen Raid unternahm, rang der Gouverneur von Massachusetts, Andrew, dem Kriegsministerium die Erlaubnis zur Aufstellung eines schwarzen Regiments ab. Er bestellte für die Rekrutierung und als Offiziere prominente Abolitionisten und hatte bald genügend Männer aus den Nordstaaten beisammen, um sogar zwei Regimenter aufstellen zu können, das 54. und 55. Massachusetts. Ersteres wurde später das berühmteste schwarze Regiment dieses Krieges.

Die Rekrutierung schwarzer Soldaten führte nicht sogleich zu einem Gesinnungswandel im ganzen Norden. Im Gegenteil, in gewisser Weise verstärkte sie den Sturmlauf der Demokraten gegen die Sklavenemanzipation und verschärfte die rassischen Spannungen in der Armee. Die schwarzen Regimenter spiegelten die »Jim-Crow«-Mentalität jener Gesellschaft, die sie widerwillig akzeptierte: Sie waren von den weißen Regimentern getrennt, erhielten weniger Sold als die weißen Soldaten, wurden kommandiert von weißen Offizieren, die ihre Leute mitunter noch als »Nigger« betrachteten, und waren hauptsächlich für den Einsatz als Garnisons- und Arbeitsbataillone vorgesehen. Eine der ersten Schlachten, die diese schwarzen Truppen schlagen mußten, war die Schlacht um die Chance einer Bewährungsprobe im Kampf.

Gleichwohl markierte der Aufbau schwarzer Regimenter einen Wandel: Aus einem Krieg zur Bewahrung der Union war ein Krieg zum Umsturz der alten Ordnung geworden. Der Meinungsumschwung Lincolns von der Ablehnung schwarzer Soldaten zur Begeisterung über sie war bezeichnend für den Fortschritt dieser Revolution. Im März 1863 schrieb Lincoln an den Militärgouverneur von Tennessee, Andrew Jackson: »Der bloße Anblick von 50 000 bewaffneten und gedrillten schwarzen Soldaten an den Ufern des Mississippi würde die Rebellion sofort beenden. Und wer bezweifelt, daß wir diesen Anblick präsentieren können, wenn wir uns nur ernsthaft darum bemühen?«[46]

Die Reaktion des Südens auf die Sklavenemanzipation und die Anwerbung schwarzer Truppen war grausam – zumindest auf dem Papier, bedauerlicherweise aber auch manchmal in der Praxis. Als General Beauregard von der vorläufigen Befreiungsproklamation erfuhr, forderte er »die Hinrichtung aller abolitionistischen Gefangenen [der gefangengenommenen Unionssoldaten] nach dem 1. Januar. [...] Die Hinrichtung sollte mit der Garrotte erfolgen«. Jefferson Davis erklärte in seiner Botschaft an den Kongreß vom 12. Januar 1862 die Befreiungsproklamation zur »allererbärmlichsten Maßnahme in der Geschichte des schuldbeladenen Menschen«. Davis stellte in Aussicht, er werde gefangengenommene Unionsoffiziere zur Abstrafung an die einzelstaatlichen Regierungen überstellen – wegen »krimineller Aufhetzung zum Sklavenaufstand«. Auf dieses Verbrechen stand natürlich die Todesstrafe.[47]

Nach nüchterner Überlegung nahm man allerdings von einer solchen Politik wieder Abstand. Trotzdem kam es vereinzelt vor, daß der Süden gefangengenommene schwarze Soldaten samt Offizieren füsilierte. Schon bevor es offizielle Politik der Unionsregierung wurde, Schwarze anzuwerben, bekamen die Südstaatler Wind von den verfrühten Vorstößen in dieser Richtung im besetzten Louisiana und in South Carolina. Aus dem Hauptquartier der Konföderationsarmee kam am 21. August 1862 ein Tagesbefehl, wonach derartige »Verbrechen und Greueltaten« nach »Vergeltung« verlangten, und zwar in Form der »Hinrichtung« jedes gefangengenommenen Offiziers schwarzer Truppen als »Kapitalverbrecher«. Als im November 1862 ein Rebellenkommando bei einem Raid auf einer Insel South Carolinas vier Schwarze in Unionsuniformen gefangennahm, billigten Kriegsminister James A. Seddon und Präsident Davis die »summarische Exekution« dieser Männer als abschreckendes »Exempel« in bezug auf die Bewaffnung von Sklaven.[48] Einen Monat später, am Heiligabend, erließ Davis einen Tagesbefehl, in dem er verlangte, daß alle ehemaligen Sklaven und ihre Offiziere, die bewaffnet gefangengenommen wurden, zur Aburteilung den staatlichen Behörden übergeben würden. Am 30. Mai 1863 wurde durch den Kongreß der Konföderierten diese Politik bestätigt, zugleich aber bestimmt, daß gefangengenommene Offiziere vor ein Kriegsgericht zu stellen und nicht den staatlichen Behörden zu überantworten seien.[49]

Der Süden verfuhr nicht immer so; dennoch gibt es ernstzunehmende Indizien, daß mit gefangengenommenen Offizieren »auf dem Feld oder kurz danach kurzer Prozeß gemacht« wurde, wie es Kriegsminister Seddon gegenüber General Kirby Smith 1863 andeutete. Schwarze Kriegsgefangene wurden gelegentlich »auf der Flucht« erschossen. Ein Oberst der Konföderierten, dessen Regiment eine Abteilung schwarzer Soldaten in Louisiana gefangennahm, berichtete, daß einige der Männer einen Fluchtversuch unternommen hätten. »Daraufhin befahl ich, sie alle zu erschießen, und wirkte mit meinem Revolver an der Durchführung des Befehls mit.« Ein Soldat aus North Carolina schrieb nach einem Scharmützel mit einem schwarzen Regiment an seine Mutter: »Ein paar wurden gefangengenommen und dann mit dem Bajonett durchbohrt oder verbrannt. Die Männer waren völlig außer sich bei der Vorstellung, gegen Neger zu kämpfen, und wüteten gegen sie wie der Leibhaftige.«[50]

Gerüchte und Berichte von diversen solcher Massaker beunruhigten die Behörden der Union während des ganzen Krieges und brachten sie mehr als einmal dazu, mit Vergeltung zu drohen. Dies war einer der Gründe, weshalb man zögerte, schwarze Truppen im Kampf einzusetzen, wo das Risiko der Gefangennahme besonders hoch war. Die Weigerung der Konföderierten, gefangengenommene schwarze Soldaten wie normale Kriegsgefangene zu behandeln, trug schließlich dazu bei, daß der Gefangenenaustausch zum Erliegen kam, was für beide Seiten tragische Folgen hatte.

III

Die Diplomaten der Nordstaaten waren über die zunächst skeptische Reaktion vieler Engländer auf die Emanzipationsproklamation enttäuscht. Als ihnen jedoch die ganze Tragweite des Erlasses bewußt wurde und als Lincoln am 1. Januar deutlich machte, daß es ihm damit ernst war, zogen die britischen Gegner der Sklaverei zugunsten der Union vom Leder. Im ganzen Königreich kam es zu Massenveranstaltungen. Die Sympathisanten der Konföderation mußten sich eine Zeitlang zurückhalten. Als Folge dieses »Gefühlsüberschwanges« brach, wie Charles Francis Adams befriedigt vermerkte, »die ganze Anerkennungsagitation in sich zusammen«. Der junge Henry Adams, dessen Gefühle zwischen Verzweiflung und Euphorie hin- und herschwankten, war von den unionsfreundlichen Gefühlsergüssen der Briten überwältigt. »Die Befreiungserklärung hat hier mehr für uns bewirkt als alle unsere bisherigen Siege und unsere ganze Diplomatie«, schrieb er hyperbolisch an seinen Bruder Charles Francis junior, einen Kavalleriehauptmann in der Potomac-Armee. »Wenn es nur bei euch daheim keine Katastrophen gibt – wir werden den Auslandshoffnungen der Rebellen ein solches Schachmatt entgegensetzen, wie sie es noch nie erlebt haben.«[51]

Aber es gab bei den Unionsarmeen neue Katastrophen. Die Auslandshoffnungen der Rebellen, aber auch ihre Aussichten daheim erlebten in diesem Winter der Enttäuschungen für den Norden neuen Aufschwung.

19.

Drei Flüsse im Winter – 1862 auf 1863

I

Zweifellos war Lincoln enttäuscht, daß es McClellan nicht gelungen war, Lee am Antietam niederzuringen, doch er erwartete nun von der Potomac-Armee, daß sie den Rebellen nachsetzte und den Kampf mit ihnen suchte, solange sie fern der Heimat waren. Lincoln stattete der Armee Anfang Oktober einen Besuch ab und beschwor McClellan, sich in Bewegung zu setzen, bevor die Konföderierten Verstärkung heranschaffen und sich sammeln konnten. Nach seiner Rückkehr nach Washington ließ der Präsident McClellan durch Halleck die Weisung erteilen: »Gehen Sie über den Potomac, und stellen Sie sich zum Kampf. [...] Ihre Armee muß jetzt marschieren, wo die Wege noch gut sind.«[1]

Aber McClellan wandte wie gewohnt ein, er könne nicht agieren, solange seine Proviantwagen nicht wieder aufgefüllt und seine Truppen nicht wieder formiert seien. Halleck schlug die Hände über dem Kopf zusammen: Er wußte, daß die Armee von Nord-Virginia in schlechterem Zustand war als die Potomac-Armee. McClellans Untätigkeit »hängt mit zum Halse heraus und macht mich krank«, schrieb Halleck im Oktober. »Es herrscht da eine Unbeweglichkeit, von der sich kein Mensch einen Begriff macht. Man braucht einen archimedischen Punkt, um diese träge Masse in Bewegung zu versetzen.« Die Republikaner waren ebenso ungeduldig wie Halleck. »Welche böse Macht hindert die Potomac-Armee am Vorrücken?« fragte der Herausgeber der *Chicago Tribune* am 13. Oktober. »Welcher verderbliche Einfluß lähmt unsere Armee und verschenkt diese großartige Möglichkeit zum Kämpfen? Und wenn es McClellan ist: Sieht der Präsident nicht, daß er ein Verräter ist?«[2]

Auch Lincoln wurde zornig. Doch anstatt McClellan abzusetzen, versuchte er es mit väterlichem Rat. »Sie erinnern sich, daß ich mit Ihnen einmal von Ihrer Übervorsichtigkeit gesprochen habe«, schrieb er dem General am 13. Oktober.

»Sind Sie nicht übervorsichtig, wenn Sie annehmen, etwas nicht zu vermögen, was der Feind ständig vermag?« McClellan habe behauptet, nur mit vollem Magen und neuen Schuhen könnten seine Leute 20 Meilen am Tag marschieren, während die Rebellen trotz unzureichender Versorgung und ohne Schuhe marschierten und kämpften. Mit dem Warten auf eine intakte Nachschublinie »ignoriert man die Frage der *Zeit,* die nicht ignoriert werden kann und darf«. Wenn McClellan über den Potomac gehe und sich zwischen den Feind und Richmond schiebe, könne er Lee zwingen, sich einem Kampf auf Gedeih und Verderb zu stellen. »Wir dürfen nicht so operieren, daß wir ihn bloß verjagen. Wenn wir den Feind nicht dort schlagen können, wo er jetzt steht [westlich von Harper's Ferry], können wir ihn nie schlagen. [...] Wenn wir es nie versuchen, wird es uns nie gelingen.«[3]

Aber auch dieser Appell rührte McClellan nicht. Als er weitere zwei Wochen lang nicht viel mehr zuwege brachte als Telegramme über zusammengebrochene Pferde, verlor Lincoln die Geduld. »Darf ich mir die Frage erlauben, was die Pferde Ihrer Armee seit der Schlacht am Antietam so Anstrengendes getan haben?« Solche Sticheleien versetzten McClellan in Wut. »Das Wohl des Vaterlandes«, schrieb er an seine Frau, »verlangt, daß ich mir das alles gefallen lasse – von Leuten, die unter mir stehen! [...] Niemals hat es eine treffendere Bezeichnung für ein gewisses Individuum gegeben als das Wort ›Gorilla‹.«[4] In Wirklichkeit hatte McClellan wieder einmal den Blick für die Realität verloren. Er hielt sich für den Helden von Antietam und glaubte, die Regierung herumkommandieren zu können. »Ich habe verlangt, daß Stanton abgelöst wird und ich an Hallecks Stelle als Oberbefehlshaber trete«, teilte er seiner Frau mit. »Das einzig Sichere für das Vaterland und mich ist, alle diese Leute abzuhalftern.«[5]

Am 26. Oktober begann die Potomac-Armee endlich den Übergang über den Fluß, der ihr den Namen geliehen hatte, verfuhr dabei jedoch so langsam, daß Lee das Korps Longstreets zwischen Richmond und den Blauröcken postieren konnte, während Jackson im Shenandoahtal blieb und McClellans Flanke im Auge behielt. Das war für Lincoln der Tropfen, der das Faß zum Überlaufen brachte; er hatte es satt, »mit einem Naber zu bohren, der zu stumpf ist, um zu greifen«. Am 7. November ersetzte er McClellan durch Burnside.[6] Gegenüber seinem Privatsekretär erklärte Lincoln, als McClellan »dauernd, um Zeit zu schinden, mit kleinen Ausflüchten kam, er brauche noch dies und jenes, hatte ich zum erstenmal Angst, daß er vielleicht ein falsches Spiel spielte – daß er dem Feind gar nichts anhaben wollte«. Wenn er zulassen sollte, daß Lee den Marsch auf Richmond blockierte, »war ich entschlossen ... ihn abzulösen. Er ließ es zu, und ich entließ ihn«.[7]

McClellans Abschied von der Armee war gefühlsbeladen. Ein paar Offiziere ergingen sich in dunklen Andeutungen, sie würden »gegen Washington Front machen« und »diese infernalischen Schufte in den Potomac werfen«. Doch nichts dergleichen geschah, und nichts während seiner Kommandantur gereichte McClellan so zur Ehre wie sein Abschied von ihr. »Haltet zu General Burnside, wie ihr zu mir gehalten habt, dann wird alles gut!« rief er seinen Männern zu, und sie bejubelten den General, der sie zu einer Armee zusammengeschmiedet hatte. Einer derer, die McClellans Ablösung am meisten bedauerten, war Burnside selbst. Zwar gehörte er zu den wenigen Unionsgenerälen im Osten, die markante Erfolge vorzuweisen hatten – nämlich an der Küste North Carolinas –, aber er hielt sich nicht für geeignet, die Potomac-Armee zu befehligen. Diese Selbsteinschätzung erwies sich nur allzubald als richtig.

Immerhin hatte Burnside einen guten Start. Anstatt weiter stracks nach Süden zu marschieren und sich auf die anfällige Bahnlinie durch Manassas als Nachschubweg zu verlassen, führte er die ungefüge Armee von 110000 Mann ungewohnt rasch nach Falmouth gegenüber Fredericksburg am Rappahannock. Hier hoffte er den Fluß zu überqueren und gegen Richmond vorzudringen; seine Nachschublinien sah er durch die Marine gesichert, welche die in die Chesapeake Bay mündenden Flüsse beherrschte. Der Nachteil dieser Strategie waren die zahlreichen zu querenden Flüsse, angefangen beim Rappahannock. Durch rasche Gangart hatte Burnside allerdings am 17. November zwei Vorauskorps in Falmouth stehen, bevor Lee seine Truppen schwenken und den Flußübergang blockieren konnte. Die Pontons, die Burnside zur Überquerung des Flusses brauchte, ließen jedoch über eine Woche auf sich warten – ein Zeitverlust, den Burnsides Begabung für unklare Instruktionen und Hallecks Mißverständnis in bezug auf Ort und Zeit der von Burnside geplanten Flußüberquerung verschuldet hatten. Infolgedessen hatten sich die meisten von Lees 75000 Mann bereits im Bergland südlich des Rappahannock verschanzt, bevor die Pontons eingetroffen waren.

Lee war entschlossen, hier notfalls den ganzen Winter zu verbringen, was sich Burnside nicht leisten konnte. Lincoln und die Öffentlichkeit erwarteten eine Offensive. Nach langem Überlegen war Burnside zu dem Ergebnis gelangt, daß Lee seine Flußüberquerung ober- oder unterhalb von Fredericksburg erwarten würde, und beschloß daher: »Ein Flußübergang direkt vor unserer Front wird den Feind am meisten verblüffen.« Verblüfft war Lee indes nur von der Torheit dieser Taktik. Er hatte Longstreets Korps über eine Länge von vier Meilen auf erhöhtem Gelände oberhalb Fredericksburgs postiert, mit ungehindertem Schußfeld auf den eine halbe Meile breiten Streifen, den angreifende Truppen durchqueren mußten. Einer der Artillerieoffiziere Longstreets meinte: »Nach dem Streifen kräht kein Hahn mehr, wenn wir draufhalten!«[8] In der Hoffnung, daß die Unionstruppen diese Stellung würden stürmen wollen, beschloß Lee, ihrem Flußübergang nur eben so viel Widerstand zu leisten, daß Jacksons Korps Zeit hatte, flußaufwärts heranzukommen, sich mit Longstreet zu verbinden und so die Front der Konföderierten um weitere drei Meilen zu verlängern.

Im Morgengrauen des 11. Dezember begannen Pioniere der Union, drei Pontonbrücken in Höhe von Fredericksburg sowie drei weitere einige Meilen flußabwärts anzulegen. Die Brückenbauer am unteren Flußabschnitt konnten im Schutz der Artillerie ungestört arbeiten. In Fredericksburg aber feuerte eine Mississippi-Brigade, sobald es hell genug war, aus Häusern und Schützenlöchern auf die Pioniere und schoß sie ab. Unionsartillerie bombardierte die Gebäude (die meisten Zivilisten hatte man evakuiert), aber die Heckenschützen feuerten aus den Trümmern weiter. Schließlich setzten drei blaue Regimenter mit dem Boot über und verjagten die Rebellen in einem Häuserkampf. Nachdem der Rest der Armee den Fluß überquert hatte, plünderten die Unionssoldaten die Stadt und zerschlugen in den verlassenen Häusern Möbel, Klaviere, Glaswaren und alles, was ihnen an »Rebellen«-Eigentum in die Hände fiel.

Für viele dieser Plünderer war es die letzte Nacht ihres Lebens. In der Schlacht von Fredericksburg vom 13. Dezember 1862 trafen erneut die große Tapferkeit der einfachen Unionssoldaten und ihr falscher Einsatz durch die Kommandeure auf den verbissenen Kampfgeist und die tüchtige Feldherrenkunst der Konföderierten. Burnsides Taktik sah vor, daß der linke Flügel unter General William B. Franklin die von Jackson befehligte Rechte der Konföderierten angreifen sollte, während der rechte Flügel der Union Longstreets Defensivkräfte auf Marye's Heights hinter der Stadt binden sollte. Wenn es Franklin gelang, Jacksons Flanke aufzurollen, konnte aus der Sondierung der rechten Unionsseite ein veritabler Angriff werden. Die geringen Erfolgsaussichten dieses Plans zerschlugen sich jedoch, da die schriftlichen Weisungen Burnsides an Franklin verwirrend waren und Franklin es versäumte, mit seinen 50000 Infanteristen vorzugehen, als die Gelegenheit günstig war.

Am Vormittag des 13. Dezember hob sich der Nebel und gab den Blick auf das Heer von Franklins Männern frei, das über die Ebene südlich des im Bergland versteckten Hauptquartier Lees vorrückte. Diese Unionstruppen begannen alsbald mit dem Sturm auf Jacksons Stellung auf dem Prospect Hill. Eine Pennsylvania-Division unter dem Kommando von George Gordon Meade entdeckte entlang einer überwachsenen Schlucht eine Lücke in Jacksons Front und drang in die Verteidigungsstellung der Konföderierten ein. Hier wäre ein Durchbruch möglich gewesen, wenn Hilfstruppen in die Bresche geworfen worden wären – aber Franklin versäumte dies. Südstaatliche Reserven rückten im Eilschritt vor und begannen einen Gegenangriff, mit dem sie die Pennsylvanier aus den Wäldern in offenes Gelände trieben, bis sie von Unionsartillerie gestoppt wurden. Lee verfolgte das Geschehen ängstlich von seinem Befehlsstand aus und seufzte erleichtert auf, als seine Leute das Loch wieder stopften. Zu Longstreet sagte er: »Ein Glück, daß der Krieg so furchtbar ist; sonst würden wir noch Geschmack daran gewinnen!«[9]

Franklin führte zu keinem Zeitpunkt mehr als die Hälfte seiner Leute ins Treffen und erneuerte auch den Angriff nicht, trotz ausdrücklichen Befehls von Burnside. Unterdessen hatte sich die anfängliche Sondierung durch die rechte Seite der Union zu einer Reihe von Angriffen in Brigadenstärke entwickelt, die ebenso mutig und ebenso sinnlos waren wie alles in diesem Krieg. Immer neue Wellen von Blauröcken brandeten von der Stadt aus gegen Marye's Heights. Ihr Weg war vorgezeichnet durch Schluchten, einen Sumpf und einen Entwässerungsgraben; dieser führte auf einen Hohlweg, der an einer Steinmauer von einer halben Meile Länge am Fuß des Berges endete. Knapp 50 Meter vor der Steinmauer brachen sich die Angriffswellen, und jede einzelne von ihnen hinterließ beim Zurückweichen Hunderte von Sterbenden und Toten. Hinter der Mauer standen vier Reihen Schützen aus Georgia und North Carolina, die mit maschinengewehrartiger Schnelligkeit luden und schossen. Trotzdem brachen die Yankees an diesem kurzen, aber endlos scheinenden Dezembernachmittag immer aufs neue vor – alles in allem 14 Brigaden. »Es ist fast nicht menschenmöglich, daß Soldaten mehr Kampfgeist beweisen und Generäle weniger Einsicht.«[10]

Als die frühe Abenddämmerung endlich zur Nacht wurde, hatte die Unionsarmee eine der schlimmsten Niederlagen dieses Krieges erlitten. Die Verluste der Union waren mit fast 13000 Mann ungefähr so hoch wie am Antietam; die meisten waren vor der Steinmauer am Fuße von Marye's Heights gefallen. Die Konföderierten, aus guter Deckung in der Defensive kämpfend, zählten nicht einmal 5000 Tote und Verwundete. Erschüttert von diesem Desaster, wollte Burnside am nächsten Tag persönlich einen Verzweiflungsangriff mit seinem 9. Korps führen, besann sich aber eines Besseren und zog die Armee in der stürmischen Nacht des 15. Dezember unbehelligt über den Fluß zurück.

Aufs neue war ein Feldzug »auf Richmond« jämmerlich gescheitert. Drastischer wohl als jede Schlacht zuvor führte Fredericksburg den Nordstaatlern die Schrecken des Krieges vor Augen. Der Teppich von Leichen vor der Steinmauer prägte sich unvergeßlich einem Soldaten ein, der während eines Waffenstillstands am 15. Dezember beim Begraben der Toten half. Die Leichen waren »auf das

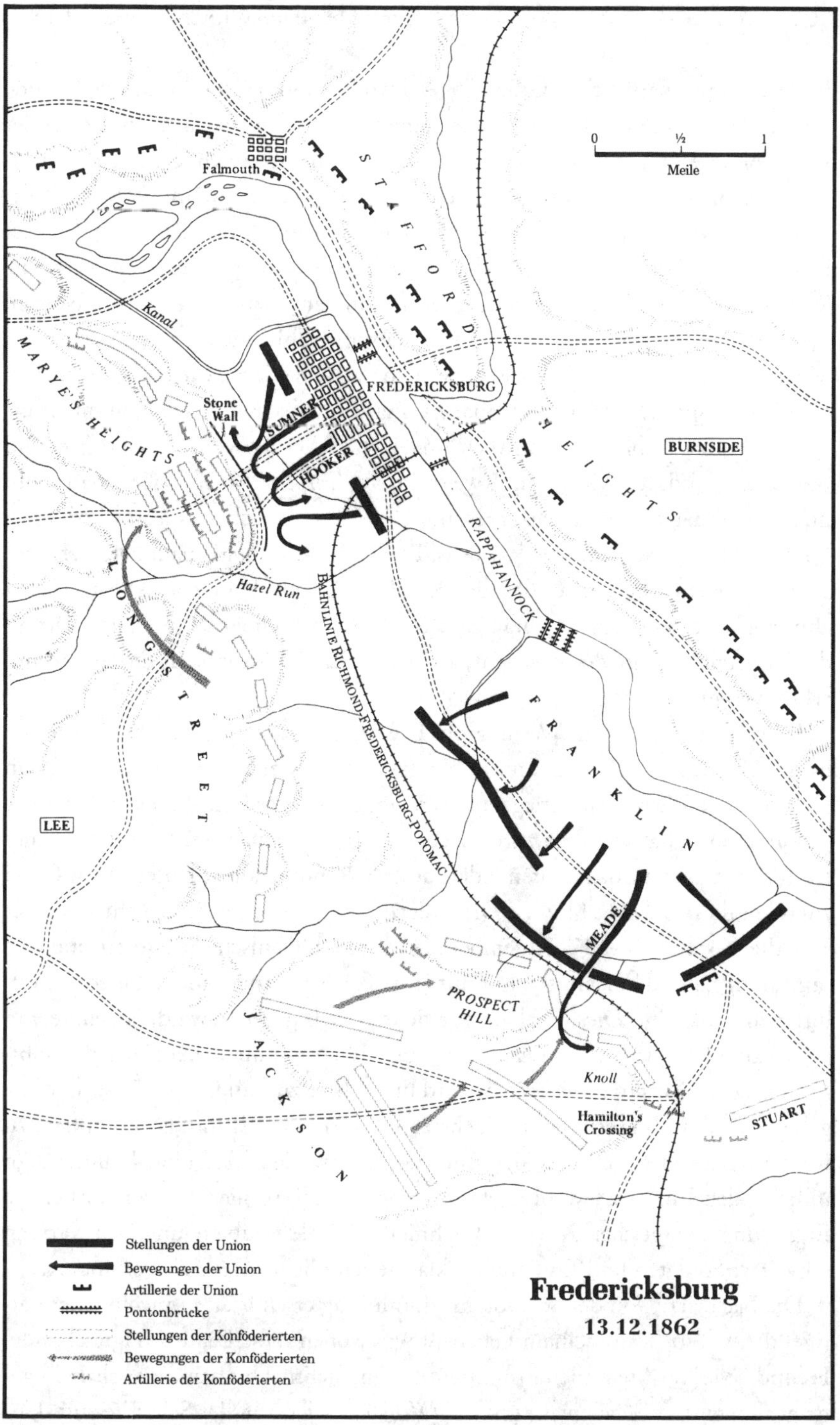

0 ½ 1
Meile
Falmouth
STAFFORD
Kanal
MARYE'S HEIGHTS
Stone Wall
SUMNER
HOOKER
FREDERICKSBURG
BURNSIDE
HEIGHTS
RAPPAHANNOCK
Hazel Run
BAHNLINIE RICHMOND-FREDERICKSBURG-POTOMAC
LONGSTREET
FRANKLIN
LEE
MEADE
PROSPECT HILL
Knoll
Hamilton's Crossing
STUART
JACKSON
Stellungen der Union
Bewegungen der Union
Artillerie der Union
Pontonbrücke
Stellungen der Konföderierten
Bewegungen der Konföderierten
Artillerie der Konföderierten
Fredericksburg
13.12.1862

Doppelte ihrer natürlichen Größe angeschwollen und meist schwarz wie Neger«. Hier lag »einer ohne Kopf, dort einer ohne Beine, woanders lagen ein Kopf oder Beine ohne Rumpf ... mit Granatsplittern im austretenden Gehirn und Einschüssen in den aufgedunsenen Gliedmaßen«.[11] Dieser furchtbare Blutzoll für nichts und wieder nichts führte zu einer Krise der Moral in der Armee und an der Heimatfront. Die Soldaten schrieben nach Hause: »Mein Glaube an die Sache wird schwächer. [...] Ich habe restlos genug von dem Elend und von den Narren, die uns das Elend bescheren. [...] Ganz Virginia lohnt nicht solche Verluste an Menschenleben. [...] Warum geben wir nicht zu, daß wir besiegt sind, und suchen eine Einigung?« Die Menschen »haben, ingrimmig schweigend, Dummheit ertragen, Verrat, Fehlschläge, Entbehrungen, den Verlust von Angehörigen und Freunden«, erklärte das normalerweise loyale *Harper's Weekly*, »aber man kann nicht von ihnen erwarten, daß sie es hinnehmen, wenn sich Massaker wie das von Fredericksburg wiederholen«.[12] Burnside nahm die Schuld mannhaft auf sich, aber die eigentliche Zielscheibe der Kritik war vielfach Lincoln selbst: »Er ist ahnungslos, eigensinnig ... unfähig.« »Wenn es noch einen schlimmeren Ort als die Hölle gibt«, sagte der Präsident, als er von der Katastrophe in Fredericksburg erfuhr, »dann den, wo ich jetzt bin.«[13]

Es waren trübe Tage in Washington. Die merkwürdigsten Gerüchte kursierten in der Hauptstadt: Das gesamte Kabinett, hieß es, werde zurücktreten und von Demokraten, die für den Krieg eintraten, abgelöst; oder Lincoln selbst werde zugunsten Hannibal Hamlins zurücktreten; oder McClellan werde als Chef einer Militärregierung zurückgerufen; oder radikale Republikaner planten einen Coup zur Umbildung des Kabinetts. Dieses letzte Gerücht entbehrte nicht ganz der Wahrheit. Am 16. und 17. Dezember hielten republikanische Senatoren eine Versammlung ab und beschlossen mit nur einer Gegenstimme, eine Kabinettsumbildung zu verlangen. Dieser Schachzug richtete sich gegen Seward; er zeugte von dem Konflikt zwischen konservativen und linken Republikanern, der der kabinettsinternen Rivalität zwischen Seward und Chase zugrunde lag. Chase, der insgeheim darauf hinarbeitete, als nächster Präsidentschaftskandidat nominiert zu werden, hatte alles getan, um den Eindruck zu erwecken, daß Lincoln unter dem unheilvollen Einfluß Sewards stehe. Dieser Einfluß, so hieß es, habe bisher die Ergreifung energischer Kriegsmaßnahmen wie Sklavenbefreiung, Anwerbung schwarzer Soldaten und Ernennung sklavereifeindlicher Generäle verhindert.

Die Nachricht von der Senatorenversammlung erschütterte Lincoln »mehr als irgend etwas sonst in meinem Leben«. »Was wollen diese Leute?« fragte er einen Freund. »Sie möchten mich loswerden, und manchmal bin ich mehr als halb geneigt, ihnen den Gefallen zu tun. [...] Wir stehen jetzt an der Schwelle zum Untergang. Mir scheint, der Allmächtige ist gegen uns.«[14] Doch der Präsident riß sich zusammen und bewältigte die Affäre auf eine Weise, die letztlich seine Führungsrolle stärkte. Am 19. Dezember empfing er eine Delegation republikanischer Senatoren und hörte sich Reden an, »die Mr. Seward Lauigkeit der Kriegführung attestierten«. Seward hatte bereits seinen Rücktritt angeboten, doch davon sagte Lincoln nichts. Statt dessen bat er die Delegation noch einmal zu sich. Am nächsten Tag sahen sich die Senatoren zu ihrer Überraschung dem gesamten Kabinett (mit Ausnahme Sewards) gegenüber. Lincoln verteidigte den abwesenden Außenminister und betonte, daß alle Kabinettsmitglieder bedeutsame politische Entscheidungen, für die er als Präsident allein verantwortlich sei, mitgetragen hätten. Dann wandte er sich an das Kabinett und bat es um Bestätigung. Chase, in die Enge getrieben, konnte nur seine Zustimmung murmeln. Geduckt und verlegen zogen die Senatoren ab. Am nächsten Tag bot ein erzürnter Chase seinen Rücktritt an. Lincoln war nun Herr der Lage. Die Senatoren konnten Seward nicht loswerden, ohne zugleich Chase zu verlieren. Der Präsident lehnte beide Rücktrittsgesuche ab. Die stürmische politische Großwetterlage in Washington begann sich zu beruhigen. Zwar blieben die militärischen Aussichten düster, aber Lincoln hatte eine Bedrohung seiner politischen rechten Flanke abgewehrt – zumindest fürs erste.[15]

II

Jefferson Davis stand im Winter von 1862 auf 1863 ebenfalls vor quälenden Problemen. Während Lincoln in Washington Senatoren duckte, begab sich Davis nach Tennessee und Mississippi, um seine Generäle wegen militärischer Rückschläge auf diesen Schauplätzen zur Rede zu stellen. Im November hatte sich Joseph E. Johnston zum Dienst zurückgemeldet, nachdem er seine in Seven Pines erlittene Verletzung auskuriert hatte. Wegen seiner früheren Differenzen mit Davis war Johnston zur Anlaufstelle für eine Reihe von Kritikern des Präsidenten geworden. Vielleicht um diese Kritiker zu verwirren, ernannte Davis am 24. November Johnston zum »bevollmächtigten Befehlshaber« eines neugebildeten »Department of the West« [Heeresbereich West], das sich vom Mississippi bis zu den Appalachen erstreckte. Dieser neue Bereich sah zwar auf dem Papier eindrucksvoll aus, doch ein mürrischer Johnston erkannte in der Ernennung nur den Versuch, ihn auf ein »rein nominelles und überflüssiges« Kommando abzuschieben.[16] Das war ungerecht: Davis wollte wirklich jemanden haben, der sich um das strategische Problem im Westen kümmerte. Johnston betrachtete diese Aufgabe als undankbar, zum Teil deshalb, weil die Tennessee-Armee in Murfreesboro noch immer durch die Uneinigkeit zwischen Bragg und seinen Korpskommandeuren gespalten war. Der neue Chef der Mississippi-Armee in Vicksburg hingegen war aufgrund seiner Herkunft unbeliebt. Es handelte sich um John C. Pemberton, einen Artillerieexperten, dem Davis im Oktober statt des Kommandos der Verteidigungsanlagen in Charleston das Kommando über die Verteidigungsanlagen Vicksburgs übertragen hatte. Der bärbeißige Pemberton war zwar aus Philadelphia gebürtig, aber durch die Ehe mit einer Frau aus Virginia zum Wahlsüdstaatler geworden. Im Kampf hatte er bisher nichts geleistet, was es in den Augen der Soldaten aus Mississippi gerechtfertigt hätte, ausgerechnet diesem »Yankee« die Verteidigung ihres Heimatstaates zu übertragen. In der Tat ist schwer zu verstehen, warum Davis ihn ernannte (anstatt beispielsweise Johnston nach Vicksburg zu senden), es sei denn, er wollte auf diese Weise Platz für einen anderen Problemgeneral schaffen, nämlich Beauregard. Der schillernde Kreole übernahm Pembertons Posten in Charleston, wo er wegen der Beschießung von Fort Sumter und der Eröffnung des Krieges als Held gefeiert wurde.

Dieses Theater im Westen zwang Davis, sich vom Krankenbett zu erheben und im Dezember eine Reise zu den gärenden Kriegsschauplätzen zu unternehmen. Aber die Fahrt brachte die Dinge nicht ins Lot, sondern machte sie in gewisser Weise noch schlimmer. Ohne Johnston zu konsultieren, beorderte Davis eine 7500 Mann starke Division aus Braggs Armee zu Pemberton. Als Bragg und Johnston einwandten, dadurch würde man Rosecrans' Armee in Nashville zum Angriff auf die geschwächte Tennessee-Armee ermutigen, entgegnete Davis, daß Pembertons Risiko noch größer und das Halten von Vicksburg kriegswichtiger sei als die Verteidigung von Mittel-Tennessee. Johnston, der Davis nach Vicksburg begleitete, mißbilligte die Verteidigungsvorkehrungen Pembertons und drang auf eine verkürzte befestigte Linie, die mit einer provisorischen Truppe gehalten werden konnte, so daß der größte Teil der Armee für mobile Operationen frei war. Johnston war auch der Ansicht, die Hauptarmee der Konföderierten in Mississippi sei zu klein für einen militärischen Erfolg, und verlangte ihre Verstärkung durch Truppen vom anderen Flußufer, selbst wenn dies den vorübergehenden Verlust von Arkansas bedeutete. Davis machte dem Kommandeur von Arkansas zwar den *Vorschlag,* Truppen nach Vicksburg zu entsenden, aber er gab ihm nicht den *Befehl* dazu, und so unterblieb es. Johnston versuchte, von seinem wertlosen Kommando zurückzutreten, doch der Präsident überredete ihn zum Bleiben. Der Mangel an gegenseitigem Vertrauen zwischen beiden Männern und ihre unterschiedlichen strategischen Vorstellungen verhießen allerdings für die Zukunft nichts Gutes.

Kurzfristig nahmen indes die Aussichten der Konföderierten im Westen eine Wendung zum Besseren. Nach der im Sommer mit Erfolg erprobten Formel störten Reiter-Raids der Rebellen gegen Nachschublinien der Union Grants ersten Feldzug gegen Vicksburg und hätten um ein Haar Rosecrans' Offensive gegen Bragg abgeschlagen.

Nach der Schlacht von Corinth im Oktober hatte Grant eine Invasion gen Süden, entlang der Mississippi Central Railroad, begonnen, mit dem Ziel, Vicksburg einzunehmen. Nach Errichtung einer vorgeschobenen Basis in Holly Springs war Grant Anfang Dezember mit 40 000 Mann gegen Oxford vorgerückt. Doch ein Feind vor seiner Front und zwei im Rücken erschwerten ein weiteres Vorgehen. Vor Grants Front hatte Pemberton 20 000 Mann entlang dem Yalabusha River bei Grenada verschanzt. In Grants Rücken boten 150 Meilen Bahndamm ein verlockendes Ziel für feindliche Reiterei. Noch weiter hinten – schon in Illinois – lauerte eine potentielle Gefahr für Grant in Gestalt seines einstigen Untergebenen John A. McClernand: Dieser auch politisch engagierte General war dabei, seine eigene Armee aufzustellen, um mit ihr den Mississippi hinabzumarschieren und auf eigene Faust Vicksburg anzugreifen. McClernand, ein Demokrat, der für den Krieg eintrat, aus Lincolns Heimatstaat, hatte den Präsidenten davon zu überzeugen vermocht, daß er die Flamme des demokratischen Patriotismus in den frühen Nordweststaaten wieder entzünden könne, falls er ihm, McClernand, ein selbständiges Kommando übertrage. Ohne Grant einzuweihen, gab Lincoln ihm grünes Licht. McClernand beseelte der Traum von kriegerischen Ruhmestaten, und so rekrutierte er im Lauf des Herbstes mit großer Energie Dutzende von neuen Regimentern, die er nach Memphis brachte. Grant bekam von diesem Treiben Wind und verlangte eine Klarstellung seiner Autorität. Oberbefehlshaber Halleck, der Grants Vorbehalte gegen McClernand teilte, drahtete Grant, er habe die volle Befehlsgewalt über sämtliche Truppen in seinem Bereich. Ferner ordnete Halleck an, daß die von McClernand aufgestellten Divisionen in zwei Korps unter dem Kommando McClernands beziehungsweise Shermans aufzuteilen seien. Als McClernand das erfuhr, beklagte er sich bitter bei Lincoln, eine Verschwörung alter West-Point-Kameraden habe ihn um seine Armee betrogen. Lincoln hielt jedoch Grant und Halleck die Stange und riet McClernand zu seinem eigenen Besten wie zu dem des Landes, den Befehlen zu gehorchen und weiterzukämpfen.[17]

Die größte Demütigung erlebte McClernand, als er am 28. Dezember in Memphis eintraf und seine Truppen nicht vorfand. Grant hatte den »politischen General« im Spiel der Armeepolitik ein weiteres Mal überlistet, wobei ihm unwissentlich niemand anderer als Nathan Bedford Forrest assistiert hatte. Als Grant von den neuen Truppen erfahren hatte, die in Memphis eintrafen, hatte er Sherman entsandt, sie auf eine Expedition flußabwärts gegen Vicksburg vorzubereiten, die parallel zu Grants Invasion auf dem Landweg stattfinden sollte. Gelang diese Zangenbewegung, zwänge sie Pemberton, seine unterlegenen Kräfte zu teilen, und der Union wäre die Umklammerung Vicksburgs vom Land und vom Fluß her möglich. Falls McClernand noch vor dem Abmarsch der Flußexpedition in Memphis eintraf, sollte er aus Gründen des Dienstalters das Kommando übernehmen. Sherman beeilte sich daher mit seinen Vorbereitungen und brach am 20. Dezember auf. Ein Telegramm Grants nach Illinois, das McClernand von dem unmittelbar bevorstehenden Abmarsch der Expedition informierte, verzögerte sich, weil ein Raid Forrests die Verbindungslinien Grants unterbrochen hatte.

Grant hatte indessen wenig Veranlassung, sich Forrest verbunden zu fühlen, denn diese Aktion sowie ein anderer zeitgleich erfolgender Raid durch Van Dorns Reiterei ließen Grants ersten Feldzug gegen Vicksburg scheitern. Forrest brach Mitte Dezember mit 2000 Mann in Mittel-Tennessee auf und ritt gen Westen. Während er unterwegs örtliche Partisanen seiner Truppe eingliederte, wußte er mehrere Garnisonen und Kavallerieabteilungen der Union zu überwältigen, zu überlisten oder zu übertölpeln, machte 50 Meilen Bahngleise und Telegraphenlinien unbrauchbar, erbeutete oder vernichtete große Mengen Gerät und fügte der Union Verluste von 2000 Mann zu. Die Rebellen verloren nur 500 Mann, doch wurden diese mehr als wettgemacht durch neue Rekruten, denen es Forrests blitzartiges Taktieren und sein begeisternder Führungsstil angetan hatten. Zur selben Zeit ritt Earl Van Dorn mit einer 3500 Mann starken Kavallerietruppe von Grenada nach Norden, schlug hinter dem Rücken von Grants Armee einen Bogen und zerstörte am 20. Dezember das schlecht verteidigte Nachschubdepot in Holly Springs. Zur Sicherheit machte er noch einige Abschnitte des Bahndamms unbrauchbar und kehrte hinter die Linien der Konföderierten zurück, bevor die Unionsreiterei ihn einholen konnte.

Grant, ohne Nachschublinie tief in feindlichem Gebiet in der Luft hängend, brach den Vormarsch gegen Vicksburg ab. Während des Rückzugs nach Tennessee ernährte sich die Armee von unterwegs beschlagnahmten Lebensmitteln. Grant war »erstaunt über die umfangreichen Vorräte, die das Land hergab. Das bewies, daß wir zwei Monate lang vom Land hätten leben können. [...] Das war mir eine Lehre«.[18] Später sollten sich Grant und Sherman diese Lehre mit spektakulärem Erfolg zunutze machen; fürs erste aber brachte Grants Rückzug Sherman in die Bredouille. Sherman hatte sein (und McClernands) Korps den Yazoo River bis einige Meilen nördlich vor Vicksburg heraufgeführt, um einen Sturmangriff auf die Verteidigungsstellung der Konföderierten oberhalb des Chickasaw Bayou zu unternehmen. Durch dieses von vielen Wasseradern durchzogene Sumpfgelände führte der einzige Weg zu trockenem Gelände für einen Angriff gegen die nördlichen Verteidigungsstellungen Vicksburgs zu Lande. Shermans Pläne basierten auf der Annahme, daß der Vormarsch Grants den größten Teil von Pembertons Truppen binden werde. Da die Telegraphenlinien zerstört waren, konnte Grant Sherman nicht von seinem Rückzug informieren. Am 29. Dezember gelang es Sherman, zwei Drittel seiner 32000 Mann über die schmalen Knüppeldämme und durch den Morast zu schleusen und den Sturmangriff auf die Klippen zu eröffnen. Die 14000 wohlverschanzten Verteidiger schossen sie wie Kegel über den Haufen. Nachdem er fast 1800 Mann verloren hatte (gegenüber 200 bei den Konföderierten), gab Sherman auf. Die ramponierten und durchnäßten Blauröcke zogen sich zum Mississippi einige Meilen oberhalb Vicksburgs zurück. Die Kunde von dieser Pleite verdüsterte die Stimmung im Norden noch mehr.

Doch bald trafen Nachrichten aus Tennessee ein, die Lincoln etwas von seinen Sorgen nahmen. Seit der Übernahme der Cumberland-Armee Ende Oktober hatte William S. Rosecrans für Nachschub gesorgt und seine Truppen für einen Vormarsch neu formiert. Rosecrans war der wandelnde Widerspruch: ein Mann mit dem Mut einer Bulldogge, der sich aber nur widerstrebend auf ein Gefecht einließ; langsam und methodisch bei der Vorbereitung, agierte er rasch, sobald er einmal begonnen hatte; ein fröhlicher Zecher, aber auch ein frommer Katholik, der mit seinen Stabsoffizieren am liebsten über Theologie debattierte. Rosecrans hatte sein Kommando bekommen, weil Buell allzu vorsichtig gewesen war; Lincoln trieb Rosecrans an, unverzüglich gegen die Rebellen in Murfreesboro zu marschieren, wenn er sein Kommando behalten wolle. Nach nervenzerrüttenden Verzögerungen zogen Rosecrans' 42000 Mann endlich am zweiten Weihnachtsfeiertag von Nashville aus dem Showdown mit Braggs Tennessee-Armee entgegen.

Bragg hatte 8000 Infanteristen weniger als Rosecrans, doch die Rebellenreiterei glich das Defizit aus. Forrest und Morgan fielen weit hinter den Unionslinien mit ihren Raids ein, während Braggs übrige Kavallerie unter dem 26jährigen Joseph Wheeler die nordstaatliche Infanterie mit blitzartigen Scharmützeln beschäftigte. Am 29. Dezember brach Wheeler zu einem Rundritt hinter die feindlichen Linien auf, wo er Proviantwagen zerstörte und einen Teil von Rosecrans' Reservemunition erbeutete. Doch die Yankees rückten unerbittlich vor. Am 30. Dezember gingen sie zwei Meilen nordwestlich von Murfreesboro in Stellung, um Braggs zu beiden Seiten des Stones River aufgestellten Divisionen entgegenzutreten. Beide Befehlshaber entwarfen für den nächsten Morgen den gleichen

Plan: Sie wollten den Gegner am rechten Flügel angreifen, ihn im Rücken fassen und damit von der Basis abschneiden. Während die beiden Heere wenige hundert Yards voneinander entfernt in Stellung gingen, begannen ihre Kapellen einen musikalischen Wettstreit als Auftakt zum blutigen Ernst des folgenden Tages. Die Musikanten aus dem Norden intonierten den *Yankee Doodle* und *Hail Columbia* und bekamen von der anderen Seite *Dixie* und *The Bonnie Blue Flag* zu hören. Schließlich stimmte eine Kapelle *Home, Sweet Home* an, andere fielen ein, und bald sangen Tausende von »Yanks« und »Rebs«, die einander am nächsten Tag töten mußten, die alt vertraute sentimentale Weise.

Im Morgengrauen des 31. Dezember schlugen die Südstaatler als erste los; sie überraschten die Blauröcke beim Frühstück, wie schon zweimal zuvor, in Donelson und in Shiloh. Diesmal war der Vorteil des Erstschlags noch größer, denn die 13000 auf dem linken Flügel massierten Rebellen »wirbelten auf die Yankees nieder wie ein Schwarm Spechte im Hagel«, wie ein Gefreiter aus Tennessee schrieb.[19] In einem mehrstündigen, erbitterten Gefecht warfen die Grauröcke die rechte Unionsflanke drei Meilen zurück, wurden aber kurz vor dem Bahndamm und der Chaussee im Rücken der Union aufgefangen. Rosecrans blies den Angriff auf die rechte Seite der Konföderierten ab und brachte im Eiltempo Verstärkungen heran, um seine eigene eingedrückte Rechte zu stützen. »Old Rosy« zeigte sich in dieser kritischen Lage von seiner besten Bulldoggenseite; er ritt von einem Abschnitt der Front zum anderen, die Uniform bespritzt vom Blut eines Stabsoffiziers, dem, dieweil er neben Rosecrans hergeritten war, eine Kanonenkugel den Kopf abgerissen hatte.

Was die Unionsarmee an diesem Morgen vor einer Katastrophe bewahrte, war der grimmige Widerstand von Philip Sheridans Division in der rechten Mitte. Sheridan hatte mit Braggs Taktik gerechnet und seine Division schon um vier Uhr früh antreten lassen; als die Rebellen gegen sie losgingen, nachdem sie bereits zwei andere Divisionen der Union aufgerieben hatten, waren Sheridans Leute kampfbereit. Sie schlugen den Angriff unter großen Verlusten für sich selbst wie für den Gegner zurück: In einem vierstündigen Ringen verlor Sheridan seine drei Brigadekommandeure, und über ein Drittel seiner Leute fielen oder wurden verwundet. Gegen Mittag war die Front der Union in die Gestalt eines zusammengeklappten Taschenmessers gedrückt worden; ihr Angelpunkt war der Round Forest, ein Waldstück entlang dem Bahndamm und der Chaussee. Überzeugt davon, daß hier der Schlüssel zur Verteidigungsstellung der Union liege, befahl Bragg der Division unter dem Kommando von John C. Breckinridge – dem Vizepräsidenten Buchanans und demokratischen Präsidentschaftskandidaten des Südens von 1860 –, vorzugehen und den Round Forest nach der Devise »Alles oder

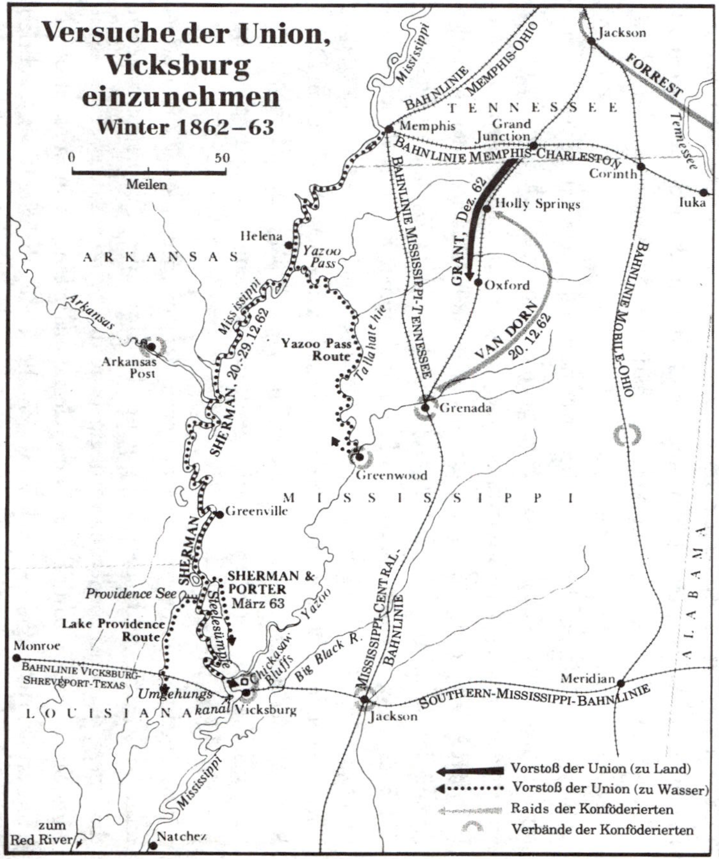

Versuche der Union, Vicksburg einzunehmen
Winter 1862–63
0
50
Meilen
Jackson
FORREST
Tennessee
Iuka
Corinth
BAHNLINIE MOBILE-OHIO
TENNESSEE
BAHNLINIE MEMPHIS-OHIO
Memphis
Grand Junction
BAHNLINIE MEMPHIS-CHARLESTON
Holly Springs
GRANT, Dez. 62
Oxford
VAN DORN 20.12.62
Grenada
BAHNLINIE MISSISSIPPI-TENNESSEE
Mississippi
Helena
Yazoo Pass
Yazoo Pass Route
Tallahatchie
Greenwood
ARKANSAS
Arkansas
Arkansas Post
SHERMAN, 20.-29.12.62
MISSISSIPPI
Greenville
SHERMAN
SHERMAN & PORTER März 63
Providence See
Lake Providence Route
Steelesümpfe
Yazoo
Chickasaw Bluffs
Big Black R.
MISSISSIPPI-CENTRAL-BAHNLINIE
Monroe
BAHNLINIE VICKSBURG-SHREVEPORT-TEXAS
Umgehungskanal
LOUISIANA
Vicksburg
Jackson
Meridian
SOUTHERN-MISSISSIPPI-BAHNLINIE
ALABAMA
zum Red River
Natchez
Vorstoß der Union (zu Land)
Vorstoß der Union (zu Wasser)
Raids der Konföderierten
Verbände der Konföderierten

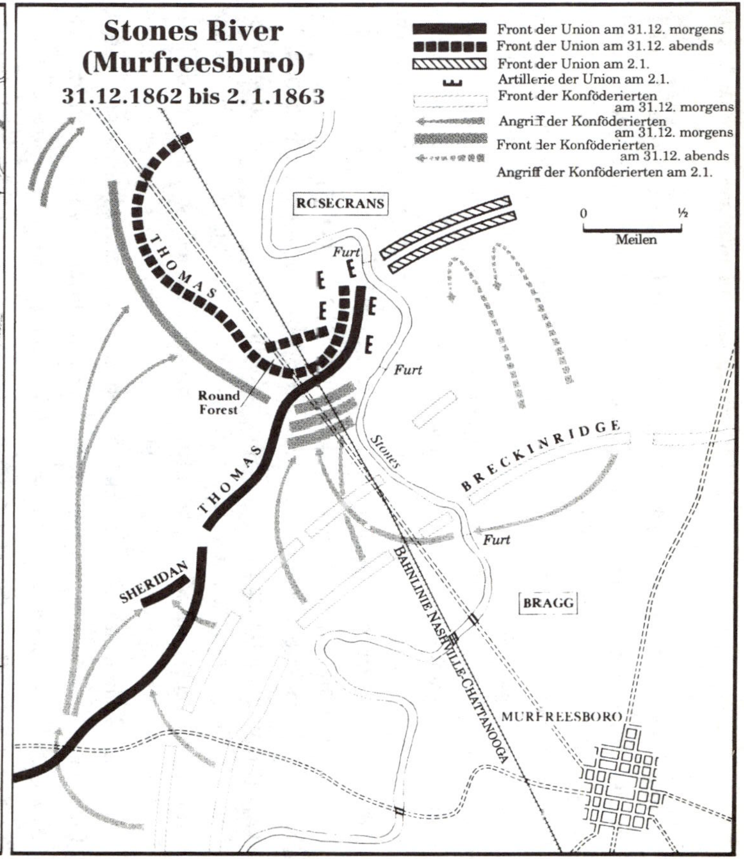

Stones River (Murfreesburo)
31.12.1862 bis 2.1.1863
Front der Union am 31.12. morgens
Front der Union am 31.12. abends
Front der Union am 2.1.
Artillerie der Union am 2.1.
Front der Konföderierten am 31.12. morgens
Angriff der Konföderierten am 31.12. morgens
Front der Konföderierten am 31.12. abends
Angriff der Konföderierten am 2.1.
0
½
Meilen
ROSECRANS
THOMAS
Furt
Round Forest
Stones
BRECKINRIDGE
THOMAS
SHERIDAN
BRAGG
BAHNLINIE NASHVILLE-CHATTANOOGA
MURFREESBORO

nichts« anzugreifen. Sie gingen auch vor, und viele starben, aber die Yankees hielten stand; das Geschützfeuer war so ohrenbetäubend, daß viele Soldaten sich Baumwolle von den Feldern pflückten und in die Ohren stopften.

Die Dunkelheit der Neujahrsnacht senkte sich über eine Szenerie, die nicht von den Klängen froher Musik erfüllt war, sondern von den Schreien Verwundeter, die um Hilfe riefen. Bragg glaubte, einen großen Sieg davongetragen zu haben, und telegraphierte die gute Nachricht nach Richmond, wo sie »enorme Begeisterung« hervorrief. Ferner hieß es in Braggs Depesche noch, der Feind »weicht zurück«.[20] Das war reines Wunschdenken. In der Nacht hielt Rosecrans Kriegsrat mit seinen Kommandeuren und beschloß, die Stellung zu halten. Scharmützel am Neujahrstag forderten einige weitere Menschenleben, doch die Hauptaktion des 1. Januar war die Besetzung einer Anhöhe östlich des Stones River durch eine Unionsdivision. Am 2. Januar erhielt Breckinridge von Bragg den Befehl, diese Truppe von der Anhöhe zu fegen. Der Mann aus Kentucky wandte ein, daß ein solcher Angriff unter großen Verlusten scheitern müsse, da Unionsartillerie von erhöhtem Gelände aus über den Fluß halten und seine Front bestreichen würde. Bragg insistierte, Breckinridges Leute brachen mit Hurra hervor und schlugen die Blauröcke in die Flucht, wurden aber dann in der Tat von 58 Unionsgeschützen vom anderen Ufer aus niedergemäht und durch einen Gegenangriff der Infanterie auf ihren Ausgangspunkt zurückgeworfen. Binnen einer Stunde hatten sie 1500 Mann verloren. Diese Episode verschärfte die Spannung zwischen Bragg und seinen Generälen.

Bragg, verblüfft, daß Rosecrans nicht weichen wollte, wußte nun anscheinend nicht weiter. In Wirklichkeit konnte er gar nicht viel unternehmen; ein Drittel seiner Truppen war gefallen, verwundet oder in Gefangenschaft geraten. Die Yankees hatten 31 Prozent Verluste erlitten, so daß Stones River, gemessen an der Anzahl der Kombattanten, die blutigste Schlacht des Krieges war. Als Bragg am 3. Januar aufwachte und sah, daß der Feind noch immer an Ort und Stelle stand und sogar Verstärkung aus Nashville erhielt, wußte er, daß die Partie verloren war. In der folgenden Nacht zogen sich die Rebellen in eine neue Stellung am Duck River, 25 Meilen weiter südlich, zurück. Zum zweitenmal binnen drei Monaten hatte sich die Tennessee-Armee zurückgezogen, nachdem ihr Befehlshaber einen Sieg gemeldet hatte.

Das Ergebnis von Stones River bescherte dem Norden einen leichten Stimmungsaufschwung und nahm dem wachsenden Druck der »Copperheads« gegen die Kriegspolitik der Regierung vorübergehend den Wind aus den Segeln. »Gott segne Sie und alle, die mit Ihnen sind«, telegraphierte Lincoln an Rosecrans. »Ich kann es niemals vergessen, auch wenn ich alles andere behalten habe«, schrieb

Lincoln später, »Sie haben uns einen schwer verdienten Sieg geschenkt zu einer Zeit, da die Nation eine Niederlage schwerlich hätte verkraften können.«[21] Immerhin war die Cumberland-Armee durch diesen »Sieg« so dezimiert worden, daß Rosecrans mehrere Monate lang keine Offensive wagte.

Während Washington nach Stones River erleichtert aufatmete, erreichten die Meinungsverschiedenheiten in der Tennessee-Armee ihren Höhepunkt. Sämtliche Korps- und Divisionskommandeure Braggs äußerten mangelndes Vertrauen in ihren Chef. Die dienstältesten Generäle William J. Hardee und Leonidas Polk baten Davis, den Oberbefehl über die Armee Johnston zu übertragen. Divisionskommandeur B. Franklin Cheatham schwor, nie wieder unter Bragg zu dienen. Breckinridge wollte sich gar mit Bragg duellieren. Bragg schlug zurück, indem er einen Divisionskommandeur wegen Befehlsverweigerung vor ein Kriegsgericht stellte, einem anderen (Cheatham) Trunkenheit in der Schlacht vorwarf und Breckinridge seine Führungsfehler vorhielt. Dieses mörderische Hickhack drohte der Armee größeren Schaden zuzufügen, als es die Yankees vermocht hatten. Entmutigt erklärte Bragg einem Freund, es könne vielleicht »für den Präsidenten besser sein, wenn er jemanden schickt, der mich ablöst«, und schrieb in demselben Sinne auch an Davis.[22]

Davis gab den Schwarzen Peter an Johnston weiter, indem er ihn bat, die Lage zu prüfen und eine Lösung vorzuschlagen. Johnston gab den Schwarzen Peter wieder zurück. Er stellte fest, daß viele Offiziere Bragg verabscheuten, berichtete aber auch, daß die Verfassung der Truppe tadellos und ihre Moral gut sei. Diese zweischneidige Erkenntnis bewog ihn, für den Verbleib Braggs auf seinem Posten zu plädieren. Davis hatte offenbar gewünscht und erwartet, daß Johnston selbst das Kommando übernahm. Aber Johnston wollte – wie aus seinen Briefen an Freunde hervorgeht – die Rückkehr auf seinen alten Posten als Chef der Nord-Virginia-Armee! Wenn man in Richmond, so schrieb er, die Ablösung Braggs wünsche, solle man Longstreet nach Tennessee schicken. Und wenn man finde, daß Johnstons Oberaufsicht über den ganzen Heeresbereich West so wichtig sei, solle man die Tennessee-Armee Lee unterstellen und Johnston seinen alten Posten in Virginia geben. Im März erteilte das Kriegsministerium Johnston den förmlichen Befehl zur Übernahme des Kommandos über die Tennessee-Armee. Johnston erhob jedoch Einwände mit der Begründung, es sei unmenschlich, Bragg abzulösen, während seine Frau schwer krank sei. Anschließend wurde Johnston selbst krank. Bragg blieb also und lag weiter mit seinen führenden Untergebenen in Fehde.[23]

Lincoln behandelte ähnliche Reibereien in der Potomac-Armee mit größerer Geschicklichkeit und Energie, als Davis sie an den Tag gelegt hatte. Nach Fredericksburg erreichte die Demoralisierung dieser Armee geradezu epidemische Ausmaße. Vier Generäle des 6. Korps unter William B. Franklin wandten sich direkt an Lincoln und beschwerten sich über Burnsides Führung. McClellans Freunde erklärten immer wieder: »Wir *müssen* McClellan zurückhaben, mit unbegrenzter und uneingeschränkter Vollmacht.«[24] Joe Hooker intrigierte, um selbst dieses Kommando zu bekommen. Hooker sagte auch zu einem Reporter, was das Land brauche, sei ein Diktator. Die einfachen Soldaten desertierten reihenweise – an jedem Tag im Januar 100 und mehr. Tausende anderer standen auf der Krankenliste, weil lasche Disziplin in den Regimentslagern und Korruption in der Verpflegungsausgabestelle Mißstände in Hygiene und Ernährung gezeitigt hatten. Burnside, der erkannte, daß er das Vertrauen der Armee verloren hatte, bot seinen Rücktritt an – nicht ohne Lincoln gleichzeitig die Entlassung Stantons, Hallecks und diverser unzufriedener Generäle vorzuschlagen.

Die Zwietracht innerhalb der Potomac-Armee gipfelte in dem unrühmlichen »Mud March«, dem Matsch-Marsch. Aufgrund des ungewöhnlich trockenen Januarwetters plante Burnside den Übergang über den Rappahannock an Furten, die einige Meilen oberhalb von Fredericksburg lagen. Ein Erfolg dieser Aktion hätte die Unionstruppen in Lees Flanke geführt und die Rebellen gezwungen, ihre Schützengräben zu verlassen und sich dem offenen Kampf zu stellen. Einige Untergebene Burnsides übten offene Kritik an diesem Schritt. Franklin »hat schon so viel und so laut darüber geredet«, schrieb ein Colonel von der Artillerie, »daß er sein ganzes Kommando völlig demoralisiert hat«.[25] Sogar Gott schien gegen Burnside zu sein. Kaum hatte der General sich mit seiner Armee am 20. Januar in Bewegung gesetzt, da öffnete der Himmel seine Schleusen, es regnete in Strömen, und die Straßen Virginias verwandelten sich in Sümpfe. Artillerieprotzen versanken bis zu den Achsen, Menschen versanken bis zu den Knien, Maultiere versanken bis zu den Ohren. Vorposten der Konföderierten sahen vom anderen Ufer aus amüsiert zu und hielten Schilder mit der Aufschrift »Nach Richmond hier entlang!« in die Höhe. Nachdem seine Armee im Schlamm festsaß, blies Burnside das ganze Unternehmen am 22. Januar ab.

Der beschämte und wütende Kommandeur eilte nach Washington und erklärte dem Präsidenten, daß Hooker, Franklin und ein halbes Dutzend weiterer Generäle gehen müßten, oder er selbst würde gehen. Lincoln entschloß sich, Burnside abzulösen – vermutlich zu dessen Erleichterung. Zugleich versetzte der Präsident einige andere Unzufriedene auf abgelegene Posten. Burnside war jedoch erstaunt, daß Lincoln Hooker zu seinem Nachfolger bestimmte. »Fighting Joe« war kaum als vorbildlicher Charakter zu betrachten – er hatte nicht nur gegen Burnside intrigiert, auch in anderer Hinsicht war sein Ruf nicht eben der beste.

Hookers Hauptquartier bezeichnete der jüngere Charles Francis Adams als einen »Ort, den ein Mann von Selbstachtung nicht aufsuchen wollte und eine anständige Frau nicht aufsuchen konnte. Es war eine Mischung aus Bar und Bordell«.[26]

Doch bei den Mannschaften fand die Entscheidung für Hooker Beifall. Er ließ sogleich Sorge tragen, korrupte Quartiermeister zu entlassen, die Verpflegung zu verbessern, für Sauberkeit in den Lagern und Lazaretten zu sorgen, Heimaturlaub zu gewähren und den Korpsgeist durch neu geschaffene Abzeichen zu stärken. Aus der Reiterei machte Hooker ein eigenes Korps – eine dringend notwendige Reform, bei der das Vorbild der Konföderierten Pate stand. In allen Teilen der Armee wurde die Moral besser. Die Anzahl der Kranken nahm ab, die Desertionen wurden weniger, und die Gewährung einer Amnestie holte viele, die sich unerlaubt entfernt hatten, zu ihrer Truppe zurück. »Unter Hooker fingen wir an, aufzuleben«, schrieb ein Soldat. Ein Offizier, der Hooker nicht leiden konnte, gab gleichwohl zu: »Ich habe noch nie erlebt, daß Menschen sich in so kurzer Zeit aus einem Zustand tiefster Niedergeschlagenheit zu gesunder Kampfbereitschaft erhoben.«[27]

Als Lincoln Hooker ernannte, übergab er ihm einen Brief, den der General später als eine Art Schreiben eines weisen Vaters an seinen Sohn bezeichnete. Hooker müsse wissen, schrieb der Präsident, »daß es einige Dinge gibt, in Rücksicht auf welche ich nicht völlig mit Ihnen zufrieden bin«. Mit dem Anschwärzen Burnsides »haben Sie sich von Ihrem Ehrgeiz leiten lassen ... wodurch Sie dem Vaterland und einem höchst verdienten und honorigen Offizierskameraden schweren Schaden zugefügt haben. Aus glaubwürdiger Quelle habe ich vernommen, daß Sie kürzlich geäußert haben, die Armee wie die Regierung bedürften eines Diktators. Selbstverständlich habe ich Ihnen nicht *wegen,* sondern trotz dieser Äußerung das Kommando übertragen. Nur Generäle, welche Erfolge erringen, können Diktatoren installieren. Was ich heute von Ihnen fordere, ist militärischer Erfolg; dann will ich die Diktatur riskieren«.[28] Zwei Monate nach der Ernennung Hookers inspizierte Lincoln die Potomac-Armee am Rappahannock. Der Präsident war erfreut über das, was er sah, und pflichtete Hooker bei, der stolz von der »besten Armee auf dem Planeten« sprach. Weniger begeistert war Lincoln von dem gockelhaften Gebaren des Generals. Die Frage – so Hooker – sei nicht, *ob* er Richmond nehmen würde, sondern *wann.* »Das klügste Tier der Schöpfung ist das Huhn«, versetzte Lincoln spitz, »es gackert erst, wenn das Ei gelegt ist.«[29]

III

Während die Armeen in Virginia das Ende des Winters abwarteten und die Armeen in Tennessee nach Stones River ihre Wunden leckten, gab es rund um Vicksburg viel Aktivität, aber wenig Gefechte. Nach dem Scheitern seines ersten Feldzugs zur Einnahme dieser Flußzitadelle zog Grant den Mississippi abwärts nach Milliken's Bend, um persönlich einen neuen kombinierten Heeres- und Marinefeldzug zu befehligen. Die Natur setzte diesem Unternehmen größere Hindernisse entgegen als die Rebellen. Zwar kontrollierten Unionstruppen das endlose Fluß- und Sumpfgebiet im Norden und Westen Vicksburgs, aber der winterliche Dauerregen machte Heeresbewegungen so gut wie unmöglich, und viele von Grants 45 000 Mann erlagen tödlichen Krankheiten. Das einzig brauchbare Terrain für militärische Operationen war ein erhöhtes Gelände östlich der Stadt. Grant mußte mit seiner Armee dieses Gelände gewinnen und dabei genügend Artillerie und Nachschub für einen Feldzug über den Fluß bringen. Da er die Kanonenbootflotte unter David Dixon Porter zur Verfügung hatte, hoffte er, das Hochwasser ausnutzen zu können. Im Lauf des Winters unternahm er viermal den Versuch, Vicksburg auf dem Wasserweg zu umgehen und seine Armee an das östliche Flußufer ober- oder unterhalb der Stadt zu schaffen.

Die erste Idee war der Ausbau des Stichkanals, mit dessen Anlage Unionssoldaten und »Konterbande« im Sommer 1862 begonnen hatten. Shermans Korps packte die Sache mit großem Eifer an, aber ohne Erfolg. Der Fluß spielte nicht mit bei dem Plan, einen neuen Kanal anzulegen, der für Vicksburger Geschütze unerreichbar war, und selbst wenn er mitgespielt hätte, so hätten die Rebellen mit neuen Batterien die Einmündung des Kanals vier Meilen stromabwärts bestreichen können. Die Arbeit an dem Kanal wurde zwar fortgesetzt, bis die steigenden Fluten im Februar Shermans Leute fortzuspülen drohten, aber Grant setzte seine Hoffnungen schon bald auf ein anderes Unternehmen, die sogenannte Lake-Providence-Route. Das Projekt oblag Soldaten aus dem Korps des Generals James B. McPherson, der früher Grants Chefingenieur gewesen war und nun neben Sherman zu seinen bevorzugten Kampfoffizieren zählte.[30] Dieser Wasserweg schlängelte sich von einem toten Flußarm 50 Meilen oberhalb Vicksburgs durch Sümpfe und Moraste in Louisiana, um 400 Flußmeilen weiter südlich wieder in den Mississippi zu münden. Bauernjungen aus dem Mittleren Westen, die sich zur Armee gemeldet hatten, um gegen die Rebellen zu kämpfen, fanden sich auf einmal damit beschäftigt, tonnenweise Schlamm wegzuschaffen und Bäume acht Fuß unter der Wasserlinie zu fällen, um einen Kanal für Kanonenboote und Transporte freizumachen. Nach viel Plackerei wurde jedoch auch dieses Unternehmen abgeblasen, da es offenkundig bis zum Sankt-Nimmerleins-Tag gedauert hätte.

Aussichtsreicher – so schien es jedenfalls zunächst – waren zwei andere Wasserwege durch das urwaldartige Yazoodelta im Norden Vicksburgs. Wenn es Kanonenbooten und Transportschiffen gelang, die Armee durch dieses nasse Labyrinth auf einen trockenen Landeplatz nördlich der befestigten Klippen zu schaffen, konnten Grants Truppen sich wieder als Soldaten statt als Kanalarbeiter betätigen. Mit mehreren Kanonenbooten fuhr ein Teil von McClernands Korps nach Helena, 400 Flußmeilen oberhalb Vicksburgs, wo es einen Deich zu sprengen galt, um für die Kanonenboote den Weg in die überfluteten Flüsse des Deltas freizumachen. Doch schon bald geriet die Flotte in Schwierigkeiten. Herabhängende Zypressen- und Pappeläste fegten Schornsteine, Rettungsboote und alles übrige von Deck. Im Wasser treibende Baumstämme krachten gegen die auf engstem Raum in den Kanälen manövrierenden Schiffe. Die Konföderierten fällten Bäume und sperrten die unteren Flußabschnitte. Der Marinekommandeur, der die Expedition befehligte, war mit seinen Nerven am Ende. Als seine Schiffe in das Feuer eines improvisierten Forts der Konföderierten bei Greenwood (Mississippi) gerieten, brach er zusammen – und mit ihm die ganze Expedition.

Unterdessen bahnte sich wenig nördlich von Vicksburg eine Flottille unter Porter selbst und mit einer Division von Shermans Truppen an Bord ihren Weg durch ein 200 Meilen langes Gewirr von Sümpfen und Nebenflüssen des Mississippi. Auch diese Schiffe bekamen es mit herabhängenden Ästen, treibenden Stämmen, im Wasser verborgenen Strünken und von den Rebellen gefällten Bäumen zu tun. Schlangen, Waschbären und Wildkatzen fielen aus den Bäumen und mußten mit dem Besen von Bord gekehrt werden. Von den Fangarmen des Dschungels lahmgelegt, gerieten Porters Kanonenboote am 20. März in eine üble Lage, als sich die Infanterie der Konföderierten um sie zusammenzog, in der Hoffnung, den gesamten Verband aufzubringen. Porter überwand seinen Stolz und rief die Armee zu Hilfe: Er sandte einen entlaufenen Neger mit einer Notiz zu Sherman, der einige Meilen hinter ihm bei den Transportschiffen war:

»Lieber Sherman, bei Gott, machen Sie voran! Habe nicht geahnt, wie hilflos ein Panzerschiff ist, das ohne Armee im Rücken durch den Urwald dampft.«[31]

Sherman ließ seine Männer von Bord gehen und durch hüfthohen Morast marschieren, um die Rebellen zu verjagen. Porters Raddampfer-Ungetüme traten den schmählichen Rückzug durch die verstopften Kanäle an: Ein weiterer Versuch, Vicksburg zu umgehen, war gescheitert.

Zwei Monate lang hatte Grants Armee im Schlamm gezappelt. Viele der Männer blieben für immer darin liegen – Opfer der Lungenentzündung, des Typhus, der Ruhr oder eines Dutzends anderer Krankheiten. Vicksburg blieb eine Trutzburg wie eh und je. Republikanische Leitartikler fielen allmählich in den Chor der Demokraten ein und brandmarkten Grant als inkompetenten Versager und Säufer obendrein. »Grant hat keine Pläne zur Einnahme Vicksburgs«, schrieb General Cadwallader Washburn an seinen Bruder Elihu, Grants wichtigsten Fürsprecher im Kongreß. »Er vergeudet sinnlos Zeit und Kraft. Die Wahrheit muß an den Tag, auch wenn sie schmerzt. Von einem Ochsen kann man nicht mehr verlangen als ein Stück Rindfleisch.« Doch obgleich Lincoln viele derartige Klagen zu Ohren kamen, weigerte er sich, Grant zu opfern. »Anscheinend hat Grant kaum noch einen Freund außer mir«, sagte der Präsident. Aber »was ich will ... sind Generäle, die Schlachten schlagen und Siege erkämpfen. Das hat Grant getan, und deshalb gedenke ich, zu ihm zu halten«.[32]

Ein Leitmotiv in den Klagen über Grant war seine Trunksucht. Einer Anekdote zufolge parierte Lincoln solche Vorwürfe mit Humor; eine Delegation von Kongreßabgeordneten fragte er nach Grants Whiskymarke, um dieses Getränk auch seinen anderen Generälen zukommen zu lassen.[33] Hier sind Dichtung und Wahrheit schwer zu trennen. Viele Kriegsanekdoten über Grants Trunksucht sind erfunden, andere sind bestenfalls zweifelhaft. Grants kometenhafter Aufstieg schuf ihm Neider, die ihn durch Klatschgeschichten anzuschwärzen versuchten. Schwere Kopfschmerzen, die Folge von Überanstrengung und Schlaflosigkeit, ließen Grant gelegentlich auf eine Weise unpäßlich wirken, die manche Beobachter für Auswirkungen des Alkohols hielten. Aber auch wenn man die Legenden beiseite räumt, bleibt ein wahrer Kern an den Geschichten von Grants Trunksucht. Im klinischen Sinne des Wortes mag er Alkoholiker gewesen sein. Er war »Quartalssäufer«. Monatelang kam er ohne einen Tropfen Alkohol aus, aber sobald er mit dem Trinken begonnen hatte, fiel es ihm schwer, wieder aufzuhören. Seine besten Beschützer waren seine Frau und sein Stabschef John A. Rawlins. Mit ihrer Hilfe gelang es Grant fast den ganzen Krieg über, nicht aus der Rolle zu fallen. Falls er sich betrank (was von Historikern oft bestritten wird), dann jedenfalls nicht, wenn es bei militärischen Operationen um die Entscheidung ging. Heute als Krankheit anerkannt, galt Alkoholismus zu Grants Zeiten als moralische Schwäche. Grant selbst sah es ebenso und kämpfte darum, von den mit dieser Schwäche verbundenen Scham- und Schuldgefühlen loszukommen. Letzten Endes war er, wie eine neuere Untersuchung zu bedenken gibt, durch seine Disposition zum Alkoholismus vielleicht sogar ein besserer General. Sein Ringen um Selbstdisziplin befähigte ihn, andere zu verstehen und zu disziplinieren; seine demütigenden Mißerfolge vor dem Krieg verliehen ihm eine stille Bescheidenheit, die vielen der Generäle, welche einen Ruf zu verlieren hatten, auffallend fehlte; und da es für ihn keinen anderen Weg als den nach oben gab, konnte er mit größerer Kühnheit und Entschiedenheit agieren als Befehlshaber, die es nicht wagten, einen Fehlschlag zu riskieren.[34]

Obgleich Lincoln weiterhin Vertrauen zu Grant hatte, erlaubte er, daß Kriegsminister Stanton im März 1863 einen Sonderbeauftragten entsandte, der den Stand der Dinge in der Tennessee-Armee eruieren sollte. Der Beauftragte war Charles A. Dana, vormals Chef vom Dienst an der *New York Tribune* und jetzt Abteilungsleiter im Kriegsministerium. Offiziell kam Dana an den Mississippi, um den Besoldungsdienst in den westlichen Armeen in Ordnung zu bringen, aber Grant war sich über seine wahre Mission im klaren. Anstatt ihm die kalte Schulter zu zeigen, wie einige seiner Stabsoffiziere ihm geraten hatten, nahm Grant ihn freundlich auf. Das war klug gehandelt. Dana bildete sich eine günstige Meinung von ihm und sandte eine Flut anerkennender Depeschen nach Washington. Grant sei »der bescheidenste, der uneigennützigste und der aufrichtigste Mensch gewesen, den ich je gekannt habe, mit einer Gemütsruhe, die nichts erschüttern konnte«, schrieb Dana später in einer Zusammenfassung seiner damaligen Eindrücke von dem General. »Kein großer Mann, außer in moralischer Hinsicht; kein origineller oder brillanter Mann, aber ernsthaft, nachdenklich, tief und mit einem niemals schwankenden Mut ausgestattet.«[35]

Die Gemeinen teilten Danas Meinung. Sie schätzten Grants Verzicht auf »überflüssiges Brimborium«, seine Vorliebe für eine schlichte Uniform »ohne Schärpe, Schwert oder irgendwelche Abzeichen außer den Schulterstücken mit den zwei Sternen«. Ein Gefreiter berichtete, daß die Männer »in ihm einen freundlichen Kameraden zu sehen scheinen, nicht einen x-beliebigen Kommandeur«. Wenn er vorbeiritt, wurde er nicht mit Hurra empfangen, sondern »sie begrüßten ihn eher, wie sie daheim einen Nachbarn angesprochen hätten. ›Guten Morgen, General‹, ›Schöner Tag heute, General‹, und dergleichen sind die Ausdrücke, mit denen er überall begrüßt wird. [...] Er war nüchtern und sachlich; der schlichte Geschäftsmann der Republik, der nur um des einen Zweckes willen da ist, dieses Kommando in kürzestmöglicher Zeit zu bewältigen«.[36]

Und Grant bewältigte es – schon bald und mit spektakulärem Erfolg. Ende März 1863 allerdings konnte die Öffentlichkeit der Nordstaaten nur die Fehlschläge der vergangenen vier Monate sehen, am Mississippi wie in Virginia. »Dieser Winter ist wahrlich das Valley Forge des Krieges«, schrieb ein Offizier aus Wisconsin. Eine solche Anspielung auf das Winterquartier von Washingtons Armee im Winter von 1777 auf 1778 ließ immerhin die Hoffnung auf Gelingen erkennen. Viele andere Yankees aber hatten die Hoffnung aufgegeben. Captain Oliver Wendell Holmes junior, der sich von seiner am Antietam erlittenen Verwundung erholte, schrieb mutlos: »Die Armee ist dieses Grauens und Elends überdrüssig. [...] Ich habe mich allmählich damit abgefunden, daß der Süden seine Unabhängigkeit erreicht hat.« Der unbeirrbar loyale Herausgeber der *Chicago Tribune*, Joseph Medill, war überzeugt: »Im Laufe des Jahres 63 muß ein Waffenstillstand geschlossen werden. Mit der gegenwärtigen Maschinerie sind die Rebs nicht zu besiegen.«[37] In diese Vertrauenskrise platzten die »Copperheads« mit ihrem Plan für einen Frieden ohne Sieg.

20.

Feuer von hinten

I

Militärische Dinge waren Lincoln nicht gleichgültig, aber »noch mehr als die militärischen Risiken des Nordens« fürchtete er, wie er Charles Sumner im Januar 1863 anvertraute, das »Feuer von hinten«, womit er die Demokraten, vor allem jene im Nordwesten, meinte.[1] Diese Sorge war durchaus begründet. Mit jeder Schlappe, die die Unionsarmeen erlitten, wurde die Fraktion in der Demokratischen Partei, die für eine friedliche Lösung eintrat, stärker. Außerdem erhielt die Antikriegsbewegung durch die Verabschiedung des Wehrpflichtgesetzes im März 1863 zusätzlichen Auftrieb.

In der letzten Zeit hatte sich Clement L. Vallandigham als Wortführer der Friedensdemokraten in den Vordergrund gespielt. Der erst 42jährige Abgeordnete aus Ohio war seinen politischen Kinderschuhen entwachsen, in denen er Jeffersons Lehre von der Begrenzung der Regierungsgewalt gefolgt war. Bald nach Ausbruch des Krieges hatte er erklärt: »Ich wünsche mir nichts sehnlicher als die Wiederherstellung der Union – der Bundesunion –, so, wie sie vor 40 Jahren gewesen ist.« Mit diesem Wunsch verband Vallandigham Sympathien mit dem Süden: Er stammte aus einer Familie in Virginia und war mit der Tochter eines Pflanzers aus Maryland verheiratet. Bei den Wahlen von 1862 hatte er seinen Sitz im Kongreß verloren, weil die Republikaner in Ohio die Grenzen der Wahlbezirke zu seinen Ungunsten manipuliert hatten; aber er verschaffte sich einen starken Abgang. In seiner Abschiedsrede vor dem Kongreß am 14. Januar 1863 und bei einer anschließenden Vortragsreise von New York nach Ohio warb er für die Verurteilung des Krieges und für seine Friedensvorschläge.[2]

Vallandigham nahm für sich in Anspruch, ein besserer Verteidiger der Union zu sein als die Republikaner, die mit ihrem Fanatismus diesen verderblichen Krieg heraufbeschworen hätten. Jetzt, so fuhr er fort, kämpften diese selben Republikaner nicht mehr für die Erhaltung der Union, sondern für die Abschaffung der Sklaverei. Und was hatten sie damit erreicht? »Das sollen die Toten von Fredericksburg und Vicksburg beantworten!« Der Süden sei niemals in die Knie zu zwingen; die einzigen Trophäen dieses Krieges seien »Niederlagen, Schulden, Steuern, Gräber ... die Aussetzung von Habeaskorpus, die Verletzung ... der Presse- und Redefreiheit ... die unser Land seit zwanzig Monaten zur schlimmsten Tyrannei auf Erden machen«. Wie eine Lösung aussehen könne? »Stellt die Kampfhandlungen ein. Vereinbart einen Waffenstillstand. [...] Zieht eure Armeen aus den abgefallenen Staaten zurück.« Man müsse mit den Verhandlungen über eine Wiedervereinigung beginnen. Den Einwand, ein Waffenstillstand diene nur der Erhaltung der Sklaverei, fand Vallandigham »fanatisch und verlogen«. »Die Fortsetzung dieses Krieges ... und die Versklavung der weißen Rasse durch Schulden und Steuern und Willkürakte ist eine tausendmal größere Barbarei und Sünde«, als es die Versklavung der Neger sei. »Wenn wir eine Friedensregelung erwägen, sollte uns einzig und allein der Gedanke an das Wohlergehen, den Frieden und die Sicherheit der weißen Rasse leiten. Die Folgen einer solchen Regelung für die Afrikaner haben uns nicht zu kümmern.«[3]

Dieser Text bildete für die folgenden zwei Jahre das Parteiprogramm der Friedensdemokraten. In den ersten Monaten des Jahres 1863 hatte diese Fraktion eine sehr große Minderheit der Partei, wenn nicht sogar die Mehrheit hinter sich. Eine Massenversammlung von New Yorker Demokraten verabschiedete eine Resolution, wonach der Krieg »gegen den Süden ungesetzlich, weil verfassungswidrig« sei und nicht fortgesetzt werden dürfe. Der New Yorker Gouverneur Horatio Seymour versprach zwar, »für die Bewahrung dieser Union jedes Opfer zu bringen«, aber gleichzeitig verurteilte er die Sklavenbefreiung als »blutig, barbarisch, revolutionär« und versprach, die »Souveränität« New Yorks gegen alle verfassungswidrigen Übergriffe durch die Bundesregierung »zu behaupten und zu verteidigen«.[4]

In jenen Gegenden des Mittleren Westens, wo man mit den Konföderierten sympathisierte, in den *butternut regions,* sahen sich Menschen, die von Südstaatensiedlern abstammten, in ihrer kulturellen Einstellung durch die wirtschaftlichen Mißstände bestärkt. Der Krieg hatte sie von ihren normalen Handelswegen auf dem Mississippi und seinen Nebenflüssen abgeschnitten und gezwungen, die Bahnlinien und Kanäle der Yankees zu benutzen und ihre Handelstätigkeit östlich-westlich auszurichten. Die teils berechtigten, teils unberechtigten Klagen über die hohen Preise und den schlechten Service auf diesen Routen bestärkten die »Butternuts« in ihrer Feindschaft gegen die Neuengländer, die über ihre Köpfe hinweg über ihr Schicksal entschieden, indem sie angeblich sowohl den Kongreß als auch die Wirtschaft manipulierten. »*Sollen wir zu Leibeigenen des seelenlosen, raffgierigen Yankee herabsinken, der uns mit seinen Zöllen beschwindelt, mit seinen Steuern ausraubt und mit seinen Eisenbahnmonopolen die Haut vom Leibe zieht?*« fragte ein Leitartikler in Ohio.[5]

Dieses Gefühl der Wahlverwandtschaft mit dem Süden, verbunden mit der Feindschaft gegen den Nordosten, ließ bei manchen Demokraten des Mittleren Westens den Gedanken an eine »Nordwest-Konföderation« aufkommen, die die Union mit dem Süden wiederherstellen sollte, während Neuengland so lange ausgeschlossen bleiben sollte, bis es seine Verfehlungen einsah und reumütig um Aufnahme bat. So verrückt dieser Plan sich im nachhinein ausnehmen mag: während des Krieges beschäftigte er zumindest rhetorisch die Gemüter. »Die Menschen im Westen wollen Frieden, und sie haben den starken Verdacht, daß Neuengland dem Frieden im Wege steht«, mahnte Vallandigham im Januar 1863. »Wenn ihr im Osten, die ihr diesen Krieg gegen den Süden und für den Neger als Befriedigung eurer Haßgefühle und als Wohltat für eure Geldbörse empfindet, ihn fortsetzen wollt ... [dann macht euch darauf gefaßt] *daß der Westen und der Osten für immer geschieden sind.*« Der Abgeordnete Samuel S. Cox aus Ohio äußerte sich weniger radikal, blies aber in dasselbe Horn: »Die Errichtung einer unabhängigen Republik der Staaten im Einzugsgebiet des Mississippi und seiner Nebenflüsse ist hier Tagesgespräch.«[6] Diese Drohung, den Mississippi durch einen Separatfrieden wieder zugängig zu machen, veranlaßte General McClernand zu seinem Vorschlag, den Fluß mit einem Separatfeldzug gegen Vicksburg zugängig zu machen. All das ließ die Einnahme Vicksburgs durch Grant noch dringlicher erscheinen und gab der Kritik daran, daß es ihm bisher nicht gelungen war, neue Nahrung.

Ein wichtiges Gesetz, das der Kongreß im Februar 1863 verabschiedete, verstärkte den Unmut der Demokraten im Westen: der National-Banking-Act. Initiiert von Finanzminister Chase, sollte er den Markt für Kriegsanleihen vergrößern; die Whig-Republikaner wollten das dezentralisierte, unzuverlässige System der Staatsbanken reformieren und eine einheitliche Banknotenwährung schaffen. Zwar fungierten die Banknoten des Fiskus (*greenbacks*) als nationale Währung, daneben aber waren mehrere hundert Arten von Banknoten unterschiedlichster Solidität in Umlauf. Seit den Zeiten Jacksons gab es keine wirksamen nationalen Regelungen für das Bankwesen. Eine Nation, »die die Gestaltung ihrer Währung in das Belieben von 34 verschiedenen Staaten legt, verzichtet auf eines der wesentlichen Attribute ihrer Souveränität«, sagte der Abgeordnete Samuel Hooper aus Massachusetts. »Es sollte die Politik dieses Landes sein, alles so weit wie möglich zu nationalisieren – unser ganzes Land zu nationalisieren, so daß wir unser Land lieben werden.«[7]

Am 25. Februar 1863 erlangte der National-Banking-Act Gesetzeskraft; 78 Prozent der Republikaner waren dafür und überstimmten die 91 Prozent der Demokraten, die dagegen waren. Zusammen mit einem Zusatzgesetz, das im Folgejahr in Kraft trat, gewährte dieses Gesetz Banken, die gewissen Anforderungen genügten, die staatliche Konzession; ferner verpflichtete es die Banken, US-Anleihen in Höhe eines Drittels ihrer Kapitaleinlage zu erwerben, und gestattete ihnen die Emission von Banknoten im Wert von 90 Prozent dieser Anleihen. Erst als der Kongreß die staatlichen Banknoten 1865 durch eine zehnprozentige Steuer aus dem Verkehr zog, gingen die meisten Banken zur Konzessionierung über. Doch das Gesetz von 1863 schuf die Grundlagen für das Banksystem, wie es nach dem Bürgerkrieg ein halbes Jahrhundert lang existierte. Kein Wunder, daß die Demokraten jacksonscher Observanz in den alten Staaten des Nordwestens in »diesem monströsen Bankgesetz« einen weiteren Beweis für die kriegsbedingte Verschwörung des »Geldmonopols Neuenglands« witterten, um »die festgefügten Institutionen des Staates zu zerstören und eine zentrale Geldtyrannei einzurichten«.[8]

Wirklich leidenschaftlich wurde die Diskussion um die Bankfrage allerdings nur in den 30er und dann wieder in den 90er Jahren des 19. Jahrhunderts geführt. 1863 war es die verhaßte Sklavenbefreiung, die die Gemüter der Antikriegsdemokraten erhitzte. Auch in diesem Punkt war Neuengland der Hauptfeind. Schuld an dem Krieg seien die »Pharisäer in Neuengland, die das Recht brechen, auf die Verfassung spucken und die Neger hofieren«, behauptete Samuel S. Cox. »Im Namen Gottes«, rief ein Exgouverneur von Illinois im Dezember 1862 aus, »kein weiteres Blutvergießen für religiösen Fanatismus!« Ein Leitartikler in Ohio nannte Lincoln einen »schwachsinnigen Usurpator« und seine Emanzipationsproklamation »empörend, dreist und schäbig ... eine Beleidigung für Gott und den Menschen, weil sie für ›gleich‹ erklärt, was Gott ungleich geschaffen hat«.[9]

Fielen derartige Ergüsse unter das Recht auf Rede- und Pressefreiheit? Man kann die Ansicht vertreten, daß sie zur Fahnenflucht animierten und zum Widerstand gegen die Kriegsanstrengungen ermutigten. Demokratische Zeitungen, die bei der Truppe zirkulierten, betonten in ihren Leitartikeln immer wieder die Unrechtmäßigkeit eines Krieges gegen die Sklaverei. »Ihr seht, daß man die Soldaten dazu benutzt, die Sklaven zu befreien«, schrieb der *Dubuque Herald*. »Seid Ihr als Soldaten gezwungen, aus Patriotismus, Pflichtgefühl oder Loyalität für eine solche Sache zu kämpfen?« Die Zeitungen druckten viele Briefe ab, die von den Familienangehörigen in der Heimat stammen sollten und an die Soldaten in der Armee gerichtet waren. »Es tut mir leid, daß Du bei diesem unseligen, verfassungswidrigen, gottlosen Krieg mitmachen mußt«, schrieb angeblich ein Vater an seinen Sohn, »der kein anderes Ziel hat, als die Neger zu befreien und die Weißen zu versklaven.« Ein anderer Briefschreiber riet einem Soldaten aus Illinois: »Komm heim, und wenn du desertieren mußt, verstecken wir dich – hier sind alle so erbittert, daß du dich nicht zu wundern brauchst, wenn du hörst, daß der ganze Nordwesten die Abolitionisten jagt.«[10] Diese Propaganda verfehlte nicht ihre Wirkung. Zwei Regimenter in Süd-Illinois verloren durch Fahnenflucht so viele Soldaten, die nicht »die Sklaven befreien helfen« wollten, daß General Grant sie auflösen mußte. Soldaten verschiedener anderer Regimenter ließen sich willig gefangennehmen, um auf Ehrenwort entlassen zu werden und in ihre Heimat zurückkehren zu können.[11]

Ähnlich gravierend war auch das Vorgehen der neu gewählten demokratischen Parlamente in Indiana und Illinois. In beiden Staaten verabschiedete die Untere Kammer eine Resolution, welche den Waffenstillstand und die Einberufung einer Friedenskonferenz forderte. Beide Unteren Kammern verlangten ferner den Widerruf der »verruchten, unmenschlichen und gottlosen« Emanzipationsproklamation als Preis für die weitere Beteiligung ihres Staates am Krieg. Als beide Parlamente schließlich Gesetze entwarfen, die den (1860 gewählten) republikanischen Gouverneuren beider Staaten die Kontrolle über ihre Truppen entzogen hätten, entschlossen sich diese Gouverneure zum Handeln. Mit stillschweigender Billigung der Regierung Lincoln berief sich Richard Yates aus Illinois auf eine obskure Klausel in der Verfassung dieses Staates und beendete im Juni 1863 die Legislaturperiode. Zwar stellte das Oberste Gericht des Staates fest, daß er damit seine Kompetenzen überschritten hatte, aber es konnte nicht von sich aus das Parlament wieder einberufen. Indianas Gouverneur Oliver P. Morton, ein Mann mit eisernem Willen, überredete einfach die republikanischen Abgeordneten dazu, den Sitzungen fernzubleiben, so daß das Parlament sich mangels Beschlußfähigkeit selbst beurlauben mußte. In den folgenden zwei Jahren amtierte Morton ohne Parlament – und ohne die üblichen parlamentarisch bewilligten Haushaltsvorlagen. Er lieh Gelder bei Banken und Unternehmen, verpflichtete die republikanischen Counties seines Staates zu Abgaben und holte sich 250 000 Dollar aus einem speziellen Hilfsfonds des Kriegsministeriums – alles ziemlich am Rande oder sogar außerhalb der Legalität. Aber überall bestärkten die Republikaner Morton in seiner prinzipiellen Überlegung: notfalls die Verfassung zu strapazieren, um die verfassungsmäßige Regierung vor der Aushebelung durch eine Rebellion zu schützen.[12]

Auf diese Argumentation stützte sich Lincolns Politik in der berühmtesten Auseinandersetzung um die bürgerlichen Freiheitsrechte während des Krieges: bei der Verhaftung und Verurteilung Vallandighams durch ein Kriegsgericht wegen Verrats. Vallandigham war nicht gerade ein selbstloser Märtyrer; er forderte seine Verhaftung heraus, um sich als demokratischer Kandidat für den Gouverneursposten in Ohio zu empfehlen. Einen nichtsahnenden Verbündeten fand er dabei in General Burnside, dessen politisches Urteilsvermögen, wie sich herausstellen sollte, nicht besser war, als sein militärisches in Fredericksburg gewesen war. Er war von der Potomac-Armee versetzt und zum Befehlshaber des Wehrbereichs Ohio (der die am Ohio gelegenen Staaten umfaßte) ernannt worden, und er wollte gegen die »Copperheads« hart durchgreifen. Im April 1863 erließ er eine generelle Weisung, wonach jedermann, der »explizit oder implizit« Verrat beging, vor ein Kriegsgericht zu stellen und mit Tod oder Verbannung zu bestrafen sei.[13] Was »impliziter Verrat« sein sollte, sagte Burnside nicht, aber das Land sollte es bald erfahren.

Vallandigham erkannte in dieser Weisung seine Chance. Am 1. Mai sprach er auf einer Wahlkundgebung in Mount Vernon (Ohio), nicht ohne zuvor durch großen publizistischen Aufwand dafür gesorgt zu haben, daß Burnsides Agenten zur Stelle waren. Seine Rede war ein Aufguß der altbekannten Antikriegsthemen. Wie Burnsides Stabsoffizier notierte, verurteilte Vallandigham diesen »bösen, grausamen und unnötigen Krieg«, der nur zu dem Zweck geführt werde, »die Freiheit auszutilgen und eine Tyrannei zu errichten ... ein Krieg zur Befreiung der Schwarzen und zur Versklavung der Weißen«. Das genügte Burnside. Er schickte einen Trupp Soldaten nach Dayton, um Vallandigham in seiner Wohnung verhaften zu lassen. Das Vorgehen der Soldaten war geeignet, den Vorwurf der Tyrannei als glaubwürdig erscheinen zu lassen: Sie traten mitten in der Nacht die Haustür ein und zerrten Vallandigham mit sich fort, seine Frau hysterisch weinend und seine Schwägerin völlig verstört zurücklassend. Während Vallandighams Anhänger sich zusammenrotteten und das Büro der örtlichen republikanischen Zeitung in Brand steckten, trat am 6. Mai in Cincinnati eine Militärkommission zusammen und befand Vallandigham für schuldig, »Sympathie für den Feind ausgedrückt« und »verräterische Gefühle und Meinungen geäußert« zu haben, »mit dem Ziel und Zweck, die Fähigkeit der Regierung [zur Niederschlagung] einer ungesetzlichen Rebellion zu schwächen«.[14] Die Kommission wollte nicht so weit gehen, Vallandigham vor ein Erschießungspeloton zu stellen, aber sie empfahl, ihn für die Dauer des Krieges zu inhaftieren, und Burnside gab den entsprechenden Befehl. Vallandigham legte unter Berufung auf Habeaskorpus Beschwerde ein, die von einem Bundesrichter mit dem Hinweis abgelehnt wurde, Lincoln habe die Berufung auf die Habeaskorpusakte in solchen Fällen außer Kraft gesetzt.

Der Vorgang rief bei den Demokraten einen Aufschrei der Empörung hervor, während viele Republikaner immerhin Besorgnis äußerten. Der bedeutsamste Protest wurde bei einem Treffen von kriegsfreundlichen Demokraten in Albany formuliert; man stellte die pointierte Frage, ob die Regierung die Rebellion im Süden niederwerfen oder ob sie »freiheitliche Errungenschaften im Norden zerstören« wolle. In der Tat warf der Fall Vallandigham recht problematische verfassungsrechtliche Fragen auf. Konnte eine Rede Verrat sein? Konnte ein Kriegsgericht einen Zivilisten aburteilen? War ein General – oder auch ein Präsident – berechtigt, in einem Gebiet, das fern von den Kampfhandlungen lag und über eine funktionierende zivile Gerichtsbarkeit verfügte, das Kriegsrecht einzuführen oder die Habeaskorpusakte auszusetzen?[15]

Solche Fragen rückten die Art, wie die Lincoln-Administration sich des Feuers von hinten erwehrte, ins Zwielicht. Lincoln hätte es vorgezogen, das Problem nicht in dieser Weise gestellt zu bekommen. Die Verhaftung Vallandighams, von der er aus der Zeitung erfuhr, brachte ihn in Verlegenheit. Von Burnside vor vollendete Tatsachen gestellt, hielt er es im Sinne der Schadensbegrenzung für das beste, ihn zu unterstützen und nicht zu desavouieren. Um weiterreichende politische Konsequenzen zu verhindern, wandelte er jedoch Vallandighams Haftstrafe in Verbannung um. Am 25. Mai eskortierte Unionskavallerie den Mann aus Ohio mit gehißter Parlamentärsflagge zur Frontlinie General Braggs südlich von Murfreesboro, wo der ungebetene Gast von den Rebellen widerstrebend in Empfang genommen wurde.

Lincolns schlauer Schachzug konnte indes nicht verhindern, daß der verbannte Vallandigham, getragen von einer Welle der Sympathie, von den Demokraten in Ohio zum Gouverneurskandidaten nominiert wurde. Er reiste quer durch die Konföderation nach Wilmington, bestieg dort einen Blockadebrecher, der in Richtung Kanada auslief, und begab sich in die Grenzstadt Windsor, von wo aus er seinen Wahlkampf um das Gouverneursamt führte. Bevor er den Süden verließ, führte er Gespräche mit verschiedenen Abgeordneten und Offizieren der Konföderation. Dabei machte er klar, daß ihm eine Wiedervereinigung des Landes durch Waffenstillstand und Verhandlungen vorschwebte. Die Südstaatler erwiderten, daß ein Friede für sie nur um den Preis ihrer Unabhängigkeit in Betracht komme. Wenn Vallandigham glaube, die Union könne auf dem Kompromißweg wiederhergestellt werden, unterliege er einer »bösen Täuschung«. In einem vertraulichen Gespräch mit einem Unterhändler der Konföderierten sagte Vallandigham, der Süden müsse »bloß dieses Jahr noch durchhalten ... dann werde die Friedenspartei im Norden den Lincoln-Clan zum Teufel gejagt haben«. Vallandigham klammerte sich zwar weiter an die Hoffnung auf eine eventuelle

Wiedervereinigung, ließ aber den Unterhändler mit dem Eindruck zurück, »daß er möglicherweise für die Anerkennung unserer Unabhängigkeit ist«, falls der Süden sich weigern sollte, in die Union zurückzukehren.[16]

Mit diesen Argumenten – allerdings ohne die »mögliche« Anerkennung der Unabhängigkeit des Südens – führte Vallandigham nun aus dem Exil seinen seltsamen Wahlkampf um das Gouverneursamt. Doch lange bevor die Wähler Ohios im Oktober an die Urnen gehen würden, sollte sich das Kriegsglück zugunsten der Union wenden und die Friedensvorschläge Vallandighams untergraben. In der Zwischenzeit bemühte sich Lincoln, den Streit um die bürgerlichen Freiheitsrechte mit zwei öffentlichen Erklärungen zu entschärfen, die an die Adresse seiner demokratischen Kritiker gerichtet waren. Er wies den Vorwurf zurück, Vallandigham sei »einzig und allein aufgrund von verbalen Äußerungen bei einer öffentlichen Versammlung« verhaftet worden. Der Grund sei vielmehr gewesen, daß er »nicht ohne Erfolg im Begriff war, die Aushebung von Truppen zu verhindern [und] zur Fahnenflucht zu ermutigen. [...] Er war schädlich für die Armee, von deren Existenz und Kampfkraft das Leben der Nation abhängt«. Dann stellte der Präsident eine rhetorische Frage, die das schlagendste – und berühmteste – Stück seiner Argumentation bildete: »Den dummen Burschen, der desertiert ist, soll ich erschießen, aber dem geriebenen Agitator, der ihn dazu angestiftet hat, darf ich kein Härchen krümmen? [...] Mir scheint, daß es in diesem Fall nicht nur verfassungskonform, sondern obendrein eine Gnade ist, den Agitator zum Schweigen zu bringen und den Burschen zu retten.« Diese »gigantische Rebellion« reiche weit in den Norden hinein, fuhr Lincoln fort, wo die Rebellen hofften, »unter dem Deckmantel der ›Redefreiheit‹, der ›Pressefreiheit‹ und der Habeaskorpusakte in unserer Mitte ein Heer von Spionen, Agenten, Zuträgern, Helfershelfern und Verfechtern ihrer Sache zu unterhalten«, und deshalb sei das ganze Land Kriegsgebiet und sei eine Verhaftung durch das Militär auch weitab vom Kampfgeschehen legitim; zivile Gerichte seien »schlechterdings unzuständig«, wo es um eine massive Gefährdung des Lebens der Nation gehe. Genau dies sei der Not- und Ausnahmefall, den die Väter der Verfassung im Sinn gehabt hätten, als sie die Aussetzung der Habeaskorpusakte in Fällen von Rebellion oder feindlicher Invasion erlaubten. Mit einem schlichten, aber wirksamen Bild betonte Lincoln, er könne sich ebensowenig vorstellen, daß die notwendige Beschneidung der bürgerlichen Freiheitsrechte in Kriegszeiten fatale Präzedenzfälle für Friedenszeiten schaffen könne, »wie ich mir vorstellen kann, daß jemand während einer vorübergehenden Krankheit eine so heftige Vorliebe für Brechmittel entwickelt, daß er sie für den Rest seines Lebens nicht mehr missen mag«.[17]

Die beiden Briefe Lincolns über bürgerliche Freiheitsrechte fanden weite Verbreitung, und zwar durch die neugegründete Union League and Loyal Publication Society. In der Annahme, die »Copperheads« seien in riesigen Geheimgesellschaften wie den Knights of the Golden Circle oder dem Order of American Knights organisiert, fühlten sich die Anhänger der Union genötigt, mit eigenen Gesellschaften dagegenzuhalten. Von einflußreichen und vermögenden Geschäftsleuten und Freiberuflern gegründet, entfalteten die Union Leagues und Loyal Leagues samt ihren Publikationen eine viel größere Wirksamkeit als die Geheimgesellschaften der Demokraten, deren Legionen eher in der erhitzten Phantasie der Republikaner existierten als in der Realität. Die Union Leagues wurden praktisch zur Hilfstruppe der Republikanischen Partei, die in einzelnen Staaten dazu überging, sich »Unionspartei« zu nennen – und damit implizierte, daß die Opposition eine Anti-Unionspartei sei.[18]

Die ersten Erfolge dieses Gegenangriffs zeigten sich in New Hampshire und Connecticut, wo im Frühjahr Gouverneurswahlen abgehalten wurden. Die Ergebnisse von 1863 erwartete man überall mit Spannung, weil man sie als Omen ansah. In beiden Staaten nominierten die Demokraten Friedensmänner vom Schlage Vallandighams, in der Hoffnung, von der Enttäuschung der Wähler über den Verlauf des Krieges zu profitieren. Die Republikaner und die Union Leagues wurden aktiv, um der sich scheinbar abzeichnenden demokratischen Flutwelle gegenzusteuern. Das Kriegsministerium half durch die gezielte Gewährung von Heimaturlaub für Soldaten nach, von denen zu erwarten war, daß sie zu Hause republikanisch wählen würden. Die Mühe machte sich bezahlt, wenn auch nur knapp. Der republikanische Kandidat in Connecticut gewann mit 52 Prozent der Stimmen. In New Hampshire machte keiner der Kandidaten das Rennen, weil noch eine dritte Partei, die demokratisch und für den Krieg war, einen Kandidaten aufgestellt hatte; die Wahl des Gouverneurs oblag daher dem republikanischen Parlament, das den eigenen Mann wählte.[19]

Ein Hauptwahlkampfthema war bei beiden Wahlen die allgemeine Wehrpflicht, die der Kongreß am 3. März 1863 beschlossen hatte. Die Demokraten setzten die Einberufung zum Wehrdienst auf das republikanische Sündenregister – neben die Sklavenbefreiung und die Verhaftungen durch das Militär. Das Wehrpflichtgesetz von 1863 war hauptsächlich dazu gedacht, die wehrfähigen Männer durch die Drohung mit der Einberufung zur freiwilligen Meldung zu bewegen. Insoweit erfüllte das Gesetz auch seinen Zweck – allerdings mit solcher Ineffizienz, Korruption und allgemein empfundenen Ungerechtigkeit, daß es wie kaum ein anderes Thema des ganzen Krieges die Nation spaltete und später als Musterbeispiel dafür diente, wie man in künftigen Kriegen die Einberufung zum Wehrdienst *nicht* durchführen durfte.

Anfang 1863 war die Rekrutierung im Norden an einem toten Punkt angelangt, wie ein Jahr zuvor schon im Süden. Männer, die Patriotismus, Abenteuerlust oder Gruppenzwang zu den Fahnen getrieben hatten, waren bereits in der Armee; nun gab es aufgrund der herrschenden Kriegsmüdigkeit und der brutalen Kriegsrealität kaum noch Freiwillige. Der Aufschwung der Kriegswirtschaft hatte die Anzahl der arbeitslosen Männer nahezu auf Null sinken lassen. Die zögerliche Einberufung schwarzer Soldaten konnte die Verluste der letzten sechs Monate durch Krankheit, Kampfhandlungen und Desertion kaum ausgleichen. Wie die Konföderation zu Beginn des Jahres 1862 hatte die Union Anfang 1863 einen gravierenden Rückgang des Mannschaftsbestandes durch das Ablaufen der Dienstzeit zu gewärtigen: Im Frühling und Sommer 1863 sollten 38 Regimenter, die 1861 für zwei Jahre aufgestellt worden waren, nach Hause gehen, ferner 92 Milizregimenter, die 1862 für neun Monate organisiert worden waren. Das zwang den Kongreß zum Handeln.

Das von ihm beschlossene Gesetz hatte in seiner Tendenz, die Bundesmacht zu stärken, Ähnlichkeit mit dem erst kürzlich verabschiedeten Banking-Act. 1861 und 1862 waren die Gouverneure der Einzelstaaten beim Aufbau der Freiwilligenregimenter vorangegangen. Die allgemeine Wehrpflicht aber war eine nationale Aufgabe. Der Kongreß billigte die Einrichtung eines Büros für die Kommandantur der Militärpolizei in den Räumen des Kriegsministeriums, das die Einberufungen durchzuführen hatte. Dieses Büro entsandte in jeden Kongreßdistrikt eine Reihe von Militärpolizeikommandeuren, die als erstes die Aufgabe hatten, alle Männer im Alter von 20 bis 45 Jahren zu erfassen, die Staatsbürger waren oder sich als Einwanderer um die Staatsbürgerschaft beworben hatten.[20] Auf dieser Grundlage wurde für jeden Kongreßdistrikt eine Quote bei jenen vier Aufrufen zur Aushebung neuer Truppen ermittelt, die Lincoln nach der Verabschiedung des Wehrpflichtgesetzes im März 1863 erließ. Bei der ersten Einberufung im Juli 1863 zogen die Kommandeure der Militärpolizei 20 Prozent der registrierten Männer ein, die in jedem Kongreßdistrikt durch Losentscheid ermittelt wurden. Bei den drei Einberufungen des Jahres 1864 setzte das Kriegsministerium für jeden Distrikt eine Quote fest, die unter Berücksichtigung der aus dem Distrikt bereits eingezogenen Männer dem prozentualen Anteil des jeweiligen Distrikts an der Anzahl der vom Präsidenten geforderten Truppen entsprach. Jeder Distrikt hatte 50 Tage Zeit, seiner Quote mit Freiwilligen zu genügen. In den Distrikten, wo dies nicht gelang, wurde die Quote mit Einberufungen durch Losentscheid aufgefüllt.

Wurde das Losverfahren angewendet, gab es verschiedene Möglichkeiten für den Betreffenden. Am unwahrscheinlichsten war, daß er zur Armee kam. Von rund einem Fünftel der Männer, auf die bei den vier Einberufungen das Los gefallen war (161 000 von 776 000), hieß es, sie seien »nicht zur Musterung erschienen« – statt dessen flohen sie in den Westen, nach Kanada oder in die Wälder. Ein Achtel derer, die sich bei der Militärpolizei meldeten, wurde wieder nach Hause geschickt, weil die Quoten bereits erfüllt waren. Von den verbleibenden 522 000 wurden drei Fünftel vom Kriegsdienst freigestellt, weil sie körperliche oder geistige Defekte hatten oder weil sie den Musterungsbeamten davon zu überzeugen vermochten, daß sie die einzige Stütze für eine Witwe, ein verwaistes Geschwister, ein mutterloses Kind oder ein bedürftiges Elternteil waren. Im Gegensatz zum Kongreß der Konföderierten ließen die Parlamentarier der Union keine Freistellung aus beruflichen Gründen zu. Doch auch jemand, der eingezogen worden war, die Tauglichkeitsprüfung bestanden hatte und keine von ihm abhängigen Verwandten ins Feld führen konnte, hatte noch zwei Möglichkeiten: Er konnte einen Ersatzmann stellen, womit er von dieser und allen künftigen Einberufungen verschont blieb, oder er konnte eine Ablösesumme von 300 Dollar zahlen, mit der er sich von dieser, aber nicht unbedingt auch von der nächsten Einberufung loskaufte.[21] Von den 207 000 Mann, die einberufen wurden, bezahlten 87 000 die Ablösesumme, und 74 000 stellten Ersatzleute, so daß es im Endeffekt nur mehr 46 000 von 776 000 waren, die persönlich einrückten. Die Ersatzleute rekrutierten sich aus der Gruppe der 18- bis 19jährigen sowie aus dem Kreis derjenigen Einwanderer, die sich nicht um die amerikanische Staatsbürgerschaft beworben hatten und daher nicht wehrpflichtig waren.[22]

Bei diesem umständlichen und verwickelten Verfahren waren Betrug, Irrtum und Ungerechtigkeit Tür und Tor geöffnet. Die Erfassung der wehrpflichtigen Männer war nur so zuverlässig wie die Beamten, die sie vornahmen, und manche dieser Beamten waren korrupt oder unfähig. Den Rekrutierungsbeamten entgingen in einer fluktuierenden Bevölkerung wahrscheinlich noch mehr Menschen als den Volkszählern. Andererseits gab es Beamte, die erfundene Namen auf ihre Listen setzten, um sich die Mühe zu ersparen, jedes einzelne Haus abzuklappern. Ängstliche Rekrutierungsbeamte fürchteten sich vor Erhebungen in den »Butternut-Counties« des Mittleren Westens, in den Kohlerevieren Pennsylvanias, den aggressiven Stadtvierteln New Yorks und überhaupt in Gegenden, die mit dem Krieg und der allgemeinen Wehrpflicht nichts im Sinn hatten. Viele Männer nahmen Reißaus, um der Rekrutierung zu entgehen. Infolgedessen gab es in manchen Distrikten zu wenig Rekruten und in anderen manipulierte Listen, so daß es zu Ungerechtigkeiten bei der Quotenberechnung kam. Gouverneure und Abgeordnete drangen auf Berichtigung, so daß in manchen Distrikten die Rekrutierung wiederholt werden mußte. Die Gouverneur von New York, Seymour (ein

Demokrat), beschuldigte die Regierung, die Rekrutierung in demokratischen Distrikten zu manipulieren, um dort eine höhere Wehrpflichtigenquote zu erzielen. In der Tat kamen Diskrepanzen zwischen demokratischen und republikanischen Distrikten vor, aber im allgemeinen lag das nicht an irgendwelchen republikanischen Machenschaften, sondern daran, daß in demokratischen Distrikten zunächst eine geringere Zahl von Rekruten registriert worden war, so daß eine größere Quote eingezogen werden mußte.

Auch wenn die Rekrutierung abgeschlossen war und die ausgelosten Männer zur Musterung vorgeladen wurden, gab es noch zahlreiche Möglichkeiten zum Betrug. Man konnte Militärärzte bestechen, falsche eidesstattliche Versicherungen abgeben, daß man eine abhängige Person zu versorgen habe, oder auf andere Weise unter der Hand seinen Einfluß geltend machen. Einige potentielle Rekruten täuschten Geisteskrankheiten oder körperliche Gebrechen vor, andere griffen zur Selbstverstümmelung, naturalisierte Staatsbürger behaupteten, Ausländer zu sein.

Im Süden hatte das Recht, einen Ersatzmann zu stellen, zu dem bitteren Spruch »rich man's war and poor man's fight« – »der Krieg der Reichen auf dem Rücken der Armen« – geführt. Im Norden war die Möglichkeit der Ablöse noch unpopulärer als das Stellen eines Ersatzmannes. »300 Dollar oder dein Leben«, gellten die Schlagzeilen demokratischer Zeitungen. Die Parodie auf ein beliebtes Rekrutenlied machte die Runde: *We Are Coming, Father Abraham, Three Hundred Dollar More.*[23] Die Höhe der Ablösesumme machte ungefähr den Jahreslohn eines ungelernten Arbeiters aus. »Weil du reich bist, brauchst du nicht zu dienen!« ereiferte sich eine Zeitung in Iowa. »Hat man jemals eine Gesetzgebung des Adels gesehen, die so unverhohlen die Minderwertigkeit der Armen demonstriert hätte?« Vordergründig betrachtet, war das Recht, sich dem Kriegsdienst durch eine Ablösesumme oder Stellen eines Ersatzmannes zu entziehen, wie es ein moderner Historiker ausdrückt, »eines der schlimmsten Beispiele von Klassengesetzgebung in der Geschichte des amerikanischen Kongresses«.[24]

Doch bei näherem Hinsehen muß man diese Schlußfolgerung anzweifeln. Das Stellen eines Ersatzmannes war durch die Tradition geheiligt; man kannte es in Europa (sogar in Frankreich während der *levée en masse*), in den amerikanischen Staaten zur Zeit der Revolution, in der Miliz und in der Konföderation. Die Möglichkeit einer Ablöse hatten die republikanischen Verfasser des Wehrpflichtgesetzes nur eingeführt, um dem Preis für Ersatzleute eine Obergrenze zu setzen; im Süden war er bereits auf 1000 Dollar geklettert. Die Möglichkeit einer Ablöse im Norden würde verhindern, daß der Preis für einen Ersatzmann sehr viel mehr als 300 Dollar betrug. Die Republikaner sahen hierin eine Möglichkeit, die Arbeiterklasse nicht zu diskriminieren, sondern auch ihr die Freistellung vom Kriegsdienst zu ermöglichen.

Natürlich wäre es gerechter gewesen, eine allgemeine Wehrpflicht ohne die Ablöse- oder Ersatzmannalternative einzuführen. Aber das Stellen eines Ersatzmannes war als übliche Gepflogenheit so tief verwurzelt, daß es als Recht betrachtet wurde. Die Erfahrungen des Bürgerkrieges änderten das, und nach 20 Monaten, im Dezember 1863, wurde das Stellen eines Ersatzmannes in der Konföderation abgeschafft. Der Norden hingegen behielt es bei allen vier Truppenaushebungen bei (über einen Zeitraum von ebenfalls 20 Monaten). Bei den ersten beiden Aushebungen in der Union (Sommer 1863 und Frühjahr 1864) gab es die Ablöse noch als Alternative. Bei diesen Aushebungen wirkte sie sich so aus, wie die Republikaner es erwarteten. Die Untersuchung von Einberufungen in New York und Ohio hat praktisch keinerlei Korrelation zwischen Reichtum und dem Zahlen der Ablösesumme ergeben. Distrikte in New York mit niedrigem Pro-Kopf-Vermögen wiesen ungefähr denselben Prozentsatz an Männern auf, die die Ablösesumme zahlten (oder einen Ersatzmann anheuerten) wie die reicheren Distrikte. In vier Distrikten Ohios – zwei ländlichen und zwei städtischen – betrug der Anteil der ungelernten Arbeiter, die die Ablöse zahlten, 18 Prozent gegenüber 22 Prozent bei Facharbeitern, 21 Prozent bei Kaufleuten, Bankleuten, Fabrikanten, Ärzten, Juristen und Angestellten und 47 Prozent bei Bauern und Landarbeitern. Da ungelernte und Facharbeiter den höchsten Prozentsatz derer aufwiesen, die »nicht zur Musterung erschienen«, wenn ihr Name gezogen wurde, hat es den Anschein, als ob zumindest in Ohio die Bauern und Landarbeiter *eher* bereit waren, die Einberufung zu umgehen, als die *white-collar*-Berufe. In dieser Hinsicht scheint der Bürgerkrieg nicht unbedingt auf dem »Rücken der Armen« geführt worden zu sein.[25]

Trotzdem veranlaßte die Empörung über das »Blutgeld« den Kongreß, die Ablöse im Juli 1864 abzuschaffen, obwohl manche Republikaner prophezeiten, daß auf diese Weise der Preis für Ersatzleute für die Armen unerschwinglich werden würde. Das erwies sich nur teilweise als richtig. Zwar ging der Anteil der Landarbeiter und Bauern, die sich bei den letzten beiden Aushebungen freikauften, nach der Abschaffung der Ablöse um die Hälfte zurück, aber der Prozentsatz der Freikäufe bei den *white-collar*-Berufen und den Freiberuflern ging ebenfalls um fast die Hälfte zurück. Bei allen vier Aushebungen scheinen die Armen vergleichsweise wenig benachteiligt worden zu sein. In den Distriken New York Citys mit der höchsten Konzentration an irischen Einwanderern zahlten 98 Prozent der Männer, die nicht anderweitig freigestellt waren, die Ablösesumme oder heuerten einen Ersatzmann an. Die folgende Tabelle gibt einen genauen Überblick über die

Berufstätigkeit von Männern, deren Namen in vier als Stichprobe dienenden Distriken Ohios gezogen wurden.[26]

Beruf	Nicht zur Musterung erschienen	Freigestellt	Ablöse oder Ersatzmann	Eingezogen
Ungelernter Arbeiter	24,9%	45,1%	24,2%	5,8%
Facharbeiter	25,7%	43,8%	21,9%	8,6%
Bauer, Landarbeiter	16,1%	34,1%	30,9%	18,9%
Kaufmann, Fabrikant, Bankier, Makler	22,6%	46,3%	29,1%	2,0%
Angestellter	26,2%	47,7%	24,3%	1,8%
Freiberufler	16,3%	48,5%	28,9%	6,3%

Wie konnten Arbeiter die Kosten für die Ablösung oder für einen Ersatzmann aufbringen? Aus eigener Tasche wohl nur die wenigsten. Aber zahlreiche Städte und Counties stellten aus dem Vermögensteueraufkommen Mittel bereit, um die 300 Dollar für jene zu bezahlen, die sie sich nicht leisten konnten. Zwielichtige private Gesellschaften in New York sammelten Geld, um für Wehrpflichtige Ersatzleute anzuheuern, und auch andernorts setzte sich der politische Apparat in Bewegung. Fabriken, Unternehmen und Eisenbahngesellschaften kauften über das Los eingezogene Arbeiter aus Arbeitgebermitteln und durch zehnprozentige Lohnkürzungen frei. Überall entstanden Versicherungsgesellschaften, die gegen eine Prämie von wenigen Dollar pro Monat eine 300-Dollar-Police für den Fall der Rekrutierung anboten. Auf diese Weise gelang es drei Vierteln aller per Los eingezogenen Männer, die sich beim Rekrutierungsbüro meldeten und nicht aus triftigem Grund freigestellt wurden, sich vom Kriegsdienst freizukaufen.

Was für eine Art von Einberufung war das, bei der nur sieben Prozent der ausgelosten Männer wirklich dienten? Die Antwort lautet: Es war überhaupt keine Einberufung, sondern ein umständliches Hantieren mit Zuckerbrot und Peitsche, um Freiwillige zur Meldung zu animieren. Die Peitsche war die Drohung mit der Einziehung, das Zuckerbrot ein Handgeld bei freiwilliger Meldung. Letztlich funktionierte diese Methode; zwar dienten nur 46000 ausgeloste Männer und weitere 74000 stellten einen Ersatzmann, aber rund 800000 Mann meldeten sich in den beiden Jahren nach Verabschiedung des Wehrpflichtgesetzes freiwillig, teilweise sogar zum zweitenmal. Die sozialen und ökonomischen Kosten dieses Verfahrens waren hoch, aber die Amerikaner waren offenbar bereit, diesen Preis zu bezahlen, weil die allgemeine Wehrpflicht den Traditionen und Werten des Landes widersprach. Was Alexis de Tocqueville eine Generation zuvor gesagt hatte, war auch 1863 noch relevant: »In Amerika ist die allgemeine Wehrpflicht unbekannt, und die Männer werden durch ein Handgeld bewogen, sich zu melden. Den Vorstellungen und Gewohnheiten der Menschen ... ist die Zwangsrekrutierung so zuwider, daß ich nicht glaube, daß diese jemals durch Gesetze sanktioniert werden könnte.«[27]

Letzten Endes aber erschien die auf ein Handgeld gestützte freiwillige Meldung als ein noch größeres Übel als die Einberufung. Indirekte Handgelder gab es bereits in den ersten Tagen des Krieges, als Soldatenhilfsgesellschaften Geld sammelten, um die Familien von Männern zu unterstützen, die ihren Beruf aufgaben, um in den Krieg zu ziehen. Auch Einzelstaaten, Counties und Stadtverwaltungen stellten Mittel für diesen Zweck zur Verfügung. Diese patriotischen Zuwendungen erregten keinerlei Anstoß. Im Sommer 1862 sahen sich jedoch einige Orte im Norden genötigt, direktes Handgeld zu zahlen, um nach den beiden von Lincoln angeordneten Truppenaushebungen ihre Quoten zu erfüllen. Ein Jahr später kam der Schock der ersten Rekrutierung nach dem Losverfahren, die vielerorts auf erbitterten Widerstand gestoßen war, und viele Gemeinden beschlossen, künftige Quoten auf jede erdenkliche Weise zu erfüllen, um diese Art der Rekrutierung zu vermeiden. Lincolns drei Truppenaushebungen von 1864 führten förmlich zu einem Bietkrieg um Freiwillige. Privatvereine sammelten Mittel für Handgelder. Städte und Counties jagten einander gegenseitig die Rekruten ab. Auch die Bundesregierung schaltete sich im Oktober 1863 ein und setzte für Freiwillige und Wiederverpflichtungen ein Handgeld von 300 Dollar aus (das aus der Ablösesumme von 300 Dollar finanziert wurde).

Die halbe Milliarde Dollar, die der Norden insgesamt an Handgeld zahlte, stellte eine Vermögensumschichtung von den Reichen zu den Armen dar – ein ironischer Kontrapunkt zum Thema »Krieg der Reichen auf dem Rücken der Armen«. 1864 konnte ein gerissener Rekrut die lokalen, regionalen und nationalen Handgelder zu einer Subvention von 1000 Dollar und mehr anhäufen. Manche Männer konnten der Versuchung nicht widerstehen, dieses Geld zu nehmen, zu desertieren, sich einen neuen Namen zu geben, in eine andere Stadt zu ziehen und den Vorgang zu wiederholen. Einigen dieser *bounty jumpers* gelang es sogar, den Trick mehrmals zu wiederholen. Es traten »Handgeldmakler« auf, die für ihre Klienten die besten »Abschlüsse« ausfindig machten – natürlich gegen Beteiligung. Sie konkurrierten mit den »Ersatzmannmaklern« um das lukrative Geschäft mit dem Kanonenfutter. Allerdings wurden nur relativ wenige der mit Handgeld

Geworbenen oder der Ersatzleute wirklich zu Kanonenfutter; viele desertierten, bevor sie ins Gefecht zogen, oder ließen sich bei der ersten Feindberührung gefangennehmen. So brachte das kombinierte System aus Erfassung, Handgeld und Ersatzmanngestellung zwar eine Dreiviertelmillion neuer Leute auf die Beine,[28] aber es waren Männer, die nicht viel dazu betrugen, den Krieg zu gewinnen. Diese Aufgabe fiel im wesentlichen den Veteranen von 1861 und 1862, aus der Zeit vor dem Handgeld, zu, die denn auch viele der mit Handgeld Geworbenen und Ersatzleute über die Maßen verachteten; sie nannten sie »Abschaum der nördlichen Slums ... Lumpenpack aller Nationen ... gebrandmarkte Verbrecher ... Diebe, Einbrecher, Vagabunden«.[29]

Eine üble Begleiterscheinung des Handgeld- und Ersatzmannsystems war das Pressen von Einwanderern zum Kriegsdienst. Die Zahl der Einwanderer war während der ersten Kriegsjahre drastisch zurückgegangen, 1863 aber aufgrund des kriegsbedingten Arbeitskräftemangels wieder angestiegen. Manche Einwanderer kamen in der Absicht, sich zum Militär zu melden, um das Handgeld oder die Ersatzmanngebühr einzustreichen. Andere wurden von skrupellosen *runners* buchstäblich zum Kriegsdienst verschleppt. Die beträchtliche Anzahl von Einwanderern in der Unionsarmee führte im Süden zu dem hartnäckigen Gerücht, die meisten Yankeesoldaten seien »ausländische Mietlinge«.[30] In Wirklichkeit war das Gegenteil der Fall. In den bewaffneten Truppenteilen der Union waren die Einwanderer anteilsmäßig unterrepräsentiert. Von rund zwei Millionen weißer Soldaten und Seeleute waren eine halbe Million im Ausland geboren. Die Einwanderer stellten damit 25 Prozent der Militärangehörigen, während 30 Prozent der männlichen Einwohner der Unionsstaaten im wehrfähigen Alter im Ausland geboren waren. Ungeachtet der militärischen Reputation der Irish Brigade waren die Iren, bezogen auf ihren Anteil an der Bevölkerung, die am stärksten unterrepräsentierte Gruppe, gefolgt von deutschen Katholiken. Andere Einwanderergruppen meldeten sich etwa entsprechend ihrem Anteil an der Bevölkerung.[31]

Daß katholische Einwanderer unterrepräsentiert waren, kann unter anderem damit erklärt werden, daß sie den Demokraten zuneigten und mit den republikanischen Kriegszielen, speziell der Sklavenbefreiung, nicht einverstanden waren. Manche von ihnen hatten sich noch nicht um die Staatsbürgerschaft beworben – oder behaupteten es wenigstens – und wurden nicht zum Kriegsdienst herangezogen. Diese Gruppe stellte zwar im letzten Kriegsjahr einen großen Teil der Handgeld- und Ersatzleute – und machte damit unrühmlich auf sich aufmerksam –, aber sie stellte auch eine große Zahl von Deserteuren und Handgeldjägern. Ebenso wie bei den »Butternuts« im Ohiotal gab es bei ihnen viele, die »Reißaus nahmen«, um der Einziehung zu entgehen.[32]

Dieses ethnokulturelle Muster verstärkte die Klassenschichtung der amerikanischen Gesellschaft; »Butternuts« wie katholische Einwanderer konzentrierten sich am unteren Ende der Vermögens- und Einkommensskala. Dies mag die Vorstellung vom »Krieg der Reichen« bestätigen, weil viele dieser Leute nichts mit diesem Krieg zu tun haben wollten, aber es modifiziert doch die Vorstellung vom »Krieg auf dem Rücken der Armen«. Die folgende Tabelle bestätigt diese Modifikation: Sie vergleicht die frühere Erwerbstätigkeit weißer Unionssoldaten mit der Verteilung der Erwerbstätigkeit in den Einzelstaaten, aus denen sie stammten.[33]

Berufsgruppen	Unionssoldaten (Stichprobe der Sanitary Commission)	Unionssoldaten (Stichprobe Bell Wiley)	Männer insgesamt (Zensus 1860)
Bauern und Landarbeiter	47,5%	47,8%	42,9%
Facharbeiter	25,1	25,2	24,9
ungelernte Arbeiter	15,9	15,1	16,7
white-collar und Handel	5,1	7,8	10,0
freie Berufe	3,2	2,9	3,5
Verschiedene und unbekannt	3,2	1,2	2,0

Aus dieser Tabelle könnte man herauslesen, daß die *white-collar*-Klasse die am meisten unterrepräsentierte Gruppe in der Armee war. Doch der Schein trügt, denn das mittlere Alter der eingezogenen Soldaten betrug 23,5 Jahre, während die Angaben im Zensus über die Berufstätigkeit sich auf alle erwachsenen Männer bezogen. Zwei Fünftel der Soldaten waren 21 Jahre alt oder jünger. Untersuchungen über die berufliche Mobilität im 19. Jahrhundert haben ergeben, daß mindestens zehn Prozent der jungen Männer, die als Arbeiter begannen, später auf der beruflichen Leiter nach oben kletterten.[34] Wenn man das Alter der Soldaten berücksichtigen könnte, müßte man wohl sagen, daß die einzige Kategorie, die signifikant unterrepräsentiert war, die der ungelernten Arbeiter war.

Selbst wenn der Gegensatz »Krieg der Reichen auf dem Rücken der Armen« objektiv nicht aufrechtzuerhalten war, behielt er starke Symbolkraft, die von den Demokraten eifrig manipuliert wurde, um die Wehrpflicht als eine Parteien- und Klassenfrage hinzustellen. Während 100 Prozent der Republikaner im Kongreß das Einberufungsgesetz befürworteten, lehnten 88 Prozent der Demokraten es ab.[35] Kaum eine andere Frage mit Ausnahme der Sklavenbefreiung trennt die beiden Parteien so deutlich. Die Demokraten stellten sogar einen Zusammenhang zwischen den beiden Fragen her, indem sie die Einberufung als verfassungwidrige Methode zur Erreichung eines verfassungswidrigen Ziels, nämlich der Sklavenbefreiung, verurteilten. Ein demokratischer Parteitag im Mittleren Westen gelobte feierlich: »Wir werden der gegenwärtigen Regierung bei ihrem üblen Kreuzzug zur Abschaffung der Sklaverei keine Unterstützung angedeihen lassen [und] wir werden uns bis in den *Tod* jedem Versuch *widersetzen,* auch nur einen einzigen unserer Staatsbürger zur Armee einzuziehen.« Demokratische Zeitungen ritten auf der These herum, daß die Einziehung zum Militär die weißen werktätigen Männer zwinge, für die Freiheit der Schwarzen zu kämpfen, die ihrerseits nach Norden kommen und ihnen ihre Arbeitsplätze wegschnappen würden. Der Herausgeber der führenden katholischen Wochenzeitschrift New Yorks sagte auf einer Versammlung, »wenn der Präsident von ihnen verlange, weiter für den Nigger in den Krieg zu ziehen, dann solle ihn der T...l holen, wenn er glaube, daß sie das tun würden«. In einer Rede zum 4. Juli 1863 vor Demokraten der Stadt sagte Gouverneur Seymour, an die Adresse der Republikaner gewandt, die Sklavenbefreiung und Einberufung als militärische Notwendigkeit hinstellten: »Vergessen Sie eines nicht – auf das blutige und hochverräterische Dogma der Notwendigkeit kann sich der Mob ebenso berufen wie eine Regierung!«[36]

Solche Reden heizten die ohnehin gereizte Stimmung noch an. Drückeberger und aufgebrachte Volksmassen töteten im Laufe des Frühlings und Sommers mehrere Rekrutierungsbeamte. In einer Reihe von Städten brachen Gewalttätigkeiten gegen Neger aus. Nirgends aber war die Lage explosiver als in New York City mit seinem großen irischen Bevölkerungsanteil und einem mächtigen demokratischen Apparat. Zusammengepfercht in unhygienischen Mietskasernen in der Stadt mit den meisten tödlichen Krankheiten und der höchsten Verbrechensrate der westlichen Welt, beschäftigt als ungelernte Arbeiter zu Niedrigstlöhnen, besorgt über die Konkurrenz der schwarzen Arbeiter, voller Haß gegen die protestantische Mittel- und Oberschicht, von der sie nicht selten verachtet und ausgebeutet wurden, waren die Iren bereit zur Revolte gegen diesen Krieg, den Yankeeprotestanten für die Freiheit der Schwarzen führten. Die Lohnsteigerungen hinkten seit 1861 um 20 Prozent und mehr hinter den Preissteigerungen her. Zahlreiche Streiks hatten ein bitteres Erbe hinterlassen; am schlimmsten war ein Ausstand der Hafenarbeiter im Juni 1863 gewesen, als schwarze Schauerleute unter Polizeischutz die Arbeit der streikenden Iren übernommen hatten.

In diese Situation platzten am Samstag, dem 11. Juli, Rekrutierungsoffiziere, um mit der Erfassung der Namen zu beginnen. Die meisten Milizen und Bundestruppen, die normalerweise in der Stadt stationiert waren, weilten im fernen

Pennsylvania, wo sie nach der Schlacht von Gettysburg der Armee Lees nachsetzten. Am ersten Tag ging die Erfassung noch ziemlich reibungslos vonstatten, doch am Sonntag trafen sich Hunderte von aufgebrachten Männern in den Kneipen und verabredeten für den nächsten Morgen einen Überfall auf die Rekrutierungsbüros. Sie machten ihre Drohung wahr, und es kam zu viertägigen, immer mehr eskalierenden blutigen Ausschreitungen des Pöbels, der die ganze Stadt terrorisierte und mindestens 105 Menschen tötete. Es waren die bisher schwersten Krawalle der amerikanischen Geschichte.[37]

Viele der an den Unruhen beteiligten Männer (und Frauen) ergingen sich in Plünderungen und blinder Zerstörung. Aber wie so oft wählte sich der Mob vor allem bestimmte Ziele, die mit den Ursachen des Aufruhrs zusammenhingen. Schnell gingen Rekrutierungsbüros und andere staatliche Gebäude in Flammen auf. Kein Schwarzer war seines Lebens sicher; einige wurden mißhandelt, ein halbes Dutzend wurde gelyncht, Wohnungen und Eigentum von Schwarzen wurden kurz und klein geschlagen, das Waisenhaus für farbige Kinder wurde bis auf die Grundmauern niedergebrannt. Der Pöbel stürzte sich auch auf mehrere Unternehmen, in denen Schwarze beschäftigt wurden. Die Aufwiegler versuchten die Räume der republikanischen Zeitungen zu stürmen, steckten das Erdgeschoß der *Tribune* in Brand und drohten Horace Greeley mit dem Tod. Einige Zeitungsherausgeber setzten sich gegen den Mob zur Wehr, indem sie ihre Angestellten mit Gewehren bewaffneten; Henry Raymond von der *Times* lieh sich von der Armee drei der jüngst erfundenen Gatling-Maschinengewehre, um das Zeitungsgebäude zu verteidigen. Die Aufwiegler plünderten die Wohnungen mehrerer prominenter Republikaner und Abolitionisten. Mit Schlachtrufen wie »Nieder mit den Reichen!« oder »Da läuft ein 300-Dollar-Mann!« überfielen sie gutgekleidete Herren, die so unvorsichtig waren, sich auf der Straße zu zeigen. Diese Elemente des Klassenkampfes erkannte man auch in Übergriffen gegen das Eigentum notorisch gewerkschaftsfeindlicher Unternehmer und in der Zerstörung von Kehrmaschinen und Getreidehebern, die den Arbeitsplatz mancher ungelernter Arbeiter, aus denen sich die Aufwiegler hauptsächlich zusammensetzten, wegrationalisiert hatten. Der Mob, der mindestens zu zwei Dritteln aus Iren bestand, steckte auch protestantische Kirchen und Missionen in Brand.[38]

Die New Yorker Polizei, unerfahren im Umgang mit Unruhen, bekämpfte die Aufwiegler am 13. und 14. Juli unerschrocken, aber nur mit halbem Erfolg. Offiziere der Armee kratzten verzweifelt ein paar hundert Mann regulärer Truppen zusammen, um der Polizei zu Hilfe zu kommen. Das Kriegsministerium beorderte eilends einige Regimenter von Pennsylvania nach New York zurück, wo sie am

15. und 16. Juli ihre Salven in die Reihen der Aufrührer abfeuerten – mit demselben tödlichen Resultat wie gegen die Rebellen in Gettysburg zwei Wochen zuvor. Am 17. Juli kehrte ein fauler Friede in der erschütterten Stadt ein. Entschlossen, die Rekrutierung in New York wie geplant durchzuführen, um nicht zur Nachahmung des Widerstands einzuladen, baute die Regierung die Truppenstärke in Manhattan auf 20000 Mann aus. Das garantierte Ruhe, als die Rekrutierung am 19. August wiederaufgenommen wurde. Die Stadtväter hatten inzwischen genügend Mittel aufgetrieben, um die Ablösesumme für rekrutierte Männer zu hinterlegen – zweifellos waren auch etliche der Krawallmacher darunter.

II

Auch den Süden suchte das Gespenst des Klassenkonflikts heim, und wie im Norden verstärkte die Wehrpflicht die Reibungen. Die unzureichende Truppenstärke hatte den konföderierten Kongreß im September 1862 genötigt, die Altersgrenze der Wehrpflichtigen von 35 auf 45 Jahre hinaufzusetzen. Damit drohte in vielen armen Familien dem Ernährer die Einberufung ausgerechnet nach der Dürreperiode des Sommers 1862, die die Getreideernte vernichtet hatte. Zu allem Überfluß erließ der Kongreß die Bestimmung, daß auf Plantagen mit 20 oder mehr Sklaven nur ein einziger Weißer von der Wehrpflicht befreit wurde.

Diese umstrittene Befreiung vom Wehrdienst war auf Druck der Familien von Pflanzern beschlossen worden. Der Süden war ja unter anderem in den Krieg gezogen, um die Sklaverei zu verteidigen. Wenn jetzt alle Weißen zur Armee gingen, würde die Disziplin auf den Plantagen leiden, die Sklaven würden nach wie vor weglaufen und in die Sümpfe oder zu den Yankees fliehen, und die Sklaverei würde allmählich zerbröckeln. Zudem kämpfte der Süden für eine bestimmte Vorstellung von der Würde der Frau. Wenn man es jetzt den weißen Frauen auf den Plantagen allein überließ, mit einer Unzahl von Sklaven fertig zu werden, so vertrug sich das schlecht mit dieser Vorstellung. Der Brief, den eine Frau aus Alabama im September 1862 an ihren Gouverneur schrieb, verriet, daß etwas geschehen mußte. »Ich habe keinen Bruder, *keinen Menschen,* den ich um Hilfe bitten kann«, klagte sie. »Ich bin jetzt *ganz allein* und habe nur mein Kind, ein zweijähriges Mädchen, bei mir. Ich habe jetzt ringsherum Pflanzungen voller Neger, von denen viele keinen Weißen über sich haben. Jetzt flehe ich Sie an: Lassen Sie mir aus Barmherzigkeit gegen ein armes, schutzloses Weib und sein Kind meinen [Plantagen-]Aufseher zurückschicken!« Außerdem brauchte die Konföderation die auf den Plantagen gezogenen Lebensmittel und Nutzpflanzen, und ohne Aufseher würden die Sklaven nichts ziehen, davon waren die Südstaatler überzeugt. Die Freistellung von Aufsehern war nach Ansicht der Pflanzer mindestens ebenso kriegswichtig wie die Freistellung von Lehrern oder Apothekern. Im Oktober 1862 gab der Kongreß nach, doch äußerten einzelne Senatoren Vorbehalte gegen ein Gesetz »pro Sklavenarbeit und contra weiße Arbeit«.[39]

Das »Zwanzig-Neger-Gesetz« mit seiner Bevorzugung einer Klasse, die nur fünf Prozent der weißen Bevölkerung ausmachte, wurde im Süden ebenso unpopulär wie im Norden die Ersatzmannregelung. Zwar wurden nach Maßgabe dieses Gesetzes nur 4000 bis 5000 Pflanzer freigestellt, was rund 15 Prozent der in Frage kommenden Plantagen und drei Prozent der überhaupt freigestellten Männer entsprach, aber die Symbolkraft dieses Gesetzes war enorm. Viele Soldaten, die im Winter von 1862 auf 1863 aus den Armeen der Konföderierten desertierten, dachten wie jener Bauer aus Mississippi, der sich unerlaubt von der Truppe entfernt hatte, weil er »keine Lust hatte, meinen Kopf für die Reichen hinzuhalten, während die zu Hause sitzen und sich einen schönen Tag machen«. Nach einer Reise in die Heimat schrieb Senator James Phelan aus Mississippi am 9. Dezember von Richmond aus voller Besorgnis seinem Freund Jefferson Davis: »Noch nie war ein Gesetz so allgemein verhaßt. [...] Die Wirkung auf die Armen ist katastrophal. [...] Wie ich höre, hat es mancherorts den Geist der Rebellion geweckt, und schon rotten sich manche zum Widerstand zusammen; bei der Armee, heißt es, brauche es nur ein paar mutige Männer, die das Zeichen geben, um einen Aufstand zu entfachen.«[40]

Diese Proteste richteten freilich gegen den Einfluß der Pflanzer wenig aus. Die »Zwanzig-Neger-Regelung« wurde vom Kongreß zwar verschiedentlich geändert, aber niemals völlig aufgehoben, und sie blieb für den Rest des Krieges ein Thema, an dem sich die Geister schieden. Eine Gesetzesänderung vom Mai 1863 sah vor, daß jeder Pflanzer 500 Dollar für dieses Sonderrecht zu bezahlen habe, eine andere vom Februar 1864 setzte die Anzahl der erforderlichen Sklaven sogar auf 15 herab, bestimmte aber zugleich, daß jede befreite Plantage der Regierung zu einem festgesetzten Preis pro Sklave 200 Pfund Fleisch – zum Teil für die Familien bedürftiger Soldaten – zu liefern habe. Man sieht an dieser Bestimmung, daß ein wesentlicher Grund für die Unzufriedenheit der Kleinbauern und Werktätigen der Hunger war. Zwar wurde 1862 ein großer Teil der Felder von Baumwolle auf Getreide umgestellt, aber die Trockenperiode und der Zusammenbruch des Transportwesens im Süden – ganz zu schweigen vom Verlust der besten landwirtschaftlichen Regionen an die Union – führten im folgenden Winter zu einer gravierenden Lebensmittelknappheit. Auch die sich beschleunigende Inflation machte Lebensmittel für viele unerschwinglich, selbst wenn sie erhältlich waren. Der Preisindex, der sich in der zweiten Hälfte von 1862 verdoppelt hatte, verdoppelte sich in der ersten Jahreshälfte 1863 noch einmal. Das Gehalt von John Jones, Schreiber im Richmonder Kriegsministerium, blieb immer weiter hinter den Lebenshaltungskosten zurück, bis schließlich im Mai 1863 »die hagere Gestalt des Hungers ihr Haupt erhebt«. Jones hatte 20 Pfund abgenommen, »und meine Frau und die Kinder sind abgemagert«. Sogar die Ratten in der Küche waren so hungrig, daß sie »zahm wie Kätzchen« Jones' Tochter die Brotkrumen aus der Hand fraßen. »Vielleicht werden wir eines Tages die Ratten essen müssen!«[41]

Frauen und Kindern ging es auf den Bauernhöfen nicht besser als in der Stadt. Im April 1863 schrieb eine Bäuerin aus North Carolina in einem Brief an Gouverneur Zebulon Vance: »Ein paar von uns armen Frauen gingen gestern um irgend etwas Eßbares nach Greenesborough, weil es in meinem Haus keinen Bissen Fleisch oder Brot mehr gab, aber was hat man dort mit uns getan, man hat uns eingesperrt, statt uns etwas zu essen zu geben. [...] Ich habe 6 kleine Kinder und mein Mann ist in der Armee was soll ich bloß tun?« Ja, was sollte sie tun? Manche Frauen schrieben an konföderierte Behörden und baten um Entlassung ihrer Männer. In einem dieser Briefe an den Kriegsminister heißt es, der Gatte der Schreiberin sei »nicht imstande, für Ihre Regierung viel Gutes zu tun, aber für seine Kinder kann er etwas Gutes tun, und es hat keinen Sinn, daß Sie ihn dabehalten, damit er totgeschossen wird und eine Witwe und arme kleine Waisenkinder hinterläßt, die darben müssen, während die Reichen sich bedienen lassen können«.[42]

Derartige Appelle fruchteten jedoch wenig, und Tausende von Familienvätern entließen sich selbst aus der Armee. »Ein Haufen Leute sind schon abgehauen«, schrieb ein Gefreiter aus Mississippi im November 1862 an seine Frau, »und ein Haufen Leute sagen, wenn es ihren Familien schlecht geht, hauen sie auch ab.« Einen Monat später erklärte ein verzweifelter Offizier aus Braggs Tennessee-Armee: »Die Desertionen in dieser Armee nehmen so sehr überhand, daß schon fast ein Drittel der Leute fehlt.«[43]

Viele Deserteure schlossen sich Rekrutierungsflüchtigen im Hinterland an und bauten Guerillagruppen auf, die der konföderierten Obrigkeit trotzten und ganze Counties kontrollierten. Einige dieser »Regulatoren« knüpften Beziehungen zu kriegsfeindlichen oder unionistischen Geheimgesellschaften an, die 1862 und 1863 wie Pilze aus dem Boden schossen, wie der Peace and Constitution Society in Arkansas, der Peace Society in Nord-Alabama und Nord-Georgia, den Heroes of America im westlichen North Carolina und in Ost-Tennessee. Das Motto

»Krieg der Reichen auf dem Rücken der Armen« trug zur Entstehung dieser Gesellschaften ebenso bei, wie es den »Copperheads« im Norden Zulauf bescherte. Zwar waren die Friedensgesellschaften des Südens nicht so auffällig wie die des Nordens und erlangten nicht den Einfluß, den die »Copperheads« im Norden einer etablierten Partei verdankten, aber sie entzogen in manchen Gegenden der Kriegsanstrengung Kräfte und bildeten für den Fall, daß der Krieg eine Wendung zum Schlechteren nehmen sollte, den Kern einer beachtlichen Friedensbewegung.[44]

War es im Süden speziell ein »Krieg auf dem Rücken der Armen«? Wahrscheinlich nicht mehr und nicht weniger als im Norden, wie aus der folgenden Aufstellung hervorgeht, die auf Zahlenangaben aus sieben konföderierten Staaten basiert.[45]

Beruf	konföderierte Soldaten	männliche Weiße (Zensus von 1860)
Pflanzer, Bauern, Landarbeiter	61,5%	57,5%
Facharbeiter	14,1	15,7
ungelernte Arbeiter	8,5	12,7
Angestellte, Handel	7,0	8,3
Freie Berufe	5,2	5,0
Verschiedene und unbekannt	3,7	0,8

Diese Stichprobe scheint zu belegen, daß, umgerechnet auf das Alter, ungelernte und Facharbeiter in der Armee der Konföderation unterrepräsentiert, Wirtschaft und freie Berufe möglicherweise überrepräsentiert waren. Die wichtigsten Kategorien in dieser ländlichen Gesellschaft waren jedoch die Pflanzer und die Bauern. Leider unterscheiden weder der Zensus noch die Stammrollen der Regimenter konsequent zwischen diesen beiden Klassen, so daß nicht festzustellen ist, ob die Pflanzer unterrepräsentiert waren oder nicht. Die einzige Untersuchung zu dieser Frage hat ergeben, daß in drei Counties auf der Piedmontfläche Georgias das durchschnittliche Vermögen von Männern, die nicht in der Armee dienten, um rund 20 Prozent größer war als das Vermögen derer, die dienten.[46] Der Tendenz dieser begrenzten Stichprobe steht in bezug auf die gesamte Konföderation die größere Desertions- und Dienstverweigerungsbereitschaft in den ärmsten Regionen des Landesinneren entgegen.

Jedenfalls verschafften der symbolische Gehalt des »Zwanzig-Neger-Gesetzes« und die unbestreitbare Not vieler armer Familien der Parole vom »Krieg auf dem

Rücken der Armen« im Süden ein viel stärkeres Echo als im Norden. Denn: »Man kann von den Männern nicht erwarten, daß sie für eine Regierung kämpfen, die zuläßt, daß ihre Frauen und Kinder verhungern«, wie ein prominenter Südstaatler im November 1862 schrieb. Die Regierung – genauer gesagt, die Regierungen auf Bundesstaats- und County-Ebene – erkannte das. Die meisten Südstaaten und viele Counties beschafften Mittel zur Unterstützung von Familien bedürftiger Soldaten. Finanziert wurden diese Ausgaben durch die Besteuerung von Sklaven und Großgrundbesitz; man versuchte also, der Klassenunzufriedenheit durch Umverteilung der Ressourcen von den Reichen zu den Armen entgegenzuwirken. Die beiden Staaten, die in dieser Hinsicht am meisten taten, waren Georgia und North Carolina – genau die Staaten, deren Gouverneure (Joseph Brown und Zebulon Vance) die Kriegsanstrengung des Südens durch ihr Pochen auf bundesstaatliche Rechte torpedierten. Die einfachen Leute waren generell für Brown und Vance und gegen Davis – nicht unbedingt deshalb, weil sie für bundesstaatliches Recht auf Kosten der Konföderation gewesen wären, sondern weil der Bundesstaat ihnen half, während die Regierung in Richmond ihnen ihre Gatten und Söhne und ihren Lebensunterhalt wegnahm.[47]

Daß der konföderierte Staat den Unterhalt der Armee durch Steuern und Requisitionen zu sichern suchte, ließ ihn als Blutsauger erscheinen. Im Frühjahr 1863 sahen sich die Gesetzgeber in Richmond genötigt, Alternativen zur Druckerpresse zu finden, um den Krieg zu finanzieren. Im April folgten sie dem Beispiel der Union und verabschiedeten ein umfassendes Steuergesetz, das eine progressive Einkommenssteuer, eine achtprozentige Abgabe auf bestimmte Waren, eine Verbrauchssteuer und Konzessionssteuern sowie eine zehnprozentige Körperschaftssteuer für Großhändler vorsah, durch welche man dem Volk »abgepreßte Spekulationsgewinne« zurückholen wollte. Die Genugtuung, daß dank dieser Steuern auch die Reichen ihr Scherflein beitragen mußten, wurde jedoch durch eine weitere Steuer sowie durch eine Steuerbefreiung gedämpft. Weil das Geld so wenig wert war, führte der Kongreß eine zehnprozentige »Naturalsteuer« auf landwirtschaftliche Erzeugnisse ein. Jeder Bauer mußte nach Einbehaltung der Existenzgrundlage für seine Familie zehn Prozent des Überschusses an einen der 3000 Regierungsagenten aushändigen, die den Süden durchkämmten und die Erzeugnisse einsammelten. Die Kleinbauern beklagten sich bitter über diese Abgabe. Warum mußte der arme Landmann – oder besser gesagt: die Landfrau, denn die meisten Männer waren ja an der Front – zehn Prozent zahlen, wenn ein Schreiber oder Lehrer mit 1500 Dollar Gehalt nur zwei Prozent von seinem Einkommen geben mußte? Und vor allem: Warum wurde das größte Eigentum der Reichen – die Sklaven – *nicht* besteuert? Antwort: Eine Sklavensteuer galt als direkte Steuer, die verfassungsrechtlich nur nach einer Verteilung der Steuerlast auf die einzelnen Bundesstaaten nach Maßgabe ihrer Einwohnerzahl zulässig war. Da im Krieg kein Zensus möglich war, konnte es auch keine direkte Steuer geben. Die Bedeutung dieses verfassungsrechtlichen Hindernisses entging den meisten Kleinbauern, die nur sahen, daß die Regierungsagenten ihre Erzeugnisse abholten, während die Sklaven der reichen Leute unbesteuert blieben.

In der Praxis war kaum ein Unterschied zwischen der Naturalsteuer und den »Requisitionen« von Nachschub durch die Armee zu sehen. Gierig nach Provision, filzten Proviant- und Quartiermeister systematisch die ländlichen Gegenden, um Lebensmittel, Viehfutter und Arbeitstiere aufzuspüren. Sie zahlten die Preise, die *ihnen* (nicht dem Bauern) fair erschienen, und stellten Schuldscheine aus, die weiter an Wert verloren, bevor der Bauer sie einlösen konnte. Am Ende des Krieges stand schätzungsweise eine halbe Million Dollar in Form dieser wertlosen Scheine aus. Manche Einheiten, zumal die Kavallerie, nahmen sich, was sie brauchten, ohne auch nur pro forma zu bezahlen. »Falls Gott, der Allmächtige«, schrieb ein aufgebrachter Gouverneur Vance 1863 an das Kriegsministerium, »noch eine neue Plage, schlimmer als alle anderen, erwogen haben sollte, um bei einer weiteren Herzensverhärtung Pharaos die Ägypter zu schlagen, kann es nur ein Regiment schlecht bewaffneter, undisziplinierter Konföderationskavallerie gewesen sein.« Trotz des notorisch schlechten Rufs, den die Invasoren aus dem Norden genossen, waren viele Südstaatler der Überzeugung: »Mehr Schaden als unsere eigenen Soldaten können auch die Yankees nicht mehr anrichten.«[48] Die Requisitionen trafen mit unparteiischer Ungerechtigkeit Reiche wie Arme, die das Pech hatten, in der Nähe eines militärischen Operationsgebiets zu wohnen. Aber die kleinen Bauern mit ihren Familien konnten es sich kaum leisten, das wenige zu verlieren, das sie hatten, und so wurden für sie die Requisitionen zu einem weiteren Grund der Entfremdung von der Regierung und der Sache, die sie vertrat.

Im März 1863 reagierte der Kongreß auf die Empörung über die Requisitionen mit einem Gesetz, das der Sache mit Hilfe von Kommissionen Herr zu werden suchte, die »faire« Preise festzusetzen und zu vermitteln hatten. Dieses Gesetz wurde jedoch meist mit Nichtbeachtung quittiert, und die mißbräuchlichen Requisitionen gingen weiter. Erfolgreicher waren Revisionen des Steuerrechts im Februar 1864. Der Kongreß setzte die verfassungsrechtliche Erfordernis einer auf einem Zensus basierenden Verteilung der direkten Steuern vorübergehend außer Kraft und führte eine fünfprozentige Abgabe auf Grundbesitz und Sklaven ein. Familien, deren Besitz weniger als 500 Dollar wert war, wurden von der Naturalsteuer befreit. Mit der Revision des »Zwanzig-Neger-Gesetzes«, durch das

200 Pfund Fleisch pro Neger requiriert wurden, sah sich die Regierung mit dem Wohlfahrtsproblem der Lebensmittelverteilung konfrontiert.

Doch kamen alle diese Maßnahmen zu spät, um die schockierendste Demonstration der innenpolitischen Hochspannung abzuwenden: die Hungerunruhen des Frühjahrs 1863. In gut einem Dutzend Städte und Dörfer zwischen Richmond und Mobile plünderten verzweifelte Frauen Läden oder Vorratslager, weil sie nichts zu essen hatten. Der Ablauf der Unruhen folgte meist einem bestimmten Schema. Die Frauen – viele von ihnen mit Soldaten verheiratet und mit Messer oder Revolver bewaffnet – betraten geschlossen den Laden eines »Spekulanten« und fragten nach dem Preis von Schinken oder Mehl. Wenn sie ihn erfahren hatten, schimpften sie über solchen »Wucher«, nahmen sich, was sie brauchten, und zogen wieder ab.[49]

Der bei weitem größte und gravierendste Zwischenfall ereignete sich in Richmond. Aus verschiedenen Gründen war die Lage in der Hauptstadt der Konföderation besonders brisant. Die Bevölkerung der Stadt hatte sich seit 1861 mehr als verdoppelt. In vielen Gebieten Virginias war die Lebensmittelerzeugung durch militärische Operationen zum Erliegen gekommen. Lees Armee am Rappahannock, seit März 1863 auf halbe Ration gesetzt, konkurrierte mit der Zivilbevölkerung um die schwindenden Vorräte aus der dürregeschädigten Ernte des Vorjahrs. Ende März fielen ungewöhnlicherweise gut 20 Zentimeter Schnee und machten die Straßen für mehrere Tage unpassierbar. Die Preise für die wenigen Waren, die noch in den Regalen der Händler lagen, schossen in astronomische Höhen. Am 2. April versammelten sich einige hundert Frauen – viele von ihnen mit Arbeitern der Tredegar-Eisenwerke verheiratet – in einer Baptistenkirche und marschierten zum Amtssitz des Gouverneurs, um ihre Verzweiflung kundzutun. Der Gouverneur hatte wenig Trost zu bieten, und die Delegation zog weiter und wurde zum wütenden Mob. Eine Bürgersfrau, die am Wegrand stand, sprach eine der Frauen an, ein ausgemergeltes Mädchen von 18 Jahren. »Sie hob die Hand, um ihre Haube zurechtzurücken, und dabei rutschte der Ärmel ihres Kattunkleides herunter und entblößte das pure Skelett eines Armes. Sie sah meinen Gesichtsausdruck bei diesem Anblick, und mit einem kurzen Lachen schob sie hastig den Ärmel zurück. ›Mehr ist von mir nicht übrig!‹ sagte sie. ›Lustig, nicht?‹« Die Passantin fragte, was los sei. »Wir verhungern«, sagte das Mädchen. »Wir gehen jetzt in die Bäckereien und holen uns jede ein Brot. Das ist das Mindeste, was die Regierung uns geben kann, nachdem sie uns unsere Männer genommen hat.« Die Menge war jetzt auf über 1000 Menschen angewachsen, darunter auch einige Männer und Jungen. Der Mob brach in Läden und Lagerhäuser ein. »Brot! Brot!« schrien sie. »Unsere Kinder verhungern, und die Reichen suhlen sich im

Geld!« Einige Frauen, vom leichten Gelingen ermutigt, griffen jetzt auch zu Kleidern, Schuhen und sogar Schmuck. Der Gouverneur und der Bürgermeister stellten sich den Aufrührerinnen und forderten sie auf, sich zu zerstreuen. Eine eilig mobilisierte Kompanie der Miliz marschierte auf und lud die Musketen. Ein paar furchtsame Seelen verließen den Platz, aber die meisten blieben, im Vertrauen darauf, daß die Miliz – in der auch Freunde und vielleicht sogar einige Ehemänner der Aufrührerinnen standen – sich weigern werde, in die Menge zu feuern.[50]

In diesem kritischen Moment traf Jefferson Davis persönlich ein und kletterte auf einen Wagen, um zu dem Mob zu sprechen. Zunächst verschaffte er sich Gehör, indem er einige Münzen aus der Tasche zog und in die Menge warf. Dann forderte er die Leute auf, nach Hause zu gehen, damit die auf sie gerichteten Musketen gegen den gemeinsamen Feind gewendet werden könnten – die Yankees. Die Menge war unbeeindruckt, und ein paar Halbwüchsige zischten den Präsidenten aus. Daraufhin zog Davis seine Taschenuhr hervor und gab der Menge genau fünf Minuten, sich aufzulösen, bevor er den Truppen den Befehl zum Feuern gab. Vier Minuten vergingen in angespannter Stille. Dann sagte der Präsident mit fester Stimme, wobei er die Uhr hochhielt: »Meine Freunde, ihr habt noch eine einzige Minute!« Das wirkte. Die Aufrührerinnen gingen auseinander. Davis steckte die Uhr in die Tasche und befahl der Polizei, die Rädelsführerinnen zu verhaften. Ein paar von ihnen wurden später zu einer Haftstrafe verurteilt und für kurze Zeit eingesperrt. Militärstellen wiesen die Zeitungen an, den Vorfall nicht zu erwähnen, um nicht »unserer Sache zu schaden [oder] unsere Feinde zu ermutigen«. [51] Der Leitartikel des *Richmond Dispatch* vom nächsten Tag lautete denn auch: »Die Not im Norden.«

Aber die Aufrührerinnen hatten ihr Ziel erreicht. Die Regierung verteilte einen Teil der Reisvorräte an bedürftige Bürger. Ängstliche Kaufleute brachten ihre Lebensmittelreserven auf den Markt, und die Preise fielen um die Hälfte. Die Stadtväter von Richmond erweiterten die Lebensmittelhilfe im Rahmen ihres Wohlfahrtprogramms, und andere Ortschaften taten Ähnliches. Noch mehr Anbauflächen als im Vorjahr wurden mit Mais statt mit Baumwolle bepflanzt. Trotzdem blieben hartnäckige Probleme bestehen, und es gelang dem Süden nicht, sie zu lösen. Der Vorrang des Militärverkehrs auf verfallenden Bahnstrecken führte dazu, daß Lebensmittel auf Abstellgleisen verrotteten, während keine 150 Kilometer entfernt Tausende verhungern mußten. Gebietsgewinne der Union reduzierten die zur Nahrungsmittelproduktion geeigneten Flächen der Konföderation noch weiter. Im Juli 1863 warnte der Oberproviantmeister vor einer Verpflegungskrise der südlichen Armeen. Im September plünderte ein Mob in Mobile mit dem Ruf »Brot oder Blut« Geschäfte in der Dauphine Street. Im Oktober erklärte der *Richmond Examiner*, die Zivilbevölkerung stehe »vor dem Verhungern«. Ein Regierungsschreiber berichtete den folgenden Wortwechsel zwischen einer Frau und einem Ladenbesitzer in Richmond, der 70 Dollar für ein Faß Mehl verlangte. »Mein Gott!« rief die Frau aus. »Wie soll ich das denn bezahlen? Ich habe sieben Kinder; was soll ich bloß tun?« »Ich weiß es auch nicht, Madam«, erwiderte der Kaufmann ungerührt. »Essen Sie Ihre Kinder.«[52]

Verschärft wurde die Versorgungskrise des Südens durch Flüchtlinge. Zehntausende von Zivilisten verließen ihre Heimat, um sich vor der Kriegsmaschinerie der Yankees in Sicherheit zu bringen. Weitere Tausende wurden ins Exil getrieben, weil konföderierte Offiziere ihre Heimatstadt zur Kampfzone erklärten (etwa Corinth und Fredericksburg) oder weil die Kommandeure der Besatzungstruppen der Union darauf bestanden, daß sie einen Treueid ablegten oder weggingen. Alle Kriege produzieren Flüchtlinge; diese heimatlosen Menschen haben in der Regel Schlimmeres zu erdulden als der Rest der Zivilbevölkerung. Im amerikanischen Bürgerkrieg konzentrierte sich dieses Leid fast ausschließlich auf den Süden. Die Flüchtlinge verstopften die Straßen, kamen notdürftig bei Freunden und Verwandten unter oder bevölkerten triste Pensionen in den Städten; sie belasteten die immer geringer werdenden Ressourcen des Südens und stellten unter der weißen und schwarzen Zivilbevölkerung eine unbekannte Zahl von Toten, die der Unterernährung und diversen Krankheiten zum Opfer fielen. Auch diese Toten müssen in jede Berechnung der Opfer des Krieges eingehen.[53]

Die meisten Zivilisten in eroberten Gebieten blieben allerdings zu Hause und arrangierten sich mit den neuen Herren. Und in materieller, wenn auch nicht in geistiger Hinsicht ging es ihnen besser als ihren Landsleuten, die nach Süden flohen. In der Tat bot die Besetzung durch die Yankees geschäftstüchtigen Leuten auf beiden Seiten der Front lukrative Möglichkeiten. Zwischen den früheren (und manchmal noch fortdauernden) Kriegsgegnern entwickelte sich – teils legal, teils illegal – ein blühender Handel.

Der klammheimliche Verkehr mit dem Feind ist so alt wie der Krieg selbst. Die Amerikaner hatten ihre diesbezüglichen Fertigkeiten schon bei der Revolution und im Krieg von 1812 bewiesen, und der Bürgerkrieg bot ein noch reicheres Betätigungsfeld. Vor 1861 hatten »freie« und Sklavenstaaten in wirtschaftlicher Symbiose gelebt; während des Krieges nahm ihre gegenseitige Abhängigkeit in mancher Hinsicht noch zu. »Physikalisch gesprochen, können wir uns nicht trennen«, hatte Lincoln in seiner ersten Ansprache als Präsident gesagt. »Wir können unsere Teile nicht voneinander entfernen ... und der Verkehr zwischen ihnen muß, in Freundschaft oder in Feindschaft, weitergehen.«[54] Und der Verkehr, in Freundschaft *und* in Feindschaft, ging die folgenden vier Jahre weiter – auf eine Weise, die weder Lincoln noch sonst jemand sich hätte träumen lassen. Der Süden benötigte Salz, Schuhe, Kleidung, Schinken, Mehl, Medikamente, Pulver, Blei und andere kriegswichtige Dinge. Da die Blockade den Zufluß dieser Güter aus dem Ausland unterbrach, suchten findige Konföderierte die Blockade durch direkten Handel mit dem Norden zu unterlaufen. Unternehmungslustige Yankees waren bereit, diese Güter gegen Baumwolle zu tauschen. Beide Regierungen verboten offiziell den Handel mit dem Feind. Doch als im Norden der Preis für ein Pfund Baumwolle von zehn Cent auf einen Dollar kletterte, während in manchen Gegenden des Südens der Preis für einen Sack Salz von 1,25 Dollar auf 60 Dollar emporschnellte, fanden wagemutige Männer einen Weg, um Baumwolle gegen Salz zu tauschen. Ein Engländer, der im Gebiet der Konföderation wohnte, meinte, nicht einmal »eine chinesische Mauer vom Atlantik bis zum Pazifik« könne diesen Handel stoppen.[55]

Im ersten Kriegsjahr blühte der Schmuggel zwischen den Linien in Kentucky und in den südlichen Counties von Maryland. Richtig hoch ging es aber erst her, als die Union 1862 zu ihrem Eroberungszug durch das Tal des Mississippi ansetzte. Zentren des Handels in dieser Gegend waren Nashville sowie New Orleans und Memphis, und nicht aller Handel war illegaler Natur. Das Finanzministerium legte Wert darauf, in den besetzten Gebieten die Handelstätigkeit wieder anzukurbeln und die Bewohner für die Sache der Union zu gewinnen, und es erteilte Kaufleuten und Pflanzern, die einen Treueid ablegten, Handelsgenehmigungen. So konnte ein Kaufmann in Memphis, der den Eid abgelegt hatte, Baumwolle gegen Bargeld oder auf Kredit verkaufen; mit diesem Geld konnte er dann eine Ladung Salz, Mehl und Schuhe in Cincinnati einkaufen und innerhalb des von der Union besetzten Territoriums wieder verkaufen. Das Finanzministerium hoffte, daß der Handel in dem Maße mitziehen würde, wie die Armeen der Nordstaaten nach Süden vordrangen, bis der ganze Süden in puncto Handel »wiederaufgebaut« wäre.

Das Problem war, daß der Handel nicht mitzog, sondern vorpreschte. Manche Südstaatler innerhalb der Unionslinien legten den Treueid unter geistigem Vorbehalt ab. Andere versuchten, durch Bestechung der Beauftragten des Finanzministeriums die Handelserlaubnis zu erhalten. Wenn diese Leute Baumwolle verkauft und Salz oder Schuhe eingekauft hatten, schmuggelten sie letztere zu den Südstaatenarmeen oder zu Kaufleuten, die den zivilen Markt hinter den Linien der Konföderierten bedienten. Manche Händler der Nordstaaten bezahlten die

Baumwolle mit Gold, das schließlich in Nassau auf den Bahamas landete und zum Ankauf von Gewehren diente, die durch die Blockade geschleust wurden. Manche Händler bewogen Unionssoldaten durch Bestechung dazu, ein Auge zuzudrücken, wenn Baumwolle oder Salz die Linien passierten. Viele Soldaten konnten auch der Versuchung nicht widerstehen, sich direkt an den Profiten zu beteiligen. »Die Sucht nach dem schnellen Reichtum durch Baumwolle«, schreibt Charles A. Dana im Januar 1863, »hat die Armee in erschreckendem Umfang korrumpiert und demoralisiert. Jeder Oberst, Hauptmann oder Quartiermeister steht in geheimer Verbindung mit irgendeinem Baumwollhändler; jeder Soldat träumt davon, seinen monatlichen Sold um einen Ballen Baumwolle aufzustocken. Ich hatte keine Vorstellung vom Umfang dieser Misere, bis ich sie mit eigenen Augen sah.«[56]

Auf der anderen Seite der Front klagte ein Offizier der Konföderierten darüber, daß der Baumwollhandel die Südstaatler »korrumpiert und demoralisiert« habe; sie steckten heimlich mit der Union unter einer Decke, anstatt die Baumwolle lieber zu verbrennen, als sie den Yankees in die Hände fallen zu lassen. Der *Richmond Examiner* hatte im Juli 1863 bittere Worte für »jene großmäuligen Baumwoll- und Zuckerpflanzer, die sich so früh vehement für die Sezession stark gemacht haben«, aber »nun, nachdem sie den Treueid auf die Yankees abgelegt haben, in Partnerschaft mit ihren Yankee-*Beschützern* Baumwolle ziehen und sie auf Yankeemärkte verfrachten«. Diese »schamlose moralische Verworfenheit bedeutet schweren Schaden für die Sache des Südens, die von diesen Abtrünnigen verraten wird«.[57]

Theoretisch war auch das Kriegsministerium der Konföderierten der Meinung, »jeder Handel mit dem Feind« sei in der Tat »demoralisierend und illegal« und dürfe »natürlich nicht unterstützt werden«; »aber [und das war ein schwerwiegendes Aber] in der Lage, in der sich die Menschen zu einem erheblichen Ausmaß befinden ... ist ein gewisser Tauschhandel oder Handel zur Deckung des notwendigsten Bedarfs fast unvermeidlich«. Sogar Jefferson Davis, dessen Unbestechlichkeit nachgerade unerträglich war, räumte ein: »Als letzter Ausweg mag es zu vertreten sein, wenn wir von unserer erklärten Politik abweichen«, mit dem Feind keinen Handel zu treiben, »aber dieser Notfall muß absolut sein«.[58] Für die Konföderation war der Notfall meistens absolut. Der Handel mit den Yankees bewahrte manche Gegenden vor einer Hungersnot und ermöglichte Van Dorns Mississippi-Armee im Herbst 1862 die Fortsetzung des Kampfes. Der Kriegsminister formulierte unverblümt die Alternative, »daß wir entweder gegen unsere erklärte Politik verstoßen, dem Feind keine Baumwolle zu liefern, oder den Hungertod unserer Armeen riskieren«.[59]

Sherman und Grant vertraten hingegen die Ansicht: »Wir können ein Volk nicht gleichzeitig bekriegen und mit ihm Handel treiben«, und taten ihr Bestes, 1862 den illegalen Baumwollhandel in Memphis und im westlichen Tennessee zu stoppen.[60] Die beiden Generäle erließen Vorschriften, um die Ausgabe von Handelserlaubnissen einzuschränken; Südstaatler, die den Treueid nicht ablegen wollten, verbannten sie, solche, die gegen ihn verstießen, wurden inhaftiert. Ferner war die Bezahlung der Baumwolle nur in *greenbacks* zulässig (und nicht in Gold, aus dem auf den Bahamas Kanonen wurden). Skrupellosen nordstaatlichen Händlern wurde der Zugang nach Memphis erschwert. Die meisten Maßnahmen waren freilich ein Schlag ins Wasser. Das Verbot von Zahlungen in Gold wurde von der Regierung in Washington aufgehoben. Und eine der restriktiven Bestimmungen Grants wurde ebenfalls zurückgenommen, nachdem sie unliebsames Aufsehen erregt hatte.

Einige der Händler, die sich über Grants Anordnungen demonstrativ hinwegsetzten, waren Juden. Von Grant und anderen Unionsgenerälen kamen häufig Klagen über jüdische »Spekulanten, deren Gewinnstreben größer ist als ihre Vaterlandsliebe«.[61] Als Grants eigener Vater mit drei jüdischen Kaufleuten nach Memphis kam und um Ausnahmegenehmigungen für sie bat, riß seinem Sohn, dem General, der Geduldsfaden, und er gab am 17. Dezember 1862 folgende Weisung: »Da die Juden in ihrer Gesamtheit gegen alle vom Finanzministerium erlassenen Handelsregelungen sowie gegen Anweisungen des Ministeriums verstoßen, werden sie hiermit aus dem Ministerium ausgeschlossen.« Sprecher der Juden verurteilten diese »empörende Ungeheuerlichkeit«, die eine ganze Gruppe für die angeblichen Verfehlungen einiger weniger bestrafe. Die Demokraten im Unterhaus witterten einen politischen Knüller und brachten eine Resolution ein, die von den Republikanern zurückgestellt wurde. Lincoln widerrief die Weisung Grants und ließ durch Halleck erklären, er habe zwar nichts dagegen, unehrlichen Kaufleuten das Handwerk zu legen, doch durch diese Weisung werde »eine ganze Bevölkerungsgruppe geächtet, deren Angehörige zum Teil in unseren Reihen kämpfen«.[62] Über die Juden verlor Grant kein Wort mehr, aber sechs Monate später gestand er frustriert die Vergeblichkeit seiner Bemühungen ein, einen Handel zu regulieren, »der eine Schwächung unserer Kräfte um mindestens 33 Prozent bedeutet. [...] Ich wage die Behauptung, daß im letzten Jahr kein ehrlicher Mann in Tennessee zu Geld gekommen ist, während im selben Zeitraum viele Vermögen angehäuft wurden«.[63]

Vermögen wurden auch in New Orleans angehäuft, wo Benjamin Butler eine halsstarrige Stadt mit scharfem, zweischneidigem Schwert regierte. Zynisch, klug und scheinbar skrupellos, stellte Butler in New Orleans ein Paradoxon dar. Auf der einen Seite machte er sich durch seine Anweisung bezüglich unbotmäßiger Frauen, die Hinrichtung eines Spielers, der zu Beginn der Okkupation eine US-Flagge von ihrem Mast gerissen hatte, und die Inhaftierung mehrerer Bürger, die ihm die Stirn geboten oder seinen Unwillen erregt hatten, bei den Südstaatlern für alle Zeiten als »Untier« Butler verhaßt. Im Dezember 1862 erließ Jefferson Davis sogar eine Proklamation, die Butler für vogelfrei erklärte – jeder konföderierte Offizier, der das Glück hatte, ihn gefangenzunehmen, hatte den Befehl, ihn auf der Stelle zu hängen. Auf der anderen Seite erhielt New Orleans mit dem von Butler verhängten Kriegsrecht die effizienteste und gesündeste Verwaltung, die es jemals gehabt hatte. Die rigorose Durchsetzung von Hygiene- und Quarantänemaßnahmen sorgte für Sauberkeit auf den normalerweise verdreckten Straßen und trug dazu bei, daß die jährliche Geißel des Gelbfiebers die Stadt verschonte. Butler sei »der beste Aasgeier, den wir je gehabt haben«, kommentierte ein Einheimischer säuerlich. Vor dem Krieg hätten in New Orleans randalierende Straßenbanden geherrscht, räumte eine örtliche Zeitung ein – »die hirnlosesten, übelsten, brutalsten Rabauken, die die Welt je gesehen hat«. Nach drei Monaten Kriegsrecht mußte sogar der konföderationsfreundliche Picayune zugeben, daß die Stadt »noch nie so frei von Räubern und Halsabschneidern« gewesen sei, wie sie es nunmehr war.[64]

Paradox war auch Butlers Wirtschaftspolitik. Die Seeblockade der Union und die konföderierte Blockade des Flußhandels mit dem Norden hatten die städtische Wirtschaft stranguliert. Als Farragut die Stadt einnahm, waren die meisten Arbeiter arbeitslos. Butler ließ Unionsrationen an die Armen verteilen und rief ein umfangreiches Programm öffentlicher Arbeiten ins Leben, zu dessen Finanzierung eine hohe Besteuerung der Reichen und die Beschlagnahmung des Eigentums einiger wohlhabender Rebellen beitrug, die den Treueid verweigerten. Dieses Vorgehen trug dem General einen weiteren Spottnamen der Südstaatler ein – »Silberlöffel«-Butler, weil er angeblich den Konföderierten das Tafelsilber stahl, um sich selbst und seine Yankeefreunde zu bereichern. An diesem Vorwurf war etwas Wahres dran; Unionsoffiziere und andere Nordstaatler strömten nach New Orleans, um konfiszierte Wertsachen, die versteigert wurden, zum Nennwert zu erstehen. Zu diesen Nordstaatlern gehörten auch Butlers Bruder Andrew und andere Yankeegeschäftsleute, die dem General bei der Verwirklichung seines Planes halfen, Baumwolle für nordstaatliche Fabriken zu bekommen. Diese Spekulanten bahnten sich mit Bestechungsgeldern ihren Weg vorbei an Finanzbeamten und Armeeoffizieren, um mit Pflanzern und Maklern jenseits der Front ins Geschäft zu kommen und Salz und Gold gegen Baumwolle und Zucker zu tauschen. Beide Seite bedienten sich gelegentlich französischer Agenten als Mittelsmänner, um die Fiktion aufrechtzuerhalten, sie trieben mit einer neutralen Seite Handel und nicht mit dem Feind. Butler selbst konnte man nichts Ungesetzliches nachweisen – ein boshafter Finanzbeamter sagte von ihm, er sei »so gerissen, daß es schwerfiele, überhaupt herauszufinden, was er verbergen will« –, aber sein Bruder Andrew kam um einige hunderttausend Dollar reicher nach Hause.[65]

Butlers notorisch schlechter Ruf zwang Lincoln, ihn im Dezember 1862 abzuberufen. Sein Nachfolger war Nathaniel P. Banks, der gerade in Virginia gegen »Stonewall« Jackson den kürzeren gezogen hatte. Banks versuchte, den Handel mit dem Feind zu unterbinden und in der Stadt selbst Versöhnung an die Stelle von Zwangsgewalt zu setzen – beides mit begrenztem Erfolg. 1862 und 1863 wurden die Ausnahmegenehmigungen für private Händler durch Regelungen des Finanzministeriums und Gesetze des Kongresses beschnitten. Der Norden erhielt allmählich mehr Baumwolle, als befreite Sklaven die Bebauung von Plantagen in den besetzten Gebieten übernahmen. Doch all das schien den Handelsverkehr über die Fronten hinweg nicht eindämmen zu können. Die Regierung Davis drückte ein Auge zu, weil es notwendig war; die Regierung Lincoln tat dasselbe aus Berechnung. Der Norden benötigte die Baumwolle für die heimische Industrie und um Devisen ins Land zu holen. Einem wütenden General, der diese Politik nicht begriff, erläuterte Lincoln, daß der Krieg den Goldpreis für Baumwolle auf das Sechsfache des Vorkriegsstandes hochgetrieben habe, so daß der Süden aus dem Export eines einzigen Ballens Baumwolle durch die Blockade soviel an Devisen verdiene wie vor dem Krieg mit sechs Ballen. Jeder Ballen aber, der nach Norden kam, und sei es aus »privatem Eigennutz und Geldgier«, sei ein Ballen weniger für den feindlichen Export. »Lieber soll der Feind Gewehre dafür bekommen als, wie jetzt, Gewehre und die Munition dazu.«[66]

Lincolns Ausrede befriedigte den General ebensowenig, wie sie den Historiker befriedigen kann. Die Baumwolle war der große Versucher im amerikanischen Bürgerkrieg; wie ein General der Konföderierten bemerkte, schuf sie auf beiden Seiten »mehr verdammte Schufte als alles andere«.[67] Dieser Zersetzungsprozeß an der Heimatfront entsprang – wie das gegen den Krieg gerichtete Feuer von hinten – im hungergeplagten Süden einer Schwäche des Fleisches, im Norden einer Schwäche des Geistes. Im Winter von 1862 auf 1863 schien diese Schwäche der Nordstaaten, die infolge militärischer Rückschläge um sich griff, verderblicher zu sein als die südstaatliche Schwäche des Fleisches. Der Erfolg auf dem Schlachtfeld war ein gutes Rezept gegen den Hunger. Ermutigt durch die letzten Siege in Virginia und das vermeintliche Scheitern der Pläne Grants gegen Vicksburg, sah der Süden den Feldzügen des Frühjahrs mit Zuversicht entgegen. »Wenn wir sie dieses Jahr bei ihren diversen Plänen aus dem Konzept bringen können«, schrieb Robert E. Lee im April 1863, »dann wird es im Herbst einen großen Meinungsumschwung im Norden geben. Die Republikaner werden geschlagen, und ich denke, die Freunde des Friedens werden dann so stark sein, daß die nächste Regierung sich auf sie stützen wird. Wir müssen daher nur mannhaft Widerstand leisten ... [dann] wird uns der Erfolg sicher sein.«[68]

21.

Langes Erinnern: Der Sommer 1863

I

Daß es Grant im Winter von 1862 auf 1863 nicht gelungen war, mit seiner Armee trockenes Land zu gewinnen, um gegen Vicksburg vorzugehen, bestärkte die Konföderierten in ihrem Vertrauen auf dieses »Gibraltar des Westens«. In der Überzeugung, die Yankees würden aufgeben, teilte Pemberton am 11. April Joseph Johnston mit: »Grants Truppen werden nach Memphis abgezogen.« Pemberton hatte schon zuvor den größten Teil seiner Kavallerie nach Tennessee zu Bragg entsandt, wo die unmittelbare Gefahr am größten zu sein schien, und jetzt schickte er sich an, eine 8000 Mann starke Infanteriedivision zu Bragg zu beordern. Am 16. April frohlockte der *Vicksburg Whig*, die Kanonenboote des Gegners seien »alle mehr oder weniger beschädigt, die Leute unzufrieden und demoralisiert. [...] Hier besteht keine unmittelbare Gefahr«. Am Abend dieses 16. April feierten Zivilisten und Offiziere in Vicksburg einen Galaball. Als die Tänzer gerade vom Walzer zum Cotillon und damit zum Höhepunkt des Balles kamen, zerrissen plötzlich grelle Blitze und laute Explosionen die Luft. Im Ballsaal brachen »Panik und Konfusion« aus. Kanonenboote der Yankees passierten die Batterien. Grant hatte sich nicht nach Memphis zurückgezogen, sondern war nur etwas zurückgewichen, um desto besser Anlauf nehmen zu können.[1]

Ein Nordstaatler, der niemals den Glauben an den Sieg in Vicksburg verloren hatte, war Grant. Nachdem all sein Lavieren durch Kanäle, Morast und Sümpfe umsonst gewesen war, verfiel er auf einen kühnen Plan. Er marschierte mit seiner Armee am Westufer des Mississippi zu einem Punkt unterhalb von Vicksburg, während er die Flotte direkt an den Batterien vorbeidirigierte; sie sollte flußabwärts zu den Truppen stoßen und sie über das an dieser Stelle anderthalb Kilometer breite Gewässer setzen, so daß von Südosten her ein Feldzug zu Lande gegen dieses »Gibraltar« möglich wurde. Der Plan schien einfach durchzuführen zu sein, barg aber große Risiken. Die Kanonenbootflotte konnte aufgerieben oder außer Gefecht gesetzt werden, und selbst wenn sie durchkam und Grants Soldaten über den Fluß transportierte, war die Truppe von ihrer Basis so gut wie abgeschnitten; die gepanzerten Schiffe und auch ein paar Versorgungsboote mochten dank der vier Knoten starken Strömung zwar fluß*ab*wärts an Vicksburg vorbeikommen, aber bei der Rückfahrt stromaufwärts wären sie lahme Enten gewesen. Die Armee mußte also tief in gegnerischem Gebiet und ohne Nachschublinien gegen eine Streitmacht von unbekannter Stärke operieren, die die inneren Linien hielt und jederzeit verstärkt werden konnte.

Grants Stab und seine vertrautesten Untergebenen Sherman und McPherson waren gegen diesen Plan. Sherman riet dazu, nach Memphis zurückzugehen und es mit einer sicheren Nachschublinie noch einmal zu versuchen. Grants Antwort zeigte, aus welchem Holz er geschnitzt war. Wie Lee war er der Überzeugung, daß man Erfolg nicht ohne Risiko haben konnte, und er zögerte nicht, seine Laufbahn aufs Spiel zu setzen, um dies zu beweisen. Zum Thema »Rückzug nach Memphis« erklärte er später:

»Das ganze Land war schon demoralisiert, weil unsere Armeen so erfolglos waren. [...] Wenn wir jetzt bis nach Memphis zurückgingen, mußten die Menschen so mutlos werden, daß uns auch Nachschubbasen nichts mehr nützen konnten; wir hätten weder die Leute zu ihrer Verteidigung noch die Vorräte zu ihrer Versorgung gehabt. Wir standen vor dem Problem, zu einem entscheidenden Sieg vorrücken zu müssen, andernfalls unsere Sache verloren war. Auf keinem anderen Feld waren Erfolge zu verzeichnen, und so mußten wir weitermachen.«[2]

Grants erster Bluff gelang: Die Kanonenboote kamen durch. Als sie in der mondlosen Nacht des 16. April still mit der Strömung gen Vicksburg trieben, wurden sie von Wachposten der Rebellen entdeckt; die Konföderierten entzündeten am Ufer Feuer, um das Ziel für ihre Artillerie auszuleuchten. Diese feuerte 525 Schuß ab und verzeichnete 68 Treffer, versenkte aber von den drei Transportschiffen nur eines und von den acht Kanonenbooten gar keines. Ein paar Nächte später steuerten Freiwillige weitere sechs Transportschiffe an den Batterien vorbei und brachten fünf durch. Ende April hatte Grant eine starke Flotte beisammen, und zwei seiner drei Korps standen 45 Kilometer südlich von Vicksburg zum Übergang über den Fluß bereit.

Um Pemberton von dieser Überquerung abzulenken, inszenierte Grant einen Kavallerie-Raid tief in den Rücken der Rebellen und einen Scheinangriff der Infanterie oberhalb von Vicksburg. Am Tag, nachdem Porters Flotte den Galaball in Vicksburg so rüde unterbrochen hatte, setzte Benjamin Grierson, ein ehemaliger Musiklehrer aus Illinois, zum spektakulärsten Kavallerieunternehmen des ganzen Krieges an. Grierson haßte Pferde, seit ihn als Kind ein Huftritt am Kopf getroffen hatte. Bei Ausbruch des Krieges war er zur Infanterie gegangen, aber der Gouverneur von Illinois hatte den einstigen Kapellmeister bald zur Kavallerie versetzt. Das war ein genialer Schachzug, denn Grierson entwickelte sich bald zu einem der besten Reitersoldaten auf dem westlichen Kriegsschauplatz, wo er es 1862 zu einem Brigadekommando brachte. Im Frühjahr 1863 nahm Grant sich ein Beispiel am Gegner und schickte Griersons 1700 Mann starke Brigade auf eine Expedition ins Herzland des Mississippi, wo sie Pembertons Nachschublinien unterbrechen und die Aufmerksamkeit der Konföderierten von der Unionsarmee ablenken sollte, die sich das Westufer des Mississippi hinabkämpfte. Um den Preis von nur zwei Dutzend Gefallenen und Verwundeten gewannen die Männer mehrere Scharmützel, töteten oder verwundeten 100 Rebellen und nahmen 500 gefangen. Sie rissen 75 Kilometer Gleiskörper von drei verschiedenen Bahnlinien auf, die Pembertons Armee mit Nachschub versorgten, verbrannten Dutzende von Güterwagen und Depots und erreichten schließlich, nach 16 Tagen und 900 Kilometern des Marodierens, erschöpft die Unionsfront bei Baton Rouge. Sie hatten den größten Teil von Pembertons Rumpfkavallerie sowie eine ganze Infanteriedivision zu fruchtlosen Verfolgungen verleitet – fruchtlos deshalb, weil Grierson kleinere Einheiten seiner Brigade in verschiedene irreführende Richtungen beordert hatte und deshalb nie dort war, wo die Rebellen ihn vermuteten. Grierson wetzte die Scharte mehr als aus, die die Union durch Forrest und Morgan erlitten hatte. Die Yankees ritten durch feindliches Gebiet, während die Reiter aus den Südstaaten ihre Raids in Tennessee und Kentucky durchführten, wo freundlich gesinnte Einheiten ihnen halfen. Und Griersons Husarenstück hatte vermutlich gravierendere strategische Konsequenzen als irgendein anderer Kavallerie-Raid dieses Krieges, denn er spielte eine entscheidende Rolle bei der Einnahme Vicksburgs durch Grant.

Dank Griersons Raid und dank einer fingierten Attacke im Norden von Vicksburg durch eine Division Shermans konnte Grant am 30. April unbehelligt übersetzen. Sherman war mit seiner Division unweit der Stelle gelandet, wo er sich im Dezember 1862 im Chickasaw Bayou eine blutige Nase geholt hatte. Zwei Tage lang bombardierten Shermans Artillerie und ein paar leichte Kanonenboote die Verteidigungsstellungen der Konföderierten, während die Infanterie so tat, als rüstete sie zum Angriff. Pemberton schluckte den Köder. Auf eine von Panik diktierte Botschaft des mit Sherman konfrontierten Kommandeurs hin – »Der Feind marschiert in einer Stärke vor mir auf, wie sie in Vicksburg noch nicht da war. Schicken Sie Verstärkung« – rief Pemberton 3000 Mann zurück, die schon unterwegs gewesen waren, um Grant entgegenzutreten.[3]

Die 23 000 Blauröcke, die Grant bei sich hatte, beeilten sich, die einzigen Rebellen in der Gegend zu überwältigen, nämlich 6000 Mann Infanterie in Port Gibson, 15 Kilometer östlich des Mississippi. Die Yankees machten mit ihnen in einem scharfen Gefecht am 1. Mai nicht viel Federlesens. Nachdem Grant sich hier festgesetzt hatte, beorderte er Sherman mit dem Rest der Leute zu sich, so daß die Truppenstärke der Union auf der Ostseite des Flusses mehr als 40 000 Mann betrug. Pemberton verfügte über 30 000 Mann, die in diversen Sonderkommandos verstreut waren. Inzwischen erkannte Pemberton, daß Grant seine gesamte Armee unterhalb Vicksburgs über den Mississippi gebracht hatte. Was das zu bedeuten hatte, blieb ihm allerdings ein Rätsel, da er Grants Gedanken nicht lesen konnte. Am logischsten schien ein Marsch direkt nordwärts gegen Vicksburg zu sein, wobei Grants linke Flanke ständigen Kontakt mit dem Fluß hielt, von wo vielleicht zusätzlicher Nachschub von Transportschiffen zu erwarten war, die die Batterien passiert hatten. Grant wußte jedoch, daß Joseph Johnston dabei war, eine Armee in Jackson zusammenzukratzen, der 60 Kilometer östlich von Vicksburg gelegenen Hauptstadt des Bundesstaates. Wenn er Johnston ignorierte und sich gleich gegen Pemberton wandte, konnten sich die Yankees unversehens einem weiteren Gegner an ihrer rechten Flanke gegenübersehen. Grant beschloß, so schnell wie möglich nach Osten zu marschieren, die durch Johnston drohende Gefahr auszuschalten, bevor es zu spät war und bevor Pemberton merkte, was gespielt wurde, und sich dann wieder nach Westen und gegen Vicksburg zu wenden.

Die Vernichtung seiner Nachschubbasis durch Van Dorn im vergangenen Dezember ließ Grant sich eine Lehre sein. Diesmal plante er, die Verbindung zur Basis aufzugeben, mit leichtem Gepäck zu marschieren und das Nötige an Ort und Stelle zu requirieren. Mochten die Zivilisten in Mississippi hungern: Grant war zuversichtlich, daß seine Soldaten nicht hungern würden. Eine machtvolle Armee auf dem Vormarsch konnte beschlagnahmen, was mittellose Frauen und Kinder nicht kaufen konnten. In den folgenden zwei Wochen fielen die Yankeesoldaten wie die Heuschrecken in den Pflanzungen ein, die auf ihrem Weg lagen, und taten sich an Schinken, Geflügel, Gemüse, Milch und Honig gütlich. Manche der Bauernjungen aus dem Mittleren Westen verstanden sich meisterhaft aufs Plündern. Als ein Pflanzer wutentbrannt auf seinem Maultier zu einem Divisionskommandeur geritten kam und sich beschwerte, daß marodierende Truppen ihm alles genommen hätten, was er besaß, fixierte der General ihn scharf und sagte: »Das waren nicht meine Leute. Wenn es meine Männer gewesen wären, hätten Sie jetzt kein Maultier mehr.«[4]

Die Konföderierten reagierten kaum, weil sie von Grants unerwarteten und raschen Truppenbewegungen wie gelähmt waren und sich auf keine einheitliche

Linie einigen konnten. Am 9. Mai übertrug das Kriegsministerium in Richmond Johnston das Oberkommando über die Verteidigungsstellungen am Mississippi und versprach Verstärkung. Doch Johnston kam nur bis Jackson, wo er 25000 siegessichere Yankees vorfand, die gegen die Hauptstadt vordrangen, nachdem sie rund 20 Kilometer weiter westlich eine kleine Streitmacht der Rebellen über den Haufen gerannt hatten. Am 14. Mai trugen die Korps von Sherman und McPherson in einem heftigen Gewitterregen einen Frontalangriff gegen die 6000 in ihren Gräben verschanzten Konföderierten vor, die Jackson verteidigten, und jagten sie zur Stadt hinaus. Die Männer von Shermans Korps machten sich daraufhin an eine Aufgabe, die bald zu ihren Spezialitäten gehören sollte: Sie zerstörten in der Hauptstadt Eisenbahnanlagen und steckten Gießereien, Arsenale, Fabriken und Maschinenhallen in Brand; auch eine erkleckliche Anzahl von Privathäusern wurde von den Flammen erfaßt. Shermans Korps leistete so gründliche Arbeit, daß Jackson von den Eroberern den Spottnamen »Chimneyville« erhielt.

Unterdessen wurde Pemberton von Johnston bedrängt, seine Truppen mit den 6000 Überlebenden Johnstons nördlich von Jackson zu vereinigen, wo sie zusammen mit den zu erwartenden Verstärkungen stark genug für einen Angriff auf Grant sein würden. Dabei würde zwar Vicksburg unverteidigt bleiben, aber das kümmerte Johnston wenig. Seine Strategie war, zahlenmäßig überlegene Kräfte gegen Grant zu sammeln und ihn zu schlagen; danach konnte man Vicksburg immer noch bequem zurückerobern. Pemberton war anderer Meinung. Er hatte Weisung, Vicksburg zu halten, und wollte sich an diese Weisung halten, indem er die Stadt mit seiner Armee deckte. Doch bevor die beiden Südstaatengeneräle sich auf einen Plan einigen konnten, machten die Yankees ihnen einen Strich durch die unfertige Rechnung: Am 16. Mai spalteten sie bei Champion's Hill, auf halbem Weg zwischen Jackson und Vicksburg, Pembertons mobile Truppe in zwei Teile.

Es war die Entscheidungsschlacht des Feldzugs; etwa 29000 Föderierte standen 20000 Konföderierten gegenüber. Die Unionstruppen rekrutierten sich aus den Korps McPhersons und McClernands (Shermans Leute waren noch immer damit beschäftigt, Jackson niederzubrennen); sie fanden die Rebellen auf vier Kilometer am Fuß des 170 Meter hohen Champion's Hill verteilt. Während der normalerweise angriffslustige McClernand ungewohnte Vorsicht an den Tag legte, hieb McPherson in einem mehrere Stunden dauernden Gefecht auf die Linke des Gegners ein, bis dieser ganze Flügel schließlich zusammenbrach. Grant war überzeugt, daß die Yankees den größten Teil von Pembertons Armee kassiert hätten, wenn McClernand seiner Aufgabe gerecht geworden wäre; so verzeichneten die Blauröcke 2400 Tote und Verwundete, während der Gegner 3800 Opfer zu beklagen hatte, und schnitten eine ganze Division von Pembertons übriger

Truppe ab. Der größte Teil der Konföderierten zog sich demoralisiert an den Big Black River, knapp 15 Kilometer östlich von Vicksburg, zurück. Grants Leute, die jetzt Oberwasser hatten, setzten ihnen am 17. Mai nach. Die Position der Rebellen am Big Black River war stark, aber eine übereifrige Brigade in McClernands Korps, die dem am Vortag versäumten Schlachtenruhm nachtrauerte, schwärmte ohne Befehl aus und vernichtete die linke Flanke der konföderierten Front; die Leute hatten eine Brücke verteidigt, über die Pemberton seine versprengte Division zurückerwartete, die unterdes ohne sein Wissen in entgegengesetzter Richtung nach Johnston marschierte. Die demoralisierten Rebellen brachen zusammen und verloren 1750 Mann (zumeist Gefangene), während die Union nur 200 Tote und Verwundete hatte. Pemberton zog sich nach Vicksburg zurück, wo die Menschen über das Aussehen der völlig erschöpften Soldaten schockiert waren. »Diesen traurigen Anblick werde ich nie vergessen«, schrieb eine Vicksburgerin am Abend des 17. Mai. »Hohläugig, bleich, zerlumpt, blutverschmiert und mit wehen Füßen humpelten die Männer unbewaffnet dahin. [...] Es war der Menschheit ganzer Jammer.«[5]

Das war Grants Werk. In einem 17tägigen Feldzug war seine Armee 270 Kilometer marschiert und hatte fünf Begegnungen mit einzelnen gegnerischen Kräften gewonnen, die zusammen fast so stark gewesen wären wie sie selbst, hatte dem Gegner bei 4300 eigenen Opfern Verluste in Höhe von 7200 Mann zugefügt und den demoralisierten Feind auf die Verteidigungsstellungen von Vicksburg zurückgeworfen. Von allen Glückwünschen, die Grant erhielt, galt ihm der seines Freundes Sherman am meisten. »Bis zu diesem Augenblick habe ich nicht an den Erfolg Ihrer Expedition geglaubt«, erklärte Sherman am 18. Mai, als er von den Höhen hinabblickte, wo sein Korps im vergangenen Dezember so übel zugerichtet worden war. »Bis jetzt konnte ich nicht klar erkennen, worauf sie hinauswollte. Aber das ist ein Feldzug! Das ist ein Erfolg, auch wenn wir die Stadt niemals einnehmen sollten!«[6]

Grant aber hoffte, die Stadt zu nehmen, und zwar gleich, solange ihre Verteidiger noch wie gelähmt waren. Ohne seinen Leuten eine Ruhepause zu gönnen, befahl er am 19. Mai, mit der ganzen Armee anzugreifen. Mit der Siegesgewißheit, die der Erfolg verleiht, gingen die Burschen aus dem Norden gegen das Labyrinth von Gräben, Schützenlöchern und Artillerie vor, das sich landeinwärts um Vicksburg zog. Doch kaum kamen die Blauröcke ins Freie, als sie von den Rebellen mit Sperrfeuer empfangen wurden, das sie zurücktaumeln ließ. Die Rebellen, hinter den abschreckendsten Wehranlagen des ganzen Krieges verschanzt, hatten wieder Mut gefaßt. Sie bestätigten die Theorie, daß ein Soldat in guter Deckung mindestens drei ungedeckte Soldaten aufwiegt.

Angeschlagen, aber nicht entmutigt, wollten die Unionstruppen es aufs neue versuchen. Grant plante für den 22. Mai einen neuerlichen Vorstoß, diesmal eingeleitet durch Rekognoszierung der schwachen Punkte der gegnerischen Stellung (die nicht zahlreich waren) und ein Artilleriebombardement aus 200 Geschützen zu Land und 100 zu Wasser. Wieder preschten die Yankees in einem Kugelhagel vor; sie suchten an verschiedenen Punkten Deckung, wurden jedoch durch Gegenangriffe vertrieben. Nach einigen Stunden meldete McClernand auf der linken Seite der Union einen Durchbruch und forderte Hilfe an, um ihn auszunutzen. Grant, mißtrauisch gegen McClernand wie immer, gab dennoch Sherman und McPherson den Befehl, ihre Attacken zu erneuern und Verstärkung nach links zu schicken. Doch diese Manöver, so Grant später, »hatten nur den Erfolg, unsere Verluste zu erhöhen, ohne daß sie von irgendeinem Nutzen waren«.[7] Zum zweitenmal innerhalb von vier Tagen hatten die Südstaatler einen Großangriff abgewehrt; sie machten die erlittene Schmach weitgehend wieder wett und fügten dem Gegner fast ebenso hohe Verluste zu wie in den fünf früheren Treffen zusammen.

Grant hielt diese Attacken, auch wenn sie fehlgeschlagen waren, nicht für einen Fehler. Er hatte gehofft, Vicksburg zu nehmen, bevor Johnston eine Entsatztruppe in seinem Rücken zusammenziehen konnte und bevor Sommerhitze und Krankheiten seine Leute schwächten. Außerdem hätten seine Männer »geglaubt, die vor ihnen liegenden Befestigungen im Sturm nehmen zu können, und hätten [später] nicht so geduldig in den Gräben gelegen, wenn sie es nicht hätten versuchen dürfen«.[8] Nach den Rückschlägen, die sie im Mai erlebt hatten, legten die Blauröcke ihrerseits ein ausgeklügeltes Netz von Schützengräben an und richteten sich auf eine Belagerung ein. Grant rief Verstärkungen aus Memphis und anderen Orten herbei, um seine Armee auf 70 000 Mann aufzustocken. Er stellte mehrere Divisionen zur Beobachtung Johnstons ab, der irgendwo im Nordosten mit einer Behelfsarmee von 30 000 Mann herumgeisterte, darunter einige jüngst ausgehobene und nicht ausgebildete Rekruten. Grant war vom Gelingen seiner Pläne vollkommen überzeugt. Am 24. Mai teilte er Halleck mit, er habe »den Feind im Griff. Der Fall Vicksburgs und die Einnahme der Garnison [sei] nur noch eine Frage der Zeit«.[9]

Pemberton sah das genauso, falls nicht rechtzeitig Hilfe kam. Er betrachtete Vicksburg als den »wichtigsten Punkt in der ganzen Konföderation« und informierte Johnston in einer Botschaft, die von einem mutigen Kurier durch die Reihen der Föderierten geschmuggelt wurde, daß er die Stadt »so lange wie möglich« halten wolle. Aber er konnte nur aushalten, wenn es Johnston gelang, den ihn einschnürenden blauen Kordon zu sprengen. »Meine Leute glauben daran und lassen sich davon ermutigen, daß Sie mit einer großen Truppe nicht mehr weit sind.«

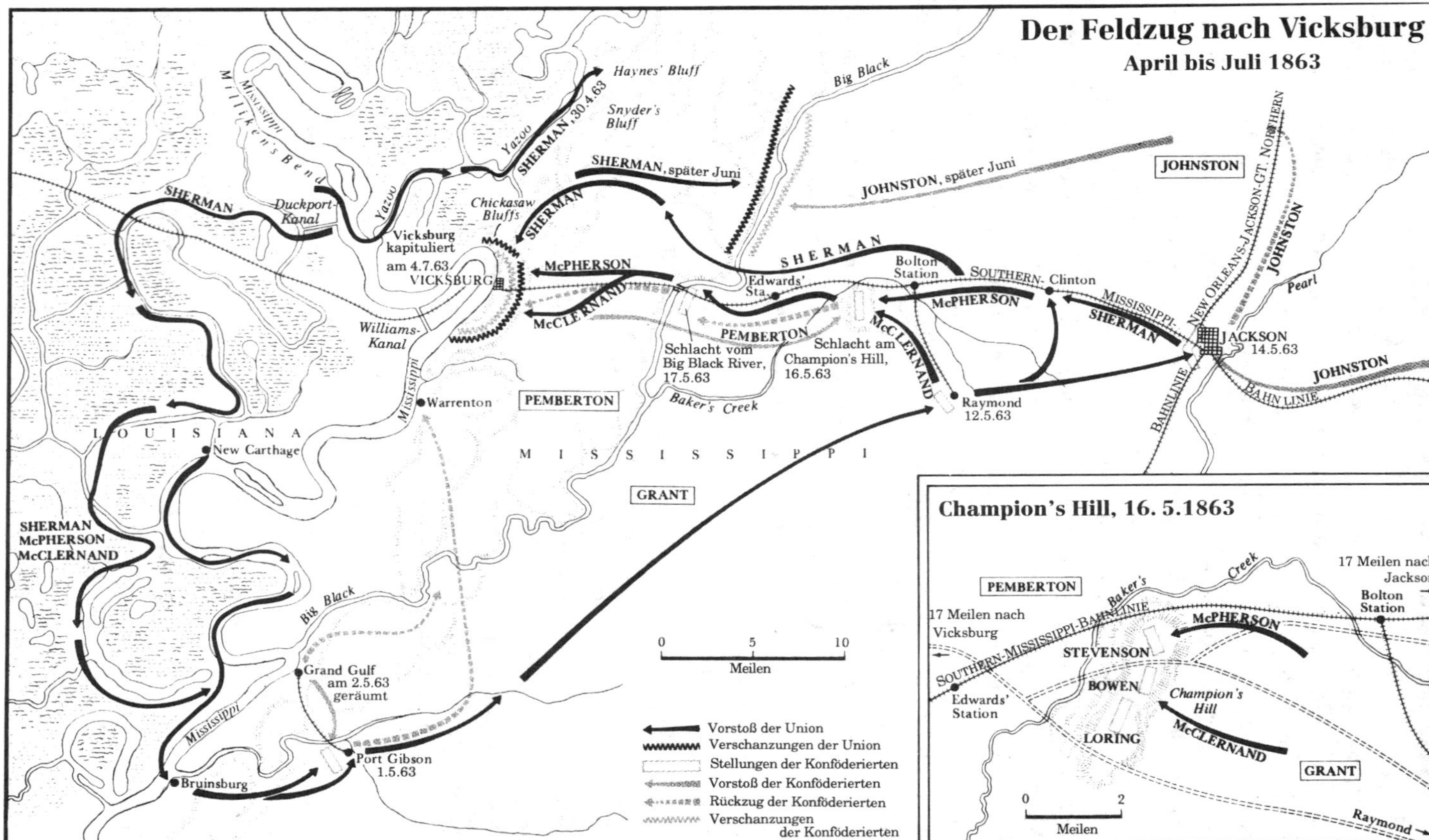

Der Feldzug nach Vicksburg
April bis Juli 1863
Haynes' Bluff
Snyder's Bluff
SHERMAN, 30.4.63
Big Black
Mississippi
Milliken's Bend
Yazoo
SHERMAN, später Juni
JOHNSTON, später Juni
JOHNSTON
SHERMAN
Duckport-Kanal
Chickasaw Bluffs
Vicksburg kapituliert am 4.7.63
VICKSBURG
McPHERSON
McCLERNAND
Edwards' Sta.
Bolton Station
SOUTHERN-MISSISSIPPI-
Clinton
NEW ORLEANS-JACKSON-GT. NORTHERN
Pearl
JACKSON 14.5.63
BAHNLINIE
Williams-Kanal
PEMBERTON
Schlacht vom Big Black River, 17.5.63
Schlacht am Champion's Hill, 16.5.63
Baker's Creek
Raymond 12.5.63
Warrenton
LOUISIANA
New Carthage
MISSISSIPPI
GRANT
SHERMAN
McPHERSON
McCLERNAND
Grand Gulf am 2.5.63 geräumt
Port Gibson 1.5.63
Bruinsburg
0 5 10 Meilen
Vorstoß der Union
Verschanzungen der Union
Stellungen der Konföderierten
Vorstoß der Konföderierten
Rückzug der Konföderierten
Verschanzungen der Konföderierten
Champion's Hill, 16. 5.1863
PEMBERTON
17 Meilen nach Vicksburg
17 Meilen nach Jackson
Bolton Station
Baker's Creek
SOUTHERN-MISSISSIPPI-BAHNLINIE
STEVENSON
BOWEN
LORING
Champion's Hill
Edwards' Station
GRANT
0 2 Meilen
Raymond

Sechs Wochen lang hofften die in Vicksburg in der Falle sitzenden Soldaten und rund 3000 Zivilisten auf Entsatz durch Johnston. »Gewiß ist unsere Lage kritisch«, schrieb ein südstaatlicher Stabsarzt, aber »wir können durchhalten, bis Johnston mit Verstärkung kommt und die Yankees von hinten packt. [...] Davis kann uns nicht opfern wollen«.[10]

Aber Davis konnte keine Verstärkungen schicken. Braxton Bragg hatte schon zwei Divisionen an Johnston ausgeliehen und konnte keine weitere entbehren. Robert E. Lee bestand hartnäckig darauf, daß er jeden einzelnen Soldaten für den bevorstehenden Einmarsch in Pennsylvania benötige. In Louisiana zweigte General Richard Taylor (der Sohn Zachary Taylors, des Helden im Mexikanischen Krieg) von seinem Feldzug gegen Banks widerstrebend drei Brigaden ab, um Pemberton zu helfen. Der einzige Erfolg dieser Brigaden bestand darin, den Streit um den Einsatz schwarzer Truppen in der Unionsarmee publik zu machen. Eine von Taylors Brigaden versuchte am 7. Juni vergeblich, Grants inzwischen wieder intakte Nachschublinie zu unterbrechen, indem sie die Unionsgarnison Milliken's Bend am Mississippi oberhalb von Vicksburg attackierte. Dieser Posten wurde im wesentlichen von zwei Regimentern »Konterbande« gehalten. Die schwarzen Soldaten waren schlecht ausgebildet und nur mit alten Musketen bewaffnet, wehrten sich aber verzweifelt. Unterstützt von zwei Kanonenbooten, schlugen sie den Feind schließlich in die Flucht. Für unerfahrene Truppen hätten sich die Leute »gut gehalten«, befand Grant. Dana, Abteilungsleiter im Kriegsministerium, der noch zu Grants Armee gehörte, äußerte sich mit größerem Enthusiasmus. »Die Tapferkeit der Schwarzen«, erklärte er, »bewirkte einen völligen Meinungsumschwung in der Armee, was den Einsatz von Negertruppen betraf. Ich habe prominente Offiziere gesprochen, die früher die Vorstellung, daß Neger kämpfen könnten, verächtlich von sich gewiesen hatten, nach Milliken's Bend aber ehrlichen Herzens dafür waren.«[11] Die Konföderierten freilich, fuhr Dana fort, »empfinden das ganz anders«. Empört darüber, daß der Gegner ehemalige Sklaven in Uniformen gesteckt hatte, riefen die südstaatlichen Truppen bei Milliken's Bend »Pardon wird nicht gegeben!« und brachten angeblich einige ihrer schwarzen Kriegsgefangenen um. Falls das stimmt, spiegelte dieses Verhalten zweifellos ihre Offiziersmentalität wider: Der Brigadekommandeur der Rebellen betrachtete es als »bedauerlichen Umstand, daß überhaupt Neger gefangengenommen wurden«, während General Taylor berichtete: »Eine sehr große Zahl der Neger wurde getötet oder verwundet, etwa 50 von ihnen sowie zwei ihrer weißen Offiziere wurden bedauerlicherweise gefangengenommen.« Wie das Kriegsministerium in Washington erfuhr, wurden einige der in Gefangenschaft geratenen befreiten Sklaven erneut in die Sklaverei verkauft.[12]

Die Abwehr bei Milliken's Bend vereitelte weitere Versuche der Konföderierten, Vicksburg vom Westufer des Mississippi her zu entsetzen. Alle Hoffnungen ruhten nun auf Johnston. Die Vicksburger Zeitung (mittlerweile auf ein Format von 30 mal 30 Zentimeter geschrumpft und auf Tapetenpapier gedruckt) verbreitete mit erfreulichen Prognosen Optimismus: »Johnston der Unverzagte ist schon nah«, »Wir dürfen stündlich mit seinem Eintreffen rechnen«, »Haltet noch einige Tage aus, dann wird unsere Front geöffnet, der Feind verjagt und die Belagerung aufgehoben.«[13] Im ersten Monat der Belagerung blieb die Moral gut, obwohl der Gegner die Stadt rund um die Uhr mit Artillerie- und Kanonenbootfeuer bombardierte und die Zivilbevölkerung sich an den Hängen Vicksburgs in Höhlen eingrub.

Als aber die Wochen dahingingen und kein Johnston kam, sank die Stimmung. Die Soldaten waren auf Viertelration gesetzt. Ende Juni stand fast die Hälfte von ihnen auf der Krankenliste; viele hatten Skorbut. Neben Maultierfleisch kamen gehäutete Ratten auf den Markt. Hunde und Katzen verschwanden auf mysteriöse Weise. Die Anspannung des Lebens in einer belagerten Stadt trieb viele an den Rand des Wahnsinns; wenn es noch lange so weitergehe, schrieb ein Offizier der Konföderierten, »werden wir ein Haus für die Unterbringung der Verrückten bereitstellen müssen«. Der Ton der Zeitung war nicht mehr zuversichtlich, sondern vorwurfsvoll; in der letzten Juniwoche hieß es nicht mehr: »Johnston kommt!«, sondern: »Wo bleibt Johnston?«[14]

Johnston selbst hatte sich nie als den großen Befreier gesehen. »Halte Rettung Vicksburgs für aussichtslos«, ließ er das Kriegsministerium am 15. Juni wissen. Für die Regierung war das die nach Westen verlegte Neuauflage seines Verhaltens auf der Virginia-Halbinsel im Jahr zuvor, als es ausgesehen hatte, als scheue er den Kampf zur Verteidigung Richmonds. »Vicksburg darf nicht ohne verzweifelten Kampf verlorengehen«, drahtete der Kriegsminister zurück. »Das Interesse und die Ehre der Konföderation verbieten das. [...] Sie müssen den Angriff wagen. [...] Die Augen und Hoffnungen der ganzen Konföderation sind auf Sie gerichtet.«[15] Aber Johnston hielt seine Streitmacht für zu schwach. Er gab den Schwarzen Peter an Pemberton weiter, den er drängte, einen Ausbruch zu versuchen oder über den Fluß zu entkommen (durch das Spalier der Unionspanzerschiffe!). Ende Juni bequemte sich Johnston auf verzweifelten Druck aus Richmond endlich dazu, sich mit seinen fünf Divisionen zaghaft sieben Unionsdivisionen unter Sherman zu nähern, die Grant von den Belagerern abgezogen hatte, um ihren Rücken zu decken. Der Entsatzversuch war zu schwach und kam zu spät. Als Johnston endlich bereit war, in Aktion zu treten, hatte Pemberton kapituliert.

Der unerbittliche Zwang der Umstände hatte Pemberton zu diesem Schritt genötigt, auch wenn viele Südstaatler damals und später der festen Überzeugung waren, daß nur seine Yankeeherkunft hinter solcher Feigheit stehen konnte. Den ganzen Juni hindurch hatten sich Unionstruppen in einer klassischen Belagerungsoperation immer näher an die konföderierten Linien herangegraben. Sie gruben auch Tunnel unter die Verteidigungsanlagen der Rebellen. Um zu demonstrieren, wozu sie fähig waren, ließen Pioniere der Union am 25. Juni und 1. Juli Minen hochgehen und sprengten Breschen in die Linien der Südstaatler. Die konföderierte Infanterie vermochte diese Löcher jedoch rasch zu stopfen. Die Yankees bereiteten eine größere Mine vor, die am 6. Juli hochgehen und einen Generalangriff vorbereiten sollte, aber bevor es dazu kam, war alles vorbei. Buchstäblich am Verhungern, richteten »viele Soldaten« am 28. Juni einen Brief an Pemberton: »Wenn Sie uns nichts zu essen geben können, sollten Sie lieber kapitulieren, so schrecklich dieser Gedanke auch ist, als zuzulassen, daß diese stolze Armee sich durch Fahnenflucht selbst entehrt. [...] Diese Armee ist zur Meuterei bereit, wenn sie nichts zu essen bekommt.«[16] Pemberton konsultierte seine Divisionskommandeure, die ihm versicherten, daß er mit ihren kranken und unterernährten Leuten keinen Ausbruch wagen konnte. Am 3. Juli fragte Pemberton Grant nach seinen Bedingungen. Grant bestand zunächst, seinem in Fort Donelson erworbenen Ruf gemäß, auf der bedingungslosen Kapitulation. Dann fiel ihm ein, wie problematisch es sein mußte, 30 000 Kriegsgefangene in nordstaatliche Gefangenenlager zu verfrachten, während er alle Transportmöglichkeiten für weitere Operationen benötigte, und bot an, die Gefangenen auf Ehrenwort zu entlassen.[17] Mit gutem Grund erwartete er, daß viele dieser Soldaten, frustriert und ernüchtert von ihren Leiden und der Kapitulation, sich in die Heimat davonmachen und dort das ansteckende Gift der Niederlage verbreiten würden.

Der 4. Juli 1863 war der denkwürdigste Unabhängigkeitstag der amerikanischen Geschichte seit dem ersten 4. Juli im Jahre 1776. Im fernen Pennsylvania zog die konföderierte Flut von Gettysburg ab. Hier in Mississippi pflanzten die Rebellen weiße Fahnen an ihren Schützengräben auf, die ausgemergelten Truppen kamen aus ihren Stellungen und lieferten ihre Waffen ab, und eine Unionsdivision zog in Vicksburg ein und hißte auf dem Gerichtsgebäude das Stars-and-Stripes-Banner. »Es war der glorreichste 4. Juli, den ich je erlebt habe«, schrieb ein Gefreiter aus Ohio. Für viele Südstaatler war die Kapitulation ausgerechnet am 4. Juli freilich nicht nur eine Katastrophe, sondern auch eine Kränkung. Das zurückhaltende Auftreten der Besatzungstruppen milderte die Demütigung. Kaum eine höhnische Bemerkung kam über ihre Lippen, als die Unionssoldaten in die Stadt einzogen; im Gegenteil, sie zollten den Verteidigern

Respekt für ihre Tapferkeit und teilten ihre Rationen mit ihnen. Und die Yankees taten etwas, was viele Vicksburger am liebsten schon vor Wochen getan hätten: Sie brachen in die Speicher von »Spekulanten« ein, die Lebensmittel zurückgehalten hatten, um die Preise in die Höhe zu treiben. Ein Sergeant aus Louisiana beschrieb, wie Nordstaatensoldaten diese »Luxusgüter« auf die Straßen schleppten »und sie dort hinwarfen und riefen: ›Hier, Rebs, bedient euch, ihr seid nackt und hungrig und habt es nötig.‹ Welch wunderbares Kriegsspektakel zwischen Menschen, die eben noch Todfeinde waren!«[18]

Eine Vicksburgerin, die den Einzug der Unionstruppen beobachtete, formulierte einen Abgesang auf diesen Feldzug: »Welch ein Gegensatz zwischen diesen kräftigen, wohlgenährten Männern mit ihrer blendenden Haltung und Ausrüstung ... und den ausgelaugten, grauen Männern, die vor dieser Verkörperung moderner Kriegsmacht völlig verblaßten.« In Richmond aber führte ein erbitterter Jefferson Davis den Verlust Vicksburgs nicht auf die Stärke des Gegners zurück, sondern auf Joe Johnstons Zaudern. Als ein Beamter des Kriegsministeriums einwandte, daß Proviantmangel der Garnison zum Verhängnis geworden sei, versetzte Davis: »So ist es – drinnen war es der Proviantmangel und draußen ein General, der nicht kämpfen wollte.«[19]

Die Einnahme Vicksburgs war der bedeutendste strategische Sieg des Nordens in diesem Krieg; Grant mochte recht haben, wenn er später behauptete: »Das Schicksal der Konföderation war besiegelt, als Vicksburg fiel.«[20] Der Unionskommandeur war jedoch nicht gewillt, sich auf seinen am 4. Juli erworbenen Lorbeeren auszuruhen. Johnston stand noch immer drohend in seinem Rücken, und 360 Flußkilometer südwärts trotzte die konföderierte Garnison Port Hudson noch immer der Belagerungsarmee von Nathaniel P. Banks. Grant gab Sherman den Befehl, mit 50000 Mann den 31000 Mann Johnstons nachzusetzen »und ihnen soviel Schaden wie möglich zuzufügen«.[21] Ferner schickte Grant sich an, ein oder zwei Divisionen abzustellen, die Banks bei der Einnahme von Port Hudson helfen sollten.

Wie sich herausstellte, war die Nachricht von der Kapitulation Vicksburgs Hilfe genug, um den Garnisonskommandeur von Port Hudson zur Aufgabe seiner nunmehr unhaltbaren Stellung zu bewegen. Nach einem zweimonatigen Feldzug mit dem Ziel, die reichen Zucker- und Baumwollgebiete am Teche Bayou unter Unionskontrolle zu bringen, hatten Banks' Soldaten, unterstützt von Farraguts Kriegsschiffen, in der letzten Maiwoche mit der Belagerung Port Hudsons begonnen. Banks' zahlenmäßige Überlegenheit über die konföderierte Garnison war eindeutig – 20000 Mann gegen 7000 –, aber er hatte es mit natürlichen und künstlichen Verteidigungsstellungen zu tun, die ebenso schwer zu überwinden waren wie die von Vicksburg. Zwei direkte Sturmangriffe der Nordstaatler am 27. Mai und 14. Juni erbrachten lediglich Verluste im Verhältnis von 12 : 1. Bei der Attacke vom 27. Mai bewiesen zwei Unionsregimenter mit Schwarzen aus Louisiana, daß diese ebenso tapfer in den Tod gehen konnten wie die weißen Yankees. Nach dem Scheitern dieser Sturmangriffe mußte Banks sich damit begnügen, die Garnison auszuhungern. Die Verteidiger Port Hudsons wiegten sich in der Hoffnung, Johnston werde ihnen zu Hilfe eilen, sobald er Grant von Vicksburg verjagt hatte. Als statt dessen die Nachricht eintraf, daß die Festung flußaufwärts gefallen war, gab auch die Garnison in Port Hudson, die zuletzt von Ratten und Maultieren gelebt hatte, am 9. Juli den Kampf auf. Eine Woche später traf ein unbewaffnetes Handelsschiff aus St. Louis in New Orleans ein, nachdem es die Fahrt den Mississippi entlang unbelästigt zurückgelegt hatte. »Der Vater der Gewässer strömt wieder ungestört ins Meer«, verkündete Lincoln. Die Konföderation war zweigeteilt.[22]

Auch Johnston wurde bald erledigt. Der vorsichtige Südstaatenkommandeur zog sich in seine Verteidigungsstellung in Jackson zurück und hoffte, Sherman zu einem Frontalangriff zu verleiten. Sherman wußte aber von Vicksburg her, wie verlustreich derartige Attacken waren, und biß auf diesen Köder nicht an. Statt dessen begann er, die Stadt zu umzingeln und ihre Kommunikationswege abzuschneiden. Johnston witterte diese Falle und entwich in der Nacht des 16. Juli über den Pearl River. Im Gegensatz zu Pemberton hatte er seine Armee gerettet – was seine Verteidiger zu seinen Gunsten ins Feld führten –, aber sein Rückmarsch fast bis nach Alabama lieferte die Plantagen und Eisenbahnen Mississippis der nicht allzu großen Gnade von Shermans Armee aus. Johnstons Abzug war das i-Tüpfelchen auf Grants erfolgreichem Feldzug gegen Vicksburg, den Lincoln als »einen der brillantesten in der Geschichte« bezeichnete. Viele spätere Militärhistoriker haben dieses Urteil bestätigt. »Für den Rest des Krieges«, erklärte der Präsident am 5. Juli, »ist Grant mein Mann und ich bin der seine.«[23]

II

So wichtig die Leistungen Grants am Mississippi waren: für die Öffentlichkeit standen die Ereignisse auf dem Kriegsschauplatz in Virginia im Mittelpunkt der Aufmerksamkeit. Die Union gewann den Krieg zwar letzten Endes vor allem durch ihre Siege im Westen, aber die Konföderation war mehr als einmal nahe daran, ihn im Osten für sich zu entscheiden. Im Frühjahr und Sommer 1863 konnte Robert E. Lee seinen größten Erfolg verbuchen – gefolgt von seiner schlimmsten Niederlage.

Dabei hatte es im April 1863 nicht den Anschein, als könnte Lee überhaupt irgendwo die Initiative ergreifen. Lebensmittel und Pferdefutter für seine Armee waren dermaßen knapp, daß die Leute Sassafrasknospen und wilde Zwiebeln sammelten, um dem Skorbut vorzubeugen, während die Pferde zugrunde gingen, weil sie kein Gras fanden. Longstreet hatte zwei Divisionen abgezogen, um Vorstöße der Föderierten von Norfolk und der Küste North Carolinas her abzuwehren. Diese Bewegungen der Union richteten letztlich wenig aus, aber Longstreet blieb den ganzen April hindurch im Südosten Virginias stehen, um den Feind zu bedrängen und sich in dieser vom Krieg noch nicht verwüsteten Gegend zu verproviantieren. Ohne diese beiden Divisionen verfügte Lee am Rappahannock nur über 60 000 Mann, um die doppelte Anzahl von Blauröcken unter ihrem neuen, dynamischen Befehlshaber Joseph Hooker im Auge zu behalten. Die konföderierte Kavallerie mußte weiträumig ausschwärmen, um Gras für die Pferde zu finden, und dadurch die Streitkräfte des Südens zusätzlich schwächen – und das zu einer Zeit, wo Hooker seine Kavallerie umorganisiert und zu einem einzigen, schlagkräftigen Korps zusammengefaßt hatte, das besser bewaffnet und beritten war als »Jeb« Stuarts Truppe. Die Tage waren vorbei, da die Reiterei der Rebellen dem Gegner spielend überlegen gewesen war.

Trotzdem blieb die Moral der Konföderierten gut. Der von Longstreet gesandte Proviant füllte die Rationen auf, und das 40 Kilometer lange ausgeklügelte Netz von Schützengräben, das sie am Rappahannock bei Fredericksburg angelegt hatten, gab ihnen die Gewißheit, jeder Überzahl von Yankees standzuhalten. Hooker dachte aber gar nicht daran, gegen diese Gräben anzurennen. Nach Burnsides Schlappen hatte er die Potomac-Armee wieder auf ihre volle Stärke gebracht und plante einen Feldzug des Lavierens, um Lee aus den Gräben herauszuzwingen und zum Endkampf zu stellen. Naßforsch prahlte Hooker: »Möge Gott General Lee gnädig sein, denn ich werde es nicht sein.«[24]

Ende April sah es einige Tage so aus, als sollte Hooker mit seiner Prahlerei recht behalten. Er teilte seine riesige Armee in drei Teile: 10 000 Mann Reiterei durchwateten weit stromaufwärts den Rappahannock und wandten sich dann nach Süden, um Lees Nachschublinien abzuschneiden. 70 000 Infanteristen marschierten ebenfalls den Fluß hinauf und überquerten ihn einige Kilometer hinter Lees linker Flanke. Weitere 40 000 marschierten zum Schein gegen Fredericksburg, um Lee zum Stillhalten zu zwingen, während ihn die Flankentruppen von links und von hinten in die Zange nahmen. Die Potomac-Armee vollführte diese schwierigen Manöver mit erstaunlicher Geschwindigkeit. Am Abend des 30. April standen Hookers 70 000 Infanteristen vor Chancellorsville, einem Straßenknotenpunkt 13 Kilometer westlich von Fredericksburg, mitten in einem nachgewachsenen Dickicht, der sogenannten »Wilderness«. Diesmal, so schien es, hatten die Yankees Lee ein Schnippchen geschlagen und hielten die zahlenmäßig unterlegenen Rebellen in eiserner Umklammerung. »Unser Gegner muß schmählich die Flucht ergreifen«, gratulierte Hooker seinen Leuten in einem Tagesbefehl, »oder seine Deckung verlassen und uns auf unserem Terrain eine Schlacht liefern, bei der ihn die sichere Vernichtung erwartet.«[25]

Seinem Spitznamen »Fighting Joe« zum Trotz scheint Hooker erwartet – und gehofft – zu haben, Lee werde lieber »schmählich die Flucht ergreifen« als dem Gegner »eine Schlacht liefern«. Als Lee statt dessen den Kampf suchte, verlor Hooker rätselhafterweise die Nerven. Vielleicht war es ein Fehler von ihm gewesen, drei Monate zuvor der Flasche zu entsagen; jedenfalls schien er sich in diesem Moment Mut antrinken zu müssen. Oder es kam ein Charakterzug wieder zum Vorschein, den ein Offizier der alten Armee an ihm bemerkt hatte: »Hooker war der beste Pokerspieler, den ich kannte, bis zu dem Punkt, wo er um 1000 hätte erhöhen sollen; dann machte er schlapp.«[26] Wie auch immer: als Lee am 1. Mai Hookers Karten sehen wollte, ließ Hooker sich in diesem tödlichen Spiel vom wagemutigsten aller Spieler die Initiative entwinden.

In der zutreffenden Vermutung, daß die größte Gefahr von den Unionstruppen in Chancellorsville ausging, ließ Lee in Fredericksburg nur 10000 Mann Infanterie zurück, die unter dem quirligen Jubal Early die Stellung halten sollten, und marschierte mit dem Rest am 1. Mai nach Westen, in Richtung »Wilderness«. Gegen Mittag stießen sie einige Meilen östlich von Chancellorsville auf vorgeschobene Einheiten Hookers. Das dichte Unterholz ging an dieser Stelle in offenes Gelände über, wo die Föderierten dank ihrer überlegenen Stärke und Artillerie im Vorteil waren. Anstatt jedoch den Angriff zu forcieren, beorderte Hooker seine Truppen in eine Verteidigungsstellung bei Chancellorsville zurück – wo der dichte Wald seinen Vorteil zunichte machte. Die Korpskommandeure der Union waren konsterniert, gehorchten aber. Jahre später berichtete General Darius Couch vom 2. Korps über den Augenblick, als Hooker ihm mitteilte, »daß die Vorteile, die er durch die sukzessiven Vormärsche seiner Lieutenants errungen hatte, in einer Abwehrschlacht in diesem verfilzten Dickicht gipfeln sollten. [...] Ich zog mich in der Überzeugung von ihm zurück, daß mein kommandierender General ein gebrochener Mann war«.[27]

Lee erkannte seinen psychologischen Vorteil und entschloß sich zur Offensive, obwohl er dem Gegner zahlenmäßig im Verhältnis 1:2 unterlegen war. Am Abend des 1. Mai saßen Jackson und Lee auf leeren Schiffszwiebackkästen am Lagerfeuer und berieten. Die Front der Konföderierten, auf erhöhtem Gelände rund um Chancellorsville verschanzt, schien für einen direkten Sturmangriff zu stark. Der linke Flügel der Union stieß an den Rappahannock und war nicht aus den Angeln zu heben. Während die beiden Generäle noch diskutierten, wie man an »diese Leute« herankam, überbrachte Stuart Berichte von seinen Spähern, daß Hookers rechte Flanke fünf Kilometer westlich von Chancellorsville »in der Luft hing«. Das war die Chance, die Lee brauchte, und Jackson war der Mann, sie zu nützen. Das einzige Problem war, durch das Dickicht aus verkümmerten Eichen und dornigem Unterholz einen Weg zu finden, auf dem eine ganze Truppe unbemerkt zu dieser Flanke gelangen konnte. Einer von Jacksons Stabsoffizieren löste das Problem und trieb einen Einheimischen auf, der die Männer einen Saumpfad entlangführte, auf dem normalerweise Kohle zu einem Schmelzofen transportiert wurde.

Im Schutz von Stuarts Kavallerie brach Jackson am frühen Morgen des 2. Mai mit 30 000 Mann Infanterie und Artillerie zu einem 20 Kilometer langen Marsch auf, um den Gegner weiträumig zu umgehen und seine Angriffsstellung einzunehmen. Lee blieb mit nur 15 000 Mann zurück, um sich Hookers Hauptstreitmacht zu stellen. Es war das gewagteste Spiel, das Lee jemals gespielt hatte. Jacksons Flankenmarsch entlang der gegnerischen Front – eines der riskantesten Manöver des ganzen Krieges – machte die langgezogene Kolonne sehr anfällig. Auch Lees Defensivtruppe war in großer Gefahr, falls Hooker herausbekam, wie schwach sie war. Und Early stand nach wie vor einer fast dreimal größeren Streitmacht in Fredericksburg gegenüber (von wo Lee noch ein weiteres Korps nach Chancellorsville beordert hatte). Aber Lee zählte darauf, daß Hooker nichts unternehmen würde, bis Jackson den Marsch hinter sich hatte, und der Unionskommandeur entsprach dieser Erwartung.

Hooker konnte es seiner Reiterei nicht zum Vorwurf machen, daß sie Jacksons Manöver nicht entdeckt hatte; war sie doch auf seinen Befehl fast vollständig mit einem Raid beschäftigt, der zwar Richmond in Schrecken versetzte, ansonsten aber wenig ausrichtete. Außerdem wurde Jacksons Truppenbewegung von Infanterieeinheiten der Föderierten bemerkt und Hooker gemeldet, der sie aber falsch interpretierte. Zwei Divisionen aus Daniel Sickles' 3. Korps schwärmten aus und attackierten Jacksons Kolonne von hinten. Sickles war ein Mensch von nicht ganz einwandfreiem Ruf und der einzige »politische General« unter Hookers Korpskommandeuren. Vor dem Krieg war er Demokrat bei der (wegen Korruption und Machtmißbrauchs berüchtigten) Tammany Society gewesen; auch galt er als Weiberheld. Seine Frau hatte sich, vielleicht aus Rache, einen Liebhaber genommen, den Sickles 1859 in Washington auf offener Straße erschossen hatte. Vom Vorwurf des Mordes war er freigesprochen worden, nachdem er – zum erstenmal in der Geschichte der amerikanischen Justiz mit Erfolg – auf zeitweilige Unzurechnungsfähigkeit plädiert hatte. Sickles hatte es in Hookers alter Division vom Oberst zum Generalmajor gebracht und gehörte zu den Lieblingen des Armeebefehlshabers. Sein Sondierungsangriff am 2. Mai machte Hooker auf Jacksons Bewegung in Richtung Südwesten aufmerksam. »Fighting Joe« überlegte einen Augenblick, ob der aalglatte »Stonewall« vielleicht wieder einen seiner Flankentricks in petto habe, aber sein Wunschdenken von der »schmächlichen Flucht« der Rebellen gewann bald die Oberhand und erlaubte ihm, sich einzureden, daß Lees gesamte Armee im Rückzug begriffen sei! Infolgedessen versäumte Hooker, sich gegen den Schlag zu wappnen, der seine linke Flanke treffen sollte.

Der Kommandeur des 11. Korps, das die rechte Flanke der Union hielt, war Oliver O. Howard, in so ziemlich jeder Hinsicht das genaue Gegenteil von Sickles. Er war Berufsoffizier mit West-Point-Ausbildung, der sich in vielen Kämpfen glänzend geschlagen und bei Fair Oaks einen Arm verloren hatte. Als monogamer, kongregationalistischer Abstinenzler trug er den Spitznamen »Christian Soldier«. Mit den deutschamerikanischen Soldaten, die einen großen Teil seines Korps ausmachten, hatte er wenig gemein. Dieses nur 12000 Mann starke »Dutch Corps« stand in schlechtem Ruf, nachdem es im Shenandoahtal unter Frémont und in der zweiten Schlacht von Bull Run unter Franz Sigel nur mittelmäßige Leistungen erbracht hatte. In Chancellorsville tat es nichts, um seine Reputation zu bessern. Den ganzen Nachmittag über meldeten beunruhigte Feldposten an Hooker, daß die Rebellen irgendwo im Westen etwas im Schilde führten. Howard versicherte Hooker, daß er zur Attacke bereit sei. Aber die meisten seiner Regimenter standen Richtung Süden, weil Howard die dichten Wälder im Westen für undurchdringlich hielt. Außerdem war er wie Hooker der Meinung, daß diese Aktivitäten des Gegners lediglich den Rückzug kaschieren sollten. Zur Abendessenszeit hatten sich Hookers Truppen großenteils zur Ruhe gelegt oder waren beim Kochen.

Ein paar hundert Meter weiter westlich aber warteten Jacksons zerlumpte Veteranen – die Uniformen durch Dornen und Gestrüpp noch übler zugerichtet als gewöhnlich – auf den Angriff um 17.15 Uhr. Mit gellendem Geschrei brachen die Rebellen aus den westlichen Wäldern, auf einer Front, die drei Kilometer lang und drei Divisionen tief war, trafen von hinten auf die südwärts gerichteten Unionsregimenter und rannten sie wie Kegel über den Haufen. Trotz wildester Konfusion wahrten einige Brigaden und Batterien des 11. Korps die Disziplin und wehrten sich verzweifelt, wodurch sie den Vormarsch der Konföderierten verlangsamten, aber auch sie mußten sich am Ende der überstürzten Flucht der geschlagenen Regimenter anschließen, die vor dem Feind zurückwichen. Bei Einbruch der Dämmerung hatte Jackson die rechte Flanke der Union drei Kilometer weit aufgerollt; erst da gelang es Howard und Hooker, aus vier verschiedenen Korps eine neue Front aufzubauen und die triumphierenden, aber desorganisierten Südstaatler zu stoppen. Die beiden bei Lee gebliebenen Divisionen hatten an ihrem Frontabschnitt am Angriff teilgenommen. Einige Stunden lang kam es in den vom Mondlicht verschatteten Wäldern zu sporadischen und ungeordneten Kämpfen; es war eine der seltenen nächtlichen Aktionen des Bürgerkrieges, und manche Einheiten feuerten auf die eigenen Leute.

Bei diesem Handgemenge im Mondschein traf die Konföderierten ein Unglück, das schwerer wog als die üblichen Kriegstragödien. Jackson und einige Offiziere, entschlossen, die Yankees nicht zur Ruhe kommen zu lassen, waren vor die eigenen Linien geritten, um die Möglichkeit eines neuen Angriffs zu erkunden. Als sie im Trab zurückkehrten, feuerten nervös gewordene Rebellen Schüsse auf sie ab: Man hatte sie für Unionskavallerie gehalten. Jackson stürzte; zwei Kugeln hatten ihn am linken Arm getroffen, der amputiert werden mußte. Stuart übernahm das Kommando über Jacksons Korps und machte seine Sache bis zum Ende der Schlacht gut. Aber Jackson fiel für immer aus und blieb unersetzlich: Eine Lungenentzündung kam hinzu, und acht Tage später war der unvergleichliche »Stonewall« tot.

Am Morgen nach Jacksons Verwundung, am 3. Mai, trat die Schlacht in die Entscheidung. An zwei rund 15 Kilometer voneinander entfernten Fronten tobten einige der schwersten Gefechte des ganzen Krieges. In der Nacht hatte »Uncle« John Sedgwick (von seinen Leuten wegen seines onkelhaften Benehmens so genannt), der Kommandeur des 6. Korps in Fredericksburg, von Hooker den Befehl erhalten, die Höhen hinter der Stadt zu nehmen und Lees Nachhut bei Chancellorsville nachzusetzen. Bei Tagesanbruch stürmte »Uncle John« mit seinen drei Divisionen gegen die Gräben und die Steinmauer unterhalb von Marye's Heights, die im vergangenen Dezember bereits Burnsides Truppen zum Verhängnis geworden waren. Die Geschichte schien sich zu wiederholen: Jubal Earlys Division warf den Gegner zweimal zurück. Beim dritten Anlauf aber – einem der wenigen Sturmangriffe dieses Krieges mit aufgepflanztem Bajonett – eroberte die erste Welle von Blauröcken die Höhe, machte rund 1000 Gefangene und schlug die Rebellen in die Flucht.

Unterdessen war Hooker in Chancellorsville merkwürdig untätig geblieben; er schien zu erwarten, daß Sedgwick den ganzen offensiven Teil des Kampfes übernahm. Hooker hatte sogar Sickles' Korps den Befehl erteilt, beim Morgengrauen seine erhöhte Stellung bei Hazel Grove, anderthalb Kilometer westlich der Straßenkreuzung in Chancellorsville, zu räumen. Das gab Lee und Stuart die Möglichkeit, die beiden Flügel ihrer Armee wieder zusammenzuführen und ihre

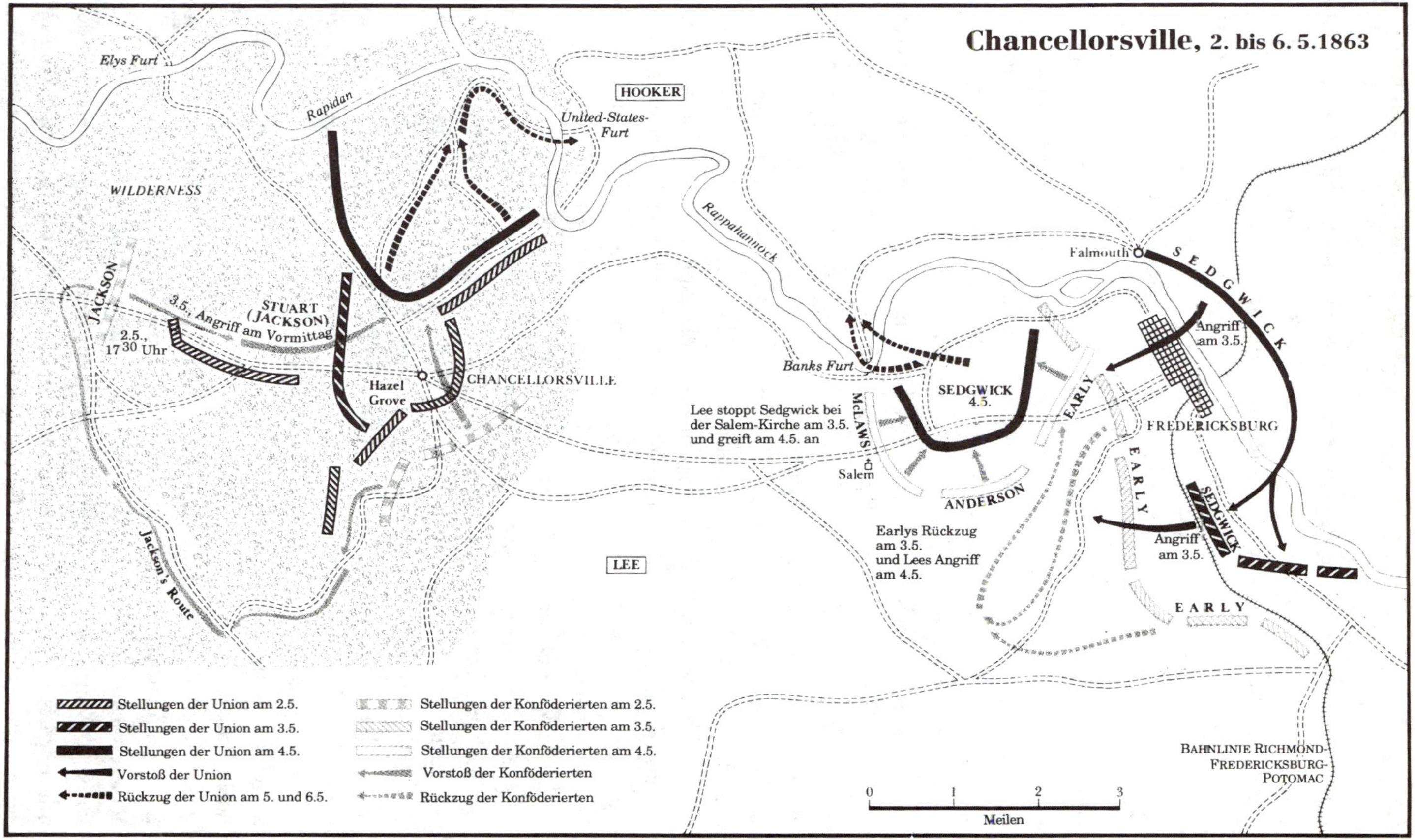
Chancellorsville, 2. bis 6. 5.1863
Elys Furt
Rapidan
HOOKER
United-States-Furt
WILDERNESS
Rappahannock
Falmouth
SEDGWICK
JACKSON
3.5., Angriff am Vormittag
STUART (JACKSON)
2.5., 17 30 Uhr
Hazel Grove
CHANCELLORSVILLE
Banks Furt
Angriff am 3.5.
SEDGWICK 4.5.
Lee stoppt Sedgwick bei der Salem-Kirche am 3.5. und greift am 4.5. an
McLAWS
Salem
EARLY
FREDERICKSBURG
ANDERSON
EARLY
SEDGWICK
Earlys Rückzug am 3.5. und Lees Angriff am 4.5.
Angriff am 3.5.
Jackson's Route
LEE
EARLY
Stellungen der Union am 2.5.
Stellungen der Union am 3.5.
Stellungen der Union am 4.5.
Vorstoß der Union
Rückzug der Union am 5. und 6.5.
Stellungen der Konföderierten am 2.5.
Stellungen der Konföderierten am 3.5.
Stellungen der Konföderierten am 4.5.
Vorstoß der Konföderierten
Rückzug der Konföderierten
BAHNLINIE RICHMOND-FREDERICKSBURG-POTOMAC
0 1 2 3
Meilen

Artillerie bei Hazel Grove zu massieren, eine der wenigen Stellen in der »Wilderness«, wo sie wirkungsvoll eingesetzt werden konnte. Mit allem, was sie hatten, griffen die Konföderierten die drei Korps an, die die unmittelbare Umgebung von Chancellorsville hielten. Hooker ließ drei weitere Unionskorps müßig herumstehen, obwohl sie Chancen gehabt hätten, Lee in die Flanke zu fallen. Er scheint schon in einem Dämmerzustand gewesen zu sein, bevor am späten Vormittag eine Kanonenkugel sein Hauptquartier traf und ihn bewußtlos machte. Er erholte sich jedoch bald und übernahm wieder das Kommando – zum Leidwesen mancher Untergebener, die gehofft hatten, der ranghöchste Korpskommandeur werde die Verantwortung übernehmen und zum Gegenangriff blasen. Statt dessen befahl Hooker einen Rückzug um zwei bis drei Kilometer nach Norden zu einer verkürzten Verteidigungslinie.

Die erschöpften, aber überglücklichen Rebellen, die mit einem selbst für diese siegreiche Armee beispiellosen Elan gekämpft hatten, empfingen Lee mit wildem Jubel, als er hoch zu Roß auf der Lichtung um die brennende Station Chancellor erschien. Dies war der größte Triumph des Mannes aus Virginia, aber die Schlacht war noch nicht vorüber. Während die beiden Armeen bei Chancellorsville wie auf Verabredung den Kampf einstellten, um Hunderte von Verwundeten vor den Waldbränden in Sicherheit zu bringen, die explodierende Granaten auslösten, erhielt Lee die Nachricht von Sedgwicks Durchbruch in Fredericksburg. Das bedeutete eine ernstzunehmende Gefahr für seine Nachhut, auch wenn Hooker eingeschüchtert an seiner Front verharren zu wollen schien. Umgehend stellte Lee eine Division ab, die Sedgwick in Höhe einer Dorfkirche auf halbem Weg zwischen Fredericksburg und Chancellorsville den Vormarsch verlegte. Am nächsten Tag zog Lee für einen Angriff auf Sedgwick eine weitere Division von seiner Front ab. Damit behielt Stuart nur 25 000 Konföderierte zurück, die notfalls Hookers 75 000 Mann standhalten mußten. Lee schien erraten zu haben, daß sein benommener Gegner untätig bleiben würde. Am Spätnachmittag des 4. Mai wurde eine unkoordinierte Attacke von 21 000 Rebellen gegen Sedgwicks gleich starke Truppe zurückgeschlagen. Doch da Hooker offensichtlich aufgegeben hatte, zog Sedgwick seine Truppen in der Nacht über den Rappahannock zurück.

Bei einem Kriegsrat in derselben Nacht sprach sich eine Mehrheit von Hookers Korpskommandeuren für einen Gegenangriff aus. Hooker blieb sich treu, mißachtete dieses Votum und beschloß, sich über den Fluß zurückzuziehen. Die Potomac-Armee löste diese schwierige Aufgabe während eines Unwetters in der folgenden Nacht. Lee, angriffslustig wie immer, hatte für den Morgen des 6. Mai einen weiteren Sturmangriff geplant und äußerte nun, wie schon im vergangenen

Sommer, sein Bedauern darüber, daß die Föderierten ihrer Vernichtung entronnen waren. Aber er hatte in jeder Hinsicht einen frappierenden Sieg errungen, der als solcher im Norden wie im Süden anerkannt wurde. Ohne Longstreet und mit nur etwa halb so vielen Leuten wie ein Gegner, von dem er bereits ausmanövriert worden war, hatte Lee die Initiative an sich gerissen, war zum Angriff übergegangen und hatte seine Streitkräfte mehrfach so geschickt geteilt und aufgestellt, daß sie im Augenblick des Angriffs dem Gegner zahlenmäßig überlegen oder gleichwertig waren. Wie das von der Schlange verhexte Kaninchen war Hooker in Untätigkeit erstarrt und hatte zu keiner Zeit mehr als die Hälfte seiner Streitmacht im Feld.

Der Sieg von Chancellorsville war jedoch teuer erkauft. Die Verluste der Konföderierten beliefen sich auf 13 000 Mann, was 22 Prozent ihrer gesamten kämpfenden Truppe entsprach (bei der Union waren es 17 000 beziehungsweise 15 Prozent). Der furchtbarste Verlust war der Jacksons, der so viel getan hatte, um den Sieg zu ermöglichen. Und der moralische Auftrieb, den die Schlacht den Südstaatlern gab, erwies sich letzten Endes als verderblich, denn er verführte sie zu einer Überschätzung der eigenen Tüchtigkeit und einer Verachtung des Gegners, die in der Katastrophe endeten. Lee hielt seine Truppen für unbesiegbar und würde von ihnen das Unmögliche verlangen.

Während der Schlacht war Lincoln Dauergast im Telegraphenamt des Kriegsministeriums. Einige Tage lang erhielt er nur fragmentarische oder widersprüchliche Berichte. Als am 6. Mai die Wahrheit ans Licht kam, wurde der Präsident »aschfahl«, wie ein anwesender Journalist beobachtete. »O Gott, o Gott!« rief Lincoln aus. »Was wird das Land sagen!« Das Land sagte viel, und alles war negativ. Die »Copperheads« sahen in diesem Ergebnis einen weiteren Beweis – falls es noch eines Beweises bedurfte –, daß es dem Norden niemals gelingen werde, die Union mit Gewalt zusammenzuhalten. Die Republikaner waren verzweifelt. »Aus, aus, alles ist aus!« rief Charles Sumner, als er die Nachricht erhielt.[28]

Im Frühjahr 1863 erreichte die Moral des Nordens den absoluten Nullpunkt. Die Meldungen von Grants Vormarsch am Mississippi trafen nur zögernd ein und waren, zumal nach dem Scheitern der Angriffe auf Vicksburg am 19. und 22. Mai, inhaltlich unklar. Rosecrans in Mittel-Tennessee hatte seit seinem blutigen und zweifelhaften Sieg am Stones River vom Neujahrstag die Hände in den Schoß gelegt. Am 7. April hatten acht angeblich durch nichts aufzuhaltende Panzerschiffe Fort Sumter attackiert und waren auf eine Weise abgeblitzt, die für die Kriegsmarine der Union blamabel war. Der Angriff war der erste Schritt auf einem Weg gewesen, der zur Einnahme Charlestons führen sollte, eines Ortes, dessen Symbolträchtigkeit größer war als seine strategische Bedeutung. Der Fehlschlag der Panzerschiffe bewies erneut, daß diese eisernen Ungetüme zwar enorm viel einstecken konnten, daß ihre Offensivkraft aber begrenzt war. Die Artillerie der Rebellen feuerte über 2200 Schuß auf sie ab, erzielte bei den acht Schiffen etwa 440 Treffer und konnte nur eines versenken. Doch wurden bei den meisten Panzerschiffen die Geschütztürme beschädigt, so daß ihre Feuerkapazität eingeschränkt war; die ganze Flotte konnte nur 140 Schuß lösen und richtete mit etwa 40 Treffern nur begrenzten Schaden an. Die großen Hoffnungen, daß die Kriegsmarine die Hochburg der Sezession erobern werde, wurden bitter enttäuscht. So begannen Unionstruppen einen langsamen, quälenden und letztlich erfolglosen Marsch vorbei an Küsteninseln und durch Sümpfe; sie wollten versuchen, Charleston auszuhungern oder durch Dauerbeschuß zu zermürben.

III

Die Konföderation konnte es sich nicht leisten, auf den Lorbeeren Lees in Virginia oder Beauregards in Charleston auszuruhen. Hookers Armee war zwar geschlagen, stand aber immer noch 90 000 Mann stark am Rappahannock. Grant war in Mississippi nicht untätig, und Rosecrans begann sich in Mittel-Tennessee wieder zu rühren. Auf allen Seiten von Invasionstruppen bedrängt, brauchte der Süden zu seiner Entlastung einen offensiven Verteidigungsschlag. Longstreet glaubte, eine Möglichkeit hierzu zu sehen. Mit seinen beiden abkommandierten Divisionen auf dem Rückweg zu Lee am Rappahannock begriffen, machte er am 6. Mai in Richmond halt und konferierte mit Kriegsminister James Seddon. Er regte an, mit diesen beiden Divisionen Bragg in Tennessee zu verstärken. Mit der zusätzlichen Hilfe Johnstons würden sie Rosecrans bis zum Ohio zurückwerfen und Grant zwingen, den Feldzug gegen Vicksburg abzubrechen und der in Bedrängnis geratenen Cumberland-Armee zu Hilfe zu eilen. Seddon fand Gefallen an der Idee, doch er schlug Longstreet vor, zunächst nach Mississippi zu marschieren, um Johnston und Pemberton beim Kampf gegen Grant zu helfen. Danach konnte man seine Aufmerksamkeit Rosecrans zuwenden. Jefferson Davis favorisierte diesen Vorschlag, weil er um seinen Heimatstaat besorgt war und davon überzeugt war, daß alles darauf ankomme, Vicksburg zu halten.

Aber Lee machte einen dicken Strich durch diese Rechnung. Es würde Wochen dauern, bis Longstreets Divisionen auf den ramponierten Bahnstrecken der Konföderation die annähernd 1600 Kilometer nach Mississippi zurückgelegt hätten. Wenn Vicksburg aber so lange aushalten könne, dann – so Lee – wäre es auch ohne Verstärkungen in Sicherheit, denn »das Klima im Juni wird den Gegner zum Rückzug zwingen«. In der Zwischenzeit konnte wieder eine verstärkte Potomac-Armee zur Stelle sein und zur Offensive gegen Lees dezimierte Truppen übergehen. Zwar hatte Lee bisher auch ohne diese beiden Divisionen Hooker abgewehrt, aber nun glaubte er, daß er sie benötigte, ja daß er noch zusätzliche Kräfte brauchte. »Und so«, resümierte er, »läuft es auf die Frage hinaus: Virginia oder Mississippi?«[29]

Die Meinung Lees hatte so großes Gewicht, daß Davis sich genötigt fühlte, einzulenken. Immerhin war der Präsident über die Meldungen aus Mississippi so beunruhigt, daß er Lee für den 15. Mai zu einer Strategiekonferenz nach Richmond berief. Diesmal verblüffte der Mann aus Virginia Davis und Seddon mit dem Vorschlag, mit einer verstärkten Armee in Pennsylvania einzumarschieren und den Yankees vor der eigenen Haustür eine vernichtende Niederlage zu bereiten. Damit wäre die Gefahr am Rappahannock gebannt; aus dem vom Krieg verheerten Virginia würden die Armeen abgezogen, während Lee die Möglichkeit hätte, seine Truppen in Feindesland zu ernähren. Zugleich würden die Friedensdemokraten gestärkt und die Republikaner diskreditiert, die Frage der Anerkennung der Konföderation durch das Ausland käme wieder aufs Tapet, und womöglich konnte man die Regierung der Union zum Frieden mit der Konföderation und zu deren Anerkennung nötigen.

Das Kabinett war von dieser Vorstellung überwältigt. Der einzige Widerspruch kam von Postminister John Reagan. Der Texaner war das einzige Kabinettsmitglied von westlich des Mississippi und hielt nach wie vor daran fest, daß die Behauptung Vicksburgs als eines Bindeglieds zwischen den beiden Hälften der Konföderation oberste Priorität haben müsse.[30] Lee überzeugte jedoch die übrigen Kabinettsmitglieder davon, daß ein erfolgreicher Einmarsch in Pennsylvania die Yankees auf jeden Fall aus Mississippi vertreiben würde, selbst wenn sie dem dortigen Klima trotzen sollten. Unter der Unbesiegbarkeitsgloriole nach Chancellorsville schien schlechterdings alles möglich. »Solche Männer hat es noch in keiner Armee gegeben«, sagte Lee von seinen Soldaten. »Wenn sie richtig geführt werden, tun sie alles und gehen überall hin.« Das Ansehen Lees, »dessen Ruhm«, wie ein Kabinettsmitglied sagte, »jetzt die Welt erfüllte«, war so groß, daß er den Sieg davontrug. Sogar Longstreet kapitulierte. »Als ich mit [Seddon] und Ihnen darin einig war, Truppen nach Westen zu schicken«, schrieb er an Senator Wigfall aus Texas, »stand ich unter dem Eindruck, daß wir gezwungen sein würden, hier in der Defensive zu bleiben. Aber die Aussicht auf einen Vormarsch ändert die Sachlage.«[31]

So begann Lee, seine vergrößerte Armee zu einer Invasionsstreitmacht von drei Infanteriekorps und sechs Kavalleriebrigaden in einer Gesamtstärke von 75 000

Mann auszubauen. A. P. Hill wurde Kommandeur des 3. Korps, während Jacksons altes 2. Korps an Richard Ewell überging, der sich mittlerweile, als Andenken an die zweite Schlacht bei Manassas, ein Holzbein zugelegt hatte. Die Nord-Virginia-Armee, die den ganzen Monat nach Chancellorsville zum Erholen und Reorganisieren genutzt hatte, war für die jetzt bevorstehende Invasion viel besser gerüstet, als sie es für die vom September 1862 gewesen war. Die Moral war gut, die meisten Männer hatten Schuhe, und nur ganz wenige absentierten sich von der Truppe, als Lee in der ersten Juniwoche nach Westen zum Shenandoahtal schwenkte, wo er die Invasion beginnen wollte. Ewells Korps ging voran und erntete zu seinen im Vorjahr unter Jackson am Shenandoah gewonnenen Lorbeeren weitere dazu, indem es in den Unionsgarnisonen Winchester und Martinsburg 3500 Gefangene machte.

Dieser Erfolg und der scheinbar ungehinderte Vormarsch der schrecklichen Rebellen nach Pennsylvania versetzte den Norden in Panik und den Süden in noch größere Euphorie. »Von Anfang an war die Invasion das eigentliche Ziel des Südens«, erklärte der *Richmond Examiner,* als die ersten Meldungen von einem großen Sieg in Pennsylvania eintrafen:

»Die derzeitige Truppenbewegung des Generals Lee ... wird den unermeßlichen Vorzug haben ... die starke Invasionsanfälligkeit des Nordens zu demonstrieren. [...] Nicht einmal die Chinesen sind durch ihre bisherigen Lebensgewohnheiten und ihre Erziehung so wenig auf kriegerischen Widerstand vorbereitet wie die Yankees. [...] Wir können ... unsere Armeen weit in das Land des Feindes hineinführen und ihn zum Frieden zwingen, indem wir seinen Lebensnerv angreifen.«

Dieser Leitartikel erschien am 7. Juli 1863.[32]

Nur ein einziges ungutes Ereignis hatte den Erfolg der Invasion bisher beeinträchtigt. Am 9. Juni überquerte Unionskavallerie gut 35 Kilometer oberhalb von Fredericksburg in großer Zahl den Rappahannock, um zu eruieren, was Lee im Schilde führte. Die Blauröcke überrumpelten Stuart und erkannten, daß der Gegner sich nach Norden gewandt hatte. Die Reiterei der Rebellen sammelte sich und drängte die Yankees schließlich zurück, nachdem es bei Brandy Station zu der größten Reiterschlacht des Bürgerkriegs gekommen war. Die südstaatliche Presse kreidete es Stuart an, daß seine »aufgeplusterten Kavalleristen« sich zunächst hatten übertölpeln lassen.[33] Stuart, dessen Stolz gekränkt war, hoffte auf eine Gelegenheit, durch irgendeine spektakuläre Aktion bei diesem Feldzug Ruhm zu erwerben. Seine Leute deckten mit Erfolg den Vormarsch der Infanterie. Aber die verbesserte Reiterei des Nordens verhinderte, daß Stuart die Bewegungen Hookers erkennen konnte. Um aus diesem Patt herauszukommen, unternahm

Stuart am 25. Juni mit drei seiner besten Brigaden einen Raid in den Rücken der Unionsinfanterie, die sich nordwärts hinter Lee herschleppte. Zu Anfang alarmierte dieser Ausfall Washington und verbreitete zusätzlichen Schrecken in Pennsylvania. Aber Stuart wurde eine ganze Woche lang von der Nord-Virginia-Armee getrennt, wodurch Lee im entscheidenden Augenblick keine Meldungen über die feindlichen Bewegungen bekam.

Gleichwohl schienen diese ruhigen Junitage den Konföderierten einen Gipfelpunkt des Erfolgs zu bescheren. Lee untersagte in Pennsylvania das Plündern von Privatgrundstücken, um der Welt zu beweisen, daß südstaatliche Soldaten besser waren als die Yankeevandalen, die den Süden verwüstet hatten. Trotzdem gab es Rebellen, die plündernd und brandschatzend durchs Land zogen. Die Armee zerstörte Thaddeus Stevens' Eisenhütte bei Chambersburg, vernichtete in größerem Umfang Eisenbahnanlagen, requirierte zwangsweise Geld von Kaufleuten und Banken (allein in New York 28 000 Dollar) und beschlagnahmte alle Schuhe, Kleidungsstücke, Pferde, Kühe und Lebensmittel, deren sie habhaft werden konnte – gegen Schuldscheine der Konföderation. Lees Invasion geriet zu einem gigantischen Raid, der ganze Landstriche im südlichen und mittleren Pennsylvania plünderte. In Chambersburg schlug Longstreets Quartiermeister die Läden mit der Axt ein, bis ihm die Inhaber die Schlüssel aushändigten. Eine Bauersfrau, die über die Beschlagnahmung ihrer sämtlichen Schweine und Kühe jammerte, fertigte Longstreet mit den Worten ab: »Tja, Madam, das ist sehr traurig – sehr traurig; und genau dasselbe spielt sich in Virginia seit über zwei Jahren ab – wirklich sehr traurig.« Südstaatliche Soldaten ergriffen in Pennsylvania Dutzende von Schwarzen und schickten sie nach Süden in die Sklaverei.[34]

Wenn Lee seinen Leuten Zurückhaltung gegenüber der (weißen) Zivilbevölkerung predigte, dann deshalb, um die »Copperheads« zu ködern. Er setzte großes Vertrauen auf die »wachsende Friedenspartei im Norden« als »Mittel zur Spaltung und Schwächung unserer Gegner«. Es stimme zwar, schrieb Lee am 10. Juni an Davis, daß die »Copperheads« sich für die Wiedervereinigung als Gegenstand von Friedensverhandlungen erklärt hätten, während der Süden als deren Ziel seine Unabhängigkeit ansehe. Es könne aber – so der Ratschlag Lees – nicht schaden, wenn der Süden auch diese Wiedervereinigungssehnsucht in sein Kalkül einbeziehe, um die Kriegsbegeisterung des Nordens zu schwächen, »was schließlich das ist, woran wir interessiert sind. Wenn uns ein Friedensschluß vorgeschlagen wird, ist immer noch Zeit genug, über die Bedingungen zu diskutieren, und es wäre nicht weise, einen solchen Vorschlag von vornherein abzulehnen, nur weil die, die ihn gemacht haben, der Überzeugung sind oder zu sein behaupten, daß er bewirken wird, uns in die Union zurückzuholen«. Falls Davis diese Ansichten teile, meinte Lee abschließend, »werden Sie am besten wissen, wie ihnen Nachdruck zu verleihen ist«.[35]

Davis glaubte in der Tat, eine Möglichkeit zu sehen, mit Lees gezücktem Schwert Friedensvorschläge zu unterbreiten. Mitte Juni äußerte Alexander Stephens gegenüber Davis, jetzt, da »Hooker und Grant gescheitert« seien, könne die Zeit gekommen sein, Friedensfühler auszustrecken. Stephens machte sich erbötig, als Unterhändler an seinen alten Freud Lincoln heranzutreten und mit ihm den Austausch von Kriegsgefangenen zu erörtern, der eingestellt worden war, nachdem die Konföderierten sich geweigert hatten, auch Schwarze auszutauschen. Diese Frage konnte als Aufhänger für Friedensvorschläge dienen. Davis war von der Idee fasziniert. Er erteilte Stephens förmliche Instruktionen, die seine Verhandlungsvollmachten in der Frage des Gefangenenaustausches und anderer Verfahrensfragen begrenzten. Welche zusätzlichen inoffiziellen Vollmachten Stephens bekam, ist unbekannt. Am 3. Juli bestieg der Vizepräsident ein Schiff, auf dem die Parlamentärflagge wehte, und fuhr den James River nach Norfolk hinunter, das die erste Station auf seiner erhofften Reise nach Washington sein sollte.[36]

Lees Einmarsch in Pennsylvania ließ auch die Hoffnung der Konföderierten auf diplomatische Anerkennung wieder aufkeimen. Im Nachglanz von Chancellorsville hatte John Slidell in Paris die Franzosen gefragt, ob nicht die Zeit gekommen sei, »die Frage der Anerkennung neu zu überdenken«. Napoleon war wie gewöhnlich dafür, wollte aber keinen Alleingang ohne Großbritannien wagen. Und nun bewog Lees Erfolg die Sympathisanten der Konföderation zu energischem Handeln. Im Juni wurde in einer Reihe von Begegnungen zwischen südstaatlichen Diplomaten und ihren Anhängern auf beiden Seiten des Kanals der Plan entworfen, im britischen Parlament gemeinsame Schritte Englands und Frankreichs zur Anerkennung der Konföderation zu beantragen. Napoleon gab seinen Segen, doch der britische Abgeordnete, der den Antrag einbrachte, ein unbedeutender Wichtigtuer namens John Roebuck, von dem Henry Adams bemerkte, er sei »zu mehr als drei Vierteln blöde«, trat ins Fettnäpfchen, als er in seiner Rede am 30. Juni unvorsichtigerweise alle Einzelheiten seiner Unterredung mit dem französischen Kaiser ausplauderte. Der Gedanke, die britische Außenpolitik den »Froschfressern« zu überlassen, war für »John Bull« ein rotes Tuch. Der Antrag fiel den franzosenfeindlichen Emotionen zum Opfer; die britischen Befürworter einer Anerkennung der Konföderation mußten sich damit begnügen, auf Meldungen von Lees Triumphen in Pennsylvania zu warten. »Diplomatische Mittel richten nun nichts mehr aus«, schrieb der konföderierte Publizist Henry Hotze am 11. Juli aus London, »und alle setzen darauf, daß Lee die Anerkennung der Konföderation auf dem Schlachtfeld erzwingt.«[37]

Im Ausland lebende Nordstaatler wußten nur zu gut, wieviel von den militärischen Operationen im Juni 1863 abhing. »Alles hängt vom Vorankommen unserer Armeen ab; das ist die Wahrheit«, schrieb Henry Adams. Lincoln in Washington war mit Hookers Armee unzufrieden. Als Hooker Anfang Juni Lees Truppenbewegung entdeckte, wollte er zunächst den Rappahannock überqueren und den Gegner von hinten fassen. Lincoln war damit nicht einverstanden; vielmehr sollte Hooker die Hauptstreitmacht des Feindes nördlich des Flusses attackieren und sich nicht dem Risiko aussetzen, auf dem Fluß steckenzubleiben »wie ein Ochse, der, halb über einen Zaun gesprungen, von beiden Seiten hilflos den Hunden ausgeliefert ist, ohne daß er sie vorne aufspießen oder hinten treten kann«. Hooker scheint dieser Rat nicht beeindruckt zu haben; einige Tage später schlug er vor, da die Nord-Virginia-Armee ohnehin nach Norden ziehe, solle die Potomac-Armee nach Süden schwenken und gegen Richmond marschieren! Lincoln kam der Verdacht, daß Hooker Angst hatte, noch einmal gegen Lee zu kämpfen. »Ihr wahres Ziel ist doch wohl *Lees* Armee und nicht *Richmond«,* drahtete er an Hooker. »Wenn er an den oberen Potomac kommt, begleiten Sie seine Flanke auf der Innenseite. [...] Eröffnen Sie den Kampf, wenn sich die Gelegenheit bietet.« Da der Kopf der feindlichen Streitmacht schon in Winchester war, der Schwanz aber noch in Fredericksburg, »muß das Tier irgendwo sehr dünn sein. Können Sie es nicht zerhauen?«.[38]

Zwar setzte sich Hooker schließlich mit der Potomac-Armee in Bewegung, aber er konnte nicht mehr verhindern, daß Lees gesamte Streitmacht den Potomac überquerte. Lincoln fand das sogar ermutigend. Hooker teilte er mit: »Das gibt Ihnen wieder die Chance [den Gegner fern seiner Basis zu vernichten], die McClellan letzten Herbst versäumte.« Zu Marineminister Welles sagte Lincoln: »Wir werden sie unfehlbar schlagen, wenn wir den richtigen Mann haben.« Doch er kam immer mehr zu der Überzeugung, daß Hooker nicht der richtige Mann war. Der General begann zu nörgeln, daß Lee ihm zahlenmäßig überlegen sei, daß er nicht genügend Truppen habe, daß die Regierung nicht hinter ihm stehe. »Traurig und von Sorgen zerfurcht« teilte Lincoln seinem Kabinett mit, Hooker habe sich zu einem zweiten McClellan entwickelt. Am 28. Juni enthob er Hooker seines Kommandos und berief George Gordon Meade auf Hookers Posten.[39]

Wären die einfachen Soldaten gefragt worden, hätten sich die meisten von ihnen wahrscheinlich McClellan zurückgewünscht. Meade, der es vom Brigade- zum Korpskommando gebracht und sich im Kampf gut bewährt hatte, war außerhalb seines Korps eine unbekannte Größe. Inzwischen hatten die Soldaten freilich in der harten Schule ungeschickter Führer kämpfen gelernt und ein so felsenfestes Selbstvertrauen entwickelt, daß vielen von ihnen der Name ihres Kommandeurs egal war. Die Leute hätten »etwas von der englischen Bulldogge in sich«, schrieb ein Offizier. »Sie können ein ums andere Mal Prügel beziehen, aber in den nächsten Kampf gehen sie ... schneidig wie eh und je. Sie sind gewohnt, Prügel zu beziehen, und machen sich nichts mehr daraus. Eines Tages schlägt doch unsere Stunde.«[40] Als die Truppen nordwärts nach Pennsylvania marschierten, wurden sie unterwegs von Zivilisten auch vereinzelt als Freunde bejubelt und nicht mehr nur als Feinde geschmäht. Mit zunehmendem Breitengrad stieg auch ihre Moral. »Unsere Leute sind dreimal so enthusiastisch wie in Virginia«, schrieb ein Feldchirurg der Union. »Die Vorstellung, daß in Pennsylvania der Feind einmarschiert ist und daß wir auf unserem eigenen Boden kämpfen werden, beeinflußt sie sehr. Sie sind so entschlossen, wie ich sie nie sah.«[41]

Als Meade die Armee übernahm, war sie, mit einer Ist-Stärke von 90000 Mann, in der Nähe von Frederick (Maryland) zusammengezogen. Die Korps der Konföderierten unter Longstreet und Hill lagen 60 Kilometer weiter nördlich bei Chambersburg (Pennsylvania). Ein Teil von Ewells Korps befand sich in York und bedrohte eine Eisenbahnbrücke über den Susquehanna, während der Rest in Carlisle stand und sich zum Marsch auf Harrisburg vorbereitete, um die Hauptstrecke der Pennsylvania Railroad zu unterbrechen und die Hauptstadt des Bundesstaates einzunehmen. Lee hatte die Verbindung zu seiner Basis im fernen Virginia gekappt, wie es Lincoln erhofft hatte, aber er hatte es mit Absicht getan. Wie Grants Armee in Mississippi hatten auch Lees Invasionstruppen genügend Munition bei sich und lebten von dem Land, durch das sie zogen. Lees größter Kummer war nicht der Nachschub, sondern das Ausbleiben Stuarts mit Informationen über den Aufenthalt des Gegners. Meade hingegen wurde genau über den Standort der Rebellen aufgeklärt und beeilte sich, sie zum Kampf zu stellen.

Am Abend des 28. Juni brachte einer von Longstreets Spähern die Nachricht, daß die Potomac-Armee nördlich des gleichnamigen Flusses stand. Lee war beunruhigt über die Nähe einer konzentrierten gegnerischen Streitmacht, während seine eigenen Truppen noch nicht gesammelt waren, und entsandte Kuriere, um Ewells Divisionen aus York und Carlisle herbeizubeordern. Inzwischen hatte eine der Divisionen A. P. Hills erfahren, daß angeblich ein Vorrat an Schuhen in Gettysburg zu holen sei, einer blühenden Stadt, auf die ein Dutzend Straßen aus allen Himmelsrichtungen zuliefen. Da Lee seine Armeeteile in der Nähe von Gettysburg zusammenführen wollte, gab Hill der Division die Erlaubnis, sich am 1. Juli »diese Schuhe zu holen«.

Als Hills »Pantoffelhelden« sich an jenem Morgen Gettysburg näherten, fanden sie jedoch mehr vor als nur die Feldwachen und die Miliz, die sie erwartet hatten. Am Vortag waren zwei Brigaden Unionskavallerie in der Stadt eingetroffen. Ihr Kommandeur war der wettergegerbte, kampferprobte John Buford, der wie Lincoln aus Kentucky stammte und in Illinois aufgewachsen war. Er hatte die strategische Bedeutung dieses Straßenknotenpunkts erkannt, der von gut zu verteidigenden Bergkämmen und Höhenzügen umgeben war. Da er die Rebellen aus dieser Richtung erwartete, hatte er seine Brigaden mit ihren Hinterladern auf erhöhtem Gelände nordwestlich der Stadt postiert. Buford ließ John Reynolds, einem Pennsylvanier, der das nächstgelegene Infanteriekorps befehligte, den Befehl überbringen, im Eilmarsch nach Gettysburg zu kommen. Wenn es zur Schlacht kommen sollte, sei dies der geeignete Schauplatz, meinte er. Als am nächsten Morgen A. P. Hills Vorausdivision von Westen her heranmarschierte, stand Bufords Reiterei bereit. Sie saßen ab und kämpften im Schutz von Zäunen und Bäumen, wobei sie zwei Stunden lang eine dreifache Übermacht hinhielten, während beide Seiten ihre Kuriere ausschwärmen ließen, um Verstärkung heranzuholen. Lee hatte seinen Untergebenen eingeschärft, nicht das Begegnungsgefecht zu suchen, bevor die Armeeteile nicht konzentriert waren. Aber die Begegnung entwickelte eine Eigendynamik, als die Infanterie beider Armeen unter dem Dröhnen der Geschütze von Gettysburg nach vorn marschierte.

Als Bufords ermattete Truppen am späten Vormittag zu weichen begannen, kam die Vorausdivision von Reynolds' 1. Korps im Eilschritt über die Felder heran und stoppte den Ansturm der Rebellen. Eine Einheit in dieser Division war die »Iron Brigade«, bestehend aus fünf Regimentern aus dem Mittleren Westen, die sich durch ihre charakteristischen schwarzen Mützen auszeichnete und wieder einmal ihrem Ruf als kampfstärkster Verband in der Potomac-Armee gerecht wurde. Auch sie verlor zwei Drittel der Leute, die sie in die Schlacht führte. Der schwerwiegendste Verlust auf Unionsseite an diesem ersten Julimorgen war John Reynolds, für viele der beste General in der Armee; ihm durchschoß ein Scharfschütze den Kopf. Gegen Mittag traf General Howards 11. »deutsches« Korps ein und nahm nördlich der Stadt Aufstellung, um die Vorauseinheiten des konföderierten 2. Korps unter Ewell abzufangen, die nach einem Gewaltmarsch vom Susquehanna rasch näher kamen. Am frühen Nachmittag standen sich rund 24 000 Konföderierte und 19 000 Blauröcke in einem knapp fünf Kilometer langen Halbkreis im Westen und Norden Gettysburgs gegenüber. Von den kommandierenden Generälen war noch keiner auf dem Schlachtfeld eingetroffen, und keiner hatte den Kampf gerade hier gesucht, doch gleichsam über ihre Köpfe hinweg war eine Schlacht entbrannt, die die größte und wichtigste des ganzen Krieges werden sollte.

Während Ewells Vorausdivisionen gegen Howard vorpreschten, kam Lee von Westen herbeigeritten. Er erfaßte sofort die Situation, verzichtete darauf, Longstreets Korps abzuwarten, das noch mehrere Kilometer weit zurücklag, und gab Hill und Ewell freie Hand, alles in den Kampf zu werfen, was sie hatten. Unter gellendem Geschrei gingen vier südstaatliche Divisionen vor – mit jener unwiderstehlichen Wucht, die für sie schon Routine war. Die rechte Flanke von Howards Korps brach hier ebenso zusammen wie zuvor in Chancellorsville. Das 11. Korps trat einen ungeordneten Rückzug durch die Stadt und auf den Cemetery Hill gut zwei Kilometer weiter südlich an; dabei blieb die rechte Flanke des 1. Unions-Korps ungedeckt, und auch diese zähen Kämpfer wurden Meter um Meter auf den Hügel zurückgedrängt, wo Unionsartillerie und eine von Howard dort postierte Reservedivision den Ansturm der Rebellen am späten Nachmittag endlich bremsten. Bis dahin schien die Schlacht einen weiteren großen Sieg der Konföderation zu verheißen.

Aber Lee konnte absehen, daß die Schlacht nicht beendet war, solange der Gegner das erhöhte Gelände südlich der Stadt hielt. Er wußte, daß der Rest der Potomac-Armee im Eiltempo nach Gettysburg unterwegs sein mußte; seine beste Chance, den Sieg an sich zu reißen, bestand darin, die Vorberge und Gebirgskämme einzunehmen, bevor die gegnerische Verstärkung zur Stelle war. Daher überließ er es Ewells Ermessen, den Cemetery Hill anzugreifen, »falls praktikabel«. Jackson, wäre er noch am Leben gewesen, hätte es ohne Zweifel »praktikabel« gefunden. Aber Ewell war nicht Jackson. Er hielt die gegnerische Stellung für zu stark und griff nicht an – eines der umstrittenen »Wenn und Aber« von Gettysburg, die noch nach Jahren die Gemüter erhitzten. Gegen Abend war General Winfield Scott Hancock vom 2. Korps eingetroffen und hatte eine Verteidigungslinie aufgebaut, die um den Culp's Hill und den Cemetery Hill herumführte und auf dem Cemetery Ridge drei Kilometer südwärts bis zum Little Round Top reichte. Als in der Nacht noch drei weitere Unionskorps – sowie Meade persönlich – eintrafen, bauten die Blauröcke diese Linie zu einer trutzigen Stellung aus. Sie befand sich nicht nur in beherrschender Lage auf erhöhtem Gelände, sondern hatte auch den Vorteil einer leichten konvexen Krümmung, so daß die Unionstruppen auf ihren inneren Linien rasch hin- und herschwenken konnten, während die Verbindung zwischen den gegnerischen Flügeln, entlang der konkaven Außenkrümmung der Front, langsam und beschwerlich war.

Als Longstreet am Abend des 1. Juli und noch einmal am nächsten Morgen die Verteidigungsstellung der Union durch den Feldstecher musterte, kam er zu dem Schluß, daß diese Front für einen erfolgversprechenden Angriff zu stark war. Er legte Lee dringend nahe, die Südflanke dieser Stellung zu umgehen, um sich zwischen die Unionsarmee und Washington zu stellen. Damit wäre Meade gezwungen gewesen, die Nord-Virginia-Armee in einer von *ihr* gewählten Stellung anzugreifen. Longstreet hatte eine Vorliebe für die taktische Defensive; das Muster, das ihm vorschwebte, war Fredericksburg, wo die anstürmenden Yankeedivisionen sich die Schädel eingerannt hatten, während bei den Konföderierten die Verluste minimal gewesen waren. In Chancellorsville war Longstreet nicht dabei gewesen, und in Gettysburg war er am 1. Juli auch erst eingetroffen, nachdem die johlenden Rebellen den desorganisierten Feind zur Stadt hinausgejagt hatten. Den Gegner, wie erhofft, »vom Erdboden zu vertilgen«, war Lee weder in der »Sieben-Tage-Schlacht« noch in Chancellorsville gelungen; Gettysburg bot ihm eine dritte Chance.[42] Die Moral seiner altgedienten Truppen war so gut wie nie zuvor; ein Manöver wie das von Longstreet vorgeschlagene würden sie, wie Lee vermutete, als Rückzug empfinden, was ihre Kampfeswut dämpfen mußte. Nach Aussage eines britischen Kriegsbeobachters, der die Konföderierten begleitete, brannten die Männer darauf, einen Feind anzugreifen, »den sie immer wieder geschlagen hatten« und für dessen Tüchtigkeit im Kampf sie »tiefe Verachtung« empfanden. Lee wollte seinen Leuten keine Fesseln anlegen. Auf den Cemetery Hill deutend, sagte er zu Longstreet: »Da steht der Feind, und da werde ich ihn angreifen.« Longstreet entgegnete: »Wenn er da steht, dann wohl deshalb, weil er *will,* daß wir ihn dort angreifen; meines Erachtens wäre das ein Grund, ihn dort *nicht* anzugreifen.« Aber Lee hatte seinen Entschluß gefaßt, und Longstreet wandte sich traurig ab, weil er eine Katastrophe kommen sah.[43]

Obwohl ihm Longstreets Bedenken bewußt waren, übertrug Lee ihm die Hauptlast des Angriffs am 2. Juli. Zwei der drei Divisionen Hills hatten am Tag zuvor schwere Verluste erlitten und waren nicht einsatzfähig. Ewell fand die Verteidigungsstellung der Union auf dem Cemetery Hill und dem Culp's Hill nach wie vor zu stark für einen erfolgversprechenden Sturmangriff. Lee mußte ihm zähneknirschend recht geben. Er befahl daher den beiden frischen Divisionen Longstreets (die dritte unter George Pickett fungierte als Nachhut und konnte nicht rechtzeitig zur Stelle sein), die linke Flanke der Union anzugreifen, die den südlichen Ausläufer des Cemetery Ridge hielt. Der Angriff sollte unterstützt werden von der einen frischen Division Hills, während Ewell gegen den rechten Flügel der Union aufziehen und diese Truppenbewegung zu einem Angriff ausweiten sollte, sobald Meade seinen rechten Flügel schwächen würde, um dem linken zu Hilfe zu kommen. Wenn dieser Plan funktionierte, würden beide Flanken des Feindes zusammenbrechen, und Lee hätte das kriegsentscheidende Cannae, das er haben wollte.[44]

Was Longstreet empfand, als er sich auf diesen Angriff vorbereitete, ist schwer zu ergründen. Als einziger Nichtvirginier mit hochrangigem Kommando in der Nord-Virginia-Armee (und als einziger prominenter General der Konföderierten, der den Nachkriegs-Republikanern beitrat) mußte Longstreet sich nach dem Krieg vernichtende Kritik von Virginiern wegen angeblicher Befehlsverweigerung und Säumigkeit in Gettysburg gefallen lassen. Man machte ihn für das Verlieren der Schlacht und damit implizit für das Verlieren des Krieges verantwortlich. Zum Teil diente diese Kritik dem eigennützigen Zweck, Lee und andere Virginier (namentlich Stuart und Ewell) vor allfälligem Tadel in Schutz zu nehmen. Aber Longstreet scheint sich in Gettysburg wirklich Zeit gelassen zu haben. Obwohl Lee ihm die Weisung erteilt hatte, mit dem Angriff so früh wie möglich zu beginnen, waren seine Truppen erst um vier Uhr nachmittags in Stellung. Es gab Gründe für diese Verzögerung: Seine beiden Divisionen hatten Nachtmärsche hinter sich gebracht, um in die Nähe von Gettysburg zu gelangen, und mußten dann, um ihre Angriffsstellung einzunehmen, einen Teil des Weges umständlich zurückmarschieren, weil Lees Führer ihnen ursprünglich einen Weg in Sichtweite eines Signalpostens auf dem Little Round Top, einer Anhöhe am Südende der Unionsfront, gewiesen hatte. Immerhin mag Longstreet pikiert darüber gewesen sein, daß Lee die von ihm vorgeschlagene Flankenumgehung abgelehnt hatte; und an den ihm befohlenen Angriff glaubte er auch nicht. So mag er seine Vorbereitungen in der Tat nicht mit der gebotenen Energie und Eile getroffen haben.

Erschwerend kam hinzu, daß Longstreet die linke Flanke der Yankees nicht dort vorfand, wo sie nach dem Bericht von Lees Späher angeblich stand. Der Grund dafür war eine eigenmächtige Bewegung Dan Sickles', des Kommandeurs des 3. Korps, das die Unionslinke hielt. Sickles störte die exponierte Lage des flachen Geländes am Südende des Cemetery Ridge vor dessen Anstieg zum Little Round Top, und so war er mit seinen beiden Divisionen einen knappen Kilometer vorgerückt, wo er auf etwas erhöhtem Terrain eine südwestlich von Gettysburg vorbeiführende Straße besetzte. Dort hielten seine Truppen einen Felsvorsprung, über dem ein Garten mit Birnbäumen lag und der links an ein Labyrinth von Felsbrocken direkt zu Füßen des Little Round Top grenzte, das »Devil's Den«. Damit hatte Sickles zwar gute Verteidigungsmöglichkeiten auf erhöhtem Gelände, aber seine Leute verloren den Kontakt zur übrigen Unionsfront und waren Angriffen von beiden Seiten ausgesetzt. Meade erfuhr zu spät von Sickles' eigenmächtigem Manöver und konnte ihn daher nicht mehr auf die ursprüngliche Linie zurückbeordern: Longstreet hatte mit seinem Angriff begonnen.

Mit seinem unklugen Schritt mag Sickles dennoch Lees Hoffnungen zerstört haben. Als Longstreet die linke Flanke der Union an unerwarteter Stelle vorfand, hätte er wahrscheinlich Lee informieren müssen. Späher berichteten, daß die Round Tops vom Gegner nicht besetzt waren, was die Möglichkeit zu einem Flankenmanöver in den Rücken der Union eröffnete. Longstreets Divisionskommandeure verlangten eine Änderung der Angriffspläne, um diese Gelegenheit auszunutzen. Aber Longstreet hatte schon mindestens zweimal versucht, Lee von seiner Meinung abzubringen, und wollte sich nicht eine dritte Abfuhr holen. Lee hatte ihm mehrfach den Befehl gegeben, hier anzugreifen, und so wollte er auch hier angreifen. Um vier Uhr nachmittags rückten seine Brigaden, von rechts nach links gestaffelt, vor.

Die nächsten Stunden brachten einige der blutigsten Kämpfe des ganzen Krieges: in dem Obstgarten, auf einem Getreidefeld östlich davon, im »Devil's Den« und auf dem Little Round Top. Longstreets 15000 johlende Veteranen nahmen die Frontausbuchtung in Sturmangriffen, die Sickles' Bein zerschmetterten und sein zahlenmäßig unterlegenes Korps aufrieben. Doch führten Meade und seine Untergebenen mit taktischem Geschick Verstärkungen von drei anderen Korps heran, die die Löcher stopften. Schließlich unterstützte ein Teil von Hills frischer Division den Sturmangriff Longstreets, während am anderen Ende der Front Ewells Leute reichlich spät vorrückten, aber nur begrenzte Gewinne erzielten, bevor Gegenangriffe der Union und die einbrechende Dunkelheit ihnen Einhalt geboten.

Am verzweifeltsten kämpfte Longstreets Front. Zwei Einheiten der Union an verschiedenen Stellen des Kampfgebiets, das 20. Maine- und das 1. Minnesota-Regiment, erwarben sich bleibenden Ruhm, als sie Angriffe der Konföderierten abwehrten, die einem Durchbruch gefährlich nahe kamen. Die beiden Round Tops überragten die Gegend und beherrschten den südlichen Ausläufer des Cemetery Ridge. Wenn es den Rebellen gelungen wäre, auf beide Erhebungen Artillerie zu schaffen, hätten sie die linke Seite der Union mit Flankenfeuer bestreichen können. Sickles' eigenmächtiger Vormarsch hatte diese Höhen ungedeckt gelassen, und eine Alabama-Brigade rückte vor, um den Little Round Top zu besetzen. Wenige Minuten zuvor hatte ihr nur eine Signalstation der Union im Wege gestanden. Aber der Chef von Meades Pionieren, C. G. K. Warren, erkannte die schreckliche Lage, als feindliche Truppen bereits im Anmarsch waren. Warren ritt im Galopp den Berg hinunter und beschwor den Kommandeur des 5. Korps, eine Brigade im Eiltempo auf den Kamm des Little Round Top zu beordern, wo sie gerade rechtzeitig eintraf, um die vorrückenden Rebellen abzuwehren.

Auf der äußersten Linken dieser Brigade standen die 20. Maine unter ihrem Befehlshaber Oberst Joshua L. Chamberlain. Ein Jahr zuvor war Chamberlain noch Professor für Rhetorik und moderne Sprachen am Bowdoin College in Brunswick (Maine) gewesen. Unter dem Vorwand, Studien in Europa treiben zu wollen, hatte er sich beurlauben lassen und sah nun die Verantwortung auf sich lasten, das Aufrollen der linken Unionsflanke durch die Rebellen zu verhindern.

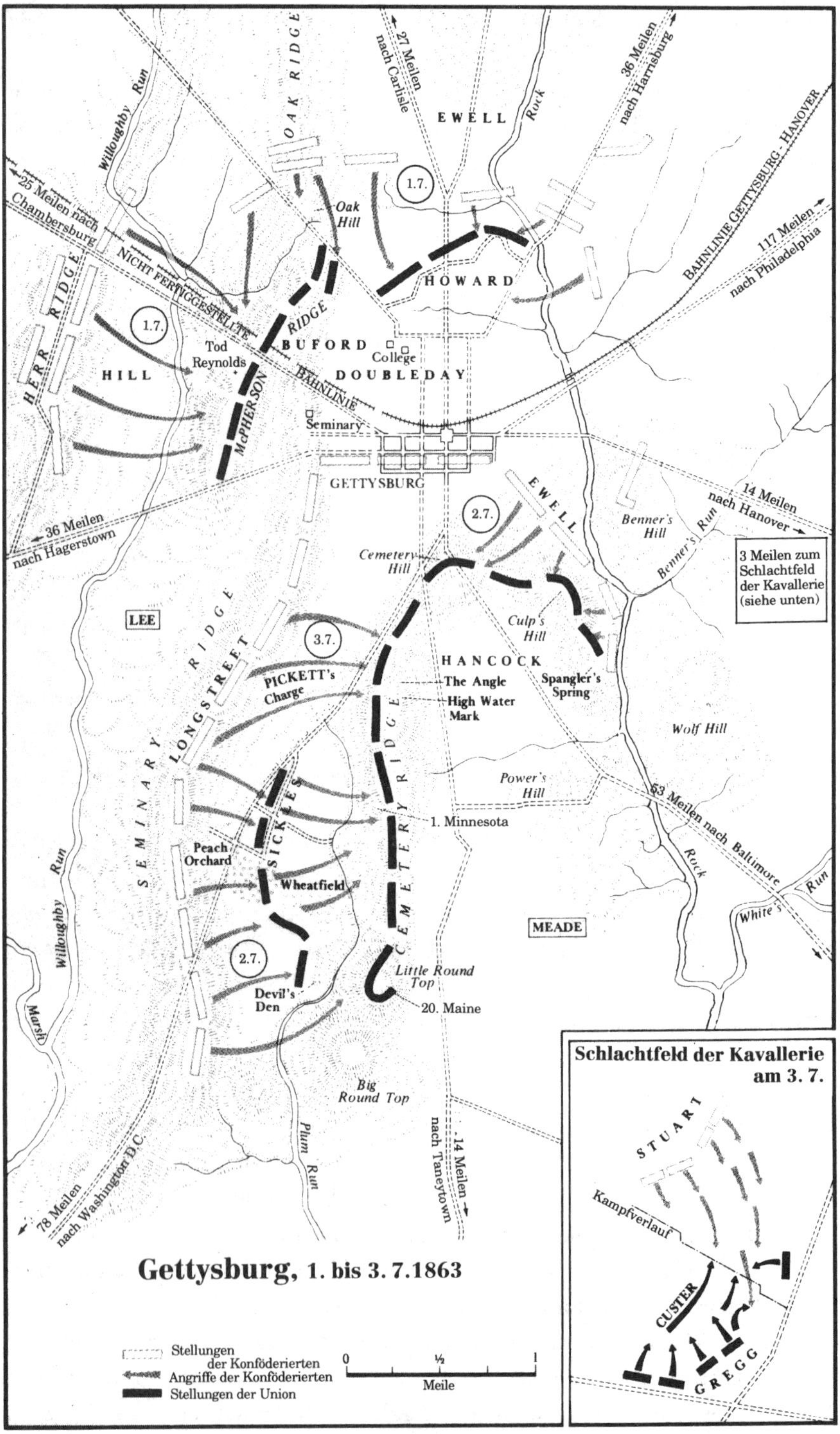

Gettysburg, 1. bis 3. 7. 1863

Der kämpfende Professor und seine Leute zeigten sich der Situation gewachsen. Fast zwei Stunden lang hielten sie auf den bewaldeten Felshängen inmitten von Rauch, Schlachtgetümmel und Schreckensschreien den wiederholten Sturmangriffen von Teilen verschiedener konföderierter Regimenter stand. Trotzdem schien ihre Beherztheit nichts auszurichten. Chamberlain hatte bereits ein Drittel seiner Männer verloren, den übrigen war die Munition ausgegangen, und die »Johnnys« formierten sich zu einem neuerlichen Sturmangriff – die Lage schien aussichtslos. Doch Chamberlain behielt seinen kühlen Kopf – vielleicht hatte er das im Umgang mit aufsässigen Studenten gelernt – und befahl geistesgegenwärtig seinen Leuten, die Bajonette auf die leeren Gewehre zu pflanzen und vorzugehen. Unter gellendem Geschrei tobten die Yankees mit ihren vom Pulverdampf geschwärzten Gesichtern bergabwärts, den konsternierten Rebellen entgegen. Ausgepumpt vom anstrengenden Kampf bergauf nach einem fast 40 Kilometer langen Gewaltmarsch zum Schlachtfeld und schockiert von der Dreistigkeit des Bajonettangriffs, ergaben sich die Männer aus Alabama scharenweise den jubelnden Burschen aus Maine. Der Little Round Top blieb in der Hand des Nordens. Zwar mußte Sickles' Korps Meter um Meter zurückweichen – durch den Obstgarten, das Getreidefeld und »Devil's Den« –, aber die linke Flanke der Union auf dem Little Round Top war gesichert.

Anderthalb Kilometer weiter nördlich jedoch drohte eine andere Brigade aus Alabama, die Front auf dem Cemetery Ridge etwa in ihrer Mitte zu durchstoßen. Der Angriff zielte auf eine Lücke in der Unionslinie, die durch Sickles' Verlegung seines Korps in den Obstgarten entstanden war. Dieser Frontabschnitt wurde von Winfield Scott Hancocks 2. Korps gehalten, aber so lange, bis Hancock Verstärkungen heranführen konnte, standen ihm zur Abwehr der anrückenden Brigade nur acht Kompanien eines Regiments zur Verfügung. Es war das 1. Minnesota-Regiment, bestehend aus Veteranen, die alle Schlachten der Armee seit den Tagen von Bull Run mitgemacht hatten. Hancock befahl diesen 262 Männern, gegen die 1600 Mann aus Alabama vorzugehen und sie so lange hinzuhalten, bis Verstärkung eintraf. Die Leute aus Minnesota taten ihre Pflicht, aber nur 47 kehrten zurück. Hancock stopfte die Lücke, und der Angriff der Konföderierten an der ganzen Südhälfte des Schlachtfelds verflackerte im Zwielicht.

An der nördlichen Hälfte hatte der Abzug von Unionstruppen vom Cemetery Hill und Culp's Hill zur Abwehr von Longstreets Sturmangriff Ewells Korps die von Lee erhoffte Gelegenheit gegeben, seinen Aufzug zu einem Angriff auszuweiten. Aber die Gelegenheit ging ungenützt vorbei. Zwar rückten einige Brigaden Ewells bei Einbruch der Abenddämmerung endlich vor, und eine von ihnen nahm ein paar Schützengräben auf dem Culp's Hill, die eine an das andere Ende des Schlachtfelds beorderte Einheit der Föderierten verlassen hatte; aber sie traf auf entschlossenen Widerstand und kam nicht weiter. Zwei andere Brigaden der Grauröcke konnten sich gegen das glücklose 11. Korps vorübergehend am Cemetery Hill verschanzen, doch wurden sie bei zunehmender Dunkelheit durch den Gegengriff einer Brigade des 2. Korps aus der Stellung vertrieben und zurückgeworfen.

Die Sturmangriffe der Konföderierten vom 2. Juli waren unkoordiniert und schlecht aufeinander abgestimmt. Von der gewohnten Feldherrnkunst der Nord-Virginia-Armee war an diesem Tag nichts zu bemerken. Auf Unionsseite dagegen agierten alle Offiziere von Meade bis zum letzten Regimentsoberst mit Umsicht und Ideenreichtum. Sie verlegten ihre Truppen zum richtigen Zeitpunkt an die richtige Stelle und starteten zum richtigen Zeitpunkt Gegenangriffe. Infolgedessen war die Front der Union, als es Nacht wurde, bis auf den Verlust von Sickles' exponierter Stellung intakt geblieben. Die Verluste beliefen sich auf beiden Seiten auf nahezu 9000 Leute, so daß sich die Gesamtzahl der Toten und Verwundeten beider Armeen auf fast 35000 Mann belief.

Es war der höchste Blutzoll, den eine einzelne Schlacht in diesem Krieg bisher gefordert hatte, und dabei war der Kampf noch nicht vorbei. Ungeachtet des hartnäckigen Widerstands der Yankees war Lee überzeugt, daß seine unüberwindlichen Veteranen den Sieg schon in der Tasche hatten. Noch ein letzter Kraftakt, und »diese Leute« würden – so dachte er – zusammenklappen. Lee wirkte durch den vermeintlichen Erfolg der letzten beiden Tage ungewöhnlich erregt. Gleichzeitig schwächte ihn aber ein Diarrhöanfall, und die lange Abwesenheit Stuarts ärgerte ihn (im Laufe des Tages waren dessen ermüdete Truppen endlich zur Armee gestoßen). Auf jeden Fall war es um seine Urteilskraft nicht zum besten bestellt. Er war nach Pennsylvania gezogen, um einen entscheidenden Sieg zu erringen, und war fest entschlossen, nicht ohne diesen Sieg wieder abzuziehen. Er hatte beide gegnerische Flanken angegriffen und Meade – wie er glaubte – zur Schwächung seiner Mitte genötigt. Daher wollte er am 3. Juli diese geschwächte Mitte nach vorangegangenem Artilleriebeschuß mit Picketts frischer Division als Speerspitze angreifen. Stuart sollte in einer Umfassungsbewegung der Union in den Rücken fallen und Ewell die rechte Flanke angreifen, um so die Zange zu schließen, wenn Pickett durch die Front brach. Bei richtiger Koordinierung und Führung mußten Lees unüberwindliche Truppen obsiegen.

Auf der anderen Seite der Frontlinie beschlossen die Unionsgeneräle in einem mitternächtlichen Kriegsrat, sich zu stellen und die Sache auszufechten. Ahnungsvoll sagte Meade zu dem General, der seine Mitte befehligte: »Wenn Lee morgen angreift, dann *an Ihrer Front.*«[45] Indessen begann der Kampf beim ersten Morgenlicht auf der äußersten Rechten der Unionsfront, und zwar am Fuße des Culp's Hill. Einheiten des 12. Korps der Föderierten, die am Vortag auf die linke Seite der Front verlegt worden waren, kamen im Laufe der Nacht zurück und griffen im Morgengrauen an, um ihre verlassenen und inzwischen von den Rebellen besetzten Schützengräben zurückzuerobern. Nach einem siebenstündigen Feuergefecht gelang ihnen das auch, und so verringerten sich Lees Chancen, gleichzeitig mit dem geplanten Durchbruch in der Mitte die rechte Flanke der Union zu überrennen.

Unterdessen wurde Lee von Longstreet noch einmal beschworen, die linke Seite Meades zu umgehen, und wiederum lehnte Lee den Plan ab. Statt dessen befahl er Longstreet, die Mitte der Unionsstellung mit Picketts Division und zwei Divisionen Hills anzugreifen: Knapp 15000 Mann sollten über rund 1200 Meter offenes Gelände vorrücken und gegen eine von starker Artillerie unterstützte, gut verschanzte Infanterie anstürmen. »General Lee«, will Longstreet seinem späteren Bericht zufolge gesagt haben, »es hat noch nie 15000 Mann gegeben, denen ein solcher Angriff geglückt wäre.« Ungehalten entgegnete Lee, daß seine prachtvolle Armee dergleichen schon einmal geschafft habe und es wieder schaffen werde. »Mir wurde das Herz schwer«, schrieb Longstreet. »Ich erkannte, wie verzweifelt und hoffnungslos diese Attacke war und daß sie zu einer hoffnungslosen Schlächterei führen würde. [...] Dieser Tag in Gettysburg war einer der traurigsten meines Lebens.«[46]

In dieser Stimmung befahl Longstreet die Konzentration der gesamten konföderierten Artillerie von rund 150 Geschützen; mit dem schwersten Bombardement der Südstaaten in diesem Krieg wollte er den Gegner im Augenblick des Angriffs mürbe machen. Um 13.07 Uhr zerrissen Longstreets Geschütze das gespannte Schweigen, das seit den morgendlichen Kämpfen auf dem rechten Flügel der Union geherrscht hatte. Fast zwei Stunden lang erfüllte das Artillerieduell zwischen insgesamt rund 300 Geschützen die friedliche Landschaft Pennsylvanias mit einem ohrenbetäubenden Dröhnen, das bis nach Pittsburgh zu hören war. Trotz des wilden Kampfes erlitt die hinter Steinmauern und Brustwehren verschanzte Infanterie der Union wenig Verluste, weil die Rebellen hoch zielen mußten.

Picketts rein virginische Division wartete mit nervöser Ungeduld auf das Zeichen zum Angriff, um die Sache hinter sich zu bringen. Der 38jährige George Pickett hatte in West Point (als Letzter) dieselbe Klasse absolviert wie George McClellan (der Zweitbeste). Pickett hatte sich zwar im Mexikanischen Krieg wacker geschlagen, im jetzigen Konflikt jedoch wenig Gelegenheit gehabt, sich auszuzeichnen. Seine Division war nicht in Chancellorsville dabeigewesen und hatte an den ersten beiden Tagen in Gettysburg die Zeit damit zugebracht, Proviantwagen zu bewachen. Mit seinem langen, gelockten Haar, dem herabhängenden Schnauzer und dem Spitzbart sah Pickett aus wie eine Mischung aus königstreuem Dandy und zweitklassigem Zocker. Er pflegte den romantischen Stil der Helden Walter Scotts und brannte darauf, sich in Gettysburg immerwährenden Ruhm zu erwerben.

Endlich, gegen 15.00 Uhr, gab Longstreet widerstrebend den Befehl zum Angriff. Das Bombardement der Konföderierten hatte anscheinend die gegnerische Artillerie außer Gefecht gesetzt; nun hieß es »jetzt oder nie«. Mit einer Präzision wie auf dem Exerzierplatz gingen die drei Brigaden Picketts vor; sechs weitere Brigaden aus der Division Hills begleiteten sie zur Linken, zwei andere blieben als Reserve zurück. Es war ein kilometerweit zu sehendes prachtvolles Spektakel, eine Bilderbuchszene des Krieges, welche die Beteiligten auf beiden Seiten mit ehrfürchtigem Schauer bis zum Augenblick ihres Todes betrachteten – und der kam für viele binnen Stundenfrist. Picketts Angriff war gleichnishaft für die gesamte Kriegsanstrengung der Konföderierten: unvergleichliche Kühnheit, anfängliche Scheinerfolge und zuletzt die Katastrophe. Als die graue Infanterie mit scheinbar unwiderstehlicher Gewalt über das sanft gewellte Ackerland vordrang, explodierte die Artillerie des Nordens plötzlich in einer Feuerkaskade, deckte die Südstaatenregimenter mit einem Kugel- und Bombenhagel ein und ging zu Kartätschen über, als der Gegner trotz allem näher kam. Die Geschütze der Union waren keineswegs außer Gefecht gesetzt worden; vielmehr hatte der listige Artilleriechef General Henry J. Hunt befohlen, das Feuer einzustellen, um die Rebellen anzulocken und Munition für den Willkommensgruß zu sparen. Hinter Steinmauern versteckte Yankee-Infanterie eröffnete das Feuer aus 200 Meter Entfernung, während Regimenter aus Vermont, Ohio und New York links und rechts ausschwenkten und beide Flanken der angreifenden Streitmacht unter Beschuß nahmen. Unter diesem unerträglichen Druck von vorne und von den Seiten brach der Sturmangriff der Südstaatler zusammen. 200 bis 300 Mann aus Virginia und Tennessee unter General Lewis A. Armistead durchbrachen die vorderste Linie der Union; dann erlitt Armistead, die Hand auf einer Yankeekanone, eine tödliche Verletzung, während die nachdrängenden Männer wie welkes Laub im Herbstwind fielen. Nach einer halben Stunde war alles vorüber. Von den 14 000 Konföderierten, die vorgerückt waren, kehrte kaum die Hälfte zurück. Picketts eigene Division verlor zwei Drittel ihrer Leute; seine drei Brigadekommandeure und alle 13 Obersten waren gefallen oder verwundet.

Als die Überlebenden wie in Trance in ihre Ausgangsstellung zurückstolperten, trafen sie Lee und Longstreet damit beschäftigt, eine Verteidigungslinie gegen den erwarteten Gegenangriff Meades aufzubauen. »Das ist alles meine Schuld«, sagte Lee zu den Leuten, die mit ihm ritten. »Diesen Kampf habe *ich* verloren, und Sie müssen mir heraushelfen, so gut Sie können. Jetzt müssen sich alle guten Leute sammeln.«[47] Sie sammelten sich auch – wenigstens einige. Aber Meade begann keinen Gegenangriff, wofür er seither immer wieder kritisiert worden ist. Hancock, der bei der Abwehr von Picketts Sturmangriff verwundet worden war, beschwor Meade, mit seinen 20 000 Mann unverbrauchter Reserve vom 5. und 6. Korps Lees gebeutelten Brigaden nachzusetzen. Aber Meade fühlte eine enorme Verantwortung auf seinen Schultern lasten. Er hatte sein Kommando erst seit sechs Tagen inne. An dreien dieser Tage – so sah er es – hatte seine Armee um das Leben der Nation gekämpft und es mit knapper Not gerettet. Meade konnte nicht wissen, wie schlimm es den Feind erwischt hatte und daß dessen Artillerie knapp an Munition war. Er wußte zwar, daß Stuart sprungbereit in seinem Rücken stand, hatte aber noch nicht erfahren, daß eine Division von Blauröcken die Kavallerie der Südstaatler knapp fünf Kilometer östlich von Gettysburg gestoppt und damit den dritten Teil von Lees Dreistufenplan zur Vernichtung Meades durchkreuzt hatte. Unterdessen hatten zwei Kavallerieregimenter der Union auf dem linken Flügel südlich des Round Top in Erwartung des Befehls zum Gegenangriff die Infanterie der Rebellen attackiert, waren jedoch vom wachsamen Gegner böse zusammengeschossen worden. Am Spätnachmittag rückten ein paar Einheiten des 5. und 6. Korps im »Devil's Den« und über das Getreidefeld vor, den Schauplatz des Gemetzels vom Vortag, und spürten die Nachhut der beiden Divisionen Longstreets auf, die sich gerade auf eine neue Linie zurückzogen. Meade scheint in der Tat mit dem Gedanken gespielt zu haben, in dieser Gegend am nächsten Tag – dem Nationalfeiertag – anzugreifen, doch machte ihm ein schweres Unwetter, das kurz nach Mittag losbrach, einen Strich durch die Rechnung.

Meades mangelnde Angriffslust lag in seinem Respekt vor dem Gegner begründet. Er konnte kaum glauben, daß er die Sieger von Chancellorsville geschlagen hatte, und erklärte später auch, er habe »nicht dem schlechten Beispiel Lees folgen wollen, der sich mit dem Angriff auf eine starke Stellung selbst ruiniert hatte«. »Wir haben genug geleistet«, sagte er zu einem Kavallerieoffizier, der noch mehr tun wollte. Ein ehemaliger Korpskommandeur gab in seinem Glückwunschtelegramm dem weitverbreiteten Erstaunen Ausdruck, daß die so arg mitgenommene Potomac-Armee tatsächlich einen großen Sieg verbucht hatte: »Der glorreiche Erfolg der Potomac-Armee hat uns alle elektrisiert. Ich hätte nicht geglaubt, daß der Gegner zu schlagen war.«[48]

Der Norden war von der Siegesnachricht in der Tat elektrisiert. »SIEG! WATERLOO IN DEN SCHATTEN GESTELLT!« gellte die Schlagzeile des *Philadelphia Inquirer.*

Die frohe Botschaft erreichte Washington am Tag, nachdem Pickett zurückgeschlagen worden war, und machte diesen 4. Juli zum ruhmreichsten Nationalfeiertag, den die Hauptstadt bis dahin erlebt hatte. »Eine solche Begeisterung habe ich in Washington noch nicht gesehen«, schrieb ein Augenzeuge. Als dann drei Tage später bekannt wurde, daß Vicksburg kapituliert hatte, kannte die Begeisterung keine Grenzen mehr. Lincoln erschien auf dem Balkon des Weißen Hauses und verkündete der versammelten Jubelschar, daß die »gigantische Rebellion« mit dem Ziel, »das Prinzip umzustoßen, daß alle Menschen gleich sind«, einen vernichtenden Schlag habe hinnehmen müssen.[49] In New York freute sich der Tagebuchschreiber George Templeton Strong:

»Die Früchte dieses Sieges sind unbezahlbar. [...] Der Bann der Unbesiegbarkeit um Robert Lee ist gebrochen. Die Potomac-Armee hat endlich einen General gefunden, der sie zu nehmen weiß und mit Anstand seiner furchtbaren Aufgabe gerecht geworden ist, trotz der langen und entmutigenden Reihe schwer umkämpfter Niederlagen. [...] Zumindest für den Augenblick sind die Copperheads gelähmt und sprachlos. [...] Die Regierung ist im Inland und im Ausland doppelt und dreifach gestärkt.«[50]

Der letzte Satz war zutreffender, als Strong ahnen konnte. Stephens, der Vizepräsident der Konföderation, war als Unterhändler zur Unionsfront bei Norfolk unterwegs, als die Schlacht von Gettysburg ihren Höhepunkt erreichte. Jefferson Davis hatte gehofft, daß Stephens in dem Augenblick von Süden her nach Washington kommen werde, da Lees siegreiche Armee sich der Stadt von Norden näherte. Im Weißen Haus erfuhr man gleichzeitig von Stephens' Mission und vom Ausgang der Schlacht bei Gettysburg, woraufhin Lincoln Stephens' Ersuchen, die Front passieren zu dürfen, mit einem knappen Bescheid ablehnte.[51] In London bedeuteten die Neuigkeiten aus Gettysburg und Vicksburg den Todesstoß für die Hoffnungen der Konföderierten auf Anerkennung. »Die vernichtenden Niederlagen der Rebellen werden durch keinerlei Erfolgsaussichten aufgewogen«, freute sich Henry Adams. »Man räumt ein, daß jetzt jeder Gedanke an eine Intervention erledigt ist.«[52]

Der Sieg in Gettysburg hatte einen hohen Preis an Menschenleben gekostet: Die Union verlor 23 000 Mann, das entsprach einem guten Viertel der Ist-Stärke der Armee. Der Süden aber hatte einen noch höheren Preis bezahlt: Es gab 28 000 Gefallene, Verwundete und Vermißte, das war mehr als ein Drittel von Lees Armee. Im strömenden Regen des 4. Juli traten die Überlebenden den traurigen Rückzug nach Virginia an, und Tausende von Verwundeten litten auf den schwankenden und rüttelnden Ambulanz- und requirierten Heuwagen Höllenqualen. 7000 verwundete Rebellen ließ man zurück; um sie kümmerten sich

Stabsärzte der Union und freiwillige Pfleger, die in Scharen nach Gettysburg strömten. Lee war tief deprimiert über den Ausgang dieses Feldzugs, mit dem er den Siegfrieden hatte erzwingen wollen. Einen Monat später bot er Jefferson Davis seinen Rücktritt an. »Niemand kennt besser als ich«, schrieb er, »meine Unfähigkeit, die mit meiner Stellung verbundenen Pflichten zu erfüllen. Ich vermag nicht einmal zu vollbringen, was ich selbst mir wünsche. Wie kann ich den Erwartungen anderer gerecht werden?«[53] So redete ein Mann, dessen frappierende Leistungen noch ein Jahr zuvor die ganze westliche Welt mit Bewunderung erfüllt hatten! Natürlich lehnte Davis es ab, das Rücktrittsangebot anzunehmen. Lee und seine Leute ernteten auch in Zukunft noch Lorbeeren; aber sie erlangten nie mehr die Stärke und Reputation, mit der sie in jenen frohen Sommertagen des Jahres 1863 in Pennsylvania einmarschiert waren. Der Krieg sollte noch fast zwei blutige Jahre dauern, doch Gettysburg und Vicksburg waren, wie sich erwies, der entscheidende Wendepunkt gewesen.

Ahnungsvolle Südstaatler gestanden sich das betrübt ein. Der Fall Vicksburgs »ist ein furchtbarer Schlag und hat große Betroffenheit ausgelöst«, schrieb John Jones vom Kriegsministerium, als er am 8. Juli davon Kunde bekam. Am nächsten Tag war seine Stimmung noch niedergeschlagener; denn »was man von Lees Armee hört, ist furchtbar. [...] Das ist der schwärzeste Tag dieses Krieges«. Der Haudegen Edmund Ruffin »war noch nie so verzagt bei unserem Kampf«. Und der sonst so unerschütterliche Feldzeugmeister der Konföderierten, Josiah Gorgas, setzte sich am 28. Juli hin und schrieb Worte in sein Tagebuch, deren Düsternis seine Trauer erahnen lassen:

»Die Ereignisse haben sich auf katastrophale Weise überschlagen. Vor einem kurzen Monat noch standen wir scheinbar auf dem Höhepunkt des Erfolgs. Lee war in Pennsylvania und bedrohte Harrisburgh, ja sogar Philadelphia. Vicksburg schien allen Anstrengungen Grants zu spotten. [...] Port Hudson hatte Banks' Streitmacht abgewehrt. [...] Jetzt ist das Bild so düster, wie es vorher freundlich war. [...] Es ist schier unglaublich, wie Menschenmacht in so kurzer Zeit einen solchen Umschwung bewirken konnte. Gestern ritten wir auf dem Gipfel des Erfolgs – heute scheint der völlige Untergang unser Los. Die Konföderation taumelt ihrer Vernichtung entgegen.«[54]

22.
Katzenjammer am Chattanooga

I

Auch Lincoln war der Überzeugung, daß durch die Siege von Gettysburg und Vicksburg die Konföderation ins Taumeln geraten war; ein weiterer Schlag konnte sie vielleicht vollends niederstrecken. »Wenn es General Meade gelingt, sein Werk mit der völligen oder weitgehenden Vernichtung von Lees Armee zu vollenden«, sagte der Präsident am 7. Juli, »ist die Rebellion vorbei.«[1] Doch auf Lincoln wartete eine Enttäuschung. Lee war nach der Niederlage von Gettysburg zwar in die Ecke gedrängt worden, aber der alte Fuchs zog sich noch einmal aus der Schlinge, und die blauen Hunde hatten das Nachsehen.

Immerhin verlief die Sache knapp. Ein Raid der Unionskavallerie hatte eine Pontonbrücke der Konföderierten über den Potomac zerstört, und durch schwere Regenfälle, die am 4. Juli eingesetzt hatten, war der Fluß unpassierbar geworden. So mußten die Rebellen mit dem Rücken zum Potomac ausharren, während ihre Pioniere aus eingerissenen Lagerhäusern eine neue Brücke zimmerten. Die Soldaten befestigten mit letzter Kraft einen Verteidigungshalbkreis um Williamsport und warteten auf den Angriff der Yankees, aber der blieb aus. Meade hatte Lee schon in Gettysburg einen Vorsprung von 48 Stunden gegeben und brachte auch jetzt seine verstärkte Armee erst am 12. Juli gegen die Konföderierten in Williamsport in Stellung. In Washington wartete Lincoln »besorgt und ungeduldig« auf die erlösende Nachricht von der Niederlage Lees. Als diese Nachricht nach einigen Tagen noch immer nicht eintraf, wurde er wütend. Schließlich telegraphierte Meade am 12. Juli: »Beabsichtige morgen den Angriff, falls nichts dazwischenkommt«, wozu Lincoln sarkastisch bemerkte: »Sie werden sich prächtig schlagen, sofern kein Feind in Sicht ist.«[2] Der Gang der Ereignisse gab ihm recht. Ein vorgeblicher Deserteur (eine beliebte Kriegslist des Südens) war auf die Unionsseite übergegangen und hatte berichtet, daß Lees Armee in Hochform sei und einem neuerlichen Waffengang entgegenfiebere. Das bestärkte Meade in seiner Vorsicht. Er ließ sich den für den 13. Juli geplanten Angriff ausreden, nachdem eine Mehrheit seiner Korpskommandeure dagegen war. Als die Potomac-Armee sich schließlich am 14. Juli vorsichtig vortastete, stieß sie nur noch auf die Nachhut des Gegners. Die aalglatten Rebellen waren bei Nacht und Nebel über eine Notbrücke entwischt.

»Herrgott noch mal!« rief Lincoln aus, als er diese Nachricht erhielt. »Was soll das heißen? [...] Irgendwo ist böser Wille im Spiel. [...] Unsere Armee hat den Sieg in der Hand gehabt, aber sie wollte nicht zupacken.« Diese Einschätzung der Lage in Williamsport war indes nicht ganz zutreffend. Ein Angriff auf die starke Stellung der Konföderierten hätte – unter schweren Verlusten – vielleicht Erfolg gehabt, vielleicht aber auch nicht. In keinem der beiden Fälle wäre die Vernichtung von Lees kampferprobter Armee eine ausgemachte Sache gewesen. Als Meade von Lincolns Unzufriedenheit erfuhr, bot der General gereizt seinen Rücktritt an. Lincoln konnte es sich jedoch schwerlich leisten, den Sieger von Gettysburg fallenzulassen, und lehnte das Angebot ab. Am 14. Juli setzte er sich hin und schrieb Meade einen beschwichtigenden Brief. »Ich bin sehr, sehr dankbar für den prachtvollen Erfolg, den Sie der Sache unseres Landes in Gettysburg beschert haben«, meinte der Präsident. Doch beim Weiterschreiben brach die Verzweiflung über die vermeintlich vertane Chance durch: »Mein lieber General, ich glaube, Sie ermessen die Tragweite des Unglücks nicht, das Lees Entkommen bedeutet. Sie hatten ihn schon in bequemer Reichweite, und seine Erledigung hätte in Verbindung mit unseren anderen jüngsten Erfolgen den Krieg beendet. So wird der Krieg auf unbestimmte Zeit fortdauern.« Nach reiflicher Überlegung kam Lincoln zu dem Schluß, daß dieser Brief nicht geeignet sein konnte, Meade zu besänftigen, und schickte ihn nicht ab. Der Krieg aber ging weiter.[3]

Lincoln war bald wieder besseren Mutes. Anfang August notierte sein Sekretär John Hay: »Der Tycoon ist prächtiger Laune. Habe ihn selten so aufgeräumt gesehen.«[4] Was ihm Auftrieb gegeben hatte, waren die »anderen jüngsten Erfolge«, von denen er in dem nicht abgesandten Brief an Meade gesprochen hatte: die Siege westlich des Mississippi, die Vertreibung Braggs aus Mittel-Tennessee durch Rosecrans sowie die Einnahme von Vicksburg und Port Hudson.

Nachdem die Konföderierten im Frühjahr 1862 Van Dorns Armee nach Mississippi verlegt hatten, blieb das nördliche Arkansas schlecht verteidigt. Eine kleine Unionstruppe unter Samuel R. Curtis rückte daraufhin gegen Little Rock vor und wurde lediglich durch Milizgeplänkel und Partisanenausfälle aufgehalten. In die Bresche der Konföderierten warf sich Thomas C. Hindman, ein nur 1,50 Meter großer »politischer General«, der freilich an Energie wettmachte, was ihm am Gardemaß fehlte. Hindman erzwang die Aushebung von Truppen mit Hilfe einer Verfügung, durch die er ein 20000-Mann-Heer aus gleichgültigen Arkansanern, harten Texanern sowie Guerillas aus Missouri aufstellte. Diese Streitmacht wehrte den feindlichen Feldzug gegen Little Rock ab und ging im Herbst selbst zur Offensive über, indem sie die Bundestruppen nordwärts bis fast nach Missouri vor sich her trieb. Dann ging die Initiative wieder an die Yankees über. Ihr Anführer war General James G. Blunt, ein aus Kansas stammender, aber in Maine geborener Abolitionist, der sich seine ersten Sporen an der Seite John Browns verdient hatte. Während Blunt und Hindman in der ersten Dezemberwoche in Nordwest-Arkansas miteinander im Clinch lagen, kamen zwei kleine Unionsdivisionen Blunt zu Hilfe; in einem dreitägigen Gewaltmarsch eilten sie die knapp 200 Kilometer von Missouri herbei. Am 7. Dezember vollführte Hindman am Prairie Grove einen Schwenk, um dieser Truppe entgegenzutreten, und sah sich plötzlich an seiner Front und in den Flanken drei aufeinander zurückenden Yankeedivisionen gegenüber. Der kleine General aus Arkansas war bei eisigem Wetter zum Rückzug gezwungen und mußte hilflos mitansehen, wie sich seine ausgehobene Armee in alle Winde zerstreute.

Im Frühjahr 1863 nahm Jefferson Davis eine Reorganisation des Trans-Mississippi-Departments vor: Das Oberkommando übertrug er Edmund Kirby Smith, und Sterling Price schickte er nach Little Rock. Beide Generäle richteten mit den wenigen Kräften, die ihnen zu Gebote standen, viel aus. Kirby Smith machte aus dem Trans-Mississippi eine nahezu autonome Region, nachdem das Gebiet durch den Verlust von Vicksburg von der übrigen Konföderation abgeschnitten war. Price hingegen gelang es nicht, die blauen Invasoren aufzuhalten, die im Hochsommer aus zwei Richtungen gleichzeitig auf Little Rock zumarschierten. Blunt stand an der Spitze einer aus weißen, schwarzen und Indianerregimentern gemischten Streitmacht, die er den Arkansas hinunter von Honey Springs ins Indian Territory führte. Dort hatten sie am 17. Juli eine Armee der Konföderierten aus weißen und Indianerregimentern vernichtend geschlagen. Anfang September besetzte Blunt Fort Smith, während eine andere Unionsarmee sich von Osten Little Rock näherte und es am 10. September einnahm. Die Rebellen suchten in der südwestlichen Ecke ihres Staates Zuflucht und überließen damit drei Viertel von Arkansas der Union, die allerdings weite Teile dieses Gebietes nicht zu kontrollieren vermochte, da den vielen südstaatlichen Partisanen nur wenige Besatzungstruppen gegenüberstanden.

So befriedigend diese Resultate für Lincoln auch sein mochten: hinter der Entwicklung in Tennessee blieben sie doch zurück. Auf diesem Kriegsschauplatz war der Norden quälend langsam vorangekommen. Im Frühjahr 1863 war Rosecrans von der Administration immer wieder bekniet worden, in Koordination mit den Bewegungen Grants in Mississippi und denen Hookers in Virginia vorzugehen.

Das hätte Lincolns Strategie entsprochen, alle konföderierten Hauptarmeen gleichzeitig unter Druck zu setzen, so daß eine gegenseitige Verstärkung unmöglich war. Aber Rosecrans bockte wie ein störrischer Esel. Eingedenk des Neujahrs-Butbades am Stones River war er überzeugt, daß er nur angreifen dürfe, wenn er siegverheißende Hilfstruppen in der Hinterhand hatte. Sein Zögern ermöglichte es Bragg, Verstärkungen nach Mississippi zu schicken – eine Aktion, die Lincoln noch mehr verzweifeln ließ. Als Rosecrans aber schließlich am 24. Juni zuschlug, kam es dank seiner sorgfältigen Planung zu einem raschen Sieg fast ohne Blutvergießen. Jedes der vier Infanteriekorps der Nordstaaten sowie ein Kavalleriekorps brachen durch eine andere Bresche in den Cumberland-Hügeln südlich von Murfreesboro. Nachdem er Bragg mit Scheinangriffen in die Irre geführt hatte, stand Rosecrans im Tal des Duck River mit starken Verbänden den beiden Flanken der Konföderierten gegenüber. Trotz Dauerregens, der die Straßen in eine klebrige Masse verwandelte, rückten die Yankees immer weiter vor. Eine blaue Brigade berittener Infanterie, die mit siebenschüssigen Spencer-Repetiergewehren bewaffnet war, setzte sich in den Rücken der Rebellen und drohte ihre lebenswichtige Eisenbahnverbindung abzuschneiden. Anfang Juli entschloß Bragg sich dazu, lieber bis nach Chattanooga zurückzuweichen, als eine Schlacht zu riskieren.

Nach einer knappen Woche des Marschierens und Manövrierens hatte die Cumberland-Armee den Gegner um 120 Kilometer zurückgeworfen und dabei nur 570 Mann verloren. Daß Washington diese Leistung anscheinend nicht zu würdigen wußte, ärgerte Rosecrans. Am 7. Juli sandte ihm Kriegsminister Stanton folgende Botschaft: »Lees Armee überrannt; Grant siegreich. Sie und Ihre wackere Armee haben nun Gelegenheit, die Rebellion zu erledigen. Wollen Sie diese Gelegenheit versäumen?« Rosecrans schoß zurück: »Sie scheinen zu verkennen, daß diese wackere Armee die Rebellen aus Mittel-Tennessee vertrieben hat. [...] Im Namen dieser Armee bitte ich das Kriegsministerium darum, ein so großes Ereignis nicht zu übersehen, bloß weil es keine Blutspur hinterlassen hat.«[5]

Sogar Südstaatenzeitungen räumten ein, Rosecrans' kurzer Feldzug sei »meisterlich« gewesen. Bragg erklärte ihn zu einer »großen Katastrophe« für die Konföderierten.[6] Nach seinem Rückzug winkten den Föderierten zwei hehre Ziele, sofern sie ihr Tempo durchhalten konnten: Knoxville und Chattanooga. Knoxville war die Hochburg der Unionstreuen im östlichen Tennessee, die Lincoln seit zwei Jahren vergeblich zu befreien versucht hatte. Chattanooga war von großer strategischer Bedeutung: Die einzige Eisenbahnlinie, die den östlichen mit dem westlichen Teil der Konföderation verband, verlief durch dieses Tal, das der Tennessee in die Cumberlands geschnitten hatte. War die Konföderation durch die Eroberung Vicksburgs bereits in zwei Teile zerschnitten, konnte die Union den östlichen Teil zusätzlich halbieren, wenn sie über Chattanooga nach Georgia eindrang. Aus diesen Gründen drängte Lincoln Rosecrans, nach Chattanooga vorzustoßen, solange der Feind sich noch nicht wieder gesammelt hatte. Von Kentucky her sollte General Burnside, der jetzt die kleine Ohio-Armee befehligte, an Rosecrans' linker Flanke gegen die 10000 Konföderierten vorgehen, die Knoxville hielten. Aber Rosecrans stellte sich wieder einmal quer: Er könne nicht vorrücken, solange er nicht die Bahnlinie und die Brücken in seinem Rücken repariert, eine Vorausbasis errichtet und Vorräte angelegt hätte. Der Juli verging mit immer neuen Botschaften des Oberbefehlshabers Halleck, der Rosecrans gut zuredete und ihm schließlich befahl, sich in Bewegung zu setzen. Am 16. August, nach einigen weiteren Verzögerungen, war es endlich soweit.

Rosecrans wandte wieder die Täuschungsstrategie seines vorigen Vormarsches an: Er tat so, als wollte er den Tennessee oberhalb von Chattanooga überqueren (womit Bragg auch rechnete), während er in Wirklichkeit den größten Teil seiner Armee an drei nahezu unverteidigten Punkten unterhalb der Stadt übersetzen ließ. Sein Ziel war die von Atlanta kommende Bahnlinie, die seine 60000 Mann, durch Bergschluchten südlich von Chattanooga heranmarschierend, in drei Kolonnen attackierten. Gleichzeitig rückte 150 Kilometer weiter nördlich Burnsides 24000 Mann starke Armee ebenfalls über Bergpässe vor; ihre vier Kolonnen streckten sich wie vier Finger einer Hand nach Knoxville aus. Die zahlenmäßig unterlegenen Verteidiger hatten auf einmal Yankeesoldaten vor sich und unionstreue Partisanen in ihrem Rücken und gaben die Stadt preis, ohne einen Schuß abgefeuert zu haben. Am 3. September ritt Burnside in die Stadt ein und wurde von den meisten Einwohnern mit Jubel empfangen. Seine Truppen patrouillierten sogleich an der Grenze zu North Carolina und zu Virginia, um die Herrschaft über das östliche Tennessee zu behaupten; die Division der Rebellen aber, die Knoxville evakuiert hatte, zog nach Süden und kam gerade recht, um am 8. September unter Bragg die Evakuierung Chattanoogas mitzumachen: Bragg, der Rosecrans an seiner südlichen Flanke wußte, hatte sich zum Rückzug ins nördliche Georgia entschlossen, um nicht in der vom Fluß und von Gebirgszügen eingeschlossenen Stadt in der Falle zu sitzen.

»Wann wird die Pechsträhne dieses Jahres bloß enden?« fragte sich ein konföderierter Beamter verzweifelt am 13. September. Die Anzahl der Deserteure aus Südstaatenarmeen nahm in alarmierendem Maße zu. »Es hat keinen Zweck mehr zu kämpfen«, schrieb ein Deserteur aus Georgia nach der Evakuierung Chattanoogas, »jetzt sind wir erledigt.« Jefferson Davis bekannte von sich, er sei »in der trübseligsten Stimmung. [...] Wir durchleben jetzt die dunkelste Stunde unserer politischen Existenz«.[7]

Aber nach den Unionssiegen Anfang 1862 hatte es fast genauso dunkel ausgesehen, bis Jackson und Lee die Flamme der Hoffnung im Süden wieder entzündet hatten. Davis war entschlossen, die Geschichte sich wiederholen zu lassen. Lee hatte eine Wende des Krieges erzwungen, indem er McClellan angriff; jetzt sollte Bragg es auf Anweisung von Davis gegen Rosecrans mit derselben Strategie versuchen. Zur Unterstützung dieses Vorhabens waren bereits zwei Divisionen von Joseph Johnstons untätiger Armee in Mississippi zu Bragg abbeordert worden. Damit war Bragg zahlenmäßig Rosecrans fast gewachsen. Davis wußte aber, daß es angesichts der schlechten Moral in der Tennessee-Armee damit nicht getan war. Der Präsident, der schon einmal im Augenblick der höchsten Not Lee das Kommando übertragen hatte, versuchte dasselbe jetzt wieder. Aber Lee hatte Bedenken, Davis' Bitte zu folgen und sich persönlich nach Süden zu verfügen, um Braggs vergrößerte Armee zu übernehmen. Der Virginier hatte zunächst auch Einwände gegen den von Longstreet zum wiederholten Male vorgebrachten Vorschlag, Bragg durch sein – Longstreets – Korps zu verstärken. Statt dessen wollte Lee die Offensive gegen Meade am Rappahannock suchen, wo sich die Nord-Virginia-Armee und die Potomac-Armee seit Gettysburg ein ergebnisloses Schattenboxen lieferten. Diesmal setzte sich Davis jedoch über Lees Meinung hinweg und beorderte Longstreet mit zwei seiner Divisionen nach Georgia (die dritte unter Pickett hatte sich noch nicht von Gettysburg erholt). Am 9. September stiegen die ersten von Longstreets 12000 Veteranen in den Zug. Da Burnside das östliche Tennessee besetzt hielt, schied die direkte, 880 Kilometer lange Verbindung aus. Statt dessen mußten die Soldaten auf acht bis zehn verschiedenen Linien einen Umweg von 1440 Kilometern machen, der sie durch beide Carolinas und Georgia führte. So traf nur die Hälfte von Longstreets Leuten rechtzeitig zu dem bevorstehenden Kampf am Chickamauga Creek ein – sie aber verhalfen zu einem frappierenden Sieg über Rosecrans, den alten Zimmergefährten Longstreets in West Point.

Da Hilfe unterwegs war, ging Bragg zur Offensive über. Um Rosecrans' drei Kolonnen über die Berge zu locken und sie im Tal südlich von Chattanooga einzeln zu attackieren, schmuggelte Bragg Pseudodeserteure in die Reihen der Union, die von einem Rückzug der Konföderierten berichteten. Rosecrans schluckte den Köder und ging zu hastig vor. Allerdings versäumten es Braggs Untergebene, die aufgestellten Fallen auch zuschnappen zu lassen. Zwischen dem 10. und 13. September befahl Bragg dreimal den Angriff von zwei oder mehr Divisionen gegen zahlenmäßig unterlegene und versprengte Truppenteile des Gegners. Aber jedesmal fand der mit dem Angriff beauftragte General, der das, was ein Befehl war, für eine Ermessenssache hielt, Gründe zum Zögern. Durch diese Manöver gewarnt, konzentrierte Rosecrans in der dritten Septemberwoche seine Armee im Tal des West Chickamauga Creek.

Bragg, verärgert über den Starrsinn seiner Generäle, die ihrerseits seinem Urteil mißtrauten, entwickelte einen neuen Plan, um Rosecrans' linke Flanke aufzurollen, ihn von Chattanooga abzuschneiden und südwärts in ein Tal ohne Ausgang zu treiben. Als am 18. September die ersten von Longstreets Truppen eintrafen, angeführt von dem kampffreudigen Texaner John Bell Hood, der nach einer von Gettysburg herrührenden Verwundung den Arm noch in der Schlinge trug, konnte Bragg sich seiner zahlenmäßigen Überlegenheit sicher sein. Wenn er seinen Angriff noch am selben Tag hätte vortragen können, wäre es ihm vielleicht geglückt, Rosecrans' Flanke aufzurollen, da zwischen ihm und Rosecrans nur ein einziges Unionskorps stand. Doch der zögerliche Vormarsch der Rebellen wurde von Yankeekavallerie mit Repetiergewehren zurückgeschlagen. In derselben Nacht unternahm das große Unionskorps des aus Virginia gebürtigen George Thomas einen Gewaltmarsch, um die linke Seite der Union zu stärken. Am 19. September, kurz nach Einbruch der Dämmerung, stießen westlich vom Chickamauga Creek feindliche Patrouillen aufeinander und lösten damit die blutigste Schlacht auf dem westlichen Kriegsschauplatz aus.

Bragg hielt an seinem Vorhaben fest, die linke Flanke der Union aufzurollen. Den ganzen Tag über unternahmen die Rebellen wilde Angriffe in Divisionsstärke, vor allem gegen Thomas' Korps. Wald und Unterholz waren so dicht, daß die Einheiten einander nicht sehen und sich auch nicht miteinander verständigen konnten. Rosecrans lieferte Verstärkungen an Thomas, der dem Feind nur minimale Gewinne bei schweren Verlusten auf beiden Seiten gestattete. An demselben Abend traf Longstreet persönlich mit zwei weiteren Brigaden ein. Bragg organisierte seine Armee in zwei Flügel, übertrug Longstreet das Kommando über den linken und Leonidas Polk das über den rechten und gab für den nächsten Morgen Befehl zu einem von rechts nach links gestaffelten Angriff. Polks Sturmangriff begann mit mehreren Stunden Verspätung – ein Versäumnis, das mittlerweile zur Gewohnheit geworden war – und richtete wenig gegen Thomas' hartnäckige Verteidiger aus, die hinter in der Nacht errichteten Brustwehren kämpften. Bragg verlor die Geduld, blies den gestaffelten Angriff ab und wies Longstreet an, mit allem, was er hatte, vorzugehen. Longstreet folgte dem Befehl um 11.30 Uhr mit einer Attacke, bei der er das Glück auf seiner Seite hatte wie selten in diesem Krieg.

Auf der anderen Seite, bei der Union, war Rosecrans damit beschäftigt gewesen, Verstärkungen auf seine hart bedrängte linke Seite zu werfen. Bei diesem Hin und Her übersah ein Stabsoffizier eine blaue Division, die in den Wäldern zur Rechten verborgen war, und meldete just an dieser Stelle eine mehrere hundert

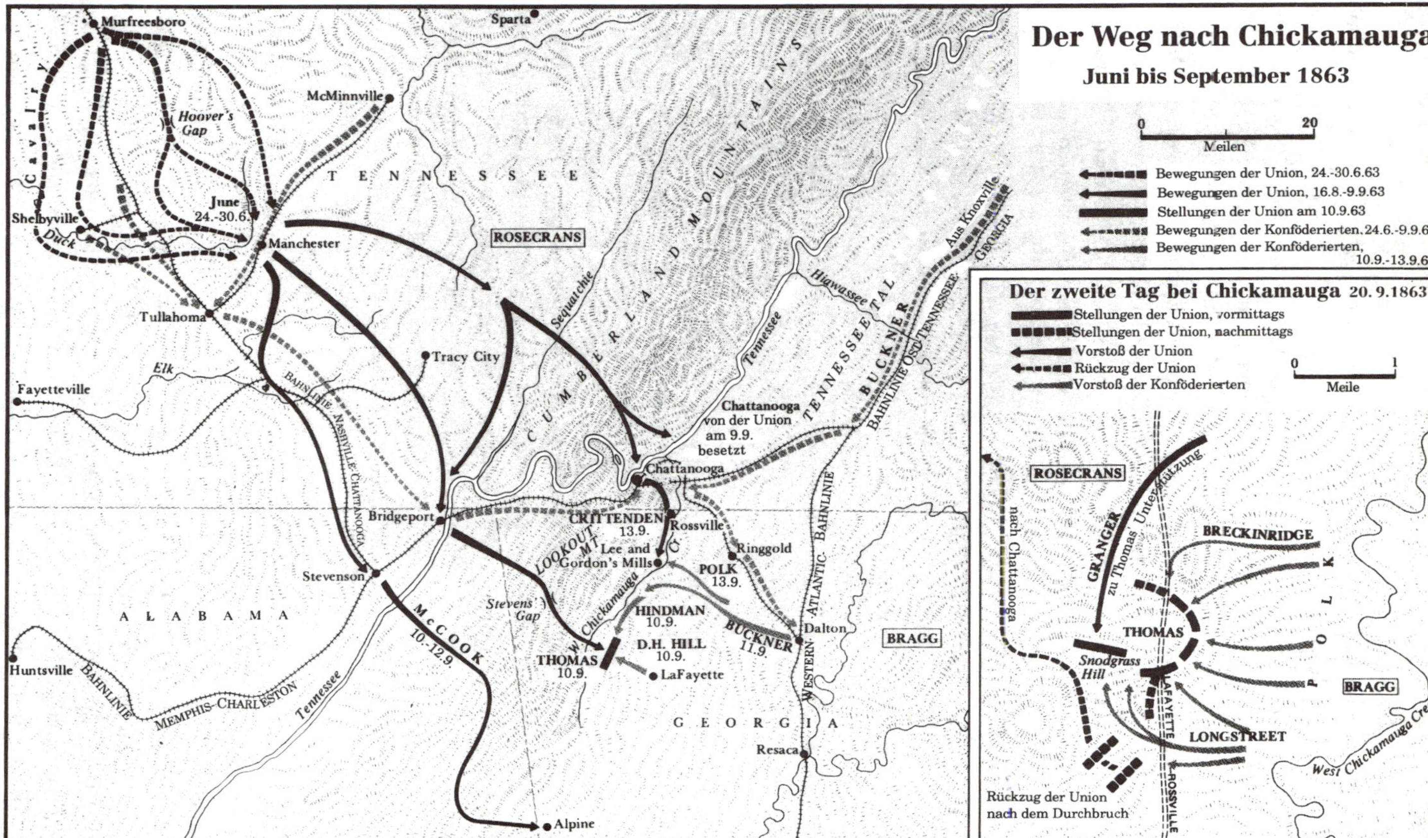
Der Weg nach Chickamauga
Juni bis September 1863
0 20
Meilen
Bewegungen der Union, 24.-30.6.63
Bewegungen der Union, 16.8.-9.9.63
Stellungen der Union am 10.9.63
Bewegungen der Konföderierten.24.6.-9.9.63
Bewegungen der Konföderierten, 10.9.-13.9.63
Murfreesboro
Sparta
McMinnville
Hoover's Gap
Cavalry
Shelbyville
Duck
June 24.-30.6.
Manchester
TENNESSEE
ROSECRANS
CUMBERLAND MOUNTAINS
Sequatchie
Tullahoma
Tracy City
Elk
Fayetteville
BAHNLINIE NASHVILLE-CHATTANOOGA
Tennessee
Hiwassee
TENNESSEE TAL
BUCKNER
Aus Knoxville
BAHNLINIE OST-TENNESSEE-GEORGIA
Chattanooga von der Union am 9.9. besetzt
Chattanooga
Bridgeport
CRITTENDEN 13.9.
Rossville
LOOKOUT MT
Lee and Gordon's Mills
Ringgold
POLK 13.9.
Stevenson
ALABAMA
Stevens' Gap
W. Chickamauga Cr.
HINDMAN 10.9.
BUCKNER 11.9.
Dalton
WESTERN-ATLANTIC-BAHNLINIE
BRAGG
McCOOK 10.-12.9.
THOMAS 10.9.
D.H. HILL 10.9.
LaFayette
Huntsville
BAHNLINIE MEMPHIS-CHARLESTON
GEORGIA
Resaca
Alpine
Der zweite Tag bei Chickamauga 20. 9.1863
Stellungen der Union, vormittags
Stellungen der Union, nachmittags
Vorstoß der Union
Rückzug der Union
Vorstoß der Konföderierten
0 1
Meile
ROSECRANS
nach Chattanooga
GRANGER
zu Thomas' Unterstützung
BRECKINRIDGE
POLK
THOMAS
Snodgrass Hill
LAFAYETTE
ROSSVILLE
BRAGG
LONGSTREET
West Chickamauga Creek
Rückzug der Union nach dem Durchbruch

Meter breite Lücke in der Front. Um dieses scheinbar gefährliche Loch zu stopfen, beorderte Rosecrans eine andere Division hierher und riß dadurch eine wirkliche Lücke, um eine nicht existierende zu schließen. In diese Bresche marschierten nichtsahnend die Veteranen der Nord-Virginia-Armee; sie packten die Yankees an beiden Seiten der Flanke und verbreiteten zunehmende Panik. Immer mehr Grauröcke strömten nach, rollten Rosecrans' rechte Flanke auf und jagten ein Drittel der blauen Armee – und mit ihr vier Divisionskommandeure, zwei Korpskommandeure und einen geschockten Rosecrans, dessen Hauptquartier überrannt worden war – nach Norden in das 12 Kilometer entfernte Chattanooga. So waren alle Voraussetzungen für einen entscheidenden Sieg gegeben, wie ihn die konföderierten Armeen im Westen seit über zwei Jahren vergeblich erhofft hatten.

Longstreet erkannte die Gunst der Stunde, warf seine Reserven nach vorn und bat Bragg um Verstärkung. Dieser mochte aber keinen einzigen Mann seiner abgekämpften Rechten entbehren, und so mußte ein angewiderter Longstreet den endgültigen Stoß mit dem führen, was er hatte. Mittlerweile hatten die Föderierten jedoch auf einem Bergkamm eine neue Front aufgebaut, die rechtwinklig zur alten verlief. George Thomas befehligte, was von der Armee noch übrig war, und baute eine letzte, verzweifelte Auffangstellung auf. Seine Führungskunst an diesem Tag sollte ihn später als »Fels von Chickamauga« berühmt machen. Er erhielt rechtzeitig Hilfe von einem anderen Kriegshelden des Nordens, Gordon Granger, der die einige Kilometer zurück postierte Reservedivision der Union befehligte. Aus eigener Initiative marschierte Granger dem Schall des Gewehrfeuers entgegen und kam mit seinen Leuten gerade zurecht, um die immer neuen Angriffe Longstreets abzuwehren. Als die Sonne unterging, setzte Thomas sich schließlich mit seinen erschöpften Truppen ab und zog sich in der Nacht nach Chattanooga zurück. Dort wurden die beiden Teile der Armee – der geflohene und der standhafte – wieder vereinigt, um eine Erfahrung zu machen, die für Unionstruppen neu war: die Verteidigung einer belagerten Stadt.

Longstreet und Forrest wollten am nächsten Morgen nachdrängen, um Rosecrans' Armee endgültig zu vernichten, bevor sie sich im Schutz der Befestigungsanlagen Chattanoogas reorganisieren konnte. Aber in Bragg überwog das Entsetzen über die Verheerung seiner Armee den Stolz auf das Ausmaß ihres Sieges: Innerhalb von zwei Tagen hatte er 20000 Tote, Verwundete oder Vermißte zu beklagen – über 30 Prozent seiner Ist-Stärke. Zehn Generäle der Konföderierten waren gefallen oder verwundet, unter ihnen Hood, der nur mit Mühe und Not eine Beinamputation überlebte. Zwar hatten die Rebellen reichlich Geschütze und Gerät erbeutet, aber Bragg war bestürzt über den grauenerregenden Anblick von Toten und Verwundeten, die überall die Erde bedeckten. Sogar die Hälfte seiner Artilleriepferde war umgekommen. Nun weigerte er sich, auf die dringenden Bitten seiner Lieutenants zu hören und dem Feind so schnell wie möglich nachzusetzen – eine Weigerung, die in den folgenden Wochen Anlaß zu bitteren Vorwürfen und zu einem Sturm der Entrüstung gab. »Wozu schlägt er dann Schlachten?« fragte ein zorniger Forrest, und viele im Süden stellten sich bald dieselbe Frage. Der taktische Triumph von Chickamauga schien strategischer Resultate zu entbehren, solange der Feind Chattanooga hielt.[8]

Bragg hoffte, die Yankees auszuhungern, und Mitte Oktober sah es aus, als ob er damit Erfolg haben würde. Die Konföderierten hatten in beherrschender Lage, auf dem Lookout Mountain im Süden der Stadt, Artillerie und auf dem Missionary Ridge im Osten sowie an den Wasserwegen im Westen Infanterie aufgestellt. Damit kontrollierten sie sämtliche Nachschubwege Rosecrans' in die Stadt, mit Ausnahme einer kurvenreichen Fahrstraße über die unwirtlichen Cumberlands im Norden. Maultiere verbrauchten auf dem Weg über diese Berge fast genausoviel Futter, wie sie ziehen konnten, und durch Kavallerie-Raids der Rebellen gingen Hunderte von Planwagen verloren. In Chattanooga verhungerten die Pferde, und die Menschen waren auf halbe Ration oder weniger gesetzt.

Rosecrans war der Krise offenbar nicht gewachsen. Die Katastrophe von Chickamauga und die Schande, vom Schlachtfeld geflohen zu sein, während Thomas ausgehalten und gekämpft hatte, zerrten an seinen Nerven. Lincoln sagte von Rosecrans, er sei »verwirrt und benommen wie eine auf den Kopf gehauene Ente«.[9] Die Cumberland-Armee brauchte offenkundig Hilfe. Schon vor Chickamauga hatte Sherman von Halleck den Befehl erhalten, vier Divisionen von Vicksburg nach Chattanooga zu bringen und unterwegs die Bahnlinie zu reparieren. Letzteres würde allerdings Wochen dauern, und so bedrängte Stanton am 23. September einen widerstrebenden Lincoln, das unterbesetzte 11. und 12. Korps per Bahn von der Potomac-Armee zu Rosecrans zu verlegen. Das würde Meades Operationen am Rappahannock beeinträchtigen, wandte der Präsident ein. Stanton erwiderte, Meade könne man ohnehin nicht zu einer Offensive bewegen und es sei besser, die beiden Korps dort einzusetzen, wo sie etwas ausrichten konnten. Lincoln gab schließlich seine Einwilligung und übertrug dem wieder aktivierten Joe Hooker das Kommando über die Expeditionstruppe. Dann bestellte Stanton die Präsidenten von Eisenbahngesellschaften in sein Büro. Befehle schwirrten durch das ganze Land; Dutzende von Zügen wurden zusammengestellt. Vierzig Stunden nachdem die Entscheidung gefallen war, rollten die ersten Truppen aus Culpeper; vor ihnen lag eine rund 1900 Kilometer lange Reise durch Unionsterritorium über die Appalachen und an zwei Stellen, wo es noch keine Brücke gab, über den Ohio. Elf Tage später waren über 20 000 Mann samt

Artillerie, Pferden und Gerät am Gleisende bei Chattanooga angelangt. Es war eine Großtat der Logistik – die längste und schnellste Bewegung einer so großen Truppe vor dem Anbruch des 20. Jahrhunderts.[10]

Es hatte aber keinen Sinn, diese Leute nach Chattanooga einzuschleusen, wenn schon die dort vorhandenen Soldaten nicht genug zu essen hatten. Die Lösung des Problems war offenbar nur unter einer neuen Führung möglich. Mitte Oktober nahm Lincoln die Sache in die Hand. Er schuf die Mississippi-Division, die das gesamte Gebiet zwischen diesem Fluß und den Appalachen umfaßte, und ernannte Grant zu ihrem Kommandeur, »mit dem Hauptquartier im Feld«.[11] Das Feld war im Augenblick Chattanooga, und so wandte Grant sich dorthin. Unterwegs genehmigte er die Ablösung Rosecrans' durch Thomas als Befehlshaber der Cumberland-Armee. Binnen einer Woche nach Grants Eintreffen am 23. Oktober hatten die Unionstruppen den Würgegriff der Rebellen an der Straße und am Fluß westlich von Chattanooga gelockert und eine weitere Nachschubroute geöffnet – von hungrigen Blauröcken *cracker line* genannt. Diese Operation hatte noch der Stab unter Rosecrans geplant, aber Grant war es, der ihre Durchführung anordnete. Ein Unionsoffizier erinnerte sich später an die Veränderung, die das Auftreten Grants bewirkte: »Wir sahen, daß sich etwas bewegte. Und wir hatten das Gefühl, daß alles nach einem Plan ablief.«[12] Die inspirierende Gegenwart Grants schien sich sogar dem 11. Korps mitzuteilen, das sich in Chancellorsville und Gettysburg nicht gerade mit Ruhm bekleckert hatte, aber nun in einer nächtlichen Aktion vom 28. zum 29. Oktober zur Öffnung der *cracker line* einen guten Kampf lieferte. Mitte November kam Sherman mit 17 000 Mann von der Tennessee-Armee und ergänzte die 20 000 Mann, die Hooker von der Potomac-Armee herangeführt hatte, um die 35 000 Infanteristen von Thomas' Cumberland-Armee zu verstärken. Bragg hielt zwar noch den Lookout Mountain und den Missionary Ridge, aber seine unmittelbare Zukunft begann sich einzutrüben.

Das lag nicht zuletzt an den andauernden und erbitterten Fehden innerhalb von Braggs Kommando. Bald nach Chickamauga suspendierte Bragg Polk und zwei andere Generäle, weil sie entscheidende Befehle vor und während der Schlacht zu langsam oder gar nicht befolgt hatten. Der heißblütige Forrest, noch immer erbittert, weil das siegreiche Nachsetzen unterblieben war, weigerte sich, weiter unter Bragg zu dienen, und kehrte auf ein selbständiges Kommando in Mississippi zurück, nachdem er Bragg ins Gesicht gesagt hatte: »Ich habe mir Ihre Schäbigkeit lange genug angesehen! Sie haben sich benommen wie ein elender Schuft. [...] Wenn Sie mir noch einmal in die Quere kommen oder jemals über den Weg laufen, geht es Ihnen an den Kragen!« Mehrere Generäle unterzeichneten eine Petition an Davis, in der sie um Braggs Versetzung baten. Longstreet schrieb dem Kriegsminister und sagte bekümmert voraus: »Allein die Hand Gottes kann uns retten oder helfen, solange wir unseren jetzigen Befehlshaber haben.«[13]

Schon zweimal zuvor – nach Perryville und nach Stones River – hatte es in der Tennessee-Armee ähnliche Unstimmigkeiten gegeben. Am 6. Oktober trat ein lustloser Jefferson Davis im Sonderzug die lange Fahrt zu Braggs Hauptquartier an, weil er hoffte, durch seine persönliche Anwesenheit die Dinge ins Lot zu bringen. Doch alle vier Korpskommandeure erklärten Davis in Gegenwart Braggs, der General müsse gehen. Nach dieser peinlichen Besprechung hatte Davis eine Unterredung mit Longstreet allein, vielleicht um vorzufühlen, ob dieser zur Übernahme des Kommandos bereit sei. Doch als Gast von Lees Armee zeigte Longstreet sich abgeneigt und empfahl statt dessen Joseph Johnston. Dies lehnte der Präsident vehement ab, da er kein Vertrauen zu Johnston hatte und ihn für den Verlust von Vicksburg verantwortlich machte. Ein anderer denkbarer Kandidat war Beauregard. Er machte seine Sache bei der Abwehr von Unionsangriffen auf Charleston gut, aber Davis hatte ihn schon einmal als Befehlshaber der Tennessee-Armee ausprobiert und war enttäuscht gewesen. Letzten Endes schien es keine andere Möglichkeit zu geben, als Bragg auf seinem Posten zu belassen. Um die Reibungen in der Armee zu reduzieren, genehmigte Davis die Versetzung einiger Generäle auf andere Kriegsschauplätze. Ferner gab er Bragg den Rat, Longstreet mit 15000 Mann abzukommandieren, um die Rückeroberung Knoxvilles zu versuchen – ein böse endendes Unternehmen, das nichts einbrachte, aber Bragg um mehr als ein Viertel seiner Truppenstärke beraubte. Letztlich führte keine von Davis' Entscheidungen bei diesem verfehlten Besuch zu einem glücklichen Resultat. Als der Präsident nach Richmond heimfuhr, ließ er eine mißmutige Armee zurück.

Mit dem Abzug Longstreets Anfang November gaben die Konföderierten die Initiative an Grant ab. Kaum waren Shermans Verstärkungen eingetroffen, als Grant mit der Umsetzung eines Plans begann, die Rebellen aus Chattanooga zu vertreiben und das Tor nach Georgia zu öffnen. Die Offensive des schweigsamen Generals war zwar wie üblich erfolgreich, aber nicht ganz so, wie geplant. Den Gedanken, die dreifache Linie von Schützengräben auf dem Missionary Ridge frontal anzugreifen, verwarf Grant als selbstmörderisch. Vielmehr wollte er Braggs Front an ihren beiden Enden angreifen, um den Feind in den Flanken zu fassen. Da er Thomas' Cumberland-Armee nach dem Schock von Chickamauga noch immer für demoralisiert hielt und nicht glaubte, daß man sie »für die Offensive aus ihren Gräben holen konnte«, übertrug er ihr die sekundäre Aufgabe, die Mitte der konföderierten Front auf dem Missionary Ridge lediglich zu bedrohen, während Shermans und Hookers Eindringlinge von der Tennessee- und der Potomac-Armee die eigentlichen Gefechte an den Flanken ausführen sollten.[14] Dieser Plan wirkte, von Grant unbeabsichtigt, motivierend auf Thomas' Truppen und schenkte ihnen einen spektakulären Erfolg, bei dem sie freilich mehr Glück als Verstand hatten.

Hooker löste den ersten Teil seiner Aufgabe mit großem Geschick. Am 24. November trat er mit knapp drei Divisionen gegen drei Brigaden der Konföderierten an, die den Nordhang des Lookout Mountain hielten. Die Yankeeinfanterie arbeitete sich über Felsbrocken und umgestürzte Bäume den Berg hinauf; die gelegentlichen Nebelschwaden trugen der Aktion später den romantisierenden Namen »Schlacht über den Wolken« ein. Unter erstaunlich geringen Verlusten (weniger als 500 Mann) trieben Hookers Truppen die Rebellen den Gegenhang hinunter; dadurch war Bragg gezwungen, in der Nacht die Verteidigungsstellung auf dem Lookout zu räumen und die Überlebenden auf den Missionary Ridge zurückzuziehen.

In der Nacht klarte der Himmel auf und enthüllte eine totale Mondfinsternis; am nächsten Morgen erkletterte ein Unionsregiment aus Kentucky den höchsten Punkt des Lookout Mountain und pflanzte eine riesige amerikanische Flagge auf, die im Sonnenlicht prangte, für beide Armeen im Tal sichtbar. Für den Süden waren das böse Vorzeichen, wenn es zunächst auch nicht danach aussah, denn am anderen Ende der Front tat Sherman sich schwer. Als seine vier Divisionen am 24. November vorrückten, eroberten sie zwar schnell und auftragsgemäß die Bergspitze an der Nordseite des Missionary Ridge, aber sie mußten feststellen, daß diese Bergspitze überhaupt nicht zum Hauptmassiv des Missionary Ridge gehörte, sondern ein isoliert stehender Bergsporn war, den eine mit Felsbrocken übersäte Schlucht vom Hauptkamm trennte. Diesen griffen sie am Morgen des 25. November beherzt an, wurden aber von der übermächtigen Division des Iren Patrick Cleburne – der besten in Braggs Armee – immer wieder zurückgeworfen. Inzwischen war auch Hookers Vormarsch am anderen Ende des Missionary Ridge durch blockierte Wege und eine zerstörte Brücke ins Stocken geraten.

Grant erkannte, daß sein Plan nicht gelang, und gab Thomas am Spätnachmittag den Befehl zu einem begrenzten Sturmangriff auf die erste Reihe der konföderierten Schützengräben in der Mitte, damit Cleburne keine Verstärkung von Bragg erhalten konnte. Thomas nutzte nach besten Kräften diese Gelegenheit, das beschädigte Ansehen seiner Armee wiederherzustellen. Er ließ vier Divisionen – 23000 Mann – auf einer Breite von drei Kilometern über freies Feld direkt gegen die Front der Konföderierten marschieren. Es sah wie eine Neuauflage von Picketts Attacke in Gettysburg aus, nur mit vertauschten Rollen zwischen Blauen und Grauen. Allerdings schien dieser Angriff noch hoffnungsloser zu sein, da die Rebellen zwei Monate Zeit gehabt hatten, sich einzugraben, und der Missionary Ridge viel

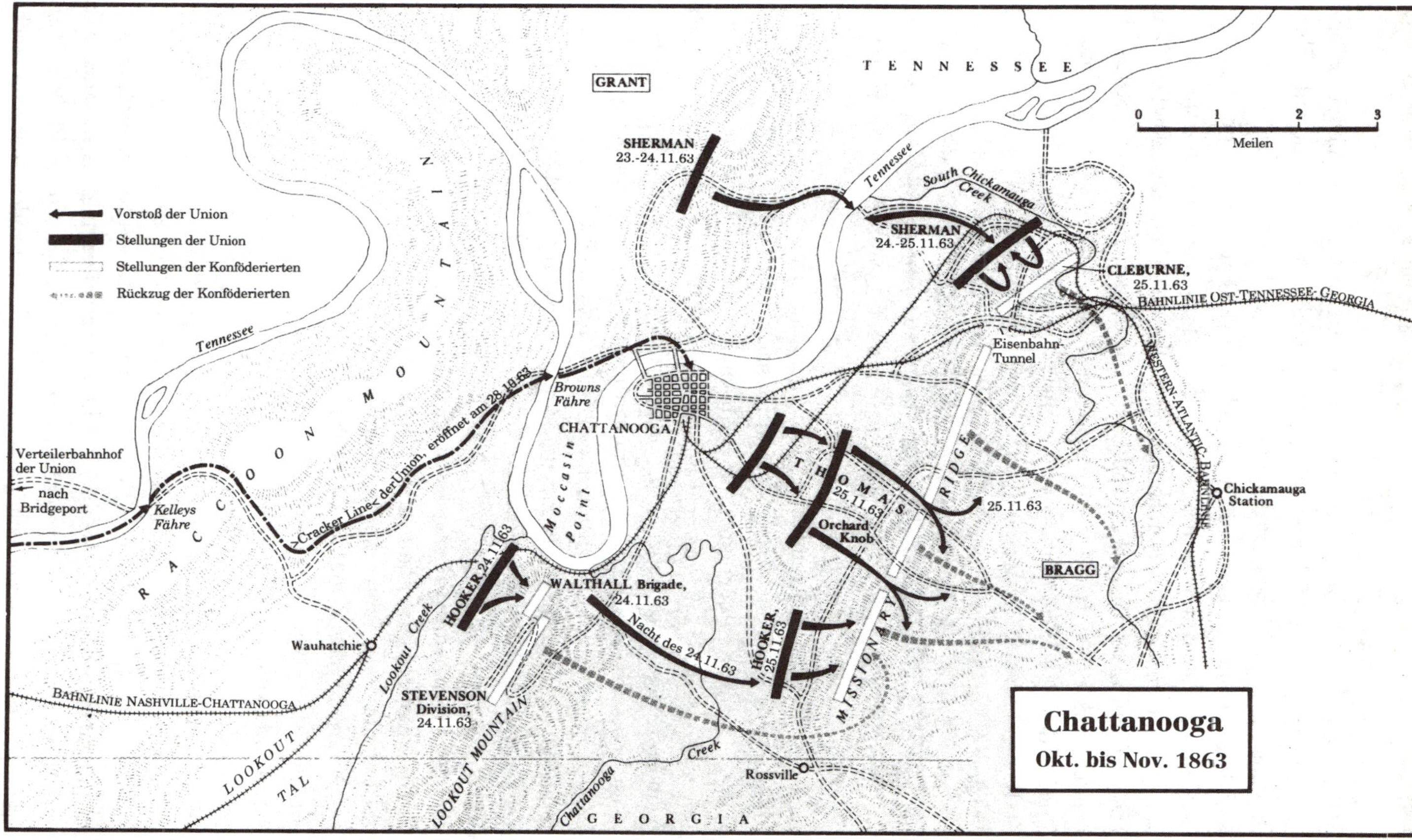
Chattanooga
Okt. bis Nov. 1863
Vorstoß der Union
Stellungen der Union
Stellungen der Konföderierten
Rückzug der Konföderierten
0 1 2 3
Meilen
GRANT
T E N N E S S E E
Tennessee
SHERMAN
23.-24.11.63
SHERMAN
24.-25.11.63
South Chickamauga Creek
CLEBURNE,
25.11.63
BAHNLINIE OST-TENNESSEE-GEORGIA
Eisenbahn-Tunnel
WESTERN-ATLANTIC-BAHNLINIE
Chickamauga Station
R A C C O O N M O U N T A I N
Verteilerbahnhof der Union
nach Bridgeport
Kelleys Fähre
>Cracker Line< der Union, eröffnet am 28.10.63
Browns Fähre
CHATTANOOGA
Moccasin Point
T H O M A S
25.11.63
Orchard Knob
RIDGE
25.11.63
BRAGG
MISSIONARY
HOOKER,
25.11.63
HOOKER 24.11.63
WALTHALL Brigade,
24.11.63
Nacht des 24.11.63
Wauhatchie
Lookout Creek
BAHNLINIE NASHVILLE-CHATTANOOGA
STEVENSON
Division,
24.11.63
LOOKOUT MOUNTAIN
LOOKOUT TAL
Chattanooga Creek
Rossville
G E O R G I A

höher und zerklüfteter war als der Cemetery Ridge. Dennoch überrannten die Yankees die erste Linie von Schützengräben mit erstaunlicher Leichtigkeit und trieben die demoralisierten Verteidiger, die kopflos flohen, den Hang hinauf zu der zweiten und dritten Reihe von Gräben auf halber Höhe und auf dem Kamm des Berges.

Thomas' Leute hatten ihren Auftrag ausgeführt, aber sie warteten nicht untätig auf weitere Befehle. Zum einen boten sie jetzt dem von oben feuernden Feind ein ideales Ziel. Zum anderen aber mußten sich diese Männer vor den Rebellen wie vor den Yankees beweisen. Und so erkletterten sie den steilen Berg – erst einzelne Züge und Kompanien, dann ganze Regimenter und Brigaden. Zuletzt schienen 60 Regimentsfahnen im Wettlauf um die Bergkuppe zu sein. Grant verfolgte den Vorgang fassungslos von seinem Kommandoposten anderthalb Kilometer weiter hinten. »Thomas, wer hat diese Leute da raufgeschickt?« fragte er wütend. »Weiß ich nicht«, antwortete Thomas. »Ich nicht.« Wenn das schiefgehe, werde es mordsmäßig Stunk geben, grummelte Grant und klemmte die Zigarre zwischen die Zähne. Aber er hätte sich keine Sorgen zu machen brauchen. Das Unternehmen verlief besser, als irgend jemand im Hauptquartier der Union hätte hoffen können – bei Sonnenuntergang sprach man schon vom »Wunder am Missionary Ridge«. Für die Konföderierten war es wie ein Alptraum. Als die Yankees immer weiter den Berg hinaufgeklettert kamen, blieb den Rebellen vor Verblüffung der Mund offenstehen; sie gerieten in Panik, verließen ihre Stellungen und flohen. »Restlos besoffen vor Freude und Begeisterung«, riefen die Blauröcke dem abziehenden Feind ein höhnisch triumphierendes »Chickamauga! Chickamauga!« hinterher. Die einbrechende Dunkelheit und die entschlossene Nachhutverteidigung der Division Cleburnes verhinderten ein wirksames Nachsetzen, aber Braggs Armee machte erst wieder halt, um sich neu zu formieren, nachdem sie sich mit der Bahn 45 Kilometer in Richtung Atlanta zurückgezogen hatte.[15]

Die Unionssoldaten konnten ihren erstaunlichen Erfolg kaum fassen. Jemand, der sich mit dieser Schlacht beschäftigt hatte, erwähnte später gegenüber Grant, die Südstaatengeneräle hätten ihre Stellung für uneinnehmbar gehalten, worauf Grant trocken versetzte: »Das war sie auch.« Bragg seinerseits schrieb: »Für das beschämende Verhalten unserer Truppen gibt es absolut keine befriedigende Entschuldigung. [...] Unsere Stellung war so beschaffen, daß eine Reihe von Scharmützeln sie hätte halten müssen.«[16] Immerhin gibt es Erklärungen, wenn auch keine Entschuldigungen. Einige Regimenter der Konföderierten am Fuß des Missionary Ridge hatten Order, nach dem Abfeuern von zwei Salven zurückzuweichen; andere hatten einen solchen Befehl nicht erhalten, und als sie sahen, wie ihre Kameraden die Stellung zu räumen schienen, verfielen sie in Panik und ergriffen die Flucht. Die Angreifer folgten den zurückweichenden Rebellen so dicht auf den Fersen, daß die Konföderierten in der nächsten Schützenlinie das Feuer einstellen mußten, um nicht die eigenen Leute zu treffen. Als die Nordstaatler den Berg stürmten, machten sie sich zum Schutz vor feindlichem Feuer von oben Bodensenken und Felsvorsprünge zunutze, da Braggs Pioniere die oberste Schützenlinie fälschlicherweise auf der *topographischen* Kammlinie und nicht auf der *militärischen* Kammlinie des Missionary Ridge angelegt hatten, wo die Schußlinie nicht durch Senken und Vorsprünge beeinträchtigt worden wäre. Die eigentliche Erklärung war aber wohl die schlechte Moral der Tennessee-Armee, die von den untereinander zerstrittenen Generälen auf die einfachen Gefreiten übergriff. Das gab auch Bragg in einem Privatbrief an Jefferson Davis zu, mit dem er seinen Rücktritt einreichte. »Die Katastrophe ist nicht zu beschönigen«, schrieb er. »Ich fürchte, wir haben uns beide geirrt, als wir zu dem Schluß kamen, ich solle trotz des gegen mich erhobenen Geschreis mein Kommando hier behalten.«[17] Als die Armee ins Winterquartier abrückte, biß Davis in den sauren Apfel und betraute, wenn auch ungern, Johnston mit dem Kommando.

Inzwischen waren durch das Scheitern von Longstreets Angriff auf Knoxville am 29. November die Nöte der Konföderation noch ärger geworden. In Virginia nahm ein Feldzug des Manövrierens durch Lee ebenfalls ein schlimmes Ende, nachdem das 11. und das 12. Korps aus der Potomac-Armee ausgeschieden waren. Lee hatte den Oktober über versucht, die rechte Flanke der Union aufzurollen und sich zwischen Meade und Washington zu schieben. Meade durchkreuzte im November diesen Plan und versuchte seinerseits, Lees rechte Flanke am Rapidan aufzurollen. Die Unionstruppen hatten damit zwar keinen Erfolg, fügten dem Feind aber im Zuge dieser Manöver doppelt so viele Verluste zu, wie sie selbst erlitten, wodurch die Nord-Virginia-Armee um weitere 4000 Mann dezimiert wurde, die sie kaum verschmerzen konnte.

Der Funke von Optimismus, der im Süden nach Chickamauga aufgeglommen war, erlosch im November wieder. Bei der Nachricht von Chickamauga hatte John B. Jones vom Kriegsministerium noch geschrieben: »Die Folgen dieses großen Sieges werden elektrisierend sein. Der ganze Süden wird wieder von patriotischem Feuer erfüllt sein, und der Norden wird entsprechend niedergeschlagen sein. [...] [Sie] müssen nun einsehen, daß es unmöglich ist, das Volk des Südens unter ihr Joch zu zwingen.« Zwei Monate später äußerte Jones sich verzweifelt über Braggs »unübersehbares Desaster«. Ein anderer Beamter des Südens beklagte »Katastrophe ... Niederlage ... völlige Vernichtung. Falls nicht etwas geschieht ... sind wir unrettbar verloren«. Und die Tagebuchschreiberin Mary Chesnut registrierte 1863: »Mutlosigkeit und stille Verzweiflung liegen wie Mehltau über allem.«[18]

II

Auch in der Außenpolitik bescherte das zweite Halbjahr 1863 dem Süden bittere Enttäuschungen. Nicht allein die Träume von der Anerkennung durch Großbritannien waren nach Vicksburg und Gettysburg verblaßt; auch die Hoffnungen auf eine neue Superwaffe gegen die Blockade zerschlugen sich.

Die Laxheit, mit der die Briten die Kaperschiffe *Florida* und *Alabama* aus Liverpool hatten entkommen lassen, ermutigte den Marinebeauftragten der Konföderation, James Bulloch, seine Ziele noch höher zu stecken. Im Sommer 1862 hatte er mit der Firma Laird einen Vertrag über den Bau von zwei gepanzerten Schiffen mit Türmen für Neun-Zoll-Geschütze und einem sieben Fuß langen eisernen Sporn am Bug abgeschlossen, der zum Durchbohren hölzerner Schiffe unter der Wasserlinie dienen sollte. Von diesen furchteinflößenden »Laird-Rammschiffen« erwartete man, daß sie unter der Blockadeflotte Verheerungen anrichten, ja womöglich in den Hafen von New York dampfen und die Stadt als Geisel nehmen würden.

Diese überspannten Hoffnungen waren zweifellos unrealistisch, während die durch die Rammboote hervorgerufene diplomatische Krise sehr real war. Charles Francis Adams bombardierte das britische Außenministerium mit Protesten und Warnungen. Bulloch konterte, indem er das Eigentum an den Schiffen einer französischen Firma übertrug, die die Fahrzeuge angeblich im Auftrag seiner Durchlaucht, des Paschas von Ägypten, erwarb. Auf diese Ausrede fiel nur herein, wer darauf hereinfallen wollte. Die diplomatische Spannung eskalierte, als die Schiffe im Sommer 1863 fertiggestellt wurden.

Die Entscheidung eines britischen Gerichts in einer ganz anderen Sache stärkte Bulloch den Rücken. Im April hatte die Regierung Palmerston das Kaperschiff *Alexandra,* das für die Konföderation gebaut wurde, mit der Begründung beschlagnahmt, die militärische Zweckbestimmung des Fahrzeugs sei aus seiner ganzen Struktur zu ersehen, auch wenn es keine Geschütze aufweise. Im Juni entschied jedoch der Court of Exchequer in diesem Falle gegen die Regierung. Es sah so aus, als könne Bulloch mit seinen unbewaffneten Rammschiffen durch eine Masche im Netz des britischen Rechts aus Liverpool entschlüpfen. Adams übermittelte Außenminister Russell immer schärfere Protestnoten, die am 5. September in der Erklärung gipfelten: »Es erübrigt sich, Eure Lordschaft darauf hinzuweisen, daß dies Krieg bedeutet.« Ohne daß Adams es wußte, hatte die Regierung Palmerston, noch bevor sie diese Note erhielt, bereits beschlossen, die Schiffe zurückzuhalten. Als jedoch später die diplomatische Korrespondenz veröffentlicht wurde, feierte man Adams in der Heimat als Helden, weil offenbar er »John Bull«

zum Nachgeben gezwungen hatte. Palmerston ärgerte sich zwar über Adams' Ton (zu Russell meinte der Premierminister: »Wir sollten ihm ganz höflich sagen, daß er uns mal am A...«), aber die Unionsdiplomatie hatte doch einen Sieg errungen, den Henry Adams als »zweites Vicksburg« bezeichnete.[19]

Entmutigt verlegte James Bulloch den Ort seines Wirkens nach Frankreich, wo die Konföderierten 1863 vier Kaperschiffe und zwei gepanzerte Rammschiffe mit doppeltem Geschützturm in Auftrag gaben. Louis Napoleon machte dem Süden nach wie vor Hoffnungen auf Anerkennung; er war noch immer bestrebt, das französische Imperium in der Neuen Welt wiederherzustellen. Im Juni 1863 eroberte ein 35000 Mann starkes französisches Heer die Stadt Mexico und stürzte die republikanische Regierung unter Benito Juárez. Die Konföderierten hatten unterdessen Bündnisse mit juárezfeindlichen Provinzfürsten an der Grenze zu Texas geschlossen, um den Handel mit »Konterbande« über den Rio Grande zu fördern. In den Südstaaten erkannte man, daß man ähnliche Interessen wie die klerikalen Monarchisten und die Haziendabesitzer hatte, die Tagelöhner beschäftigten, und begrüßte die Intervention der Franzosen zugunsten dieser Gruppe. Als Napoleon durchblicken ließ, daß er Erzherzog Ferdinand Maximilian zum Kaiser von Mexiko machen wollte, nahmen Abgesandte der Konföderation Kontakt mit Maximilian auf und offerierten ihm die Anerkennung, wenn er seinerseits dem Süden behilflich sei, die Anerkennung durch Frankreich zu erlangen. Maximilian war hierzu bereit, doch im Januar 1864 hatte Napoleon offenbar das Interesse an diesem Plan verloren.

Zu dieser Entwicklung hatte ein Zusammenwirken diplomatischer Aktivitäten der Nordstaaten und europäischer Großmachtpolitik geführt. Die Vereinigten Staaten hatten freundschaftliche Beziehungen zur Regierung Juárez unterhalten. Als diese gestürzt wurde, berief die Lincoln-Administration den amerikanischen Gesandten ab und verweigerte der von Frankreich eingesetzten provisorischen Regierung die Anerkennung. Lincoln modifizierte sogar die Kriegsstrategie der Union, um in Texas Flagge zu zeigen und die Franzosen zu warnen. Nach der Einnahme Vicksburgs und Port Hudsons wollten Grant und Banks eigentlich mit einem Feldzug gegen Mobile fortfahren, doch aus diplomatischen Gründen gab die Regierung Banks den Befehl, statt dessen gegen Texas zu marschieren. Das erste Unternehmen der Union in dieser Richtung – am Sabine Pass an der Grenze zwischen Texas und Louisiana – endete im September 1863 mit einem Fiasko: Eine einzige Batterie der Konföderierten schlug die Kanonenboote in die Flucht, die die Landung einer Infanterieeinheit decken wollten. Banks hatte im November mehr Glück: Er eroberte Brownsville und setzte sich demonstrativ nahe der mexikanischen Grenze fest, um Napoleon zu warnen.

Napoleon nahm die Warnung ernst; zu einem Zeitpunkt, da das komplizierte Kartenhaus seiner europäischen Diplomatie einzufallen drohte, wollte er keinen Ärger mit den Vereinigten Staaten. Mit der Installierung Maximilians auf dem mexikanischen Thron schielte Napoleon unter anderem auf die Gunst Österreichs in dem undurchschaubaren, aber tödlichen diplomatischen und militärischen Gerangel der Kontinentalmächte, die ihre Flanken schützen wollten, während sie gleichzeitig versuchten, Teile Polens, Italiens und Dänemarks zu behalten beziehungsweise zu schlucken. Österreichs Bündnis mit Preußen in dem Krieg gegen Dänemark, der den Preußen Schleswig-Holstein eintrug, dämpfte Napoleons Begeisterung für Habsburg. Anfang 1864 lockerte er das französische Engagement für Maximilian, und auch durch den Köder Mexiko ließ er sich nicht zu einer Anerkennung der Konföderation verlocken. Napoleons Außenminister vereitelte auch den Versuch der Konföderierten, sich in Frankreich eine Kriegsmarine zu beschaffen. Die im Auftrag der Südstaaten gebauten Schiffe wurden statt dessen nach Peru, Preußen und Dänemark verkauft. Trotzdem ließ Bulloch bis zuletzt nicht locker. Durch juristische Taschenspielertricks, auf die er sich mittlerweile wie kein zweiter verstand, bewirkte er schließlich den Transfer eines Panzerschiffs von Dänemark an die Konföderation. Das Fahrzeug wurde auf den Namen *C. S. S. Stonewall* getauft, überquerte den Atlantik und erreichte seinen Zielhafen einen Monat nach Lees Kapitulation in Appomattox. Zuletzt landete die *Stonewall* in der japanischen Marine.[20]

III

Die Lincoln-Administration verstand es, ihre militärischen Siege des Jahres 1863 nicht nur in außenpolitische, sondern auch in innenpolitische Erfolge umzumünzen. Im Herbst standen in einigen Bundesstaaten Wahlen bevor; die wichtigsten waren die Gouverneurswahlen in Ohio und in Pennsylvania. Ein Jahr zuvor hatten die Republikaner bei Kongreßwahlen Rückschläge erlitten. 1863 waren die Wahlkampfthemen noch immer dieselben wie früher: Art der Kriegführung, Sklavenbefreiung, bürgerliche Freiheitsrechte und Zwangsaushebung zum Militärdienst. In der Kriegsfrage konnten die Republikaner mit sich zufrieden sein: Chickamauga hatte den Glanz von Gettysburg, Vicksburg und anderen Siegen kaum verdunkeln können. Trotzdem war Lincoln im Hinblick auf die Wahlen in Ohio und Pennsylvania besorgt – zu Gideon Welles sagte er, er habe »mehr Angst vor diesen Wahlen als 1860, als er selbst gewählt wurde«[21] –, weil die Demokraten in beiden Staaten »Copperheads« für den Gouverneursposten nominiert hatten. Würde einer von ihnen gewählt, mußte das die sinkende Moral des Südens heben und den Siegeswillen des Nordens schwächen.

Clement Vallandigham führte den Wahlkampf um das Gouverneursamt in Ohio von seinem Exil im kanadischen Windsor aus. George W. Woodward hüllte sich als Richter am Supreme Court von Pennsylvania in vornehmes Schweigen und ließ seine Partei den Wahlkampf für ihn führen. Es bedurfte jedoch nur einiger Nachforschungen der Republikaner, um seine Meinung zu diesem Krieg zu eruieren. »Die Sklaverei war als besonderer Segen für das Volk der Vereinigten Staaten gedacht«, wußte Woodward. »Die Sezession ist keine Illoyalität«, hatte er 1860 geschrieben; denn durch die Wahl Lincolns sei die alte Union des einvernehmlichen Konsenses zerstört. »Ich kann das Ausscheiden des Südens gerechterweise nicht verurteilen. [...] Ich wollte, Pennsylvania könnte sich ihm anschließen.« Obwohl zwei seiner Söhne in der Potomac-Armee dienten, glaubte Woodward nicht, daß die Wiedervereinigung durch den Sieg auf dem Schlachtfeld zu erreichen sei. In seiner Eigenschaft als Richter eines bundesstaatlichen Gerichts verfaßte er ein Gutachten, wonach das Gesetz über die landesweite Zwangsrekrutierung verfassungswidrig und in Pennsylvania ungültig sei. Ein prominenter Demokrat erklärte bei einer Wahlveranstaltung für Woodward, dieser werde sich im Falle seiner Wahl mit den Gouverneuren Vallandigham von Ohio und Seymour von New York (die zusammen fast 50 Prozent der Bevölkerung des Nordens vertraten) zusammentun, um »aus der Armee die Truppen ihres jeweiligen Staates abzuziehen und so die Administration zu zwingen, eine Konferenz aller Bundesstaaten zur Beilegung unserer Schwierigkeiten einzuberufen«.[22]

Sowohl Woodward als auch Vallandigham waren nominiert worden, bevor die Union ihre triumphalen Siege in Gettysburg und Vicksburg errungen hatte. Diese Schlachten verboten es ihnen, weiter auf dem Wahlkampfthema »Dieser Krieg ist ein Fehler« herumzureiten. Zwar änderte keiner der beiden Kandidaten seine persönliche Meinung, aber die Partei erkannte, daß übertrieben kriegsfeindliche Äußerungen ihr die demokratischen Kriegsbefürworter entfremden mußten, deren Stimmen für einen Wahlsieg dringend benötigt wurden. Es fiel diesen Kriegsdemokraten schwer, Vallandigham zu schlucken; Woodward hingegen war leichter zu verdauen. Er veröffentlichte eine Erklärung, in der er die Rebellion verurteilte. Und am Vorabend der Wahl landete die Partei noch einen Coup in Gestalt eines Briefes, zu dem sie McClellan aus dem benachbarten New Jersey überredet hatte und in dem er versicherte, wenn er in Pennsylvania stimmberechtigt wäre, »würde ich Judge Woodward meine Unterstützung und meine Stimme geben«.[23]

Da die Republikaner nun einmal in der Kriegsfrage die Nase vorn hatten, verließen sich die Demokraten hauptsächlich auf erprobte Wahlkampfthemen wie die Sklavenbefreiung. In Ohio bezeichnete die Partei den Kampf um den Gouverneursposten als »›ununterdrückbaren Konflikt‹ zwischen weißen und schwarzen Landarbeitern. [...] Jede Stimme sei eine Stimme für den *weißen* Mann und gegen die Bande von Abolitionisten, die euch mit Negerkindern in euren Schulen, mit Negergeschworenen in euren Gerichten und mit Negerstimmen in euren Wahlurnen beglücken will!« Den korpulenten republikanischen Kandidaten John Brough verspotteten Wahlredner der Demokraten als »dicken Ritter vom Corps d'Afrique«. Ähnliche, wenngleich weniger gehässige Schmähungen der »politischen und sozialen Gleichberechtigung« beherrschten auch den Wahlkampf in Pennsylvania.[24]

Aber Antiabolitionismus und Rassismus hatten als schlagkräftige Parolen der demokratischen Propaganda offenbar ausgespielt. Der Hauptgrund hierfür waren zwei im Juli 1863 fast gleichzeitig eintretende Ereignisse. Das eine waren die Unruhen in New York im Zusammenhang mit der Aushebung von Wehrpflichtigen, die vielen Nordstaatlern die verderblichen Konsequenzen eines virulenten Rassismus drastisch vor Augen führten. Das andere war eine kleine Schlacht im Feldzug gegen Charleston. In der Abenddämmerung des 18. Juli stürmten zwei Brigaden der Union Fort Wagner, eine Schanze der Konföderierten zur Verteidigung der Hafenzufahrt von Charleston. An der Spitze des Angriffs marschierte die 54. Massachusetts-Infanterie. Das war noch nichts Ungewöhnliches: Regimenter aus dem »Bay State« kämpften in vielen Schlachten an vorderster Front, und Massachusetts hatte von allen Unionsstaaten mit die höchsten Verluste im Kampf zu verzeichnen. Aber das 54. war das schwarze Vorzeigeregiment des Nordens. Colonel und Lieutenant Colonel stammten aus prominenten Abolitionistenfamilien. So war mit der ersten großen Aktion des 54. mehr verbunden als nur die Einnahme eines Forts, so wichtig diese sein mochte. Colonel Robert Gould Shaw hatte seinen Brigadekommandeur dringend gebeten, das Regiment beweisen zu lassen, was es konnte. Der General beauftragte daraufhin Shaw persönlich damit, den Frontalangriff gegen diese starke Schanze über eine schmale Sandzunge zu führen. Das Resultat war abzusehen: Die Rebellen wehrten die angreifenden Brigaden ab und fügten ihnen schwere Verluste zu.

Die größten Verluste erlitt das 54.; es büßte nahezu die Hälfte seiner Leute ein, darunter Colonel Shaw, den eine Kugel ins Herz traf. Schwarze Soldaten stürmten die Brustwehr von Fort Wagner und behaupteten sie in der flammendurchzuckten Dunkelheit eine Stunde lang, bevor sie zurückwichen. Die Verdienste und Verluste dieses schwarzen Eliteregiments wurden in der Abolitionistenpresse stark beachtet und bewirkten in der Vorstellung der Nordstaatler vom schwarzen Soldaten einen Umschwung. »Durch den Pulverdampf jener dunklen Nacht erglänzt die Menschheit der farbigen Rasse vor manch einem Auge, das nicht sehen wollte«, erklärte der *Atlantic Monthly.* Die *New York Tribune* war der Ansicht, durch diese Schlacht habe »der Name Fort Wagner für die farbige Rasse denselben Klang bekommen, wie ihn 90 Jahre lang der Name Bunker Hill für die weißen Yankees hatte«. Nachdem ein Südstaatenoffizier die Bitte um Rückgabe der Leiche Shaws mit den Worten quittiert haben soll: »Den haben wir mit seinen Niggern begraben«, widersetzte sich Shaws Vater dem Bemühen des Nordens um Herausgabe des Leichnams mit der Begründung: »Das dem Soldaten gemäße Grab ist nach unserer Überzeugung das Feld, auf dem er gefallen ist.«[25]

Kurz vor dieser Apotheose Shaws und seiner Männer hatten demokratische Krawallmacher in New York Schwarze gelyncht und das Waisenhaus für farbige Kinder in Brand gesteckt. Kaum eine republikanische Zeitung ließ es sich entgehen, daraus die Lehre zu ziehen, daß Schwarze, die *für* die Union kämpften, mehr Achtung verdienten als Weiße, die *gegen* sie kämpften. Lincoln sprach dieses Thema am 28. August in einem offenen Brief an die Demokraten an. »Sie sind unzufrieden mit mir, was den Neger angeht«, schrieb der Präsident. Aber »manche Befehlshaber unserer Armeen im Feld, denen wir unsere wichtigsten Erfolge verdanken, sind der Überzeugung, daß die Politik der Emanzipation sowie der Einsatz farbiger Truppen die schwersten Schläge sind, welche die Rebellion bisher getroffen haben«.[26] Und er fuhr fort: »Sie sagen, Sie werden nicht für die Befreiung der Neger kämpfen. Manche Neger sind anscheinend bereit, für *Sie* zu kämpfen; aber gleichviel. Beschränken Sie sich darauf, für die Erhaltung der Union zu kämpfen. Ich habe die Proklamation erlassen, um Ihnen bei der Erhaltung der Union zu helfen.« Abschließend schrieb der Präsident, wenn der Krieg dereinst gewonnen sei, werde »es so manchen Schwarzen geben, der daran zurückdenken kann, daß er stumm, mit zusammengebissenen Zähnen, geradem Blick und gefälltem Bajonett der Menschheit zu dieser großen Erfüllung verholfen hat, während es, wie ich fürchte, so manchen Weißen geben wird, der nicht vergessen kann, daß er sie mit bösem Herzen und täuschendem Wort verhindern wollte«.[27]

Auf den Ton dieses Briefes stimmten die Republikaner 1863 ihren Wahlkampf. Früher hatten sie sich hinsichtlich der Sklavenbefreiung oft in der Defensive gefühlt; nun konnten sie die Demokraten in die Defensive drängen. Wer jetzt gegen die Emanzipation war, der war gegen den Sieg des Nordens. Indem die Republikaner den Bestand der Union mit der Sklavenbefreiung verknüpften, nahmen sie dem Rassismus der Demokraten in Ohio, Pennsylvania und New York (wo 1863 Parlamentswahlen stattfanden) den Wind aus den Segeln. In New York eroberte die Republikanische Partei zwei Drittel der Parlamentssitze. In Ohio erzielte sie mit 61 Prozent ihr bis dahin bestes Ergebnis; ihr Vorsprung gegenüber Vallandigham betrug erdrückende 100 000 Stimmen. Besonders befriedigend für die Republikaner war, daß ihnen 94 Prozent der Soldaten im Feld ihre Stimme gegeben hatten. Der an die Soldaten gerichtete Wahlkampfslogan »Wähle, wie du schießt« hatte sich bestens bewährt. In Pennsylvania hatte bezeichnenderweise der Oberste Gerichtshof in einem Gutachten, das von keinem anderen als George Woodward stammte, festgestellt, daß Soldaten nur in ihrem Heimatbezirk wählen durften. Da jedoch nur wenige Soldaten aus Pennsylvania zur Stimmabgabe auf Heimaturlaub geschickt werden konnten, trug ihr Votum nicht allzuviel zu dem republikanischen Vorsprung von 15 000 Stimmen (51,5 Prozent) gegenüber Woodward bei.

Auch anderswo erzielten die Republikaner ansehnliche Stimmengewinne bei bundesstaatlichen und lokalen Wahlen. Sie deuteten diese Wahlergebnisse als Anzeichen für einen Umschwung der öffentlichen Meinung zugunsten der Sklavenbefreiung. Die republikanische Zeitung in Lincolns Heimatstadt Springfield schrieb, wenn es anläßlich der Emanzipationsproklamation im Jahr zuvor ein Referendum gegeben hätte, »besteht kaum ein Zweifel, daß die Mehrheit dagegen gewesen wäre. Und doch ist kaum ein Jahr vergangen, und eine überwältigende Mehrheit hat sich dafür ausgesprochen«. Ein Republikaner aus New York stellte fest: »Der Wandel der Meinung in der Frage der Sklaverei ... ist ein großes und historisches Faktum. [...] Wer hätte ... diese große, segensreiche Revolution vorhersagen können? [...] Gott verzeihe uns unsere Blindheit vor drei Jahren.« Auf die Emanzipationsproklamation seien »dunkle und verzagte Tage« gefolgt, gab Lincoln am 8. Dezember 1863 in seiner Botschaft an den Kongreß zu. Jetzt aber sei »die Krise, welche die Freunde der Union bedrohte, gebannt«.[28] Dieser Optimismus war verfrüht, aber er entsprach spiegelbildlich der Verzweiflung, die den Willen des Südens zur Fortsetzung des Kampfes zu brechen drohte.

23.

»When this cruel war is over«

I

Zum Pech für Jefferson Davis fielen die Wahlen zum konföderierten Kongreß ausgerechnet in den Herbst 1863, als die Moral des Südens einen Tiefpunkt erreicht hatte. Die Wähler verpaßten seiner Administration denn auch einen noch schlimmeren Denkzettel, als ihn die Lincoln-Administration in ähnlicher Lage ein Jahr zuvor erhalten hatte. Das lag nicht nur an der katastrophalen Kriegssituation des Südens, sondern auch an den unterschiedlichen politischen Strukturen im Norden und im Süden.

Regelrechte Parteien gab es in der Konföderation nicht. Das lag zum einen an der Erosion des Zweiparteiensystems in den 50er Jahren, zum anderen am Bedürfnis nach Einheit und Geschlossenheit in der Notsituation der Sezession und des Krieges. Die Whigs hatten 1860 zwar eine kurze Renaissance als Constitutional Union Party erlebt, gerieten aber in der Krise des Jahres 1861 schon ins Abseits. Im politischen Alltag bestand das Gedankengut der Whigs als Stimmungs- und Erinnerungswert fort, doch selbst den akribischsten Forschern gelang es nicht, mittels Namenslisten-Analyse für die Zeit von 1861 bis einschließlich 1863 im konföderierten Kongreß Parteiorganisationen oder ein signifikant parteigebundenes Abstimmungsverhalten nachzuweisen.[1]

Die Südstaatler betrachteten das als Quelle ihrer Stärke. Der Präsident des ersten Kongresses gratulierte den Abgeordneten ausdrücklich dazu, daß »sich für keinen Augenblick der Geist der Parteilichkeit in Ihren Entschließungen gezeigt hat«.[2] Heute ist die historische Forschung der Ansicht, daß das Fehlen von Parteien in Wirklichkeit eine Schwäche war. Im Norden hatte das Zweiparteiensystem den Effekt, das politische Leben in geordnete Bahnen zu lenken. Die Republikanische Partei mobilisierte Kriegsressourcen, erhöhte die Steuern, schuf ein neues Finanzsystem, leitete die Befreiung der Sklaven ein und erließ Gesetze zur

Wehrpflicht. Die Demokraten lehnten die meisten dieser Maßnahmen ab; diese klar konturierte Opposition nötigte die Republikaner zum Schulterschluß, wenn es hart auf hart ging. Da es *Parteien* waren, die diese Maßnahmen trugen oder ablehnten, wußte der Wähler, wer wofür verantwortlich war, und konnte an der Wahlurne seine Billigung oder Mißbilligung zum Ausdruck bringen. Natürlich nutzten beide Parteien ihren gut geölten Parteiapparat, um die Wähler auf ihre Seite zu ziehen. In der Konföderation hatte die Davis-Administration diese Möglichkeit nicht, sich die Unterstützung der Wähler zu sichern. Das Fehlen von Parteien bedeutete das Fehlen einer institutionalisierten Disziplinierung der Abgeordneten und Gouverneure. Davis konnte sich nicht wie Lincoln auf die Loyalität von Parteifreunden und das parteigebundene Recht zur Ämterbesetzung stützen, wenn es um seine Politik ging. Die Opposition gegen die Davis-Administration war an Einzelpersonen oder Cliquen gebunden und deshalb schwer zu bekämpfen.

Im Norden waren fast alle Gouverneure der Einzelstaaten Republikaner, weshalb die Parteitreue sie zur Unterstützung der Kriegsanstrengung nötigte. Im Süden behinderte die Obstruktionspolitik einzelner Gouverneure eine gebündelte Kriegsanstrengung, weil die zentrifugalen Tendenzen der einzelstaatlichen Befugnisse nicht von der zentripetalen Kraft einer Partei absorbiert wurden. Die Verfassung der Konföderation sah für den Präsidenten eine einmalige Amtszeit von sechs Jahren vor; Davis hatte also keine Veranlassung, sich im Interesse seiner Wiederwahl eine Parteiorganisation zu schaffen. Bei den Kongreßwahlen von 1863 standen im Vordergrund Maßnahmen der Regierung wie Wehrpflicht, Requirierungen, Naturalabgaben und der Umgang mit den Staatsfinanzen. Die Kandidaten der Opposition traten als Einzelkämpfer auf, ohne eine Partei im Rücken, so daß es der Regierung an politischer Munition fehlte, um auf alle diese verstreuten Ziele zu schießen.[3]

Wie die Forschung gezeigt hat, begannen sich 1863 in der Konföderation »Protoparteien« zu bilden. In der sich herauskristallisierenden Opposition waren vor allem frühere Whigs tonangebend, doch verriet sich der Mangel einer Struktur darin, daß unter Davis' Gegnern auch Louis Wigfall in Erscheinung trat und General Joseph E. Johnston privat seinen Einfluß geltend machte. Wigfall war ein draufgängerischer Demokrat; er hatte für kurze Zeit unter Johnston als General in Virginia gedient, bevor er 1862 von Texas in den Senat gewählt worden war. 1863 zeigte er sich als erbitterter Kritiker Davis', der dem Präsidenten seine »Sturheit und Verstocktheit« vorwarf. Wenn der Präsident Johnston den Verlust Vicksburgs ankreidete, so kreideten Johnston und Wigfall dem Präsidenten die unklare Kommandostruktur im Westen an, die zur Katastrophe geführt hatte. Johnston äußerte sich zwar nicht öffentlich, aber in Briefen an seine Freunde hielt er mit seiner Meinung nicht hinter dem Berg. Im Herbst 1863 hatte sich Johnston, wie es ein anderer General der Konföderierten formulierte, zu einem »Schild« entwickelt, hinter dem sich die Kritiker der Administration sammelten »und ihre Pfeile auf Präsident Davis abschossen«.[4]

Die steigende Inflation und die Versorgungsengpässe waren Wasser auf die Mühlen der politischen Opposition. In den vier Monaten nach Gettysburg stiegen die Preise um fast 70 Prozent. »Gestern wurde das Mehl bei der Auktion für 100 Dollar pro Faß verkauft; heute kostet es 120 Dollar«, schrieb ein Bürger Richmonds im November. »Einen anständigen Anzug bekommt man jetzt nicht unter 700 Dollar. [...] Wir sehen jetzt heruntergekommen aus – ausgemergelt, und viele laufen in Lumpen herum. [...] Keine Nacht, wo nicht Geflügel, Pökelfleisch und sogar Rinder und Schweine gestohlen werden. [...] Bald muß es unstreitig zu einem Ausbruch kommen.« Der Chef des Verwaltungsbüros des Kriegsministeriums, ein loyaler Davis-Mann, gestand im November: »Der unaufhaltsame Bankrott der Staatsfinanzen, der Eigensinn, womit der Präsident an Leuten festhält, die das Vertrauen des Landes verloren haben, die Knappheit an Hilfsgütern ... erregen höchsten Unmut. [...] An unserer Sache habe ich eigentlich nie gezweifelt, heilig und kostbar wie sie ist; aber mein Glaube ... weicht allmählich einem Gefühl der Hoffnungslosigkeit.«[5]

In dieser Atmosphäre fanden die Kongreßwahlen statt. Sie ließen die Anzahl der regierungsfeindlichen Parlamentarier von 26 auf 41 (von 106) anwachsen. Zwölf der 26 Senatoren im neuen Kongreß wurden der Opposition zugerechnet. Der Anteil an früheren Whigs und bedingten Unionisten im Kongreß stieg von einem Drittel auf die Hälfte. Mehrere Gouverneursposten fielen 1863 an einstige Whigs, darunter erstmals auch jene von Alabama und Mississippi. Die Administration behauptete zwar eine knappe Mehrheit im Kongreß, aber dieser Vorsprung beruhte auf einer Anomalie. Die meiste Unterstützung erhielt die Regierung Davis von Abgeordneten aus Gebieten, die von der Union besetzt waren: Kentucky, Missouri (beide Staaten wurden als Teil der Konföderation betrachtet und waren im Kongreß vertreten), Tennessee sowie erhebliche Teile von Louisiana, Arkansas, Mississippi und Virginia. Die Durchführung regulärer Wahlen in diesen Gebieten war natürlich nicht möglich, und so blieben die früher gewählten Abgeordneten einfach im Amt oder wurden von ein paar Flüchtlingen aus ihrem Wahlkreis »gewählt«. Diese irredentistischen Abgeordneten hatten das triftigste Motiv, einen »Krieg bis zum letzten Graben« zu unterstützen. Sie bildeten noch am ehesten das, was man eine Regierungspartei in der Konföderation nennen konnte. Sie stimmten für höhere Steuern, die von ihren Wählern nicht erhoben werden konnten, und für strengere Wehrpflichtgesetze, durch die kein einziger Mann aus ihrem Wahlkreis eingezogen wurde. Diejenigen Gebiete des Südens hingegen, welche die Konföderation kontrollierte, entsandten eine regierungsfeindliche Mehrheit in den Kongreß. Von den 19 neuen Abgeordneten aus den beiden größten dieser Gebiete, North Carolina und Georgia, waren 16 gegen die Regierung.[6]

Die Opposition trat wie im Norden in zweierlei Form auf. Die meisten administrationsfeindlichen Südstaatler unterstützten zwar die Kriegsziele der Regierung, lehnten aber bestimmte Elemente eines totalen Krieges zur Erreichung dieser Ziele ab. Für andere Oppositionelle war der Krieg ein Fehlschlag; sie forderten einen Verhandlungsfrieden, selbst um den Preis der konföderierten Kriegsziele. Im Norden nannte man solche Leute »Copperheads«, im Süden hießen sie »Rekonstruktionisten« oder auch »Tories«. Im Norden wie im Süden wurde die Friedensfraktion stets dann stärker, wenn der Krieg eine schlimme Wendung nahm.

Am vehementesten war die regierungsfeindliche Kriegsfraktion in Georgia. Hier führte das oppositionelle Triumvirat aus Vizepräsident Alexander Stephens, Exgeneral Robert Toombs und Gouverneur Robert Brown einen persönlichen Rachefeldzug gegen Davis. Stephens verglich den Präsidenten mit »meinem armen alten, blinden und tauben Hund«. Toombs, verbittert über die »West-Point-Clique«, die seinen Aufstieg zu militärischen Ehren blockiert habe, beschimpfte Davis als »falschen und heuchlerischen ... Wicht«, der »weder die Fähigkeiten noch den Anstand zur Führung der Revolution« besitze. Die Finanzpolitik der Regierung nannte Toombs »verderblich«, »ruinös«, »untragbar«, die Requirierung landwirtschaftlicher Erzeugnisse »Zwang und Schwindel«, die Wehrpflicht »eine Ohrfeige für die Gerechtigkeit und die Verfassung«. »Der Weg zur Freiheit für den weißen Mann führt nicht durch die Sklaverei«, donnerte Tooms im November 1863. Gouverneur Brown bekämpfte die Einziehung von Wehrpflichtigen nicht nur verbal. Er ernannte einige tausend Männer zu Constables, Milizoffizieren, Friedensrichtern, Coroners und County-Surveyors und entzog sie damit der Wehrpflicht.[7]

In Georgia kam es im Februar 1864 zu einer Krise, als bei einer Sitzung der nicht wiedergewählten Parlamentarier des alten konföderierten Kongresses der Präsident ermächtigt wurde, die Habeaskorpusakte außer Kraft zu setzen, um verräterische Aktionen zu bekämpfen und das Wehrpflichtgesetz durchzusetzen.[8] Die beiden Senatoren Georgias stimmten gegen diese Gesetzesvorlage. Vizepräsident Stephens verurteilte sie als einen »Schlag gegen die ›edelsten Prinzipien der Freiheit‹« durch einen Präsidenten, der »die unumschränkte Macht anstrebt. [...]

Es ist besser, unsere Staaten werden vom Feind überrannt, unsere Städte gebrandschatzt und unser Land verwüstet, als daß unser Volk zusehen muß, wie falsche Freunde in die Zitadelle seiner Freiheitsrechte eindringen und sie erobern«. Stephens half Brown auch bei der Abfassung einer Ansprache vor dem Parlament, in welcher das Gesetz als Schritt auf dem Wege zur »Militärdiktatur« kritisiert wurde. »Was werden wir nach der Erringung unserer Unabhängigkeit von den Nordstaaten gewonnen haben«, lautete Browns rhetorische Frage, »wenn wir dabei ... die *verfassungsmäßigen Freiheitsrechte* bei uns selbst verloren haben?« Das Parlament verabschiedete Resolutionen aus der Feder von Stephens' Bruder, in denen die Aussetzung der Habeaskorpusakte als verfassungswidrig verurteilt wurde.[9]

Für Richmond war dies alles schon schlimm genug, aber noch schlimmer war Browns Vorschlag, Friedensverhandlungen aufzunehmen. Alexander Stephens schien diesen Vorschlag in einer dreistündigen Rede vor dem Parlament aufzugreifen, und sein Bruder brachte weitere Resolutionen ein, in denen die Bevölkerung aufgefordert wurde, die Regierung zur Beendigung des Krieges zu drängen. Das klang verdächtig; es schmeckte nach Verrat. In Wirklichkeit wollten Brown und Stephens die Verhandlungen erst *nach* dem nächsten Sieg der Konföderation aufnehmen und sahen in der Unabhängigkeit eine Vorbedingung für den Friedensschluß. Niemand, auch nicht Stephens, erwartete von Lincoln, daß er unter diesen Bedingungen verhandeln werde. Die Resolutionen verfolgten den Zweck, die öffentliche Meinung im Norden zu spalten und die Demokraten, die für eine friedliche Lösung eintraten, für die Wahlen von 1864 zu stärken, indem man den Eindruck vermittelte, der Süden sei verhandlungsbereit. Diese Finessen entgingen allerdings den meisten Südstaatlern; sie sahen in Brown und Stephens lediglich »Rekonstruktionisten«, die den Frieden um jeden Preis wollten. Anstatt den Norden zu spalten und zu erobern, spielte der Friedenstrick eher den Yankees in die Hände, die den Süden zu spalten und zu erobern hofften.

Die meisten Zeitungen der Südstaaten, auch die in Georgia, tadelten den Vizepräsidenten. An der Front stehende Regimenter aus Georgia verurteilten Brown und das Parlament. Die Senatoren aus Georgia hielten Stephens privat eine Standpauke. »Ihre Antipathie gegen Davis hat Ihr Urteil getrübt«, erklärte Senator Herschel Johnson dem Vizepräsidenten. »Es war falsch, wenn man Ihre Position bedenkt; es war falsch, weil die ganze Bewegung nur den verrückten Zweck verfolgte, Davis und dem Kongreß zu schaden. – Und es war falsch, weil die Bewegung ein Glücksfall für den Gegner ist, der sie schon in seiner Presse ausschlachtet.« Das Parlament verabschiedete eilends eine Resolution, in der Georgia seine weitere Unterstützung des Krieges zusagte.[10]

Während die Dissidenten in Georgia einen Siegfrieden erhofften, wollte ein Teil der Opposition in North Carolina offenbar den Frieden durch Rekonstruktion. Dieser Staat hatte sich der Sezession als letzter angeschlossen, und sein Engagement für die Konföderation war nie sehr groß gewesen, auch wenn er im Krieg mehr Soldaten stellte als jeder andere Bundesstaat außer Virginia. Allerdings stellte North Carolina auch mehr Deserteure als jeder andere Staat.[11] Der westliche Teil des Staates hatte, was seine sozioökonomische Struktur und seine unionistischen Neigungen betraf, Ähnlichkeit mit Ost-Tennessee und West-Virginia. Die Unzugänglichkeit dieser Region für nordstaatliche Armeen verhinderte jedoch bis 1863 das Entstehen einer ernstzunehmenden unionistischen Bewegung. In diesem Jahr verzeichnete der Order of the Heroes of America, ein geheimer Friedensbund, in den Piedmontflächen und im Hinterland North Carolinas beträchtlichen Zulauf, als nach Gettysburg Kriegsmüdigkeit und Defätismus immer mehr um sich griffen. Tausende von Deserteuren kehrten in ihren Staat zurück und brachten mit Hilfe von »Tories« und Rekrutierungsflüchtigen ganze Counties unter ihre Kontrolle.[12]

Die einflußreichsten Politiker North Carolinas waren Zebulon B. Vance und William W. Holden. Vance, vor dem Krieg Whig und 1861 »bedingter Unionist«, hatte ein Regiment in der Nord-Virginia-Armee kommandiert, bevor er 1862 die Gouverneurswahl gewann. Zwar stritt er sich mit Davis, wenn es um die Vollmachten der Konföderation gegenüber denen der Einzelstaaten ging, aber er unterstützte die Kriegsanstrengung und hörte bis zuletzt nicht auf, »die Yankees zu bekriegen und sich gleichzeitig über die Konföderation aufzuregen«.[13] Holden war aus anderem Holz geschnitzt. Ursprünglich Whig, wurde er in den 50er Jahren Demokrat und Sezessionist, brach jedoch mit der Partei und war bis zum letzten Augenblick (1861) gegen die Sezession. Als Herausgeber des *North Carolina Standard* in Raleigh trat er für die bürgerlichen Freiheitsrechte ein und kritisierte während des Krieges die Politik der Regierung. Er arbeitete mit dem Schlagwort vom »Krieg der Reichen auf dem Rücken der Armen« und sammelte damit viele Anhänger bei Kleinbauern und Arbeitern. Seine Konservative Partei, im wesentlichen aus alten Whigs und »bedingten Unionisten« bestehend, hatte mit der programmatischen Forderung nach staatlicher Souveränität North Carolinas innerhalb der Konföderation die Kandidatur Vance' für den Gouverneursposten unterstützt. Bis zum Sommer 1863 war Holden indes zu der Überzeugung gelangt, daß der Süden den Krieg nicht gewinnen könne und daß Wehrpflicht, Requirierungen, »Militärdiktatur« und der Ruin der Wirtschaft eine größere Gefahr für die Bevölkerung seines Staates darstellten als die Wiedervereinigung mit den Vereinigten Staaten.

Mit Hilfe der Heroes of America organisierten Holden und seine Gesinnungsfreunde über 100 Protestveranstaltungen gegen den Krieg; dabei wurden Resolutionen entworfen, die auf Leitartikeln des *Standard* basierten und zu Verhandlungen über einen »ehrenvollen Frieden« aufriefen. Was darunter zu verstehen war, konnte man nur mutmaßen; für überzeugte Konföderierte sah es nach Verrat aus. Ein Beobachter, der kein Freund Holdens war, berichtete im August 1863 über verschiedene Friedensveranstaltungen im Westen des Landes: »Die Sprache war hochverräterisch, und es wurden Unionsfahnen geschwenkt.« Ein Beamter des Kriegsministeriums schrieb im September 1863 über Holdens Anhänger: »Sie lassen jetzt die Maske fallen und beginnen in einigen westlichen Counties damit, ›Unions‹-Versammlungen abzuhalten. [...] Der Rekonstruktion wird offen das Wort geredet.«[14] Eine Brigade aus Longstreets Korps, die zu Braggs Armee unterwegs war, legte am 9. September eigens einen Halt in Raleigh ein, um das Büro von Holdens Zeitung zu verwüsten; die Anhänger Holdens revanchierten sich am nächsten Tag, indem sie die Räume von Raleighs regierungsfreundlicher Zeitung demolierten.

Vor diesem Hintergrund hieß es von mindestens fünf, möglicherweise sogar acht der 1863 gewählten Abgeordneten aus North Carolina, sie seien »Berichten zufolge für den Frieden«. Was das heißen sollte, blieb unklar; jedenfalls rief Holden nach den Wahlen seinen Staat dazu auf, auf seine Souveränität zu pochen und von sich aus in Friedensverhandlungen mit dem Norden einzutreten. Er behauptete, auf diesem Weg würde die Unabhängigkeit der Konföderation erreicht, was freilich kaum jemand ernst nahm. Ein Anhänger Holdens drückte es in einem Brief an Gouverneur Vance so aus: »Wir wollen ein Ende dieses Krieges, und wir werden den Frieden zu *jeder Bedingung* akzeptieren, die *ehrenvoll* ist. Die Unabhängigkeit wäre uns lieber, wenn sie erreichbar wäre; aber die *Rekonstruktion* sollte uns unendlich viel lieber sein als die *Unterjochung*.«[15]

Hatte Vance sich früher für Holdens Loyalität verbürgt, so war er Ende 1863 zu der Überzeugung gekommen, daß der Zeitungsmann North Carolina aus der Konföderation herausführen wolle. Das konnte Vance nicht dulden. »Lieber werde ich die Konservative Partei zerschlagen und Holden mit seinen Speichelleckern in der Luft zerreißen«, ereiferte sich der Gouverneur, »als daß ich meine Zustimmung zu einem Kurs gebe, der meines Erachtens Schande und Verderben über den Staat und die Konföderation bringen würde.« Indes durfte Vance nichts übereilen; er war überzeugt, daß eine Mehrheit der Bürger von North Carolina hinter Holden stand. So wandte er sich an Jefferson Davis, der ihm helfen sollte, die Friedensbewegung auszumanövrieren. Er schrieb dem Präsidenten am 30. Dezember einen Brief und legte ihm nahe, sich »um Verhandlungen mit der Gegenseite zu bemühen«, um »die Quellen der Unzufriedenheit in North Carolina« zu verstopfen. Vance beeilte sich hinzuzufügen, natürlich könne der Süden nur aus einer Position der Unabhängigkeit heraus verhandeln. Würden »diese fairen Bedingungen zurückgewiesen«, was nicht anders zu erwarten sei, so werde das »das Engagement für diesen Krieg stärken und intensivieren und alle Kreise der Bevölkerung in einer noch freudigeren Unterstützung der Regierung zusammenführen«.[16]

Der subtile Machiavellismus in Vance' Vorschlag entging Davis.[17] Was aus einem Friedensangebot Gutes erwachsen könne, fragte er zurück. Man werde darin nur ein Eingeständnis der Schwäche sehen. Lincoln, »dieser Diktator«, habe bereits zu erkennen gegeben, daß der Süden nur dann den Frieden haben könne, »wenn wir alle unsere Sklaven freilassen, ihm und seinen Proklamationen Gefolgschaftstreue und Gehorsam geloben und uns in Tat und Wahrheit zu Sklaven unserer eigenen Neger machen«. Der richtige Weg zum Frieden, belehrte der Präsident den Gouverneur, bestehe in der Fortsetzung des Krieges, »bis es für den Feind ein böses Erwachen aus seinem eitlen Glauben an unsere Unterwerfung gibt«. Auch North Carolina müsse sein Teil zu diesem Kampf beitragen; anstatt sich mit Verrätern gemein zu machen, müsse Vance von seiner »Politik der Versöhnung abgehen und den Verrätern das Handwerk legen«.[18]

Davis hielt sich an den eigenen Rat. In einer Botschaft an den Kongreß drang er am 3. Februar 1864 auf die Verabschiedung des Gesetzes über die Aussetzung der Habeaskorpusakte – eine solche rechtliche Handhabe sei notwendig, um mit »Bürgern von notorischer Illoyalität« fertig zu werden, die »unter dem Deckmantel des Gesetzes Verrat betreiben«. Holden wußte, daß damit er gemeint war. Am 24. Februar teilte er mit, daß er den *Standard* bis auf weiteres einstellen werde, denn, wie er später erklärte, »wenn ich nicht als freier Mann publizieren konnte, wollte ich überhaupt nicht publizieren«.[19] Damit war die Friedensbewegung aber nicht erledigt, im Gegenteil, eine Woche später gab Holden seine Absicht bekannt, bei den Gouverneurswahlen im Sommer gegen Vance anzutreten.

Diese Kandidatur bedeutete die bisher ernsteste innere Gefahr für die Konföderation. Die meisten Beobachter rechneten mit einem Sieg Holdens. Doch Vance ging in die Offensive und überzeugte in einem klug geführten Wahlkampf viele Menschen aus dem Friedenslager von seinen Thesen zum Krieg. »Wir alle wollen den Frieden«, erklärte der rhetorisch begabte Gouverneur den Wählern. Die Frage sei nur, wie man ihn erlangen könne. Holdens Plan eines separaten Friedensabkommens werde North Carolina wieder der Union in die Arme treiben. »Statt daß eure Söhne an den Pflug und den häuslichen Herd heimkehren könnten, würden sie eingezogen ... und müßten, Seite an Seite mit [Lincolns] Negertruppen kämpfend, die weißen Männer, Frauen und Kinder des Südens niedermetzeln.« Der einzige Weg zu einem wirklichen Frieden bestehe darin, »daß wir es *jetzt* ausfechten« und den Krieg ungeachtet seiner falschen Führung durch Richmond gewinnen.[20]

Vance verstand es, Holden als »Rekonstruktionisten« hinzustellen. Als gerade noch rechtzeitig vor Ende des Wahlkampfs die Heroes of America als hochverräterische Organisation entlarvt wurden, die insgeheim Holden unterstützte, war die Kandidatur des Zeitungsmannes zum Scheitern verurteilt. Kaum jemand glaubte ihm, als Holden jede Verbindung zu der Gesellschaft bestritt. Frontsoldaten aus North Carolina beschimpften ihn als Schande für den Staat: »Viele N.-Caroliner aus unserer Armee hat man wegen Fahnenflucht füsiliert«, schrieb ein Gefreiter. »Die meisten hat der Erzverräter Holden auf dem Gewissen. [...] Wenn unsere Soldaten auf Heimaturlaub durch Raleigh kommen, sollten sie haltmachen und das Schwein erschlagen.« Der Wahltag brachte eine erdrückende Mehrheit für Vance: Von den Soldaten stimmten 88 Prozent für ihn, von den Zivilisten 77 Prozent. North Carolina blieb der Konföderation erhalten.[21]

II

Die im Herbst 1863 erkennbar werdenden Zeichen des Unmuts im Süden veranlaßten Lincoln, Maßnahmen für die Wiedereingliederung reumütiger Konföderierter zu treffen. In einer Proklamation vom 8. Dezember verkündete der Präsident: »Da nunmehr manche Personen, die bisher besagter Rebellion verbunden waren, den Wunsch hegen, ihren Treueschwur auf die Vereinigten Staaten zu erneuern und wieder loyale Staatsregierungen zu installieren«, bot er all jenen Pardon und Amnestie an, die einen Eid auf die Vereinigten Staaten sowie auf alle die Sklaverei betreffenden Gesetze und Proklamationen ablegten. (Ausgenommen von diesem umfassenden Amnestieangebot waren Regierungsbeamte und hochrangige Militärs der Konföderation.) Sobald in einem konföderierten Staat die Anzahl der Eidleistenden zehn Prozent der Wahlberechtigten von 1860 erreichte, konnte dieser loyale Kern eine Staatsregierung bilden, die der Präsident anerkennen würde. Dem Kongreß blieb natürlich die Entscheidung vorbehalten, ob er den Senatoren und Repräsentanten aus solchen Staaten Sitz und Stimme gewähren wollte.[22]

Dieses bestechend einfache Dokument war aus den vielfältigen Erfahrungen und Diskussionen der vorangegangenen zwei Jahre erwachsen. Ende 1863 herrschte bei den Republikanern Einmütigkeit darüber, daß die Elemente der alten Union nicht mehr restauriert werden konnten. Ein verschwundenes Element, dem niemand nachtrauerte, war die Sklaverei; ein anderes Element, das verschwinden mußte, war die führende Rolle der alten Sezessionisten und Verfechter der einzelstaatlichen Sonderrechte in der Politik des Südens. Ansonsten aber gab es in der Republikanischen Partei die unterschiedlichsten Ansichten über Inhalt und Form der Rekonstruktion.

Lincoln hatte stets an der These festgehalten, daß die Sezession illegal sei und die Südstaaten folglich nach wie vor der Union angehörten. Im Süden hatten zeitweilig Rebellen die Regierung übernommen; Aufgabe der Rekonstruktion mußte es sein, wieder »loyale« Beamte einzusetzen. Auf einer bestimmten Ebene vertraten alle Republikaner diese Theorie der unzerstörbaren Staaten in einer unauflöslichen Union; etwas anderes hätte ja auch ihren Kriegszielen hohngesprochen. Auf einer anderen Ebene freilich konnte niemand leugnen, daß die Südstaaten faktisch die Union *verlassen* und eine neue Regierung mit allen Attributen einer eigenen Nation gebildet hatten. Ein paar radikale Republikaner um Thaddeus Stevens vertraten konsequent den Standpunkt, daß sie damit aufgehört hätten, als rechtmäßige Staaten zu existieren. Mit dem Einmarsch der Unionsarmee und der Kontrolle durch diese wurden sie zu »eroberten Provinzen«, die sich dem Willen des Eroberers zu beugen hatten. So weit wollten die meisten Republikaner jedoch nicht gehen. Sie vertraten in der einen oder anderen Form die These, die Südstaaten hätten durch ihren sezessionistischen Verrat das begangen, was Charles Sumner »staatlichen Selbstmord« nannte, oder sie hätten ihre Rechte als Bundesstaaten »verwirkt« und seien in den Zustand von Territorien zurückgefallen.[23]

Die Erörterung dieser Theorien nahm den Kongreß stark in Anspruch. Lincoln hatte für »gefährliche Abstraktionen« nichts übrig und wurde bei der »rein metaphysischen Frage« ungeduldig, ob »die sogenannten sezedierten Staaten noch in der Union sind oder nicht«. Alle seien sich einig, daß diese Staaten »nicht in dem ihnen gemäßen zweckmäßigen Verhältnis zur Union stehen und daß es das einzige Ziel dieser Regierung ist ... sie wieder in dieses ihnen gemäße zweckmäßige Verhältnis zu bringen«.[24] Was Lincoln wohl verstand, aber nicht eingestehen wollte, war, daß es bei dieser angeblich »metaphysischen Frage« der Rekonstruktionstheorien um einen handfesten Machtkampf zwischen dem Kongreß und der Exekutive um die Steuerung des Rekonstruktionsprozesses ging. Waren die Südstaaten in den Status von Territorien zurückgefallen, so war der Kongreß befugt, die Bedingungen für ihre Wiedereingliederung in die Union zu formulieren, da ihm das verfassungsmäßige Recht zustand, Territorien zu verwalten und neue

Staaten in die Union aufzunehmen. Waren hingegen die Staaten unzerstörbar und war die Sezession ein Akt einzelner Personen, so war der Präsident ermächtigt, die Bedingungen für die Wiederherstellung zu diktieren, da ihm das verfassungsmäßige Recht zustand, gegen Unbotmäßigkeit vorzugehen und Pardon und Amnestie zu gewähren.

Hinter diesem Konflikt um Zuständigkeits- und Verfahrensfragen standen erhebliche Differenzen um Inhalte. Lincoln, aus Kentucky stammend und von gemäßigt abolitionistischer Gesinnung, war früher Whig gewesen und hatte fast bis Ende 1861 herzliche Beziehungen zu südstaatlichen Whigs und Unionisten unterhalten. Nach seiner Überzeugung waren diese Männer wider besseres Wissen in die Sezession hineingerissen worden und wären 1863 bereit gewesen, wie der verlorene Sohn nach Hause zurückzukehren. Indem er ihnen Pardon anbot, sofern sie die Union und die Sklavenbefreiung akzeptierten, hoffte Lincoln, eine von Staat zu Staat übergreifende Kettenreaktion des Abfalls von der Konföderation in Gang zu setzen und die sukzessive Rekonstruktion der Union herbeizuführen.

Lincolns Amnestieangebot galt zwar ausdrücklich nicht für die obersten Führer der Konföderation, aber diese Maßnahme hätte dennoch einem großen Teil der alten herrschenden Klasse des Südens ihre Macht belassen. So etwas war für die meisten Abolitionisten und radikalen Republikaner nicht akzeptabel. Für sie wäre die bloße Abschaffung der Sklaverei ohne gleichzeitige Zerschlagung der ökonomischen und politischen Strukturen der alten Ordnung darauf hinausgelaufen, die Schwarzen zu landlosen Tagelöhnern zu machen, die politische Macht der Pflanzer aber unangetastet zu lassen. Indem Lincolns Amnestieplan den Konföderierten Besitz- und Wahlrecht zugestand, »überläßt er nach wie vor den Großgrundbesitzern die Gestaltung der Politik und macht die Freiheit des Negers zur Farce«, monierte Wendell Phillips. Wenn Konföderierte, die in den Genuß des Pardons gekommen waren, in ihrem Staat die Macht übernähmen, »ist es leicht, die Revolution mit Hilfe einer Regierung aufzuhalten, die zwar für die Befreiung des Negers ist, aber sonst nichts weiter für ihn tun will. [...] Was McClellan auf dem Schlachtfeld war – ›So wenig Schaden wie möglich!‹, ist Lincoln im zivilen Bereich – ›So wenig Veränderung wie möglich!‹«.[25]

Phillips und andere Radikale verstanden die Rekonstruktion als Revolution. »Das ganze System der Golfstaaten muß zerschlagen werden«, forderte Phillips. »Am Ende des Krieges kann nur die Vernichtung jener Oligarchie stehen, die den Süden gestaltet hat und beherrscht und die den Krieg führt – die Vernichtung eines Gesellschaftssystems.« Ähnlich tönte Thaddeus Stevens, der Vorsitzende des Ways and Means Committee, des Finanzausschusses – in den Augen eines ausländischen Beobachters der »Robespierre, Danton und Marat in einem« bei dieser zweiten amerikanischen Revolution. Die Rekonstruktion müsse alle »Institutionen, Gewohnheiten und Sitten des Südens revolutionieren«, verlangte Stevens. »Das Fundament aller seiner Institutionen ... muß beseitigt und neu gelegt werden, oder wir haben umsonst unser Gut und Blut zum Opfer gebracht.«[26]

Mochten Stevens und Lincoln unterschiedliche Perspektiven für den Süden im Auge haben: Kongreß und Exekutive waren in diesem Punkt noch nicht gespalten. Lincoln blieb in puncto Rekonstruktion ebenso flexibel, wie er es früher in puncto Sklavenbefreiung gewesen war. Zwar sei sein Amnestie- und Restaurationsplan »der beste, den die Exekutive vorlegen kann«, meinte er »doch ist das nicht so zu verstehen, als seien keine anderen Möglichkeiten akzeptabel«. Die meisten Republikaner im Kongreß vertraten in der einen oder anderen Weise eine flexiblere und weniger radikale Meinung als Phillips und Stevens. Allerdings waren nicht nur die Radikalen, sondern auch viele Gemäßigte der Ansicht, es müßten Wege gefunden werden, um sicherzustellen, daß die politische Herrschaft im Süden in den Händen überzeugter Unionisten lag. Sie waren mißtrauisch, was die Aufrichtigkeit gewisser reuiger Rebellen betraf. Und immer mehr Republikaner waren dafür, freigelassenen Sklaven ein zumindest partielles Wahlrecht zuzuerkennen, um ein Gegengewicht zum Stimmenpotential der früheren Konföderierten zu schaffen. Salmon P. Chase schrieb Ende 1863: »Ich stelle fest, daß fast jeder, der bereit ist, die Farbigen kämpfen zu lassen, auch bereit ist, sie wählen zu lassen.«[27] In der Annahme, daß Lincoln wie in der Emanzipationsfrage lediglich um ein paar Monate hinter ihnen herhinke, reagierten die meisten Republikaner zunächst positiv auf seine Proklamation über Amnestie und Rekonstruktion. Und tatsächlich schrieb Lincoln vier Wochen später privat an einen Republikaner in New York, nachdem er den Weißen die Amnestie angeboten habe, sei er nun auch für das Stimmrecht für Schwarze, »zumindest nach Maßgabe ihrer Intelligenz und ihres Kriegsdienstes«.[28] Lincoln und die gemäßigten Abgeordneten vermieden es jedoch, dieses heiße Eisen in der Öffentlichkeit anzufassen. Schwarze konnten nur in sechs Nordstaaten wählen, und der Gedanke, sie könnten auch anderswo stimmberechtigt sein, war vielen nordstaatlichen Wählern ebenso suspekt wie ein oder zwei Jahre zuvor die Aussicht auf Befreiung der Sklaven.

Auch in theoretischen und Verfahrensfragen waren Lincoln und der Kongreß einander 1863 nähergekommen. Im alten Kongreß waren mehrere Gesetzesanträge eingebracht worden, die für rebellierende Staaten Territorialregierungen vorsahen. Mehr als zwei Drittel der republikanischen Abgeordneten unterstützten dieses Konzept. Die übrigen sowie die Demokraten und die Unionisten aus den

Staaten an der Grenze zum Süden brachten jedoch den einen Antrag, über den wirklich abgestimmt wurde, zu Fall. Durch diese Niederlage ernüchtert, verfiel eine Mehrheit von Republikanern auf einen neuen Ansatz, in welchem sich die Vorstellung von unzerstörbaren Staaten mit der These verband, daß der Kongreß unter außergewöhnlichen Umständen zur Intervention in die Angelegenheit dieser Staaten berechtigt sei. Artikel IV, Abschnitt 4 der Verfassung sieht vor: »Die Vereinigten Staaten sollen jedem Staate in dieser Union eine republikanische Regierungsform gewährleisten.« Dieses Konzept war hinreichend mehrdeutig, um für Anhänger unterschiedlichster Standpunkte interessant zu sein. Eine »republikanische Regierungsform« konnte das Stimmrecht für Neger bedeuten, sie konnte das Verbot der Sklaverei beinhalten, und gewiß implizierte sie die Mißbilligung der Rebellion. Und was das Beste war: Die Verfassung sagte nichts darüber aus, ob der Kongreß oder die Exekutive die Hauptverantwortung in dieser Angelegenheit trug, während der Supreme Court in früheren Interpretationen von einer geteilten Verantwortung gesprochen hatte. 1863 wurde zwar weiterhin über eroberte Provinzen, staatlichen Selbstmord und dergleichen theoretisiert, aber mittlerweile diente die Formel von der »republikanischen Regierungsform« dem Präsidenten wie dem Kongreß zum Ausgangspunkt für weitere Überlegungen zur Rekonstruktion.

Was die Intervention in Angelegenheiten der Einzelstaaten betraf, so war in Kriegszeiten naturgemäß der Präsident als oberster Kriegsherr gegenüber dem Kongreß im Vorteil. Während der Kongreß 1862 debattiert hatte, hatte Lincoln gehandelt. In denjenigen Teilen Tennessees, Louisianas und Arkansas' die die Union in ihre Gewalt bekam, setzte er Militärgouverneure ein, die ermächtigt waren, die Wiederherstellung der Zivilregierung vorzubereiten. Durch die Fortdauer der Kämpfe in diesen Staaten verschob sich dieses Fernziel um etwa ein Jahr. Als jedoch im Laufe des Jahres 1863 Port Hudson genommen, Bragg aus Tennessee vertrieben und Little Rock besetzt worden waren, veranlaßte Lincoln die Militärgouverneure, die Rekonstruktion in Angriff zu nehmen. Dabei sollten seine Proklamation der Amnestie und der Zehn-Prozent-Vorschlag als »Sammelpunkt, als Aktionsplan« dienen.[29]

Die besten Aussichten zur ersten Erprobung von Lincolns Politik schienen sich in Louisiana zu bieten. Hier kontrollierten Unionstruppen seit dem Frühjahr 1862 zwei von vier Kongreßbezirken des Staates. New Orleans zeichnete sich durch eine kosmopolitische und politisch aktive Bevölkerung aus, die 1860 mit überwältigender Mehrheit für Bell oder Douglas gestimmt hatte. Viele reiche Besitzer von Zucker- oder Baumwollplantagen an den Bayous waren Whigs oder »bedingte Unionisten« gewesen. Sie beeilten sich, den Treueid abzulegen –

und sei es nur, um Handelsgenehmigungen für den Verkauf ihrer Baumwolle zu bekommen. Die hellhäutigen freien Schwarzen von New Orleans waren gebildet und wohlhabend, unterhielten in der Zeit der Okkupation eine zweisprachige republikanische Zeitung und stellten zwei Regimenter, die bei Port Hudson kämpften. Mit Nathaniel Banks, dem republikanischen Veteranen, der die Besatzungstruppen befehligte, und George F. Shepley, dem einstigen Demokraten aus Maine, der sich zum radikalen Republikaner entwickelt hatte und Militärgouverneur des besetzten Louisianas war, verfügte Lincoln über zwei »politische Generäle«, die sich bereitwillig für den Rekonstruktionsprozeß zur Verfügung stellten.

Allerdings verzögerte sich dieser Prozeß, weil Banks zur Warnung an die Franzosen einen Feldzug nach Texas unternahm, um dort die Flagge der Union aufzupflanzen, und weil die Unionisten in zwei Fraktionen gespalten waren. Die kleinere Fraktion bildeten die Pflanzer, die sich oft nur widerstrebend mit der von der Armee verfügten Quasi-Befreiung der Sklaven abfanden (das besetzte Louisiana war von Lincolns Emanzipationsproklamation ausgenommen worden). Diese Fraktion entsandte im Juni 1863 eine Delegation zu Lincoln, die auf die Wahl einer neuen Staatsregierung im Rahmen der existierenden Verfassung Louisianas dringen sollte. Lincoln erteilte dem Ansinnen eine Absage, weil er dahinter das Interesse witterte, die Rahmenbedingungen für die Sklaverei beizubehalten. Davon ließen sich diese Konservativen nicht entmutigen; die Idee, den Staat nach der alten Verfassung zu rekonstruieren, war nicht tot.

Die größere und dynamischere Fraktion bestand vorwiegend aus Juristen, Ärzten und Unternehmern, die in der Hauptsache aus den Nordstaaten oder dem Ausland stammten, aber seit vielen Jahren in New Orleans ansässig gewesen waren, als der Krieg ausbrach. Sie waren von Anfang an gegen die Sezession gewesen; einige waren lieber ins Exil gegangen, als die Konföderation zu unterstützen. Sie gründeten eine Union Association und schlugen eine Bundeskonferenz zur Erarbeitung einer neuen Verfassung vor; die Sklaverei sollte abgeschafft, andere konservative Momente der alten Verfassung sollten getilgt werden. Danach konnten Staatsbeamte und Abgeordnete gewählt werden, und ein geläutertes Louisiana konnte wieder der Union beitreten.

Im Sommer 1863 billigte Lincoln dieses Vorgehen. Indes kam die Registrierung der Wähler nur schleppend voran, weil weder Banks noch Shepley die Sache in die Hand nahmen. »Das enttäuscht mich bitter«, schrieb Lincoln im November an Banks. Daß kaum die Hälfte des Staates der militärischen Kontrolle der Union unterstand, ließ Lincoln als Verzögerungsgrund nicht gelten. »Machen Sie sich ans Werk, ohne auf weitere Geländegewinne zu warten, und schaffen Sie einen handfesten Kern, an den sich der restliche Staat so bald wie möglich anlegen und den ich sofort als rechtmäßige Staatsregierung anerkennen und unterstützen kann.«[30] Gerade um möglichst rasch einen Anfang machen zu können, hatte Lincoln den »handfesten Kern« in jedem Staat auf zehn Prozent der Stimmberechtigten von 1860 festgelegt.

Von Lincolns Tadel getroffen, entschloß sich Banks, zur Beschleunigung der Dinge mit militärischen Erlassen zu arbeiten. Anstatt zunächst die Wahl von Delegierten zu einer verfassunggebenden Versammlung zu organisieren, wie es sich die Union Association vorgestellt hatte, ordnete er für den Februar 1864 die Wahl von Staatsbeamten im Rahmen der existierenden Verfassung an; im April sollte dann die verfassunggebende Versammlung folgen. Im Hinblick auf das Problem der Sklaverei erließ Banks einfach einen Befehl, wonach diese Einrichtung »außer Kraft gesetzt und nichtig« sei. In einem Brief an Lincoln erklärte er, die Pflanzer würden es eher akzeptieren, wenn ihnen die Sklavenbefreiung per Ukas verordnet würde, als wenn sie selbst die Emanzipation auf dem Weg über eine neue Verfassung einführen müßten. Was die vorbereitende Abhaltung einer verfassunggebenden Versammlung betraf, so hegte Banks die Befürchtung, die Delegierten würden »sämtliche Theorien über menschliche Gesetzgebung« debattieren und damit eine »gefährliche, ja verderbliche Verzögerung« verursachen. Wenn Lincoln die prompte Restauration, eine gesicherte Sklavenemanzipation sowie die politische Beteiligung von mindestens zehn Prozent der Wähler wünsche, dann müsse erst die Wahl der Staatsbeamten und dann die verfassunggebende Versammlung kommen. Lincoln ließ sich von diesen Argumenten überzeugen und wies den General an, »mit aller nur möglichen Eile zu verfahren«.[31]

Die radikalen Unionisten in New Orleans waren entsetzt. Sie sahen ihren Bemühungen um das Schaffen einer wirklichen neuen Ordnung in Louisiana den Boden entzogen. Genau dies hatte Banks auch bezweckt: Das von diesen Unionisten kurz zuvor gegründete Free State General Committee war ihm zu radikal. Es befürwortete ein eingeschränktes Wahlrecht für Neger, und in einer seiner Versammlungen hatten Delegierte aus dem Kreis der freien Schwarzen der Stadt gesessen! Das ging den meisten Weißen in Louisiana zu weit – und vielen Weißen in den Nordstaaten wäre es auch zu weit gegangen. Bei den Free-State-Versammlungen überwog die Rhetorik der Revolution. Der Anführer der Bewegung, ein aus Philadelphia stammender Jurist namens Thomas J. Durant, der die meiste Zeit seines Lebens in New Orleans gelebt hatte, reichte an Wendell Phillips heran, wenn er begeistert von dem »großen Prinzip der Gleichheit und Brüderlichkeit« schwärmte, das der neuen Ordnung zugrunde liegen müsse. »Bei einer Revolution könne es keinen Mittelweg geben. Sie müsse einen radikalen Wandel in der Gesellschaft bewirken; das sei noch stets der Gang jeder großen Revolution gewesen.« Aber Banks verstand sich ebenfalls als Kenner der Revolutionen, und er zog andere Schlüsse aus der Vergangenheit. »Die Weltgeschichte lehrt, daß Revolutionen, die nicht kontrolliert und in vernünftigen Grenzen gehalten werden, zu Gegenrevolutionen führen«, schrieb er Lincoln. »Wir werden von dieser Regel nicht die Ausnahme sein. [...] Wenn die [in Louisiana] vorgeschlagene Politik ... zu radikal ist, wird sie uns die Gegenrevolution bescheren.«[32]

Banks' Programm spaltete das Free State Committee in eine radikale und eine gemäßigte Fraktion. Beide Lager sowie die konservativen Pflanzer nominierten für die Wahlen am 22. Februar 1864 ihre Kandidaten für das Gouverneursamt und andere Staatsämter. Banks und die meisten Bundesbeamten in New Orleans unterstützten die Gemäßigten, die mehr Stimmen bekamen als Radikale und Konservative zusammen. Die Anzahl der bei dieser Wahl abgegebenen Stimmen betrug fast ein Viertel der Gesamtstimmenzahl von ganz Louisiana im Jahre 1860.

Dieses Ergebnis schien Lincolns Zehn-Prozent-Politik triumphal zu bestätigen. In Arkansas hatte unterdessen eine Versammlung von Unionisten, die für die Hälfte aller Counties des Staates stand, eine neue Verfassung beschlossen, welche das Abrücken von der Sezession und die Abschaffung der Sklaverei vorsah. Eine Wählerschaft, die fast 25 Prozent aller Stimmberechtigten von 1860 entsprach, ratifizierte im März diese Verfassung und wählte eine Staatsregierung. Indessen blieb dieser Erfolg im Schatten anderer Ereignisse in Louisiana fast unbemerkt, und auch in Tennessee wurden 1864 durch das Gezerre zwischen beinharten Unionisten und reuigen Konföderierten nahezu alle Aktivitäten lahmgelegt. Dieses Problem sowie die fortdauernde Kontroverse um die Verhältnisse in Louisiana trieben in die Republikanische Partei einen Keil, der einen ernsthaften Bruch zwischen dem Präsidenten und dem Kongreß herbeizuführen drohte. Vier kritische Fragen brachen bei diesem Konflikt auf: das weitere Schicksal der Sklaverei, die politische Rolle der Schwarzen bei der Rekonstruktion, die Definition von Loyalität und der Status der freien schwarzen Arbeitskräfte im Rahmen der neuen Ordnung. Da jede dieser Fragen Louisiana in Wallung brachte, echauffierte man sich auch im Kongreß, wo republikanische Parlamentarier sich ihren eigenen Ansatz zur Rekonstruktion zu erarbeiten suchten.

Ihre erste Sorge galt dem Schicksal der Sklaverei. Als militärische Maßnahmen mußten sowohl Lincolns Emanzipationsproklamation als auch Banks' Erlaß über die »Nichtigkeit« der Sklaverei in Louisiana in Friedenszeiten von fraglicher Rechtskraft sein. Deshalb sahen ja auch die Radikalen in Louisiana in einer neuen

Verfassung samt Abschaffung der Sklaverei eine notwendige Vorbedingung für die Wahl einer neuen Staatsregierung. Auch fürchteten viele Republikaner im Kongreß ein Wiederaufblühen der Sklaverei, falls in einem rekonstruierten Louisiana Konservative an die Macht kommen sollten. Die beste Lösung dieses Problems wäre ein Zusatz zur Bundesverfassung über die Abschaffung der Sklaverei; dafür machten sich 1864 alle Republikaner einschließlich Lincoln stark. Aber das Problem bestand fort. Zwar hatte der Senat rasch die notwendige Zweidrittelmehrheit für einen 13. Verfassungszusatz über die Abschaffung der Sklaverei beisammen, aber im Repräsentantenhaus wurde ein vergleichbarer Erfolg durch die Gewinne der Demokraten bei den Kongreßwahlen von 1862 verhindert, und bei der am 15. Juni stattfindenden Abstimmung über diesen Verfassungszusatz fehlten – bei einem Votum von 93 : 65 – 13 Stimmen zu der notwendigen Mehrheit. Um die Sklavenbefreiung zum Bestandteil der Rekonstruktion zu machen, verabschiedete der Kongreß daher am 2. Juli die Wade-Davis-Bill,[33] die die Sklaverei in denjenigen Staaten der Konföderation verbot, die in die Union zurückkehren wollten.

Die Befürchtung, Gemäßigte und Konservative in Louisiana könnten sich auf die Beibehaltung der Sklaverei verständigen, erwies sich als unbegründet. Obwohl viele Radikale den Wahlen zur verfassunggebenden Versammlung im März 1864 ferngeblieben waren, nahm dieses Gremium, das von April bis Juli tagte, das Verbot der Sklaverei in das Grundgesetz Louisianas auf. Die Versammlung verfügte auch die Einrichtung staatlicher Schulen für alle Kinder und öffnete den Schwarzen den Zugang zur Miliz sowie beiden Rassen gleichberechtigten Zugang zu den Gerichten. Verglichen mit der bisherigen Geschichte Louisianas, waren das in der Tat revolutionäre Errungenschaften. Lincoln bezeichnete diese Verfassung als »glänzend. [...] Für den armen Schwarzen ist sie besser als das, was wir in Illinois haben«.[34]

In dem Punkt aber, der sich nach dem Krieg als der Dreh- und Angelpunkt der Rekonstruktion erweisen sollte, in der Frage des Stimmrechts für Neger, kniff die Versammlung. Wahrscheinlich traf ein Gemäßigter aus Louisiana den Nagel auf den Kopf, als er sagte, 19 von 20 Weißen wollten das Stimmrecht nicht einmal gebildeten und kultivierten Kreolen gewähren – geschweige denn erst kürzlich befreiten Landarbeitern. Trotzdem wurde das Wahlrecht für Schwarze immer lauter gefordert. Mit dem Argument, daß es nicht nur unmoralisch, sondern auch dumm sei, frühere Rebellen an die Urne zu lassen, loyale Schwarze aber nicht, machten Abolitionisten und Radikale Proselyten unter den Republikanern im Kongreß. Im Januar 1864 formulierten die »freien Menschen dunkler Hautfarbe« von New Orleans eine Petition, in der sie das Wahlrecht forderten. Das Memorandum trug die Unterschrift von 1000 Männern. Siebenundzwanzig von ihnen hatten schon 1815 unter Andrew Jackson gekämpft und New Orleans gegen die Briten verteidigt; viele andere hatten Söhne oder Brüder in der Unionsarmee. Zwei Delegierte brachten die Petition nach Washington; die Männer wurden von radikalen Abgeordneten begeistert gefeiert und von Lincoln ins Weiße Haus eingeladen. Vom Auftreten der Delegierten beeindruckt, schrieb Lincoln an den neugewählten Gouverneur von Louisiana, Michael Hahn, einen Brief, der zurückhaltend formuliert war, aber eine klare Direktive enthielt. Wenn die bevorstehende verfassunggebende Versammlung auf die Frage der Wählerqualifikation zu sprechen komme, »möchte ich Ihnen rein privat zu bedenken geben, ob man nicht bestimmte Farbige zulassen sollte – zum Beispiel die Hochgebildeten, vor allem aber auch diejenigen, die sich tapfer in unseren Reihen geschlagen haben. Diese Menschen würden uns wohl in den schweren Zeiten, die uns bevorstehen, helfen, den Schatz der Freiheit zu bewahren«. Hahn und Banks verstanden den Wink. Freilich war es ein hartes Stück Arbeit, einer Versammlung von weißen Louisianern, die schon die Sklavenbefreiung geschluckt hatten, auch die politische Gleichberechtigung der Schwarzen schmackhaft zu machen. Durch Überredung, Drohungen und ihr Recht der Ämterbesetzung konnten der Gouverneur und der General gerade noch eine Abstimmung abbiegen, die das Negerwahlrecht *verboten* hätte, und statt dessen einen Passus durchsetzen, der den Gesetzgeber ermächtigte, zu einem ihm geeignet erscheinenden Zeitpunkt den Negern das Wahlrecht zuzugestehen.[35]

In Unkenntnis der Vorstöße von Hahn und Banks verurteilten verschiedene Radikale die Verfassung von Louisiana wegen ihres »Kastengeistes«. Eine Reihe von Republikanern im Kongreß betrachteten Louisiana als »Mr. Lincolns Modell von Rekonstruktion ... wo alle Macht bei einer unveränderten weißen Rasse liegt«, und kündigten der Politik des Präsidenten im Frühjahr 1864 die Gefolgschaft auf.[36] Aber in puncto Negerwahlrecht hatte der Kongreß nichts Besseres zu bieten. In der ursprünglich vom Repräsentantenhaus vorgelegten Fassung enthielt das Gesetz über die Rekonstruktion die Bestimmung, für Wahlen »alle loyalen männlichen Bürger« zu registrieren. Für die Republikaner war diese Formulierung gleichbedeutend mit dem Wahlrecht für die Schwarzen. Den Gemäßigten ging das zu weit, und so reduzierten sie die Vorlage auf »alle loyalen *weißen* männlichen Bürger«. Als das Gesetz vor den Senat kam, wurde das Wort »weißen« vom Committee on Territories unter Benjamin Wade wieder getilgt. Mit Rücksicht auf das Stimmenverhältnis fügte Wade es jedoch vor der Verabschiedung des Gesetzes am 2. Juli wieder ein, »weil meines Erachtens das Wahlrecht für Schwarze die Vorlage zu Fall bringen würde«.[37] Ein paar Radikale waren über diese Kapitulation vor dem Faktischen empört. »Und das nennt sich dann, ›den Staaten eine republikanische Regierungsform gewährleisten‹!« rief ein Abolitionist sarkastisch aus; eine radikale Zeitung in Boston kommentierte: »Solange der Kongreß nicht so viel Anstand und Vernunft besitzt, Gesetze ohne die Hautfarbeneinschränkung zu verabschieden, ist es uns egal, wie schnell sie abgeschossen werden.«[38]

Das Thema Negerwahlrecht gehörte zu der weiterreichenden Diskussion darüber, wer zur »loyalen« Bevölkerung eines Staates im Sinne der Rekonstruktion zähle. Aus radikaler Sicht waren wirklich loyal allein die Schwarzen sowie unionistische Weiße, die zu keinem Zeitpunkt die Konföderation unterstützt hatten. Manche Gemäßigten waren der Ansicht Lincolns und wollten auch Weiße einbeziehen, die ihre Sympathie für die Konföderation aufkündigten und fortan Treue zur Union gelobten. Viele Republikaner waren allerdings mißtrauisch, was die Unionstreue dieser »galvanisierten« Rebellen betraf, und forderten daher das Wahlrecht für Schwarze, um eine unionistische Mehrheit zu gewährleisten. Wenn Schwarze nicht wählen durften, dann sollten auch reuige Weiße nicht wählen dürfen – zumindest so lange nicht, wie der Krieg nicht gewonnen und die Gefahr ihres Rückfalls in die Rebellion nicht gebannt war. Außerdem waren für die Republikaner im Kongreß zehn oder auch 25 Prozent der *weißen* Wähler eines Staates eine zu schmale Basis für die Rekonstruktion – zumal wenn diese, wie in Louisiana, »der Bevölkerung auf Anweisung des Militärs in Form von Wahlen oktroyiert worden« war. Für Henry Winter Davis, den Vorsitzenden des Rekonstruktionsausschusses im Repräsentantenhaus, war die neue Regierung in New Orleans »ein Zwitterwesen – halb militärisch, halb republikanisch – typisch für die Alligatoren und die Frösche Louisianas«.[39]

Neben der Zukunft der Sklaverei, der politischen Rolle der Schwarzen und der Definition der Unionstreue war ein vierter Streitpunkt das Maß an Freiheit in dem System freier Arbeit, das an die Stelle der Sklaverei treten sollte. In seiner Proklamation über Amnestie und Rekonstruktion erklärte Lincoln: »Gegen Verfügungen [der neuen Staatsregierungen] in bezug auf die freigelassenen Menschen, die deren dauerhafte Freiheit erklären und anerkennen und Bildungsmaßnahmen für sie bereitstellen und zugleich, als vorübergehende Lösung, ihrer gegenwärtigen Lage als arbeitende, landlose und heimatlose Klasse Rechnung tragen, wird die nationale Exekutive keine Einwände erheben.«[40] Hier lag genau das Problem, das den Süden nach dem Krieg noch generationenlang beschäftigen sollte. Als wie »vorübergehend« würde diese vorgeschlagene Lehrzeit sich heraussstellen? Welche Art von Bildung und Ausbildung würden die freigelassenen Sklaven erhalten? Wie lange würde ihr Status als »arbeitende, landlose und heimatlose Klasse« währen? Das waren Fragen, die – wenn überhaupt – erst nach dem Krieg vollständig gelöst werden konnten. Ansatzweise waren sie jedoch schon bei der Behandlung der »Konterbande« durch die Armee im besetzten Süden aufgetreten.

Von Maryland bis Louisiana fielen während des Krieges mehrere 100 000 entflohene Sklaven der Unionsarmee in die Hände. Viele von ihnen hatten sich von ihrer Heimat losgerissen oder waren aus ihr vertrieben worden. Als erstes mußten sie Verpflegung und Unterkunft erhalten. Für solche Wohlfahrtsaufgaben war die Armee schlecht gerüstet. Ihre Hauptaufgabe war die Bekämpfung der Rebellen; mit entlaufenen Sklaven wollten die meisten Soldaten nichts zu tun haben, es sei denn, um sie auszunutzen oder ihr Mütchen an ihnen zu kühlen. Tausende von Schwarzen waren in übelriechenden »Konterbande«-Lagern eingepfercht, wo Krankheiten, Unterkühlung, Unterernährung und die katastrophalen sanitären Verhältnisse erschreckend viele Tote forderten, die zu einem erheblichen Teil die zivile Opferbilanz des Südens ausmachten.

Doch nach und nach kam eine gewisse Ordnung in dieses Chaos. Menschenfreundliche Nordstaatler sprangen in die Bresche und brachten den Lagerinsassen Kleidung, Arzneimittel, notdürftige wirtschaftliche Hilfe und Lehrer. Unterstützt von der American Missionary Association, der National Freedmen's Relief Association, der New England Freedmen's Aid Society, der Western Freedmen's Aid Commission und vielen ähnlichen kirchlichen und weltlichen Organisationen, folgten Hunderte von Missionaren und Lehrerinnen den Unionsarmeen in den Süden und brachten den befreiten Sklaven materielle Hilfe, geistlichen Trost und Grundkenntnisse im Lesen, Schreiben und Rechnen. Als Vorläufer einer noch größeren Invasion, die nach dem Krieg einsetzen sollte, verstanden sich diese – zumeist weiblichen – Botschafter der Yankeekultur als friedliche Armee, die gekommen war, um die befreiten Sklaven aufzurichten und ihnen beim Übergang von der Sklaverei zu einer Freiheit in Wohlstand zu helfen.

Diese Reformer, geprägt vom neuenglischen Erbe und ihrem abolitionistischen Credo, übten beträchtlichen Einfluß auf gewisse Kreise der Unionsregierung aus. 1865 bewogen sie das Kriegsministerium zur Gründung einer Freedmen's Inquiry Commission, deren Empfehlung in den letzten Kriegstagen zur Einrichtung des Freedmen's Bureau führte. Es gelang ihnen auch, die Berufung sympathisierender Offiziere durchzusetzen, die sich in verschiedenen Teilen des besetzten Südens um die Belange der Freigelassenen und Befreiten kümmerten. Es handelte sich vor allem um General Rufus Saxton auf den Inseln vor South Carolina und um Colonel John Eaton, dem Grant im November 1862 die Zuständigkeit für die geflohenen Sklaven im Mississippital übertrug. 1863 konnten viele der Befreiten die »Konterbande«-Lager verlassen und auf *home farms* einen Teil ihres Lebensunterhalts verdienen. Die Armee heuerte auch viele körperlich taugliche Befreite als Arbeitskräfte an oder rekrutierte sie für schwarze Regimenter, deren Aufgabe es unter anderem war, Dörfer und Pflanzungen entflohener Schwarzer vor Überfällen südstaatlicher Partisanen und vor Übergriffen weißer Unionssoldaten zu schützen.

Die Nachfrage nordstaatlicher und britischer Textilfabriken nach Baumwolle führte auch dazu, daß die Armee viele Freigelassene im Baumwollanbau einsetzte – oft genug auf denselben Plantagen, auf denen sie früher dieselbe Arbeit als Sklaven verrichtet hatten. Zum Teil blieben diese Plantagen in der Hand der Regierung und wurden von *labor superintendents* verwaltet, die von nordstaatlichen Hilfsgesellschaften der befreiten Sklaven geschickt worden waren. Andere Plantagen wurden an Yankees verpachtet, die sich vom Baumwollanbau mit Hilfe freier Arbeitskräfte das große Geld versprachen. Wieder andere blieben in der Hand ihrer ursprünglichen Besitzer, nachdem diese den Treueid auf die Union abgelegt und zugesagt hatten, den Arbeitern, die früher ihre Sklaven gewesen waren, Löhne zu zahlen. Manche Ländereien wurden von befreiten Sklaven gepachtet, die sie ohne weiße Beaufsichtigung bewirtschafteten und mitunter einen hübschen Gewinn erzielten, von dem sie später selbst Land kaufen konnten. Ein bemerkenswertes Beispiel für eine sich selbst verwaltende schwarze Kolonie war Davis Bend (Mississippi). Hier hatten ehemalige Sklaven des Präsidenten der Konföderation und seines Bruders ihre Plantagen gepachtet, und zwar von der Unionsarmee, die sie beschlagnahmt hatte, und erzielten gute Ernten.

Die Art der Beaufsichtigung der befreiten schwarzen Arbeitskräfte durch nordstaatliche Verwalter, Yankeepächter und südstaatliche Pflanzer reichte von wohlwollender bis zu brutaler Bevormundung und lieferte einen Vorgeschmack auf die Arbeitsverhältnisse nach dem Krieg. Ein Teil des Lohns der befreiten Sklaven wurde oft bis zum Ende der Saison einbehalten, damit niemand fortlief, und der Rest wurde größtenteils gegen Unterkunft und Verpflegung aufgerechnet. Viele entflohene Sklaven sahen verständlicherweise keinen großen Unterschied zwischen diesem System freier Arbeit und der Leibeigenschaft, in der sie ihr Leben lang geschmachtet hatten. Nirgends war diese scheinbare Ähnlichkeit größer als im besetzten Louisiana, wo viele Pflanzer den Treueid leisteten und im Rahmen der von General Banks erlassenen Regulierungen weiter ihre Baumwolle oder ihren Zucker anbauten. Da das politische Augenmerk der Nation auf den Rekonstruktionsprozeß in Louisiana gerichtet war, wurden diese Regulierungen zu einer weiteren Reibungsfläche zwischen dem Kongreß und dem Präsidenten. Per Erlaß legte Banks die Löhne für Plantagenarbeiter fest und versprach, die Armee werde für »gerechte Behandlung, gesunde Essensrationen, bequeme Kleidung, Unterkunft, Heizmaterial, ärztliche Versorgung und Unterricht für die Kinder« sorgen. Doch weitere Regulierungen bewirkten, daß diese Versprechen zum Teil ungestraft ignoriert werden konnten. Arbeiter konnten die Pflanzungen nur mit einem Paß verlassen und mußten sich vertraglich verpflichten, ein ganzes Jahr bei ihrem Arbeitgeber zu bleiben. Dieser konnte die Militärpolizei zu Hilfe holen, um von seinen Arbeitskräften »beständige und treue Dienste, respektvolles Betragen, korrekte Disziplin und vollständige Unterordnung« zu erzwingen. Dieses System laufe praktisch auf die »Wiederherstellung der Sklaverei« hinaus, monierten Abolitionisten. Es mache »die [Emanzipations-] Proklamation von 1863 zu einem Hohn und einer Illusion«, sagte Frederick Douglass. »Jeder Weiße würde sich unter dem Zwang derartig restriktiver und erniedrigender Verbote ohne Zweifel als Sklave vorkommen«, erklärte die Zeitung der Schwarzen in New Orleans. Und eine radikale Zeitung in Boston meinte: »Wenn das die Definition von Freiheit ist, die der Administration und dem Volk vorschwebt, müssen wir uns auf einen Kampf gefaßt machen, der länger und erbitterter sein wird als je zuvor.«[41]

So war es in der Tat, doch wartete dieser Kampf größtenteils in der Zukunft, der Nachkriegszeit. 1864 verstärkte die Kontroverse um die Behandlung der befreiten Schwarzen in Louisiana das Bemühen des Kongresses um ein Rekonstruktionsgesetz. Nach schier endlosen Diskussionen wurde die Wade-Davis-Bill endlich verabschiedet und landete am 4. Juli auf Lincolns Schreibtisch. Insofern sie das Wahlrecht auf Weiße beschränkte, unterschied sie sich nicht von der Politik des Präsidenten. In einer anderen wichtigen Hinsicht – der Abschaffung der Sklaverei – wich sie nur scheinbar von ihr ab. Zwar trat die Gesetzesvorlage für die Sklavenemanzipation ein, was Lincolns Politik nicht tat, aber das Amnestieangebot des Präsidenten verlangte von jedem, der in den Genuß des Pardon kommen wollte, daß er alle Maßnahmen der Regierung bezüglich der Sklaverei mittrug. In den beiden bis dahin »rekonstruierten« Staaten Louisiana und Arkansas war die Sklaverei abgeschafft worden. Dennoch befürchteten manche Republikaner, daß in jeder von Lincoln ausgehandelten Friedensregelung gewisse Restbestände an Sklaverei tradiert werden könnten, weshalb sie die Abschaffung der Sklaverei unbedingt gesetzlich verankert sehen wollten.

Andere Unterschiede zwischen der Politik des Präsidenten und der des Kongresses waren von größerer Tragweite. Die Wade-Davis-Bill sah vor, daß nicht zehn, sondern 50 Prozent der Wähler den Treueid auf die Union abzulegen hatten und daß eine verfassunggebende Versammlung *vor* und nicht nach der Wahl der staatlichen Beamten stattfinden müsse; außerdem sollten nur solche Personen

Delegierte zur verfassunggebenden Versammlung wählen dürfen, die »mit Bestimmtheit beschwören« konnten, daß sie zu keiner Zeit freiwillig die Rebellion unterstützt hatten. Diesen Bedingungen entsprach kein einziger Staat der Konföderation (vielleicht mit Ausnahme Tennessees); der eigentliche Zweck der Wade-Davis-Bill war es denn auch, die Rekonstruktion bis zum Sieg der Union zu verschieben. Lincoln hingegen wollte mit der Rekonstruktion sofort beginnen, um im Interesse eines rascheren Sieges aus halbherzigen Konföderierten Unionisten zu machen.[42]

Lincoln legte erwartungsgemäß sein Veto gegen die Vorlage ein. Da der Kongreß sie am Ende seiner Sitzungsperiode verabschiedet hatte, brauchte der Präsident lediglich seine Unterschrift zu verweigern, um zu verhindern, daß die Vorlage Gesetzeskraft erlangte (*pocket veto*). Lincoln tat genau das, aber er gab auch eine Erklärung ab, warum er es tat: Er bestritt dem Kongreß das Recht, die Sklaverei kraft parlamentarischer Rechtsvorschrift abzuschaffen. Das Insistieren auf diesem Recht würde das »fatale Zugeständnis« bedeuten, daß die betroffenen Staaten nicht mehr der Union angehörten, daß ihre Sezession rechtmäßig gewesen sei. Der in Vorbereitung befindliche 13. Verfassungszusatz war nach Ansicht des Präsidenten der einzige verfassungsgemäße Weg zur Abschaffung der Sklaverei. Lincoln wollte sich auch nicht »starr auf einen einzigen Restaurationsplan festlegen«, wie es die Vorlage vorsah, denn damit würden die »in Arkansas und Louisiana bereits beschlossenen und eingeführten Verfassungen und Regierungen freier Staaten« zunichte gemacht.[43]

Da der Kongreß keine formelle Handhabe gegen dieses Quasi-Veto hatte, beschlossen Wade und Davis, mit einer eigenen Presseerklärung an die Öffentlichkeit zu gehen. Beim Entwurf des Textes machte sich ihre aufgestaute Verbitterung über die »Machtanmaßung der Exekutive« in rhetorischen Volten Luft. »Diese überstürzte und fatale Handlungsweise des Präsidenten« sei »ein Anschlag gegen die Freunde dieser Administration, gegen die Rechte der Menschlichkeit und gegen die Grundsätze einer republikanische Regierung«. Im Gegensatz zu Lincolns Politik schütze die Gesetzesvorlage des Kongresses »alle loyalen Menschen dieser Nation« vor der »großen Gefahr«, daß die »schuldigen Führer der Rebellion an die Macht zurückkehren« und »die Sklaverei fortdauert«. Die hochmütige Ablehnung dieser Vorlage durch den Präsidenten sei »eine bewußte Provokation der Legislative«. Wenn Lincoln bei seiner Wiederwahl auf die Stimmen der Republikaner zählen wolle, »muß er sich auf die Pflicht der Exekutive beschränken, die Gesetze zur gewaltsamen Niederwerfung einer bewaffneten Rebellion zu befolgen und durchzusetzen, aber nicht selbst zu machen, und die politische Reorganisation dem Kongreß überlassen«.[44]

Der letzte Satz ist der Schlüssel zum Verständnis dieser befremdlichen Attacke auf den Präsidenten durch Führer seiner eigenen Partei. Das Thema Rekonstruktion war mit innerparteilichen Zwistigkeiten der Republikaner beim Präsidentschaftswahlkampf 1864 verquickt. Das Manifest von Wade und Davis war eine der Bestrebungen, Lincoln durch einen Präsidentschaftskandidaten zu ersetzen, der dem radikalen Flügel der Partei genehmer war.

III

Die neuerliche Nominierung Lincolns und seine Wiederwahl waren keineswegs sicher – ungeachtet der alten Weisheit, daß man nicht mitten im Strom die Pferde wechseln soll. Seit 1840 war kein amtierender Präsident zum zweitenmal nominiert, seit 1832 keiner zum zweitenmal gewählt worden. Nicht einmal der Krieg hatte Einfluß auf diese »Gesetzmäßigkeiten«. Wenn sich die Dinge an der Front ungünstig entwickelten, gaben die Wähler dem Mann an der Spitze die Schuld. Und wenn der Mann an der Spitze nicht zur Zufriedenheit seiner Partei agierte, wurde er möglicherweise nicht wieder nominiert. Schon 1860 hatte es in der Republikanischen Partei Männer gegeben, die sich für das Präsidentenamt geeigneter wähnten als der Mann, der die Wahl dann gewann. Und bis 1864 hatte zumindest einer von ihnen seine diesbezügliche Meinung nicht geändert: Salmon P. Chase.

»Wir brauchen in den nächsten vier Jahren einen Mann mit anderen Qualitäten, als der Präsident sie besitzt«, schrieb Chase Ende 1863. »Ich traue mir zu, dieser Mann zu sein, und bin bereit, die Entscheidung hierüber jenen zu überlassen, die mit mir der Meinung sind, daß wir einen solchen Mann brauchen.« Das war die übliche Doppelzüngigkeit von Politikern, die ihre Kandidatur anmelden. Chase war nicht nur tüchtig, sondern auch ehrgeizig. Die Republik betraute ihn demgemäß mit vielen hohen Ämtern: Er war Gouverneur, Senator, Finanzminister, Oberster Bundesrichter. Doch das höchste Amt erreichte er nicht, obwohl er es sehr umsichtig anstrebte. Chase hegte keinerlei Zweifel an seiner Eignung dafür; Benjamin Wade sagte über ihn: »Chase ist ein guter Mann, aber seine Theologie ist nicht überzeugend. Er glaubt, es gebe eine vierte Person der Dreifaltigkeit.«[45]

Chase nutzte seine Hausmacht im Finanzministerium, um 1864 seine Nominierung zu betreiben. Der wachsende Unmut über Lincolns Rekonstruktionspolitik erleichterte ihm das. Im Dezember 1863 bildete sich in Washington ein Chase-Komitee unter Führung von Senator C. Pomeroy aus Kansas. Irrigerweise hielt man das Murren des Kongresses für den Ausdruck eines grundsätzlichen Stimmungsumschwungs zuungunsten Lincolns und beschloß, im Februar 1864 an die Öffentlichkeit zu treten. Pomeroy gab einen »Rundbrief« heraus, in dem es hieß, »Lincolns unübersehbare Tendenz zu zeitweiligen Notlösungen« mache das »Prinzip der einmaligen Amtszeit absolut unumgänglich«, wolle man einen siegreichen Krieg und einen gerechten Frieden sichern. Chase sei der richtige Mann, um dieses Ziel zu erreichen.[46]

Dieser Versuch der Stimmungsmache für Chase war ein Schuß, der nach hinten losging. Wie schon bei der Kabinettskrise vom Dezember 1862 war der Minister dem Präsidenten im politischen Manövrieren nicht gewachsen. Während Chase das Finanzministerium mit seinen Parteigängern durchsetzt hatte, war auch Lincoln nicht untätig geblieben. Postminister Montgomery Blair verrichtete die Kärrnerarbeit für den Präsidenten. Sein Bruder Frank Blair, der von seinem Korpskommando in Shermans Armee beurlaubt worden war, um sein Kongreßmandat wahrzunehmen, machte sich in einer Funktion unentbehrlich, die spätere Generationen als »Vollstrecker« im Auftrag der Administration bezeichnen sollten. Eine Woche nach Pomeroys Rundbrief sorgte Frank Blair für Aufruhr, als er im Repräsentantenhaus eine flammende Rede gegen Chase hielt, in der er die korrupten Praktiken des Finanzministeriums bei der Vergabe von Genehmigungen zum Baumwollhandel anprangerte. Viele radikale Republikaner konnten den Brüdern Blair als Wortführern des konservativen Flügels diesen Knalleffekt im innerparteilichen Geplänkel niemals verzeihen. Unterdessen verabschiedeten republikanische staatliche Komitees, Parlamente, Zeitungen und Union Leagues überall im Norden – auch in Chase' Heimatstaat Ohio – Resolutionen, in denen die erneute Nominierung Lincolns gefordert wurde. Chase war vom Bumerangeffekt seiner Bemühungen peinlich berührt; er bestritt wahrheitswidrig, irgend etwas mit Pomeroys Rundbrief zu tun zu haben, zog seinen Namen als Bewerber um die Präsidentschaft zurück und bot seinen Rücktritt an. Der Präsident seinerseits bestritt – vielleicht genauso wahrheitswidrig –, irgend etwas mit Blairs Angriffen gegen Chase zu tun zu haben, und lehnte das Rücktrittsgesuch ab. Er sah in Chase mit seinen präsidialen Ambitionen einen »armen Irren«, der innerhalb des Kabinetts weniger Schaden anrichten könne als außerhalb.[47]

Die meisten Republikaner sprangen also auf Lincolns Zug auf, aber einige taten es schweren Herzens. Als die Frage der Rekonstruktion die Partei immer mehr spaltete, hegten einige Radikale unverdrossen die Hoffnung, den Zug doch noch aufhalten zu können. Horace Greeley forderte vergeblich die Verschiebung des Parteitags der Republikaner von Juni auf September, in der naiven Hoffnung, daß sich bis dahin irgend etwas ergeben werde. Andere ließen Versuchsballons für die unwahrscheinlichsten Kandidaten wie Grant, Butler oder Frémont steigen. Nur Frémonts Ballon hob wirklich vom Boden ab, protegiert von einer Gruppe von Leuten, wie man sie merkwürdiger in der amerikanischen Politik selten gesehen hatte.

Frémont, verbittert über einen Präsidenten, der ihm kein wirklich wichtiges Kommando anvertraute, hatte wie McClellan seit 1862 auf Abruf bereitgestanden. Von diesen beiden verstimmten Generälen ging denn auch die unmittelbarste politische Bedrohung für Lincoln aus. McClellan war insofern die größere Gefahr, als zu erwarten war, daß er im Laufe des Sommers zum Präsidentschaftskandidaten der Demokraten nominiert werden würde. Frémont sammelte unterdessen eine Koalition aus Abolitionisten und radikalen Deutschamerikanern zu einer dritten Partei um sich. Einige Demokraten unterstützten diese Bewegung hinter den Kulissen, weil sie hofften, damit die Nominierung Lincolns aushebeln zu können, um Chase wieder ins Rennen zu schicken. Doch der spärlich besuchte Parteitag, der am 31. Mai in Cleveland stattfand, um Frémont zu nominieren, wies keinen einzigen einflußreichen Republikaner auf. Der prominenteste Befürworter dieser Nominierung war Wendell Phillips; er richtete an den Parteitag einen Brief, in dem es über Lincolns Rekonstruktionspolitik hieß: »Sie macht die Freiheit des Negers zur Farce und perpetuiert die Sklaverei unter einem freundlicheren Namen.« Der Parteitag beschloß ein radikal erscheinendes Programm, das einen Zusatz zur Verfassung forderte, um die Sklaverei abzuschaffen und »die absolute Gleichheit aller Menschen vor dem Gesetz sicherzustellen«. Das Programm bekräftigte auch, daß der Kongreß und nicht der Präsident die Rekonstruktion zu kontrollieren habe, und verlangte, Grundbesitz von »Rebellen« zu konfiszieren und »an Soldaten und wirkliche Siedler« umzuverteilen. Zugleich verurteilte das Programm jedoch auch Lincolns Aussetzung der Habeaskorpusakte und die Beschneidung der Redefreiheit. Das war natürlich der Hauptvorwurf, den die Demokraten der Regierung machten. Der Parteitag nominierte einen Demokraten für das Amt des Vizepräsidenten, und die neue Partei nannte sich Radikale *Demokratische* Partei.[48]

Das sollte noch ein Nachspiel haben. Gewitzte Demokraten erkannten hier die Gelegenheit, Unruhe in den Reihen der Opposition zu stiften. Sie unterwanderten den Parteitag und köderten den naiven Frémont mit der Aussicht auf eine Koalition mit den Demokraten, um Lincoln zu schlagen. Der beschäftigungslose General schluckte den Köder. In dem Brief, mit dem er dem Vorschlag zustimmte, distanzierte er sich zwar von dem Programmpunkt Konfiskation und ignorierte den Punkt »Gleichheit vor dem Gesetz«, ging aber des langen und breiten auf Lincolns verfehlte Kriegführung und seine Verletzung der bürgerlichen Freiheitsrechte ein. Als die Republikaner endlich das demokratische Spiel durchschauten, ihnen mit der Kandidatur Frémonts Tausende von Stimmen in unsicheren Staaten abzujagen, bliesen die meisten Radikalen (außer Phillips) das Unternehmen ab und kamen zu dem Schluß, daß es keine Alternative zu Lincoln gebe.

Der in der zweiten Juniwoche in Baltimore abgehaltene Parteikongreß der Republikaner bot das übliche Friede-Freude-Eierkuchen-Spektakel einer Partei, die den Amtsinhaber erneut nominiert. Die Versammlung nannte sich »Konvent der Nationalen Union«, um Demokraten, die für den Krieg waren, und südstaatliche Unionisten anzulocken, die sich vielleicht an dem Namen »Republikaner« stoßen mochten.

Gleichwohl beschloß sie ein durch und durch republikanisches Programm, das unter anderem den gnadenlosen Krieg bis zur »bedingungslosen Kapitulation« der konföderierten Armeen sowie die Verabschiedung eines Verfassungszusatzes über die Abschaffung der Sklaverei forderte. Als dieser Programmpunkt verlesen wurde, »sprangen die versammelten Delegierten auf ... und spendeten anhaltenden Beifall«, wie William Lloyd Garrison als Reporter der Zeitung *The Liberator* schrieb. »Bot ein solches Schauspiel nicht reichlich Entschädigung für mehr als 30 Jahre persönlicher Schmach?«[49]

Das heiße Eisen »Rekonstruktion« faßte das Programm gar nicht erst an. Delegierte aus den im Sinne Lincolns rekonstruierten Staaten Louisiana, Arkansas und Tennessee waren zugelassen, doch mit stillschweigender Billigung des Präsidenten machte der Konvent auch eine versöhnliche Geste gegenüber den Radikalen, indem er eine Anti-Blair-Delegation aus Missouri zuließ, die zunächst symbolisch für Grant stimmte, bevor sie ihr Votum zurückzog und sich für Lincoln aussprach. Eine wirkliche Kampfabstimmung gab es bei diesem Konvent lediglich bei der Nominierung des Vizepräsidenten. Der farblose Amtsinhaber Hannibal Hamlet war neben Lincoln kein Zugpferd. Da man das Image einer Unionspartei vermitteln wollte, bot es sich an, einen Kriegsdemokraten aus einem Südstaat zu nominieren. Dafür eignete sich am besten Andrew Johnson aus Tennessee. Nach Kungeleien hinter der Bühne, die noch immer der Aufklärung bedürfen, wurde Johnson bereits im ersten Wahlgang nominiert.[50] Diese Nominierung hatte verschiedene Auswirkungen auf die Spannungen zwischen den Radikalen und den Gemäßigten in der Partei, denn einerseits hatte Johnson die »Rebellen« in Tennessee nicht mit Samthandschuhen angefaßt, andererseits stand er für Lincolns Vorstellung von den Vollmachten der Exekutive bei der Rekonstruktion.

Die Einmütigkeit von Baltimore konnte die Risse in der Partei nur vorübergehend kitten. Zwei Monate später, zum Zeitpunkt des zornigen Manifests von

Benjamin Wade und Henry Winter Davis gegen die Rekonstruktionspolitik des Präsidenten, klafften sie so weit auseinander, daß es zu ernsthaften Bestrebungen kam, Lincoln durch einen anderen Kandidaten zu ersetzen. Was zu dieser verblüffenden Entwicklung führte, war jedoch weniger der Streit darum, was mit dem Süden zu geschehen habe, sobald der Krieg gewonnen war, als vielmehr der bange Zweifel, ob der Krieg überhaupt zu gewinnen war. Eine Konföderation, die Ende 1863 sichtlich angeschlagen in den Seilen gehangen hatte, war zu neuem Kampfgeist erwacht und schien sich zu behaupten. Vorangegangen waren heftige Schlachten, deren Blutzoll noch den der schrecklichen Sommer von 1862 und 1863 übertraf.

24.

Und wenn es den ganzen Sommer dauert

I

»Vom Erfolg unserer Waffen hängt alles andere ab«, sagte Lincoln gegen Ende des Krieges.[1] Der Satz war niemals berechtigter als im Jahre 1864, denn mit »allem anderen« war nicht nur das weitere Schicksal der Sklavenbefreiung und der Union gemeint, sondern auch Lincolns Wiederwahl als Präsident.

Im Frühjahr 1864 schien es, als wäre der »Erfolg« der Unionstruppen gesichert. Der Kongreß hatte den Rang eines Generalleutnants wieder eingeführt, der zuletzt von George Washington bekleidet worden war, und Lincoln hatte Grant zum Generalleutnant mit dem Titel eines Oberbefehlshabers befördert. Henry W. Halleck rückte eine Stufe nach unten und wurde Stabschef. Grant ernannte Sherman zu seinem Nachfolger als Befehlshaber der westlichen Armeen und kam nach Osten, um sein Hauptquartier bei der Potomac-Armee aufzuschlagen. Diese Armee unterstand – im Rahmen der strategischen Befehle Grants – weiterhin Meade; allerdings kam auch Phil Sheridan nach Osten und übernahm die Kavallerie der Armee. So bekleideten die drei besten Generäle der Union – Grant, Sherman und Sheridan – führende Kommandos, und die Tage der Konföderation schienen gezählt.

Nach den Rückschlägen in der zweiten Jahreshälfte von 1863 hatten die Rebellenarmeen einen schweren Winter mit knappen Rationen durchgemacht. Auch der menschliche Nachschub begann dem Süden auszugehen. Der konföderierte Kongreß schaffte das Privileg der Substitution ab, so daß nunmehr auch diejenigen der Wehrpflicht unterlagen, die bisher einen Ersatzmann stellen konnten, und verlangte von den Soldaten, deren dreijährige Dienstzeit ablief, daß sie in der Armee blieben. Der Kongreß erweiterte die Altersgrenzen für die Wehrpflichtigen, und zwar auf 50 beziehungsweise 17 Jahre. Trotz dieser Bemühungen, die Truppenstärke zu halten, war die Streitmacht des Südens nur halb so groß wie die des Gegners, als die Frühlingssonne herauskam und die roten Lehmstraßen Virginias und Georgias zu trocknen begann.

Immerhin gab es Scharten im Schwert der Union und verborgene Stärken im Schild der Konföderierten. Gerade die Erfolge des Nordens führten paradoxerweise zu militärischer Schwäche. Die Unionsarmeen mußten viele Divisionen als Besatzungstruppen detachieren, um 100 000 Quadratmeilen eroberten Territoriums zu überwachen. Andere Divisionen hatten in den Sklavenstaaten an der Grenze zum Süden ähnliche Aufgaben. Invasionsarmeen mußten eine große Zahl von Truppen abstellen, um ihre Nachschublinien vor Kavallerie- und Partisanenüberfällen zu schützen. Bei Shermans Feldzug gegen Atlanta 1864 mußten fast ebenso viele Männer die 450 Meilen lange Bahnverbindung zurück nach Louisville verteidigen, wie Frontsoldaten gegen den Feind zur Verfügung standen.

Diese Einbußen bei den Unionsstreitkräften verringerten das Kräfteungleichgewicht zwischen Norden und Süden ein wenig. Trotz ihrer Niederlage bei Gettysburg und den folgenden Entbehrungen bewahrte sich die Nord-Virginia-Armee ihre gute Moral. Viele dieser zähen, hageren Veteranen hatten sich freiwillig für eine weitere Dienstzeit gemeldet, bevor der Kongreß dies am 17. Februar von ihnen verlangte. Sie waren wie Brüder geworden, die aus Stolz auf die eigene Kraft, aus Kameradschaft mit den anderen und aus Verehrung für »Marse Robert« handelten. Viele dachten genauso wie Lee, der am Vorabend der Feldzüge des Jahres 1864 sagte: »Wenn wir siegen, haben wir alles zu erhoffen. Wenn wir unterliegen, haben wir nichts mehr, wofür es sich zu leben lohnt.«[2] Joseph Johnston war es nicht gelungen, seine von Braxton Bragg übernommene Armee mit demselben Geist zu erfüllen. Immerhin tat er bis Mai 1864 diesbezüglich mehr, als man nach der schmählichen Flucht dieser Truppen vom Missionary Ridge hätte glauben sollen.

Die meisten Soldaten der Konföderation waren Veteranen. In der Unionsarmee gab es viele Veteranen, die eigentlich 1864, nach Ablauf ihrer dreijährigen Dienstzeit, nach Hause entlassen werden sollten. Falls das geschah, konnte es dem Süden durchaus noch gelingen, der Niederlage den Sieg abzutrotzen. Die Abgeordneten der Union folgten nicht dem Vorbild ihrer südstaatlichen Kollegen; sie forderten von den Veteranen keine Verlängerung ihres Kriegsdienstes. Sie betrachteten die dreijährige Dienstzeit als Vertrag und versuchten es mit guten Worten und Anreizen. Veteranen, die nach drei Jahren ihre Dienstzeit verlängerten, bekamen einen speziellen Winkel am Ärmel, 30 Tage Heimaturlaub, eine Prämie des Bundes in Höhe von 400 Dollar sowie weitere Prämien ihres Staates und ihrer Gemeinde, dazu natürlich den wärmsten Dank der Politiker in der Heimat.

Wenn sich drei Viertel der Männer eines Regiments neu verpflichteten, behielt dieses Regiment seine Identität und damit seinen Stolz als Einheit. Diese Bestimmung sorgte dafür, daß dienstmüde Soldaten von ihren dienstwilligen Kameraden wirksam unter Druck gesetzt werden konnten. »Du bist hier wie der Truthahn beim Preisschießen«, schrieb ein lustloser Veteran aus Massachusetts, »auf den man den ganzen Tag schießt, und wenn er bis abends nicht tot ist, wird er verlost. Wenn sie dich nicht in drei Jahren töten konnten, wollen sie dich für drei weitere behalten – aber ich bleibe.«[3]

Rund 136000 Veteranen verpflichteten sich ein zweites Mal. Weitere 100000 konnten sich dazu nicht entschließen. Diese Männer neigten dazu, während ihrer letzten Wochen in der Armee kein Risiko mehr einzugehen, und schwächten damit in entscheidenden Augenblicken im Sommer 1864 nicht nur die Kampfkraft ihrer Einheit, sondern auch die Moral ihrer Kameraden, die sich neu verpflichtet hatten. Um verwundete, gefallene oder entlassene Soldaten zu ersetzen, griffen die Unionsarmeen auf Wehrpflichtige, Ersatzleute und durch Prämien Geworbene zurück, die bei der ersten Musterung von 1863 registriert worden waren. Von dieser Maßnahme war vor allem die Potomac-Armee betroffen, die größere Verluste als jede andere Armee erlitten und allein 50 Prozent Neuverpflichtungen hatte. Die Veteranen unter den Offizieren und Mannschaften hatten für die meisten der neuen Rekruten nur Verachtung übrig. »Einen so heruntergekommenen, verlotterten und jämmerlichen Schandhaufen von Leuten hat es noch in keiner Armee gegeben«, beklagte sich ein Veteran aus New Hampshire. Ein Soldat aus Connecticut nannte die neuen Männer in seinem Regiment »Prämienjäger, Diebe und Halsabschneider«; ein Offizier aus Massachusetts meldete, daß von den 186 »Ersatzleuten, Prämienjägern ... Dieben und Halunken«, die man seinem Regiment zugeteilt hatte, schon nach der ersten Nacht 40 verschwunden seien. Er war heilfroh darüber, ebenso wie ein Offizier aus Pennsylvania, für den die »Spieler, Diebe und Störenfriede«, die man ihm anvertraut hatte, »eine heillose Schande für das Regiment gewesen wären, wenn sie geblieben wären ... aber dank einer freundlichen Fügung des Geschicks ... desertierten sie in hellen Scharen, bis fast keiner mehr da war«.[4] So reduzierte sich die numerische Überlegenheit des Nordens im Laufe des Jahres 1864. »Die Leute, die wir auf diese Weise bekommen, werden fast alle fahnenflüchtig«, murrte Grant im September, »und von fünf gemeldeten neuen Rekruten wird nur einer ein brauchbarer Soldat.«[5]

Den Führern der Südstaaten blieben die Lücken im Panzer des Gegners nicht verborgen. Durch Ausnutzung dieser Schwächen hofften sie den Präsidentschaftswahlkampf von 1864 im Norden beeinflussen zu können. Hatte Carl von

Clausewitz den Krieg als »Fortsetzung der Politik mit anderen Mitteln« definiert, so war die Strategie der Konföderierten 1864 ohne Zweifel die Nutzanwendung dieser Lehre. Wenn – so die Überlegung – die Armeen der Südstaaten bis zur Wahl durchhielten, würde der Norden in seiner Kriegsmüdigkeit vielleicht einen Friedensdemokraten wählen, der in Verhandlungen über die Unabhängigkeit der Konföderation eintrat. Ob Lincoln »jemals gewählt wird oder nicht, entscheidet sich ... auf den Schlachtfeldern von 1864«, prophezeite eine Zeitung in Georgia. »Wird der Diktator von Washington geschlagen, wird mit ihm seine ganze schändliche Politik geschlagen.« In Richmond äußerte ein Beamter des Kriegsministeriums die Überzeugung: »Wenn wir uns nur [bis zu den Wahlen im Norden] *halten* und den Demokraten die Möglichkeit schaffen, einen Präsidenten zu wählen ... gibt es vielleicht Frieden.«[6] Lee erkannte, »wie folgenschwer dieser Feldzug für die Administration von Mr. Lincoln ist«, und wollte »mannhaft widerstehen«, um der Kriegspartei im Norden den Wind aus den Segeln zu nehmen. »Wenn wir die gegnerischen Pläne frühzeitig durchkreuzen und den Gegner zurückwerfen«, erläuterte Longstreet, »wird er seine Position und seine Moral erst zurückgewinnen, wenn die Präsidentschaftswahl vorüber ist, und dann werden wir es mit einem neuen Präsidenten zu tun haben.«[7]

Grant wußte recht gut, worauf der Süden seine Hoffnungen baute. Er hatte sich jedoch vorgenommen, noch vor dem November die Armeen der Rebellen zu vernichten und den Krieg zu beenden. Wenn Yankees aus dem Osten sich nach dem Erfolgsgeheimnis dieses aus dem Westen stammenden Generals fragten, sahen sie die Antwort in seinem uneitlen, aber festen Auftreten. Der »kleine Mann mit den runden Schultern« und dem »etwas schrägen Blick« – so beschrieben ihn Leute in Washington, die ihn zum erstenmal sahen – hatte doch »klare blaue Augen« und »einen Gesichtsausdruck, als habe er beschlossen, mit dem Kopf durch die Wand zu gehen, und werde das nun auch tun«. Sogar ein abgebrühter Mann aus New York, der den Stern von einem halben Dutzend Unionsgenerälen hatte sinken sehen, »weil sie nicht wußten, wie man durch Virginia nach Richmond marschiert«, meinte von Grant: »Vielleicht kennt er das Zaubermittel.«[8]

Grant faßte nicht allein Virginia ins Auge. Er war der Ansicht, die Armeen der Nordstaaten hätten in der Vergangenheit »auf eigene Faust und zusammenhanglos agiert, wie ein störrisches Gespann, wo nicht zwei am selben Strang ziehen«, und arbeitete Pläne für ein koordiniertes Vorgehen an mehreren Fronten aus, um zu verhindern, daß die konföderierten Armeen einander verstärkten. »Ihr Ziel ist Lees Armee«, instruierte er Meade. »Wo Lee hingeht, gehen Sie auch hin.« Sherman erhielt Order, »Johnstons Armee anzugehen und aufzureiben und so weit wie möglich in feindliches Gebiet vorzudringen, um möglichst viel Schaden an den gegnerischen Kriegsressourcen anzurichten«.[9] Diese beiden Unionsarmeen waren ihrem jeweiligen Gegner im Verhältnis von fast 2:1 überlegen, doch Grant tat noch ein übriges, um das Ungleichgewicht zu verstärken. An der Peripherie der Hauptkriegsschauplätze standen drei Armeen unter dem Kommando von einflußreichen »politischen Generälen«, die sogar Grant nicht absetzen konnte: Benjamin Butler stand mit der James-Armee auf der Halbinsel, Franz Sigel mit seinen versprengten Truppen in West-Virginia und im Shenandoahtal und Nathaniel Banks mit der Golf-Armee in Louisiana. Grant gab Banks die Direktive, einen Feldzugsplan zur Einnahme Mobiles zu erarbeiten; anschließend sollte er nach Norden vorstoßen und die Rebellentruppen in Alabama an der Verstärkung Johnstons hindern. Gleichzeitig sollte Butler den James River aufwärts marschieren, um die Eisenbahnlinie zwischen Petersburg und Richmond zu unterbrechen und die Hauptstadt der Konföderation von Süden her zu bedrohen, während Sigel das Shenandoahtal hinaufzog, um dessen Verteidiger zu binden und die Verbindungslinien Lees in dieses Gebiet zu unterbrechen. Lincoln war von diesem strategischen Entwurf begeistert. Zur Hilfestellung, die Banks, Butler und Sigel zugedacht war, fand er einen grobschlächtigen Vergleich: »Wer die Haut nicht abzieht, soll wenigstens ein Bein festhalten.«[10]

Aber die Beinhalter wurden ihrer Aufgabe nicht gerecht. Als erster versagte Banks, woran indes die Administration nicht unschuldig war: Statt den Angriff auf Mobile zu unternehmen, mußte er in Louisiana den Red River entlang aufwärts marschieren, um Baumwolle zu requirieren und den politischen Einflußbereich der Union auszudehnen. Erst dann durfte er sich ostwärts gegen Mobile wenden. Letzten Endes erreichte Banks keines dieser Ziele – bis auf die Beschlagnahmung einer kleinen Menge Baumwolle und die mutwillige Zerstörung vielen privaten Eigentums, die kaum geeignet war, der Union die Herzen und Sinne der Louisianer zu gewinnen.

Der Rachegeist, der Banks im Nacken saß, war Richard Taylor (der Sohn von Zachary Taylor), der das Kriegshandwerk 1862 als Brigadekommandeur unter »Stonewall« Jackson erlernt hatte. Taylor übernahm nach dem Verlust Süd-Louisianas an die Union das Kommando über rund 15000 Mann und richtete sich auf die Verteidigung der Überreste jenes Staates ein, in dem er als Pflanzer zu Wohlstand gelangt war. In Virginia hatte Banks eine schmähliche Niederlage durch Jackson erlitten; 1000 Meilen entfernt bereitete ihm »Stonewalls« militärischer Ziehsohn dasselbe Schicksal. Am 8. April stellte Taylor die Nachhut von Banks' Armee in Sabine Crossroads, 35 Meilen südlich von Shreveport, dem Angriffsziel der Union. Taylor trieb die Yankees in wilder Flucht zu ihrem Stützpunkt zurück und setzte am nächsten Tag mit einem Angriff auf den Pleasant Hill nach. Diesmal hielten die Blauröcke jedoch stand und zwangen die Rebellen, sich nach schweren Verlusten zurückzuziehen.

Trotz dieses Erfolgs war Banks besorgt über das Ausbleiben einer Hilfstruppe, die er von Little Rock im Süden erwartete (sie war durch Partisanen- und Kavallerieüberfälle aufgehalten worden), und über den ungewöhnlich niedrigen Wasserstand des Red River, der die Gefahr barg, daß die ohnehin schon beschädigte Kanonenbootflotte der Union oberhalb der Stromschnellen bei Alexandria auf Grund lief. Und so entschloß sich Banks zum Rückzug. Was die Kanonenboote betraf, wurde die Katastrophe durch die Findigkeit eines Oberst aus Wisconsin abgewendet: Er nutzte seine Erfahrung als Bauschreiner und errichtete eine Reihe von Stauwehren, um die Schiffe sicher über die Stromschnellen zu lotsen. Erst am 26. Mai kehrte die entmutigte Armee nach Süd-Louisiana zurück – einen Monat zu spät, um den abgebrochenen Feldzug gegen Mobile wieder aufzunehmen. Die Folge war, daß Joseph Johnston 15000 Mann Verstärkung aus Alabama bekam. Und 10000 Soldaten, die Banks sich für den Feldzug am Red River von Sherman ausgeliehen hatte, wurden nie mehr an die Unionsarmee in Georgia zurückgegeben. Statt dessen blieben sie auf dem Kriegsschauplatz Tennessee/Mississippi, um Shermans Eisenbahnverbindungen gegen Forrest zu schützen. Banks wurde als Bereichsbehelfshaber abgelöst und kehrte auf seinen umstrittenen Posten als Militärverwalter der Rekonstruktion in Louisiana zurück.[11]

Butler und Sigel erging es mit ihrem Auftrag, die Beine der Rebellen zu halten, nicht besser. Butler hatte eine echte Chance, sich die Lorbeeren zu verdienen, nach denen er seit den ersten Tagen des Krieges vergebens die Hand ausgestreckt hatte. Mit 30000 Mann, die er bei Küstenoperationen in den beiden Carolinas angeworben hatte, dampfte er den James River hinauf und landete am 5. Mai auf halber Strecke zwischen Petersburg und Richmond. Nur 5000 Mann verteidigten die beiden Städte, dazu einige eilends mobilisierte Regierungsangestellte, die als Miliz fungierten. Ihr Kommandeur – niemand anders als der von Charleston ins südliche Virginia beorderte P. T. G. Beauregard – war noch nicht eingetroffen. Hätte Butler sich beeilt und die Bahnlinie zwischen Petersburg und Richmond unterbrochen, hätte er in die Hauptstadt eindringen können und wäre auf wenig Widerstand gestoßen. Lee hätte das nicht verhindern können: Er stand mit der Potomac-Armee 60 Meilen weiter nördlich. Aber der schielende Unionskommandeur verpaßte seine Chance. Anstatt rasch und mit einer Übermacht zuzuschlagen, rückte er bedächtig und mit detachierten Einheiten voran, die, während sie sich feindlicher Scharmützel erwehrten, nur wenige Meilen Gleiskörper zu zerstören vermochten. Erst am 12. Mai, eine Woche nach ihrem Eintreffen, setzte sich die Haupttruppe Butlers endlich gegen Richmond in Marsch. Inzwischen hatte aber Beauregard Verstärkungen aus den beiden Carolinas herangeführt und konnte Butler mit nahezu gleichwertigen Kräften gegenübertreten. Am 16. Mai gingen die Konföderierten bei Drewry's Bluff, acht Meilen südlich von Richmond, zum Angriff über. Nach schweren Verlusten auf beiden Seiten wurden Butlers Leute von den Rebellen in ihre Gräben auf einer Landenge zwischen den Flüssen James und Appomattox zurückgetrieben. Dort gruben sich die Südstaatler ihrerseits ein und versiegelten – nach Grants grimmigem Wort – Butlers Armee »wie in einer fest verkorkten Flasche«.[12]

Kaum hatte man Grant Butlers »Verkorkung« gemeldet, erfuhr er von einem ähnlichen Schlag gegen Franz Sigel im Unglückstal der Union, dem Shenandoahtal. Sigel war mit 6500 Mann in das Tal hinaufmarschiert, um Staunton einzunehmen, von wo Lees Armee einen Teil ihres spärlichen Nachschubs bezog. Noch bevor er dort anlangte, wurde er jedoch am 15. Mai bei New Market von einem zusammengewürfelten, 5000 Mann starken Rebellenhaufen unter Führung des ehemaligen US-Vizepräsidenten John C. Breckinridge angegriffen und zurückgeworfen. Gekennzeichnet wurde diese kleine Schlacht zum einen durch Sigels geschickten Rückzug und zum anderen durch eine beherzte Attacke von 247 15jährigen bis 17jährigen Kadetten des Virginia Military Institute, die seither in der Folklore des Südens unsterblich geworden sind. Halleck und Grant waren überzeugt, Sigel werde immer »nur weglaufen; er hat noch nie etwas anderes getan«, und setzten bei Lincoln die Abberufung Sigels von seinem Kommando durch.[13]

Das Versagen von Grants Beinhaltern in Virginia erschwerte die Aufgabe des »Häuters« von Lee. Die Potomac-Armee und die Nord-Virginia-Armee hatten, wenige Meilen voneinander entfernt, zu beiden Seiten des Rapidan überwintert. Als der Hartriegel zu blühen begann, rüstete Grant zur Überquerung des Flusses; er plante, die rechte Flanke Lees aufzurollen. Er wollte die Rebellen aus ihren Gräben locken und sie zu einer Entscheidungsschlacht im Süden der »Wilderness« stellen – jenes undurchdringlichen Waldstücks aus verkümmerten Eichen und Kiefern, wo genau ein Jahr zuvor Joe Hooker von Lee in die Falle gelockt worden war. Lee erinnerte sich daran und entschloß sich, die Flußüberquerung zuzulassen und die Blauröcke lieber in der Flanke anzugreifen, während sie durch die »Wilderness« marschierten; ihre zahlenmäßige Überlegenheit – 115000 gegenüber 64000 – fiele dann weniger ins Gewicht als auf offenem Gelände.

Demgemäß begegneten zwei der Korps von Lee, von Westen kommend, am 5. Mai drei Unionskorps, die vom Rapidan nach Süden marschierten. Für Lee kam dieses Zusammentreffen etwas zu früh, denn Longstreets Korps war erst kurz zuvor aus Tennessee zurückgekehrt und konnte an diesem ersten Tag der Schlacht in der »Wilderness« nicht rechtzeitig zur Stelle sein. Die Föderierten konnten daher über 70 000 Mann ins Treffen führen, die Rebellen kaum 40 000. Aber die Südstaatler kannten das Terrain, während die Truppenüberlegenheit der Yankees lediglich zu Unbeweglichkeit führte – insbesondere in den dichten, von Pulverdampf durchzogenen Wäldern, wo die Soldaten kaum den Feind erkennen konnten, ganze Einheiten im unwegsamen Dschungel die falsche Richtung einschlugen, befreundete Truppen versehentlich aufeinander feuerten und Lücken in der gegnerischen Front unerkannt blieben und nicht ausgenutzt wurden, während Mündungsfeuer und explodierende Granaten das Unterholz in Brand setzten und die Verwundeten zu verbrennen drohten. Der wild hin- und herwogende Kampf spielte sich in der Nähe von zwei Straßenkreuzungen ab, die die Blauröcke halten mußten, um ihren Marsch nach Süden fortsetzen zu können. Sie behaupteten sich und hatten bei Einbruch der Dämmerung eine Stellung erreicht, aus der heraus sie Lees rechte Flanke angreifen konnten.

Grant gab den Befehl dazu im Morgengrauen des nächsten Tages. Auch Lee plante in demselben Abschnitt einen morgendlichen Sturmangriff, bei dem Longstreets Korps als Speerspitze fungieren sollte; dieses Korps war unterwegs und sollte noch vor Tagesanbruch eintreffen. Die Yankees griffen als erste an und hätten um ein Haar einen spektakulären Erfolg erzielt. Nachdem sie die Rebellen fast eine Meile durch den Wald gejagt hatten, fanden sie sich auf einmal auf einer kleinen Lichtung wieder, wo Lee sein Feldhauptquartier hatte. Aufgeregt leitete der graue Feldherr persönlich einen Gegenangriff an der Spitze einer zu Longstreets Korps gehörenden Brigade aus Texas. »Zurückbleiben, General Lee, zurückbleiben!« riefen die Texaner beim Vorpreschen. Lee blieb denn auch zurück, als weitere Truppen Longstreets im Eilmarsch zu der Lichtung kamen und dem Vorstoß der Union Einhalt geboten.

Nun ging die Initiative auf die Konföderierten über. Im Lauf des Vormittags trugen die frischen Brigaden Longstreets Verwirrung in die Reihen der Blauröcke und warfen sie fast bis auf ihren Ausgangspunkt zurück. Jetzt machte sich die Ortskenntnis der Südstaatler bezahlt. Auf keiner Karte verzeichnet, zog sich an der linken Seite der Union der Bahndamm einer nicht fertiggestellten Bahnlinie hin. Die Stichlinie war von wildem Wein und Unterholz dermaßen überwuchert, daß ein Unkundiger sie erst bemerkte, wenn er zufällig darauf stieß. Einer von Longstreets Brigadeleutnants kannte den Damm und empfahl ihn als Aufmarschweg für einen Angriff gegen die Flanke der Union. Longstreet betraute vier Brigaden mit dieser Mission. Kurz vor Mittag brachen sie aus dem Dickicht hervor und überrollten die konsternierten Nordstaatenregimenter. Doch dann traf die

Konföderierten ein tragischer Schicksalsschlag, wie er sie ein Jahr zuvor nur drei Meilen von dieser Stelle entfernt schon einmal getroffen hatte. Während die Rebellen mit Hurra von der Flanke her kamen, stießen sie im rechten Winkel auf andere Einheiten Longstreets, die geradeaus attackierten. Im rauchgeschwängerten Wald stürzte Longstreet, von der Kugel eines Konföderierten in der Schulter getroffen. Im Gegensatz zu Jackson erlag er nicht seiner Verletzung, aber er war für fünf Monate außer Gefecht gesetzt.

Nach Longstreets Verwundung ging dem Sturmangriff des Südens die Kraft aus. Lee begradigte die Fronten und erneuerte den Angriff am Spätnachmittag. Der Kampft tobte in der Nähe der Straßenkreuzung, mitten in einem Waldbrand, der die Brustwehren der Union erfaßt hatte. Die Föderierten hielten ihre Stellung, und gegen Abend ebbten die Gefechte allmählich ab, während die Überlebenden ihre verwundeten Kameraden vor dem Feuertod zu retten suchten. Am anderen Ende der Front entdeckte General John B. Gordon, ein ehrgeiziger Brigadekommandeur aus Georgia, daß auch die rechte Flanke Grants exponiert lag. Nachdem er stundenlang vergeblich versucht hatte, von seinem Korpskommandeur die Erlaubnis zum Angriff zu erwirken, wandte er sich an die oberste Instanz und erhielt von Lee die Erlaubnis zum Losschlagen. Der abendliche Sturmangriff war zunächst erfolgreich; Gordon warf die Flanke der Föderierten um eine Meile zurück und nahm zwei gegnerische Generäle gefangen. Panik griff um sich und erfaßte sogar Grants Hauptquartier, wo ein verzweifelter Brigadekommandeur auf schweißnassem Pferd angesprengt kam und dem Unionsbefehlshaber berichtete, daß alles verloren sei – daß Lee dieselbe Taktik verfolge wie ein Jahr zuvor an derselben Stelle Jackson. Aber Grant glaubte nicht an übermenschliche Fähigkeiten Lees und ließ sich nicht ins Bockshorn jagen. »Ich habe es satt, immer nur zu hören, was Lee vorhat!« erklärte er dem Brigadekommandeur. »Bilden Sie sich ein, daß Lee plötzlich einen doppelten Salto schlagen und gleichzeitig in unserem Rücken und an den Flanken stehen kann? Reiten Sie zu Ihrem Kommando zurück und denken Sie an das, was *wir* vorhaben, und nicht an das, was Lee vorhat!«[14]

Grant bewies bald, daß es ihm mit diesen Worten ernst war. Beide Flanken hatte es schlimm erwischt; Grants 17500 Tote und Verwundete überstiegen die Anzahl der Opfer auf seiten der Konföderierten um mindestens 7000 Mann. Unter diesen Umständen hätten sich Grants Vorgänger in Virginia hinter den nächsten Fluß zurückgezogen, und die Mannschaften erwarteten das auch von ihm. Doch Grant hatte sich gegenüber Lincoln verpflichtet: »Egal, was geschieht: Umgekehrt wird nicht.«[15] Während sich die Armeen am 7. Mai lustlose Scharmützel lieferten, rüstete Grant für die Nacht zu einem Marsch um Lees rechte Flanke herum; sein Ziel war die Einnahme des gut zehn Meilen weiter südlich gelegenen Dorfes Spotsylvania mit seiner wichtigen Straßenkreuzung. Sollte dieser Plan gelingen, wäre die Unionsarmee der Hauptstadt Richmond näher als der Feind, so daß Lee kämpfen oder abziehen mußte. Den ganzen Tag lang wurden Proviantwagen und Reserveartillerie der Union nach hinten gebracht, was die Soldaten in ihrer verdrossenen Rückzugserwartung bestärkte. Nach Einbruch der Dunkelheit setzten sich dann die blauen Divisionen nacheinander in Marsch – aber nicht nach Norden, sondern nach *Süden*! In den Herzen der Leute ging die Sonne auf. Es war also doch nicht »wieder ein Chancellorsville ... wieder ein Reißausnehmen«. »Unser Mut stieg«, erinnerte sich ein Veteran, dem dieser Augenblick als Wendepunkt des Krieges im Gedächtnis blieb. Trotz der Schrecken der vergangenen drei Tage und derer, die noch kommen sollten, »marschierten wir unbeschwerten Herzens. Die Leute sangen sogar«. Es war der erste Feldzug in Virginia, bei dem die Potomac-Armee nach der Einleitungsschlacht in der Offensive blieb.[16]

Sheridans Kavallerie hatte zu diesem Feldzug bisher wenig beigetragen, und ihr O-beiniger Anführer brannte darauf, sich mit »Jeb« Stuarts berühmter Reiterei zu messen. Zu seiner Genugtuung gab Grant ihm den Befehl zu einem Raid gegen die rückwärtigen Verbindungslinien Lees, während Grant selbst versuchen wollte, Lee vorne aus seiner Verteidigungsstellung zu locken. Aggressiv wie immer, ritt Sheridan mit 10000 Mann in gemächlichem Tempo gen Süden, ohne auch nur den Versuch einer Täuschung des Gegners zu machen; er wollte Stuart zum Angriff provozieren. Der Kavalier mit der Feder am Hut setzte den Yankees mit nur der Hälfte seiner Leute nach (die andere Hälfte patrouillierte an Lees Flanken in Spotsylvania) und fügte Sheridan leichte Verluste zu, konnte aber nicht verhindern, daß 20 Meilen Bahngleise, einiges rollende Gut und Proviant für drei Wochen vernichtet wurden. Am 11. Mai setzte sich Stuart zur Wehr, und zwar bei Yellow Tavern, nur sechs Meilen nördlich von Richmond. Die blaue Reiterei war den Rebellen zahlenmäßig im Verhältnis 2:1 überlegen, und mit ihren Schnellfeuerkarabinern war sie auch besser bewaffnet. Die einst für unbesiegbar gehaltene Südstaatenkavallerie wurde überrollt und in zwei Richtungen in die Flucht geschlagen. Ein düsterer Nebeneffekt dieses Unionssieges war die tödliche Verwundung Stuarts – ein furchtbarer Schlag für die Führung der Konföderation, der nur mit dem Tod Jacksons vor Jahr und Tag zu vergleichen war.

Unterdessen rangen die Infanterien bei Spotsylvania unerbittlich miteinander. Der Spaten war längst als Verteidigungs-»Waffe« ähnlich unentbehrlich geworden wie das Gewehr. Überall, wo Soldaten haltmachten, legten sie sogleich ein kompliziertes System von Schützengräben, Brustwehren und Geschützstellungen,

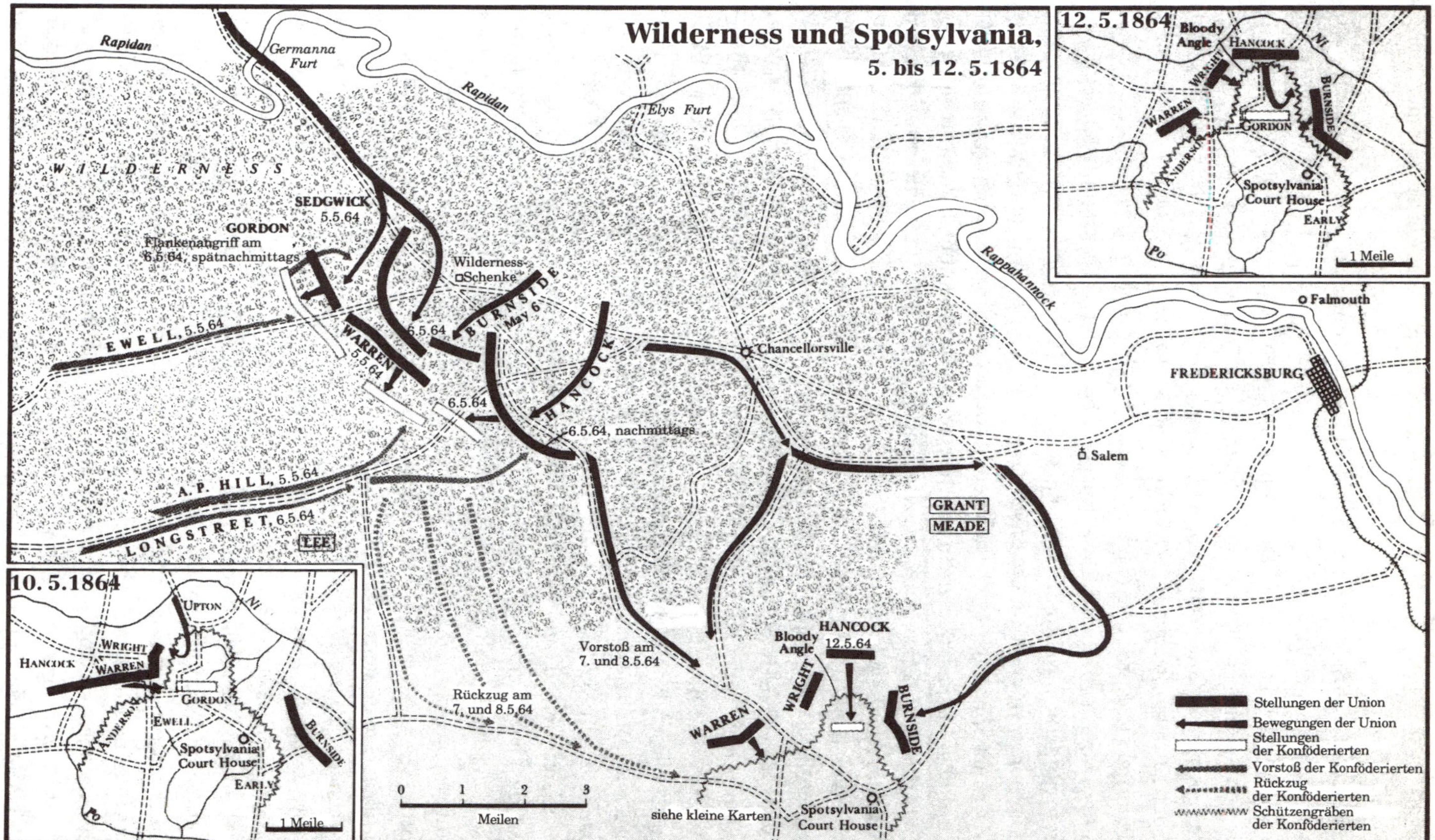
Wilderness und Spotsylvania,
5. bis 12. 5.1864
Rapidan
Germanna Furt
Elys Furt
Rappahannock
W I L D E R N E S S
SEDGWICK 5.5.64
GORDON
Flankenangriff am 6.5.64, spätnachmittags
Wilderness-Schenke
BURNSIDE May 6
EWELL, 5.5.64
WARREN 5.5.64
6.5.64
HANCOCK
6.5.64, nachmittags
A. P. HILL, 5.5.64
LONGSTREET, 6.5.64
LEE
Chancellorsville
FREDERICKSBURG
Falmouth
Salem
GRANT
MEADE
Vorstoß am 7. und 8.5.64
Rückzug am 7. und 8.5.64
HANCOCK 12.5.64
Bloody Angle
WRIGHT
WARREN
BURNSIDE
Spotsylvania Court House
siehe kleine Karten
0 1 2 3
Meilen
Stellungen der Union
Bewegungen der Union
Stellungen der Konföderierten
Vorstoß der Konföderierten
Rückzug der Konföderierten
Schützengräben der Konföderierten
12. 5.1864
Bloody Angle
HANCOCK
WRIGHT
WARREN
ANDERSON
GORDON
BURNSIDE
Ni
Spotsylvania Court House
EARLY
Po
1 Meile
10. 5.1864
UPTON
Ni
WRIGHT
HANCOCK
WARREN
GORDON
ANDERSON
EWELL
Spotsylvania Court House
EARLY
BURNSIDE
Po
1 Meile

eine zweite, zurückliegende Verteidigungslinie sowie ein freies Schußfeld nach vorne an; vor der Brustwehr lagen gefällte Bäume, mit der Krone nach vorne zeigend, die den Feind am Näherkommen hindern sollten. Bei Spotsylvania errichteten die Rebellen die stabilsten Feldbefestigungen, die es in diesem Krieg bisher gegeben hatte. Grant stand vor der Wahl, diese Verteidigungsanlagen zu umgehen oder zu durchbrechen; er versuchte beides. Am 9. Mai erhielt Winfield Scott Hancocks 2. Korps den Befehl, die linke Flanke der Konföderation aufzurollen. Für dieses Manöver war das zweimalige Überqueren eines windungsreichen Flusses erforderlich, wodurch Lee Zeit gewann, am 10. Mai als Gegenmaßnahme zwei Divisionen zu verlegen. Grant schätzte die konföderierte Front infolgedessen als für einen Sturmangriff schwach genug ein und ließ am Nachmittag des 10. Mai fünf Divisionen auf einer Breite von einer Meile gegen die linke Mitte des Gegners vorgehen. Doch Schwäche zeigte sich keine – Lee hatte seine Verstärkungen von der rechten Seite abgestellt.

Etwas mehr zur Frontmitte hin, an der Westseite eines erhöht gelegenen, eine halbe Meile vorspringenden Frontabschnitts, der wegen seiner markanten Gestalt Mule Shoe [Eselshuf] hieß, gelang der Union allerdings ein Sturmangriff, der den Durchbruch bedeuten konnte. Hier lieferte Colonel Emory Upton, ein junger West-Point-Offizier, der aus seiner Meinung über die Unfähigkeit seiner Offizierskollegen kein Hehl machte, eine anschauliche Demonstration seiner Theorie, wie man feindliche Schützengräben anzugreifen habe. Mit 12 in Viererreihen aufgestellten Kernregimentern marschierte er in einem Zug über 200 Meter offenes Gelände und mitten durch die Baumsperren. Die erste Reihe feuerte erst, als sie die Gräben erreicht hatte, brüllte dabei wie besessen und schlug wie wild um sich. Sie durchbrach die Verteidigungsanlagen und schwärmte sogleich nach links und rechts aus, um die Bresche zu erweitern. Die nächste Regimentsreihe attackierte nun das 100 Meter weiter hinten liegende zweite Netz von Schützengräben. Dann kamen die dritte und vierte Reihe und nahmen 1000 verblüffte Gegner gefangen. Der Weg nach Richmond schien so offen dazuliegen wie nie zuvor. Aber die Division, die den Auftrag hatte, Uptons Durchbruch zu unterstützen, rückte nur schweren Herzens vor und wich erleichtert sofort zurück, als sie auf massives Artilleriefeuer stieß. Eine halbe Meile von den eigenen Linien entfernt und ganz auf sich allein angewiesen, saßen Uptons Regimenter fest und konnten einem vernichtenden Gegenangriff durch Verstärkungen der Rebellen nicht standhalten. In der hereinbrechenden Dunkelheit zogen die Yankees wieder ab, nachdem sie ein Viertel ihrer Leute eingebüßt hatten.

Ihr zeitweiliger Erfolg trug Upton jedoch eine Beförderung noch auf dem Schlachtfeld ein und bewog Grant, mit einem ganzen Korps dieselbe Taktik nebst nachfolgendem Angriff auf der ganzen Linie zu versuchen. Am nächsten Tag, dem 11. Mai, war es nach einer zweiwöchigen Wärmeperiode kalt und regnerisch; Rebellenpatrouillen, die von einer Rückwärtsbewegung von Nachschubwagen der Union berichteten, verleiteten Lee zu falschen Vermutungen über die Absichten Grants. In der Annahme, die Wagenbewegung lasse auf ein Flankenmanöver schließen, befahl Lee den Abzug von 22 Geschützen, um einen schnellen Gegenschlag vorbereiten zu können. Der von diesen Geschützen gedeckte Frontvorsprung war justament die Stelle, wo Hancocks Korps in der Morgendämmerung des 12. Mai zuschlagen wollte. Als die Geschütze zurückbeordert wurden, war es zu spät – sie wurden unter gellendem Geschrei von Blauröcken erbeutet, die 15 000 Mann stark aus dem Morgennebel hervorkamen und die konföderierten Gräben durchbrachen. Hancocks Korps rückte noch eine halbe Meile weiter vor, nahm den größten Teil der berühmten »Stonewall-Division« gefangen und spaltete Lees Armee in zwei Hälften. In diesem kritischen Moment führte der Südstaatenfeldherr eine Reservedivision heran. Wie schon sechs Tage zuvor in der »Wilderness« machte Lee sich bereit, persönlich einen verzweifelten Gegenangriff zu führen. Wiederum riefen die Soldaten – diesmal kamen sie aus Virginia und Georgia: »General Lee nach hinten!« und schworen, »diese Kerle« in die Flucht zu schlagen, falls nur »Marse Robert« zuverlässig im Hintergrund stand. Lee fügte sich, und die Division preschte vor. Ihr Gegenangriff profitierte ironischerweise vom raschen und erfolgreichen Vordringen der Yankees durch Regen und Nebel, denn nun standen nordstaatliche Einheiten in einem unorganisierten Haufen beisammen, den die Offiziere nicht mehr in der Hand hatten. Die Blauröcke wurden zur Spitze des Mule Shoe zurückgedrängt und verschanzten sich in den Gräben, die sie eben erst erobert hatten. Dort trotzten sie dem Gegner hartnäckig in einem stundenlangen Kampf um ein Stück Niemandsland, das stellenweise nur wenige Meter breit war.

Unterdessen attackierten das 5. und 9. Korps der Union weitgehend erfolglos die linke und die rechte Seite der konföderierten Front, während das 6. Korps gegen Hancocks rechte Flanke vorging, um einen erneuten Angriff auf den Frontvorsprung zu verstärken. Das war der berühmte »Bloody Angle of Spotsylvania«. Achtzehn Stunden lang, vom frühen Morgen bis Mitternacht, tobten an dem nur wenige hundert Meter langen Grabensystem der Rebellen bei strömendem Regen Gefechte, die zu den schrecklichsten des ganzen Krieges zählen. »Es kam vor, daß über einer Brustwehr gleichzeitig die Flaggen beider Armeen wehten«, erinnerte sich ein Veteran des 6. Korps, »während Föderierte und Konföderierte durch die Baumsperre hindurch mit dem Bajonett aufeinander einstachen.«[17] In einer Art Rausch sprangen Soldaten beider Seiten auf das Parapett und feuerten aus Gewehren mit aufgepflanztem Bajonett, die ihnen ihre Kameraden reichten, auf den Feind unten; die leergeschossenen Gewehre schleuderten sie wie Speere von sich, um das nächste abzufeuern, bis sie, von einer Kugel getroffen oder von einem Bajonett durchbohrt, zu Boden sanken. Das Feuer war auf beiden Seiten so heftig, daß hinter den Linien der Südstaatler eine 60 Zentimeter dicke Eiche, von Minié-Geschossen zerfetzt, umstürzte.[18]

Ein solcher Kampf Mann gegen Mann war gewöhnlich rasch zu Ende, indem eine Seite die Flucht ergriff; an diesem Tag aber hielten beide Seiten stand, und niemand ergriff die Flucht. Der Kampf geriet zu einer atavistischen Geländeschlacht. Das Blut floß in Strömen wie der Regen und verwandelte den Boden der Schützengräben in eine schlammige Brühe, in der Gefallene und Verwundete, von ihren auf Leben und Tod kämpfenden Kameraden niedergetrampelt, versanken. »Ich habe nie erwartet, daß man mir alles glaubt, was ich an Entsetzlichem in Spotsylvania erlebt habe«, schrieb ein Offizier der Union. »Ich würde es umgekehrt selbst nicht glauben wollen.« Erst lange nach Einbruch der Nacht gab Lee den überlebenden Konföderierten Weisung, sich um eine halbe Meile auf eine neue Frontlinie zurückzuziehen, die seine Pioniere inzwischen in fieberhafter Eile befestigt hatten. Am nächsten Morgen gab es am »Bloody Angle« nichts als Leichen; ein Sondertrupp von Unionssoldaten entdeckte in einem Schützengraben auf einer Fläche von rund 15 Quadratmetern 150 übereinanderliegende tote Südstaatler und begrub sie, indem er den Graben einfach mit dem aufgeworfenen Erdaushub zuschüttete.[19]

Während in Virginia die Armeen einander an der Gurgel hatten, belagerten die Menschen in der Heimat Zeitungsredaktionen und Telegraphenämter in einem Zustand »qualvoller Spannung, der jede Gedankentätigkeit lähmt«. Es waren »unerhört kritische, angstvolle Tage«, schrieb ein New Yorker, in denen sich »die Geschicke des Kontinents auf Jahrhunderte hinaus« entscheiden würden. In Richmond jubelte man zunächst über die ersten Meldungen von den Siegen Lees in der »Wilderness«, um sodann in »tiefe Besorgnis« und »fiebernde Angst« zu verfallen, als Lees Armee nach Spotsylvania zurückwich und Sheridan auf dem Weg nach Richmond war.[20] Am Tag vor »Bloody Angle« hatte Grant in einer Depesche nach Washington erklärt: »Habe vor, es an dieser Front auszufechten, und wenn es den ganzen Sommer dauert.« Die Zeitungen griffen die Wendung auf und verhalfen ihr zu derselben Berühmtheit wie Grants Note von der »bedingungslosen Kapitulation« in Fort Donelson. Zusammen mit Meldungen über das Vorrücken der Union aus der »Wilderness« nach Süden führte Grants Depesche zu triumphierenden Schlagzeilen in der Nordstaatenpresse: »Glorreiche Erfolge«, »Lee vernichtend geschlagen«, »Das Ende rückt näher«. Ein altgedienter

Zeitungsreporter erinnerte sich: »Man schien zu glauben, noch vor dem ersten herbstlichen Laubfall würde Grant den Krieg beendet haben und siegreich in Richmond einziehen.«[21]

Lincoln befürchtete, daß diese hochgespannten Erwartungen ins Gegenteil umschlagen könnten, falls sie sich als zu optimistisch erwiesen – was sie waren. »Die Leute sind sich zu sicher«, meinte er vor Reportern. »Sie erwarten zuviel auf einmal.« Einigen Gratulanten, die ihm im Weißen Haus ein Ständchen brachten, sagte er: »Ich bin glücklich über diese Ereignisse, aber es ist noch sehr viel zu tun.« Als sich am 17. Mai herausstellte, daß Grant in Spotsylvania die gegnerischen Linien durchbrochen hatte und daß Butler südlich von Richmond »eingekorkt« war, wurde die Stimmung im Norden »schlecht und gedrückt«.[22] Der Goldpreis – ein umgekehrtes Stimmungsbarometer – stieg in den letzten beiden Maiwochen von 171 auf 191.[23] Die Meldungen von den furchtbaren Verlusten, die nach und nach aus Virginia eintrafen, taten der Moral weiteren Abbruch. Vom 5. bis zum 12. Mai verzeichnete die Potomac-Armee rund 32 000 Tote, Verwundete und Vermißte – eine so hohe Zahl von Opfern hatte es für alle Unionsarmeen *zusammen* bisher in keiner Woche dieses Krieges gegeben. Als überall die bangenden Angehörigen begannen, die Listen mit den Namen der Gefallenen zu studieren, senkte sich ein Schatten der Hoffnungslosigkeit über Hunderte von Städten des Nordens.

Lees Verluste waren im Verhältnis ebenso groß – rund 18 000 Mann –, und daß er 20 von 57 Kommandeuren der Infanteriekorps, Divisionen und Brigaden eingebüßt hatte, war ein furchtbarer Schlag. Und doch hatte auf beiden Seiten der Kampf erst begonnen. Beide Armeen glichen etwa die Hälfte ihrer Verluste durch Verstärkungstruppen aus. Zu Lee stießen sechs Brigaden von der Richmond-Front und zwei aus dem Shenandoahtal. Grant erhielt ein paar tausend neue Rekruten und holte sich aus den Verteidigungsstellungen um Washington einige Regimenter schwerer Artillerie, aus denen er Infanterie machte. Lees Ersatzleute waren besser ausgebildet, aber zahlenmäßig geringer als diejenigen Grants, denn die Südstaatler waren kampferprobte Veteranen, während die »Schweren« aus Washington in den zwei oder drei Jahren ihres Garnisonsdienstes noch keine wirklichen Gefechte erlebt hatten. Und gerade in dem Augenblick, wo sich die Verstärkungstruppen der Union in Marsch setzten, schied das erste von 36 Regimentern, deren Dienstzeit in den nächsten sechs Wochen ablief, aus der Armee aus.[24] Waren also die verfügbaren Menschenreserven des Nordens an sich viel größer, so konnte Lee in diesen entscheidenden Mai- und Juniwochen seine Verluste leichter als Grant mit kriegserfahrenen Veteranen ausgleichen.

Nach »Bloody Angle« verschwendete Grant keine Zeit. Schon in der folgenden Woche unternahm er mehrere Manöver an Lees Flanken und einen neuen Sturmangriff auf die Mitte. Die Rebellen wehrten alle diese Vorstöße ab, wobei ihnen Regenfälle zu Hilfe kamen, die die Bewegungen der Union hemmten. Alles, was die Yankees nach diesen sechs Tagen des Lavierens und Kämpfens vorzuweisen hatten, waren weitere 3000 Opfer. Grant sah ein, daß mit Frontalattacken oder Flankenangriffen auf kurze Distanz der konföderierten Stellung in Spotsylvania nicht beizukommen war, und wollte versuchen, Lee durch den Kampf um einen 25 Meilen weiter südlich am jenseitigen Ufer des North Anna River gelegenen Eisenbahnknotenpunkt aus seinem Bau zu locken. Lee entdeckte diesen Plan bei einem Erkundungsstreifzug am 19. Mai, der ihn 1000 Mann kostete und für eine der neuen, aus schwerer Artillerie umgebildeten Divisionen Grants die Feuertaufe brachte.

Lee, der die innere Linie hielt, führte seine Armee hinter den North Anna River, bevor die Vorhut der Union eintraf. Dort gruben sich die Konföderierten in einer starken Stellung am Südufer ein und lieferten sondierenden Blauröcken einige kleinere Gefechte. Grant zog daraufhin 20 Meilen flußabwärts, um Lees rechte Flanke zu umgehen. Die Föderierten überquerten auch unbehelligt den Pamunkey River, wo sie die Rebellen aber schon vorfanden; diese hatten wiederum die kürzeren inneren Linien benutzt und sich hinter dem Topopotomy Creek, neun Meilen nordöstlich von Richmond, eingegraben. Die Südstaatler waren wegen der knappen Rationen halb verhungert, aber immer noch voller Kampfgeist. Nach zweitägigen Scharmützeln zogen die Yankees Ende Mai in südlicher Richtung ab; sie hielten sich wie immer nach links, um die kurze und sichere Versorgungsverbindung zu den von der Kriegsmarine kontrollierten Flüssen zu halten.

Grants Ziel war Cold Harbor, eine staubige Straßenkreuzung in der Nähe von Gaines' Mill, dem Schlachtfeld von 1862. Sheridans Kavallerie eroberte diesen Punkt am 31. Mai nach heftigem Kampf gegen südstaatliche Reiterei, die von Lees Neffen Fitzhugh Lee befehligt wurde. Am nächsten Tag trotzten Sheridans Kavalleristen einem Gegenangriff der Infanterie, bis Unionsinfanterie eintraf und die Rebellen zurückschlug. In der Nacht vom 1. auf den 2. Juni kamen die übrigen Teile beider Heere und legten auf einer Länge von sieben Meilen zwischen dem Topopotomy und dem Chickahominy Schützengräben an. Als Gegengewicht zu weiteren Verstärkungen des Südens von südlich des James River holte sich Grant eines von Butlers Korps aus demselben Gebiet. In Cold Harbor standen 59000 Konföderierte gegen 109000 Mann Bundestruppen; so hatten beide Heere ungefähr wieder die Stärke erreicht, die sie vier Wochen zuvor gehabt hatten.

Diese vier Wochen hatten nicht nur beispiellose Opfer, sondern auch beispiellose Kraft gekostet. Die Bundestruppen hatten 44000 Tote, Verwundete und Vermißte zu beklagen, die Konföderierten rund 25000.[25] Diese Art erbarmungslosen, pausenlosen Kriegführens war etwas Neues. Die bisherigen großen Schlachten beider Heere waren geplante Einzeloperationen gewesen, nach denen sich die eine oder andere Seite hinter den nächsten Fluß zurückgezogen hatte; dann hatten beide Armeen sich ausgeruht und erholt, bevor sie wieder ans Werk gegangen waren. Seit dem Beginn des gegenwärtigen Feldzugs hatten die beiden Heere nie ganz die Fühlung miteinander verloren. Fast jeden Tag und bisweilen in der Nacht gab es das eine oder andere Gefecht, und die Soldaten waren fast pausenlos mit Marschieren oder Grabenausheben beschäftigt. Körperliche und seelische Erschöpfung forderten mehr und mehr ihren Tribut; Offiziere und Mannschaften litten an dem, was man in späteren Kriegen »Kriegsneurose« nannte. Zwei nicht verwundete Korpskommandeure Lees, A. P. Hill und Richard Ewell, brachen während des Feldzugs zeitweilig zusammen; Ewell mußte durch Jubal Early ersetzt werden. Lee war eine Woche lang krank. Auf Unionsseite stellte ein Offizier fest, innerhalb von drei Wochen seien die Männer »mager und eingefallen geworden. Was sie in den vergangenen 20 Tagen durchgemacht haben, hat sie um 20 Jahre altern lassen«. Und Captain Oliver Wendell Holmes junior schrieb: »Manch einer hat bei diesem Feldzug durch den furchtbaren Druck, der auf Körper und Seele lastet, den Verstand verloren.«[26]

All dies stand Grant vor Augen, als er über seinen nächsten Schritt nachdachte. Ein weiteres Flankenmanöver hätte seine Armee in das Schwemmland des Chickahominy geführt, das schon McClellan zum Verhängnis geworden war; außerdem hätte es Lee zurück in die Verteidigungsstellungen Richmonds getrieben, die in den vergangenen zwei Jahren so gut verstärkt worden waren, daß sie einen doppelt so guten Schutz boten wie normale Feldbefestigungen. Im Juli sollten weitere 12 Unionsregimenter nach Ablauf ihrer Dienstzeit aus dem Heer ausscheiden, was ebenfalls dagegen sprach, die Kraftprobe auf dem Feld zu verschieben. Grant wollte den Zermürbungskrieg nicht – auch wenn viele Historiker fälschlicherweise diese Bezeichnung benutzt haben. Von Anfang an hatte er versucht, Lee auf freiem Gelände zu stellen, wo die überlegene Truppenstärke und Feuerkraft der Union den Gegner außer Gefecht setzen konnte. Es war Lee, der den Krieg zum Zermürbungskrieg machte, indem er alle Aktionen Grants geschickt konterte und sich in immer neue Verteidigungsstellungen eingrub. Zwar ging es Lee gegen den Strich, einem Gegner die Initiative zu überlassen, aber seine Defensivstrategie hatte den Erfolg, daß für jeden konföderierten Soldaten zwei Unionssoldaten fielen – ein Zahlenverhältnis, das den Wählern in den Nordstaaten die Wiederwahl Lincolns vergällen und den Krieg beenden konnte. Um dies zu verhindern, hatte Grant geschworen, es an dieser Front auszufechten, »und wenn es den ganzen Sommer dauert«. »Diese Front« war jetzt Cold Harbor, und ein erfolgreicher Angriff konnte kriegsentscheidende Resultate zeitigen. Die Konföderierten würden im Fall einer Niederlage zum Chickahominy zurückgeworfen und möglicherweise aufgerieben. Grant wußte, daß die Rebellen todmüde und ausgehungert waren; das waren seine eigenen Leute auch, aber er glaubte, daß die Moral in der eigenen Truppe besser sei. »Lees Armee ist wirklich am Ende«, hatte er einige Tage zuvor an Halleck geschrieben. »Das sehen wir an den Gefangenen, die wir machen, und das sehen wir ganz deutlich an den Aktionen seiner Armee. Eine Schlacht außerhalb der Gräben ist nicht zu erzwingen. Unsere Leute glauben, dem Gegner den Schneid abgekauft zu haben, und gehen mit Zuversicht in den Kampf.«[27] Und so gab Grant den Befehl zum Sturmangriff im Morgengrauen des 3. Juni.

Das Ergebnis zeigte, daß Grant sich in zwei entscheidenden Punkten geirrt hatte. Erstens war Lees Armee nicht am Ende, und zweitens gingen Grants Leute nicht mit Zuversicht in den Kampf. Vielmehr hefteten sie sich zu Hunderten Papierstreifen mit Namen und Adresse an den Uniformrock, um die Identifizierung ihrer Leiche nach der Schlacht zu erleichtern. Im Morgengrauen erfolgte der frontale Sturmangriff, der im wesentlichen von drei Korps auf der linken Seite und in der Mitte der Unionsfront vorgetragen wurde. Den blauen Uniformen mit den aufgehefteten Papierstreifen schlug ein Flammenmeer entgegen. Über die Schützengräben der Rebellen schrieb ein Reporter: »Es sind komplizierte zickzackförmige Gräben, Grabenwehren zum Schutz von Gräben, Gräben für das Flankenfeuer auf gegnerische Gräben ... Erdwerke innerhalb der Erdwerke und außerhalb davon.«[28] Zwar gelang es einigen Regimentern aus Hancocks 2. Korps (das schon den »Bloody Angle« in Spotsylvania durchbrochen hatte), die erste Linie von Schützengräben zu überwinden, aber sie wurden schnell wieder in die Flucht geschlagen und verloren acht Colonel und 2500 weitere Soldaten. An anderen Frontabschnitten verlief der Kampf noch schlechter – ja, es wurde der vernichtendste Rückschlag, den die Union seit der steinernen Mauer unterhalb von Marye's Heights bei Fredericksburg erlitten hatte. Die Yankees verloren an diesem Tag 7000 Mann, die Konföderierten kaum 1500. Am frühen Nachmittag gab Grant sich geschlagen und brach den Kampf ab. »Von allen meinen Befehlen bedauere ich keinen so sehr wie den zu diesem Sturmangriff heute«, sagte er am Abend. Und Meade schrieb seiner Frau trocken: »Das dürfte ihm die Augen geöffnet haben; er sieht jetzt wohl ein, daß Virginia nicht Tennessee ist und Lees Armee nicht Braggs Armee.«[29]

Das Grauen dieses Tages nach dem Schrecken von Spotsylvania erzeugte in der Potomac-Armee eine Art Cold-Harbor-Syndrom. Die Mannschaften hatten über den Grabenkrieg gelernt, was die europäischen Heere ein halbes Jahrhundert später an der Westfront neuerlich lernen sollten. »Die Männer«, formulierte es ein Offizier, »haben jetzt einen entsetzlichen Horror vor dem Angriff auf Feldbefestigungen.«[30] So entwarf Grant einen neuen, dreiteiligen Plan, um Lees Nachschublinien zu unterbrechen und ihn durch Flankenangriffe aus seinen Gräben zu vertreiben. Er gab der Armee im Shenandoahtal, die von David Hunter befehligt wurde, Weisung, das von Sigel aufgegebene Unternehmen fortzusetzen: Sie sollte das Tal südwärts hinaufziehen und die Bahngleise zerstören, den Blue Ridge überqueren, um das Nachschublager der Konföderierten in Lynchburg zu verwüsten, und dann ostwärts in Richtung Richmond weitermarschieren und dabei die Bahngleise und den James River Canal unbrauchbar machen. Gleichzeitig wurde Sheridan mit zwei Kavalleriedivisionen zu einem Raid nach Westen beordert; er sollte dieselben Gleise von ihrem anderen Ende her attackieren und dann auf halbem Wege mit Hunter zusammentreffen, bevor er südlich von Richmond wieder zur Potomac-Armee stieß. Unterdessen wollte Grant sich von Cold Harbor zurückziehen, im Eiltempo den James River überqueren, den Eisenbahnknotenpunkt Petersburg erobern, der für die Verbindung Richmonds mit dem Süden von strategischer Bedeutung war, und Lee zwingen, sich auf offenem Gelände zu stellen.

Die einzelnen Teile dieses Plans wurden von den Bundestruppen zunächst wie vorgesehen in Angriff genommen; dann aber scheiterten alle drei Unternehmungen an der heftigen Gegenwehr der Konföderierten und an den schwachen Nerven untergeordneter Unionskommandeure. Für Hunter bedeuteten die 15000 Mann im Shenandoahtal sein erstes Feldkommando seit seiner Verwundung bei Bull Run 1861. Bisher hatte er sich in diesem Krieg im wesentlichen dadurch ausgezeichnet, daß er 1862 – vergeblich – versucht hatte, die Sklaverei in den Staaten an der südlichen Atlantikküste abzuschaffen und dort das erste schwarze Regiment aufzustellen; daher brannte er auf einen Erfolg im Feld. So war es ganz in seinem Sinne, als seine Leute am 5. Juni bei Piedmont (Virginia) eine kleinere Rebellentruppe überrannten, ihren Kommandeur töteten und über 1000 Gefangene machten. Über Staunton zog Hunter nach Lexington weiter, dem Standort des Virginia Military Institute.

Unterwegs beschränkten sich die Soldaten nicht auf die Zerstörung militärischen Eigentums. Viele von ihnen hatten bisher im westlichen Virginia gegen Partisanen gekämpft; der berüchtigtste unter diesen war John Singleton Mosby. Mosby war ein kleinwüchsiger, aber furchtloser Mann, der zehn Jahre zuvor von

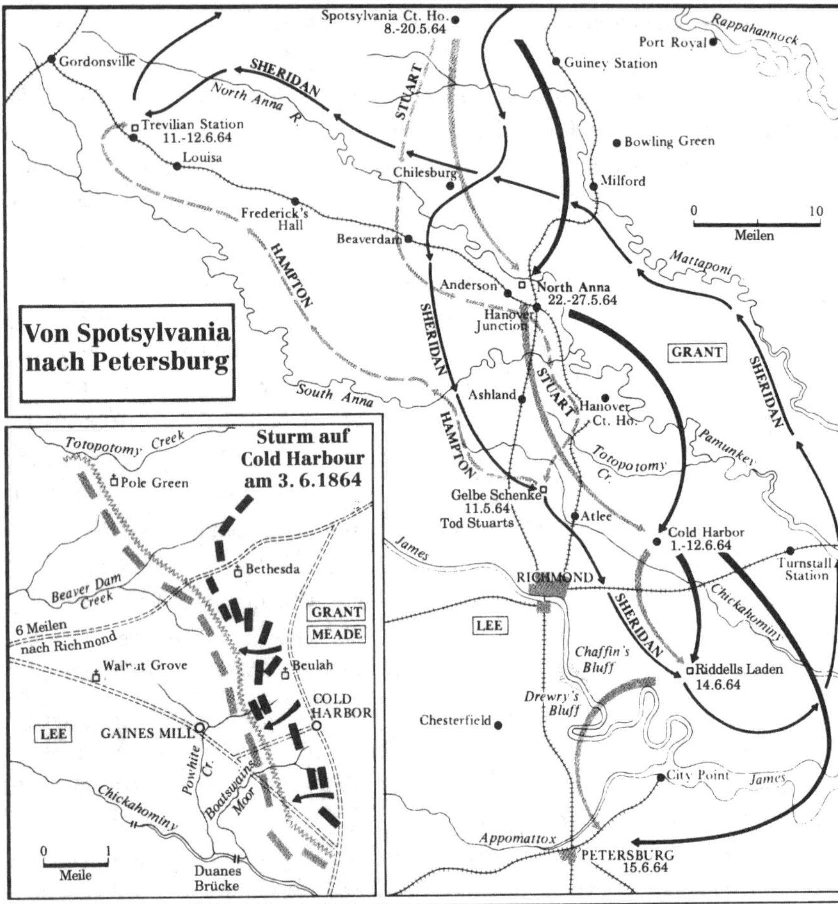
Von Spotsylvania nach Petersburg
Spotsylvania Ct. Ho. 8.-20.5.64
Rappahannock
Port Royal
Gordonsville
Guiney Station
SHERIDAN
North Anna R.
STUART
Trevilian Station 11.-12.6.64
Louisa
Bowling Green
Chilesburg
Milford
Frederick's Hall
0 10 Meilen
Beaverdam
HAMPTON
Mattaponi
Anderson
North Anna 22.-27.5.64
Hanover Junction
SHERIDAN
GRANT
STUART
SHERIDAN
South Anna
Ashland
Hanover Ct. Ho.
HAMPTON
Pamunkey
Totopotomy Cr.
Gelbe Schenke 11.5.64 Tod Stuarts
Atlee
Cold Harbor 1.-12.6.64
James
Turnstall Station
RICHMOND
SHERIDAN
Chickahominy
LEE
Chaffin's Bluff
Riddells Laden 14.6.64
Drewry's Bluff
Chesterfield
City Point
James
Appomattox
PETERSBURG 15.6.64
Sturm auf Cold Harbour am 3. 6.1864
Totopotomy Creek
Pole Green
Bethesda
Beaver Dam Creek
GRANT
MEADE
6 Meilen nach Richmond
Walnut Grove
Beulah
COLD HARBOR
LEE
GAINES MILL
Powhite Cr.
Boatswains Moor
Chickahominy
0 1 Meile
Duanes Brücke

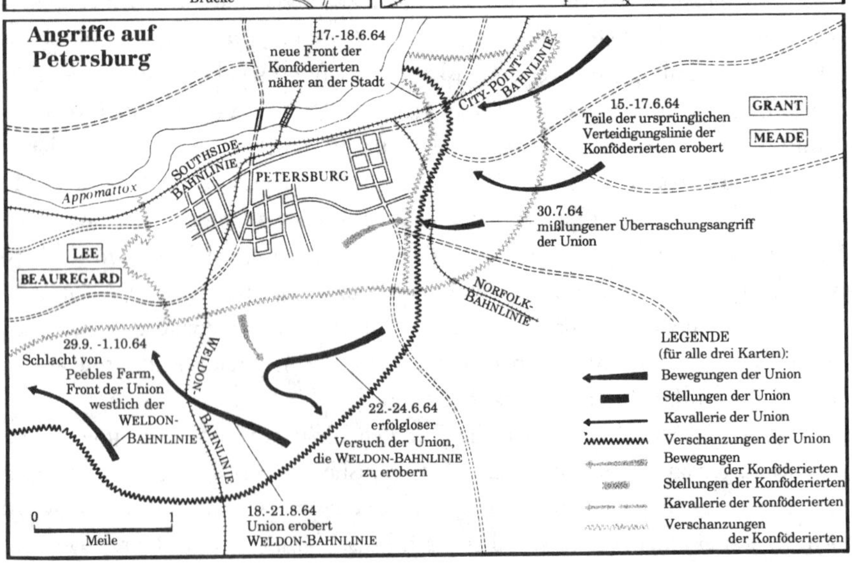
Angriffe auf Petersburg
17.-18.6.64 neue Front der Konföderierten näher an der Stadt
CITY-POINT BAHNLINIE
15.-17.6.64 Teile der ursprünglichen Verteidigungslinie der Konföderierten erobert
GRANT
MEADE
SOUTHSIDE-BAHNLINIE
PETERSBURG
Appomattox
30.7.64 mißlungener Überraschungsangriff der Union
LEE
BEAUREGARD
NORFOLK-BAHNLINIE
WELDON-BAHNLINIE
29.9.-1.10.64 Schlacht von Peebles Farm, Front der Union westlich der WELDON-BAHNLINIE
22.-24.6.64 erfolgloser Versuch der Union, die WELDON-BAHNLINIE zu erobern
18.-21.8.64 Union erobert WELDON-BAHNLINIE
0 1 Meile
LEGENDE (für alle drei Karten):
Bewegungen der Union
Stellungen der Union
Kavallerie der Union
Verschanzungen der Union
Bewegungen der Konföderierten
Stellungen der Konföderierten
Kavallerie der Konföderierten
Verschanzungen der Konföderierten

der University of Virginia relegiert und zu einer Haftstrafe verurteilt worden war, weil er einem Kommilitonen erschossen hatte. Nach einem privaten Jurastudium im Gefängnis war er vom Gouverneur begnadigt worden und hatte sich als Anwalt niedergelassen. Unter »Jeb« Stuart war er Kundschafter bei der Kavallerie gewesen; dann hatte er seine Partisanentruppe im Sinne des Partisan-Ranger-Act vom April 1862 aufgestellt. Er leistete sich Bravourstücke, die ihn weithin berühmt machten; im März 1863 nahm er zehn Meilen vor Washington einen General in seinem Bett gefangen. Mosby hatte zu keinem Zeitpunkt mehr als 800 Partisanen; sie operierten in Trupps von 20 bis 80 Mann und legten bei ihren Überfällen auf Vorposten, Wagenzüge und Nachzügler der Union eine solche Wut und Effizienz an den Tag, daß ganze Counties im nördlichen Virginia den Spitznamen »Mosbys Konföderation« erhielten. Nachschubtransporte der Union konnten sich nur schwerbewacht durch diese Gegend wagen.

Die Südstaatler vergötterten Mosby und zahlreiche andere Partisanentruppen in Virginia ob ihrer draufgängerischen Kühnheit. Die Soldaten aus dem Norden sahen das anders. Ein verbitterter Blaurock schrieb über die Partisanen Mosbys, sie seien »›ehrliche Bauern‹, die den Treueid [auf die Union] schon ein paarmal abgelegt haben« und sich dann »mit allem bewaffnen, was ihnen in die Hand fällt – Pistolen, Säbel, Karabiner, Schrotflinten usw., und weil sie beritten und wie Städter gekleidet sind, können sie unerkannt auf der Lauer liegen und auf einen armen Teufel im blauen Rock warten. Wenn sie jemanden unbewaffnet beim Beerenpflücken erwischen, sind sie ungeheuer mutig, indem sie ihn auf der Stelle umbringen. [...] Aber wenn ein Trupp Soldaten kommt, flüchten sie in den Wald, verstecken ihre Waffen und tun, als ob sie ein Haus bauten. [...] Der edle Ritter aller konföderierten Jungfrauen, Mosby, fällt auch über Marketender her, die ohne Begleitschutz oder liegengeblieben sind, und überwältigt sie im allgemeinen ohne eigene Verluste. Hie und da hat er auch schon ein oder zwei Ambulanzwagen voller Kranker ohne eigene Verluste überwältigt«.[31]

Die Unionssoldaten neigten nicht gerade zur Milde gegen gefangengenommene Partisanen oder auch gegen Zivilisten, unter denen sich jene bewegten wie – nach Mao Tse-tungs berühmtem Wort – die Fische im Wasser. Als Hunter das Shenandoahtal hinaufzog, umschwärmten Partisanen seine Proviantwagen wie Fliegen. Je weiter er sich von seiner Basis entfernte, desto anfälliger wurden seine Verbindungslinien nach hinten. Nach dem 20. Mai kam einen Monat lang nur ein einziger Wagenzug durch. Hunters Leute wurden mit wachsendem Hunger immer wütender und versorgten sich mit Gewalt bei der Zivilbevölkerung; was sie nicht brauchen konnten, verbrannten sie. Als die Truppen am 12. Juni in Lexington einmarschierten, waren sie wie von Sinnen. Aus Plünderung wurde

Terror, aus der Zerstörung militärischen Eigentums Brandschatzung, der nicht nur das Virginia Military Institute zum Opfer fiel, sondern auch das Haus des amtierenden Gouverneurs, der kurz zuvor die Zivilbevölkerung dazu aufgerufen hatte, als Partisanen die Waffen zu ergreifen. Ein Unionssoldat rechtfertigte das Verhalten seiner Kameraden so: »Viele Frauen sind traurig und weinen sich die Augen aus dem Kopf, weil so viel zerstört wird. Aber wir finden, der Süden hat den Krieg angefangen, und der Staat Virginia muß nun teuer dafür büßen.«[32]

Hunter, dem die Munition ausging, weil der Nachschub unterbrochen war, ließ Lexington brennend zurück und zog nach Lynchburg. Lee betrachtete diese Gefahr in seinem Rücken als höchst bedrohlich. Um ihr zu begegnen, beorderte er Jacksons altes Korps unter Jubal Early ungefähr dorthin, wo es zwei Jahre zuvor seine großen Triumphe gefeiert hatte. Earlys Veteranen waren zwar durch ihre Verluste auf 10 000 Mann reduziert, konnten aber die Gesamtstärke der Konföderierten in Lynchburg auf Hunters 15 000 Mann aufstocken. Hunter unternahm am 17. und 18. Juni einige vorsichtige Vorstöße gegen die Verteidigungsstellungen um Lynchburg, doch dann erfuhr er, daß Early eingetroffen war, zog seinen Mangel an Munition in Betracht und entschloß sich zum Rückzug, und zwar nach *Westen,* ins westliche Virginia, weil er den Rückweg durch das Shenandoahtal scheute, wo er die Partisanen in den Flanken und Early im Rücken hatte. Damit war das Tal für die Konföderierten frei. Lee glaubte, daß Early hier mehr gegnerische Kräfte binden würde, als wenn er zur Richmond-Front zurückkehrte, und ermächtigte ihn, es, dem Vorbild Jacksons folgend, als Aufmarschstraße gegen Maryland und Washington zu benutzen. Hunter verbrachte den Rest des Krieges damit, seinen Rückzug nach West-Virginia zu erklären, büßte aber bald sein Kommando ebenso ein wie seinen Ruf.

Sheridans Raid verlief nicht viel besser als Hunters Expedition. Lee entsandte 5000 Kavalleristen, um Sheridans 7000 Mann abzufangen. Die Reiterei der Rebellen wurde mittlerweile von Wade Hampton befehligt, einem Pflanzer aus South Carolina, der als reichster Mann des Südens galt und in diesem Krieg bereits dreimal verwundet worden war. Sechzig Meilen nordwestlich von Richmond holten die grauen Berittenen die Bundestruppen ein und schlugen sich mit Sheridans Leuten zwei Tage lang, am 11. und 12. Juni, bei Trevelian Station. Die Verluste betrugen auf beiden Seiten jeweils 20 Prozent; es war die blutigste Kavallerieaktion des ganzen Krieges. Auf Unionsseite hatte eine Brigade aus Michigan unter George Armstrong Custer die heftigsten Kämpfe zu bestehen. Es gelang Sheridan, die Grauröcke so lange hinzuhalten, bis er die Gleise aufgerissen hatte, doch dann gab er das Unternehmen auf, um zu Hunter zu stoßen, und die Konföderierten hatten den Schaden bald repariert.

Während dieser Aktionen zog sich die gesamte Potomac-Armee in der Nacht vom 12. auf den 13. Juni aus Cold Harbor zurück. Ein Korps gelangte auf dem Wasserweg zum James River, die anderen vier marschierten über Land und wurden dabei von der einen Kavalleriedivision gedeckt, die Sheridan zurückgelassen hatte. Die Operation ging unter Scheinangriffen auf Richmond, die Lee täuschen sollten, so glatt vonstatten, daß der konföderierte Feldherr mehrere Tage lang über die Pläne Grants im dunkeln tappte. Unterdessen bauten Pioniere der Union die vermutlich längste Pontonbrücke der Kriegsgeschichte: Sie war 2100 Fuß – 640 Meter – lang und fest verankert, damit sie den starken Gezeitenströmungen und einem Tidenhub von vier Fuß – 1,20 Meter – standhielt. Am 14. Juni begannen die Blauröcke mit dem Übergang über den James River, und schon am nächsten Tag zogen zwei Korps gegen Petersburg, das von Beauregard mit einer Nottruppe von 2500 Mann gehalten wurde. Grant hatte sich von seinem Feldzug gegen Vicksburg beurlaubt und war unbemerkt in den Rücken des Feindes gelangt.

Aber die Sache ging anders aus als in Vicksburg: Grant wurde von seinen Korpskommandeuren im Stich gelassen, und Beauregard und Lee waren nicht Pemberton und Johnston. Die erste Unionstruppe, die Petersburg erreichte, war das 18. Korps, das Grant sich zwei Wochen zuvor für den Sturmangriff auf Cold Harbor von Butler ausgeliehen hatte. Korpskommandeur war William F. »Baldy« Smith, der sich mit Butler überworfen und an diesem Kriegsschauplatz nicht eben mit Ruhm bedeckt hatte. Mit der Aussicht auf Rehabilitierung vor Augen ging Smith vorsichtig zu Werke, als er Petersburg näher kam und die formidable Verteidigungslinie erkundete: Zehn Meilen Schützengräben und Brustwehren von 20 Fuß Dicke, mit 15 Fuß breiten Gräben davor, verbanden 55 schwer bestückte Artillerieschanzen miteinander. Smith hatte in Cold Harbor miterlebt, was beim Sturm auf weit weniger eindrucksvolle Befestigungen passieren konnte, und zögerte – nicht ahnend, daß Beauregard nur eine Handvoll Männer zur Verteidigung dieser Stellung hatte. Kurz vor Sonnenuntergang gingen die Unionstruppen schließlich vor und eroberten ohne Mühe eine Meile der Verteidigungslinie sowie 16 Geschütze. Eine der drei Divisionen von Smith bestand aus schwarzen Truppen, die hier zum erstenmal ein Gefecht mitmachten und sich wacker schlugen. Während heller Mondschein die eroberten Gräben beleuchtete, drangen Smith Gerüchte zu Ohren, Lee habe Verstärkung bekommen; so unterließ er es, weiter vorzustoßen. Beauregard schrieb nach dem Krieg: »In diesem Augenblick war Petersburg auf Gedeih und Verderb dem Kommandeur der Bundestruppen ausgeliefert, der die Stadt um ein Haar eingenommen hätte.«[33]

In den folgenden drei Tagen häuften sich solche verpaßten Gelegenheiten. In der Nacht vom 15. zum 16. Juni gruben sich die übriggebliebenen Männer

Beauregards verzweifelt in einer neuen Linie ein, während zwei Divisionen der Rebellen von nördlich des James River herbeigeeilt kamen, um die Stellung auszubauen. Am nächsten Tag trafen zwei weitere Unionskorps ein, und am späten Nachmittag eroberten 48 000 Blauröcke weitere Teile von Beauregards Linien, ohne jedoch einen vollständigen Durchbruch zu erzielen. Am 17. Juni erkannte Lee, daß Grant dabei war, nahezu seine ganze Armee auf die Südseite des James River zu bringen. Zwar versäumten die Unionstruppen an diesem Tag die Gelegenheit, die rechte Seite der Konföderierten aufzurollen, aber ihre Einzelangriffe zwangen Beauregard dazu, in der Nacht seine gesamte Verteidigungsstellung bis fast an den Stadtrand von Petersburg zurückzunehmen, wobei er melodramatisch verkündete: »Die letzte Stunde der Konföderation hat geschlagen.«[34] Am Morgen des 18. Juni stolperten 70 000 Mann Bundestruppen nach vorn, überrannten aber nur noch verlassene Schützengräben. Als sie endlich wieder eine Stellung bezogen hatten, aus der sie die neue Linie der Rebellen angreifen konnten, war zu deren Verteidigung bereits Lee mit den meisten seiner Truppen eingetroffen.

Das Cold-Harbor-Syndrom hinderte die Unionssoldaten an der konsequenten Durchführung ihrer Sturmangriffe. Die Korpskommandeure kamen den Weisungen nur zögernd nach und warteten nach »Hannele-geh-du-voran«-Manier darauf, daß sich andere Einheiten zu ihrer Rechten oder Linken in Bewegung setzten, so daß sich im Endeffekt gar nichts rührte. Am Nachmittag des 18. Juni ging General Meades berühmtes Temperament mit ihm durch: »Welche weitere Weisung zum Angriff Sie brauchen, ist mir unerfindlich«, rügte er per Feldtelegraph einen glücklosen Kommandeur. Einem anderen drahtete er: »Da es nicht möglich ist, durch Festsetzung eines Angriffszeitpunkts ein gemeinsames Vorgehen zu erreichen, habe ich allen Korpskommandeuren Weisung erteilt, unabhängig voneinander und um jeden Preis anzugreifen.«[35] Aber wer frühere Sturmangriffe auf Schützengräben überlebt hatte, legte keinen Wert darauf, diese Erfahrung zu wiederholen. In einer Brigade des 2. Korps robbten die Männer zwar unter Feuerschutz nach vorn, weigerten sich dann aber, auf offenem Gelände, wo ihnen die Kugeln um die Ohren pfiffen, aufzustehen und anzugreifen. Neben ihnen machte das 1. Maine-Regiment – eines der aus schwerer Artillerie umgewandelten Regimenter – Miene, im Bilderbuchstil à la 1861 nach vorn zu stürmen. »Geht in Deckung, ihr Idioten!« riefen die Veteranen. »Die Forts sind uneinnehmbar!« Die »Schweren« gingen trotzdem vor und wurden zerfetzt – bei dieser einen Aktion blieben von 850 Mann 632 auf dem Feld. Meade blies die fruchtlosen Sturmangriffe schließlich ab, denn: »unsere Leute sind erschöpft, und die Angriffe wurden nicht mit der Wucht und Energie vorgetragen, die unsere

Kämpfe in der Wilderness gekennzeichnet haben; andernfalls hätten wir gewiß mehr Erfolg gehabt«. Grant pflichtete ihm bei: »Wir werden den Männern Ruhe gönnen und mit dem Spaten für ihren Schutz sorgen, bis sie neuen Mut gefaßt haben.«[36]

So ging ein siebenwöchiger Feldzug der Bewegungen und Gefechte zu Ende, der mit einer für diesen Krieg beispiellosen Härte geführt worden war. Daß die Potomac-Armee in Petersburg nicht mit derselben »Wucht und Energie« gekämpft hatte wie in der »Wilderness«, war kein Wunder, denn es war nicht mehr dieselbe Armee. Viele der Besten und Tapfersten waren gefallen oder verwundet; Tausende anderer, deren Dienstzeit abgelaufen war oder ablief, waren aus dem Krieg ausgeschieden oder mochten ein paar Tage vor dem Abschied nicht mehr ihr Leben riskieren. Seit dem 4. Mai hatte der Norden 65 000 Gefallene, Verwundete oder Vermißte zu beklagen – 60 Prozent der kampfbedingten Verluste der Potomac-Armee in den vergangenen *drei Jahren*. Keine Armee der Welt konnte solche Schläge erdulden und dabei ihre Kampfmoral bewahren. »Seit 30 Tagen zieht ein einziger Leichenzug an mir vorbei«, rief General Gouverneur K. Warren, Kommandeur des 5. Korps.[37]

Konnte die Bevölkerung im Norden solche Verluste verdauen und weiterhin zu diesem Krieg stehen? Die Finanzmärkte reagierten pessimistisch; der Goldpreis schnellte auf die ruinöse Höhe von 230. Ein Unionsgeneral, der sich auf Krankenurlaub in der Heimat befand, registrierte »im ganzen Norden große Entmutigung, große Rekrutierungsunwilligkeit, starke Friedensbereitschaft«.[38] Die Demokraten begannen, Grant als »Schlächter« zu beschimpfen, als »halsstarrigen Suwarow«, der die Blüte der amerikanischen Jugend auf dem unheiligen Altar der Abolition opfern wollte. »Der Patriotismus hat ausgedient«, erklärte eine demokratische Zeitung. »Jede Stunde treibt uns tiefer in Bankrott und Verwüstung.« Sogar Benjamin Butlers Frau fragte sich: »Was soll dieses ganze Ringen und Kämpfen? Dieses Sterben und Verderben für Tausende von Familien? [...] Welche Förderung des Menschengeschlechts wiegt dieses schreckliche Grauen auf?«[39]

Lincoln versuchte, solche bangen Fragen in einer Ansprache anläßlich einer Wohltätigkeitsveranstaltung der Sanitary Commission am 16. Juni zu beantworten. Er räumte ein, der »furchtbare Krieg« habe »die Trauer in fast jedes Haus getragen, und fast kann man sagen: ›Beflort die Nacht.‹«. Auf die überall gestellte Frage »Wann soll dieser Krieg enden?« antwortete Lincoln: »Wir haben diesen Krieg für das edle Ziel auf uns genommen ... die staatliche Autorität über das gesamte Staatsgebiet wiederherzustellen, und der Krieg wird enden, wenn dieses Ziel erreicht ist. Und bei Gott: Ich hoffe, er wird nicht früher enden. [Starker Beifall] General Grant soll gesagt haben: Ich werde es an dieser Front ausfechten, und wenn es den ganzen Sommer dauert. [Beifall] Ich sage: Wir werden es ausfechten, und wenn es noch drei Jahre dauert. [Beifall]« Dieser heroische Aufruf zum Kampf bis zum Ende dürfte für viele Zuhörer ein schwacher Trost gewesen sein – trotz des Beifalls.[40]

Lincoln lobte in seiner Ansprache Grant, weil er eine Stellung erreicht habe, »aus der er nicht mehr vertrieben werden kann, bis Richmond gefallen ist«. Und in der Tat hatte die Potomac-Armee trotz ihrer horrenden Opferbilanz der kleineren Armee des Gegners prozentual vergleichbare Verluste zugefügt (mindestens 35000 Mann), sie 80 Meilen nach Süden getrieben, Lees Verbindung zum übrigen Süden teilweise abgeschnitten, ihn in Petersburg und Richmond in die Verteidigung gedrängt und die viel gerühmte Mobilität der Nord-Virginia-Armee gelähmt. Und Lee erkannte die Tragweite dessen, was der Gegner erreicht hatte. Ende Mai hatte er zu Jubal Early gesagt: »Wir müssen diese Armee von Grant vernichten, bevor sie an den James River kommen kann. Wenn Grant zum James kommt, gibt es eine Belagerung, und dann ist es nur noch eine Frage der Zeit.«[41]

II

Langfristig konnten Lee und der Süden eine Belagerung gewiß nicht durchstehen; kurzfristig aber – drei oder vier Monate lang – arbeitete die Zeit für die Konföderation, denn im Norden rückte die Präsidentschaftswahl näher. In Georgia wie in Virginia spielten die Rebellen auf Zeitgewinn. Ende Juni trotzten Joe Johnston und Atlanta noch immer Sherman, obwohl die Yankees wie in Virginia auch in Georgia 80 Meilen tief eingedrungen waren.

Grant wie Lee strebten die Vernichtung beziehungsweise das Außergefechtsetzen der gegnerischen Armee an; Sherman und Johnston suchten einander hingegen durch einen Stellungskrieg auszumanövrieren, bei dem keine Seite in Vorteil kam. Während Grant immer wieder nach schweren Gefechten an Lees rechter Flanke vorbeizog, zog Sherman ständig an Johnstons linker Flanke vorbei, ohne jedoch soviel zu kämpfen. Diese gegensätzlichen Strategien wurden durch Unterschiede des Geländes, aber auch solche der Persönlichkeitsstruktur der betreffenden Kommandeure bedingt. Anders als Lee, der nur notgedrungen eine defensive Strategie verfolgte, bevorzugte Johnston von Natur aus die Defensive. Wie seinem Vorkriegsfreund George McClellan widerstrebte es ihm offenbar, seine Truppen in massive Kämpfe zu verwickeln; vermutlich wurde er deshalb von seinen Leuten ebenso vergöttert wie einst McClellan von den seinen. 1862 war

Johnston in Virginia ohne Schlacht aus Manassas und nur unter geringen Gefechten von Yorktown bis fast nach Richmond retiriert. In Mississippi bekam er vor Vicksburg zu keinem Zeitpunkt Grant in den Griff. Diese Abneigung zu kämpfen, solange nicht alles stimmte, mochte in Johnstons Charakter verwurzelt sein. Folgende Anekdote über Johnston machte die Runde: Er war vor dem Krieg einmal bei einem Pflanzer zur Entenjagd eingeladen, aber obwohl er als hervorragender Schütze galt, drückte er kein einziges Mal ab. »Mal flog der Vogel zu hoch, mal zu niedrig, mal waren die Hunde zu weit weg, mal waren sie zu nah, immer paßte irgend etwas nicht. Er hatte ... Angst, einen Fehlschuß zu tun und seinen guten Ruf zu gefährden.«[42] Im Frühjahr 1864 wurde Johnston von Jefferson Davis aufgefordert, etwas gegen Sherman zu unternehmen, bevor er selbst von Sherman angegriffen wurde. Johnston wartete jedoch lieber in seiner vorbereiteten Verteidigungsstellung, bis Sherman so nahe kam, daß er nicht mehr zu verfehlen war.

Aber diesen Gefallen tat Sherman ihm nicht. »Uncle Billy« (wie ihn seine Leute nannten) galt zwar als wilder Haudegen, aber im Grunde hatte er für »schneidige« Kämpfe wenig übrig: »Was soll daran so glorreich sein? Das ist doch alles Schwindel; auch der glänzendste Erfolg führt nur über tote und verstümmelte Körper und die Angst und Klage ferner Angehöriger.«[43] Shermans Invasionstruppe bestand aus drei »Armeen« unter seinem Oberbefehl: der Cumberland-Armee unter George Thomas, die jetzt 60000 Mann stark war und das zum 20. Korps reorganisierte, alte 11. und 12. Korps der Potomac-Armee enthielt, der Tennessee-Armee mit 25000 Mann, der ersten Armee Grants, die später von Sherman und jetzt von deren gemeinsamem Schützling James B. McPherson befehligt wurde, und der sogenannten Ohio-Armee, einem 13000-Mann-Korps unter George M. Schofield, das im Herbst 1863 an der Befreiung des östlichen Tennessee beteiligt gewesen war. Der Nachschub für dieses gemischte Heer lief über eine leicht angreifbare einspurige Bahnlinie. Die Topographie des nördlichen Georgia begünstigte die Verteidigung noch mehr als die Virginias: Die Landschaft zwischen Chattanooga und Atlanta wurde von steilen, zerklüfteten Bergen und reißenden Flüssen beherrscht. Johnstons 50000 Mann starke Armee (die bald darauf durch Truppen aus Alabama auf 65000 Mann verstärkt wurde) bezog 25 Meilen südlich von Chattanooga am Rocky Face Ridge entlang der Eisenbahn Stellung und ließ die Yankees kommen.

Sherman vermied es, durch dieses »furchtbare Tor des Todes« zu treten. Stattdessen teilte er wie ein Boxer mit seiner Linken – Thomas und Schofield – einige kurze Gerade aus, um Johnstons Aufmerksamkeit an den Rocky Face Ridge zu fesseln, und beorderte McPherson in einem weiten Bogen nach rechts, um, durch

Bergtäler marschierend, einen Treffer gegen die Bahnlinie bei Resaca, 15 Meilen hinter dem Rücken der Konföderierten, zu landen. Durch ein Versehen von Johnstons Kavallerie war der Snake Creek Gap nahezu unbewacht, als McPherson am 9. Mai mit seiner Infanterie im Eilmarsch hier einbrach. Wie sich jedoch herausstellte, war Resaca durch starke Feldbefestigungen gedeckt, und McPherson scharmützelte nur vorsichtig, überschätzte die Stärke des Gegners (es waren nur zwei Brigaden) und zog sich wieder zurück, ohne die Bahnlinie erreicht zu haben. Auf die Gefahr in seinem Rücken aufmerksam geworden, verlegte Johnston zusätzliche Truppen nach Resaca und zog sich in der Nacht vom 12. auf den 13. Mai mit seiner ganzen Armee an diesen Punkt zurück. Sherman konnte seinen K.o.-Schlag nicht anbringen. »Na, Mac«, sagte er zu dem verdrossenen McPherson, »Sie haben die Chance Ihres Lebens verpaßt.«[44]

Drei Tage lang klopfte Shermans gesamte Streitmacht die Verteidungsstellung in Resaca auf eine schwache Stelle ab, fand aber keine. Noch einmal zog McPhersons Armee auf der rechten Flanke in weitem Bogen nach Süden, überquerte den Oostanaula River und bedrohte Johnstons lebenswichtige Bahnlinie. Die Südstaatler entzogen sich geschickt dem Kampf und wichen entlang dem Gleiskörper zurück. Fünfzehn Meilen weiter südlich machten sie kurz halt, um den nachsetzenden Yankees einen Gegenschlag zu verpassen, was mißlang. Danach zogen sie sich weitere zehn Meilen nach Cassville zurück, wo sie festsaßen. Die Rebellen zerstörten bei ihrem Rückzug die Gleise, aber »Uncle Billys« Reparaturtrupps hatten den Schaden binnen Stunden wieder behoben, und die Truppen blieben mit Nachschub gut versorgt. Nach 12tägigem Marschieren und Kämpfen hatte Sherman den halben Weg nach Atlanta zurückgelegt, und das um den Preis von nur jeweils 4000 bis 5000 Opfern auf beiden Seiten. Regierung und Presse des Südens zeigten sich zunehmend verärgert über Johnstons kampflose Rückzüge, desgleichen manche seiner Soldaten. »Wir haben uns jetzt fast das Herz aus dem Leib gerannt«, schrieb ein Gefreiter von den 29. Georgia an seine Frau, »und wir müssen uns jetzt zur Wehr setzen Sonst ist die ganze Armee demoralisiert aber jetzt sind alle Guten Mutes und glauben das Gen. Johnston Widerstand leistet und wir den Yankees Böse eins draufgeben.«[45]

Johnstons ungeduldigster Untergebener war John Bell Hood. Bei Gettysburg war sein linker Arm verkrüppelt worden, und bei Chickamauga hatte er das rechte Bein verloren, aber das hatte seiner Aggressivität keinen Abbruch getan. Von Lee in offensiver Taktik geschult, war Hood bei der Tennessee-Armee geblieben, nachdem er sich von der bei Chickamauga erlittenen Verwundung erholt hatte; dort hatte seine Division den Angriff zurückgeschlagen, der Rosecrans zum Verhängnis wurde. Er brannte darauf, Sherman dieselbe Behandlung angedeihen zu lassen, und beschwerte sich hinter dem Rücken seines Vorgesetzten in Richmond über Johnstons Kunktator-Strategie.

In Cassville hielt Johnston endlich die Zeit zum Kampf für gekommen. Paradoxerweise war es jetzt Hood, der vorsichtig wurde und Johnston im Stich ließ. Shermans nachsetzende Truppen waren über eine mehr als zehn Meilen breite Front verteilt und marschierten, um schneller voranzukommen, auf verschiedenen Straßen. Johnston zog den größten Teil seiner Armee auf der rechten Seite unter Hood und Leonidas Polk zusammen, um zwei isolierte Korps Shermans zu attackieren, die sich sieben Meilen von den anderen entfernt hatten. Am 19. Mai gab Johnston seinen Truppen einen hochgestimmten Befehl: »Ihr werdet kehrtmachen und seinen vorrückenden Kolonnen entgegenmarschieren. [...] Soldaten, ich führe euch in die Schlacht!« Das hatte anscheinend den gewünschten Effekt. »Die Soldaten jubelten«, erinnerte sich ein Gefreiter von der 1. Tennessee. »Jetzt würden wir die Yankees vernichten und in die Flucht schlagen.«[46] Doch die Zuversicht wich bald der Bestürzung. Von Meldungen alarmiert, der Feind habe *seine* Flanke umzingelt, zog Hood sich zurück und blies den Angriff ab. Die von der Union drohende »Gefahr« hatte, wie sich herausstellte, nur in einer Kavallerieabordnung bestanden. Aber die Chance war vertan; die Rebellen nahmen wieder eine Verteidigungsstellung ein und zogen sich in der Nacht um weitere zehn Meilen auf eine (im voraus von Sklaven errichtete) Linie zurück, von der aus sie die Bahnlinie über den Allatoona Pass und den Etowah River überblickten.

Dieser neueste Rückzug versetzte der Moral der Truppe einen schweren Schlag. Johnstons Stabschef gab Hood die Schuld und schrieb: »Ich konnte mich der Tränen nicht erwehren, als ich merkte, daß wir nicht losschlagen konnten.« Johnston und seine Korpskommandeure machten sich gegenseitig Vorwürfe, und bald war die Armee von inneren Streitigkeiten zerrissen, wie sie sie unter Bragg fast ruiniert hätten. In der Regierung und bei der Presse waren die Meinungen ebenfalls geteilt: Die Anhänger von Jefferson Davis kritisierten Johnston, während die Fraktion seiner Gegner der Regierung heimliche Intrigen gegen den General anlastete. Im nördlichen Georgia stimmten die Menschen mit den Füßen ab und suchten ihr Heil in der Flucht. »Fast die ganze Bevölkerung ist unterwegs und geht mit den Sklaven nach Süden«, schrieb ein Bewohner Georgias. »Hier in der Gegend wird in diesem Jahr kaum für Proviant gesorgt, und das wird uns im nächsten Jahr teuer zu stehen kommen, egal, ob dann noch Krieg ist oder nicht.«[47] In Atlanta machte sich ein besorgter Ton in den Zeitungen bemerkbar, auch wenn sie weiterhin den »meisterhaften« Strategen Johnston priesen, der Sherman immer tiefer in die Falle locke, um ihn um so sicherer zu erledigen.

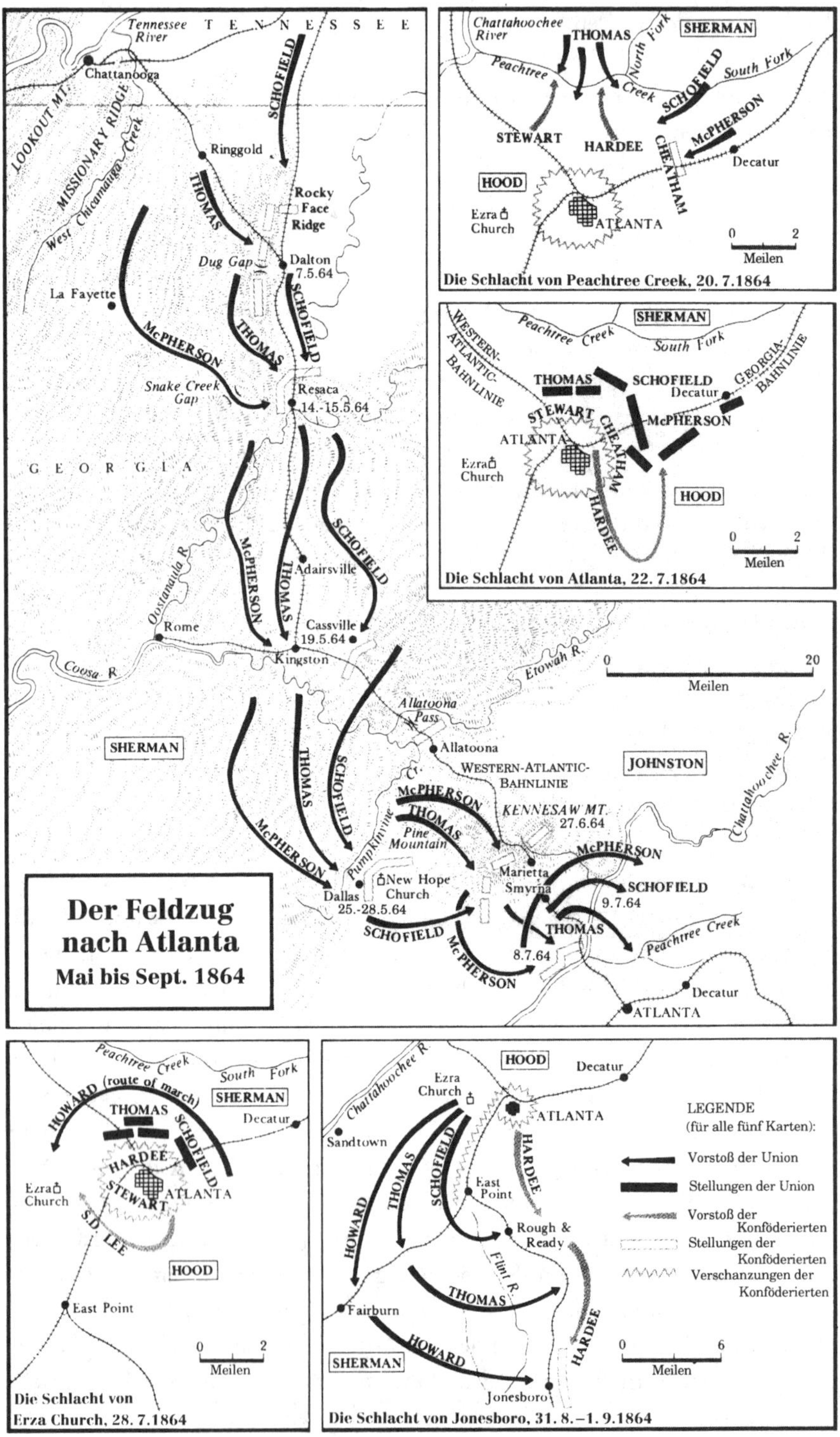

Der Feldzug nach Atlanta
Mai bis Sept. 1864

Die Schlacht von Peachtree Creek, 20. 7.1864

Die Schlacht von Atlanta, 22. 7.1864

Die Schlacht von Erza Church, 28. 7.1864

Die Schlacht von Jonesboro, 31. 8.–1. 9.1864

Aber Johnston konnte die Falle in Allatoona nicht zuschnappen lassen, weil Sherman sich gar nicht erst blicken ließ. Statt dessen machte er halt, um seinen Leuten eine Ruhepause zu gönnen, die Gleise zu reparieren, Proviant für 20 Tage heranzuschaffen und sich von der Bahnverbindung zu lösen, um ein neues Flankenmanöver an Johnstons linker Seite zu versuchen. Shermans Ziel war eine Straßenkreuzung in den Kiefernwäldern bei Dallas, 20 Meilen hinter Johnstons Rücken und kaum viel weiter von Atlanta entfernt. Johnstons Kavallerie entdeckte das Manöver jedoch rechtzeitig, so daß die Rebellen auf der inneren Linie zurückweichen und sich erneut eingraben konnten, bevor die Yankees zur Stelle waren. Am 25. und 27. Mai kam es bei New Hope Church zu scharfen Gefechten; dann verlegten sich beide Armeen wochenlang, aber vergeblich auf Scharmützel und Feuer aus dem Hinterhalt (wobei Leonidas Polk getötet wurde), um sich freies Feld für Angriffe oder Manöver zu verschaffen. »Ein großer Indianerkrieg«, sagte Sherman frustriert, als ein Dauerregen die lehmroten Straßen in Schlamm verwandelte. Beide Armeen verlegten ihre Linien sukzessive nach Osten, bis sie die Eisenbahnlinie knapp nördlich von Marietta erreicht hatten, wo die Konföderierten sich in einer formidablen Stellung am Kennesaw Mountain und dessen Ausläufern eingruben.

Sherman wurde nervös, weil er nicht weiterkam. Seine Sorge galt nicht nur den Rebellen, die er vor sich hatte, sondern auch den anderen, die 300 Meilen in seinem Rücken standen. Eine gravierende Unterbrechung des Eisenbahnnachschubs durch Tennessee mußte für seinen Feldzug keine geringere Katastrophe bedeuten als eine Niederlage hier in Georgia. Und da Bedford Forrest in Mississippi wütete, mußte man mit allem rechnen. Dieser unerschrockene Kavallerist hatte die Yankees so oft gezaust, daß er sie – wie er selbst gesagt haben würde – »das Gruseln gelehrt hatte«. Sein neuestes Bravourstück war die Zerstörung der Unionsgarnison Fort Pillow am Mississippi am 12. April gewesen; bei dieser Gelegenheit hatten ein paar von Forrests Leuten schwarze Soldaten ermordet, die kapituliert hatten.[48] Zu Beginn von Shermans Feldzug in Georgia drang Johnston darauf, daß Forrest sich »unverzüglich nach Mittel-Tennessee« verfügte, um Shermans Bahnverbindung zu unterbrechen. Um dem vorzubeugen, gab Sherman dem Garnisonskommandanten von Memphis den Befehl, 8000 Mann abzustellen, die sich an Forrests Fersen zu heften hatten. Die Bundestruppen marschierten in Mississippi ein, spürten Forrest auf, lieferten sich ein Gefecht mit ihm und wurden am 10. Juni bei Brice's Crosroads vernichtend geschlagen – von einer Truppe, die kaum halb so groß war wie ihre eigene. Es war die demütigendste Niederlage, die die Union auf dem westlichen Kriegsschauplatz in diesem Krieg erlitt, aber sie lenkte Forrest immerhin von der Eisenbahn in Tennessee ab. Trotzdem ordnete ein zorniger Sherman die Entsendung einer neuen und noch größeren Expeditionstruppe aus Memphis an, »um Forrest zur Strecke zu bringen, und wenn es 10000 Mann kostet und die Staatskasse leert. Es wird niemals Frieden in Tennessee geben, solange Forrest nicht tot ist«.[49] Diesmal provozierten 14000 Mann Bundestruppen halb so viele Rebellen am 14. Juli zu einem Angriff bei Tupelo (Mississippi), den sie unter hohen gegnerischen Verlusten zurückschlugen; zu den Opfern gehörte auch Forrest, der verwundet wurde.

Damit konnte Sherman in bezug auf Tennessee aufatmen – jedenfalls vorläufig. Die Wachen, die er an der Bahnstrecke zwischen Chattanooga und Marietta aufgestellt hatte, konnten auch verhindern, daß Johnstons Kavallerie unter Joe Wheeler großen Schaden anrichtete. Aber die Hauptstreitmacht der Rebellen am Kennesaw Mountain bereitete ihm ebenso große Ungelegenheiten, wie Lee sie Grant in Petersburg bereitet hatte. Ein neues Flankenmanöver auf den glitschigen Straßen war augenscheinlich unmöglich – es war schon schwierig genug, Nachschub über die sechs Meilen vom Endpunkt der Bahn zum rechten Flügel der Union zu schaffen. Sherman fürchtete auch, die Kampfbereitschaft seiner Armee durch ständiges Schützengräbenbauen und Manövrieren abzunutzen. »Beim Anblick einer frischen Furche in einem gepflügten Feld bleibt die ganze Kolonne stehen und fängt an, sich einzugraben«, brummte er. »Wir sind in der Offensive und ... müssen angreifen und nicht verteidigen.« In der Erwartung, daß Johnston mit einem neuen Umgehungsmanöver rechnete, entschied Sherman sich für »Scheinangriffe an beiden Flanken und Sturmangriff in der Mitte. Das kann uns teuer zu stehen kommen, es könnte aber ein besseres Resultat bringen als Umgehungsversuche«.[50]

Es kam ihn in der Tat teuer zu stehen, aber das Resultat war gleich null. Am 27. Juni stürmten mehrere Unionsdivisionen gegen die südlichen Ausläufer des Kennesaw Mountain nahe den Stellen, wo kleine Flüsse Johnstons Mitte von seinen beiden Flügeln trennten. Bei Temperaturen von 38° Celsius im Schatten berannten die Yankees vergeblich Brustwehren, die denen von Petersburg in nichts nachstanden. Als die Angriffe abgewehrt waren, warf ein konföderierter Soldat einen Blick auf seine Kameraden. »In meinem ganzen Leben habe ich nicht so viele zusammengebrochene, todmüde Männer gesehen«, schrieb er Jahre später. »Mir war hundeelend, ich war patschnaß von Blut und Schweiß, und viele von uns übergaben sich vor restloser Erschöpfung oder weil sie einen Hitzschlag hatten; unsere Zungen waren vor Wassermangel rauh und rissig, unsere Gesichter schwarz von Pulverdampf und Rauch, und die Verwundeten mußten wir unterschiedslos mit den Toten zusammen in den Gräben aufschichten.«[51] Am frühen Nachmittag gab sich Sherman geschlagen und brach die Operation ab.

Die Bilanz waren 3000 Tote und Verwundete – verglichen mit Schlachten in Virginia eine sehr kleine Zahl, aber für Feindberührungen in Georgia die bisher größte; die Gegenseite hatte nur ein Fünftel dieser Verluste erlitten.

Vom Standpunkt der Union war vielleicht noch schlimmer, daß die Schlacht am Kennesaw Mountain die Moral des Südens stärkte und die Frustration des Nordens mehrte. »Jeder setzt unbegrenztes Vertrauen auf General Johnston«, schrieb eine Frau aus Atlanta, während eine Zeitung dieser Stadt über Shermans Armee schrieb, sie sei »erledigt« und werde bald »in Stücke gehauen«.[52] Zugegeben, die Invasoren hatten bei diesem Feldzug insgesamt kaum 17000 Mann verloren und waren bis auf 20 Meilen an Atlanta herangerückt. Aber Johnston hatte nur 14000 Mann verloren, gegenüber den 35000 Mann bei Lee, und von der Moral in der Tennessee-Armee wurde gemeldet, sie sei »so gut, wie man es nur wünschen kann«. Nach zweimonatigen Gefechten und 90000 Opfern an allen Fronten schienen die Unionsarmeen dem Sieg nicht oder kaum näher zu sein als zu Beginn der Kampfhandlungen. »Wer wird die verwelkten Hoffnungen wieder aufrichten, die bei Beginn von Grants Feldzug erblüht waren?« fragte die demokratische *New York World.* Sogar Republikaner wirkten jetzt »entmutigt, müde und kleinmütig«, registrierte ein Tagebuchschreiber in New York. »Sie fragen vorwurfsvoll: ›Warum tun Grant und Sherman nichts?‹«[53]

25.

Vier Jahre lang gescheitert

I

Gewiß waren Grant und Sherman gewillt, »etwas zu tun«. Aber zwei weitere schwere Monate lang schienen sie damit nichts anderes zu erreichen als nur neues Blutvergießen. Immerhin war Sherman im Juli der Einnahme Atlantas ein Stück näher gekommen. Dieses Ziel war mittlerweile wichtiger geworden als die Vernichtung von Johnstons Armee, denn Atlanta war eine wertvolle Beute. Die Bevölkerung der Stadt hatte sich während des Krieges auf 20000 Einwohner verdoppelt, da der Ort ein strategisch wichtiger Eisenbahnknotenpunkt war und eine Fülle von Gießereien, Betrieben, Munitionsfabriken und Nachschubdepots beherbergte. Die Einnahme Atlantas mußte laut Jefferson Davis »den Bundestruppen den Weg zum Golf und nach Charleston öffnen und uns die reichen Kornkammern verschließen, aus denen Lees Armeen versorgt werden. Der Gegner würde damit unser Eisenbahnnetz kontrollieren und alle unsere Anstrengungen zunichte machen«.[1] Da der Süden die Verteidigung der Stadt so ernst nahm, wurde Atlanta zu einem Symbol des Widerstands und des Nationalbewußtseins, das nur Richmond an Bedeutung übertraf. Während sich die Petersburger Front zum Grabenkrieg verfestigte, galten die Sorgen in der konföderierten Hauptstadt verstärkt Georgia, wo mit dem Ende der Regenfälle der Bewegungskrieg wieder in Gang gekommen war.

Sklaven hatten zwei weitere Verteidigungsstellungen zwischen dem Kennesaw Mountain und dem Chattahoochee River angelegt, der nur acht Meilen von Atlanta entfernt von Nordosten nach Südwesten fließt. Einem Senator, der am 1. Juli Johnstons Hauptquartier besuchte, hatte der General versichert, Sherman nördlich des Chattahoochee zwei Monate lang aufhalten zu können. Als Davis am 10. Juli diese beruhigende Mitteilung erhielt, hatten die Yankees den Fluß bereits überquert. Sherman hatte McPherson erneut ein Umfassungsmanöver an Johnstons linker Flanke befohlen und die Rebellen genötigt, am 3. Juli sechs Meilen und am 4. Juli nochmals sechs Meilen gegen den Fluß zurückzuweichen. Dann griff er tiefer in seine Trickkiste. Hatte er bisher immer die linke Seite des Gegners zu umfassen versucht, so gab er McPherson und einer Kavalleriedivision jetzt den Befehl zu einem Scheinangriff in dieser Richtung, während eine andere Kavalleriedivision sowie Schofields Infanteriekorps heimlich mehrere Meilen flußaufwärts über Johnstons rechten Flügel hinaus marschierten und einen Überraschungsangriff gegen eine Handvoll Kavallerieposten unternahmen. An einer Stelle schwammen die Yankees nackt durch den Fluß – nur den Patronengürtel behielten sie an – und überwältigten so die verdutzten Feldposten. An einer anderen Furt wateten die blauen Kavalleristen mit ihrer Spencer-Karabinern abgesessen durch das Wasser, das ihnen bis zum Hals reichte. »Als ihnen«, erinnerte sich ein Unionsoffizier, »die feindlichen Kugeln recht dicht um die Ohren pfiffen«, entdeckten die Nordstaatler, daß sie ihre wasserdichten Metallpatronen auch unter Wasser in das Magazin füllen konnten. »Und so konnte man auf der ganzen Linie sehen, wie die Männer ihr Gewehr hochnahmen, einen Augenblick das Wasser aus dem Lauf tropfen ließen, kurz anlegten, feuerten und dann wieder untertauchten.« Die verblüfften Rebellen fragten sich: »Seht euch diese Yankees an! Die Kerle laden ja unter Wasser! Was sind denn das für Menschen?«[2] Die Feldposten kapitulierten vor diesem Unterwasserangriff; am 9. Juli stand Sherman mit einem Teil seiner Armee auf der anderen Seite des Flusses vor Johnstons Flanke. Die Konföderierten wichen abermals zurück, und zwar in eine befestigte Stellung hinter dem Peachtree Creek, von wo es nur mehr vier Meilen bis zur Stadtmitte Atlantas waren. In den Zügen nach Süden drängten sich die Zivilisten. Die Zeitungen in Atlanta gaben sich noch trotzig, packten aber schon ihre Druckerpressen ein, um notfalls die Stadt rasch verlassen zu können.

In Richmond machte sich Bestürzung breit. Krisensitzungen des Kabinetts erbrachten nichts als eine »düstere Einschätzung der Lage in Georgia«. Davis suchte verzweifelt nach einer Möglichkeit, »die Katastrophe abzuwenden«.[3] Unklugerweise entsandte er General Braxton Bragg – den er nach dessen Rücktritt als Befehlshaber der Tennessee-Armee zu seinem militärischen Berater gemacht hatte – nach Georgia, um die Lage vor Ort zu eruieren. Bragg war im Lauf der Zeit nicht beliebter geworden: Als »Feuerwehrmann« schürte er den Brand eher, als daß er ihn löschen half. Im wesentlichen beriet er sich mit Hood, der unverhüllt nach Johnstons Kommando gierte. »Wir müssen angreifen«, erklärte Hood. »Ich betrachte es als großes Unglück für unser Land, daß wir den Feind nicht schon viele Meilen weiter nördlich zum Kampf gestellt haben. Bitte sagen Sie dem Präsidenten, daß ich weiterhin freudig meine Pflicht erfüllen ... und bestrebt sein werde, zu tun, was für unser Land am besten ist.« Bragg empfahl Davis, Johnston durch Hood zu ersetzen. Davis war ohnehin schon mehr oder weniger hierzu entschlossen gewesen, obwohl Lee ihm mit der Begründung abgeraten hatte, Hood sei zwar aggressiv, aber zu bedenkenlos. »Durch und durch Löwe«, meinte Lee von ihm, »keine Spur Fuchs.«[4] Davis beschloß, Johnston eine letzte Chance zu geben: Am 16. Juli verlangte er telegraphisch den Operationsplan des Generals. Johnston erwiderte, dieser Plan müsse »von dem des Gegners abhängig sein. [...] Wir versuchen, die Bedingungen dafür zu schaffen, daß Atlanta von der Georgia-Miliz gehalten werden kann, so daß die Armee sich freier und großräumiger bewegen kann«.[5] Diese durch die Blume angedeutete Absicht, Atlanta aufzugeben, war der Tropfen, der das Faß zum Überlaufen brachte. Am nächsten Tag trat der 33jährige Hood an Johnstons Stelle.

Dieser Vorgang löste eine Kontroverse aus, die jahrelang nicht zur Ruhe kam. Wie die Ablösung McClellans durch Lincoln wurde auch die Ablösung Johnstons vom Kabinett und der regierungstreuen Fraktion im Kongreß begrüßt, von der Opposition hingegen verurteilt und von der Armee beklagt.[6] Sherman seinerseits bekannte, »über diesen Wechsel erfreut« zu sein. Nach dem Krieg schrieb er: »Die konföderierte Regierung erwies uns einen unschätzbaren Dienst«, als sie einen vorsichtigen Defensivstrategen durch einen Draufgänger ersetzte. »Das war genau das, was wir wollten«, erklärte Sherman. »Wir wollten auf offenem Gelände unter annähernd gleichen Bedingungen kämpfen, anstatt gegen vorbereitete Verschanzungen anrennen zu müssen.«[7] So sagte er aus der Rückschau. Aber auch Davis bevorzugte wie Lincoln Generäle, die kämpften. Atlanta kampflos zu verlieren, hätte den Süden demoralisiert. Und Hoods Ernennung, was immer es mit ihr auf sich haben mochte, bedeutete zumindest Kampf.

Hood versuchte denn auch schon zwei Tage nach Übernahme des Kommandos, die Yankees zu zermalmen. Statt dessen sollten die Rebellen die sein, die zermalmt wurden. Sherman hatte nach der Überquerung des Chattahoochee McPherson erneut ein weiträumiges Umfassungsmanöver – diesmal auf der linken Seite – befohlen, um die letzte Eisenbahnverbindung Atlantas zum oberen Süden zu unterbrechen. Schofield folgte in einem engeren Bogen, während die Cumberland-Armee unter Thomas, von Schofield durch eine zwei Meilen breite Lücke getrennt, den Übergang über den Peachtree Creek unmittelbar nördlich von Atlanta vorbereitete. Hood erkannte die Chance, Thomas getrennt zu schlagen, aber der Angriff am 20. Juli kam um einige Stunden zu spät und überraschte die Blauröcke nicht mehr bei der Überquerung des Flusses. Nach dem bisher blutigsten Gefecht dieses Feldzugs hatten fünf Unionsdivisionen eine gleiche Anzahl von Rebellen zurückgeworfen.

Da es beim erstenmal nicht gelungen war, versuchte Hood es ein zweites Mal. Am 21. Juli zog er die Armee in starke Verteidigungsstellungen rings um die Stadt zurück. Nach Einbruch der Dunkelheit schickte Hood ein Korps auf einen strapaziösen nächtlichen Marsch; es sollte am 22. Juli die exponierte südliche Flanke von McPhersons Tennessee-Armee angreifen. Das geschah auch, aber die Flanke war nicht so exponiert, wie man erwartet hatte. Nachdem die Blauröcke sich von ihrer anfänglichen Überraschung erholt hatten, schlugen sie mit Ingrimm zurück und fügten Hoods Armee an einem einzigen Nachmittag die Hälfte der Verluste zu, die sie unter Johnston in zehn Wochen erlitten hatte. Aber dieser Sieg hatte seinen Preis: den Tod McPhersons. Der General wurde auf seinem Pferd erschossen, als er bei dem Versuch, seine eigene Linie zu ordnen, blindlings in die Stellung der Konföderierten hineinritt und sich nicht ergeben wollte.

Sherman ging der Verlust seines Lieblingsgenerals sehr nahe, aber er ließ sich dadurch in seinen Plänen nicht beirren und übertrug das Kommando über die Tennessee-Armee Oliver O. Howard, der von der Potomac-Armee kam. Der einarmige christliche General aus Maine führte seine profanen Truppen aus dem Mittleren Westen in einem weiten Bogen um die linke Seite der Konföderierten herum und nach Süden, um die einzige noch existierende offene Bahnlinie aus Atlanta heraus zu zerstören. Hood schickte ihm ein Korps entgegen, um den Angriff zu stoppen, und machte ein weiteres für einen Gegenangriff bereit. Die Rebellen wurden jedoch am 28. Juli an der Straßenkreuzung Ezra Church, zwei Meilen westlich der Stadt, von den Bundestruppen so unsanft angefaßt, daß sie sich verschanzen mußten, anstatt den Angriff fortzusetzen. Trotzdem gelang es ihnen, die Blauröcke von der Bahnlinie fernzuhalten.

In den vergangenen acht Tagen hatte Hood in drei Schlachten 15 000 Mann verloren – zweieinhalbmal soviel wie Sherman, der 6000 Leute verloren hatte. Immerhin schien südstaatlicher Kampfesmut den unerbittlichen Vormarsch der Yankees gegen Atlanta aufgehalten zu haben. Unionsinfanterie und -artillerie bereiteten sich auf eine Belagerung vor, während Sherman durch Raids seiner Kavallerie die Bahnlinie im Süden der Stadt zerstören ließ. Eine Division nordstaatlicher Reiterei brach nach Andersonville auf, um Kriegsgefangene der Union aus dem berüchtigten Lager zu befreien, wurde jedoch von gegnerischer Kavallerie auf halbem Wege aufgehalten. Sechshundert Berittene der Union kamen nach Andersonville – als Kriegsgefangene. Konföderierte Kavallerie und Miliz hielten den Schaden, den Unionsabordnungen an der Eisenbahn anrichten konnten, in engen Grenzen, während südstaatliche Raids auf Shermans Nachschublinie ebenfalls wenig ausrichteten.

Der Strom der Zivilisten, die aus der Stadt flohen, hielt an; von denen, die blieben, wurden manche von gegnerischen Bomben getroffen, die jetzt auf die Straßen niederregneten. »Krieg ist Krieg und keine Beliebtheitskonkurrenz«, schrieb Sherman in Anspielung auf seinen Titel als Georgias unbeliebtester Besucher.[8] Der trotzige Selbstbehauptungswille der Bürger, die in Atlanta aushielten, machte anderen Südstaatlern Mut. Ein großer Teil der konföderierten Presse feierte Hoods Attacken als Siege. Der in Macon erscheinende *Atlanta Intelligencer* prophezeite: »Sherman wird die größte Schlappe erleiden, die ein Yankeegeneral in diesem Krieg erlebt hat. [...] Die Yankeetruppen vor Atlanta werden verschwinden, bevor der August zu Ende ist.« Die »beglückenden« Meldungen aus Georgia festigten in einem Beamten des Kriegsministeriums in Richmond die Überzeugung: »Shermans Armee ist *verloren.*«[9] Richmonder Zeitungen jubelten: »Atlanta ist jetzt wohl in Sicherheit, und Georgia wird bald vom Feind befreit sein. [...] Nach tiefster Niedergeschlagenheit erscheint dieser Staat wie ausgewechselt.«[10]

Die Stimmung nördlich des Potomac entsprach spiegelbildlich der Euphorie im Süden. Als Sherman im Juli langsam, aber sicher auf Atlanta zugerückt war, hatten die Zeitungen im Norden Tag für Tag die Einnahme der Stadt bis zum Erscheinen der nächsten Nummer prophezeit. Anfang August korrigierte man die Vorhersage auf »eine Frage von wenigen Tagen«, und ein Reporter zeigte sich »einigermaßen frappiert über die starre Front, die der Feind präsentiert«. Mitte des Monats äußerte ein Blatt in Boston »große Besorgnis«, und die *New York Times* warnte vor »diesen fürchterlichen Anfällen von Kleinmut, in die wir regelmäßig versinken, wenn es einmal Rückschläge und Enttäuschungen gibt«. Ein Soldat aus Wisconsin, der erst sehr siegessicher gewesen war, schrieb am 11. August nach Hause: »Vor Atlanta kommen wir nur langsam voran, und es kann noch eine Weile dauern, bis wir die Stadt nehmen.« In New York äußerte ein prominentes Mitglied der Sanitary Commission die Befürchtung: »Sowohl Grant als auch Sherman stehen am Rand einer Katastrophe.«[11]

II

In der Tat schien Grants Belagerung von Petersburg in diesen sommerlichen Hundstagen noch weniger erfolgreich zu verlaufen als Shermans Operation vor Atlanta. Die Soldaten beider Seiten gruben sich vor Petersburg immer tiefer in die Schützengräben ein, um den Scharfschützen und Mörsern zu entgehen, die Tag für Tag ihre Opfer forderten. Grant ließ nicht locker und versuchte immer wieder, Lees Nachschublinien abzuschneiden und die Verteidigungsanlagen zu durchbrechen. In der zweiten Junihälfte wehrten die Rebellen eine Infanterieoffensive und einen Kavallerie-Raid ab, die beide das Ziel hatten, die drei noch verbliebenen Bahnlinien Richmonds zu unterbrechen, was den Yankees vorübergehend sogar gelang. Bei diesen Aktionen gaben viele der erschöpften Veteranen und unerfahrenen neuen Truppen in der Potomac-Armee eine schlechte Figur ab. Besonders kläglich schlug sich das hochgelobte 2. Korps, das mittlerweile zu einem Schatten seiner selbst ausgeblutet war. Und bald danach mußte Grant die beste ihm verbliebene Einheit wegschicken, das 6. Korps.

Die 15000 Rebellen unter Jubal Early waren, nachdem sie im Juni David Hunter von Lynchburg vertrieben hatten, das Shenandoahtal hinuntergezogen und hatten am 6. Juli den Potomac überquert. Am 9. Juli rannten sie am Monocacy River östlich von Frederick eine zusammengewürfelte Unionstruppe über den Haufen und marschierten ungehindert auf Washington zu. Das Blatt hatte sich, schien es, auf atemberaubende Weise gewendet. Statt auf die baldige Einnahme Richmonds zu hoffen, mußte der Norden plötzlich um seine eigene Hauptstadt bangen. Am 11. Juli erschienen die Rebellen vor den Verteidigungsanlagen Washingtons, fünf Meilen nördlich des Weißen Hauses. Außer Rekonvaleszenten, Milizionären und ein paar unvollständigen Armeeeinheiten standen keine Truppen in Washington – Grant hatte die Garnison abgezogen und nach Virginia ins Feld geschickt. Indes war die Hauptstadt rundherum enorm stark befestigt, und Grant entsandte auf verzweifeltes Ersuchen des Kriegsministeriums umgehend das 6. Korps nach Washington. Diese kampferprobten Veteranen bemannten die Befestigungen gerade noch rechtzeitig, um Early von einem Angriff abzuhalten.

Während der Scharmützel am 12. Juli war ein prominenter Besucher, den Zylinder auf dem Kopf, in Fort Stevens erschienen, um zum erstenmal die Art von Kampf mitzuerleben, in die er in den letzten drei Jahren eine Million Mann geschickt hatte: Präsident Lincoln erhob sich ungeachtet aller Warnungen mehrfach zu voller Größe und warf einen Blick über die Brüstung, während ihm die Kugeln von Scharfschützen um die Ohren flogen. Aus den Augenwinkeln bemerkte ein Captain des 6. Korps – Oliver Wendell Holmes junior – diesen störenden Zivilisten, ohne ihn zu erkennen, und schrie ihm zu: »Runter, du Idiot, bevor's dich erwischt.« Schmunzelnd befolgte Lincoln den respektlosen Befehl und blieb unten.[12] Early hatte jetzt das 6. Korps vor sich, während sich weitere Unionstruppen in seinem Rücken sammelten, und kam vernünftigerweise zu dem Schluß, daß es Zeit sei, nach Virginia zurückzumarschieren. Er kam auch zu Grants und Lincolns Verdruß ungeschoren davon, weil für die Truppen, die ihm nachsetzten, vier verschiedene Kommandos zuständig waren, die sich über ihre Aufgabenteilung nie recht einigen konnten.

Bei diesem Raid machten manche Soldaten Earlys ebensowenig einen Unterschied zwischen militärischem und privatem Eigentum wie viele Unionssoldaten im Süden. Sie gingen sogar noch einen Schritt weiter; die Invasoren aus der Union beschlagnahmten oder verbrannten zwar oft alles, was nicht niet- und nagelfest war, vergriffen sich aber selten an konföderiertem Geld, das so gut wie wertlos war. Mit den *greenbacks* des Nordens war es etwas anderes; die Rebellen nahmen in Hagerstown 20000 Dollar und in Frederick 200000 Dollar an sich – abgesehen davon, daß sie Francis Preston Blairs Weinkeller leertranken, das Haus seines Sohnes Montgomery Blair, des Postministers, niederbrannten und die Privatresidenz des Gouverneurs von Maryland in Brand steckten. Und um noch Salz in die Wunde zu reiben, ritten zwei Kavalleriebrigaden Earlys am 30. Juli in Pennsylvania ein, verlangten von den Bürgern Chambersburgs 500000 Dollar Entschädigung für Hunters Plünderungen in Virginia und legten, als ihnen die Zahlung dieser Summe verweigert wurde, die ganze Stadt in Schutt und Asche.

Earlys Ausfall bis vor die Pforten Washingtons veranlaßte die Londoner *Times* zu der Bemerkung: »Die Konföderation ist kraftvoller denn je.« Viele mutlose Yankees dachten genauso. Der Goldpreis kletterte auf 285. »Ich sehe nirgends einen Lichtblick«, notierte der Tagebuchschreiber George Templeton Strong, nur »Demütigung und Desaster. [...] Das Blut und Gut, das wir in diesem Sommerfeldzug geopfert haben, hat unserem Land wenig genützt.«[13] Am 18. Juli erließ Lincoln einen neuen Einberufungsbefehl für 500000 Mann; die Quotendefizite sollten durch eine Rekrutierung kurz vor den Wahlen im Herbst aufgefüllt werden. »Lincoln ist toter als tot«, freute sich ein demokratischer Zeitungsmann.[14]

Es ärgerte Grant, daß die Verfolgung Earlys an der Zersplitterung der Unionstruppen gescheitert war. Gegen den Widerstand der Washingtoner Bürokratie übertrug er Phil Sheridan das Kommando über eine neugeschaffene Shenandoah-Armee; sie bestand aus dem 6. Korps, mehreren Brigaden aus David Hunters früherer West-Virginia-Armee, zwei vor kurzem aus Louisiana transferierten Divisionen und zwei Divisionen von Sheridans eigener Kavallerie. Grant gab Sheridan den Befehl, Early nachzusetzen und ihn »zur Strecke zu bringen«.[15] Sheridan war hierfür der richtige Mann, aber er brauchte Zeit, um die bunt zusammengewürfelte Armee zu organisieren. Unterdessen erlebte Grant bei dem Versuch, Lees Verteidigungsstellung in Petersburg zu knacken, eine neue Enttäuschung.

Es handelte sich um die berühmte Kraterschlacht. Von der Konzeption her versprach es der brillanteste Schachzug des ganzen Krieges zu werden, in der Durchführung wurde es zu einem tragischen Fiasko. Ein von Burnsides 9. Korps gehaltener Abschnitt in der Mitte der Unionsfront vor Petersburg lag nur 150 Meter entfernt von einem erhöhten gegnerischen Frontvorsprung, auf dem die Rebellen eine starke Redoute errichtet hatten. An einem Junitag hörte Colonel Henry Pleasants vom 48. Pennsylvania-Regiment, einer Einheit aus Schuylkill County mit vielen Männern aus dem Kohlebergbau, wie einer seiner Leute schimpfte: »Wir könnten das ganze verdammte Fort in die Luft pusten, wenn wir einen Schacht drunter hätten!« Pleasants, der vor dem Krieg Bergbauingenieur gewesen war, dachte darüber nach und teilte die Idee seinem Divisionskommandeur mit, der sie Burnside unterbreitete. Burnside billigte den Plan. Daraufhin ließ Pleasants sein Regiment einen 500 Fuß langen Tunnel ausheben. Die Männer arbeiteten ohne Hilfe der Pioniere der Armee, die das Projekt als »Windei und Blödsinn« abtaten, da in der bisherigen Kriegsgeschichte vergleichbare Tunnels aus Gründen der Frischluftregulierung nie länger als 400 Fuß gewesen waren.[16] Auch Meade hatte kein Zutrauen zu der Sache. Unverdrossen bastelte das 48. Pennsylvania sich Werkzeug und besorgte Holz, um den Schacht abzustützen. Von einem Zivilisten borgte Burnside einen altmodischen Theodoliten, so daß Pleasants Entfernung und Richtung triangulieren konnte. Pleasants baute auch einen Behelfswetterschacht, wie er ihn aus dem Steinkohlebergbau kannte, an dessen Basis ein Feuer brannte, um Durchzug zu erzeugen und durch ein Rohr Frischluft anzusaugen. Bald machte der Colonel die Skeptiker schwankend. Seine Leute gruben einen 511 Fuß langen Schacht, an dessen Ende Seitenstollen von jeweils 40 Fuß Länge unter die Stellung der Konföderierten reichten; diese Stollen wurden mit vier Tonnen Schießpulver angefüllt. Meade und Grant ließen sich widerwillig überzeugen und erlaubten Burnside, die Mine zu zünden und mit seinem Korps durch die entstehende Bresche anzugreifen.

Der General mit dem Backenbart hatte sich für das Projekt zunehmend begeistert, seit es am 25. Juni in Angriff genommen worden war. Hier bot sich endlich die Gelegenheit, die Scharte von Fredericksburg auszuwetzen, indem er Petersburg nahm und den Krieg entschied. Burnsides Korps bestand aus vier Divisionen. Drei waren seit den Kämpfen in der »Wilderness« verbraucht, das vierte war frisch, da es bis auf die Bewachung rückwärtiger Verbindungslinien noch keine Kampfhandlungen mitgemacht hatte. Es war eine schwarze Division, und bisher glaubten von Meade abwärts nur die wenigsten Offiziere in der Potomac-Armee an die Kampftauglichkeit schwarzer Truppen. Burnside war eine Ausnahme, und er übertrug dieser frischen Division die Führung beim Sturmangriff.

Die schwarzen Soldaten erhielten eine spezielle taktische Unterweisung für diesen Einsatz. Ihre Moral war gut; sie brannten darauf, »den weißen Truppen zu zeigen, wozu die farbige Division imstande ist«, sagte einer ihrer Offiziere.[17] Grant ließ Hancocks Korps ein Ablenkungsmanöver nördlich des James River unternehmen, um einige von Lees Divisionen von der Petersburger Front wegzuführen. Alles ließ einen Erfolg erwarten, als die Mine im Morgengrauen des 30. Juni hochgehen sollte.

Wenige Stunden vorher erteilte jedoch Meade mit Grants Billigung Burnside den Befehl, zuerst seine weißen Divisionen in den Kampf zu schicken. Meades Motiv scheint mangelndes Zutrauen zu den unerfahrenen schwarzen Truppen gewesen zu sein; allerdings gab Grant später in seiner Aussage vor dem Committee on the Conduct of the War noch einen anderen Grund an: Wenn die Sache schiefging, »hätte man gesagt, wir hätten diese Leute vorgeschickt und verheizt, weil sie uns egal waren. Das hätte man nicht sagen können, wenn wir zuerst weiße Truppen vorschickten«.[18]

Durch diese Änderung seines Schlachtplans in letzter Minute offensichtlich demoralisiert, verlor Burnside völlig die Kontrolle über die Operation. Der Kommandeur der Division, die den Sturmangriff anführen sollte (und der durch Auslosen ermittelt worden war!), James H. Ledlie, konnte nur mittelmäßige Leistungen vorweisen und war Alkoholiker. Während des Sturmangriffs blieb er in seinem Schützengraben und trank Rum, den er vom Stabsarzt geschnorrt hatte. Unvorbereitet und ohne Führung griffen seine Leute planlos an. Die Explosion riß ein Loch von 170 Fuß Länge, 60 Fuß Breite und 30 Fuß Tiefe. Ein ganzes gegnerisches Regiment und eine Artilleriebatterie lagen unter den Trümmern begraben. Im Umkreis von mehreren hundert Metern flohen die konföderierten Truppen in panischem Entsetzen. Als Ledlies Division nach vorn kam, blieben die Männer am Krater stehen und begafften das schreckliche Spektakel. Fasziniert vom Anblick dieses Höllenschlundes, stiegen viele in den Krater hinunter, anstatt nach links und rechts auszuschwärmen und die aufgerissenen gegnerischen Flanken aufzurollen. Die nächsten beiden weißen Divisionen machten es nicht viel besser; sie verkamen zu einem unorganisierten Haufen, als gegnerische Artilleriegeschütze und Mörser sich auf die im Krater wie Fische in einem Faß zusammengepferchten Blauröcke einzuschießen begannen. Verzweifelte Offiziere, die weder von Burnside noch von Divisionskommandeuren Hilfestellung erhielten, stellten für ein weiteres Eindringen notdürftig Brigaden zusammen. Am späteren Vormittag war jedoch schon eine südstaatliche Division unter William Mahone zum Gegenangriff bereit. Am meisten bekamen ihn die schwarzen Truppen zu spüren, die sich endlich den Weg durch die herumstehenden oder sich zurückziehenden weißen Yankees gebahnt hatten. Wie schon auf anderen Schlachtfeldern ermordeten konföderierte Soldaten, erbost von dem Anblick schwarzer Männer in Uniform, farbige Soldaten, die sich ergeben wollten. Als alles vorbei war, hatte das 9. Korps nach seinem großen Knall nichts vorzuweisen als 4000 Opfer (angesichts kaum der Hälfte Verluste beim Gegner), ein riesiges Loch in der Erde, bittere gegenseitige Vorwürfe und neue Generäle an der Spitze des Korps und einer seiner Divisionen. Grant formulierte in einer Botschaft an Halleck das Epitaph: »Es war das Traurigste, was ich in diesem Krieg erlebt habe. Eine vergleichbare Gelegenheit zur Einnahme einer Befestigung habe ich nie gehabt und werde ich nie wieder haben.«[19]

III

Die Monate Juli und August 1864 brachten eine größere Krise für die Moral des Nordens als die gleichen Monate des Jahres 1862. Die an der Heimatfront gesungenen Kriegslieder (die sich während des Konflikts enormer Beliebtheit erfreuten und in Millionen von Klavierauszügen verkauft wurden) kündeten nicht mehr von Patriotismus, sondern von Friedenssehnsucht. Der Bestseller des Jahres 1864 wurde *When This Cruel War Is Over* mit seinem ergreifenden Refrain »weeping, sad and lonely«. Der Refrain von *Tenting on the Old Camp Ground* drückte mehr denn je die Stimmung des Nordens aus: »Many are the hearts that are weary tonight, wishing for the war to cease.« Aus den Druckerpressen kam eine Flut neuer Lieder, die kaum geeignet waren, die Kriegsbegeisterung anzustacheln: *Bear This Gently to My Mother, Yes, I Would the War Were Over, Brother, Will You Come Back?* oder *Tell Me, Is My Father Coming Back?*.

Selbst die spektakuläre Leistung, die David Farraguts Flotte in der Mobile Bay vollbracht hatte, vermochte zunächst wenig gegen die Depression im Norden. Als sich am Morgen des 5. August der Nebel lichtete, fuhr Farragut mit seinen 14 hölzernen Schiffen und vier Panzerschiffen an dem größten der drei Forts vorbei, die die Einfahrt zur Mobile Bay bewachten. Während des mörderischen Duells zwischen Fort und Flotte erkletterte Farragut den Großmast, um über den Pulverdampf aus den Geschützen seines Flaggschiffes *U. S. S. Hartford* hinwegsehen zu können. Ein Steuermannsmaat band den Admiral am Mast fest und sorgte für ein unvergeßliches Bild in der reichen Tradition der US-Kriegsmarine. Farragut prägte auch bald ein denkwürdiges Wort. Die Rebellen hatten den Kanal vermint. Das vorausfahrende Panzerschiff geriet auf eine dieser Minen und sank mit über 90 Mann seiner Besatzung. Dadurch kam die ganze Flotte unter den heftig feuernden Geschützen des Forts ins Stocken. Farragut brüllte: »Die Torpedos sind mir piepe! Volle Kraft voraus!« Es gelang ihm, sein Flaggschiff sicher durch das Minenfeld zu führen, die restliche Flotte in seinem Kielwasser. Als er die Bay erreicht hatte, schoß er eine gegnerische Flotille zusammen, deren Spitze das riesige Panzerschiff *C. S. S. Tennessee* bildete, das gewaltigste, aber auch schwerfälligste Schiff, das die Meere befuhr. In den folgenden drei Wochen gingen durch kombinierte Operationen der Kriegsmarine und einer Armeedivision die drei Forts verloren. Die 30 Meilen entfernte Stadt Mobile an der Spitze der Bay blieb in der Hand der Konföderierten, aber als letzter blockadebrechender Hafen im Golf östlich von Texas war sie ausgeschaltet.

Die Bedeutung dieses Sieges ging den Nordstaatlern erst später auf; im August war ihre ganze bange Aufmerksamkeit auf Virginia und Georgia gerichtet. Von den »Copperheads« gingen Defätismus und Friedenssehnsucht aus wie Ringe von einem ins Wasser geworfenen Stein. »Schluß mit dem Krieg!« forderten Leitartikler der demokratischen Presse. »Wenn es nichts anderes gäbe, was die Menschen von der zwingenden Notwendigkeit überzeugte, diesen Krieg zu beenden, so müßte allein seine völlige Ergebnislosigkeit genügen.« Anfang August war der erfahrene republikanische Führer Thurlow Weed überzeugt, daß »die Wiederwahl Lincolns ein Ding der Unmöglichkeit [ist]. [...] Die Menschen lechzen nach Frieden«.[20]

Im Juni war Clement L. Vallandigham aus seinem kanadischen Exil in die USA zurückgekehrt, um in Ohio an einem Parteitag der Demokraten teilzunehmen, auf dem dieser »unnötige Krieg« verurteilt und Resolutionen verabschiedet wurden, welche die »unverzügliche Einstellung der Feindseligkeiten« und Verhandlungen über einen »gerechten und dauerhaften Frieden« forderten. Lincoln mochte Vallandigham nicht in seiner Märtyrerrolle bestärken und ließ ihn gewähren. Die Administration wußte, daß der »Copperhead« aus Ohio zum »Großkomtur« einer obskuren Organisation gewählt worden war, die sich Sons of Liberty nannte und die von der republikanischen Propaganda zu einer riesigen konföderationsfreundlichen Verschwörung stilisiert wurde, aber sie hoffte wahrscheinlich, daß Vallandigham sich selbst ein Bein stellen würde, wenn sie ihm nur Gelegenheit dazu gab. Statt dessen entfachte seine Rückkehr ein wahres Buschfeuer von Friedensresolutionen, die überall im ganzen Norden auf Parteitagen der Demokraten verabschiedet wurden. Es schien fast, als würde die Friedensfraktion den nationalen Parteitag der Demokraten beherrschen, der am 29. August in Chicago beginnen sollte.[21]

Überzeugt, daß alles verloren sei, hatte der quecksilbrige Horace Greeley im Juli an den Präsidenten geschrieben: »Unser blutendes, bankrottes, fast sterbendes

Land sehnt sich nach Frieden – schaudert bei dem Gedanken an neue Konskriptionen, an weitere gründliche Verwüstung, an neue Ströme von Blut.« Greeley hatte erfahren, daß sich zwei Abgesandte der Konföderation im kanadischen Niagara Falls aufhielten – vermutlich, um Friedensvorschläge von Jefferson Davis zu überbringen. »Ich beschwöre Sie«, schrieb Greeley, »den südstaatlichen Insurgenten Befriedungsangebote zu unterbreiten.« Der Präsident reagierte unverzüglich und ermächtigte Greeley, »jeden Menschen von wo immer« unter freiem Geleit nach Washington zu bringen, »der erklärt, einen schriftlichen Friedensvorschlag von Jefferson Davis zu überbringen, der die Wiederherstellung der Union und die Abschaffung der Sklaverei enthält«.[22]

Lincoln wußte natürlich ganz genau, daß es keine von Davis zu diesen Bedingungen autorisierte Unterhändler gab. Er wußte auch, daß die gegnerischen Agenten nicht nach Kanada gekommen waren, um über den Frieden zu verhandeln, sondern um die Antikriegsopposition im Norden aufzuhetzen. Spione der Union hatten »Copperhead«-Gruppen unterwandert, die mit diesen Agenten in Kanada in Kontakt standen, und dabei eine Reihe bizarrer Pläne aufgedeckt. Konföderierte Führer waren genau wie die Republikaner davon überzeugt, daß es im Mittleren Westen eine machtvolle fünfte Kolonne von Sympathisanten mit dem Süden gebe, die zum Aufstand entschlossen sei, um diese Staaten aus der Union zu lösen und einen Separatfrieden mit der Konföderation zu schließen. Daß diese »Nordwestverschwörung« nur in den Köpfen einiger Randelemente der Friedensdemokraten existierte, verhinderte nicht, daß sie in den Kalkulationen beider Regierungen für 1864 eine entscheidende Rolle spielte.

Dem Kriegs- und dem Außenministerium in Richmond lagen Berichte vor, daß es im unteren Mittleren Westen konföderierte Spione mit »perfekter Organisation« und »beachtlichem Gewicht« unter Namen wie Knights of the Golden Circle, Order of American Knights oder Sons of Liberty gebe, die annähernd eine halbe Million Mitglieder zählten und »die Revolution sowie die Vertreibung oder den Tod der Abolitionisten und freien Neger« anstrebten.[23] Der vermutlich folgenreichste Bericht stammte von Captain Thomas C. Hines, einem Mann aus Kentucky und Späher bei John Hunt Morgans Kavalleriedivision, die 1862 und 1863 so viel Schaden hinter den Linien der Union in Kentucky angerichtet hatte. Im Juli 1863 hatte Morgan einen Raid über den Ohio nach Norden angeführt. Nach langer Verfolgungsjagd durch das südliche Indiana und Ohio wurden er und die meisten seiner Leute, darunter auch Hines, von Unionskavalleristen gefangengenommen. Im November 1863 gelang ihm, Hines und einigen anderen Offizieren eine spektakuläre Flucht durch einen Tunnel aus ihrem Gefängnis in

Ohio. Nach haarsträubenden Abenteuern gelangten sie in das Gebiet der Konföderation zurück. Mit diesen Meriten konnte Hines konföderierte Politiker davon überzeugen, daß Kanada eine geeignete Basis für Sabotageoperationen gegen den Norden war. In geheimer Sitzung bewilligte der konföderierte Kongreß am 15. Februar 1864 fünf Millionen Dollar für diesen Zweck. Jefferson Davis entsandte Hines nach Kanada und wies ihn an, sich um andere geflohene Kriegsgefangene aus dem Süden zu kümmern und »geeignete Kriegsunternehmungen gegen unsere Feinde« durchzuführen. Auf dem Weg durch den Norden sollte Hines »mit führenden Persönlichkeiten konferieren, die der Sache der Konföderation wohlgesonnen oder verbunden sind oder die vielleicht den Frieden befürworten, und alles in Ihrer Macht Stehende tun, um unsere Freunde zu bewegen, sich zu organisieren und solche Hilfeleistungen vorzubereiten, wie sie die Umstände erlauben«.[24]

Die konföderierte Regierung schleuste auch eine Reihe als Zivilisten auftretender Agenten auf Blockadebrechern nach Kanada ein. Anführer dieser Gruppe waren Jacob Thompson, der frühere US-Innenminister in der Regierung Buchanan, und Clement C. Clay, ein früherer US-Senator aus Alabama. Beide Männer waren mit vielen nordstaatlichen Demokraten befreundet. Im Sommer 1864 konferierten diese Agenten der Rebellen in verschiedenen kanadischen Städten, vor allem in St. Catherines unweit Niagara Falls, mit zahlreichen Friedensdemokraten (darunter mit Vallandigham, bevor er in die USA zurückkehrte). Sie schmiedeten die verrücktesten Pläne, angefangen bei der Subventionierung demokratischer Zeitungen und der Unterstützung von Friedenskandidaten für Staatsämter bis zur Aufbringung eines Kanonenbootes der Union auf dem Eriesee samt anschließender Befreiung der konföderierten Kriegsgefangenen auf Johnson's Island im Eriesee und in Camp Douglas bei Chicago. Einige dieser Operationen wurden in die Tat umgesetzt. Thompson verteilte unter der Hand Mittel an Zeitungen, Organisatoren von Friedenskundgebungen und den demokratischen Kandidaten für den Gouverneursposten in Illinois. Agenten der Rebellen verteilten Waffen und Kanister mit griechischem Feuer an die »Copperheads«. Hines' Brandstiftungstrupp, bestehend aus südstaatlichen Soldaten, die aus Unionsgefängnissen geflohen waren, reiste heimlich in die Nordstaaten zurück und zerstörte oder beschädigte ein halbes Dutzend Dampfschiffe der Kriegsmarine in St. Louis, ein Magazin der Armee in Mattoon (Illinois) und mehrere Hotels in New York. Der Trupp unternahm auch einen tollkühnen Raid über die Grenze und raubte die Banken in St. Albans (Vermont) aus. In einem offiziellen Bericht über seine Mission behauptete Thompson, vom Süden subventionierte »Copperheads« hätten »zahlreichen Besitz« in Städten des Nordens in

Brand gesteckt. »[Wir müssen auch in Zukunft] immer zuschlagen, wenn es möglich ist, um die Begüterten ihre Unsicherheit fühlen zu lassen und ihnen den Krieg zu verleiden.«[25]

Die von Kanada aus geführten Operationen der Rebellen krankten jedoch an zwei inneren Widersprüchen. Hines und seine Kollegen versuchten, *Friedens*demokraten zum *Krieg* gegen ihre eigene Regierung anzustiften. Zwar gab es einzelne »Copperheads«, die Waffenlager versteckt hielten, um für den glorreichen Tag des Aufstands gegen die Arsenale und Kriegsgefangenenlager der Union gerüstet zu sein, aber dieser Tag kam nicht, weil die »Führer« ihre Anhänger nicht zu mobilisieren vermochten. Das gigantische Heer von »Söhnen der Freiheit«, das bereit stand, sich zu erheben und Lincolns Diktatur hinwegzufegen, erwies sich als Phantom. Nicht weniger als fünf geplante »Erhebungen« waren Totgeburten.

Die erste sollte zeitlich mit Vallandighams Rückkehr nach Ohio im Juni zusammenfallen; als Signal zur Erhebung war die erwartete Verhaftung Vallandighams vorgesehen. Die Administration ließ ihn jedoch ungeschoren. Als nächstes richteten sich die Hoffnungen auf den Parteitag der Demokraten, der am 4. Juli in Chicago beginnen sollte. Die kanadischen Ränkeschmiede rechneten damit, daß die Regierung oder republikanische Fanatiker die Versammlung stören würden, und wollten die erwarteten Unruhen zur Rebellion anheizen. Die unklare militärische Lage bewog jedoch das Democratic National Committee dazu, den Parteitag auf den 29. August zu verschieben. Jetzt wollten ungeduldige Agenten der Union endlich Taten sehen, und zwar am 20. Juli, wenn Lincoln den erwarteten Rekrutierungsaufruf verkündet haben würde. Hines und seine Exsoldaten sollten »den Tanz beginnen«, und die Heerscharen von »Copperheads« sollten ihre Waffen aus den Verstecken holen und sich »dazugesellen«. Thompson war sich des Erfolges sicher; ein Demokrat aus Chicago hatte zwei Regimenter versprochen – »organisiert und bewaffnet, fertig und bereit«; in Indiana waren die Sons of Liberty gerüstet, »Indianapolis einzunehmen und zu halten und die dortigen Gefangenen zu befreien«. Lincoln erließ in der Tat den Rekrutierungsaufruf, aber auf einmal bekamen die Anführer der »Copperheads« kalte Füße. Einer von ihnen gestand, ihn belaste »die Verantwortung, in einer Sache von solcher Tragweite übereilt zu handeln«.[26] Andere teilten diese Einschätzung; verzweifelt bliesen die Agenten der Rebellen die Operation ab und beriefen ein halbes Dutzend »Söhne der Freiheit« zu einem Treffen nach St. Catherines.

Die Südstaatler bestanden nun auf dem 16. August als unwiderruflichem Datum des Aufstands. Wieder zögerten die »Copperheads«; sie fürchteten, von Bundestruppen geschlagen zu werden, falls nicht gleichzeitig eine Invasion Kentuckys oder Missouris durch die Konföderation stattfand. Da sie ein derartiges Unternehmen nicht versprechen konnten, stimmten die Agenten einer letzten Verschiebung auf den 29. August zu: Der Menschenandrang auf dem Parteitag der Demokraten würde von Hines' Kommandos und den Sons of Liberty ablenken, so daß diese sich ungestört zum Angriff auf Camp Davis sammeln und die Gefangenen befreien konnten. Hines und 70 mit Revolvern bewaffnete Männer kamen aus Chicago und mischten sich unter die Menge, um nach ihren Verbündeten zu fahnden – vergeblich. Endlich fanden sie ein paar, die ihnen erklärten, Agenten der Union hätten ihre Gruppe unterwandert und es seien mehrere ihrer Anführer verhaftet und die Wachen des Camp Davis verstärkt worden. So platzte das Komplott. Ein enttäuschter »Copperhead« meinte wütend, es gebe »zu viele politische Soldaten bei den Sons of Liberty. Aus einem Politiker einen Soldaten zu machen ist genauso schwer, wie aus einem Schweinsohr eine seidene Börse zu nähen«.[27]

Tatsächlich schraken die meisten Friedensdemokraten vor einer gewaltsamen Gegenrevolution auch deshalb zurück, weil die Chancen, Lincoln mit legitimen politischen Mitteln zu beseitigen, von Woche zu Woche besser zu werden schienen. Die Agenten der Rebellen erkannten das und versuchten, dieser Entwicklung mit konföderiertem Gold nachzuhelfen. Aber hier ergab sich der zweite Widerspruch. Für die Konföderation war das Ziel eines Friedensschlusses ihre Unabhängigkeit. Die meisten Demokraten im Norden sahen jedoch in einem Waffenstillstand den ersten Schritt zu Wiedervereinigungsverhandlungen. Thompson und seine Agentenfreunde versuchten, mit zweideutigen Reden über diesen Widerspruch hinwegzutäuschen. Sie hielten es für vordringlich, umgehend den Waffenstillstand zu vereinbaren, worauf eine Phase der Beruhigung eintreten konnte, die vielleicht – so wollte man die Friedensdemokraten beschwichtigen – zu einem »Freundschafts- und Handelsvertrag« führen konnte, »möglicherweise auch zu einem Verteidigungsbündnis oder sogar für bestimmte Zwecke zu einem Verteidigungs- und Angriffsbündnis«. Wenn die Friedensdemokraten die Hoffnung hegen wollten, dieses Vorgehen werde schließlich die Wiedervereinigung herbeiführen, so hüteten sich die Konföderierten, ihnen diesen »beruhigenden Wahn« zu nehmen. Sie wußten sehr gut, daß jede Einstellung der Kämpfe in der Situation des Hochsommers 1864 gleichbedeutend mit dem Sieg der Konföderierten sein würde.[28]

Lincoln wußte das auch, und deshalb betonte er in seinem Brief an Greeley, daß Wiedervereinigung und Sklavenbefreiung die *Vorbedingung* zu Friedensverhandlungen sein müßten. Ihm war klar, daß Jefferson Davis dagegen auf der

Unabhängigkeit und der Sklaverei als Vorbedingungen bestehen mußte, aber er hoffte, die Agenten des Südens zur expliziten Bestätigung dieses Sachverhalts zu bringen und der Bevölkerung des Nordens zu beweisen, daß ein Friedensschluß nur durch einen Sieg auf dem Schlachtfeld möglich war. Doch hier wurde Lincoln von den Rebellen ausmanövriert.

Am 18. Juli trafen Greeley und John Hay, der Privatsekretär des Präsidenten, im kanadischen Niagara Falls mit den konföderierten Agenten Clement Clay und James Holcombe zusammen. Hay übergab letzteren einen Brief Lincolns, in welchem ihnen sicheres Geleit nach Washington zugesagt wurde, damit Vorschläge diskutiert werden konnten, die der »Wiederherstellung des Friedens, [der] Integrität der gesamten Union und [der] Abschaffung der Sklaverei« dienlich sein mochten. Clay und Holcombe waren nicht ermächtigt, über Friedensbedingungen überhaupt zu verhandeln – das war nicht ihre Aufgabe in Kanada –, geschweige denn über solche, die eine Kapitulation der Konföderation implizierten. So verlief die Konferenz in Niagara Falls ergebnislos. Indes sahen die Südstaatler die Chance zu einem Propagandatriumph, »indem sie der Bundesregierung das Odium anhängten, allen Verhandlungen eine Absage erteilt zu haben«, und der Associated Press einen Bericht über die Konferenz zuleiteten. Von den Friedensbedingungen des Südens sagten sie nichts; dafür warfen sie Lincoln vor, durch das Diktat von Bedingungen, die, wie er wußte, für den Süden unannehmbar waren, die Verhandlungen bewußt torpediert zu haben. »Sollte es noch einen Bürger der Konföderierten Staaten geben, der sich an die Hoffnung geklammert hat, daß Frieden möglich sei«, schrieben Clay und Holcombe, so hätten ihm die Bedingungen Lincolns nun »die Augen geöffnet und ihn dieser Täuschung beraubt«. Und wenn es »Patrioten oder Christen im Norden« gebe, »die über die endlose Aussicht auf privates Elend und öffentliche Not entsetzt sind«, die Lincolns Politik des unaufhörlichen Krieges mit sich bringe, »so sollen sie an den Mißbrauch der Amtsgewalt denken und die beleidigte Kultur ihres Landes rächen«.[29]

Die Reaktionen auf diesen listigen Schachzug übertrafen alle Hoffnungen der Konföderierten. Zebulon Vance schlachtete die Angelegenheit in seinem Wahlkampf um den Gouverneursposten von North Carolina gegen den Friedenskandidaten William Holden aus. Die südstaatliche Presse konnte ihrem Bild vom Unmenschen Lincoln ein paar neue grelle Tupfer hinzufügen. Im Norden, konnte Clay erfreut berichten, »verurteilen alle demokratischen Zeitungen Lincolns Manifest auf das schärfste, und sogar viele demokratische Zeitungen (darunter die New York Tribune) geben zu, daß es ein schwerer Fehler war. [...] Allem, was ich sehe oder höre, entnehme ich mit Befriedigung, daß dieser Briefwechsel empfindlich dazu beigetragen hat, die Demokraten zu einigen und die Republikaner zu spalten«. Greeley machte Lincoln denn auch Vorwürfe, daß er »in den Augen der Öffentlichkeit« den Eindruck erwecke, als seien die Rebellen »erpicht darauf, zu verhandeln, während wir ihre Avancen zurückweisen«. Dieser Eindruck müsse unbedingt korrigiert werden, »sonst gibt es im November eine Schlappe für uns, die sich gewaschen hat«.[30]

Mit seiner Reaktion auf ein zeitgleich erfolgtes, aber publizistisch weniger hochgespieltes Friedensangebot schmälerte Jefferson Davis den Propagandasieg des Südens um einiges. Das Angebot überbrachten zwei Nordstaatler nach Richmond: James R. Gilmore, ein Journalist, und James Jaquess, Colonel bei einem Illinois-Regiment und Methodistenprediger, der in einer Hand das Schwert und in der anderen den Ölzweig trug. Sie reisten zwar nicht in offizieller Eigenschaft, aber Lincoln ließ sie die Unionsreihen passieren, weil er hoffte, sie könnten Davis vom trotzigen Beharren auf seinen Friedensbedingungen abbringen. Diesmal ließ es sich gut an. Der Präsident der Konföderation war, wenn auch widerstrebend, bereit, die Yankees zu empfangen; er erwartete zwar keine substantiellen Ergebnisse, aber er mußte sich mit seiner eigenen Friedensbewegung herumschlagen und durfte nicht den Anschein erwecken, als liege ihm nichts an Verhandlungen. Am 17. Juli konferierten Davis und sein Außenminister Judah Benjamin mit Gilmore und Jaquess. Die Nordstaatler wiederholten inoffiziell die Bedingungen, die Lincoln in seiner Erklärung zur Rekonstruktion im Dezember 1863 genannt hatte: Wiedervereinigung, Abolition und Amnestie. Davis wies diese Bedingungen empört zurück. »Amnestiert, Sir, werden Verbrecher«, erklärte er. »Wir haben kein Verbrechen begangen. [...] Das ganze Elend und Verbrechen dieses Krieges ist Ihnen selbst anzulasten. [...] Wir kämpfen für unsere UNABHÄNGIGKEIT, und die werden wir bekommen oder untergehen. [...] Sie können jeden Neger in der Konföderation ›befreien‹, aber wir wollen frei sein. Wir wollen uns selbst regieren ... und wenn dabei alle unsere Pflanzungen geplündert werden und alle unsere Städte in Flammen aufgehen.«[31]

Mit Lincolns Einverständnis veröffentlichte Gilmore in verschiedenen Zeitungen des Nordens eine kurze Schilderung dieses Treffens. Sie erschien gleichzeitig mit den Berichten über Greeleys Zusammenkunft mit gegnerischen Agenten in Niagara Falls. Nach diesen Veröffentlichungen konnte kein Zweifel mehr daran bestehen, daß die unumstößliche Friedensbedingung des Südstaatenpräsidenten die Auflösung der Union war. Es kam Lincolns Interessen entgegen, die Vorstellung der »Copperheads« zu diskreditieren, Frieden *und* Wiedervereinigung seien mittels Verhandlungen realisierbar. In einer Botschaft an den Kongreß sagte der Präsident später: »[Davis] macht nicht den Versuch, uns zu belügen. Er läßt uns keine Ausrede, uns selbst zu belügen. Er kann freiwillig die Union nicht wieder akzeptieren; wir können sie nicht freiwillig aufgeben. Der Dissens zwischen ihm und uns ist einfach, klar und kompromißlos. Es ist ein Streit, der nur durch den Krieg ausgetragen und nur durch den Sieg entschieden werden kann.«[32]

Angesichts der traurigen Verfassung, in der sich die Moral des Nordens im August 1864 befand, fiel es der demokratischen Presse jedoch leicht, Davis' problematische Friedensbedingungen zu ignorieren und Lincolns zweite Bedingung – die Befreiung der Sklaven – als das eigentliche Hindernis auf dem Weg zum Frieden hinzustellen. »Noch immer müssen Tausende und Abertausende weißer Männer für die Negermanie des Präsidenten ihr Leben lassen«, hieß es in einem typischen demokratischen Leitartikel. »Gibt es irgendwo einen Menschen, der sich für einen Nigger erschießen lassen möchte?« fragte ein Soldat aus Connecticut: »Für das und nichts anderes kämpfen wir doch.« Sogar stramme Republikaner kreideten es Lincoln als »schweren Fehler« an, die Sklavenemanzipation zu einem »Glaubensartikel« gemacht zu haben: »Das hat den Unzufriedenen und Mißvergnügten nur eine zusätzliche Waffe für ihre Quertreibereien in die Hand gegeben.«[33] Henry J. Raymond, Herausgeber der *New York Times* und Vorsitzender des Republican National Committee, sagte am 22. August zu Lincoln: »Die Stimmung schlägt heftig gegen uns um.« In wichtigen Staaten waren die Parteiführer überzeugt, zu verlieren, wenn jetzt gewählt würde. »Diese starke Reaktion in der öffentlichen Meinung hat zwei Ursachen: das Ausbleiben militärischer Erfolge und den herrschenden Eindruck, daß wir den Frieden und die Union haben *könnten,* wenn wir wollten ... [daß Sie jedoch] nicht für die Union kämpfen, sondern für die Abschaffung der Sklaverei.«[34]

Lincoln war bestürzt über diese Meldungen. Er bestritt, »den Krieg nur mehr zum alleinigen Zwecke der Abolition fortzusetzen. Solange ich Präsident bin, wurde und wird der Krieg zum alleinigen Zwecke der Wiederherstellung der Union fortgesetzt. Aber keines Menschen Kraft reicht aus, diese Rebellion zu bezwingen, ohne den Hebel der Emanzipation so anzusetzen, wie ich es getan habe«. Vor Kriegsdemokraten wies Lincoln darauf hin, daß 130 000 schwarze Soldaten und Seeleute auf seiten der Union kämpften: »Wenn diese Männer ihr Leben für uns riskieren, muß man ihnen die stärksten Beweggründe liefern – auch das Versprechen der Freiheit. Und was man versprochen hat, muß man halten.« Wenn man die Sklavenbefreiung fallenließe, würde man »die ganze Sache der Union ruinieren. Die Rekrutierung Farbiger würde schlagartig aufhören, und alle Farbigen, die jetzt bei uns dienen, würden uns schlagartig im Stich lassen, und zwar mit Recht. Warum sollten sie für uns ihr Leben opfern, in der klaren Erkenntnis, daß wir beabsichtigen, sie zu hintergehen? [...] Geben Sie alle Posten auf, die heute von Schwarzen gehalten werden, überlassen Sie alle diese Vorteile dem Feind, und wir wären gezwungen, in drei Wochen den ganzen Krieg aufzugeben«. Daneben stellte sich die moralische Frage: »Es gibt Leute, die mir allen Ernstes vorgeschlagen haben, die schwarzen Soldaten von Port Hudson und Olustee [Schlacht in Florida, in der auch Schwarze gekämpft hatten] in die Sklaverei zurückzugeben. Ich würde in Zeit und Ewigkeit verdammt sein, wenn ich das täte! Die Welt soll wissen, daß ich gegen Freund und Feind zu meinem Wort stehe, komme, was wolle.«[35]

Das war eigentlich deutlich genug. Dennoch stand Lincoln unter einem fast übermächtigen Druck, sich von dem zu distanzieren, worauf er sich öffentlich festgelegt hatte: daß die Abschaffung der Sklaverei Vorbedingung zu Verhandlungen mit dem Süden sei. Gleichzeitig entging dem Präsidenten nicht, daß manche Republikaner nicht abgeneigt schienen, einen neuen Parteitag einzuberufen und einen anderen Kandidaten zu nominieren. Die treibende Kraft hinter solchen Bestrebungen war die Überzeugung, daß Lincoln todsicher verlieren werde; dahinter standen aber auch viele Radikale, die Lincolns Rekonstruktions- und Amnestiepolitik gegenüber den Rebellen für zu *nachgiebig* hielten. Von gegensätzlichen Seiten unter Druck gesetzt, machte Lincoln im August die Hölle durch – kein Wunder, daß er auf Photographien aus dieser Zeit ein immer traurigeres Gesicht macht und daß er vergebens gegen die »Mattigkeit« im Innersten seines Wesens ankämpfte.

Fast hätte Lincoln der Forderung nachgegeben, auf die Abolition als ausdrückliche Friedensbedingung zu verzichten. Am 17. August entwarf er einen Brief an einen Kriegsdemokraten, der mit den Worten schloß: »Falls ... Jefferson Davis wissen will, was ich tun würde, wenn er Frieden und Wiedervereinigung anbieten würde, ohne ein Wort über die Sklaverei zu verlieren, dann soll er es versuchen.« Während Lincoln noch überlegte, ob er diesen Brief abschicken sollte oder nicht, trat am 22. August das Republican National Committee zusammen. Durch Henry Raymond forderte man den Präsidenten auf, einen Bevollmächtigten nach Richmond zu entsenden, »um Davis eindeutige Friedensofferten zu machen, [und zwar] mit der einzigen Bedingung, daß der Supremat der Verfassung anerkannt wird; alle übrigen Fragen sind in einer Volksversammlung aller Bundesstaaten zu klären«. Dies sei eine Propagandageste, kein wirklicher Verzicht auf die Sklavenemanzipation. Denn »sollte sie zurückgewiesen werden (was zweifellos der Fall sein wird), so würde sie die Saat des Unmuts im Süden säen, alle trügerischen Friedenshoffnungen zerstören, die noch im Norden herrschten ... und die Öffentlichkeit mit dem Krieg, der Wehrpflicht und der Steuer als unvermeidlichen *Notwendigkeiten* versöhnen«. Lincoln ermächtigte Raymond, sich persönlich nach Richmond zu begeben und »im Namen dieser Regierung vorzuschlagen, daß bei Wiederherstellung der Union und der Bundesautorität der Krieg sofort beendet wird, wobei alle übrigen Fragen einer Regelung durch friedliche Mittel vorbehalten bleiben«.[36]

Lincoln fand jedoch bald, daß er zu weit gegangen war, und machte einen Rückzieher. Am 25. August besprach er sich mit Raymond und stimmte ihn um: »An seinem Plan festzuhalten, einen Bevollmächtigten nach Richmond zu entsenden, wäre schlimmer, als den Kampf um die Präsidentschaft zu verlieren – es hieße, vor diesem Kampf von vornherein feige zu kapitulieren.« Was immer dieser vieldeutige Satz, von einem Privatsekretär Lincolns aufgezeichnet, bedeuten mochte: Raymond begab sich nicht nach Richmond, und Lincoln schickte seinen Brief nicht ab. Seine Friedensbedingungen blieben Union *und* Sklavenbefreiung. Mit diesem Programm sah der Präsident seine Niederlage im November voraus. »Ich werde verlieren, und zwar *haushoch,* wenn sich nicht irgendeine große Veränderung ergibt«, sagte er zu einem Offizier. Am 23. August verfaßte er sein berühmtes »Blind-Memorandum« und bat die Mitglieder seines Kabinetts, es unbesehen zu unterschreiben. »Die Wiederwahl dieser Regierung erscheint heute, wie seit einigen Tagen, als überaus unwahrscheinlich. Es wird in diesem Fall meine Pflicht sein, mit dem gewählten Präsidenten dergestalt zusammenzuarbeiten, daß in der Zeit zwischen seiner Wahl und seinem Amtsantritt die Union gerettet wird, da er seinen Wahlsieg aus Gründen errungen haben wird, welche danach die Rettung der Union unmöglich machen.«[37]

Den nächsten Präsidenten sah Lincoln in George B. McClellan: Er war der populärste Demokrat und verkörperte am überzeugendsten den Widerstand gegen Lincolns Kriegspolitik. Der einzige Unsicherheitsfaktor war seine Einstellung zum Programmpunkt Frieden, den Vallandigham, der Vorsitzende der Antrags-Unterkommission der Programmkommission, in das Parteiprogramm einbringen wollte. Zwar hatte McClellan 1863 bei der Gouverneurswahl in Pennsylvania einen Kandidaten der »Copperheads« unterstützt, doch war er allgemein als Kriegsdemokrat bekannt und hatte sich kürzlich in einer Rede in West Point vorsichtig dafür ausgesprochen, der Sache der Union auf dem Schlachtfeld zum Sieg zu verhelfen. Daraufhin sahen sich die Friedensdemokraten nach anderen Kandidaten um, konnten aber offensichtlich niemanden finden außer Thomas Seymour aus Connecticut, der 1863 bei der Gouverneurswahl unterlegen war, und Gouverneur Horatio Seymour aus New York, der eine Kandidatur ablehnte. Immerhin hatte die Friedensfraktion fast die Hälfte der Delegierten hinter sich und konnte McClellans Chancen gefährden, indem sie ihm ihre Stimmen verweigerte, falls der Parteitag ihn nominierte. Hinter den Kulissen beschwichtigte McClellans wichtigster Berater die Zweifler: »Der General ist für Frieden, nicht für Krieg. [...] Falls er nominiert wird, würde er die Union lieber mit friedlichen Mitteln wiederherstellen als durch Krieg.« Gegenüber einem Geschäftsmann aus St. Louis soll McClellan am 24. August erklärt haben: »Falls ich gewählt werde, werde ich den sofortigen Waffenstillstand und die Einberufung einer Versammlung aller Bundesstaaten empfehlen und darauf dringen, daß alle erdenklichen Möglichkeiten ausgeschöpft werden, um ohne weiteres Blutvergießen den Frieden zu sichern.«[38]

Die Zweifel an McClellans Friedensabsichten waren jedoch nicht ausgeräumt, und so »überbrückte« die Partei die Kluft zwischen Friedens- und Kriegsfraktion dadurch, daß sie den General im Rahmen eines Friedensprogramms nominierte und ihm als präsumtiven Vizepräsidenten den Abgeordneten George Pendleton aus Ohio beigab, der ein treuer Bundesgenosse Vallandighams war. Als Sproß einer alten virginischen Familie hatte Pendleton diesen Krieg von Anfang an abgelehnt, gegen die Lieferung von Nachschub gestimmt und seine Sympathie mit dem Süden bekundet. Das Parteiprogramm verurteilte die »willkürlichen Verhaftungen durch das Militär« und die »Unterdrückung der Rede- und der Pressefreiheit« durch die Regierung. Es versprach, daß »die Rechte der Bundesstaaten« (sprich: die Sklaverei) »nicht beeinträchtigt« werden sollten. Auf diese Punkte konnten sich alle Demokraten einigen. Polarisierender war der von Vallandigham eingebrachte Programmpunkt (der aber dennoch fast einmütig angenommen wurde): »Nachdem die Wiederherstellung der Union durch das Experiment des Krieges vier Jahre lang gescheitert ist, fordern wir, daß unverzüglich Schritte zur Einstellung der Feindseligkeiten unternommen werden; Ziel muß die Einberufung einer Versammlung aller Bundesstaaten oder jedes andere friedliche Mittel sein, um zum frühestmöglichen Zeitpunkt den Frieden auf der Grundlage der Föderierten Union wiederherzustellen.«[39]

Diese entscheidende Resolution räumte dem Frieden oberste Priorität ein, während die Union deutlich erst an zweiter Stelle rangierte. Republikaner wie Konföderierte faßten dies auch so auf und reagierten entsprechend. »Diese Resolution spielt mit dem Gedanken an Kapitulation und Erniedrigung«, schrieb ein New Yorker Republikaner. »Sie könnte von Jefferson Davis sein.« Alexander Stephens meinte erfreut: »Sie ist ... der erste wirkliche Lichtblick seit Beginn des Krieges.« Der *Charleston Mercury* erklärte, die Wahl McClellans auf der Basis dieses Programms müsse »zum Frieden und zu unserer Unabhängigkeit führen ... [vorausgesetzt,] *wir behaupten uns* in den kommenden zwei Monaten *und – lassen keinen militärischen Erfolg des Gegners zu*«.[40]

Aber ... Aus dem Tagebuch George Templeton Strongs, 3. September 1864: »Heute morgen glorreiche Nachricht: Atlanta endlich genommen!!! [...] Das ist (in der gegenwärtigen politischen Krise) das größte Ereignis dieses Krieges.«

Oder mit den Schlagzeilen einer republikanischen Zeitung:

> SIEG
>
> *Ist der Krieg gescheitert?*
>
> Old Abes Antwort an den Parteitag von Chicago
> Bestürzung und Verzweiflung bei den Copperheads[41]

26.

Sie werden uns von der Erde tilgen

I

Wie kam es dazu? Während Shermans und Hoods Kavallerie in der ersten Augusthälfte nutzlose Raids in den Rücken des Gegners unternahmen, versuchte die Unionsinfanterie immer wieder erfolglos, zu der südlich von Atlanta vorbeiführenden Bahnlinie vorzudringen. Als am 26. August alle blauen Korps bis auf eines plötzlich verschwanden, glaubte Hood, Sherman habe sich zurückgezogen. Doch die Bürger von Atlanta freuten sich zu früh. Gewiß, Sherman hatte fast seine gesamte Armee von den Verschanzungen zurückgezogen, aber die Männer marschierten nach *Süden,* um die Straßen und Bahnlinien weit hinter den Verteidigungslinien der Konföderierten abzuschneiden. Als die Demokraten in Chicago ihren Parteitag abhielten, bei dem sie den Krieg als gescheitert erklärten, machten 700 Meilen weiter südlich Soldaten des Nordens »Sherman-Schlipse« aus der letzten offenen Bahnlinie nach Atlanta, indem sie die Schienen über einem Scheiterhaufen aus brennenden Schwellen erhitzten und um Bäume wickelten.

Als Hood endlich die Wahrheit dämmerte, war es einen Tag zu spät. Am 30. Juni entsandte er zwei Korps gegen den Feind, der bei Jonesborough stand, 20 Meilen südlich von Atlanta. Die Yankees waren zu stark, und die Korps wurden unter schweren Verlusten zurückgeschlagen. Am nächsten Tag erfolgte ein Gegenangriff Shermans, der die Rebellen übel zurichtete. Um nicht von den übrigen Truppen abgeschnitten zu werden und damit in der Falle zu sitzen, entschloß sich Hood am 1. September zur Evakuierung Atlantas, nachdem er zuvor alles, was von militärischem Wert war, zerstört hatte. Am nächsten Tag marschierten die Blauröcke mit klingendem Spiel in der Stadt ein und hißten auf dem Rathaus das Sternenbanner. Sherman drahtete fröhlich nach Washington: »Haben Atlanta gewonnen und in der Tasche.«

Die Bedeutung dieses Ereignisses ist kaum zu überschätzen. In manchen Städten des Nordens feuerte man aus Kanonen 100 Schuß Salut ab. Zeitungen, die seit Jahren kein gutes Haar an Sherman gelassen hatten, feierten ihn jetzt als größten Feldherrn seit Napoleon. Nachträglich erhielt auch der Sieg in der Mobile Bay neues Gewicht – es war der erste Schlag eines tödlichen Doppelschlages. »Sherman und Farragut«, freute sich Außenminister Seward, »haben dem Programm von Chicago den Boden entzogen.« Der *Richmond Examiner* erging sich in trüben Reflexionen über »das Desaster von Atlanta«, das »gerade noch rechtzeitig« gekommen sei, »um die Partei Lincolns vor dem unrettbaren Ruin zu bewahren. [...] [Es] verdunkelt die Aussicht auf Frieden, die eben noch so strahlend war. Und es wird den ganzen Süden in Düsternis hüllen«.[1] Untergangsstimmung war im Süden an der Tagesordnung. »Ich habe bis jetzt noch niemals die Hoffnung aufgegeben«, schrieb jemand aus North Carolina, »aber nun uns Gott verlassen hat, wie es scheint, verzweifle ich.« Die Tagebuchschreiberin Mary Boykin Chesnut aus South Carolina sah das Unglück herannahen. »Seit Atlanta ist mir, als sei alles in mir für immer abgestorben«, schrieb sie. »Sie werden uns von der Erde tilgen.«[2]

Viel weiter nördlich erwog George McClellan die Meldungen aus Atlanta. Er war dabei, den Brief zu entwerfen, mit dem er die Nominierung zum demokratischen Präsidentschaftskandidaten annahm. Stellte er sich ausdrücklich hinter das demokratische Programm oder schwieg sich darüber aus, so legte er sich implizit auf einen Waffenstillstand und Verhandlungen fest. Die Friedensfraktion seiner Partei setzte ihn genau in diesem Sinne stark unter Druck. »Hören Sie nicht auf Ihre Freunde aus den Oststaaten«, beschwor ihn Vallandigham, »die Ihnen in einer bösen Stunde raten, in Ihrem Brief den Krieg wenigstens *anzudeuten*. [...] Wenn der Brief den Krieg auch nur impliziert, werden uns 200 000 Menschen im Westen ihre Zustimmung versagen.«[3] McClellans erste Briefentwürfe hätten Vallandigham gefallen: Sie sprachen sich für einen Waffenstillstand aus, der allerdings an die Bedingung geknüpft sein sollte, daß die Kampfhandlungen wieder aufgenommen werden würden, falls die Friedensverhandlungen nicht zur Wiederherstellung der Union führten.

Aber McClellans »Freunde aus den Oststaaten« – Kriegsdemokraten wie der Bankier August Belmont, der Vorsitzende des Democratic National Committee – machten ihm klar, daß man den Krieg, wenn er einmal beendet war, nicht wieder in Gang setzen konnte; ein Waffenstillstand ohne Bedingungen wäre gleichbedeutend mit der Kapitulation der Union. Nach dem Fall Atlantas mußte er mit einem solchen Vorschlag seiner Kandidatur schaden.

Und so lehnte er in seinem am 8. September veröffentlichten Brief die Aussage des demokratischen Programms ab, der Krieg sei »vier Jahre lang gescheitert«.

»Ich könnte meinen tapferen Kameraden aus Heer und Flotte nicht ins Gesicht sehen ... und zugleich erklären, daß ihre Mühsal und das Opfer unserer gefallenen und verwundeten Brüder umsonst gewesen seien«, schrieb McClellan. Nein; »wenn unsere derzeitigen Gegner bereit sind, auf der Grundlage der Union Frieden zu schließen«, könnten Verhandlungen »im Geiste der Versöhnung und des Kompromisses« beginnen. »Einzige Friedensbedingung ist die Union – mehr verlangen wir nicht.«[4]

Die Friedensdemokraten kochten vor Wut über McClellans Verrat. Eilig wurden Konferenzen einberufen, auf denen man über die Nominierung eines anderen Kandidaten beriet. Es fand sich aber niemand, der dieser zweifelhaften Ehre teilhaftig werden wollte, und so brach der parteiinterne Aufstand zusammen. Die meisten Friedensdemokraten, auch Vallandigham, kehrten zur Herde zurück, machten aber Wahlkampf vor allem für die Partei und ihr Programm und nicht für McClellan.

Etwas Ähnliches spielte sich in der Republikanischen Partei ab. Mit den Meldungen aus Atlanta erledigten sich Bestrebungen, einen neuen Parteitag einzuberufen und Lincoln durch einen anderen Kandidaten zu ersetzen. Der Präsident war jetzt ein siegreicher Führer, kein diskreditierter Verlierer. Allein die Splitterkandidatur Frémonts stand der Geschlossenheit der Partei im Wege. Hinter den Kulissen verhandelten Radikale am 22. September mit Frémont: Für den Fall, daß er seine Kandidatur zurückzog, sollte Montgomery Blair aus dem Kabinett ausscheiden. Zwar hielt sich die Begeisterung für Lincoln bei manchen Radikalen in Grenzen, aber sie machten sich trotzdem energisch an die Arbeit. Die Janusköpfigkeit der Demokraten in bezug auf den Krieg machte es den Republikanern leicht. »Weder Sie noch ich«, sagte ein republikanischer Wahlredner, »noch die Demokraten selbst können sagen, ob sie ein Kriegsprogramm oder ein Friedensprogramm haben. [...] Alles in allem ist es ein Programm, das Krieg und Frieden zugleich enthält: Frieden mit den Rebellen und Krieg gegen die eigene Regierung.«[5]

Nach zähem Start sorgte Phil Sheridan im Shenandoahtal bald für weitere frohe Kunde. Er hatte seinen Auftrag nicht vergessen, Jubal Early »zur Strecke zu bringen«, aber er erinnerte sich auch an die lange Reihe katastrophaler Niederlagen, die die Union in diesem Tal erlitten hatte. Seine Shenandoah-Armee lieferte sich daher sechs Wochen lang nur vorsichtige Kämpfe mit Earlys Rebellen und trieb sie in südlicher Richtung nur bis Winchester zurück. Meldungen von Kundschaftern, wonach Early vier Divisionen Verstärkung von Lee erhalten habe (in Wirklichkeit waren es nur zwei), bestärkten Sheridan in seiner ungewohnten Vorsicht. Grant hatte diese Schwächung in der Verteidigung von Petersburg ausgenutzt und Ende August die Bahnlinie zwischen Petersburg und dem Blockadebrecherhafen Wilmington unterbrochen. Lee war daraufhin gezwungen, seine Linien zu verlängern und die Wagenzüge zu decken, die den Nachschub um diese Lücke herum transportierten, und beorderte zu diesem Zweck eine Division aus dem Shenandoahtal zurück. Sheridan erfuhr hiervon durch die Quäkerin Rebecca Wright, eine Lehrerin aus Winchester, die mit der Union sympathisierte, und entschloß sich zum Losschlagen. Am 19. September griff er mit seinen 37000 Blauröcken die 15000 Konföderierten in Winchester an. Dabei kam der Wagenzug eines Unionskorps den Truppen eines anderen Korps ins Gehege und hätte den Vorstoß fast vereitelt, bevor er begonnen hatte. Mit großer Mühe und zahllosen Flüchen brachte Sheridan den Schlamassel in Ordnung, brachte seine Truppen in eine Linie und führte sie in einer schneidigen Angriffswelle nach vorn. Dabei tat sich besonders die nordstaatliche Kavallerie mit ihren Schnellfeuerkarabinern hervor; zwei Divisionen Reiterei brachen sogar mit einer Säbelattacke der klassischen Art in Earlys linke Flanke ein und nahmen die meisten der 2000 Rebellen gefangen, die kapitulierten. »Wir haben sie aus Winchester hinausgeworfen«, drahtete Sheridans Stabschef mit einer Formulierung, die sich gut in der Zeitung machte, »und setzen ihnen morgen nach.«[6]

Early, der ein Viertel seiner Armee eingebüßt hatte, zog sich 20 Meilen zurück und verschanzte sich in einer starken Verteidigungsstellung am Fisher's Hill knapp südlich von Strasburg. Sheridan setzte den Rebellen, wie versprochen, am nächsten Tag nach. Am 22. September unternahmen zwei Korps der Union einen Scheinangriff gegen Earlys hinter Schützengräben gesicherte Linie, während ein drittes Korps – vorwiegend Männer aus West-Virginia und Ohio, die dieses unwegsame Gelände seit drei Jahren kannten – auf Bergpfaden die Höhe erklomm, um das linke Ende der Konföderierten anzugreifen. Die untergehende Sonne im Rücken, brachen sie aus dem Waldesdickicht hervor und zerdrückten die linke Flanke des Gegners wie ein welkes Blatt. Die Bundestruppen warfen Early um weitere 60 Meilen nach Süden zurück; an einem Paß im Blue Ridge gruben die Rebellen sich ein.

»Das war Sheridans K.o. für den Goldpreis und McClellan«, schrieb ein Republikaner aus New York. »Der Goldpreis ist unter 200 gesunken [zum erstenmal seit Mai], und von McCellan sieht man überhaupt nichts mehr.«[7] Auch Grant schaltete sich mit neuerlichen Angriffen auf beide Enden von Lees Front südlich und nördlich des James River ein. Zwar vermochten die Unionstruppen keinen Durchbruch zu erzielen, aber sie rückten südwestlich von Petersburg um weitere zwei Meilen vor und eroberten nur sechs Meilen vor Richmond ein wichtiges Fort. In der Hauptstadt der Konföderation brach Panik aus, als Militärpolizei alle tauglichen Männer unter 50 Jahren – darunter auch zwei indignierte Kabinettsmitglieder – zusammentrieb und in die Schützengräben schickte.[8] Lees Veteranen hielten die Yankees jedoch auf, bevor sie die inneren Verteidigungslinien erreichen konnten. Gleichwohl machte die Nordstaatenpresse aus dieser Aktion einen großen Sieg, mochte er sich auch mit Sheridans Triumph nicht vergleichen lassen.

Nachdem er Early fast zur Strecke gebracht hatte, machte sich Sheridan daran, den zweiten Teil von Grants Instruktionen in die Tat umzusetzen. Er hatte Befehl, aus dem Shenandoahtal eine »unfruchtbare Wüste« zu machen, »so daß für den Rest des Jahres selbst ein Rabe, der darüberfliegt, seinen Proviant mitbringen muß«.[9] Das Shenandoahtal hatte ja nicht nur als Aufmarschstraße für die Invasion des Nordens gedient, sondern auch wesentlich die Versorgung der konföderierten Armeen in Virginia gewährleistet. Die Vernichtung der Ernte sollte es in beiden Funktionen unbrauchbar machen. Sheridan war der richtige Mann für diesen Job. »Man darf diesen Menschen nichts lassen als die Augen, mit denen sie über den Krieg weinen«, sagte er. Und so wütete die Unionsreiterei im Shenandoahtal wie eine Heuschreckenplage. Am 7. Oktober konnte Sheridan seine Vollzugsmeldung erstatten: »Über 2000 Scheunen mit Weizen, Heu und landwirtschaftlichem Gerät vernichtet; ebenso 70 Mühlen samt Mehl und Weizen; 4000 Stück Vieh vor der Front hergetrieben; nicht weniger als 3000 Schafe getötet und an die Truppen verteilt.« Doch das war erst der Anfang. Sheridan versprach, sobald er das Tal hinter sich habe, würden »von Winchester bis nach Staunton, über 92 Meilen, weder Mensch noch Tier etwas zu beißen finden«.[10]

Das war mutwillige Bosheit. Die »Barnburners« aus dem Norden machten kaum einen Unterschied zwischen rebellischen Bauern oder solchen, die ihre Loyalität mit der Union beteuerten: Beide erzeugten Getreide und Viehfutter, das, wenn es nicht requiriert oder vernichtet wurde, den Konföderierten in die Hände fallen oder den Partisanen zugute kommen konnte, die Flanken und Rücken der Armee umschwärmten und ihre tödlichen Stiche anzubringen suchten. Partisanen schnitten einem Adjutanten Sheridans die Kehle durch, erschossen seinen Sanitätsinspektor und ermordeten einen anderen beliebten Offizier, nachdem er sich bereits ergeben hatte. Die Blauröcke ließen ihre Wut über derartige Vorfälle an der Zivilbevölkerung aus, weil sie überzeugt waren, daß diese den Heckenschützen Unterschlupf gewährte. Ein Unionsoffizier behauptete, Sheridan habe mit seinem Vernichtungszug das Shenandoahtal »partisanenfrei« gemacht: »Wie unsere Boys immer sagten: ›Wir haben die Hornissen ausgeräuchert.‹«[11]

Der Krieg war brutal und sollte in Georgia und South Carolina bald noch brutaler werden. Vorderhand kamen die Rebellen zu dem Schluß, daß sie das Shenandoahtal nicht kampflos aufgeben durften. Lee verstärkte Early mit einer Infanteriedivision und einer Kavalleriebrigade, woraufhin Sheridan die geplante Rückführung des 6. Korps zur Petersburger Front verschob. Er ließ seine Armee in der Nähe des Cedar Creek, 15 Meilen südlich von Winchester, in ihrem Feldlager zurück und fuhr am 16. Oktober zu einer Strategiekonferenz nach Washington, um sich über seine nächsten Schritte schlüssig zu werden. Als er fort war, nahm sich Early ein Beispiel an seinem Mentor »Stonewall« Jackson und entschloß sich zu einem Überraschungsangriff. In der Nacht vom 18. zum 19. Oktober gingen vier konföderierte Divisionen heimlich in Stellung, um am nächsten Morgen die beiden Divisionen auf der linken Flanke der Union zu überfallen. Die Überraschung war perfekt. Die unsanft geweckten Blauröcke wichen zu den anderen beiden Divisionen zurück und steckten sie mit ihrer Panik an, so daß schließlich die ganze Shenandoah-Armee in wilder Flucht vier Meilen talabwärts retirierte, nachdem sie 1300 Gefangene und 18 Geschütze verloren hatte.

Early glaubte, einen großen Sieg errungen zu haben. Dasselbe glaubten seine hungrigen Soldaten, die aus dem Glied traten, um die Unionslager zu plündern. Doch es war erst zehn Uhr morgens. Die Unionskavallerie und das 6. Korps, die beide nicht in die Flucht geschlagen worden waren, blieben intakt; hinter ihnen sammelten sich die Reste der aufgeriebenen vier Divisionen. Außerdem war Sheridan im Anmarsch, der am Abend zuvor nach Winchester zurückgekehrt war. Beim Frühstück rätselte er über fernen Geschützdonner im Süden, schwang sich aufs Pferd und begann seinen seither legendär gewordenen Ritt. Als er sich dem Schlachtfeld näherte, wurde er von Nachzüglern erkannt und mit Jubel begrüßt. »Hört auf zu jubeln, *verdammt* noch mal!« schrie er sie an. »Wer sein Land liebt, kommt mit nach vorn an die Front! [...] Ihr habt noch soviel Mumm in den Knochen! Los, auf! Verdammt noch mal! Auf!« Und sie folgten ihm – zu Dutzenden und zu Hunderten. Sheridans Auftritt an diesem Tag war das bemerkenswerteste Beispiel des ganzen Krieges für persönliche Führungskunst auf dem Schlachtfeld. Ein Veteran des 6. Korps erinnerte sich später: »Eine solche Szene wie das Auftauchen Sheridans und die Begeisterung, die er weckte – das gibt es nur einmal in einem Jahrhundert.«[12]

Während Early auf der anderen Seite der Front von seinem Sieg wie berauscht war, reorganisierte Sheridan im Dunst des Herbstnachmittags seine Armee und schickte sie zum Gegenangriff nach vorn. Die Kavallerie hieb von den Flanken drein, die Infanterie rollte heran wie eine Flutwelle, und so warfen die Yankees die

Grauröcke Jubal Earlys zurück über das Schlachtfeld vom Morgen. Die Blauröcke trieben die Rebellen über den Cedar Creek, machten 1000 Gefangene und erbeuteten die 18 Geschütze zurück, die sie am Morgen verloren hatten – und obendrein 23 weitere. Earlys Armee zerfiel auf ihrer Flucht nach Süden in der beginnenden Dunkelheit buchstäblich in ihre Bestandteile, während blaue Kavallerie den größten Teil ihres Wagenzugs abfing. Binnen weniger Stunden hatte Sheridan in der Schlacht am Cedar Creek das Blatt gewendet und aus einer demütigenden Niederlage einen bedeutenden Sieg der Union gemacht.

Grant versuchte im Anschluß daran einen neuen Doppelschlag an beiden Enden von Lees Front, in Petersburg und in Richmond. Das brachte zwar keinen Erfolg, zwang jedoch Lee, seine Verteidigungslinie noch länger zu machen, so daß sie sich nun über 35 Meilen erstreckte, vom Osten Richmonds bis zum Südwesten Petersburgs. Diese Linie war so dünn, da Lee, wie er Davis mitteilte, »eine große Katastrophe hereinbrechen« sah, falls er keine neuen Truppen bekam.[13]

Im Norden sah man die Dinge allmählich genauso. Viele Drei-Jahres-Veteranen, die im Frühjahr ausgeschieden waren, witterten die Morgenluft des Sieges, wollten mit von der Partie sein und meldeten sich im Herbst erneut zur Armee. Sie trugen dazu bei, die Anwerbungsquoten zu erfüllen, und entlasteten die Rekrutierung, die unerwartet glatt vonstatten ging. Sie stellten auch das Ansehen der Potomac-Armee wieder her, das im Laufe des Sommers durch Zwangsrekrutierte, Ersatzleute und Prämienjäger arg gelitten hatte.

Bei den Republikanern wußte man sich diese Morgenluft des Sieges zunutze zu machen. Eines ihrer besten Wahlkampfdokumente war das Gedicht »Sheridans Ritt«, das Thomas B. Read nach der Schlacht am Cedar Creek geschrieben hatte. Vorgetragen im Rhythmus eines galoppierenden Pferdes (von Winchester zum Schlachtfeld), verfehlte es bei Wahlversammlungen selten seine Wirkung und riß das Publikum zu patriotischen Ausbrüchen hin:

> Vom Süden herauf im Morgenlicht
> Bringt's über Winchester böses Gericht ...
> Doch es führt ein Weg von Winchester her,
> die Straße, die große, liegt menschenleer ...
> Noch fliegt von den Hufen, die südwärts blitzen,
> der Staub wie der Rauch aus vielen Geschützen,
> wie der Schwanz des Kometen, geschwinde, geschwinde:
> »Verrätern das nahe Verderben ich künde« ...

II

Die Republikaner nutzten auch nach Kräften die Beweise – ob echt oder fingiert – für ein fortgesetztes Kungeln der Demokraten mit den Ränkeschmieden der Rebellen in Kanada. Der fehlgeschlagene Aufstand beim Parteitag der Demokraten in Chicago war nicht das letzte dieser Projekte gewesen. Der verrückteste Plan war die Kaperung der *U.S.S. Michigan,* des einzigen Kanonenbootes der US-Kriegsmarine auf dem Eriesee, das das Kriegsgefangenenlager auf Johnson's Island bei Sandusky bewachte, nebst anschließender Befreiung der dort inhaftierten konföderierten Kriegsgefangenen. Am 19. September brachten rund 20 Südstaatenagenten aus Kanada bei Sandusky ein Dampfschiff in ihre Gewalt, um von dort an Bord der *Michigan* zu gehen, deren Besatzung – so der Plan – inzwischen von nordstaatlichen Sympathisanten betäubt worden sein sollte. Indes hatte sich ein Agent des Kriegsministeriums in die Gruppe eingeschlichen, und die nordstaatlichen Sympathisanten wurden verhaftet, die *Michigan* in Alarmbereitschaft versetzt. Die Konföderierten hatten das Nachsehen und fuhren unverrichteter Dinge nach Windsor zurück, wo sie ihr gekapertes Dampfschiff versenkten.[14]

Ehrgeiziger, aber auch zum Scheitern verurteilt war ein Komplott, das am Tag der Präsidentenwahl einen Aufstand von »Copperheads« in Chicago und New York vorsah. Die Agenten des Südens, die offensichtlich nichts aus dem Fiasko bei dem Parteitag in Chicago gelernt hatten, glaubten mit rührender Bereitwilligkeit demokratischen Desperados, daß dieses Mal ihre Armee aus Friedensdemokraten in Aktion treten würde – sofern sie von den Rebellen genügend Gold erhielten. Wiederum tauchten einige Tage vor dem geplanten Aufstand Dutzende von Exsoldaten der Konföderation in Chicago und in New York auf, und wiederum passierte nichts, außer daß amtliche Stellen des Bundes – von Geheimdienstagenten unterrichtet, die die Sons of Liberty mit ihren laxen Sicherheitsvorkehrungen unterwandert hatten – über 100 »Copperheads« und Rebellen in Chicago verhafteten und ein geheimes Waffenlager aushoben. Benjamin Butler kam mit 35 000 Mann nach New York, um Unruhen am Tag der Wahl zu verhindern. Mochte er als Kommandeur auf dem Schlachtfeld seine Schwächen haben: hier demonstrierte Butler – wie schon in Baltimore und New Orleans – seine Fähigkeit, potentielle Unruhestifter in der Zivilbevölkerung einzuschüchtern. »Diese Wahl ist beispiellos ruhig verlaufen«, notierte ein überraschter New Yorker Bürger.[15]

Aus dem südlichen Indiana, angeblich einer Brutstätte von »Copperhead«-Umtrieben, kamen spektakuläre – und teilweise wohl auch zutreffende – Enthüllungen über Krawalle und Hochverrat. Die Militärpolizei entdeckte Waffenverstecke und verhaftete einige prominente Mitglieder der Sons of Liberty. Im Oktober wurden sie vor ein Kriegsgericht gestellt; man warf ihnen »Verschwörung, materielle und moralische Unterstützung der Rebellen, Anstiftung zum Aufstand [und] Illoyalität« vor. Durch Aussagen von Unionsagenten, die den Orden unterwandert hatten, wurden prominente Demokraten belastet, darunter Vallandigham. Die republikanische Presse setzte den Wählern Tag für Tag sensationelle Schlagzeilen vor: »REBELLION IM NORDEN! Unglaubliche Enthüllung! Vallandigham wollte Regierung stürzen! Komplott der Friedenspartei!«[16] Vier Angeklagte wurden durch das Kriegsgericht zum Tode verurteilt, blieben jedoch infolge von Verzögerungen und Berufungen bis nach dem Krieg in Haft. Dann kassierte der Supreme Court das Todesurteil gegen Lambdin P. Milligan mit der Begründung, daß die Aburteilung von Zivilisten durch ein Kriegsgericht in nicht kriegführenden Gebieten mit funktionierender ziviler Gerichtsbarkeit unzulässig sei. Die angeblichen Verschwörer sowie andere von Kriegsgerichten verurteilte Personen wurden freigelassen.

Im Oktober 1864 lag das alles freilich noch in ferner Zukunft. Zur selben Zeit, als die Hochverratsprozesse in Indiana stattfanden, veröffentlichte Kriegsgerichtsrat General Joseph Holt einen Bericht über die Sons of Liberty. Der Orden erschien darin als disziplinierte, bis an die Zähne bewaffnete, schlagkräftige Organisation, die im Solde Jefferson Davis' stand und die Vernichtung der Union betrieb. »Judäa hat nur einen Judas Ischariot hervorgebracht«, tönte Holt, doch hier sei »in unserem eigenen Lande eine ganze Brut derartiger Verräter erwachsen. [...] Sie alle kämpfen mit derselben erbarmungslosen Bösartigkeit für die Sprengung unserer Union«.[17] Dieser Bericht war Wasser auf die Mühlen der Republikaner. Die Partei und die Union Leagues druckten ihn in Tausenden von Exemplaren nach; republikanische Wahlkampfredner zitierten Holt frei aus dem Gedächtnis und setzten dabei die Demokratische Partei mit »Copperhead«-Gesinnung und diese mit Verrat gleich.

Die Demokraten wiesen den Bericht Holts und die Aussagen der amtlichen Agenten als »absolute Unwahrheiten und Fälschungen« zurück, die »zu lächerlich« seien, als daß man ihnen »auch nur einen Augenblick Glauben schenken« dürfe. Lincoln selbst nahm die Gefahr einer Verschwörung nicht ernst; für ihn waren die Sons of Liberty »eine rein politische Organisation, deren Infantilität ihrer Infamie kaum nachsteht«.[18] Zahlreiche moderne Historiker sehen es genauso. Der führende Historiker der »Copperheads« im Mittleren Westen nennt die »große Bürgerkriegsmystifikation von Verschwörungen und subversiven Geheimgesellschaften« ein »Märchen«, eine »der republikanischen Phantasie entsprungene Erdichtung« aus »Lügen, Vermutungen und politischem Übelwollen«.[19]

Das heißt allerdings den Revisionismus etwas übertreiben. Hinter den Rauchwolken der republikanischen Propaganda gab es doch einiges Feuer. Die Sons of Liberty und ähnliche Organisationen existierten ja wirklich, und ein paar ihrer Anführer – mochten es auch nur verrückte Grenzfälle sein – konspirierten wirklich in Kanada mit Agenten der Rebellen, erhielten Waffen für hochverräterische Zwecke und schmiedeten Komplotte zu einem Aufstand gegen die Regierung. Zwar waren Vallandigham und andere prominente Demokraten wahrscheinlich nicht aktiv an diesen Komplotten beteiligt, aber immerhin konferierten einige von ihnen mit Jacob Thompson in Kanada. Vallandigham war »Ober-Großkomtur« der Sons of Liberty, und er log unter Eid, als er Anfang 1865 bei den Hochverratsprozessen gegen die Verschwörer von Chicago bestritt, von Verschwörungen gewußt zu haben. Thompson schrieb im abschließenden Bericht über seine kanadische Mission: »In meinem Besitz befinden sich viele Papiere, die so manchen Prominenten im Norden gänzlich ruinieren und verderben würden.«[20]

Was immer es mit den Aktivitäten zugunsten der Konföderation in den alten Staaten des Nordwestens auf sich gehabt haben mag: die Stärke und Gefährlichkeit dieser Umtriebe in Missouri konnte niemand bestreiten. Hier unterhielt der im verborgenen operierende Order of American Knights Beziehungen zu verschiedenen Partisanengruppen, die den Staat heimsuchten. Als »militärischer Befehlshaber« dieses Ordens fungierte der konföderierte General Sterling Price.[21] Im September 1864 koordinierte General Price eine Invasion Missouris mit Partisanenangriffen hinter den nördlichen Linien, die für die Kontrolle der Union über dieses Gebiet eine größere Gefährdung darstellte als alle nebulösen Verschwörungen in anderen Teilen des Mittleren Westens.

Der Guerillakrieg entlang der Grenze zwischen Kansas und Missouri war eine Fortsetzung der 1854 dort ausgebrochenen Gewalttätigkeiten. Die Konflikte zwischen missourischen »Ruffians« und »Jayhawkers« aus Kansas potenzierten sich nach 1861 um ein Vielfaches, da nun die Regierungen der Konföderation beziehungsweise der Union dahinterstanden. Die Partisanenkämpfe in Missouri eskalierten zu einem Terrorismus, der alles in diesem Krieg Gesehene in den Schatten stellte. Pardon wurde nicht gegeben; es wurde kaltblütig getötet, bedenkenlos geplündert und gebrandschatzt (allerdings nur selten vergewaltigt). Drei Jahre, bevor Sheridan dergleichen im Shenandoahtal praktizierte, begannen die »Jayhawkers« aus Kansas eine Politik der verbrannten Erde gegen Sympathisanten der Konföderation. Partisanenführer wiederum, vor allem der skrupellose

William Clarke Quantrill, gingen dazu über, unbewaffnete Soldaten wie Zivilisten, Weiße wie Schwarze unterschiedslos niederzumetzeln, lange bevor Truppen der Konföderation begannen, gefangengenommene schwarze Soldaten zu ermorden. Die Partisanengruppen Missouris waren der Nährboden für Verbrecherbanden, die nach dem Krieg von sich reden machten, namentlich die Brüder James und Younger.

Der Krieg der Raids und Hinterhalte in Missouri hatte oft kaum noch etwas mit dem größeren Konflikt zu tun, von dem er ein Teil war. Aber die Blitzaktionen der nur ein paar tausend Mann starken Guerillabanden zogen Zehntausende von Unionssoldaten und Milizionären von anderen Einsatzorten ab. Da die Partisanen Zufluchtsorte auf dem Lande brauchten und die Armee den Auftrag hatte, diese Verstecke aufzuspüren und zu zerstören, war die Zivilbevölkerung gezwungen, sich für eine der beiden Seiten zu entscheiden oder die Folgen zu tragen – im allgemeinen beides. Konföderierte Generäle teilten ihrem Kommando häufig Guerillatruppen zu oder beauftragten, in Verbindung mit herkömmlichen Operationen gegen nordstaatliche Kräfte, solche Truppen mit der Zerstörung von Nachschublinien und Depots der Union. Quantrills Trupp eroberte im August 1862 im Zuge eines Raids konföderierter Kavallerie aus Arkansas die Stadt Independence in Missouri. Zur Belohnung wurde Quantrill der Unteroffiziersrang in der konföderierten Armee erteilt, und künftig trat er als Colonel auf.

Hinter den Aktionen von Partisanen wie den »Jayhawkers« stand oft nichts anderes als Raublust, Rachsucht oder eine nihilistische Freude an der Gewalt, aber die Ideologie spielte auch eine Rolle. Viele »Jayhawkers« hatten seit einem Jahrzehnt gegen die Anhänger der Sklaverei in Missouri gekämpft und waren fanatische Abolitionisten geworden, die das Ziel verfolgten, nicht nur die Sklaverei, sondern das ganze sie tragende Gesellschaftssystem in Missouri zu beseitigen. Die berüchtigte 7. Kansas-Kavallerie – die »Jennisons Jayhawkers« –, die sich quer durch das westliche Missouri plünderte und mordete, wurde von einem abolitionistischen Colonel befehligt; Susan B. Anthonys Bruder war Lieutenant Colonel und John Brown junior war Captain einer Kompanie. Die Soldaten waren entschlossen, die Rebellion und die Sklavenhalter auszurotten, und das im allerbuchstäblichsten Sinn. Kriminelle Guerilleros wie die Brüder James werden in der Volksüberlieferung und von Hollywood, aber auch von manchen Historikern als Robin-Hood-Typen oder »primitive Rebellen« gefeiert, die den kleinen Bauern halfen und in deren Interesse die Vertreter des Yankeekapitalismus attackierten – während des Bürgerkriegs die Unionsarmee, nach dem Krieg Banken und Eisenbahnen. In Wirklichkeit waren die Guerilleros, wie man aus neueren Untersuchungen weiß, zumeist Söhne von wohlhabenden Bauern und Pflanzern südstaatlicher Herkunft, die mit dreimal so großer Wahrscheinlichkeit Sklaven besaßen und doppelt so reich waren wie der durchschnittliche Mann aus Missouri. Soweit sie ihre Raubzüge überhaupt ideologisch motivierten, kämpften sie für die Sklaverei und die Unabhängigkeit von der Union.[22]

Der berüchtigtste Guerillaführer war William Clarke Quantrill. Er war der Sohn eines Lehrers aus Ohio und hatte sich im Westen herumgetrieben, bis der Krieg kam und seinen besonderen Talenten ein reiches Betätigungsfeld bot. Er hatte keinerlei Beziehungen zum Süden oder zur Sklaverei und scheint sich für die Sache der Konföderation nur deshalb engagiert zu haben, weil ihm das in Missouri die Möglichkeit bot, alle Symbole staatlicher Gewalt zu attackieren. In seiner Bande sammelten sich einige der schlimmsten Psychopathen und Killer, die die amerikanische Geschichte kennt. Sie zerfielen kaleidoskopartig in kleinere Untergruppen, die sich zu größeren Raids zusammentaten. Die Umtriebe dieser Leute an der Westgrenze Missouris brachten im Frühjahr 1863 den dortigen Unionsbefehlshaber Thomas Ewing zur Raserei. Als Schwager von William T. Sherman hatte Ewing dasselbe wie Sherman gelernt: daß dies ein Krieg zwischen zwei Völkern war und nicht nur zwischen zwei Armeen. Die Ehefrauen und Schwestern von Quantrills Leuten gewährten den Guerilleros Unterkunft und Verpflegung; Ewing verhaftete sie und quartierte sie unter Bewachung in Kansas City ein. Dort stürzte am 14. August ein Gebäude ein, in dem sich viele dieser Frauen befanden, und begrub fünf von ihnen unter sich.

Diese Tragödie löste eine noch größere aus. Rachedurstig taten sich die Raiders zu einer einzigen 450 Mann starken Truppe unter Führung von Quantrill zusammen (auch die Brüder Younger und Frank James waren mit von der Partie) und machten sich nach Lawrence (Kansas) auf, das seit den Tagen von »Bleeding Kansas« verhaßter Mittelpunkt der *free-soil*-Bewegung war. Nachdem sie die Grenze zu Kansas überquert hatten, entführten sie zehn Bauern, die ihnen den Weg nach Lawrence zeigen mußten, und brachten nacheinander jeden einzelnen um, nachdem er seine Schuldigkeit getan hatte. Als die Truppe sich am Abend des 21. August der Stadt näherte, befahl Quantrill seinen Leuten: »Tötet jeden Mann! Verbrennt jedes Haus!« Es wäre ihnen fast gelungen. Der erste, der sterben mußte, war ein Prediger der United Brethren; ihm wurde durch den Kopf geschossen, als er gerade seine Kuh molk. In den nächsten drei Stunden brachte Quantrills Bande 182 Männer und Jungen um und steckte 185 Gebäude in Brand. Als sie aus der Stadt hinausritten, war ihnen die Unionskavallerie auf den Fersen, doch nach einer fürchterlichen Verfolgungsjagd schafften sie es zurück zu ihren Schlupfwinkeln in Missouri, wo sie sich in den Wäldern zerstreuten.[23]

Diese schockierende Tat empörte das ganze Land. Bei einer Menschenjagd auf Quantrills Gangster wurden einige von ihnen gefaßt und auf der Stelle gehängt oder erschossen. General Ewing erließ voller Zorn seine berühmte Weisung Nr. 11, die die Zwangsevakuierung von Zivilisten aus vier Counties des Staates Missouri nahe der Grenze zu Kansas vorsah. Unionssoldaten vollstreckten rücksichtslos die Verbannung von 10000 Menschen, durch welche diese Counties auf Jahre hinaus verödeten. Das alles brachte die Guerilleros jedoch nicht zur Räson – im Gegenteil; ihre Raids wurden im Jahr darauf noch tollkühner und verheerender.

General Sterling Price, der nichts sehnlicher wünschte, als Missouri von den Yankees zu befreien, war von Quantrills Fähigkeiten stark beeindruckt. Im November 1863 übermittelte er Quantrill seine »höchste Anerkennung für die Nöte und Entbehrungen, die Sie ... und Ihr tapferes Kommando ... so heldenhaft erduldet haben, sowie für den tapferen Kampf, den Sie gegen Tyrannei und Unterdrückung in unserem Staate kämpfen, in der zuversichtlichen Hoffnung, daß der Erfolg unsere Mühen bald belohnen wird«.[24] Partisanenführer überzeugten Price davon, daß die Bevölkerung von Missouri sich *en masse* erheben werde, falls eine konföderierte Armee in den Staat einmarschierte; denn die Union hatte die kampffähigen Truppen aus Missouri abgezogen, um mit Forrest in Tennessee fertig zu werden. Price kratzte 12000 Kavalleristen von jenseits des Mississippi zusammen, zog mit ihnen nordwärts durch Arkansas und marschierte im September 1864 in Missouri ein. Price wies Partisanengruppen an, im Rücken der Union Verwirrung zu stiften, während der Order of American Knights Zivilisten mobilisierte, die die Invasoren willkommen heißen sollten. Daraus wurde jedoch nichts, denn als Unionsoffiziere die Anführer des Ordens verhafteten, erwies sich die Organisation als leeres Gehäuse. Anders stand es mit den Guerilleros. Sie machten in kleinen Trupps ganz Mittel-Missouri mit ihren Raids unsicher und unterbrachen nicht nur den Eisenbahn- und Planwagenverkehr, sondern brachten auch die Schiffahrt auf dem Missouri zum Erliegen.

Der effizienteste Partisan war »Bloody Bill« Anderson, der sich mit rund 50 Anhängern – allesamt pathologische Killer wie er selbst – von Quantrill abgespalten hatte. Den ganzen August und September hindurch überfiel er mit seinem Trupp isolierte Garnisonen oder Posten und ermordete und skalpierte nicht nur Soldaten, sondern auch Fuhrleute, Köche und anderes unbewaffnetes Personal. Den Höhepunkt erreichte der Blutrausch am 27. September in Centralia. Mit 30 Mann, darunter Frank und Jesse James, ritt »Bloody Bill« in die Stadt ein, steckte einen Zug in Brand, raubte die Passagiere aus und ermordete 24 unbewaffnete Soldaten, die auf Heimaturlaub fahren wollten. Von drei Kompanien

Miliz aus der Stadt getrieben, holten die Guerilleros sich 175 Mann Verstärkung von anderen Partisanentrupps, wandten sich gegen ihre Verfolger und metzelten 124 von 147 Milizionären nieder – auch die Verwundeten, die sie durch Kopfschuß töteten.

Am selben 27. September erlitt 140 Meilen weiter südlich bei Pilot Knob (Missouri) Price bei seinem Einmarsch den ersten Rückschlag. Eine Unionstruppe von 1000 Mann unter Thomas Ewing hielt dort ein Fort gegen die Sturmangriffe von 7000 Rebellen. Die gegnerischen Verluste betrugen 1500 Mann, die eigenen nur 200 Mann. Price wurde durch diese Aktion von seinem ursprünglichen Ziel St. Louis abgelenkt – dort sammelten sich inzwischen Verstärkungen der Union – und wandte sich westwärts nach Jefferson City, der Hauptstadt des Bundesstaates. Hier gedachte er einen konföderierten Gouverneur einzusetzen, der ihn begleitet hatte. Die Bundestruppen hatten jedoch ihre Verteidigungsstellungen verstärkt, und so zogen die Rebellen am Südufer des Missouri plündernd weiter nach Westen. Rekruten und Guerillatrupps stießen zu Price – am 11. Oktober konnte er »Bloody Bill« Anderson in Boonville begrüßen –, doch mittlerweile mußten der General und seine Leute mehr an Flucht als an Angriff denken. Vor sich hatten sie Miliz, die aus Missouri und Kansas ausgeschwärmt war; von hinten näherte sich Unionskavallerie; und eine aus Veteranen bestehende Infanteriedivision bezog im Eilmarsch Stellung, um ihnen den Fluchtweg nach Süden zu verlegen. In Scharmützeln und Schlachten, die vom 20. bis 28. Oktober östlich und südlich von Kansas City stattfanden, droschen Unionstruppen auf Price ein und trieben ihn entlang der Grenze südwärts, durch das Indian Territory und Texas bis nach Arkansas. Price versuchte zwar, nachträglich das Beste aus seiner Invasion zu machen – er brüstete sich damit, daß er insgesamt 1400 Meilen marschiert war, weit mehr als jede andere konföderierte Armee; gleichwohl war diese Invasion ein größeres Desaster als jeder andere südstaatliche Vorstoß auf Unionsterritorium. Price war mit 12000 Mann aufgebrochen und hatte unterwegs Tausende von Rekruten aufgelesen, doch bei seiner Rückkehr nach Arkansas waren kaum noch 6000 Mann bei ihm. Der organisierte Widerstand der Konföderation in Missouri war gebrochen.

Vom Standpunkt der Union aus war das Erfreulichste, daß bei diesen Kämpfen die meisten Guerillatruppen zerschlagen wurden und viele ihrer Anführer fielen, darunter »Bloody Bill« Anderson. Quantrill verließ Missouri und zog mit dem erklärten Ziel, Lincoln zu ermorden, nach Osten, doch in Kentucky lief er einer Unionspatrouille in die Arme und fand den Tod. Bei der Präsidentschaftswahl hatte Lincoln unterdessen 70 Prozent der Stimmen auf sich vereinigt (die meisten Südstaatensympathisanten wurden natürlich von der Wahl ausgeschlossen, weil sie den Treueid auf die Union nicht leisten konnten oder wollten). Die radikale Fraktion der Republikaner siegte über die Konservativen und berief eine verfassunggebende Versammlung ein, die im Januar 1865 die Sklaverei in Missouri abschaffte. Damit waren die Probleme in diesem Staat jedoch nicht ausgestanden, denn bei Kriegsende durften die Brüder James und Younger nebst anderen überlebenden Guerilleros als reguläre Kombattanten kapitulieren und kamen ungeschoren davon.

III

Sensationelle Enthüllungen über Umtriebe der »Copperheads« in Missouri machten es den Republikanern leicht, die Opposition als illoyal zu diskreditieren. Die Demokraten schlugen mit ihrer erprobten Waffe zurück: dem Rassismus. In dieser Frage blieb die Partei einig und konsequent. 65 von 68 demokratischen Abgeordneten hatten gegen den 13. Verfassungszusatz gestimmt und verhindert, daß er die notwendige Zweidrittelmehrheit im Kongreß erreichte. Diese Abgeordneten veröffentlichten auch ein Manifest, in dem sie die Anwerbung schwarzer Soldaten als üblen republikanischen Trick brandmarkten, um »die Gleichheit der weißen und der schwarzen Rasse« herzustellen.[25] Die demokratische Opposition erzwang Kompromisse in einer republikanischen Gesetzesvorlage über die Soldangleichung bei schwarzen und weißen Soldaten. Nach den Bestimmungen des Milizgesetzes vom Juli 1862 wurden Schwarze in der Armee als Arbeitskräfte angesehen und erhielten einige Dollar weniger pro Monat als weiße Soldaten. Diese Bestimmung, eine Konzession an die Rassenvorurteile, stand in krassem Gegensatz zu dem Kombattantenstatus, den 1864 immerhin 100000 schwarze Soldaten innehatten. Mit Rücksicht auf bittere Proteste der Abolitionisten und beginnende Meutereien der schwarzen Truppen befürworteten die Republikaner ein Gesetz über die rückwirkende Soldangleichung. Die Verabschiedung dieses Gesetzes scheiterte jedoch an einer Koalition aus Demokraten, die gegen jegliche Gleichstellung waren, und konservativen Republikanern, die an der rückwirkenden Geltung des Gesetzes Anstoß nahmen. Um diese Gruppe zufriedenzustellen und das Gesetz in Kraft setzen zu können, datierte der Kongreß die rückwirkende Soldangleichung erst auf den 1. Januar 1864; ausgenommen waren Schwarze, die bereits vor dem Krieg frei gewesen waren: Sie erhielten vom Tag der Rekrutierung an denselben Sold wie weiße Soldaten.[26]

1862 hatten die Demokraten Stimmen gewonnen, indem sie die Republikaner als Verfechter der Rassengleichheit anschwärzten, und 1864 rechneten sie auf eine

Wiederholung dieses Erfolgs. Die Schäbigkeit ihrer Taktik war fast unglaublich. Ein Redakteur und ein Reporter der *New York World* – McClellans einflußreichster Postille – prägten in ihrer anonymen Broschüre *Miscegenation: The Theory of the Blending of the Races* einen neuen Begriff. Die Autoren gaben sich als Republikaner aus, die die »Rassenmischung« (Miscegenation) als Lösung des Rassenproblems empfahlen. Die Verschmelzung werde vor allem »für die Iren von unschätzbarem Dienst sein«, erklärte die Broschüre. Sollten die Republikaner wiedergewählt werden, würden sie den Krieg »bis zu seiner letzten Frucht, der Verschmelzung der Weißen mit den Schwarzen«, fortsetzen. Obwohl die demokratische Presse allen Ernstes versuchte, diesen Schwindel als Programm der Republikaner auszugeben, dürften ihn außer eingefleischten »Copperheads« wohl nur die wenigsten Leser ernst genommen haben.

Gleichwohl ritten die Demokraten bis zum Erbrechen auf dem Thema »Rassenmischung« herum. Aus Lincolns Emanzipationsproklamation wurde die »Rassenmischungsproklamation«. Eine Broschüre mit dem Titel »Miscegenation Indorsed by the Republican Party« fand weite Verbreitung. Zahlreiche Karikaturen zeigten wulstlippige, grinsende, ungehobelte Schwarze, die Mädchen mit Apfelbäckchen und »schneeweißem Busen« küßten oder mit ihnen auf dem »Miscegenation Ball« zur Feier von Lincolns Wiederwahl tanzten. Der »Segensspruch« eines Flugblatts mit dem Titel »Black Republican Prayer« flehte: »Mögen die Segnungen der Sklavenbefreiung über unser unglückliches Land kommen«, damit »der erlauchte, wohlriechende Sambo im Schoße jeder Abolitionistenfrau ruht, auf daß sie erquickt werde vom reinen Blut des majestätischen Afrikaners«.[27] Wahlkampfbroschüren und Zeitungen berichteten, in New Orleans seien »sehr viele schielende, gelbe Säuglinge« zur Welt gekommen, seit Benjamin Butler in der Stadt sei, Lehrerinnen aus Neuengland, die auf den Inseln vor South Carolina befreite Sklaven unterrichteten, hätten zahlreiche Mulattenkinder in die Welt gesetzt und in Washington seien seit 1861 5000 Mulattenbabys geboren worden. Das sei, erklärte eine demokratische Wahlkampfbroschüre, justament, »was der Präsident unter ›dem Anlaß gerecht werden‹« verstehe.[28]

»Abraham Africanus der Erste« war natürlich Hauptziel der Diffamierungskampagne. Eine katholische Wochenschrift meinte: »Lassen wir die Frage, ob er einen Schuß Negerblut in den Adern hat, auf sich beruhen. Jedenfalls ist Abe Lincoln ... in allen seinen Gewohnheiten roh. [...] Er ist obszön. [...] Er ist ein Tier. [...] Überall drücken sich jetzt dreckige schwarze Nigger, schmierig, verschwitzt und degoutant, an Weiße heran, sogar an Damen und sogar bei Empfängen des Präsidenten.«[29] Lincoln war »Abe der Witwenmacher«, der in diesem Wahnsinnskrieg zur Befreiung der Sklaven eine halbe Million weißer Männer ins

Grab geschickt hatte, weil er »den Neger mehr liebt als sein Land«. Eine Zeitung in Pennsylvania gab folgenden Kommentar zu Petitionen, in denen gefordert wurde, die Rekrutierung zu suspendieren: »Brüder, wir sollten noch einen Schritt weitergehen und Old Abe ›suspendieren‹ – falls nötig, am Hals, damit dieses verfluchte Hinschlachten unserer Bürger aufhört.«[30] Und ein Zeitungsmann aus Wisconsin veröffentlichte folgende Parodie auf das Lied *When Johnny Comes Marching Home:*

The widow-maker soon must cave,
Hurrah, Hurrah,
We'll plant him in some nigger's grave,
Hurrah, Hurrah.

Torn from your farm, your ship, your raft,
Conscript. How do you like the draft,
And we'll stop that too,
When little Mac takes the helm.[31]

Trotz aller Giftspritzerei profitierten die Demokraten bei dieser Wahl wenig von der Rassenthematik. Für die meisten der noch unentschlossenen Wähler war das Gelingen oder Scheitern des Krieges wichtiger als die Eventualität, daß ihre Schwestern einen Schwarzen heirateten. Den Republikanern gelang es viel besser, die Demokraten als Verräter anzuschwärzen, als es den Demokraten gelang, den Republikanern die »Rassenmischung« anzuhängen. Ja, diesmal mochte der Rassismus als Bumerang gegen die Demokraten gewirkt haben, denn nach den Siegen Shermans und Sheridans begannen viele Wähler im Norden sich für die Selbstlosigkeit ihrer Opfer in diesem ruhmreichen Krieg für Union und Freiheit auf die Schulter zu klopfen.

Eine Frage, die indirekt mit der Rassenpolitik zusammenhing – das Problem der Kriegsgefangenen –, schlug mit Sicherheit zuungunsten der Demokraten aus; Nordstaatler, die sich über die Behandlung der Unionssoldaten in südstaatlichen Gefangenenlagern empörten, konnten eine Partei, die als konföderationsfreundlich galt, nicht wählen. Das demokratische Wahlprogramm enthielt einen Punkt, in dem von der »schändlichen Mißachtung unserer Mitbürger« die Rede war, »die seit langem als Kriegsgefangene zu leiden haben«.[32] Als dieser Programmpunkt formuliert wurde, waren die Überbelegung und die schockierenden Haftbedingungen insbesondere in Andersonville weithin bekannt geworden.

Die wenigen Kriegsgefangenen, die 1861 gemacht worden waren, stellten für keine Seite eine große Belastung dar. Ehemalige Forts, zweckentfremdete Lagerhallen, County-Gefängnisse und andere vorhandene Gebäude reichten aus, um die Gefangenen bis zum nächsten formlosen Gefangenenaustausch unterzubringen. Feldoffiziere entließen mitunter ihre bei der Schlacht gemachten Gefangenen auf Ehrenwort oder einigten sich nach einem Scharmützel mit dem Gegner an Ort und Stelle auf einen Austausch. Die Lincoln-Administration hatte Bedenken gegen ein Abkommen über den Austausch von Kriegsgefangenen, weil dies möglicherweise die offizielle Anerkennung der Konföderation implizierte. Als jedoch seit den Kämpfen um Fort Donelson und der »Sieben-Tage-Schlacht« Tausende von Kriegsgefangenen in ungenügenden Einrichtungen untergebracht waren, gab die Regierung dem zunehmenden Druck nordstaatlicher Bürger nach, den Gefangenenaustausch zu regeln. Die Union legte Wert darauf, nicht mit der konföderierten Regierung, sondern mit einer kriegführenden *Armee* zu verhandeln, und schloß am 22. Juli 1862 mit dem Süden ein Abkommen über den Kriegsgefangenenaustausch. Der Rangfolge des Abkommens entsprach, daß ein Unteroffizier zwei einfache Soldaten aufwog, ein Lieutenant vier Soldaten und so fort bis zum Kommandierenden General, der 60 Soldaten wert war. Auf diese Weise konnten alle Gefangenen Mann für Mann ausgetauscht werden. Der auf der einen oder anderen Seite verbleibende Überschuß wurde auf Ehrenwort entlassen – die Männer versprachen, bis zu ihrem offiziellen Austausch keine Waffe in die Hand zu nehmen. Zehn Monate lang bewährte sich dieses Abkommen, und die Kriegsgefangenenlager leerten sich bis auf jene Gefangenen, die zu krank oder zu schwer verletzt und daher nicht reisefähig waren.[33]

Zwei Umstände brachten den Austausch im Laufe des Jahres 1863 zum Erliegen. Der eine war die Reaktion des Nordens auf die südstaatliche Drohung, gefangengenommene schwarze Soldaten und deren Offiziere wieder in die Sklaverei zu schicken oder hinzurichten. Als der konföderierte Kongreß im Mai 1863 dieses Vorgehen sanktionierte, das Jefferson Davis vier Monate zuvor angekündigt hatte, setzte das Kriegsministerium der Union das Austauschabkommen außer Kraft, um die südstaatlichen Gefangenen als Geiseln gegen die Verwirklichung der Drohung zu haben. Es kam weiterhin sporadisch zum inoffiziellen Austausch, aber nach den großen Schlachten in der zweiten Jahreshälfte von 1863 mit den Tausenden von Gefangenen auf beiden Seiten platzten die improvisierten Lager bald aus allen Nähten. Grant kam größeren Problemen zuvor, indem er die 30 000 Gefangenen von Vicksburg auf Ehrenwort freiließ, und Banks tat bald darauf mit den 7000 Gefangenen von Port Hudson das gleiche. Das Verhalten des Südens führte jedoch zu einem zweiten, diesmal endgültigen Abbruch der

Austauschverhandlungen. Unter Berufung auf angebliche Verfahrensunregelmäßigkeiten bei der Abnahme des Ehrenwortes erklärte die Konföderation viele dieser Soldaten kurzerhand für ausgetauscht (ohne daß ein wirklicher Austausch stattgefunden hätte) und stellte sie wieder in Dienst. Grant war außer sich, als einige von ihnen der Unionsarmee bei Chattanooga zum zweitenmal in die Hände fielen.[34]

Wiederholte Versuche, das Austauschabkommen zu erneuern, scheiterten an der Weigerung des Südens, befreite Sklaven, die bei der Union als Soldaten dienten, als Kriegsgefangene anzuerkennen und sich bezüglich der auf Ehrenwort Freigelassenen von Vicksburg schuldig zu bekennen. »Die Rekrutierung unserer Sklaven ist eine Barbarei«, erklärte der Chef des konföderierten Kriegsbüros. »Kein Volk ... kann den Einsatz von Wilden [gegen sich] dulden. [...] Wir können auf keinen Fall zulassen, daß *unser Eigentum* Rechte wider uns erwirbt, weil man es uns geraubt hat.« Ende 1863 signalisierte der Süden seine Bereitschaft, schwarze Gefangene auszutauschen, die nach Maßgabe der Konföderation bei ihrer Rekrutierung legal frei gewesen waren.[35] Der Süden werde aber lieber »bis zum letzten Mann kämpfen«, wie der konföderierte Unterhändler sagte, bevor er »auf sein Recht verzichtet, Sklaven als zurückerbeutetes Eigentum wieder in die Sklaverei zu schicken«. Nun gut, entgegnete Stanton, der Kriegsminister der Union, dann bleiben die 26000 gegnerischen Gefangenen eben in ihren nordstaatlichen Gefangenenlagern. Für die Unionsregierung wäre das Eingehen auf die Bedingungen des Südens eine »schändliche Ehrlosigkeit«. »Wenn [die Rebellen] sich einverstanden erklären, alle ohne Unterschied auszutauschen, wird es keine Schwierigkeiten geben.«[36] Grant hielt an dieser harten Linie fest, nachdem er Oberbefehlshaber geworden war. »Beim Austausch von Gefangenen wird keinerlei Unterschied zwischen Weißen und Farbigen gemacht«, befahl er am 17. April 1864. Außerdem müßten in den Händen der Union »ebenso viele Offiziere und Gemeine bleiben, wie in Vicksburg und Port Hudson gefangengenommen und auf Ehrenwort entlassen wurden. [...] Gehen die konföderierten Stellen auf diese beiden Bedingungen nicht stillschweigend ein, wird dies unsererseits als Ablehnung weiteren Gefangenenaustauschs verstanden«.[37] Die konföderierten Behörden gingen darauf nicht stillschweigend ein.

Wie schwarze Gefangene im Süden behandelt wurden, ist nicht leicht zu ermitteln. Sogar die Anzahl der gefangengenommenen Neger ist unbekannt, da die Konföderierten sie nicht als legitime Kriegsgefangene betrachteten und kaum schriftliche Unterlagen über sie anfertigten. Gemäß einer schon bald ausgegebenen Direktive von Kriegsminister Seddon – »Wir dürfen uns keinesfalls mit solchen Gefangenen belasten. [...] Diese Gefangenen sind daher im Schnellverfahren der Exekution zuzuführen« – wurden Hunderte von ihnen in Fort Pillow, in Poison Spring, am Krater und anderswo massakriert.[38] In einer eidesstattlichen Erklärung beschrieb ein Sergeant der Union die Ereignisse im April 1864, nachdem Plymouth an der Küste North Carolinas durch Konföderierte zurückerobert worden war:

»Sämtliche Neger, die eine blaue Uniform trugen oder durch irgendein äußerliches Zeichen als Unionssoldaten zu erkennen waren, wurden umgebracht – ich habe gesehen, wie einige in den Wald geführt und dort gehängt wurden – ich habe andere gesehen, die völlig entkleidet waren, sie standen am Flußufer, mit dem Gesicht zum Wasser, und dann wurden sie erschossen – wieder andere wurden umgebracht, indem die Rebellen ihnen mit den Kolben ihrer Musketen das Hirn aus dem Schädel schlugen.

Nicht alle wurden am Tag ihrer Gefangennahme umgebracht – die, die nicht getötet wurden, sperrte man zusammen mit ihren Offizieren in einen Raum; die Offiziere waren zuvor an Seilen, die man ihnen um den Hals gebunden hatte, durch die Stadt geschleift worden. In dem Raum wurden sie bis zum nächsten Morgen festgehalten, dann wurden die restlichen schwarzen Soldaten umgebracht.«[39]

Schwarze Gefangene, die die erste Wut ihrer Bezwinger überlebten, wurden als Sklaven ihrem alten Besitzer zurückgegeben, gelegentlich auch an einen neuen verkauft. Während sie diesem Schicksal entgegenharrten, mußten sie häufig in konföderierten Festungen Zwangsarbeit verrichten. Der *Mobile Advertiser and Register* vom 15. Oktober 1864 brachte eine Liste von 575 schwarzen Gefangenen in der Stadt, die als Arbeitskräfte beschäftigt wurden, bis ihre Besitzer sie zurückforderten.[40]

Die Frage nach der angemessenen Reaktion auf die Ermordung oder Versklavung schwarzer Gefangener brachte die Unionsregierung in Verlegenheit. Zunächst drohte Lincoln mit Vergeltung – Auge um Auge, Zahn um Zahn. »Für jeden Soldaten der Vereinigten Staaten, der in Verletzung des Kriegsrechts getötet wird«, befahl er am 30. Juli 1863, »soll ein Soldat der Rebellen hingerichtet werden; und für jeden, der vom Gegner versklavt oder in die Sklaverei verkauft wird, soll ein Soldat der Rebellen Zwangsarbeit für das öffentliche Wohl verrichten.« Das war jedoch leichter gesagt als getan, wie Lincoln selbst einräumte: »Die Schwierigkeit liegt nicht in der Formulierung des Prinzips, sondern in seiner praktischen Anwendung.«[41] Nach dem Massaker von Fort Pillow brauchte das Kabinett zwei Sitzungen, um sich auf eine Reaktion zu einigen. Die gleiche Anzahl gegnerischer Gefangener zu töten hätte bedeutet, Unschuldige für die Verbrechen Schuldiger büßen zu lassen. Auf eine so »barbarische ... inhumane Politik« dürfe die Regierung sich nicht einlassen, erklärte Marineminister Welles. Lincoln war der Meinung: »Blut kann Blut nicht wiederbringen, und die Regierung darf nicht aus Rache handeln.« Die Regierung beschloß, Vergeltung an den tatsächlichen Übeltätern aus Forrests Kommando zu üben, sofern sie in Gefangenschaft gerieten, und Richmond davon in Kenntnis zu setzen, daß südstaatliche Offiziere in nordstaatlichen Lagern als Geiseln zurückbehalten würden, um solche Vorkommnisse in Zukunft zu verhindern.[42]

Indes gibt es keine Unterlagen darüber, daß diese Empfehlungen in die Tat umgesetzt worden wären. Betrübt sagte Lincoln zu Frederick Douglass: »Wenn man einmal damit [mit der Vergeltung] anfängt, kann kein Mensch sagen, wo es enden wird.« Die Hinrichtung unschuldiger – oder auch schuldiger – südstaatlicher Gefangener mußte wohl oder übel die Vergeltung der Konföderation an nordstaatlichen Gefangenen provozieren und zu einem unaufhörlichen *circulus vitiosus* führen. Der Unionsunterhändler für den Gefangenenaustausch kam zu dem Schluß, diese Fälle könnten letzten Endes »nur durch eine erfolgreiche Kriegführung wirksam geregelt werden«. Schließlich hänge »die Rebellion mit der Frage zusammen, inwieweit der Süden das Recht oder die Macht hat, die farbige Rasse in Sklaverei zu halten; und der Süden wird auf dieses Recht nur unter militärischem Zwang verzichten«. Daher müsse »die loyale Bevölkerung der Vereinigten Staaten diesen Krieg mit aller ihr von Gott gegebenen Energie fortsetzen«.[43]

Feldoffiziere der Union in South Carolina und Virginia waren die einzigen, die offiziell Vergeltung für die Behandlung schwarzer Kriegsgefangener durch den Süden übten. Als die Konföderierten 1864 in Charleston und bei Richmond gefangene Neger zur Arbeit an Befestigungsanlagen zwangen, die unter Feindbeschuß lagen, ließen die Nordstaatengeneräle prompt eine gleich große Zahl gegnerischer Gefangener an Einrichtungen der Union arbeiten, die gleichfalls unter Beschuß lagen. Das setzte der Praxis der Konföderierten ein Ende. Manche schwarze Soldaten übten auf eigene Faust Vergeltung. Nach Fort Pillow schworen sich einige Negereinheiten, keinen Pardon zu geben, und zogen mit dem Schlachtruf »Denkt an Fort Pillow« ins Gefecht. »Die Darkies kämpften wie die Berserker«, schrieb Captain Charles Francis Adams junior über den Angriff einer schwarzen Division auf die Wehranlagen von Petersburg am 15. Juni 1864. »Wenn sie Gefangene umbringen, was sie, wie ich höre, getan haben sollen ... dann kann man es ihnen kaum verdenken.«[44]

Die Vergeltungsdrohungen der Union waren zwar wenig hilfreich für die ehemaligen Sklaven, die von den Konföderierten gefangengenommen wurden, aber sie scheinen die zuständigen Stellen im Süden dazu bewegt zu haben, einen Unterschied zwischen einstigen Sklaven und freien Schwarzen zu machen. »Die ernsten Folgen, die eine strenge Befolgung dieses Gesetzes [der Kongreß hatte verlangt, daß *alle* gefangenen Schwarzen zur Aburteilung als Aufständische an ihren jeweiligen Heimatstaat ausgeliefert würden] nach sich ziehen könnte«, schrieb Kriegsminister Seddon an den Gouverneur von South Carolina, zwängen den Süden, »zu unterscheiden zwischen dergestalt erbeuteten Negern, die als Sklaven zu erkennen oder zu identifizieren sind, und solchen, die freie Bewohner der Föderierten Staaten waren«.[45] Letztere behandelte der Süden im allgemeinen als Kriegsgefangene, ebenso wie die weißen Offiziere schwarzer Regimenter. Das bedeutete aber nicht unbedingt gleiche Behandlung. Schwarze Gefangene wurden von den Aufsehern zum Latrinen- oder Bestattungsdienst und zu anderen schweren Arbeiten herangezogen. Im Libby Prison in Richmond mußten sich zehn weiße Offiziere und vier Rekruten eines schwarzen Regiments eine kleine Zelle neben der Küche teilen, wo sie nichts als Brot und Wasser bekamen und an den Küchendünsten fast erstickten. Ein anderer Gefangener schrieb: »Ihre Notdurft mußten sie in einen offenen Kübel verrichten, der mitten im Raum stand und tagelang nicht geleert wurde.« In South Carolina wurden gefangengenommene schwarze Soldaten des 54. Massachusetts-Regiments und anderer nordstaatlicher Einheiten im Gefängnis von Charleston festgehalten anstatt in einem regulären Kriegsgefangenenlager.[46]

Vermutlich ging es ihnen im Gefängnis mindestens genauso gut wie ihren weißen Kameraden in Gefangenenlagern. Was die Gemüter im Norden am heftigsten erhitzte, war nicht die Behandlung der gefangenen Schwarzen, sondern die Behandlung der Unionsgefangenen überhaupt. Als mit den schweren Kämpfen des Jahres 1864 die Zahl der Gefangenen in notdürftig errichteten Lagern drastisch zunahm, sickerten im Norden mehr und mehr erschreckende Berichte von Krankheiten, Unterernährung und Mißhandlungen durch. Das Lager von Andersonville im südwestlichen Georgia wurde im Norden zum Inbegriff konföderierter Barbarei. Dieses Lager entstand Anfang 1864; es diente der Unterbringung von Gefangenen, die bis dahin auf Belle Isle im James River unweit Richmonds festgehalten worden waren. Die Nähe der Bundestruppen hatte dort die Befreiung der Gefangenen befürchten lassen, und das überlastete Transportsystem Virginias konnte nicht einmal mehr die Versorgung der eigenen Bürger und Soldaten gewährleisten, geschweige denn die der Yankees. Das Lager Andersonville, rund 16 Morgen groß und mit einem Palisadenzaun umgeben, war zwar für 10000 Häftlinge angelegt, aber durch die Gefangenen aus Shermans Armee und vom östlichen Kriegsschauplatz war es bald hoffnungslos überfüllt. Es wurde später auf 26 Morgen vergrößert, auf denen im August 1864 33000 Menschen zusammengepfercht waren – jeder Gefangene hatte im Durchschnitt 34 Quadratfuß für sich. Im schattenlosen Sommer des Südens gab es an Unterkünften nur, was die Gefangenen sich aus Stöcken, Zeltbahnen, Decken und Kleidungsfetzen selbst zurechtbauten. (Zum Vergleich: Das Gefangenenlager der Union in Elmira, New York, das allgemein als das schlimmste im Norden galt, bot Baracken für maximal 9600 Insassen auf einer Fläche von 40 Morgen, was 180 Quadratfuß pro Mann entsprach – mehr als fünfmal so viel wie in Andersonville.) In manchen Sommerwochen des Jahres 1864 kamen in Andersonville täglich über 100 Gefangene um. Von den dort inhaftierten 45000 Menschen starben 13000 an diversen Krankheiten, an der Hitze, an Unterkühlung und Unterernährung.[47]

Andersonville war das extremste Beispiel für das, was viele Nordstaatler als teuflisches Komplott zur Ermordung von Yankeegefangenen ansahen.[48] Nach dem Krieg wurde der Lagerkommandant Henry Wirz von einer Militärkommission als Kriegsverbrecher angeklagt und hingerichtet; es war der einzige derartige Prozeß im Anschluß an den Bürgerkrieg. Ob Wirz sich tatsächlich mehr hatte zuschulden kommen lassen als Unbeherrschtheit und Ineffizienz, ist bis heute umstritten. Auf jeden Fall war er Sündenbock für die angeblichen Missetaten des Südens. Die umfangreiche Gattung der Häftlingsmemoiren, die auch nach Jahren nichts von ihrer Melodramatik verlor, sorgte noch jahrzehntelang für Bitterkeit. In diesem Punkt zumindest haben die Sieger die Geschichte geschrieben: Nicht weniger als fünf Sechstel der Erinnerungen stammen von Nordstaatlern.[49]

Im Laufe des Jahres 1864 verlangte die nordstaatliche Presse immer lauter nach Vergeltung an gegnerischen Kriegsgefangenen, um eine bessere Behandlung von Unionsgefangenen zu erzwingen. »Vergeltung ist etwas Schreckliches«, gab die *New York Times* zu, »aber das Elend und die Qual und das langsam verlöschende Leben unserer Brüder und Freunde in diesen entsetzlichen Lagern sind etwas noch Schlimmeres. Kein Volk und keine Regierung darf zulassen, daß ihre Soldaten auch nur einen Tag lang so behandelt werden, wie unsere Männer seit drei Jahren behandelt worden sind.« Als nach einem Sonderaustausch kranker Gefangener im April 1864 einige lebende Skelette in den Norden zurückkehrten, erschienen Holzschnitte nach ihren Photographien in verschiedenen illustrierten Blättern und lösten eine Welle der Wut und Empörung aus. Was könne man anderes von Sklavenhaltern erwarten, die »zur Tyrannei geboren und zur Grausamkeit erzogen« worden seien, fragte die normalerweise gemäßigte *Times.*[50] Sowohl das Committee on the Conduct of the War als auch die U.S. Sanitary Commission legten einen Bericht über die Zustände in konföderierten Gefangenenlagern vor, der auf geheimdienstlichen Erkenntnissen und den Aussagen ausgetauschter oder geflohener Gefangener basierte. »Das ganze Ausmaß des von den

Rebellen begangenen Verbrechens muß die zivilisierte Welt mit Entsetzen erfüllen«, meinte Kriegsminister Stanton. »Die brutale und barbarische Behandlung scheint System gehabt zu haben.« Im August brachte eine Zeitung in Atlanta einen Leitartikel, der auch auf die andere Seite der Front gelangte und von der nordstaatlichen Presse begierig aufgegriffen wurde: »An einem besonders heißen Tag der letzten Woche sind in Andersonville mehr als 300 kranke und verwundete Yankees gestorben. Dem Himmel sei Dank für solche Gnade.« Derartige Dinge waren geeignet, auch in ansonsten besonnenen Nordstaatlern die Überzeugung zu festigen: »Es ist Jefferson Davis' Politik, alle Kriegsgefangenen, die er nicht direkt niederzumetzeln wagt, verhungern und erfrieren und schrittweise sterben zu lassen. [...] Wir *können* keine Vergeltung üben, heißt es; aber warum eigentlich nicht?«[51]

Zu einer begrenzten Vergeltungsmaßnahme griff das Kriegsministerium der Union dann doch. Im Mai 1864 reduzierte Stanton die Essensrationen der Kriegsgefangenen auf die Menge, welche die konföderierte Armee an ihre eigenen Soldaten ausgab. Theoretisch wurden damit die gegnerischen Gefangenen den Yankeegefangenen im Süden gleichgestellt, die – ebenfalls in der Theorie – dieselbe Ration bekamen wie die konföderierten Soldaten. In der Praxis jedoch erhielten 1864 nur mehr die wenigsten südstaatlichen Soldaten die offizielle Ration – und die Gefangenen aus der Union zwangsläufig noch weniger –, so daß die meisten konföderierten Gefangenen im Norden wahrscheinlich besser verpflegt waren als ihre eigene Armee. Die Verringerung der Essensrationen für Kriegsgefangene zeugte von einer allmählich härteren Haltung des Nordens. Im Verein mit der enormen Zunahme der Gefangenenzahlen im Lauf des Jahres 1864 bewirkte es eine Verschlechterung der Zustände in den nördlichen Gefangenenlagern, die im Einzelfall Leiden, Krankheit und Tod ebenso auf die Tagesordnung setzte wie in südstaatlichen Lagern (mit Ausnahme Andersonvilles, das ein Fall für sich blieb).[52]

In dieser Situation wurde die Forderung nach Wiederaufnahme des Gefangenenaustauschs immer dringlicher. Viele Insassen Andersonvilles und anderer südstaatlicher Lager unterzeichneten Petitionen an Lincoln, in denen der Präsident um Erneuerung des Gefangenenaustauschs gebeten wurde, und die Konföderierten erlaubten, daß Delegationen der Gefangenen diese Petitionen nach Washington überbrachten. Sie führten zu nichts. Die Tagebucheintragungen in Andersonville wurden mit fortschreitendem Sommer immer bitterer: »Was denkt sich die Regierung dabei, ihre Soldaten in diesem Dreckloch verkommen zu lassen?« »Kann es eine Regierung geben, die ihre Leute hier dem allmählichen Tode preisgibt?« »Ich glaube, so gemein können die da oben zu ihren Leuten nicht sein.« »Wir haben kein Vertrauen mehr zu Old Abe.«[53] Der Sprecher einer Gruppe von Geistlichen und Ärzten beschwor Lincoln im September 1864: »Greifen Sie doch um Gottes willen ein! [...] Wir wissen, daß Sie sie austauschen können, wenn Ihnen daran liegt. Es ist einfach Mord, weiter die Hände in den Schoß zu legen.« Republikanische Lokalpolitiker gaben zu bedenken, daß viele brave Anhänger der Union »gegen den Präsidenten agitieren und stimmen werden, weil sie glauben, daß nur die Sympathie mit ein paar ebenfalls gefangenen Negern der Grund für die Weigerung« sei, die Gefangenen auszutauschen.[54]

Lincoln hätte in der Tat die Neuauflage des Gefangenenaustauschs haben können, wenn er bereit gewesen wäre, die ehemaligen Sklaven unter den Soldaten zu vergessen. Aber er wollte von diesem Prinzip ebensowenig abgehen, wie er auf die Sklavenemanzipation als Vorbedingung für den Frieden verzichten wollte. Am 27. August verdeutlichte Benjamin Butler, der zum Sonderbeauftragten für den Gefangenenaustausch ernannt worden war, die Position der Lincoln-Administration in einem langen Brief an den konföderierten Bevollmächtigten für den Austausch – einem Brief, der in der Presse ausgiebig zitiert wurde. Die US-Regierung – sagte Butler – werden den Gefangenenaustausch wieder aufnehmen, sobald die Konföderation bereit sei, *alle* Arten von Gefangenen auszutauschen. »Das Unrecht, die Entwürdigung, die Not, welche unsere Soldaten leiden«, schrieb Butler, der ein Meister der Rhetorik war, »würden mich bewegen, in alles einzuwilligen, um ihren Austausch zu bewirken – nur nicht in die Preisgabe der Ehre und der Vertrauenswürdigkeit der Regierung der Vereinigten Staaten, die so feierlich an die farbigen Soldaten in ihren Reihen verpfändet worden sind. In Einklang mit dem nationalen Vertrauen und Gerechtigkeitsgefühl können wir von dieser Position nicht abgehen.«[55]

General Grant hatte im privaten Kreis noch ein anderes Argument gegen den Gefangenenaustausch vorgebracht: Er würde den gegnerischen Armeen mehr nützen als den Unionsarmeen. »Es ist hart gegen unsere Leute in Südstaatenlagern, sie nicht auszutauschen«, sagte Grant im August 1864, »aber es ist menschlich gegen jene, die noch in unseren Reihen stehen und unsere Schlachten schlagen.« Die meisten ausgetauschten Rebellen – »wohlgenährt, gesund und munter«, wie sie in den Augen der Nordstaatler waren – würden »sofort wieder zu aktiven Soldaten gegen uns werden«, während die »halb verhungerten, kranken, ausgezehrten« Unionsgefangenen nie wieder würden kämpfen können. »Wir müssen kämpfen, bis die militärische Potenz des Südens erschöpft ist, und wenn wir Gefangene freilassen oder austauschen, wird der Krieg einfach zu einem Vernichtungskrieg.«[56]

Zahlreiche Historiker – zumal solche südstaatlicher Herkunft – sehen in Grants Bemerkung den wahren Grund für die Weigerung des Nordens, einem neuen Gefangenenaustausch zuzustimmen. Das Engagement für die Rechte schwarzer Soldaten ist in ihren Augen reine Propaganda, und sie halten die nördliche Strategie des Zermürbungskrieges für verantwortlich für das Grauen von Andersonville und das Leid der Kriegsgefangenen beider Seiten.[57] Dieser Standpunkt ist unhaltbar. Grant äußerte seine Meinung, ein Jahr nachdem das Abkommen über den Gefangenenaustausch an der Frage der gefangenen Neger gescheitert war. Und es war in der Tat nicht mehr als eine Meinung; Grant gab nicht den *Befehl*, zum Zwecke des Zermürbungskrieges den Gefangenenaustausch einzustellen; vielmehr spricht alles dafür, daß der Austausch wieder aufgenommen worden wäre, wenn die Konföderierten in der Frage der ehemaligen Sklaven nachgegeben hätten. Im Oktober 1864 schlug General Lee einen inoffiziellen Austausch der Gefangenen vor, die bei den jüngsten Kämpfen an der Richmond-Petersburg-Front gemacht worden waren. Grant war unter der Bedingung einverstanden, daß Schwarze »genauso wie weiße Soldaten« ausgetauscht würden. Wenn es zu diesem Austausch gekommen wäre, hätte er vielleicht einen Präzedenzfall geschaffen und das Patt aufgehoben, durch das mittlerweile über 100 000 Menschen in Kriegsgefangenenlagern zusammengepfercht waren. Lee entgegnete jedoch: »Neger, die unseren Bürgern gehören, werden nicht als Gegenstand des Austauschs betrachtet und waren mit meinem Vorschlag nicht gemeint.« Grant beendete daraufhin die Korrespondenz mit den Worten, da seine »Regierung gehalten ist, allen in ihre Armeen aufgenommenen Personen die einem Soldaten zustehenden Rechte zu sichern«, sehe er sich nach Lees Weigerung, ehemaligen Sklaven diese Rechte zu konzedieren, »veranlaßt, den von Ihnen erbetenen Austausch abzulehnen«.[58]

Im April 1865 gaben die Rebellen endlich nach und boten den Austausch »aller« Gefangenen an. Davis und Lee hofften, bald schwarze Soldaten für ihre eigenen Armeen zu rekrutieren, und fanden die Yankeepolitik auf einmal gar nicht mehr so barbarisch. Der Austausch lief wieder an, und in den folgenden drei Monaten wurden Woche für Woche mehrere tausend Gefangene ausgetauscht, bis durch den Sieg bei Appomattox alle befreit wurden.[59]

Heute würde kaum ein Historiker behaupten, daß die Konföderation ihre Kriegsgefangenen bewußt malträtierte. Man würde vielmehr die Meinung teilen, die schon die Zeitgenossen – im Norden wie im Süden – hatten: daß nämlich für die Unbill der gefangenen Unionssoldaten in der Hauptsache fehlende Ressourcen und die Verschlechterung der südstaatlichen Wirtschaft verantwortlich waren. Der Süden konnte die eigenen Soldaten und Zivilisten nicht ernähren; wie hätte er die gegnerischen Gefangenen ernähren sollen? Die Konföderation konnte den eigenen Truppen nicht genügend Zelte stellen; wie hätte sie den Gefangenen Zelte stellen sollen? Das Desinteresse der konföderierten Gefängnisverwaltung, mangelnde Planung und Effizienz machten das Los der Gefangenen nicht leichter. Da die Konföderierten ständig mit der Wiederaufnahme des Gefangenenaustauschs rechneten, unterließen sie es, langfristige Pläne zu machen. Das Problem der Unterkünfte in Andersonville veranschaulicht die Materialengpässe ebenso wie den mangelnden Weitblick. Der Süden verfügte über viel Baumwolle, aber er besaß nicht die industriellen Kapazitäten, um ausreichend Baumwolle zu Zeltleinwand zu verarbeiten. Der Süden verfügte über viel Holz, aber in Andersonville gab es nicht genug Nägel, und niemand hatte daran gedacht, rechtzeitig welche zu bestellen. Es fehlte in diesem Teil Georgias an Sägemühlen für die Herstellung von Brettern, und die vorhandenen Sägemühlen arbeiteten Tag und Nacht für Eisenbahnlinien, da die Yankees ununterbrochen Schwellen und rollendes Gut verbrannten. Die Gefangenen hätten sich aus den Nadelbäumen rund um Andersonville Blockhütten zimmern können, aber niemand dachte daran, Äxte zu besorgen, und die halbwüchsigen Burschen und alten Männer, die die Gefangenen zu bewachen hatten, waren zu unerfahren, als daß sie bei Arbeitseinsätzen außerhalb der Umzäunung Fluchtversuche hätten vereiteln können.

So schmorten die Gefangenen in der Sonne und zitterten vor Kälte bei Regen. Unionssoldaten in anderen Kriegsgefangenenlagern hatten ebenfalls kein Dach über dem Kopf – im Gegensatz zu nordstaatlichen Lagern, die alle mit Baracken versehen waren, mit Ausnahme von Point Lookout in Maryland, wo die Gefangenen in Zelten lebten. Während des Krieges übten zahlreiche Südstaatler Kritik an den eigenen Gefangenenlagern. Eine Frau aus South Carolina beschrieb dem Gouverneur die Zustände im Lager Florence und erklärte: »Wenn solche Dinge weiter geduldet werden, bringen sie unser Land ganz sicher in Verruf. [...] Glauben Sie nicht, daß ich eine besondere Vorliebe für den Yankee habe; das habe ich nicht. [...] Aber ich bin noch nicht soweit vertiert, daß ich nichts gegen solches Leiden unternehme, wenn ich davon weiß – selbst für einen Yankee.« Eine junge Frau aus Georgia empfand nach einem Besuch in Andersonville Ähnliches. »Ich fürchte, Gott wird uns schreckliche Vergeltung widerfahren lassen, weil wir solche Dinge dulden. Wenn die Yankees jemals nach Südwest-Georgia kommen ... und die Gräber dort sehen, dann gnade Gott unserem Land!«[60]

»Aber freilich, was können wir tun?« fragte sie sich. »Die Yankees trifft der größere Vorwurf, weil sie diese Gefangenen nicht austauschen wollen, und unsere arme, schwer bedrängte Konföderation hat nicht die Mittel, sie zu versorgen, wo schon unsere eigenen Soldaten im Feld verhungern.« Dieser defensive Ton herrschte im Süden besonders nach dem Krieg vor. »Wer war denn schuld daran, daß es keinen Gefangenenaustausch gab?« fragte ein ehemaliger Aufseher von Andersonville. Außerdem, so fuhr er fort, »war Andersonville nicht schlimmer als die Lager im Norden. In Andersonville mußten die Leute leiden, aber auf Johnson's Island mußten sie auch leiden; Härten gab es überall.« Jefferson Davis und Alexander Stephens behaupteten in ihren Erinnerungen unisono, in Wirklichkeit sei die Sterblichkeitsrate in den südstaatlichen Lagern sogar niedriger gewesen als in nordstaatlichen. Und die Verantwortung »für all die geopferten Menschenleben«, bekräftigte Stephens, »ruht *allein* bei den amtlichen Stellen in Washington«, die den Austausch von Gefangenen verweigert hätten.[61] Der Staat Georgia hat bei Andersonville zwei Gedenktafeln aufgestellt; auf der einen steht, daß die Notlage des Krieges das dortige Leid verursacht habe, das keinem Menschen zum Vorwurf zu machen sei; die andere meldet: »Unter den Lageraufsehern gab es ebenso viele Tote wie unter den Gefangenen.« 1909 errichteten die United Daughters of the Confederacy ein Denkmal für Henry Wirz (das noch heute in der Ortschaft Andersonville steht), und dessen Inschrift besagt, daß dieser »Held und Märtyrer« einem »Justizmord« der Yankees zum Opfer gefallen sei, deren Oberbefehlshaber den Austausch von Gefangenen verhindert habe.

Diese Verteidiger des Südens nehmen den Mund um einiges zu voll. Der Leser wird sich sein eigenes Urteil darüber bilden, wer für das Scheitern des Gefangenenaustauschs verantwortlich war. Was den Vergleich von Andersonville mit Johnson's Island betrifft, so lag in letzterem Lager die Sterblichkeitsrate der südstaatlichen Gefangenen bei zwei Prozent, in Andersonville hingegen bei 29 Prozent. Und der Prozentsatz der Todesfälle von Insassen in Andersonville war natürlich fünf- bis sechsmal so hoch wie der von Lageraufsehern.[62] Was Davis und Stephens betrifft: Da viele Unterlagen der Konföderation verlorengegangen sind oder vernichtet wurden, läßt sich die genaue Zahl aller Toten aus der Union in südstaatlichen Gefangenenlagern nicht mehr ermitteln. Nach der besten, auf vorhandenen Unterlagen basierenden Schätzung sind 30218 Mann, also 15,3 Prozent der insgesamt 194743 nordstaatlichen Insassen südstaatlicher Lager dort ums Leben gekommen, verglichen mit 25976 Mann – 12 Prozent der 214865 Südstaatler, die in nordstaatlichen Lagern ums Leben kamen. Dabei ist die Zahl der Kriegsgefangenen aus der Union zweifellos zu niedrig angesetzt.[63] Auf jeden Fall war die Behandlung der Kriegsgefangenen im Bürgerkrieg für keine der beiden Seiten ein Ruhmesblatt.

IV

Letzten Endes spielte die Kriegsgefangenenfrage bei der Präsidentschaftswahl eine eher untergeordnete Rolle. Das Hauptproblem war der Krieg und die Frage, wie man ihn beenden konnte. In dieser Angelegenheit sicherten sich die Republikaner das Monopol auf die Politik des Siegfriedens. Sogar McClellan haftete der »Copperhead-Geruch« an, den Frieden ohne Sieg zu wollen. Auch die meisten Konföderierten sahen McClellans Kandidatur in diesem Licht, nachdem der kriegerische Brief mit der Einwilligung zu seiner Nominierung zunächst für einige Irritationen gesorgt hatte. Der Südstaatenagent Clement C. Clay in Kanada zeigte sich enttäuscht von dem Brief. Aber »das Parteiprogramm bedeutet Frieden, und zwar bedingungslos«, räsonierte er. »McClellan wird von wirklichen Friedensleuten an die Kandare genommen werden. [...] Auf jeden Fall verpflichtet ihn das Programm zur Einstellung der Feindseligkeiten und zur Aufnahme von Verhandlungen. [...] Ein Waffenstillstand führt unweigerlich zum Frieden. Wenn der Krieg erst beendet ist, kann man ihn nicht wieder anfangen, auch nicht für kurze Zeit.« Falls McClellan gewählt werde, prophezeite ein Beamter des Kriegsministeriums in Richmond, »haben wir Frieden und Unabhängigkeit«.[64]

Kriegsmüde Soldaten der Konföderation hofften sehnsüchtig auf McClellan und den Frieden. »Der Gegner will um jeden Preis bis nach der Präsidentenwahl durchhalten«, berichtete Grant von der Petersburger Front. »Täglich laufen Deserteure zu uns über, die uns erzählen, daß ihre Leute fast einmütig den Krieg satt haben und daß es noch viel mehr Desertionen geben würde, wenn sie nicht überzeugt wären, daß nach den Wahlen im Herbst der Friede ausgehandelt wird.«[65] Derartige Überlegungen stießen bei den Unionssoldaten auf die entgegengesetzte Reaktion. Zwar seien in der Potomac-Armee noch »viele führende Offiziere ›clellanisiert‹«, wie der General einer anderen Armee es ausdrückte, aber von den Mannschaften werde ihr einstiger Kommandeur nicht mehr favorisiert. »Die Leute haben weniger etwas gegen ihn als gegen die Männer in seiner Umgebung«, schrieb ein Rekrut. »Viele Soldaten würden McClellan ihre Stimme geben, wenn da nicht Vallandigham wäre.« Ein Wahlsieg der Demokraten würde »ruhmlosen Frieden und Schande« bedeuten, »das alte unterwürfige Zu-Kreuze-Kriechen vor dem Übergewicht des Südens«, erklärte ein Offizier der »Iron Brigade«. »Lieber würde ich den Rest meiner Tage hier verbringen (so schwer es mir fällt)«, schrieb ein anderer Soldat, ein ehemaliger Demokrat, »als mich mit der Teilung unseres Landes abzufinden. [...] Wir alle wollen Frieden, aber nicht *irgendeinen,* sondern einen *ehrenvollen* Frieden.«[66]

Viele Unionssoldaten hatten die Möglichkeit, ihre Meinung an der Wahlurne kundzutun. Es war ein kühnes Experiment mit der Demokratie: Der kämpfenden Truppe wurde praktisch die Teilnahme an einem Referendum darüber gestattet, ob sie weiterkämpfen wollte oder nicht. Aber wie Grant sagte: »Es sind amerikanische Bürger, und sie haben dasselbe Recht, ihre Stimme abzugeben, wie jene Bürger, die zu Hause geblieben sind – ja, sogar ein größeres Recht, weil sie mehr für ihr Land geopfert haben.«[67] Bis 1864 hatten 19 Bundesstaaten die gesetzlichen Voraussetzungen für eine Stimmabgabe der Soldaten im Feld geschaffen. Die drei wichtigsten Staaten, in denen das nicht geschehen war, waren Indiana, Illinois und New Jersey; hier hatten demokratische Parlamentarier ein solches Gesetz blockiert. Diese Opposition war von viel verbalem Getöse begleitet, in dem von »prokonsularischer Herrschaft« und »Cäsarenwahn« die Rede war; in Wirklichkeit hatten die Demokraten erkannt, daß die Armee mit überwältigender Mehrheit den Republikanern zuneigte – oder jedenfalls der »Union«, wie sich die Republikanische Partei 1864 nannte.

In 12 Staaten, die die Wahlbeteiligung der kämpfenden Truppe zuließen, wurden die Stimmen der Soldaten gesondert ausgezählt. Von ihnen entfielen auf Lincoln 119754 Stimmen, auf McClellan 34291; das war eine Mehrheit von 78 Prozent für den Präsidenten gegenüber 53 Prozent der Stimmen der Zivilbevölkerung in diesen Staaten. In den sieben anderen Staaten dürfte die Mehrheit der Soldatenstimmen für die Republikaner mindestens ebenso groß gewesen sein. Bei den Staaten, die die Stimmabgabe der kämpfenden Truppe nicht zugelassen hatten, war das Ergebnis Indianas besonders knapp und aufschlußreich. Als Oberkommandierender konnte der Präsident dort persönlich seine Sache vertreten und zögerte auch nicht, es zu tun. »Ginge Indiana für die Freunde der Regierung verloren«, schrieb Lincoln an General Sherman in Atlanta, »so wäre damit weitgehend auch die ganze Sache der Union verloren«; daher würde es ihn freuen, wenn der General so viele aus Indiana stammende Soldaten wie möglich zur Stimmabgabe auf Heimaturlaub schicken könnte.[68] In der Tat kamen mehrere tausend Soldaten nach Indiana, um ihre Stimme abzugeben; das Kriegsministerium durchkämmte auch die Lazarette nach Rekonvaleszenten aus Indiana, die schon soweit wiederhergestellt waren, daß sie die Heimreise antreten konnten. Einige Angehörige eines Massachusetts-Regiments, das vorübergehend in Indiana stationiert war, haben möglicherweise ebenfalls ihre Stimme für die Republikaner abgegeben.[69]

In keinem der Staaten, in denen die Stimmabgabe der Soldaten gesondert ausgewertet wurde, hatte sie Einfluß auf das Ergebnis der Präsidentschaftswahl – Lincoln hätte in all diesen Staaten mit Ausnahme Kentuckys ohnehin gewonnen. In zwei Staaten mit knappem Stimmenvorsprung für Lincoln, in denen die Stimmzettel der Soldaten zusammen mit den anderen ausgezählt wurden, mögen sie indes den Ausschlag für Lincolns Sieg gegeben haben. Die Blauröcke entschieden auch den Wahlausgang in einigen Kongreßbezirken, und die Stimmen der Soldaten von Maryland zugunsten eines bundesstaatlichen Verfassungszusatzes über die Abschaffung der Sklaverei machten die Ablehnung dieses Zusatzes durch die heimatlichen Wähler mehr als wett.

Lincolns Stimmenmehrheit von einer halben Million Stimmen schlug sich in einem Wahlergebnis von 212 : 21 nieder. Der Präsident gewann in allen Staaten mit Ausnahme von Kentucky, Delaware und New Jersey; seine Partei eroberte auch den Gouverneursposten und das Parlament in allen Staaten mit Ausnahme der oben genannten. Im nächsten Kongreß würde es eine republikanische Dreiviertelmehrheit geben. Die Ähnlichkeit zwischen dem Sieg der »Union« 1864 und dem der Republikaner 1860 in den Nordstaaten war verblüffend. Lincoln erhielt praktisch dieselben 55 Prozent aus denselben Gegenden und Wahlkreisen dieser Staaten, die er schon vier Jahre zuvor bekommen hatte. Die größte Zustimmung fanden die Republikaner nach wie vor bei im Lande geborenen britisch-protestantischen Bauern, Facharbeitern und Angestellten, vor allem in Neuengland und im weiteren Neuengland des oberen Nordens. Bei den Demokraten waren am stärksten ungelernte Arbeiter, katholische Einwanderer und die »Butternuts« des südlichen Mittelwestens vertreten. Als »Union« erweiterten die Republikaner ihre Basis gegenüber 1860 in den Staaten an der Grenze zum Süden (auch in West-Virginia), wo sie 54 Prozent der Stimmen erhielten (gegenüber neun Prozent von 1860) und die meiste Zustimmung bei der städtischen Mittelschicht sowie bei wohlhabenden, nichtsklavenhaltenden Bauern fanden. Den Demokraten blieben die Sklavenhalter, die Einwanderer und die ärmeren Bauern.

Die Zeitgenossen sahen in der Wahl von 1864 die triumphale Bestätigung von Lincolns Politik, die bedingungslose Kapitulation der Konföderation zu erzwingen. »Ich bin verblüfft«, schrieb der Amerikakorrespondent der *London Daily News,* »daß die Menschen so vehement zum Kampf bis zum letzten entschlossen sind. [...] [Die Nordstaatler] meinen es ernst, und zwar auf eine Weise, die die Welt noch nicht gesehen hat: still und ruhig, aber verzweifelt ernst.«[70]

Aber Jefferson Davis meinte es ebenfalls ernst. Er hatte nie die im Süden verbreiteten Hoffnungen geteilt, daß McClellan die Wahl gewinnen und einen Frieden aushandeln werde. »Wir kämpfen um unsere Existenz; und nur durch Kampf wird die Unabhängigkeit errungen«, hatte Davis seinen Zuhörern erklärt, als er nach der Einnahme Atlantas eine Rundreise durch den unteren Süden machte, um die Herzen wieder aufzurichten. Die Konföderation stehe »aufrecht und stolz wie eh und je«, ließ er den Kongreß im November wissen. »Nichts hat sich geändert an der Zielsetzung ihrer Regierung, am unbezwinglichen Heldenmut ihrer Truppen oder dem unbeugsamen Geist ihrer Menschen.«[71] Diesen Geist zu beugen, begann nun Sherman seinen Marsch von Atlanta zum Meer.

27.

South Carolina muß vernichtet werden

I

Die Tennessee-Armee unter John B. Hood zog sich nach dem Verlust Atlantas nicht in die Wälder zurück, um zu sterben. Ganz im Gegenteil – ermutigt durch einen Besuch von Jefferson Davis, faßte der aggressive Hood den Plan, Sherman zu umgehen und ihm in den Rücken zu fallen, seine lebenswichtige Bahnverbindung nach Chattanooga abzuschneiden und die Reste der geschlagenen und halb verhungerten Yankee-Armee nach Herzenslust zu malträtieren. Forrest ging unterdessen wieder seiner gewohnten Beschäftigung nach, Bahnlinien und Nachschublager der Union in Tennessee zu zerstören. Vor jubelnden Menschen erklärte Jefferson Davis in Georgia und South Carolina, wie es weitergehen werde. »Ich sehe nicht, wie Sherman der Niederlage oder einem schmählichen Rückzug entgehen will«, sagte er, einen Monat nachdem Atlanta gefallen war. »Es wird sich das Schicksal wiederholen, das die Armee des französischen Kaiserreichs bei ihrem Rückzug aus Rußland ereilt hat. Unsere Kavallerie und unsere Leute werden Shermans Armee bedrängen und vernichten, wie die Kosaken die Armee Napoleons vernichtet haben, und dem Yankeegeneral wird wie Napoleon bei der Flucht nichts als seine Leibgarde bleiben.« Sobald das geschafft wäre, »müssen wir in Tennessee einmarschieren«; dort »werden wir 20000 bis 30000 Mann zu unseren Fahnen rufen ... den Feind bis ans Ufer des Ohio zurückwerfen und damit der Friedenspartei im Norden einen Auftrieb geben, wie kein lahmer Leitartikel ihn liefern kann!«.[1]

Für die wunden Seelen der Südstaatler mögen diese glorreichen Aussichten Balsam gewesen sein. Als aber Grant die Reden Davis' las, schnaubte er verächtlich: »Und wo kommt für diesen Rückzug aus Rußland der Schnee her?«[2] Das war zwar witzig, aber Sherman war tatsächlich ein verwundbares Ziel für feindlichen Kleinkrieg. Eines seiner Vorhaben – die Einnahme Atlantas – hatte er ausgeführt, das andere aber war ihm nicht gelungen: die Vernichtung von Hoods Armee. Vierzigtausend Mann stark, zogen diese müden, aber mutigen Rebellen an der Bahnlinie nach Chattanooga entlang und griffen an, was ihnen in die Quere kam. Sherman ließ zur Sicherheit ein Korps in Atlanta zurück und machte sich mit der übrigen Armee an die Verfolgung Hoods. Unter Scharmützeln und Gefechten, die sie dem nach Norden zurückweichenden Gegner auf dem Terrain lieferten, das sie vier Monate zuvor bei ihrem Marsch nach Süden erobert hatten, drängten die Yankees die Grauröcke schließlich nach Alabama ab und reparierten die Gleise.

Diese Art von Kriegführung verdroß Sherman von Mal zu Mal mehr. Mit der ständigen Verfolgung Hoods spielte er nur den Rebellen in die Hände. »Der Schutz der [Eisen-]Bahnen wird physisch unmöglich sein«, erklärte er Grant, »wo Hood, Forrest, Wheeler und die ganze Teufelsbrut herumgeistert. Wenn wir versuchen, die Bahnen zu halten, verlieren wir Monat für Monat 1000 Mann und kommen doch zu keinem Resultat.« Sherman wollte sich statt dessen gar nicht mehr um Hood kümmern, sondern quer durch Georgia an die Küste marschieren. »Ich könnte eine Schneise bis zum Meer schlagen«, meinte er zuversichtlich, »die Konföderation in der Mitte durchschneiden und zuletzt in Lees Rücken auftauchen.«[3] Lincoln, Halleck und sogar Grant waren zunächst gegen diesen Vorschlag. Es erschien als doppelt gefährliches Spiel von Sherman, Hood in seinem Rücken freie Hand zu lassen und obendrein die Nachschubwege der Unionsarmee mitten in Feindesland aufzugeben. Sherman hatte jedoch die Absicht, George Thomas mit 60 000 Mann in Tennessee zu stationieren; das war mehr als genug, um alle gegnerischen Angriffsversuche abzuwehren. Shermans eigene Armee aus 62 000 erprobten Kämpfern würde sich im Inneren Georgias zu verköstigen wissen. »Wenn ich jetzt umkehre, hat mein ganzer Feldzug seine Wirkung verfehlt«, betonte Sherman. Aber »wenn ich durch Georgia ziehe und bis zum Meer alles über den Haufen renne ... wäre ich in der Offensive statt in der Defensive«. Und der psychologische Effekt eines solchen Feldzugs wäre womöglich noch größer als der materielle Nutzen. »Wenn wir mit einer gut gerüsteten Armee durch [Jefferson Davis'] Territorium marschieren können, beweisen wir aller Welt, daß wir über Kräfte verfügen, denen Davis nichts entgegensetzen kann. [...] Ich schaffe diesen Marsch, und Georgia soll winseln!«[4]

Sherman stimmte Grant um, der seinerseits einen noch immer skeptischen Lincoln umstimmte. Er kehrte nach Atlanta zurück und bereitete für die Woche nach der Präsidentschaftswahl den Abmarsch vor. Wie Lincoln war auch Sherman davon überzeugt, daß der Krieg hart, der Friede mild sei. »Der Krieg ist nun ein-

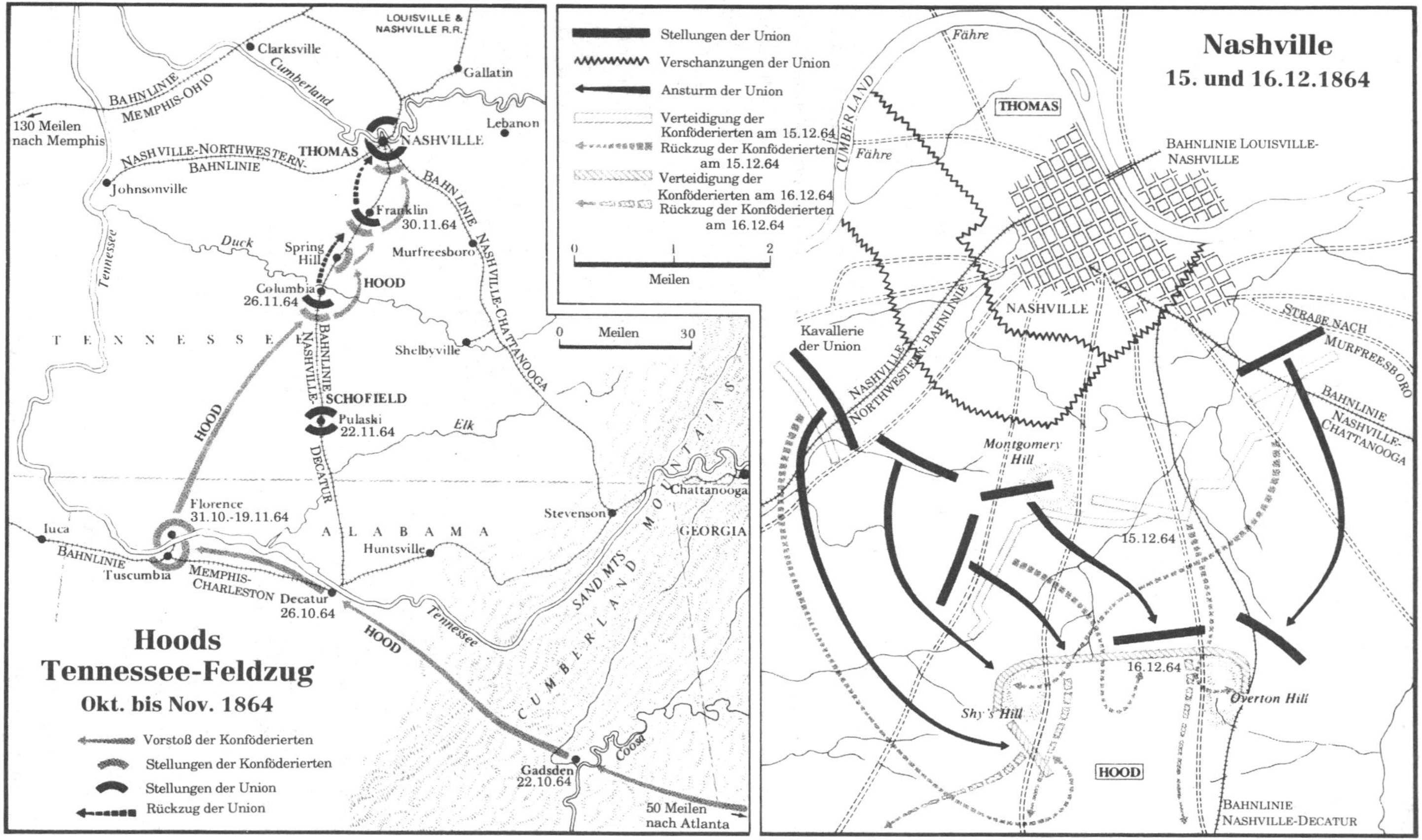
Hoods
Tennessee-Feldzug
Okt. bis Nov. 1864
Vorstoß der Konföderierten
Stellungen der Konföderierten
Stellungen der Union
Rückzug der Union
LOUISVILLE & NASHVILLE R.R.
Clarksville
Cumberland
Gallatin
BAHNLINIE MEMPHIS-OHIO
130 Meilen nach Memphis
Lebanon
NASHVILLE
THOMAS
NASHVILLE-NORTHWESTERN-BAHNLINIE
Johnsonville
BAHNLINIE NASHVILLE-CHATTANOOGA
Franklin 30.11.64
Duck
Spring Hill
Murfreesboro
HOOD
Columbia 26.11.64
Tennessee
T E N N E S S E E
BAHNLINIE NASHVILLE-DECATUR
Shelbyville
Meilen
0
30
SCHOFIELD
Pulaski 22.11.64
Elk
Florence 31.10.-19.11.64
Chattanooga
Stevenson
GEORGIA
Iuca
A L A B A M A
Huntsville
BAHNLINIE MEMPHIS-CHARLESTON
Tuscumbia
Decatur 26.10.64
SAND MTS
CUMBERLAND MOUNTAINS
Coosa
Gadsden 22.10.64
50 Meilen nach Atlanta
Nashville
15. und 16.12.1864
Stellungen der Union
Verschanzungen der Union
Ansturm der Union
Verteidigung der Konföderierten am 15.12.64
Rückzug der Konföderierten am 15.12.64
Verteidigung der Konföderierten am 16.12.64
Rückzug der Konföderierten am 16.12.64
0
1
2
Meilen
Fähre
CUMBERLAND
THOMAS
BAHNLINIE LOUISVILLE-NASHVILLE
Kavallerie der Union
NASHVILLE-NORTHWESTERN-BAHNLINIE
STRAßE NACH MURFREESBORO
BAHNLINIE NASHVILLE-CHATTANOOGA
Montgomery Hill
15.12.64
16.12.64
Overton Hill
Shy's Hill
HOOD
BAHNLINIE NASHVILLE-DECATUR

mal nichts Feines, sondern etwas Grausames«, hatte Sherman dem Bürgermeister von Atlanta erklärt, nachdem er die Vertreibung der Zivilbevölkerung aus der besetzten Stadt angeordnet hatte. »Wenn Friede ist, können Sie alles von mir haben. Dann teile ich meinen letzten Zwieback mit Ihnen.« Doch vorläufig »bekämpfen wir nicht nur feindliche Armeen, sondern auch eine feindliche Bevölkerung und müssen alle, alt und jung, reich und arm, die harte Hand des Krieges spüren lassen«. Die Unionsarmeen müßten der Zivilbevölkerung des Südens die Möglichkeit nehmen, den Krieg weiter zu unterstützen. Ihre Fabriken, Eisenbahnen, Bauernhöfe müßten zerstört, ihr Widerstandswille gebrochen werden. »Herzen und Sinn dieser Leute im Süden können wir nicht ändern, aber wir können ihnen den Krieg so furchtbar machen und so sehr verleiden, daß sie auf Generationen hinaus nicht mehr zu diesem Mittel greifen werden.«[5]

Shermans Soldaten teilten die Theorie ihres Anführers vom totalen Krieg. Folglich steckten sie alles in Brand, was Hood in Atlanta hatte stehenlassen und was (in einem sehr weitgefaßten Sinn) von militärischem Wert sein konnte, und marschierten am 15. November zur Stadt hinaus. Während Sherman die Richtung nach Süden einschlug, wählte Hood den Weg nach Norden, von Alabama nach Tennessee hinein; so bot sich das seltene Schauspiel zweier gegnerischer Heere, die einander den Rücken zuwandten und in entgegengesetzten Richtungen davonmarschierten. War es gleich Wahnsinn, so hatte es doch Methode, und zwar bei Sherman mehr als bei Hood.

Zwischen Sherman und dem 285 Meilen entfernten Savannah standen an gegnerischen Truppen nur einige tausend Milizionäre in Georgia sowie 3500 Mann Kavallerie unter Joseph Wheeler. Unionskavallerie hielt die graue Reiterei in Schach, während sie gleichzeitig die Flanken von vier Infanteriekorps auf einer Frontbreite von 25 bis 60 Meilen attackierte. Die Georgia-Miliz griff am 22. November eine Nachhutbrigade der Unionsinfanterie an, verlor dabei 600 Mann gegenüber 60 Mann Verlusten der Yankees und unterließ daraufhin derartige Vorstöße. Die Südstaatler zerstörten Brücken, verbrannten Proviant, stürzten Bäume um und legten Minen, um den Yankees das Vorankommen zu erschweren, aber der Erfolg war nur, daß die Yankees noch erbitterter wurden. Tatsächlich konnte nichts das erbarmungslose Tempo der Blauröcke stoppen, die Tag um Tag ein gutes Dutzend Meilen weiterrückten. Für die meisten Nordstaatensoldaten war dieser Marsch ein Jux, ein munteres Fest, bei dem sie »das Land nach Herzenslust plünderten« und (neben vielem anderen) alles zerstörten, was irgend von militärischem Wert sein mochte und was sie selbst nicht brauchen konnten. »Dieser Marsch dürfte der riesenhafteste Vergnügungsausflug sein, der je geplant worden ist«, schrieb ein Offizier am zweiten Tag nach dem Verlassen Atlantas. »Er übertrifft schon jetzt alles, was ich an Soldatentreiben gesehen habe, und verspricht noch viel besser zu werden.«[6]

Und so war es auch. Furagierende Soldatengruppen – die sogenannten »Bummers« – machten das Land unsicher und trieben mehr als genug Proviant für ihre Regimenter auf. Als disziplinlose Haufen nahmen sie sich alles, was sie wollten – von Bauernhöfen, von Pflanzungen, sogar aus den Hütten von Sklaven. Die Plünderungen der Shermanschen »Bummers« sind legendär geworden, und wie die meisten Legenden hat auch diese einen wahren Kern. Allerdings waren nicht alle »Bummers« Yankees. Unionisten aus Georgia und befreite Sklaven trieben sich an den Flanken und im Rücken der Armee herum und versäumten kaum eine Gelegenheit, es ihren rebellischen Nachbarn beziehungsweise ihren früheren Herren heimzuzahlen. Konföderierte Deserteure und Nachzügler aus Wheelers Kavallerie herrschten womöglich noch verheerender. »Die Yankees sind in keiner Weise schlimmer als unsere eigenen Leute«, schrieb ein Südstaatensoldat, »die bedenkenlos stehlen und plündern und keinen Unterschied zwischen Mann und Weib machen.«[7]

Am schlimmsten allerdings wüteten Shermans Soldaten. Einer von ihnen meldete stolz: »Wir machten alles kaputt, was wir nicht essen konnten, nahmen ihnen die Nigger weg, verbrannten ihre Baumwolle u. ihre Entk.[ernungs]maschinen, vernichteten ihre Hirse, verbrannten und verbogen ihre Bahngleise und stellten alles auf den Kopf.« Dieses Auf-den-Kopf-Stellen wurde noch übler, nachdem es in Milledgeville, der Hauptstadt des Bundesstaates, zu einem Zwischenfall gekommen war. Die Soldaten feierten gerade Thanksgiving Day, als im Ort einige Unionssoldaten erschienen, die aus dem Lager Andersonville entkommen waren. Diese ausgezehrten Gestalten, mit eingefallenen Wangen, in Lumpen gehüllt, brachen in Tränen aus, als sie etwas Eßbares und die amerikanische Flagge sahen. Der Anblick dieser Entronnenen machte Shermans Soldaten »krank vor Wut«; sie dachten »an die Zehntausende von gefangenen Kameraden, die langsam verhungerten, während ringsherum die Scheuern mit Getreide und Lebensmitteln für ganze Armeen gefüllt waren«.[8]

Ein aus Alabama gebürtiger Major in Shermans Stab verurteilte zwar den Vandalismus der »Bummers«, aber er sah auch ein, daß nur eine haarfeine Linie diese Plünderungen von der kriegsnotwendigen Demoralisierung des Gegners und der Zerstörung seiner Ressourcen unterschied. »Es ist schrecklich, Tausenden von Menschen ihre Lebensgrundlage wegnehmen oder vernichten zu müssen«, notierte der Major in sein Tagebuch. Indes:

»Wohl beklage ich diese Notwendigkeit jeden Tag aufs neue und kann's nicht mit ansehen, wie die Soldaten so über Felder und Gärten herfallen. [...] Aber man *muß* diesen Leuten ihre Hilflosigkeit demonstrieren, wenn der Krieg einmal ein Ende haben soll. [...] Es gilt, die Union und ihre Regierung zu bewahren, koste es, was es wolle; und um sie zu bewahren, müssen wir Krieg gegen die organisierten Rebellentruppen führen – müssen ihren Nachschub abschneiden, ihre Verbindungslinien zerstören ... [und] den Menschen von Georgia die Augen dafür öffnen, daß dieser Krieg nichts als persönliches Elend über sie bringt und daß ihre ›Obrigkeit‹, ihr Bundesstaat oder die Konföderation, absolut hilflos und unfähig ist, sie zu beschützen. Wenn Terror und Gram und auch Not lähmend auf ihre Gatten und Väter wirken, die uns bekämpfen ... dann ist es letzten Endes ein Segen.«[9]

Als sich die Yankees Mitte Dezember Savannah näherten, kamen die 10000 gegnerischen Soldaten, die die Stadt verteidigten, zu dem Schluß, daß Vorsicht der Tapferkeit vorzuziehen sei, und machten sich davon, bevor sie in der Stadt eingesperrt werden konnten. Sherman sandte Lincoln eines seiner launigen Telegramme: »Erlaube mir, Ihnen als Weihnachtsgeschenk die Stadt Savannah samt 150 schweren Geschützen und ... rund 25000 Ballen Baumwolle zu Füßen zu legen.« Der Präsident beglückwünschte Sherman und seine Armee mit »vielem, vielem Dank« zu dem »großen Erfolg«, zumal wenn man »das Wirken von Gen. Thomas berücksichtigt«; dadurch habe »das Volk, das noch im Dunkeln wandelte, ein großes Licht erblickt«.[10]

In der Tat hatte Thomas mit einer Leistung aufgewartet, die sich mit derjenigen Shermans messen konnte: Er hatte Hoods Tennessee-Armee praktisch aufgerieben. Hood war, nachdem Sherman Atlanta verlassen hatte, ganz offenkundig in Traumtänzerei verfallen. Obwohl er Unionstruppen unter Thomas in der Stärke von 60000 Mann gegenüberstand, während er selbst nur 40000 Mann aufzubieten hatte – von denen ein Viertel so zerschlissenes Schuhwerk trug, daß sie im Dezember barfuß gehen mußten –, hatte Hood die Idee, Tennessee zu durchqueren und in Kentucky einzufallen, wo er 20000 Rekruten anzuwerben und Thomas zu erledigen gedachte. Dann – so phantasierte er weiter – wollte er in östlicher Richtung nach Virginia ziehen, sich mit Lee vereinigen und Grant und Sherman nacheinander schlagen.

Das Unternehmen ließ sich gut an. Hood marschierte in der letzten Novemberwoche in Tennessee ein und versuchte, sich zwischen Thomas' 30000 Mann starke, von George Schofield befehligte Voraustruppe in Pulaski und die 30000 Mann in Nashville, 75 Meilen weiter nördlich, zu schieben. Schofield durchschaute diesen Plan rechtzeitig und ging bis zum Duck River bei Columbia zurück, wo Hood sich am 24. bis 27. November Scharmützel mit den Bundestruppen lieferte. Da er keinen Frontalangriff riskieren wollte, gab er Forrests

Kavallerie und zwei Infanteriekorps den Befehl, Schofields Flanken zu überholen und ihn im Rücken zu fassen, nach dem Vorbild »der großartigen Resultate, welche der unsterbliche Jackson mit ähnlichen Manövern zu erzielen pflegte«.[11] Unionsreiterei erkannte jedoch dieses Manöver, und Schofield deckte mit zwei Divisionen die Chaussee in seinem Rücken, die nach Spring Hill mit einer wichtigen Straßenkreuzung führte. Unkoordinierte Angriffe der Rebellen vermochten die Yankees nicht aus dieser Stellung zu vertreiben, und von Stund an mißlang der Armee Hoods alles.

In der Nacht vom 29. zum 30. November zog Schofield seine gesamte Truppe zurück und verschanzte sich hinter einer Linie, die die Übergänge über den Harpeth River bei Franklin, 15 Meilen südlich von Nashville, deckte. Hood war wütend und suchte die Schuld für den Mißerfolg in Spring Hill bei seinen Untergebenen, ja sogar bei seinem Vorgänger Joe Johnston. Seit er die Armee vier Monate zuvor übernommen hatte, führte Hood ständig Klage über die defensive Mentalität der Soldaten, für die er Johnston verantwortlich machte. Am 30. November verfolgte er Schofield nach Franklin und gab seiner Infanterie den Befehl zum direkten Angriff – als wollte er seinen Männern mit diesem Himmelfahrtskommando die Ängstlichkeit austreiben. Hoods Korpskommandeure protestierten gegen den Befehl, einen numerisch gleich starken Gegner anzugreifen, der sich, von starker Artillerie gedeckt, in Gräben verschanzt hatte, während fast die gesamte konföderierte Artillerie und ein Teil ihrer Infanterie weit zurücklagen und an diesem kurzen Novembernachmittag nicht rechtzeitig eintreffen konnten, um einzugreifen. Diese Proteste bestärkten Hood nur in seinem Mißtrauen gegen den Kampfesmut seiner Armee und in der Entschlossenheit, sie zum Gefecht zu zwingen. Es war ihm in Gaines' Mill und in Chickamauga gelungen, die feindliche Linie zu durchbrechen, und es würde ihm auch hier gelingen.

So brachen 22000 Soldaten im bunten Licht eines Altweibersommernachmittags nach vorn. Teile von Patrick Cleburnes wuchtig dreinschlagender Division und eine andere Division der Grauen durchbrachen in der Tat für kurze Zeit die gegnerische Linie, doch sie wurden unter schweren Verlusten und in einem wilden Handgemenge, das an »Bloody Angle« in Spotsylvania erinnerte, zurückgeworfen. Noch Stunden nach Einbruch der Dunkelheit tobte das Feuergefecht fort, bis die Blauröcke endlich gegen Mitternacht den Kampf abbrachen und nach Norden, in Richtung Nashville, abzogen. Einen Sieg konnte Hood schwerlich verbuchen: Mit 7000 Gefallenen und Verwundeten hatte er dreimal so viele Opfer zu verzeichnen wie der Gegner. Hood verlor in Franklin mehr Tote als Grant in Cold Harbor oder McClellan an allen Tagen der »Sieben-Tage-Schlacht«.

In Franklin fanden sechs konföderierte Generäle den Tod, darunter Cleburne und ein Draufgänger aus South Carolina mit dem Namen »States Rights Gist«. Unter den Opfern waren auch nicht weniger als 54 südstaatliche Regimentskommandeure – mit anderen Worten: jeder zweite von ihnen. Die Tennessee-Armee hatte zu Hoods Genugtuung bewiesen, daß sie Brustwehren berennen konnte – aber nur einmal. Die Südstaatler waren von den Meldungen aus Franklin über »furchtbare Verluste und keine Resultate« entsetzt.[12]

Das Ausbleiben von Resultaten erbitterte auch Hull, der nun seine geschundenen Truppen nordwärts nach Nashville trieb; hier verschanzten sie sich vier Meilen südlich der Hauptstadt Tennessees in einer Verteidigungsstellung in den Bergen. Wie Mr. Micawber in *David Copperfield* schien auch Hood darauf zu vertrauen, daß »sich schon etwas finden« werde – vor allem Verstärkung vom anderen Ufer des Mississippi. Aber das verhinderten die Kanonenboote der Union. Den Rückzug nach Alabama wagte Hood nicht, weil er die Tennessee-Soldaten nicht zur Fahnenflucht animieren wollte; so grub er sich ein und wartete darauf, daß Thomas angriff. Darauf wartete auch ein ungeduldiger General Grant. In Unkenntnis des traurigen Zustands, in dem sich Hoods Armee befand, fürchtete man im Norden – weitab vom Schuß –, dieser Rebellen-Raid könne wie derjenige Jubal Earlys im vorangegangenen Sommer alle Erfolge zunichte machen, die die Union in jüngster Zeit errungen hatte. Während Thomas damit beschäftigt war, den Angriff methodisch vorzubereiten, zürnte Stanton: »Das ist wieder die alte Strategie von McClellan und Rosecrans, nichts zu tun und zuzusehen, wie die Rebellen das Land verwüsten!«[13] Grant überschüttete Thomas mit telegraphischen Ermahnungen, aktiv zu werden, und stand im Begriff, nach Nashville zu reisen und den zögerlichen General seines Kommandos zu entheben, als die erlösende Nachricht kam, daß Thomas endlich losgeschlagen habe.

Als es aber soweit war, war es wie bei Joe Louis' Rückkampf gegen Max Schmeling – ein verheerender K.-o.-Schlag, der den Gegner geradezu vernichtete. Das Bild ist passend, denn Thomas' Schlachtplan sah vor, daß eine Division (darunter zwei Brigaden schwarzer Soldaten) Hoods rechten Flügel mit einer linken Geraden festnagelten, während drei Infanteriekorps der Union und die Kavallerie den anderen Flügel des Gegners mit einem rechten Schwinger zerschmetterten. Alles funktionierte wie geplant; allerdings dauerte es zwei Wintertage, bis die Arbeit getan war. Am 15. Dezember gab der aufsteigende Morgennebel den Blick auf 50000 Blauröcke frei, die auf Hoods 25000 Mann zukamen (der größte Teil von Forrests Kavallerie stand 30 Meilen entfernt bei Murfreesboro und hielt eine kleine Unionstruppe in Schach). Den ganzen Tag verteidigten sich die Rebellen mit letzter Kraft gegen die angetäuschten Geraden auf der rechten und die mörderischen Hiebe auf der linken Seite. Gegen Abend ließen die Kräfte nach, und in der Nacht zog Hood seine Armee zwei Meilen zurück und bezog eine neue, kürzere Verteidigungslinie, die links und rechts an Bergland grenzte.

Die Bundestruppen rückten am nächsten Tag mit titanischer Unerbittlichkeit nach und verfolgten wieder ihre Taktik der linken Geraden und des rechten Uppercut. Die Konföderierten waren groggy, parierten die Schläge aber bis zum späten Nachmittag. Inzwischen hatte abgesessene Unionskavallerie mit Schnellfeuerkarabinern Hoods linke Flanke überholt und stand in deren Rücken, während zwei Infanteriekorps sie von vorn attackierten. Als schließlich der Zusammenbruch kam, bei strömendem Regen und hereinbrechender Dunkelheit, kam er mit fataler Plötzlichkeit. Von links nach rechts fielen die südstaatlichen Brigaden wie die Dominosteine. Tausende von Rebellen ergaben sich; andere strömten nach Süden, wobei sie Waffen und Ausrüstung fortwarfen, um besser rennen zu können. Ihre Offiziere versuchten eine Linie zu bilden und sie zu sammeln, aber es war nach den Worten eines Gefreiten, »als wollte man die Strömung des Duck River mit einem Fischernetz aufhalten«.[14]

Die Yankeekavalleristen liefen wild durcheinander, um ihre Pferde zu finden und auf den knietief mit Schlamm bedeckten Straßen dem Gegner nachzusetzen. Fast zwei Wochen dauerte diese Verfolgungsjagd von einem Fluß zum nächsten, quer durch Tennessee bis nach Alabama und Mississippi hinein. Forrests Kavallerie leistete an jedem Fluß oder Bach Widerstand, bevor sie zurückwich, während die völlig ausgepumpte Infanterie – die jetzt zur Hälfte barfuß lief – zu Hunderten Nachzügler und Fahnenflüchtige verlor. Anfang 1865 sammelten sich die Überreste von Hoods Armee in Tupelo (Mississippi), wo ein Zählappell ergab, daß von den 40 000 Mann, die sieben Wochen zuvor nach Norden marschiert waren, mehr als die Hälfte fehlten. Als verzweifelter und gebrochener Mann trat Hood am 13. Januar – einem Freitag natürlich – von seinem Kommando zurück.

Die Nachricht von Hoods »heillosem Desaster« und von der durch Sherman erzwungenen Kapitulation Savannahs stürzte den Süden in tiefste Mutlosigkeit. Dies sei »einer der allerdunkelsten Tage in unserem langen Ringen«, schrieb Josiah Gorgas am 19. Dezember. »Der schwärzeste und unheilvollste Tag ... eine Krise, wie sie noch nie zuvor da war«, klagte unter demselben Datum der Beamte des Kriegsministeriums, John B. Jones. »Die Fluten schlagen über uns zusammen«, notierte die Tagebuchschreiberin Mary Chesnut – gleichfalls am 19. Dezember.[15]

Als das ganze Ausmaß von Hoods Niederlage bekannt wurde und die durch Shermans und Sheridans Raubzüge verschärfte Notlage sich verschlimmerte, mußte der Chef des konföderierten Kriegsministeriums zugeben: »Es geht jetzt rasend schnell bergab. [...] Vor zehn Tagen ist die letzte Fleischration an Lees Armee abgegangen, kein einziges Pfund ist in Richmond geblieben. [...] Die Wahrheit ist, daß wir mit allen Kräften und Hilfsmitteln am Ende sind.« Der Goldpreis kletterte auf 5000, während der Wert des konföderierten Dollars auf nicht einmal zwei Prozent des Standes von 1861 abrutschte. Der bis dahin unerschütterliche General Gorgas, der bei der Versorgung der konföderierten Armee mit Waffen und Munition wahre Wunder vollbracht hatte, fragte sich im Januar 1865: »Wo soll das alles enden? Kein Geld in der Staatskasse – keine Verpflegung für Gen. Lees Armee – keine Truppen gegen Gen. Sherman. [...] Ist unsere Sache wirklich hoffnungslos? Soll sie so verloren- und untergehen? [...] Meine Frau und ich überlegen, ob wir nach Mexiko gehen und dort den Rest unserer Tage verbringen sollen.«[16]

Der optimistische Ton von Lincolns Botschaft an den Kongreß am 6. Dezember war das nördliche Gegenstück zur südlichen Verzweiflung. »Die Entschlossenheit des Volkes ... die Integrität der Union zu erhalten, ist heute so unerschütterlich und nahezu einmütig wie niemals zuvor«, sagte Lincoln. Und die Mittel hierfür seien »nicht erschöpft und in unseren Augen unerschöpflich«. Die Flotte sei mit 671 Kriegsschiffen die größte der Welt, das Heer mit einer Million Mann im Waffenrock größer und besser gerüstet als je zuvor. Und obwohl 300 000 Soldaten gefallen seien, hätten Einwanderung und natürlicher Nachwuchs die Verluste mehr als wettgemacht. Während »die materiellen Ressourcen heute vollständiger und reichlicher als je zuvor« seien, hätten »wir *heute mehr* Männer im Feld stehen als zu *Beginn* des Krieges. [...] Wir *gewinnen* an Stärke und können den Kampf, wenn es sein muß, unbegrenzt fortsetzen«.[17]

Das war Salz in die Wunden des Südens. Josiah Gorgas notierte in seinem Tagebuch: »Lincolns Botschaft hat nur *einen* Tenor: Unterjochung.«[18] Auch Lincolns Wort von den unerschöpflichen, überreichen Ressourcen war keine bloße Rodomontade. Im Gegenteil, die Kriegsnachfrage hatte der nördlichen Wirtschaft neue Höhen der Produktivität beschert, nachdem 1861 und 1862 durch das Ausscheiden des Südens mit seinen Absatzmärkten und Rohstoffen vorübergehend ein Rückschlag eingetreten war. Die Steinkohle- und Eisenproduktion ging in den ersten 12 Monaten des Krieges zurück, hatte aber bis 1864 ein höheres Niveau als je zuvor erreicht. Die Eisenproduktion in den Unionsstaaten war 1864 um 29 Prozent höher, als sie es in dem bisherigen Rekordjahr 1856 im ganzen Land gewesen war; die Steinkohleproduktion im

Norden lag in den ersten vier Kriegsjahren um 21 Prozent über den besten vier Friedensjahren in Norden und Süden zusammen. Der Norden baute, gemessen an der Tonnage, im Krieg eine größere Handelsflotte, als sie das ganze Land zu irgendeinem vergleichbaren Friedenszeitraum gebaut hatte – und das trotz der Beeinträchtigung der transatlantischen Handelsmarine durch südstaatliche Kaperschiffe und die konkurrierenden Ansprüche der Kriegsmarine an die Schiffsbaukapazitäten. Der Bau neuer Eisenbahnen verlangsamte sich zwar während des Krieges, aber das Verkehrsaufkommen auf den vorhandenen Strecken nahm um mindestens 50 Prozent zu und lastete damit die überschüssigen Kapazitäten aus, die durch den Boom im Eisenbahnbau in den 50er Jahren entstanden waren. Auch der Verkehr auf dem Eriekanal nahm im Krieg um mehr als 50 Prozent zu. In den ersten zwei Jahren des Krieges mußte der Norden Hunderttausende von Gewehren importieren; 1864 aber produzierte die Schußwaffenindustrie mehr als genug Gewehre und Geschütze für die riesige Unionsarmee.

Dabei lieferte die nordstaatliche Wirtschaft nicht nur Kanonen, sondern auch Butter. Trotz der Sezession des Südens, des Krieges in den an die Konföderation angrenzenden Bundesstaaten und des Ausfalls von einer halben Million Bauern, die in der Armee dienten, erzeugten die Unionsstaaten sowohl 1862 als auch 1863 mehr Weizen als beide Landesteile zusammen in dem früheren Rekordjahr 1859. Trotz der Versorgungsbedürfnisse der Armee und der Zivilbevölkerung verdoppelten die Vereinigten Staaten sogar ihren Weizen- , Mais-, Schweinefleisch- und Rindfleischexport während des Krieges und konnten so teilweise die Ernteausfälle in Europa Anfang der 60er Jahre ausgleichen. 1864 beschrieb der Präsident der Illinois Agricultural Society in glühenden Farben: »Eisenbahnen, die bis zum Bersten mit dem Frachtgut unserer Menschen gefüllt sind ... mehr Morgen fruchtbaren Landes als je zuvor werden bebaut ... die Ernten fallen so reich aus wie nie zuvor ... und dann versuchen Sie, sich vorzustellen, daß dies alles mitten in dem ungeheuerlichsten Krieg vor sich ging und geht, der je zwischen Menschen geführt worden ist.« Es war gewiß eine eindrucksvolle Leistung, ermöglicht durch den Anreiz der Kriegsproduktion, die Mechanisierung der Landwirtschaft und den verstärkten Einsatz von Frauen und Maschinen in der Industrie des Nordens. An den gegensätzlichen Auswirkungen des Krieges auf die nördliche und die südliche Volkswirtschaft konnte man nicht nur den zu erwartenden Kriegsausgang ablesen, sondern auch das künftige wirtschaftliche Ergehen beider Regionen.[19]

Dem Norden blieben trotz seiner Kriegsanstrengung genügend Menschen und genügend Energie, um die Expansion nach Westen fortzusetzen. Wie Lincoln in seiner Botschaft von 1864 feststellte, waren am östlichen Ende der Transkontinentalbahn bereits 100 Meilen in Planung, während am anderen Ende, in Kalifornien, erst 20 Meilen Gleise verlegt waren. Die Goldproduktion hielt ihren Vorkriegsstand, die Kupfererzeugung nahm um 50 Prozent zu, und die Silbergewinnung vervierfachte sich mit der Inbetriebnahme neuer Silberbergwerke vor allem in Nevada, das 1864 der Union als neuer Bundesstaat beitrat. Natürlich hatte das Wachstum im Westen auch seine Schattenseiten: Viele der neuen Siedler waren Rekrutierungsflüchtige aus Staaten östlich des Mississippi; der Bund drückte bei seinen finanziellen Hilfeleistungen zum Eisenbahnbau beide Augen zu; vor allem aber wurde die Annullierung indianischer Rechtsansprüche auf Grund und Boden rücksichtslos betrieben und ging während des Krieges mit blutigen Kämpfen in Minnesota, Colorado und anderswo einher.[20]

Auch im Treibhausklima der südstaatlichen Kriegswirtschaft blühten neue Industrien. In Augusta, Selma, Atlanta und an vielen anderen Orten entstanden Pulver- und Geschützfabriken, Maschinenwerkstätten und dergleichen, während die Tredegar-Werke in Richmond Eisen für jeden erdenklichen militärischen Zweck produzierten. Früher oder später fiel jedoch der größte Teil dieser neuen Industrien nebst allem, was sonst von wirtschaftlichem Wert war, den Invasionen und Raids der Yankees zum Opfer, so daß der Süden nach dem Krieg wirtschaftlich weithin eine Wüste war. Der Krieg kostete nicht nur ein Viertel der weißen Männer der Konföderation im wehrfähigen Alter das Leben, er vernichtete auch zwei Fünftel des Viehbestands im Süden, ruinierte die Hälfte aller landwirtschaftlichen Geräte, zerstörte Tausende von Meilen Bahngleisen, verwüstete Zehntausende von Bauernhöfen und Plantagen und beseitigte das Arbeitskräftesystem, das die Produktivität des Südens getragen hatte. Zwei Drittel des besteuerten Einkommens in der Konföderation wurden vom Krieg verschlungen. Durch den Zusammenbruch der südstaatlichen Volkswirtschaft wurden die 60er Jahre des 19. Jahrhunderts das Jahrzehnt mit dem geringsten Wirtschaftswachstum vor den 30er Jahren des 20. Jahrhunderts. Dieser Zusammenbruch bewirkte auch eine schlagartige Umverteilung von Wohlstand und Einkommen zwischen Norden und Süden. Dem Zensus zufolge sank das landwirtschaftliche und gewerbliche Kapital im Süden zwischen 1860 und 1870 um 46 Prozent, während das Kapital im Norden um 50 Prozent zunahm.[21] 1860 verfügten die Südstaaten über 30 Prozent des nationalen Wohlstands, 1870 nur noch über 12 Prozent. Der Güterausstoß pro Kopf (inklusive Landwirtschaft) war 1860 im Norden und im Süden fast gleich; 1870 war der Pro-Kopf-Ausstoß des Nordens um 56 Prozent höher als der des Südens. 1860 betrug das durchschnittliche Pro-Kopf-Einkommen der Südstaatler – inklusive der Sklaven – ungefähr zwei Drittel des Durchschnitts im Norden; nach dem Krieg sank das Einkommen im Süden auf weniger als zwei Fünftel des nördlichen Durchschnitts und verblieb für den Rest des Jahrhunderts auf diesem Niveau. Das waren die ökonomischen Konsequenzen des südstaatlichen Unabhängigkeitsstrebens.[22]

II

Trotz der Katastrophen in den letzten Monaten des Jahres 1864 war der Krieg für die Konföderation noch nicht vorbei; zumindest mochten sich Jefferson Davis und seine Kollegen nicht eingestehen, daß er vorbei war. Um sie davon zu überzeugen, legten die Yankees letzte Hand an Winfield Scotts fast vier Jahre alten »Anakondaplan«, indem sie im Januar 1865 Fort Fisher eroberten. Zu diesem Zeitpunkt war Robert E. Lees Nord-Virginia-Armee die einzige ernstzunehmende Truppe, die der Konföderation verblieben war, und die beiden Carolinas waren so ziemlich das einzige Gebiet, wo sie sich noch mit Nachschub versorgen konnte. Ein großer Teil des Nachschubs kam auf Blockadebrechern, die noch in das von Fort Fisher aus 20 Meilen flußaufwärts am Cape Fear River gelegene Wilmington gelangten. Das massive, L-förmige Forth Fisher, das an seiner dem Meer zugewandten Seite fast eine Meile lang war, stellte die moderne Umsetzung einer antiken Befestigungsidee dar: Es bestand nicht aus Mauerwerk, sondern aus einer mit Sand und Lehm verstärkten Holzstruktur. Fünfundzwanzig Fuß dick und zehn bis 30 Fuß hoch und mit festem Sumpfgras verkleidet, absorbierte es Kugeln und Granaten, wie ein Kissen Schläge absorbiert. Die 47 großen Geschütze von Fort Fisher verhießen den Kriegsschiffen nichts Gutes, die den Blockadebrechern zu nahe zu kommen suchten, die sich ihren Weg durch die trügerischen Untiefen und Kanäle im Mündungsgebiet des Cape Fear River bahnten.

Es dauerte lange, bis die Einnahme von Fort Fisher bei den Unionsstrategen oberste Priorität bekam. 1863 verzögerte der mit erheblichem Kräfteverschleiß verbundene, vergebliche Versuch zur Einnahme Charlestons das Projekt. Im Herbst 1864 zog Admiral David D. Porter die größte Flotte des Bürgerkrieges zusammen – 60 Kriegsschiffe sowie Truppentransporte für 6500 Soldaten – und unternahm einen Generalangriff auf Fort Fisher. Kommandeur der Infanterie war Benjamin Butler, der dank seiner frühen, aus politischen Gründen erfolgten Beförderung zum Major General der ranghöchste Mann nach Grant auf dem östlichen Kriegsschauplatz war. Er hatte die Idee, ein altes Schiff mit 215 Tonnen

Pulver zu beladen und in den Untiefen vor dem Fort in die Luft zu jagen; er hoffte, durch die Explosion Breschen in die Befestigungen zu schlagen und die Garnison kopflos zu machen. Infolge von Stürmen verzögerte sich die Ausführung dieses Plans bis zum Heiligen Abend. Das explodierende Schiff richtete jedoch nahezu überhaupt keinen Schaden an, da die Schockwelle in der Luft verpuffte. Die Flotte nahm daraufhin das Fort unter den schwersten Beschuß des ganzen Krieges, vermochte aber lediglich einige Geschütze zu beschädigen. Butler ging mit einem Teil seiner Infanterie an Land, brach den Angriff jedoch ab, als er feststellte, daß das Parapett schwer bestückt mit Artillerie und die Zufahrt durch »Torpedos« vermint war.

Dieses Fiasko lieferte Grant den erwünschten Grund zur Entlassung Butlers. Nachdem die Wahl gewonnen war, benötigte Lincoln den politischen Einfluß nicht mehr, dem Butler seinen langen Verbleib in der Armee verdankte; am 8. Januar 1865 wurde der General aus Massachusetts seines Kommandos enthoben. Grant befahl einen zweiten Ausfall gegen Fort Fisher, und zwar diesmal unter dem cleveren jungen General Alfred Terry an der Spitze einer auf 8000 Mann verstärkten Infanterietruppe. Am 13. Januar watete die Truppe durch die Brandung an Land und arbeitete sich auf der schmalen Landzunge zur Nordseite des Forts vor, während die Flotte ein Speerfeuer eröffnete, bei dem 800 Tonnen Munition und Granaten auf die Verteidiger niederregneten. Diesmal setzten die schweren Geschütze der Marine fast alle Geschütze im Fort außer Gefecht und zerrissen die Zündschnüre an den Minen, so daß der Weg für den Sturmangriff am 15. Januar frei war. Viertausendfünfhundert Infanteristen marschierten gegen die Nordseite des Forts, während Marinetruppen und 2000 Matrosen die Bastion vom Meer her stürmten. Zwar hatten die Angreifer über 1000 Opfer zu verzeichnen, aber schließlich brachen die Armeetruppen durch und eroberten das Fort samt der 2000 Mann starken Garnison. So war Wilmington vom Meer abgeschnitten, und Lees Soldaten in den Schützengräben vor Petersburg mußten ihre ohnehin schon schmerzhaft geschnürten Gürtel noch enger schnallen.

Wilmington selbst fiel ebenfalls bald, und damit war der größte Teil der Küste North Carolinas in der Hand der Yankees. Die Zahl der Desertionen aus Lees Armee, zumal bei den Truppen in North Carolina, erreichte eine katastrophale Größenordnung. »Hunderte von Leuten desertieren Nacht für Nacht«, berichtete Lee im Februar. In einem einzigen Monat verlor die Armee acht Prozent ihrer Ist-Stärke durch Fahnenflucht. Die meisten Männer gingen nach Hause, um für Unterhalt und Schutz ihrer Familien zu sorgen; manche liefen auch zum Feind über, wo es genug zu essen und ein Dach über dem Kopf gab. Ein Unionssoldat aus Massachusetts, der an der Petersburger Front lag, schrieb an seine Eltern: »Unsere Leute reden über die Johnnys [die gegnerischen Soldaten] wie wir zu Hause über Trottel und Schlitzohren. Am Abend werfen sie einen Blick in die Runde und rechnen damit, daß nachts wieder ein hübscher Haufen Johnnys überläuft.«[23] Konföderierte Offiziere gaben zu, daß »die bedrängte und elende Situation der Soldatenfamilien eine der wichtigsten Ursachen für die Desertionen« gewesen sei, daß aber »der Hauptgrund die Überzeugung der Truppe« war, »daß unsere Sache hoffnungslos und weiterer Opfer nicht wert sei«. Was auch die Gründe für diese Fahnenflucht-»Epidemie« seien, meinte Lee, »solange das nicht abgestellt werden kann, bringt es uns in die größten Kalamitäten«.[24]

In der Konföderation sah man den Verlust von Fort Fisher als »betäubenden« Schlag an. Alexander Stephens sprach von »einer der schlimmsten Katastrophen für unsere Sache seit Ausbruch des Krieges«.[25] Der südstaatliche Kongreß, der gerade eine Sitzung abhielt, verstärkte seine Angriffe gegen die Regierung. Kriegsminister Seddon gab dem Druck nach und trat zurück. Einige Abgeordnete forderten sogar, Davis solle sein Amt zugunsten Lees räumen und diesen mit diktatorischen Vollmachten ausstatten. Der Kongreß verabschiedete denn auch ein Gesetz, mit dem der Posten eines Oberbefehlshabers eingeführt wurde. Davis sah darin zwar eine Mißtrauensbekundung gegen seine eigene Amtsführung, betraute aber Lee mit dem neuen Posten. Davis und Lee hielten an der herzlichen Beziehung zueinander fest und gelobten, bis zum Endsieg weiterzukämpfen. Indes hatte der Fall von Fort Fisher viele Abgeordnete in der Überzeugung bestärkt, daß »wir diesen Krieg nicht länger durchhalten können« und »uns mit dem Gegner auf der Basis der alten Union verständigen sollten«.[26]

In diesem Meinungsklima gedieh eine weitere Bewegung, die sich Friedensverhandlungen zum Ziel setzte, jedoch wie schon die anderen verpuffte. Diesmal war es der alte Jackson-Anhänger Francis Preston Blair – auf seine Weise ebensosehr ein Don Quixote wie Horace Greeley –, der eine Zusammenkunft zwischen Lincoln und Abgesandten der Konföderation arrangierte. Blair war überzeugt, daß ein gemeinsamer Feldzug des Nordens und des Südens gegen die Franzosen in Mexiko der Wiedervereinigung der amerikanischen Staaten dienlich sein könne, und setzte Lincoln so lange zu, bis er einen Passierschein an die Front bekam, um Jefferson Davis seinen Vorschlag persönlich zu überbringen. Lincoln, der mit dem unsinnigen Mexikoprojekt nichts zu tun haben wollte, ließ Blair nur deshalb nach Richmond reisen, um zu sehen, was aus der Sache werden würde. Davis seinerseits erwartete von Verhandlungen nichts anderes als die altbekannten Forderungen nach »bedingungsloser Unterwerfung«, sah jedoch ein Chance, der sinkenden Moral des Südens durch die erneute Konfrontation mit solchen Forderungen aufzuhelfen. Daher ermächtigte er Blair, Lincoln dahingehend zu informieren, daß er bereit sei, »in eine Besprechung mit dem Ziel der Friedenssicherung für beide Länder« einzutreten. Lincoln antwortete prompt, auch er sei bereit, Angebote »mit dem Ziel der Friedenssicherung für die Menschen unseres einen, gemeinsamen Landes« entgegenzunehmen.[27]

Davis, der die Friedensbewegung dadurch zu diskreditieren hoffte, daß er sie als gleichbedeutend mit demütigenden Kapitulationsbedingungen hinstellte, ernannte eine dreiköpfige Kommission, die aus prominenten Befürwortern von Friedensverhandlungen bestand: dem Vizepräsidenten Stephens, dem amtierenden Senatspräsidenten Robert M. Hunter und dem stellvertretenden Kriegsminister John A. Campbell, einem früheren Richter am U.S. Supreme Court. Das verabredete Treffen mit William H. Seward, den Lincoln nach Hampton Roads entsandt hatte, um mit den Südstaatenvertretern zu sprechen, wäre fast an den unvereinbaren Differenzen über die Tagesordnung – für »zwei Länder« oder für »unser eines, gemeinsames Land« – gescheitert. Nachdem General Grant jedoch mit Stephens und Hunter gesprochen und sich von der Ernsthaftigkeit ihres Friedenswunsches überzeugt hatte, telegraphierte er nach Washington, daß es einen schlechten Eindruck machen würde, die Delegierten aus dem Süden ohne Konferenz nach Hause zu schicken. Lincoln beschloß daraufhin spontan, selbst nach Hampton Roads zu fahren und zusammen mit Seward den Abgesandten der Konföderation gegenüberzutreten.

Diese dramatische Begegnung fand am 3. Februar 1865 auf dem Unionsdampfer *River Queen* statt. In den vier Stunden dauernden Gesprächen hielt die Union an der unnachgiebigen Position fest, die Lincoln schon zuvor in seinen Instruktionen an Seward formuliert hatte: »1. Wiederherstellung der nationalen Autorität in allen Bundesstaaten. 2. Keine Rückzieher der Exekutive der Vereinigten Staaten in der Sklavenfrage. 3. Einstellung der Feindseligkeiten erst bei einer Beendigung des Krieges und der Entwaffnung aller regierungsfeindlichen Truppen.« Stephens versuchte umsonst, Lincoln mit Blairs Mexikoprojekt abzulenken. Ebenso vergeblich schlug Hunter einen Waffenstillstand sowie eine gemeinsame Konferenz aller Staaten vor. »Kein Waffenstillstand«, sagte Lincoln; die einzige Möglichkeit, den Krieg zu beenden, sei die Kapitulation. Hunter wandte ein, sogar Karl I. habe während des englischen Bürgerkriegs Vereinbarungen mit Rebellen getroffen, die sich mit Waffengewalt gegen seine Regierung erhoben hatten. »Ich erhebe nicht den Anspruch, in Geschichte besonders bewandert zu sein«, versetzte Lincoln. »Das einzige, was ich über Karl I. ganz genau weiß, ist, daß er geköpft wurde.«[28]

Was die Bestrafung der Rebellenführer und die Beschlagnahmung ihres Eigentums betraf, versprach Lincoln eine großzügige Regelung auf der Basis seiner

Vollmacht zur Begnadigung. In bezug auf die Sklaverei deutete er sogar die Möglichkeit an, Sklavenbesitzer bis zu einer Höhe von 400 Millionen Dollar zu entschädigen (das entsprach 15 Prozent des Werts der Sklaven im Jahre 1860).[29] Eine gewisse Unklarheit herrscht darüber, was Lincoln in diesen Diskussionen mit »keine Rückzieher ... in der Sklavenfrage« meinte. Zumindest meinte er, daß nicht hinter die Proklamation über die Sklavenbefreiung und andere im Krieg beschlossene Aktionen der Exekutive und des Kongresses gegen die Sklaverei zurückgegangen werden dürfe. Sklaven, die hierdurch befreit worden waren, konnten nicht wieder versklavt werden. Die Südstaatler wollten wissen, *wie viele* denn auf diese Weise freigekommen seien: sämtliche Sklaven in der Konföderation oder nur diejenigen, die nach Bekanntgabe der Proklamation in den militärischen Einflußbereich der Union geraten waren? Würde die Proklamation als Kriegsmaßnahme mit Eintritt des Friedens ihre Gültigkeit verlieren? Das müßten die Gerichte entscheiden, meinte Lincoln. Und Seward teilte den Abgesandten der Konföderation mit, daß das Repräsentantenhaus soeben den 13. Verfassungszusatz verabschiedet habe. Mit dessen Ratifizierung würden alle anderen juristischen Fragen gegenstandslos werden. Falls die Südstaaten in die Union zurückkehrten, gegen die Ratifizierung stimmten und sie dadurch verhinderten: wäre dieser Vorgang legal? Das bleibe abzuwarten, meinte Seward.[30] Auf jeden Fall – so Lincoln – sei es um die Sklaverei wie um die Rebellion geschehen. Die südlichen Führer sollten den Schaden begrenzen, in die alte Bündnistreue zurückkehren und das Blut von Tausenden junger Männer schonen, das bei einer Fortsetzung des Krieges unweigerlich vergossen würde. Die Abgesandten aus dem Süden waren nicht befugt, diese Bedingungen auszuhandeln, mochten sie ihnen persönlich auch noch so einleuchten. Niedergeschlagen kehrten sie nach Richmond zurück.[31]

Wenn manche Südstaatler jetzt die Forderung des Nordens nach »bedingungsloser Kapitulation« als Schock und Verrat empfanden, so war das töricht: Lincoln hatte ihnen zu keinem Zeitpunkt Anlaß gegeben, etwas anderes zu erwarten. Die drei Ausschußmitglieder formulierten einen kurzen, sachlichen Bericht über ihre Mission. Davis hätte es gerne gesehen, wenn der Bericht sich auch gegen »entwürdigende Unterwerfung« und »demütigende Kapitulation« verwahrt hätte, aber darauf ließen die Ausschußmitglieder sich nicht ein, weil sie wußten, daß der Präsident mit solchen Formulierungen lediglich die Idee von Friedensverhandlungen diskreditieren wollte. So benutzte Davis diese Formulierungen selbst, als er am 6. Februar in einer Botschaft an den Kongreß den Bericht der Abgesandten vorlegte. Der Süden müsse weiterkämpfen, sagte Davis am Abend in einer öffentlichen Ansprache, die nach Presseberichten von »unerschütterlichem Stolz«

geprägt war. Niemals werde man sich der »Schmach der Kapitulation« beugen, erklärte der Anführer der Konföderation. Davis apostrophierte den Präsidenten des Nordens als »Seine Majestät Abraham der Erste« und prophezeite Lincoln und Seward, sie hätten »ihren Meister gefunden«, denn die Armeen des Südens würden »die Yankees in weniger als 12 Monaten zwingen, uns um Frieden zu bitten, und zwar zu unseren Bedingungen«.[32]

Presse und Öffentlichkeit griffen – zumindest in Richmond – Davis' Sprachregelung auf. »Jetzt noch von einer anderen Schlichtung zu sprechen als der durch das Schwert, zeugt entweder von Feigheit oder von Verrat«, erklärte der *Whig*. Josiah Gorgas berichtete: »Die Kriegsbegeisterung in Richmond ist neu entfacht«, und der Beamte im Kriegsministerium John B. Jones wußte von ähnlichen »erfreulichen« Nachrichten zu erzählen. »Jetzt vertrauen wir zu unserer Rettung ganz auf unseren Heldenmut«, schrieb Jones. »Überall glaubt man, daß die Konföderation nunmehr ihre militärische Stärke sammeln und Schläge austeilen wird, die die Welt in Erstaunen versetzen.«[33]

III

Hätte William Tecumseh Sherman diese Worte gelesen, er hätte gequält aufgeseufzt. Nachdem seine Armee den »unerschütterlichen Stolz« des Südens zwar gebeugt, aber offenkundig nicht gebrochen hatte, zog sie jetzt, eine Spur der Verwüstung hinterlassend, durch South Carolina, um der Sache ein Ende zu machen.

Zu Beginn des Jahres 1865 waren die einzigen nennenswerten Gebiete des konföderierten Binnenlandes, die von Yankee-Invasionen noch verschont geblieben waren, das Innere der beiden Carolinas sowie der größte Teil Alabamas. Um Alabama auszuschalten, planten Grant und Thomas eine Zangenbewegung. Mit Truppen aus der Golf-Armee und aus Thomas' Streitmacht in Tennessee sollte General E.R.S. Canby von Mobile her im südlichen Alabama einmarschieren. Gleichzeitig sollte der 27jährige James H. Wilson, der es zu einem Kommando in Thomas' Kavallerie gebracht hatte, 13000 mit Repetierkarabinern bewaffnete Kavalleristen zu einem Überraschungsangriff von Tennessee nach Alabama führen, um den Munitionskomplex in Selma zu zerstören und Montgomery, die ursprüngliche Hauptstadt der Konföderation, einzunehmen. Beide Operationen wurden im März begonnen, und beide waren erfolgreich, vor allem Wilsons Raid. Die blaue Reiterei fegte Forrests zahlenmäßig unterlegene und schlechter bewaffnete Kavallerie beiseite und verbrannte, sprengte oder zerstörte in großem Stil Baumwolle, Bahngleise, Brücken, rollendes Gut, Fabriken, Salpeterwerke, Walzwerke, Arsenale sowie eine Werft der Kriegsmarine und eroberte Montgomery, während Mobile im April vor Canbys Infanterie kapitulieren mußte.

Das Vernichtungswerk dieser Unternehmungen verblaßte freilich vor Shermans Marsch durch South Carolina. Als seine Armee im Dezember 1864 auf Savannah marschiert war, hatten Einwohner von Georgia zu Sherman gesagt: »Warum machen Sie es in South Carolina nicht genauso? Die haben doch angefangen.« Eben das hatte Sherman vorgehabt. Er gewann Grant für sein Vorhaben, und am 1. Februar brachen Shermans 60000 blaue Racheengel in Savannah auf und begannen ihren zweiten Marsch durch Feindesland. Dabei gab es zwei strategische Ziele: die Zerstörung aller südstaatlichen Kriegsressourcen, die Sherman in die Finger kamen, und die Annäherung an Lees Nachhut, um die Nord-Virginia-Armee zwischen zwei überlegenen Unionsarmeen zu zerquetschen und »Lee auszuradieren«, wie Grant prägnant formulierte.[34]

Shermans Soldaten hatten sich noch ein drittes Ziel gesteckt: Sie wollten den Staat bestrafen, der diese heillose Rebellion ausgeheckt hatte. »Tatsächlich ist es so, daß die ganze Armee nur so darauf brennt, es South Carolina heimzuzahlen«, schrieb Sherman an Halleck. »Wenn ich mir ausmale, was diesem Staat blüht, wird mir angst und bange, aber eigentlich scheint mir doch, daß er alles verdient hat, was auf ihn zukommen mag.« Der Hohn der konföderierten Presse über Shermans »Heer von Proleten« stimmte die Soldaten nicht eben versöhnlicher. Einer dieser »Proleten«, ein Gefreiter aus Ohio, gelobte, es solle South Carolina »schlimmer ergehen als im Revolutionskrieg. Sie sollen merken, daß es nicht so lustig ist, abtrünnig zu werden, wie sie geglaubt haben«.[35] Ein anderer Soldat erklärte: »Hier hat der Verrat begonnen, hier soll er auch enden, bei Gott!« Eine Frau aus South Carolina erinnerte sich, daß bei der Plünderung ihres Hauses die Soldaten »manchmal innehielten und mir versicherten, für die Frauen und Kinder täte es ihnen leid, aber South Carolina müsse *vernichtet* werden«.[36]

Und es *wurde* vernichtet; die Spur der Zerstörung, die sich von Süden nach Norden zog, war zwar schmaler als in Georgia, aber es wurde eifriger geplündert und gebrandschatzt. In manchen Orten gab es kaum noch ein intaktes Gebäude, nachdem die Armee durchgezogen war. Dasselbe galt für das flache Land. »In Georgia wurden nur wenige Häuser in Brand gesteckt«, schrieb ein Offizier, »hier wurden nur wenige verschont.« Ein Soldat meinte selbstgerecht: »South Carolina ist von seiner Sezessionswut geheilt. [...] Jetzt hat es seine ›Rechte‹.« Mit dem Einmarsch der Armee in North Carolina hörte die Zerstörung privaten Eigentums auf. »Keine einzige Rauch- oder Feuersäule am Horizont, die noch vor einigen Tagen den Standort einer Kolonne markierte«, notierte ein Offizier nach zwei Tagen in North Carolina. »Kein einziges Haus verbrannt; die Armee hat mehr an die Menschen verschenkt, als sie ihnen weggenommen hat.«[37]

Der Krieg des Brandschatzens und Plünderns in South Carolina war nicht schön und auch nicht besonders ruhmreich, aber er tat Shermans Ansicht nach seine Wirkung. Der Terror, den seine Leute verbreiteten, »war ein Element der Gewalt, das ich ausnutzen wollte. [...] Mein Ziel war also, die Rebellen zu strafen, ihren Stolz zu demütigen, sie in ihren geheimsten Schlupfwinkeln aufzustöbern und überall Furcht und Schrecken zu verbreiten«. Die Rechnung ging offenbar auf: »Alles ist wie gebrochen und gelähmt«, schrieb ein Bewohner von South Carolina am 28. Februar. »Unsere Armee ist demoralisiert, die Menschen geraten in Panik. [...] Der Wille zur Gegenwehr ist erloschen. [...] Weiterkämpfen wäre Wahnsinn.«[38]

Noch demoralisierender als der zerstörerische Rachedurst von Shermans Soldateska wirkten aber wohl die frappierenden logistischen Leistungen seiner Armee. Nach Shermans späterer Einschätzung war der Marsch durch die beiden Carolinas zehnmal kriegsentscheidender als der Marsch von Atlanta zum Meer. Allerdings war er auch zehnmal so schwierig. »Der Marsch zum Meer hat überall Staunen erregt«, meinte Sherman nach dem Krieg, »dabei war er ein Kinderspiel gegenüber dem anderen.«[39] Die Gelände- und Wetterbedingungen waren in South Carolina viel problematischer als in Georgia. Der Marsch von Atlanta nach Savannah verlief 285 Meilen parallel zu großen Flüssen, bei trockenem Herbstwetter und nur symbolischem Widerstand des Gegners. Der Marsch von Savannah nach Norden galt dem 425 Meilen entfernten Goldsboro in North Carolina, wo Sherman eine Verstärkung seiner Kräfte durch Unionstruppen erwartete, die landeinwärts von Wilmington heranrückten. Dabei mußten Shermans Leute neun breite Flüsse und Dutzende von Nebenflüssen überqueren, und zwar im niederschlagreichsten Winter seit 20 Jahren.

Die konföderierten Verteidiger erwarteten, daß Sherman schon beim ersten Anlauf in den Sümpfen des Küstengebiets von South Carolina steckenbleiben werde. »Meine Pioniere«, schrieb Joseph E. Johnston, »meldeten mir, daß es für eine Armee völlig unmöglich sei, die südlichen Teile des Staates im Winter zu durchqueren.« Tatsächlich standen die Straßen in dieser Gegend so hoch unter Wasser, daß Scouts der Union sie erst einmal in Kanus erkunden mußten. Doch Sherman stellte Pionierbataillone aus Soldaten und befreiten Sklaven auf (letztere rekrutierten sich zum Teil aus den Tausenden von »Konterbande«, die der Armee nach Savannah gefolgt waren), und diese Bataillone fällten Bäume, um die

Wege durch Knüppeldämme passierbar zu machen, Brücken zu bauen und Flußübergänge zu errichten. An manchen Hochwasser führenden Flüssen und Strömen stießen die Blauröcke auf Wheelers Kavallerie; dann wateten von den Flanken Kolonnen durch das Wasser, das ihnen bis zu den Achseln reichte, vertrieben Alligatoren und Schlangen und schlugen die Rebellen in die Flucht. Das hartnäckigste Hindernis bildete der vielarmige Salkehatchie River 50 Meilen nördlich von Savannah. »Der Salk ist unpassierbar«, erklärte Südstaatengeneral William Hardee. Die Yankees aber bauten meilenlang Brücken und überquerten ihn. »Ich hätte es nicht geglaubt, wenn ich es nicht selbst gesehen hätte«, kommentierte Hardee. Fünfundvierzig Tage lang ergoß sich die blaue Welle nordwärts, bei einem Tempo von fast zehn Meilen pro Tag und unter zahlreichen Scharmützeln und Gefechten. An 28 dieser Tage regnete es, aber für South Carolina hatte das nur den geringen Vorteil, daß es den Brandeifer von Shermans Zündelspezialisten ein wenig dämpfte. »Als ich erfuhr, daß Shermans Armee durch die Salksümpfe daherkam und sich in einem Tempo von einem Dutzend Meilen pro Tag ihre Knüppeldämme baute«, meinte Joseph Johnston, »wurde mir klar, daß es eine solche Armee seit Julius Cäsar nicht gegeben hat.«[40]

Johnston wurde bald die zweifelhafte Ehre zuteil, sich diesen Legionen entgegenzustemmen. Als frischgebackener Oberbefehlshaber hatte Lee Präsident Davis überredet, Johnston am 22. Februar das Kommando über alle konföderierten Truppen in beiden Carolinas zu übertragen. Viele Truppen waren es ohnehin nicht mehr, und in South Carolina waren sie durch Shermans Scheinangriffe und Eilmärsche schon überflügelt worden. Die vier Unionskorps zogen auf getrennten Wegen in Y-Formation nach Norden; die vorderen Einheiten zielten auf Augusta beziehungsweise Charleston, während die inneren Korps zurückgehalten wurden, um jederzeit dort eingreifen zu können, wo es notwendig war. Die Rebellen hatten 20000 Mann sowie Wheelers Reiterei zusammengekratzt, um sich Sherman entgegenzustellen. Es handelte sich um die demoralisierten Reste von Hoods Tennessee-Armee, die durch Hardees aus Savannah evakuierte Truppen verstärkte Garnison von Charleston und eine Kavalleriebrigade aus South Carolina, die Lee aus Virginia entsandte; mit ihr kam Wade Hampton, um der sinkenden Moral in seinem Heimatstaat aufzuhelfen. Einige zehntausend Mann wurden in Augusta stationiert und etwa ebenso viele in Charleston, weil man damit rechnete, daß Sherman eine der beiden oder beide Städte angreifen werde – Augusta wegen seiner Pulver- und Munitionsfabriken, Charleston aufgrund seiner symbolischen Bedeutung. Sherman setzte den Scheinangriff auf beide Orte fort, hatte jedoch in Wirklichkeit ein anderes Ziel. Er durchschnitt den Staat in der Mitte, zerstörte die Bahnlinie zwischen

Augusta und Charleston und marschierte auf die Hauptstadt Columbia los. Die Verteidiger von Charleston, mit abgeschnittenen Verbindungslinien und einer gegnerischen Armee von 60000 Mann im Rücken, evakuierten die Stadt am 18. Februar. Die Rebellentruppen in Augusta zogen sich ebenfalls nach Norden zurück, um sich mit Hardees nunmehr unter Johnstons Oberkommando stehenden Divisionen zu verbinden und einen gewissen Widerstand zu leisten, sobald Sherman in North Carolina erschien.

Charleston konnte von Glück sagen, daß es von Truppen aus dem Wehrbereich Süd besetzt wurde (darunter auch schwarze Regimenter), die Brände löschen halfen, welche abziehende Rebellen bei der Zerstörung militärischer Einrichtungen verursacht hatten; Shermans »Bummers« hätten statt dessen vermutlich zusätzliche Brände gelegt. Columbia hatte weniger Glück. Einheiten aus zwei Shermanschen Korps besetzten die Hauptstadt am 17. Februar; am nächsten Morgen lag der halbe Ort in Schutt und Asche. Die Einäscherung Columbias war der größte Kriegsgreuel, der Sherman zur Last gelegt wurde, und es kam zu einer heftigen Kontroverse um die Verantwortung für diese Tragödie. Sherman und andere Unionsoffiziere behaupteten, das Feuer sei durch den starken Wind aus schwelenden Baumwollballen entfacht worden, welche gegnerische Kavallerie bei der Evakuierung der Stadt angezündet hätte. Die Südstaatler waren überzeugt, daß betrunkene Unionssoldaten die Stadt in Brand gesteckt hatten. Andere Zeitgenossen und Historiker gaben die Schuld an dem Unglück abwechselnd rachsüchtigen Unionsgefangenen, die aus einem nahegelegenen Gefangenenlager entkommen waren, örtlichen Kriminellen, die aus einem Gefängnis ausgebrochen waren, oder Negern, die sich an der Freiheit, am Schnaps oder an beidem berauscht hatten. Die umfassendste und leidenschaftsloseste Untersuchung der ganzen Kontroverse gibt allen Seiten in unterschiedlichem Ausmaß die Schuld. Sie gibt auch den örtlichen (konföderierten) Behörden die Schuld an der ungeordneten Evakuierung Columbias, bei der Tausende von Baumwollballen (zum Teil brennend) in den Straßen liegenblieben und Unmengen von Schnaps nicht vernichtet wurden; ein großer Teil der Spirituosen war von Kaufleuten und reichen Bürgern in die Stadt geschafft worden, weil man geglaubt hatte, in Columbia vor dem Feind in Sicherheit zu sein. Schwarze und weiße Bürger Columbias verteilten großzügig Schnaps an die einrückenden Truppen des Feindes, in der Hoffnung, sie gnädig zu stimmen; statt dessen machte der Alkohol so manchen Soldaten zum enthemmten Zundelfrieder. Sherman hat Columbia nicht niedergebrannt, aber einige seiner Leute haben fraglos dabei geholfen, und seine Offiziere schritten nicht rechtzeitig und energisch genug dagegen ein. Andererseits hat ein weit größerer

Teil der Unionssoldaten – auch Sherman selbst –, statt Feuer zu legen, die ganze Nacht hindurch beim Löschen geholfen. Nur dem Abflauen des böigen Windes nach drei Uhr früh war es zu danken, daß nicht noch mehr von der Stadt in Flammen aufging. Auf jeden Fall entsprach das Schicksal Columbias durchaus jener Politik der verbrannten Erde, die auch in anderen Teilen South Carolinas praktiziert worden war.[41]

Sherman ließ den Gegner bis Mitte März über seine eigentlichen Ziele im unklaren; dann wurde deutlich, daß er es auf Goldsboro und die Verbindung mit 30000 weiteren Blauröcken abgesehen hatte, die von der Küste heranrückten. Johnston plante – in dem Desperadostil, der für die südstaatliche Strategie kennzeichnend geworden war –, einen Flügel von Shermans Armee anzugreifen und nach Möglichkeit auszuschalten, bevor der restliche Teil ihm zu Hilfe kommen konnte. Am 16. März lieferten sich zwei von Johnstons Divisionen bei Averasborough, rund 30 Meilen südlich von Raleigh, ein Hinhaltegefecht gegen vier Shermansche Divisionen. Bei dieser Gelegenheit bemerkten die Rebellen, daß die beiden Flügel von Shermans Armee ein gutes Dutzend Meilen auseinanderlagen. Johnston zog seine Infanterie (17000 Mann) zusammen, um am 19. März bei Betonville einer etwa gleich großen Zahl von Bundestruppen – der Vorhut des linken Flügels – aufzulauern. Nach anfänglichen Erfolgen der Angreifer verschanzten sich die Yankees und wiesen im Laufe des Nachmittags mehrere gegnerische Sturmangriffe ab. In dieser Nacht und am nächsten Tag kam der Rest von Shermans Armee im Eiltempo heran, um den linken Flügel zu verstärken. Am 21. März stieß eine Unionsdivision in die konföderierte Linke vor, aber Sherman blies den Angriff ab und ließ Johnston in der Nacht entkommen.

Warum zögerte Sherman plötzlich, einen Gegner zu erledigen, dem er numerisch im Verhältnis 3:1 überlegen war? Sherman wollte seine vom Marschieren ermüdeten Truppen nach Goldsboro führen, um nach einem siebenwöchigen Feldzug, der der anstrengendste des ganzen Krieges gewesen war, Ausrüstung und Vorräte aufzufüllen. Außerdem war Sherman – entgegen seinem Ruf als Bluthund – besorgt um das Leben seiner Soldaten. »Ich will keine Leute bei einem direkten Angriff verlieren, wenn es sich vermeiden läßt«, sagte er.[42] Er wollte lieber durch strategisches Manövrieren als in der Schlacht gewinnen. Er war zuversichtlich, daß der Krieg nunmehr so gut wie vorüber und daß seine Zerstörung der gegnerischen Ressourcen viel zu diesem Sieg beigetragen hatte. Die kleine demoralisierte Truppe Johnstons war in Shermans Augen kaum mehr der Rede wert. Jetzt kam es darauf an, daß seine Armee sich ausruhte und neue Kräfte tankte, um Grant in Virginia dabei zu helfen, »Lee auszuradieren«.

28.

Wir sind alle Amerikaner

I

Die Konföderation hatte einen letzten Pfeil im Köcher – einen schwarzen. Schon zu Beginn des Krieges war vereinzelt gefordert worden, die Sklaven zu bewaffnen und für ihre Herren ins Feld zu schicken. Für die meisten Südstaatler aber war ein derartiger Gedanke bestenfalls lächerlich und schlimmstenfalls Hochverrat. Bei einem Präsidenten, der die Befreiung und Rekrutierung der Sklaven durch den Norden als »die abscheulichste Tat in der Geschichte der schuldbeladenen Menschheit« verurteilte, bedurfte es schon eines an Tollkühnheit grenzenden Mutes, um der Konföderation zur Bewaffnung ihrer Sklaven zu raten.[1]

Nach dem Verlust Vicksburgs und der Niederlage bei Gettysburg indessen mehrten sich die Stimmen, die dergleichen vorschlugen. Verschiedene Leitartikler in Mississippi und Alabama begannen sich auf bemerkenswerte Weise zu exponieren. »Wir sind durch die Not der Umstände gezwungen«, erklärten sie, »einen Schritt zu tun, der jedem Gefühl des Stolzes ebenso hohnspricht wie jedem Grundsatz, der unsere Institutionen vor dem Krieg geleitet hat.« Der Feind »stiehlt unsere Sklaven und macht aus ihnen Soldaten. [...] Es ist besser, wir selbst setzen die Neger zu unserer Verteidigung ein, als daß die Yankees sie gegen uns einsetzen«. Ja, »wir können sie besser zum Kampf anhalten, als es die Yankees können. Herren und Aufseher können sie kraft derselben Autorität und Gehorsamkeit in die Schlacht geleiten, mit der sie zur Arbeit geleitet werden«. Der *Jackson Mississippian* räumte ein: »Ein solcher Schritt würde unser gesamtes Industriesystem revolutionieren« und vielleicht sogar zur allgemeinen Sklavenbefreiung führen – »ein böses Unglück für den Neger wie für die weiße Rasse«. Doch wenn der Krieg verlorengehe, sei die Sklaverei ohnehin verloren; denn »ein Erfolg der Yankees ist der Tod dieser Einrichtung ... so daß es eine Frage der Notwendigkeit ist – eine Frage der Wahl zwischen zwei Übeln. [...] Wir müssen ... uns vor dem raubgierigen Norden retten, KOSTE ES, WAS ES WOLLE«.[2]

Ähnliche Gedanken hatten schon seit längerem General Patrick Cleburne bewegt. Er schrieb sie auf und legte sie im Januar 1864 den Divisions- und Korpskommandeuren der Tennessee-Armee vor. Der Süden – so der General – sei dabei, den Krieg zu verlieren, weil ihm das Menschenmaterial des Nordens fehle; dazu komme, daß »die Sklaverei, die zu Beginn des Krieges eine der stärksten Quellen unserer Kraft war, mittlerweile, vom militärischen Standpunkt aus gesehen, eine unserer größten Schwächen geworden ist«. Die Emanzipationsproklamation habe dem Gegner eine moralische Rechtfertigung seiner Eroberungslust geliefert, die Sklaven zu seinen Verbündeten gemacht, die innere Sicherheit des Südens untergraben und die europäischen Nationen gegen die Konföderation eingenommen. Und so, fuhr der General fort, »droht uns alles verlorenzugehen, was uns heute am heiligsten ist: die Sklaven und jeder andere persönliche Besitz, Grund und Boden, Haus und Hof, Freiheit, Gerechtigkeit, Sicherheit, Stolz und Menschentum«. Um den Rest dieser ehrwürdigen Güter zu retten, müsse man die Sklaverei opfern. Cleburne gab also abschließend den Rat, eine Armee von Schwarzen anzuwerben »und jedem Sklaven im Süden, welcher der Konföderation treu bleibt, in absehbarer Zeit die Freiheit zu garantieren«.[3]

Zwölf Brigade- und Regimentskommandeure in Cleburnes Division schlossen sich dem Vorschlag an. Das war potentieller Sprengstoff, denn hier äußerten nicht irgendwelche Leitartikler ihre Meinung, sondern Männer im Feld, auf denen die Überlebenshoffnungen der Konföderation ruhten. Cleburnes Argumente deckten eine elementare Zweideutigkeit in der *raison d'être* der Konföderation auf: War die Sezession ein Mittel zum Zwecke der Erhaltung der Sklaverei gewesen? Oder war die Sklaverei eines der Mittel zur Erhaltung der Konföderation, das man opfern konnte, wenn es seinen Zweck nicht mehr erfüllte? 1861 hätten die wenigsten Südstaatler hier irgendein Dilemma gesehen: Die Sklaverei war wie die Unabhängigkeit Selbstzweck und zugleich Mittel zum Zweck; zwischen beiden bestand ein symbiotisches Verhältnis, das eine wie das andere war unabdingbar für das Überleben beider. 1864 aber sahen immer mehr Südstaatler die Notwendigkeit kommen, sich für das eine oder das andere entscheiden zu müssen. »Die Sklaverei darf sich nicht als Hemmnis für unsere Unabhängigkeit erweisen«, tönte der *Jackson Mississippian.* »Die Sklaverei war eines der Prinzipien, für die wir anfangs gekämpft haben. [...] Aber wenn sich herausstellt, daß sie ein unüberwindliches Hindernis auf dem Wege zu unserer Freiheit und Eigenstaatlichkeit ist, dann fort damit!«[4]

Immerhin war es zu dem Zeitpunkt, als Cleburne seine Anregung unterbreitete, noch immer gefährlich, derartige Meinungen zu hegen. Die meisten Generäle in der Tennessee-Armee mißbilligten Cleburnes Vorgehen, zum Teil vehement. Dieser »ungeheuerliche Vorschlag«, meinte ein Divisionskommandeur, spreche »dem Gefühl, dem Stolz und der Ehre jedes Südstaatlers« hohn. Er »widerspricht meinen sozialen, moralischen und politischen Grundsätzen«, entrüstete sich ein Korpskommandeur. Ein schockierter und empörter Brigadegeneral behauptete: »Wir sind nicht geschlagen, und wir können nicht geschlagen werden. Unsere Lage ist nicht so, daß wir zu solchen Hilfsmitteln greifen müßten. [...] Sie vorzuschlagen widerspricht den Grundsätzen, nach denen wir kämpfen.«[5]

Jefferson Davis wies die Generäle an, die Erörterung dieser Frage einzustellen, da er überzeugt war, daß die »Verbreitung derartiger Meinungen« in der Armee nur »Uneinigkeit, Unruhe und Unmut« auslösen werde.[6] Die Generäle hielten sich so strikt an diesen Befehl, daß die ganze Angelegenheit außerhalb des kleinen Kreises von Mitwissern unbekannt blieb und erst ruchbar wurde, als die US-Regierung eine Generation später die *Official Records* des Krieges veröffentlichte. Cleburnes Vorstoß scheint nur die eine Konsequenz gehabt zu haben, daß dieser fähigste Divisionskommandeur seiner Armee nicht befördert wurde; zehn Monate später fiel er in der Schlacht bei Franklin.

Zu diesem Zeitpunkt hatten die trüben Aussichten des Südens dem Gedanken an eine Bewaffnung der Schwarzen neuen Auftrieb gegeben. Im September 1864 erklärte der Gouverneur von Louisiana: »Es ist an der Zeit, daß wir jeden tauglichen Neger als Soldaten zur Armee holen.« Einen Monat später verlangten die Gouverneure sechs weiterer Staaten nach einer gemeinsamen Konferenz geheimnisvoll die Heranziehung von Sklaven »zum öffentlichen Dienst, soweit erforderlich«. Zur Rede gestellt, beteuerten alle bis auf zwei (die Gouverneure von Virginia und Louisiana), daß sie natürlich nicht an die Bewaffnung von Sklaven gedacht hätten. Am 7. November forderte Jefferson Davis vom Kongreß dringend den Ankauf von 40 000 Sklaven, die als Fahrer, Pioniere und Arbeiter Verwendung finden und »nach treulich geleisteten Diensten« in die Freiheit entlassen werden sollten. Aber selbst dieser vorsichtige Vorschlag ging den meisten Zeitungen und dem Kongreß zu weit. Er werde das Tor zur Abolition aufstoßen, erklärte der *Richmond Whig*. Die Vorstellung, Sklaven freizulassen, die treu gedient hatten, beruhe auf der irrigen Annahme, »daß die Freiheit für den Sklaven so viel besser ist als die Leibeigenschaft, daß man sie ihm als Belohnung in Aussicht stellen kann«. Das stehe im krassen Widerspruch zu der »vom gesamten Süden geteilten Meinung ... daß die Leibeigenschaft eine von Gott gewollte Bedingung zu höchstem Nutz und Frommen des Sklaven ist«.[7]

Der Kongreß kam denn auch dem Ersuchen des Präsidenten nicht nach. Aber das Problem blieb bestehen. Davis hatte sich in seiner Botschaft vom 7. November zwar dagegen ausgesprochen, die Sklaven »zum jetzigen Zeitpunkt« zu bewaffnen, aber vielsagend hinzugefügt: »Sollten wir jemals vor der Wahl stehen, entweder unterjocht zu werden oder den Neger als Soldaten einzusetzen, kann unsere Entscheidung nicht zweifelhaft sein.« Drei Monate später stellte sich diese Alternative in aller Kraßheit, und Präsident und Kongreß trafen ihre Entscheidung. »Wir haben«, sagte Davis im Februar 1865, »nur noch die Wahl, die Neger für uns oder gegen uns kämpfen zu lassen.«[8] Und selbst wenn die Neger – so griffen manche Zeitungen die Überlegung des Präsidenten auf – für den Süden kämpften, brauche das nicht zwangsläufig zu einer generellen Abschaffung der Sklaverei zu führen. Vielleicht müsse man den kämpfenden Negern die Freiheit geben, aber das »betrifft nur schwarze Einheiten und nicht die ganze Institution«. Dies sei die einzige Möglichkeit, die Sklaverei zu *erhalten,* weil sie dem Süden den Sieg über die Yankees erlaube. »Wenn die Emanzipation eines Teils das Mittel zur Erhaltung des Ganzen ist, dann ist diese partielle Emanzipation in hohem Maße ein Schritt zur Rettung der Sklaverei.« Einige Befürworter gingen sogar noch weiter und meinten, nicht der Freiheitswille, sondern allein schon die Disziplin genüge, um die Sklaven zum Kämpfen zu animieren. »Es stimmt nicht, daß wir diesen Menschen die Freiheit schenken oder versprechen müssen, um gute Soldaten aus ihnen zu machen«, erklärte General Francis Shoup. »Mit demselben Recht könnte man seinem Koch die Freiheit versprechen ... in der Hoffnung, sich damit ein gutes Essen zu erkaufen.«[9]

Solche Äußerungen veranlaßten einen verzweifelten Zeitungsschreiber zu dem Kommentar: »Unsere Südstaatler können es sich einfach nicht abgewöhnen, nur das zu glauben, was sie glauben wollen.«[10] Die meisten Teilnehmer an dieser Diskussion sahen ein, daß man den Sklaven, die man in den Krieg schicken wollte, und wohl auch ihren Familien die Freiheit versprechen mußte, wenn man nicht Gefahr laufen wollte, daß sie bei der erstbesten Gelegenheit desertierten. Ein- bis zweihunderttausend bewaffnete Sklaven (diese Zahlen wurden am häufigsten genannt) bedeuteten mindestens eine halbe Million Freigelassener. Wenn man hierzu – gaben die Gegner einer Bewaffnung der Schwarzen zu bedenken – noch die rund eine Million von Schwarzen rechnete, die die Yankees befreit hatten, war fraglich, wie die »besondere Institution« überleben sollte.

Bis zum Februar 1865 bildeten diese Gegner die Mehrheit, doch in dem Maße, wie von den Yankees immer unüberhörbarer an den Toren der Konföderation gerüttelt wurde, erschienen ihre Argumente immer unrealistischer. Wir können ohne die Hilfe der Schwarzen gewinnen, sagten sie, wenn nur die Drückeberger und Nachzügler zur Truppe zurückkehren und das ganze Volk sich wieder geschlossen hinter die Sache des Südens stellt. »Die freien Männer der Konföderierten Staaten müssen selbst ihre Befreiung bewirken, oder sie werden zu Sklaven ihrer eigenen Sklaven«, erklärte der *Charleston Mercury,* dessen Herausgeber Vater und Sohn Robert Barnwell Rhetts waren, Sezessionisten der ersten Stunde. »Der Tag, an dem die Virginia-Armee ein Negerregiment als kämpfende Truppe in ihren Reihen duldet, wird ein Tag der Entwürdigung, des Verderbens und der Schande für sie sein«, tobte Robert Toombs. Sein Landsmann Howell Cobb aus Georgia blies in das gleiche Horn: »In dem Moment, wo Sie auf Negersoldaten zurückgreifen, werden die weißen Soldaten für Sie verloren sein. [...] Der Tag, an dem Sie Neger zu Soldaten machen, ist der Anfang vom Ende der Revolution. Wenn Sklaven gute Soldaten abgeben, ist unsere ganze Theorie der Sklaverei hinfällig.«[11]

Und war nicht diese Theorie genau das, wofür der Süden kämpfte? Die Sklaven zu bewaffnen und freizulassen, wäre, erklärten die Rhetts, »der ungeheuerlichste Fall von Selbstverdummung, den die Welt je gesehen hat«. Eine Zeitung aus North Carolina bekräftigte: »Das ist die Abolitionsdoktrin ... genau die Doktrin, gegen die der Krieg begonnen worden ist.« Mit der Bewaffnung der Neger würde man »das wesentliche und entscheidende Grundprinzip der südlichen Zivilisation aufgeben«, fand auch der *Richmond Examiner.*[12] Viele Südstaatler waren offenbar eher bereit, den Krieg zu verlieren, als ihn mit Hilfe der Schwarzen zu gewinnen. »Sogar ein Sieg wäre ruhmlos, müßte er mit Schwarzen geteilt werden«, meinte ein Abgeordneter aus Missouri. Damit würde »der arme Mann auf die Ebene eines Niggers hinabgedrückt«, behauptete der *Charleston Mercury.* »Sein Weib und seine Tochter werden auf der Straße von schwarzen Frauenzimmern wie ihresgleichen behandelt. Aufgeblasene Nigger werfen ihnen lüsterne Blicke zu und betätscheln sie.« Senator Louis Wigfall aus Texas mochte »in keinem Lande leben, wo jemand, der meine Stiefel putzt und mein Pferd striegelt, wie meinesgleichen sein soll«. »Wenn uns ein solch furchtbares Schicksal ereilen soll«, erklärte der *Lynchburg Republican,* »dann ist es uns tausendmal lieber, daß Lincoln zum Werkzeug unserer Erniedrigung und Vernichtung wird, als daß wir selbst diesen feigen, selbstmörderischen Schlag gegen uns führen.«[13]

Der Schock, den Lincolns Beharren in Hampton Roads auf der bedingungslosen Kapitulation auslöste, ermöglichte es indessen der Regierung Davis, solchen Argumenten entgegenzutreten. Im Laufe des Februars trafen in Richmond zahllose Briefe und Petitionen von Soldaten aus den Petersburger Gräben ein, die sich energisch gegen die Vorstellung verwahrten, daß weiße Soldaten sich weigern würden, neben schwarzen zu kämpfen. Zwar sei »die Sklaverei der normale Zustand des Negers ... und für dessen Wohlergehen und Glück ebenso notwendig ... wie es die Freiheit für den Weißen ist«, erklärte das 56. Virginia-Regiment, »aber wenn es die öffentliche Not gebietet, eine gewisse Anzahl unserer Sklaven in den Kriegsdienst zu übernehmen, um unsere Regierung zu erhalten, sind wir bereit, Zugeständnisse an ihre falschen und unaufgeklärten Vorstellungen von den Segnungen der Freiheit zu machen«.[14]

Von entscheidendem Einfluß in dieser Frage mußte die Meinung Robert E. Lees sein, von dem schon seit Monaten Gerüchte zirkulierten, daß er für die Bewaffnung der Schwarzen eintrete. In der Tat hatte Lee in privatem Kreis die Meinung geäußert: »Wir sollten sie unverzüglich in Dienst stellen, selbst auf die Gefahr hin, damit unsere sozialen Einrichtungen zu gefährden.« Am 18. Februar brach er sein öffentliches Schweigen und schrieb einen Brief an den Wortführer einer Gesetzesvorlage über den Einsatz von Negersoldaten. Diese Maßnahme sei »nicht nur hilfreich, sondern notwendig«, schrieb Lee. »Unter angemessenen Umständen werden die Neger tüchtige Soldaten abgeben. Sie könnten für uns mindestens genauso nützlich sein wie für den Feind. [...] Die Schwarzen, die bei uns dienen, sollten zuvor freigelassen werden. Es wäre weder klug noch gerecht, von ihnen zu verlangen, daß sie als Sklaven dienen.«[15]

Lee setzte sich mit seinem Prestige durch, wenn auch nur knapp. Der einflußreiche *Richmond Examiner* wagte zwar daran zu zweifeln, ob Lee wirklich »ein guter Südstaatler« in dem Sinne sei, »daß er die Sklaverei des Negers vorbehaltlos als gerecht und wohltätig empfindet«, aber selbst diese regierungsfeindliche Zeitung mußte zugeben: »Das Land wird es nicht darauf ankommen lassen, General Lee *irgend etwas* abzuschlagen ... was er fordert.«[16] Mit 40 gegen 37 Stimmen verabschiedete das Repräsentantenhaus eine Gesetzesvorlage, die den Präsidenten ermächtigte, aus jedem Bundesstaat ein bestimmtes Kontingent an schwarzen Soldaten einzuziehen. Mit Rücksicht auf die Rechte der Einzelstaaten verband diese Vorlage jedoch mit der Einziehung der Sklaven nicht deren Freilassung. Der Senat lehnte die Vorlage zunächst mit einer Stimme Mehrheit ab; sogar die beiden Senatoren aus Lees Heimatstaat stimmten mit Nein. Inzwischen hatte jedoch das Parlament in Virginia ein eigenes Gesetz über die Rekrutierung schwarzer Soldaten erlassen – ohne indes die Freilassung solcher Soldaten vorzusehen, die Sklaven waren – und die Senatoren aus Virginia angewiesen, im Kongreß für die Vorlage zu stimmen. Das geschah auch, und so konnte sie doch noch mit 9:8 Stimmen (bei einigen Enthaltungen) verabschiedet werden und trat am 13. März in Kraft. In den wenigen Wochen, die der Konföderation noch verblieben, ist kein anderer Staat dem Beispiel Virginias gefolgt. Die beiden Kompanien von schwarzen Soldaten, die in aller Eile in Richmond aufgestellt wurden, gelangten nicht mehr zum Einsatz. Ihre Freiheit erhielten die meisten dieser Männer auch erst, als die Yankees – angeführt von einem schwarzen Kavallerieregiment – am 3. April in der Hauptstadt der Konföderation einmarschierten.[17]

Ein Versuch in letzter Minute, um den Preis der Sklavenemanzipation die diplomatische Anerkennung der Konföderation durch England und Frankreich zu erlangen, blieb ebenfalls fruchtlos. Der Anstoß hierzu kam von Duncan F. Kenner aus Louisiana, einem prominenten Abgeordneten, der zugleich einer der größten Sklavenhalter der Konföderation war. Er hatte seit 1862 die Sklaverei für einen außenpolitischen Klotz am Bein der Konföderation gehalten und seit langem eine Diplomatie im Sinne der Sklavenemanzipation verlangt. Bis zum Dezember 1864 predigte er tauben Ohren; dann bestellte ihn Jefferson Davis zu sich und gestand, daß der Zeitpunkt gekommen sei, diese letzte Karte auszuspielen. Kenner begab sich als Sonderbeauftragter nach Paris und London, um als Gegenleistung für die Anerkennung der Konföderation die Freilassung der Sklaven anzubieten. Zwar konnte Davis in dieser Sache seinen Kongreß natürlich auf nichts verpflichten, und der Kongreß seinerseits konnte die Einzelstaaten auf nichts verpflichten, weil die Institution der Sklaverei verfassungsrechtlich deren Sache war – aber vielleicht wurden diese komplizierten Feinheiten ja von den europäischen Regierungen übersehen.

Die Schwierigkeiten, die Kenner hatte, überhaupt aus der Konföderation herauszukommen, ließen bereits den Ausgang seiner Mission erahnen. Durch die Einnahme von Fort Fisher konnte er keinen Blockadebrecher benutzen. Statt dessen mußte er verkleidet nach New York reisen und von diesem Yankeehafen aus das Schiff nach Frankreich nehmen. Louis Napoleon wollte wie üblich sein Vorgehen mit den Engländern abstimmen. So wurde Kenner von James Mason nach London begleitet, wo er Palmerston am 14. März seinen Vorschlag unterbreitete. Wieder einmal wurde den Konföderierten die bittere Lektion der Diplomatie erteilt: Nichts ist so erfolgreich wie der militärische Erfolg. »In der Frage der Anerkennung«, berichtete Mason an Außenminister Benjamin, »war die britische Regierung zu keinem Zeitpunkt des Krieges davon überzeugt, daß unsere Unabhängigkeit unwiderruflich erreicht sei, und sah sich außerstande, [jetzt] eine diesbezügliche Erklärung abzugeben, die durch die Ereignisse weniger Wochen gegenstandslos werden könnte. [...] So, wie die Dinge jetzt stünden – Verlust unserer Seehäfen, der vergleichsweise ungehinderte Vormarsch Shermans, und so fort –, sehe sie sich in ihren früheren Vorbehalten eher noch bestärkt.«[18]

II

Während der Süden darüber debattierte, wie sich die Sklaverei mit seiner »Sache« vertrug, wurde im Norden gehandelt. Lincoln sah in seiner Wiederwahl den Auftrag des Wählers, nunmehr den 13. Verfassungszusatz zur endgültigen Beendigung der Sklaverei zu verabschieden. Zwar hatten die Wähler eine große Anzahl von demokratischen Abgeordneten abgewählt, aber der 38. Kongreß blieb bis zum 4. März 1865 im Amt, und bis dahin behielten diese Abgeordneten ihren Sitz und konnten die für die Verabschiedung des Verfassungszusatzes notwendige Zweidrittelmehrheit verhindern; im nächsten Kongreß würden die Republikaner im Repräsentantenhaus eine bequeme Dreiviertelmehrheit haben und den Zusatz ohne weiteres durchsetzen können. Lincoln plante zu ebendiesem Zweck für März die Einberufung einer Sondersitzung. Lieber wäre es ihm jedoch gewesen, die Sache mit Hilfe einer Mehrheit aus beiden Parteien schneller über die Bühne zu bringen; diese Geste der Geschlossenheit zugunsten der Abschaffung der Sklaverei fand Lincoln für den Sieg der Union unentbehrlich. »In einer großen nationalen Krise wie der jetzigen«, erklärte er in seiner Botschaft an den Kongreß am 6. Dezember 1864, »ist Einmütigkeit des Handelns bei denen, die ein gemeinsames Ziel verfolgen, höchst wünschenswert, ja schlichtweg unentbehrlich.« Das war freilich mehr ein frommer Wunsch als Realität: Die meisten Kriegsmaßnahmen, zumal hinsichtlich der Sklaverei, waren allein mit den Stimmen der Republikaner beschlossen worden. Doch um des historischen Zieles willen, die »Institution« zu beseitigen, appellierte Lincoln an die Demokraten, den bei der Präsidentschaftswahl zum Ausdruck gekommenen »Willen der Mehrheit« zu respektieren.[19]

Indes hielten die meisten Demokraten lieber der Vergangenheit und ihren Prinzipien die Treue. Mochte die Sklaverei auch tot sein: mit ihrer Beerdigung wollten sie nichts zu tun haben. Offiziell blieb die Partei dabei, den 13. Verfassungszusatz als »unklug, ungeschickt, grausam und eines zivilisierten Volkes unwürdig« abzulehnen. Einige demokratische Abgeordnete sahen das allerdings anders. Einer von ihnen meinte, die Partei habe bei den Wahlen von 1864 nur deshalb eine so verheerende Schlappe erlitten, »weil wir uns vom Kadaver der Negersklaverei nicht trennen wollten«. Ein anderer sagte, wenn die Partei jetzt am Widerstand gegen den Zusatz festhalte, »heißt das schlicht und einfach, daß wir ein Haufen von Tagträumern sind, die mit praktischen Dingen genausowenig fertig werden wie der alte Mr. Dick in *David Copperfield*«.[20] Durch solche Äußerungen ermutigt, bearbeitete die Lincoln-Administration etwa ein Dutzend nicht wiedergewählter, aber im alten Kongreß noch stimmberechtigter Demokraten –

sogenannter »Lame Ducks« – und hofierte sie nach Strich und Faden; Drahtzieher dieser Aktion war Außenminister Seward. Einigen Abgeordneten (oder deren Verwandten) versprach man Posten im Regierungsapparat, andere kamen in den Genuß diverser Gefälligkeiten.[21]

Diese Liebesdienste und Mauscheleien zahlten sich aus, auch wenn bis zur Abstimmung im Repräsentantenhaus am 31. Januar 1865 niemand voraussagen konnte, wie sie ausgehen würde. Als die ersten Demokraten mit Ja stimmten, begannen die Republikaner zu strahlen. Sechzehn der 80 Demokraten stimmten schließlich für den Verfassungszusatz; 14 davon waren »Lame Ducks«. Acht weitere Demokraten waren der Abstimmung ferngeblieben. So konnte der Zusatz mit 119 gegen 56 Stimmen – zwei Stimmen mehr als nötig – angenommen werden. Als das Abstimmungsergebnis bekanntgegeben wurde, brachen die Republikaner im Saal und die Zuschauer auf der Galerie in tosenden Beifall aus, was bisher noch nie vorgekommen war, während in den Straßen Washingtons 100 Schuß Salut abgefeuert wurden. Die Szene »spottete jeder Beschreibung«, wie ein Republikaner in seinem Tagebuch notierte. »Die Abgeordneten fielen minutenlang in das allgemeine Geschrei ein. Einige umarmten sich, andere weinten wie kleine Kinder. Ich selbst fühle mich seit dieser Abstimmung wie in einem neuen Land.« Per Akklamation beschloß das Repräsentantenhaus, sich »zu Ehren dieses unsterblichen, erhabenen Ereignisses« zu vertagen.[22]

Das 13. Amendment wurde in republikanischen Bundesstaaten von denjenigen Parlamenten, die keine Ferien hatten, rasch übernommen; binnen einer Woche hatten acht Staaten den Verfassungszusatz ratifiziert, und 11 andere schlossen sich im Verlauf der nächsten beiden Monate an. Mit der Ratifizierung durch fünf weitere nördliche Bundesstaaten war sicher zu rechnen, sobald deren Parlamente zusammentraten. Von den Unionsstaaten verweigerten nur diejenigen die Zustimmung, in denen bei der Präsidentschaftswahl McClellan gewonnen hatte: New Jersey, Kentucky und Delaware.[23] Die »rekonstruierten« Staaten Louisiana, Arkansas und Tennessee ratifizierten den Zusatz bereitwillig. Da die Lincoln-Regierung den Krieg mit der Theorie führte, daß eine Sezession von Einzelstaaten nicht möglich sei, hielt sie die Ratifizierung des Amendment durch drei Viertel *aller* Staaten, einschließlich der konföderierten, für notwendig. So würde es zu den vordringlichsten Aufgaben der Rekonstruktion gehören, die Ratifizierung durch mindestens drei weitere Staaten der Exkonföderation zu erwirken, um das Amendment in die Verfassung aufnehmen zu können.

Unter den Zuschauern, die die Verabschiedung des 13. Verfassungszusatzes im Repräsentantenhaus mit Jubel und Freudentränen aufnahmen, waren auch viele Schwarze. Ihre Gegenwart war ein sichtbares Zeichen für die revolutionären Veränderungen, die das Amendment bedeutete – bis 1864 war Negern der Zutritt zur Zuschauergalerie des Kongresses verboten gewesen. Auch zu gesellschaftlichen Anlässen im Weißen Haus wurden Schwarze erstmals 1865 zugelassen, und Lincoln wuchs förmlich über sich selbst hinaus, als er Frederick Douglass beim Präsidentenempfang am 4. März begrüßte. Der Kongreß und die nördlichen Bundesstaaten begannen Gesetze zu erlassen, durch welche die Neger der Nordstaaten aufhörten, Staatsbürger zweiter Klasse zu sein. Schwarze durften nun als Zeugen vor Bundesgerichten aussagen; ein altes Gesetz, das ihnen das Austragen von Post verwehrte, wurde aufgehoben; die Rassentrennung in den Straßenbahnen des District of Columbia fiel; in diversen Nordstaaten wurden Gesetze abgeschafft, die eine Diskriminierung der Neger bedeutet oder ihnen den Zuzug in den betreffenden Staat verwehrt hatten; in einigen Staaten wurden Volksbefragungen mit dem Ziel vorbereitet, den Schwarzen das Wahlrecht zu gewähren (keines dieser Referenden ging allerdings vor 1868 über die Bühne).

Das dramatischste Symbol des Wandels brachte der 1. Februar, der Tag nach der Verabschiedung des 13. Amendment durch das Repräsentantenhaus. An diesem Tag schlug Charles Sumner den Bostoner Anwalt John Rock zur Zulassung beim Supreme Court vor, und der Vorsitzende Richter Salmon P. Chase vereidigte ihn. Das einzig Ungewöhnliche an diesem Vorgang war der Umstand, daß Rock ein Schwarzer war – der erste Neger, der an diesem höchsten amerikanischen Gericht zugelassen wurde, das noch acht Jahre zuvor der schwarzen Rasse die Staatsbürgerschaft der USA verweigert hatte. Durch Lincolns Ernennung von fünf neuen Richtern, darunter Chase, hatte es auch im Supreme Court so etwas wie eine Rekonstruktion gegeben. Der Wechsel an der Spitze des Gerichts von Roger Taney zu Chase war der gravierendste Umbruch, den das amerikanische Rechtswesen in seiner Geschichte erlebt hat.[24]

Es war abzusehen, daß vor dem neuen Gericht wichtige Fragen der Sklavenbefreiung und der Rekonstruktion zur Verhandlung kommen würden. Zwei solche Fragen konnten sich aus Aktionen ergeben, die im Winter von 1864 auf 1865 stattgefunden hatten. Tausende Schwarze – »Konterbande« – hatten sich der Armee Shermans auf dem Marsch von Atlanta zum Meer angeschlossen. Im Norden sickerten Berichte durch, denen zufolge Sherman sich um ihr Wohlergehen und die Übergriffe mancher Offiziere und Mannschaften gegen sie nicht besonders kümmerte. Um den Gerüchten und Problemen auf den Grund zu gehen, reiste Kriegsminister Stanton im Januar nach Savannah, um mit Sherman zu reden und diverse schwarze Führer – zumeist ehemalige Sklaven – zu befragen. Unter anderem wollte Stanton wissen, wie diese Männer glaubten, in der Freiheit ihre Familien am besten unterstützen zu können. »Am besten können wir für uns selber sorgen, wenn wir Land haben, das wir in unserer Hände Arbeit bebauen können. [...] Wir wollen Land zugewiesen bekommen, bis wir es kaufen und selber besitzen können.«[25]

Stanton und Sherman fanden die Idee gut, und so erließ der konservative General den radikalsten Tagesbefehl des Krieges. Shermans Special Field Orders, No. 15, ausgegeben am 16. Januar, wies die Meeresinseln sowie die ertragreichen Plantagengebiete an den Flüssen 30 Meilen landeinwärts zwischen Charleston und Jacksonville als Siedlungsraum für befreite Sklaven aus. Jedes Familienoberhaupt konnte bis zu 40 Morgen Land erhalten; es erhielt dafür einen »Besitztitel« bis zur »Regelung dieses Anspruchs durch den Kongreß«.[26] Dieses Land hatte zuvor natürlich den Sklavenhaltern gehört. Seine Konfiskation durch Shermans Tagesbefehl war ebenso wie die Konfiskation der Sklaven durch Lincolns Emanzipationsproklamation eine militärische Maßnahme zwischen »kriegführenden Mächten«. Lincolns Vorgehen wurde durch den 13. Verfassungszusatz gedeckt; es blieb abzuwarten, wie Supreme Court, Kongreß und Exekutive sich zu den Folgen von Shermans Tagesbefehl Nr. 15 stellen würden. Die Armee freilich wartete nicht. In den folgenden Monaten überwachte General Rufus Saxton, ein Abolitionist, der die Besatzungstruppen der Union auf den Meeresinseln South Carolinas befehligte, die Ansiedlung von 40 000 befreiten Sklaven auf den durch Shermans Tagesbefehl ausgewiesenen Ländereien.

Die einschlägigen Erfahrungen von Unionsoffizieren, die besetzte Gebiete kontrollierten, von Beauftragten des Finanzministeriums, die verlassene Pflanzungen verwalteten, und von Hilfsorganisationen, die Missionare und Lehrer zu den befreiten Sklaven schickten, ließen die staatliche Koordinierung dieser Aktivitäten geraten erscheinen. Nur zu oft kam es vor, daß diese diversen Gruppen unterschiedliche Ziele verfolgten – und die befreiten Sklaven selbst wieder andere. Erstmals 1863 befaßte sich der Kongreß mit einem Gesetz zur Schaffung eines Freedmen's Bureau, doch verzögerte der Streit darüber, ob diese Behörde dem Kriegs- oder dem Finanzministerium unterstellt werden solle, die Verabschiedung eines entsprechenden Gesetzes bis zum 3. März 1865. Zu diesem Zeitpunkt war Chase nicht mehr Finanzminister, und radikale Republikaner, die ihn gern an der Spitze der neuen Behörde gesehen hätten, plädierten nunmehr dafür, sie dem Kriegsministerium anzugliedern. Aufgabe der Behörde (ihre offizielle Bezeichnung lautete Bureau of Refugees, Freedmen, and Abandoned Lands) sollte es sein, an Hunderttausende von weißen und schwarzen Flüchtlingen, die der Krieg entwurzelt hatte, Hilfsgüter zu verteilen und den befreiten Sklaven auf ihrem schwierigen Weg von der Sklaverei in die Freiheit zu helfen. Der Kongreß übertrug dem Bureau auch die Kontrolle über »aufgegebene« Ländereien, und zwar mit der

Maßgabe, daß der einzelne Freigelassene »nicht mehr als 40 Morgen« solcher Ländereien für drei Jahre zur Pacht »zugewiesen« bekam und nach Ablauf dieser Frist auf Wunsch das Land kaufen konnte, »soweit die Vereinigten Staaten den Rechtsanspruch darauf übertragen können«.[27] Das war Shermans Order No. 15 in Reinkultur. Ob der Kongreß überhaupt irgendeinen Rechtsanspruch übertragen konnte, war eine knifflige Frage, wenn man bedachte, daß nach der amerikanischen Verfassung *bills of attainder,* ds heißt die Bestrafung einer Person unmittelbar durch den Gesetzgeber, verboten waren und der Präsident die Vollmacht zur Begnadigung und zur Wiedereinsetzung in das Eigentum hatte. Auf jeden Fall dehnte die Bundesregierung durch das Freedmen's Bureau auf unerhörte Weise ihren Einfluß auf soziale und arbeitsrechtliche Belange aus – zur Lösung unerhörter Probleme, die die Freilassung von vier Millionen Sklaven und die Errichtung einer neuen Gesellschaft auf den Trümmern der alten mit sich brachten.

Über Erfolg oder Mißerfolg des Bureau mußten wenigstens teilweise die politischen Bedingungen der Rekonstruktion entscheiden. Dieses Thema beschäftigte den Kongreß im Winter von 1864 auf 1865 vordringlich. Es schienen gute Aussichten zu bestehen, zu einem Kompromiß mit dem Präsidenten zu gelangen. Im milden Nachglanz des überwältigenden republikanischen Wahlsiegs war die Bitterkeit verschwunden, die Lincolns Veto gegen die Wade-Davis-Bill verursacht hatte. Chase' Berufung an die Spitze des Supreme Court war ebenfalls geeignet, die Annäherung zwischen Lincoln und den radikalen Republikanern zu fördern. In seiner Botschaft an den Kongreß vom 6. Dezember deutete der Präsident in bezug auf die Rekonstruktion an, es sei mit »rigoroseren Maßnahmen als bisher« zu rechnen.[28] Lincolns Bereitschaft, dem Kongreß auf halbem Wege entgegenzukommen, ließ den Gedanken an die Verabschiedung eines neuen Rekonstruktionsgesetzes aufkommen. In Verhandlungen zwischen Lincoln und Sprechern des Kongresses zeichneten sich schon bald die Umrisse eines solchen Gesetzes ab: Der Kongreß würde die bereits rekonstruierten Regime von Louisiana und Arkansas anerkennen (zu denen sich bald Tennessee gesellte); dafür versprach der Präsident, ein Gesetz, ähnlich der Wade-Davis-Bill, für die übrigen konföderierten Staaten nicht zu verhindern.

In seiner ersten im Repräsentantenhaus vorgelegten Fassung gewährte das neue Gesetz »allen männlichen Staatsbürgern«, auch den schwarzen, das Wahlrecht. Lincoln bewog dann den Vorsitzenden des für die Gesetzesvorlage zuständigen Ausschusses, die Maßgabe über das Wahlrecht auf schwarze Soldaten zu beschränken. In den folgenden beiden Monaten wurden im Ausschuß wie im Repräsentantenhaus die verschiedensten Veränderungen und Verbesserungen an dem Text vorgenommen. Einmal sollten nicht nur schwarze Soldaten, sondern alle lese- und schreibkundigen Schwarzen das Wahlrecht erhalten; ein andermal wurden sämtliche rassischen Einschränkungen überhaupt fallengelassen; dann wieder sollten die Bestimmungen für Louisiana und Arkansas ebenso gelten wie für die anderen Staaten. Die Demokraten brachten zusammen mit gemäßigten Republikanern die radikaleren Versionen der Vorlage zu Fall und verhinderten zusammen mit den Radikalen konservativere Fassungen, so daß überhaupt kein Gesetz verabschiedet werden konnte. Um keinen Präzedenzfall für eine Rekonstruktion durch die Exekutive dergestalt zu schaffen, daß Senatoren und Abgeordnete aus Louisiana im Kongreß saßen, verbündeten sich die Radikalen mit den Demokraten, um diesen Männern die Zulassung zum Kongreß zu verwehren. So schied der 38. Kongreß aus dem Amt, ohne daß es zu weiteren Maßnahmen in Sachen Rekonstruktion gekommen wäre. Den radikalen Republikanern war das nur recht. Im nächsten Kongreß würden mehr Radikale und weniger Demokraten sitzen, schrieb ein Republikaner und setzte hinzu: »Ich hoffe, daß wir die Nation in der Zwischenzeit an unsere Forderung nach einem allgemeinen Wahlrecht heranführen können.«[29]

Es schienen denn auch gute Aussichten zu bestehen, Lincoln an diese Forderung »heranzuführen«. Er hatte sich während des Krieges immer weiter nach links bewegt; zuerst war er gegen die Emanzipation der Sklaven gewesen, dann für eine begrenzte Emanzipation nebst Kolonisation und endlich für die allgemeine Emanzipation, aber mit beschränktem Wahlrecht. Wenn sich diese Bewegung fortsetzte, war der Präsident zu dem Zeitpunkt, wo der Krieg zu Ende sein würde, vielleicht für ein umfassenderes Programm des allgemeinen Wahlrechts zu gewinnen. Wenn Lincoln in der Ansprache zu seinem zweiten Amtsantritt darum bat, »Bosheit gegen niemanden« und »Nächstenliebe gegen alle« zu üben, so war das in bezug auf die Wahlrechtsfrage nicht besonders aufschlußreich; gemeint war wohl Großmut gegen die ehemaligen Rebellen. Zugleich ließ diese Rede keinen Zweifel daran, daß Lincoln entschlossen war, den Kampf bis zur endgültigen Zerschlagung der Sklaverei fortzusetzen. »Wir hoffen von Herzen und beten mit Inbrunst, daß die furchtbare Geißel des Krieges bald von uns genommen werden möge«, sagte der 16. Präsident der USA zu Beginn seiner zweiten Amtszeit. »Doch wenn Gott es so will, daß sie fortdauern soll, bis aller Wohlstand verdorben ist, den eine 250jährige unvergoltene Plackerei des Leibeigenen angehäuft hat, und bis – wie vor 3000 Jahren gesagt worden ist – jeder Tropfen Blut, den die Peitsche forderte, mit einem anderen bezahlt ist, den das Schwert fordert, dann müssen wir sagen: ›die Wege des Herren sind eitel Güte und Wahrheit‹.«[30]

III

So lange sollte es nach dem Willen von Ulysses S. Grant nicht dauern. Während des Winters waren in Petersburg Unionstruppen in westlicher Richtung vorgedrungen und hatten die letzte Straße abgeschnitten, die – von Süden her – in die Stadt führte. Da Lees Armee von 55 000 Mann durch Desertionen rasch dahinschmolz und der beginnende Frühling die Straßen nach einem ungewöhnlich rauhen, niederschlagsreichen Winter zu trocknen begann, schien der endgültige Sieg von Grants 120 000 Mann nur noch eine Frage der Zeit zu sein. Gegen Ende April war Rückendeckung durch Sherman zu erwarten, aber Grant hatte den Ehrgeiz, mit der Potomac-Armee den »alten Feind« ohne fremde Hilfe zu erledigen, damit sich später Shermans Veteranen nicht diese Feder an den Hut stecken konnten. »Ich gedenke die Sache hier zu Ende zu bringen«, erklärte der oberste Befehlshaber Phil Sheridan. Grants größte Befürchtung war jetzt, daß er eines schönen Tages aufwachen und feststellen mußte, daß Lee abgezogen war, um sich mit Johnstons 20 000 Mann zu einem Angriff gegen Sherman zusammenzutun.[31] Genau das hatte Lee im Sinn, doch mit diesem Vorhaben gab er Grant die lang ersehnte Gelegenheit, die zerrütteten Rebellen aus ihren Gräben zu locken und im offenen Kampf zu stellen.

Gegen Ende März war Lee zu der Überzeugung gelangt, daß er die Petersburger Stellung so bald wie möglich räumen mußte, um nicht eingekesselt zu werden. Dies bedeutete zwar den Verlust Richmonds, aber das war immer noch besser als der Untergang einer Armee, die als einziges die Konföderation noch zusammenhielt. Um Grant zu einer Verkürzung seiner Linien und zur Lockerung des Würgegriffs zu zwingen, der ein Entkommen der Rebellen blockierte, plante Lee einen Überraschungsangriff auf die gegnerische Stellung knapp östlich von Petersburg. Der südstaatliche Korpskommandeur John B. Gordon schickte in der Nacht vom 24. zum 25. März falsche Deserteure auf den Weg, die mit Yankeevorposten am Fort Stedman fraternisieren sollten. Die »Deserteure« überwältigten plötzlich die verdutzten Feldwachen, und Gordons Divisionen fielen in das verschlafene Fort Stedman ein. Die Konföderierten eroberten einige Batterien und eine halbe Meile Schützengräben; sie hatten, wie es schien, einen grandiosen Durchbruch erzielt. Doch die Nordstaatler gewannen im Gegenangriff alles verlorene Terrain zurück, dazu noch die vordersten Schützengräben der konföderierten Stellung, wodurch viele Rebellen in der Falle saßen und sich ergeben mußten. Lee verlor fast 5000 Mann, Grant nur 2000. Anstatt Grant zur Verkürzung seiner Linien zu zwingen, mußte Lee seine eigenen bis zum Zerreißen ausdehnen. Grant machte nun kurzen Prozeß.

Am 29. März erteilte er einem Infanteriekorps sowie Sheridans kurz zuvor aus dem Shenandoahtal zurückgekehrter Kavallerie den Befehl, den rechten Flügel der Konföderierten zehn Meilen südwestlich von Petersburg aufzurollen. Lee entsandte zwei Infanteriedivisionen unter George Pickett, die in einem schweren Wolkenbruch der abgekämpften Kavallerie der Konföderation zu Hilfe kommen sollten. Am letzten Märztag kam es im strömenden Regen zu schweren Kämpfen, durch die die Bundestruppen zeitweilig aufgehalten wurden. Aber am folgenden Nachmittag begannen die Yankees an der Straßenkreuzung Five Forks einen Umfassungsangriff gegen Picketts isolierte Streitmacht. Sheridans abgesessene Kavalleristen mit ihren Schnellfeuerkarabinern attackierten beherzt, während das 5. Korps unter Gouverneur K. Warren zaghaft gegen Picketts Flanke vorging. Sheridan preschte auf seinem Pferd die Linien entlang und trieb seine Infanterie mit Flüchen und Schmeicheleien zu größerer Schnelligkeit und Aggressivität an; schließlich koordinierte er einen Sturmangriff, der mit dem überwältigendsten Sieg der Union seit Beginn dieses langen Feldzugs 11 Monate zuvor in der »Wilderness« endete. Picketts Divisionen brachen zusammen; die eine Hälfte der Männer ergab sich den johlenden Yankees, die andere suchte ihr Heil in ungeordneter Flucht. Als Grant am Abend diese Meldungen erhielt, befahl er für den Morgen des folgenden Tages – den 2. April – einen Sturmangriff auf der ganzen Linie.

Im Morgengrauen war es soweit, und die Potomac-Armee agierte mit Schwung und Energie wie schon lange nicht mehr. Die Nord-Virginia-Armee aber – müde, hungrig und durch die Kämpfe am 25. März und 1. April um ein Fünftel ihrer ursprünglichen Stärke geschrumpft – vermochte die Yankees nicht mehr aufzuhalten. Sheridan gelangte mit dem letzten Zug nach Petersburg hinein, und die blaue Infanterie durchstieß an mehreren Stellen südwestlich der Stadt die konföderierten Linien. Die Rebellen lieferten dem Gegner verzweifelte Rückzugsgefechte, die nur noch den Zweck hatten, die inneren Verteidigungslinien bis zum Einbruch der Dunkelheit zu halten, um die Flucht zu ermöglichen.

Lee wußte, daß er sich zurückziehen mußte. Als Jefferson Davis an diesem milden Sonntag in der Richmonder Paulskirche seine Andacht verrichtete, schlich ein Bote auf Zehenspitzen durch das Kirchenschiff und überreichte dem Präsidenten ein Telegramm. Es war von Lee: Richmond mußte aufgegeben werden. Der Präsident erblaßte und verließ wortlos die Kirche. Aber die Gemeinde las ihm die schlechten Nachrichten vom Gesicht ab, und rasch verbreitete sich die Kunde durch die ganze Stadt. Jeder, der sich einen fahrbaren Untersatz ausleihen oder ergaunern konnte, verließ den Ort. Regierungsbeamte zwängten sich in Behelfszüge, die Richmond in Richtung Danville verließen, und nahmen das restliche

Gold aus den staatlichen Tresoren und so viel Archivmaterial mit, wie sie tragen konnten; der Rest wurde verbrannt. Verbrannt wurde auch alles, was in Richmond noch militärisch oder industriell von Wert sein konnte. Als bei Einbruch der Nacht die Armee abzog, eroberte der Pöbel die Straßen, und Brände flammten auf. Die Südstaatler legten mehr von ihrer eigenen Hauptstadt in Schutt und Asche, als es der Feind in Atlanta oder Columbia getan hatte. Als am nächsten Morgen die Yankees einmarschierten, mußten sie als erstes die Ordnung wiederherstellen und die Flammen löschen. Zu den Truppen, die sich in Richmond als Feuerwehrleute und Polizisten betätigen mußten, gehörten auch Einheiten des rein schwarzen 25. Korps.

Mit den nordstaatlichen Soldaten kam auch ein Zivilist nach Richmond – natürlich der Zivilist Nummer eins, Abraham Lincoln. Der Präsident hatte einen kurzen Urlaub genommen, um die Potomac-Armee zu besuchen, und kurz nach seinem Eintreffen die Abwehr des konföderierten Angriffs bei Fort Stedman miterlebt. Da er das nunmehr absehbare Ende des Krieges miterleben wollte, war Lincoln nicht nach Washington zurückgefahren, sondern als Grants Gast an Ort und Stelle geblieben. Der Oberkommandierende und der oberste Kriegsherr zogen am 3. April in Petersburg ein – wenige Stunden, nachdem die Nord-Virginia-Armee abgerückt war. Grant ritt sogleich in aller Eile nach Westen weiter, um Lee den Weg zu verlegen. Lincoln kehrte zur Basis der Union am James River zurück und sagte zu Admiral David D. Porter: »Ich danke Gott, daß ich das noch erleben darf! Ich komme mir vor, als wäre ich aus einem vierjährigen entsetzlichen Alptraum erwacht. Jetzt will ich Richmond sehen.«[32] Porter führte Lincoln flußaufwärts zur gegnerischen Hauptstadt, und der Präsident der Vereinigten Staaten betrat das Arbeitszimmer des Präsidenten der Konföderierten Staaten – 40 Stunden, nachdem Davis es verlassen hatte.

Bei Lincolns Besuch in Richmond spielten sich die unvergeßlichsten Szenen dieses unvergeßlichen Krieges ab. Von nur zehn Seeleuten eskortiert, schritt der Präsident durch die Straßen Richmonds, während Porter nervös zu allen Fenstern emporsah und nach etwaigen Meuchelmördern Ausschau hielt. Aber im Nu war der Befreier der Sklaven von schwarzen Menschen umringt, die ihm zujubelten: *»Glory to God! Glory! Glory!«* »Gott sei gepriesen! Der große Messias! Ich habe ihn sofort erkannt, als ich ihn sah. Seit vier langen Jahren wohnt er in meinem Herzen. Er ist gekommen, um seine Kinder aus der Knechtschaft zu befreien. *Glory, Hallelujah!«* Befreite Sklaven berührten Lincoln, um sich zu vergewissern, daß es ihn wirklich und wahrhaftig gab. »Jetzt weiß ich, daß ich frei bin«, rief eine alte Frau, »ich habe Vater Abraham gesehen und gespürt.« Von Emotionen überwältigt wie selten, sagte Lincoln zu einem Schwarzen, der vor ihm auf die Knie gefallen war: »Stehen Sie auf! Das ist nicht recht, daß Sie vor mir knien. Knien müssen Sie nur vor Gott und ihm für die Freiheit danken, die Sie von nun an genießen.«[33] Unter den Zeitungsreportern des Nordens, die über die Ereignisse berichteten, war auch ein Mann, dessen Gegenwart die Revolution eindrucksvoll symbolisierte. Es war T. Morris Chester; er saß an einem Schreibtisch im Capitol der Konföderation und formulierte seine Depesche an die *Philadelphia Press.* »Noch nie zuvor hat sich Richmond in einem solchen Überschwang der Gefühle gezeigt«, schrieb er. »Ein wunderbarer Wandel ist über den Geist des Südens und seine Träume gekommen.«[34] Chester war ein Schwarzer.

Für Robert E. Lee und seine Armee hatten sich die Träume in einen Alptraum verwandelt. Auf 35 000 Mann reduziert, trafen sich die versprengten Divisionen aus Petersburg und Richmond 35 Meilen weiter westlich, in Amelia Courthouse, wo die halbverhungerten Männer einen Eisenbahnwaggon mit Proviant vorzufinden hofften. Infolge einer Verwechslung fanden sie Munition vor – das letzte, was sie brauchen konnten, da ihre ausgemergelten Pferde ohnehin schon fast zu schwach für das mitgeführte Gerät waren. Ein Aufenthalt zur Proviantbeschaffung auf dem Land erwies sich als verhängnisvoll. Lee hatte vorgehabt, entlang der Bahnlinie nach Danville zu ziehen, wo er zu Johnston stoßen konnte und wo Jefferson Davis am 4. April sein Volk noch einmal aufgerufen hatte, sich um die gemeinsame Sache zu scharen: »Der Notwendigkeit enthoben, Städte zu beschützen ... kann unsere Armee sich frei von Ort zu Ort bewegen ... und den Feind dort stellen, wo er am weitesten von seiner Basis entfernt ist. [...] Nichts fehlt mehr, um unseren Triumph zu besiegeln ... als unsere eigene, untilgbare Entschlossenheit.«[35] Aber der Feind stand näher an Danville als Lees Armee. Sheridans Kavallerie und drei Infanteriekorps jagten einige Meilen weiter südlich neben den sich zurückziehenden Rebellen her. Am 5. April schnitten sie die Bahnlinie nach Danville ab und zwangen Lee, nach Lynchburg und in die dahinter liegenden Pässe des Blue Ridge auszuweichen.

Aber auch dieses Ziel blieb unerreichbar; Lees verzweifelte Leute waren zu langsam, ihre Verfolger, den Sieg und das Ende des Krieges witternd, zu schnell. Die blaue Kavallerie machte mit Blitzangriffen Dutzende von Gefangenen, während Hunderte anderer Südstaatensoldaten erschöpft am Wegrand zusammenbrachen und darauf warteten, von den Yankees aufgelesen zu werden. Am 6. April kesselten drei Unionskorps an einem abgelegenen Flüßchen namens Sayler's Creek ein Viertel von Lees Armee ein, nahmen 6000 Mann gefangen und zerstörten zum großen Teil ihren Wagenzug. »Mein Gott!« rief Lee aus, als man ihm diese Aktion meldete. »Ist die Armee aufgerieben?«[36]

Sie war es noch nicht ganz, aber viel fehlte nicht mehr. Während die restlichen Rebellen am 7. April gen Westen schlichen, sandte Grant durch einen Parlamentär eine Note, in der er Lee zur Kapitulation aufforderte. In seiner Antwort fragte Lee nach Grants Bedingungen. Der Feldherr aus dem Norden bot dieselben Bedingungen wie in Vicksburg: Entlassung auf Ehrenwort bis zum Austausch der Gefangenen. Da Lees Kapitulation den Krieg praktisch beenden würde, war die Sache mit dem Austausch eine reine Formalität. Am 8. April wuchs die Spannung; Grant litt an quälenden Kopfschmerzen, Meade an Übelkeit. Lee parierte mit dem vagen Vorschlag, über eine »Wiederherstellung des Friedens« zu verhandeln – eine politische Frage, über die zu verhandeln Grant nicht befugt war. So schüttelte er den schmerzenden Kopf und meinte: »Sieht aus, als ob Lee noch kämpfen wolle.«[37]

Lee hatte in der Tat diese Absicht: Am Morgen des 9. April wollte er einen Ausbruchsversuch gegen Sheridans Kavalleristen unternehmen, die in der Nähe von Appomattox Courthouse die Straße blockierten. Zum letztenmal gellte das Hurra der Rebellen durch den stillen Palmsonntag, als die grauen Jammergestalten die Unionsreiterei zurückdrängten – um auf zwei Infanteriekorps der Yankees zu stoßen, die weiter hinten Stellung bezogen hatten. In Lees Rücken näherten sich zwei weitere Unionskorps. So gut wie umzingelt und dem Gegner an effektiver Truppenstärke im Verhältnis 1:5 oder 1:6 unterlegen, fügte Lee sich ins Unvermeidliche. Einer seiner Untergebenen schlug statt der Kapitulation etwas anderes vor: Die Männer konnten in die Wälder gehen und als Partisanen weiterkämpfen. Lee sagte nein; er wollte vermeiden, daß ganz Virginia einer ähnlichen Verwüstung anheimfiel wie das Shenandoahtal; die Partisanen würden »zu bloßen Marodeuren verkommen, und die gegnerische Kavallerie würde sie aufspüren und dabei viele Gegenden überrennen, die sie sonst nie zu Gesicht bekommen hätte. Wir würden damit eine Situation schaffen, von der sich das Land erst nach Jahren wieder erholen würde«. Schweren Herzens kam Lee zu dem Schluß: »Ich würde lieber tausend Tode sterben, aber mir bleibt nichts anderes übrig, als zu General Grant zu gehen.«[38]

Lee sandte durch die feindlichen Linien eine Note und bot die Kapitulation an. Grants Kopfschmerzen und Meades Übelkeit waren wie weggeblasen. Das große Bluten und Sterben war vorbei; sie hatten gewonnen. Für die Kapitulationsformalitäten begaben sich Grant und Lee in das Haus von Wilmer McLean. 1861 hatte McLean in der Nähe von Manassas gewohnt; sein Haus war ein Hauptquartier der Konföderierten gewesen, und eine Yankeebombe war in sein Eßzimmer gekracht. Daraufhin hatte er sich in dieses abgelegene Dorf im Süden Virginias zurückgezogen, um den sich bekämpfenden Armeen aus dem Weg zu gehen –

und jetzt spielte sich das letzte Drama des Krieges in seinem Wohnzimmer ab. Der besiegte Feldherr, 1,80 Meter groß und in straffer Haltung, trat in Galauniform mit Schärpe und juwelenbesetztem Degen auf; der Sieger, 1,70 Meter groß und gebückt, erschien mit seiner üblichen einfachen Feldbluse und lehmbespritzten Hosen, die er in seine schmutzigen Stiefel gestopft hatte – der Wagen mit seinem Hauptquartier war bei dem Wettlauf mit dem Feind zurückgeblieben. Und so diktierte in McLeans guter Stube der Sohn eines Gerbers aus Ohio dem Sproß einer »First Family« aus Virginia die Kapitulationsbedingungen.

Diese Bedingungen waren generös: Offiziere und Mannschaften konnten nach Hause gehen, und zwar »unbehelligt von den US-Behörden, sofern sie ihr Ehrenwort nicht brechen und die an ihrem jeweiligen Wohnort geltenden Gesetze beachten«. Diese Klausel war von erheblicher Bedeutung. Sie diente als Vorbild bei der späteren Kapitulation anderer südstaatlicher Heeresteile und gab den Soldaten der ehemaligen Konföderation die Garantie, daß sie nicht wegen Hochverrats belangt würden. Lee bat noch um einen weiteren Gefallen: In der konföderierten Armee seien die Pferde, die die Männer in der Kavallerie und der Artillerie geritten hatten, deren Eigentum gewesen; ob sie sie behalten dürften? Jawohl, sagte Grant; Offiziere und Mannschaften, die den Besitz eines Pferdes reklamierten, durften das Tier mit nach Hause nehmen, »um die Ernte einzufahren, um sich und ihre Familie durch den nächsten Winter zu bringen«. »Das wird einen denkbar günstigen Eindruck auf die Männer machen«, meinte Lee, und »viel zur Aussöhnung in unserem Volk beitragen.« Nach der Unterzeichnung der Papiere wurde Lee dem Stabe Grants vorgestellt. Als er Grants Kriegssekretär Ely Parker die Hand gab, einem Senecaindianer, musterte er einen Augenblick lang die dunklen Gesichtszüge Parkers und sagte: »Ich freue mich, hier einen echten Amerikaner kennenzulernen.« Worauf Parker versetzte: »Wir sind alle Amerikaner.«[39]

Als die Kapitulation abgeschlossen war, salutierten beide Generäle mit ernster Miene voreinander und trennten sich. »Dieser Augenblick wird in die Geschichte eingehen«, sagte ein Adjutant Grants. Aber der Unionsfeldherr wirkte geistesabwesend. Er hatte einer wiedervereinigten Nation das Leben geschenkt, und nun holte die Melancholie ihn ein. »Ich fühlte mich ... traurig und niedergeschlagen«, schrieb Grant, »beim Sturz eines Gegners, der so lange und so heldenhaft gekämpft und so vieles für seine Sache erduldet hatte – mochte es in meinen Augen auch die schlechteste Sache gewesen sein, für die ein Volk jemals gekämpft hat.« Als sich die Nachricht von der Kapitulation durch die Unionslager verbreitete, begannen einzelne Batterien, Freudensalut zu schießen, bis Grant dieses Treiben verbot. »Der Krieg ist vorbei«, erklärte er; »die Rebellen sind wieder unsere

Landsleute, und das beste Zeichen der Freude nach diesem Sieg ist der Verzicht auf jegliche Art von Demonstration.«[40] Als Beitrag zur Rückholung der früheren Rebellen in die Union ließ Grant für 25 000 Mann je drei Tagesrationen über die Linien bringen. Dies trug vielleicht dazu bei, nicht nur das körperliche, sondern auch das seelische Leid von Lees Soldaten zu lindern.

Das gleiche gilt für eine bedeutsame symbolische Geste bei einer drei Tage später stattfindenden Zeremonie, als die konföderierten Truppen aufmarschierten, um ihre Waffen abzuliefern und ihre Fahnen zu übergeben. Viele dieser Männer mochten bei dieser Gelegenheit empfunden haben, was einer ihrer Offiziere so formulierte: »War das nun das Ende aller unserer Märsche und Kämpfe in den letzten vier Jahren? Ich konnte mich der Tränen nicht erwehren.« Der für die Kapitulationszeremonie verantwortliche Unionsoffizier war Joshua L. Chamberlain, jener kämpfende Professor vom Bowdoin College, der für Little Round Top eine Ehrenmedaille erhalten hatte, seither zweimal verwundet worden war und nun den Rang eines Generalmajors innehatte. An der Spitze der Südstaatler, die auf zwei salutierende Brigaden Chamberlains zumarschierten, ging John B. Gordon, einer von Lees härtesten Kämpfern, der jetzt das alte Korps von »Stonewall« Jackson befehligte. In der ersten Marschreihe hinter ihm befand sich die »Stonewall-Brigade« – fünf Regimenter mit 210 ausgemergelten Überlebenden eines vier Jahre währenden Krieges. Als Gordon sich an der Spitze dieser Männer näherte, »das Kinn auf die Brust gesenkt, betrübt und niedergeschlagen wirkend«, gab Chamberlain einen kurzen Befehl, und ein Hornsignal ertönte. Auf der Stelle wechselten die Unionssoldaten vom Gewehr bei Fuß zum Präsentieren des Gewehrs, also zum Ehrensalut. Als General Gordon das Signal hörte, blickte er verwundert auf, und als er die Situation erkannte, wandte er sich geistesgegenwärtig zu Chamberlain, senkte grüßend den Degen und befahl seinen eigenen Leuten, das Gewehr zu präsentieren. Diese Gegner in so mancher blutigen Schlacht beendeten den Krieg nicht mit Scham und Schande auf der einen und jubelnder Überheblichkeit auf der anderen Seite, sondern mit gegenseitigem »soldatischen Salut und Abschied«.[41]

Die Nachricht von Lees Kapitulation erreichte einen Norden, der sich noch kaum von dem Freudentaumel über die Einnahme Richmonds erholt hatte. Der Fall der Rebellenhauptstadt war die US-Hauptstadt Washington 900 Schuß Salut wert gewesen; bei der Kapitulation Lees waren es weitere 500 Schuß. »Von einem Ende der Pennsylvania Avenue bis zum anderen brannte die Luft von den leuchtenden Farben der Flaggen wie von Feuer«, schrieb ein Reporter. »Wie durch Zauberschlag waren Unmengen von Menschen auf den Beinen, die schwatzten, lachten, Hurra riefen und ihre Freude auskosteten. Die Leute lagen einander in den

Armen, stießen miteinander an, begruben alten Streit, erneuerten alte Freundschaften, marschierten singend Arm in Arm durch die Stadt.« Die gleichen Szenen spielten sich auf der Wall Street in New York ab; ein Augenzeuge berichtete: »Männer umarmten einander, drückten einander ans Herz, *küßten* sich sogar, verschwanden in Hauseingängen, um sich die Tränen zu trocknen, und kamen wieder hervor, um ihren Hut in die Luft zu werfen und Hurra zu rufen.« »Sie sangen Kirchenlieder, *Old Hundred, John Brown* und *The Star-Spangled Banner* ... immer wieder und unter dem tosenden Beifall der Menge, die am Ende jeder Wiederholung einmütig die Hüte schwenkte.« Ein Tagebuchschreiber notierte: »Eine zu ähnlich heftiger Gefühlsaufwallung getriebene Menge habe ich sonst nur einmal erlebt, und zwar bei dem großen Unionstreffen auf dem Union Square im April 1861.« Aber diesmal war die Gefühlsaufwallung noch heftiger, denn sie gründete sich »auf die Erinnerung an die schier hoffnungslosen Jahre des Scheiterns und auf das Bewußtsein, daß der nationale Sieg endlich gesichert war«.[42]

Auch Lincoln genoß diese freudige Entladung einer angestauten Spannung; sein Denken galt jedoch mehr der Zukunft als der Vergangenheit. Noch in Richmond war er mit John A. Campbell zusammengetroffen, einem der Beauftragten der Konföderation bei der einstigen Konferenz in Hampton Roads. Jetzt war Campbell bereit, zu Lincolns Bedingungen in die Union zurückzukehren. Er schlug einen naheliegenden Weg vor, um die letzten Reste der südstaatlichen Kriegsanstrengung zu untergraben: Man mußte das Parlament von Virginia zusammentreten lassen, damit es den Rückzug der Truppen dieses Staates aus der Konföderation beschließen konnte. Der Präsident fand den Vorschlag gut und erteilte am 6. April die notwendige Einwilligung. Campbell mißverstand jedoch Lincolns Standpunkt und glaubte, der Präsident erkenne das amtierende Parlament Virginias als legitime Regierung dieses Bundesstaates an. Diese Absicht hatte Lincoln nicht. Was er genehmigt hatte, war der Zusammentritt »jener Herren, die als Parlament von Virginia *agiert* hatten ... und de facto die Macht besaßen, etwas Bestimmtes zu tun«; er hatte nicht vor, sie als »rechtmäßiges Parlament« anzuerkennen. Durch die Kapitulation Lees, die sich praktisch auf alle Soldaten Virginias erstreckte, wurde die ganze Frage akademisch, und so widerrief Lincoln die Genehmigung zum Zusammentritt des Parlaments. Am 11. April hielt er vom Balkon des Weißen Hauses aus vor einer riesigen Menschenmenge, die den Sieg der Union feierte, eine sorgfältig vorbereitete Rede über Frieden und Rekonstruktion. »Es gibt für uns kein autorisiertes Organ, mit dem wir verhandeln könnten«, sagte er und schaltete damit die Regierungen der Einzelstaaten ebenso aus wie die auf der Flucht befindliche Regierung Jefferson Davis. »Wir müssen einfach mit unorganisierten und uneinigen Elementen beginnen und darauf aufbauen.« Das hatte er in Louisiana, Arkansas und Tennessee getan. Er verteidigte die Regierung Louisianas, räumte aber ein, er hätte es lieber gesehen, wenn diese Regierung lese- und schreibkundigen Negern und schwarzen Veteranen das Wahlrecht zuerkannt hätte. Er hoffte, daß dies bald erfolgen würde; in bezug auf die nicht rekonstruierten Staaten stellte Lincoln für die allernächste Zeit die Bekanntgabe einer neuen Politik der Wiedereingliederung in die Union in Aussicht.[43]

In der Menge gab es mindestens *einen* Zuhörer, der aus Lincolns Worten die Annäherung an die radikalen Republikaner heraushörte. »Das ist die Staatsbürgerschaft für den Nigger«, raunte John Wilkes Booth einem Begleiter zu. »Bei Gott, dem geh' ich an die Gurgel! Das ist die letzte Rede, die er gehalten hat.«[44]

Epilog: Der Preis des Sieges

Am Karfreitag des Jahres 1865 machte Booth seine Drohung wahr, und in den Wochen danach überstürzten sich die Ereignisse. Erschütternde Szenen und Bilder lösten einander ab wie in einem Kaleidoskop und ließen den Betrachter betäubt oder begeistert zurück: Am 29. April lag Lincoln aufgebahrt im Weißen Haus, und General Grant weinte hemmungslos an seinem Katafalk; sukzessive kapitulierten die konföderierten Armeen, während Jefferson Davis nach Süden floh, in der Hoffnung, in Texas seine Regierung neu zu errichten und den Krieg zu einem siegreichen Ende zu bringen; Booth kam in einer brennenden Scheune in Virginia ums Leben; sieben Millionen trauernder Männer, Frauen und Kinder gaben Lincoln das letzte Geleit, als der Sarg in seine Heimatstadt Springfield überführt wurde; das Dampfschiff *Sultana,* mit befreiten Kriegsgefangenen der Union mississippiaufwärts unterwegs, flog am 27. April in die Luft, wobei ebenso viele Menschen umkamen wie ein halbes Jahrhundert später auf der *Titanic;* Jefferson Davis wurde am 10. Mai in Georgia gefangengenommen, der Komplizenschaft an der Ermordung Lincolns beschuldigt (zu Unrecht) und, zeitweise in Fesseln, auf der Festung Monroe in Virginia in Haft gehalten, wo er zwei Jahre lang blieb, bis man ihn ohne Prozeß freiließ; er wurde 81 Jahre alt und reihte sich in die Schar schreibender Exkonföderierter ein, die in dicken Büchern ihre Sache zu verteidigen suchten; die Potomac-Armee und Shermans Georgia-Armee marschierten unter machtvoll-kathartischem Schaugepränge am 23. und 24. Mai in einer großen Parade durch die Pennsylvania Avenue, bevor sie von mehr als einer Million Soldaten auf kaum 80 000 ein Jahr später und zuletzt auf die Friedensstärke von 27 000 Mann demobilisiert wurden; ausgemergelte, halbtote Soldaten der Konföderation humpelten heimwärts und erbettelten oder stahlen sich etwas zu essen von verzweifelten Zivilisten, die oft selbst kaum wußten, woher sie ihre nächste Mahlzeit nehmen sollten; jubelnde Schwarze feierten das Freudenfest einer Freiheit, deren Grenzen sie noch nicht erkannten; Banden südstaatlicher

Deserteure, Partisanen und Krimineller verwüsteten eine Region, die erst viele Jahre später wirklichen Frieden finden sollte.

Die Bedingungen dieses Friedens und die Dimensionen der Freiheit für die Schwarzen beschäftigten die Nation noch ein Jahrzehnt und länger. Unterdessen begann man, den Krieg chronikalisch aufzuarbeiten und seine Folgen zu berechnen – ein Tun, das bis heute anhält. In den vier Jahren der kriegerischen Auseinandersetzung büßten über 620000 Soldaten ihr Leben ein – 360000 Yankees und mindestens 260000 Rebellen. Nicht feststellen läßt sich die Anzahl südstaatlicher Zivilisten, die mittelbar oder unmittelbar dem Krieg zum Opfer fielen; was man mit Sicherheit sagen kann, ist jedoch, daß der Bürgerkrieg ebenso viele Amerikaner das Leben gekostet hat wie alle anderen Kriege der USA einschließlich des Vietnamkrieges. Waren die Befreiung von vier Millionen Sklaven und der Erhalt der Union diesen Preis wert? Auch über diese Frage wird man wahrscheinlich nicht aufhören zu streiten; 1865 aber war die Antwort für die wenigsten Schwarzen und für kaum einen Nordstaatler zweifelhaft.

Mit der Zeit empfanden sogar viele Südstaatler die Dinge ähnlich wie Woodrow Wilson, der aus Virginia stammte, als Kind vier Kriegsjahre in Georgia miterlebt hatte und 1880 als Jurastudent an der Universität von Virginia äußerte: »Gerade *weil* ich den Süden liebe, bin ich froh, daß die Konföderation gescheitert ist. [...] Man stelle sich vor, diese Union wäre in zwei eigene und unabhängige Souveränitäten gespalten! [...] Die Sklaverei zehrte am Mark unserer südstaatlichen Gesellschaft. [...] [Trotzdem] respektiere und bewundere ich aufs höchste die Verdienste der Anführer der Sezession ... die Lauterkeit der Sache, die sie zu fördern glaubten – und den unsterblichen Mut der konföderierten Soldaten.«[1] In diesen Worten klingen Motive an, die auf Generationen hinaus geeignet waren, die Südstaatler mit ihrer Niederlage zu versöhnen: Ihre ruhmreichen Vorfahren hatten beherzt für das gekämpft, was sie für gerecht hielten; vielleicht hätten sie den Sieg sogar verdient; aber auf lange Sicht gesehen war es doch besser, daß sie verloren hatten. Diese Mentalität des »Kampfes für eine verlorene Sache« nahm die Züge eines veritablen Heldenmythos an, einer südstaatlichen Götterdämmerung mit Robert E. Lee als zweitem Siegfried.

Doch eine Frage hat sich Historikern wie Mythologen gleichermaßen aufgedrängt: Wenn Lee ein solcher Genius war und seine Legionen so unbesiegbar waren, warum haben sie dann verloren? Die Antworten auf diese Frage sind fast ebenso zahlreich wie Lees Soldaten, lassen sich aber um einige wenige Hauptgesichtspunkte ordnen. Eine gängige Antwort aus der Sicht des Nordens läßt sich mit Napoleons Worten formulieren: Gott war eben mit den stärkeren Bataillonen. Im Süden hörte sich diese Erklärung in der Regel ähnlich an wie die folgende Äußerung eines Virginiers: »Sie [die Yankees] haben uns erst schlagen können, als sie in der vierfachen Übermacht waren. Wenn wir eine faire Chance gehabt hätten oder zahlenmäßig nicht so unterlegen gewesen wären, hätte unsere Sache siegen müssen, und wir hätten unsere Unabhängigkeit erlangt.«[2] Der Norden war dem Süden, was potentielle Soldaten betraf, im Verhältnis von mehr als 3:1 überlegen (wobei nur Weiße gezählt sind); die bewaffneten Streitkräfte der Union hatten während der meisten Zeit des Krieges faktisch ein Übergewicht über den Süden von 2:1. In wirtschaftlichen Ressourcen und logistischen Möglichkeiten war der Norden sogar noch mehr im Vorteil. Nach dieser Erklärung trat die Konföderation also unter höchst ungleichen Ausgangsbedingungen zum Kampf an, und ihre Niederlage war unvermeidlich.

Doch viele Forscher sind mit dieser Erklärung nicht zufrieden. Die Geschichte kennt genug Beispiele von Völkern, die ihre Unabhängigkeit unter noch ungünstigeren Bedingungen erkämpft oder behauptet haben: die Niederlande gegen das Spanien Philipps II., die Schweiz gegen das Habsburgerreich, die amerikanischen Rebellen von 1776 gegen das mächtige Großbritannien und 1970 Nordvietnam gegen die Vereinigten Staaten. Der Süden hatte den Vorteil, daß er auf eigenem Territorium und in der Defensive kämpfen konnte und die inneren Linien besaß, so daß ein Patt bereits den Sieg über einen Gegner bedeutete, der erst einmal einmarschieren, erobern, besetzen und die Fähigkeit zum Widerstand brechen mußte; so gesehen standen die Chancen für die Konföderation nicht besonders schlecht. Vielmehr wurden der Konföderation – einem zweiten Interpretationsmuster zufolge – ihre inneren Zwistigkeiten zum Verhängnis: der Konflikt zwischen einzelnen Gouverneuren und der Regierung in Richmond um die Rechte der Bundesstaaten; die Abneigung derer, die keine Sklaven besaßen, gegen den »Krieg der Reichen auf dem Rücken der Armen«; der freiheitliche Widerstand gegen kriegsnotwendige Maßnahmen wie die Wehrpflicht und die Aussetzung der Habeaskorpusakte; das nur laue Engagement einstiger Whigs und Unionisten für die Konföderation; die Illoyalität der Sklaven, die zum Feind überliefen, wann immer sie konnten; und zunehmende Zweifel der Sklavenhalter selbst an der Gerechtigkeit ihrer »besonderen Institution« und ihrer Sache. So kommen zahlreiche Historiker zu dem Schluß: »Für die Niederlage der Konföderation waren nicht äußere, sondern innere Ursachen verantwortlich.« Der Süden litt an seiner »schwachen Moral«, an seinem »Verlust des Kampfeswillens«. Der Konföderation fehlte es nicht an den »Mitteln zur Fortsetzung des Kampfes«, sondern »am Willen dazu«.[3]

Zur Untermauerung der These, daß der Süden, wenn er sich stärker angestrengt hätte, noch jahrelang hätte kämpfen können, haben Historiker ein instruktives Beispiel angeführt, nämlich Paraguay. Dieses winzige Land hielt sechs Jahre lang (von 1865 bis 1871) den Krieg gegen eine Allianz aus Brasilien, Argentinien und Uruguay durch – drei Staaten, deren Gesamtbevölkerung dreißigmal höher war als die Paraguays. In der paraguayanischen Armee kämpften nahezu sämtliche Männer zwischen 12 und 60 Jahren; das Land verlor in diesem Krieg 56 Prozent seiner Gesamtbevölkerung und 80 Prozent der Männer im wehrfähigen Alter. »Demgegenüber nimmt sich die Kriegsanstrengung des Südens dürftig aus«, denn im Bürgerkrieg kamen nur fünf Prozent der weißen Bevölkerung des Südens und 25 Prozent der weißen Männer im wehrfähigen Alter ums Leben. Zwar verlor Paraguay letzten Endes den Krieg doch, aber »sein Durchhaltevermögen ... beweist immerhin, wie ein Volk kämpfen kann, das von einem unbeirrbaren Glauben getragen wird«.[4]

Es ist nicht ganz ersichtlich, ob diese Historiker im Ernst der Meinung sind, der Süden hätte es machen sollen wie Paraguay. Wie auch immer: die Erklärungen der Niederlage durch innere Zwistigkeiten und mangelnden Kampfeswillen sind zwar nicht unplausibel, aber sie sind auch nicht besonders überzeugend. Das Problem ist nämlich, daß es im Norden ähnliche innere Zwistigkeiten gab, und wenn der Krieg anders ausgegangen wäre, hätte man dies genauso plausibel mit der mangelnden Einigkeit und dem fehlenden Siegeswillen der Yankees erklären können. Auch im Norden gab es eine beachtliche Minderheit, die sich am »Krieg der Reichen auf dem Rücken der Armen« störte; es gab energischen Widerstand gegen Wehrpflicht, Besteuerung, Aussetzung der Habeaskorpusakte und andere kriegsbedingte Maßnahmen; es gab Gouverneure, Parlamente und Abgeordnete einzelner Bundesstaaten, die die Regierungspolitik zu torpedieren suchten. Hatten im Süden große Teile der Bevölkerung – Weiße wie Schwarze – immer weniger Sinn für einen Krieg, der für die Erhaltung der Sklaverei geführt wurde, so gab es im Norden nicht minder bedeutsame Gruppen, die einen Krieg zur Abschaffung der Sklaverei ablehnten. Ein entscheidender Unterschied zwischen Union und Konföderation lag darin, daß im Norden die Obstruktion in Gestalt der Demokratischen Partei institutionalisiert war, was die Republikaner bei der Unterstützung der Kriegsmaßnahmen zum Schulterschluß zwang, wenn sie die Opposition ausmanövrieren und letztlich diskreditieren wollten; im Süden fehlte eine solche institutionalisierte politische Struktur, die vermocht hätte, die Anhänger der Regierungspolitik zu mobilisieren, um Widerstand gegen ihre Politik aus dem Weg zu räumen.

Gleichwohl dürfte das Vorhandensein innerer Zwistigkeiten auf *beiden* Seiten dieses Moment als Erklärung für den Sieg der Union neutralisieren, und so haben manche Historiker statt dessen die Qualität der militärischen und zivilen

Führung unter die Lupe genommen. In verschiedenen Varianten besagt diese Interpretation des Bürgerkriegs, daß sich die Führung des Nordens allmählich als überlegen erwies. Zwar hatte der Süden in Beauregard, Lee, den beiden Johnstons und »Stonewall« Jackson in den ersten ein, zwei Jahren des Krieges die fähigeren Offiziere, und Jefferson Davis war aufgrund seiner Ausbildung und Erfahrung besser als Lincoln geeignet, eine Nation im Krieg zu führen. Aber Lees strategische Pläne beschränkten sich auf den Kriegsschauplatz in Virginia; die konföderierte Regierung vernachlässigte den Westen, wo die Unionsarmeen mit einem strategischen Gesamtplan und den zu dessen Durchführung erforderlichen Generälen aufwarteten, während die Streitkräfte des Südens sich mit inkompetenten Befehlshabern herumschlagen mußten, die den Krieg im Westen verloren. Seit 1863 war Lincoln mit seinen bemerkenswerten Fähigkeiten als Feldherr eindeutig über Davis hinausgewachsen, während mit Grant und Sherman im Norden Befehlshaber auftraten, die das Konzept des totalen Krieges und die notwendige Entschlossenheit zu seiner erfolgreichen Durchsetzung mitbrachten. Gleichzeitig bewies die Union mit Männern wie Edwin M. Stanton und Montgomery Meigs sowie dem Unternehmergeist der nordstaatlichen Wirtschafts- und Geschäftswelt das größere organisatorische Geschick, ihre überlegenen Ressourcen in der modernen, industrialisierten Auseinandersetzung, zu welcher der Bürgerkrieg sich auswuchs, zu mobilisieren und einzusetzen.[5]

Diese Interpretation des Geschehens ist zwar glaubwürdiger als andere, unterliegt aber gleichfalls dem Einwand der Umkehrbarkeit, was heißt, wenn das Ergebnis des Krieges ein anderes gewesen wäre, könnte man den Sieg der Konföderation teilweise mit denselben Faktoren erklären. Hatte der Süden seine Stümper wie Bragg oder Pemberton oder Hood, die den Westen verloren, und seinen Joseph Johnston, der zu selten und zu spät den Kampf suchte, so hatte der Norden seinen McClellan und seinen Meade, die manche Chancen im Osten vergaben, und Pope und Burnside und Hooker, die den Krieg auf diesem Schauplatz um ein Haar verloren hätten, wo ihn das Genie eines Lee und seiner Stellvertreter um ein Haar und gegen alle Handicaps des Südens gewonnen hätte. Wo die Union ihren Stanton und ihren Meigs hatte, hatte die Konföderation ihren Josiah Gorgas und andere unbesungene Helden, die wahre Wunder der Organisation und Improvisation vollbrachten. Wäre Lincoln 1864 nicht wieder zum Präsidenten gewählt worden, wie er es im August befürchtete, stünde vor der Geschichte vielleicht Davis als der große Feldherr da, während Lincoln unter »ferner liefen« rangieren würde.

Den meisten Versuchen, den Sieg des Nordens beziehungsweise die Niederlage des Südens zu erklären, fehlt die Dimension der *Kontingenz* – die Erkenntnis, daß in verschiedenen kritischen Augenblicken des Krieges alles auch ganz anders hätten kommen können. Vier entscheidende Wendepunkte waren für den Kriegsausgang bestimmend. Der erste ereignete sich im Sommer 1862, als die Gegenoffensiven von Jackson und Lee in Virginia und von Bragg und Kirby Smith im Westen den scheinbar unmittelbar bevorstehenden Sieg der Union vereitelten. Dies ermöglichte eine Verlängerung und Intensivierung des Konflikts und einen Erfolg der Konföderation, der vor jedem der nächsten drei Wendepunkte ähnlich unmittelbar bevorzustehen schien.

Der nächste kam im Herbst 1862: Die Schlachten bei Antietam und Perryville warfen die Invasionsheere der Konföderation zurück, kamen einer europäischen Vermittlung und Anerkennung der Konföderation zuvor, verhinderten möglicherweise einen Sieg der Demokraten bei den Wahlen von 1862 im Norden, was der Regierung die Fortsetzung des Krieges erschwert hätte, und bereiteten den Boden für die Emanzipationsproklamation, die den Umfang und die Zielsetzung der Auseinandersetzung erweiterte. Der dritte Umschwung fand im Sommer und Herbst 1863 statt, als Gettysburg, Vicksburg und Chattanooga die Weichen für einen endgültigen Sieg des Nordens stellten.

Noch einmal schien es der Konföderation möglich, das Blatt zu wenden, und zwar im Sommer 1864, als der Norden aufgrund der entsetzlichen Verluste der Union und des vermeintlichen Ausbleibens jeden Fortschritts zumal in Virginia an der Schwelle zu Friedensverhandlungen und zur Wahl eines demokratischen Präsidenten stand. Doch nach der Einnahme Atlantas und der Vernichtung von Earlys Armee im Shenandoahtal durch Sherman gingen die Uhren für den Norden wieder richtig. Erst jetzt konnte man davon sprechen, daß der Sieg der Union unvermeidlich war. Erst jetzt erlebte der Süden den unwiederbringlichen Verlust seines Kampfeswillens.

Von allen Erklärungen für die Niederlage des Südens scheitert die These vom Verlust des Kampfeswillens am ehesten am Einwand der Umkehrbarkeit – sie zäumt das Pferd vom falschen Ende her auf. Die Niederlage führt zur Demoralisierung und zum Verlust des Kampfeswillens; der Sieg fördert die Moral und den Willen, zu gewinnen. Nichts verdeutlicht das besser als der radikale Stimmungsumschwung im Norden im Jahre 1864: Herrschte noch im August allgemeiner Defätismus, so berichtete bereits einen Monat später ein britischer Journalist von einer »unerschütterlichen Entschlossenheit ... bis zum letzten zu kämpfen«, die ihn »verblüffte«. Der Verlust des Kampfeswillens im Süden entsprach spiegelbildlich dieser Entschlossenheit im Norden. Hauptursache für die Stimmungsumschwünge war das Geschehen auf dem Schlachtfeld. Der Sieg des Nordens und die Niederlage des Südens im Bürgerkrieg sind nicht ohne die Zufälligkeit zu verstehen, die jeden einzelnen Feldzug dieses Krieges, jede Schlacht, jede Wahl, jede Entscheidung kennzeichnete. Dieses Phänomen der Zufälligkeit, der Kontingenz läßt sich am besten in der narrativen Form darstellen, die ihr das vorliegende Buch zu geben versucht hat.

Der Streit um Ursachen und Folgen des Bürgerkriegs und um die Gründe für den Sieg des Nordens wird weitergehen, solange Historiker die Feder führen – und die Feder ist bei diesem blutigen Konflikt vielleicht sogar mächtiger als das Schwert. Gewisse gravierende Konsequenzen des Bürgerkriegs dürften jedoch unbestreitbar sein. Sezession und Sklaverei waren erledigt und sind in den 125 Jahren seit Appomattox nicht wieder zum Leben erwacht. Das bedeutete zugleich eine umfassendere Transformation der amerikanischen Gesellschaft und des amerikanischen Gemeinwesens, die durch den Krieg akzentuiert, wo nicht herbeigeführt worden ist. Vor 1861 wurden die beiden Worte United States im allgemeinen mit dem Plural konstruiert: »Die Vereinigten Staaten *sind* eine Republik.« Der Krieg markierte den Übergang zu einer USA im Singular. Aus der Union wurde die Nation, und heute sprechen Amerikaner von ihrer Union meist nur noch in einem historischen Zusammenhang. Lincolns Reden während des Krieges sind ein Indiz für diesen Übergang. In der Ansprache bei seiner ersten Amtseinführung benutzte er 20mal das Wort »Union«, aber nicht ein einziges Mal das Wort »Nation«. In seiner ersten Botschaft an den Kongreß benutzte er das Wort »Union« 32mal und das Wort »Nation« dreimal. In dem Brief an Horace Greeley vom 22. August 1862 über den Zusammenhang zwischen Sklaverei und Krieg sprach er achtmal von der Union und von der Nation überhaupt nicht. Kaum ein Jahr später, in seiner Ansprache in Gettysburg, erwähnte Lincoln die »Union« mit keinem Wort, benutzte aber fünfmal das Wort »Nation«, um die neugeborene Freiheit und den neuen Nationalismus in den USA zu beschwören. Und in der Rede bei seiner zweiten Amtseinführung, in der er auf die Ereignisse der vergangenen Jahre zurückblickte, sprach Lincoln davon, 1861 habe die eine Seite versucht, die *Union* aufzulösen, während die andere sich auf den Krieg eingelassen habe, um die *Nation* zu erhalten.

Die alte föderative Republik, in der nur das Postamt den Durchschnittsbürger in Berührung mit der nationalen Regierung brachte, wich einem zentralisierteren Gemeinwesen, das die Menschen direkt besteuerte und zur Erhebung dieser Steuern eine eigene Behörde einrichtete, das die Männer zur Armee einzog, die Zuständigkeit der Bundesgerichte ausweitete, eine nationale Währung und ein nationales Banksystem schuf und die erste nationale Wohlfahrtsbehörde – das Freedmen's Bureau – einrichtete. Elf der ersten 12 Amendments zur amerikanischen Verfassung hatten die Vollmachten der nationalen Regierung beschnitten;

sechs der nächsten sieben Zusätze, angefangen beim 13. Amendment von 1865, dehnten diese Vollmachten auf Kosten der Einzelstaaten wieder aus.

Mit dieser Veränderung im föderativen Gleichgewicht ging eine radikale Verschiebung der politischen Macht von Süden nach Norden einher. Von den ersten 72 Jahren der Republik bis 1861 war in 49 Jahren, also über mehr als zwei Drittel des Zeitraums, der Präsident der USA ein Sklavenhalter und Bürger eines der späteren Konföderationsstaaten gewesen. Im Kongreß waren 23 der 36 Sprecher des Repräsentantenhauses und 24 der *Presidents pro tem* im Senat Südstaatler gewesen. Im Supreme Court hatte es immer eine südstaatliche Mehrheit gegeben; bis 1861 stammten 20 der 35 Richter aus Sklavenhalterstaaten. Nach dem Krieg mußte ein ganzes Jahrhundert vergehen, bevor wieder ein Bürger eines ehemaligen Konföderationsstaates zum Präsidenten gewählt wurde. Ein halbes Jahrhundert lang kam *kein einziger* der Sprecher des Repräsentantenhauses und der *Presidents pro tem* im Senat aus dem Süden, und nur fünf der in diesen 50 Jahren ernannten 26 Richter am Supreme Court waren Südstaatler.

Diese Zahlen signalisieren einen drastischen und dauerhaften Richtungswechsel in der amerikanischen Entwicklung. Über weite Strecken der amerikanischen Geschichte wirkt der Süden irgendwie anders als der Rest der Vereinigten Staaten, begabt mit »einer eigenen und einmaligen Identität ... die neben dem Hauptstrom des amerikanischen Wesens verlief«.[6] Aber wann ist der nördliche Strom des »amerikanischen Wesens« zum Hauptstrom geworden? Aus globaler Sicht betrachtet, war vielleicht eher der *Norden* vor dem Krieg die Ausnahmeerscheinung. Der Süden hatte größere Ähnlichkeit mit den meisten übrigen Gesellschaften der Welt als der sich rapide wandelnde Norden der Generation vor dem Bürgerkrieg. Legale Sklaverei und Leibeigenschaft waren in weiten Teilen der westlichen Hemisphäre und in Westeuropa zwar abgeschafft, aber fast überall auf der Welt gab es noch wie im amerikanischen Süden unfreie oder nur scheinbar freie Arbeit. Die meisten Gesellschaften der Welt waren nach wie vor ländlich-agrarisch und arbeitsintensiv; die meisten von ihnen – sogar in einigen europäischen Ländern – hatten einen Prozentsatz von Analphabeten vorzuweisen, der genauso hoch oder höher war als die 45 Prozent im amerikanischen Süden; die meisten blieben wie der Süden ihren traditionellen Werten und ihrer familiär-verwandtschaftlich-hierarchisch-patriarchalischen Struktur verhaftet. Der amerikanische Norden hingegen eilte, zusammen mit einigen wenigen Ländern in Nordwesteuropa, begierig einer industriekapitalistisch geprägten Zukunft entgegen, die viele Südstaatler widerwärtig, ja beängstigend fanden; stolz und sogar trotzig blieb der Süden in seiner Vergangenheit von vor 1861 verwurzelt.

Wenn also die Sezessionisten behaupteten, für die Erhaltung der traditionellen Rechte und Werte einzutreten, dann hatten sie recht. Sie kämpften für die Bewahrung ihrer verfassungsmäßigen Freiheitsrechte gegen deren (wie ihnen schien) drohende Abschaffung durch den Norden. Die Vorstellung des Südens von Republikanismus hatte sich in einem Dreivierteljahrhundert nicht verändert; die des Nordens sehr wohl. Ganz aufrichtig focht der Süden für die Erhaltung seiner Version der von den Gründungsvätern gemeinten Republik: für eine Regierung mit beschränkten Vollmachten, die die Eigentumsrechte schützte, die ihre Wählerschaft aus dem unabhängigen Landadel und den Freibauern weißer Hautfarbe rekrutierte und die ansonsten verschont blieb von riesigen Städten, herzlosen Fabriken, Unruhe stiftenden freien Arbeitern und Klassenkonflikten. Daß die Republikanische Partei mit ihrer Ideologie eines wettbewerbsorientierten, egalitären Kapitalismus mit freier Arbeit an die Macht gelangte, war für den Süden ein untrügliches Zeichen dafür, daß die Mehrheit im Norden sich unwiderruflich dieser beängstigenden, revolutionären Zukunft zugewandt hatte. Folglich waren die »Negerrepublikaner« in den Augen vieler Südstaatler eine »im wesentlichen revolutionäre Partei« von lauter »Sansculotten, Atheisten und Libertins, durchsetzt mit langbehosten Weibern, flüchtigen Sklaven und Apologeten der Rassenmischung«.[7] »*Wir* sind keine Revolutionäre«, betonten James B. D. De Bow und Jefferson Davis im Bürgerkrieg; »wir stemmen uns der Revolution entgegen. [...] Wir sind konservativ.«[8]

Der Sieg der Union im Bürgerkrieg zerstörte die Vorstellung des Südens von Amerika und ließ die des Nordens zur gesamtamerikanischen werden. Bis 1861 aber war es der Norden, der neben dem Hauptstrom herlief, nicht der Süden. Gewiß, die Nordstaaten waren zusammen mit Großbritannien und einigen nordwesteuropäischen Ländern dabei, einen welthistorisch neuen Kanal zu graben, der ohne Zweifel auch dann zum Hauptstrom geworden wäre, wenn es den Amerikanischen Bürgerkrieg nicht gegeben hätte. Rußland hatte 1861 die Leibeigenschaft abgeschafft und damit diese uralte Institution der Zwangsarbeit in Europa zum Verschwinden gebracht. Für die Amerikaner markierte indessen der Bürgerkrieg den Wendepunkt. Ein Pflanzer aus Louisiana, der nach dem Krieg traurig in seine Heimat zurückkehrte, schrieb 1865: »Der Krieg hat die Gesellschaft völlig verwandelt. Selbst die [Französische] Revolution von 89 hat das ›Ancien régime‹ nicht stärker verändert, als es diese Revolution mit unserem sozialen Leben getan hat.« Und vier Jahre später kam George Ticknor, ein emeritierter Harvardprofessor, zu dem Schluß, durch den Bürgerkrieg sei »eine tiefe Kluft« entstanden »zwischen dem, was in unserem Jahrhundert davor geschehen ist, und dem, was seither geschehen ist oder noch geschehen wird. Es kommt mir vor, als lebte ich nicht mehr in demselben Land, in dem ich geboren wurde«.[9] Aus dem Bürgerkrieg entsprang die große Flutwelle, die den Strom der amerikanischen Geschichte in ein neues Bett lenkte und die Last des Ausnahmestatus dem Süden auferlegte.

Welchen Platz würden die befreiten Sklaven und ihre Nachkommen in dieser neuen Ordnung einnehmen? 1865 rief ein schwarzer Soldat, der in einer Gruppe von konföderierten Kriegsgefangenen, die er bewachte, seinen früheren Herrn erkannte, diesem zu: »*Hello, massa; bottom rail on top dis time!*«[10] Aber würde diese neue Ordnung der Dinge von Dauer sein? Diese Frage zu untersuchen, ist eine Aufgabe, die anderen als mir vorbehalten bleibt.

Anhang

Folgende Siglen werden in Anmerkungen und Bibliographie verwendet:

AHR – American Historical Review

Battles and Leaders – Clarence C. Buel und Robert U. Johnson (Hrsg.): *Battles and Leaders of the Civil War.* 4 Bde., New York, 1988.

CG – Congressional Globe

CWH – Civil War History

CWL – Roy C. Basler (Hrsg.): *The Collected Works of Abraham Lincoln.* 9 Bde., New Brunswick, N. J., 1952/55.

Dennett: *Lincoln/Hay* – Tyler Dennett (Hrsg.): *Lincoln and the Civil War in the Diaries and Letters of John Hay.* New York, 1939.

Foote: *Civil War* – Shelby Foote: *The Civil War: A Narrative.* 3 Bde., New York, 1958, 1963, 1974.

Jones: *War Clerk's Diary* (ed. Miers) – John B. Jones: *A Rebel War Clerk's Diary* (Hrsg. Earl Schenck Miers). New York, 1958.

Jones: *War Clerk's Diary* (ed. Swiggett) – John B. Jones: *A Rebel War Clerk's Diary at the Confederate States Capitol* (Hrsg. Henry Swiggett). New York, 1935.

JAH – Journal of American History

JSH – Journal of Southern History

MVHR – Mississippi Valley Historical Review

Nevins: *Ordeal* – Allan Nevins: *Ordeal of the Union.* 2 Bde., New York, 1947; Bd. I: *Fruits of Manifest Destiny, 1847–1852;* Bd. II: *A House Dividing 1852–1857.*

Nevins: *Emergence* – Allan Nevins: *The Emergence of Lincoln.* 2 Bde., New York, 1950; Bd. I: *Douglas, Buchanan, and Party Chaos 1857–1859;* Bd. II: *Prologue to Civil War,* 1859–1861.

Nevins: *War* – Allan Nevins: *The War for the Union.* 4 Bde., New York, 1959, 1960, 1971; Bd. I: *The Improvised War, 1861–1862;* Bd. II: *War Becomes Revolution;* Bd. III: *The Organized War, 1863–1864;* Bd. IV: *The Organized War to Victory, 1864–1865.*

O. R. – *War of the Rebellion ... Official Records of the Union and Confederate Armies.* 128 Bde., Washington 1880–1901.

O. R. Navy – *Official Records of the Union and Confederate Navies in the War of the Rebellion.* 30 Bde., Washington, 1894–1922.

Potter: *Impending Crisis* – David M. Potter: *The Impending Crisis 1848–1861.* New York, 1976.

Rowland: *Davis* – Dunbar, Rowland (Hrsg.): *Jefferson Davis, Constitutionalist: His Letters, Papers, and Speeches.* 10 Bde., Jackson, Miss., 1923.

Strong: *Diary* – *The Diary of George Templeton Strong.* Bd. 3: *The Civil War 1860–1865* (Hrsg. Allan Nevins and Milton Halsey Thomas). New York, 1952.

Wiley: *Johnny Reb* – Bell Irvin Wiley: *The Life of Johnny Reb: The Common Soldier of the Confederacy.* Indianapolis, 1943.

Wiley: *Billy Yank* – Bell Irvin Wiley: *The Life of Billy Yank: The Common Soldier of the Union.* Indianapolis, 1952.

Woodward: *Chesnut's Civil War* – C. Vann Woodward (Hrsg.): *Mary Chesnut's Civil War.* New Haven, 1981.

Anmerkungen

Prolog: Impressionen aus Montezumas Palast

1. *Personal Memoirs of U. S. Grant,* Bd. I und II, New York, 1885, Bd. I, S. 53.

1. Die Vereinigten Staaten um 1850

1. Peter D. McClelland und Richard J. Zeckhauser: *Demographic Dimensions of the New Republic,* Cambridge, Mass., 1982, S. 87.
2. Stanley Lebergott: »Labor Force and Employment, 1800–1960« in: Dorothy Brady (Hrsg.): *Output, Employment and Productivity in the U.S. After 1800,* Studies in Income and Wealth, Princeton, 1966, S. 119.
3. Gesündere Ernährung und verbesserter Lebensstandard hätten eigentlich zu einem deutlicheren Absinken der Sterberate führen sollen, dem aber wirkten Urbanisation und Immigration entgegen. Vor dem 20. Jahrhundert lag die Sterberate in Städten immer höher als auf dem Land, und häufig erhöhte sich die Sterblichkeit unter den Immigranten anfangs, da sie in der neuen Umgebung mit neuen Krankheiten in Berührung kamen. Insbesondere irische Immigranten trafen oft unterernährt mit verminderter Widerstandskraft in der Neuen Welt ein und wohnten auf engem Raum in den ärmsten Stadtvierteln.
4. McClellan und Zeckenhauser: *Demographic Dimensions,* S. 101, 108f.; Robert V. Wells: *Revolutions in Americans' Lives. A Demographic Perspective on the History of Americans, Their Families, and Their Societies,* Westport, Conn., 1982, S. 92–104.
5. Eine Zusammenfassung der jüngsten Forschungsergebnisse zu diesem Thema bieten: Susan Lee und Peter Passell: *A New Economic View of American History,* New York, 1979, S. 52–62; Robert E. Gallman: »Economic Growth« in: Glenn Porter (Hrsg.): *Encyclopedia of American Economic History,* 3 Bde., New York, 1980, S. 133–50; und Stanley L. Engerman und Robert E. Gallman: »U.S. Economic Growth, 1783–1860« in *Research in Economic History,* 8 (1983), S. 1–46.
6. Diese Lohnskala ergibt sich aus drei Studien zum Thema, die jedoch alle mit lückenhaften Daten arbeiten – Alvin H. Hansen: »Factors Affecting the Trend of Real Wages« in *American Economic Review,* 15 (1925), S. 27–41, Donald R. Adams, Jr.: »Prices and Wages«, in: Porter (Hrsg.): *Encyclopedia of American Economic History,* S. 229–46, wo alle bis zur Drucklegung erschienenen relevanten Untersuchungen berücksichtigt sind, und Donald R. Adams, Jr.: »The Standard of Living During American Industrialization. Evidence from the Brandywine Region, 1800–1860« in *Journal of Economic History,* 42 (1982), S. 903–17.

7. Eine Zusammenfassung dieser Diskussion betreffs Großbritannien und anderer Länder bietet John Komlos: »Stature and Nutrition in the Habsburg Monarchy. The Standard of Living and Economic Development in the Eighteenth Century« in *AHR,* 90 (1985), S. 1149–51. Vgl. ferner Donald R. Adams, Jr.: Some Evidence on English and American Wage Rates, 1790–1830« in *Journal of Economic History,* 30 (1970), S. 499–520.
8. Im Rahmen der umfangreichen Fachliteratur zur Darstellung und Analyse dieser Veränderungen im Transport- und Nachrichtenwesen behauptet sich als wohl anschaulichste Interpretation George Rogers Taylor: *The Transportation Revolution,* 1815–1860, New York, 1951.
9. Adams: »Prices and Wages« in: Porter (Hrsg.): *Encyclopedia of American Economic History,* S. 234. Das Jahr 1815 ist als Ausgangspunkt dieser Vergleichsskala nicht sehr glücklich gewählt, da zu diesem Zeitpunkt die durch den Krieg von 1812 verursachte Inflation noch nachwirkte. Doch selbst wenn man 1819, das Jahr der Wirtschaftskrise, zugrunde legt, ist für den Zeitraum der nächsten 40 Jahre noch ein Rückgang von stattlichen 24 respektive 41 Prozent der Großhandels- und Verbraucherpreise zu verzeichnen.
10. Edgar Winfield Martin: *The Standard of Living in 1860. American Consumption on the Eve of the Civil War,* Chicago, 1942, S. 400f.
11. Die besten Untersuchungen über die Ursprünge des amerikanischen Erzeugersystems liefern Nathan Rosenberg (Hrsg.): *The American System of Manufactures,* Edinburgh, 1969, David A. Hounshell: *From the American System to Mass Production 1800–1932,* Baltimore, 1984, sowie Otto Mayr und Robert C. Post (Hrsg.): *Yankee Enterprise. The Rise of the American System of Manufactures,* Washington, 1981.
12. Eugene S. Ferguson: »Technology as Knowledge«, in: Edwin T. Layton, Jr. (Hrsg.): *Technology and Social Change in America,* New York, 1973, S. 23.
13. Daniel J. Boorstin: *The Americans. The National Experience,* New York, 1965, S. 148–52.
14. Zitiert nach H. J. Habbakuk: *American and British Technology in the Nineteenth Century,* Cambridge, 1967, S. 6f., und Douglass C. North: *The Economic Growth of the United States 1790–1860,* Englewood Cliffs, 1961, S. 173.
15. Paul A. David: *Technical Choice, Innovation and Economic Growth. Essays on American and British Experience in the Nineteenth Century,* Cambridge, 1975, S. 87–90; Rosenberg (Hrsg.): *American System,* S. 58f.; Dolores Greenberg: »Reassessing the Power Patterns of the Industrial Revolution. An Anglo-American Comparison« in *AHR,* 87 (1982), S. 1237–61.
16. Rosenberg (Hrsg.): *American System,* S. 203; John A. Sawyer: »The Social Basis of the American System of Manufacturing« in *Journal of Economic History,* 14 (1954), S. 377f.
17. Roger Burlingame: *March of the Iron Men. A Social History of the Union Through Invention,* New York, 1938, S. 469–76; Domingo Faustino Sarmiento: *Sarmiento's Travels in the United States in 1847* (übersetzt von Michael A. Rockland), Princeton, 1970, S. 198.

18. Albert Fishlow: »The Common School Revival. Fact or Fancy?« in: Henry Rosovsky (Hrsg.): *Industrialization in Two Systems,* New York, 1966, S. 40–67; *A Compendium of the Seventh Census of the United States,* Washington, 1854, S. 141–51; Carlo M. Cipolla: *Literacy and Development in* the West, Harmondsworth, 1969; Carl F. Kaestle: *Pillars of the Republic. Common Schooling and American Society, 1780–1860,* New York, 1983, S. 13–74; Lee Soltow und Edward Stevens: *The Rise of Literacy and the Common School in the United States. A Socioeconomic Analysis to 1870,* Chicago, 1981, S. 89–142.
19. Michael B. Katz: *The Irony of Early School Reform. Educational Innovation in Mid-Nineteenth Century Massachusetts,* Cambridge, Mass., 1968, S. 43; Horace Mann: »Annual Report of 1848« in *The Life and Works of Horace Mann* (5 Bde.), Boston, 1891, Bd. IV, S. 245–51.
20. Abbott Lawrence: *Letters to William C. Rives of Virginia,* Boston, 1846, S. 6; Arthur A. Ekirch: *The Idea of Progress in America, 1815–1860,* New York, 1944, S. 197.
21. Dieser und die folgenden Absätze stützen sich auf einige der zahlreichen Studien zur Arbeiterklasse der Vorkriegszeit, die in den letzten Jahren erschienen sind, darunter Alan Dawley: *Class and Community. The Industrial Revolution in Lynn,* Cambridge, Mass., 1976; Anthony F.C. Wallace: *Rockdale. The Growth of an American Village in the Early Industrial Revolution,* New York, 1978; Thomas Dublin: *Women at Work. The Transformation of Work and Community in Lowell, Massachusetts, 1826–1860,* New York, 1979; Jonathan Prude: *The Coming of the Industrial Order. Town and Factory Life in Rural Massachusetts, 1810–1860,* Cambridge, 1983; Sean Wilentz: *Chants Democratic. New York City and the Rise of the American Working Class, 1788–1850,* New York, 1984; Walter Licht: *Working for the Railroad. The Organization of Work in the Ninetheenth Century,* Princeton, 1983; Steven J. Ross: *Workers on the Edge. Work, Leisure, and Politics in Industrializing Cincinnati, 1788–1890,* New York, 1985; Christine Stansell: *City of Women. Sex and Class in New York, 1789–1860,* New York, 1986.
22. Errechnet nach den Beschäftigungslisten der Volkszählungen von 1850 und 1860.
23. Martin: *Standard of living in 1860,* S. 174.
24. Edward Pessen: *Riches, Class and Before the Civil War,* Lexington, Mass., 1973 (bes. Kap. 3); Lee Soltow: *Men and Wealth in the United States 1850–1870,* New Haven, 1975, S. 99, 180, 183; Ross: *Workers on the Edge,* S. 75; Jeffrey G. Williamson and Peter H. Lindert: *American Inequality. A Macroeconomic History,* New York, 1980, S. 36–39.
25. Dawley: *Class and Community,* S. 82; John Ashworth: *»Agrarians & Aristocrats«. Party Political Ideology in the United States, 1837–1846,* London, 1983, S. 31.
26. Prude: *The Coming of Industrial Order,* S. 120.

Für die Freiheit fochten unsere Väter im Feld,
Blut vergoß da manch tapferer Held.
Das Fabrikantenpack sprach ihrem Opfer Hohn ...
Nun leiden auch wir unter Engellands Fron.
O Fluch über König und Thron!

27. Prude: *The Coming of Industrial Order,* S. 218; Dawley: *Class and Community,* S. 44.
28. Bureau of the Census: *Historical Statistics of the United States,* Washington, 1960, S. 623–25.
29. James Roger Sharp: *The Jacksonians versus the Banks. Politics in the States after the Panic of 1837,* New York, 1970, S. 313; Willam G. Shade: *Banks or No Banks. The Money Issue in Western Politics, 1832–1865,* Detroit, 1972, S. 157, 117, 124.
30. Sharp: *Jacksonians versus the Banks,* S. 198; Ashworth:: *»Agrarians & Aristocrats«,* S. 82.
31. Eric Foner: *Free Soil, Free Labor, Free Men. The Ideology of the Republican Party before the Civil War,* New York, 1970, S. 19.
32. Ashworth: *»Agrarians & Aristocrats«,* S. 66f.
33. *CWL,* Bd. II, S. 364, Bd. III, S. 478f., Bd. IV, S. 24.
34. Stephan Thernstrom gibt in *The Other Bostonians: Poverty and Progress in the American Metropolis, 1880–1970* (Cambridge, Mass., 1973) auf den Seiten 220–61 einen Überblick über die Erkenntnisse verschiedener Untersuchungen zur beruflichen Mobilität in den Vereinigten Staaten. Diesen Studien zufolge erlebten im 19. Jahrhundert etwa ein Drittel der Amerikaner einen beruflichen Aufstieg (bei einem Zehntel war es umgekehrt); der Prozentsatz der Aufsteiger erhöhte sich von Generation zu Generation. Dies war natürlich nicht gleichbedeutend mit einem Wechsel von Lohnarbeit zur Selbständigkeit, da der ungelernte Arbeiter, der zum Facharbeiter aufstieg oder eine Bürotätigkeit übernahm, weiterhin lohnabhängig blieb. Die hier ausgewerteten Studien berücksichtigen nur das Berufsverhalten der Bevölkerungsgruppe, die im Zeitraum zwischen zwei Volkszählungen seßhaft blieb. Aufgrund der außergewöhnlich regen geographischen Mobilität der Amerikaner ist der Prozentsatz der sozialen Aufsteiger eventuell noch höher zu veranschlagen, denn ein Ortswechsel trägt ja häufig zur Verbesserung der Lebensbedingungen bei.
35. Rosenberg (Hrsg.): *American System,* S. 204; Foner: *Free Soil, S.* 14.
36. Ashworth: *»Agrarians & Aristocrats«,* S. 165; Mann: »Annual Report of 1848«, in *Life and Works of Horace Mann,* Bd. IV, S. 251.
37. Es würde zuviel Raum einnehmen, die in diesem Abschnitt ausgewerteten Untersuchungen vollständig zu zitieren. Zu den neuesten und aufschlußreichsten gehören Foner: *Free Soil,* Ashworth: *»Agrarians & Aristocrats«,* Wilentz: *Chants Democratic,* Daniel Walker Howe: *The Political Culture of the American Whigs,* Chicago, 1979, Ronald P. Formisano: *The Transformation of Political Culture. Massachusetts Parties 1790's–1840's.* New York, 1982, Donald B. Cole: *Jacksonian Democracy in New Hampshire,* 1800–1851, Cambridge, Mass., 1970, J. Mills Thornton III: *Politics and Power in a Slave Society. Alabama,* 1800–1860, Baton Rouge, 1978, Steven Hahn *The Roots of Southern Populism. Yeoman Farmers and the Transformation of the Georgia Upcountry, 1850–1890,* New York, 1983, und Harry L. Watson: *Jacksonian Politics and Community Conflict. The Emergence of the Second American Party System in Cumberland County, North Carolina,* Baton Rouge, 1981.

38. Shade: *Banks or No Banks,* S. 136f. Vgl. ferner Henry B. Hubbart: *The Older Middle West, 1840–1880,* New York, 1936, und Richard Lyle Power: *Planting Corn Belt Culture. The Impress of the Upland Southerner and Yankee in the Old Northwest,* Indianapolis, 1953.
39. Douglass C. North: »Capital Formation in the United States during the Early Period of Industrialization. A Reexamination of the Issues«, in: Robert W. Fogel und Stanley L. Engerman (Hrsg.): *The Reinterpretation of American Economic History,* New York, 1971, S. 279; North: *Growth of the American Economy,* S. 98; William F. Adams: *Ireland and Irish Emigration to the New World from 1815 to the Famine,* New Haven, 1932; Robert Joseph Murphy: »The Catholic Church in the United States During the Civil War Period« in *Records of the American Catholic Historical Society,* 39 (1928), S. 293f.
40. Michael Feldberg: *The Turbulent Era. Riot and Disorder in Jacksonian America,* New York, 1980, S. 9–32; Ray Allen Billington: *The Protestant Crusade 1800–1860. A Study of the Origins of American Nativism,* New York, 1983, S. 193–237; David Montgomery: »The Shuttle and the Cross. Weavers and Artisans in the Kensington Riots of 1844« in *Journal of Social History,* 5 (1972), S. 411–46; Wilentz: *Chants Democratic,* S. 315–25.
41. Dank der ständig wachsenden Zahl anregender Bücher zur Geschichte von Frau und Familie im 19. Jahrhundert hat sich dieser Themenkomplex zu einem spannenden Forschungsgebiet entwickelt. Aus Platzgründen können hier nicht alle einschlägigen Arbeiten von Rang aufgeführt werden; meine Darstellung stützt sich im wesentlichen auf Catherine Clinton: *The Other Civil War. American Women in the Nineteenth Century,* New York, 1984, Nancy F. Cott: *The Bonds of Womanhood. »Woman's Sphere« in New England, 1780–1835,* New Haven, 1977, Kathryn Kish Sklar: *Catharine Beecher. A Study in American Domesticity,* New Haven, 1973, Mary P. Ryan: *Cradle of the Middle Class. The Family in Oneida County, New York, 1790–1865,* Cambridge, 1981, Carl N. Degler: *At Odds. Women and the Family in America from the Revolution to the Present,* New York, 1980, Ellen Carol DuBois: *Feminism and Suffrage. The Emergence of an Independent Women's Movement in America 1848–1869,* Ithaca, 1978, Suzanne Lebsock: *The Free Women of Petersburg. Status and Culture in a Southern Town, 1784–1860,* New York, 1984, und Catherine Clinton: *The Plantation Mistress. Woman's World in the Old South,* New York, 1982.
42. Außer DuBois: *Feminism and Suffrage* und Lebsock: *Free Women of Petersburg,* S. 199–236, vgl. auch Keith Melder: »Ladies Bountiful. Organized Women's Benevolence in Early 19th- Century America« in *New York History,* 48 (1967), S. 231–54, Mary Kelley: *Private Woman, Public State. Literary Domesticity in Nineteenth Century America,* New York, 1984, und Barbara Epstein: *The Politics of Domesticity. Women, Evangelism, and Temperance in Nineteenth-Century America,* Middletown, Conn., 1981.
43. Philip D. Curtin: *The Atlantic Slave Trade. A Census,* Madison, 1969; C. Van Woodward: »Southern Slaves in the World of Thomas Malthus«, in: Woodward: *American Counterpoint. Slavery and Racism in the North-South Dialogue,* Boston, 1971, S. 78–106.

44. Folgende Untersuchungen haben ergeben, daß ein Fünftel bis ein Drittel der Sklavenehen auf Betreiben der Besitzer auseinandergerissen wurden: John W. Blassingame: *The Slave Community,* New York, 1972, S. 89–92; Herbert Gutman und Richard Sutch: »The Slave Family. Protected Agent of Capitalist Masters or Victim of Slave Trade?« in: Paul A. David u.a.: *Reckoning with Slavery,* New York, 1976, S. 127–29, Herbert Gutman: *The Black Family in Slavery and Freedom,* New York, 1976, S. 146f., Paul D. Escott: *Slavery Remembered. A Record of the Twentieth-Century Slave Narratives,* Chapel Hill, 1979, S. 46–48; und C. Peter Ripley: »The Black Family in Transition. Louisiana, 1860–1865«, *JSH,* 41 (1975), S. 377f.
45. Weld: *American Slavery as It Is. Testimony of a Thousand Witnesses,* New York, 1839, S. 165, 168.
46. Foner: *Free Soil,* S. 41, S. 51; George E. Baker (Hrsg.): *The Works of William H. Seward,* 5 Bde., New York, 1853–84, Bd. IV, S. 289–92.
47. Rupert B. Vance: »The Geography of Distinction. The Nation and Its Regions, 1790–1927« in *Social Forces,* 18 (1939), S. 175f.
48. *Southern Review* zitiert nach Kaestle: *Pillars of the Republic,* S. 207; Parker zitiert nach John L. Thomas (Hrsg.): *Slavery Attacked. The Abolitionist Crusade,* Englewood Cliffs, 1965, S. 149; Jones zitiert nach Robert Manson Myers (Hrsg.): *The Children of Pride. A True Story of Georgia and the Civil War,* New York, 1972, S. 648.
49. John McCardell: *The Idea of a Southern Nation. Southern Nationalism, 1830–1860,* New York, 1979, S. 270f.
50. In etwa:

    Land gesegnet, Land im Westen,
    Vorbild du von Gottes Hand,
    Dessen Söhne unverdrossen
    Ziehn zu ferner Meere Strand,
    Wo sie ihre Heimstatt gründen,
    Sitte, Glaube, Recht verkünden,
    Freiheit allenthalben finden
    Bis zu des Pazifiks Sand.

51. Henry Nash Smith: *Virgin Land. The American West as Symbol and Myth,* New York, 1957, S. 11; Loren Baritz: »The Idea of the West« in *AHR,* 66 (1961), S. 639.
52. Lewis O. Saum: *The Popular Mood of Pre-Civil War America,* Westport, Conn., 1980, S. 205; Malcolm J. Rohrbough: *The Trans-Appalachian Frontier. People, Societies, and Institutions, 1775–1850,* New York, 1978, S. 163.
53. Lansford Hastings: *Emigrant's Guide to Oregon and California,* (1845), zitiert nach Kevin Starr: *Americans and the California Dream,* New York, 1973, S. 15.
54. Diesem und den nachstehenden Abschnitten liegen folgende Untersuchungen zugrunde: Wallace Stegner: *The Gathering of Zion. The Story of the Mormon Trail,* New York, 1964, Leonard J. Arrington: *Great Basin Kingdom,* Cambridge, Mass., 1958,

Arrington: *Brigham Young. American Moses,* New York 1985, Newell G. Bringhurst: *Brigham Young and the Expanding Frontier,* Boston, 1985, und Norman F. Furniss: *The Mormon Conflict, 1850–1890,* New Haven, 1960.

55. Robert M. Utley: *The Indian Frontier of the American West 1846–1890,* Albuquerque, 1984, S. 31–64.

2. Mexiko wird uns vergiften

1. Eine eingehende Erörterung der Motive und Handlungen Polks liefert Charles G. Sellers mit *James K. Polk, Continentalist 1843–1846* (Princeton, 1966).
2. *CG,* 30 Cong., 1 Sess., S. 64, 95 und Anhang, S. 93–95. Die Opposition gegen den Krieg findet ihren besten Interpreten in John H. Schroeder (*Mr. Polk's War. American Opposition and Dissent, 1846–48,* Madison, 1973). Vgl. aber auch Robert W. Johannsen: *The Halls of the Montezumas. The War with Mexico in the American Imagination,* New York, 1985, worin dokumentiert wird, auf welch positives Echo der Krieg außer in Neuengland und ein paar Gebieten an der Atlantikküste stieß.
3. John Wentworth aus Illinois und O'Sullivan zitiert nach Frederick Merk: *Manifest Destiny and Mission in American History. A Reinterpretation,* New York, 1963, S. 28, 52.
4. Schroeder: *Mr. Polk's War,* S. 75 f.; Parker: »A Sermon of War«, in: Robert E. Collins (Hrsg.): *Theodore Parker. American Transcendentalist,* Metuhen, N. J., 1973, S. 252; Greeley zitiert nach Daniel Walker Howe: *The Political Culture of the American Whigs,* Chicago, 1979, S. 21.
5. Sellers: *Polk,* S. 210.
6. Zu diesen abgetretenen Gebieten gehörten die heutigen Staaten Kalifornien, Nevada und Utah, der größte Teil New Mexicos und Arizonas sowie Teile von Oklahoma, Colorado und Wyoming nebst einem Drittel von Texas.
7. *Senate Executive Docs.,* 30 Cong., 1 Sess., Nr. 52, S. 36. Die beiden anderen Gegenstimmen kamen aus dem Lager der Demokraten, die aus anderen Gründen gegen den Vertrag waren.
8. Edward W. Emerson und Waldo E. Forbes (Hrsg.): *Journals of Ralph Waldo Emerson,* 10 Bde., Boston, 1909–14, Bd. VII, S. 206.
9. H. V. Ames (Hrsg.): *State Documents on Federal Relations,* Philadelphia, 1906, S. 241 f.; *The Works of James Russel Lowell,* hrsg. v. d. Standard Library, 11 Bde., Boston, 1890, Bd. VIII, S. 46 f.

O du armes Kalifornien,
Sklaventreiber wollen dich,
Woll'n dich plündern und verhöhnen
Und verderben schauerlich!

10. Milo Milton Quaife (Hrsg.): *The Diary of James K. Polk during His Presidency, 1845 to 1849,* 4 Bde., Chicago, 1910, Bd. II, S. 308; Michael F. Holt: *The Political Crisis of the 1850s,* New York, 1978, S. 77.
11. Robert S. Starolein: *Industrial Slavery in the Old South,* New York, 1970, S. 18–20; *Milledgeville Federal Union,* 10. November 1846, zitiert nach Schroeder: *Mr. Polk's War,* S. 55.
12. Desmond D. Hart: »The Natural Limits of Slavery Expansion. The Mexican Territories as a Test Case« in *Mid-America,* 52 (1970), S. 119–31.
13. *CG,* 29 Cong., 1 Sess., S. 1217.
14. *Cleveland Plain Dealer* vom 22. Juni und vom 5. August 1846, zitiert nach Stephen E. Maizlish: *The Triumph of Sectionalism. The Transformation of Ohio Politics 1844–1856,* Kent, 1983, S. 56, 60f.; Welles an Martin Van Buren am 28. Juli 1846 und 30. Juni 1848, zitiert nach Richard H. Sewell: *Ballots for Freedom. Antislavery Politics in the United States 1837–1860,* New York, 1976, S. 143; Welles' hielt seine Rede vor dem Repräsentantenhaus am 7. Januar 1847 (*CG,* 29 Cong., 2 Sess., S. 136.) Vgl. ferner Eric Foner: »The Wilmot Proviso Revisited« in *JAH,* 56 (1969), S. 262–79.
15. 15. August 1846, zitiert nach Potter: *Impending Crisis,* S. 23.
16. Quaife (Hrsg.): *Diary of Polk,* Bd. II, S. 305.
17. Bei den Volkszählungen, die die Grundlage für die Vertretung im Unterhaus bildeten, wurden drei Fünftel der Sklaven mitgerechnet. Entsprechend groß war, im Vergleich zum Norden, der politische Einfluß der südstaatlichen Wähler. Die Einwohnerzahl lag in den Sklavenstaaten durchschnittlich niedriger als in den »freien« Staaten. Dennoch waren alle Staaten gleichberechtigt durch je zwei Senatoren vertreten, was dem Süden auch im Senat eine Mehrheit verschaffte. Und da das Direktvotum jedes Staates der Summe seiner Senatoren und Abgeordneten entsprach, war der Süden bei der Präsidentschaftswahl ebenfalls im Vorteil. 1848 beherbergten die Sklavenstaaten 30 Prozent der wahlberechtigten Bevölkerung und verfügten gleichwohl über 42 Prozent der Wählerstimmen.
18. *CWL,* Bd. I, S. 74f.; Bd. II, S. 255; Bd. III, S. 92.
19. *CG.,* 29 Cong., 2 Sess., Anhang, S. 314–17; *New York Evening Post,* 10. November 1847.
20. Senator Albert Gallatin Brown aus Mississippi zitiert nach David Donald: *Charles Sumner and the Coming of the Civil War,* New York, 1960, S. 384; Resolution einer Southern-Rights-Versammlung in Montgomery vom März 1852, zitiert nach J. Mills Thornton III: *Politics and Power in a Slave Society. Alabama, 1800–1860,* Baton Rouge, 1978, S. 206f.
21. Hunter zitiert nach Donald: *Sumner and the Coming of the Civil War,* S. 349; Calhoun in *CG,* 25 Cong., 2 Sess. Anhang S. 61f.
22. Beide Zitate entstammen Chaplain W. Morrison: *Democratic Politics and Sectionalism. The Wilmot Proviso Controversy,* Chapel Hill, 1967, S. 65.

23. *Ebd.;* Don E. Fehrenbacher: *The South and Three Sectional Crises,* Baton Rouge, 1980, S. 26; William J. Cooper, Jr.: *The South and the Politics of Slavery 1828–1850,* Baton Rouge, 1978, S. 239.
24. William L. Barney: *The Road to Secession. A New Perspective,* New York, 1972, S. 105f.
25. *CG,* 29 Cong., 2 Sess., S. 453–55. Clays Beschreibung Senator Calhouns ist zitiert nach Nevins: *Ordeal,* Bd. I, S. 24.
26. Es war eine tragische Ironie des Schicksals, daß einer von Clays Söhnen ausgerechnet in der Schlacht von Buena Vista fiel. Auch Daniel Webster, ebenfalls ein prominenter Whig und Gegner des mexikanischen Abenteuers, verlor in diesem Krieg einen Sohn.
27. Toombs an James Thomas, 16. April 1848, in: Ulrich B. Phillips (Hrsg.): *The Correspondence of Robert Toombs, Alexander H. Stephens, and Howell Cobb,* Annual Report of the American Historical Association, 1911, Bd. II, Washington, 1913, S. 103f.; *New Orleans Bee* and *Charleston Mercury* zitiert nach Joseph G. Rayback: *Free Soil. The Election of 1848,* Lexington, Ky., 1970, S. 42, 43.
28. Sumner an Salmon P. Chase am 7. Februar 1848 und am 12. Dezember 1846, Chase Papers, Library of Congress. Zum Entstehen dieser Splittergruppe innerhalb der Whig-Partei von Massachusetts vgl. Kinley J. Brauer: *Cotton versus Conscience. Massachusetts Whig Politics and Southwest Expansion, 1843–1848,* Lexington, Ky., 1967.
29. Maizlish: *Triumph of Sectionalism,* S. 89.
30. Beide Zitate nach Rayback: *Free Soil,* S. 211 und 247.
31. Dieser Bericht über den *free-soil*-Konvent stützt sich auf Rayback, a.a.O. S. 201–30, Morrison: *Democratic Politics and Sectionalism,* S. 145–55, Frederick J. Blue: *The Free-Soilers. Third Party Politics, 1848–1854,* Urbana, 1973, Brauer: *Ballots for Freedom,* S. 142–58, und John Mayfield: *Rehearsal for Republicanism. Free Soil and the Politics of Antislavery,* Port Washington, N. Y., 1980, S. 111–19.
32. Nevins: *Ordeal,* Bd. I, S. 212; James Ford Rhodes: *History of the United States from the Compromise of 1850 ...,* 7 Bde., New York, 1893–1906, Bd. I, S. 162.
33. Zitiert nach Cooper: *The South and the Politics of Slavery,* S. 265, 262.
34. Detaillierte Wahlangaben und eine Analyse bietet Rayback: *Free Soil,* S. 279–302.
35. Sumner an Salmon P. Chase, 16. November 1848, Chase Papers, Library of Congress; Preston King an Sumner, 25. Dezember 1848, Sumner Papers, Houghton Library, Harvard University.
36. Das Zitat entstammt Ray Allen Billington: *The Far Western Frontier 1830–1860,* New York, 1956. Dieses Buch enthält eine anschauliche Darstellung des kalifornischen Goldrauschs und der damit verbundenen Entwicklungen.
37. Richard Cralle (Hrsg.) *The Works of John C. Calhoun,* 6 Bde., New York, 1854–55, Bd. VI, S. 285–313.
38. Toombs an John J. Crittenden, 22. Januar 1849, Stephens an Crittenden, 17. Januar 1849, zitiert nach Cooper: *The South and the Politics of Slavery,* S. 271.
39. Nevins: *Ordeal,* Bd. I, S. 22; *CG,* 31 Cong., 1 Sess., Anhang, S. 1533; Davis an W. R. Cannon, 8. Januar 1850, Civil War Collection, Henry E. Huntington Library.

40. Zitiert nach Robert W. Johannsen: *Stephen A. Douglas*, New York, 1973, S. 245, Fehrenbacher: *The South and Three Sectional Crises*, S. 40, Cooper: *The South and the Politics of Slavery*, S. 278.
41. Potter: *Impending Crisis*, S. 87.
42. Nevins: *Ordeal*, Bd. I, S. 242f.; Cooper: *The South and the Politics of Slavery*, S. 280, 286.
43. Die Demokraten behaupteten eine Mehrheit von acht Sitzen im Senat, wo Salmon P. Chase nach John P. Hale aus New Hampshire als zweiter *free-soil*-Senator Einzug hielt. Chase verdankte seine Wahl einer Koalition aus Demokraten und Freiland-Anhängern im Parlament von Ohio; in der Abmachung zwischen beiden Parteien verpflichteten sich die *free-soiler*, den Demokraten zur Vorherrschaft im Parlament zu verhelfen, während die Demokraten Chase ihre Unterstützung bei den Senatswahlen zusicherten und versprachen, die »Black Laws« von Ohio aufzuheben, Gesetze, die den Schwarzen nur begrenzt Zugang zu Schulen, Gerichtshöfen und anderen Behörden gewährten.
44. Cooper: *The South and the Politics of Slavery*, S. 282; Fehrenbacher: *The South and Three Sectional Crises*, S. 40.
45. *CG*, 31 Cong., 1 Sess., S. 27f., 257–61; Thornton: *Politics and Power in a Slave Society*, S. 213.
46. Rhodes: *History of the U.S.*, Bd. I, S. 131–33. Im politischen Wortschatz der damaligen Zeit verstand man unter »Doughface« (Memme) »einen Nordstaatler mit südstaatlichen Prinzipien«.
47. *Ebd.*, S. 134; Thelma Jennings: *The Nashville Convention. Southern Movement for Unity, 1848–1851*, Memphis, 1980, S. 49.
48. Potter: *Impending Crisis*, S. 89.
49. J. Franklin Jameson (Hrsg.): *Correspondence of John C. Calhoun*, in: Annual Report of the American Historical Association, 1899, Bd. II, Washington, 1900, S. 780–82; Jennings: *Nashville Convention*, S. 50.
50. *Ebd.*, S. 3–79; Zitate S. 7 und 24f.
51. Der Vertrag über die Annexion von Texas erlaubte eine Unterteilung des Gebiets in nicht weniger als vier weitere Staaten. Von diesem Recht wurde zwar nie Gebrauch gemacht, aber im Jahre 1850 hoffte mancher Südstaatler, daß man wenigstens einen zusätzlichen Staat schaffen würde, besonders für den Fall, daß Texas seinen Anspruch auf einen Teil New Mexicos aufrechterhielt.
52. Die Südstaatler hatten in dieser Legislaturperiode bereits einen Antrag für ein strenges Sklavenfluchtgesetz eingebracht. Näheres zu dieser Problematik siehe im folgenden Kapitel.
53. *CG*, 31 Cong., 1 Sess., Anhang, S. 269–76.
54. Calhoun dachte hier vermutlich an seinen posthum veröffentlichten Lösungsvorschlag (in: *Disquisition on Government*) einer *concurrent majority* – ein Mehrheitsmodell, das dem Land einen Nord- und einen Südpräsidenten beschert hätte, die

gleichberechtigt nebeneinander regieren sollten, jeder ausgestattet mit dem Vetorecht gegenüber der Gesetzgebung des Kongresses.

55. *CG,* 31 Cong., 1 Sess., Anhang, S. 451–55.
56. *Ebd.,* S. 260–69.
57. Nevins: *Ordeal,* Bd. I, S. 301 f. Seward trug den Titel »Gouverneur«, weil er als Gouverneur von New York amtiert hatte.
58. Jennings: *Nashville Convention,* S. 135–66.
59. Holman Hamilton: *Prologue to Conflict. The Crisis and Compromise of 1850,* Lexington, Ky., 1964, S. 105.
60. Eine übersichtliche Darstellung der namentlichen Abstimmungen in beiden Häusern bietet Hamilton: *Prologue to Conflict,* S. 191–200.
61. Nevins: *Ordeal,* Bd. I, S. 343, 345 f.
62. Jennings: *Nashville Convention,* S. 187–211.
63. Adams zitiert nach Hamilton: *Prologue to Conflict,* S. 167; Chase zitiert nach Potter: *Impending Crisis,* S. 116.
64. Hamilton: *Prologue to Conflict,* S. 174–77, 203 f.; William E. Franklin: »The Archy Case. The California Supreme Court Refuses to Free a Slave« in *Pacific Historical Review,* 32 (1963), S. 137–54; Paul Finkelman: »The Law of Slavery and Freedom in California 1848–1860« in *California Western Law Review,* 17 (1981), S. 437–64.
65. William A. Graham an seinen Bruder, 6. Januar 1851, in: Nevins: *Ordeal,* Bd. I, S. 349.

3. Ein Imperium für die Sklaverei

1. *Prigg v. Pennsylvania,* 16 Peters 539 (1842). Zur eingehenden Analyse früherer Persönlichkeits- und Bürgerrechte vgl. Thomas D. Morris: *Free Men All. The Personal Liberty Laws of the North 1780–1861,* Baltimore, 1974, S. 1–106, Stanley W. Campbell: *The Slave Catchers. Enforcement of the Fugitive Slave Law 1850–1860,* Chapel Hill, 1970, S. 3–14, und Don E. Fehrenbacher: *The Dred Scott Case. Its Significance in American Law and Politics,* New York, 1978, S. 40–47.
2. Zitate nach Nevins: *Emergence,* Bd. II, S. 489, und Nevins: *Ordeal,* Bd. I, S. 385. Eine wissenschaftliche Analyse der »Untergrundbahn« nebst Einblick in die Hintergründe der Fluchtproblematik liefert Larry Gara: *The Liberty Line. The Legend of the Underground Railroad,* Lexington, Ky., 1961.
3. Der vollständige Gesetzestext ist leicht zugänglich in Holman Hamilton: *Prologue to Conflict. The Crisis and Compromise of 1850,* Lexington, Ky., 1964, S. 204–8; zur Zusammenfassung der wichtigsten Bestimmungen vgl. Campbell: *Slave Catchers,* S. 23–25.
4. Campbell: *Slave Catchers,* S. 207.
5. *Ebd.,* S. 199–206; Potter: *Impending Crisis,* S. 131 f.; Philip S. Foner: *History of Black Americans from the Compromise of 1850 to the End of the Civil War,* Westport, Conn., 1983, S. 33–36; Nevins: *Ordeal,* Bd. I, S. 385 f.

6. *Ableman v. Booth,* 21 Howard 506.
7. Zitate nach Foner: *History of Black Americans,* S. 19, und Lawrence Lader: *The Bold Brahmins. New England's War Against Slavery 1831–1863,* New York, 1961, S. 141.
8. Foner: *History of Black Americans,* S. 37; Lader: *Bold Brahmins,* S. 143.
9. Details und Zitate stützen sich auf James Ford Rhodes: *History of the United States from the Compromise of 1850 ...,* 7 Bde., New York, 1893–1906, Bd. I, S. 210, Campbell: *Slave Catchers,* S. 148–51, Lader: *Bold Brahmins,* S. 161–67, und Foner: *History of Black Americans,* S. 37–39.
10. Sims' Besitzer bot ihn später auf der Sklavenauktion in Charleston feil. Von dort wurde er nach New Orleans gebracht, wo ihn ein Ziegelbrenner aus Vicksburg, Mississippi, kaufte; da lebte Sims noch, als die Unionstruppen 1863 die Stadt belagerten. Er nutzte die Gelegenheit, floh zur Bundesarmee, bekam einen Sonderpassierschein von General Ulysses S. Grant und kehrte mit diesem nach Boston zurück, wo er gerade rechtzeitig eintraf, um die feierliche Fahnenübergabe an das 54. Massachusetts Infanterieregiment, das erste im Norden ausgehobene Negerregiment, mitzuerleben. Gut ein Jahrzehnt nach dem Bürgerkrieg wurde Sims Schreiber und Botengänger im Amt des US-Justizministers, unter dessen Mithilfe er eine Generation zuvor in die Sklaverei zurückgeschickt worden war. Campbell: *Slave Catchers,* S. 117–21; Lader: *Bold Brahmins,* S. 174–80; Foner: *History of Black Americans,* S. 39–42.
11. Philip S. Foner: *The Life and Writings of Frederick Douglass,* 4 Bde., New York, 1950–55, Bd. VI, S. 207; Foner: *History of Black Americans,* S. 29 f.
12. Die ausführlichste Darstellung bietet Jonathan Katz: *Resistance at Christiana. The Fugitive Slave Rebellion, Christiana, Pennsylvania, September 11, 1851,* New York, 1974; Zitat nach S. 96.
13. Foner: *History of Black Americans,* S. 54 und 57; Rhodes: *History of the United States,* Bd. I, S. 223; Campbell: *Slave Catchers,* S. 152; Katz: *Resistance at Christiana,* S. 138.
14. Katz: *Resistance at Christiana,* S. 156–243; Zitate nach Foner: *History of Black Americans,* S. 62, und aus dem Schreiben von J. Miller McKim an William Lloyd Garrison vom 31. Dezember 1851 (Garrison Papers, Boston, Public Library).
15. Campbell: *Slave Catchers,* S. 154–57; Foner: *History of Black Americans,* S. 42–46.
16. Avery O. Craven: *The Growth of Southern Nationalism 1848–1861,* Baton Rouge, 1953, S. 103; Potter: *Impending Crisis,* S. 128.
17. Potter: *Impending Crisis,* S. 122–30; William J. Cooper, Jr.: *The South and the Politics of Slavery 1828–1856,* Baton Rouge, 1978, S. 304–10; Craven: *Growth of Southern Nationalism,* S. 103–15; Nevins: *Ordeal,* Bd. I, S. 354–79; J. Mills Thornton III: *Politics and Power in a Slave Society. Alabama, 1800–1860,* Baton Rouge, 1978, S. 188–200; John Barnwell: *Love of Order. South Carolina's First Secession Crisis,* Chapel Hill, 1982, S. 123–90.
18. Potter: *Impending Crisis,* S. 128.
19. Campbell: *Slave Catchers,* S. 207.
20. *Ebd.,* S. 49–62; Leon F. Litwack: *North of Slavery. The Negro in the Free States,*

1790–1860, Chicago, 1961, S. 64–74.

21. Charles H. Foster: *The Rungless Ladder. Harriet Beecher Stowe and New England Puritanism,* Durham, N.C., 1954, S. 12, 28f.
22. Longfellow zitiert nach Thomas F. Gossett: *Uncle Tom's Cabin and American Literature,* Dallas, 1985, S. 166; Palmerston zitiert nach Edmund Wilson: *Patriotic Gore. Studies in the Literature of the American Civil War,* New York, 1962, S. 8; Earl Schenck Miers (Hrsg.): *London Day by Day. A Chronology 1809–1865,* 3 Bde., Washington, 1960, Bd. III, S. 121; Herbert Mitgang (Hrsg.): *Abraham Lincoln. A. Press Portrait,* Chicago, 1971, S. 373. Dramatisierte Fassungen von *Uncle Tom's Cabin* eroberten schon bald die Bühne. Anfangs übermittelten diese Theaterstücke getreulich die Themen des Romans und steigerten dessen Botschaft, den Protest gegen die Sklaverei. Mit der Zeit büßten diese »Tom Shows« jedoch viel von ihrer Antisklavereihandlung ein und verkamen zu harmlosen Minstrel-Show-Parodien.
23. Gossett: *Uncle Tom's Cabin and American Culture,* S. 185–211; Craven: *Growth of Southern Nationalism,* S. 153–57.
24. Vgl. die zahlreichen Verweise auf H. Beecher-Stowe und ihren Roman in *Mary Chesnut's Civil War* (Hrsg. C. Vann Woodward), New Haven, 1981.
25. Man sollte allerdings berücksichtigen, daß die wichtigsten Städte und Rohstoffproduktionszentren des Südens an oder in der Nähe von schiffbaren Flüssen lagen, weshalb man hier weniger von Kanälen und Eisenbahnlinien abhängig war als im Norden.
26. Die Angaben in diesen Absätzen orientieren sich im wesentlichen an den US-Volkszählungslisten von 1840 und 1850. Eine leicht zugängliche tabellarische Aufbereitung des einschlägigen Materials bieten Lewis C. Gray: *History of Agriculture in the Southern United States to 1860,* 2 Bde., Washington, 1933, Bd. II, S. 1043, Arthur M. Schlesinger, Jr. (Hrsg.): *History of American Presidential Elections 1789–1968,* 4 Bde., New York, 1971, Bd. II, S. 1128–52, und *Twelfth Census of the United States Taken in the Year 1900, Manufactures,* Teil II (Bd. 8), S. 982–89. Tabellen zur Meilenlänge von Kanälen und Eisenbahnlinien sowie zum amerikanischen Außenhandel siehe in George Rogers Taylor: *The Transportation Revolution, 1815–1860,* New York, 1951, S. 71, 451. Harold Woodman: *King Cotton and His Retainers,* Lexington, Ky., 1968, und Douglass C. North: *The Economic Growth of the United States 1790–1860,* New York, 1961, verweisen darauf, daß der Süden als Exporteur von Rohstoffen und Importeur von Investitionsgütern und Fertigwaren wirtschaftlich nach wie vor vom Kolonialstatus geprägt war.
27. Joseph W. Lesesne an John C. Calhoun am 12. September 1847. (In: J. Franklin Jameson [Hrsg.]: *Correspondence of John C. Calhoun,* Washington, 1900, S. 1134f.)
28. Zeitung aus Alabama zitiert nach Robert Royal Russel: *Economic Aspects of Southern Sectionalism, 1840–1861,* Urbana, 1923, S. 48, *De Bow's Review,* 12 (1851), S. 557.
29. De Bows Ansprache vor einer südstaatlichen Handelsdelegation in New Orleans vom Januar 1852 zitiert nach Herbert Wender: *Southern Commercial Conventions 1837–1859,* Baltimore, 1930, S. 85, *De Bow's Review,* 13 (1852), S. 571; 9 (1850), S. 120.

30. Die im Oktober 1837 vom ersten südstaatlichen Handelskonvent in Augusta, Georgia, verabschiedete Resolution zitiert nach Wender: *Southern Commercial Conventions,* S. 18.
31. *Huntsville Advocate* und *Richmond Republican;* Leitartikel vom August 1850 zitiert nach Arthur C. Cole: *The Whig Party in the South,* Washington, 1913, S. 208; Herbert Collins: »The Southern Industrial Gospel before 1860«, *JSH,* 12 (1946), S. 391; William C. Preston an Waddy Thompson, 7. September 1853, in Robert S. Tinkler: »Against the Grain. Unionists and Whigs in Calhoun South Carolina«, Senior Thesis, Princeton University, 1984, S. 92.
32. Diese Angaben beziffern nur den Wert der Textilwaren, die statistisch unter der Rubrik »industrielle Produktion« erfaßt sind. Nicht berücksichtigt werden Erzeugnisse aus Heimarbeit – im Süden offenbar verbreiteter als im Norden, betrug doch der Verbrauch an Rohbaumwolle während der 50er Jahre in den Sklavenstaaten geschätzte 19 Prozent der amerikanischen Gesamtmenge.
33. Stephen J. Goldfarb: »A Note on Limits to the Growth of the Cotton-Textile Industry in the Old South« in *JSH,* 48 (1982), S. 545.
34. Zwei auf Volkswirtschaft spezialisierte Historiker wollten den Beweis führen, daß die Wirtschaft des Südens 1860, gemessen am Weltniveau, in ihrer kommerziellen und industriellen Entwicklung gar nicht so weit zurücklag. Ausgehend von drei Pro-Kopf-Indizes – Bahnmeilenlänge, Baumwolltextilproduktion und Roheisenproduktion – errechneten Robert Fogel und Stanley Engerman, daß der Süden mit seiner Schienenkapazität knapp hinter dem Norden, ansonsten aber vor allen anderen Ländern rangierte. In der Textilindustrie stand der Süden an sechster, bei der Roheisenproduktion an achter Stelle. Aber der von den beiden Forschern benutzte Eisenbahnindex ist trügerisch, denn Bahnlinien verbinden ja nicht nur Menschen, sondern auch *Ortschaften.* Nach einem Index, der Bevölkerungsdichte und Flächenausdehnung kombiniert berücksichtigt, besaß der Süden 1860 nur knapp die Hälfte der Schienenkapazität des Nordens und erheblich weniger als etliche europäische Länder. Kombiniert man die beiden von Fogel und Engerman eingeführten Maßstäbe industrieller Kapazität, dann erreichte der Süden pro Kopf nur ein Neunzehntel der Produktion Großbritanniens, ein Siebtel der Belgiens, ein Fünftel von der des Nordens und ein Viertel von der Schwedens – recht gravierende Abweichungen, die die These der beiden Forscher eher widerlegen. Vgl. Robert William Fogel und Stanley L. Engerman: *Time on the Cross. The Economics of American Negro Slavery,* Boston, 1974, S. 254–56.
35. William Gregg: »Domestic Industry – Manufactures at the South« in *De Bow's Review,* 8 (1850), S. 134–36, und »Southern Patronage to Southern Imports and Domestic Industry«, *ebd.,* 29 (1860), S. 77–83.
36. Smith zitiert nach David Brion Davis: *The Problem of Slavery in the Age of Revolution 1770–1823,* Ithaca, 1975, S. 352; Greeley zitiert nach Eric Foner: *Free Soil, Free Labor, Free Men. The Ideology of the Republican Party before the Civil War,* New York, 1970, S. 46.

37. Olmsteds drei Bücher trugen die Titel: *A Journey in the Seaboard Slave States* (1856), *A Journey Through Texas* (1857), und *A Journey in the Back Country* (1860). 1861 kürzte Olmsted die drei Bände und faßte sie unter dem Titel *The Cotton Kingdom* zu einem zusammen. Zum Thema Konsumgütermarkt im Süden vgl. Eugene D. Genovese: *The Political Economy of Slavery,* New York, 1965, bes. Kap. 7 und 8.
38. Lee Soltow: *Men and Wealth in the United States 1850–1870,* New Haven, 1975, S. 65.
39. Sir Charles Lyell: *Second Visit to the United States,* 2 Bde., London, 1846, Bd. II, S. 35; Joseph Holt Ingraham: *The Southwest by a Yankee,* 2 Bde., New York, 1835, Bd. II, S. 91.
40. Vgl. u.a. Ulrich B. Phillips: *American Negro Slavery,* New York, 1918, und *Life and Labor in the Old South,* Boston, 1929, und Genovese: *Political Economy of Slavery.*
41. Kenneth M. Stampp: *The Peculiar Institution. Slavery in the Ante-Bellum South,* New York, 1956; Alfred H. Conrad und John R. Meyer: »The Economics of Slavery in the Ante Bellum South«, *Journal of Political Economy,* 66 (1958), S. 95–130; Fogel und Engerman: *Time on the Cross.*
42. Alfred H. Conrad et al.: »Slavery as an Obstacle to Economic Growth in the United States. A Panel Discussion« in *Journal of Economic History,* 27 (1967), S. 518–60; Gavin Wright: *The Political Economy of the Cotton South,* New York, 1978; Fred Bateman und Thomas Weiss: *A Deplorable Scarcity. The Failure of Industrialization in the Slave Economy,* Chapel Hill, 1981.
43. *Notes on the States of Virginia,* hrsg. v. William Peeden, Chapel Hill, 1955, S. 164f.
44. Hammond zitiert nach Orville Vernon Burton: *In My Father's House Are Many Mansions. Family and Community in Edgefield, South Carolina,* Chapel Hill, 1985, S. 37; James S. Buckingham: *The Slave States of America,* 2 Bde., London, 1842, Bd. II, S. 112.
45. »The Prospects and Policy of the South, as They Appear to the Eyes of a Planter« in *Southern Quarterly Review,* 26 (1854), S. 431f.; William J. Grayson: *Letters of Curtius,* Charleston, 1852, S. 8.
46. *Vicksburg Sun,* 9. April 1860; Zeitzeuge aus Alabama zitiert nach Russel: *Economic Aspects of Southern Sectionalism,* S. 207.
47. Im gleichen Zeitraum stieg das Pro-Kopf-Vermögen der Nordstaatler um 26 Prozent, und die Pro-Kopf-Investitionen in die Industrie des Nordens erhöhten sich um 38 Prozent. Die Angaben über das Pro-Kopf-Vermögen stammen aus Soltow: *Men and Wealth,* S. 67, die Preisindizes für Sklaven aus Phillips: *American Negro Slavery,* S. 371; alle übrigen hier zitierten Daten wurden anhand der publizierten Ergebnisse der Volkszählungen von 1850 und 1860 zusammengestellt.
48. Die Produktion von Mais, Bataten und Schlachtschweinen sank in den Sklavenstaaten zwischen 1850 und 1860 pro Kopf um drei respektive 15 und 22 Prozent. Die Möglichkeit, daß die Südstaatler sich zu einem Volk von Rindfleischessern wandelten, erscheint nicht als hinreichende Erklärung für den Pro-Kopf-Rückgang an Hausschweinen. Denn die Zahl der Rinder erhöhte sich im Süden während dieses Jahr-

zehnts um nur drei Prozent pro Kopf, und laut Robert R. Russel waren bei diesem Zuwachs fast nur Milchkühe und keine Schlachtrinder zu verzeichnen. Vgl. Russel: *Economic Aspects of Southern Sectionalism,* S. 203. Die Angaben in diesem Absatz sind hauptsächlich nach den publizierten Volkszählungsergebnissen von 1850 und 1860 zusammengestellt; in leicht zugänglicher, tabellarischer Form aufbereitet, finden sich die entsprechenden Daten in Schlesinger (Hrsg.): *History of American Presidential Elections,* Bd. II, S. 1128 ff.

49. Plantagenbesitzer zitiert nach John McCardell: *The Idea of a Southern Nation. Southern Nationalists and Southern Nationalism, 1830–1860,* New York, 1979, S. 134; Hammond an William Gilmore Simms, 22. April 1859, zitiert nach Nevins: *Emergence,* Bd. I, S. 5; *CG,* 35 Cong., 1 Sess., S. 961 f.
50. McCardell: *Idea of a Southern Nation,* S. 129–40; Otis Clark Skipper: *J. D. B. De Bow. Magazinist of the Old South,* Athens, Ga., 1958, S. 81–97; Wender: *Southern Commercial Conventions,* S. 207, 225.
51. Potter: *Impending Crisis,* S. 389 f.; Wender: *Southern Commercial Conventions,* S. 178–213.
52. Die Bewegung zur Wiederaufnahme des afrikanischen Sklavenhandels untersucht Ronald T. Takaki: *A Pro-Slavery Crusade. The Agitation to Reopen the African Slave Trade,* New York, 1971.
53. Zitiert nach Nevins: *Emergence,* Bd. I, S. 436; und Takaki: *Pro-Slavery Crusade,* S. 220. Vgl. ferner Tom Henderson Wells: *The Slave Ship Wanderer,* Athens, Ga., 1967.
54. Wender: *Southern Commercial Conventions,* S. 168.
55. Milo Milton Quaife (Hrsg.): *The Diary of James K. Polk during His Presidency, 1845–1849,* 4 Bde., Chicago, 1910, Bd. III, S. 446.
56. Basil Rauch: *American Interest in Cuba, 1848–1855,* New York, 1948, S. 111; *CG,* 30 Cong., 1 Sess., Anhang, S. 599; Robert E. May: *The Southern Dream of a Caribbean Empire 1854–1861,* Baton Rouge, 1973, S. 11.
57. Rauch: *American Interest in Cuba,* S. 48–100; Zitate von S. 97 f.
58. Zitiert nach John Hope Franklin: *The Militant South 1800–1861,* Cambridge, Mass., 1956, S. 105.
59. Chester Stanley Urban: »New Orleans and the Cuban Question during the Lopez Expedition of 1849–1851. A Local Study in ›Manifest Destiny‹« in *Louisiana Historical Quarterly,* 22 (1939), S. 1125; Robert E. May: *John A. Quitman. Old South Crusader,* Baton Rouge, 1985, S. 236–39.
60. May: *Southern Dream of a Caribbean Empire,* S. 9; Jesse T. Carpenter: *The South as a Conscious Minority, 1789–1861,* New York, 1930, S. 179; *De Bow's Review,* 9 (1850), S. 167.
61. *Orleanian,* 8. Juni 1850, zitiert nach Urban: »New Orleans and the Cuban Question«, a.a.O., S. 1132. Vgl. auch May: *Quitman,* S. 240–52.
62. Rauch: *American Interest in Cuba,* S. 151–63; Charles H. Brown: *Agents of Manifest Destiny. The Lives and Times of the Filibusters,* Chapel Hill, 1980, S. 67–88.

63. Urban: »New Orleans and the Cuban Question«, a.a.O., S. 1159.
64. Zur ausführlichen Behandlung dieses Wahlkampfs vgl. das folgende Kapitel.
65. Zitate von McCardell: *Idea of a Southern Nation,* S. 258f., und Brown: *Agents of Manifest Destiny,* S. 105.
66. James D. Richardson (Hrsg.): *Messages and Papers of the Presidents,* 20 Bde., Washington, 1837–1917, Bd. VII, S. 2731f.
67. Paul Neff Garber: *The Gadsden Treaty,* Philadelphia, 1923.
68. William R. Manning (Hrsg.): *Diplomatic Correspondence of the United States Inter-American Affairs, 1831–1860,* 12 Bde., Washington, 1932–39, Bd. XI, S. 160–66.
69. Rauch: *American Interest in Cuba,* S. 200f.; McCardell: *Idea of a Southern Nation,* S. 256.
70. May: *Southern Dream of a Caribbean Empire,* S. 39.
71. Dieser Abschnitt stützt sich auf die Darstellung in Rauch: *American Interest in Cuba,* S. 262–86, Potter: *Impending Crisis,* S. 183–88, May: *Southern Dream of a Caribbean Empire,* S. 46–60, und Brown: *Agents of Manifest Destiny,* S. 109–23.
72. Zum Kansas-Nebraska-Act und seinen Folgen vgl. Kapitel 4.
73. May: *Quitman,* S. 270–95; May: *Southern Dream of a Caribbean Empire,* S. 60–67; Brown: *Agents of Manifest Destiny,* S. 124–44; Zitate aus May: *Southern Dream,* S. 60.
74. Manning (Hrsg.): *Diplomatic Correspondence,* Bd. XI, S. 175–78, 193f.
75. Potter: *Impending Crisis,* S. 192; Nevins: *Ordeal,* Bd. II, S. 362.
76. Dieser und die folgenden Absätze über Walkers Werdegang stützen sich hauptsächlich auf William O. Scroggs: *Filibusters and Financiers. The Story of William Walker and His Associates,* New York, 1916, Albert Z. Carr: *The World and William Walker,* New York, 1963, Frederic Rosengarten, Jr.: *Freebooters Must Die! The Life and Death of William Walker,* Wayne, Pa., 1976, und Brown: *Agents of Manifest Destiny,* S. 174ff.
77. *New Orleans Daily Delta,* 18. April 1856, zitiert nach Franklin: *Militant South,* S. 120; Schlesinger (Hrsg.): *History of American Presidential Elections,* Bd. II, S. 1039.
78. Nicaragua zum Beispiel hatte in den 50er Jahren des 19. Jahrhunderts nur etwa ein Fünftel seiner heutigen Bevölkerung.
79. *Louisiana Courier,* 12. November 1857, zitiert nach Chester Stanley Urban: »The Ideology of Southern Imperialism« in *Louisiana Historical Quarterly,* 39 (1956), S. 66.
80. William Walker: *The War in Nicaragua,* New York, 1860, S. 263.
81. May: *Southern Dream of a Caribbean Empire,* S. 108–9; Russel: *Economic Aspects of Southern Sectionalism,* S. 140.
82. *CG,* 35 Cong., 1 Sess., S. 562; May: *Southern Dream of a Carribean Empire,* S. 113–26.
83. *Aberdeen [Miss.] Prairie News,* 1. Juli 1858, zitiert nach Percy Lee Rainwater: »Economic Benefits of Secession. Opinions in Mississippi in the 1850's« in *JSH,* 1 (1935), S. 462.
84. Walker: *The War in Nicaragua,* S. 278.
85. *CG,* 36 Cong., 2 Sess., S. 651.

86. Pollard: *Black Diamonds,* New York, 1859, S. 52f., 108f.
87. May: *Southern Dream of a Caribbean Empire,* S. 150.
88. *CG,* 35 Cong., 1 Sess., S 279.

4. Whisky, Weihrauch und Sklaverei

1. Potter: *Impending Crisis,* S. 232f.; Roy und Jeannette Nichols: »Election of 1852«, in: Arthur M. Schlesinger, Jr. (Hrsg.): *History of American Presidential Elections 1789–1968,* 4 Bde., New York, 1971, Bd. II, S. 943f.
2. William J. Cooper, Jr.: *The South and the Politics of Slavery 1828–1856,* Baton Rouge, 1978, S. 330, 343.
3. Schlesinger (Hrsg.): *History of Presidential Elections,* Bd. II, S. 952.
4. Zitate aus Cooper: *The South and the Politics of Slavery,* S. 334. Mit zwei Ausnahmen siegte Pierce in allen Sklavenstaaten sowie im gesamten Norden bis auf Vermont und Massachusetts. Er wäre allerdings auch in Ohio und Connecticut unterlegen, wenn dort die *free-soil*-Partei Scott nicht die sklavereifeindlichen Whigs abspenstig gemacht hätte. Mit der Rückkehr der »Barnburners« in die Demokratische Partei sank der *free-soil*-Anteil bei den allgemeinen Wahlen im Norden auf sechs Prozent. Pierce errang landesweit 51 Prozent der Stimmen, Scott 44 Prozent. Mit einer Zweitdrittelmehrheit im Repräsentantenhaus und einem knappen Zweidrittelvorsprung im Senat sicherten sich die Demokraten die Vorherrschaft im Kongreß.
5. Jane H. Pease und William H. Pease: *The Fugitive Slave Law and Anthony Burns,* Philadelphia, 1975; Stanley W. Campbell: *The Slave Catchers. Enforcement of the Fugitive Slave Law 1850–1860,* New York, 1970, S. 124–32; Philip S. Foner: *History of Black Americans from the Compromise of 1850 to the End of the Civil War,* Westport, Conn., 1983, S. 69–77; Tilden G. Edelstein: *Strange Enthusiasm. A Life of Thomas Wentworth Higginson,* New Haven, 1968, S. 155–61. Ein Jahr später kaufte ein Bostoner Komitee Burns doch noch frei. Eine Zeitlang besuchte er das Oberlin-College; später wanderte er nach Kanada aus, wo er 1862 starb.
6. George S. Hilliard an Francis Lieber, 1. Juni 1854, Francis Lieber Papers, Henry E. Huntington Library; Amos Lawrence an Giles Richards, 1. Juni 1854, zitiert nach Pease und Pease: *The Fugitive Slave Law and Anthony Burns,* S. 43.
7. Thomas D. Morris: *Free Man All. The Personal Liberty Laws of the North 1780–1861,* Baltimore, 1974, S. 219f.; Campbell: *The Slave Catchers,* S. 202–6.
8. Foner: *History of Black Americans,* S. 87–91; Campbell: *The Slave Catchers,* S. 244–47.
9. *CG,* 32 Cong., 2 Sess., S. 560.
10. Die Entstehungsgeschichte des Kansas-Nebraska-Act wird von der umfangreichen Fachliteratur zum Thema sehr unterschiedlich dargestellt. Ein Großteil der Untersuchungen ist übersichtlich zusammengefaßt in Roy F. Nichols: »The Kansas-Nebraska Act. A Century of Historiography« in *MVHR,* 43 (1956), S. 187–212. Den scharf-

sinnigsten Kommentar zur Entstehung des Gesetzes bietet Potter: *Impending Crisis,* S. 145–76. Meine Interpretation stützt sich außerdem auf Nevins: *Ordeal,* Bd. II, S. 88–121, Harry V. Jaffa: *Crisis of the House Divided. An Interpretation of the Lincoln-Douglas Debates,* Garden City, N.J., 1959, S. 104–80, Robert W. Johannsen: *Stephen A. Douglas,* New York, 1973, S. 374–434, Roy F. Nichols: *Franklin Pierce,* Philadelphia, 1958, S. 319–24, James A. Rawley: *Race and Politics. »Bleeding Kansas« and the Coming of the Civil War,* Philadelphia, 1969, S. 21–57, und Don E. Fehrenbacher: *The Dred Scott Case. Its Significance in American Law and Politics,* New York, 1978, S. 178–87.

11. Zitate aus Nevins: *Ordeal,* Bd. II, S. 92f., und Rawley: *Race and Politics,* S. 28.
12. *CG,* 33 Cong., 2 Sess., S. 115.
13. Potter: *Impending Crisis,* S. 159.
14. Rawley: *Race and Politics,* S. 35.
15. *National Era,* 24. Januar 1854. Warum diese sechs sklavereifeindlichen Whigs sich als »Unabhängige Demokraten« bezeichneten, ist ungeklärt. Sie hatten, bevor sie *free-soiler* wurden, fast alle den Whigs angehört. Vielleicht war der neue Name ein Vermächtnis aus dem Wahlkampf von 1852, als die *free-soiler* ihre Partei noch die »Freien Demokraten« nannten.
16. *New York Times,* 24. Januar 1854; Resolution zitiert nach Nevins: *Ordeal,* Bd. II, S. 127; William P. Fessenden an Ellen Fessenden, 26. Februar 1854, zitiert nach Richard H. Sewell: *Ballots for Freedom. Antislavery Politics in the United States 1837–1860,* New York, 1976, S. 259.
17. Bei diesen Zahlen sind auch jene Senatoren berücksichtigt, die ein Abkommen mit einer anderen Partei getroffen hatten und der Wahl fernblieben oder sich der Stimme enthielten. In der entscheidenden namentlichen Abstimmung lautete das Ergebnis 37 zu 14. Neben den Senatoren des Nordens, die den Gesetzentwurf ablehnten, stimmten auch zwei Whigs und ein Demokrat aus den Sklavenstaaten dagegen, und zwar hauptsächlich aus der Befürchtung heraus, der Norden könne zum Gegenschlag ausholen und dem Süden ernstlich Schaden zufügen. Vgl. Robert P. Russell: »The Issues in the Congressional Struggle Over the Kansas-Nebraska Bill, 1854« in *JSH,* 29 (1963), S. 208f.
18. Nevins: *Ordeal,* Bd. II, S. 156; Rawley: *Race and Politics,* S. 55. Im hier angeführten Wahlergebnis sind Enthaltungen und Abwesenheit Stimmberechtigter mit erfaßt. Das tatsächliche Wahlergebnis lautete 113:110 Stimmen.
19. Zitiert nach William E. Gienapp: »The Origins of the Republican Party, 1852–1856«, Phil. Diss., University of California at Berkeley, 1980, S. 323. Die Veröffentlichung dieser Dissertation (unter gleichlautendem Titel, New York, 1987) erfolgte zu spät, als daß aus dieser Fassung hätte zitiert werden können.
20. Zitat aus dem *Richmond Whig,* dem *Florida Sentinel* und dem *Southern Recorder,* alle zitiert nach Cooper: *The South and the Politics of Slavery,* S. 358.
21. Jabez L. M. Curry an Clement C. Clay, ? Juli 1854, zitiert nach Nevins: *Ordeal,* Bd. II, S. 335.

22. *National Era,* 22. Mai 1854.
23. Zitiert nach Michael F. Holt: *The Political Crisis of the 1850s,* New York, 1978, S. 154.
24. *CWL,* Bd. IV, S. 67.
25. *Ebd.,* S. 247–83. Diese Zitate entstammen Lincolns berühmter Rede vom 16. Oktober 1854 in Peoria.
26. Diese Wahlergebnisse sind berechnet nach den Angaben des *Whig Almanac* (veröffentlicht in der *New York Tribune*) für 1854 und 1855.
27. Don E. Fehrenbacher: *Prelude to Greatness. Lincoln in the 1850's,* New York, 1962, S. 37–39. Bei dieser Wahl ging es nicht um Douglas' Senatssitz. Nachdem er 1852 wiedergewählt worden war, würde Douglas erst 1858 erneut kandidieren, und dann sollte er Lincoln in einem berühmteren Wahlkampf entgegentreten.
28. Holt: *Political Crisis of the 1850s,* S. 157f.
29. Potter: *Impending Crisis,* S. 245.
30. Jed Dannenbaum: »Immigrants and Temperance. Ethnocultural Conflict in Cincinnati, 1845–1860« in *Ohio History,* 87 (1978), S. 127f.; Oscar Handlin: *Boston's Immigrants. A Study in Acculturation,* Cambridge, Mass., 1941, S. 240.
31. Zitate aus Robert Kelley: *The Transatlantic Persuasion. The Liberal-Democratic Mind in the Age of Gladstone,* New York, 1969, S. 106; Eric Hobsbawm: *The Age of Capital, 1848–1875,* New York, 1976, S.106; Walter G. Sharrow: »Northern Catholic Intellectuals and the Coming of the Civil War« in *New-York Historical Society Quarterly,* 58 (1974), S. 45.
32. Hughes' Ansprache ist zitiert in Ray Allen Billington: *The Protestant Crusade 1800–1860,* New York, 1938, S. 291; *Freeman's Journal* vom 4. März 1848, zitiert nach *ebd.,* S. 290.
33. Dannenbaum: »Immigrants and Temperance«, a.a.O., S. 129; Holt: *Political Crisis of the 1850s,* S. 102; Vincent P. Lannie: »Alienation in America. The Immigrant Catholic and Public Education in Pre-Civil War America« in *Review of Politics,* 32 (1970), S. 515.
34. Billington: *Protestant Crusade,* S. 300–303.
35. Eine ganze Reihe empfehlenswerter Bücher beschäftigten sich mit Alkoholgenuß und Temperenzbewegung in dieser Region. Vgl. besonders Ian R. Tyrrell, *Sobering Up. From Temperance to Prohibition in Antebellum America, 1800–1860,* Westport, Conn., 1979, W. J. Rorabaugh: *The Alcoholic Republic. An American Tradition,* New York, 1976, Jed Dannenbaum: *Drink and Disorder. Temperance Reform in Cincinnati from the Washingtonian Revival to the WCTU,* Urbana, 1984, und Norman H. Clark: *Deliver Us from Evil. An Interpretation of American Prohibition,* New York, 1976, Kap. 2–4.
36. *Cincinnati Catholic Telegraph,* 19. März, 9. Juli 1853, zitiert nach Dannenbaum: »Immigrants and Temperance«, a.a.O., S. 134; *New York Tribune* zitiert nach Nevins: *Ordeal,* Bd. II, S. 329.
37. Allgemeine Abhandlungen über die »Know-Nothings« bieten Billington: *Protestant Crusade* (bes. Kap. 11–26), Ira M. Leonard und Robert D. Parmet: *American Nati-*

vism, 1830–1860, New York, 1971, und Carleton Beals: *Brass-Knuckle Crusade. The Great Know-Nothing Conspiracy, 1820–1860,* New York, 1960, ist ein greller Sensationsbericht und daher nicht vertrauenswürdig. Neben mehreren Untersuchungen über die »Know-Nothings« in den Einzelstaaten ist auch eine überregionale Monographie erschienen – W. Darrel Overdyke: *The Know-Nothing Party in the South,* Baton Rouge, 1950. Zur katholischen Reaktion vgl. Robert Francis Hueston: *The Catholic Press and Nativism 1840–1860,* New York, 1976.

38. Holt: *Political Crisis of the 1850s,* S. 186–89; Gienapp: »Origins of the Republican Party«, 348f.; Jean H. Baker: *Ambivalent Americans. The Know-Nothing Party in Maryland,* Baltimore, 1977, S. 63–68; Robert D. Parmet: »Connecticut's Know-Nothings. A Profile« in *The Connecticut Historical Society Bulletin,* 31 (Juli 1966), S. 84–90; Dale Baum: *The Civil War Party System. The Case of Massachusetts, 1848–1876,* Chapel Hill, 1984, S. 27f.
39. Billington: *Protestant Crusade,* S. 425. Zur ausführlicheren Behandlung dieser Frage vgl. William E. Gienapp: »Nativism and the Creation of a Republican Majority in the North before the Civil War« in *JAH,* 72 (1985), S. 529–59.
40. Hueston: *The Catholic Press and Nativism,* S. 211; *New York Tribune,* 26. August 1854; *Boston Advertiser,* zitiert nach Gienapp: »Origins of the Republican Party«, S. 500.
41. *CWL,* Bd. II, S. 316; Gienapp: »Nativism and the Creation of a Republican Majority«, a.a.O., S. 537.
42. Gienapp: »Origins of the Republican Party«, S. 641; Hans L. Trefousse: *The Radical Republicans. Lincoln's Vanguard for Racial Justice,* New York, 1969, S. 89; Sewell: *Ballots for Freedom,* S. 269; Holt: *Political Crisis of the 1850s,* S. 171.
43. *Liberator,* 10. November 1854; Dana zitiert nach Eric Foner: *Free Soil, Free Labor, Free Men. The Ideology of the Republican Party before the Civil War,* New York, 1970, S. 234, sowie nach Trefousse: *The Radical Republicans,* S. 85.
44. Zitiert nach Foner: *Free Soil, Free Labor, Free Men,* S. 233, sowie nach Sewell: *Ballots for Freedom,* S. 267.
45. Gienapp: »Origins of the Republican Party«, S. 493.
46. Edward L. Pierce an Horace Mann, 18. Januar 1855, zitiert nach *ebd.,* S. 592.
47. Robert C. Winthrop an John P. Kennedy, 3. Januar 1855, zitiert nach Nevins: *Ordeal,* Bd. II, S. 343.
48. Auch die Parlamente von Connecticut und Rhode Island machten per Dekret die Wahlberechtigung von der Fähigkeit des Lesens und Schreibens abhängig. Nur etwa vier oder fünf Prozent der Erwachsenen in diesen Staaten waren Analphabeten, und das waren zumeist irische Einwanderer. Mit Unterstützung der Republikaner verabschiedeten die »Know-Nothings« nachträglich ein Gesetz, demzufolge naturalisierte Bürger in Massachusetts erst zwei Jahre nach der Einbürgerung zur Wahl zugelassen wurden. Diese Bedingung wurde während des Bürgerkriegs wieder aufgehoben. 1850 führten die republikanischen Parlamente von New York und Michigan per Gesetz die Registrierung der Wähler ein, eine Maßnahme, die illegalen Wahlpraktiken Einhalt

gebieten sollte – Manipulationen, wie man sie in erster Linie dem demokratischen Parteiapparat in den Großstädten und den irischen Wählern unterstellte. Joel H. Silbey: *The Partisan Imperative. The Dynamics of American Politics Before the Civil War,* New York, 1985, S. 141–54; Ronald P. Formisano: *The Birth of Mass Political Parties. Michigan, 1827–1861,* Princeton, 1971, S. 285–87.

49. Baum: *The Civil War Party System,* S. 27–31.
50. Overdyke: *The Know-Nothing Party in the South,* S. 21 f., 24.
51. *Ebd.,* passim; Baker: *Ambivalent Americans,* passim; James H. Broussard: »Some Determinants of Know-Nothing Electoral Strength in the South« in *Louisiana History,* 7 (1966), S. 5–20.
51. Lincoln an Owen Lovejoy, 11. August 1855, Lincoln an Joshua F. Speed, 24. August 1855, in *CWL,* Bd. VI, S. 316 und 323.
53. Giddings zitiert nach William E. Gienapp: »Salmon P. Chase, Nativism, and the Formation of the Republican Party in Ohio« in *Ohio History,* 93 (1984), S. 11; Chase zitiert nach Trefousse: *Radical Republicans,* S. 84, und nach Stephen E. Maizlish: *The Triumph of Sectionalism. The Transformation of Ohio Politics, 1844–1856,* Kent, Ohio, 1983, S. 207.
54. Chase an E. S. Hamlin, 21. November 1854, 9. Februar, 22. Januar 1855, zitiert nach Maizlish: *Triumph of Sectionalism,* S. 206 und 208, und nach Gienapp: »Salmon P. Chase, Nativism«, S. 10.
55. Gienapp: »Chase, Nativism«, S. 22, 24, 26.
56. Maizlish: *Triumph of Sectionalism,* S. 220.

5. Das Verbrechen an Kansas

1. *CG,* 33 Cong., 1 Sess., Anhang, S. 769.
2. Atchison an Hunter, zitiert nach James A. Rawley: *Race and Politics, »Bleeding Kansas« and the Coming of the Civil War,* Philadelphia, 1969, S. 81; Atchison an Davis, 24. September 1854, zitiert nach William E. Gienapp: »The Origins of the Republican Party, 1852–1856«, Phil. Diss., University of California at Berkeley, 1980, S. 570 f.
3. Die Klischeevorstellungen, die Yankees und »Pukes« voneinander hatten, analysiert Michael Fellman: »Rehearsal for the Civil War. Antislavery and Proslavery at the Fighting Point in Kansas, 1854–1856«, in: Lewis Perry und Michael Fellman (Hrsg.): *Antislavery Reconsidered. New Perspectives on the Abolitionists,* Baton Rouge, 1979, S. 287–307; Zitat von S. 300. Den Begriff »Border Ruffians« (Grenzschläger) prägte Horace Greeley, aber die Missourier übernahmen ihn und schmückten sich damit wie mit einem Ehrentitel.
4. John Stringfellow zitiert nach Alice Nichols: *Bleeding Kansas,* New York, 1954, S. 26, nach einer Zusammenfassung seiner Rede im sklavereifreundlichen *Leavenworth Herald;* Atchinsons Äußerungen, widergegeben nach der Zeugenaussage von Dr. G. A.

Butler, einem Siedler aus Tennessee, vor einem Kongreßausschuß, zitiert in: Nevins: *Ordeal,* Bd. II, S. 385.

5. *Jacksonville (Ala.) Republican,* zitiert nach Rawley: *Race and Politics,* S. 89; *Leavenworth Herald,* zitiert nach Nichols: *Bleeding Kansas,* S. 29.
6. Nevins: *Ordeal,* Bd. II, S. 384–90; Jay Monaghan: *Civil War on the Western Border, 1854–1856,* New York, 1955, S. 17–30; Roy F. Nichols: *Franklin Pierce,* 2. Aufl., Philadelphia, 1958, S. 407–18.
7. Nevins: *Ordeal,* Bd. II, S. 411.
8. *Ebd.,* S. 433.
9. *Ebd.,* S. 427.
10. Sumner an Chase, 25. Mai 1856, Chase Papers, Library of Congress; *The Works of Charles Sumner,* 12 Bde., Boston, 1873, Bd. IV, S. 125–48.
11. David Donald: *Charles Sumner and the Coming of the Civil War,* New York, 1960, S. 289–97.
12. *Cincinnati Gazette,* 24. Mai 1856; *New York Evening Post,* 23. Mai 1856, zitiert nach William E. Gienapp: »The Crime Against Sumner. The Caning of Charles Sumner and the Rise of the Republican Party« in *CWH,* 25 (1979), S. 230–232.
13. *Charleston Courier,* 29. August 1856, zitiert nach Avery O. Craven: *The Growth of Southern Nationalism 1848–1861,* Baton Rouge, 1953, S. 233; *Richmond Enquirer,* 9. Juni 1856, zitiert nach Gienapp: »The Crime Against Sumner«, S. 222.
14. Bragg zitiert nach Donald: *Sumner,* S. 305; Brooks zitiert nach Gienapp: »The Crime Against Sumner«, S. 221; die Sprüche auf den Spazierstöcken zitiert nach John Hope Franklin: *The Militant South 1800–1861,* Cambridge, Mass., 1956, S. 54f.
15. Alle Zitate nach Gienapp: »The Crime Against Sumner«, S. 231, 234f.
16. Vgl. die gründliche und überzeugende Analyse in Donald: *Sumner,* S. 312–47.
17. Henry Dana Ward zitiert nach Gienapp: »The Crime Against Sumner«, S. 232.
18. Stephen B. Oates: *To Purge This Land with Blood. A Biography of John Brown,* New York, 1970, S. 126–37; Zitate von S. 128f., 133, gestützt auf spätere Zeugenaussagen von Männern aus Browns Kompanie. Ein Großteil des umfangreichen historischen Schrifttums über John Brown konzentriert sich auf das Massaker von Pottawatomie. Obwohl einige Zeitgenossen Browns Rolle bei diesem Blutbad leugneten, steht sie in Historikerkreisen außer Zweifel, dafür aber herrscht hier Uneinigkeit über Motive und Ablauf des Geschehens. Die vorliegende Darstellung basiert auf derjenigen in Oates' Biographie, der aktuellsten und verständigsten Analyse des Massakers. Weitere Details, unter einem vielfach anderen Blickwinkel, bietet James C. Malin: *John Brown and the Legend of Fifty-six,* Philadelphia, 1942, ein ansonsten aufgrund seiner ausufernden, strukturlosen Gestaltung enttäuschendes Buch, das jedoch mit einem erstaunlich reichhaltigen Forschungsmaterial zur Geschichte von Kansas aufwartet.
19. Malin: *John Brown and the Legend of Fifty-six* behandelt erschöpfend die unterschiedlichen Standpunkte von Zeitgenossen und späteren Historikern, die zu einer teilweise verzerrten Darstellung des Massakers von Pottawatomie führten.

20. Der Aufruf zum Parteitag wird zitiert in Gienapp: »Origins of the Republican Party«, S. 864; das Parteiprogramm ist abgedruckt in Arthur M. Schlesinger, Jr. (Hrsg.): *History of American Presidential Elections 1789–1968,* 4 Bde., New York, 1971, Bd. II, S. 1030–41.
21. Richard H. Sewell: *Ballots for Freedom. Antislavery Politics in the United States 1837–1860,* New York, 1976, S. 283.
22. Nevins: *Ordeal,* Bd. II, S. 460. Die Rolle des Nativismus bei der Wahl von 1856, unter besonderer Berücksichtigung der ambivalenten Haltung der Republikaner, untersucht William E. Gienapp: »Nativism and the Creation of a Republican Majority in the North before the Civil War« in *JAH,* 72 (1985), S. 541–48.
23. Schlesinger (Hrsg.): *History of Presidential Elections,* Bd. II, S. 1035–39.
24. Buchanan zitiert nach Roy F. Nichols und Philip S. Klein: »Election of 1856« in: Schlesinger (Hrsg.): *History of Presidental Elections,* Bd. II, S. 1028.
25. Toombs zitiert nach Potter: *Impending Crisis,* S. 262; Wise und Mason zitiert nach Roy F. Nichols: *The Disruption of American Democracy,* New York, 1948, S. 44.
26. Zitate nach Stephen E. Maizlish: *The Triumph of Sectionalism. The Transformation of Ohio Politics, 1844–1856,* Kent, Ohio, 1983, S. 232; Michael F. Holt: *The Political Crisis of the 1850s,* New York, 1978, S. 187; Rawley: *Race and Politics,* S. 167.
27. Zitate aus Rawley: *Race and Politics,* S. 151.
28. »Frémont: His Supporters and Their Record«, ein Flugblatt aus dem demokratischen Wahlkampf, abgedruckt in: Schlesinger (Hrsg.): *History of Presidential Elections,* Bd. II, S. 1071.
29. Philip, S. Foner: *The Life and Writings of Frederick Douglass,* 4 Bde., New York, 1950–55, Bd. II, S. 401.
30. Zitate nach Maizlish: *Triumph of Sectionalism,* S. 230; Holt: *Political Crisis of 1850's,* S. 197.
31. Rawley: *Race and Politics,* S. 160f.; Gienapp: »Origins of the Republican Party«, S. 1069f.
32. Gienapp: »Origins of the Republican Party«, S. 1042; Nevins: *Ordeal,* Bd. II, S. 487.
33. Hendrick Booraem V: *The Formation of the Republican Party in New York. Politics and Conscience in the Antebellum North,* New York, 1983, S. 190; Nichols und Klein: »Election of 1856«, in: Schlesinger (Hrsg.): *History of Presidential Elections,* Bd. II, S. 1031.
34. Nevins: *Ordeal,* Bd. II, S. 484, Anm.
35. Joel H. Silbey: *The Partisan Imperative. The Dynamics of American Politics Before the Civil War,* New York, 1985, S. 96; Thomas B. Alexander: »The Dimensions of Voter Partisan Constancy in Presidential Elections from 1840–1860« in: Stephen E. Maizlish und John J. Kushma (Hrsg.): *Essays on American Antebellum Politics, 1840–1860,* College Station, Tex., 1982, S. 75.
36. Vierzehn Mitglieder der »American Party« wurden ins Repräsentantenhaus gewählt. Im Senat waren 25 der 37 Demokraten Südstaatler. Zwanzig Republikaner und fünf

»Whig-Americans« (vier aus dem oberen Süden und einer aus Texas) vervollständigten die Senatsliste.

37. Frémonts Anteil an der landesweiten allgemeinen Wahl betrug 33 Prozent, wobei praktisch alle Stimmen aus dem Norden kamen, wo er 55 Prozent des Gesamtergebnisses für sich verbuchen konnte. Fillmore erzielte ein Votum von 44 Prozent im Süden und 13 Prozent im Norden und kam landesweit auf einen Stimmenanteil von 22 Prozent.
38. Rawley: *Race and Politics,* S. 172.
39. *Ebd.,* S. 176–79; Zitate von S. 176f., 179.
40. Thomas W. Thomas an Alexander Stephens, 15. Juni 1857; *New Orleans Crescent,* 17. Juli 1857; beide zitiert nach Craven: *Growth of Southern Nationalism,* S. 284; Davis zitiert nach George Fort Milton: *The Eve of Conflict. Stephen A. Douglas and the Needless War,* Boston, 1934, S. 267.
41. Die Lecompton-Verfassung ist abgedruckt in Daniel W. Wilder: *The Annals of Kansas,* Topeka, 1875, S. 134–47; die Klauseln zur Sklaverei zitiert nach S. 140 und 146.
42. Nevins: *Emergence,* Bd. I. S. 236f.
43. Milton: *Eve of Conflict,* S. 270f.
44. Robert W. Johannsen: *Stephen A. Douglas,* New York, 1973, S. 581–86.
45. Yancey zitiert nach Craven: *Growth of Southern Nationalism,* S. 289; Hammond nach Johannsen: *Douglas,* S. 600; Kongreßabgeordneter aus Georgia nach Don E. Fehrenbacher: *The South and Three Sectional Crisis,* Baton Rouge, 1980, S. 54.
46. James D. Richardson (Hrsg.): *Compilation of the Messages and Papers of the Presidents,* 20 Bde., Washington, 1897, Bd. VII, S. 3010.
47. *CG,* 35 Cong., 1 Sess., S. 14–19.
48. Don E. Fehrenbacher: *The Dred Scott Case. Its Significance in American Law and Politics,* New York, 1978, S. 466.
49. Alexander H. Stephens an ... Pritchard, 9. Dezember 1857, Stephens Papers, Louis A. Warren Lincoln Library and Museum; Fehrenbacher: *Dred Scott Case,* S. 466, 468, 483; Johannsen: *Douglas,* S. 599.
50. *New York Weekly Tribune,* 13. Februar 1859, zitiert nach Nevins: *Emergence,* Bd. I, S. 288; Stephens zitiert nach Rawley: *Race and Politics,* S. 239f.
51. Johannsen: *Douglas,* S. 610.

6. »Lumpenpack und ölverschmierte Mechaniker für A. Lincoln«

1. Diese Interpretation galt lange als maßgebend; ihr engagiertester Verfechter war Frank H. Hodder mit »Some Phases of the Dred Scott Case« in *MHVR,* 41 (1929), S. 3–22.
2. Alexander Stephens and Linton Stephens, 15. Dezember 1856, in: Richard M. Johnston und William H. Browne: *Life of Alexander H. Stephens,* (überarb. Aufl.), Philadelphia, 1883, S. 326; Brief von Stephens vom 1. Januar 1857, zitiert nach Nevins: *Emergence,* Bd. I, S. 108.

3. Diese Deutung stützt sich auf die Interpretationen von Don E. Fehrenbacher: *The Dred Scott Case. Its Significance in American Law and Politics,* New York, 1978, S. 305–11, James A. Rawley: *Race and Politics, »Bleeding Kansas« and the Coming of the Civil War,* Philadelphia, 1969, S. 275–81, und Nevins: *Emergence,* Bd. I, S. 107–10, Bd. II, S. 473–77.
4. Buchanans Biograph Philip Auchampaugh entdeckte die Korrespondenz zwischen Buchanan, Catron und Grier vom Februar 1857 unter Buchanans nachgelassenen Papieren und veröffentlichte das ausgewertete Material unter dem Titel: »James Buchanan, the Court and the Dred Scott Case« im *Tennessee Historical Magazine,* 9 (1926), S. 231–40. Vgl. auch Fehrenbacher: *Dred Scott Case,* S. 311–13.
5. Diese Formulierung stammt von Don E. Fehrenbacher: *Dred Scott Case,* S. 559. Vgl. ferner: Fehrenbacher: »Roger B. Taney and the Sectional Crisis« in *JSH,* 43 (Nov. 1977), S. 555–66.
6. Aus Briefen Taneys von 1856 und 1860, zitiert nach Fehrenbacher: »Taney and the Sectional Crisis«, a.a.O., S. 561, 556.
7. Fehrenbacher: *Dred Scott Case,* S. 234, 3, 559.
8. *Ebd.,* S. 341 und 349.
9. Mit dem Problem des Bürgerrechts der Neger beschäftigen sich die Seiten 403–27 von Taneys Gutachten in *Dred Scott v. Sandford,* 19 Howard, S. 393.
10. Zwei Richter stellten sich in diesem Fall eindeutig hinter Taneys Gutachten, während Curtis und McLean dagegen stimmten. Die vier übrigen Richter griffen in ihrer einvernehmlichen Stellungnahme das Thema zwar nicht auf, bestätigten aber mit ihrem Schweigen indirekt Taneys Gutachten als maßgebende Meinung des Gerichts. Zur Interpretation dieses Falles vgl. Fehrenbacher: *Dred Scott Case,* S. 324–30.
11. Zehn Wochen nach dem Urteil wurde Scott von seinem Besitzer freigelassen. Er starb ein Jahr später.
12. Curtis' Einspruch (nachzulesen S. 564–633 von 19 Howard) war durchschlagender und wirkungsvoller als der von McLean.
13. *Cincinnati Enquirer,* 8. März 1857, zitiert nach Stanley I. Kutler (Hrsg.): *The Dred Scott Case Decision, Law or Politics?* Boston, 1967, S. 54 f.; *Philadelphia Pennsylvanian,* 10. März 1857, *New York Herald,* 8. März 1857, *Augusta Constitutionalist,* 15. März 1857, *New Orleans Picayune,* 20. März 1857, alle zitiert nach Fehrenbacher: *Dred Scott Case,* S. 418 f.
14. Republikanischer Pressekommentar zitiert nach Charles Warren: *The Supreme Court in United States History,* (überarb. Aufl.), 2 Bde., Boston, 1926, Bd. II, S. 302–9; Bryant zitiert nach Nevins: *Emergence,* Bd. I, S. 96; Parlamentsresolution skizziert in Fehrenbacher: *Dred Scott Case,* S. 431–35.
15. Hatten ursprünglich auch alle fünf südstaatlichen Richter Sklaven besessen, so waren 1857 nur noch drei von ihnen Sklavenhalter.
16. *New York Tribune,* 7. März 1857; *Chicago Tribune,* 12., 19. März 1857.
17. Fehrenbacher: *Dred Scott Case,* S. 455 f.

18. *CG,* 35 Cong., 2 Sess., S. 1242f.
19. Warren: *Supreme Court,* Bd. II, S. 326. Das Seward-Zitat stammt aus *CG,* 35 Cong., 1 Sess., S. 941.
20. *CWL,* Bd. II, S. 465f. Der aufmerksame Leser wird in den vier »Zimmerleuten« Stephen Douglas, Franklin Pierce, Roger Taney und James Buchanan wiedererkennen.
21. *Ebd.,* Bd. II, S. 416f., 467, Bd. III, S. 27, 230f.
22. Douglas zitiert nach *ebd.,* Bd. III, S. 53, 267f. Zur geschichtswissenschaftl. Deutung vgl. bes. Nevins: *Emergence,* Bd. I, S. 362, und James G. Randall: *Lincoln the President,* 4 Bde., New York, 1945–55, Bd. I, S. 116.
23. *Washington Union,* 17. November 1857; *CG,* 35 Cong., 1 Sess., S. 385; Nevins: *Emergence,* Bd. I, S. 86: *New York Assembly Documents,* 80. Session (1857), Nr. 201.
24. Paul Finkelman: *An Imperfect Union. Slavery, Federalism, and Comity,* Chapel Hill, 1981, S. 323. Diese glänzende Studie liefert eine gründliche Analyse zum Fall Lemmon und seinem Umfeld. Vgl. auch Fehrenbacher: *Dred Scott,* S. 444f.
25. *Springfield Republican,* 12. Oktober 1857, zitiert nach Fehrenbacher: *Dred Scott,* S. 314.
26. Zitat aus Don E. Fehrenbacher: *Prelude to Greatness. Lincoln in the 1850's,* Stanford, 1962, S. 123. Genaugenommen waren weder Lincoln noch Douglas »Kandidaten« bei dieser Wahl, denn die Senatoren kürte das Parlament der Einzelstaaten, und in Illinois wurden 1858 erst einmal neue Parlamentsmitglieder gewählt. Da aber Douglas landesweit so hohes Ansehen genoß und die Republikanische Partei Lincoln für den Senat »nominiert« hatte, stand das Senatorenamt ausnahmsweise bereits bei der Parlamentswahl im Mittelpunkt des Interesses.
27. *CWL,* Bd. II, S. 468, Bd. III, S. 92.
28. Paul M. Angle (Hrsg.): *Created Equal? The Complete Lincoln-Douglas Debates of 1858,* Chicago, 1958, S. 60 und 62.
29. Bei jeder Debatte sprach der Eröffnungsredner eine Stunde, dann hatte sein Gegner anderthalb Stunden Zeit für die Erwiderung, und zum Schluß kam der erste Redner noch einmal eine halbe Stunde lang zu Wort. Douglas und Lincoln wechselten sich als Eröffnungsredner ab, wobei Douglas in vier der sieben Debatten Auftakt und Schlußwort übernahm. Gemäß der Wichtigkeit dieses Rededuells wurde in der Presse eingehend darüber berichtet. Stenographen (damals »Phonographen« genannt) einer republikanischen und einer demokratischen Zeitung protokollierten jedes Wort, einschließlich der Publikumsreaktionen. 1860 erschien erstmals eine wortgetreue Wiedergabe der Debatten im Druck. Nachstehend drei neuere, kommentierte Ausgaben: *CWL,* Bd. III, S. 1–325; Angle (Hrsg.): *Created Equal;* und Robert W. Johannsen (Hrsg.): *The Lincoln-Douglas Debates of 1858,* New York, 1965.
30. Charles H. Ray an Elihu B. Washburne, 23. August 1858, zitiert nach Fehrenbacher: *Prelude to Greatness,* S. 123.
31. *CWL,* Bd. III, S. 313, 18, 29.
32. Lincoln an Henry Asburg, 31. Juli 1858, in *CWL,* Bd. II, S. 530.

33. Eine verständige Deutung des Freeport-Problems bietet Fehrenbacher: *Prelude to Greatness,* S. 121–42.
34. *CWL,* Bd. III, S. 8, 35, 111, 322.
35. *Ebd.,* S. 113, 216.
36. *Ebd.,* S. 9.
37. *Ebd.,* S. 171, 55f. Mit seinen rassistischen Reden konnte Douglas das Vertrauen einiger Südstaatler zurückgewinnen. Nach der Lektüre der Douglas-Reden schrieb ein Freund von Alexander Stephens: »Ungeachtet seines tadelnswerten Fehlverhaltens in der Vergangenheit ... *kann man sich in puncto Nigger auf Douglas verlassen.* [...] Mir ist er lieber als ein verrückter Fanatiker [Lincoln], der öffentlich die Gleichheit der weißen und schwarzen Rasse verkündet.« J. Henley Smith an Alexander Stephens, 3. August 1858, zitiert nach Fehrenbacher: *Dred Scott Case,* S. 497.
38. *CWL,* Bd. III, S. 399, 16, 145f.
39. *Ebd.,* Bd. II, S. 501, Bd. III, S. 16, 146.
40. *Ebd.,* Bd. III, S. 16, 165, 323, 181, 117.
41. *Ebd.,* S. 312, 315.
42. Die Kandidaten der Republikaner errangen rund 125000 Stimmen, die Douglas-Demokraten 121000 und die Anti-Douglas-Pro-Buchanan-Demokraten 5000. (*Tribune Almanac,* 1850, S. 60f.)
43. Die beste Auswertung der Wahl bietet Fehrenbacher: *Prelude to Greatness,* S. 114–20.
44. *Tribune Almanac,* 1860, S. 18; Fehrenbacher: *Dred Scott Case,* S. 563f.; Buchanan an Harriet Lane, 15.Oktober 1858, zitiert nach Nevins: *Emergence,* Bd. I. S. 400.
45. Im Winter 1854/55 waren ein Kurssturz an der Wall Street und ein leichter Konjunkturrückgang zu verzeichnen.
46. Diese Hintergrundanalyse zum Börsenkrach von 1857 stützt sich auf George W. Van Vleck: *The Panic of 1857. An Analytic Study,* New York, 1943, Nevins: *Emergence,* Bd. I, S. 176–97, und Peter Temin: »The Panic of 1857«, *Intermountain Economic Review,* 6 (Frühjahr 1975), S. 1–12.
47. *New York Herald,* 27. Juni, 18. Juli 1857, zitiert nach Van Vleck: *Panic of 1857,* S. 60, 63.
48. Zitiert nach James L. Huston: »A Political Response to Industrialism. The Republican Embrace of Protectionist Labor Doctrine« in *JAH,* 70 (1983), S. 49.
49. Timothy L. Smith: *Revivalism and Social Reform. American Protestantism on the Eve of the Civil War,* New York, 1957, Kap. 4.
50. *New York Tribune,* 22. Oktober 1857, zitiert nach Philip S. Foner: *Business and Slavery. The New York Merchants and the Irrepressible Conflict,* Chapel Hill, 1941, Anm. S. 142.
51. *Lebanon* (Pa.) *Courier,* zitiert nach Huston: »A Political Response to Industrialism«, a.a.O., S. 53; *New York Tribune,* zitiert nach Van Vleck: *Panic of 1857,* S. 104; *Tribune Almanac,* 1859, S. 52f.
52. Foner: *Business and Slavery,* S. 141; Huston: »A Political Response to Industrialism«, a.a.O., S. 53.

53. *Columbus* (Miss.) *Democrat,* zitiert nach Avery O. Craven: *An Historian and the Civil War,* Chicago, 1964, S. 38.
54. Die Bilanz dieser drei Maßnahmen und ihres Schicksals im 35. und 36. Kongreß stützt sich im wesentlichen auf Roy F. Nichols: *The Disruption of American Democracy,* New York, 1948, S. 192, 231–33, und auf Nevins: *Emergence,* Bd. I, S. 444–55, Bd. II, S. 188–95.
55. *CG,* 35 Cong., 2 Sess., S. 1354.
56. *Ebd.,* S. 1247f., 1255, 1257.
57. *Selections from the Letters and Speeches of the Hon. James H. Hammond, of South Carolina,* New York, 1866, S. 317–19.
58. Fitzhugh: *Cannibals All! or, Slaves Without Masters,* hrsg. v. C. Vann Woodward, Cambridge, Mass., 1960, S. 40, 32, 32, 31; Fitzhugh: »Sociology for the South« in: Eric L. McKitrick (Hrsg.): *Slavery Defended. The View of the Old South,* Englewood Cliffs, N.J., 1963, S. 38; Artikel von Fitzhugh im *Richmond Enquirer* und Auszug aus *Sociology for the South* in: Harvey Wish (Hrsg.): *Ante-Bellum. Writings of George Fitzhugh and Hinton Rowan Helper on Slavery,* New York, 1960, S. 9, 85.
59. *Southern Literary Messenger* 30 (Juni 1860) S. 401–9.
60. Zeitung aus South Carolina zitiert nach Nevins: *Ordeal,* Bd. II, S. 498; *Muscogee Herald,* zitiert nach New York Tribune, 10. September 1856.
61. George E. Baker (Hrsg.): *The Works of William H. Seward,* 5 Bde., New York, 1853–84, Bd. IV, S. 289–92.
62. *CWL,* Bd. IV, S. 24, 8.
63. Aus Helper: *Impending Crisis of the South,* nach dem Wiederabdruck in: Wish (Hrsg.): *Ante-Bellum,* S. 201, 253, 187, 181, 202.
64. Potter: *Impending Crisis,* S. 387.
65. *Ebd.,* Avery O. Craven: *The Growth of Southern Nationalism 1848–1861,* Baton Rouge, 1953, S. 251; Edward Channing: *A History of the United States,* 6 Bde., New York, 1905–25, Bd. VI, Anm. S. 208.
66. Zitate nach Nevins: *Emergence,* Bd. II, S. 121f.
67. E. W. Marshall an William Porcher Miles, 20. Januar 1860, in: Steven A. Channing: *Crisis of Fear. Secession in South Carolina,* New York, 1970, S. 109; Edward C. Bullock an Clement C. Clay: 30. Dezember 1859, in: J. Mills Thornton III: *Politics and Power in a Slave Society. Alabama 1800–1860,* Baton Rouge, 1978, S. 390.

7. Die Revolution von 1860

1. Stephen B. Oates: *To Purge This Land with Blood. A Biography of John Brown,* New York, 1970, S. 243–47.
2. *Ebd.,* S. 234, 271f.
3. Carleton Mabee: *Black Freedom. The Nonviolent Abolitionists from 1830 through the*

Civil War, New York, 1970, S. 291–95.

4. *Ebd.* S. 319, 318.
5. *Liberator,* 28. Mai 1858; Oates: *To Purge This Land,* S. 237.
6. *Life and Times of Frederick Douglass, Written by Himself,* Collier Books Ed., New York, 1962, S. 317–20; Benjamin Quarles: *Allies for Freedom. Blacks and John Brown,* New York, 1974, S. 80.
7. Tilden G. Edelstein: *Strange Enthusiasm. A Life of Thomas Wentworth Higginson,* New Haven, 1968, S. 232, 226.
8. C. Vann Woodward: »John Brown's Private War« in: Woodward: *The Burden of Southern History,* Baton Rouge, 1960, S. 51 f.; Jeffrey S. Rossbach: *Ambivalent Conspirators. John Brown, the Secret Six, and a Theory of Slave Violence,* Philadelphia, 1982, S. 236–66.
9. *Worcester Spy,* 20./27. Oktober 1859, zitiert nach Edelstein: *Strange Enthusiasm,* S. 222; *Liberator,* 21. Oktober 1859.
10. Auszug aus Browns Schlußwort, abgedruckt im *New York Herald,* 3. November 1859, zitiert nach Oswald Garrison Villard: *John Brown, 1800–1859. A Biography Fifty Years After,* Boston, 1910, S. 498 f.
11. Woodward: »John Brown's Private War«, S. 54.
12. Robert Penn Warren: *John Brown, the Making of a Martyr,* New York, 1929, S. 428 f.; Oates: *To Purge This Land,* S. 335.
13. Nevins: *Emergence,* Bd. II, S. 99; Oates: *To Purge This Land,* S. 356.
14. Woodward: »John Brown's Private War«, S. 58; Nevins: *Emergence,* Bd. II, S. 99; Oates: *To Purge This Land,* S. 354.
15. Warren: *John Brown,* S. 437; Villard: *John Brown,* S. 560.
16. Nevins: *Emergence,* Bd. II, S. 99; Woodward: »John Brown's Private War«, S. 48 f.
17. Oates: *To Purge This Land,* S. 323; Villard: *John Brown,* S. 568.
18. *Richmond Enquirer* und *Richmond Whig,* zitiert nach Henry T. Shanks: *The Secession Movement in Virginia, 1847–1861,* Richmond, 1934, S. 90; William A. Walsh an L. O'B. Branch, 8. Dezember 1859, in : Avery O. Craven: *The Growth of Southern Nationalism 1848–1861,* Baton Rouge, 1953, S. 311.
19. Villard: *John Brown,* S. 563; Philip S. Foner: *Business and Slavery. The New York Merchants and the Irrepressible Conflict,* Chapel Hill, 1941, S. 161 f.
20. Oates: *To Purge This Land,* S. 310; Villard: *John Brown,* S. 472; Nevins: *Emergence,* Bd. II, S. 104.
21. Seward und Kirkwood zitiert nach Villard: *John Brown,* S. 564–68; *CWL,* Bd. III, S. 502.
22. *Atlanta Confederacy,* zitiert nach Nevins: *Emergence,* Bd. II, Anm. 108; *De Bow's Review,* 29 (Juli 1860), abgedruckt in: Paul F. Paskoff und Daniel J. Wilson (Hrsg.): *The Cause of the South. Selections from De Bow's Review 1846–1867,* Baton Rouge, 1982, S. 219 f.; *CG,* 36 Cong., 1. Sess., Anhang S. 93.
23. Ollinger Crenshaw: *The Slave States in the Presidential Election of 1860,* Baltimore, 1945, Kap. 5; Woodward: »John Brown's Private War«, S. 67 f.; Oates: *To Purge This Land,* S. 322 f.

24. Woodward: »John Brown's Private War«, S. 62–66; Nevins: *Emergence,* Bd. II, Anm. 108.
25. *Opelika Weekly Southern Era,* 18. April 1860, zitiert nach Donald E. Reynolds: *Editors Make War. Southern Newspapers in the Secession Crisis,* Nashville, 1970, S. 35.
26. *CG,* Cong., 1. Sess., S. 658.
27. Ein Sonderausschuß der Demokraten unter Vorsitz eines New Yorkers hatte Charleston zum Tagungsort bestimmt – in der Hoffnung, die Wahl einer Stadt im Süden würde die Harmonie in der Partei fördern!
28. William B. Hesseltine (Hrsg.): *Three Against Lincoln. Murat Halstead Reports the Caucuses of 1860,* Baton Rouge, 1960, S. 35, 44.
29. *Speech of William L. Yancey of Alabama, Delivered in the National Democratic Convention,* Charleston, 1860.
30. Nevins: *Emergence,* Bd. II, S. 215; Robert W. Johannsen: *Stephan A. Douglas,* New York, 1973, S. 754; Hesseltine (Hrsg.): *Three Against Lincoln,* S. 86.
31. Hesseltine (Hrsg.): *Three Against Lincoln,* S. 101; Stephens zitiert nach: George Fort Milton: *The Eve of Conflict. Stephen A. Douglas and the Needless War,* Boston, 1934, S. 468.
32. Nevins: *Emergence,* Bd. II, S. 262–72; Roy F. Nichols: *The Disruption of American Democracy,* New York, 1948, S. 309–20; Milton: *Eve of Conflict,* S. 450–79; Johannsen: *Douglas,* S. 759–73; Hesseltine (Hrsg.): *Three Against Lincoln,* S. 178–278.
33. Mark. W. Summers: »›A Band of Brigands‹: Albany Lawmakers and Republican National Politics, 1860« in *CWH,* 30 (1984), S. 101–19.
34. William E. Baringer: *Lincoln's Rise to Power,* Boston, 1937, S. 41 (Zitat); zu Lincolns Aufstieg zum Hauptrivalen Sewards vgl. Kap. 1–4.
35. Zu Lincolns Schwur vgl.: *CWL,* Bd. IV, S. 50. Unter Historikern herrschte lange Uneinigkeit darüber, ob Lincolns Statthalter Cameron und anderen wirklich Kabinettsposten angeboten haben. Beweise für derlei Absprachen stammen meist aus zweiter Hand oder stützen sich lediglich auf Indizien. Zu der These, daß verbindliche Zusagen eine wesentliche Rolle im Wahlkampf gespielt hätten, vgl. Baringer: *Lincoln's Rise,* S. 214, 266f., 277, 334; zur Gegenmeinung, daß nämlich keine verbindlichen Verträge geschlossen wurden, vgl. Willard L. King: *Lincoln's Manager: Davis Davis,* Cambridge, Mass., 1960, S. 137f., 141, 162–64. Zu der These, es hätte zwar Absprachen gegeben, sie seien allerdings nur einer von mehreren Faktoren gewesen, die Lincoln Indiana und Pennsylvania sicherten, vgl. Nevins: *Emergence,* Bd. II, S. 256f. Darüber, daß, selbst wenn es Absprachen gab, diese weniger ins Gewicht fielen als die Überzeugung, daß Seward im unteren Süden nicht reüssieren könne, urteilt differenziert und scharfsinnig Don E. Fehrenbacher: *Prelude to Greatness, Lincoln in the 1850's,* Stanford, 1962, S. 159. Ob es nun feste Zusicherungen gab oder nicht, zumindest scheint eine Vereinbarung darüber bestanden zu haben, daß Cameron und Caleb Smith aus Indiana Kabinettsposten bekommen würden – was auch geschah.
36. Hesseltine (Hrsg.): *Three Against Lincoln,* S. 165, 158, 171.

37. Das vollständige Parteiprogramm ist abgedruckt in: Arthur M. Schlesinger, Jr., (Hrsg.): *History of American Presidential Elections,* 4 Bde., New York, 1971, Bd. II, S. 1124–27.
38. *Springfield Republican,* zitiert in: Dale Baum: *The Civil War Party System. The Case of Massachusetts,* 1848–1876, Chapel Hill, 1984, S. 50; [Lexington] *Kentucky Statesman,* 8. Mai 1860, in: Dwight Lowell Dumond (Hrsg.): *Southern Editorials on Secession,* New York, 1931, S. 76.
39. Crenshaw: *Slave States in the Presidential Election of 1860,* S. 59–73; Thomas B. Alexander: »The Civil War as Institutional Fulfillment« in *JSH,* 47 (1981), S. 11–13, 16, 20.
40. *The Diary of George Templeton Strong: The Civil War 1860–1865,* hrsg. v. Allan Nevins und Milton Halsey Thomas, New York, 1952, S. 56f. Zur Analyse des Versuchs der Constitutional Unionists aus dem Süden, mit Breckinridges Demokraten um das rechte »Südstaatlertum« zu wetteifern, vgl. John V. Mering: »The Slave-State Constitutional Unionists and the Politics of Consensus« in *JHS,* 43 (1977), S. 395–410.
41. Zu den widersprüchlichen Interpretationen der bislang ungeklärten Frage des Wahlergebnisses der Deutschstämmigen von 1860 vgl. die Essays in Frederick C. Luebke (Hrsg.): *Ethnic Voters and the Election of Lincoln,* Lincoln, Nebr., 1971. Die neuesten Schätzungen dieses Wahlergebnisses verzeichnet William E. Gienapp: »Who Voted for Lincoln?«, in: John L. Thomas (Hrsg.): *Abraham Lincoln and the American Political Tradition,* Amherst, 1986, S. 50–97, der zu dem Ergebnis kommt, daß, auch wenn 1860 nur knapp die Hälfte der Deutschamerikaner republikanisch wählten, seit 1856 gleichwohl ein drastischer Stimmengewinn zu verzeichnen war, der durchaus den für den Sieg der Republikaner in Pennsylvania, Indiana und Illinois entscheidenden Vorsprung bedingt haben kann.
42. Neger durften im Staat New York nur zur Wahl gehen, wenn sie ein Vermögen von 250 Dollar nachweisen konnten. Für Weiße galt eine solche Einschränkung nicht. Der geforderte Zusatzartikel hätte auch die schwarzen Wähler von dieser Einschränkung befreit.
43. *Albany Argus,* 7. Sept. 1860, *Ovid Bee,* 7. Nov. 1860, zitiert in: Phyllis F. Field: *The Politics of Race in New York. The Struggle for Black Suffrage in the Civil War Era,* Ithaca, 1982, S. 116, 118; *New York Herald,* 5. Nov. 1860, Albon Man, Jr.: »Labor Competition and the New York Draft Riots of 1863« in *Journal of Negro History,* 36 (1951), S. 379.
44. *New York Herald,* 24. Okt., 5./6. Nov. 1860, zitiert nach Field: *Politics of Race,* S. 117, und Man: »Labor Competition and the New York Draft Riots«, a.a.O., S. 378f.
45. 37 Prozent der Wähler sprachen sich für den Zusatzartikel aus. Lincoln errang 54 Prozent der New Yorker Wählerstimmen.
46. ... Helfenstein an Stephen Douglas, 31. Juli 1860, in: Reinhard H. Luthin: *The First Lincoln Campaign,* Cambridge, Mass., 1944, S. 208; *Dubuque Herald,* zitiert nach *ebd.,* S. 179.
47. Michael F. Holt: *The Political Crisis of the 1850's,* New York, 1978, S. 214.

48. Michael F. Holt: »James Buchanan, 1857–1861«, in: C. Vann Woodward (Hrsg.): *Responses of the Presidents to Charges of Misconduct,* New York, 1974, S. 86–96; David E. Meerse: »Buchanan, Corruption and the Election of 1860« in *CWH,* 12 (1966), S. 116–31; Nichols: *Disruption of American Democracy,* S. 284–87, 328–31; Nevins: *Emergence,* Bd. II, S. 196–200, 372–75.
49. Meerse: »Buchanan, Corruption and the Election of 1860«, a.a.O., S. 125, 124.
50. Diese und ähnlich lautende Zitate sind nachgewiesen in: James M. McPherson: *The Struggle of Equality. Abolitionists and the Negro in the Civil War and Reconstruction,* Princeton, 1964, S. 11–18, sowie in: McPherson: *The Negro's Civil War,* New York, 1965, S. 3–10.
51. Emerson D. Fite: *The Presidential Campaign of 1860,* New York, 1911, S. 192.
52. McPherson: *Struggle for Equality,* S. 16; McPherson: *Negro's Civil War,* S. 8.
53. *Charleston Mercury,* 15. Oktober 1860, und *Richmond Enquirer,* 21. Mai 1860, zitiert nach Craven: *Growth of Southern Nationalism,* S. 364. William L. Barnley: *The Secessionist Impulse. Alabama and Mississippi in 1860,* Princeton, 1974, S. 153–63, analysiert scharfsinnig die Auswirkungen der Dürre auf das politische Gebaren des Südens.
54. Crenshaw: *Slave States in the Presidential Election of 1860,* S. 97 und Anm. S. 97.
55. R. S. Holt an Joseph Holt, 9. November 1860; Lawrence Keitt an James H. Hammond, 10. September, 23. Oktober 1860, in *ebd.,* S. 105f, S. 108.
56. William L. Barney: *The Road to Secession. A New Perspective on the Old South,* New York, 1972, S. 149.
57. *Natchez Free Trader,* 2. November 1860 und *Texas Christian Advocate,* zitiert nach Crenshaw: *Slave States in the Presidential Election of 1860,* Bd. III, S. 95f.; Texaner zitiert nach Reynolds: *Editors Make War,* S. 103f.
58. John V. Mering: »The Constitutional Union Campaign of 1860: An Example of the Paranoid Style« in *Mid-America,* 60 (1978), S. 101; Dwight L. Dumond: *The Secession Movement 1860–61,* New York, 1931, S. 106, 104.
59. *Louisville Daily Journal,* 13. August 1860, in: Dumond (Hrsg.): *Southern Editorials on Secession,* S. 159; Mering: »The Constitutional Union Campaign of 1860«, a.a.O., S. 99.
60. *New York Herald,* 1. August, 18. Oktober 1860, in *CWL,* Bd. IV, S. 95.
61. Nevins: *Emergence,* Bd. II, S. 305; Potter: *Impending Crisis,* S. 433.
62 *New Orleans Crescent,* 9. November 1860, zitiert nach Craven: *Growth of Southern Nationalism,* S. 358; Parlamentsausschuß von Virginia zitiert nach Villard: *John Brown,* S. 567; *CG,* 36. Cong., 1. Sess., 455.
63. Lincoln an George T. M. Davis, 17. Oktober 1860; Lincoln an George D. Prentice, 19. Oktober 1860, in *CWL,* Bd. IV, S. 132–33, 135.
63. Mehrere Einzelstaaten hielten ihre Wahl nicht am selben Tag wie die Präsidentschaftswahl ab, die damals wie heute auf den ersten Dienstag nach dem ersten Montag im November fiel.
65. Johannsen: *Douglas,* S. 788–803.

66. In South Carolina wurden die Wahlmänner für die Präsidentschaftswahl noch vom Parlament bestimmt. In einer direkten Wahl hätte Breckinridge in diesem Staat mit überwältigender Mehrheit gesiegt.
67. *New Orleans Daily Crescent,* 13. November 1860, und *Richmond Semi-Weekly Examiner,* 9. November 1860, in: Dumond (Hrsg.): *Southern Editorials on Secession,* S. 237, 223; *New Orleans Daily Delta,* 3. November 1860, zitiert nach Peyton McCrary: *Abraham Lincoln and Reconstruction. The Louisiana Experiment,* Princeton, 1978, S. 52.
68. Horace White an Lyman Trumbull, 30. Dezember 1860, in William E. Baringer: *A House Dividing. Lincoln as President Elect,* Springfield, Ill., 1945, S. 236; Adams zitiert nach Eric Foner: *Free Soil, Free Labor, Free Man. The Ideology of the Republican Party before the Civil War,* New York, 1970, S. 233.

8. Die Konterrevolution von 1861

1. Frank Moore (Hrsg.): *The Rebellion Record,* Bd. I, New York, 1861, »Documents«, S. 315.
2. Steven A. Channing: *Crisis of Fear. Secession in South Carolina,* New York, 1970, S. 282–85.
3. Gute historiographische Zusammenfassungen zur Frage des Volksvotums für die Sezession bieten Ralph A. Wooster: »The Secession of the Lower South. An Examination of Changing Interpretations« in *CWH,* J (1961), S. 117–27, und William J. Donelly: »Conspiracy or Popular Movement. The Historiography of Southern Support for Secession« in *North Carolina Historical Review,* 42 (1965), S. 70–84.
4. *Rome Weekly Courier,* 17. Januar 1861, zitiert nach Michael P. Johnson: *Toward a Patriarchal Republic. The Secession of Georgia,* Baton Rouge, 1977, S. 111.
5. Benjamin an Samuel L. M. Barlow, 9. Dezember 1860, Barlow Papers, Henry E. Huntington Library.
6. Channing: *Crisis of Fear.* S. 251; Nevins: *Emergence,* Bd. II, S. 321.
7. Donald E. Reynolds: *Editors Make War. Southern Newspapers in the Secession Crisis,* Nashville, 1970, S. 174; E. Merton Coulter: *The Confederate States of America 1861–1865,* Baton Rouge, 1950, S. 15.
8. Stephens an ..., 25. November 1860, in Ulrich B. Phillips (Hrsg.): »The Correspondence of Robert Toombs, Alexander H. Stephens and Howell Cobb« in *Annual Report of the American Historical Association,* 1911, Bd. II, Washington, 1913, S. 504f.
9. *CWL,* Bd. IV, S. 437; Charles Grier Sellers: »The Travail of Slavery« in: Sellers (Hrsg.): *The Southerner as American,* Chapel Hill, 1960, S. 70; David M. Potter: *Lincoln and His Party in the Secession Crisis,* New Haven, 1942 (2. Auflage mit überarbeitetem Vorwort 1962), S. 208.
10. Percy Lee Rainwater: Mississippi. *Storm Center of Secession 1856–1861,* Baton Rouge, 1938, S. 173; J. Mills Thornton III: *Politics and Power in a Slave Society. Alabama*

1800–1860, Baton Rouge, 1978, S. 416f.; Dwight L. Dumond: *The Secession Movement 1860–1861,* New York, 1931, S. 200–202.

11. *CG,* 36 Cong., 2 Sess., 10f.; Peter F. Walker: *Vicksburg. A People at War,* Chapel Hill, 1960, S. 43.
12. George Ward Nichols: *The Story of the Great March,* New York, 1865, S. 302.
13. Hier ein Auszug aus dem Text:

Sons of the South, awake to glory!
Hark! Hark! What myriads did you rise.
Your children, wives, and grandsires hoary,
Behold their tears and hear their cries.
...
To arms! To arms! Ye brave,
Th' avenging sword unsheathe!
(Reynolds: *Editors Make War,* S. 184).

Söhne des Südens, auf zum Ruhm!
Vieltausendfach an euch der Ruf erschallt.
Weib, Kind und Greis vertraun auf euer Heldentum,
Stillt ihre Tränen, ihren Jammer bald.
...
Eilt zu den Waffen, ihr Tapferen,
Und zückt das rächende Schwert!

14. Emory M. Thomas: *The Confederacy as a Revolutionary Experience,* Englewood Cliffs, N. J., 1971, S. 31; Johnson: *Patriarchal Republic.* S. 39.
15. Die Zeitzeugen aus Alabama und Florida zitert nach James Oakes: *The Ruling Race. A History of American Slaveholders,* New York, 1982, S. 240, 239; Rowland: *Davis,* Bd. V, S. 43, 202.
16. Johnson: *Patriarchal Republic,* S. 36; Moore (Hrsg.): *Rebellion Record,* Bd. IV, »Documents«, S. 299; William L. Barney: *The Secessionist Impulse. Alabama and Mississippi in 1860,* Princeton, 1974, S. 192.
17. *Charleston Mercury,* 11. Oktober 1860, in: Dwight L. Dumond (Hrsg.): *Southern Editorial on Secession,* New York, 1931, S. 181; Michael Barton: »Did the Confederacy Change Southern Soldiers?« in: Harry P. Owens und James J. Cooke (Hrsg.): *The Old South in the Crucible of War,* Jackson, 1983, S. 71.
18. *Kentucky Statesman,* 5. Oktober 1860, in: Dumond: *The Secession Movement,* Anm. S. 117; Allen D. Candler (Hrsg.): *The Confederate Records of the State of Georgia,* 5 Bde., Atlanta, 1909–11, Bd. I, S. 47; *Charleston Mercury,* 11. Oktober 1860, in: Dumond (Hrsg.): *Southern Editorials,* S. 179.
19. Seymour Martin Lipset: »The Emergence of the One-Party South – The Election of 1860« in: Lipset: *Political Man. The Social Bases of Politics,* Anchor Books Ed., New

York, 1963, S. 372–84; Potter: *Impending Crisis,* S. 503 f.; Johnson: *Patriarchal Republic,* S. 63–78; Peyton McCrary, Clark Miller und Dale Baum: »Class and Party in the Secession Crisis. Voting Behavior in the Deep South« in *Journal of Interdisciplinary History,* 8 (1978), S. 429–57; Ralph Wooster: *The Secession Conventions of the South,* Princeton, 1962, passim und bes. S. 259–66.

20. Johnson: *Patriarchal Republic,* S. 48; Steven Hahn: *The Roots of Southern Populism: Jeoman Farmers and the Transformation of the Georgia Upcountry, 1850–1890,* New York, 1983, S. 86 f.
21. Reynolds: *Editors Make War,* S. 125 f.; Johnson: *Patriarchal Republic,* S. 47 f.
22. Channing: *Crisis of Fear,* S. 287; Barney: *Secessionist Impulse,* S. 228.
23. LINCOLN ELECTED! Flugschrift aus Bell County, Texas, vom 8. November 1860 (McLellan Lincoln Collection, John Hay Library, Brown University); Thornton: *Politics and Power in a Slave Society,* S. 321, 206 f.; *Richmond Enquirer,* 15. April 1856, zitiert nach Oakes: *The Ruling Race,* S. 141.
24. *New York Evening Post,* 18. Februar 1861; *New York Tribune,* 27. März 1861, 21. Mai 1862.
25. *Augusta Daily Constitutionalist,* 30. März 1861; *New Orleans Bee,* 25. Juni 1860, zitiert nach Reynolds: *Editors Make War,* S. 23; Thornton: *Politics and Power in a Slave Society,* S. 416; *Columbia Daily South Carolinian,* 3. August 1860 in: Dumond (Hrsg.): *Southern Editorials,* S. 154.
26. Rowland: *Davis,* Bd. V, S. 50, 72, Bd. IV, S. 357; *O. R. Navy,* Ser. 2, Bd. III, pp. 257 f.
27. *The Dynamics of Counterrevolution in Europe, 1870–1956:* An Analytic Framework, New York, 1971, S. 86.
28. *Wetumpka Enquirer,* ? November 1860, zitiert nach Reynolds: *Editors Make War,* S. 142; *Jackson Mississipian,* 14. November 1860, zitiert nach Rainwater: *Mississippi, Storm Center of Secession,* S. 163.
29. James D. Richardson (Red.): *Compilation of the Messages and Papers of the Presidents, 1789–1897,* 10 Bde., Washington, 1897, Bd. V, S. 628–37.
30. »Copperheads« hießen Unionsangehörige, die während des Bürgerkriegs mit den Südstaaten sympathisierten. *Providence Daily Post* vom 9. November 1860, in: Howard C. Perkins (Hrsg.): *Northern Editorial on Secession,* New York, 1942, S. 183; Samuel L. M. Barlow an McClellan, 6. Dezember 1860, Barlow Papers, Henry E. Huntington Library; William C. Wright: *The Secession Movement in the Middle Atlantic States,* Rutherford, N. J., 1973, S. 176–79.
31. *Cincinnati Daily Commercial,* 6. Mai 1861, in: Perkins (Hrsg.): *Northern Editorials,* S. 828; *CWL,* Bd. IV, S. 264 f., 268, 433–37.
32. *Philadelphia Ledger,* 21. Dezember 1860, zitiert nach: Kenneth M. Stampp: *And the War Came. The North and the Secession Crisis, 1860–61,* Baton Rouge, 1950, S. 34; *CWL,* Bd. IV, S. 434, Anm.; Dennett: *Lincoln/Hay,* S. 19.
33. Richardson: *Messages and Papers,* Bd. V, S. 634–36.
34. Stampp: *And the War Came,* S. 56.

35. Henry Adams: »The Great Secession Winter of 1860–61«, in: Adams: *The Great Secession Winter of 1860–61 and Other Essays,* hrsg. v. George Hochfield, New York, 1958, S. 4; Chandler an Austin Blair, 11. Februar 1861, zitiert nach Nevins: *Emergence,* Bd. II, S. 411 f.; *Chicago Tribune,* 25. Februar 1861, zitiert nach Perkins (Hrsg.): *Northern Editorials,* S. 558.
36. *Springfield (Mass.) Republican,* 17. Dezember 1860; A. W. Metcalf an Lyman Trumbull, 12. Dezember 1860, zitiert nach William E. Baringer: *A House Dividing. Lincoln as President Elect,* Springfield, Ill., 1945, S. 237; J. W. Whiting an Trumbull, 19. November 1860, E. D. Mansfield an Salmon P. Chase, 26. November 1860, zitiert nach Stampp: *And the War Came,* S. 27.
37. John G. Nicolay und John Hay: *Abraham Lincoln.* A History, 10 Bde., New York, 1890, Bd. III, S. 248; Lincoln an Francis P. Blair, 21. Dezember 1860, Lincoln an Elihu B. Washburne, 22. Dezember 1860, zitiert nach *CWL,* Bd. IV, S. 157, 159; *Illinois State Journal,* 14. November, 20. Dezember 1860, zitiert nach Nevins: *Emergence,* Bd. II, S. 356 f.
38. Beide Zitate nach Stampp: *And the War Came,* S. 39, 44.
39. Richardson: *Messages and Papers,* Bd. V, S. 626 f., 630, 638, 642.
40. Verschiedene republikanische Leitartikel, zitiert nach Perkins (Hrsg.): *Northern Editorials,* S. 154, 127, 137, 152.
41. *Douglass' Monthly,* Januar 1861; *Chicago Tribune,* 11. Oktober 1860, zitiert nach Stampp: *And the War Came,* S. 22; *New York Tribune,* 9. November 1860.
42. *New York Tribune,* 20. November 1860; Greeley an Lincoln, 22. Dezember 1860, Abraham Lincoln Papers, Library of Congress.
43. Diese Analyse von Greeleys Beweggründen ist stark beeinflußt durch die scharfsichtigen Schriften David M. Potters zum Thema, insbesondere »Horace Greeley and Peaceable Secession« und »Postscript«, in: Potter: *The South and the Sectional Conflict,* Baton Rouge, 1968, S. 219–42, und Potter: *Lincoln and His Party,* S. 51–57. Eine leicht abweichende Interpretation bietet Bernard A. Weisberger: »Horace Greeley. Reformer as Republican« in *CWH,* 23 (1977), S. 5–25.
44. *CG,* 36 Cong., 2 Sess., 114. Die Verfassung enthielt einen Präzedenzfall für diese unabänderlichen Nachtragsgesetze: Artikel V, der jede Veränderung der gleichberechtigten Vertretung aller Staaten im Senat verbietet.
45. Lincoln an Lyman Trumbull, 10. Dezember 1860, an William Kellogg, 11. Dezember, an Elihu B. Washburne, 13. Dezember, an Thurlow Weed, 17. Dezember, an William H. Seward, 1. Februar 1861, an John D. DeFrees, 18. Dezember 1860, an James T. Hale, 11. Januar 1861, in *CWL,* Bd. IV, S. 149–51, 154, 183, 155, 172.
46. Nevins: *Emergence,* Bd. II, S. 390–98; *CG,* 36 Cong., 2. Sess., 409.
47. Reynolds: *Editors Make War,* S. 169; Davis zitiert nach Samuel C. Buttersworth an Samuel L. M. Barlow, 3. Dezember 1860, Benjamin an Barlow, 9. Dezember 1860, Barlow Papers, Henry E. Huntington Library.

48. Edward McPherson: *The Political History of the United States of America during the Great Rebellion,* 2. Ausg., Washington, 1865, S. 37.
49. Die Parlamente von Kentucky und Delaware weigerten sich, einen Konvent einzuberufen, und der Gouverneur von Maryland berief sein Parlament gar nicht erst ein.
50. Berechnet nach der Volkszählung von 1860.
51. Mary E. R. Campbell: *The Attitude of the Tennesseeans toward the Union,* New York, 1961, S. 161f.; Seward an Lincoln, 27. Januar 1861, Lincoln an Seward, 1. Februar 1861 in *CWL,* Bd. IV, S. 183.
52. Die Mitglieder von zwei der sieben abtrünnigen Staaten weigerten sich generell, an den Ausschußsitzungen teilzunehmen, und die Mitglieder vier weiterer Staaten boykottierten mehrere Sitzungen.
53. Potter: *Lincoln and His Party,* S. 290–302.
54. Das entscheidende Wahlergebnis des Konvents lautete 9:8 zugunsten dieser Territorialbestimmung, und zwar:

    »freie Staaten: 5 Jastimmen, 6 Neinstimmen, 3 Enthaltungen
    Sklavenstaaten: 4 Jastimmen, 2 Neinstimmen, 1 Enthaltung.

    Eine ausführliche Darstellung des Konvents liefert Robert G. Gunderson: *Old Gentlemen's Convention. The Washington Peace Conference of 1861,* Madison, 1961, und Jesse L. Keene: *The Peace Convention of 1861,* Tusaloosa, 1961.
55. Die Verfassung ist übersichtlich nachzulesen in: Emory M. Thomas: *The Confederate Nation. 1861–1865,* New York, 1971, S. 307–22.
56. *Ebd.,* S. 37–66; E. Merton Coulter: *The Confederate States of America,* Baton Rouge, 1950, S. 19–32.
57. Bruce Catton: *The Coming Fury,* Garden City, N. J., 1961, S. 214f.; Rowland: *Davis,* Bd. V, S. 47–53.
58. Die folgenden Absätze über Lincolns Ziele und Probleme bei der Schaffung eines Kabinetts stützen sich auf James G. Randall: *Lincoln the President,* 4 Bde., New York, 1946–55, Bd. I, S. 256–72, Nevins: *Emergence,* Bd. II, S. 436–55, Nicolay und Hay: *Lincoln,* Bd. III, S. 347–72, sowie Baringer: *A House Dividing,* passim.
59. Zitate nach Nevins: *Emergence,* Bd. II, S. 441 und Nicolay und Hay: *Lincoln,* Bd. III, S. 371.
60. Daniel W. Crofts: »A Reluctant Unionist. John A. Gilmer and Lincoln's Cabinet« in *CWH,* 24 (1978), S. 225–49.
61. Randall: *Lincoln the President,* Bd. I, S. 288–91; Norma B. Cuthbert (Hrsg.): *Lincoln and the Baltimore Plot,* San Marino, Calif., 1949.
62. *CWL,* Bd. IV, S. 254, 250–52, 261.
63. Zur endgültigen Fassung der Antrittsrede vgl.: *Ebd.,* S. 249–71.
64. Douglas zitiert nach *Providence Daily Post,* 8. März 1861, in: Perkins (Hrsg.): *Northern Editorials,* S. 645; Stimmen aus Tennessee zitiert nach Reynolds: *Editors Make War.* S. 192; Gilmer zitiert nach Randall: *Lincoln the President,* Bd. I, S. 308f.

65. Nevins: *Emergence,* Bd. II, S. 347–50, 357f.; Catton: *Coming Fury,* S. 145f.; Elbert B. Smith: *The Presidency of James Buchanan,* Lawrence, Kan., 1975, S. 169f.
66. Verlautbarungen aus dem Norden sowie der *Charleston* Mercury zitiert nach William A. Swanberg: *First Blood. The Story of Fort Sumter,* New York, 1957, S. 136, 108; Davis zitiert nach Smith: *Buchanan,* S. 179.
67. Samuel L. M. Barlow an William M. Browne, 29. Dezember 1960, Barlow Papers. Vgl. auch Stampp: *And the War Came,* S. 70–79.
68. Die beste Darstellung dieses Zwischenfalls bieten Catton: *Coming Fury,* S. 176–81, und Swanberg: *First Blood,* S. 144–42.
69. Die folgenden Absätze über Lincoln und Fort Sumter – eines der am gründlichsten recherchierten Themen der amerikanischen Geschichte – stützen sich auf eine ganze Reihe von Quellen, darunter Catton: *Coming Fury,* S. 271–325, Swanberg: *First Blood,* S. 219–332, Richard N. Current: *Lincoln and the First Shot,* Philadelphia, 1963, Kenneth M. Stampp: »Lincoln and the Strategy of Defense in 1861« in *JSH,* 11 (1945), S. 297–323, Nevins: *War,* Bd. I, S. 30–74, Potter: *Impending Crisis,* S. 570–583, Randall: *Lincoln and the President,* Bd. I, S. 311–50, sowie Nicolay und Hay: *Lincoln,* Bd. III, S. 375–449, Bd. IV, S. 1–63.
70. Wie so vieles in der Krise um die Forts wurde auch der erste Versuch, Pickens zu verstärken, verpatzt. Der Flottenkapitän auf dem Stützpunkt Pickens weigerte sich, den Befehl, der an den Offizier der Truppen an Bord adressiert war, auszuführen, weil dieser Befehl nicht die Unterschrift des Marineministers trug. Der Kapitän berief sich auf seine früheren Befehle, solange keine Verstärkung zu schicken, wie die Konföderierten Pickens nicht angreifen würden. Möglicherweise ließ Lincoln sich in seinem endgültigen Entschluß, Proviant nach Fort Sumter zu schicken, von der Nachricht über diese Stümperei lenken, die ihn am 6. April erreichte.
71. Auszüge aus der schriftlichen Stellungnahme der sieben Minister sind abgedruckt in *CWL,* Bd. IV, S. 285.
72. Perkins (Hrsg.): *Northern Editorials,* S. 652; Strong: *Diary,* S. 109; Current: *Lincoln and the First Shot,* S. 118; Stampp: *And the War Came,* S. 266.
73. *New York Times,* 3. April 1861; *New York Morning Express,* 5. April 1861, zitiert nach Stampp: *And the War Came,* S. 268.
74. Nicolay und Hay: *Lincoln,* Bd. III, S. 394f.; 429–34; Current: *Lincoln and the First Shot,* S. 75–81. Inzwischen war das Gerücht nach Washington gedrungen, daß Lincolns erster Befehl, Pickens zu verstärken, nicht ausgeführt worden sei.
75. *CWL,* Bd. IV, S. 316–18, verzeichnet Sewards Memorandum und Lincolns Antwort.
76. Die Historiker haben die spärlichen Dokumente zu dieser Frage unterschiedlich interpretiert. Eine Zusammenfassung des Materials nebst Verweisen auf relevante Abhandlungen bietet William C. Harris: »The Southern Unionist Critique of the Civil War« in *CWH,* 31 (1985), S. 50f.
77. Current: *Lincoln and the First Shot,* S. 96.

78. Zeitgenossen und auch Historiker haben lange über Lincolns Motive und Ziele bei diesem Nachschubplan für Sumter diskutiert. In der Debatte kristallisierten sich drei Hauptpositionen heraus: 1. Lincoln wußte, daß er sowohl seine Regierung wie auch seine Partei nur durch einen Krieg retten konnte, und legte es darauf an, daß die Konföderierten den ersten Schuß abgaben, wodurch er seinen Krieg auf politisch vorteilhafteste Weise bekam. Die beiden Historiker, die diese Interpretation am entschiedensten vertraten – übrigens Südstaatler –, sind Charles We. Ramsdell mit »Lincoln and Fort Sumter« in *JSH,* 3 (1937), S. 259–88, und J. S. Tilley mit *Lincoln Takes Command,* Chapel Hill, 1941. 2. Lincoln wollte den Status quo bewahren, um der Politik der freiwilligen Wiedereingliederung noch eine Chance zu geben, fürchtete aber, daß die Aufgabe Sumters die Regierung in den Augen der Welt diskreditieren und der Konföderation den Rücken stärken könnte. In der Hoffnung, den Frieden zu erhalten, doch gewillt, einen Krieg zu riskieren, ersann er den Nachschubplan so, daß die Entscheidung in der Hand der Konföderierten lag. Diese Interpretation vertreten vor allem James G. Randall mit *Lincoln the Liberal Statesman,* New York 1947, S. 88–117, und David M. Potter mit »Why the Republicans Rejected Both Compromise and Secession« in: George Harmon Knoles (Hrsg.): *The Crisis of the Union, 1860–1861,* Baton Rouge, 1965, S. 90–106. 3. Lincoln hätte liebend gern den Frieden gewahrt, rechnete aber wohl damit, daß die Konföderierten das Feuer eröffnen würden; so oder so behielt er die Oberhand. Zahlreiche Historiker haben sich für diese Deutung entschieden; ihre prominentesten Vertreter sind Kenneth M. Stampp mit »Lincoln and the Strategy of Defense in the Crisis of 1861«, a.a.O., und Current mit *Lincoln and the First Shot,* S. 182–208. Die Deutungen unter 2. und 3. unterscheiden sich nur geringfügig voneinander und hängen ganz davon ab, wie man Lincolns Wünsche und Hoffnungen bezüglich der Reaktion der Konföderierten interpretiert. Zwar sagte er nie ausdrücklich, mit welcher Reaktion der Konföderierten er rechnete, aber es ist erwiesen, daß er sich kaum mehr der Illusion einer freiwilligen Wiedereingliederung des Südens hingab; er hatte also guten Grund anzunehmen, daß die Konföderierten das Feuer auf einen friedlichen Nachschubtransport eröffnen würden. Daher scheint die dritte Deutung am einleuchtendsten zu sein.
79. *CWL,* Bd. IV, S. 323.
80. Mobile-Zeitung zitiert nach Current: *Lincoln and the First Shot,* S. 134; J. L. Pugh an William Porcher Miles, 24. Januar 1861, in: Richard N. Current: »The Confederates and the First Shot« in *CWH,* 7 (1961), S. 365; J. G. Gilchrist zitiert nach Nevins: *War,* Bd. I, S. 68.
81. Current: *Lincoln and the First Shot,* S. 151, 139; William K. Scarborough (Hrsg.): *The Diary of Edmund Ruffin,* Bd. I: *Toward Independence,* October 1856–April 1861, Baton Rouge, 1972, S. 542; *Charleston Mercury,* 24. Januar 1861.
82. Fox war zusätzlich im Nachteil, weil ihm die *U.S.S. Powhatan* fehlte, das beste Kriegsschiff, das der Marine zur Verfügung stand. Durch einen tragikomischen Befehlswirrwarr, den Seward und Lincoln gemeinsam zu verantworten hatten, war die *Powhatan* nach Fort Pickens umgeleitet worden.

83. *CWL,* Bd. IV, S. 331f.; *Life, Letters and Journals of George Ticknor,* 2 Bde., Boston, 1876, Bd. II, S. 433f.; Jane Stuart Woolsey an eine Freundin, 10. Mai 1861, in: Henry Steele Commager (Hrsg.): *The Blue and the Gray,* 2 Bde. (revidierte und gekürzte Ausg., New York, 1973), Bd. I, S. 48; Jacob D. Cox: »War Preparations in the North«, in *Battles and Leaders,* Bd. I, S. 86.
84. Philip S. Foner: *Business and Slavery. The New York Merchants and the Irrepressible Conflict,* Chapel Hill, 1941, S. 207; Strong: *Diary,* S. 136; Commager (Hrsg.): *Blue and Gray,* Bd. I, S. 47.
85. Robert W. Johannsen: *Stephen A. Douglas,* New York, 1973, S. 868; *Wisconsin Daily Patriot,* 24. April 1861, *Columbus Daily Capital City Fact,* 13. April 1861, zitiert nach Perkins (Hrsg.): *Northern Editorials,* S. 750, 727.
86. Robert E. Sterling: »Civil War Draft Resistance in the Middle West«, Diss., Northern Illinois University, 1974, S. 15f.; *O.R.,* Ser. 3, Bd. I, S. 79.

9. In der Zwickmühle: Das Dilemma des oberen Südens

1. *O.R.,* Ser. 3, Bd. I, S. 70, 72, 76, 81, 83.
2. *Staunton Vindicator,* 22. März 1861, zitiert nach Donald E. Reynolds: *Editors Make War. Southern Newspapers in the Secession Crisis,* Nashville, 1970, S. 196; *Wilmington Journal,* 4. März 1861, zitiert nach W. Buck Yearns und John G. Barrett (Hrsg.): *North Carolina Civil War Documentary,* Chapel Hill, 1980, S. 21; *Raleigh Register,* 10. Mai 1861.
3. *Nashville Patriot,* 24. April 1861, *Nashville Republican Banner,* 9. Mai 1861, in: Dwight L. Dumond (Hrsg.): *Southern Editors on Secession,* Washington, 1931, S. 511; *Fort Smith Times and Herald,* 5. April 1861, zitiert nach Reynolds: *Editors Make War,* S. 195f.
4. James. G. de R. Hamilton (Hrsg.): *The Correspondence of Jonathan Worth,* 2. Bde., Raleigh, 1909, Bd. I, S. 143, 150f.; J. Milton Henry: »Revolution in Tennessee, February 1861 to June 1861« in *Tennessee Historical Quarterly,* 18 (1959), S. 115; Mary E. R. Campbell: *The Attitude of Tennesseeans toward the Union,* 1847–1861, New York, 1961, S. 194.
5. Brief von J. H. Baughman aus Richmond, 14. April 1861, zitiert nach Henry T. Shanks: *The Secession Movement in Virginia,* 1847–1861, Richmond, 1934, Anm. 268; J. Carlyle Sitterton: *The Secession Movement in North Carolina,* Chapel Hill, 1939, S. 239, William Howard Russell: *My Diary North and South,* hrsg. v. Fletcher Pratt, New York, 1954, S. 52.
6. Mehrere Delegierte, die zuerst mit Nein stimmten oder nicht anwesend waren, befürworteten den Antrag nachträglich und brachten so ein Endergebnis von 103 gegen 46 Stimmen für die Sezession zustande.
7. James Ford Rhodes: *History of the United States from the Compromise of 1850 ...* 7 Bde.,

New York, 1893–1906, Bd. III, S. 299; Nevins: *War,* Bd. I, S. 109.

8. Nevins: *War,* Bd. I, S. 107; Douglas Southall Freeman: *R. E. Lee. A Biography,* 4 Bde., New York, 1934–35, Bd. I, S. 437, 441.
9. Vier Unionistendelegierte änderten ihr Votum nachträglich, und so wurden im Endergebnis 69 gegen 1 Stimmen für die Sezession gezählt.
10. Sitterson: *Secession Movement in North Carolina,* S. 241.
11. Die Angaben in dieser Tabelle richten sich nach den Auswertungen in Ralph A. Wooster: *The Secession Conventions of the South,* Princeton, 1962, S. 151, 153, 183, 185.
12. *Ebd.,* S. 200, 265.
13. Dumond (Hrsg.): *Southern Editorials on Secession,* S. 510f.
14. Dennett: *Lincoln/Hay,* S. 11.
15. Nevins: *War,* Bd. I, S. 85.
16. Lincoln an Winfield Scott, 25. April 1861, in *CWL,* Bd. IV, S. 344; Dean Sprague: *Freedom under Lincoln,* Boston, 1965, S. 31f.; Rhodes: *History of the U.S.,* Bd. III, S. 275f.
17. Zur damaligen Zeit war die Bundesgerichtsbarkeit so aufgebaut, daß jedes der neun Mitglieder des Supreme Court auch als Vorsitzender Richter des Bundesbezirksgerichts in seinem Heimatstaat amtierte.
18. *Ex Parte Merryman,* 17 *Fed. Cas.* 144.
19. »Opinion of Attorney General Bates, July 5, 1861« in *O.R.,* Ser. 2, Bd. II, S. 20–30; Reverdy Johnson: *Power of the President to Suspend the Habeas Corpus Writ,* New York, 1861; Horace Binney: *The Privilege of the Writ of Habeas Corpus under the Constitution,* Philadelphia, 1862.
20. *CWL,* Bd. IV, S. 430.
21. Jean H. Baker: *The Politics of Continuity. Maryland Political Parties from 1850 to 1870,* Baltimore, 1973, S. 58.
22. *CWL,* Bd. IV, S. 523; Sprague: *Freedom under Lincoln,* Kap. 16–18; Charles B. Clark: »Suppression and Control of Maryland, 1861–1865« in *Maryland Magazine of History,* 54 (1959), S. 241–71.
23. William E. Parrish: *Turbulent Partnership. Missouri and the Union, 1861–1865,* Columbia, Mo., 1963, S. 6f.
24. Thomas L. Snead: *The Fight for Missouri from the Election of Lincoln to the Death of Lyon,* New York, 1886, S. 199f.
25. Lowell Harrison: *The Civil War and Kentucky,* Lexington, 1975, S. 9.
26. E. Merton Coulter: *The Civil War and Readjustment in Kentucky,* Chapel Hill, 1926, S. 92, 44; *CG,* 37 Cong., 2 Sess., Anhang, S. 82f.
27. Coulter: *Civil War and Readjustment in Kentucky,* S. 73; *CWL,* Bd. IV, S. 468f. Lincolns Proklamation bezog sich auf ein am 13. Juli 1861 verabschiedetes Gesetz, das jeglichen Handelsverkehr mit den Konföderierten Staaten untersagte.
28. Die meisten Staaten hielten ihre Kongreßwahlen im Herbst der geradzahligen Jahre ab, so wie es heute noch üblich ist. Da ein nach diesem Brauch gewählter Abgeordne-

ter sein Amt erst 13 Monate später antreten konnte, wurde in einigen Staaten – darunter Maryland und Kentucky – der Kongreß in Jahren mit ungerader Jahreszahl gewählt, also jeweils in dem Jahr, in dem er auch zusammentrat. Da Lincoln den 37. Kongreß für den 4. Juli 1861 zu einer Sondersitzung einberufen hatte, mußten Maryland und Kentucky im Juni Sonderwahlen einberaumen – ein glücklicher Zufall, der den Unionisten in beiden Staaten die Chance bot, ihre Mehrheit zu demonstrieren und ihre Herrschaft zu festigen.

29. *Personal Memoirs of U.S. Grant,* 2 Bde., New York, 1885, Bd. I, S. 239.
30. Edward Conrad Smith: *The Borderland in the Civil War,* New York, 1972, S. 301.
31. Harold Hancock: »Civil War Comes to Delaware« in *CWH,* 2 (1956), S. 29–56.
32. Smith: *Borderland in the Civil War,* S. 105.
33. *O.R.,* Ser. 1, Bd. II, S. 197.
34. *Ebd.,* S. 236.
35. Cox: »McClellan in West Virginia« in *Battles and Leaders,* Bd. I, S. 137.
36. *O. R.,* Ser. 1, Bd. II, S. 236.
37. John B. Floyd an Jefferson Davis, 16. August 1861, Civil War Collection, Henry E. Huntington Library.
38. Zitiert nach William M. Lamers: *The Edge of Glory. A Biography of General William S. Rosecrans,* New York, 1961, S. 42.
39. Milroy an Francis Pierpont, 27. Oktober 1862, zitiert nach Richard O. Curry: *A House Divided. A Study of Statehood Politics and the Copperhead Movement in West Virginia,* Pittsburgh, 1964, S. 75.
40. Brownlow zitiert nach Foote: *Civil War,* Bd. I, S. 51; Johnson zitiert nach Eric L. McKitrick: *Andrew Johnson and Reconstruction,* Chicago, 1960, S. 87; Brownlow im *Knoxville Whig* vom 13. Januar 1861 zitiert nach James W. Patton: *Unionism and Reconstruction in Tennessee, 1860–1869,* Chapel Hill, 1934, S. 57.
41. Die Angaben über die Zahl der Männer, die in den Bürgerkriegsarmeen kämpften, sind leider nur Schätzwerte. Da die Archive der Konföderierten bei Kriegsende aufgelöst oder zerstört wurden, ist das Material hier besonders lückenhaft. Die Schätzungen reichen von mindestens 600000 Mann bis zu maximal 1400000. Die ausführlichste Erörterung dieses Komplexes bietet Thomas L. Livermore in seinem Buch *Numbers and Losses in the Civil War in America 1861–1865* (Boston, 1901, S. 1–63). Nach ungemein komplexen Berechnungen schätzt Livermore die Zahl der konföderierten Soldaten auf etwas mehr als ein halbe Million. Doch Livermore war selbst Veteran der Unionsarmee und neigte dazu, die Zahl der Feinde, denen er gegenübergestanden hatte, zu übertreiben; außerdem sind einige der Voraussetzungen, auf denen seine Berechnungen fußen, zweifelhaft. Die vielleicht ausgewogenste Betrachtung der Frage bietet Edward Channing mit *A History of the United States,* Bd. VI, *The War for Southern Independence,* New York, 1925, S. 430–44. Channing schätzt, daß 800000 Mann für die Konföderation gekämpft haben. Ein weiterer geachteter Bürgerkriegsexperte, E. B. Long, bietet einen Schätzwert von 750000 Mann (*The Civil*

War Day by Day. An Almanac, Garden City, N.Y., 1971, S. 705). Der vielleicht verläßlichste Anhaltspunkt zur Klärung dieser Frage ist die Zahl der überlebenden Veteranen aus Unions- und konföderierter Armee gemäß der Volkszählung von 1890. Zu diesem Zeitpunkt betrug die Zahl der konföderierten Veteranen 42 Prozent der Zahl der noch lebenden Unionsveteranen. Wenn man dieses Verhältnis auf die allgemein akzeptierte Schätzung von 2100000 Unionssoldaten und -matrosen überträgt, so ergibt sich eine Gesamtzahl von 882000 konföderierten Soldaten und Matrosen. Da im Krieg die Verluste des Südens höher waren, könnte allerdings auch die tatsächliche Gesamtzahl höher gewesen sein. Als zuverlässig darf man annehmen, daß ungefähr 850000 bis 900000 Mann für die Konföderation gekämpft haben. Der Anteil, der auf den oberen Süden entfällt, wurde aus einer Reihe von Primär- und Sekundärquellen zu diesen Staaten sowie einer Extrapolation aufgrund der Zahl der wehrfähigen weißen Männer in diesen Staaten zum Zeitpunkt der Volkszählung von 1860 ermittelt.

Angaben über die Stärke der Unionssoldaten, die in diesem Absatz und an anderer Stelle im vorliegenden Text zitiert werden, stützen sich auf die vollständig erhaltenen Akten, die das Kriegsministerium für jeden Staat führte. Trotzdem können die Zahlen auch bezüglich der weißen Unionssoldaten nur Schätzwerte sein. Das Kriegsministerium archivierte nämlich *alle Dienstverpflichtungen,* und die müssen nach unten berichtigt werden, um die doppelte (manchmal sogar dreifache) Zählung von Männern zu vermeiden, die sich wieder- oder weiterverpflichteten. Für die Schwarzen entfällt eine solche Berichtigung, da sie erst Ende 1862 Soldat werden durften und ihre dreijährige Dienstzeit mithin nicht vor Kriegsende ablief.

10. Amateure ziehen in den Krieg

1. *Indianapolis Daily Journal,* 27. April 1861, *Chicago Daily Journal,* 17. April 1861, *Pittsburgh Post,* 15. April 1861, alle zitiert nach Howard C. Perkens (Hrsg.): *Northern Editorials on Secession,* 2 Bde., New York, 1942, S. 814, 808, 739.
2. Wiley: *Billy Yank,* S. 40; Soldaten aus New Jersey und dem Mittelwesten zitiert nach Randall Clair Jimerson: »A People Divided. The Civil War Interpreted by Participants«, Phil. Diss., University of Michigan, 1977, S. 38f.; Soldat aus Neuengland zitiert nach William C. Davis: *Battle at Bull Run,* Garden City, N. Y., 1977, S. 91f. Zwei weitere Studien enthalten zahlreiche Zitate aus Feldpostbriefen des gleichen Tenors: Reid Mitchell: »The Civil War Soldier. Ideology and Experience«, Phil. Diss., University of California at Berkeley, 1985; und Earl J. Hess: »Liberty and Self-Control. Republican Values in the Civil War North«, Phil. Diss., Purdue University, 1986.
3. *CWL,* Bd. IV, S. 439, 426.
4. Lamar zitiert nach E. Merton Coulter: *The Confederate States of America 1861–1865,* Baton Rouge, 1950, S. 57; Soldaten zitiert nach Jimerson: »A People Divided«, a.a.O., S. 20, 23.

5. In etwa:

> Schimpft sie Rebellen nur!
> Sie folgen ihrem Schwur,
> Nennen sich stolz Rebell,
> Treu nur dem Vaterland.
> Erstrahlen wird der Name hell,
> Umflort vom heil'gen Siegerband.

6. Coulter: *Confederate States,* S. 60; Rowland: *Davis,* Bd. V, S. 84.
7. Jones: *War Clerk's Diary* (Miers), S. 181; *The Autobiography of Sir Henry M. Stanley,* hrsg. v. Dorothy Stanley, Boston und London, 1909, S. 165.
8. Thomas B. Webber an seine Mutter, 15. Juni 1861, Civil War Times Illustrated Collection, United States Military History Institute, Carlisle, Pa.; Foote: *Civil War,* Bd. I, S. 65.
9. William L. Yancey und A. Dudley Mann an Robert Toombs, 21. Mai 1861, in: James D. Richardson (Hrsg.): *A Compilation of the Messages and Papers of the Confederacy,* 2 Bde., Nashville, 1906, Bd. II, S. 37.
10. *CWL,* Bd. IV, S. 263, 438f.; *CG,* 37 Cong., 1 Sess., 222f., 258–62.
11. Garrison an Oliver Johnson, 19. April 1861, William Lloyd Garrison Papers, Boston Public Library.
12. Philip Van Doren Stern: *When the Guns Roared. World Aspects of the American Civil War,* Garden City, N.J., 1965, S. 249f.
13. Zeitzeuge aus North Carolina zitiert nach Nevins: *War,* Bd. I, S. 96; Wise zitiert nach Jones: *War Clerk's Diary* (Miers), S. 3.
14. Woodward: *Chesnut's Civil War,* S. 124.
15. Vgl. Frank E. Vandiver: *Ploughshares into Swords. Josiah Gorgas and Confederate Ordnance,* Austin, Tex., 1952. Eine hervorragende Arbeit über die größte Artilleriefabrik der Konföderation, die Tredegar-Eisenwerke, ist Charles B. Dews Buch *Ironmaker to the Confederacy. Joseph R. Anderson and the Tredegar Iron Works* (New Haven, 1966).
16. Ihre Namen gingen sang- und klanglos unter, weil diese Offiziere – ohne die der Süden im Bürgerkrieg keine Chance gehabt hätte – in unteren Rängen bleiben mußten, während andere auf dem Schlachtfeld Ruhm und Beförderungen einheimsten.
17. Frank E. Vandiver (Hrsg.): *The Civil War Diary of General Josiah Gorgas,* University, Ala., 1947, S. 91.
18. Nevins: *War,* Bd. I, S. 115; *O. R.,* Ser. 4, Bd. I, S. 497; James C. Chesnut an Mary Boykin Chesnut, 22. Juni 1861, in: Woodward: *Chesnut's Civil War,* S. 90.
19. *O. R.,* Ser. 3, Bd. I, S. 89; Ser. 1, Bd. VII, S. 442; *CWL,* Bd. IV, S. 432.
20. Wiley: *Billy Yank,* S. 26; *Harper's Weekly,* V (10. August 1861), S. 449.
21. *O.R.,* Ser. 1. Bd. XXXIV, Tl. 3, S. 332f.

22. *Ebd.*, Ser. 1, Bd. XXXXII, Tl. 2, S. 1276, Steven H. Hahn: *The Roots of Southern Populism. Yeoman Farmers and the Transformation of the Georgia Upcountry, 1850–1890,* New York, 1983, S. 118; Wiley: *Billy Yank,* S. 220.
23. Bruce Catton: *Mr. Lincoln's Army,* Garden City, N.Y., 1956, S. 64f.; Wiley: *Johnny Reb,* S. 242.
24. Die Armeen der Union und der Konföderation waren ganz ähnlich strukturiert. Vier Infanterieregimenter (später im Krieg manchmal auch fünf oder sechs) bildeten eine Brigade, befehligt von einem Brigadegeneral. Drei (manchmal auch vier) Brigaden formten eine Division, befehligt von einem Brigadekommandeur oder Major-General. Zwei oder mehr Divisionen (in der Regel drei) bildeten ein Armeekorps, befehligt von einem Generalmajor in der Unionsarmee und einem Generalmajor oder -lieutenant in der Konföderation. Eine kleine Armee konnte schon aus einem einzigen Korps bestehen; die Hauptarmeen bestanden dagegen aus zweien oder mehr. Die Sollstärke eines Infanterieregiments betrug 1000 Mann, die einer Brigade 4000, die einer Division 12000 und die eines Korps 24000 Mann oder mehr. In der Unionsarmee lag die Präsenzstärke der jeweiligen Grundeinheit bei einem Drittel oder der Hälfte der oben genannten Ziffern. Bei den Konföderierten waren Divisionen und Korps in der Regel größer als bei ihren Widersachern aus dem Norden, denn eine Süd-Division gliederte sich oft in vier Brigaden und ein Korps in vier Divisionen. Kavallerieregimenter gliederten sich oft in 12 statt zehn Kompanien (hier »Schwadron« genannt). Kavallerieregimenter, -brigaden oder -divisionen wurden, je nachdem, wie es die taktische Lage erforderte, Divisionen, Korps oder Armeen unterstellt. 1863 operierten konföderierte Kavalleriedivisionen manchmal als teilunabhängige Korps; 1864 zog die Unionskavallerie nach und entwickelte sich zu einer noch moderneren und schlagkräftigeren Reiterei. Feldartillerieabteilungen (eine Batterie bestand aus sechs Geschützen) wurden, je nach Bedarf, Brigaden, Divisionen oder Korps unterstellt. In der Union gehörten etwa 80 Prozent der Streitkräfte zur Infanterie, 14 Prozent zur Kavallerie und sechs Prozent zur Artillerie. Die Konföderierten hatten eine vergleichbar große Artillerie, aber eine etwas stärkere Kavallerie (fast 20 Prozent).
25. Zitiert nach Jay Luvaas: *The Military Legacy of the Civil War. The European Inheritance,* Chicago, 1959, S. 18f.
26. Eine scharfsinnige Kritik der »jominianischen Schule« bieten Grady McWhiney und Perry D. Jamieson mit *Attack and Die. Civil War Military Tactics and the Southern Heritage,* University, Ala., 1982, S. 146–53.
27. Davis: *Battle at Bull Run,* S. 57; Wiley: *Johnny Reb,* S. 27; Hudson Strode: *Jefferson Davis: Confederate President,* New York, 1959, S. 89.
28. Wiley: Billy Yank, S. 27; Woodward: *Chesnut's Civil War,* S. 69.
29. Soldat aus Alabama zitiert nach McWhiney und Jamieson: *Attack and Die,* S. 170; »Biglow« zitiert nach Nevins: *War,* Bd. I, S. 75.

Im Frühjahr war's, nach Sumters Schmach,
Der Schande der Nation,
Als jedermann voll Mut aufbrach,
Den Fahneneid zu tun:
Da glaubte ich, bald sei's vorbei,
Bevor der Herbst noch naht',
Mit Davis und seiner Teufelei,
Dem Narren- und Niggerstaat.

30. Charles Winslow Elliott: *Winfield Scott. The Soldier and the Man,* New York, 1937, S. 698; *O.R.,* Ser. 1, Bd. LI, Tl. 1. S. 369f.
31. O.R., Ser. 1, Bd. LI, Tl. 1, S. 387.
32. Russell F. Weigley: *Quartermaster General of the Union Army. A Biography of M. C. Meigs,* New York, 1959, S. 172.
33. Douglas Southall Freeman: *Lee's Lieutenants. A Study in Command.* 3 Bde., New York, 1943–44, Bd. I, S. 13; T. Harry Williams: *Lincoln and His Generals,* New York, 1952, S. 21.
34. Londoner *Times,* 18. Juli 1861, 29. August 1862.
35. Vgl. insbesondere Russell F. Weigley: *The American Way of War. A History of United States Military Strategy and Policy,* Bloomington, 1973, S. 3–17, 96.
36. T. Harry Williams: »The Military Leadership of North and South«, und David M. Potter: »Jefferson Davis and the Political Factors in Confederate Defeat« in: David Donald (Hrsg.): *Why the North Won the Civil War,* New York, 1960, S. 45f., 108–110.
37. *Richmond Examiner,* 27. September 1861.

11. Abschied vom Neunzig-Tage-Krieg

1. Die Kontroverse um das, was Lee wirklich gesagt hat, untersucht Douglas Southall Freeman in *Lee's Lieutenants: A Study in Command,* 3 Bde., New York, 1943/44, Bd. I, S. 733f.
2. Als Ende 1861 Missouri und Kentucky in die Konföderation aufgenommen wurden, erhielt die Flagge der Konföderation 13 Sterne, was zufällig Erinnerungen an den ersten amerikanischen Unabhängigkeitskrieg weckte.
3. Bruce Catton: *Glory Road: The Bloody Route from Fredericksburg to Gettysburg,* Garden City, N. Y., 1952, S. 57.
4. Shermans Brigade erlitt höhere Verluste (zu ihren Gefallenen gehörte auch Colonel James Cameron, der Bruder des Kriegsministers) und kämpfte wahrscheinlich besser als jede andere Brigade der Union. Sherman wurde daraufhin zum Befehlshaber der Unionsstreitkräfte in Kentucky befördert, wo er jedoch, wie in Kapitel 9 berichtet, einen Nervenzusammenbruch erlitt und wieder degradiert wurde.

5. Albert Riddle zitiert nach Samuel S. Cox: *Three Decades of Federal Legislation, 1855–1885,* Providence, 1885, S. 158.
6. Johnston: »Responsibilities of the First Bull Run« in *Battles and Leaders,* Bd. I, S. 252.
7. Einzelne Schlachten des Bürgerkrieges wurden auf Unions- und auf Konföderationsseite unterschiedlich benannt:

Bezeichnung der Union	– der Konföderation	Datum
Bull Run	Manassas	21. Juli 1861
Logan's Cross Roads	Mill Springs	19. Jan. 1862
Pittsburg Landing	Shiloh	6./7. April 1862
2. Bull Run	2. Manassas	29./30. Aug. 1862
Antietam	Sharpsburg	17. Sept. 1862
Chaplin Hills	Perryville	8. Oktober 1862
Stone's River	Murfreesboro	30. Dez. 1862–2. Jan. 1863.
Opequon Creek	Winchester	19. Sept. 1864

Mit einer Ausnahme (Shiloh) wählten die Konföderierten die Schlachtbezeichnung nach der Stadt, die ihnen als Basis diente, während die Unionsstreitkräfte eine Landmarke in der Nähe des eigenen Gefechtsschauplatzes wählten, im allgemeinen einen Bach oder Fluß. Im Falle Shilohs (Pittsburg Landing) benannte der Süden die Schlacht nach einer kleinen Kirche unweit der Stelle, von wo aus sein erster Angriff erfolgte, der Norden nach der Flußanlegestelle, die er zu halten versuchte. Im Falle Shilohs, Perryvilles und Winchesters übernahm der Norden schließlich die Schlachtbezeichnung des Südens, und diese Bezeichnungen werden im vorliegenden Buch auch verwendet. Bei den anderen Schlachten ist keine der beiden Bezeichnungen von Haus aus der anderen überlegen, so daß sie abwechselnd verwendet werden.

8. Die Zahl von Opfern im Bürgerkrieg ist aufgrund unvollständiger oder fehlerhafter Unterlagen nicht genau feststellbar. Die genannten Zahlen stellen die besten Näherungswerte auf der Grundlage des vorhandenen Materials dar. Einige kriegsgefangene Unionssoldaten waren gleichzeitig verwundet. In den Schlachten des Bürgerkriegs erlagen rund 15 Prozent der Verwundeten später ihren Verletzungen.
9. E. Merton Coulter: *The Confederate States of America 1861–1865,* Baton Rouge, 1950, S. 345; *The Diary of Edmund Ruffin,* Bd. II: *The Years of Hope April 1861–June 1863,* Hrsg. William K. Scarborough, Baton Rouge, 1976, S. 96, 98.
10. *Mobile Register* zitiert nach J. Cutler Andrews: *The South Reports the Civil War,* Princeton, 1970, S. 92; *Richmond Whig* zitiert nach Nevins: *War,* Bd. I, S. 221.
11. Strong: *Diary,* S. 169; Greeley an Lincoln, 29. Juli 1861, Lincoln Papers, Library of Congress.
12. William Howard Russell: *My Diary North and South,* Hrsg. Fletcher Pratt, New York, 1954, S. 234; die Predigt von Horace Bushnell zitiert Bruce Catton in *The Coming*

Fury, New York, 1961, S. 468; die Worte des Soldaten zitiert nach William C. Davis: *Battle at Bull Run,* Garden City, N. Y., 1977, S. 255; *New York Tribune,* 30. Juli 1861.

13. John Nicolay an seine Frau, 12. Juli 1861, zitiert nach Catton: *Coming Fury,* S. 469. Der Text der beiden Rekrutierungsgesetze findet sich in: *O. R.,* Ser. 3, Bd. I, S. 380–383.
14. Zitiert nach Kenneth P. Williams: *Lincoln Finds a General,* 5 Bde., New York, 1949/59, Bd. I, S. 113.
15. Woodward: *Chesnut's Civil War,* S. 111; Jones: *War Clerk's Diary* (Miers), S. 43; Edward A. Pollard: *The Lost Cause: A New Southern History of the War of the Confederacy,* New York, 1866, S. 152.
16. Auf scharfsinnige Weise entfaltet diese These Michael C. C. Adams in *Our Masters the Rebels: A Speculation on Union Military Failure in the East, 1861–1865,* Cambridge, Mass., 1978.
17. *CWL,* Bd. IV, S. 457f.
18. *O. R.,* Ser. 1, Bd. III, S. 466f.
19. Noch während Lincoln diese Worte schrieb, erließ der konföderierte Partisanenführer M. Jeff Thompson in Südost-Missouri eine Proklamation, in der er versprach, für jeden nach Frémonts Dekret hingerichteten Mann werde »ein Lakai des besagten Abraham Lincoln GEHÄNGT UND GEVIERTEILT«. Jay Monaghan: *Civil War on the Western Border 1854–1865,* Boston, 1955, S. 185.
20. *CWL,* Bd. IV, S. 506.
21. Speed an Lincoln, 7. September 1861, Lincoln Papers, Library of Congress; *CWL,* Bd. IV, S. 517f.
22. Moncure D. Conway an Ellen Conway, 23. Juli 1861, Moncure D. Conway Papers, Columbia University Library; *Douglass' Monthly,* September und Mai 1861.
23. *Montgomery Advertiser,* 6. November 1861; *Douglass' Monthly,* Juli 1861.
24. Eine scharfsinnige Erörterung dieser Fragen bietet James G. Randall: *Constitutional Problems under Lincoln,* überarb. Ausg., Urbana, 1951, Kap. 12–16.
25. Jessie A. Marshall (Hrsg.): *Private and Official Correspondence of General Benjamin F. Butler during the Period of the Civil War,* 5 Bde., Norwood, Mass., 1917, Bd. I, S. 185ff. Weitere einschlägige Korrespondenz zwischen Butler und dem Kriegsministerium ist bequem greifbar in dem von Ira Berlin und anderen herausgegebenen Buch *The Destruction of Slavery,* dem I. Band von *Freedom: A Documentary History of Emancipation 1861–1867,* Cambridge, 1985, S. 70–75.
26. Übrigens ging auch Butlers »Konterbande«-Politik über das Konfiskationsgesetz hinaus. Butler gab nämlich die Frauen und Kinder der »Konterbande« nicht zurück, obwohl sie nicht direkt für die bewaffneten Streitkräfte der Konföderation gearbeitet hatten. Insofern fielen auch zahlreiche männliche Sklaven, die auf die Seite der Union gekommen waren, rein rechtlich nicht unter die Bestimmungen dieses Gesetzes.
27. Joseph R. Hawley an Gideon Welles, 17. September 1861, zitiert nach James G. Randall: *Lincoln the President,* 4 Bde., New York, 1946/54, Bd. II, S. 21; Lincoln an Browning, 22. September 1861, in *CWL,* Bd. IV, S. 531f.

28. Über die fortgesetzte Flucht von »Konterbande« auf die Unionsseite und über den Umgang der Armee mit Sklavenhaltern, die ihr Eigentum zurückforderten, unterrichten detailreich Berlin et al. (Hrsg.): *The Destruction of Slavery,* und Barbara J. Fields: *Slavery and Freedom on the Middle Ground: Maryland during the Nineteenth Century,* New Haven, 1985.
29. John G. Nicolay und John Hay: *Abraham Lincoln: A History,* 10 Bde., New York, 1890, Bd. V, S. 125f.
30. *CWL,* Bd. V, S. 48f.; Moncure D. Conway: *The Rejected Stone; or, Insurrection vs. Resurrection in America,* Boston, 1861, S. 75–80, 110; *Principia,* 4. Mai 1861.
31. Stevens zitiert nach T. Harry Williams: *Lincoln and the Radicals,* Madison, 1941, S. 12, und Margaret Shortreed: »The Anti-Slavery Radicals, 1840–1868« in *Past and Present,* Nr. 16 (1959), S. 77; die Entschließung des Repräsentantenhauses in *CG,* 37 Cong., 2 Sess., S. 15.
32. Das Zitat stammt aus Warren W. Hassler, Jr.: *General George B. McClellan: Shield of the Union,* Baton Rouge, 1957, S. XV. Eine gute Zusammenfassung der Literatur über McClellan bietet Joseph L. Harsh: »On the McClellan-Go-Round« in: John T. Hubbell (Hrsg.): *Battles Lost and Won: Essays from Civil War History,* Westport, Conn., 1975, S. 55–72.
33. Russell: *My Diary North and South,* S. 240; Nevins: *War,* Bd. I, S. 269.
34. McClellan an Ellen Marcy McClellan, 27. Juli, 30. August, 9. Oktober 1861, McClellan Papers, Library of Congress. Diese Briefe an seine Frau stellen Auszüge aus den Originalen dar, die McClellan persönlich nach dem Krieg abschrieb. Ob er dabei die Kopien inhaltlich verändert hat, läßt sich nicht klären, da die Originalbriefe nicht mehr existieren. Die Auszüge befinden sich in Serie C, Container 7 der McClellan Papers. Einige dieser Briefe wurden in bearbeiteter Form auch veröffentlicht in W. C. Prime (Hrsg.): *McClellan's Own Story,* New York, 1887.
35. McClellan an Ellen Marcy McClellan, 8., 9. August 1861, McClellan Papers.
36. Dennett: *Lincoln/Hay,* S. 33.
37. McClellan an Ellen Marcy McClellan, 2. August 1861, McClellan Papers.
38. Der Chef von McClellans Geheimdienst, Allan Pinkerton, gilt zwar seit langem als der Hauptverantwortliche für die übertriebenen Schätzungen der konföderierten Truppenstärke, auf welchen McClellan seine Überlegungen aufbaute. Pinkerton trägt wohl einen Teil der Verantwortung, aber gewiß nicht die ganze. Seine Aktivitäten erstreckten sich auf zwei Bereiche: Er betrieb Spionage hinter den konföderierten Linien und Gegenspionage hinter den Unionslinien. Als Gründer der berühmten Detektei Pinkerton beschäftigte er natürlich zahlreiche Agenten, die als Detektive ausgebildet waren. Diese Leute leisteten gute Arbeit, wenn es darum ging, Agenten der Konföderation aufzuspüren und zu verhaften, weil ihre früheren Erfahrungen als Detektiv sie für eine solche Aufgabe prädestinierten. Als Agenten der Spionage waren sie hingegen weniger erfolgreich. Sie übernahmen zu gutgläubig das, was sie in Richmond und anderswo an Gerüchten und Klatschgeschichten über Einheiten und Bewegungen der

Rebellen in Erfahrung brachten. Und wenn sie einmal genaue Informationen erhielten, bezogen sich ihre Angaben im allgemeinen auf die *gesamte* Truppenstärke der Konföderation auf einem bestimmten Kriegsschauplatz (beispielsweise auf ganz Virginia östlich der Blue Ridge Mountains). Bis diese Zahlen aber bei McClellan landeten und er daraus seine Schlüsse zog, war aus ihnen die Anzahl der Soldaten *allein in Johnstons Armee* geworden. Ob für diesen Irrtum in erster Linie McClellan verantwortlich war oder aber Pinkerton, ist unklar; jedenfalls glaubte McClellan das, was er glauben wollte: daß nämlich der Gegner ihm zahlenmäßig überlegen war und er (McClellan) erst dann zur Offensive übergehen könne, sobald er seinerseits dem Gegner zahlenmäßig überlegen war – eine Situation, zu der es bei McClellans Psychologie niemals kommen konnte. Eine gute Erörterung dieser Frage bietet Edwin C. Fishel: »The Mythology of Civil War Intelligence« in: Hubbell (Hrsg.): *Battles Lost and Won,* S. 83–106.

39. Nevins: *War,* Bd. I, S. 300; Williams: *Lincoln and the Radicals,* S. 45.
40. Zur Kritik an dem Ausschuß sehe man vor allem William W. Pierson, Jr.: »The Committee on the Conduct of the Civil War« in *AHR,* 23 (1918), S. 550–576, T. Harry Williams: »The Committee on the Conduct of the War« in *Journal of the American Military History Institute,* 3 (1939), S. 139–156. Zur Verteidigung des Ausschusses sehe man Hans L. Trefousse: »The Joint Committee on the Conduct of the War: A Reassessment« in *CWH,* 10 (1964), S. 5–19, und Howard C. Westwood: »The Joint Committee on the Conduct of the War – A Look at the Record« in *Lincoln Herald,* 80 (1978), S. 3–15.
41. Committee on the Conduct of the War: *Reports,* 1863, Washington, 1863, Bd. II; R. B. Irwin: »Ball's Bluff and the Arrest of General Stone« in *Battles and Leaders,* Bd. II, S. 123f.; Williams: *Lincoln and the Radicals,* S. 94–104.
42. Stone selbst gelangte schließlich zu dieser Überzeugung, und auch T. Harry Williams legt in *Lincoln and the Radicals,* S. 101, 104, diese Deutung sehr nahe.
43. McClellan an Samuel L. M. Barlow, 8. November 1861, L. M. Barlow Papers, Henry E. Huntington Library.
44. Foote: *The Civil War,* Bd. I, S. 142; Williams: *Lincoln and the Radicals,* S. 45.
45. McClellan an Ellen Marcy McClellan, 2., 7., 10. Oktober, 2., 17. November 1861, McClellan Papers.
46. Dennett: *Lincoln/Hay,* S. 34f.; Foote: *Civil War,* Bd. I, S. 243.
47. McClellan an Ellen Marcy McClellan, 16. August, 2. November 1861, McClellan Papers.
48. Auf seiten der Union hatte zu diesem Zeitpunkt kein Offizier einen höheren Rang als den des Major General inne, der zwei Dienstgrade unter dem eigentlichen General lag.
49. Johnston an Davis, 12. September 1861, in: *O. R.,* Ser. 4, Bd. I, S. 605–608.
50. Davis an Johnston, 14. September 1861, *ebd.,* S. 611.
51. *Ebd.,* Ser. 1, Bd. II, S. 484–504; Davis an Beauregard, 30. Oktober 1861, in Rowland: *Davis,* Bd. V, S. 156f.

52. Auf das Thema Kriegsmarine, die *Trent*-Krise sowie die finanziellen Entwicklungen komme ich in den folgenden Kapiteln noch zurück.
53. Russell: *My Diary North and South,* S. 259.
54. *CWL,* Bd. V, S. 95; »General M. C. Meigs on the Conduct of the Civil War« in *AHR,* 26 (1921), S. 292.

12. Blockade und Brückenkopf: Der Krieg zur See 1861 bis 1862

1. Die Fregatte war ein dreimastiges Kriegsschiff mit 30 bis 50 Geschützen; die Schaluppe hatte in der Regel ebenfalls drei Masten und zehn bis 24 Geschütze. Ein Kriegsdampfschiff benutzte zum Manövrieren und im Gefecht die dampfgetriebene Schiffsschraube, konnte aber zum Kreuzen über weite Entfernungen auch Segel setzen.
2. Lee an Mildred Lee (seine Tochter), 15. November 1861, in: Robert E. Lee: *Recollections and Letters of Robert E. Lee,* New York, 1904, S. 55; James M. Merrill: *The Rebel Shore: The Story of Union Sea Power in the Civil War,* Boston, 1957, S. 44.
3. William C. Davis: *Duel between the First Ironclads,* Garden City, N. Y., 1975, S. 89.
4. Foote: *The Civil War,* Bd. I, S. 260; Davis: *Duel between the First Ironclads,* S. 120f., 127.
5. Zitiert nach John Taylor Wood: »The First Fight of Iron-Clads« in *Battles and Leaders,* Bd. I, S. 692.
6. Richard S. West, Jr.: *Mr. Lincoln's Navy,* New York, 1957, S. 60; Merrill: *Rebel Shore,* S. 69.
7. Robert Carse: *Blockade: The Civil War at Sea,* New York, 1958, S. 41.
8. Wilmington wurde wegen seiner komplizierten Meerengen und Untiefen an der Mündung des Cape Fear River zum wichtigsten Blockadebrecherhafen der Konföderation, bewacht von Fort Fisher, das mit seinen mächtigen Kanonen die Blockadeflotte in Schach hielt, sobald ein Blockadebrecher in ihre schützende Reichweite gelangt war.
9. Rowland: *Davis,* Bd. V, S. 401, 403; Frank L. Owsley: *King Cotton Diplomacy: Foreign Relations of the Confederate States of America,* 2. überarb. Aufl., Chicago, 1959, S. 229, 230.
10. Woodward: *Chesnut's Civil War,* S. 101, 306; Nevins: *War,* Bd. I, S. 289; John T. Scharf: *History of the Confederate States Navy,* New York, 1887, S. V.
11. So die Schätzungen Frank Owsleys in *King Cotton Diplomacy,* S. 250–290, die auf Unterlagen des Außenministeriums der Konföderation und des Marineministeriums der Union basieren. Die meisten erfolgreichen (und erfolglosen) Durchbrechungen der Blockade gingen auf das Konto kleiner Küstenschoner, die wenig oder gar keine Fracht von militärischem Wert an Bord hatten. Die meisten Fahrten dieser Fahrzeuge spielten sich auf Küstengewässern zwischen einzelnen konföderierten Häfen ab und dienten lediglich der Umverteilung von Fracht aus einem Teil des Südens in einen an-

deren, so daß man kaum von Blockade-»Brechern« sprechen konnte. So hatten von 178 Schiffen, die zwischen Juni und Ende August 1861 fünf der wichtigsten südstaatlichen Häfen ansteuerten oder verließen, nur 18 mit dem Außenhandel zu tun. Diplomaten der Konföderation rechneten diesen ganzen südstaatlichen Binnenhandel zu den Blockadebrechern, um Großbritannien zu veranlassen, die Blockade zu einer illegalen »Papier-Blockade« zu erklären; und die Unionsmarine führte aufgebrachte Fahrzeuge dieser Art in ihrer Statistik auf, um die Zahl der Aufbringungen zu erhöhen. Was die Blockadebrecher betrifft, die wirklich zählen – schnelle Dampfschiffe, die zwischen dem Süden und ausländischen Häfen fuhren –, so waren von 1300 Versuchen rund 1000 Fahrten erfolgreich. Stephen R. Wise: »Lifeline of the Confederacy: Blockade Running During the American Civil War«, Ph.D.-Dissertation, University of South Carolina, 1983, S. 44, 46, 139, 516.

12. Howard P. Nash, Jr.: *A Naval History of the Civil War,* New York, 1972, S. 300. Andererseits dürfte auch die Schlußfolgerung einer neueren Untersuchung zu weit gehen, wonach »die Blockade kein wesentlicher Faktor bei der wirtschaftlichen Ausblutung der Konföderation« gewesen sei und keinen »entscheidenden Einfluß« auf den Ausgang des Krieges gehabt habe. Die Blockade hatte zweifellos beträchtliche Auswirkungen, hat aber natürlich nicht allein den Krieg gewonnen. Die Frage, ob der Krieg auch ohne Blockade zu gewinnen gewesen wäre, muß offen bleiben. Richard E. Beringer, Herman Hattaway, Archer Jones und William N. Still, Jr.: *Why the South Lost the Civil War,* Athens, Ga., 1986, S. 56, 63.
13. *Selection from the Letters and Speeches of the Hon. James H. Hammond of South Carolina,* New York, 1866, S. 316f.; William Howard Russell: *My Diary North and South,* hrsg. von Fletcher Pratt, New York, 1954, S. 69; Virgil Carrington Jones: *The Civil War at Sea: The Blockaders,* New York, 1960, S. 183.
14. Owsley: *King Cotton Diplomacy,* S. 24f.
15. Brian Jenkins: *Britain and the War for the Union,* 2 Bde., Montreal, 1974/80, Bd. I, S. 166, 170; Owsley: *King Cotton Diplomacy,* S. 73.
16. Norman B. Ferris: *Desperate Diplomacy: William H. Seward's Foreign Policy, 1861,* Knoxville, 1976, S. 39, 36; Jenkins: *Britain and the War for the Union,* Bd. I, S. 172.
17. Owsley: *King Cotton Diplomacy,* S. 22; Jenkins: *Britain and the War for the Union,* Bd. I, S. 170.
18. Nevins: *War,* Bd. I, S. 289; D. P. Crook: *The North, the South and the Powers 1861–1865,* New York, 1974, S. 177 (im Original ohne Hervorhebung), S. 178.
19. Crook: *The North, the South, and the Powers,* S. 268–272.
20. Zitiert nach Jenkins: *Britain and the War for the Union,* Bd. II, S. 262. Eine Untersuchung der einschlägigen maritimen Rechtsprobleme bietet Stuart L. Bernath: *Squall Across the Atlantic: American Civil War Prize Cases and Diplomacy,* Berkeley, 1970.
21. Sumner zitiert nach Norman Graebner: »Seward's Diplomacy«, unveröffentlichtes Ms., S. 6; Russell zitiert nach Robert H. Jones: *Disrupted Decades: The Civil War and Reconstruction Years,* New York, 1973, S. 363.

22. Jenkins: *Britain and the War for the Union,* Bd. I, S. 104, 109.
23. David Donald: *Charles Sumner and the Rights of Man,* New York, 1970, S. 21; Jenkins: *Britain and the War for the Union,* Bd. I, S. 104.
24. Ephraim D. Adams: *Great Britain and the American Civil War,* 2 Bde., New York, 1925, Bd. I, S. 106.
25. Offizieller Bericht Wilkes' in: *Senate Exec. Docs.,* 37 Cong., 2 Sess., Bd. III, S. 123.
26. Norman B. Ferris: *The Trent Affair: A Diplomatic Crisis,* Knoxville, 1977, S. 29; Nevins: *War,* Bd. I, S. 388.
27. Alfred D. Chandler, Jr.: »Du Pont, Dahlgren, and the Civil War Nitre Shortage« in *Military Analysis of the Civil War,* New York, 1977, S. 201f.
28. Worthington C. Ford (Hrsg.): *A Cycle of Adams Letters, 1861–1865,* 2 Bde., Boston, 1920, Bd. I, S. 99.

13. Der Krieg auf den Flüssen 1862

1. Foote: *Civil War,* Bd. I, S. 169.
2. *CWL,* Bd. V, S. 98; *O. R.,* Ser. 1, Bd. VII, S. 526.
3. Die Zitate in diesen beiden Absätzen stammen aus den *Personal Memoirs of U. S. Grant,* 2 Bde., New York, 1885, Bd. I, S. 250, 276.
4. *O. R.,* Ser. 1, Bd. VII, S. 125.
5. Grant: *Memoirs,* Bd. I, S. 305.
6. Lew Wallace: »The Capture of Fort Donelson« in *Battles and Leaders,* Bd. I, S. 422; Grant: *Memoirs,* Bd. I, S. 307.
7. *O. R.,* Ser. 1, Bd. VII, S. 161. Über die Anzahl der Konföderierten, die in Fort Donelson kapitulierten, sind niemals offizielle Angaben gemacht worden. Von den wenigstens 17000 in der Garnison stationierten Männern waren rund 500 gefallen. Mindestens 1000 Verwundete waren vor der Kapitulation evakuiert worden. Weitere 2000, vielleicht auch mehr, waren mit Floyd und Forrest entkommen oder schlüpften nach der Kapitulation durch den lockeren Unionskordon.
8. *New York Tribune,* 12. Februar 1862, zitiert nach Kenneth P. Williams: *Lincoln Finds a General,* 5 Bde., 1949/59, Bd. III S. 231.
9. Jones: *War Clerk's Diary* (Miers), S. 67; E. Merton Coulter: *The Confederate States of America,* Baton Rouge, 1950, S. 353 Anm.; Woodward: *Chesnut's Civil War,* S. 286.
10. Ephraim D. Adams: *Great Britain and the American Civil War,* 2 Bde., New York, 1925, Bd. I, S. 272f.; Hudson Strode: *Jefferson Davis: Confederate President,* New York, 1959, S. 201, 199. Bis zum 22. Februar 1862 hatten Davis und die anderen Offiziere in der Regierung ihre Amtsgeschäfte »provisorisch« geführt. Im November 1861 fanden Wahlen statt. Danach wurden Davis und Vizepräsident Stephens ohne Gegenstimmen gewählt und 1862 an Washingtons Geburtstag in ihr Amt eingeführt.

11. Strode: *Davis,* S. 202; *Richmond Enquirer,* 18. Februar 1862; *Richmond Examiner,* 19. Februar 1862.
12. Robert G. Hartje: *Van Dorn: The Life and Times of a Confederate General,* Nashville, 1967, S. 105.
13. James Lee McDonough: *Shiloh – In Hell before Night,* Knoxville, 1977, S. 60; Charles P. Roland: *Albert Sidney Johnston: Soldier of Three Republics,* Austin, Tex., 1964, S. 299. Davis' Nächstenliebe erstreckte sich allerdings nicht auf Floyd und Pillow, die ihren Posten in Fort Donelson aufgegeben hatten. Beide wurden ihrer Pflichten entbunden und erhielten kein Feldkommando mehr. Floyd starb 1863.
14. Foote: *Civil War,* Bd. I, S. 234; Johnston an Davis, 18. März 1862, abgedruckt bei Wallace: »The Capture of Fort Donelson« in *Battles and Leaders,* Bd. I, S. 399 Anm.
15. T. Harry Williams: *P. T. G. Beauregard: Napoleon in Gray,* Baton Rouge, 1955, S. 121.
16. Allerdings taten die Nordstaatensoldaten dasselbe, und so hätte das Geräusch dieser Schüsse nicht zwangsläufig den Argwohn der Unionsoffiziere erregt.
17. *O. R.,* Ser. 1, Bd. X, Tl. 1, S. 396 f.; McDonough: *Shiloh,* S. 81.
18. Grant an Halleck, 21. März 1862, in: *O. R.,* Ser. 1, Bd. X. Tl. 2, S. 55
19. *O. R.,* Ser. 1, Bd. X, Tl. 2, S. 94; John K. Duke: *History of the 53rd Ohio Volunteer Infantry,* Portsmouth, Ohio, 1900, S. 41.
20. *O. R.,* Ser. 1, Bd. X, Tl. 1, S. 89.
21. *Ebd.,* S. 279.
22. Bruce Catton: *Grant Moves South,* Boston, 1960, S. 241.
23. *O. R.,* Ser. 1, Bd. X, Tl. 1, S. 384; Robert S. Henry: *»First with the Most« Forrest,* Indianapolis, 1944, S. 79.
24. McDonough: *Shiloh,* S. 189, 188.
25. *Ebd.,* S. 204.
26. Thomas Jordan: »Notes of a Confederate Staff-Officer at Shiloh« in *Battles and Leaders,* Bd. I, S. 603.
27. McDonough: *Shiloh,* S. 4f.; Mark A. DeWolfe Howe (Hrsg.): *Home Letters of General Sherman,* New York, 1909, S. 222 f.
28. Albert Dillahunty: *Shiloh National Military Park, Tennessee,* National Park Service Historical Handbook Series No. 10, Washington, 1955, S. 1; Grant: *Memoirs,* Bd. I, S. 368.
29. McDonough: *Shiloh,* S. 218.
30. Alexander K. McClure: *Abraham Lincoln and Men of War Times,* Philadelphia, 1892, S. 193–196; Catton: *Grant Moves South,* S. 259 f.
31. Grant: *Memoirs,* Bd. I, S. 381.
32. *O. R.,* Ser. 1, Bd. X, Tl. 2, S. 403.
33. Williams: *Beauregard,* S. 155.
34. *O. R. Navy,* Ser. 1, Bd. XXIII, S. 57.
35. David D. Porter: »The Opening of the Lower Mississippi« in *Battles and Leaders,* Bd. II, S. 22.

36. Cable: »New Orleans before the Capture« in *Battles and Leaders,* Bd. II, S. 20.
37. *O. R. Navy,* Ser. 1, Bd. XVIII, S. 492.
38. Isaac N. Brown: »The Confederate Gun-Boat *Arkansas* in *Battles and Leaders,* Bd. III, S. 576.
39. Foote: *Civil War,* Bd. I, S. 577.
40. *Ebd.,* S. 582.
41. Woodward: *Chesnut's Civil War,* S. 326, 327, 330, 333, 339.
42. *CWL,* Bd. V, S. 185.
43. *New York Tribune,* 13. März 1861, zitiert nach Williams: *Lincoln Finds a General,* Bd. I, S. 153; Foote: *Civil War,* Bd. I, S. 264.
44. Lincoln an McClellan, 6. und 9. April 1862 in *CWL,* Bd. V, S. 182, 185.
45. McClellan an Ellen Marcy McClellan, 8. und 30. April 1862, McClellan Papers, Library of Congress; Lincoln an McClellan, 1. Mai 1862 in *CWL,* Bd. V, S. 203.
46. Johnston an Robert E. Lee, 22. April 1862 in *O. R.,* Ser. 1, Bd. XI, Tl. 3, S. 456.

14. Die Finanzierung des Krieges

1. *Richmond Whig,* 15. Februar, 18. März 1862, zitiert in Harrison A. Treder: »The Davis Administration and the Richmond Press, 1861–1865« in *JSH,* 16 (1955), S. 187 und Anm.; Boyce an James Hammond, 4. und 12. April 1862, in: Rosser R. Taylor: »Boyce-Hammond Correspondence« in *JSH,* 3 (1937), S. 351 f.; Emory M. Thomas: *The Confederate Nation 1861–1865,* New York, 1979, S. 142.
2. Rowland: *Davis,* Bd. V, S. 209, 246.
3. Foote: *Civil War.* Bd. I, S. 65; Davis an Varina Davis, 16. Mai 1862, in Rowland: *Davis,* Bd. V, S. 246.
4. *O. R.,* Ser. 3, Bd. IV, S. 883.
5. J. H. Langhorne an seine Mutter, 12. Januar 1862, in Robert G. Tanner: *Stonewall in the Valley: Thomas J. »Stonewall« Jackson's Shenandoah Valley Campaign Spring 1862,* Garden City, N. Y., 1976, S. 91.
6. Die andere Hälfte waren Freiwillige, die sich für drei Jahre verpflichtet hatten.
7. G. K. Harlow an seine Familie, 23. Januar 1862, in Tanner: *Stonewall in the Valley,* S. 91.
8. Douglas Southall Freeman: *R. E. Lee: A Biography,* 4 Bände, New York, 1934/35, Bd. II, S. 26.
9. *O. R.,* Ser. 1, Bd. VI, S. 350; das Wigfall-Zitat bei Frank Vandiver: *Their Tattered Flags: The Epic of the Confederacy,* New York, 1970, S. 131.
10. *Columbus [Ga.] Weekly Sun,* 2. September 1862, und D. Harvey Hill, beides zitiert bei Albert B. Moore: *Conscription and Conflict in the Confederacy,* New York, 1924, S. 56, 71 Anm.
11. Bell Irvin Wiley: *The Road to Appomattox,* Memphis, 1956, S. 56 f.
12. *O. R.,* Ser. 4, Bd. I, S. 1156, 1116.

13. Rowland: *Davis,* Bd. V, S. 254–262.
14. 18. April 1862, zitiert bei Paul D. Escott: *After Secession: Jefferson Davis and the Failure of Confederate Nationalism,* Baton Rouge, 1978, S. 88.
15. Rowland: *Davis,* Bd. V, S. 199. Mit »anständigen Frauen« war in erster Linie Rose O'Neal Greenhow gemeint, eine Spionin der Konföderierten in Washington, die durch Pinkertons Geheimdienst verhaftet und eingekerkert worden war.
16. James M. Mathews (Hrsg.): *Public Laws of the Confederate States of America,* Richmond, 1862, S. 1.
17. Jones: *War Clerk's Diary* (Miers), S. 73. Die Durchsetzung des Kriegsrechts in Richmond behandelt Emory M. Thomas: *The Confederate State of Richmond,* Austin, 1971, S. 81–84.
18. *Richmond Dispatch,* 4. April 1862, zitiert bei Thomas: *Confederate State of Richmond,* S. 84; *Richmond Examiner,* 26. Februar 1862.
19. John B. Robbins: »The Confederacy and the Writ of Habeas Corpus« in *Georgia Historical Quarterly* 55, 1971, S. 86.
20. Foote: *War,* Bd. II, S. 951; Frank L. Owsley: *State Rights in the Confederacy,* Chicago, 1925, S. 162–164.
21. Nevins: *War,* Bd. II, S. 312.
22. *O. R.,* Ser. 2, Bd. II, S. 221–223; *New York Tribune,* 17. Februar 1862.
23. John C. Schwab: *The Confederate States of America: A Financial and Industrial History,* New York, 1901, S. 110–120; Richard C. Todd: *Confederate Finance,* Athens, Ga., 1954, S. 157–165, 174.
24. Die Steuer war insofern teilweise progressiv, als von ihr ein Familienoberhaupt ausgenommen war, wenn sein Besitz weniger als 500 Dollar wert war.
25. Eugene M. Lerner: »The Monetary and Fiscal Programs of the Confederate Government, 1861–1865« in *Journal of Political Economy,* 62 (1954), S. 509f. Anm. M. Lerner: »The Monetary and Fiscal Programs of the Confederate Government, 1861–1865« in *Journal of Political Economy,* 62 (1954), S. 509f. Anm.
26. Der erste und dritte Brief zitiert nach Charles W. Ramsdell: *Behind the Lines in the Southern Confederacy,* Baton Rouge, 1944, S. 28ff.; der zweite Brief zitiert nach Escott: *After Secession,* S. 122. Zum Salzproblem siehe Ella Lonn: *Salt as a Factor in the Confederacy,* New York, 1933.
27. Zitate aus Moore: *Conscription and Conflict,* S. 150; Eugene M. Lerner: »Money, Prices, and Wages in the Confederacy, 1861–65« in: Ralph Andreano: *The Economic Impact of the American Civil War,* Cambridge, Mass., 1962, S. 30; Coulter: *Confederate States,* S. 225.
28. *O. R.,* Ser. 4, Bd. II, S. 810; *Richmond Examiner,* 22. Juli 1862.
29. Coulter: *Confederate States,* S. 227; W. Buck Yearns und John G. Barrett (Hrsg.): *North Carolina Civil War Documentary,* Chapel Hill, 1980, S. 74f.; Jones: *War Clerk's Diary* (Swiggett), I, S. 221.
30. Ellis P. Oberholtzer: *Jay Cooke: Financier of the Civil War,* 2 Bde., Philadelphia, 1907;

Henrietta M. Larson: *Jay Cooke: Private Banker,* Cambridge, Mass., 1936.

31. *CG,* 37 Cong., 1 Sess., S. 255.
32. Bray Hammond: *Sovereignty and an Empty Purse: Banks and Politics in the Civil War,* Princeton, 1970, Kap. 3–5. Unter »Hartgeld« war praktisch Gold zu verstehen, da infolge des hohen Silberpreises in den vorangegangenen Jahren der Silberdollar durch seinen Metallgehalt mehr als einen Dollart wert war, weshalb Silbermünzen kaum noch zirkulierten.
33. Robert P. Sharkey: *Money, Class, and Party: An Economic Study of Civil War and Reconstruction,* Baltimore, 1959, S. 32.
34. *CG,* 37 Cong., 2 Sess., S. 523, 525.
35. *Ebd.,* S. 551; Hugh McCulloch: *Men and Measures of Half a Century,* New York, 1888, S. 201.
36. *CG,* 37 Cong., 2 Sess., S. 691; Sharkey: *Money, Class, and Party,* S. 32.
37. *CG,* 37 Cong., 2 Sess., S. 618; das Fessenden-Zitat bei Hammond: *Sovereignty and an Empty Purse,* S. 213f.
38. Der Gesamtwert der ausgegebenen *greenbacks* betrug 447 Millionen Dollar. Das Steueraufkommen während des Krieges belief sich auf 700 Millionen Dollar.
39. Nach einer Gesetzesänderung 1864 waren es fünf Prozent auf Einkommen zwischen 600 und 5000 Dollar, siebeneinhalb Prozent zwischen 5000 und 10000 Dollar und zehn Prozent bei Einkommen über 10000 Dollar.
40. *CG,* 37 Cong., 2 Sess., S. 1576f.
41. Zitate aus Emerson D. Fite: *Social and Industrial Conditions in the North during the Civil War,* New York, 1910, S. 8; und George W. Smith und Charles Judah (Hrsg.): *Life in the North during the Civil War,* Albuquerque, 1966, S. 167. Dieser Abschnitt und die folgenden basieren ferner auf Philip S. Foner: *History of the Labour Movement in the United States,* Bd. I, New York, 1947; und David Montgomery: *Beyond Equality: Labor and the Radical Republicans, 1862–1872,* New York, 1967.
42. Montgomery: *Beyond Equality,* S. 97.
43. Eine Erörterung der Sklaverei findet sich in Kap. 16.
44. Leonard P. Curry: *Blueprint for Modern America: Nonmilitary Legislation of the First Civil War Congress,* Nashville, 1968; Charles A. Beard und Mary R. Beard: *The Rise of American Civilization,* 2 Bde., New York, 1927, Bd. II, S. 53f.

15. Katzenjammer am Chickahominy

1. John B. Imboden: »Stonewall Jackson in the Shenandoah«, in *Battles and Leaders,* Bd. II, S. 297.
2. Foote: *Civil War,* Bd. I, S. 426; *O. R.,* Serie 1, Bd. XII, Teil 3, S. 890.
3. *CWL,* Bd. V, S. 232f.
4. Robert G. Tanner: *Stonewall in the Valley: Thomas J. »Stonewall« Jackson's Shenandoah*

Valley Campaign Spring 1862, Garden City, N. Y., 1976, S. 259.
5. Edward P. Alexander zitiert nach Clifford Dowdey: *The Seven Days: The Emergence of Robert E. Lee*, New York, 1964, S. 4.
6. Das *Examiner*-Zitat nach Hudson Strode: *Jefferson Davis: Confederate President*, New York, 1959, S. 220; das McClellan Zitat bei Foote: *Civil War*, Bd. I, S. 465.
7. Dowdey: *The Seven Days*, S. 132
8. Foote: *Civil War*, Bd. I, S. 472.
9. *O. R.*, Serie 1, Bd. XI, Teil 1, S. 51.
10. Am 25. Juni hatte es zwischen Unionstruppen, die bei Seven Pines rekognoszierten, und Konföderierten ein großes Scharmützel gegeben, das jede der beiden Seiten 500 Tote und Verwundete kostete. Diese Aktion bei Oak Grove wurde später als erster Tag der »Sieben-Tage-Schlacht« gerechnet.
11. Gute Überlegungen zu diesem Thema bieten Douglas Southall Freeman: *R. E. Lee: A Biography*, 4 Bde., New York, 1934/35, Bd. II, S. 578–582; Douglas Southall Freeman: *Lee's Lieutenants: A Study in Command*, New York, 1942–1944, Bd. I, S. 656–659; Dowdey: *The Seven Days*, S. 193–202; Tanner: *Stonewall in the Valley*, S. 358–360.
12. In der ganzen »Sieben-Tage-Schlacht« erlitt Hills vergrößerte Division, die rund 15 Prozent von Lees Armee ausmachte, 21 Prozent der südstaatlichen Verluste, während die drei Divisionen Jacksons, die 21 Prozent der Armee darstellten, 14 Prozent der Verluste erlitten.
13. *O. R.*, Serie 1, Band XI, Teil 3, S. 266.
14. *Ebd.*, Teil 1, S. 61.
15. Dowdey: *The Seven Days*, S. 308.
16. Freeman: *Lee*, Bd. II, S. 202.
17. *O. R.*, Serie 1, Bd. XI, Teil 3, S. 280, 282.
18. Bezogen auf den Krieg als ganzen verursachten Handfeuerwaffen fast 90 Prozent der Verluste.
19. Hill: »McClellan's Change of Base and Malvern Hill« in *Battles and Leaders*, Bd. II, S. 394.
20. Bruce Catton: *Mr. Lincoln's Army*, Garden City, N. Y., 1956, S. 149.
21. Dowdey: *The Seven Days*, S. 358.
22. Diese Zahlenangaben wurden errechnet nach William F. Fox: *Regimental Losses in the American Civil War*, Albany, 1889. Zuverlässige, nach Staaten aufgeschlüsselte Zahlenangaben über die Verluste der konföderierten Armee durch Krankheiten und Kampfhandlungen liegen nicht vor. Über die Armeebefehlshaber orientieren die Tabellen auf S. 18–23 in Grady McWhiney und Perry D. Jamieson: *Attack and Die: Civil War Military Tactics and the Southern Heritage*, University, Ala., 1982. Die Verlustrate von Lees Armee lag in ihren großen Schlachten und Kampagnen bei 20 Prozent. Demgegenüber lag die Verlustrate von Ulysses S. Grants Truppen bei 16 Prozent.
23. Die Beobachtungen in den vorangegangenen und folgenden Absätzen beruhen auf einer allgemeinen Lektüre der Militärgeschichte und insbesondere auf John Keegan: *The Face of Battle*, New York, 1977, John K. Mahon: »Civil War Infantry Assault Tactics«

in *Military Affairs,* 25 (1961), S. 57–68, McWhiney und Jamieson: *Attack and Die,* und Herman Hattaway und Archer Jones: *How the North Won: A Military History of the Civil War,* Urbana, 1983. Hattaway und Jones behaupten wenig überzeugend, die Absolventen von West Point hätten von Anfang an stärker das Element der befestigten Defensive in den Bürgerkrieg eingeführt. Es dürfte jedoch klar sein, daß diese aus bitterer Erfahrung gewonnene Lehre im wesentlichen ein Ergebnis des Krieges selbst war.

24. Hill: »Lee's Attacks North of the Chickahominy« in *Battles and Leaders,* Bd. II, S. 352.
25. William W. Averell: »With the Cavalry on the Peninsula« in *Battles and Leaders,* Bd. II, S. 432.
26. Wiley: *Johnny Reb,* S. 75; Wiley: *Billy Yank,* S. 83.
27. Emory M. Thomas: *The Confederate State of Richmond,* Austin, Tex., 1971, S. 100.
28. Richard B. Harwell (Hrsg.): *Kate: The Journal of a Confederate Nurse,* Baton Rouge, 1959, S. XII.
29. *Ebd.,* S. 14, 15.
30. Horace H. Cunningham: *Doctors in Gray: The Confederate Medical Service,* Baton Rouge, 1958, S. 72, 73.
31. Zwei der berühmtesten Krankenschwestern der Konföderierten waren Kate Cumming und Phoebe Pember. Kate Cumming wurde nach der Evakuierung Corinths durch Beauregard Oberschwester eines Lazaretts in Chattanooga und war später, als Shermans Vormarsch die ständige Verlegung konföderierter Krankenhäuser nach Süden erzwang, Oberschwester in verschiedenen Orten Georgias. Phoebe Pember stammte aus Charleston und übersiedelte 1862 nach Richmond, wo sie die erste Oberschwester am Chimborazo Hospital wurde. Kate Cummings Tagebuch und Phoebe Pembers Autobiographie, beide nach dem Krieg erschienen und heute als Reprint verfügbar, sind wertvolle Quellen zur Geschichte des Gesundheitswesens in der Konföderation. Siehe Harwell (Hrsg.): *Kate,* und Phoebe Yates Pember: *A Southern Woman's Story: Life in Confederate Richmond,* hrsg. von Bell Irvin Wiley, Jackson, Tenn., 1959.
32. William Quentin Maxwell: *Lincoln's Fifth Wheel: The Political History of the United States Sanitary Commission,* New York, 1928, Kap. 1.
33. Olmsted an John Murray Forbes, 15. Dezember 1861, Bellows an Forbes, 19. Dezember 1861, zitiert nach A. Howard Meneely: *The War Department,* 1861; *A Study in Mobilization and Administration,* New York, 1928, S. 228.
34. George Worthington Adams: *Doctors in Blue: The Medical History of the Union Army in the Civil War,* Ausgabe der Collier Books, New York, 1961 [1952], S. 68.
35. Strong: *Diary,* S. 239.
36. Adams: *Doctors in Blue,* S. 88.
37. Die hier angegebene Sterblichkeitsrate bei den Verwundeten der Union basiert auf dem offiziellen Bericht des Generalstabsarztes, der als Grundlage für die Berechnungen bei Fox: *Regimental Losses,* S. 24 und passim, diente. Vergleichbare Angaben für die Konföderation gibt es nicht. Meine Schätzung von 18 Prozent basiert auf frag-

mentarischen Daten bei Fox, auf Thomas L. Livermore: *Numbers and Losses in the Civil War*, Boston, 1901, auf Cunningham: *Doctors in Gray*, und auf Courtney R. Hall: »Confederate Medicine« in *Medical Life*, 42 (1935), S. 473. Außer dem nach 1862 weniger effektiven Träger- und Ambulanzdienst gibt es noch andere denkbare Gründe für die auf seiten der Konföderierten etwas höhere Sterblichkeitsrate bei Kriegsverwundungen: die Medikamentenknappheit im Süden und die unzulängliche Ernährung der Südstaatensoldaten, die diese weniger widerstandsfähig gegen das Trauma einer Verwundung oder Amputation machte als ihre Kameraden auf seiten der Union. Bis zu einem gewissen Grad ist die unterschiedliche Sterblichkeitsrate bei den Verwundeten möglicherweise nur ein rein statistisches Konstrukt, da die konföderierten Offiziere wahrscheinlich weniger rasch damit bei der Hand waren, minder schwere Verwundungen in ihren Einheiten zu melden, was wahrscheinlich bedeutete, daß bei den Konföderierten ein etwas höherer Prozentsatz der gemeldeten Verwundungen wirklich gravierend und daher potentiell tödlich war.

38. Peter J. Parish: *The American Civil War*, New York, 1975, S. 147.
39. Wiley: *Johnny Reb*, S. 267; *Billy Yank*, S. 131.
40. Allerdings war die Anzahl der Operationen, die ohne Narkose vorgenommen werden mußten, auch auf seiten der Konföderation relativ klein. »Stonewall« Jacksons Leute hatten bei der Kampagne im Shenandoahtal 15000 Behälter mit Chloroform erbeutet, so daß die Chirurgen der Konföderation in dieser Hinsicht gut versorgt waren.
41. Siehe die Tabelle über die Erkrankungen in der Unionsarmee bei Paul E. Steiner: *Desease in the Civil War*, Springfield, Ill., 1968, S. 10f.

16. Wir müssen die Sklaven befreien oder selbst das Joch tragen

1. Jones: *War Clerk's Diary* (Miers), S. 88f.; Douglas Southall Freeman: *R. E. Lee: A Biography*, 4 Bde., New York, 1934/35, Bd. II, S. 244f.
2. Samuel L. M. Barlow an Henry D. Bacon, 15. Juli 1862, Barlow Papers, Henry E. Huntington Library; Strong: *Diary*, S. 234, 239, 241; *CWL*, Bd. V, S. 292.
3. *CWL*, Bd. V, S. 292–297. Das Kriegsministerium errechnete für jeden Einzelstaat eine Freiwilligenquote auf der Grundlage seiner Bevölkerungszahl.
4. *U. S. Statutes at Large*, Bd. XII, S. 597.
5. Männer, die in verschiedenen kriegswichtigen Berufen arbeiteten, waren vom Dienst in der Miliz befreit.
6. *CWL*, Bd. V, S. 436f.; Robert E. Sterling: »Civil War Draft Resistance in the Middle West«, Ph.D.-Dissertation, Northern Illinois University, 1974, Kap. 3 und 4.
7. Sterling: »Draft Resistance in the Middle West«, S. 96f. Diese Untersuchung enthält wertvolles Material zur Korrelation von Kriegsdienstverweigerung und politischen, ethnokulturellen, geographischen und ökonomischen Variablen. Siehe vor allem S. 129, 248 und 535.

8. Wie die meisten politischen Etiketten war »Copperhead« ursprünglich ein vom politischen Gegner geprägtes Epitheton. Republikaner in Ohio scheinen es bereits im Herbst 1861 benutzt zu haben, um die Kriegsgegner unter den Demokraten mit der Giftschlange gleichen Namens – der Mokassinschlange oder Dreieckskopfotter – zu vergleichen. Bis zum Herbst 1862 hatte der Ausdruck allgemeinen Anklang gefunden und wurde von Republikanern häufig für die gesamte Demokratische Partei gebraucht. 1863 bekannten sich manche »Peace Democrats« stolz zu dieser Bezeichnung und begannen, Abzeichen mit der auf dem Kupferpenny abgebildeten Göttin der Freiheit zu tragen, um ihre Ablehnung der republikanischen »Tyrannei« zu dokumentieren. Albert Matthews: »Origins of Butternut and Copperhead« in *Proceedings of the Colonial Society of Massachuesetts,* 1918, S. 205–237; Charles H. Coleman: »The Use of the Term ›Copperhead‹ during the Civil War« in *MVHR,* 25 (1938), S. 263f.
9. *Principia,* 21. Dezember 1861; Mary Grew an Wendell P. Garrison, 9. Januar 1862, Garrison Family Papers, Rush Rhees Library, Universität Rochester.
10. *New York Tribune,* 15. März 1862; *New York Times,* 25. Januar 1862.
11. *CG,* 37. Kongreß, 2. Sess., S. 327–332.
12. John Sherman an William T. Sherman, 24. August 1862, in: Rachel S. Thorndike (Hrsg.): *The Sherman Letters: Correspondence between General and Senator Sherman from 1837 to 1891,* London, 1894, S. 156f.; *Boston Advertiser,* 20. August 1862.
13. Leonard P. Curry: *Blueprint for Modern America: Nonmilitary Legislation of the First Civil War Congress,* Nashville, 1968, bes. Kap. 1–4.
14. Wiley: *Billy Yank,* S. 40, 44, 114.
15. Bell I. Wiley: »The Boys of 1861« in: William C. Davis (Hrsg.): *Shadows of the Storm,* Bd. I von *The Image of War: 1861–1865,* Garden City, N. Y., 1981, S. 127.
16. *CWL,* Bd. V, S. 144–146.
17. Denkschrift des Abgeordneten John W. Crisfield (Maryland) über dieses Treffen, abgedruckt bei Charles M. Segal (Hrsg.): *Conversations with Lincoln,* New York, 1961, S. 164–168.
18. *CWL,* Bd. V, S. 222f. Bei »gradueller Emanzipation« dachte Lincoln an das Beispiel nördlicher Staaten nach der Revolution, die für die künftige Freilassung der Sklaven beim Erreichen eines gewissen Alters gesorgt hatten. Gegenüber einem Senator aus Delaware hatte er auch den Vorschlag gemacht, ein Datum festzusetzen (beispielsweise das Jahr 1882), an dem die Einrichtung der Sklaverei von Rechts wegen aufgehoben werden sollte. Lincoln an James A. McDougal, 14. März 1862 (*ebd.,* S. 160).
19. *U. S. Statutes at Large,* Bd. XII, S. 597; die Senatoren John Sherman und William Pitt Fessenden, zitiert bei Bogue, *Earnest Men,* S. 162.
20. *U. S. Statutes at Large,* Bd. XII, S. 589–592; *New York Herald,* 18. Juli 1862; Trumbull zitiert nach Bogue: *Earnest Men,* S. 220.
21. Nevins: *War,* Bd. II, S. 155f.
22. Bruce Catton: *Grant Moves South,* Boston, 1960, S. 294, 296.
23. *O. R.,* Serie 1, Bd. XVII, Teil 1, S. 150.

24. Grenville Dodge und Grant zitiert bei Catton: *Grant Moves South,* S. 294, 297.
25. George B. McClellan: *McClellan's Own Story,* New York, 1887, S. 487ff.
26. Lincoln an Cuthbert Bullitt, 28. Juli 1862, Lincoln an August Belmont, 31. Juli 1862, in *CWL,* Bd. V, S. 344ff., 350f.
27. *CWL,* Bd. V, S. 317ff., mit Lincolns Ansprache; *New York Tribune,* 19. Juli 1862, mit den Reaktionen der Grenzstaaten.
28. Gideon Welles: »The History of Emancipation« in *The Galaxy,* 14 (Dezember 1872), S. 842f.
29. McClellan an Stanton, 8. Juli 1862, in: *McClellan's Own Story,* S. 478; Richard B. Irwin: »The Administration in the Peninsular Campaign« in *Battles and Leaders,* Bd. II, S. 438.
30. *CWL,* Bd. V, S. 336f.; Francis B. Carpenter: *Six Months at the White House,* New York, 1866, S. 22.
31. Garrison an Oliver Johnson, 9. September 1862, Garrison Papers, Boston Public Library; *Liberator,* 25. Juli 1862; *Douglass' Monthly,* V (August 1862), S. 694; William H. Hale: *Horace Greeley, Voice of the People,* Ausgabe in den Collier Books, New York, 1961, S. 268f.
32. William K. Scarborough (Hrsg.): *The Diary of Edmund Ruffin,* Bd. II, *The Years of Hope, April, 1862–June, 1863,* Baton Rouge, 1976, S. 34.
33. Resolution des Parteitags der Demokraten von Pennsylvania, zitiert bei Williston Lofton, Jr.: »Northern Labor and the Negro during the Civil War« in *Journal of Negro History,* 34 (1949), S. 254; *Columbus Crisis* und *Chicago Times,* zitiert bei V. Jacque Voegeli: *Free But Not Equal: The Midwest and the Negro during the Civil War,* Chicago, 1967, S. 6; *New York Day Book,* zitiert bei Forrest G. Wood: *Black Scare: The Racist Response to Emancipation and Reconstruction,* Berkeley, 1968, S. 35.
34. *CG,* 37. Congr., 2 Sess., *Appendix,* S. 242–249; das Hughes-Zitat bei Foote: *Civil War,* Bd. I, S. 538. Eine weitere Äußerung Hughes' in diesem Sinne bei Benjamin J. Blied: *Catholics and the Civil War,* Milwaukee, 1945, S. 44f.
35. *CG,* 37. Cong., 2 Sess., S. 1780.
36. Wiley: *Billy Yank,* S. 112.
37. *CWL,* Bd. V, S. 370–375, aus der *New York Tribune* vom 15. August 1862. Der Reporter der Tribune gab hiermit wieder, »was der Präsident im wesentlichen gesagt« habe.
38. *New York Tribune,* 20. September 1862; *Douglass' Monthly,* V (September 1862), S. 707f.; David Donald (Hrsg.): *Inside Lincoln's Cabinet: The Civil War Diaries of Salmon P. Chase,* New York, 1954, S. 112.
39. *Boston Post,* zitiert in *Boston Commonwealth,* 18. Oktober 1862; Robert F. Durden: *James Shepherd Pike: Republicanism and the American Negro, 1850–1882,* Durham, N. C., 1957, S. 37.
40. *CWL,* Bd. V, S. 388f.
41. *Ebd.,* S. 419–421.

17. »Carry me back to old Virginny«

1. *Personal Memoirs of U. S. Grant,* 2 Bde., New York, 1886, Bd. I, S. 381–384; Bruce Catton: *Grant Moves South,* Boston, 1960, S. 278f.; Foote: *Civil War,* Bd. I, S. 542–545; Nevins: *War,* Bd. II, S. 112.
2. Colonel Edward Hatch von der 2. Iowa-Kavallerie an Thomas Smith, 10. Juli 1862, Civil War Collection, Henry E. Huntington Library.
3. Zur Verteidigung Hallecks siehe Stephen E. Ambrose: *Halleck: Lincoln's Chief of Staff,* Baton Rouge, 1962, S. 55ff.; und Herman Hattaway und Archer Jones: *How the North Won: A Military History of the Civil War,* Urbana, Ill., 1983, S. 205f.
4. 1862 auch West-Tennessee-Armee genannt. Die Tennessee-Armee wurde im Oktober 1862 offiziell designiert und war für den Rest des Krieges unter dieser Bezeichnung bekannt. Als Halleck im Juli 1862 als Oberbefehlshaber nach Washington ging, wurde das Kommando über die beiden Hauptarmeen der Union im Westen auf Grant und Buell aufgeteilt.
5. Buell an »My Dear Friend«, 18. Dezember 1861, Civil War Collection, Henry E. Huntington Library.
6. *O. R.,* Ser. 1, Bd. X, Tl. 2, S. 180; Bd. XVI, Tl. 2, S. 104.
7. *Ebd.,* Bd. XVI, Tl. 2, S. 360.
8. Robert C. Black: *The Railroads of the Confederacy,* Chapel Hill, 1952; Thomas Weber: *The Northern Railroads in the Civil War, 1861–1865,* New York, 1952; George E. Turner: *Victory Rode the Rails,* Indianapolis, 1953. Bei Ausbruch des Krieges gab es in der Konföderation 113 Eisenbahngesellschaften, die 9000 Meilen Schienenstrang in drei unterschiedlichen Spurweiten unterhielten.
9. Zitiert bei Hattaway und Jones: *How the North Won,* S. 250.
10. Foote: *Civil War,* Bd. I, S. 571.
11. Bruce Catton: *Terrible Swift Sword,* Garden City, N. Y., 1963, S. 380; Foote: *Civil War,* Bd. I, S. 569.
12. Braggs Proviantwagen und seine Artillerie wählten die Landstraße und trafen später ein als die mit der Bahn gekommenen Fußsoldaten. Ein Jahr später brachte Longstreet zwei Divisionen samt ihrer Artillerie per Bahn von Virginia nach Chickamauga. Diese Entfernung war zwar noch größer als die von Braggs Truppen zurückgelegte, aber dafür umfaßte Longstreets Transport auch nur 12000 Mann, verglichen mit Braggs 30000.
13. *O. R.,* Ser. 1, Bd. XVI, Tl. 1, S. 749; Foote: *Civil War,* Bd. I, S. 584.
14. *O. R.,* Ser. 1, Bd. XVI, Tl. 2, S. 822.
15. Catton: *Terrible Swift Sword,* S. 413; *O. R.,* Ser. 1, Bd. XVI, Tl. 2, S. 876; David Urquhart: »Bragg's Advance and Retreat« in *Battles and Leaders,* Bd. III, S. 602; Grady McWhiney: »Controversy in Kentucky: Braxton Bragg's Campaign of 1862« in *CWH,* 6 (1960), S. 23.
16. *O. R.,* Ser. 1, Bd. XVI, Tl. 2, S. 530, 421.

17. Charles C. Gilbert: »On the Field of Perryville« in *Battles and Leaders,* Bd. III, S. 57, Anm.
18. *O. R.,* Ser. 1, Bd. XVI, Tl. 2, S. 638, 626f.
19. John Y. Simon (Hrsg.): *The Papers of Ulysses S. Grant,* bisher 14 Bde., Carbondale, Ill., 1967–1985, Bd. VI, S. 97.
20. *O. R.,* Ser. 1, Bd. XII, Tl. 3, S. 473f.
21. Das Porter-Zitat bei Catton: *Terrible Swift Sword,* S. 387; das Pope-Zitat bei Salmon P. Chase in David Donald (Hrsg.): *Inside Lincoln's Cabinet: The Civil War Diaries of Salmon P. Chase,* New York, 1954, S. 97.
22. McClellan an Samuel L. M. Barlow, 15. und 23. Juli 1862, Barlow Papers, Henry E. Huntington Library; McClellan an Ellen McClellan, 13. und 22. Juli 1862, McClellan Papers, Library of Congress.
23. Theodore C. Pease und James G. Randall (Hrsg.): *The Diary of Orville Hickman Browning,* 2 Bde., Springfield, Ill., 1927–1933, Bd. I, S. 563.
24. McClellan an Ellen McClellan, 10. August 1862, McClellan Papers.
25. Francis A. Lord: *Lincoln's Railroad Man: Herman Haupt,* Rutherford, N. J., 1969, S. 77.
26. Turner: *Victory Rode the Rails,* Frontispiz.
27. Porter an Manton Marble, 10. August 1862, zitiert bei T. Harry Williams: *Lincoln and His Generals,* New York, 1952, S. 148.
28. *CWL,* Bd. V, S. 309; Dennett: *Lincoln/Hay,* S. 45; McClellan an Ellen McClellan, 22. August 1862, McClellan Papers.
29. Porter behielt das Kommando des 5. Korps bis zum November, wo er vor das Kriegsgericht gestellt und verurteilt wurde. Nach dem Krieg kämpfte der in Unehren entlassene General wiederholt um seine Rehabilitierung und setzte schließlich 1886 die Aufhebung des Urteils durch; Aussagen von ehemaligen Offizieren der Konföderierten und die Auswertung erbeuteter südstaatlicher Dokumente ergaben, daß Longstreet in der Tat vor Porters Front gestanden hatte und der Unionsgeneral daher den Befehl Popes gar nicht hätte befolgen können. Bis zu einem gewissen Grad war Porter das Opfer republikanischer Angriffe auf McClellan und seine Parteigänger, von denen Porter der engste war. Daß Porter an jenem 29. August jedoch *überhaupt* nichts mit seinem Korps unternahm, verdient zumindest leisen Tadel. Eine mit Porter sympathisierende Untersuchung der Sache bietet Otto Eisenschiml im *The Celebrated Case of Fitz-John Porter,* Indianapolis, 1950; kurze kritische Stellungnahmen finden sich bei Kenneth P. Williams: *Lincoln Finds a General,* 5 Bde., New York, 1949–1959, Bd. I, S. 324–330, Bd. II, S. 785–789, sowie bei Catton: *Terrible Swift Sword,* S. 522f.
30. Barton an Mrs. Shaver, 4. Sept. 1862, Civil War Collection, Henry E. Huntington Library.
31. Strong: *Diary,* S. 253, 252, 256.
32. Dennett: *Lincoln/Hay,* S. 47; Howard K. Beale (Hrsg.): *The Diary of Gideon Welles,* 3 Bde., New York, 1960, Bd. I, S. 113; Donald (Hrsg.): *Inside Lincoln's Cabinet: Diaries of Chase,* S. 116–121.

33. William H. Powell und George Kimball, zitiert in *Battles and Leaders,* Bd. II, S. 490 Anm. und S. 550 f. Anm.
34. Lincoln an McClellan, 15. September 1862, in *CWL,* Bd. V, S. 426.
35. Clifford Dowdey (Hrsg.): *The Wartime Papers of R. E. Lee,* Boston, 1961, S. 301. Eine Analyse der Motive und Ziele Lees bei dieser Invasion bietet Douglas Southall Freeman: *R. E. Lee: A Biography,* 4 Bde., New York, 1934 f., Bd. II, S. 350–353.
36. Mary Bedinger Mitchell: »A Woman's Recollections of Antietam« in *Battles and Leaders,* Bd. II, S. 687 f.
37. James F. Murfin: *The Gleam of Bayonets: The Battle of Antietam and Robert E. Lee's Maryland Campaign, September 1862,* New York, 1965, S. 108.
38. *O. R.,* Ser. 1, Bd. XIX, Tl. 2, S. 601 f.
39. John G. Walker: »Jackson's Capture of Harper's Ferry« in *Battles and Leaders,* Bd. II, S. 605 f.
40. John Gibbon: *Personal Recollections of the Civil War,* New York, 1928, S. 73.
41. Henry Kyd Douglas: »Stonewall Jackson in Maryland« in *Battles and Leaders,* Bd. II, S. 627. Paul R. Teetor: *A Matter of Hours: Treason at Harper's Ferry,* Rutherford, N. J., 1982, kommt anhand von Indizienbeweisen zu dem Schluß, daß Miles die Verteidigung der Garnison bewußt sabotiert habe. Teetor, ein Richter im Ruhestand, der seine Argumente in Gestalt einer Untersuchung gegen Miles vorträgt, hat seine These wohl nicht schlüssig »bewiesen«, aber doch beunruhigende Fragen aufgeworfen.
42. Murfin: *The Gleam of Bayonets,* S. 250.
43. David L. Thompson: »With Burnside at Antietam« in *Battles and Leaders,* Bd. II, S. 661 f.; Rufus R. Dawes vom 6. Wisconsin, zitiert nach Murfin: *The Gleam of Bayonets,* S. 218. Das 6. Wisconsin, ein Regiment der »Iron Brigade«, verzeichnete in Antietam von rund 300 Kombattanten 40 Gefallene und 112 Verwundete.
44. Charles Carleton Coffin: »Antietam Scenes« in *Battles and Leaders,* Bd. II, S. 684.
45. Frederick Tilbert: *Antietam,* Washington, 1961, S. 39; E. P. Alexander: *Military Memoirs of a Confederate,* Hrsg. T. Harry Williams, Bloomington, 1962, S. 262.
46. *O. R.,* Ser. 1, Bd. XIX, Tl. 1, S. 377.
47. Thomas M. Anderson in *Battles and Leaders,* Bd. II, S. 656 Anm. Porter bestritt diesen Vorfall später, doch ist sein Zeugnis fragwürdig.
48. Murfin: *The Gleam of Bayonets,* S. 282.
49. Beale (Hrsg.): *Diary of Welles,* Bd. I, S. 140; McClellan an Halleck, 19. September 1862, in: *McClellan's Own Story,* New York, 1887, S. 621; McClellan an Ellen McClellan, 18. und 20. September 1862, McClellan Papers.

18. John Bulls »Virginia Reel«

1. Sarah A. Wallace und Frances E. Gillespie (Hrsg.): *The Journal of Benjamin Moran, 1857–1865,* 2 Bde., Chicago, 1948/49, Bd. II, S. 984.

2. Henry Adams an Charles Francis Adams, Jr., 8. Mai 1862, in: Worthington C. Ford (Hrsg.): *A Cycle of Adams Letters 1861–1865,* 2 Bde., Boston, 1920, Bd. I, S. 139; Frank L. Owsley: *King Cotton Diplomacy,* 2. Aufl., bearbeitet von Harriet C. Owsley, Chicago, 1959, S. 137, 337, 340. Ein ähnlicher Druck bildete sich in Frankreich, dessen Außenminister dem amerikanischen Gesandten in Belgien erklärte: »Wir haben fast keine Baumwolle mehr, und wir *brauchen* Baumwolle.« Lynn M. Case und Warren F. Spencer: *The United States and France: Civil War Diplomacy,* Philadelphia, 1970, S. 290.
3. Frank J. Merli: *Great Britain and the Confederate Navy 1861–1865,* Bloomington, 1965, S. 23; Charles Francis Adams an C. F. Adams, Jr., 25. Dezember 1862, in Ford: *Cycle of Adams Letters,* Bd. I, S. 220f.
4. *CWL,* Bd. IV, S. 438.
5. Bright zitiert nach G. D. Lillibridge: *Beacon of Freedom: The Impact of American Democracy upon Great Britain 1830–1870,* Philadelphia, 1955, S. 121, und nach Ephraim D. Adams: *Great Britain and the American Civil War,* 2. Bde., New York, 1925, Bd. II, S. 132; Mill zitiert nach Belle B. Sideman und Lillian Friedman (Hrsg.): *Europe Looks at the Civil War,* New York, 1960, S. 117f.
6. Karl Marx: »Der nordamerikanische Bürgerkrieg« in *Die Presse,* Wien, Nr. 293 (25. Oktober 1861); »An Abraham Lincoln, Präsident der Vereinigten Staaten von Amerika« in *Der Sozialdemokrat,* Nr. 3 (30. Dezember 1864).
7. Mary Ellison: *Support for Secession: Lancashire and the American Civil War,* Chicago, 1972, S. 226f. und passim. Einen historiographischen Überblick über diese Frage bietet Peter d'A. Jones' »Epilog« zu Ellisons Buch, S. 199–219.
8. Zitiert nach Philip S. Foner: *British Labor and the American Civil War,* New York, 1981, S. 52. Diese Untersuchung bringt wieder, dokumentarisch belegt, die starke Unterstützung der Union durch die britische Arbeiterklasse zur Geltung.
9. William H. Russell an John Bigelow, 14. April 1861, zitiert nach Norman Ferris: *Desperate Diplomacy: William H. Seward's Foreign Policy, 1861,* Knoxville, 1976, S. 210 Anm.; Shrewsbury zitiert nach Adams: *Britain and the Civil War,* Bd. II, S. 282.
10. *Morning Post,* 22. Feburar 1861, zitiert nach Adams: *Britain and the Civil War,* Bd. II, S. 284; *Times,* 15. August 1862, 27. März 1863, zitiert nach Owsley: *King Cotton Diplomacy,* S. 186.
11. Brian Jenkins: *Britain and the War for the Union,* Montreal, 1980, Bd. II, S. 50–59.
12. D. P. Crook: *The North, the South and the Powers 1861–1865,* New York, 1974, S. 227–229.
13. *Reynold Weekly,* zitiert nach Lillibridge: *Beacon of Freedom,* S. 115.
14. Jenkins: *Britain and the War for the Union,* Bd. II, S. 66, 95–100.
15. Adams: *Britain and the Civil War,* Bd. II, S. 19.
16. Die *Times* zitiert nach Owsley: *King Cotton Diplomacy,* S. 297, nach Crook: *The North, the South, and the Powers,* S. 245, und nach Nevins: *War,* Bd. II, S. 246; Edouard Thouvenel zitiert nach Crook: *The North, the South, and the Powers,* S. 247.

17. Slidell an Jefferson Davis, 25. Juli 1862, Mason an Mrs. Mason, 20. Juli 1862, zitiert nach Hudson Strode: *Jefferson Davis: Confederate President,* New York, 1959, S. 294, 292.
18. Henry Adams an Charles Francis Adams, Jr., 19. Juli 1861, in Ford: *Cycle of Adams Letters,* Bd. I, S. 166; Dudley zitiert nach Strode: *Davis,* S. 294.
19. Seward und Russell zitiert nach Owsley: *King Cotton Diplomacy,* S. 330, 353.
20. Diese Korrespondenz ist gut zugänglich in James V. Murfin: *The Gleam of Bayonets: The Battle of Antietam and Robert E. Lee's Maryland Campaign, September 1862,* New York, 1965, S. 394, 399f.
21. Jenkins: *Britain and the War for the Union,* Bd. II, S. 170; Murfin: *Gleam of Bayonets,* S. 400f.
22. Palmerston an Russell, 22. Oktober 1862, in Owsley: *King Cotton Diplomacy,* S. 351.
23. Adams an C. F. Adams, Jr., 17. Oktober 1862, in Ford: *Cycle of Adams Letters,* Bd. I, S. 192.
24. David Donald (Hrsg.): *Inside Lincolns' Cabinet: The Civil War Diaries of Salmon P. Chase,* New York, 1954, S. 149–152; Howard K. Beale (Hrsg.): *Diary of Gideon Welles,* 3 Bde., New York, 1960, Bd. I, S. 142–145; John G. Nicolay und John Hay: *Abraham Lincoln: A History,* 10 Bde., New York, 1890, Bd. VI, S. 158–163; der Text der Proklamation findet sich in *CWL,* Bd. V, S. 433–436.
25. Times, 7. Oktober 1862.
26. *Douglass' Monthly,* Oktober 1862, S. 721; *Liberator,* 26. September 1862.
27. Zitiert nach Jenkins: *Britain and the War for the Union,* Bd. II, S. 153, und Nevins: *War,* Bd. II, S. 270.
28. T. J. Barnett an Samuel L. M. Barlow, 25. September 1862, Barlow Papers, Henry E. Huntington Library. Mit diesen Worten paraphrasierte Barnett die Bemerkungen Lincolns, doch seien laut Barnett die Gefühle des Präsidenten »deutlich genug zum Ausdruck gekommen«.
29. Der Oberst aus Indiana zitiert nach Nevins, *War,* Bd. II, S. 239; John H. Burrill an seine Eltern, 1. Januar 1863, Civil War Times Illustrated Collection, United States Military History Institute; *O. R.,* Ser. 1, Bd. XXIV, Tl. 3, S. 157.
30. McClellan an Ellen McClellan, 25. September, 5. Oktober 1862, McClellan Papers, Library of Congress; McClellan an William H. Aspinwall, 26. September 1862, Civil War Collection, Henry E. Huntington Library.
31. Porter an Manton Marble, 30. September 1862, zitiert nach Nevins: *War,* Bd. II, S. 238f.; den Fall des entlassenen Majors kann man in *CWL,* Bd. V, S. 442f., 508f., und in Nicolay und Hay, *Lincoln,* Bd. VI, S. 186ff., verfolgen.
32. *O. R.,* Ser. 1, Bd. XIX, Tl. 2, S. 295f.
33. Nevins: *War,* Bd. II, S. 302, 303.
34. Wood Gray: *The Hidden Civil War: The Story of the Copperheads,* New York, 1942, S. 115; Frank L. Klement: *The Limits of Dissent: Clement L. Vallandigham and the Civil War,* Lexington, Ky., 1970, S. 106, 107.

35. Gray: *Hidden Civil War,* S. 112.
36. *Ebd.,* S. 110.
37. Strong: *Diary,* S. 271; Carl Schurz an Lincoln, 20. November 1861, in *CWL,* Bd. V, S. 511; *Indianapolis State Sentinel,* 5. Oktober 1861, zitiert nach V. Jacque Voegeli: *Free But Not Equal: The Midwest and the Negro during the Civil War,* Chicago, 1967, S. 64.
38. Peter J. Parish: *The American Civil War,* New York, 1975, S. 208f.; Joel H. Silbey: *A Respectable Minority: The Democratic Party in the Civil War Era, 1860–1868,* New York, 1977, S. 144; William Hesseltine: *Lincoln and the War Governors,* New York, 1948, S. 165.
39. *The Tribune Almanac for 1863,* New York, 1863, S. 50–64; Lincoln an Carl Schurz, 10. November 1862, in *CWL,* Bd. V, S. 494; Daniel Wallace Adams: »Illinois Soldiers and the Emancipation Proclamation« in *Journal of the Illinois State Historical Society,* 67 (1974), S. 408ff.; Oscar O. Winther: »The Soldier Vote in the Election of 1864« in *New York History,* 25 (1944), S. 440–458.
40. *CG,* 37. Congr., 3. Sess., Bd. XV, S. 52; *U. S. Statutes at Large,* Bd. XII, S. 633.
41. *Boston Commonwealth,* 6. Dezember 1862; *CWL,* Bd. V, S. 529–537.
42. *CWL,* Bd. VI, S. 28ff.
43. *Douglass' Monthly,* August 1863.
44. *O. R.,* Ser. 1, Bd. XIV, S. 377f.; *CWL,* Bd. V, S. 357.
45. *O. R.,* Ser. 1, Bd. XIV, S. 195–198; *New York Tribune,* 11. Februar 1863.
46. Lincoln an Johnson, 26. März 1863, in *CWL,* Bd. VI, S. 149f.
47. Beauregard an W. Porcher Miles, 13. Oktober 1862, in *O. R.,* Ser. 2, Bd. IV, S. 916; Rowland: *Davis,* Bd. V, S. 409.
48. *O. R.,* Ser. 2, Bd. IV, S. 857, 945f., 954.
49. *Ebd.,* Bd. V, S. 797, 940f.
50. Seldon an Kirby Smith, 12. August 1863, in *O. R.,* Ser. 1, Bd. XXII, Tl. 1, S. 965; Col. Frank Powers an Col. Jonathan L. Logan, 2. September 1863, in: Ita Berlin u. a. (Hrsg.): *Freedom: A Documentary History of Emancipation,* Serie II, *The Black Military Experience,* Cambridge, 1982, S. 585; Thomas R. Roulhac an seine Mutter, 13. März 1864, in: Randall Clair Jimerson: »A People Divided: the Civil War Interpreted by Participants«, Ph. D.-Dissertation, University of Michigan, 1977, S. 146.
51. Ford: *Cycle of Adams Letters,* Bd. I, S. 243.

19. Drei Flüsse im Winter – 1862 auf 1863

1. Halleck an McClellan, 6. Oktober 1862, in *O. R.,* Ser. 1, Bd. XIX, Tl. 1, S. 72.
2. Halleck an Hamilton R. Gamble, 30. Oktober 1862, *ebd.,* Ser. 3, Bd. II, S. 703f.; Joseph Medill an O. M. Hatch, 13. Oktober 1862, zitiert nach James V. Murfin: *The Gleam of Bayonets,* New York, 1965, S. 300.

3. *CWL,* Bd. V, S. 460f.
4. Lincoln an McClellan, 25. Oktober 1862, *ebd.,* S. 474; McClellan an Ellen Marcy McClellan, undatiert, aber wohl 30. Oktober 1862, McClellan Papers, Library of Congress.
5. McClellan an Ellen McClellan, 20. September und 31. Oktober 1862, McClellan Papers.
6. Zitat aus Foote: *Civil War,* Bd. I, S. 752. Die Order, mit der McClellan seines Befehls enthoben wurde, war auf den 5. November datiert, wurde aber erst am 7. November überreicht; der Wortlaut findet sich in *CWL,* Bd. V, S. 485.
7. Dennett: *Lincoln/Hay,* S. 218f.
8. James Longstreet: »The Battle of Fredericksburg« in *Battles and Leaders,* Bd. III, S. 79.
9. Douglas Southall Freeman: *R. E. Lee. A Biography,* 4 Bde., New York, 1934/35, Bd. II, S. 462.
10. Foote: *Civil War,* Bd. II, S. 44.
11. *Ebd.,* S. 43.
12. Die Zitate aus Soldatenbriefen nach Bruce Catton: *Glory Road. The Bloody Route from Fredericksburg to Gettysburg,* Garden City, N. Y., 1952, S. 95, und bei Randall Clair Jimerson: »A People Divided: The Civil War Interpreted by Participants«, Ph. D.-Dissertation, University of Michigan, 1977, S. 339; *Harper's Weekly,* 27. Dezember 1862.
13. George Bancroft zitiert nach Bruce Catton: *Never Call Retreat. Centennial History of the Civil War,* Bd. 3, Pocket-Books-Ausgabe, New York, 1967, S. 24; Lincoln zitiert nach William H. Wadsworth an Samuel L. M. Barlow, 16. Dezember 1862, Barlow Papers, Henry E. Huntington Library.
14. Theodore C. Pease und James G. Randall (Hrsg.): *The Diary of Orville Hickman Browning,* 2 Bde., Springfield, Ill., 1927–1933, Bd. I, S. 600f.
15. Zeitgenössische Darstellungen der Krise finden sich ebd., S. 596–604, und in Howard K. Beale (Hrsg.): *The Diary of Gideon Welles,* 3 Bde., New York, 1960, Bd. I, S. 194–204. Schilderungen in der Sekundärliteratur bei Nevins: *War,* Bd. II, S. 350–365, und James R. Randall: *Lincoln the President,* 4 Bde., New York, 1945–1955, Bd. II, S. 241–249.
16. Joseph E. Johnston: »Jefferson Davis and the Mississippi Campaign« in *Battle and Leaders,* Bd. II, S. 475. Siehe auch James Lee McDonough: *Stones River: Bloody Winter in Tennessee,* Knoxville, 1980, S. 33–38.
17. *CWL,* Bd. VI, S. 70f.; Bruce Catton: *Grant Moves South,* Boston, 1960, S. 323–340.
18. *Personal Memoirs of U. S. Grant,* 2 Bde., New York, 1885/86, Bd. I, S. 435.
19. Foote: *Civil War,* Bd. II, S. 87.
20. *O. R.,* Ser. 1, Bd. XX, Tl. 1, S. 662, Bd. LII, Tl. 2, S. 402; Jones: *War Clerk's Diary* (Miers), S. 145.
21. *CWL,* Bd. VI, S. 39, 424.
22. Bragg an Clement C. Clay, 10. Januar 1863, Bragg an Davis, 17. Januar 1863, zitiert nach Catton: *Never Call Retreat,* S. 49.

23. Johnston an Louis T. Wigfall, 4. und 8. März 1863, zitiert *ebd.*, S. 52; Thomas L. Connelly: *Autumn of Glory. The Army of Tennessee, 1862–1865,* Baton Rouge, 1971, S. 70–92.
24. Catton: *Never Call Retreat,* S. 63.
25. Charles S. Wainwright: *A Diary Battle,* Hrsg. Allan Nevins, New York, 1962, S. 157f.
26. Zitiert nach Foote: *Civil War,* Bd. II, S. 233f.
27. Catton: *Glory Road,* S. 161; Darius N. Couch: »Summer's ›Right Grand Division‹« in *Battles and Leaders,* Band III, S. 119.
28. *CWL,* Bd. VI, S. 78f.
29. T. Harry Williams: *Lincoln and His Generals,* New York, 1952, S. 233f.; Foote: *Civil War,* Bd. II, S. 235ff.
30. Um eine oft gestellte Frage zu beantworten, möchte der Autor hier festhalten, daß er nicht mit General McPherson verwandt ist.
31. Samuel Carter III: *The Final Fortress. The Campaign for Vicksburg 1862–1863,* New York, 1980, S. 147.
32. Cadwallader Washburn an Elihu B. Washburne (sic! – die beiden Brüder schrieben ihren Nachnamen unterschiedlich), 28. März 1863, in Nevins: *War,* Bd. II, S. 388; Foote: *Civil War,* Bd. II, S. 217. Siehe auch T. Harry Williams: *Lincoln and His Generals,* S. 225f.
33. John Eaton: *Grant, Lincoln and the Freedman,* New York, 1907, S. 64. Einige Historiker betrachten diese Geschichte als apokryph, zumal sie ursprünglich nichts mit Lincoln zu tun hat – sie wurde in früheren Kriegen auch von anderen Generälen erzählt –, doch Bruce Catton sieht in Eaton eine zuverlässige Quelle und hält die Geschichte für wahr. Catton: *Grant Moves South,* Boston, 1960, S. 396f.
34. Die beste, auf die moderne Alkoholismusforschung gestützte Untersuchung zu Grants Trunksucht ist Lyle W. Dorsett: »The Problem of Grant's Drinking During the Civil War« in *Hayes Historical Journal* 4, 1983. Unter den Historikern bezweifeln oder bestreiten Bruce Catton und Kenneth P. Williams Grants Schwäche für scharfe Getränke, während Benjamin Thomas, William McFeely, Shelby Foote und Lyle Dorsett sie eher als tatsächlich gegeben annehmen. Den einzigen ausführlichen Augenzeugenbericht über ein Besäufnis Grants während des Bürgerkrieges schrieb aus dem Abstand von 30 Jahren Sylvanus Cadwallader, ein Zeitungskorrespondent aus Chicago, der Grants Armeen während des Krieges über zwei Jahre lang begleitet hatte; siehe Cadwallader: *Three Years with Grant,* Hrsg. Benjamin P. Thomas, New York, 1955, S. 102–121. Catton und Williams sowie John Y. Simon zweifeln an der Authentizität dieser Geschichte; andere Historiker halten sie für echt. Weitere Erörterungen über Grants Trunksucht – auch über Cadwalladers Geschichte – bieten Catton: *Grant Moves South,* S. 95–97, 462–465, 533–536, Kenneth P. Williams: *Lincoln Finds a General,* 5 Bde., New York, 1949–1959, Bd. IV, S. 439–451, 577–582, der Meinungsaustausch zwischen Kenneth Williams und Benjamin Thomas in *American Heritage,* 7 (1956), S. 106–11, Foote: *Civil War,* Bd. II, S. 416–421, William S.

McFeely: *Grant: A Biography,* New York, 1981, vor allem S. 132–135, 148, und John Y. Simon (Hrsg.): *The Papers of Ulysses S. Grant,* 14 Bde., Carbondale, Ill., 1967–1985, Bd. VIII, S. 322–325 Anm.

35. Charles A Dana: *Recollections of the Civil War,* New York, 1902, S. 61 f.
36. Zitate nach Catton: *Grant Moves South,* S. 390f., und Foote: *Civil War,* Bd. II, S. 218 f.
37. Offizier aus Wisconsin zitiert nach Catton: *Glory Road,* S. 95; Mark DeWolfe Howe (Hrsg.): *Touched with Fire. Civil War Letters and Diary of Oliver Wendell Holmes, Jr., 1861–1864,* Cambridge, Mass., 1946, S. 73; Medill an Elihu Washburne, 16. Januar 1863, in: Catton: *Grant Moves South,* S. 369 f.

20. Feuer von hinten

1. Sumner an Francis Lieber, 17. Januar 1863, in: Edward L. Pierce: *Memoir and Letters of Charles Sumner,* 4 Bde., Boston, 1877–1893, Bd. IV, S. 114.
2. Frank L. Klement: *The Limits of Dissent. Clement L. Vallandigham and the Civil War,* Lexington, Ky., 1970, Kap. 1–6; das Zitat findet sich auf S. 79.
3. Vallandigham: *The Great Civil War in America,* New York, 1863, eine Streitschrift mit dem Text seiner Rede vor dem Kongreß vom Januar, wieder abgedruckt in: Frank Freidel (Hrsg.): *Union Pamphlets of the Civil War,* 2 Bde., Cambridge, Mass., 1967, Bd. II, S. 697–738. Die Zitate finden sich auf S. 706, 707, 711, 719, 732.
4. Von der Massenversammlung in New York berichtet Wood Gray: *The Hidden Civil War: The Story of the Copperheads,* New York, 1964 [zuerst 1942], S. 147; die Seymour-Zitate sind aus Nevins: *War,* Bd. II, S. 394, und William B. Hesseltine: *Lincoln and the War Governors,* New York, 1948, S. 282.
5. *Columbus Crisis,* 21. Januar 1863, zitiert nach Gray: *Hidden Civil War,* S. 125. Zu den ökonomischen Wurzeln des »Copperheadism« in der Region siehe Frank L. Klement: »Economic Aspects of Middle Western Copperheadism« in *Historian,* 14 (1951), S. 27–44, und Klement: *The Copperheads in the Middle West,* Chicago, 1960.
6. Vallandigham: *The Great Civil War* in: Freidel (Hrsg.): *Union Pamphlets,* S. 724, 729 f.; Cox; »Puritanism in Politics« in: Cox: *Eight Years in Congress,* New York, 1865, S. 283.
7. Zitate aus Bray Hammond: *Sovereignty and an Empty Purse. Banks and Politics in the Civil War,* Princeton, 1970, S. 314, 326 f.
8. Klement: »Economic Aspects of Middle Western Copperheadism«, a.a.O., S. 39 f.
9. Cox: »Puritanism in Politics« in *Eight Years in Congress,* S. 283; das John-Reynolds-Zitat bei Gray: *Hidden Civil War,* S. 115; das Samuel-Medary-Zitat bei V. Jacque Voegeli: *Free But Not Equal. The Midwest and the Negro during the Civil War,* Chicago, 1967, S. 77.
10. Zitate aus Gray: *Hidden Civil War,* S. 122, 133.
11. Nevins: *War,* Bd. II, S. 290; Bruce Catton: *Glory Road. The Bloody Route from Fredericksburg to Gettysburg,* Garden City, N. Y., 1952, S. 246; *O. R.,* Ser. 2, Bd. V, S. 216.

12. Hesseltine: *Lincoln and the War Governors,* S. 311–318; Nevins: *War,* Bd. II, S. 391ff.
13. *O. R.,* Ser. 1, Bd. XXIII, Tl. 2, S. 237.
14. *Ebd.,* Ser. 2, Bd. V, S. 633–646.
15. Die in Albany beschlossenen Resolutionen finden sich bei Freidel (Hrsg.): *Union Pamphlets,* Bd. II, S. 740–745.
16. Klement: *The Limits of Dissent,* S. 209ff.; Jones: *War Clerk's Diary* (Miers), S. 229f., mit der Zusammenfassung eines Memorandums, das der Agent Robert Ould über sein Gespräch mit Vallandigham angefertigt hatte. Das Memorandum selbst ist verlorengegangen.
17. *CWL,* Bd. VI, S. 260–269, 300–306. Vallandighams Anwälte legten gegen seine Verurteilung Berufung beim Supreme Court ein, mit der Begründung, in einem Nichtkriegsgebiet mit funktionierenden zivilen Gerichten seien Kriegsgerichtsverfahren gegen Zivilisten verfassungswidrig. Der Gerichtshof wich 1864 einer Entscheidung aus, indem er behauptete, für Kriegsgerichtsverfahren nicht die zuständige Berufungsinstanz zu sein. 1866 hingegen, als der Notstand der Kriegszeit vorüber war, entschied der Supreme Court in einem ähnlich gelagerten Fall aus dem Jahre 1864, daß das Kriegsgerichtsverfahren gegen einen »Copperhead« aus Indiana namens Lambdin Milligan verfassungswidrig gewesen sei.
18. Eine kurze Geschichte der Union Leagues mit zahlreichen Beispielen für ihre Publikationen bringt Freidel in *Union Pamphlets.* Einen Vergleich der Ziele dieser verschiedenen Organisationen und ihrer Mitglieder bietet Frank L. Klement in *Dark Lanterns. Secret Political Societies, Conspiracies, and Treason Trials in the Civil War,* Baton Rouge, 1984.
19. Christopher Dell: *Lincoln and the War Democrats,* Rutherford, N.J., 1975, S. 231–236; John Niven: *Connecticut for the Union. The Role of the State in the Civil War,* New Haven, 1965, S. 305–308.
20. Die Männer, die der allgemeinen Wehrpflicht unterlagen, zerfielen in zwei Klassen. Klasse 1 umfaßte alle ledigen und verheirateten Männer zwischen 20 und 35 Jahren, Klasse 2 umfaßte die verheirateten Männer über 35. Männer der Klasse 2 wurden erst eingezogen, wenn das Potential der Klasse 1 ausgeschöpft war, was praktisch bedeutete: so gut wie nie.
21. Die Kritik an der Möglichkeit des Freikaufs führte dazu, daß die finanzielle Ablösung 1864 abgeschafft wurde – allerdings nicht für Kriegsdienstverweigerer aus Gewissensgründen –, so daß mit dieser geringfügigen Einschränkung die Option des Freikaufs bei den beiden letzten Einberufungen im Juli und Dezember 1864 nicht mehr gegeben war.
22. Dieser und der folgende Absatz basieren auf verschiedenen Untersuchungen, von denen folgende genannt seien: Fred A. Shannon: *The Organization and Administration of the Union Army, 1861–1865,* 2 Bde., Cleveland, 1928, Bd. I, S. 195–323, Bd. II, S. 11–260; Eugene C. Murdock: *Patriotism Limited 1862–1865. The Civil War Draft and the Bounty System,* Kent, Ohio, 1967; Murdock: *One Million Men. The Civil War*

Draft in the North, Madison, 1971; Peter Levine: »Draft Evasion in the North during the Civil War, 1863–1865« in *JAH* 67 (1981), S. 816–834. Fast alle Eingezogenen waren jünger als 30 Jahre; ältere Männer konnten im allgemeinen die vorgesehenen Ausnahmeregelungen für sich in Anspruch nehmen oder die Ablösesumme bezahlen.

23. Basil L. Lee: *Discontent in New York City 1861–1865,* Washington, 1943, S. 90; Foote: *Civil War,* Bd. II, S. 151.
24. Robert E. Sterling: »Civil War Draft Resistance in the Middle West«, Ph.-D.-Dissertation, Northern Illinois University, 1974, S. 167, 150.
25. James W. Geary: »Civil War Conscription in the North: A Historiographical Review« in *CWH* (1986), S. 208–228; Eugene C. Murdock: »Was It a ›Poor Man's Fight‹?« in *CWH,* 10 (1964), S. 241–245; Murdock: *Patriotism Limited,* S. 211–215; Hugh C. Earnhart: »Commutation: Democratic or Undemocratic?« in *CWH,* 12 (1966), S. 132–142; Levine: »Draft Evasion«, a.a.O., S. 820–829.
26. Berechnet nach den Zahlenangaben bei Earnhart: »Commutation«, a.a.O., S. 138–142.
27. Zitiert nach Adrian Cook: *The Armies of the Streets. The New York City Draft Riots of 1863,* Lexington, Ky., 1974, S. 48.
28. Mehr als 150 000 Veteranen, die sich noch einmal zu den Waffen meldeten, erhielten ebenfalls Handgeld.
29. Wiley: *Billy Yank,* S. 343 f.; Bruce Catton: *A Stillness at Appomattox,* Garden City, N. Y., S. 25–29.
30. Wiley: *Billy Yank,* S. 428 Anm. 51 – es handelt sich um die Äußerung eines namentlich nicht genannten Historikers aus den Südstaaten, der diese Behauptung 1951 aufstellte.
31. Angaben über die Zahl der im Ausland geborenen Soldaten in der Unionsarmee finden sich in Benjamin A. Gould: *Investigations in Military and Anthropological Statistics of American Soldiers,* New York, 1869, in Ella Lonn: *Foreigners in the Union Army and Navy,* Baton Rouge, 1951, speziell S. 581 f., in Wiley: *Billy Yank,* S. 306–315, in Wiliam F. Fox: *Regimental Losses in the American Civil War 1861–1865,* Albany, 1889, S. 62 f., und in Edward Channing: *The War for Southern Independence* (Bd. VI seiner *History of the United States,* New York, 1925), S. 426 Anm. Eine ausgezeichnete Untersuchung zu diesem Thema in dem Bundesstaat mit dem höchsten Anteil an im Ausland geborenen Männern, Wisconsin, kommt zu dem Ergebnis, daß zwar mehr als die Hälfte der Männer im wehrfähigen Alter im Ausland geboren waren, daß aber nur 40 Prozent der Soldaten Wisconsins aus dem Ausland stammten. Richard N. Current: *The History of Wisconsin. The Civil War Era 1848–1873,* Madison, 1976, S. 306, 335.
32. Levine: »Draft Evasion«, a.a.O., S. 820–834; Sterling: »Midwest Draft Resistance«, S. 251–262.
33. Die Angaben über die Erwerbstätigkeit aller Männer im Jahre 1860 stammen aus den entsprechenden Angaben im gedruckten Zensus für dieses Jahr. Die Stichproben über

die frühere Erwerbstätigkeit der Unionssoldaten stammen aus folgenden Quellen: 1. Erhebung der U.S. Sanitary Commission über den Beruf von 666530 Unionssoldaten aus allen Staaten der Union mit Ausnahme Marylands und Delawares, 2. Bell Wileys Stichprobe von 13392 weißen Unionssoldaten in 114 Kompanien aus allen »freien« Staaten plus Missouri. (Kalifornien, Oregon und die Territorien sind in diesen Daten nicht enthalten.) Die Stichproben der Sanitary Commission und Wileys wurden den Stammrollen der Kompanien entnommen und sind in bezug auf die prozentuale Verteilung der Soldaten auf die einzelnen Staaten repräsentativ. Die Daten der Sanitary Commission teilte Gould in *Investigations in Military and Anthropological Statistics* mit, die Angaben Wileys wurden dem Verfasser freundlicherweise von Wiley selbst vor dessen Tod zur Verfügung gestellt. Ich bin ihm für seine Großzügigkeit sehr zu Dank verpflichtet, ebenso Patricia McPherson, die aus dem Zensus von 1860 in mühseliger Kleinarbeit die Angaben über die Erwerbstätigkeit zusammengestellt hat.

34. Stephan Thernstrom: *The Other Bostonians. Poverty and Progress in the American Metropolis,* Cambridge, Mass., 1973, insbesondere die Tabelle auf S. 234. Diese Tabelle faßt die Ergebnisse von Untersuchungen über berufliche Mobilität in verschiedenen Städten zusammen. Diese Untersuchungen zeigen, daß durchschnittlich 15 bis 20 Prozent der jungen *blue-collar*-Arbeiter in *white-collar*-Berufe aufstiegen, während fünf bis zehn Prozent der jungen *white-collar*-Arbeiter schließlich auf *blue-collar*-Positionen absanken. Diese Untersuchungen erfassen nicht die berufliche Mobilität von Bauernjungen, bei denen es eine stärkere Bewegung zu *white-collar*-Berufen gegeben haben mag.
35. *CG,* 37 Cong., 3 Sess., S. 1293, 1389.
36. Das Parteitagszitat bei Gray: *Hidden Civil War,* S. 123; das Zitat von James McMaster, dem Herausgeber des *Freeman's Journal,* bei Lee: *Discontent in New York City,* S. 239; das Seymour-Zitat bei Cook: *Armies of the Streets,* S. 53.
37. Übertriebene zeitgenössische Schätzungen, die von über 1000 Toten wissen wollten, fanden ihren Weg in volkstümliche Darstellungen der Unruhen. Die sorgfältigen Recherchen Adrian Cooks haben jedoch ergeben, daß nur 105 Personen definitiv umkamen und daß vielleicht ein Dutzend weiterer Todesfälle mit den Krawallen zusammenhängen mochten. Elf der Getöteten waren Schwarze, die dem Mob zum Opfer fielen, acht waren Soldaten und zwei Polizisten; die übrigen waren Krawallmacher. Cook: *Armies of the Streets,* S. 193f., 310 Anm.
38. *Ebd.,* passim, vor allem S. 117, 195f.
39. Zitate aus Armstead Robinson: »Bitter Fruits of Bondage: Slavery's Demise and the Collapse of the Confederacy, 1861–1865«, unveröffentlichtes Manuskript, Kap. 5, S. 15, 27.
40. Zitate aus Bell Irvin Wiley: *Southern Negroes 1861–1865,* New Haven, 1938, S. 49 Anm., und *O. R.,* Ser. 1, Bd. XVII, Tl. 2, S. 790. Statistiken zur Befreiung vom Kriegsdienst finden sich bei Albert B. Moore: *Conscription and Conflict in the Confederacy,* New York, 1924, S. 107f.

41. Jones: *War Clerk's Diary* (Miers), S. 170, 243, 164.
42. W. Buck Yearns und John G. Barrett (Hrsg.): *North Carolina Civil War Documentary,* Chapel Hill, 1980, S. 221; Paul D. Escott: *After Secession. Jefferson Davis and the Failure of Confederate Nationalism,* Baton Rouge, 1978, S. 108.
43. Robinson: »Bitter Fruits of Bondage«, Kap. 5, S. 38, 40.
44. Georgia Lee Tatum: *Disloyalty in the Confederacy,* Chapel Hill, 1944.
45. Die Zahlenangaben zu den konföderierten Soldaten entstammen einer Stichprobe von 9057 Mann aus den Kompanierollen von Regimentern aus Alabama, Arkansas, Georgia, Louisiana, Mississippi, North Carolina und Virginia. Dem verstorbenen Bell Irvin Wiley, der mir diese von ihm recherchierten Angaben großzügigerweise zur Verfügung stellte, bin ich zu besonderem Dank verpflichtet.
46. J. William Harris: *Plain Folk and Gentry in a Slave Society. White Liberty and Black Slavery in Augusta's Hinterlands,* Middletown. Conn., 1986, S. 152. Harris zog eine Stichprobe von Männern im wehrfähigen Alter aus drei Counties in Georgia, ermittelte aus den schriftlichen Antworten zum Zensus von 1860 ihr Vermögen und die Anzahl der Sklaven in ihrem Besitz (oder in Familienbesitz) und prüfte anhand der Liste der aus Georgia stammenden Soldaten in der konföderierten Armee, welche Männer aus seiner Stichprobe in der Armee dienten und welche nicht. Seine Befunde sind jedoch mit Vorsicht zu genießen; er fand nämlich kaum die Hälfte der Männer aus seiner Stichprobe auf der Liste der Soldaten aus Georgia wieder, wohingegen wir wissen, daß 70 bis 80 Prozent der weißen Südstaatler in wehrfähigem Alter in den Streitkräften der Konföderation dienten. Das Vermögen und die Anzahl der Sklaven von Männern, die in den unvollständigen Armeeunterlagen fehlen, hätten Harris' Befunde mit Sicherheit modifiziert.
47. Zitat aus Robinson: »Bitter Fruits of Bondage«, Kap. 6, S. 12. Über progressive Besteuerung und Wohlfahrtsmaßnahmen in Georgia und North Carolina unterrichten Peter Wallenstein: »Rich Man's War, Rich Man's Fight: Civil War and the Transformation of Public Finance in Georgia« in *JSH,* 50, (1984), S. 15–42, und Paul D. Escott: »Poverty and Government Aid for the Poor in Confederate North Carolina« in *North Carolina Historical Review,* 61 (1984), S. 462–480.
48. Zitate aus Escott: *After Secession,* S. 111.
49. E. Merton Coulter: *The Confederate States of America 1861–1865,* Baton Rouge, 1950, S. 422f.
50. Mrs. Roger A. Pryor: *Reminiscences of Peace and War,* New York, 1905, S. 238; Hudson Strode: *Jefferson Davis, Confederate President,* New York, 1959, S. 381. Gute Beschreibungen des Aufruhrs finden sich in Emory M. Thomas: *The Confederate State of Richmond,* Austin, 1917, S. 117–122, und in Emory M. Thomas: *The Confederate Nation, 1861–1865,* New York, 1979, S. 201–206.
51. *O. R.,* Ser. 1, Bd. XVIII, S. 958.
52. Thomas: *Confederate Nations,* S. 204f.; Jones: *War Clerk's Diary* (Miers), S. 296.
53. Mary Elizabeth Massey: *Refugee Life in the Confederacy,* Baton Rouge, 1964, doku-

mentiert zwar die Leiden und Entbehrungen der Flüchtlinge, macht jedoch keinen Versuch, deren Zahl oder Sterblichkeitsrate zu schätzen. In einem mit Krieg überzogenen Land gibt es unter den Zivilisten häufig eine höhere Zahl von kriegsbedingten Todesfällen als unter den Soldaten, weil es sehr viel mehr Zivilisten als Soldaten gibt. So sind in Europa in direktem oder indirektem Zusammenhang mit den Napoleonischen Kriegen wahrscheinlich doppelt so viele Zivilisten wie Soldaten ums Leben gekommen. Der amerikanische Bürgerkrieg war kürzer und spielte sich auf einer kleineren geographischen Fläche ab, weshalb der Anteil der getöteten Zivilisten deutlich niedriger gewesen sein dürfte. Außerdem scheint es während des amerikanischen Bürgerkriegs mit Ausnahme eines Gelbfieberausbruchs in Wilmington 1862 keine schweren Epidemien gegeben zu haben. Trotzdem waren Leid und Tod an der Tagesordnung, und eine faire Schätzung der kriegsbedingten Todesfälle unter der Zivilbevölkerung könnte auf eine Gesamtzahl von 50000 kommen, die man zu den 260000 gefallenen Soldaten der Konföderation hinzurechnen muß, um die menschlichen Kosten des Krieges für den Süden zu ermessen.

54. *CWL,* Bd. IV, S. 269.
55. Coulter: *Confederate States,* S. 287.
56. *O. R.,* Ser. 1, Bd. LII, Tl. 1, S. 331.
57. *Ebd.,* Ser. 4, Bd. III, S. 646ff.; *Richmond Examiner,* 21. Juli 1863.
58. *O. R.,* Ser. 4, Bd. II, S. 334f., 175.
59. Ludwell H. Johnson: »Trading with the Union: The Evolution of Confederate Policy« in *The Virginia Magazine of History and Biography,* 78 (1970), S. 314.
60. *O. R.,* Ser. 1, Bd. XVII, Tl. 2, S. 141.
61. *Ebd.,* S. 123. In Wirklichkeit waren die wenigsten Händler wirklich Juden, aber verärgerte Unionsoffiziere hatten sich angewöhnt, das Wort Jude ungefähr in derselben Weise zu gebrauchen wie die Südstaatler das Wort Yankee – als deskriptives Kürzel für jeden, der ihnen gerissen, habgierig, aggressiv und eventuell unehrlich vorkam.
62. Eine detailreiche Dokumentation dieser Angelegenheit bietet John Y. Simon (Hrsg.): *The Papers of Ulysses S. Grant,* 14 Bde., Carbondale, Ill., 1967–1985, Bd. VII, S. 50–56. Siehe auch Bruce Catton: *Grant Moves South,* Boston, 1960, S. 352–356.
63. Grant an Salmon P. Chase, 31. Juli 1863, in *O. R.,* Ser. 1, Bd. XXIV, Tl. 3, S. 538.
64. Zitate aus Gerald M. Capers: *Occupied City. New Orleans under the Federals 1862–1865,* Lexington, Ky., 1965, S. 89, 73, 71.
65. *Ebd.,* S. 79–94, 161–167; das Zitat steht auf S. 84.
66. Lincoln an Edward R. S. Canby, 12. Dezember 1864, in *CWL,* Bd. VIII, S. 163f. Während des Krieges gelangten rund 900000 Ballen Baumwolle aus der Konföderation in den Norden – fast die doppelte Menge dessen, was der Süden durch die Blockade hindurch zu exportieren vermochte. Etwa ein Drittel des Handels mit dem Norden erfolgte rechtmäßig auf der Basis von Ausnahmegenehmigungen in besetzten Gebieten; der Rest war illegal. Stanley Lebergott: »Why the South Lost: Commercial Purpose in the Confederacy, 1861–1865« in *JAH,* 70 (1983), S. 72f.

67. Capers: *Occupied City,* S. 164.
68. Robert E. Lee an seine Frau, 19. April 1863, in Clifford Dowdey und Louis H. Manarin (Hrsg.): *The Wartime Papers of R. E. Lee,* New York, 1961, S. 438.

21. Langes Erinnern: Der Sommer 1863

1. Samuel Carter III: *The Final Fortress. The Campaign for Vicksburg 1862–1863,* New York, 1980, S. 155; Peter F. Walker: *Vicksburg: A People at War, 1860–1865,* Chapel Hill, 1960, S. 151, 152.
2. *The Personal Memoirs of U. S. Grant,* 2 Bde., New York, 1885, Bd. I, S. 542f. Anm.
3. Carter: *Final Fortress,* S. 182.
4. Bruce Catton: *Grant Moves South,* Boston, 1960, S. 438.
5. Zitiert nach Walker: *Vicksburg,* S. 161.
6. Zitiert nach Carter: *Final Fortress,* S. 208.
7. Grant: *Memoirs,* Bd. I, S. 531.
8. *Ebd.,* S. 530f.
9. Zitiert nach Foote: *Civil War,* Bd. II, S. 388.
10. *Ebd.,* S. 387; Carter: *Final Fortress,* S. 207, 223.
11. Grant: *Memoirs,* Bd. I, S. 545; Charles A. Dana: *Recollections of the Civil War,* New York, 1899, S. 86.
12. *O. R.,* Ser. 1, Bd. XXIV, Tl. 2, S. 466, 459.
13. Walker: *Vicksburg,* S. 187f.
14. Bruce Catton: *Never Call Retreat,* New York, Pocket-Books-Ausg., 1967, S. 195f.; Walker: *Vicksburg,* S. 192–196.
15. *O. R.,* Ser. 1, Bd. XXIV, Tl. 1, S. 227f.
16. *O. R. Navy,* Ser. 1, Bd. XXV, S. 118.
17. Das Ehrenwort bedeutete, daß der Gefangene sich eidlich verpflichtete, als Gegenleistung für die Entlassung aus Kriegsgefangenschaft keine Waffe zu tragen, solange er nicht offiziell ausgetauscht war. Ein Jahr zuvor, im Juli 1862, hatten die Regierungen der Union und der Konföderation ein Abkommen über den Austausch von Kriegsgefangenen geschlossen.
18. Zitate aus Carter: *Final Fortress,* S. 297f., 301.
19. Dora Miller Richards: »A Woman's Diary of the Siege of Vicksburg« in *Century Magazine,* 30 (1885), S. 775; Frank E. Vandiver (Hrsg.): *The Civil War Diary of General Josiah Gorgas,* University, Ala., 1947, S. 50.
20. Grant: *Memoirs,* Bd. I, S. 567.
21. *O. R.,* Ser. 1, Bd. XXIV, Tl. 3, S. 473.
22. *CWL,* Bd. VI, S. 409. Lincolns schöne Formulierung traf allerdings nicht ganz zu, da konföderierte Guerillas den Verkehr der Nordstaaten auf dem Mississippi weiterhin störten.

23. *CWL,* Bd. VI, S. 230; T. Harry Williams: *Lincoln and His Generals,* New York, 1952, S. 272.
24. Williams: *Lincoln and His Generals,* S. 232.
25. *O. R.,* Ser. 1, Bd. XXV, Tl. 1, S. 171.
26. Alexander K. McClure: *Recollections of Half a Century,* Salem, Mass., 1902, S. 348.
27. Couch: »The Chancellorsville Campaign« in *Battles and Leaders,* Bd. III, S. 161.
28. Noah Brooks: *Washington in Lincoln's Time,* New York, 1896, S. 57f.; *Diary of Gideon Welles,* Hrsg. Howard K. Beale, 3 Bde., New York, 1960, Bd. I, S. 293.
29. Lee an Seddon, Telegramm und Brief, beide datiert vom 10. Mai 1863, in: *O. R.,* Ser. 1, Bd. XXV, Tl. 2, S. 790. Eine Analyse des Problems findet sich bei Archer Jones: *Confederate Strategy from Shiloh to Vicksburg,* Baton Rouge, 1961, S. 206–214.
30. John H. Reagan: *Memoirs, with Special Reference to Secession and the Civil War,* Austin, 1906, S. 120ff., 150–153.
31. Lee an John Bell Hood, 21. Mai 1863, in Clifford Dowdey und Louis H. Manarin (Hrsg.): *The Wartime Papers of R. E. Lee,* Boston, 1961, S. 490; die Worte des Kabinettsmitglieds zitiert Foote in *Civil War,* Bd. II, S. 432; Longstreet an Louis Wigfall, 13. Mai 1863, zitiert bei Jones in *Confederate Strategy,* S. 208. Nach dem Krieg kam es zwischen Longstreet und einigen Generälen aus Virginia zum Streit um die Verantwortung für die Niederlage von Gettysburg. Die Generäle kritisierten Longstreets halbherzige Mitwirkung an einer Invasion, von der er nicht überzeugt war, und vor allem seine angeblich zögerliche und ungeschickte Führung bei den Angriffen vom 2. und 3. Juli. Solche Unterstellungen waren im schlimmsten Fall falsch, im günstigsten Fall verzerrt. Wie dieser Brief belegt, war Longstreet sehr wohl für den Einmarsch in Pennsylvania; allerdings behauptete er später, er habe zwar eine Offensivstrategie unterstützt, jedoch zu einer defensiven Taktik geraten, nachdem die Konföderierten einmal nordstaatlichen Boden betreten hatten. Longstreet hob hervor, daß Lee ihm hierin beigepflichtet habe. Zeitgenössische Zeugnisse, die dieses (unwahrscheinliche) Eintreten Lees für eine defensive Taktik belegen würden, gibt es nicht. – Einen Überblick über den Streit zwischen Longstreet und den Generälen geben Glenn Tucker mit *Lee and Longstreet at Gettysburg,* Indianapolis, 1968, und Thomas L. Connelly in *The Marble Man. Robert E. Lee and His Image in American Society,* New York, 1977, Kap. 3.
32. Die bittere Ironie dieses Datums wird dem Leser nicht entgangen sein: Der Leitartikel erschien vier Tage nach der Niederlage der Konföderierten in Gettysburg. Meldungen hierüber trafen in Richmond erst am 9. Juli ein, und es dauerte ein, zwei Tage, bevor man sich über die Tragweite dieses völligen Umschwungs in Pennsylvania, entgegen den anfangs so optimistischen Meldungen, klar wurde.
33. Douglas Southall Freeman: *Lee's Lieutenants. A Study in Command,* 3 Bde., New York, 1942/44, Bd. III, S. 19.
34. Zitat aus Walter Lord (Hrsg.): *The Fremantle Diary. Being the Journal of Lieutenant Colonel James Arthur Lyon Fremantle, Coldstreame Guards, on his Three Months in the*

Southern States, Boston, 1954, S. 224. Siehe auch Edwin B. Coddington: *The Gettysburg Campaign. A Study in Command,* New York, 1968, S. 153–179. Eine Frau aus Chambersburg berichtete, wie Konföderierte ein paar schwarze Frauen und Kinder aus dieser Stadt davontrieben, »gerade so, wie wir Vieh treiben würden«. James C. Mohr (Hrsg.): *The Cormany Diaries. A Nothern Family in the Civil War,* Pittsburgh, 1982, S. 328 ff.

35. Dowdey und Manarin (Hrsg.): *Wartime Papers of Lee,* S. 507 ff.
36. Alexander H. Stephens: *A Constitutional View of the Late War Between the States,* 2 Bde., Chicago, 1868/70, Bd. II, S. 557–568; Rowland: *Davis,* Bd. V, S. 513–519.
37. Das Slidell-Zitat nach Frank Lawrence Owsley: *King Cotton Diplomacy,* Chicago, 1931, S. 465; Henry Adams an Charles Francis Adams, Jr., 25. Juni 1863, in: Worthington C. Ford (Hrsg.): *A Cycle of Adams Letters 1861–1865,* Boston, 1920, Bd. II, S. 40; das Hotze-Zitat bei Brian Jenkins: *Britain and the War for the Union,* 2 Bde., Montreal, 1974–1980, Bd. II, S. 313.
38. Henry Adams an Charles Francis Adams, Jr., 25. Juni 1863, in: Ford: *Cycle of Adams Letters,* Bd. II, S. 40 f.; *CWL,* Bd. VI, S. 249, 257, 273.
39. *CWL,* Bd. VI, S. 281; Beale (Hrsg.): *Diary of Gideon Welles,* Bd. I, S. 340, 344, 348.
40. Stephen M. Weld an seine Mutter, 10. Juni 1863, in *War Diary and Letters of Stephen Minot Weld 1861–1865,* Boston, 1912, S. 213. Weld war Hauptmann bei der 18. Massachusetts-Infanterie.
41. Wiley: *Billy Yank,* S. 283.
42. Zwanzig Jahre später gab Isaac Trimble, einer von Lees Divisionskommandeuren in Gettysburg, die »fast wörtliche« Schilderung einer Unterhaltung mit Lee vom 27. Juni, vier Tage vor Beginn der Schlacht, wieder. Wenn die Potomac-Armee nach Pennsylvania komme, um den Kampf mit ihm zu suchen, dann – so Lee – »werde ich ihrer Vorhut eine Übermacht entgegenwerfen und sie zerschlagen, dann lockerlassen, ein Korps nach dem anderen in die Flucht schlagen, durch dauernde Vorstöße und Überraschungsangriffe ... Panik erzeugen und die Armee buchstäblich vom Boden vertilgen ... [Dann] ist der Krieg vorbei, und wir werden endlich die Anerkennung unserer Unabhängigkeit erlangen«. Douglas Southall Freeman: *R. E. Lee: A Biography,* 4 Bde., New York, 1934/35, Bd. III, S. 58 f.
43. Lord (Hrsg.): *The Fremantle Diary,* S. 205; Longstreets Darstellung seines Gesprächs mit Lee findet sich in zwei Artikeln, die er zehn Jahre später schrieb: »Lee in Pennsylvania« in *Annals of the War,* Philadelphia, 1879, S. 421, und »Lee's Right Wing at Gettysburg« in *Battles and Leaders,* Bd. III, S. 339 f.
44. Bei der Schlacht von Cannae im Jahre 216 v. Chr. besiegte der Karthager Hannibal eine römische Armee – zufällig von etwa derselben Stärke wie die Unionsarmee in Gettysburg –, die er buchstäblich vernichtete, indem er ihre beiden Flanken mit einer doppelten Umklammerungsbewegung eindrückte. Cannae ist in der Militärgeschichte zum Synonym für einen vollständigen und vernichtenden taktischen Sieg geworden.
45. John Gibbon: »The Council of War on the Second Day« in *Battles and Leaders,* Bd. III, S. 314.

46. Longstreet: »Lee's Right Wing at Gettysburg«, *ebd.,* S. 343, 345.
47. Clifford Dowdey: *Death of a Nation. The Story of Lee and His Men at Gettysburg,* New York, 1958, S. 341; Foote: *Civil War,* Bd. II, S. 567f.
48. *O. R.,* Ser. 1, Bd. XXVII, Tl. 3, S. 539; Foote: *Civil War,* Bd. II, S. 575; Freeman Cleaves: *Meade of Gettysburg,* Norman, Okla., 1960, S. 172.
49. Cleaves: *Meade of Gettysburg,* S. 171; *CWL,* Bd. VI, S. 319f.
50. Strong: *Diary,* S. 330.
51. Beale (Hrsg.): *Diary of Gideon Welles,* Bd. I, S. 358–362.
52. Henry Adams an Charles Francis Adams, Jr., 23. Juli 1863, in: Ford (Hrsg.): *Cycle of Adams Letters,* Bd. II, S. 59f.
53. Lee an Davis, 8. August 1863, in: Dowdey und Manarin (Hrsg.): *Wartime Papers of R. E. Lee,* S. 589f.
54. Jones: *War Clerk's Diary* (Miers), S. 238; Betty L. Mitchell: *Edmund Ruffin. A. Biography,* Bloomington, 1981, S. 231; Vandiver (Hrsg.): *Diary of Gorgas,* S. 55.

22. Katzenjammer am Chattanooga

1. *CWL,* Bd. VI, S. 319.
2. Dennett: *Lincoln/Hay,* S. 66; *O. R.,* Ser. 1, Bd. XXII, Tl. 1, S. 91; David Homer Bates: *Lincoln in the Telegraphic Office,* New York, 1907, S. 157.
3. *The Diary of Gideon Welles,* Hrsg. Howard K. Beale, 3 Bde., New York, 1960, Bd. I, S. 370; Dennett: *Lincoln/Hay,* S. 69, 67; *CWL,* Bd. VI, S. 327f.
4. Dennett: *Lincoln/Hay,* S. 76.
5. *O. R.,* Ser. 1, Bd. XXIII, Tl. 2, S. 518.
6. Foote: *Civil War,* Bd. II, S. 674, 675.
7. Jones: *War Clerk's Diary* (Swiggett), Bd. II, S. 43; Wiley: *Johnny Reb,* S. 131; Rowland: *Davis,* Bd. V, S. 548, 554.
8. Zitat nach Robert Selph Henry: *»First with the Most« Forrest,* Indianapolis, 1944, S. 193. Die Verluste der Union bei Chickamauga betrugen rund 16000 Mann. Glen Tucker: *Chickamauga: Bloody Battle in the West,* Indianapolis, 1961, S. 388f.
9. Dennett: *Lincoln/Hay,* S. 106.
10. George Edgar Turner: *Victory Rode the Rails,* Indianapolis, 1953, S. 288–294; Thomas Weber: *The Northern Railroads in the Civil War,* New York, 1952, S. 181–186. Von Anfang bis Ende hatte der Transfer von Longstreets 12000 Infanteristen über rund 1400 Kilometer zwölf Tage gedauert, der Transport der Artillerie und der Pferde noch einmal vier Tage. Die Nachschubwagen samt Pferden hatte Longstreet in Virginia zurückgelassen.
11. *O. R.,* Ser. 1, Bd. XXX, Tl. 4, S. 404.
12. Bruce Catton: *Grant Takes Command,* Boston, 1969, S. 56.
13. Henry: *»First with the Most« Forrest,* S. 199; *O. R.,* Ser. 1, Bd. XXX, Tl. 4, S. 706.

14. *Memoirs of General William T. Sherman,* 2 Bde., 2. Aufl., New York, 1886, Bd. I, S. 390.
15. Zitate nach Joseph S. Fullerton: »The Army of the Cumberland at Chattanooga« in *Battles and Leaders,* Bd. III, S. 725, und James A. Connolly: *Three Years in the Army of the Cumberland,* (Paul M. Angle), Bloomington, 1959, S. 158.
16. Ulysses S. Grant: »Chattanooga« in *Battles and Leaders,* Bd. III, S. 693 Anm.; Braggs offizieller Bericht in *O. R.,* Ser. 1, Bd. XXXI, Tl. 2, S. 666.
17. Bragg an Jefferson Davis, 1. Dez. 1863, in *O. R.,* Ser. 1, Bd. LII, Tl. 2, S. 745. Den besten Einblick in die inneren Streitigkeiten der Tennessee-Armee bieten Thomas Lawrence Connelly in *Autumn of Glory: The Army of Tennessee, 1862–1865,* Baton Rouge, 1971, Kap. 10, und James Lee McDonough in *Chattanooga – A Death Grip on the Confederacy,* Knoxville, 1984, passim.
18. Jones: *War Clerk's Diary* (Swiggett), Bd. II, S. 50, 106; das Zitat von Hugh Lawson Clay nach Irvin Wiley: *The Road to Appomattox* (Atheneum-Ausg.), New York, 1973, S. 65; Woodward: *Chesnut's Civil War,* S. 501.
19. Zitate nach D. P. Crook: *The North, the South, and the Powers 1861–1865,* New York, 1974, S. 325, 326, und nach Worthington C. Ford (Hrsg.): *A Cycle of Adams Letters 1861–1865,* 2 Bde., Boston, 1920, Bd. II, S. 82.
20. Frank L. Owsley: *King Cotton Diplomacy,* Chicago, 1931, S. 88–145, 438–442, 447–449, 527–549; Crook: *The North, the South, and the Powers,* S. 333–343; Lynn M. Case und Warren F. Spencer: *The United States and France. Civil War Diplomacy,* Philadelphia, 1970, S. 427–480.
21. Beale (Hrsg.): *Diary of Gideon Welles,* Bd. I, S. 470.
22. Arnold Shankman: »For the Union as It Was and the Constitution as It Is: A Copperhead Views the Civil War« in: James I. Robertson, Jr., und Richard M. McMurry (Hrsg.): *Rank and File. Civil War Essays in Honor of Bell Irvin Wiley,* San Rafael, Calif., 1976, S. 97f., 104.
23. Arnold M. Shankman: *The Pennsylvania Antiwar Movement, 1861–1865,* Cranbury, N. J., 1980, S. 133, 139.
24. Frank L. Klement: *The Limits of Dissent. Clement L. Vallandigham and the Civil War,* Lexington, Ky., 1970, S. 245, 243; Wood Gray: *The Hidden Civil War. The Story of the Copperheads,* New York, 1964 [1942], S. 150; Shankman: *Pennsylvania Antiwar Movement,* S. 103f.
25. *Atlantic Monthly,* zitiert nach Lawrence Lader: *The Bold Brahmins,* New York, 1961, S. 290; *New York Tribune,* 8. Sept. 1865; Luis F. Emilio: *A Brave Black Regiment. History of the Fifty-Fourth Regiment of Massachusetts Volunteer Infantry 1863–1865,* Boston, 1894, S. 102f.
26. Damit war Grant gemeint, der Lincoln am 23. August geschrieben hatte: »Durch die Bewaffnung des Negers haben wir einen mächtigen Verbündeten gewonnen. [...] Dies und die Emanzipation des Negers sind die schwersten Schläge, welche die Konföderation bisher getroffen haben. [...] Sie werden gute Soldaten abgeben, und ihre Be-

freiung wird den Feind in dem Maße schwächen, wie es uns stärkt.« Lincoln Papers, Library of Congress.

27. *CWL,* Bd. VI, S. 401–410.
28. *Illinois State Journal,* 1. Dezember 1863, zitiert nach V. Jacque Voegeli: *Free But Not Equal. The Midwest and the Negro during the Civil War,* Chicago, 1967, S. 131; Strong: *Diary,* S. 408; *CWL,* Bd. VII, S. 49f.

23. »When this cruel war is over«

1. Thomas B. Alexander: »Persistent Whiggery in the Confederate South, 1860–1877« in *JSH,* 27 (1961), S. 305–310; Richard E. Beringer: »The Unconscious ›Spirit of Party‹ in the Confederate Congress« in *CWH,* 18 (1972), S. 312–316; Thomas B. Alexander und Richard E. Beringer: *The Anatomy of the Confederate Congress,* Nashville, 1972, S. 35–57.
2. *Journal of the Congress of the Confederate States of America,* 1861–1865, Washington, 1904/05, Bd. I, S. 846.
3. Viele Überlegungen in den letzten beiden Absätzen verdanke ich Eric L. McKitricks anregendem Essay »Party Politics and the Union and Confederate War Efforts« in: William Nisbet Chambers und Walter Dean Burnham: *The American Party Systems,* New York, 1967, S. 117–151.
4. Richard M. McMurry: »›The Enemy at Richmond‹: Joseph E. Johnston and the Confederate Government« in *CWH,* 27 (1981), S. 15f.
5. Jones: *War Clerk's Diary* (Miers), S. 302, 303, 304, 309; Edward Younger (Hrsg.): *Inside the Confederate Government. The Diary of Robert Garlick Hill Kean,* New York, 1957, S. 119.
6. Wilfred B. Yearns: *The Confederate Congress,* Athens, Ga., 1960, S. 49–59; Beringer: »The Unconscious ›Spirit of Party‹ in the Confederate Congress«, a.a.O., S. 314–323; Alexander: »Persistent Whiggery in the Confederate South«, a.a.O., S. 308f.; Alexander und Beringer: *Anatomy of the Confederate Congress,* passim.
7. Stephens an Herschel V. Johnson, 8. April 1864, in *O.R.,* Ser. 4, Bd. III, S. 278–280; Ulrich B. Phillips (Hrsg.): *The Correspondence of Robert Toombs, Alexander H. Stephens, and Howell Cobb,* Washington, 1913, S. 608, 611, 619, 623, 627, 628, 629; Albert B. Moore: *Conscription and Conflict in the Confederacy,* New York, 1924, S. 256–270.
8. Einige Richter in North Carolina, Georgia und anderswo hatten diese *writs* auf Antrag ausgestellt, um zu verhindern, daß Konskriptionsoffiziere die Antragsteller zur Armee einziehen konnten.
9. James Z. Rabun: »Alexander H. Stephens and Jefferson Davis« in *AHR,* 58 (1953), S. 308; Moore: *Conscription and Conflict in the Confederacy,* S. 270f.; John B. Robbins: »The Confederacy and the Writ of Habeas Corpus« in *Georgia Historical Quarterly,* 55 (1971), S. 93f.

10. Rabun: »Alexander H. Stephens and Jefferson Davis«, a.a.O., S. 311. Siehe auch John R. Brumgardt: »The Confederate Career of Alexander H. Stephens: The Case Reopened«, in: *CWH,* 27 (1981), S. 64–81, und Moore: *Conscription and Conflict in the Confederacy,* S. 272f.
11. Die meisten einschlägigen Untersuchungen sprechen von 23000 Deserteuren aus North Carolina – mehr als ein Fünftel aller Deserteure auf seiten der Konföderation und fast doppelt soviel wie aus jedem anderen Bundesstaat. Anhand von Stichproben aus Namenslisten von North-Carolina-Regimentern kam Richard Reid jedoch zu dem Schluß, daß die Gesamtzahl aller Deserteure aus diesem Staat nach unten zu korrigieren ist, und zwar auf rund 14000. Damit läge die Desertionsrate in North Carolina immer noch höher als in jedem anderen Staat, würde aber aus dem Gesamtdurchschnitt aller konföderierten Staaten nicht nennenswert herausfallen. Reid: »A Test Case of the ›Crying Evil‹: Desertion among North Carolina Troops during the Civil War« in *North Carolina Historical Review,* 58 (1981), S. 234–262. Allerdings basieren Reids Berechnungen primär auf den im ersten Kriegsjahr eingezogenen Regimentern; außerdem sind für viele dieser Regimenter die Unterlagen nur bis Ende 1864 vollständig. Da die Desertionsrate in später aufgestellten Regimentern im allgemeinen höher war als in denen der ersten Stunde und da die Desertionen in den letzten Kriegsmonaten katastrophal zunahmen, dürfte Reids Schätzung von 14000 Deserteuren zu niedrig sein.
12. Georgia Lee Tatum: *Disloyalty in the Confederacy,* Chapel Hill, 1934, S. 107–135; William T. Auman und David D. Scarboro: »The Heroes of America in Civil War North Carolina« in *North Carolina Historical Review,* 58 (1981), S. 327–363; William T. Auman: »Neighbor against Neighbor: The Inner Civil War in the Randolph County Area of Confederate North Carolina« in *North Carolina Historical Review,* 61 (1984), S. 59–92.
13. John G. Barrett: *The Civil War in North Carolina,* Chapel Hill, 1963, S. 242.
14. J. C. McRae an Peter Mallett, 21. August 1863, in: *O. R.,* Ser. 1, Bd. XXIX, Tl. 2, S. 660; Younger (Hrsg.): *Inside the Confederate Government,* S. 103f.
15. Tatum: *Disloyalty,* S. 125 und Anm.; »An Old Friend« an Vance, 2. Januar 1864, in: W. Buck Yearns und John G. Barrett (Hrsg.): *North Carolina Civil War Documentary,* Chapel Hill, 1980, S. 296.
16. Vance an W. A. Graham, 1. Januar 1864, zitiert nach Richard E. Yates: *The Confederacy and Zeb Vance,* Tuscaloosa, Ala., 1958, S. 95; Vance an Davis, 30. Januar 1863, nach Rowland: *Davis,* Bd. VI, S. 141f.
17. Er entging auch der gescheiten Mary Boykin Chesnut und ihrem Gatten James, dem Adjutanten Davis'. Sie deuteten Vance' Brief als Anregung, den Frieden auch ohne Sieg zu akzeptieren, was das Ende der Konföderation gewesen wäre. Woodward: *Chesnut's Civil War,* S. 527.
18. Davis an Vance, 8. Januar 1864, nach Rowland: *Davis,* Bd. VI, S. 143–146.
19. *Ebd.,* S. 165; Horace W. Raper: »William H. Holden and the Peace Movement in

North Carolina« in *North Carolina Historical Review,* 31 (1954), S. 509f. Im Mai nahm Holden die Herausgabe des *Standard* wieder auf.

20. Yearns und Barrett (Hrsg.): *North Carolina Civil War Documentary,* S. 302ff.
21. Richard Bardolph: »Inconstant Rebels: Desertion of North Carolina Troops in the Civil War« in *North Carolina Historical Review,* 41 (1964), S. 184. Siehe auch Marc W. Kruman: *Parties and Politics in North Carolina,* 1836–1865, Baton Rouge, 1983, S. 249–265.
22. *CWL,* Bd. VII, S. 53–56.
23. Zusammenfassungen der verschiedenen Theorien bieten Charles H. McCarthy: *Lincoln's Plan of Reconstruction,* New York, 1901, S. 190–217, Eric L. McKitrick: *Andrew Johnson and Reconstruction,* Chicago, 1960, S. 96–119, und Herman Belz: *Reconstructing the Union: Theory and Policy during the Civil War,* Ithaca, 1969, S. 7–13.
24. *CWL,* Bd. VIII, S. 402f.
25. Phillips an Benjamin Butler, 13. Dezember 1863, Benjamin Butler Papers, Library of Congress; Phillips an George W. Julian, 27. März 1864, Giddings-Julian Papers, Library of Congress; *Liberator,* 20. Mai 1864.
26. *Liberator,* 8. August 1862; *New York Tribune,* 23. Januar 1863; Eric Foner: »Thaddeus Stevens, Confiscation, and Reconstruction« in: Stanley Elkins und Eric McKitrick (Hrsg.): *The Hofstadter Aegis. A Memorial,* New York, 1974, S. 154; Fawn M. Brodie: *Thaddeus Stevens: Scourge of the South,* New York, 1959, S. 231f.
27. *CWL,* Bd. VII, S. 56; Chase an Horace Greeley, 29. Dezember 1863, zitiert bei Hans L. Trefousse: *The Radical Republicans. Lincoln's Vanguard for Racial Justice,* New York, 1969, S. 285.
28. Lincoln an James S. Wadsworth, wahrscheinlich Januar 1864, in *CWL,* Bd. VII, S. 101. Die Echtheit dieses Briefes ist umstritten, doch betreffen die Zweifel zwei wahrscheinlich unechte Absätze, die hier nicht zitiert worden sind. Auch die Zweifler geben zu, daß die ersten beiden Absätze des Briefes mit dem obigen Zitat wahrscheinlich echt sind. Siehe Ludwell E. Johnson: »Lincoln and Equal Rights: The Authenticity of the Wadsworth Letter« in *JSH,* 32 (1966), S. 83–87, und Harold M. Hyman: »Lincoln and Equal Rights for Negroes: The Irrelevancy of the ›Wadsworth Letter‹« in *CWH,* 12 (1966), S. 258–266. Wadsworth war Generalmajor in der Potomac-Armee und ein führender New Yorker Republikaner, der bei der Gouverneurswahl 1862 unterlegen war. Er fiel am 6. Mai 1864.
29. *CWL,* Bd. VII, S. 52.
30. Lincoln an Banks, 5. November 1863, *ebd.,* S. 1f.
31. Banks an Lincoln, 30. Dezember 1863, Lincoln Papers, Library of Congress; Lincoln an Banks, 13. Januar 1864, *CWL,* Bd. VII, S. 123f.
32. Zitate aus Peyton McCrary: *Abraham Lincoln and Reconstruction. The Louisiana Experiment,* Princeton, 1978, S. 197, 228; Banks an Lincoln, 30. Dezember 1863, Lincoln Papers.

33. Benannt nach Benjamin Wade, dem Vorsitzenden des Committee on Territories im Senat, und Henry Winter Davis, dem Vorsitzenden eines Sonderausschusses des Repräsentantenhauses zu Fragen der Rekonstruktion. Beide Männer waren Radikale. Davis kam aus Maryland – ein deutliches Zeichen dafür, wie der Krieg diesen *border state* revolutioniert hatte. Am 24. Juni 1864 beschloß eine verfassunggebende Versammlung in Maryland einen Verfassungszusatz über die Abschaffung der Sklaverei, der von den Wählern am 13. Oktober mit knapper Mehrheit ratifiziert wurde.
34. *CWL,* Bd. III, S. 107.
35. Lincoln an Hahn, 13. März 1864, *CWL,* Bd. VII, S. 243. Siehe auch McCrary: *Lincoln and Reconstruction,* S. 256–263, LaWanda Cox: *Lincoln and Black Freedom. A Study in Presidential Leadership,* Columbia, S. C., 1981, S. 92, und Ted Tunnell: *Crucible of Reconstruction: War, Radicalism and Race in Louisiana 1862–1877,* Baton Rouge, 1984, S. 36–65.
36. Cox: *Lincoln and Black Freedom,* S. 104; McCrary: *Lincoln and Reconstruction,* S. 271 f.
37. *CG,* 38 Cong., 1 Sess., S. 3449. Siehe auch Belz: *Reconstructing the Union,* S. 183, 201 f., 217.
38. *Principia,* 12. Mai 1864; *Boston Commonwealth,* 15. Juli 1864.
39. *New York Tribune,* 5. August 1864; *CG,* 38 Cong., 1 Sess., S. 682.
40. *CWL,* Bd. VII, S. 55.
41. Der Wortlaut von Banks' Regulierungen findet sich in *O. R.,* Ser. 1, Bd. XV, S. 666 f., und Bd. XXXIV, Tl. 2, S. 227–231; die abolitionistischen und schwarzen Reaktionen wurden zitiert nach James M. McPherson: *The Struggle for Equality. Abolitionists and the Negro in the Civil War and Reconstruction,* Princeton, 1964, S. 290, 293, und McPherson: *The Negro's Civil War,* New York, 1965, S. 129 f. Die Darstellung der Kriegspolitik gegenüber den befreiten Schwarzen basiert auf Forschungen des Autors sowie auf Untersuchungen anderer Historiker; genannt seien vor allem Bell Irvin Wiley: *Southern Negroes 1861–1865,* New Haven, 1938, Willie Lee Rose: *Rehearsal for Reconstruction: The Port Royal Experiment,* Indianapolis, 1964, Louis S. Gerteis: *From Contraband to Freedman: Federal Policy Toward Southern Blacks 1861–1865,* Westport, Conn., 1973, Lawrence N. Powell: *New Masters. Northern Planters During the Civil War and Reconstruction,* New Haven, 1980, C. Peter Ripley: *Slaves and Freedmen in Civil War Louisiana,* Baton Rouge, 1976, McCrary: *Abraham Lincoln and Reconstruction,* und Cox: *Lincoln and the Freedmen.*
42. *CG,* 38 Cong., 1 Sess., S. 2107 f., 3518; Belz: *Reconstructing the Union,* S. 241 f.
43. *CWL,* Bd. VII, S. 433.
44. *New York Tribune,* 5. August 1864.
45. Chase an William Sprague, 26. November 1863, in J. W. Schuckers: *Life and Public Services of Salmon Portland Chase,* New York, 1874, S. 494; das Wade-Zitat steht bei Dennett: *Lincoln/Hay,* S. 53.
46. James G. Randall und Richard N. Current: *Lincoln the President: Last Full Measure,* New York, 1955, S. 99.

47. Chase an Lincoln, 22. Februar 1864, Lincoln an Chase, 29. Februar 1864, *CWL,* Bd. VII, S. 200f., 212f.; Thomas Graham Belden: *So Fell the Angels,* Boston, 1956, S. 108–117; Randall und Current: *Lincoln the President,* S. 95–110; William Frank Zornow: *Lincoln & the Party Divided,* Norman, Okla., 1954, S. 23–56.
48. *New York Tribune,* 1. Juni 1864; Zornow: *Lincoln & the Party Divided,* S. 72–86; McPherson: *The Struggle for Equality,* S. 267–278.
49. *Liberator,* 24. Juni 1864.
50. Nach dem Krieg entbrannte ein Streit um die Frage, ob Lincoln in dieser Sache neutral geblieben war oder bei der Nominierung Johnsons die Finger im Spiel hatte. Zwei der gründlichsten Untersuchungen kommen zu dem Schluß, daß Lincolns Einfluß sogar ausschlaggebend war; siehe Randall und Current: *Lincoln the President,* S. 13–34, und Zornow: *Lincoln & the Party Divided,* S. 99–103.

24. Und wenn es den ganzen Sommer dauert

1. *CWL,* Bd. VIII, S. 332.
2. Clifford Dowdey: *Lee's Last Campaign. The Story of Lee and His Men against Grant – 1864,* Boston, 1960, S. 60.
3. Bruce Catton: *A Stillness at Appomattox,* Garden City, N. Y., 1957, S. 36.
4. *Ebd.,* S. 25, 26; Wiley: *Billy Yank,* S. 343f.; John J. Pullen: *The Twentieth Maine: A Volunteer Regiment in the Civil War,* Philadelphia, 1957, S. 154.
5. *O. R.,* Ser. 1, Bd. XLII, Tl. 2, S. 783.
6. Larry E. Nelson: *Bullets, Ballots, and Rhetoric. Confederate Policy for the United States Presidential Contest of 1864,* University, Ala., 1980, S. 14, 51; Jones: *War Clerk's Diary* (Swiggett), Bd. II, S. 229.
7. Douglas Southall Freeman (Hrsg.): *Lee's Dispatches. Unpublished Letters of General Robert E. Lee ... to Jefferson Davis,* New York, 1915, S. 185; Herman Hattaway und Archer Jones: *How the North Won: A Military History of the Civil War,* Urbana, Ill., 1983, S. 532; *O. R.,* Ser. 1, Bd. XXXII, Tl. 3, S. 588.
8. Foote: *Civil War,* Bd. III, S. 4; Strong: *Diary,* S. 416.
9. *O. R.,* Ser. 1, Bd. XLVI, Tl. 1, S. 11, Bd. XXXIII, S. 827f., Bd. XXXII, Tl. 3, S. 246.
10. Dennett: *Lincoln/Hay,* S. 178f.
11. Ludwell H. Johnson: *Red River Campaign. Politics and Cotton in the Civil War,* Baltimore, 1958.
12. *O. R.,* Ser. 1, Bd. XLVI, Tl. 1, S. 20.
13. *Ebd.,* Bd. XXXVI, Tl. 2, S. 840.
14. Horace Porter: *Campaigning with Grant,* New York, 1897, S. 69f.
15. Foote: *Civil War,* Bd. III, S. 186.
16. *Ebd.,* S. 189–191; Catton: *A Stillness at Appomattox,* S. 91f.
17. Joseph P. Cullen: *Where a Hundred Thousand Fell. The Battles of Fredericksburg, Chan-*

cellorsville, the Wilderness and Spotsylvania Court House, Washington, 1966, S. 52f.

18. In Nachkriegsreminiszenzen rühmten sich verschiedene Nordstaatenregimenter dieser Tat. Der Baumstumpf wurde später bei der Centennial Exposition in Philadelphia ausgestellt und in der Smithsonian Institution konserviert. Splitter von diesem Baum waren bald so zahlreich wie die Stücke vom Kreuz Christi. G. Norton Galloway: »Hand-to-Hand Fighting at Spotsylvania«, Robert McAllister: »McAllister's Brigade at the Bloody Angle«, und James L. Bowen: »General Edward's Brigade at the Bloody Angle«, alle in *Battles and Leaders,* Bd. IV, S. 173, 176, 177.
19. Catton: *A Stillness at Appomattox,* S. 127; Bruce Catton: *Grant Takes Command,* Boston, 1968, S. 235; Galloway: »Hand-to-Hand Fighting at Spotsylvania« in *Battles and Leaders,* Bd. IV, S. 174.
20. Howard K. Beale (Hrsg.): *Diary of Gideon Welles,* 3 Bde., New York, 1960, Bd. II, S. 33; Strong: *Diary,* S. 449; Jones: *War Clerk's Diary* (Swiggett), S. 213, 219.
21. *O. R.,* Ser. 1, Bd. XXXVI, Tl. 2, S. 672; Nevins: *War,* Bd. IV, S. 35; Noah Brooks: *Washington in Lincoln's Time,* New York, 1895, S. 148f.
22. Brooks: *Washington in Lincoln's Time,* S. 149; *CWL,* Bd. VII, S. 334; Strong: *Diary,* S. 447.
23. Der Goldpreis maß den Wert des Dollars, bezogen auf den Wert des Goldes. Ein Goldpreis von 191 bedeutete, daß man 191 Papierdollar *(greenbacks)* hinlegen mußte, um 100 Golddollar zu kaufen. Der Wert des Papierdollars stieg und fiel mit dem Vertrauen in die militärischen Aussichten des Nordens: je höher der Goldpreis, desto niedriger der Wert des Dollars.
24. Nicht alle Soldaten aus diesen Regimentern kehrten in ihre Heimat zurück. Manche hatten sich erneut verpflichtet, bei anderen war die reguläre Dienstzeit noch nicht abgelaufen. Diese Leute wurden anderen Regimentern desselben Bundesstaates zugeteilt.
25. Über die Gesamtverluste der Konföderierten gibt es von diesem Feldzug keine genauen Zahlen, weshalb die Angaben über die Verluste in Lees Armee bestenfalls eine Schätzung sind.
26. Catton: *A Stillness at Appomattox,* S. 138; Mark DeWolfe Howe (Hrsg.): *Touched with Fire. Civil War Letters and Diary of Oliver Wendell Holmes, Jr., 1861–1864,* Cambridge, Mass., 1946, S. 149f.
27. *O. R.,* Ser. 1, Bd. XXXVI, Tl. 3, S. 206.
28. Catton: *A Stillness at Appomattox,* S. 159.
29. Porter: *Campaigning with Grant,* S. 179; George Meade: *Life and Letters of George Gordon Meade,* 2 Bde., New York, 1913, Bd. II, S. 201.
30. Catton: *A Stillness at Appomattox,* S. 159.
31. Briefe eines Soldaten der 122. New Yorker, abgedruckt im *Syracuse Daily Journal* vom 10. August 1863 und 19. September 1864, zitiert nach David B. Swinfen: *Ruggles' Regiment: The 122nd New York Volunteers in the American Civil War,* Hanover, N. H., 1982, S. 91.

32. Virgil Carrington Jones: *Gray Ghosts and Rebel Raiders,* 2 Bde., Atlanta, 1973 (Mockingbird Books), Bd. II, S. 73.
33. P. G. T. Beauregard: »Four Days of Battle at Petersburg« in *Battles and Leaders,* Bd. IV, S. 541.
34. Catton: *A Stillness at Appomattox,* S. 196.
35. *O. R.,* Ser. 1, Bd. XL, Tl. 2, S. 179, 205.
36. Catton: *A Stillness at Appomattox,* S. 198, 199; *O. R.,* Ser. 1, Bd. XL, Tl. 2, S. 156f.
37. George R. Agassiz (Hrsg.): *Meade's Headquarters, 1863–1865. Letters of Colonel Theodore Lyman,* Boston, 1922, S. 147.
38. John H. Martindale an Benjamin Butler, 5. August 1864, in: Jesse A. Marshall (Hrsg.): *Private and Official Correspondence of General Benjamin F. Butler during the Period of the Civil War,* 5 Bde., Norwood, Mass., 1917, Bd. V, S. 5.
39. Frank L. Klement: *The Copperheads in the Middle West,* Chicago, 1960, S. 233; Mrs. Sarah Butler an Benjamin Butler, 19. Juni 1864, in: Marshall (Hrsg.): *Correspondence of Benjamin Butler,* Bd. IV, S. 418.
40. *CWL,* Bd. VII, S. 394f.
41. *Ebd.,* S. 396; Foote: *Civil War,* Bd. III, S. 442.
42. Woodward: *Chesnut's Civil War,* S. 268.
43. Basil H. Liddell Hart: *Sherman: Soldier, Realist, American,* New York, 1929, S. 402.
44. Lloyd Lewis: *Sherman: Fighting Prophet,* New York, 1932, S. 357.
45. Samuel Carter III: *The Siege of Atlanta, 1864,* New York, 1973, S. 125.
46. Gilbert E. Govan und James W. Livingood: *A Different Valor. The Story of General Joseph E. Johnston, C. S. A.,* Indianapolis, 1956, S. 274; Sam R. Watkins: *»Co. Aytch«. A Side Show of the Big Show,* New York, 1962 (Collier Books), S. 169.
47. Govan und Livingood: *A Different Valor,* S. 277; Carter: *Siege of Atlanta,* S. 130.
48. Von Südstaatlern ist früher stets bestritten worden, daß es ein solches Massaker an mehreren Dutzend schwarzer Kriegsgefangener und einigen Weißen – unter ihnen Festungskommandant Major William F. Bradford, der gefangengenommen und anschließend »auf der Flucht« erschossen wurde – überhaupt gegeben habe; der Wahrheitsgehalt dieses Vorfalls ist aber mittlerweile gut belegt und wird allgemein anerkannt. Zusammenfassende Untersuchungen des Materials bieten Robert Selph Henry: *»First with the Most« Forrest,* Indianapolis, 1944, S. 248–269, Albert Castel: »The Fort Pillow Massacre. A Fresh Examination of the Evidence« in *CWH,* 4 (1958), S. 37–50, und John Cimprich und Robert C. Mainfort, Jr.: »Fort Pillow Revisited: New Evidence about an Old Controversy« in *CWH,* 28 (1982), S. 293–306.
49. Henry: *Forrest,* S. 277; *O. R.,* Ser. 1, Bd. XXXIX, Tl. 2, S. 121.
50. *O. R.,* Ser. 1, Bd. XXXVIII, Tl. 4, S. 507, 492.
51. Watkins: *»Co. Aytch«,* S. 160.
52. Mary Mallard zitiert nach Carter: *Siege of Atlanta,* S. 141; *Atlanta Daily Intelligencer,* 3. Juli 1864, zitiert nach A. A. Hoehling: *Last Train from Atlanta,* New York, 1958, S. 23.
53. Carter: *Siege of Atlanta,* S. 141; *New York World,* 12. Juli 1864; Strong: *Diary,* S. 467.

25. Vier Jahre lang gescheitert

1. A. A. Hoehling (Hrsg.): *Last Train from Atlanta,* New York, 1958, S. 17.
2. *Ebd.,* 58f.
3. Edward Younger (Hrsg.): *Inside the Confederate Government. The Diary of Robert Garlick Hill Kean,* New York, 1957, S. 165; Jefferson Davis an Joseph E. Johnston, 7. Juli 1864, in: Rowland: *Davis,* Bd. VI, S. 283.
4. Hood an Bragg, 14. Juli 1864, in *O. R.,* Ser. 1, Bd. XXXVIII, Tl. 5, S. 879f.; Clifford Dowdey (Hrsg.): *The Wartime Papers of R. E. Lee,* New York, 1961, S. 821f.; Herman Hattaway und Archer Jones: *How the North Won. A Military History of the Civil War,* Urbana, 1983, S. 607.
5. *O. R.,* Ser. 1, Bd. XXXVIII, Tl. 5, S. 882f.
6. Administrationsfeindliche Zeitungen erklärten Johnstons Ablösung mit Davis' »kaltem, hinterhältigem Haß« auf den General. Ein Veteran der Armee erinnerte sich, daß einige Soldaten desertierten, als sie von der Ablösung Johnstons erfuhren. Andere Soldaten waren indes derselben Meinung wie ein Artillerie-Lieutenant, der schrieb, niemand »hätte sich träumen lassen, daß Johnston jemals so weit zurückweichen würde. [...] Ich glaube, Johnston hat nie gekämpft und wird nie kämpfen«. *Richmond Whig,* zitiert nach Thomas L. Connelly: *Autumn of Glory: The Army of Tennessee, 1862–1865,* Baton Rouge, 1971, S. 405; Sam R. Watkins: *»Co. Aytch«. A Side Show of the Big Show,* New York, 1962 (Collier Books), S. 172; Hoehling: *Last Train from Atlanta,* S. 49, 77. Zum Urteil der Historiker über die genannte Kontroverse siehe Connelly: *Autumn of Glory,* S. 391–426, Gilbert E. Govan und James W. Livingood: *A Different Valor. The Story of General Joseph E. Johnston,* Indianapolis, 1956, S. 308–336, und Richard McMurry: *John Bell Hood and the War for Southern Independence,* Lexington, Ky., 1982, S. 116–124.
7. William T. Sherman: »The Grand Strategy of the Last Year of the War« in *Battles and Leaders,* Bd. IV, S. 253; *Memoirs of General William T. Sherman,* 2. Aufl., 2 Bde., New York, 1886, Bd. II, S. 72.
8. *Memoirs of Sherman,* Bd. II, S. 111. Dazu ist zu sagen, daß Fabriken, Bahnanlagen, Magazine und andere militärische Ziele – auch Artilleriestellungen – in den Wohngebieten Atlantas verstreut waren.
9. Das Zitat aus dem *Intelligencer* bei Hoehling: *Last Train from Atlanta,* S. 325, und bei Samuel Carter III: *The Siege of Atlanta, 1864,* New York, 1973, S. 275; Jones: *War Clerk's Diary* (Swiggett), Bd. II, S. 259.
10. Zitiert nach Hoehling: *Last Train from Atlanta,* S. 167, 251.
11. Die Zitate aus der nordstaatlichen Presse *ebd.,* S. 92, 99, 107, 126, 221, 278, 330; der Brief des Soldaten aus Wisconsin *ebd.,* S. 290; Strong: *Diary,* S. 474.
12. James G. Randall und Richard N. Current: *Lincoln the President: Last Full Measure,* New York, 1955, S. 200; Benjamin P. Thomas: *Abraham Lincoln. A Biography,* New York, 1952, S. 434.

13. Das *Times*-Zitat bei Foote: *Civil War,* Bd. III, S. 461; Strong: *Diary,* S. 467, 474.
14. *CWL,* Bd. VII, S. 448f.; Frank L. Klement: *The Copperheads in the Middle West,* Chicago, 1960, S. 233.
15. *O. R.,* Ser. 1, Bd. XXXVII, Tl. 2, S. 558.
16. Henry Pleasants, Jr.: *The Tragedy of the Crater,* Washington, 1938, S. 32; William H. Powell: »The Battle of the Petersburg Crater« in *Battles and Leaders,* Bd. IV, S. 545.
17. Henry Goddard Thomas: »The Colored Troops at Petersburg« in *Battles and Leaders,* Bd. IV, S. 563.
18. Powell: »The Battle of the Petersburg Crater«, *ebd.,* S. 548.
19. *O. R.,* Ser. 1, Bd. XL, Tl. 1, S. 17.
20. Wood Gray: *The Hidden Civil War. The Story of the Copperheads,* New York, 1942, S. 174; Edward Chase Kirkland: *The Peacemakers of 1864,* New York, 1927, S. 108.
21. Frank L. Klement: *The Limits of Dissent. Clement L. Vallandigham and the Civil War,* Lexington, Ky., 1970, S. 262–278; Gray: *Hidden Civil War,* S. 172ff.
22. Greeley an Lincoln, 7. Juli 1864, Lincoln an Greeley, 9. Juli 1864, in *CWL,* Bd. VII, S. 435.
23. Oscar A. Kinchen: *Confederate Operations in Canada and the North,* North Quincy, Mass., 1970, S. 29f.; Larry E. Nelson: *Bullets, Ballots, and Rhetoric: Confederate Policy for the United States Presidential Contest of 1864,* University, Ala., 1980, S. 19f.; Jones: *War Clerk's Diary* (Swiggett), Bd. II, S. 155.
24. *Journal of the Confederate Congress,* Washington, 1905, Bd. VI, S. 845; Kriegsminister James A. Seddon an Hines, 16. März 1864, in: James D. Horan: *Confederate Agent. A Discovery in History,* New York, 1954, S. 72f.
25. Thompson an Judah P. Benjamin, 3. Dezember 1864, in *O. R.,* Ser. 1, Bd. XLIII, Tl. 2, S. 930–936. Die Informationen in diesem Absatz stammen im wesentlichen aus Kinchen: *Confederate Operations in Canada* und aus Nelson: *Bullets, Ballots, and Rhetoric,* zwei wissenschaftlichen Untersuchungen, die auf erbeuteten Dokumenten der Konföderation und den Aufzeichnungen konföderierter Beamter basieren, sowie aus Horan: *Confederate Agent,* einem mit Vorsicht zu genießenden Sensationsbericht, der sich stark auf die Memoiren Hines' und anderer konföderierter Agenten stützt. Sogar Frank Klement, der führende Historiker der »Copperheads«, der die meisten »Beweise« für deren heimliche Komplizenschaft mit den Rebellen für ein Gespinst aus »Gerüchten, Vermutungen und freier Erfindung« hält, das von den Republikanern aus politischen Gründen in die Welt gesetzt worden sei, räumt ein, daß mehrere Friedensdemokraten 1864 von Agenten der Konföderation Geld und Waffen bekommen haben. Klement: *Dark Lanterns. Secret Political Societies, Conspiracies, and Treason Trials in the Civil War,* Baton Rouge, 1984, S. 33, 154–177.
26. Thompson an Benjamin, 7. Juli 1864, James P. Holcombe an Clement C. Clay, 10. Juli 1864, zitiert nach Kinchen: *Confederate Operations in Canada,* S. 55.
27. Zitiert *ebd.,* S. 72.

28. Clement C. Clay an Judah P. Benjamin, 11. August 1864, in *O. R.,* Ser. 4, Bd. III, S. 585; Nelson: *Bullets, Ballots, and Rhetoric,* S. 82–85.
29. *CWL,* Bd. VII, S. 451; Clay und Holcombe an Jefferson Davis, 25. Juli 1864, in: Nelson: *Bullets, Ballots, and Rhetoric,* S. 67; *New York Tribune,* 22. Juli 1864.
30. Clay an Judah P. Benjamin, 11. August 1864, in *O. R.,* Ser. 4, Bd. III, S. 585 f.; Greeley an Lincoln, 9. August 1864, Lincoln Papers, Library of Congress.
31. Davis' Worte sind später in verschiedenen Versionen im Druck erschienen; drei davon stammen von Gilmore selbst: *im Boston Transcript,* 22. Juli 1864, im *Atlantic Monthly,* 14 (September 1864), S. 378–383, und in James R. Gilmore: *Personal Recollections of Abraham Lincoln and the Civil War,* Boston, 1898, S. 261–273; eine stammt von Judah P. Benjamin und findet sich in einem Zirkular an James M. Manson, »Commissioner to the Continent«, 25. August 1864, in *O. R. Navy,* Ser. 2, Bd. III, S. 1190–1195. Die Versionen weichen im Wortlaut voneinander ab, decken sich aber inhaltlich. Die Zitate lehnen sich weitgehend an die von Hudson Strode sanktionierte Fassung an: *Jefferson Davis, Tragic Hero, 1864–1869,* New York, 1964, S. 76–81. Siehe auch Kirkland: *Peacemakers of 1864,* S. 85–96.
32. *CWL,* Bd. VIII, S. 151.
33. *Columbus Crisis,* 3. August 1864; Henry Thompson an seine Frau, 17. August 1864, zitiert nach Randall C. Jimerson: »A People Divided: The Civil War Interpreted by Participants«, Ph. D.-Dissertation, University of Michigan, 1977, S. 131; Strong: *Diary,* S. 474.
34. Raymond an Lincoln, 22. August 1864, in *CWL,* Bd. VII, S. 517 f.
35. Diese Zitate stammen aus dem Entwurf eines vom 17. August datierten Briefes an einen Kriegsdemokraten in Wisconsin sowie aus Notizen eines der beiden Republikaner aus Wisconsin, die am 19. August mit Lincoln sprachen. Eine etwas veränderte Version dieser Aufzeichnungen erschien am 10. September 1864 in der *New York Tribune; CWL,* Bd. VII, S. 499 ff., 506 f.
36. *CWL,* Bd. VII, S. 501, 518 Anm., 517.
37. John G. Nicolay und John Hay: *Abraham Lincoln, A History,* 10 Bde., New York, 1890, Bd. IX, S. 221; William Frank Zornow: *Lincoln & the Party Divided,* Norman, Okla., 1954, S. 112; *CWL,* Bd. VII, S. 514.
38. Samuel L. M. Barlow an Manton Marble, 24. August 1864, S. L. M. Barlow Papers, Henry E. Huntington Library; James Harrison an Louis V. Bogy, 24. August 1864, Clement C. Clay Papers, National Archives, zitiert nach Kinchen: *Confederate Operations in Canada,* S. 93. Falls McClellan das wirklich gesagt haben sollte, wäre es das Gegenteil dessen, was er zwei Wochen zuvor geäußert hatte: Er hatte es abgelehnt, einem wohlmeinenden Rat zu folgen und einen Brief mit der Anregung eines Waffenstillstands zu schreiben, und dazu bemerkt: »Diese Narren stürzen noch das ganze Land ins Verderben.« McClellan an W. C. Prime, 10. August 1864, McClellan Papers, Library of Congress.
39. Edward McPherson: *The Political History of the United States During the Great Rebellion,* 2. Aufl., Washington, 1865, S. 419 f.

40. Strong: *Diary,* S. 479; Stephens an Herschel V. Johnson, 5. September 1864, und *Charleston Mercury,* 5. September 1864, beides zitiert nach Nelson: *Bullets, Ballots, and Rhetoric,* S. 115, 113. Weder Stephens noch der Herausgeber des *Mercury* wußten, daß Atlanta gefallen war, als sie ihre Bemerkungen niederschrieben.
41. Strong: *Diary,* S. 480f.; *St. Paul Press,* 4. September 1864, zitiert nach Gray: *Hidden Civil War,* S. 189.

26. Sie werden uns von der Erde tilgen

1. Seward zitiert nach Lloyd Lewis: *Sherman: Fighting Prophet,* New York, 1932, S. 409; *Richmond Examiner,* 5. September 1864.
2. Larry E. Nelson: *Bullets, Ballots, and Rhetoric. Confederate Policy for the United States Presidential Contest of 1864,* University, Ala., 1980, S. 119; Woodward: *Chesnut's Civil War,* S. 648, 645.
3. Vallandigham an McClellan, 4. September 1864, McClellan Papers, Library of Congress.
4. Die verschiedenen Entwürfe McClellans zu diesem Brief, mit dem er seine Nominierung akzeptierte, analysiert Charles R. Wilson in »McClellan's Changing Views on the Peace Plank of 1864« in *AHR,* 38 (1933), S. 498–505. Entwürfe zu McClellans Brief finden sich in den McClellan Papers, Library of Congress, und in den Samuel L. M. Barlow Papers, Henry E. Huntington Library. In den ersten drei Entwürfen sagte McClellan, daß er der Forderung des Programms nach »Einstellung der Feindseligkeiten« »von Herzen zustimme«, und erklärte: »Wir haben so viel gekämpft, daß es der militärischen Ehre beider Lager Genüge tut.« Zwei Briefe einflußreicher Kriegsdemokraten an McClellan, die den General schließlich bewogen, derartige Formulierungen in der endgültigen Fassung seines Briefes zu vermeiden, waren der von August Belmont vom 3. September 1864 und der von S. L. M. Barlow vom 3. September 1864, beide in den McClellan Papers.
5. Robert Schenck zitiert nach William Frank Zornow: *Lincoln & the Party Divided,* Norman, Okla., 1954, S. 139.
6. *O. R.,* Ser. 1, Bd. XLIII, Tl. 2, S. 124.
7. Strong: *Diary,* S. 494. Gleichzeitig stieg der Goldpreis gegenüber dem konföderierten Dollar auf 3000.
8. Jones: *War Clerk's Diary* (Swiggett), Bd. II, S. 295f.
9. *O. R.,* Ser. 1. Bd. XLIII, Tl. 2, S. 202; Bd. XL, Tl. 3, S. 223.
10. Thomas C. Leonard: *Above the Battle. War-Making in America from Appomattox to Versailles,* New York, 1978, S. 18; *O. R.,* Ser. 1, Bd. XLIII, Tl. 1, S. 30f.
11. Bruce Catton: *A Stillness at Appomattox,* Garden City, N. Y., 1953, S. 286.
12. Bruce Catton: *Never Call Retreat* (Pocket-Books-Ausg.), New York, 1967, S. 374; Catton: *Stillness at Appomattox,* S. 314.
13. Clifford Dowdey (Hrsg.): *The Wartime Papers of R. E. Lee,* New York, 1961, S. 868.

14. Oscar A. Kinchen: *Confederate Operations in Canada and the North,* North Quincy, Mass., 1970, S. 104–116.
15. Strong: *Diary,* S. 510. Kinchen: *Confederations in Canada,* S. 148–163, schildert sachlich und nüchtern die Verschwörung in Chicago und New York. Romantisch verklärt beschreibt dieselben Ereignisse James D. Horan: *Confederate Agent. A Discovery in History,* New York, 1954, S. 181–198. Nüchternheit und Romantik verbindet Nat Brandt: *The Man Who Tried to Burn New York,* Syracuse, 1986. Frank L. Klement: *Dark Lanterns. Secret Political Societies, Conspiracies, and Treason Trials in the Civil War,* Baton Rouge, 1984, tut diese Verschwörungen im wesentlichen als Erdichtungen der republikanischen Propaganda ab; bei sorgfältiger Lektüre seines Buches zeigt sich aber, daß ihnen auch nach dem Befund des Autors mehr als nur ein Körnchen Wahrheit anhaftete.
16. Frank L. Klement: *The Copperheads in the Middle West,* Chicago, 1960, S. 190.
17. *O. R.,* Ser. 2, Bd. VII, S. 930–953; das Zitat steht auf S. 953.
18. Klement: *Copperheads in the Middle West,* S. 205, 201; Dennett: *Lincoln/Hay,* S. 192.
19. Klement: *Copperheads in the Middle West,* S. 202; Frank L. Klement: *The Limits of Dissent. Clement L. Vallandigham & the Civil War,* Lexington, Ky., 1970, S. 293, 294. Siehe auch Frank L. Klement: »Civil War Politics, Nationalism, and Postwar Myths« in *Historian,* 38 (1976), S. 419–438, und Klement: *Dark Lantern,* passim.
20. Thompson an Judah P. Benjamin, 3. Dezember 1864, in *O. R.,* Ser. 1, Bd. XLIII, Tl. 1, S. 935. Eine ausgewogene Beurteilung der Sache findet sich bei Stephen Z. Starr: »Was There a Northwest Conspiracy?« in *The Filson Club Historical Quarterly,* 38 (1964), S. 323–341, und bei William G. Carleton: »Civil War Dissidence in the North. The Perspective of a Century« in *South Atlantic Quarterly,* 65 (1966), S. 390–402.
21. Während der O. A. K. sich Anfang 1864 in anderen Bundesstaaten in »Sons of Liberty« umbenannte, scheint er in Missouri seinen alten Namen beibehalten zu haben. Frank L. Klement – »Phineas C. Wright, the Order of American Knights, and the Sanderson Exposé« in *CWH,* 18 (1972), S. 5–23 – behauptet, die angebliche Rolle von Sterling Price bei den Knights sei eine Erfindung von Unionsdetektiven und meineidigen Zeugen. Doch Albert Castel: *General Sterling Price and the Civil War in the West,* Baton Rouge, 1968, S. 193–196, räumt zwar ein, daß es mit dem O. A. K. nicht viel auf sich hatte, betont aber, daß Price tatsächlich dessen militärischer Befehlshaber war.
22. Don Bowen: »Guerrilla Warfare in Western Missouri, 1862–1865. Historical Extensions of the Relative Deprivation Hypothesis« in *Comparative Studies in Society and History,* 1977, S. 30–51. Auf diesen Artikel hat mich dankenswerterweise mein Kollege Richard D. Challener aufmerksam gemacht.
23. Jay Monaghan: *Civil war on the Western Border 1854–1865,* New York, 1955, S. 274–289; Richard S. Brownlee: *Gray Ghosts of the Confederacy: Guerilla Warfare in the West,* 1861–1865, Baton Rouge, 1958, S. 110–157; Albert E. Castel: *A Frontier*

State at War: Kansas, 1861–1865, Ithaca, 1950, S. 124–141. Die beste Arbeit über Quantrill ist Albert E. Castel: *William Clarke Quantrill: His Life and Times,* New York, 1962.

24. *O. R.,* Ser. 1, Bd. LIII, S. 908.
25. *CG,* 38 Cong., 1 Sess., S. 1095; Forrest G. Wood: *Black Scare. The Racist Response to Emancipation and Reconstruction,* Berkeley, 1968, S. 42.
26. Ira Berlin u.a. (Hrsg.): *Freedom. A Documentary History of Emancipation, 1861–1867,* Serie II: *The Black Military Experience,* Cambridge, 1982, S. 362–405.
27. Sidney Kaplan: »The Miscegenation Issue in the Election of 1864« in *Journal of Negro History,* 34 (1949), S. 274–323; Wood: *Black Scare,* S. 53–76; Reproduktionen der Wahlkampf-Breitseiten *ebd.* zwischen S. 92 und 93.
28. Arnold M. Shankman: *The Pennsylvania Antiwar Movement, 1861–1865,* Rutherford, N. J., 1980, S. 165; »The Lincoln Catechism« in: Frank Freidel (Hrsg.): *Union Pamphlets of the Civil War,* Cambridge, Mass., 1967, S. 1000f.
29. *New York Freeman's Journal & Catholic Register,* 24. August, 23. April 1864.
30. Freidel (Hrsg.): *Union Pamphlets,* S. 983; Shankman: *Pennsylvania Antiwar Movement,* S. 192.
31. Jean H. Baker: *Affairs of Party. The Political Culture of Northern Democrats in the Mid-Nineteenth Century,* Ithaca, 1983, S. 40.

Bald dankt der Witwenmacher ab,
Hurra, hurra!
Wir legen ihn ins Niggergrab,
Hurra, hurra!
Du läßt für Haus und Hof dein Blut –
Wie schmeckt die Konskription, Rekrut?
Doch das ist bald vorbei,
Wenn Little Mac uns führt.

32. Edward McPherson: *The Political History of the United States during the Great Rebellion,* 2. Aufl., Washington, 1865, S. 420.
33. William B. Hesseltine: *Civil War Prisons. A Study in War Psychology,* Columbus, Ohio, 1930, Kap. 1–5.
34. *Ebd.,* S. 99–113; *O. R.,* Ser. 2, Bd. V und VI.
35. Edward Younger (Hrsg.): *Inside the Confederate Government. The Diary of Robert Garlick Hill Kean,* New York, 1957, S. 92f.; Benjamin F. Butler an Kellog Carter, 29. November 1863, Civil War Collection, Henry E. Huntington Library; Dudley Taylor Cornish: *The Sable Arm. Negro Troops in the Union Army, 1861–1865,* New York, 1956, S. 171.
36. *O. R.,* Ser. 2, Bd. VI, S. 441f., 647ff., 226.
37. *Ebd.,* Bd. VII, S. 62f.
38. *Ebd.,* Bd. IV, S. 954, Bd. VII, S. 204.

39. Benjamin Butler an Ulysses S. Grant, 12. Juli 1864, nebst beigefügter eidesstattlicher Erklärung von Samuel Johnson, Letters Received by General Grant, Records of the Headquarters of the Army, RG 108, National Archives, abgedruckt in Berlin (Hrsg.): *The Black Military Experience,* S. 588f.; in standardisierter Interpunktion abgedruckt in *O. R.,* Ser. 1, Bd. VII, S. 459f.
40. Walter L. Williams: »Again in Chains. Black Soldiers Suffering in Captivity« in *Civil War Times Illustrated,* 20 (Mai 1981), S. 40–43; Cornish: *Sable Arm,* S. 177f. Zwei Direktiven des konföderierten Kriegsministers Seddon, die Rückgabe erbeuteter Schwarzer an ihre Besitzer betreffend und datiert vom 3. Juni 1863 und 31. August 1864, finden sich in *O. R.,* Ser. 2, Bd. V, S. 966f., Bd. VII, S. 703f.
41. *CWL,* Bd. VI, S. 357, Bd. VII, 382.
42. Howard K. Beale (Hrsg.): *Diary of Gideon Welles,* 3 Bde., New York, 1960, Bd. II, S. 24; John G. Nicolay und John Hay: *Abraham Lincoln, A History,* 10 Bde., New York, 1890, Bd. VI, S. 478–484.
43. *Life and Times of Frederick Douglass,* überarb. Ausg., 1892, Reprint (Collier Books), 1962, S. 348f.; *O. R.,* Ser. 2, Bd. VI, S. 171.
44. Charles Francis Adams, Jr., an Charles Francis Adams, 19. Juni 1864, in: Worthington Chauncey Ford (Hrsg.): *A Cycle of Adams Letters 1861–1865,* 2 Bde., Boston, 1920, Bd. II, S. 154.
45. *O. R.,* Ser. 2, Bd. VII, S. 703f. Siehe auch Howard C. Westwood: »Captive Black Union Soldiers in Charleston – What to Do?« in *CWH,* 28 (1982), S. 30f., 38, 41.
46. Frank L. Byrne (Hrsg.): »A General Behind Bars. Neal Dow in Libby Prison« in: William B. Hesseltine (Hrsg.): *Civil War Prisons,* Kent, Ohio, 1962, S. 77; Williams: »Again in Chains«, a.a.O., S. 41; Westwood: »Captive Black Union Soldiers«, a.a.O., S. 39.
47. Hesseltine: *Civil War Prisons,* Kap. 7; Ovid L. Futch: *History of Andersonville Prison,* Gainesville, Fla., 1968; *Andersonville,* Eastern Acorn Press, o.O., 1983.
48. In keinem der übrigen südstaatlichen Lager waren zu irgendeinem Zeitpunkt mehr als ein Viertel der 33000 Menschen inhaftiert, die in Andersonville im August 1864 das Maximum darstellten. Das größte nordstaatliche Lager befand sich in Lookout Point im Süden Marylands; hier waren einmal 20000 Menschen gleichzeitig eingesperrt. Gemessen an der Sterblichkeitsrate war Andersonville nicht das schlimmste südstaatliche Gefangenenlager. Dieser zweifelhafte Ruhm gebührte Salisbury (North Carolina), wo 34 Prozent (gegenüber Andersonvilles 29 Prozent) der insgesamt inhaftierten 10321 Menschen starben. Die höchste Todesrate in einem nordstaatlichen Lager lag bei 24 Prozent (in Elmira).
49. Das ergibt eine Auszählung von 250 Häftlingsmemoiren in der Bibliographie zu Hesseltine: *Civil War Prisons.*
50. *New York Times,* 31. März, 22. April 1864, zitiert nach Hesseltine: *Civil War Prisons,* S. 194, 195.
51. *O. R.,* Ser. 2, Bd. VII, S. 110; *Atlanta Intelligencer* (Verlagsort Macon), 19. August 1864,

zitiert nach A. A. Hoehling (Hrsg.): *Last Train from Atlanta,* New York, 1958, S. 330, und nach Samuel Carter III: *The Siege of Atlanta,* 1864, New York, 1973, S. 296; Strong: *Diary,* S. 494.

52. *O. R.,* Ser. 2, Bd. VII, S. 150f.; Hesseltine: *Civil War Prisons,* S. 172–209.
53. Futch: *Andersonville Prison,* S. 43.
54. D. C. Anderson und J. H. Brown an Lincoln, 4. September 1864, H. Brewster an Stanton, 8. September 1864, in *O. R.,* Ser. 2, Bd. VII, S. 767f., 787. Siehe auch Samuel White an Lincoln, 12. September 1864, *ebd.,* S. 816.
55. Butler an Robert Ould, 27. August 1864, in *O. R.,* Ser. 2, Bd. VII, S. 687–691; das Zitat steht auf S. 691. Der Brief wurde in der *New York Times* vom 6. September 1864 abgedruckt und von der Regierung auch in Form einer Broschüre in Umlauf gebracht.
56. *O. R.,* Ser. 2, Bd. VII, S. 607, 615, 691.
57. Siehe vor allem Hesseltine: *Civil War Prisons,* und Foote: *Civil War,* Bd. III, S. 131. Diese Auffassung war nicht auf Südstaatler beschränkt; sie wurde beispielsweise von James Ford Rhodes geteilt. Siehe Rhodes: *History of the United States from the Compromise of 1850 ...,* 7 Bde., New York, 1920, Bd. V, S. 499.
58. *O. R.,* Ser. 2, Bd. VII, S. 906f., 909, 914.
59. *Ebd.,* Bd. VIII, S. 98, 123, 504; Hesseltine: *Civil War Prisons,* S. 229–232.
60. *O. R.,* Ser. 2, Bd. VII, S. 976; Eliza Frances Andrews: *The War-Time Journal of a Georgia Girl, 1864–1865,* New York, 1908, S. 78f.
61. James Dunwoody Jones: »Recollections of a Young Confederate Officer« in *Andersonville,* S. 1; Jefferson Davis: *The Rise and Fall of the Confederate Government,* 2 Bde., New York, 1881, Bd. II, S. 607; Alexander H. Stephens: *A Constitutional View of the Late War Between the States,* 2 Bde., Chicago, 1868–1870, Bd. II, S. 507ff.
62. Edward T. Downer: »Johnson's Island« in: Hesseltine (Hrsg.): *Civil War Prisons,* S. 105; Futch: *Andersonville Prison,* S. 106f.
63. General F. C. Ainsworth, Chef des Record and Pension Office, an James Ford Rhodes, 29. Juni 1903, in: Rhodes: *History,* Bd. V, S. 507f. Im April und noch einmal im Herbst 1864 tauschten die Konföderierten mehrere tausend kranke Gefangene aus, deren Zahl über die der kranken Gefangenen hinausging, die sie vom Norden bekamen. Von diesen Unionssoldaten starben mehrere hundert bald nach dem Austausch, doch sind diese Todesfälle in der obigen Sterblichkeitsberechnung nicht enthalten.
64. Clay an Judah P. Benjamin, 12. September 1864, in *O. R.,* Ser. 4, Bd. III, S. 637f.; Jones: *War Clerk's Diary* (Swiggett), Bd. II, S. 285.
65. Grant an Elihu Washburne, 16. August 1864, zitiert nach Bruce Catton: *Grant Takes Command,* Boston, 1969, S. 355; Grant an Stanton, 13. September 1864, in *O. R.,* Ser. 3, Bd. IV, S. 713.
66. Catton: *Stillness at Appomattox,* S. 303, 324, 323; John Berry an Samuel L. M. Barlow, 24. August 1864, Barlow Papers, Henry E. Huntington Library.
67. *O. R.,* Ser. 1, Bd. XLII, Tl. 2, S. 1045f.
68. *CWL,* Bd. VIII, S. 11.

69. Im Zusammenhang mit der Stimmabgabe von Soldaten warfen die Demokraten ihrem politischen Gegner verschiedentlich Wahlmanipulation und Einschüchterung vor. Doch die Unregelmäßigkeiten, die zweifellos vereinzelt vorkamen, dürften sich in ihrem Nutzen für die eine oder andere Partei gegenseitig aufgehoben haben. In Wirklichkeit wurden die schlimmsten Fälschungen von Wahlhelfern der Demokraten begangen, die die Stimmen von Soldaten im Staat New York abholen sollten. Zwei dieser Wahlhelfer (von denen einer geständig war) wurden später verurteilt, weil sie Stimmzettel zugunsten McClellans gefälscht hatten. Die Stimmabgabe der Soldaten im Jahre 1864 war so fair und ehrlich, wie es Wahlen im 19. Jahrhundert generell waren, und die Mehrheit für Lincoln dürfte die Stimmung der Truppe genau widergespiegelt haben. Das Kriegsministerium tat allerdings alles in seiner Macht Stehende, um die Beurlaubung von Soldaten zu beschleunigen, die vermutlich republikanisch stimmten, und machte sein beträchtliches Gewicht auch in anderer Weise geltend, um den Republikanern zu den Stimmen der Soldaten zu verhelfen. Die besten Untersuchungen zu diesem Thema sind Oscar O. Winther: »The Soldier Vote in the Election of 1864« in *New York History,* 25 (1944), S. 440–458, und Josiah Henry Benton: *Voting in the Field. A Forgotten Chapter of the Civil War,* Boston, 1915.
70. *London Daily News,* 27. September 1864, zitiert nach Nevins: *War,* Bd. IV, S. 141.
71. Nelson: *Bullets, Ballots, and Rhetoric,* S. 132; Rowland: *Davis,* Bd. VI, S. 386.

27. South Carolina muß vernichtet werden

1. Rowland: *Davis,* Bd. VI, S. 341 f., 353, 358.
2. Horace Porter: *Campaigning with Grant,* New York, 1897, S. 313.
3. *O. R.,* Ser. 1, Bd. XXXIX, Tl. 3, S. 162; Porter: *Campaigning with Grant,* S. 292 f.
4. Foote: *Civil War,* Bd. III, S. 613; *O. R.,* Ser. 1, Bd. XXXIX, Tl. 3, S. 161, 202, 595, 660.
5. William T. Sherman: *Memoirs,* 2. überarb. Aufl., New York, 1886, Bd. II, S. 126 f.; Burke Davis: *Sherman's March,* New York, 1980, S. 109; John Bennett Walters: »General William T. Sherman and Total War« in *JSH,* 14 (1948), S. 463, 470.
6. Davis: *Sherman's March,* S. 42.
7. *Charleston Courier,* 10. Januar 1865; William M. Cash und Lucy Somerville Howard (Hrsg.): *My Dear Nellie. The Civil War Letters of William L. Nugent to Eleanor Smith Nugent,* Jackson, Miss., 1977, S. 211.
8. Bruce Catton: *Never Call Retreat,* New York, 1967 (Pocket-Books-Ausg.), S. 395; Lloyd Lewis: *Sherman: Fighting Prophet,* New York, 1932, S. 448.
9. Mark A. De Wolfe Howe (Hrsg.): *Marching With Sherman. Passages from the Letters and Campaign Diaries of Henry Hitchcock,* New Haven, 1927, S. 82, 125, 168.
10. *O. R.,* Ser. 1, Bd. XLIV, S. 783; *CWL,* Bd. VIII, S. 181 f.
11. John B. Hood: *Advance and Retreat. Personal Experiences in the United States and Confederate States Armies,* New Orleans, 1880, S. 283.

12. Zitiert nach Edward Younger (Hrsg.): *Inside the Confederate Government. The Diary of Robert Garlick Hill Kean,* New York, 1957, S. 181. Eine gründliche Untersuchung der Schlacht bei Franklin bieten neuerdings James Lee McDonough und Thomas L. Connelly: *Five Tragic Hours. The Battle of Franklin,* Knoxville, 1983.
13. *O. R.*, Ser. 1, Bd. XLV, Tl. 2, S. 15f.
14. Sam R. Watkins: »*Co. Aytch*«. *A Sideshow of the Big Show,* New York, 1962 (Collier-Books-Ausg.), S. 241.
15. Frank E. Vandiver (Hrsg.): *The Civil War Diary of General Josiah Gorgas,* University, Ala., 1947, S. 156; Jones: *War Clerk's Diary* (Swiggett), Bd. II, S. 357, 359; Woodward: *Chesnut's Civil War,* S. 694.
16. Younger (Hrsg.): *Inside the Confederate Government,* S. 181, 184; Vandiver (Hrsg.): *Civil War Diary of Josiah Gorgas,* S. 163f., 166.
17. *CWL,* Bd. VIII, S. 144, 149ff.
18. Vandiver (Hrsg.): *Civil War Diary of Josiah Gorgas,* S. 155.
19. Zitiert nach Emerson D. Fite: *Social and Industrial Conditions in the North during the Civil War,* New York, 1910, S. 23. Die statistischen Angaben in den letzten beiden Absätzen stammen aus diesem Werk sowie aus den einschlägigen Tabellen der *Historical Statistics of the United States,* Washington, 1975, und Ralph Adreano (Hrsg.): *The Economic Impact of the American Civil War,* Cambridge, Mass., 1962.
20. Eine prägnante Darstellung neueren Datums über die indianischen Angelegenheiten während des Krieges bietet Robert M. Utley: *The Indian Frontier of the American West 1846–1890,* Albuquerque, 1984, Kap. 3.
21. Wenn man Sklaven als »Kapital« veranschlagt, betrug der Rückgang im Süden sogar 74 Prozent.
22. Die Zahlenangaben beruhen auf Donald B. Dodd und Wynelle S. Dodd: *Historical Statistics of the South 1790–1970,* University, Ala., 1973, Lee Soltow: *Men and Wealth in the United States 1850–1870,* New Haven, 1975, Stanley Engerman: »Some Economic Factors in Southern Backwardness in the Nineteenth Century« in: John F. Kain und John R. Meyers (Hrsg.): *Essays in Regional Economics,* Cambridge, Mass., 1971, S. 291, 300ff., und James L. Sellers: »The Economic Incidence of the Civil War in the South« in *MVHR,* 14 (1927), S. 179–191.
23. *O. R.,* Ser. 1, Bd. XLVI, Tl. 2, S. 1258; Bruce Catton: *A Stillness at Appomattox,* Garden City, N. Y., 1957, S. 330f.
24. Catton: *Never Call Retreat,* S. 414; Ella Lonn: *Desertion During the Civil War,* New York, 1928, S. 28.
25. Jones: *War Clerk's Diary* (Swiggett), Bd. II, S. 389; Alexander H. Stephens: *A Constitutional View of the War Between the States,* 2 Bde., Philadelphia, 1868/70, Bd. II, S. 619.
26. Vandiver (Hrsg.): *Civil War Diary of Josiah Gorgas,* S. 166. Siehe auch Younger (Hrsg.): *Inside the Confederate Government,* S. 187f.
27. *CWL,* Bd. VIII, S. 275f.

28. *Ebd.,* S. 279; Stephens: *Constitutional View,* Bd. II, S. 613.
29. Als Lincoln wieder in Washington war, setzte er tatsächlich eine Botschaft an den Kongreß auf, in der er um die Bewilligung dieser Summe zur Entschädigung von Sklavenbesitzern bat, sobald die Konföderation kapituliert und den 13. Verfassungszusatz ratifiziert hatte. Das Kabinett war indes einmütig dagegen, und so sandte Lincoln diese Botschaft nie an den Kongreß ab, der ohnehin schwerlich Mittel für diesen Zweck bewilligt haben würde. *CWL,* Bd. VIII, S. 260f.
30. Manche Historiker haben in dieser Wechselrede den Beweis dafür sehen wollen, daß Seward und Lincoln bereit waren, auch eine Friedensregelung in Betracht zu ziehen, die nicht unbedingt die allgemeine Sklavenbefreiung beinhaltete. Siehe vor allem Richard N. Current: *The Lincoln Nobody Knows,* New York, 1958, S. 243–247, und Ludwell H. Johnson: »Lincoln's Solution to the Problem of Peace Terms, 1864–1865« in *JSH,* 34 (1968), S. 581–586. Diese Gespräche waren jedoch inoffiziell, und es gibt über sie keine zeitgenössischen Protokolle, so daß praktisch die einzige Grundlage für die obige Deutung die Nachkriegserinnerungen Alexander Stephens' sind. Siehe Stephens: *Constitutional View,* Bd. II, S. 611f. Es ist anzunehmen, daß Stephens seinen eigenen Standpunkt in Sewards Bemerkungen hineinlas. Stephens erinnerte sich auch, daß Lincoln ihm nahegelegt habe, bei seiner Rückkehr nach Georgia das dortige Parlament zu bewegen, den Staat aus dem Krieg herauszuführen und den 13. Verfassungszusatz »prospektiv«, mit einer Verzögerung des Inkrafttretens von fünf Jahren, zu ratifizieren, um die negativen Folgen einer sofortigen Sklavenbefreiung zu umgehen. *Ebd.,* S. 614. Auch das ist höchst unwahrscheinlich. Lincoln war ein zu guter Jurist, als daß er etwas so Unmögliches wie eine »prospektive« Ratifizierung angeraten hätte. Sowohl Lincoln als auch Seward traten für die schnellstmögliche Ratifizierung des 13. Amendment ein. Der Präsident war stolz darauf, daß sein eigener Staat Illinois es als erster ratifiziert hatte, und er unterstützte die erfolgreichen Aktionen zur sofortigen Abschaffung der Sklaverei in Maryland, Missouri und Tennessee. Seward hatte auf dem Wege nach Hampton Roads in Annapolis Station gemacht und bei den Parlamentariern von Maryland erfolgreich für die Ratifizierung des Amendment geworben.
31. Stephens – *Constitutional View,* Bd. II, S. 548–619 – bietet die ausführlichste Schilderung der Konferenz durch einen Teilnehmer. Lincoln legte den einschlägigen Briefwechsel dem Kongreß vor; siehe *CWL,* Bd. VIII, S. 274–286. Die eingehendsten Darstellungen in der Sekundärliteratur sind John G. Nicolay und John Hay: *Abraham Lincoln. A History,* 10 Bde., New York, 1890, Bd. X, S. 91–129, Edward Chase Kirkland: *The Peacemakers of 1864,* New York, 1927, S. 197–251, und James G. Randall und Richard N. Current: *Lincoln the President: Last Full Measure,* New York, 1955, S. 326–340.
32. Younger (Hrsg.): *Inside the Confederate Government,* S. 196; Hudson Strode: *Jefferson Davis: Tragic Hero,* New York, 1964, S. 140–143; Randall und Current: *Lincoln the President: Last Full Measure,* S. 336f.; Rowland: *Davis,* Bd. VI, S. 465ff.; Jones: *War*

Clerk's Diary (Swiggett), Bd. II, S. 411; *Richmond Dispatch,* 7. Februar 1865, zitiert nach Nicolay und Hay: *Lincoln,* Bd. X, S. 130.

33. *Richmond Whig,* 6. Februar 1865, zitiert nach Kirkland: *Peacemakers,* S. 254; Vandiver (Hrsg.): *Civil War Diary of Josiah Gorgas,* S. 168; Jones: *War Clerk's Diary* (Swigett), Bd. II, S. 411.
34. Lewis: *Sherman,* S. 446; Hattaway und Archer Jones: *How the North Won. A Military History of the Civil War,* Urbana, Ill., 1983, S. 656f.; Foote: *Civil War,* Bd. III, S. 737f.
35. *O. R.,* Ser. 1, Bd. XLIV, S. 799; John G. Barrett: *Sherman's March Through the Carolinas,* Chapel Hill, 1956, S. 44; Davis: *Sherman's March,* S. 142.
36. Das Zitat des Soldaten nach Lewis: *Sherman,* S. 489; Mrs. St. Julien Ravenel zitiert nach James G. Randall und David Donald: *The Civil War and Reconstruction,* Boston, 1969, S. 432.
37. Lewis: *Sherman,* S. 493; Joseph T. Glatthaar: *The March to the Sea and Beyond. Sherman's Troops in the Savannah and Carolinas Campaigns,* New York, 1985, S. 146; John Bennett Walters: *Merchant of Terror: General Sherman and Total War,* Indianapolis, 1973, S. 203.
38. Foote: *Civil War,* Bd. II, S. 753; Sherman: *Memoirs,* Bd. II, S. 249; der Briefschreiber aus South Carolina zitiert nach Barrett: *Sherman's March Through the Carolinas,* S. 95.
39. Barrett: *Sherman's March Through the Carolinas,* S. VII.
40. Die Johnston- und Hardee-Zitate nach Lewis: *Sherman,* S. 484, und Jacob D. Cox: *Military Reminiscences of the Civil War,* 2 Bde., New York, 1900, Bd. II, S. 531f.
41. Marion Brunson Lucas: *Sherman and the Burning of Columbia,* College Station, Tex., 1976. Diese gute Arbeit veranschlagt den geschätzten Schadensumfang auf rund ein Drittel aller Gebäude in Columbia; betroffen war vor allem das Geschäftsviertel, während die Wohnviertel weitgehend verschont blieben. Lucas reduziert auch die Anzahl betrunkener Unionssoldaten und den Umfang der Plünderungen, den die südstaatliche Legendenbildung zu einer wahren Orgie des Sengens und Brennens aufgebauscht hat.
42. *O. R.,* Ser. 1, Bd. XLVII, Tl. 2, S. 910.

28. Wir sind alle Amerikaner

1. Davis zitiert nach Robert F. Durden (Hrsg.): *The Gray and the Black: The Confederate Debate on Emancipation,* Baton Rouge, 1972, S. 24.
2. Die Zitate stammen aus Leitartikeln im *Jackson Mississippian,* nachgedruckt in der *Montgomery Mail,* 9. September 1863, der *Montgomery Weekly Mail,* 2. September 1863, und dem *Mobile Register,* 26. Nov. 1863, alle abgedruckt bei Durden: *The Gray and the Black,* S. 30–35, 42–44.
3. *O. R.,* Ser. 1, Bd. LII, Tl. 2, S. 586–592.

4. Abgedruckt in der *Montgomery Weekly Mail,* 9. September 1863, zitiert nach Durden: *The Gray and the Black,* S. 31f.
5. Patton Anderson in *O. R.,* Ser. 1, Bd. LII, Tl. 2, S. 598f.; Alexander P. Stewart an William H. T. Walker, 9. Januar 1864, William B. Bate an Walker, 9. Januar 1864, Civil War Collection, Henry E. Huntington Library.
6. *O. R.,* Ser. 1, Bd. LII, Tl. 2, S. 608.
7. *O. R.,* Ser. 1, Bd. XLI, Tl. 3, S. 774; Rowland: *Davis:* Bd. VI, S. 394–397; *Richmond Whig,* 9. November 1864, in Durden: *The Gray and the Black,* S. 110.
8. Rowland: *Davis,* Bd. VI, S. 396; *O. R.,* Ser. 4, Bd. III, S. 1110.
9. *Lynchberg Virginian,* 3. November 1864; *Richmond Sentinel,* 24. November 1864; Artikel von Shoup im *Richmond Whig,* 20. Februar 1865; alles zitiert bei Durden: *The Gray and the Black,* S. 79, 121, 214.
10. *Charlottesville Chronicle,* nachgedruckt im *Richmond Sentinel,* 21. Dezember 1864, bei Durden: *The Gray and the Black,* S. 147.
11. *Charleston Mercury,* 3. November 1864, zitiert nach Durden: *The Gray and the Black,* S. 99; Toombs zitiert nach Foote: *Civil War,* Bd. III, S. 860; Cobb in: *O. R.,* Ser. 4, Bd. III, S. 1009f.
12. *Charleston Mercury,* 3. und 19. November 1864, *North Carolina Standard,* 17. Januar 1865, zitiert nach Durden: *The Gray and the Black,* S. 99, 114, 177; *Richmond Examiner,* 14. Januar 1865, zitiert nach Paul D. Escott: *After Secession. Jefferson Davis and the Failure of Confederate Nationalism,* Baton Rouge, 1978, S. 154.
13. Der Abgeordnete aus Mississippi zitiert nach Durden: *The Gray and the Black,* S. 140; *Charleston Mercury,* 26. Januar 1865, zitiert nach Bell Irvin Wiley: *Southern Negroes 1861–1865,* New Haven, 1983, S. 156f.; Louis Wigfall zitiert nach E. Merton Coulter: *The Confederate States of America 1861–1865,* Baton Rouge 1950, S. 268; *Lynchburg Republican,* 2. November 1864, zitiert nach Durden: *The Gray and the Black,* S. 94.
14. Veröffentlicht im *Richmond Whig,* 23. Februar 1865, nachgedruckt bei Durden: *The Gray and the Black,* S. 222f.
15. Lee and Andrew Hunter, 11. Januar 1865, in *O. R.,* Ser. 4, Bd. III, S. 1012f.; Lee an Ethelbert Barksdale, 18. Februar 1865, in: Durden: *The Gray and the Black,* S. 206.
16. *Richmond Examiner,* 16. und 25. Februar 1865, in Durden: *The Gray and the Black,* S. 199, 226.
17. Die Bestimmungen des Kriegsministeriums über die Rekrutierung von Soldaten führten durch ein Hintertürchen eine Quasifreiheit für Sklaven ein, indem sie vorsahen, daß ein Sklave nur mit seiner eigenen und der Einwilligung seines Herrn rekrutiert werden durfte; von letzterem wurde verlangt, daß er dem Sklaven schriftlich »soweit als möglich die Rechte eines Freigelassenen« gewährte. Ob diese vage Formulierung in der Tat die Zuerkennung der Freiheit implizierte, wie einige Historiker behaupten, wird für immer ein ungelöstes Rätsel bleiben. Siehe Durden: *The Gray and the Black,* S. 268ff., Escott: *After Secession,* S. 252, sowie Emory Thomas: *The Confederate Nation 1861–1865,* New York, 1979, S. 296f.

18. Frank Lawrence Owsley: *King Cotton Diplomacy. Foreign Relations of the Confederate States of America,* Chicago, 1931, S. 550–561; das Zitat steht auf S. 560.
19. *CWL,* Bd. VIII, S. 149.
20. Christopher Dell: *Lincoln and the War Democrats,* Rutherford, N. J., 1975, S. 290; Anson Herrick aus [dem Staat] New York in *CG,* 38 Cong., 2 Sess., S. 525 f.; Samuel S. Cox zitiert nach Joel H. Silbey; *A Respectable Minority. The Democratic Party in the Civil War Era, 1860–1868,* New York, 1977, S. 183.
21. James G. Randall und Richard N. Current: *Lincoln the President: Last Full Measure,* New York, 1955, S. 307–313; LaWanda Cox und John H. Cox: *Politics, Principle, and Prejudice 1865–1866. Dilemma of Reconstruction America,* New York, 1963, S. 1–30.
21. »George W. Julian's Journal« in *Indiana Magazine of History,* 11 (1915), S. 327; *CG,* 38 Cong., 2 Sess., S. 531.
23. New Jersey ratifizierte das Amendment im Jahre 1866, nachdem im Parlament die Republikaner die Mehrheit gewonnen hatten.
24. Im Juni 1864 hatte Lincoln schließlich Chase' drittes Angebot akzeptiert, aus dem Kabinett auszuscheiden. Im Oktober starb Taney, und zwei Monate später ernannte der Präsident Chase zum Vorsitzenden Richter – nicht zuletzt, um den radikalen Flügel seiner Partei versöhnlich zu stimmen.
25. *Liberator,* 24. Februar 1865.
26. *O. R.,* Ser. 4, Bd. XLVII, Tl. 2, S. 60–62.
27. *U. S. Statutes at Large,* Bd. XIII, S. 507 ff.
28. *CWL,* Bd. VIII, S. 152.
29. So der Abgeordnete James M. Ashley im *Boston Commonwealth,* 4. März 1865. Eine treffliche Untersuchung dieser verwirrenden Debatten und Abstimmungen zum Thema Rekonstruktion bietet Herman Belz: *Reconstructing the Union. Theory and Policy during the Civil War,* Ithaca, 1969, S. 244–276.
30. *CWL,* Bd. VIII, S. 333.
31. Bruce Catton: *Grant Takes Command,* Boston, 1969, S. 437; *Personal Memoirs of U. S. Grant,* 2 Bde., New York, 1886, Bd. II, S. 424 f., 430 f., 459 ff.
32. Foote: *Civil War,* Bd. III, S. 896.
33. Burke Davis: *To Appomattox. Nine April Days,* New York, 1959, S. 184; Foote: *Civil War,* Bd. III, S. 897; Charles Carleton Coffin: *The Boys of '61,* Boston, 1896, S. 538–542.
34. *Philadelphia Press,* 11. und 12. April 1865.
35. Rowland: *Davis,* Bd. VI, S. 529 ff.
36. Douglas Southall Freeman: *R. E. Lee. A Biography,* 4 Bde., New York, 1934/35, Bd. IV, S. 84.
37. Catton: *Grant Takes Command,* S. 460.
38. Freeman: *Lee,* Bd. IV, S. 120–123.
39. *O. R.,* Ser. 1, Bd. XLVI, Tl. 1, S. 57 f.; Horace Porter: »The Surrender at Appomattox Courthouse« in *Battles and Leaders,* Bd. IV, S. 739 f.; Davis: *To Appomattox,* S. 386.

40. Davis: *To Appomattox,* S. 387; *Personal Memoirs of Grant,* Bd. II, S. 489; Porter: »The Surrender at Appomattox Courthouse«, S. 743.
41. Davis: *To Appomattox,* S. 362; Joshua L. Chamberlain: »The Last Salute of the Army of Northern Virginia« in *Southern Historical Society Papers,* 32 (1904), S. 362.
42. Foote: *Civil War,* Bd. III, S. 900; Strong: *Diary,* S. 574f.
43. *CWL,* Bd. VIII, S. 406f., 399–405.
44. William Hanchett: *The Lincoln Murder Conspiracies,* Urbana, Ill., 1983, S. 37.

Epilog: Der Preis des Sieges

1. Zitiert nach Thomas J. Pressly: *Americans Interpret the Civil War,* Princeton, 1962, S. 199f.
2. Zitiert nach David Donald (Hrsg.): *Why the North Won the Civil War,* Baton Rouge, 1960, S. IX.
3. Richard E. Beringer, Herman Hattaway, Archer Jones und William N. Still, Jr.: *Why the South Lost the Civil War,* Athens, Ga., 1986, S. 439, 55; Kenneth M. Stampp: *The Imperiled Union. Essays on the Background of the Civil War,* New York, 1980, S. 255; Clement Eaton: *A History of the Southern Confederacy* (Collier Books), New York, 1961, S. 250.
4. Beringer et al.: *Why the South Lost,* S. 440ff.
5. Siehe vor allem T. Harry Williams: »The Military Leadership of North and South« und David M. Potter: »Jefferson Davis and the Political Factors in Confederate Defeat« in: Donald (Hrsg.): *Why the North Won,* S. 23–48, 91–114, Thomas L. Connelly: »Robert E. Lee and the Western Confederacy. A Criticism of Lee's Strategic Ability« in: John T. Hubbell (Hrsg.): *Battles Lost and Won! Essays from Civil War History,* Westport, Conn., 1975, S. 197–214, Allan Nevins: *The War for the Union,* 4 Bde., New York, 1959/71, sowie Herman Hattaway und Archer Jones: *How the North Won. A Military History of the Civil War,* Urbana, Ill., 1983.
6. Monroe, L. Billington (Hrsg.): *The South: A Central Theme?* Huntington, N. Y., 1976, S. 1.
7. *New Orleans Daily Delta,* 3. November 1860; Steven A. Channing: *Crisis of Fear. Secession in South Carolina,* New York, 1970, S. 287.
8. *DeBow's Review,* 33 (1862), S. 44; Rowland: *Davis,* Bd. VI, S. 357.
9. Richard Taylor an Samuel L. M. Barlow, 13. Dezember 1865, Barlow Papers, Henry E. Huntington Library; Ticknor zitiert nach Morton Keller: *Affairs of State. Public Life in Late Nineteenth Century America,* Cambridge, Mass., 1977, S. 2.
10. Leon F. Litwack: *Been in the Storm So Long. The Aftermath of Slavery,* New York, 1979, S. 489.

Verzeichnis der Karten

Bibliographie

Der folgende Abriß der Literatur zum amerikanischen Bürgerkrieg und seinen Ursachen führt nur einen Bruchteil der in den Anmerkungen zitierten Bücher auf, die wiederum nur einen Ausschnitt der von mir konsultierten Quellen darstellen. Das riesige Korpus der Literatur über die Zeit des Bürgerkriegs konnte ich nur in Stichproben auswerten; allein über die Kriegsjahre sind mehr als 50 000 Bücher und Druckschriften ausgewiesen – von einer unübersehbaren Flut von Zeitschriftenbeiträgen, Dissertationen und Manuskriptsammlungen ganz zu schweigen. Angeblich gibt es über Abraham Lincoln mehr Bücher in englischer Sprache als über irgendeinen anderen Menschen mit Ausnahme Shakespeares und Jesus von Nazareth.

Die beste Einführung in die Bürgerkriegsepoche bieten zwei mehrbändige Untersuchungen, die im Abstand von einem halben Jahrhundert erschienen und zu Klassikern der amerikanischen Geschichtsschreibung geworden sind, und zwar *History of the United States from the Compromise of 1850 to the Restoration of Home Rule at the South* (7 Bde., New York, 1892–1906) von James Ford Rhodes sowie *Ordeal of the Union* (4 Bde.) und *The War for the Union* (4 Bde., New York, 1947–1971) von Allan Nevins. Diese überragenden Studien interpretieren die Krise der Union aus entschieden nationalistischer Sicht. Dasselbe gilt für so gut wie alle Biographien Abraham Lincolns; die ausführlichsten sind die von John G. Nicolay und John Hay (*Abraham Lincoln: A History,* 10 Bde., New York, 1890 – aus der Feder der Privatsekretäre des Präsidenten) und von James G. Randall (*Lincoln the President,* 4 Bde., New York, 1945–1955. Bd. IV wurde von Richard N. Current zu Ende geschrieben); letztere ist eine meisterhafte *tour de force,* an der lediglich Randalls Tendenz stört, aus Lincoln einen Konservativen zu machen, was er nicht war. Die Korrektur dieses Standpunkts bietet die lesbarste einbändige Biographie, nämlich Stephen B. Oates' *With Malice Towards None. The Life of Abraham Lincoln* (New York, 1977). Den Standpunkt des Südens in dieser polarisierenden Frage vertritt Hudson Strode in *Jefferson* (3 Bde., New York, 1955–1964). Die schriftlichen Zeugnisse der beiden Hauptakteure im Kampf der Union mit der Konföderation liegen in vielbändigen Sammlungen vor; ich nenne die von Roy P. Basler (Hrsg.): *The Collected Works of Abraham Lincoln,* 9 Bde., New Brunswick, 1953–1955, und *The Collected Works of Abraham Lincoln – Supplement, 1842–1865,* New Brunswick, 1974, und von Dunbar Rowland (Hrsg.): *Jefferson Davis, Constitutionalist: His Letters, Papers, and Speeches,* 10 Bde., Jackson, Miss., 1923. Rowlands Ausgabe ist für die Zeit bis 1855 überholt; an ihre Stelle ist die Ausgabe von Haskell M. Monroe, Jr., James T. McIntosh, Lynda L. Crist und Mary S. Dix getreten: *The Papers of Jefferson Davis,* bisher 5 Bde., Baton Rouge, 1971–1985. Mark E. Neely, Jr.: *The Abraham Lincoln Encyclopedia,* New York, 1982, enthält eine ungewöhnliche Fülle nützlicher Informationen über den Regionalkonflikt und den Bürgerkrieg; dasselbe gilt für David C. Roller und Robert W. Twyman (Hrsg.): *The Encyclopedia of Southern History,* Baton Rouge, 1979. Zwei andere Nachschlagewerke behandeln in erster Linie die militärischen

Ereignisse und die beteiligten Personen, gehen aber auch auf die politischen Entwicklungen der Vorkriegs- und der Kriegsjahre ein: Mark M. Boatner III: *The Civil War Dictionary,* New York, 1959, und Patricia L. Faust (Hrsg.): *Historical Times Illustrated Encyclopedia of the Civil War,* New York, 1986.

Eine lesenswerte, mittlerweile zum Klassiker gewordene Untersuchung über die wirtschaftlichen Entwicklungen der Vorkriegszeit ist *The Transportation Revolution, 1815–1860* (New York, 1951) von George Rogers Taylor. Eine neuere Untersuchung, verfaßt vom Nestor der amerikanischen Wirtschaftsgeschichte Thomas C. Cochran – *Frontiers of Change. Early Industrialism in America* (New York, 1981) –, konzentriert sich ebenfalls auf die Vorkriegszeit. Den Aufstieg des »American System of Manufactures« beschreiben Nathan Rosenberg (Hrsg.): *The American System of Manufactures,* Edinburgh, 1969, sowie Otto Mayr und Robert C. Post (Hrsg.): *Yankee Enterprise: The Rise of the American System of Manufactures,* Washington, 1981. Paul Wallace Gates beschreibt in *The Farmers' Age: Agriculture 1815–1860* (New York, 1962) die Veränderungen in der Landwirtschaft im fraglichen Zeitraum, während Gavin Wright in *The Political Economy of the Cotton South* (New York, 1978) und Harold D. Woodman in *King Cotton and His Retainers* (Lexington, Ky., 1968) Produktion und Vermarktung der wichtigsten Anbaufrüchte des Südens verfolgen. Daniel J. Boorstin: *The Americans. The National Experience,* New York, 1965, bietet faszinierende Einblicke in die Art, wie Amerikaner aus allen Schichten miteinander und mit ihrer Umwelt umgingen.

Die prägnanteste und besonnenste Untersuchung über das Schul- und Bildungswesen in der Bürgerkriegszeit ist von Carl F. Kaestle: *Pillars of the Republic. Common Schooling and American Society, 1780–1860,* New York, 1983; das Buch verbindet große Gelehrsamkeit mit Informationsreichtum und Lesbarkeit. Zum Thema Immigration und Nativismus bieten sich zum Einstieg drei klassische Untersuchungen an: Marcus Lee Hansen: *The Atlantic Migration 1607–1860,* Cambridge, Mass., 1940, Oscar Handlin: *Boston's Immigrants 1790–1880: A Study in Acculturation* überarbeitete Ausgabe, Cambridge, Mass., 1959, und Ray Allen Billington: *The Protestant Crusade 1800–1860,* New York, 1938. Das Bild der Irischamerikaner untersucht Dale T. Knobel: *Paddy and the Republic. Ethnicity and Nationality in Antebellum America,* Middletown, Conn., 1986. Zur Temperenzlerbewegung vor der Zeit des Bürgerkriegs vgl. Ian R. Tyrell: *Sobering Up. From Temperance to Prohibition in Antebellum America 1800–1860,* Westport, Conn., 1979, und Jed Dannenbaum: *Drink and Disorder. Temperance Reform in Cincinnati from the Washingtonian Revival to the WCTU,* Urbana, Ill., 1984. Die vielleicht besten Einführungen in die unüberschaubare Literatur über die Abolitionistenbewegung sind James Brewer Stewarts *Holy Warriors: The Abolitionists and American Slavery* (New York, 1976) und Ronald G. Walters' *The Antislavery Appeal. American Abolitionism after 1830* (Baltimore, 1976).

Die Auswirkungen der wirtschaftlichen Veränderungen der Vorkriegszeit auf die amerikanische Arbeiterklasse sind in den letzten Jahren in zahlreichen ausgezeichneten Untersuchungen erforscht worden; genannt seien Thomas Dublin: *Women at Work. The Trans-*

formation of Work and Community in Lowell, Massachusetts, 1826–1860, New York, 1979, Jonathan Prude: *The Coming of Industrial Order. Town and Factory Life in Rural Massachusetts, 1810–1860,* Cambridge, Mass., 1983, Sean Wilentz: *Chants Democratic: New York City and the Rise of the American Working Class, 1788–1850,* New York, 1984, und Steven J. Ross: *Workers on the Edge. Work, Leisure, and Politics in Industrializing Cincinnati, 1788–1890,* New York, 1985. Auch die veränderte Rolle der Frauen und der Familie in der Bürgerkriegszeit ist in der Literatur ausführlich behandelt worden; genannt seien Nancy F. Cott: *The Bonds of Womanhood: »Woman's Sphere« in New England, 1780–1835,* New Haven, 1977, Carl N. Degler: *At Odds: Women and the Family in America from the Revolution to the Present,* New York, 1980, Mary P. Ryan: *Cradle of the Middle Class: The Family in Oneida County New York, 1790–1865,* Cambridge, Mass., 1981, Catherine Clinton: *The Plantation Mistress: Woman's World in the Old South,* New York, 1982, und Ellen Carol DuBois: *Feminism and Suffrage. The Emergence of an Independent Women's Movement in America 1848–1869,* Ithaca, 1978.

Das »Second Party System« aus Jacksonschen Demokraten und Clay Whigs, das mit den wirtschaftlichen Problemen im Zusammenhang mit dem Bankwesen, der Revolution im Transportwesen und der Industrialisierung aufkam, untersuchen Richard P. McCormick in *The Second American Party System. Party Formation in the Jacksonian Era.* (Chapel Hill, 1966), Arthur M. Schlesinger, Jr., in *The Age of Jackson* (Boston, 1945), Jean Baker in *Affairs of Party. The Political Culture of Northern Democrats in the Mid-Nineteenth Century* (Ithaca, 1983), Daniel Walker Howe in *The Political Culture of the American Whigs* (Chicago, 1970), John Ashworth in *»Agrarians & Aristocrats«: Party Political Ideology in the United States, 1837–1846* (London, 1983), Bray Hammond in *Banks and Politics in America from the Revolution to the Civil War* (Princeton, 1957), James Roger Sharp in *The Jacksonians versus the Banks. Politics in the States after the Panic of 1837* (New York, 1970) und William G. Shade in *Banks or No Banks: The Money Issue in Western Politics, 1932–1865* (Detroit, 1972). Die entschiedensten Verfechter einer »ethnokulturellen« Interpretation der nordstaatlichen Politik sind Lee Benson mit *The Concept of Jacksonian Democracy. New York as a Test Case* (Princeton, 1961) und Ronald P. Formisano mit *The Birth of Mass Political Parties: Michigan, 1827–1861* (Princeton, 1971). Das Verhältnis zwischen Wirtschaft, Gesellschaft und politischer Kultur im Süden, unter besonderer Berücksichtigung der nichtsklavenhaltenden Weißen, beschreiben J. Mills Thornton III (*Politics and Power in a Slave Society: Alabama, 1800–1860,* Baton Rouge, 1978), Steven Hahn (*The Roots of Southern Populism: Yeoman Farmers and the Transformation of the Georgia Upcountry, 1850–1890,* New York, 1983), Marc W. Kruman (*Parties and Politics in North Carolina 1836–1865,* Baton Rouge, 1983), Harry L. Watson (*Jacksonian Politics and Community Conflict: The Emergence of the Second American Party System in Cumberland County, North Carolina,* Baton Rouge, 1981), Paul D. Escott (*Many Excellent People: Power and Privilege in North Carolina, 1850–1900,* Chapel Hill, 1985) und J. William Harris (*Plain Folk and Gentry in a Slave Society: White Liberty and Black Slavery in Augusta's Hinterlands,* Middletown, Conn., 1986).

Kein Aspekt der südstaatlichen, ja der gesamten amerikanischen Geschichte hat in solchem Ausmaß das Interesse der Historiker gefunden wie die Sklaverei. Von den zahlreichen provokanten und bedeutenden Büchern über Sklaven und Herren eignen sich zur Einarbeitung in das Verständnis dieser »besonderen Institution« besonders die folgenden: Ulrich B. Phillips: *American Negro Slavery* (1918), Neuausgabe mit Vorwort von Eugene Genovese, Baton Rouge, 1966, Kenneth M. Stampp: *The Peculiar Institution: Slavery in the Ante-Bellum South,* New York, 1956, Stanley M. Elkins: *Slavery: A. Problem in American Institutional and Intellectual Life,* 1. Aufl. 1959, 3. überarb. Aufl., Chicago, 1976, Eugene D. Genovese: *The Political Economy of Slavery,* New York, 1965, und *Roll Jordan, Roll. The World of Slaves Made,* New York, 1974, John W. Blassingame: *The Slave Community: Plantation Life in the Antebellum South,* 1. Aufl. 1972, überarb. und erweit. Ausg., New York, 1979, und Robert W. Fogel und Stanley L. Engerman: *Time on the Cross: The Economics of American Negro Slavery,* Boston, 1974 (einen Überblick über die zahlreichen Kritiken und Einwände zu Fogels und Engermans Studie bietet *Reckoning with Slavery: A Critical Study in the Quantitative History of American Negro Slavery* von Paul A. David et al., New York, 1976); siehe außerdem Herbert G. Gutman: *The Black Family in Slavery and Freedom,* New York, 1982, und James Oakes: *The Ruling Race. A History of American Slaveholders,* New York, 1982. Das traurige Los freier Schwarzer im Norden wie im Süden beschreiben Leon F. Litwack in *North of Slavery: The Negro in the Free States* (Chicago, 1961) sowie Ira Berlin in *Slaves without Masters. The Free Negro in the Antebellum South* (New York, 1974). Die Erfolgsstory einer freien schwarzen Familie, die selbst Sklaven besaß, schildern Michael P. Johnson und James L. Roark in *Black Masters: A Free Family of Color in the Old South* (New York, 1984).

Von der reichhaltigen Literatur zum Thema *frontier* und Westwärtsbewegung kann hier nur eine kleine Stichprobe gegeben werden. Malcolm J. Rohrbaughs *The Trans-Appalachian Frontier* (New York, 1978) erzählt von der Besiedlung des Binnenlandes zwischen den Appalachen und dem Mississipi, während Ray Allen Billingtons *The Far Western Frontier 1830–1860* (New York, 1956) dasselbe Thema in bezug auf das riesige Gebiet westlich des Mississippi abhandelt. Die Expansionspolitik der Administration Polk, die zum Krieg mit Mexiko führte, behandeln folgende Werke: Frederick Merk: *Manifest Destiny and Mission in American History,* New York, 1963, Norman A. Graebner: *Empire on the Pacific: A Study in Continental Expansion,* New York, 1955, und David Pletcher: *The Diplomacy of Annexation: Texas, Mexico, and the Mexican War,* Columbia, Mo., 1973. Die allgemeine Begeisterung über den siegreichen Eroberungskrieg dokumentiert Robert W. Johannsen: *To the Halls of the Montezumas: The War with Mexico in the American Imagination,* New York, 1985; über die entschiedene Ablehnung des Krieges bei Whigs und Abolitionisten unterrichtet John H. Schroeder: *Mr. Polk's War: American Opposition and Dissent, 1846–1848,* Madison, 1973.

Die verhängnisvollen Folgen der Kontroverse um die Einführung der Sklaverei in den von Mexiko eroberten Territorien sind der Ausgangspunkt für das beste Buch über den zum Bürgerkrieg führenden Regionalkonflikt, nämlich David M. Potters *The Impending*

Crisis 1848–1861 (New York, 1976). Eine kürzere Untersuchung, die die Ursache für die Sezession im Zusammenbruch des »Second Party System« und nicht im Regionalkonflikt sieht, ist die von Michael F. Holt mit dem Titel *The Political Crisis of the 1850s* (New York, 1978). Die Entstehung der *free-soil*-Bewegung erörtern Richard H. Sewell (*Ballots for Freedom: Antislavery Politics in the United States 1837–1860,* New York, 1976), Joseph G. Rayback (*Free Soil: The Election of 1848,* Lexington, Ky., 1970) und Frederick J. Blue (*The Free Soilers: Third Party Politics 1848–1854,* Urbana, Ill., 1973). Die knappste Darstellung des schwierigen Prozesses, der zum Kompromiß von 1850 führte, stammt von Holman Hamilton (*Prologue to Conflict: The Crisis and Compromise of 1850,* Lexington, Ky., 1964).

Den vehementen bis gewalttätigen Widerstand, den das Sklavenfluchtgesetz auslöste, kann man verfolgen bei Stanley W. Campbell in *The Slave Catchers: Enforcement of the Fugitive Slave Law 1850–1860* (Chapel Hill, 1970) und bei Thomas D. Morris in *Free Men All: The Personal Liberty Laws of the North 1780–1861* (Baltimore, 1974). Das vergebliche Bemühen des Südens um wirtschaftliche Unabhängigkeit in den 50er Jahren behandeln Robert Royal Russel: *Economic Aspects of Southern Sectionalism, 1840–1861,* Urbana, Ill., 1923, Herbert Wender: *Southern Commercial Conventions 1837–1859,* Baltimore, 1930, und Fred Bateman und Thomas Weiss: *A Deplorable Scarcity: The Failure of Industrialization in the Slave Economy,* Chapel Hill, 1981. Über die – legalen wie illegalen – Bemühungen des Südens, neue Sklaventerritorien zu etablieren, unterrichten Robert E. May: *The Southern Dream of a Carribean Empire, 1854–1862,* Baton Rouge, 1973, Charles H. Brown: *Agents of Manifest Destiny. The Lives and Times of the Filibusters,* Chapel Hill, 1980, und William O. Scroggs: *Filibusters and Financiers: The Story of William Walker and His Associates,* New York, 1916. Die Unterstützung des Südens bei der Wiedereröffnung des Sklavenhandels dokumentiert Ronald T. Takaki: *A Pro-Slavery Crusade: The Agitation to Reopen the Slave Trade,* New York, 1971. Diese Entwicklungen sowie andere Bekundungen des Südstaatennationalismus erörtert John McCardell: *The Idea of a Southern Nation ... 1830–1860,* New York, 1979. Das Interesse der südlichen Politiker an der Verteidigung der Sklaverei ist Gegenstand von William J. Cooper, Jr. in *The South and the Politics of Slavery 1828–1856* (Baton Rouge, 1978); Clement Eatons *The Freedom-of-Thought Struggle in the Old South* (überarb. und erweit. Ausg., New York, 1964) erörtert die Abschottung des Südens gegen Kritik von außen; Avery Cravens Bücher *The Coming of the Civil War* (überarb. Ausg., Chicago, 1957) und *The Growth of Southern Nationalism 1848–1861* (Baton Rouge, 1953) versuchen, den Regionalismus des Südens als natürliche Abwehrreaktion gegen die Aggression aus dem Norden zu deuten. Bertram Wyatt-Brown untersucht in *Southern Honor. Ethics and Behavior in the Old South* (New York, 1982) die besondere Qualität der südstaatlichen Kultur, die die Südstaatler so empfindlich gegen Verletzungen ihrer »Rechte« machte.

Die beste Einführung in die *free-labor*-Ideologie der Republikaner, die ihrer Ablehnung der Ausweitung der Sklaverei zugrunde lag, stellt *Free Soil, Free Labor, Free Men. The Ideology of the Republican Party before the Civil War* (New York, 1970) von Eric Foner dar; die ausführlichste Darstellung jenes Geflechts aus Politik, Ideologie und Nativismus, aus welchem die Partei hervorging, ist William E. Gienapp mit *The Origins of the Republican Party, 1852–1856* (New York, 1987) gelungen. Über die komplizierte demokratische Politik, die zum Kansas-Nebraska-Act führte, unterrichten George Fort Milton: *The Eve of Conflict. Stephen A. Douglas and the Needless War*, Boston, 1934, sowie Robert W. Johannsen: *Stephen A. Douglas*, New York, 1973. Eine einfühlsame Darstellung der Position Lincolns im Rahmen der aufkommenden republikanischen Opposition ist die Don E. Fehrenbachers (*Prelude to Greatness: Lincoln in the 1850's*, Stanford, 1962). Zu den Konsequenzen des Kansas-Nebraska-Act in Kansas und in Washington lese man James A. Rawley: *Race and Politics: »Bleeding Kansas« and the Coming of the Civil War*, Philadelphia, 1969, sowie Alice Nichols: *Bleeding Kansas*, New York, 1954. Die politischen Veränderungen in zwei wichtigen Bundesstaaten untersuchen Stephen E. Maizlish: *The Triumph of Sectionalism: The Transformation of Ohio Politics, 1844–1856*, Kent, 1983, und Dale Baum: *The Civil War Party System: The Case of Massachusetts, 1848–1876*, Chapel Hill, 1984.

Die Spaltung der Demokraten in der Frage des Regionalismus unter der Administration Buchanan ist Gegenstand der Arbeit von Roy F. Nichols (*The Disruption of the American Democracy*, New York, 1948). Der Fall Dred Scott wird nach allen erdenklichen Seiten hin ausgeleuchtet von Don E. Fehrenbacher in *The Dred Scott Case. Its Significance in American Law and Politics* (New York, 1978). Die systematischste Untersuchung der Debatten zwischen Lincoln und Douglas bietet Harry V. Jaffa mit *An Interpretation of the Issues in the Lincoln-Douglas Debates* (New York, 1959). Die Literatur über John Brown und den Überfall auf Harper's Ferry ist umfangreich; die ausführlichste Untersuchung ist von Garrison Villard (*John Brown, 1800–1859*, Boston, 1910); die neueste Biographie über John Brown stammt von Stephen B. Oates (*To Purge This Land with Blood. A Biography of John Brown*, New York, 1970). Einige neue Informationen und Erkenntnisse bietet Jeffery S. Rossbach in *Ambivalent Conspirators: John Brown, the Secret Six, and a Theory of Slave Violence* (Philadelphia, 1982). Noch heute von Wert sind vier ältere Monographien über die Präsidentschaftswahl von 1860, die Lincolns Aufstieg und die Haltung des Südens angesichts der Möglichkeit seiner Wahl herausarbeiten: Emerson D. Fite: *The Presidential Campaign of 1860*, New York, 1911, William E. Baringer: *Lincoln's Rise to Power*, Boston, 1937, Reinhard H. Luthin: *The First Lincoln Campaign*, Cambridge, Mass., 1944, und Ollinger Crenshaw: *The Slave States in the Presidential Election of 1860*, Baltimore, 1945.

Ebenfalls noch immer wertvoll ist eine ältere Monographie über die Sezessionsbewegung: Dwight L. Dumond: *The Secession Movement 1860–1861*, New York, 1931. *The Secession Conventions of the South* von Ralph Wooster (Princeton, 1962) bietet die Fakten über die verschiedenen Parteitage und ihre Delegierten; Donald E. Reynolds dokumentiert in *Editors Make War: Southern Newspapers in the Secession Crisis* (Nashville, 1970) die wichtige Rolle der Presse bei der Stimmungsmache für die Sezession. Zu den besten und neuesten Untersuchungen über diejenigen Staaten des unteren Südens, die als erste die Union verließen, gehören: Steven A. Channing: *A Crisis of Fear: Secession in South Caro-*

lina, New York, 1970, William L. Barney: *The Secessionist Impulse: Alabama and Mississippi in 1860,* Princeton, 1974, und Michael P. Johnson: *Toward a Patriarchal Republic: The Secession of Georgia,* Baton Rouge, 1977. Mehrere ältere Untersuchungen dokumentieren die ursprüngliche Unionstreue und die Sezession nach dem Zwischenfall bei Fort Sumter im oberen Süden: Henry T. Shanks: *The Secession Movement in Virginia, 1847–1861,* Richmond, 1934, J. Carlyle Sitterson: *The Secession Movement in North Carolina,* Chapel Hill, 1939, und Mary E. R. Campbell: *The Attitude of Tennesseeans toward the Union,* New York, 1961. Zu den *border states* lese man William J. Evitts: *A Matter of Allegiances: Maryland from 1850 to 1861,* Baltimore, 1974, E. Merton Coulter: *The Civil War and Readjustment in Kentucky,* Chapel Hill, 1926, und William E. Parrish: *Turbulent Partnership: Missouri and the Union, 1861–1865,* Columbia, Mo., 1963. Die ausführlichste und die neueste der vielen einbändigen Geschichten der Konföderation enthalten beide gute Darstellungen der Sezession sowie der Errichtung einer neuen konföderierten Regierung; es sind dies *The Confederate States of America 1861–1865* von E. Merton Coulter (Baton Rouge, 1950) und *The Confederate Nation, 1861–1865* (New York, 1979) von Emory M. Thomas.

Wer die Reaktion des Nordens und speziell der Republikaner auf die Sezession des Südens verstehen will, kann auf Werke der beiden führenden Historiker zu dieser Zeit nicht verzichten: David M. Potter: *Lincoln and His Party in the Secession Crisis,* New Haven, 1942, Neuausg. mit neuem Vorwort 1962, und Kenneth M. Stampp: *And the War Came: The North and the Secession Crisis, 1860–61,* Baton Rouge, 1950. Über das Scheitern der Washingtoner Friedenskonferenz zur Beilegung der Sezessionskrise unterrichtet Robert G. Gunderson in *Old Gentleman's Convention: The Washington Peace Conference of 1861* (Madison, 1961). Die Probleme und das militärische Geschehen um Fort Sumter erzählen auf dramatische Weise Richard N. Current in *Lincoln and the First Shot* (Philadelphia, 1963) und William A. Swanberg in *First Blood: The Story of Fort Sumter* (New York, 1957).

Die Feldzüge des amerikanischen Bürgerkriegs haben zu einigen der farbigsten Schilderungen der amerikanischen Historiographie Anlaß gegeben; von dieser Literatur kann hier nur ein Bruchteil angeführt werden. Am anschaulichsten und epischsten ist die fast 3000 Seiten lange Darstellung eines Romanciers, der zugleich ein guter Historiker ist, Shelby Footes *The Civil War: A Narrative* (3 Bde., New York, 1958–1974); die Sympathien des Autors gelten ein wenig mehr dem Süden als dem Norden. Mit entgegengesetzter Tendenz, aber ähnlich lesbar geschrieben ist Bruce Cattons *The Centennial History of the Civil War:* Bd. I: *The Coming Fury,* Bd. II: *Terrible Swift Sword;* Bd. III: *Never Call Retreat,* Garden City, N. Y., 1961–1965. Eine weitere Trilogie mit dem Titel *The Imperiled Union, 1861–1865* aus der Feder eines fruchtbaren Historikers des Bürgerkriegs ist im Entstehen begriffen; zwei Bände sind bisher erschienen: Bd. I, *The Deep Waters of the Proud,* und Bd. II, *Stand in the Day of Battle* (Garden City, N. Y., 1982/83), von William C. Davis. Zwei prachtvolle Bücher über die Soldaten des Bürgerkriegs, geschrieben von einem der Giganten der Bürgerkriegs-Historiographie, basieren auf der Auswertung von

Hunderten von veröffentlichten und unveröffentlichten Briefen, Tagebüchern und Erinnerungen, und zwar Bell Irvin Wileys *The Life of Johnny Reb,* Indianapolis, 1943, und *The Life of Billy Yank,* Indianapolis, 1952. Datenmaterial zu diesem traurigen Thema liefert Ella Lonn: *Desertion During the Civil War,* New York, 1928. Über den Krieg zur See und auf den Flüssen empfiehlt sich vor allem Virgil Carrington Jones: *The Civil War at Sea,* 3 Bde., New York, 1960/62.

Nachträgliche Schilderungen wichtiger Feldzüge und Gefechte, von den Teilnehmern selbst verfaßt, erschienen zuerst 20 Jahre nach dem Krieg in *Scribner's Magazine* und wurden später in vier dicken Bänden veröffentlicht, die heute in einem preiswerten Reprint vorliegen: Clarence C. Buel und Robert U. Johnson (Hrsg.): *Battles and Leaders of the Civil War,* New York, 1888, Reprint-Ausgabe Secaucus, N. J., 1982. Das offizielle Kriegstagebuch, das gut eine Generation nach dem Krieg von der US-Regierung veröffentlicht wurde, ist heute auch in Bibliotheken und Antiquariaten sowie als Reprint greifbar: *War of the Rebellion ... Official Records of the Union and Confederate Armies,* 128 Bde., Washington, 1880–1901, und *Official Records of the Union and Confederate Navies in the War of the Rebellion,* 30 Bde., Washington, 1894–1922. Der Bürgerkrieg vollzog sich zu Beginn des Zeitalters der Photographie, und es haben sich etliche Tausende von Photoplatten mit Soldaten, Schlachtfeldern, politischen Führern und sonstigen Kriegsdarstellungen erhalten, die in modernen Publikationen, meistens mit einem guten Begleittext versehen, zu betrachten sind. Besonders erwähnenswert scheinen mir Francis T. Miller (Hrsg.): *The Photographic History of the Civil War,* 10 Bde., New York, 1911, Reprint-Ausgabe 1957, sowie William C. Davis (Hrsg.): *The Image of War 1861–1865,* 6 Bde., Garden City, N. Y., 1981/84. Ein weiteres visuelles Hilfsmittel zum Verständnis der Feldzüge und Gefechte des Bürgerkriegs sind Landkarten; die besten finden sich, versehen mit erläuterndem Text, in Bd. I von Vincent J. Esposito (Hrsg.): *The West Point Atlas of American Wars,* New York, 1959. Ein wertvolles Nachschlagewerk zu den militärischen Operationen ist E. B. Long: *The Civil War Day by Day: An Almanac 1861–1865,* Garden City, N. Y., 1971. Zwei unentbehrliche Aufstellungen über Truppenstärke, Organisation und Verluste der Bürgerkriegsarmeen sind: William F. Fox: *Regimental Losses in the American Civil War, 1861–1865,* Albany, 1880, und Thomas L. Livermore: *Numbers and Losses in the Civil War in America, 1861–1865,* Boston, 1901.

Es gibt Hunderte von ausgezeichneten Schilderungen über Feldzüge und Gefechte, von Biographien über Generäle und andere Heerführer; aus Platzgründen können nur einige besonders gute Beispiele dieser Gattungen genannt werden. Knappe Biographien aller Generäle beider Seiten finden sich bei Ezra J. Warner: *Generals in Gray,* Baton Rouge, 1959, und *Generals in Blue,* Baton Rouge, 1964. Zu den wirklichen Klassikern der Bürgerkriegsliteratur gehört Douglas Southall Freeman: *R. E. Lee: A Biography,* 4 Bde., New York, 1934/35, das im Zusammenhang mit Freemans *Lee's Lieutenants: A Study in Command,* 3 Bde., New York, 1942/44, eine erschöpfende Geschichte der Northern-Virginia-Armee gibt. Der bedeutendste Kritiker an der Unzulänglichkeit von Lees Strategie auf dem Kriegsschauplatz in Virginia und Hauptchronist der größten westlichen Armee der Konföderation ist Thomas L. Connelly: *The Marble Man: Robert E. Lee and His Image in American Society*, New York, 1977, *Army of the Heartland: The Army of Tennessee, 1861–1862*, Baton Rouge, 1967, *Autumn of Glory: The Army of Tennessee, 1862–1865*, Baton Rouge, 1971, und – zusammen mit Archer Jones – *The Politics of Command: Factions and Ideas in Confederate Strategy*, Baton Rouge, 1973. Ein britischer Armeeoffizier und Historiker, G. F. R. Henderson, hat eine wohlwollende Biographie über »Stonewall« Jackson vorgelegt, die zugleich eine gute Analyse der konföderierten Operationen in Virginia bis zum Tode Jacksons liefert: *Stonewall Jackson and the American Civil War*, 2 Bde., New York, 1898.

Auf Unionsseite äußern sich sowohl T. Harry Williams: *Lincoln and His Generals*, New York, 1952, als auch Kenneth P. Williams: *Lincoln Finds a General: A Military Study of the Civil War*, 5 Bde., New York , 1949–1959, kritisch über McClellan und positiv über Grant als Militärstrategen. Bruce Cattons hervorragende Trilogie über die Potomac-Armee: *Mr. Lincoln's Army, Glory Road* und *A Stillness at Appomattox*, Garden City, N. Y., 1951/53, demonstriert die unverwüstliche Kampfkraft der Yankeesoldaten ungeachtet inkompetenter Führung und vieler Niederlagen. Auch zwei Bücher eines britischen Militärexperten und Historikers erlauben wichtige Einsichten in Grants strategisches Können: J. F. C. Fuller: *The Generalship of Ulysses S. Grant*, London, 1929, und *Grant and Lee: A Study in Personality and Generalship*, London, 1923. Die beste militärhistorische Biographie über Grant ist das zweibändige Werk von Bruce Catton: *Grant Moves South*, Boston, 1960, und *Grant Takes Command*, Boston, 1969. Weniger aufschlußreich über die Rolle Grants im Bürgerkrieg ist William S. McFeely: *Grant: A Biography*, New York, 1981. Die Selbstzeugnisse des Generals finden sich in der vortrefflichen Sammlung *Personal Memoirs of U. S. Grant*, 2 Bde., New York, 1885, und bei John Y. Simon (Hrsg.): *The Papers of Ulysses S. Grant*, 14 Bde., Carbondale, Ill., 1967–1985. Der beste Ausgangspunkt für die Beschäftigung mit Sherman ist eine scharfsinnige Untersuchung des britischen Offiziers Basil H. Liddell Hart: *Sherman: Soldier, Realist, American*, New York, 1929; vgl. auch Shermans eigene Erinnerungen: *Memoirs of W. T. Sherman*, 2. Aufl., New York, 1887. Eine faszinierende moderne Untersuchung über Sherman und seine Theorie und Praxis des totalen Krieges bietet James Reston, Jr.: *Sherman und Vietnam*, New York, 1985. Andere Memoiren von Bürgerkriegsgenerälen sind aus literarischen Gründen oder wegen ihre Einstellung zu strittigen Fragen von Interesse; genannt seien George B. McClellan: *McClellan's Own Story*, New York, 1886; Philip H. Sheridan: *Personal Memoirs of P. H. Sheridan*, 2 Bde., New York, 1888, Joseph E. Johnston: *Narrative of Military Operations ... during the Late War between the States*, New York, 1874, James Longstreet: *From Manassas to Appomattox: Memoirs of the Civil War in America*, überarb. Ausg. 1903, und Richard Taylor: *Destruction and Reconstruction: Personal Experience of the Late War*, New York, 1879.

Viele Historiker haben sich die Frage gestellt, warum der Norden den Krieg gewonnen beziehungsweise warum der Süden ihn verloren hat. In der von David Donald herausgegebenen Anthologie *Why the North Won the Civil War*, Baton Rouge, 1960, werden auf diese Fragen fünf verschiedene Antworten gegeben. Herman Hattaway und Archer Jones verweisen in *How the North Won*, Urbana, Ill., 1983, auf die überlegene Logistik des Nordens und den klügeren Umgang mit seinen Ressourcen; diese These vertraten schon Benjamin P. Thomas und Harold M. Hyman: *Stanton: The Life and Times of Lincoln's Secretary of War,* New York, 1962. Grady McWhiney und Perry D. Jamieson: *Attack and Die: Civil War Military Tactics and the Southern Heritage,* University, Ala., 1982, führen die Offensivtaktik des Südens, die zur blutigen Dezimierung der konföderierten Armeen führte, auf kulturelle Gründe zurück, während Michael C. C. Adams: *Our Masters the Rebels: A Speculation on Union Military Failure in the East, 1861–1865,* Cambridge, Mass., 1978, mit kulturellen Faktoren zu begründen sucht, warum der Norden den Krieg in Virginia fast verloren hätte, bevor erfolgreiche Befehlshaber aus dem Westen ihre Strategie auch im Osten erproben durften. Richard E. Beringer, Herman Hattaway, Archer Jones und William N. Still, Jr.: *Why the South Lost the Civil War,* Athens, Ga., 1986, sind die jüngsten Verfechter der These, daß die Konföderation kriegsmüde war und deshalb verlor.

Die bisher vorliegenden Untersuchungen zum Thema Rekrutierung im Süden wie im Norden sind unbefriedigend; für die Beschäftigung mit diesem Thema eignen sich Albert B. Moore: *Conscription and Conflict in the Confederacy,* New York, 1924, und Eugene C. Murdock: *One Million Men: The Civil War Draft in the North,* Madison, 1971. Eine umfangreiche Literatur gibt es über die schwarzen Soldaten im Bürgerkrieg. Bahnbrechend war die Arbeit von Dudley T. Cornish: *The Sable Arm: Negro Troops in the Union Army,* New York, 1956. Mary Frances Berry: *Military Necessity and Civil Rights Policy: Black Citizenship and the Constitution, 1861–1868,* Port Washington, N. Y., 1977, fragt nach den Folgen des Militärdienstes von Schwarzen für die Durchsetzung der Gleichberechtigungspolitik nach dem Krieg. Robert Durden schildert die Entscheidung der Konföderation, die Schwarzen zu bewaffnen, und verbindet sie mit illustrativen Dokumenten: *The Gray and the Black: The Confederate Debate on Emancipation,* Baton Rouge, 1972; Ira Berlin u. a. (Hrsg.): *The Black Military Experience,* Serie II von *Freedom: A Documentary History of Emancipation,* Cambridge, 1982, bringt eine große Anzahl von Dokumenten aus Armeeunterlagen und bietet ausgezeichnete Anmerkungen und Einführungen. Die Fragen der Kriegsgefangenenlager im Bürgerkrieg und des Gefangenenaustauschs bedürfen dringend eines modernen Historikers; die einzige umfassende Monographie zu diesem Thema ist William B. Hesseltine: *Civil War Prisons: A Study in War Psychology,* Columbus, Ohio, 1930; die leidenschaftsloseste Untersuchung des leidenschaftlich umstrittenen Themas Andersonville bietet Ovid L. Futch: *History of Andersonville Prison,* Gainesville, Fla., 1968.

Technische Neuerungen, die aufgrund der militärischen Notwendigkeiten des Krieges entwickelt wurden, sind Gegenstand von zwei höchst informativen Untersuchungen: Robert V. Bruce: *Lincoln and the Tools of War,* Indianapolis, 1956, und Milton F. Perry: *Infernal Machines: The Story of Confederate Submarine and Mine Warfare,* Baton Rouge, 1965. Die Rolle der Eisenbahnen behandeln George E. Turner: *Victory Rode the Rails,* Indianapolis, 1953, Thomas Weber: *The Northern Railroads in the Civil War,* New York, 1952, und Robert C. Black: *The Railraods of the Confederacy,* Chapel Hill, 1952. Mit den medizinischen Aspekten des Bürgerkriegs befassen sich Paul E. Steiner: *Disease in the Civil War,* Springfield, Ill., 1968, George W. Adams: *Doctors in Blue: The Medical History of the*

Union Army in the Civil War, New York, 1952, und Horace H. Cunningham: *Doctors in Gray: The Confederate Medical Service,* Baton Rouge, 1958. Eine Einführung in die Geschichte der U. S. Sanitary Commission bietet William Q. Maxwell: *Lincoln's Fifth Wheel: The Political History of the United States Sanitary Commission,* New York, 1956. Die Bedeutung der Sanitary Commission im Zusammenhang mit dem kriegsbedingten Wandel in der Einstellung des Nordens gegenüber anderen sozialen und kulturellen Fragen schildert auf interessante Weise George M. Frederickson: *The Inner Civil War: Northern Intellectuals and the Crisis of the Union,* New York, 1965.

Die auswärtigen Beziehungen der Union und der Konföderation sind ausgiebig erforscht worden; zu den brauchbarsten Untersuchungen gehören David P. Crook: *The North, the South, and the Powers 1861–1865,* New York, 1974, Frank L. Owsley und Harriet C. Owsley: *King Cotton Diplomacy: Foreign Relations of the Confederate States of America,* 2. Aufl., Chicago, 1959, Ephraim D. Adams: *Great Britain and the American Civil War,* 2 Bde., New York, 1925, Brian Jenkins: *Britain and the War for the Union,* 2 Bde., Montreal, 1974–1980, sowie Lynn M. Case und Warren F. Spencer: *The United States and France: Civil War Diplomacy,* Philadelphia, 1970.

Die lange Zeit maßgebliche Untersuchung über die Politik des Nordens während des Bürgerkriegs war die Abhandlung von T. Harry Williams: *Lincoln and the Radicals,* Madison, 1941, die besonders die ideologischen Gegensätze innerhalb der Republikanischen Partei betonte. Heute gilt diese Auffassung in modifizierter Form – siehe Hans L. Trefousse: *The Radical Republicans: Lincoln's Vanquard for Racial Justice,* New York, 1969; der Autor unterstreicht die prinzipielle Einigkeit der Republikaner in der entschiedenen Ablehnung der Demokraten. William B. Hesseltine: *Lincoln and the War Governors,* New York, 1948, zeigt, wie sich die politische Macht im Norden mit Rücksicht auf die Erfordernisse des Krieges von den Einzelstaaten zur Bundesregierung verlagerte. Leonard P. Currys *Blueprint for Modern America. Non-Military Legislation of the First Civil War Congress,* Nashville, 1968, ist eine sorgfältige Studie über die nicht-militärische Gesetzgebungsarbeit des Nordens, die zusammen mit den revolutionären Auswirkungen des Krieges dazu beigetragen hat, aus den Vereinigten Staaten als einer dezentralisierten agrarischen Republik eine Industrienation zu machen. Einige der Politiker, die sich um diese Entwicklung verdient gemacht haben, beschreibt Allan G. Bogue in *The Earnest Men. Republicans of the Civil War Senate* (Ithaca, 1981).

Die – loyale und illoyale – Opposition gegen die Regierungspolitik analysieren Joel Silbey: *A Respectable Minority: The Democratic Party in the Civil War Era,* New York, 1977, Christopher Dell: *Lincoln and the War Democrats,* Madison, N. J., 1975, Wood Gray: *The Hidden Civil War. The Story of the Copperheads,* New York, 1942 – wo gegen die Friedensdemokraten der Vorwurf der Illoyalität erhoben wird –, sowie drei Bücher von Frank L. Klement, der gelegentlich zu weit geht in seinem Bestreben, die »Copperheads« von allen Verdächtigungen zu entlasten: *The Copperheads in the Middle West,* Chicago, 1960, *The Limits of Dissent. Clement L. Vallandigham and the Civil War,* Lexington, Ky., 1970, und *Dark Lanterns. Secret Political Societies, Conspiracies, and Treason Trials in the Civil*

War, Baton Rouge, 1984. Über das Vorgehen gegen Kriegsgegner mittels militärischer Verhaftungen und der Aussetzung der Habeaskorpusakte vergleiche man Dean Sprague: *Freedom under Lincoln,* Boston, 1965, James G. Randall: *Constitutional Problems under Lincoln,* überarb. Ausg., Urbana, Ill., 1951, und Harold M. Hyman: *A More Perfect Union. The Impact of the Civil War and Reconstruction on the Constitution,* New York, 1973. Die Friedensfrage des Jahres 1864 behandelt Edward C. Kirklands *The Peacemakers of 1864* (New York, 1927); die innerparteilichen Kämpfe der Republikaner zu Beginn der Präsidentschaftswahlen desselben Jahres beschreibt William F. Zornow in *Lincoln and the Party Divided* (Norman, Okla., 1954). Das beste Buch über Geschichte und Historiographie von Lincolns Ermordung ist *The Lincoln Murder Conspiracies* von William Hauchett (Urbana, Ill., 1983).

Zum Thema Heimatfront im Norden ist noch immer wertvoll Emerson D. Fite: *Social and Economic Conditions in the North,* New York, 1910. Ergänzend ziehe man heran George W. Smith und Charles Judah (Hrsg.): *Life in the North During the Civil War,* Albuquerque, 1966, wo auch zahlreiche zeitgenössische Dokumente abgedruckt sind. Paul W. Gates: *Agriculture and the Civil War,* New York, 1965, behandelt gleichermaßen den Norden wie den Süden, während die Essays in Ralph Andreano (Hrsg.): *The Economic Impact of the Civil War,* 2. Aufl., Cambridge, Mass., 1967, und in David Gilchrist und W. David Lewis (Hrsg.): *Economic Change in the Civil War Era,* Greenville, Del., 1965, sich hauptsächlich mit dem Norden befassen und *Sovereignty and an Empty Purse. Banks and Politics in the Civil War* von Bray Hammond (Princeton, 1970) ausschließlich den Norden behandelt.

Zwei aufschlußreiche Bücher über die religiöse Einstellung des Nordens während des Krieges sind James H. Moorhead: *American Apocalypse: Yankee Protestants and the Civil War,* New Haven, 1978; und Benjamin Blied: *Catholics and the Civil War,* Milwaukee, 1945. Über die Rolle der nordstaatlichen Frauen an der Heimatfront und in den Lazaretten empfiehlt sich Mary Elizabeth Massey: *Bonnett Brigades,* New York, 1966, und Agatha Young: *Women and the Crisis: Women of the North in the Civil War,* New York, 1959. Über die Arbeiter im Norden unterrichtet David Montgomery: *Beyond Equality: Labor and the Radical Republicans, 1862–1872,* New York, 1967. Die ethnischen und Klassenspannungen, die sich in den New Yorker Rekrutierungskrawallen entluden, untersuchen Basil L. Lee in *Discontent in New York City, 1861–1865* (Washington, 1943) und Adrian Cook in *The Armies of the Street. The New York City Draft Riots of 1863* (Lexington, Ky., 1974).

Auch über die Politik des Südens während des Bürgerkriegs ist viel geschrieben worden. Über die Geschichte der Konföderation informieren die oben genannten Bände von E. Merton Coulter und Emory Thomas. Wilfred B. Yearns: *The Confederate Congress,* Athens, Ga., 1960, erzählt die Geschichte des Südstaatenkongresses, während Thomas B. Alexander und Richard E. Beringer: *The Anatomy of the Confederate Congress,* Nashville, 1972, eine quantitative Analyse dieser Institution liefern. Über das konföderierte Kabinett liegt Rembert Patricks *Jefferson Davis and His Cabinet,* Baton Rouge, 1944, vor. Bell Irvin Wileys *The Road to Appomattox,* Memphis, 1956, analysiert sarkastisch Jefferson Davis' politische Führung. Larry E. Nelson: *Bullets, Bayonets, and Rhetoric: Confederate Policy for the United States Presidential Contest of 1864,* University, Ala., 1980, dokumentiert Davis' Versuche, die Lincoln-Administration zu unterminieren. Frank L. Owsley: *State Rights in the Confederacy,* Chicago, 1925, entfaltet die These, daß die Rechte der Einzelstaaten der Konföderation zum Verderben gereichten; dagegen heben Mary S. Ringold: *The Role of State Legislatures in the Confederacy,* Athens, Ga., 1966, und W. Buck Yearns (Hrsg.): *The Confederate Governors,* Athens, Ga., 1984, den Beitrag hervor, den die meisten einzelstaatlichen Parlamente und Gouverneure zur Kriegsanstrengung leisteten. Zwei Bücher gelten den beiden Staaten, in denen die Opposition gegen die Davis-Administration am stärksten war: John G. Barrett: *The Civil War in North Carolina,* Chapel Hill, 1963, und T. Conn Bryan: *Confederate Georgia,* Athens, Ga., 1953. Robert L. Kerby behandelt in *Kirby Smith's Confederacy: The Trans-Mississippi, 1863–1865,* New York, 1972, ein Gebiet, das nach der Einnahme Vicksburgs mehr oder weniger autonom wurde.

Georgia Lee Tatum: *Disloyalty in the Confederacy,* New York, 1972, dokumentiert pazifistische Aktivitäten und Unionstreue bei unzufriedenen Weißen, vor allem im Landesinneren. Paul D. Escott: *After Secession. Jefferson Davis and the Failure of Southern Nationalism,* Baton Rouge, 1978, vertritt die These, das größte Versäumnis der konföderierten Führung sei es gewesen, daß sie nicht verstanden habe, die Weißen, die keine Sklaven besaßen, auf ihre Seite zu ziehen; ihnen wäre die Sache des Südens zunehmend als »Krieg der Reichen auf dem Rücken der Armen« erschienen. Mit der Entfremdung der kleinen Bauern und den Klassenspannungen befassen sich auch Philip S. Paludan in *Victims: A True History of the Civil War* (Knoxville, 1981), einige gute Aufsätze, die in den letzten Jahren in der *North Carolina Historical Review* und im *Journal of Southern History* erschienen sind, sowie viele der auf S. 960 angeführten Bücher über die Südstaatenpolitik. Das besonders unglückliche Los der Flüchtlinge in den Südstaaten behandelt Mary Elizabeth Massey: *Refugee Life in the Confederacy,* Baton Hill, 1964. Eine andere Gruppe von Außenseitern behandelt Ella Loon: *Foreigners in the Confederacy,* Chapel Hill, 1940. Den Anteil der Frauen an der Kriegsanstrengung des Südens dokumentieren Francis B. Simkins und James W. Patton: *The Women of the Confederacy,* Richmond, 1936.

Das Grundlagenwerk über die südstaatliche Heimatfront ist Charles W. Ramsdell: *Behind the Lines in the Southern Confederacy,* Baton Rouge, 1944. John C. Schwab: *The Confederate States ... A Financial and Industrial History of the South during the Civil War,* New York, 1901, behandelt sein Thema mit enzyklopädischer Gründlichkeit; leichter lesbar ist Richard C. Todd: *Confederate Finance,* Athens, Ga., 1954. Emory M. Thomas: *The Confederacy as a Revolutionary Experience,* Englewood Cliffs, 1971, behandelt die forcierte Industrialisierung, die dem Süden durch den Krieg aufgezwungen wurde, während Louise B. Hill: *State Socialism in the Confederate States of America,* Charlottesville, 1936, die Rolle der einzelstaatlichen Regierungen und der konföderierten Regierung in diesem Prozeß dokumentiert. Ella Lonn: *Salt as a Factor in the Confederacy,* New York, 1933, und Mary Elizabeth Massey: *Ersatz in the Confederacy,* Columbia, S. C., 1952, dokumentieren die Bemühungen des Südens, kriegsbedingte Engpässe zu bewältigen.

Den immer stärker werdenden politischen Druck, die Sklavenemanzipation zu einem Kriegsziel des Nordens zu machen, beschreibt *The Struggle for Equality. Abolitionists and the Negro in the Civil War and Reconstruction* (Princeton, 1964) von James M. McPherson; das Buch geht auch auf die Hoffnung der Abolitionisten ein, ein Ergebnis des Krieges werde die Rassengleichheit sein. Die Rolle der nordstaatlichen Schwarzen in diesem Zusammenhang behandeln Benjamin Quarles: *The Negro in the Civil War,* Boston, 1953, und James M. McPherson: *The Negro's Civil War,* New York, 1965, eine durch einen erzählenden Text zusammengehaltene Sammlung von Primärquellen. Die feindseligen Reaktionen vieler Nordstaatler auf die Sklavenemanzipation beschreiben V. Jacque Voegeli: *Free But Not Equal: The Midwest and the Negro in the Civil War,* Chicago, 1967, und Forrest G. Wood: *Black Scare: The Racist Response to Emancipation and Reconstruction,* Berkeley, 1968. Die Bemühungen der Republikaner um eine Rekonstruktionspolitik für die Zeit nach dem Krieg untersucht Herman Belz in drei Büchern: *Reconstructing the Union: Theory and Policy during the Civil War,* Ithaca, 1969, *A New Birth of Freedom: The Republican Party and Freedmen's Rights, 1861–1866,* Westport, Conn., 1976, und *Emancipation and Equal Rights. Politics and Constitutionalism in the Civil War Era,* New York, 1978. Louisiana wurde zum Musterbeispiel für den Versuch einer Rekonstruktion schon während des Krieges, weshalb sich auch die Historiker mit Vorliebe diesem Staat zugewendet haben; siehe vor allem Peyton McCrary: *Abraham Lincoln and Reconstruction. The Louisiana Experiment,* Princeton, 1978, und LaWanda Cox: *Lincoln and Black Freedom. A Study in Presidential Leadership,* Columbia, S. C., 1981.

Die bahnbrechende Arbeit über die schweren, aber ermutigenden Erfahrungen von Sklaven und befreiten Sklaven während des Krieges ist Bell Irvin Wileys *Southern Negroes 1861–1865* (New Haven, 1938); die umfassendste neuere Untersuchung ist die von Leon F. Litwack: *Been in the Storm So Long. The Aftermath of Slavery,* New York, 1979. Ira Berlin und seine Mitarbeiter haben mit *The Destruction of Slavery,* Serie 1, Bd. I von *Freedom: A Documentary History of Emancipation,* Cambridge, Mass., 1985, auf glänzende Weise erläuternde Dokumente mit einem interpretierenden Text verbunden; das Buch gibt einen anschaulichen Eindruck davon, wie viele Sklaven ihre Befreiung selbst in die Hand nahmen, indem sie sich der Unionsarmee stellten, so daß Heer und Regierung gezwungen waren, sich mit diesem Problem zu befassen. Die Rolle der Schwarzen und der Prozeß der Sklavenemanzipation sind am Beispiel verschiedener südlicher Staaten abgehandelt worden: James H. Brewer: *The Confederate Negro: Virginia's Craftsmen and Military Laborers 1861–1865,* Durham, 1969, C. Peter Ripley: *Slaves and Freedmen in Civil War Louisiana,* Baton Rouge, 1978, William F. Messner: *Freedmen and the Ideology of Free Labor.* Louisiana, 1862–1865, Lafayette, La., 1978, John Cimprich: *Slavery's End in Tennessee, 1861–1865,* University, Ala. 1985, Clarence L. Mohr: *On the Threshold of Freedom. Masters and Slaves in Civil War Georgia,* Athens, Ga., 1986, Victor B. Howard: *Black Liberation in Kentucky. Emancipation and Freedom, 1862–1884,* Lexington, Ky., 1983, Charles L. Wagandt: *The Mighty Revolution. Negro Emancipation in Maryland, 1862–1864,* Baltimore, 1964, und Barbara Jeanne Fields: *Slavery and Freedom on the Middle Ground. Maryland during the Nineteenth Century,* New Haven, 1985. Eine hervorragende Lokalstudie, die weitreichende nationale Rückschlüsse zuläßt, ist Willie Lee Rose: *Rehearsal for Reconstruction. The Port Royal Experiment,* Indianapolis, 1964. Viele der genannten Bücher berühren auch den verfehlten Umgang der Unionsarmee und der Unionsregierung mit den Belangen der befreiten Sklaven; dieses Thema steht im Mittelpunkt von Louis S. Gerteis: *From Contraband to Freedman. Federal Policy Toward Southern Blacks 1861–1865,* Westport, Conn., 1973. Die Reaktion der Sklavenhalter auf den Verlust ihrer Herrenrolle beschreibt James L. Roark: *Masters without Slaves. Southern Planters in the Civil War and Reconstruction,* New York, 1977; Lawrence N. Powell schildert sarkastisch die *New Masters: Northern Planters during the Civil War and Reconstruction,* New Haven, 1980.

Kurzbiographien

Adams, Charles Francis (1807–1868), gemäßigter Republikaner; Gesandter der USA in London von 1861 bis 1868.

Adams, Henry Brooks (1838–1918), Enkel von John Quincy Adams, Sohn von Charles Francis Adams; Historiker; Sekretär seines Vaters in London.

Adams, John Quincy (1767–1848), 6. US-Präsident von 1825–29.

Banks, Nathaniel Prentiss (1816–1894), General der Nordstaaten; befehligte 1862 die Truppen in Virginia und von 1862 bis 1864 in Louisiana.

Beauregard, Pierre-Gustave Toutant (1818–1893), General der Südstaaten; befehligte die Truppen in Virginia von 1861 bis Anfang 1862, in Mississippi 1862, in Charleston von September 1862 bis Anfang 1864.

Blair, Montgomery (1813–1883), West-Point-Absolvent; wechselte 1854 von den Demokraten zu den Republikanern; 1861 erster Postminister Präsident Lincolns.

Bragg, Braxton (1817–1876), West-Point-Absolvent, General der Südstaaten; befehligte 1862 die Truppen in Kentucky; half die letzte Verteidigungsstrategie der Konföderierten zu entwickeln; 1865 zog er sich zusammen mit Präsident Davis zurück und wurde mit ihm gemeinsam im Mai 1865 gefangengenommen.

Breckinridge, John Cabell (1821–1875), Demokrat; von 1857 bis 1861 Vizepräsident; bei den Wahlen von 1860 Präsidentschaftskandidat; General der Südstaaten; 1865 Kriegsminister der Konföderation.

Brown, John E. (1800–1859), Führer der Sklavereigegner unter den Siedlern; 1856 initiierte er einen Anschlag, bei dem fünf Sklavereibefürworter ums Leben kamen; bei seinem letzten Anschlag, den er am 16. 10. 1859 mit 21 Mann durchführte, wurde er von den Truppen der US-Marines unter Befehl von Robert E. Lee gefangengenommen und gehenkt; nach seinem Tod verklärten die Abolitionisten ihn zum Märtyrer.

Buchanan, James (1791–1868), Demokrat; von 1845 bis 1849 Staatssekretär; von 1853 bis 1856 Gesandter in London; von 1857 bis 1961 15. US-Präsident; politischer Vertreter der Südstaaten.

Buell, Don Carlos (1818–1898), General der Nordstaaten; befehligte 1862 die Truppen in Tennessee und Kentucky.

Burnside, Ambrose Everett (1824–1881), Republikaner, General der Nordstaaten; befehligte von November 1862 bis Januar 1863 die Potomac-Armee.

Butler, Benjamin Franklin (1818–1898), Anwalt, Demokrat, General der Nordstaaten; befehligte die Truppen beim Kampf um New Orleans im Mai 1862, von da an bis Dezember 62 Militärgouverneur von New Orleans; 1864 wurde er nach New York versetzt; 1866 als Kandidat der Republikaner ins Repräsentantenhaus gewählt.

Cameron, Simon (1799–1889), amerikanischer Staatsmann, Republikaner; Kriegsminister der Nordstaaten von 1861 bis Januar 1862.

Chase, Salmon Portland (1808–1873), erst Demokrat, dann Mitglied der neugegründeten Republikanischen Partei, später wieder Demokrat; bewarb sich als Präsidentschaftskandidat für die Wahlen von 1860, verzichtete dann aber zugunsten des moderateren Lincoln; von März 1861 an Finanzminister in Lincolns Kabinett; versuchte den Präsidenten bei der Wahl von 1864 von der Kandidatur abzubringen; 1864 von Lincoln zum Präsidenten des Supreme Court ernannt.

Chesnut, Mary Boykin Miller (1823–1886), eine der aufschlußreichsten Zeuginnen der Bürgerkriegszeit; als Frau eines prominenten Konföderierten (James Chesnut) lernte sie die Führer der Südstaatler kennen und erlebte die Geschehnisse hautnah mit; ihr Tagebuch (1903 erstmals publiziert) ist eine der besten Quellen über die Befindlichkeit und das Leben der Konföderierten.

Davis, Jefferson (1808–1889), einer der Betreiber der Sezession der Südstaaten; von 1853 bis 1857 Kriegsminister; von 1861 bis 1865 Präsident der Konföderation.

Douglas, Stephen Arnold (1813–1861), Führer der Demokratischen Partei in den Nordstaaten; initiierte den Kansas-Nebraska-Act von 1854; Präsidentschaftskandidat bei den Wahlen von 1860; Anhänger der Politik der Südstaaten, jedoch kompromißbereit.

Douglass, Frederick (1817–1895), ehemaliger Sklave, berühmtester Schwarzer seiner Zeit; erkaufte 1847 seine Freiheit; gründete den *North-Star,* eine Abolitionistenzeitung; unterstützte John Brown; er überzeugte Lincoln, Schwarze in die Armee aufzunehmen.

Early, Jubal Anderson (1816–1894), »Old Jubal« oder »Jubilee«; West-Point-Absolvent, einer der angriffslustigsten Generäle der Südstaaten; kämpfte in den meisten großen Schlachten und Feldzügen mit: Second Bull Run, Sharpsburg, Fredericksburg, Gettysburg, »Wilderness«; wurde bei Williamsburg verwundet; nach seiner Niederlage bei Waynesboro im März 1865 wurde ihm von Lee das Kommando entzogen.

Ewell, Richard Stoddert (1817–1872), West-Point-Absolvent, General der Südstaaten; verlor beim zweiten Manassas-Feldzug ein Bein; 1865 bei Saylor's Creek gefangengesetzt.

Farragut, David Glasgow (1801–1870), Marineoffizier; ab 1862 Admiral der Nordstaaten; befehligte ein Geschwader beim Kampf um New Orleans im April 1862 und um Mobile im August 1864.

Fillmore, Millard (1800–1874), 13. US-Präsident von 1850–53; Führer der Whig-Partei im Repräsentantenhaus; 1848 Vizepräsident, nach Z. Taylors Tod Präsident; sympathisierte mit den Südstaaten; 1856 scheiterte er als Präsidentschaftskandidat der »Know-Nothings«.

Forrest, Nathan Bedford (1821–1877), General der Südstaaten, befehligte die Truppen in Tennessee im Juli 1862 und von Dezember 62 bis Januar 63; 1863 mit alleinigem Befehl in Nord-Mississippi und West-Tennessee; im November und Dezember 64 diente er unter Hood in Tennessee und befehligte die gesamte Kavallerie.

Frémont, John Charles (1813–1890), Republikaner, General der Nordstaaten; befehligte die Truppen in Missouri bis November 1861 und in Virginia 1862; Präsidentschaftskandidat bei den Wahlen von 1856.

Grant, Ulysses Simpson (1822–1885), Republikaner, General der Nordstaaten; befehligte von 1861 bis 1862 die Truppen in Kentucky und Tennessee; ab März 1864 Oberbefehlshaber der Armee; von 1869 bis 1877 Präsident der USA.

Greeley, Horace (1811–1872), Abolitionist, Journalist; gründete 1841 die *Tribune* in New York, die innerhalb von fünf Jahren zu einer der führenden Zeitungen avancierte; eines der ersten Mitglieder der neugegründeten Republikanischen Partei; Gegner Lincolns; gründete zusammen mit anderen die Partei der liberalen Republikaner; strebte Nominierung zum Präsidentschaftskandidaten an; verließ die Partei und wechselte zu den Demokraten.

Halleck, Henry Wager (1815–1872), Republikaner, General der Nordstaaten; befehligte von November 1861 bis März 1862 den Militärbezirk Missouri und von März bis Juli 1862 die Mississippi-Armee; von Juli 1862 bis März 1864 Oberbefehlshaber der Armee.

Hancock, Winfield Scott (1824–1886), West-Point-Absolvent, General der Nordstaaten; 1861 Brigadier-General unter McClellan; 1862 Major-General.

Hill, Ambrose Powell (1825–1865), West-Point-Absolvent, General der Südstaaten; 1861 Eintritt in die konföderierte Armee; übernahm nach dem Tod von »Stonewall« Jackson im Mai 1863 das Kommando und wurde verletzt; wurde am 2. April 1865 getötet, als er versuchte, zu seiner Truppe zu gelangen.

Hood, John Bell (1831–1879), West-Point-Absolvent, General der Südstaaten; Kriegsverletzung, die zur Bewegungsunfähigkeit eines Armes führte; verlor bei Chickamauga sein rechtes Bein.

Hooker, Joseph (Spitzname «Fighting Joe«) (1814–1879), Republikaner, General der Nordstaaten; befehligte 1862 ein Korps der Potomac-Armee und von Januar bis Juni 1863 die gesamte Potomac-Armee.

Hunter, David (1802–1886), General der Nordstaaten; Hunter gilt als Beispiel für Lincolns Unfähigkeit, Offiziere der höchsten Kommandoebene auszuwählen.

Jackson, Thomas Jonathan (Spitzname »Stonewall«) (1824–1863), General der Südstaaten, befehligte von 1861 bis 1863 die Truppen in Virginia.

Johnston, Joseph Eggleston (1807–1891), General der Südstaaten; befehligte im Juli die Konföderierten bei ihrem ersten Sieg bei Bull Run; 1864 befehligte er die Truppen von Tennessee, wurde aber von Hood abgelöst; ab Februar 1865 wieder Befehlshaber über die Truppen von Tennessee.

Jones, John Beauchamp (1810–1866), Journalist und Autor; gründete 1857 in Philadelphia den *Southern Monitor,* der die Interessen des Südens vertrat; Sekretär des Kriegsministeriums der Konföderierten in Montgomery, Ala.; schrieb *A Rebel War Clerk's Diary* (1866), ein wichtiges Werk zur Geschichte der Konföderierten und zum ökonomischen und sozialen Leben in Richmond in den Jahren 1862 bis 65.

Lee, Robert Edward (1807–1870), General der Südstaaten; befehligte von 1862 bis 1865 die Truppen in Virginia; von Februar bis April 1865 Oberbefehlshaber der Armee der Südstaaten; hatte den Ruf eines Meisters der Strategie und Taktik.

Lincoln, Abraham (1809–1865), Mitbegründer der Republikanischen Partei; von 1861 bis 1865 Präsident der USA, verfolgte die Sklavenbefreiung zurückhaltend; wurde 1865 von einem südstaatlichen Fanatiker ermordet.

Longstreet, James (1821–1904), von 1861 bis 1865 General der Südstaaten; trat im Juni 1861 aus der US-Armee aus und wurde Brigadier-General in der Südstaatenarmee; bekannt als Lees »Old Workhouse«.

McClellan, George Brinton (1826–1885), Demokrat, Präsident der Ohio- und der Mississippi-Eisenbahn; trat für einen Kompromiß mit den Südstaaten ein; hatte von November 1861 bis März 1862 den Oberbefehl über die Armee der Nordstaaten und befehligte von März 1862 bis November 1862 die Potomac-Armee; Präsidentschaftskandidat bei den Wahlen von 1864.

McDowell, Irvin (1818–1885), General der Nordstaaten; befehligte von 1861 bis 1862 die Truppen in Virginia.

Meade, George Gordon (1815–1872), West-Point-Absolvent, arbeitete ab 1842 als Militäringenieur; 1861 Brigadier-General der Nordstaaten; nahm an vielen der Hauptschlachten des Krieges teil: Mechanicsville, Second Bull Run, South Mountain, Antietam, Chancellorsville; wurde 1863 Kommandant der Potomac-Armee.

Palmerston, Henry John Temple (1784–1865), britischer Staatsmann; zunächst Tory, ab 1830 einer der Führer der Whigs; Außenminister (1830–34, 1835–41, 1846–51); von 1852 bis 1855 Innenminister; von 1855 bis 1858 und von 1859 bis 1865 Premierminister.

Pemberton, John Clifford (1814–1881), West-Point-Absolvent; schlug sich 1861 auf die Seite der Südstaaten; am 4. Juli 63 lieferte er sich und Vicksburg aus; wurde bis 1864 von den Nordstaaten gefangengehalten.

Phillips, Wendell (1811–1883), einer der bekanntesten und radikalsten Führer der Abolitionisten; lehnte jeden Kompromiß in der Sklavenfrage ab; dennoch unterstützte er Lincolns Emanzipationsproklamation von 1862; nach dem Bürgerkrieg wurde er Präsident der Antisklavereigesellschaft.

Pickett, George Edward (1825–1875), stammt aus einer Pflanzerfamilie aus Virginia; West-Point-Absolvent, General der Südstaaten; mit der Schlacht von Gettysburg ging er in die Geschichte ein, obwohl er gar nicht direkt für die vernichtende Niederlage verantwortlich war.

Pierce, Franklin (1804–1869), 14. US-Präsident von 1853 bis 57; energischer Befürworter der Sklaverei.

Polk, James K. (1795–1849), 11. Präsident von 1845–49, Jurist; 1825 bis 1839 demokratischer Abgeordneter im Kongreß (seit 1835 »Speaker«); von 1839 bis 1841 Gouverneur von Tennessee. Seine expansionistische Außenpolitik brachte den USA einen gewaltigen Gebietszuwachs (britisch-amerikanischer Vertrag Oregons, 1846; Mexikanischer Krieg, 1846–48).

Polk, Leonidas, Lafayette (1806–1864), West-Point-Absolvent; General der Südstaaten; 1830 wurde er Episcopalpfarrer, nach Ausbruch des Bürgerkriegs verließ er die Episcopalkirche und meldete sich freiwillig bei der Armee der Konföderierten; kam 1864 in Georgia ums Leben.

Pope, John (1822–1892), Republikaner, General der Nordstaaten, befehligte 1862 die Truppen am Mississippi und in Virginia.

Porter, David Dixon (1813–1891), Admiral in der Flotte der Union; blockierte die Südhäfen Pensacola, Florida, Mobile und den Südwestdurchfluß des Mississippi; 1863 wurde er zum Admiral der Nachhut ernannt; eroberte mit Fort Fisher die letzte Bastion der Konföderierten.

Porter, Fitz-John (1822–1901), West-Point-Absolvent; im Mai 1861 Brigadier-General; kämpfte in Shenandoahtal und beim Halbinsel-Feldzug; 1863 wurde er wegen seines Verhaltens bei Second Bull Run schuldig gesprochen und aus der Armee ausgeschlossen.

Price, Sterling (1809–1867), General der Südstaaten; von 1853 bis 1857 Gouverneur der Staaten Missouri, Arkansas und Mississippi.

Rosecrans, William Starke (1819–1898), General der Nordstaaten, befehligte in den Jahren 1862 und 63 die Truppen in Mississippi und Tennessee.

Scott, Winfield (1786–1866), nahm als General am englisch-amerikanischen Krieg (1812–1815) teil; von 1841 bis 1861 Oberbefehlshaber der Armee.

Seward, William Henry (1801–1872), einer der Führer der Republikanischen Partei, Abolitionist; Präsidentschaftskandidat bei den Wahlen von 1860; von 1861 bis 1869 Staatssekretär des Außenministeriums.

Sheridan, Philip Henry (1831–1888), einer der erfolgreichsten Generäle der Union; Siege bei Booneville, Mississippi, Perryville, Kentucky, Stone River, Winchester, Chikamauga, Tennessee, Chattanooga und Missionary Ridge im November 1863; im April 1864 wurde ihm von Grant der Befehl über die Kavallerie der Potomac-Armee übertragen; berühmt wurde sein Ritt bei Cedar Creek; zwang Lee 1865 bei Appomattox zur Aufgabe; 1884 wurde er zum Oberbefehlshaber der US-Armee ernannt.

Sherman, William Tecumseh (1820–1891), General der Nordstaaten; befehligte 1864 die Truppen beim »Zug zum Meer« durch Georgia.

Sigel, Franz (1824–1902), Demokrat; nahm 1848/49 in Deutschland an der revolutionären Bewegung in Baden teil, emigrierte 1852 in die USA; während des Bürgerkriegs Divisionskommandeur der Nordstaaten.

Smith, Edmund Kirby (1824–1893), General der Südstaaten; lehrte von 1849 bis 1852 Mathematik in West Point; verließ die US-Armee im März 1861 und schloß sich den Konföderierten an; ließ sich 1863 das Kommando über das Trans-Mississippi-Department übertragen; war am 2. Juni 1865 der letzte südstaatliche General, der aufgab.

Stanton, Edwin McMasters (1814–1869), Republikaner, Jurist; von 1862 bis 1868 Kriegsminister der Nordstaaten.

Stephens, Alexander Hamilton (1812–1883), Demokrat; Mitglied des Kongresses von 1843 bis 1859; von 1861 bis 1865 Vizepräsident der Konföderation.

Stevens, Thaddeus (1792–1868), striktester Gegner der Sklaverei; verteidigte entflohene Sklaven ohne Entgelt; half Lincoln bei der Wahl von 1860; obwohl er Lincoln in finanziellen Fragen unterstützte, griff er ihn immer wieder wegen seiner moderaten Haltung in der Sklavenfrage an; blieb seinen antirassistischen Grundsätzen selbst nach dem Tod treu, denn er hatte verfügt, auf einem Friedhof beigesetzt zu werden, auf dem es keine Rassentrennung gab.

Strong, George Templeton (1820–1875), stammt aus New York; Verfasser eines Tagebuchs, das detailgenau die kulturelle, soziale und politische Geschichte seiner Zeit nachzeichnet *(The Diary of George T. Strong 1835–1875).*

Stuart, James Ewell Brown (»Jeb«) (1833–1864), West-Point-Absolvent; einer der erfolgreichsten Befehlshaber der Konföderiertenkavallerie; bei der Schlacht bei Yellow Tavern in Virginia am 11. Mai 1864 tödlich verwundet.

Sumner, Charles (1811–1874), 1851 Senator in Massachusetts; war in der Sklavenfrage strikt und unbeugsam; nach dem Mord an Lincoln schloß er sich Thadd. Stevens an; wurde wegen seiner Unnachgiebigkeit mit einem hebräischen Propheten verglichen.

Taylor, Zachary (1784–1850), 12. US-Präsident (1849/50), General; kämpfte 1832 und 1836/37 in Florida gegen die Seminolen; Oberbefehlshaber im Krieg gegen Mexiko; selbst Sklavenhalter; trat für den Erhalt der Nation ein.

Thomas, George Henry (1816–1870), geb. in Virginia, West-Point-Absolvent, General bei den Föderierten; Thomas' Truppen waren 1864 die ersten, die in Atlanta ankamen; im Dezember 64 besiegte Thomas die Konföderierten in Nashville.

Toombs, Robert Augustus (1810–1885), Demokrat; seit 1851 Senatsmitglied; 1861 Staatssekretär der Konföderation; von 1861 bis 1863 General der Südstaaten.

Vallandigham, Clement Laird (1820–1871), ein Führer der Demokratischen Partei; von 1858 bis 1863 Kongreßmitglied, Verfechter der politischen Interessen der Südstaaten im Norden.

Van Buren, Martin (1782–1862), Anwalt; als enger Berater A. Jacksons von 1829 bis 1831 Außenminister und von 1833 bis 1837 Vizepräsident; 8. US-Präsident, 1837–41; als Präsidentschaftskandidat scheiterte er 1841, 1844 und 1848 bei erneuter Kandidatur.

Van Dorn, Earl (1820–1863), West-Point-Absolvent, General der Südstaaten; wurde für die Niederlage der Konföderierten in Corinth, 1862, vors Kriegsgericht gestellt; weil er Grant bei Holley Springs, Mississippi, im Dezember 62 schlug, konnte er seinen Ruf einigermaßen wiederherstellen; wurde im Mai 63 von einem eifersüchtigen Arzt umgebracht.

Vance, Zebulon Baird (1830–1894), Jurist; Gouverneur von North Carolina; zuerst Anhänger Henry Clays bei den Whigs, später Demokrat; 1858–1861 Kongreßmitglied; führte eine Kampagne gegen die Sezession, bis Lincoln Truppen berief; ließ daraufhin von seiner Forderung ab und nötigte North Carolina, die Südstaaten zu unterstützen.

Wade, Benjamin Franklin (1800–1878), Senator von Ohio; 1851 Wahl in den US-Senat; ein Führer der Antisklavereibewegung im Kongreß; entschiedener Gegner von Lincolns vorsichtiger und konservativer Politik.

Welles, Gideon (1802–1878), persönlicher Berater Präsident Jacksons; 1856 verließ er die Demokratische Partei, um am Aufbau der neugegründeten Republikanischen Partei mitzuwirken; nach der Wahl Lincolns 1860 wurde er zum Sekretär der Marine ernannt; war maßgeblich an deren Modernisierung beteiligt.

Wheeler, Joseph (1836–1906), West-Point-Absolvent, General der Südstaaten; ging 1861 zur konföderierten Armee; als Kommandeur der Kavallerie führte er die Konföderierten in den Sieg von Stones River; insgesamt 167 erfolgreiche Schlachten; wurde dreimal verletzt, 16 Pferde wurden unter ihm erschossen; im Mai 65 in der Nähe von Atlanta gefangengesetzt; »Fighting Joe« war bei Kriegsende 28 Jahre alt.

Wigfall, Louis Trezevant (1816–1874), Ausbildung an der Universität von Virginia und South Carolina; bereits 1844 war er ein unbeugsamer Sezessionist; 1859 in den US-Senat gewählt; 1861 aus dem Senat ausgeschlossen; Brigadier-General in der provisorischen Armee von Präsident Davis; 1862 verließ er das Militär zugunsten eines Sitzes im konföderierten Senat.

Wise, Henry Alexander (1806–1876), General der Südstaaten; 1856–1860 Gouverneur von Virginia; ließ John Brown zum Tode verurteilen, um ein Exempel zu statuieren; nach dem Krieg Anwalt in Richmond.

Zeittafel

1851

Die amerikanische Schriftstellerin Harriet Beecher-Stowe veröffentlicht literarische Skizzen aus dem Leben der nordamerikanischen Sklaven.

1852

Die Erzählungen von Mrs. Beecher-Stowe erscheinen in Buchform unter dem Titel *Uncle Tom's Cabin* (*Onkel Toms Hütte*). Das Buch hat einen einzigartigen Erfolg: allein im ersten Jahr werden 300 000 Exemplare verkauft.

1859

Oktober: John Brown, ein Kämpfer für die Befreiung der Sklaven, versucht einen Aufstand in Harper's Ferry (Virginia) zu entfachen, der vom Militär vereitelt wird.
2. Dezember: John Brown wird zum Tode verurteilt und hingerichtet.

1860

6. November: Abraham Lincoln wird als Kandidat der Republikanischen Partei zum Präsidenten der Vereinigten Staaten von Amerika gewählt.
20. Dezember: South Carolina tritt als erster Staat aus der Union aus und leitet damit die Sezession ein.

1861

21. Januar/Mai: Die Staaten Mississippi, Florida, Alabama, Georgia, Louisiana, Texas, Virginia, Arkansas, North Carolina und Tennessee treten nacheinander aus der Union aus und schließen sich mit South Carolina als »Konföderierte Staaten von Amerika« (CSA) zu einem unabhängigen und selbständigen Staatenbund zusammen; sie wählen Jefferson Davis zu ihrem Präsidenten. Zunächst ist Montgomery Hauptstadt, ab 21. Mai Richmond (Virginia).
4. März: Amtsantritt Lincolns.
12. April: Die Truppen der Südstaaten unter General Beauregard beginnen ein Bombardement auf Fort Sumter im Hafen von Charleston (South Carolina) und eröffnen damit durch direkte Kriegshandlungen gegen die Nordstaaten den amerikanischen Bürgerkrieg.
14. April: Die Konföderierten besetzen Fort Sumter.
15. April: Lincoln ruft 75000 Freiwillige zu den Waffen. Das Oberkommando über die Unionstruppen hat der 75jährige General Scott.
Mai: General Lee übernimmt das Kommando über die Truppen der Konföderierten in Virginia, dem Hauptkriegsschauplatz.
2. Juni: General Beauregard übernimmt das Kommando über die südstaatlichen Truppen bei Manassas, 40 Kilometer vor Washington. Die Zeitungen des Nordens fordern: »Vorwärts auf Richmond!«

21. Juli: Erste Schlacht am Fluß Bull Run, südwestlich von Washington. Die Unionstruppen unter General McDowell werden von den Konföderierten unter den Generälen Beauregard, Johnston und Jackson geschlagen.
25. Juli: General McClellan erhält zunächst den Oberbefehl über die Unionstruppen am Potomac, um bald darauf General Scott als Befehlshaber der gesamten Nordstaatenarmee abzulösen.
10. August: Schlacht am Wilson's Creek, Sieg der Konföderierten.
21. Oktober: In dem Treffen bei Ball's Bluff, nordwestlich von Washington, vernichtet die Armee der Südstaaten einige Regimenter der Armee des Unionsgenerals Stone.

1862

Die Unionsflotte, dem Gegner weit überlegen, blockiert die Küsten der Südstaaten. Am Mississippi dringen die Unionstruppen unter General Grant siegreich in Tennessee ein.
Februar: Admiral Farragut (Union) erhält den Auftrag, den Mississippi hinaufzufahren, die Befestigungen von New Orleans zu bezwingen und die Stadt einzunehmen. General Grant erobert Fort Henry am Tennessee River und Fort Donelson am Cumberland River.
März: General McClellan, dem der Oberbefehl entzogen wird, der aber Kommandeur der Potomac-Armee bleibt, setzt mit Hilfe der Flotte einen großen Teil seiner Truppen nach der sogenannten Virginischen Halbinsel über, um Richmond von Osten her anzugreifen.
9. März: Gefecht zwischen der Panzerfregatte *Merrimac* (Konföderation) und dem neuartigen Panzerschiff *Monitor* (Union).
6./7. April: In der Schlacht bei Shiloh (Tennessee) gelingt es der Unionsarmee, die Truppen der Konföderierten zurückzudrängen.
18. April: Admiral Farragut bricht mit seiner Flotte zwischen den Forts am unteren Mississippi durch und besetzt am
26. April: New Orleans.
Mai: General Banks (Union) nimmt Winchester (Virginia) ein. Admiral Farragut besetzt Baton Rouge.
30. Mai: General Halleck (Union) besetzt Corinth (Mississippi).
31. Mai/1. Juni: Schlacht am Chickahominy (Seven Pines). Trotz anfänglicher Erfolge der Konföderierten bedroht General McClellan weiterhin Richmond.
25. Juni/1. Juli: »Sieben-Tage-Schlacht«. General Lee schlägt, vereint mit Jacksons Armee, den Angriff General McClellans auf Richmond ab. McClellan ist nach verlustreichen Kämpfen gezwungen, den Rückzug anzutreten.
29./30. August: Zweite Schlacht am Bull Run. Die Unionsarmee, neugebildet unter General Pope, wird von der Armee von Nord-Virginia unter Lee geschlagen.
September: Die Konföderierten dringen in Maryland ein.
15./17. September: Schlacht am Antietam. General McClellan zwingt die Konföderierten zum Rückzug.
22. September: Präsident Lincoln erklärt die Sklaven, die in den aufständischen Gebieten leben, mit Wirkung vom 1. Januar 1863 für frei.

13. Dezember: Schlacht bei Fredericksburg. Der neue Oberbefehlshaber der Unionstruppen am Potomac, General Burnside, erleidet gegen General Lee eine schwere Niederlage.

1863

General Johnston erhält den Oberbefehl über die Truppen der Konföderierten in Mississippi. Sein Hauptquartier ist Jackson.
2./4. Mai: Schlacht bei Chancellorsville. Der Nachfolger von General Burnside in der Potomac-Armee, General Hooker, wird von den Konföderierten unter General Lee besiegt. Jackson, der einen erfolgreichen Flankenangriff gemacht hatte, wird versehentlich durch seine eigenen Soldaten schwer verwundet; er stirbt am 10. Mai.
6. Mai: General Grant hat den Mississippi unterhalb von Vicksburg überschritten. Er läßt durch Sherman die leicht verschanzte Stadt Jackson angreifen, das Hauptquartier von J. E. Johnston.
16. Mai: Bei Champion's Hill wird Pemberton, der mit einem Teil seiner Truppen Grant entgegengerückt ist, geschlagen und in die Festung Vicksburg zurückgedrängt. Wenige Tage später schließt Grant diese ein.
Juni: Die Konföderierten unter General Lee dringen bis nach Pennsylvania vor. Washington ist bedroht.
28. Juni: General George M. Meade erhält das Oberkommando über die Potomac-Armee.
1./3. Juli: Schlacht bei Gettysburg. Die Konföderierten unter Lee werden nach schwerem Kampf von General Meade geschlagen und zum Rückzug über den Potomac gezwungen. – Wendepunkt des Krieges.
4. Juli: General Grant erobert Vicksburg. Damit kontrollieren die Unionstruppen den Mississippi; die Staaten Arkansas, Louisiana und Texas sind abgeschnitten.
9. Juli: Port Hudson kapituliert und fällt der Union zu.
24./25. November: Schlacht bei Chattanooga. Die Unionstruppen unter General Grant besiegen die Armee Braggs.

1864

März: General Grant wird als Nachfolger von General Halleck Oberbefehlshaber der gesamten Truppen der Union. Er selbst übernimmt das Kommando über die Potomac-Armee. General Sherman erhält den Oberbefehl auf dem südwestlichen Kriegsschauplatz.
5./6. Mai: Schlacht in der »Wilderness«. Grant kann trotz starker Überlegenheit gegen den geschickten Widerstand Lees nichts ausrichten. Er entschließt sich, den Gegner zu umgehen.
7./20. Mai: Schwere Kämpfe bei Spotsylvania. Wieder hält Lee gegen die Unionstruppen stand und zwingt Grant zu einer Umgehung.
Juni: Ein Korps der Konföderierten durchzieht das Shenandoahtal und bedroht Washington.
3. Juni: Der Angriff General Grants auf die Schanzen bei Cold Harbor wird von den Konföderierten abgewehrt.
8. Juni: Lincoln wird erneut zum Präsidentschaftskandidaten nominiert.

19. Juni: General Grant beginnt mit der Belagerung von Petersburg (Virginia).
22. Juli: Schlacht bei Atlanta. General Sherman besiegt die Truppen der Südstaaten unter General Hood.
30. Juli: Grant versucht Petersburg einzunehmen, aber der Sturmangriff wird von den Konföderierten abgeschlagen.
2. September: General Sherman besetzt Atlanta (Georgia).
Herbst: Unionsgeneral Sheridan vertreibt das Konföderiertenkorps, das Washington bedroht.
Oktober: General Beauregard erhält den Oberbefehl über die Truppen in den Golfstaaten.
8. November: Abraham Lincoln wird erneut zum Präsidenten der Vereinigten Staaten gewählt.
15./16. November: General Sherman zerstört Atlanta und beginnt seinen Marsch durch Georgia bis an den Atlantik. Die Unionstruppen zerstören auf ihrem Weg Brücken, Eisenbahnanlagen und vor allem die Ernte, um den Widerstand der Konföderierten zu brechen.
13. Dezember: Sherman erobert das Fort McAllister am Atlantik.
21. Dezember: Sherman nimmt Savannah (Georgia) ein.

1865

Januar/März: General Grant hält Richmond und Petersburg von drei Seiten umklammert; Lees Armee leidet schwersten Mangel. Von Süden rückt Sherman durch die Carolina-Staaten heran.
17. Februar: Die Unionstruppen marschieren in Columbia (South Carolina) ein.
18. Februar: Sherman erobert Charleston (South Carolina).
1. April: Schlacht bei Five Forks, die letzte wichtige Schlacht des Krieges. General Sheridan besiegt die Konföderierten.
3. April: Die Unionstruppen erobern die Festung Petersburg und Richmond, die Hauptstadt der Konföderierten.
9. April: Die Armee der Südstaaten unter dem Oberbefehl von General Lee kapituliert.
14. April: Attentat auf Präsident Lincoln durch den Südstaatler John Wilkes Booth.
15. April: Lincoln erliegt seiner Verletzung. Andrew Johnson wird 17. Präsident der USA.
24. Mai: Siegesparade der Unionstruppen in Washington.
18. Dezember: Endgültiges Verbot der Sklaverei in allen US-Territorien.

1866

Alle Sklaven erhalten das amerikanische Bürgerrecht.

Namenregister

Ortsregister

Inhaltsverzeichnis